LA LITT
EN FRANCE
DE 1945 A 1968

LA LITTÉRATURE EN FRANCE DE 1945 A 1968

Édition revue

Jacques Bersani inspecteur général de l'Éducation nationale

Michel Autrand professeur à l'Université de Poitiers

Jacques Lecarme maître-assistant à l'Université de Villetaneuse (Paris XIII)

Bruno Vercier maître-assistant à la Sorbonne (Paris III)

Bordas

ISBN 2-04-015251-2
ISBN 2-04-008610-2-1re édition

Préface

Il fut un temps, qui n'est pas si lointain, où les programmes se gardaient par principe de toucher au monde contemporain. Ce temps est désormais révolu : nos élèves, nos étudiants, nous-mêmes, n'acceptons plus d'être coupés du présent. D'un présent qui a commencé, et non point recommencé, nous en prenons de jour en jour une conscience plus angoissante et plus nette, en 1945. 1945 : la fin d'une guerre, bien sûr, mais aussi la découverte des camps de concentration, la bombe atomique sur Hiroshima, et, parce que de telles horreurs bouleversent les conceptions rassurantes de l'homme et du langage sur lesquelles toute une société s'était endormie, la fin d'une littérature considérée comme l'un des beaux-arts.

On ne s'étonnera donc point que nous ayons pris notre départ à la date même de 1945. Et parce que nous estimons capitale, tant pour l'enseignement de la littérature que pour la littérature elle-même, une meilleure connaissance de ce qui s'écrit aujourd'hui et maintenant, nous avons fait en sorte que ce livre s'adresse à un public très large : classes terminales, classes préparatoires et premier cycle des Facultés, étudiants étrangers s'initiant à l'étude du français ou désireux de se perfectionner, mais aussi lecteurs de tous âges et à toutes fins, que la littérature récente attire et déconcerte à la fois. Voilà pour l'objet et pour la fonction. Voici pour le plan et pour la méthode.

***

Si l'on considère les prix Nobel décernés depuis 1945 à des écrivains français — Gide (1947), Mauriac (1952), Camus (1957), Saint-John Perse (1960), Sartre (1964) et finalement Beckett (1969), écrivain français autant qu'irlandais —, on aura un raccourci saisissant de la complexité de cette période si brève et l'on constatera que, presque insensiblement, mais définitivement, bien des pages ont été tournées. Nous avons cependant résisté à la tentation du bilan que semblait nous proposer tout naturellement la date de 1970 : notre désir n'était pas de disséquer un jeune cadavre de vingt-cinq années. Nous voulions bien plutôt étudier le fonctionnement d'un organisme en perpétuelle croissance et, sinon en prévoir les développements futurs, du moins tenter d'en déceler les germes dans les œuvres d'aujourd'hui.

Il n'était pas davantage de notre intention d'établir un palmarès et encore moins de dresser un catalogue exhaustif. Nous avons souvent préféré nous attarder sur un écrivain ou sur un livre que nous considérons comme particulièrement représentatifs, plutôt que donner toute une suite de noms et de titres dans le souci louable mais fastidieux de n'oublier personne. Nous n'avons pas cherché à reconstituer une actualité, mais à dégager une certaine idée de la modernité que l'on voit se faire jour, progressivement mais non régulièrement, à travers un certain nombre d'œuvres.

Le plan adopté, qui n'est donc pas un plan chronologique, entend marquer la continuité, tout en sauvegardant la diversité, de cette période. Dans chacune de ses parties, il tend à nuancer l'opposition du traditionnel et du nouveau, dégageant d'une part les promesses contenues dans le traditionnel, et de l'autre les inévitables filiations que la nouveauté entretient avec ce qui l'a précédée. Il nous fallait résister à la superstition de la nouveauté à tout prix, celle qui non seulement tue ses Pères, mais nie même en avoir eu aucun; nous devions aussi éviter de retomber dans une certaine facilité en privilégiant une littérature déjà reconnue et consacrée, celle par exemple des années 1945.

Après une ouverture où la « Situation de la littérature en 1945 » précède une chronologie succincte (chronologie limitée aux événements historiques dont le bref rappel a paru indispensable à la bonne compréhension de l'ensemble), vient une série d'études sur « Les Grandes Familles ». Qu'elles se rattachent à un courant philosophique, religieux ou politique, ces grandes familles intéressent toute notre période : même si, à partir des années soixante, certaines ont paru perdre de leur vigueur d'inspiration, les écrivains qui les illustrèrent tiennent souvent une place encore importante dans notre vie littéraire. Deux chapitres, « La Fin des patriarches » et « Testaments humanistes », font ensuite le point sur de grands écrivains de l'avant-guerre qui, malgré leur célébrité, étaient restés assez jeunes pour ressentir et faire passer dans leur œuvre quelque chose du grand ébranlement qui secoue notre époque. Cette même inquiétude anime déjà les genres traditionnels, roman et théâtre, qui seront alors traités selon des points de vue d'ensemble; la poésie, quant à elle, voit s'affirmer quelques très grands noms qu'il serait vain de vouloir mettre du côté de la tradition plutôt que de celui de la nouveauté, distinction dont se moque la véritable poésie.

La seconde moitié de l'ouvrage, où seront étudiées les plus récentes transformations de la littérature, ne peut, nous l'avons signalé, se couper de ses sources. C'est bien souvent avant 1945 que nous irons, dans un ensemble de monographies intitulées « Les Inventeurs », chercher celles de la littérature actuelle, afin d'ancrer plus solidement les chapitres suivants consacrés respectivement à « Un Autre Théâtre », au « Roman nouveau » et à « La Poésie actuelle ». Trois enquêtes que nous nous sommes bien gardés de clore tout à fait, puisque nous nous trouvions avec elles en prise directe sur l'actualité.

On aura sans doute déjà remarqué que nous nous sommes refusé, tant pour la « tradition » que pour la « recherche », à ménager une rubrique spéciale à l'essai entendu comme un genre. C'est que nous voyons mal quel sens on peut donner à l'expression trop répandue de « littérature d'idées ». Il va de soi que les principaux essayistes seront étudiés en leur lieu et place, mais seulement dans la mesure où leur œuvre concerne de près ou de loin la littérature, ou, pour être plus précis, cette idée même de littérature qui préoccupe tant notre époque depuis 1945.

De même qu'il nous était impossible de nous limiter strictement aux vingt-cinq années proposées, nous nous sommes vus contraints de faire éclater le cadre géographique dans lequel se cantonnaient jusqu'à présent nos histoires de la littérature. Ces années ont vu un profond bouleversement de l'univers francophone : fin de l'empire colonial et revendications parfois violentes de certaines minorités. Nous avons choisi de présenter « Trois aspects » caractéristiques de cette évolution : la littérature du Québec, celle du Maghreb, celle enfin de l'Afrique noire et des Antilles. Quant au chapitre « Traduit de l'étranger », il met en place, dans leurs grandes lignes, les rapports des auteurs et du public français avec certaines littératures étrangères que nous n'aurions pu passer sous silence sans rendre incompréhensibles bien des aspects de la nôtre. Peut-être saisira-t-on mieux, à la lecture de ces pages, la signification de notre titre; entre « La Littérature française », dont nous ne voulions plus, et « La Littérature en français », que nous n'osions pas, nous avons opté pour la plus sage, et donc la moins satisfaisante, des solutions : celle du moyen terme.

Mais la transformation la plus radicale, entre 1945 et 1970, est celle qui affecte la littérature même : son statut de moyen de culture privilégié, ou même unique, est battu en brèche; d'autres formes, écrites ou non, entrent en concurrence avec elle. Dans « Autour de la littérature » et « Littérature et Cinéma », nous avons étudié certains des rapports entre la littérature proprement dite et quelques-unes de ces formes. Interrogation de la littérature sur elle-même : l'œuvre bien souvent tend à contenir sa propre critique et la critique, de son côté, va parfois jusqu'à se vouloir littérature à part entière; il était indispensable d'analyser ce phénomène, peut-être le plus significatif des dernières années. Celui qui permet le mieux, et tel sera le propos de notre conclusion, de mesurer le chemin parcouru depuis 1945 avant de décrire les nouvelles conditions de la littérature en 1970.

***

Au lieu de subir comme un handicap la collaboration qu'exigeait la complexité foisonnante de cette période, nous avons voulu qu'elle soit le principe d'un ouvrage réalisé à l'image de son objet. A l'intérieur d'une conception collective, qui est allée jusqu'au choix des textes, au plan, et parfois à la refonte de certains chapitres, chacun des collaborateurs a pu traiter les sujets qui correspondaient le mieux à ses goûts (on trouvera, dans la table des matières, la répartition des tâches respectives).

Chaque chapitre se compose de trois éléments : le Texte, *l'*Étude, *l'*Appareil pédagogique, *dont les rapports créent trois types de lectures possibles. La première : celle des textes des écrivains, élément essentiel d'un ouvrage qui regroupe et rend accessibles, ne serait-ce qu'à titre de fragments, des œuvres qui, à la différence des œuvres classiques, sont souvent peu répandues et, pour la plupart encore, ignorées des collections de poche. Ces extraits n'ont pas été coupés systématiquement sur le patron de la traditionnelle explication de texte; dans la mesure du possible, nous avons tenté de respecter la respiration de l'écrivain, de trouver la « bonne distance ». Pour la commodité d'utilisation, il fallait que ces extraits aient un titre; même si, en général, celui-ci n'a pas été donné* par *l'auteur, il est toujours* de *l'auteur, puisque tiré du passage lui-même : il apparaît alors entre crochets.*

Ces textes peuvent ensuite entrer dans un double dialogue. Le dialogue avec l'appareil pédagogique — et ce pourrait être la seconde lecture — est toujours immédiat : le texte est accompagné dans la marge, avec toute la discrétion requise, d'une introduction qui le situe dans l'ouvrage dont il est extrait, et de notes qui visent d'une part à éclairer les allusions, d'autre part à résoudre, au niveau proprement littéral, les principaux problèmes de compréhension; il est suivi en outre d'un « encadré », c'est-à-dire d'une série de brèves remarques délimitées par un cadre et présentées dans un caractère typographique différent. L'autre dialogue, à partir duquel se ferait la troisième lecture, est celui que le texte entretient avec l'étude, dialogue pratiquement immédiat, lui aussi, puisque le texte se trouve le plus souvent inséré dans l'étude; mais dans certains cas, il nous a semblé préférable de regrouper quelques-uns des extraits ou même de les rejeter en fin de chapitre : c'est que l'étude n'est pas une simple présentation des textes; elle forme un tout, susceptible, lui aussi, d'une lecture suivie, et dont le ton sera, selon le sujet, tantôt celui d'un essai assez général, tantôt celui, plus méthodique, d'une analyse, ou, plus modeste, d'un simple aperçu.

En ce qui concerne les « encadrés », nous nous sommes efforcés d'éviter les pièges du carcan et de l'énigme. Loin d'imposer une *lecture, nous avons voulu permettre* la *lecture de textes dont il apparaît très souvent qu'ils supportent plusieurs interprétations différentes, ce qui ne veut pas dire pour autant contradictoires : il arrive même, et c'est là sans doute l'une des caractéristiques essentielles de notre époque, que cette pluralité ait été délibérément voulue et recherchée par l'auteur. Ni questionnaire, ni livre du maître, l'« encadré », dont le caractère varie en fonction du texte, comporte en général deux temps. Il offre tout d'abord les éléments d'une saisie du texte considéré comme un objet isolé : thèmes, architecture, ton, moyens mis en œuvre (lexique, syntaxe, rythme, versification) ; suivant les cas, l'accent est mis sur un ou plusieurs de ces aspects par une série de suggestions et d'esquisses de relevés, pour lesquelles nous avons adopté d'ordinaire un style télégraphique (les chiffres renvoient aux lignes du texte). Dans un deuxième temps, l'« encadré » propose des formules ou des citations propres à orienter vers une réflexion plus générale, écrite ou orale, l'élève ou l'étudiant, mais aussi bien le lecteur isolé; notre souci est alors de faire entrer le texte dans des ensembles plus vastes : œuvre de l'écrivain, tendances contemporaines, formes d'écriture ou types de pensée de tous les temps. Ceci encore, faut-il le répéter, sans rien d'impératif ni d'exhaustif.*

Chaque chapitre, ou section de chapitre, est suivi d'un choix bibliographique réduit à l'essentiel : parmi les quelques titres que nous retenons pour leur qualité, figure toujours un ouvrage où le lecteur qui souhaiterait approfondir sa connaissance d'un auteur ou d'une question pourra trouver une bibliographie plus développée. Un index final regroupe tous les écrivains étudiés ou mentionnés dans le livre, à l'exception des auteurs auxquels nous n'avons emprunté qu'une citation, ou bien auxquels les « encadrés » font seuls référence; il comporte, pour les plus importants d'entre eux, le rappel ou l'indication, rendus souvent nécessaires par le mode d'exposition choisi (nous avons systématiquement donné le pas à l'œuvre sur l'écrivain et à l'écrivain sur l'homme), des coordonnées biographiques. Un mot enfin des illustrations : outre leur rôle traditionnel, dont nous n'avons pas voulu les dépouiller, qui est de faire connaître les visages, nous avons surtout cherché à leur faire éclairer les textes (dans certains cas limites, elles sont *ce texte), tout en essayant de composer, au moins pour la peinture, une sorte de « Musée Imaginaire » de notre temps.*

J. B., M. A., J. L., B. V. (Mai 1970).

Première partie

L'époque

Cl. Keystone.

Chapitre I

Situation de la littérature française en 1945

Quand la guerre prend fin, en mai 1945, avec la capitulation des forces allemandes, on est très loin de l'euphorie bruyante qui avait marqué, en novembre 1918, la fin de l'autre guerre. Certes le soulagement s'exprime, mais il est mélancolique : la guerre a pris fin, mais la France ne fait figure, dans le camp des vainqueurs, que d'une force d'appoint; entre les deux géants américain et soviétique, elle ne peut plus prétendre au statut de grande puissance. La résistance extérieure et intérieure, la part active qu'elle a prise à sa libération, sa contribution à l'avance des alliés lui ont permis de sauver l'honneur national; elle reste pourtant marquée par les années de défaite et d'occupation. La situation économique à laquelle le gouvernement du général de Gaulle doit faire face est des plus difficiles. Ce ne sont pas les « années folles », même si quelques-uns retrouvent à Saint-Germain-des-Prés le Montparnasse des années vingt, mais des lendemains qui n'incitent guère à chanter.

Les événements qui accompagnent la fin de la guerre, en cette année 1945, apportent plus de trouble que de réconfort : l'avance des Américains en Allemagne révèle la réalité des camps de concentration et l'horreur d'un système d'extermination concerté. Les images de « Nuit et brouillard » hanteront désormais les esprits, et une certaine notion de l'homme, familière à l'humanisme, résistera mal à ces révélations. L'explosion de la bombe atomique sur Hiroshima, si elle marque la dernière étape de la guerre, peut sembler ouvrir l'âge des destructions apocalyptiques, et engager l'humanité sur la voie du suicide collectif. Le partage du monde, qui s'esquisse à Yalta entre Staline, Roosevelt et Churchill, crée les conditions, non pas d'une paix durable, mais de ce que l'on appellera un peu plus tard la « guerre froide ». Comme l'écrit alors Sartre : « La guerre a pris fin dans l'indifférence et dans l'angoisse, [...] la paix n'a pas commencé. »

La vie littéraire n'a pas manqué d'être bouleversée par des événements aussi énormes : on ne reconnaît qu'à peine en 1945 les traces de ce qu'était le paysage des lettres en 1939. Les écrivains, comme les autres Français, ont été jetés dans la tourmente de la guerre, de l'occupation, de la collaboration et de la résistance; ils ont dû assumer les risques d'un choix difficile. Comme en 1914, dans une proportion moindre cependant, certains sont morts au combat : Paul Nizan en 1940, Jean Prévost dans le maquis du Vercors, Saint-Exupéry dans une mission de reconnaissance aérienne en 1944. D'autres se sont exilés à l'étranger, ils y seront un peu oubliés. Mais en France même, la plupart se sont divisés et déchirés sur la conduite à tenir : ceux qui ont choisi la collaboration vont subir un destin tragique, la mort ou l'emprisonnement. D'autres, en raison de compromissions ou de malentendus, perdent momentanément leur audience. Ceux qui se sont engagés dans la Résistance jouissent d'un grand crédit, mais vont se heurter à des problèmes insolubles, et connaître des désillusions amères.

La « collaboration », à proprement parler, avec l'Allemagne nazie, n'a attiré qu'une minorité d'écrivains de valeur ; il y en eut pourtant de convaincus, et qui le prouvent en 1945. Drieu La Rochelle, en particulier, depuis la Première Guerre mondiale où il avait brillamment combattu, n'avait cessé d'osciller entre la tentation du communisme et le mirage du fascisme. Hanté par l'image d'une énergie qui lui était étrangère et pourtant indispensable, horrifié par une faiblesse qu'il ne cessait de dénoncer chez ses compatriotes et qu'il éprouvait assurément en lui-même, il s'est engagé à corps perdu dans la collaboration avec les nazis, et y a engagé aussi *La Nouvelle Revue Française* dont il a pris la direction. Sans illusion sur l'issue finale, il marche « à pas pressés vers la chute dans un destin politique », et se suicide en 1945, devançant une condamnation qu'il jugeait certaine. Ses derniers romans, de *Gilles* aux *Mémoires de Dirk Raspe*, son *Récit secret* autobiographique, dessinent le destin, voué à la catastrophe, d'un des romanciers les plus doués qui aient surgi entre les deux guerres.

Écrivain brillant, trompé par une curiosité insatiable et par son attachement à l'« Action française », Robert Brasillach se voit condamné à mort en 1945. Son engagement de journaliste et d'écrivain dans la collaboration, son approbation de la politique hitlérienne étaient, certes, dépourvus de toute espèce de restriction. Il reste que son exécution trouble profondément les esprits, même parmi les écrivains résistants. On sent que l'écrivain paie beaucoup plus cher que d'autres le prix de ses choix politiques.

Si peu d'écrivains marquants se sont identifiés à la cause de la collaboration, beaucoup l'ont suffisamment cautionnée pour le payer de l'emprisonnement et du silence. C'est le cas des maîtres de l'« Action française » qui, par un étrange retour des choses, ont été amenés par leur « nationalisme intégral » à applaudir la « révolution nationale » du maréchal Pétain, et, par suite, à rejoindre la politique de la collaboration : Maurras, condamné à la réclusion perpétuelle pour « intelligence avec l'ennemi », restera emprisonné. C'est la tradition du nationalisme conservateur qui se trouve ainsi déconsidérée. Mais, de l'autre côté, la tradition pacifiste se trouve compromise : Giono, déjà mis en prison en 1939, s'y retrouve quelque temps en 1945. Un certain anarchisme a pu trouver dans la collaboration une manière agressive de se mettre en dehors de la communauté nationale : c'est le cas de Céline, auquel il est arrivé d'exprimer bruyamment ses obsessions antisémites; 1945 le voit se replier en Allemagne avec le dernier carré des collaborateurs.

La libération de la France a en effet son revers, qui est l'épuration. Des écrivains qui n'avaient affiché aucune profession de foi « collaborationniste » figurent pourtant sur les « listes noires ». Il a parfois suffi d'imprudences, d'un voyage en Allemagne en 1941, d'une participation purement littéraire à des revues condamnées. Beaucoup de résistants, Paulhan et Camus en particulier, protestent contre la sévérité des peines qui accablent certains écrivains : « On ne punit pas de travaux forcés quelques articles littéraires, même dans les journaux de l'occupation. » Plusieurs auteurs seront réduits au silence pour quelques années, mais non à l'inaction : ils trouveront le loisir d'écrire leur œuvre, loisir dont les résistants, investis de responsabilités dans la presse, engagés dans d'incessants débats, ne jouiront pas toujours.

A côté de ces écrivains exécutés, punis ou simplement blâmés, il en est d'autres qui, au cours de ces six années, se sont vus oubliés et dont l'œuvre semble déjà appartenir au passé. L'ombre commence à recouvrir les massifs que formaient certaines sommes romanesques : Romain Rolland est mort en 1944; son humanisme pacifiste et héroïque à la fois n'exerce plus d'influence véritable (la sagesse d'Alain, elle aussi, a perdu beaucoup de son prestige); Jules Romains publie les derniers volumes des *Hommes de bonne volonté*, ils ne suscitent plus la même curiosité : l'optimisme humaniste qui y préside et les techniques romanesques qui l'expriment ont mal résisté à « ce grand chavirement de toutes les valeurs » dont parle Gide. Giraudoux et Saint-Exupéry, comme s'ils se sentaient les survivants d'un autre âge, donnent à leurs derniers écrits l'allure d'un testament. C'est d'ailleurs à ce moment que Malraux, dans *Les Noyers de l'Altenburg*, pose avec insistance la question de savoir si, après la mort de Dieu, il ne faut pas aussi admettre la mort de l'homme tel qu'il a été conçu par la tradition humaniste.

La guerre a aussi dispersé dans le monde entier beaucoup d'écrivains; souvent ralliés à la Résistance, ils n'en sont pas moins coupés de la situation propre à la France. Leur voix se fait entendre, mais d'une manière plus lointaine. C'est le cas d'André Breton, réfugié à New York, et de Benjamin Péret au Mexique. La grande voix de Bernanos parvient du Brésil, mais elle semble tonner dans le désert. Certains, comme Saint-John Perse, ne reviendront pas des États-Unis où ils ont trouvé refuge. Même ceux qui se sont repliés en Afrique du Nord, pourtant un foyer de résistance intellectuelle, perdent une part notable de leur influence : Gide en a nettement conscience. On comprend l'inquiétude de Sartre en 1945 : « Cette brusque hécatombe de doyens a laissé d'énormes vides. »

C'est évidemment le rôle joué dans la Résistance qui, à la libération, met au premier plan certains écrivains. Quelques-uns ont participé à la résistance armée ou à la campagne de 1944-1945 : tout auréolé de gloire, Malraux, sous le nom de « colonel Berger » entre à Strasbourg à la tête de ses blindés, avant de devenir ministre d'État du général de Gaulle; René Char lutte dans les maquis de Provence, mais préfère à la Libération se retirer « quand la foi commune se défait ». La plupart ont contribué aux revues de la Résistance, éditées à Alger, comme *Fontaine*, ou dans la clandestinité. Très tôt Aragon s'est affirmé avec éclat et a vu ses poèmes cités par le général de Gaulle à la radio de Londres. Eluard, rallié depuis 1942 à la résistance communiste, écrit son fameux *Liberté* que les avions de la Royal Air Force répandent sur la France. La Résistance révèle aussi l'éloquence poétique de Pierre Emmanuel. Albert Camus, bientôt rédacteur en chef de *Combat*, s'affirme à trente ans comme une des consciences politiques les plus écoutées. François Mauriac impose un talent de journaliste qui fait presque oublier son talent de romancier. Jean Paulhan dirige les *Lettres françaises* et excelle à y réunir les esprits les plus divers. La Résistance semble effacer les divergences les plus profondes, regrouper toutes les familles spirituelles : communistes engagés dans un combat politique et patriotique, chrétiens soucieux de la liberté individuelle comme de l'indépendance nationale, démocrates opposant les droits de l'homme à un système qui les bafoue, révolutionnaires pour qui la Résistance est une première étape de la Révolution. Elle réunit « celui qui croyait au ciel » et « celui qui n'y croyait pas », et crée une solidarité grisante. La clandestinité et ses risques donnent à l'écrivain un sentiment de responsabilité et d'efficacité tel qu'il ne l'avait jamais ressenti. La libération, en écartant un personnel littéraire et politique marqué par l'occupation, donne les premiers rôles à des écrivains jeunes encore, dont l'œuvre ne fait que commencer. Tout semble possible et le journal de Camus, *Combat*, affiche comme devise : « De la Résistance à la Révolution. »

Il entre sans doute beaucoup d'illusions généreuses et lyriques dans cet enthousiasme. Une fois terminée la lutte contre l'occupant par les armes ou par la plume, l'union devait vite se briser, et le Comité National des Écrivains, où Aragon jouait un rôle important, allait enregistrer une suite incessante de départs et de ruptures. L'esprit de la Résistance ne pouvait guère survivre longtemps à la situation qui l'avait fait naître. Ses œuvres avaient été, au sens le plus noble du terme, des œuvres de circonstance. *L'Honneur des Poètes*, qui rassemblait les textes inspirés par ces circonstances, ne pouvait guère constituer l'avenir de la Poésie. Et peut-être s'est-on abusé sur l'efficacité réelle de ces textes :

ils témoignaient pour leurs auteurs, mais changeaient-ils les dispositions de leurs lecteurs ?

Il reste que, pendant les « années noires », l'écrivain avait eu le sentiment d'exercer le rôle d'un directeur de conscience, et que le poète s'était parfois senti la voix d'un prophète ; le public, semble-t-il, attendait de l'écrivain beaucoup plus que de la « littérature » : une morale, une politique, une philosophie. Une telle attente reposait sans doute sur un malentendu, mais l'écrivain de 1945 veut répondre à cette attente : son devoir, tel que l'entend Albert Camus ou tel qu'il apparaît dans la série des articles de *Combat*, semble être de participer à l'Histoire, en rappelant inlassablement les exigences de la conscience aux politiques et en opposant la révolte à toutes les injustices. Reconstruire un ordre de valeurs, aider à recréer une communauté nationale sur de telles valeurs, c'est la tâche que se propose le directeur de *Combat*, malgré beaucoup de lucidité et de pessimisme. *La Peste*, roman auquel il travaille, représente bien cet effort pour créer un mythe collectif : des hommes réunis par une lutte commune contre le mal à l'œuvre dans l'Histoire. La littérature se distingue cependant chez Camus de la tâche quotidienne du journaliste, mais on la sent liée au commentaire politique, à l'essai philosophique, à la protestation morale. Chez Sartre, au contraire, un programme de littérature engagée tend à fondre l'action politique et la création littéraire. La littérature doit « concourir à produire certains changements dans la société », redevenir une « fonction sociale ». Certes, il affirme que le souci de l'engagement ne doit pas faire oublier celui de la littérature, mais il est bien évident qu'il la conçoit comme un moyen susceptible d'atteindre une fin, quand il écrit, présentant sa revue *Les Temps Modernes* : « Nous recourrons à tous les genres littéraires pour familiariser le lecteur avec nos conceptions. » La littérature est ainsi subordonnée à une action politique ou à une réflexion philosophique. On l'engage à affronter les problèmes les plus ingrats de l'avenir immédiat. Elle doit accepter de dépendre de la situation présente et d'être « consommée sur place ».

Effacement de la littérature derrière l'action politique, c'est aussi ce que l'on sent chez les communistes chez qui le « réalisme socialiste » reprend ses droits : les jugements de valeur littéraire sont souvent liés à des appréciations politiques. Du côté des catholiques, chez Mauriac et Bernanos, la prédication civique et morale prend nettement le pas sur la création romanesque. Les revues, d'ailleurs, traduisent ce primat du politique sur le littéraire : *La Nouvelle Revue Française*, qui dominait l'avant-guerre et servait admirablement la littérature, ne reparaîtra pas de plusieurs années. Les revues de la Résistance se taisent peu à peu. *Esprit*, pour l'humanisme chrétien, *Les Temps Modernes* pour l'existentialisme, ne font à la littérature qu'une place bien limitée. *Les Lettres françaises*, sous l'influence d'Aragon, deviennent peu à peu l'organe littéraire des communistes. Sur un autre plan, *Critique*, que dirige Georges Bataille, donne le pas à la philosophie et aux sciences humaines sur la littérature.

Cette « littérature engagée » suscite en 1945 beaucoup d'intérêt et de curiosité. Les lecteurs attendent une nouvelle génération d'écrivains qui succéderait à celle de 1900 (Claudel, Gide, Valéry) et à celle de 1925 (Mauriac, Montherlant, Giraudoux). Il y a peut-être quelque inflation dans le crédit que l'on fait à Camus et à Sartre, et qui se porte sur leur personne plus encore que sur leurs œuvres. La déception était inévitable, au regard de ce que l'on attendait d'eux. La littérature qu'ils annoncent est assez éloignée de celle qui a marqué leurs débuts et qui les a fait connaître : l'auteur de *La Nausée*, celui de *L'Étranger* semblaient plus naturellement destinés à évoquer le sentiment de l'homme étranger à la société que celui du citoyen s'engageant dans la collectivité. Leurs écrits de 1945 annoncent le programme d'une littérature à venir, mais ce programme ambitieux ne s'accomplira qu'en partie.

La littérature en 1945 est profondément ébranlée par les chocs d'une histoire à laquelle l'écrivain veut faire face. Elle souffre sans doute de cette « terreur » qu'a analysée Paulhan, qui est une obsession de dépasser la littérature, d'échapper au soupçon qu'il ne s'agit que de « littérature ». C'est là une préoccupation commune à beaucoup d'auteurs. Pourtant, au même moment, un écrivain comme Giono se trouve et peut-être s'accomplit en se dégageant de toute entreprise de prédication. « Pour les besoins de sa cause, écrira-t-il plus tard, la politique a donné une fausse définition de l'art d'écrire. On n'est pas le témoin de son temps; on est le témoin de soi-même (ce qui est déjà très joli). »

Il ne faudrait d'ailleurs pas s'exagérer l'importance des tendances et des groupes en 1945. L'existentialisme ne joue pas, à beaucoup près, le rôle qu'avait joué le surréalisme au lendemain de l'autre guerre : celui-ci avait marqué profondément tous les écrivains qui l'avaient traversé; celui-là ne suscitera aucune œuvre marquante en dehors de celles de ses maîtres : Camus, Sartre, Simone de Beauvoir. Les organisations et les groupes qui avaient une place dans la vie littéraire avant la guerre, comme l'« Action française », ont disparu, ils ne seront pas remplacés. Trop soucieux d'orthodoxie politique, le communisme ne créera pas un véritable groupe littéraire. Aussi l'année 1945, qui paraît rendre aux écrivains le sentiment de la solidarité qui les unit à leur public comme à leurs confrères, laisse-t-elle peut-être prévoir l'avènement des entreprises individuelles, des inventions singulières, des itinéraires solitaires. Demander à la littérature de transformer la société et d'imposer sa marque à l'histoire n'aura pas été une entreprise inutile. C'est par rapport à cette entreprise de « littérature engagée », à ses exigences et à son échec que vont se définir la plupart des recherches littéraires. On le voit par exemple chez Michel Leiris, dans cette conclusion, très révélatrice des soucis de l'époque, qu'il donne, en 1945, à sa préface de *L'Âge d'homme :*

« Il resterait néanmoins cet engagement essentiel qu'on est en droit d'exiger de l'écrivain, celui qui découle de la nature même de son art : ne pas mésuser de son langage et faire par conséquent que sa parole, de quelque manière qu'il s'y prenne pour la transcrire sur le papier, soit toujours vérité. Il resterait qu'il lui faut, se situant sur le plan intellectuel ou passionnel, apporter des pièces à conviction au procès de notre actuel système de valeurs et peser, de tout le poids dont il est si souvent oppressé, dans le sens de l'affranchissement de *tous* les hommes, faute de quoi nul ne saurait parvenir à son affranchissement particulier. »

Dans les bureaux de *Combat* : à gauche Albert Camus, à droite André Malraux.

Cl. René Saint-Paul.

En 1945, dans l'atelier de Picasso. De gauche à droite, debout : Lacan, Reverdy, Picasso, Simone de Beauvoir (à l'extrême droite); accroupis autour du chien de Picasso : Sartre, Camus, Leiris.

Cl. Brassaï.

Chapitre II

Chronologie

1945

Février : Conférence de Yalta, Anglais, mais surtout Américains et Soviétiques préparent le partage du monde en zones d'influence.

8 mai : Fin de la guerre en Europe.

Juin : Charte de l'Organisation des Nations Unies.

Août : Hiroshima, première bombe atomique utilisée dans un conflit. Fin de la guerre en Asie.

Septembre : Proclamation par le Viet-minh de l'indépendance du Vietnam et création de la République démocratique.

Novembre : A Nuremberg, début du procès des criminels de guerre nazis, qui se terminera en octobre 1946.
Fondation de l'U.N.E.S.C.O., qui s'installe à Paris en 1958.

1946

Janvier : De Gaulle, président du gouvernement provisoire, démissionne.

Juin : Succès du M.R.P., parti d'inspiration démocrate chrétienne.

Octobre : Adoption par référendum de la Constitution de la IVe République.

Novembre : Bombardement de Haïphong par les troupes françaises : début de la guerre d'Indochine.

1947

Mars : Insurrection à Madagascar.

Avril : De Gaulle fonde le R.P.F. (Rassemblement du Peuple Français).

Mai : Le Parti communiste français entre dans l'opposition.

Juin : Plan Marshall d'aide économique américaine à l'Europe, refusé par les pays de l'Est.

Septembre : Création du Kominform, pour contrebalancer le plan Marshall.

1948

Janvier : Assassinat de Gandhi.

Mai : Proclamation de l'État d'Israël. Guerre entre Israël et ses voisins arabes.

Juin : Rupture entre la Yougoslavie de Tito et l'U.R.S.S.

1949

Avril : Organisation du Traité de l'Atlantique Nord, O.T.A.N., organisation militaire du bloc occidental.

Mai : Naissance de la République fédérale allemande (Allemagne de Bonn).

Septembre : Première bombe atomique soviétique.
En Hongrie, procès Rajk. Malgré les « aveux » des condamnés, ce procès, comme tous ceux qui suivront bientôt dans les démocraties populaires, sera dénoncé par la suite comme truqué.

Octobre : Formation de la République démocratique allemande (Allemagne de l'Est).
Mao Tsé-toung proclame la République populaire chinoise.

1950

Juin : Début de la guerre de Corée. Les troupes américaines vont s'y engager sous le pavillon des Nations Unies.

1951

Loi sur les activités anti-américaines : c'est le sommet de la « chasse aux sorcières » menée, à l'instigation du sénateur Mc Carthy, contre tous les Américains suspects de sympathie pour le régime soviétique. Le procès des Rosenberg, accusés d'espionnage au profit de l'U.R.S.S. et condamnés à mort en avril 1951, provoquera une vague d'anti-américanisme en France (manifestations, en mai 1952, contre le général Ridgway et la guerre bactériologique).

1952

Mars : Ministère Pinay, incarnation d'un état d'esprit conservateur qui rassure les classes moyennes.
Procès de Prague.

Novembre : Élection d'Eisenhower à la présidence des États-Unis.
Expérimentation de la première bombe H à Eniwetok.

Décembre : Sanglantes émeutes au Maroc (Casablanca).

1953

Mars : Mort de Staline.

Juillet : Émeutes à Berlin-Est, intervention des blindés soviétiques.

Août : Déposition par les Français du sultan du Maroc.
Grandes grèves générales en France.

1954

Mai : Dien-Bien-Phu (pour la première fois, une armée occidentale, le corps expéditionnaire français, est battue par une armée d'un pays du Tiers-Monde, les troupes Vietminh).

Avril-juillet : Conférence de Genève, fin de la guerre d'Indochine, division du pays en Vietnam du Nord et du Sud.

Juin (jusqu'en février 1955) : Ministère Mendès-France (ton nouveau dans la politique française — fixation d'un calendrier, allocutions radiodiffusées — qui contraste avec l'immobilisme des ministères précédents).

1er novembre : Début de ce qui va devenir la guerre d'Algérie.

1955

Avril : Conférence afro-asiatique de Bandoeng, première réunion des pays du Tiers-Monde.

Septembre : En Argentine, chute de Peron qui avait représenté un nationalisme populaire.

1956

Janvier : Victoire électorale du Front républicain (Socialistes, et Radicaux de Mendès-France) : Guy Mollet est nommé président du Conseil; il se rend à Alger le 6 février : la « journée des tomates ».

Février : XXe Congrès du P. C. soviétique, début de la déstalinisation.
Krouchtchev affirme la thèse de la coexistence pacifique.

Mars : Indépendance de la Tunisie et du Maroc.

Juillet : En Égypte, Nasser, qui a pris le pouvoir en 1954, nationalise le canal de Suez.

Octobre-novembre : Gomulka réussit la déstalinisation en Pologne. Insurrection hongroise, les troupes soviétiques interviennent.
Intervention militaire franco-anglaise en Égypte, arrêtée par l'action diplomatique de l'U.R.S.S. et des États-Unis.
Deuxième conflit entre Israël et les pays arabes.

1957

Mars : Traité de Rome instituant le Marché Commun et l'Euratom.

4 octobre : Mise en orbite autour de la terre, par les Soviétiques, de Spoutnik I, le premier satellite.

1958

Mai-juin : Soulèvement à Alger; de Gaulle revient au pouvoir.

Septembre : Fondation de la Ve République.
Communauté franco-africaine, début de l'indépendance des États de l'Afrique noire.

Octobre : Jean XXIII est élu pape; son libéralisme (Encycliques « Mater et Magistra » en 1961, « Pacem in Terris » en 1962, sur les rapports de l'Église et du monde moderne, sur la conception de l'ordre et de la paix) fait contraste avec l'état d'esprit de Pie XII auquel il a succédé.

Décembre : Le général de Gaulle élu président de la République et de la Communauté.

1959

Janvier : Debré, premier ministre, le restera jusqu'en avril 1962.
André Malraux est nommé ministre d'État chargé des Affaires culturelles; à ce poste, qu'il occupera pendant dix ans, il définira une nouvelle politique de la culture.
Fidel Castro prend le pouvoir à Cuba, dont il va peu à peu faire le seul État socialiste d'Amérique.

Septembre : De Gaulle affirme le droit de l'Algérie à l'auto-détermination.

1960

Janvier : A Alger, journées des barricades.

Février : Au Sahara, explosion de la première bombe atomique française.

Juillet : Le Congo belge accède à l'indépendance : troubles, puis guerre civile (Tschombé, Lumumba).

Septembre : Manifeste des 121 (121 intellectuels, artistes, comédiens, dénonçant la torture en Algérie, réclament le « droit à l'insoumission »).

Novembre : Élection de J. F. Kennedy à la présidence des États-Unis, incarnation d'un idéal nouveau, l'esprit de la « Nouvelle Frontière ».
Début des divergences entre Chinois et Soviétiques.

1961

Avril : A Alger, putsch manqué des généraux. L'action subversive de l'O.A.S. va s'intensifier : attentats contre de Gaulle, plasticages, assassinats d'écrivains nord-africains (Mouloud Feraoun).
Les Soviétiques envoient le premier homme dans l'espace, Gagarine.

Août : Crise à Berlin, construction du Mur.

1962

Avril : Pompidou, premier ministre, le restera jusqu'en juillet 1968.

Juillet : Indépendance de l'Algérie (accords d'Évian).

Octobre : Début du concile Vatican II qui se réunit pour étudier l'*aggiornamento* (la mise à jour) de l'Église catholique, et qui durera jusqu'en décembre 1965.
Le principe de l'élection du président de la République française au suffrage universel est adopté par référendum.

1963

Juin : Mort de Jean XXIII, auquel succédera Paul VI.

Novembre : Assassinat à Dallas de J. F. Kennedy ; le vice-président, L. B. Johnson, devient président.

1964

Octobre : Première bombe atomique chinoise.
Destitution de Krouchtchev. Kossyguine, premier ministre, Brejnev premier secrétaire du Comité Central.

1965

Mars : Première sortie d'un homme dans l'espace, le Soviétique Leonov.

Octobre : Premiers bombardements américains sur le Vietnam du Nord.

Décembre : Le général de Gaulle est réélu au second tour, contre François Mitterrand, à la présidence de la République.

1966

Mars : Début de la révolution culturelle chinoise (remise en question permanente, par l'intervention des Gardes rouges, au nom de la pureté révolutionnaire).
L'année suivante, le « Petit Livre rouge » des pensées du président Mao Tsé-toung sera publié en France.

1967

Avril : Coup d'état des militaires grecs contre la monarchie constitutionnelle.

Juin : Troisième conflit, la Guerre des Six Jours, entre Israël et les pays arabes.
Les Israëliens occupent en particulier la totalité de Jérusalem.

Juillet : Discours de De Gaulle au Québec, « Vive le Québec libre. »

Juillet-août : Violentes émeutes raciales aux États-Unis (les « étés chauds »).

Octobre : En Bolivie, mort de Che Guevara, compagnon de Castro, et symbole de la lutte révolutionnaire en Amérique latine.

1968

Janvier : Dubcek devient secrétaire général du P. C. tchécoslovaque; c'est le début du « Printemps de Prague ».

Avril : Aux États-Unis, assassinat du leader noir modéré, Martin Luther King. Robert Kennedy, frère de John, candidat à la présidence, sera assassiné en juin.

Mai-juin : En France, agitation universitaire, barricades, grève générale. L'Assemblée nationale est dissoute. Les élections voient la victoire de l'U.D.R. gaulliste. Couve de Murville devient premier ministre.

Août : En Tchécoslovaquie, intervention des troupes du Pacte de Varsovie; arrêt des mesures de libéralisation du gouvernement Dubcek.

... et 1969

Avril : Démission du général de Gaulle après l'échec du référendum sur la régionalisation.

Juin : Pompidou élu président de la République. Chaban-Delmas nommé premier ministre.

Juillet : Les Américains Armstrong et Aldrin marchent sur la Lune.

Deuxième partie

Les grandes familles

Chapitre III

L'existentialisme

Les œuvres, et aussi les fortes personnalités, de Sartre et de Camus ont marqué profondément la vie littéraire de l'après-guerre. Le public a cru pouvoir les associer, malgré tout ce qui les sépare, sous le terme d'existentialisme; cette étiquette sommaire était assurément des plus fâcheuses : Gabriel Marcel la risque vers 1943, des journalistes en mal de copie la lancent vers 1945, Sartre la reprend avec beaucoup de réserves et un peu d'imprudence, Camus ne cesse, pour son compte, de la refuser. Mais « l'existentialisme » connaît une étonnante fortune, auprès d'un public qui y voit un vaste mouvement collectif, réunissant tout ce qui se fait de neuf à un moment donné dans tous les domaines intellectuels. Bien qu'il s'agisse là d'un contresens évident, et qu'il n'y ait jamais eu de groupe littéraire ou de famille d'esprit existentialiste, le terme a prévalu dans les années 1945, et nous ne pouvons guère le refuser, puisqu'il rend compte du retentissement exceptionnel qu'eurent alors des œuvres extrêmement diverses. La mode, sans doute, qui avait porté l'existentialisme, l'a abandonné aujourd'hui; elle lui a opposé, à partir de 1960, le « structuralisme », créant une nouvelle entité, aussi mythique que la précédente, à partir de recherches très diverses que rapprochent seulement de vagues analogies ou des amitiés personnelles. Alors qu'en 1945 tout écrivain, jeune ou vieux, se définissait par rapport à l'existentialisme, il n'est pas de nouvel auteur, depuis une dizaine d'années, qui, dénonçant chez Camus les limites d'un humanisme assez court, chez Sartre les illusions de la littérature engagée, ne se croie obligé de démystifier l'un ou de récuser l'autre. Qu'elles soient injustes ou fondées, ces attaques permettent d'y voir plus clair. Au-delà du flux et du reflux de la mode, il est maintenant possible de préciser ce qu'a été cet existentialisme : autour d'un certain nombre d'œuvres auxquelles il convient de restituer leur singularité, un climat philosophique, politique et littéraire, un ensemble de thèmes et de préoccupations, qui caractérisent plus une situation historique et une période (1945-1955) qu'une « grande famille » de la littérature française.

A l'origine, il s'agit d'un mouvement qui appartient à l'histoire de la philosophie et fort peu à celle de la littérature. Les philosophies de l'existence, soucieuses de mettre en lumière le caractère irréductible de l'existence humaine, protestant contre les systématisations idéalistes qui intègrent ou dépassent l'individu dans l'absolu du Savoir, découlent essentiellement de Kierkegaard qui, au XIXe siècle, réaffirme contre la philosophie de Hegel les droits de la conscience malheureuse et divisée. Heidegger, appliquant les méthodes « phénoménologiques » de son maître Husserl, insiste sur des sentiments révélateurs de l'existence tels que l'angoisse et le « souci », et décrit cette existence comme une manière de « transgression » ou d'éclatement. Les méditations de Heidegger ont beaucoup influencé les existentialistes français, qu'il s'agisse de Sartre qui les a étudiées très tôt en Allemagne, de Camus qui s'en fait une idée sans doute sommaire à travers des études françaises, ou de Merleau-Ponty qui les suit avec autant de fidélité que de précision. Mais à côté de cet existentialisme athée, il y a un existentialisme chrétien, plus fidèle peut-être à Kierkegaard, illustré en Allemagne par Jaspers, en France par Gabriel Marcel : il met l'accent sur la transcendance des valeurs religieuses. Dans les deux cas, il ne semble pas qu'il faille surestimer l'apport de l'existentialisme français à ces « philosophies de l'existence » qui se sont d'abord développées dans une tradition allemande avec Heidegger et Jaspers, russe avec Berdiaev et Chestov, judaïque même avec Martin Buber. Sartre et Merleau-Ponty n'ont jamais caché tout ce qu'ils devaient à la philosophie allemande, et à Heidegger en particulier; l'existentialisme français a beaucoup plus adapté qu'il n'a créé, et il n'est pas sûr qu'il tienne dans l'histoire de la philosophie une place essentielle.

Mais la philosophie ne nous intéresse ici que dans la mesure où elle donne à la littérature un nouveau visage; or les philosophies de l'existence tendent à combler le fossé qui sépare la philosophie de la littérature. On le voit chez Heidegger qui associe fréquemment la recherche métaphysique et le commentaire des poètes. On le voit surtout dans l'usage de la « description phénoménologique » que font les philosophes français. « Il s'agit, répète Merleau-Ponty après Husserl, de décrire, et non pas d'expliquer ni d'analyser. » Et l'auteur de la *Phénoménologie de la perception*, sans jamais faire œuvre proprement littéraire, ne cesse de s'interroger sur les écrivains et les artistes. Il assimile même l'effort du philosophe à celui du poète ou du romancier. « Si la phénoménologie a été un mouvement avant d'être une doctrine ou un système, ce n'est ni hasard ni imposture. Elle est laborieuse comme l'œuvre de Balzac, celle de Proust, celle de Valéry ou celle de Cézanne, — par le même genre d'attention et d'étonnement, par la même exigence de conscience, par la même volonté de saisir le sens du monde ou de l'histoire à l'état naissant. » La phénoménologie de l'existence, au moins dans son premier temps, semblait concilier littérature et philosophie, et l'on comprend l'émerveillement du jeune Sartre à qui Raymond Aron faisait découvrir les nouvelles directions de la philosophie allemande vers 1935 : « Aron désigna son verre : "Tu vois, mon petit camarade, si tu es phénoménologue, tu pourras parler de ce cocktail, et c'est de la philosophie!" Sartre en pâlit d'émotion ou presque. » (Rapporté par Simone de Beauvoir dans *La Force de l'âge*.) Et sans doute, Sartre dans *L'Être et le Néant* allait-il formuler, préciser de manière plus technique, un grand nombre de thèmes strictement philosophiques; mais il serait facile d'extraire de cette somme métaphysique une quantité de descriptions qui sont autant de prouesses littéraires, comme la parade du garçon de café qui joue à être garçon de café. Quand Albert Camus, dans *Le Mythe de Sisyphe*, étudie les apports de Kierkegaard, Husserl, Jaspers, Berdiaev ou Chestov, il fait sans doute, bien qu'il s'en défende, un essai de philosophe, mais il est surtout soucieux de donner à toutes ces recherches un style concis et tendu. Les philosophies de l'existence ne se bornent pas, comme celles de Descartes ou de Bergson, à rechercher une expression claire et vigoureuse; elles coïncident avec un style de l'écrivain, qui est aussi une vision du monde. On retrouverait d'ailleurs les mêmes tendances dans l'existentialisme chrétien : Gabriel Marcel, à la suite de Kierkegaard, formulait dès 1927, dans la discontinuité d'un *Journal métaphysique*, ses recherches sur la transcendance. Le climat philosophique de l'existentialisme, avec la grande place qu'il accorde au tragique et à l'angoisse, avec sa prédilection pour les ambiguïtés, les paradoxes, les ruptures, s'accommode mal des formes classiques du discours philosophique et de la sérénité du développement systématique.

En tout cela, la philosophie de l'existence éprouve la nostalgie ou la tentation des formes littéraires et dramatiques.

Si la philosophie, tout en gardant sa terminologie et sa technicité, se tourne ainsi vers la littérature, la littérature de son côté se fait interrogation métaphysique. Présenté comme un roman mais détruisant la plupart des mythes attachées à ce genre, *La Nausée* de Sartre est à sa manière un journal métaphysique, et la célèbre méditation de Roquentin sur la racine d'un arbre dans un jardin public appartient tout autant à la philosophie qu'à la littérature. *L'Invitée*, de Simone de Beauvoir, peut être pris pour un roman traditionnel portant sur la psychologie d'un trio aux relations complexes. Mais il s'agit bien d'un roman métaphysique, qui, sans jamais s'autoriser le commentaire explicite, s'interroge sur l'existence d'autrui à partir de la formule de Hegel selon laquelle « chaque conscience poursuit la mort de l'autre ». Enfin, il est bien clair que Camus, dans *L'Étranger*, ne se propose pas l'étude psychologique d'un cas singulier, mais remet en cause la relation de l'homme avec le monde et la société. Même ses textes les plus heureux, les plus « solaires », comme ceux de *L'Été*, ne rompent jamais complètement avec l'interrogation ou avec l'angoisse : dans l'univers méditerranéen où tout est équilibre, la plénitude qui monte de la mer silencieuse reste une « plénitude angoissée ».

La recherche philosophique et la création littéraire, qui se rapprochent dans l'existentialisme, restent pourtant deux entreprises parallèles et distinctes. L'écrivain existentialiste ne cherche pas à les fondre dans un langage commun ou dans un nouveau type de discours. Il ne remet pas en question, sauf dans *La Nausée*, la distinction des genres, mais s'y conforme avec docilité. Il montre une aptitude étonnante à les utiliser successivement. Les thèmes de l'absurde, chez Camus, s'expriment tour à tour dans le roman, l'essai et le drame. Sartre excelle dans des genres plus divers encore : il y montre plus de sûreté magistrale que de goût de la novation. En ce sens, il n'est nullement un inventeur. Et si les écrivains existentialistes ont pu, dans les années 1950, toucher un très large public par l'usage habile qu'ils faisaient des genres traditionnels et du langage, c'est ce même respect qui les fait parfois rejeter aujourd'hui dans la littérature du passé.

Ces quelques traits communs définissent plutôt les tendances d'une époque que les choix d'un groupe. Et l'écrivain existentialiste, que l'on verra souvent affamé de solidarité, demeure le plus souvent un écrivain solitaire. Sartre et Camus ont écrit sans se connaître les œuvres qui les ont rendus célèbres. Il y avait sans doute suffisamment de points communs entre eux pour que Sartre exprimât son estime pour *L'Étranger*, Camus son intérêt pour *La Nausée* et *Le Mur*. Mais on n'imagine pas de visions du monde plus opposées que celle de Sartre, assombrie par une horreur profonde de la nature, et celle de Camus, ensoleillée par l'amour de la Méditerranée. L'amitié difficile qui a uni les deux écrivains après la Libération n'a jamais empêché Camus de prendre ses distances vis-à-vis de l'existentialisme de Sartre. Leur rupture, qui fit un grand bruit en 1952, marquait sans doute la divergence des choix politiques, Sartre éprouvant de plus en plus de sympathie et Camus de plus en plus d'horreur pour le communisme soviétique. Mais elle consacrait surtout le divorce entre deux conceptions de l'existence et de la littérature : humanisme, révolte, goût du bonheur, amour de la « belle forme » chez Camus; engagement politique, révolution, obsession de la culpabilité, dégoût de la « littérature » chez Sartre. Si l'on trouve au-delà de toutes ces divergences une certaine unité entre leurs œuvres respectives, c'est dans l'horizon même de ces années, qui leur était commun et qu'ils ont contribué à dessiner.

On peut ainsi s'expliquer que l'existentialisme n'ait guère débordé le cadre d'une génération, et qu'il n'ait pas eu la fécondité littéraire dont avait fait preuve, vingt ans plus tôt, le surréalisme. Ces maîtres à penser ont eu des élèves, mais pas de postérité. Sartre a sans doute lancé avec beaucoup de fougue et de perspicacité des écrivains déjà confirmés, mais encore peu connus du grand public, comme Jean Genet; il n'a guère suscité de talents nouveaux. Le directeur des *Temps Modernes*, qui réunissait autour de lui en 1945 des écrivains aussi divers que Michel Leiris, Jean Paulhan ou Boris Vian, n'a pas créé là un groupe littéraire, mais une revue d'études politiques. Les manifestes contenus dans *Qu'est-ce que la littérature?* (1947), qui appelaient à une littérature engagée, sont restés sans lendemain. *Les Temps Modernes* ont, depuis vingt-cinq ans, révélé des essayistes comme Francis Jeanson, des économistes et des polémistes, mais à l'unique exception d'un remarquable essai autobiographique d'André Gorz, *Le Traître* (1958), on chercherait en vain une œuvre littéraire incontestable, qui ait été marquée et fécondée par l'influence sartrienne. Camus, de son côté, a eu des admirateurs, mais guère d'imitateurs. Aussi l'existentialisme littéraire se limite-t-il aux œuvres de Camus, Sartre, Simone de Beauvoir, à la fois exemplaires et individuelles. Mais à travers ces trois œuvres on peut voir se dessiner l'évolution de la littérature existentialiste qui n'a jamais cessé de se dépasser et ne s'est jamais figée en une tradition.

Avant même que le terme d'existentialisme fût inventé, Sartre avait publié *La Nausée* (1938) et *Le Mur* (1939), où dominent l'agressivité et la dérision. Camus, après ses premiers essais inspirés par le soleil et la misère, avait écrit *L'Étranger* (1942), *Le Mythe de Sisyphe* (1943), *Caligula*, trois images de la négation et de l'absurde. Toutes ces œuvres rendaient un son nouveau : le désespoir s'y exprimait sans pathétique, la solitude des héros y était absolue, ils ne participaient ni à la société dont ils dénonçaient l'absurdité, ni à l'Histoire qu'ils ne prenaient jamais en considération. Cette solitude, ce délaissement n'étaient peut-être pas une absolue nouveauté dans le roman français : on les trouvait esquissés chez Céline, Malraux ou même Bernanos. Mais Sartre et Camus rompaient beaucoup plus nettement avec les espérances morales, les transcendances religieuses et historiques. Le roman cessait de vouloir intégrer son héros à quelque communauté que ce fût : Roquentin et l'autodidacte de *La Nausée*, le condamné à mort, l'impuissant, le fou et le maniaque sexuel des nouvelles du *Mur*, Meursault et son double mythique Sisyphe, Caligula, l'empereur fou, ne seront jamais récupérés par la société. En revanche, Lucien Fleurier, le héros dérisoire et arrogant de « L'enfance d'un chef » qui représentait l'intégration abjecte à la société, incarnait toutes les bassesses de la mauvaise foi. Conçues dans la solitude par des écrivains qu'on ne prenait pas encore pour les porte-parole de leurs temps, ces œuvres « pré-existentialistes » ont gardé toute leur virulence.

A partir de 1940, Camus et Sartre sont brusquement confrontés avec l'histoire et la guerre. Sartre était resté jusque-là indifférent à la politique, et si Camus s'était engagé nettement en faveur des Algériens, il l'avait fait en journaliste plutôt qu'en écrivain. Avec l'occupation et la Résistance, leur littérature abandonnera peu à peu les thèmes de la solitude pour ceux de la solidarité. Assurément, la première manière de l'existentialisme, avec ses images sombres et désespérées, survit dans des pièces comme *Huis Clos* ou *Le Malentendu* (1944), et elle répondait au désarroi des esprits qui voyaient s'effondrer toutes les morales rassurantes. Mais, engagé dans la Résistance, l'existentialisme était à la recherche d'un nouvel humanisme. Il lui fallait conjurer le nihilisme qui guettait les philosophies de l'absurde ou de la contingence, et qui ne leur permettait guère de s'opposer d'une manière cohérente à l'esprit du nazisme. Aussi aux alentours des années 1945 l'existentialisme est-il à la fois désespéré (il assure que toutes les valeurs sont détruites) et ouvert à l'espoir (il s'agit de recréer un nouvel ordre de valeurs). Sartre, dans une conférence à la pédagogie assez rudimentaire, annonce que « l'existentialisme est un humanisme », un humanisme qui ne ressemble en rien à celui dont il a fait la caricature cinglante dans *La Nausée*. Il évoque avec beaucoup de sympathie l'œuvre de Saint-Exupéry, comme le fait aussi Merleau-Ponty. Quant à Albert Camus, il dirige une collection intitulée « Espoir », où il se donne pour tâche le dépassement du nihilisme : il y publie des écrits de René Char, et la plus grande partie de l'œuvre posthume de Simone Weil.

Nouvel humanisme, c'est le deuxième visage de l'existentialisme dans les années 1945-1950, « espoir des désespérés », note très justement Emmanuel Mounier, qui définit quant à lui un personnalisme chrétien qui n'est pas si loin de l'existentialisme. Une vive polémique se développe autour de cet existentialisme athée qui prétend à l'humanisme. Gabriel Marcel le réprouve sur le plan religieux et politique, et l'accuse de détruire toutes les valeurs morales. Mais les attaques les plus rudes viennent des marxistes. Georges Lukacs, dans une polémique sommaire, dénonce la tentative de Sartre comme celle d'une « troisième voie » entre l'idéalisme et le matérialisme dialectique. En fait, toute la vie de l'existentialisme, ses problèmes et ses polémiques vont tourner autour de la question du communisme et de l'U.R.S.S. Sartre, dans *Les Mains sales* (1948), Camus dans *Les Justes*, (1949), s'interrogent sur l'usage de la violence, sur les relations entre la politique et la morale, la révolte et la révolution. Marqué par la Seconde Guerre mondiale, voyant se développer une guerre froide qui risque d'imposer le choix entre l'U.R.S.S. et les U.S.A., l'existentialisme veut rendre compte de cette tragédie. *La Peste* de Camus, *Les Chemins de la liberté* de Sartre, sous une forme allégorique ou historique, tentent d'exprimer par le roman cet humanisme qui refuse de s'incliner passivement devant les catastrophes de l'histoire. Camus, au vrai, cherche un humanisme qui résiste à l'histoire et à toutes les formes de totalitarisme, Sartre, au contraire, dessine un humanisme qui s'intégrerait à l'histoire et qui en accepterait les violences. Mais l'un et l'autre, horrifié ou attiré par le communisme stalinien, sont également fascinés par lui.

A partir de 1950, cet humanisme résiste mal aux chocs de l'histoire. La guerre de Corée, le problème de l'existence des camps de travail en U.R.S.S., les rigueurs du régime stalinien divisent profondément les intellectuels existentialistes. Sartre, délaissant volontiers la littérature pour les tâches politiques, fait de plus en plus de l'existentialisme une réflexion sur le marxisme. Camus, au contraire, dans *L'Homme révolté* (1951), instruit le procès des révolutions totalitaires qui érigent le meurtre en système et en raison d'État. Mais, dans les deux cas, l'existentialisme semble avoir perdu son ambition de donner à l'histoire une forme humaine. Simone de Beauvoir, dans *Les Mandarins* (1954), analyse l'échec de ces intellectuels qui ont voulu participer à l'histoire et ont pris peu à peu conscience, après les illusions de l'après-guerre, de leur impuissance.

Les derniers livres que publie Camus avant sa mort marquent beaucoup de désarroi et de pessimisme : l'élan humaniste de *La Peste* est bien retombé. A partir de 1956, voici l'écrivain déchiré par la guerre d'Algérie qui meurtrit un pays auquel il était passionnément attaché : il s'impose le silence. Sartre, de son côté, obsédé par cette même guerre, prend position contre elle avec une éloquence véhémente, dont il est le premier à déplorer le peu d'efficacité. L'existentialisme semble d'ailleurs se résorber. Pour Sartre, qui en 1958 étudie ses relations avec le marxisme *, l'existentialisme est une simple « idéologie » qui, en marge du marxisme, véritable « philosophie » de notre temps, a tenté de le réactiver. « A partir du jour où la recherche marxiste prendra la dimension humaine [...] comme le fondement du savoir anthropologique, l'existentialisme n'aura plus de raison d'être : absorbé, dépassé et conservé par le mouvement totalisant de la philosophie, il cessera d'être une enquête particulière pour devenir le fondement de toute enquête. » De fait, après 1960, avec la mort de Camus et de Merleau-Ponty, l'existentialisme s'efface peu à peu. Le

* Dans *Questions de méthode*, intégré plus tard à la *Critique de la raison dialectique* (1960).

succès considérable des *Mémoires* de Simone de Beauvoir, celui des *Mots* (1963) de Sartre, les beaux textes quasi autobiographiques de ce dernier sur Nizan (1960) et sur Merleau-Ponty (1961), suggèrent un existentialisme arrivé à la phase des bilans et des rétrospectives nostalgiques. Les tendances nouvelles de la philosophie, des sciences humaines et de la littérature sont absolument étrangères ou hostiles aux préoccupations qui étaient celles de « l'existentialisme ». Le rôle même qu'a joué Sartre, celui d'un écrivain-philosophe, affrontant tous les problèmes de la culture et de l'histoire, proposant une doctrine qui « rend la vie humaine possible », inspire toujours le respect, mais aussi la plus grande défiance aux nouveaux écrivains et aux philosophes d'aujourd'hui. Le subjectivisme, l'humanisme, la réflexion sur l'histoire, les notions de conscience, de situation, de projet, de liberté disparaissent de l'horizon de la philosophie actuelle. On parle au contraire avec Lacan de « décentrement du sujet », on pense volontiers avec Lévi-Strauss que « le but dernier des sciences humaines n'est pas de constituer l'homme, mais de le dissoudre », et avec Michel Foucault que « l'homme » pourrait s'effacer « comme à la limite de la mer, un visage de sable ». D'une manière plus générale, la philosophie s'éloigne des thèmes de l'existence et de leur expression volontiers dramatique, pour s'attacher au concept, au système et à la structure. La littérature nouvelle, dans la mesure où elle se consacre à la mise en question du langage et se désintéresse de la recherche morale, ne trouve plus son inspiration chez Sartre ou chez Camus, mais plutôt chez Samuel Beckett, par exemple, qui organise le non-sens dans l'ordre du langage et qui dès 1951, dans *Molloy*, récusait la conception existentialiste de l'absurde.

S'il apparaît que l'existentialisme, en 1970, a perdu son pouvoir stimulant, il est évidemment trop tôt pour délimiter son importance historique. Mais il semble être mésestimé, comme l'était le surréalisme en 1945. S'il a cessé d'exercer son influence, c'est qu'elle a été assimilée par les écrivains mêmes qui la dépassent. *L'Innommable* de Beckett va plus loin que l'Absurde de Camus, le théâtre de Jean Genet fait peut-être oublier celui de Sartre. Il reste à savoir si Sartre et Camus n'ont pas précisément rendu possibles Genet et Beckett.

Albert Camus

L'œuvre de Camus, à partir de *L'Étranger* (1943) jusqu'à *La Peste* (1947), a fait l'unanimité autour d'elle. Romancier, essayiste, dramaturge, journaliste et résistant, Camus apparaît comme un jeune héros comblé de dons. Les polémiques agressives dont Sartre est l'objet lui sont épargnées. *La Peste* est salué comme le grand livre de l'après-guerre par les familles d'esprit les plus opposées. Et pourtant, alors que son œuvre ne cesse d'élargir son audience, Camus va se trouver peu à peu isolé et critiqué. *L'Homme révolté* (1951) est vivement condamné par André Breton et par Sartre, et ceux qui le louent l'interprètent comme un retour à l'ordre et à la mesure. Ses derniers livres enfin n'auront plus la même audience que les premiers, bien qu'il faille sans doute voir dans *La Chute* son œuvre la plus remarquable. Depuis la consécration du Prix Nobel en 1957, les critiques se sont multipliées : on a dénoncé tapageusement les limites de son humanisme et de son art, on a fait de lui un Saint-Exupéry à qui aurait manqué même un avion. Ces outrances caricaturales n'ont pas empêché l'œuvre de Camus de rester l'une des plus lues en France comme à l'étranger.

Nullement réductible à une formule simple, de livre en livre elle évolue, et à tout moment se met en question. L'auteur

Coll. Viollet.

Albert Camus.

décrit l'accord avec le monde dans ses premiers essais, l'absurde dans sa seconde phase, l'humanisme de la solidarité dans les années 1950, les figures de l'échec et de l'inquiétude dans ses derniers récits. Quatre aspects au moins dans son œuvre, qui sont étroitement liés aux phases de son existence. Et s'il arrive parfois que Camus ait dépassé les formes de sensibilité qu'il s'attache à décrire, cette légère distance qui lui permet de faire œuvre d'art ne l'empêche pas de se mettre tout entier dans ce qu'il dit, « admirable conjonction d'une personne, d'une action et d'une œuvre » (Sartre). Toujours présent dans son œuvre, bien qu'il s'interdise la confession ou l'autobiographie, Camus n'a sans doute pas le pouvoir de multiplier indéfiniment les fictions. Mais c'est précisément le retour, au fil des œuvres, des mêmes thèmes et des mêmes situations qui donne son unité à cette œuvre en perpétuel renouvellement. On reconnaîtra ainsi, de ses premiers textes aux derniers, les images ensoleillées de l'Afrique du Nord et de la Méditerranée, les situations d'emprisonnement (cellules de condamné à mort, villes emmurées ou encerclées de canaux), l'univers du procès, du réquisitoire et du meurtre légal, la révolte devant le scandale du mal.

L'Afrique du Nord :

A l'origine, un Français, très pauvre, d'Algérie. A ce pays, il restera toujours attaché. Cet enracinement est surtout sensible dans les deux premiers essais, *L'Envers et l'Endroit* (1937) et *Noces* (1938), dont l'audience ne dépassa guère celle du public algérois. Le premier réunit des images, souvent très sombres, de l'angoisse, de la pauvreté et de la solitude. Certes, le soleil de la Méditerranée écarte la misère, mais c'est devant les paysages lumineux de l'Italie que le narrateur prend conscience de « l'odeur de mort et d'inhumanité »; il cherche sa grandeur dans « la confrontation de (son) désespoir profond et de l'indifférence secrète d'un des plus beaux paysages du monde ». Ces textes douloureux tendent moins vers le lyrisme que vers une ironie pleine de compassion et un laconisme tranquille. Vingt ans plus tard, Camus a repris la plupart de leurs thèmes dans une préface qui souligne l'importance de ce point de départ.

« Alger s'ouvre dans le ciel comme une bouche ou comme une blessure. » (Albert Camus, « L'Été à Alger », *Noces*.)

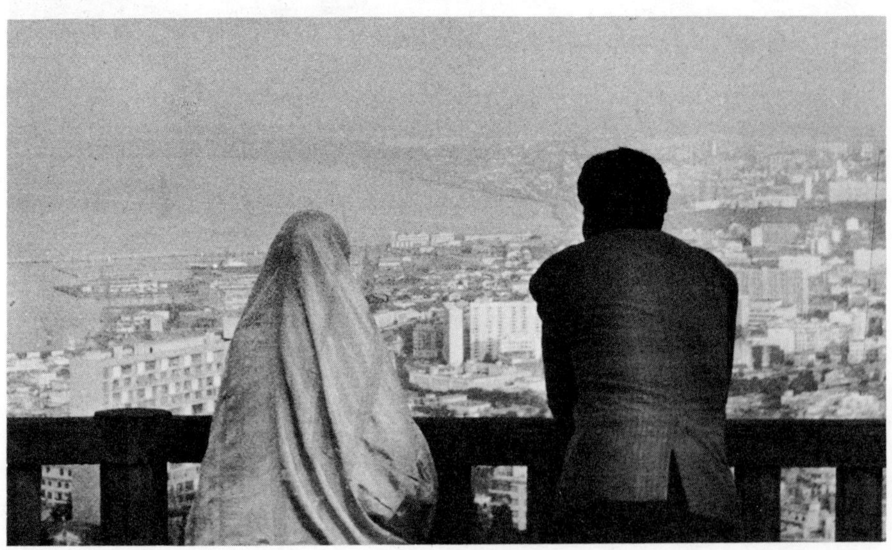

Cl. Ethel-Snark International.

[A mi-distance de la misère et du soleil]

Préface, écrite vers 1956, à une réédition de son premier livre *L'Envers et l'Endroit*.

La pauvreté, d'abord, n'a jamais été un malheur pour moi : la lumière y répandait ses richesses. Même mes révoltes en ont été éclairées. Elles furent presque toujours, je crois pouvoir le dire sans tricher, des révoltes pour tous, et pour que la vie de tous soit élevée dans la lumière. Il n'est pas sûr que mon cœur fût naturellement disposé à cette sorte d'amour. Mais les circonstances m'ont aidé. Pour corriger une indifférence naturelle, je fus placé à mi-distance de la misère et du soleil. La misère m'empêcha de croire que tout est bien sous le soleil et dans l'histoire; le soleil m'apprit que l'histoire n'est pas tout. Changer la vie, oui, mais non le monde dont je faisais ma divinité. C'est ainsi, sans doute, que j'abordai cette carrière inconfortable où je suis, m'engageant avec innocence sur un fil d'équilibre où j'avance péniblement, sans être sûr d'atteindre le but. Autrement dit, je devins un artiste, s'il est vrai qu'il n'est pas d'art sans refus ni sans consentement.

Dans tous les cas, la belle chaleur qui régnait sur mon enfance m'a privé de tout ressentiment. Je vivais dans la gêne, mais aussi dans une sorte de jouissance. Je me sentais des forces infinies : il fallait seulement leur trouver un point d'application. Ce n'était pas la pauvreté qui faisait obstacle à ces forces : en Afrique, la mer et le soleil ne coûtent rien. L'obstacle était plutôt dans les préjugés ou la bêtise. J'avais là toutes les occasions de développer une « castillanerie * » qui m'a fait bien du tort, que raille avec raison mon ami et mon maître Jean Grenier *, et que j'ai essayé en vain de corriger, jusqu'au moment où j'ai compris qu'il y avait aussi une fatalité des natures. Il valait mieux alors accepter son propre orgueil et tâcher de le faire servir plutôt que de se donner, comme dit Chamfort, des principes plus forts que son caractère. Mais, après m'être interrogé, je puis témoigner que, parmi mes nombreuses faiblesses, n'a jamais figuré le défaut le plus répandu parmi nous, je veux dire l'envie, véritable cancer des sociétés et des doctrines.

* Souvenir (probable) des reproches de Sartre dénonçant une « morne démesure » dans ce que Camus appelle « mesure méditerranéenne ».

* Jean Grenier fut le professeur de philosophie et l'ami de Camus. Il a publié, en 1968, *Albert Camus (Souvenirs)*.

Le mérite de cette heureuse immunité ne me revient pas. Je la dois aux miens, d'abord, qui manquaient de presque tout et n'enviaient à peu près rien. Par son seul silence, sa réserve, sa fierté naturelle et sobre, cette famille, qui ne savait même pas lire, m'a donné alors mes plus hautes leçons, qui durent toujours. Et puis, j'étais moi-même trop occupé à sentir pour rêver d'autre chose. Encore maintenant, quand je vois la vie d'une grande fortune à Paris, il y a de la compassion dans l'éloignement qu'elle m'inspire souvent. On trouve dans le monde beaucoup d'injustices, mais il en est une dont on ne parle jamais, qui est celle du climat. De cette injustice-là, j'ai été longtemps, sans le savoir, un des profiteurs. J'entends d'ici les accusations de nos féroces philanthropes *, s'ils me lisaient. Je veux faire passer les ouvriers pour riches et les bourgeois pour pauvres, afin de conserver plus longtemps l'heureuse servitude des uns et la puissance des autres. Non, ce n'est pas cela. Au contraire, lorsque la pauvreté se conjugue avec cette vie sans ciel ni espoir qu'en arrivant à l'âge d'homme j'ai découverte dans les horribles faubourgs de nos villes, alors l'injustice dernière, et la plus révoltante, est consommée : il faut tout faire, en effet, pour que ces hommes échappent à la double humiliation de la misère et de la laideur. Né pauvre, dans un quartier ouvrier, je ne savais pourtant pas ce qu'était le vrai malheur avant de connaître nos banlieues froides. Même l'extrême misère arabe ne peut s'y comparer, sous la différence des ciels. Mais une fois qu'on a connu les faubourgs industriels, on se sent à jamais souillé, je crois, et responsable de leur existence.

* Sans doute les « intellectuels de gauche ».

Albert Camus, *L'Envers et l'Endroit*, éd. Gallimard.

— L'un des très rares textes quasi autobiographiques de Camus, sous forme d'essai critique et de plaidoyer. L'unité d'une œuvre, retrouvée dans les conditions de l'enfance : la pauvreté, l'amour d'un monde lumineux, la fidélité à l'Afrique du Nord, l'horreur de la métropole (Paris, 43-44; Saint-Étienne, 55-59). Recherche d'un équilibre entre des termes contradictoires : révolte et consentement, pureté et souillure, insouciance (8) et responsabilité (64-65).

— Formules de moraliste volontiers sentencieuses (35, 42-45). Ferveur des admirations et des fidélités (26-27, 36-41). Vulnérabilité d'un écrivain qui prévient ou qui engage la polémique (13-17). Ton général de « fierté » et de « réserve », qui fait sa place au « silence » (38-41).

Noces, plus lyrique que l'essai précédent, accumule les moments d'accord parfait avec le monde, sur la plage de Tipasa ou le plateau de Djemila. A travers les joies fondamentales que procure la communion avec les éléments, Camus décrit l'accomplissement ému « d'une condition qui, en certaines circonstances, nous fait un devoir d'être heureux ». C'est dans le dénuement et la vie du corps que la plénitude des sensations est atteinte, et que sont conquises les « vraies richesses ». Les influences de Giono et de Montherlant sont souvent perceptibles dans ces essais, mais Camus y trouve déjà son ton propre, et cette tension constante qui le caractérise. La passion heureuse du soleil et de la mer ne se réfère pas à un épicurisme détendu, mais à un tragique serein et lumineux : l'expérience de la maladie (Camus fut atteint de tuberculose à l'âge de dix-sept ans) et la pensée de la mort imminente inspirent directement tous ces hymnes à la vie. Le monde solaire, à côté de sa plénitude, comporte aussi son désespoir : « Tout ce qui exalte la vie accroît en même temps son absurdité. Dans l'été d'Algérie, j'apprends qu'une seule chose est plus tragique que la souffrance, et c'est la vie d'un homme heureux. »

[Une vie à goût de pierre chaude]

A Tipasa, sur la côte algérienne, le jeune Camus contemple les ruines des temples romains, et surtout la mer.

Ici même, je sais que jamais je ne m'approcherai assez du monde. Il me faut être nu et puis plonger dans la mer, encore tout parfumé des essences de la terre, laver celles-ci dans celle-là, et nouer sur ma peau l'étreinte pour laquelle soupirent lèvres à lèvres depuis si longtemps la terre et la mer. Entré dans l'eau, c'est le saisissement, la montée d'une glu froide et opaque, puis le plongeon dans le bourdonnement des oreilles, le nez coulant et la bouche amère — la nage, les bras vernis d'eau sortis de la mer pour se dorer dans le soleil et rabattus dans une torsion de tous les muscles; la course de l'eau sur mon corps, cette possession tumultueuse de l'onde par mes jambes — et l'absence d'horizon. Sur le rivage, c'est la chute dans le sable, abandonné au monde, rentré dans ma pesanteur de chair et d'os, abruti de soleil, avec, de loin en loin, un regard pour mes bras où les flaques de peau sèche découvrent, avec le glissement de l'eau, le duvet blond et la poussière de sel.

Je comprends ici ce qu'on appelle gloire : le droit d'aimer sans mesure. Il n'y a qu'un seul amour dans ce monde. Étreindre un corps de femme, c'est aussi retenir contre soi cette joie étrange qui descend du ciel vers la mer. Tout à l'heure, quand je me jetterai dans les absinthes pour me faire entrer leur parfum dans le corps, j'aurai conscience, contre tous les préjugés, d'accomplir une vérité qui est celle du soleil et sera aussi celle de ma mort. Dans un sens, c'est bien ma vie que je joue ici, une vie à goût de pierre chaude, pleine des soupirs de la mer et des cigales qui commencent à chanter maintenant. La brise est fraîche et le ciel bleu. J'aime cette vie avec abandon et veux en parler avec liberté : elle me donne l'orgueil de ma condition d'homme. Pourtant, on me l'a souvent dit : il n'y a pas de quoi être fier. Si, il y a de quoi : ce soleil, cette mer, mon cœur bondissant de jeunesse, mon corps au goût de sel et l'immense décor où la tendresse et la gloire se rencontrent dans le jaune et le bleu. C'est à conquérir cela qu'il me faut appliquer ma force et mes ressources. Tout ici me laisse intact, je n'abandonne rien de moi-même, je ne revêts aucun masque : il me suffit d'apprendre patiemment la difficile science de vivre qui vaut bien tous leurs savoir-vivre.

Albert Camus, *Noces*, éd. Gallimard.

— Un bain de mer : union parfaite de l'homme, de la mer, de la terre (1-17). Une réflexion de moraliste sur l'amour, le bonheur, la condition de l'homme (18-40). Association constante d'un bonheur physique et d'une méditation morale.

— Élans lyriques (2-6). Précision concrète : sens de la vie corporelle et sportive (6-18) qui va jusqu'au narcissisme (15-17). Alternance de l'emphase (18-19, 30-31), de la vivacité (31-32), de la concision (35-38). Unité conférée par le rythme.

— L'Afrique du Nord et les écrivains français : *cf. Les Nourritures terrestres* de Gide; mais le jeune Camus : « Je n'aime pas la façon dont Gide exalte le corps. Il lui demande de retenir son désir pour le rendre plus aigu. » L'auteur de *Noces* préfère l'apologie de la satiété.

L'Afrique du Nord est pour Camus une véritable patrie intérieure, qui joue dans son œuvre un rôle analogue à celui du « Sud profond » chez certains romanciers américains. Son attachement ne va pas à la seule nature, mais aussi aux hommes, aux « pieds-noirs » insouciants et pauvres. Leur société sans culture, mais sans mensonges, lui semble la plus proche de la vérité de la nature, et des valeurs authentiques : « Ces barbares qui se prélassent sur des plages, j'ai l'espoir insensé qu'à leur insu peut-être, ils sont en train de modeler un visage d'une culture, où la grandeur de l'homme trouvera enfin son vrai visage. » Les Musulmans, par contre, sont à cette époque-là curieusement absents de cet univers * : le narrateur règne sur les éléments, dans les villes comme dans le désert; il y trouve un royaume qui se donne à lui tout entier, en des instants fugitifs et parfaits. Dans ses œuvres de la maturité, Camus continuera d'évoquer cette terre algérienne : *L'Été* (1954) le voit revenir à Tipasa, où il avait célébré ses noces avec le monde. Alger et Oran forment le cadre de *L'Étranger* et de *La Peste*. Les nouvelles de *L'Exil et le Royaume* évoquent la fascination du Sud algérien, la vie d'un instituteur sur les contreforts des hauts plateaux, la solidarité d'ouvriers tonneliers à Alger. *Le Premier Homme* enfin, roman entrepris par Camus à la veille de sa mort, devait évoquer l'arrivée des premiers colons en Algérie. On retrouve ces certitudes lumineuses et mesurées, ce même tragique solaire dans « la pensée de Midi », sur laquelle s'achève *L'Homme révolté*. Inversement, quand Camus cesse de se situer, ou de situer ses écrits dans ce royaume du soleil, il évoque de véritables prisons, pluvieuses et noirâtres, à l'air irrespirable, où des corps sans bonheur et des cœurs sans tendresse souhaitent vainement retourner à la lumière : Prague dans « La Mort dans l'âme » *(L'Envers et l'Endroit)*, le village sinistre de Bohême où se déroule *Le Malentendu*, Paris inhospitalier et sale dans « Jonas » *(L'Exil et le Royaume)*, Amsterdam dans *La Chute*... autant d'images de l'exil et parfois de l'enfer.

L'absurde :

Le sentiment de l'absurde, né du divorce entre l'homme et le monde et du refus de toute espérance, a inspiré à Camus un roman *L'Étranger*, un essai *Le Mythe de Sisyphe*, deux pièces *Caligula* et *Le Malentendu*. Le type d'attitudes ou de sensibilité, que Camus évoque ici de manière très diverse, n'était à ses yeux qu'un point de départ, et il s'est irrité plus tard de se voir si longtemps identifié à cet univers de l'indifférence et de l'exil, qu'il avait pourtant présenté de façon tellement saisissante.

« Aujourd'hui, Maman est morte. Ou peut-être hier, je ne sais pas... » — « ... il me restait à souhaiter qu'il y ait beaucoup

* En juin 1939, Camus consacrera à leur sort, avec *Misère de la Kabylie*, tout un long reportage d'*Alger républicain* (recueilli dans *Actuelles III, Chroniques algériennes*).

de spectateurs le jour de mon exécution et qu'ils m'accueillent avec des cris de haine. » Ainsi s'ouvre et se clôt, paisible et provocant, le roman de *L'Étranger*. Cette œuvre, la plus commentée de celles de Camus, a conservé toute sa vigueur et son opacité. Le choix d'un héros-narrateur, étranger à tout souci de s'analyser ou de se justifier, sans qualités particulières et pourtant parfaitement singulier, la narration elle-même qui se borne à décrire un comportement vu à la fois de l'intérieur (puisque Meursault raconte sa propre existence) et de l'extérieur (puisqu'il refuse de s'interroger sur ses sentiments), rappellent la technique de certains romanciers américains comme Faulkner, Hemingway ou Steinbeck (Sartre l'a bien montré dans une étude célèbre, recueillie dans *Situations I*). L'influence de Kafka est également sensible dans l'évocation du procès et de l'exécution, comme dans l'aspect de parabole énigmatique que prend souvent le roman. Enfin l'histoire même de cet employé de bureau, sortant de la monotonie quotidienne pour tuer un Arabe parce que le soleil l'éblouissait, assistant à son procès sans jamais se convaincre que c'est bien de lui qu'il s'agit, pourrait faire songer à tel roman de Simenon. L'ensemble rend cependant un son neuf et insolite; il résiste à la plupart des interprétations qu'on peut lui donner, y compris celles qu'on tire du *Mythe de Sisyphe* où l'on a vu à tort un commentaire philosophique du roman. Il ne s'agit pas non plus d'un simple roman de la vie physique. Certes Camus fait parler un homme pour qui tout existe en fonction de son corps : la mer, le soleil, une femme, les saisons d'Alger vues de la prison sont ses seules certitudes; le reste, l'affection pour une mère ou l'amour pour une maîtresse, constitue pour lui un langage inintelligible, ou plutôt un langage mensonger qu'il se refuse à utiliser. Mais, dans le roman, les certitudes du héros comptent moins que ses silences et ses refus. Camus a réussi ici un personnage purement négatif, qui semble ignorer les mythes et les jugements de la société, un héros du bonheur et de l'individualité qui récuse le procès qu'on lui fait et la société qui le juge. Sans avoir la nostalgie ni l'espérance d'une autre société, Meursault revendique sa solitude heureuse, impassible et sensuelle, contre toute espèce de solidarité.

L'ouvrage se compose de deux parties qui ne se situent pas sur le même plan, et entre lesquelles le romancier a ménagé une évolution assez complexe. La première partie, qui se termine par le meurtre de l'Arabe, est un récit au jour le jour, sans aucune perspective temporelle : les instants, les sensations et les constatations se succèdent, et leur équivalence est rendue par des phrases brèves au passé composé que rien ne semble relier entre elles, et qui suggèrent la discontinuité absurde des gestes ou des sentiments. Aucune trace de lyrisme dans le récit, sauf pour exprimer la passion qui fait épouser à Meursault la mer ensoleillée. Dans cet univers morne, un éclair, et Meursault tue. Il tue sans savoir pourquoi. La dérisoire dispute qui précède son acte ne saurait l'expliquer. La mer, le vent, le soleil se sont emparés de lui. « Toute une plage vibrante de soleil se pressait derrière moi. [...] Il m'a semblé que le ciel s'ouvrait sur toute son étendue pour laisser pleuvoir du feu. » La « porte du malheur » s'ouvre dès lors sur Meursault que ce meurtre livre au monde des hommes et des juges.

Dans la seconde partie, la prison remplace la mer. Désormais la société et ses représentants (juges d'instruction, aumôniers, procureurs) demandent des comptes. Meursault passe alors de la conscience spontanée qui était la sienne à une conscience réfléchie et parfois même révoltée. L'appareil judiciaire reconstitue de l'accusé une image dans laquelle il ne peut se reconnaître. En face de l'abus que font du langage et de la psychologie le procureur ou l'aumônier, les silences obstinés du héros représentent la justice et la justesse. Jusqu'au bout il se sent innocent. Le roman prend dès lors un tour nettement allégorique : étrange procès, où l'on ne reproche presque jamais au meurtrier son meurtre, mais presque toujours son insensibilité à la mort de sa mère, ou ses fréquentations peu reluisantes. Et Camus, en imaginant un Européen guillotiné pour le meurtre d'un musulman, n'a pas plus cherché à rendre vraisemblable le meurtre légal qui clôt la seconde partie que le meurtre spontané qui terminait la première. Mais au moment où Meursault va mourir, il retrouve, dans les dernières lignes du roman, l'accord un instant rompu, maintenant approfondi et invincible, avec le monde naturel qu'il aperçoit : « Je me suis senti prêt à tout revivre. Comme si cette grande colère m'avait purgé du mal, vidé d'espoir, devant cette nuit chargée de signes et d'étoiles, je m'ouvrais pour la première fois à la tendre indifférence du monde. De l'éprouver si pareil à moi, si fraternel enfin, j'ai senti que j'avais été heureux, et que je l'étais encore. »

[Cela m'était égal]

Employé dans un bureau, Meursault vient de décliner la proposition que lui a faite son patron de travailler à Paris : il n'a pas d'ambition, ni de raisons de changer de vie.

Le soir, Marie est venue me chercher et m'a demandé si je voulais me marier avec elle. J'ai dit que cela m'était égal et que nous pourrions le faire si elle le voulait. Elle a voulu savoir alors si je l'aimais. J'ai répondu comme je l'avais déjà fait une fois, que cela ne signifiait rien mais que sans doute je ne l'aimais pas. « Pourquoi m'épouser alors? » a-t-elle dit. Je lui ai expliqué que cela n'avait aucune importance et que si elle le désirait, nous pouvions nous marier. D'ailleurs, c'était elle qui le demandait et moi je me contentais de dire oui. Elle a observé alors que le mariage était une chose grave. J'ai répondu : « Non. » Elle s'est tue un moment et elle m'a regardé en silence. Puis elle a parlé. Elle voulait simplement savoir si j'aurais accepté la même proposition venant d'une autre femme, à qui je serais attaché de la même façon. J'ai dit : « Naturellement. » Elle s'est demandé alors si elle m'aimait et moi, je ne pouvais rien savoir sur ce point. Après un autre moment de silence, elle a murmuré que j'étais bizarre, qu'elle m'aimait sans doute à cause de cela mais que peut-être un jour je la dégoûterais pour les mêmes raisons. Comme je me taisais, n'ayant rien à ajouter, elle m'a pris le bras en souriant et elle a déclaré qu'elle voulait se marier avec moi. J'ai répondu que nous le ferions dès qu'elle le voudrait. Je lui ai parlé alors de la proposition du patron et Marie m'a dit qu'elle aimerait connaître Paris. Je lui ai appris que j'y avais vécu dans un temps et elle m'a demandé comment c'était. Je lui ai dit : « C'est sale. Il y a des pigeons et des cours noires. Les gens ont la peau blanche. »

Albert Camus, *L'Étranger*, éd. Gallimard.

— Une scène comique : Meursault demandé en mariage par sa maîtresse. Acceptation, mais série de réponses déconcertantes, exprimant le sentiment de l'équivalence de toutes choses. Scène « absurde » du point de vue du jeu social, logique du point de vue de Meursault.

— Meursault : refus de tout mensonge qui faciliterait ses relations avec les autres. Silences et laconismes (10, 11, 15-16, 21); indifférence profonde (sauf la passion du soleil, 27-28) : celle de Meursault vivant la scène? ou celle du narrateur que sa condamnation à mort a détaché de son passé?

— Disparition du dialogue dans le discours indirect. Répliques réduites à quelques mots (6-7, 11, etc...); usage des temps, fondé sur le choix du passé composé; absence de toute coordination, syntaxe élémentaire, commune à la plupart des phrases. « La phrase est nette, sans bavures, fermée sur soi; elle est séparée de la phrase suivante par un néant... » (Sartre).

« Il n'y a qu'un problème philosophique vraiment sérieux, c'est le suicide... » *Le Mythe de Sisyphe* (1943) ne s'attarde pas sur les problèmes techniques de la philosophie, mais s'attache d'emblée à « ceux qui risquent de faire mourir ou ceux qui décuplent la passion de vivre ». Sous une apparence impersonnelle, Camus entend répondre aux problèmes d'une existence confrontée avec l'échec et le malheur. Il écarte toutes les transcendances religieuses ou philosophiques qui permettent de dépasser ce que cette expérience de l'absurde a d'irréductible, et propose des attitudes lucides conformes à cette expérience originelle : la révolte, la liberté et la passion. Dans un univers dépourvu de signification, il reste à multiplier, sans illusions, les images et les expériences. Parmi les hommes absurdes (c'est-à-dire les hommes conscients de l'absurde), Camus étudie le personnage de Don Juan, l'acteur, le conquérant qui sait sa conquête inutile, les romanciers. Malgré la répétition absurde à laquelle l'homme est condamné, l'affirmation sur laquelle se termine l'œuvre n'est pas désespérée : « La lutte elle-même vers les sommets suffit à remplir un cœur d'homme. Il faut imaginer Sisyphe heureux. » La force de l'essai vient de ce qu'il suggère, à travers un langage abstrait et pudique, ce que l'expérience vécue a de plus douloureux. Une pensée vouée à la pluralité et à la diversité des attitudes trouve son unité dans un style très proche de la tradition des moralistes français : à l'expérience de l'incohérence, Camus parvient à donner une expression cohérente.

[L'absurde]

Camus cherche à définir « cet insaisissable sentiment de l'absurdité » et à le saisir dans ses « commencements »

Il arrive que les décors s'écroulent. Lever, tramway, quatre heures de bureau ou d'usine, repas, tramway, quatre heures de travail, repas, sommeil et lundi mardi mercredi jeudi vendredi et samedi sur le même rythme, cette route se suit aisément la plupart du temps. Un jour seulement, le « pourquoi » s'élève et tout commence dans cette lassitude teintée d'étonnement. « Commence », ceci est important. La lassitude est à la fin des actes d'une vie machinale, mais elle inaugure en même temps le mouvement de la conscience. Elle l'éveille et elle provoque la suite. La suite, c'est le retour inconscient dans la chaîne, ou c'est l'éveil définitif. Au bout de l'éveil vient, avec le temps, la conséquence : suicide ou rétablissement. En soi, la lassitude a quelque chose d'écœurant. Ici, je dois conclure qu'elle est bonne. Car tout commence par la conscience et rien ne vaut que par elle. Ces remarques n'ont rien d'original. Mais elles sont évidentes : cela suffit pour un temps, à l'occasion d'une reconnaissance sommaire dans les origines de l'absurde. Le simple « souci * » est à l'origine de tout.

* Les guillemets signalent un emprunt probable à Heidegger, mais on retrouverait chez Pascal des sentiments analogues.

De même et pour tous les jours d'une vie sans éclat, le temps nous porte. Mais un moment vient toujours où il faut le porter. Nous vivons sur l'avenir : « demain », « plus tard », « quand tu auras une situation », « avec l'âge tu comprendras ». Ces inconséquences sont admirables, car enfin il s'agit de mourir. Un jour vient pourtant et l'homme constate ou dit qu'il a trente ans. Il affirme ainsi sa jeunesse. Mais du même coup, il se situe par rapport au temps. Il y prend sa place. Il reconnaît qu'il est à un certain moment d'une courbe qu'il confesse devoir parcourir. Il appartient au temps et, à cette horreur qui le saisit, il y reconnaît son pire ennemi. Demain, il souhaitait demain, quand tout lui-même aurait dû s'y refuser. Cette révolte de la chair, c'est l'absurde.

Un degré plus bas et voici l'étrangeté : s'apercevoir que le monde est « épais », entrevoir à quel point une pierre est étrangère, nous est irréductible, avec quelle intensité la nature, un paysage peut nous nier. Au fond de toute beauté gît quelque chose d'inhumain et ces collines, la douceur du ciel, ces dessins d'arbres, voici qu'à la minute même, ils perdent le sens illusoire dont nous les revêtions, désormais plus lointains qu'un paradis perdu. L'hostilité primitive du monde, à travers les millénaires, remonte vers nous. Pour une seconde, nous ne le comprenons plus puisque pendant des siècles nous n'avons compris en lui que les figures et les dessins que préalablement nous y mettions, puisque désormais les forces nous manquent pour user de cet artifice. Le monde nous échappe puisqu'il redevient lui-même. Ces décors masqués par l'habitude redeviennent ce qu'ils sont. Ils s'éloignent de nous. De même qu'il est des jours où, sous le visage familier d'une femme, on retrouve comme une étrangère celle qu'on avait aimée il y a des mois ou des années, peut-être allons-nous désirer même ce qui nous rend soudain si seuls. Mais le temps n'est pas encore venu. Une seule chose : cette épaisseur et cette étrangeté du monde, c'est l'absurde.

Albert Camus, *Le Mythe de Sisyphe*, éd. Gallimard.

— Un éveil au sein de la vie quotidienne qui entraîne une rupture ou une révolte (1-20); une révolte de la chair contre la mort, et, plus généralement, le temps (21-34); le monde, dans sa beauté même, irrémédiablement étranger à l'homme (35-57). Trois approches successives de l'absurde, par la lassitude, par l'horreur, par l'étrangeté.

— La métaphysique réenracinée dans la banalité de l'existence (1-5) ou dans les expériences les plus communes (38-43). Style plus affirmatif que démonstratif (20, 34, 57). Art de la concentration elliptique qui superpose un raisonnement, une description, une expérience vécue.

— Traditions anciennes et pensées modernes : la pensée de la mort (25-26). Stoïcisme de Montaigne (« Que philosopher, c'est apprendre à mourir ») et pensée absurde chez Camus.

Caligula, conçu dès 1938, joué en 1945 par Gérard Philipe, et *Le Malentendu*, écrit à la fin de la guerre mais dont *L'Étranger* annonçait déjà le sujet *, illustrent à la scène les thèmes de l'absurde. On a trop souvent tendance à sous-estimer le théâtre de Camus, et à s'interroger sur les raisons d'un échec qu'on tient pour établi. Rien de plus injuste, à moins de tenir pour sans appel le jugement du public parisien. Camus a toujours été non seulement un écrivain de théâtre, mais aussi un homme de théâtre, animateur inlassable de troupes dès 1936, acteur, adaptateur, metteur en scène. C'est cette passion qui nourrit les meilleurs moments d'un théâtre qui demeure de toute façon essentiel à la compréhension de son œuvre.

Sans doute *Caligula* pourrait-il être un fragment détaché du *Mythe de Sisyphe*. La démence de cet empereur relève de la logique de l'absurde : il ne peut admettre l'idée que les hommes meurent et qu'ils ne sont pas heureux. Il veut se prouver qu'il est libre, et puisqu'il en a les moyens, il va le prouver aux dépens des autres. Il prend « le visage bête et incompréhensible » des Dieux et du Destin, comme s'il voulait provoquer les hommes et les appeler à la révolte. Ce frère de Sisyphe finit par faire rouler sur eux son rocher, et s'exalte de son entreprise de destruction, passant de l'absurde au nihilisme. Il meurt conscient de son échec : « Je n'ai pas pris la voie qu'il fallait, je n'aboutis à rien. Ma liberté n'est pas la bonne. » La pièce, qui reste très schématique, vaut par l'ascétisme rigoureux que l'auteur a recherché dans la construction dramatique et l'écriture des dialogues.

Même rigueur dans *Le Malentendu* qui, sous des allures de sombre mélodrame, va sans doute plus loin. Jan, l'exilé qui revient auprès de sa mère et de sa sœur, devenues hôtelières, ne sait pas qu'elles ont pris l'habitude de tuer leurs clients pour les dépouiller. Il ne se fait pas reconnaître et se montre incapable même de se faire entendre d'elles sans ambiguïté. Un vieux serviteur, apparemment muet et simulant la surdité, symbole d'un Dieu impassible et malveillant, se refuse à dire les quelques mots qui dénoueraient le drame, et ne dévoile l'identité du voyageur qu'après le meurtre. « Pendant qu'il cherchait ses mots, on le tuait. » Tel aura été le sort de Jan. « Tout le malheur des hommes, commente Camus, vient de ce qu'ils ne prennent pas un langage simple. » Dès cette œuvre, on sent l'écrivain désireux de passer d'une expression de la solitude à un langage de la communauté, des monologues héroïques à la mise en œuvre d'un véritable dialogue entre les hommes.

* Meursault découvre dans sa cellule une vieille coupure de journal. Elle relate d'une manière assez précise le crime qui constituera l'intrigue du *Malentendu*.

L'humanisme :

L'absurde, en affirmant l'équivalence de toutes les entreprises humaines, aurait pu orienter vers la violence. L'homme nazi était bien celui qui, au-delà du bien et du mal, ne retient que les valeurs de la force et de la guerre. Camus explique, dans ses *Lettres à un ami allemand*, comment l'expérience de la Résistance l'a convaincu des dangers redoutables du nihilisme. A la tentation de la violence démente, qu'accepte son adversaire nazi (mais aussi Caligula), Camus oppose son exigence de justice et son refus du désespoir. Une fois admise « l'injustice éternelle » du monde, du destin et des dieux, il reste à l'homme à donner un sens à ce monde qui n'en possède aucun, à créer un peu de justice face à ce destin qui l'ignore. Les héros de Camus cessent dès lors d'être des étrangers pour entrer, hommes parmi les hommes, dans la communauté : à Meursault, un meurtrier condamné à mort, va succéder dans *La Peste* le docteur Rieux dont toute la vie est une lutte contre la mort. « Ce qui équilibre l'absurde, note Camus en 1945, c'est la communauté des hommes en lutte contre lui. »

Pour marquer le « passage d'une attitude de révolte solitaire à la reconnaissance d'une communauté dont il faut partager les luttes », Camus, avec *La Peste* (1947), entreprend un roman situé aux antipodes de *L'Étranger*, « la première tentative de mise en forme d'une passion collective ». En décrivant une épidémie de peste à Oran, il recherche un mythe qui puisse rendre compte aussi bien de la lutte contre le nazisme que de toutes les luttes à venir contre les fléaux et les oppressions. Sans doute l'allure du roman est-elle classique et réaliste à première vue : le déferlement des rats, la naissance sournoise de l'épidémie, l'isolement de la ville, la manière dont les habitants s'installent dans la familiarité de la mort sont minutieusement décrits. Mais à tout moment, prenant une dimension allégorique ou symbolique, l'œuvre nous suggère que cette peste physique, avec ses microbes et ses hécatombes, figure une peste morale, avec ses instincts de mort, ses violences et ses génocides. Le ton est celui d'une chronique mesurée : à la fin seulement, nous comprenons que le chroniqueur était le docteur Rieux, bien qu'il ait dans tout le récit parlé de lui à la troisième personne, d'où un curieux effet d'impersonnalité et de « distanciation ». Les héros de cette chronique se réduisent à des figures ou à des voix. Face au scandale du mal et de la souffrance, chacun cherche sa voie, sa morale ou son salut : Rieux, médecin sans illusions, qui n'abandonne jamais la lutte mais n'y voit qu'une interminable défaite; Tarrou, intellectuel révolté contre toutes les formes de meurtre, à la recherche d'une sainteté sans Dieu; Rambert, épicurien égoïste qui finit par renoncer à être heureux tout seul; Grand, modeste employé dont la soif d'absolu alimente le rêve d'un livre qu'il n'écrira jamais; le Père Paneloux enfin qui, après avoir salué dans la peste le mouvement de la justice divine contre des coupables, n'y voit plus qu'un mal inexplicable que seule la Grâce peut faire accepter. Il n'est pas sûr cependant que Camus ait pleinement réussi à élever cette chronique au niveau d'un grand roman mythique, comme il en a eu l'ambition avouée. Précise, l'allégorie y est sans doute un peu trop concertée. Mais la force de l'œuvre reste indéniable. Le stoïcisme lucide et sans amertume, la volonté de préserver la justice et l'innocence, le refus de tout salut cherché du côté de Dieu ou de l'Histoire, s'incarnent avec bonheur dans ce roman polyphonique : « Ce qui est naturel, c'est le microbe. Le reste, la santé, l'intégrité, la pureté si vous voulez, c'est un effet de la volonté et d'une volonté qui ne doit jamais s'arrêter. »

[Cette création où les enfants sont torturés]

Le docteur Rieux et le Père Paneloux viennent d'assister, impuissants, à l'agonie intolérable d'un enfant atteint de la peste.

Mais Rieux quittait déjà la salle, d'un pas si précipité, et avec un tel air, que lorsqu'il dépassa Paneloux, celui-ci tendit le bras pour le retenir.

— Allons, Docteur, lui dit-il.

Dans le même mouvement emporté, Rieux se retourna et lui jeta avec violence :

— Ah! celui-là, au moins, était innocent, vous le savez bien!

Puis il se détourna et, franchissant les portes de la salle avant Paneloux, il gagna le fond de la cour d'école. Il s'assit sur un banc, entre les petits arbres poudreux, et essuya la sueur qui lui coulait déjà dans les yeux. Il avait envie de crier encore pour dénouer enfin le nœud violent qui lui broyait le cœur. La chaleur tombait lentement entre les branches des ficus *. Le ciel bleu du matin se couvrait rapidement d'une taie blanchâtre qui rendait l'air plus étouffant. Rieux se laissa aller sur son banc. Il regardait les branches, le ciel, retrouvant lentement sa respiration, ravalant peu à peu sa fatigue.

— Pourquoi m'avoir parlé avec cette colère? dit une voix derrière lui. Pour moi aussi, ce spectacle était insupportable.

Rieux se retourna vers Paneloux :

— C'est vrai, dit-il. Pardonnez-moi. Mais la fatigue est une folie. Et il y a des heures dans cette ville où je ne sens plus que ma révolte.

— Je comprends, murmura Paneloux. Cela est révoltant parce que cela passe notre mesure. Mais peut-être devons-nous aimer ce que nous ne pouvons pas comprendre.

Rieux se redressa d'un seul coup. Il regardait Paneloux, avec toute la force et la passion dont il était capable, et secouait la tête.

— Non, mon père, dit-il. Je me fais une autre idée de l'amour. Et je refuserai jusqu'à la mort d'aimer cette création où des enfants sont torturés.

Sur le visage de Paneloux, une ombre bouleversée passa.

— Ah! Docteur, fit-il avec tristesse, je viens de comprendre ce qu'on appelle la grâce.

Mais Rieux s'était laissé aller de nouveau sur son banc. Du fond de sa fatigue revenue, il répondit avec plus de douceur :

* Figuier (la scène se passe à Oran).

— C'est ce que je n'ai pas, je le sais. Mais je ne veux pas discuter cela avec vous. Nous travaillons ensemble pour quelque chose qui nous réunit au delà des blasphèmes et des prières. Cela seul est important.

Paneloux s'assit près de Rieux. Il avait l'air ému.

— Oui, dit-il, oui, vous aussi vous travaillez pour le salut de l'homme.

Rieux essayait de sourire.

— Le salut de l'homme est un trop grand mot pour moi. Je ne vais pas si loin. C'est sa santé qui m'intéresse, sa santé d'abord.

Rieux conclut en disant à Paneloux qu'unis contre la mort et le mal, ils ne peuvent être séparés par Dieu.

Albert Camus, *La Peste*, éd. Gallimard.

— Affrontement violent, mais fraternel, entre le médecin et le religieux. Faut-il accepter le scandale du mal comme un mystère de l'ordre divin? Faut-il le combattre avec un sentiment de révolte athée (26)? *Cf.* Dostoïevsky, dans *Les Frères Karamazov* : « Si la volonté divine implique le supplice d'un enfant innocent par une brute, je rends mon billet. »

— Structure très traditionnelle de ce dialogue tendu et abstrait : répliques isolées par la description (11-19), les indications de gestes ou d'émotions, qui donnent la perspective du docteur Rieux (36, 46), narrateur qui se cache sous l'usage de la troisième personne.

— Position de Camus dans le débat des deux protagonistes? « Ce qui distingue les religions du prêtre et du médecin, c'est que le prêtre croit tenir toute la science, tandis que le vrai médecin sait qu'il ne sait rien » (note des *Carnets*). *Cf. Les Thibault* de Roger Martin du Gard, roman pour lequel Camus éprouvait une vive admiration.

Si *La Peste* fut salué avec enthousiasme, *L'État de siège* (1948), qui reprenait le même sujet dans un cadre différent, reçut au théâtre un accueil très froid. Et pourtant cette pièce, la plus riche de Camus, crée une admirable figure de la peste, incarnée par un administrateur du meurtre, corpulent et bonhomme, suivi d'une secrétaire comptable qui fiche et recense les futures victimes. Renonçant délibérément à tout réalisme, Camus mêle avec beaucoup d'art, dans une forme reprise au théâtre du siècle d'or espagnol, le lyrisme et la bouffonnerie, l'ironie et le pathétique, les monologues et les chœurs, les affrontements singuliers et les mouvements collectifs. Tout finit pour le héros, Diego, dans l'échec, la solitude et la mort. L'Ordre, après la peste, va régner sur Cadix et perpétuer le mal. Mais la révolte et le défi du jeune homme ont ébranlé le pouvoir de ce fléau qui tire toute sa force de la docilité craintive des hommes. Dans le sarcasme et la farce des meilleurs moments de la pièce, Camus dévoile un nouvel aspect de son talent et oublie le ton un peu compassé et sentencieux qui affleure parfois dans ses essais et dans ses romans.

Loin de la fable allégorique et très près de la réalité historique, *Les Justes* (1949) mettent en scène une cellule de terroristes russes des années 1900; ces « meurtriers délicats », socialistes révolutionnaires (dont Camus analysera plus tard les idées dans *L'Homme révolté*), veulent, sans attendre l'appui lent à venir des masses populaires, ébranler le tsarisme par des attentats individuels à la bombe. Le crime est pour eux à la fois « inexcusable et nécessaire », et ils ne séparent pas le recours à la violence de l'acceptation de leur propre mort. Une première fois, l'attentat qu'ils projettent échoue. Le poète Kaliayev, chargé de lancer la bombe sur la voiture du grand-duc, a hésité en y voyant des enfants. Il renouvelle sa tentative quelques jours plus tard, avec succès cette fois ; lorsqu'il meurt, sans avoir consenti à dénoncer ses complices, Dora qui l'aimait demande à lancer la prochaine bombe pour rejoindre son ami dans la justice et dans la mort. La nécessité de recourir au meurtre pour entraîner la révolution, la contradiction entre un idéal de fraternité et des méthodes de terreur, le souci de respecter les valeurs même dans la destruction, sont les lignes de force de ce drame politique auquel Camus a donné une rigueur sévère. Comme *Les Mains sales* de Sartre, *Les Justes* sont l'un des meilleurs exemples de ce théâtre des « situations limites », fécond dans les années 1950 (*cf.* chap. 12).

[La justice avec la tendresse]

Dora et Kaliayev, deux des « Justes », à la veille de l'attentat organisé contre le grand-duc. Kaliayev doit lancer la bombe fabriquée par Dora. Celle-ci vient de constater avec amertume que « ceux qui aiment vraiment la justice n'ont pas droit à l'amour ».

KALIAYEV. — Mais nous aimons notre peuple.

DORA. — Nous l'aimons, c'est vrai. Nous l'aimons d'un vaste amour sans appui, d'un amour malheureux. Nous vivons loin de lui, enfermés dans nos chambres, perdus dans nos pensées. Et le peuple, lui, nous aime-t-il ? Sait-il que nous l'aimons ? Le peuple se tait. Quel silence, quel silence...

KALIAYEV. — Mais c'est cela l'amour, tout donner, tout sacrifier sans espoir de retour.

DORA. — Peut-être. C'est l'amour absolu, la joie pure et solitaire, c'est celui qui me brûlc cn cffct. A certaines heures, pourtant, je me demande si l'amour n'est pas autre chose, s'il peut cesser d'être un monologue, et s'il n'y a pas une réponse, quelquefois. J'imagine cela, vois-tu : le soleil brille, les têtes se courbent doucement, le cœur quitte sa fierté, les bras s'ouvrent. Ah ! Yanek, si l'on pouvait oublier, ne fût-ce qu'une heure, l'atroce misère de ce monde et se laisser aller enfin. Une seule petite heure d'égoïsme, peux-tu penser à cela ?

KALIAYEV. — Oui, Dora, cela s'appelle la tendresse.

DORA. — Tu devines tout, mon chéri, cela s'appelle la tendresse. Mais la connais-tu vraiment ? Est-ce que tu aimes la justice avec la tendresse ? *(Kaliayev se tait.)* Est-ce que tu aimes notre peuple avec cet abandon et cette douceur, ou, au contraire, avec la flamme de la vengeance et de la révolte ? *(Kaliayev se tait toujours.)* Tu vois. *(Elle va vers lui, et d'un ton très faible :)* Et moi, m'aimes-tu avec tendresse ?

Kaliayev la regarde.

KALIAYEV *(après un silence)*. — Personne ne t'aimera jamais comme je t'aime.

DORA. — Je sais. Mais ne vaut-il pas mieux aimer comme tout le monde ?

KALIAYEV. — Je ne suis pas n'importe qui. Je t'aime comme je suis.

DORA. — Tu m'aimes plus que la justice, plus que l'Organisation?

KALIAYEV. — Je ne vous sépare pas, toi, l'Organisation et la justice.

DORA. — Oui, mais réponds-moi, je t'en supplie, réponds-moi. M'aimes-tu dans la solitude, avec tendresse, avec égoïsme? M'aimerais-tu si j'étais injuste?

KALIAYEV. — Si tu étais injuste, et que je puisse t'aimer, ce n'est pas toi que j'aimerais.

DORA. — Tu ne réponds pas. Dis-moi seulement, m'aimerais-tu si je n'étais pas dans l'Organisation?

KALIAYEV. — Où serais-tu donc?

DORA. — Je me souviens du temps où j'étudiais. Je riais. J'étais belle alors. Je passais des heures à me promener et à rêver. M'aimerais-tu légère et insouciante?

KALIAYEV *(il hésite et très bas)*. — Je meurs d'envie de te dire oui.

DORA *(dans un cri)*. — Alors, dis oui, mon chéri, si tu le penses et si cela est vrai. Oui, en face de la justice, devant la misère et le peuple enchaîné. Oui, oui, je t'en supplie, malgré l'agonie des enfants, malgré ceux qu'on pend et ceux qu'on fouette à mort...

KALIAYEV. — Tais-toi, Dora.

DORA. — Non, il faut bien une fois au moins laisser parler son cœur. J'attends que tu m'appelles, moi, Dora, que tu m'appelles par-dessus ce monde empoisonné d'injustice...

Albert Camus, *Les Justes*, éd. Gallimard.

— A partir d'une interrogation anxieuse (5-7), retour d'une même question pressante de Dora (18-19, 27-28, 36-37), aboutissant à l'affirmation d'une exigence fondamentale (60-62) après l'aveu arraché à Kaliayev (51-52).

— Un duo grave et anxieux de deux amants, unis et séparés par la foi dans « l'Organisation », et une dialectique, linéaire mais rigoureuse, de l'amour et de la révolte.

— Une problématique complexe : contradictions entre la fraternité recherchée et la solitude, lot du terroriste, entre la justice et la tendresse, entre l'amour du peuple (1-26) et le bonheur du couple (27-62).

L'humanisme de Camus appelait un essai qui dépassât *Le Mythe de Sisyphe* et permît de concevoir comment l'ordre des valeurs se crée ou se redécouvre. C'est la révolte qui « tire l'individu de sa solitude » et fonde sur tous les hommes sa première valeur. « Je me révolte, donc nous sommes », écrit Camus, trouvant ainsi son cogito dans *L'Homme révolté* (1951).

A mi-chemin de l'essai et de la somme critique, *L'Homme révolté* marquait un certain nombre de ruptures avec les thèses de l'existentialisme sartrien, comme avec ses choix politiques. D'une manière plus générale, il récusait l'« historisme » qui divinise l'histoire, comme la religion qui, plaçant l'absolu en Dieu, encourage l'esclave à accepter sa servitude. La conscience de la valeur, en effet, naît avec la révolte, mais elle se dégrade dans les révolutions, qui, une fois victorieuses, détruisent les valeurs qui les ont portées et instituent le terrorisme d'État. Dans de tels totalitarismes, Camus voit un « univers du procès » qui fait de l'humanité « un peuple de coupables cheminant sans trêve vers une impossible innocence, sous le regard des grands inquisiteurs ». Un tel État, au nom de la révolution, écrase toute tentative de révolte. Camus prend ici le contrepied de Sartre qui, dans son *Baudelaire*, opposait la mauvaise foi stérile de la révolte aux tâches constructives de la révolution. L'auteur de *L'Homme révolté*, au contraire, veut prolonger le mouvement de la révolte, à l'écart des violences révolutionnaires, dans une « pensée de Midi », faite de mesure et de tension, qui récuse les mirages de l'absolu, choisit des tâches relatives, et oppose aux fureurs de l'histoire une sagesse hellénique.

Ces idées devaient déclencher à l'époque une polémique très vive avec Sartre et *Les Temps Modernes*, dont le caractère fut strictement politique. Sans doute Camus faisait-il preuve de plus de perspicacité que Sartre sur les conditions du régime soviétique : refusant de « placer son fauteuil dans le sens de l'histoire », il eut le courage de se situer à contre-courant des vogues intellectuelles. Mais sa démarche même, dans *L'Homme révolté*, n'était guère convaincante. On voyait mal comment, éprise d'absolu, la révolte pouvait se concilier avec une sagesse purement relative et un consentement au monde. Par ailleurs la réussite proprement littéraire de cet ouvrage, auquel Camus tenait passionnément, demeure douteuse : dépourvu de la concision fiévreuse du *Mythe de Sisyphe*, cet essai, encyclopédique et souvent sommaire, témoigne d'une certaine présomption, propre aux écrivains-philosophes de ce temps-là, à trancher souverainement des problèmes les plus divers et les plus spécialisés. Aboutissement de l'humanisme de Camus, ce livre en marquait aussi la fin. Certes, cet humanisme s'exprime encore, quelques années plus tard, dans le *Discours de Suède* (1957), mais avec beaucoup plus d'inquiétude et de pessimisme. Jugeant l'histoire des trente dernières années démentielle, convulsive et meurtrière, Camus se borne à forger « un art de vivre par temps de catastrophe ». S'il veut toujours lutter « à visage découvert, contre l'instinct de mort à l'œuvre dans l'histoire », il n'espère plus refaire le monde, mais simplement empêcher que le monde ne se défasse.

Incertitudes et accomplissements (1952-1960) :

La querelle de *L'Homme révolté* suscita chez Camus une crise profonde et beaucoup d'incertitudes. C'est alors qu'il cessa brusquement d'être la conscience morale de sa génération pour devenir aux yeux de beaucoup une belle âme solitaire et morose : « Mes rapports sont devenus difficiles, comme subtilement et soudain désaccordés avec mes contemporains. Ils ont cessé un jour d'être l'auditoire respectueux dont j'avais l'habitude. » Ces propos qu'il fait tenir au héros de *La Chute* pourraient bien s'appliquer à lui-même. Il revient au journalisme pour quelques mois, à *L'Express*, mais interrompt vite sa collaboration, car il ne veut, dans la tragédie algérienne, ni se désolidariser de ses compatriotes d'Afrique du Nord, ni couvrir une politique coloniale qu'il avait vivement combattue dès sa jeunesse. Le silence auquel il s'astreint déçoit. A la création littéraire qu'il juge par trop ingrate et solitaire, Camus préfère alors l'activité théâtrale, adaptant et mettant en scène *Un cas intéressant* de Dino Buzzati, *Requiem pour une nonne* de Faulkner, *Les Possédés* de Dostoïevski.

Ces images de la solitude inquiète vont se multiplier dans les nouvelles de *L'Exil et le Royaume* (1957) et surtout dans *La Chute* (1956), un récit d'abord conçu pour figurer dans le recueil précédent, mais qui a fini par prendre les dimensions d'une œuvre autonome. Clamence se sépare de ses contemporains qui l'encensaient *(La Chute)* ; Jonas, peintre, se voit condamné à la stérilité par les obligations du succès, « solitaire » à force de se vouloir « solidaire » (« Jonas * »); Daru, l'instituteur européen de « L'Hôte », est condamné à mort par les Algériens qui lui reprochent d'avoir livré l'un des leurs à la police, alors qu'il lui a laissé en fait la liberté. Malgré une amertume sensible, c'est sans doute dans ces récits que l'art de Camus est le plus libre et le plus accompli. Délivré du souci de prêcher une morale, ou d'organiser les images d'une philosophie, Camus décrit des situations presque toujours tragiques, passant de la dérision *(La Chute)* à l'attendrissement (« Les Muets »), de la simplicité (« L'Hôte ») à la fable mythique (« La Pierre qui pousse »), de la violence frénétique (« Le Renégat ») à la sérénité difficile (« La Femme adultère »). Les tentations contradictoires de Camus se mêlent dans des images elliptiques, toujours ambiguës, parfois énigmatiques. Ces textes très divers n'opposent plus les images de l'exil à celles du royaume, comme jadis *Le Malentendu* s'opposait parfaitement à *Noces :* ils décrivent ces zones incertaines de l'existence, où le royaume apparent devient un exil, où l'exil indique les chemins du royaume, et où l'homme n'est que déchirement entre une nostalgie et une espérance toujours déçue. La brève extase de Janine, la « femme adultère », dans le Sud algérien, indique bien que royaume et exil ne font qu'un : « Elle savait seulement que ce royaume, de tout temps, lui avait été promis et que jamais, pourtant, il ne serait le sien, plus jamais, sinon à ce fugitif instant, peut-être, où elle rouvrit les yeux sur le ciel soudain immobile, et sur ses flots de lumière figée, pendant que les voix qui montaient de la ville arabe se taisaient brusquement. »

Parmi tous ces récits, « Le Renégat », est sans doute l'un des plus saisissants. Un missionnaire, déçu par l'Église et par l'Europe, veut aller « subjuguer les sauvages », dans une ville de sel au milieu du désert, Thagasa. On l'y torture, on l'humilie devant le fétiche local, symbole d'une violence et d'une haine auxquelles il finit par se convertir. Dans le désert, le voici qui attend la venue du nouveau missionnaire, pour le tuer. Avec ce monologue intérieur d'un homme à qui on a arraché la langue, et qui constate que dans sa tête en bouillie « quelque chose parle », Camus nous introduit au seuil d'un univers étrange et neuf, moins éloigné qu'il n'y paraît de celui qu'explore un Beckett.

[Seul le mal est présent]

Le jeune missionnaire vient d'expliquer comment le sorcier de Thagasa lui a fait arracher la langue devant le fétiche local.

Je ne suis pas mort, une jeune haine s'est mise debout un jour, en même temps que moi, a marché vers la porte du fond, l'a ouverte, l'a fermée derrière moi, je haïssais les miens, le fétiche était là et, du fond du trou où je me trouvais, j'ai fait mieux que de le prier, j'ai cru en lui et j'ai nié tout ce que j'avais cru jusque-là. Salut, il était la force et la puissance, on pouvait le détruire, mais non le convertir, il regardait au-dessus de ma tête de ses yeux vides et rouillés. Salut, il était le maître, le seul seigneur, dont

* Rappelons qu'avec « La Femme adultère », « Le Renégat », « Les Muets », « L'Hôte » et « La Pierre qui pousse », « Jonas » est l'une des six nouvelles dont se compose *L'Exil et le Royaume.*

l'attribut indiscutable était la méchanceté, il n'y a pas de maîtres bons. Pour la première fois, à force d'offenses, le corps entier criant d'une seule douleur, je m'abandonnai à lui et approuvai son ordre malfaisant, j'adorai en lui le principe méchant du monde. Prisonnier de son royaume, la ville stérile sculptée dans une montagne de sel, séparée de la nature, privée des floraisons fugitives et rares du désert, soustraite à ces hasards ou ces tendresses, un nuage insolite, une pluie rageuse et brève, que même le soleil ou les sables connaissent, la ville de l'ordre enfin, angles droits, chambres carrées, hommes roides, je m'en fis librement le citoyen haineux et torturé, je reniai la longue histoire qu'on m'avait enseignée. On m'avait trompé, seul le règne de la méchanceté était sans fissures, on m'avait trompé, la vérité est carrée, lourde, dense, elle ne supporte pas la nuance, le bien est une rêverie, un projet sans cesse remis et poursuivi d'un effort exténuant, une limite qu'on n'atteint jamais, son règne est impossible. Seul le mal peut aller jusqu'à ses limites et régner absolument, c'est lui qu'il faut servir pour installer son royaume visible, ensuite on avisera, ensuite qu'est-ce que ça veut dire, seul le mal est présent, à bas l'Europe, la raison et l'honneur et la croix. Oui, je devais me convertir à la religion de mes maîtres, oui oui j'étais esclave, mais si moi aussi je suis méchant je ne suis plus esclave, malgré mes pieds entravés et ma bouche muette. Oh! cette chaleur me rend fou, le désert crie partout sous la lumière intolérable, et lui, l'autre, le Seigneur de la douceur, dont le seul nom me révulse, je le renie, car je le connais maintenant. Il rêvait et il voulait mentir, on lui a coupé la langue pour que sa parole ne vienne plus tromper le monde, on l'a percé de clous jusque dans la tête, sa pauvre tête comme la mienne maintenant, quelle bouillie, que je suis fatigué, et la terre n'a pas tremblé, j'en suis sûr, ce n'était pas un juste qu'on avait tué, je refuse de le croire, il n'y a pas de justes mais des maîtres méchants qui font régner la vérité implacable. Oui, le fétiche seul a la puissance, il est le dieu unique de ce monde, la haine est son commandement, la source de toute vie, l'eau fraîche comme la menthe qui glace la bouche et brûle l'estomac.

Albert Camus, « Le Renégat », *L'Exil et le Royaume*, éd. Gallimard.

— L'étonnante conversion d'une victime à ses bourreaux : prière au fétiche, symbole de la puissance dans le mal (4-14); hymne à l'ordre du mal, absolu et invulnérable (14-22); reniement farouche du christianisme, leçon de douceur et de mensonge (22-44); fascination pour la haine implacable (46-49).

— La confusion ordonnée d'un monologue muet : visions (8-9, 19-20), cris de douleur (35-36, 42-43), de haine (31-32), d'extase (46-49), interjections, éloquence exaltée; éclairs de lyrisme sauvage. Rythme rapide et tourmenté, marqué par la ponctuation (usage des virgules) et la désorganisation de la syntaxe (35-46).

— Symbolisme énigmatique, mais à en juger par les lignes 20-23, le Renégat figure sans doute l'intellectuel fasciné par la violence et la terreur, obsédé par la volonté de puissance et le pouvoir de destruction.

La Chute est sans doute le récit le plus secret de toute l'œuvre de Camus. A l'origine, très certainement, une œuvre de polémique contre Sartre, née de la querelle de *L'Homme révolté*. Camus a souhaité régler ses comptes avec les intellectuels de gauche, en dessinant la figure d'un « petit prophète comme il y en a tant aujourd'hui », pris du vertige de l'auto-accusation et avide de dénoncer son siècle. Exaspéré de se voir toujours qualifié de « belle âme », Camus dénonce précisément des ruses de « belles âmes » dans les procès véhéments que les intellectuels intentent à leur époque. Mais le projet du livre s'est peu à peu complètement transformé : la plupart des traits polémiques en ont disparu. Clamence est devenu une sorte de « double » cynique de Camus lui-même, bien plus qu'une image caricaturale de Sartre. Plus profondément, il est l'image mise au noir et au pire de l'un et de l'autre, et devient la figure exemplaire des écrivains des années cinquante, de leurs contradictions, de leurs impasses. Haïssable et irrésistible, grinçant et enjôleur, Clamence est pour Camus ce que Jean-François Rameau était pour Diderot dans *Le Neveu de Rameau*. Certes, Camus n'écrit pas un dialogue, mais le monologue de Clamence face à un interlocuteur dont il nous faut deviner les brèves répliques, et qui n'est en définitive personne d'autre que le lecteur lui-même. Il réussit cependant, comme Diderot, à mettre en scène les démarches de la conscience cynique, et à poursuivre à travers elles une vérité qui se dérobe dans un jeu de masques arrachés et de reflets trompeurs. Clamence traque ses propres mensonges, les étale avec complaisance, mais explique que cet aveu même n'est qu'une ruse de la mauvaise foi. A ce virtuose de la duplicité s'applique la définition que Hegel donnait du cynisme : « Il est la tromperie universelle de soi-même et des autres, et l'impudence d'énoncer cette tromperie est justement pour cela la plus haute vérité. »

Si Meursault, coupable, se sentait innocent, Clamence, innocent, se sent et se veut coupable. Il a connu, il est vrai, les délices de la bonne conscience et de l'accord avec ses contemporains, quand il était à Paris un avocat fêté. Mais il a suffi d'un éclat de rire moqueur dans la nuit, d'une femme qui se suicide sans qu'il esquisse un geste pour la retenir, et son bonheur tranquille s'est définitivement fêlé. La comédie d'une belle âme vertueuse à Paris est l'objet de toute la dérision rétrospective du narrateur. Assuré de ne plus pouvoir être pris pour un juste, Clamence, dans un bar louche, une chambre dénudée ou les rues d'Amsterdam noyées de brume ou de pluie, s'accuse sans fin et se dégrade, mais c'est pour mieux s'innocenter et pouvoir accuser ses semblables. Prophète d'un nouveau genre (il porte le nom de Jean-Baptiste, le nom de celui que l'Évangile désigne de l'expression « vox *clamans* in deserto »), il s'est fait « juge-pénitent », accusateur de son siècle et spécialiste de la confession publique. « Puisqu'on ne pouvait pas condamner les autres sans aussitôt se juger, il fallait s'accabler soi-même pour avoir le droit de juger. » Cet avocat comblé de succès, qui ne se sentait à l'aise que dans les lieux élevés, est devenu un conseiller et recéleur des bas-fonds d'Amsterdam qui assène ses confessions truquées à des inconnus pour leur faire à jamais perdre l'illusion de leur propre innocence. Mieux que les raisonnements solennels de *L'Homme révolté*, les confidences sarcastiques et déroutantes de Clamence en arrivent à exprimer le scandale de Camus face à une histoire qui idolâtre toutes les formes du mal sous couvert de réalisme, et qui étend pour finir la culpabilité à l'humanité entière. Scandale qui n'ouvre sur aucun espoir : la « chute » est irrémédiable, c'est celle de « la créature solitaire errant dans les grandes villes », et les cercles vicieux que dessinent les six entretiens de ce long monologue correspondent à la fois aux canaux concentriques d'Amsterdam et aux cercles de l'Enfer de Dante.

Le style de Camus connaît dans ce récit un renouvellement complet : c'est un langage parlé, aux mouvements vifs et variés, plein de subtilités et de sarcasmes. Un moraliste en délire prodigue les maximes les plus meurtrières. On songe à ce « roman de la négation » dont Camus notait à propos de Chamfort qu'il ne pouvait être écrit : il l'a presque réussi dans *La Chute* au prix d'une sympathie complice pour Clamence. Surtout, il nous a donné ici un double chef-d'œuvre d'art et de naturel : ce monologue enregistré au jour le jour est celui d'un véritable acteur dont la voix ne cesse de conjurer le silence. Il n'est que d'entendre, dans un disque qui constitue un véritable document, Camus lisant le début de son récit, pour se convaincre qu'il a écrit là son meilleur texte de théâtre. Gardons-nous cependant de voir dans *La Chute* une sorte de testament de Camus. *Le Premier Homme*, s'il avait vu le jour, aurait, semble-t-il, donné à l'œuvre un nouveau développement. Il reste que la confession de Clamence consacrait la fin des grandes espérances qu'avaient conçues les existentialistes après la Libération : elle condamnait tout autant l'action politique de Sartre que l'effort du docteur Rieux dans *La Peste*, et n'ouvrait apparemment aucune perspective sur l'avenir.

[Plus je m'accuse et plus j'ai le droit de vous juger]

Clamence explique comment il sait se servir de ses « confessions publiques » pour en faire un réquisitoire contre ses contemporains.

Couvert de cendres, m'arrachant lentement les cheveux, le visage labouré par les ongles, mais le regard perçant, je me tiens devant l'humanité entière, récapitulant mes hontes, sans perdre de vue l'effet que je produis, et disant : « J'étais le dernier des derniers. » Alors, insensiblement, je passe, dans mon discours, du « je » au « nous ». Quand j'arrive au « voilà ce que nous sommes », le tour est joué, je peux leur dire leurs vérités. Je suis comme eux, bien sûr, nous sommes dans le même bouillon. J'ai cependant une supériorité, celle de le savoir, qui me donne le droit de parler. Vous * voyez l'avantage, j'en suis sûr. Plus je m'accuse et plus j'ai le droit de vous juger. Mieux, je vous provoque à vous juger vous-même, ce qui me soulage d'autant. Ah!

* L'interlocuteur inconnu de Clamence. Peut-être le lecteur?

mon cher, nous sommes d'étranges, de misérables créatures et, pour peu que nous revenions sur nos vies, les occasions ne manquent pas de nous étonner et de nous scandaliser nous-même. Essayez. J'écouterai, soyez-en sûr, votre propre confession, avec un grand sentiment de fraternité.

Ne riez pas! Oui, vous êtes un client * difficile, je l'ai vu du premier coup. Mais vous y viendrez, c'est inévitable. La plupart des autres sont plus sentimentaux qu'intelligents; on les désoriente tout de suite. Les intelligents, il faut y mettre le temps. Il suffit de leur expliquer la méthode à fond. Ils ne l'oublient pas, ils réfléchissent. Un jour ou l'autre, moitié par jeu, moitié par désarroi, ils se mettent à table. Vous, vous n'êtes pas seulement intelligent, vous avez l'air rodé. Avouez cependant que vous vous sentez, aujourd'hui, moins content de vous-même que vous ne l'étiez il y a cinq jours? J'attendrai maintenant que vous m'écriviez ou que vous reveniez. Car vous reviendrez, j'en suis sûr! Vous me trouverez inchangé. Et pourquoi changerais-je puisque j'ai trouvé le bonheur qui me convient? J'ai accepté la duplicité au lieu de m'en désoler. Je m'y suis installé, au contraire, et j'y ai trouvé le confort que j'ai cherché toute ma vie. J'ai eu tort, au fond, de vous dire que l'essentiel était d'éviter le jugement. L'essentiel est de pouvoir tout se permettre, quitte à professer de temps en temps, à grands cris, sa propre indignité. Je me permets tout, à nouveau, et sans rire *, cette fois. Je n'ai pas changé de vie, je continue de m'aimer et de me servir des autres. Seulement, la confession de mes fautes me permet de recommencer plus légèrement et de jouir deux fois, de ma nature d'abord, et ensuite d'un charmant repentir.

Depuis que j'ai trouvé ma solution, je m'abandonne à tout, aux femmes, à l'orgueil, à l'ennui, au ressentiment, et même à la fièvre qu'avec délices je sens monter en ce moment. Je règne enfin, mais pour toujours. J'ai encore trouvé un sommet, où je suis seul à grimper et d'où je peux juger tout le monde. Parfois, de loin en loin, quand la nuit est vraiment belle, j'entends un rire lointain, je doute à nouveau. Mais, vite, j'accable toutes choses, créatures et création, sous le poids de ma propre infirmité, et me voilà requinqué.

Albert Camus, *La Chute*, éd. Gallimard.

* Clamence est un ancien avocat.

* Le rire ironique entendu une nuit par Clamence et qui a eu raison de sa bonne conscience du temps de ses succès d'avocat.

— Une dialectique cynique du cynisme : s'abaisser pour abaisser avec soi le genre humain et inciter l'autre à s'accabler (1-18); retrouver le confort dans l'étalage ostentatoire de la mauvaise conscience (19-43); la chute vers le bas, avec un sentiment d'ascension et des techniques de défense (44-53).

— Ton du bateleur qui dénonce lui-même ses roublardises (4, 41-43), mais qui reste sûr de son pouvoir (22-29). Rythme ultra-rapide, souffle inépuisable : analyses subtiles (5-7, 33-35), série de questions sans réponses et d'exclamations, mouvements de parodie et de dérision (14-18, 47-49). Trivialité savamment dosée (9, 27, 53).

— Ambiguïté redoutable de Clamence : un petit escroc qui joue au prophète et cherche son confort? Un tentateur et un dénonciateur à qui aucune innocence ne résiste (20, 30-31)? Un « héros de notre temps » qui mime jusqu'à l'outrance comique la tragédie de la conscience malheureuse?

Le nouveau départ que projetait Camus après *La Chute*, sa mort accidentelle en 1960 vint brutalement l'interdire. Mort absurde que Camus n'avait jamais cessé de prévoir, mort en fonction de laquelle, dans la fièvre, il avait conçu sa vie et son œuvre. Une conscience à la fois lucide et révoltée de la mort s'exprime dans tous ses écrits, et l'accident de voiture qui lui coûta la vie entrait bien dans « les sanglantes mathématiques qui ordonnent notre destin », telles que les décrivait *Le Mythe de Sisyphe*. Camus, par la bouche gouailleuse de Clamence, semble même avoir prévu le mouvement d'unanimité qui se ferait autour de lui : « Avez-vous remarqué que la mort seule réveille nos sentiments? [...] Comme nous admirons ceux de nos maîtres qui ne parlent plus, la bouche pleine de terre! » Il reste que cette mort donne à l'œuvre son unité. Sartre l'a fort bien dit alors : « Il faudra apprendre à voir cette œuvre mutilée comme une œuvre totale [...] nous reconnaîtrons dans cette œuvre et dans la vie qui n'en est pas séparable la tentative pure et victorieuse d'un homme pour reconquérir chaque instant de son existence sur sa mort future. » Cette œuvre, qui a été vite intégrée dans la tradition scolaire, a sans doute cessé depuis dix ans d'influencer toute une partie de notre littérature. Mais l'importance de Camus restera d'avoir mené à bien une littérature de l'existence, plus durable que les philosophies du même nom : il a su transformer en conscience et en œuvre d'art l'expérience d'une vie.

Jean-Paul Sartre

C'est seulement en 1945 que Sartre passe d'une relative obscurité à une vogue tapageuse qui fait de lui à la fois un maître à penser et un auteur scandaleux. Cette célébrité redoutable, Sartre ne l'a pas recherchée, mais il ne l'a pas refusée non plus. Il en a usé pour élargir le plus possible son audience : à l'écrivain s'est ajouté ou s'est substitué un homme public dirigeant, sinon un groupe, du moins une revue, entouré à la fois d'un grand crédit et d'une extrême malveillance, engagé, non plus seulement dans une œuvre littéraire et philosophique, mais dans une action politique souvent très contestée. Les années 1945 marquent donc une coupure nette et une mutation importante dans l'œuvre de Sartre, mais, pour comprendre son évolution, il est nécessaire de remonter au moins jusqu'en 1938, à la publication de son premier livre, *La Nausée*.

Dès sa première œuvre, Sartre impose son style et son univers avec une assurance magistrale qui semble épuiser le sujet. Il n'était pas absurde, comme le fit un critique, de voir dans *La Nausée* un « testament littéraire ». Les nouvelles du *Mur* (1939) paraissaient si accomplies dans leur agressivité qu'on ne voyait pas comment l'auteur pourrait progresser dans ce genre, et en effet, il n'y est pas revenu. D'une manière générale, Sartre semble avoir atteint d'emblée un degré exceptionnel de maîtrise dans les genres les plus variés. *L'Imaginaire* (1940), *L'Être et le Néant* (1943) imposent le philosophe auprès des spécialistes. Les essais critiques qui seront recueillis dans *Situations I* font preuve d'une perspicacité et d'une vigueur rarement égalées : approuvés ou contestés, ils vont dominer longtemps les recherches de la critique et les débats sur la littérature. Au théâtre, enfin, Sartre rencontre un vif succès, sinon avec *Les Mouches* (1943), du moins avec *Huis Clos* (1944). Une réussite aussi immédiate n'est pas à mettre au compte du génie (notion dont Sartre a horreur) : elle est l'aboutissement de vingt ans de littérature clandestine et forcenée dont presque rien n'a été publié. Dès sa plus tendre enfance, Sartre a voué son existence à l'écriture : il y voyait la seule forme possible de salut et de justification. Cette mystique farouche de la littérature, Sartre la dénonce aujourd'hui comme une névrose solitaire, mais elle a donné son accent à ses premières œuvres, et elle apparaît bien à la fin de *La Nausée :* une œuvre d'art, que ce soit un air de jazz ou un récit, sauve l'existence de l'absurdité et lui confère une nécessité. Le jeune Sartre n'est pas alors si loin de Flaubert, auquel il vouera par la suite des sentiments violents et contradictoires.

A partir de la guerre et surtout à partir de 1945, cette mystique qui plaçait l'absolu dans la littérature disparaît peu à peu au contact des événements de l'histoire; à celle-ci désormais, Sartre accorde toute sa passion. A travers une « littérature engagée », où l'engagement compte plus que la littérature, et une activité politique considérable, il poursuit longtemps dans l'histoire un salut qu'il recherchait auparavant dans les lettres, avant d'admettre qu'il n'y a nulle part d'absolu et que toutes les entreprises sont relatives. « L'absolu est parti, précise-t-il en 1964. Restent les tâches parmi lesquelles la littérature n'est aucunement privilégiée. » Sans rompre avec la littérature, Sartre va entretenir avec elle de curieux rapports d'amour déçu et de haine vigilante. Simone de Beauvoir décrit sans doute cette évolution intérieure, quand elle prête au héros des *Mandarins* ce revirement : « Il condamnait même la littérature... Il opposait au vieil humanisme qui avait été le sien un humanisme plus neuf, plus réaliste, plus pessimiste, qui faisait une large part à la violence, et presque aucune aux idées de justice, de liberté, de vérité; il démontrait victorieusement que c'était là la seule morale adéquate au rapport actuel des hommes entre eux, mais pour l'adopter, il fallait jeter tant de choses par-dessus bord que personnellement il n'en était pas capable. » En fait, Sartre a bien souvent donné la priorité à la politique sur la littérature : plutôt que d'achever *Les Chemins de la liberté*, il rédige *L'Affaire Henri Martin* (1953); à la publication de son *Flaubert* depuis longtemps annoncé, il préfère la présentation du Rapport du Tribunal Russell sur le Vietnam (1967). Inlassable, Sartre ne cesse de rédiger, à la manière de Zola, le « J'accuse... » qu'il estime nécessaire. De ce fait, toute une partie de ses écrits échappe complètement à la littérature (dont il assure d'ailleurs qu'elle « ne fait pas le poids ») pour relever de l'information ou de l'action politique, même si on y retrouve intacts l'énergie dialectique et l'entraînement persuasif dont il est capable. Cette évolution est plus sensible encore dans *Les Temps Modernes* qu'il dirige : revue littéraire en 1945, revue d'études socialistes et révolutionnaires aujourd'hui.

Sartre n'a évidemment pas renoncé à la littérature quand il a cessé d'en faire un absolu. Mais le ton et le rythme de ses écrits se sont modifiés. Le romancier s'est tu depuis 1949, sans avoir accompli la grande refonte des formes romanesques que faisaient espérer les essais critiques de *Situations*. Au théâtre, par contre, Sartre a donné une œuvre abondante, avec des pièces de plus en plus complexes, et de plus en plus ambitieuses, de *Huis Clos* (1944) aux *Séques-*

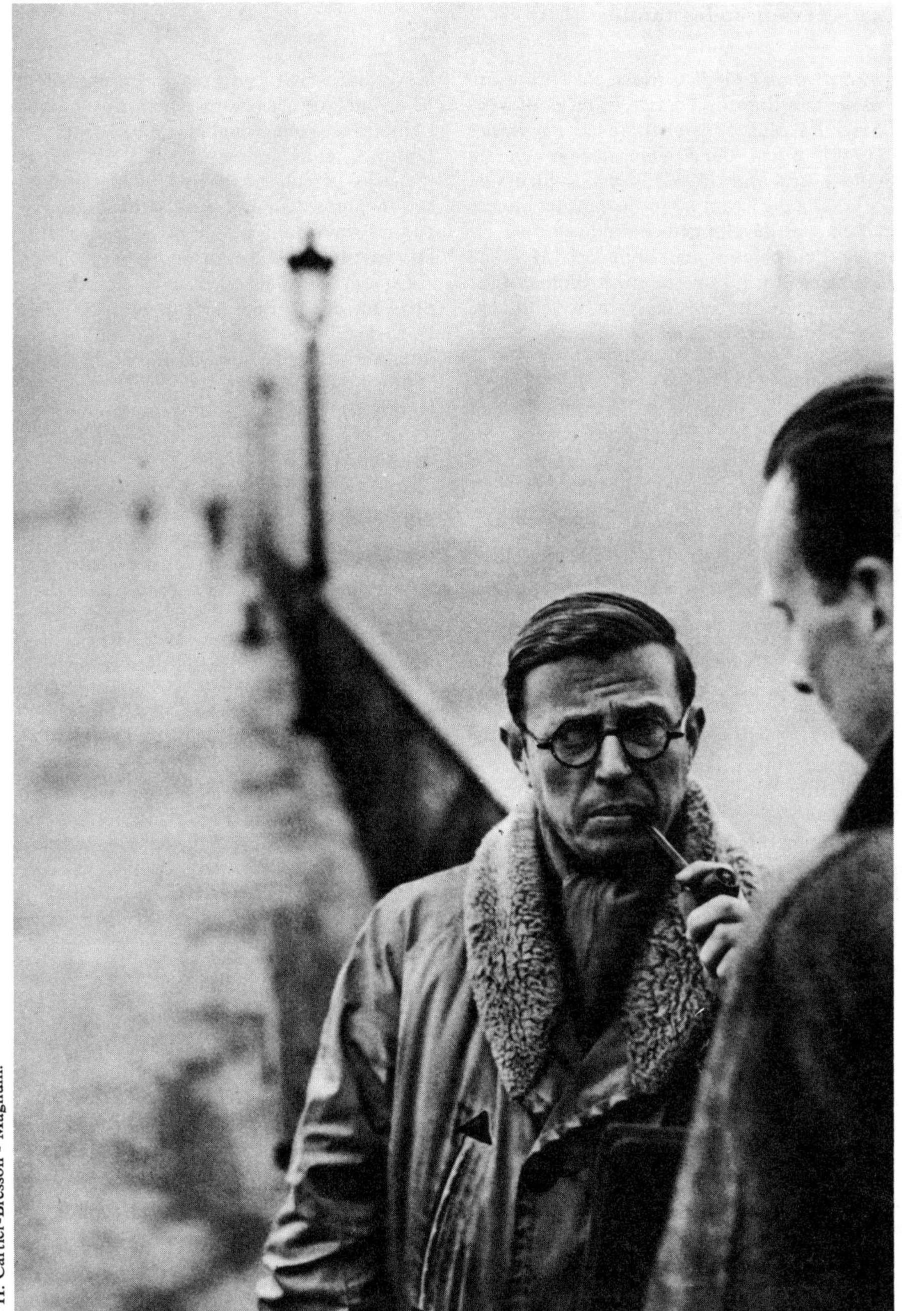

Cl. H. Cartier-Bresson - Magnum.

Jean-Paul Sartre.

trés d'Altona (1959). Mais c'est dans un usage très libre de l'essai qu'il a réalisé ses livres les plus personnels, avec *Baudelaire* (1948), *Saint Genet comédien et martyr* (1952), *Les Mots* (1963). C'est d'ailleurs de ce côté-là qu'il faut attendre dans les années à venir les développements de cette œuvre, avec l'autobiographie dont *Les Mots* ne semblent être qu'un fragment liminaire, et le *Flaubert* auquel l'écrivain se consacre depuis des années.

Les romans (1938-1949) :

Comme la plupart des écrivains de sa génération, Sartre s'est senti, d'abord et avant tout, une vocation de romancier, mais il s'est attaché manifestement à remettre en question toutes les formes romanesques. Journal d'un « individu » solitaire qui rompt tous ses liens avec la société de Bouville (Le Havre) pour mettre à nu l'existence, *La Nausée* s'établissait dans une parfaite rupture avec les modèles du roman français. Son héros, Antoine Roquentin, passe par une série de désillusions; les mythes rassurants qui justifiaient son existence s'effondrent les uns après les autres dans la dérision. Mais ces désillusions sont autant de démystifications : l'illusion des aventures se dissipe, et avec elle le roman tel que le concevait Malraux; simple leurre que les instants privilégiés et c'est ici le roman proustien qui est récusé. Antoine, en renonçant à écrire la vie du marquis de Rollebon, écarte la narration historique. L'Autodidacte, héros grotesque de la culture, voue sa vie à la lecture systématique des livres de la bibliothèque municipale, selon l'ordre alphabétique, mais il se révèle un pitoyable pédéraste; l'humanisme traditionnel ainsi caricaturé sombre dans la mauvaise foi. Quant aux gens de bien, engoncés dans leur respectabilité arrogante, paradant à la sortie de la messe ou au musée de Bouville, ils sont démasqués par le narrateur qui voit en eux des « salauds ». S'il arrive à Roquentin lui-même de se laisser aller à quelque lyrisme, ses exaltations passagères se brisent vite : l'horreur de la nature et du monde l'emporte. Tout en effet est de trop, les hommes comme les choses; d'obscures menaces pèsent sur la ville, et des proliférations monstrueuses surgissent des campagnes environnantes. C'est une véritable apocalypse que nous propose *La Nausée*.

Le journal de Roquentin, à la fois métaphysique et satirique, semble tout détruire. Il ne dévoile qu'un absolu, et c'est l'absurdité. Mais il décrit aussi la libération d'une conscience qui s'arrache à toutes les tentations gluantes du monde, qui se refuse à « être » quoi que ce soit, et qui découvre en l'« existence » comme un défaut de l'« être » : l'homme accepte l'idée que rien ne le justifie, et qu'il n'aura jamais l'opacité et le poids des choses. Finalement, Roquentin constate que, s'il est une justification, c'est celle de l'œuvre d'art, représentée par un vieux disque de jazz entendu dans un café. Roquentin écrira une histoire « belle et dure comme de l'acier, et qui fasse honte aux gens de leur existence ». N'est-ce pas le paradoxe de Sartre lui-même, qui décrit l'absurdité de l'existence et son horreur profonde avec l'allégresse de l'écrivain heureux? Le récit de cette expérience sinistre, en effet, ne cesse d'inspirer une gaieté tonique.

Le style de *La Nausée* n'est pas un style révolutionnaire. L'influence de Céline est visible : la brutalité, la gouaille, les raccourcis familiers ou argotiques ont leur place. Mais la variété des tons est extrême : satire cynique, dialogues grotesques, vertiges hallucinés, cauchemars contrôlés, méditations métaphysiques situées dans des cafés ou des jardins publics. La fragmentation des scènes et des épisodes, dans ce roman encyclopédique et destructeur, rappelle *Bouvard et Pécuchet*. Mais le roman flaubertien est ici désintégré d'une manière plus radicale encore et Roquentin, différent en cela des héros de Flaubert, découvre sa liberté au terme d'une cascade d'échecs : à l'horreur du monde, il opposera l'héroïsme de l'écriture.

[De l'autre côté de l'existence]

Antoine Roquentin va quitter Bouville. Il écoute une dernière fois, au café, un vieux disque de jazz, *Some of these days*, et rêve sur « cette petite douleur de diamant, qui tourne en rond au-dessus du disque », souffrance métamorphosée en notes de saxophone, précises et pures.

Elle * n'existe pas. C'en est même agaçant; si je me levais, si j'arrachais ce disque du plateau qui le supporte et si je le cassais en deux, je ne l'atteindrais pas, *elle*. Elle est au delà — toujours au delà de quelque chose, d'une voix, d'une note de violon. A travers des épaisseurs et des épaisseurs d'existence, elle se dévoile, mince et ferme et, quand on veut la saisir, on ne rencontre que des existants, on bute sur des existants dépourvus de sens. Elle est derrière eux : je ne l'entends même pas, j'entends des sons, des vibrations de l'air qui la dévoilent. Elle n'existe pas, puisqu'elle n'a rien de trop * : c'est tout le reste qui est trop par rapport à elle. Elle *est*.

Et moi aussi j'ai voulu *être*. Je n'ai même voulu que cela; voilà le fin mot de ma vie : au fond de toutes ces tentatives qui semblaient sans liens, je retrouve le même désir : chasser l'existence hors de moi, vider les instants de leur graisse, les tordre, les assécher, me purifier, me durcir, pour rendre enfin le son net et précis d'une note de saxophone. Ça pourrait même faire un apologue; il y avait un pauvre type qui s'était trompé de monde. Il existait, comme les autres gens, dans le monde des jardins publics, des bistrots, des villes commerçantes et il voulait se persuader qu'il vivait ailleurs, derrière la toile des tableaux, avec les doges du Tintoret *, avec les braves Florentins de Gozzoli *, derrière les pages des livres, avec Fabrice del Dongo et Julien Sorel, derrière les disques de phono, avec les longues plaintes sèches des jazz. Et puis, après avoir bien fait l'imbécile, il a compris, il a ouvert les yeux, il a vu qu'il y avait maldonne : il était dans un bistrot, justement, devant un verre de bière tiède. Il est resté accablé sur la banquette; il a pensé : je suis un imbécile. Et à ce moment précis, de l'autre côté de l'existence, dans cet autre monde qu'on peut voir de loin, mais sans jamais l'approcher, une petite mélodie s'est mise à danser, à chanter : « C'est comme moi qu'il faut être; il faut souffrir en mesure. »

La voix chante :

Some of these days
You'll miss me honey. *

On a dû rayer le disque à cet endroit-là, parce que ça fait un drôle de bruit. Et il y a quelque chose qui serre le

* La mélodie.

* Exister, pour Roquentin, c'est être de trop.

* Le Tintoret est un peintre vénitien à qui Sartre consacrera plus tard un essai.

* Gozzoli : peintre florentin de la Renaissance.

* Paroles d'un « ragtime » composé par George Gershwin. La « voix » est celle de la chanteuse Sophie Tucker.

cœur : c'est que la mélodie n'est absolument pas touchée par ce petit toussotement de l'aiguille sur le disque. Elle est si loin — si loin derrière. Ça aussi, je le comprends : le disque se raye et s'use, la chanteuse est peut-être morte; moi, je vais m'en aller, je vais prendre mon train. Mais derrière l'existant qui tombe d'un présent à l'autre, sans passé, sans avenir, derrière ces sons qui, de jour en jour, se décomposent, s'écaillent et glissent vers la mort, la mélodie reste la même, jeune et ferme, comme un témoin sans pitié.

Constatant qu'un air de jazz peut laver du « péché d'exister », Roquentin décide d'écrire quelque chose « qui serait au-dessus de l'existence ».

Jean-Paul Sartre, *La Nausée*, éd. Gallimard.

— Une méditation sur une œuvre d'art, image de l'« être », en face de l'homme « existant » : transcendance de l'œuvre d'art (1-12). Illusion de Roquentin qui a voulu modeler son existence sur des œuvres esthétiques : divorce entre sa vie nauséeuse et ses pauvres rêveries (13-31); retour au disque : une essence qui échappe à la mort (32-51).

— Recherche métaphysique, tendue et balbutiante (1-12, 41-51), coïncidant avec la recherche d'une issue à l'existence. Évocation familière et dérisoire de la double vie de Roquentin à Bouville : horreur de l'existence physiologique (16-19, 30). Images de la décomposition des choses et des hommes (45-49).

— Un recours (assez traditionnel) à la création artistique pour trouver à l'existence une justification, d'ailleurs incertaine — recours plus tard récusé par Sartre lui-même *(cf. Les Mots)*. L'air de jazz dans *La Nausée* et la sonate ou le septuor de Vinteuil dans *La Recherche du temps perdu*.

Les nouvelles du *Mur* (1939) réunissent des images de l'aliénation mentale, de l'anomalie sexuelle et de la mauvaise foi. Dans les pires des situations, Sartre retrouve les démarches d'une liberté, il les évoque avec un mélange étonnant de cruauté et de compassion : ces brefs récits, à la limite du tolérable, sont peut-être les textes les plus accomplis que Sartre ait jamais écrits. Mais ils ne présentent pas d'innovations considérables par rapport à *La Nausée*. Dans les années qui suivent, le romancier va s'attacher à une incessante réflexion sur l'usage et la théorie des formes romanesques : elle se développe depuis les premiers articles sur Faulkner et Dos Passos, jusqu'à celui qu'il consacre dix ans plus tard à Nathalie Sarraute. Après avoir réalisé dans *La Nausée* le roman de l'homme délaissé et asocial, Sartre va concevoir un roman de la participation à l'Histoire : l'expérience de la guerre a été ici décisive. Ce roman évoquera toujours la découverte d'une liberté, mais il s'agira d'une liberté liée à la responsabilité historique, et non plus d'une liberté métaphysique. A la technique du journal intime d'un solitaire succédera celle d'un roman collectif qui fait vivre des consciences multiples. Sartre a fort bien expliqué, en 1947, ce que devait être ce roman : assimilant les apports de Joyce, Kafka et Faulkner, il romprait avec la perspective du romancier tout-puissant sur ses personnages, il ferait coïncider le lecteur avec la conscience de chaque héros, il montrerait des libertés qui se cherchent et se découvrent dans le devenir historique. « Nous souhaitions, écrivait Sartre, que chaque personnage soit un piège, que le lecteur y soit attrapé et qu'il soit jeté d'une conscience dans une autre, comme d'un univers absolu et irrémédiable dans un autre univers pareillement absolu, qu'il soit incertain de l'incertitude même des héros, inquiet de leur inquiétude, débordé par leur présent, pliant sous le poids de leur avenir, investi par leurs perceptions et par leurs sentiments comme par de hautes falaises insurmontables, qu'il sente enfin que chacune de leurs humeurs, que chaque mouvement de leur esprit enferment l'humanité entière, et sont en leur temps et en leur lieu, au sein de l'histoire et malgré l'escamotage du présent par l'avenir, une descente sans recours vers le Mal, ou une montée vers le Bien qu'aucun futur ne pourra contester. » *(Situations II)*.

Ce programme ambitieux, *Les Chemins de la liberté* ont tenté de le réaliser. Dans *L'Âge de raison* (1945), Sartre construit une intrigue entrecroisée qui prend successivement le point de vue de Mathieu, de Boris, de Daniel. Empêtrés dans les faux problèmes de leur vie privée, inconscients de l'imminence de la guerre, ils cherchent leur liberté dans des chemins qui sont autant d'impasses. Avec *Le Sursis* (1945), qui évoque le coup de tonnerre de Munich en 1938 et la guerre désormais inévitable, la technique change : les personnages se multiplient, le cadre, limité dans le précédent volume au Paris de la rive gauche, éclate aux dimensions du monde. Un procédé simultanéiste associe dans la même phrase des personnages disséminés dans le monde entier. Le recours très apparent aux techniques de Dos Passos domine le roman, mais il confine à l'exercice : plutôt que l'atomisation des existences individuelles, brassée et désintégrées par les soubresauts de l'histoire, le lecteur retiendra l'habileté acrobatique du romancier à circuler dans le labyrinthe des innombrables consciences. *La Mort dans l'âme* (1949) avec des techniques plus discrètes, proches de celles que Zola met en œuvre dans *La Débâcle*, tente de donner une vision globale de la défaite de 1940. Une telle diversité de techniques et de personnages appelait un dernier volume qui fût à la fois un aboutissement moral et une synthèse formelle. Mais Sartre, pour achever son roman, ne pouvait qu'engager ses héros dans la Résistance, et l'après-guerre que vivait le romancier posait des problèmes beaucoup plus complexes que la simple alternative entre la Résistance et la collaboration. A l'intellectuel, elle n'imposait plus un choix évident et un engagement sans restriction. *Les Chemins de la liberté*, qui proposaient une reprise en charge de l'histoire par des consciences, se trouvaient ainsi en porte à faux et devaient rester inachevés... Comme le note Michel Zéraffa, « par son non-achèvement, cette œuvre évoque une phase d'une civilisation où le héros est conscient de sa responsabilité devant l'histoire mais n'a pas assez de puissance pour faire l'histoire... ».

[La Liberté, c'est la Terreur]

L'été 1940. Mathieu, pris dans la débâcle de l'armée française, décide de se joindre à un groupe de « chasseurs » installés dans un clocher de village pour retarder le plus longtemps possible l'avance allemande.

Ils * se firent un petit salut de la main et Mathieu regagna son poste. Il pensait : je vais mourir pour rien, et il avait pitié de lui-même. Une seconde ses souvenirs bruissèrent comme un feuillage sous le vent. *Tous* ses souvenirs : j'aimais la vie. Une interrogation inquiète restait au fond de sa gorge : avais-je le droit de plaquer les copains? ai-je le droit de mourir pour rien? Il se redressa, il s'appuya des deux mains au parapet, il secoua la tête avec colère.

* Mathieu et l'autre guetteur.

« Il y en a marre. Tant pis pour ceux d'en dessous, tant pis pour tout le monde. Finis les remords, les réserves, les restrictions : personne n'est mon juge, personne ne pense à moi, personne ne se souviendra de moi, personne ne peut décider pour moi. » Il décida sans remords, en connaissance de cause. Il décida, et, à l'instant, son cœur scrupuleux et pitoyable dégringola de branche en branche; plus de cœur : fini. Je décide que la mort était le sens secret de ma vie, que j'ai vécu pour mourir; je meurs pour témoigner qu'il est impossible de vivre; mes yeux éteindront le monde et le fermeront pour toujours.

La terre haussait vers ce mourant son visage renversé, le ciel chaviré coulait à travers lui avec toutes ses étoiles : mais Mathieu guettait sans daigner ramasser ces cadeaux inutiles.

[...] *

* Coupure de quelques pages. Le combat avec les Allemands est bref et meurtrier. Mathieu reste seul survivant dans son clocher.

— Nom de Dieu, dit-il à voix haute, il ne sera pas dit que nous n'aurons pas tenu quinze minutes.

Il s'approcha du parapet et se mit à tirer debout. C'était une énorme revanche; chaque coup de feu le vengeait d'un ancien scrupule. Un coup sur Lola que je n'ai pas osé voler, un coup sur Marcelle que j'aurais dû plaquer, un coup sur Odette que je n'ai pas voulu baiser. Celui-ci pour les livres que je n'ai pas osé écrire, celui-là pour les voyages que je me suis refusés, cet autre sur tous les types, en bloc, que j'avais envie de détester et que j'ai essayé de comprendre. Il tirait, les lois volaient en l'air, tu aimeras ton prochain comme toi-même, pan dans cette gueule de con, tu ne tueras point, pan sur le faux jeton d'en face. Il tirait sur l'homme, sur la Vertu, sur le Monde : la Liberté, c'est la Terreur; le feu brûlait dans la mairie, brûlait dans sa tête : les balles sifflaient, libre comme l'air, le monde sautera, moi avec, il tira, il regarda sa montre : quatorze minutes trente secondes, il n'avait plus rien à demander sauf un délai d'une demi-minute, juste le temps de tirer sur le bel officier si fier qui courait vers l'église; il tira sur le bel officier, sur toute la Beauté de la Terre, sur la rue, sur les fleurs, sur les jardins, sur tout ce qu'il avait aimé. La Beauté fit un plongeon obscène et Mathieu tira encore. Il tira : il était pur, il était tout-puissant, il était libre.

Quinze minutes.

Jean-Paul Sartre, *La Mort dans l'âme*, éd. Gallimard.

— Un acte libre : rupture avec un passé de philosophie humaniste — Mathieu était professeur de philosophie (1-13). Choix d'une mort certaine (13-23). Libération dans la violence et le courage (24-48).

— Alternance du monologue intérieur (2-19, 28-34, etc.) et du récit à la troisième personne (20-23, 40-48), mélange des tons : lyrisme refoulé (11-13, 20-23, 46), trivialité brutale (28-30, 34-36); alliance de l'abstrait (11-13, 16-18) et du concret (épisodes du combat).

— Les chemins de la liberté : la mort, la violence, l'engagement, la « terreur ». Mathieu, proche des héros du théâtre de Sartre (*Les Mouches, Les Mains sales, Les Séquestrés d'Altona*). « La mort c'est ce qui transforme la vie en destin. » (Malraux.)

Les Chemins de la liberté tireront sans doute plus tard leur prix de ce qu'ils expriment fort bien les problèmes et les ambitions d'une époque, mais le talent de Sartre, ses obsessions, sa passion y apparaissent moins que dans *La Nausée* ou *Le Mur*. Comme Aragon avec *Les Communistes* (*cf.* p. 93) et Camus avec *La Peste*, Sartre a entrepris un roman de la condition humaine, qui réconcilierait l'humanisme et l'histoire; mais la réalisation évoque moins *La Condition humaine* de Malraux que *Les Hommes de bonne volonté* de Jules Romains. Cet échec relatif a coïncidé chez Sartre avec un renoncement, qui semble définitif, au roman.

Le théâtre :

Sartre n'est pas venu au théâtre sous l'effet d'une passion de la scène ou d'une vocation impérieuse, mais pour toucher de la manière la plus directe et la plus efficace un large public, comme l'exigeaient les impératifs de la littérature engagée. Enfant, il a découvert avec émerveillement le cinéma, cet art où les « délires d'une muraille » suffisent à fasciner les foules. Mais ce n'est point dans les dialogues et les scénarios que l'écrivain concevra pour l'écran qu'il faut aller chercher l'image la plus complète et la plus accessible de son univers, c'est dans son œuvre théâtrale. Elle commence dans des conditions assez surprenantes : détenu dans un camp de prisonniers en 1941, Sartre écrit une pièce... sur la Nativité, avec l'approbation des prêtres : *Bariona* se proposait de faire, un soir de Noël, « l'union la plus large des croyants et des incroyants ». Cet essai serait peut-être resté sans lendemain si Charles Dullin n'avait encouragé Sartre à écrire pour le théâtre et mis en scène sa première pièce « publique », *Les Mouches*, en 1943. Ainsi commençait une production dramatique qui devait dominer pendant dix ans le théâtre de l'après-guerre.

Les quelque dix pièces que Sartre a écrites de 1943 à 1965 ont connu à vrai dire des fortunes diverses : les plus appréciées du public ont souvent été les moins ambitieuses, celles que l'auteur avait conçues et rédigées dans la hâte, comme *Huis Clos* (1944) ou *La Putain respectueuse* (1946). Deux seuls échecs véritables, tous deux liés à des œuvres dont l'engagement politique était assez agressif : *Morts sans sépulture* (1946) et *Nekrassov* (1955). Mais aussi, pour ses trois tentatives les plus hardies et les plus complexes, un accueil souvent mitigé : *Les Mains sales*, *Le Diable et le Bon Dieu*, *Les Séquestrés d'Altona*, desservis en général par des mises en scène timides, ont à la fois passionné et écrasé les spectateurs. Il n'en demeure pas moins que l'auteur dramatique, fidèle à l'esprit de sa première tentative, a toujours voulu « réaliser l'unité de tous les spectateurs ». C'est ce qui explique que ses pièces, loin de rompre avec les lois du genre, s'y conforment avec beaucoup d'entrain. Le dramaturge, absolument différent sur ce point du romancier, ne remet jamais en question la règle du jeu théâtral, mais cherche au contraire à en tirer les effets les plus sûrs. En cela, ses pièces restent traditionnelles et n'annoncent en rien le renouvellement des formes qui va s'accomplir avec Beckett, Ionesco et Genet : on aurait même quelque peine à leur trouver une esthétique commune. Le goût de l'imitation et de l'adaptation y est toujours sensible : l'auteur des *Mouches* adoptait en 1943 la plupart des procédés en vogue au théâtre d'alors, le ton de Giraudoux, le recours ironique à l'antiquité. A propos de pièces beaucoup plus ambitieuses comme *Les Mains sales* (1948) ou *Le Diable et le Bon Dieu* (1951), les critiques, mais aussi l'auteur lui-même ont évoqué Victorien Sardou : ce rappel du XIXe siècle n'est nullement injurieux, si l'on pense à la construction et au langage dramatique. Dans *Les Séquestrés d'Altona* (1959), Sartre, apparemment très sensible à la vogue de Bertolt Brecht, recherche d'une manière explicite l'effet de « distanciation » et impose à sa pièce une « forme épique ». Quant aux dialogues, peut-être est-ce dans *Kean* (1953) et dans *Les Troyennes* (1965), où il adapte avec autant de liberté que de fidélité enthousiaste Alexandre Dumas et Euripide, que l'écrivain a su donner toute sa mesure.

L'originalité de ce théâtre, qui n'est pourtant pas douteuse, tient en fait beaucoup moins aux formes qu'aux thèmes, et à la permanence d'un même projet : le drame sartrien évoque des « libertés qui se choisissent dans des situations », et plus précisément « le moment qui engage une morale et toute une vie ». Après *Les Mouches* qui montrent une conscience se découvrant elle-même dans la révolte, l'engagement et la violence, après *Huis Clos* qui évoque le problème des relations avec autrui, et de l'impossibilité d'y échapper, *Les Mains sales* (1948) mêlent le problème moral de la fin et des moyens au problème historique du communisme soviétique. En prise directe sur l'actualité, cette pièce évoque, en effet, la conquête du pouvoir par les communistes dans un pays d'Europe centrale qui ressemble fort à la Hongrie. C'est la fin de la guerre et l'armée soviétique va occuper ce pays, dont le gouvernement fasciste s'est allié à l'Allemagne d'Hitler. Le Parti communiste est divisé : doit-il prendre seul le pouvoir, au risque de passer pour un gouvernement imposé par les armées étrangères? Doit-il provisoirement, au risque de trahir ses principes, s'allier aux fascistes et aux libéraux pour partager le pouvoir? Un des leaders, Hœderer, est en train de faire prévaloir la deuxième solution. Ses adversaires au sein du Parti chargent un jeune intellectuel, Hugo, de le tuer après s'être introduit auprès de lui comme secrétaire et avoir capté sa confiance. (On reconnaît ici le souvenir de l'assassinat de Trotsky, tué dans des conditions analogues.) Après beaucoup d'hésitations, Hugo finira par tuer Hœderer pour lequel il éprouve pourtant de l'amitié et de la reconnaissance, mais il le fera dans des circonstances telles qu'il peut s'agir aussi bien d'un crime passionnel que d'un meurtre politique. Quand Hugo sortira de prison, deux ans plus tard, les communistes ont précisément adopté la politique d'Hœderer, et ne songent qu'à se débarrasser d'un assassin encombrant et trop bavard. Hugo choisit de donner un sens politique à son meurtre, acceptant ainsi de mourir de la main de ses camarades. Sur une intrigue qui rappelle le *Lorenzaccio* de Musset, Sartre a construit sa pièce d'une manière rigoureuse et presque impersonnelle, ne se permettant qu'un long retour en arrière : Hugo, à sa sortie de prison, revit les événements qui l'y ont mené, tandis qu'il attend la venue de ceux qui vont le tuer ou l'épargner, selon qu'ils le jugeront ou non récupérable. La voix de l'écrivain se fait ici anonyme, elle ne tend qu'à une rigueur pédagogique et dramatique, prêtant autant de force au jeune révolté avide d'effacer ses origines bourgeoises qu'au militant assumant les responsabilités d'une stratégie révolutionnaire. En s'appuyant ainsi sur une situation historique réelle, dont la gravité devait entraîner bientôt toute une série de crises, Sartre exprimait au mieux les conflits permanents de la morale et de l'action révolutionnaire.

[Moi j'ai les mains sales]

Hugo, introduit comme secrétaire auprès de Hœderer, exprime sa révolte devant le pacte provisoire que celui-ci essaie de passer avec les libéraux et les fascistes. Hœderer lui explique qu'il agit en communiste conséquent et non, comme le pense Hugo, en « social-traître ».

HUGO. — Vous... vous avez l'air si vrai, si solide! Ça n'est pas possible que vous acceptiez de mentir aux camarades.

HOEDERER. — Pourquoi? Nous sommes en guerre et ça n'est pas l'habitude de mettre le soldat heure par heure au courant des opérations.

HUGO. — Hoederer, je... je sais mieux que vous ce que c'est que le mensonge; chez mon père * tout le monde se mentait, tout le monde me mentait. Je ne respire que depuis mon entrée au Parti. Pour la première fois j'ai vu des hommes qui ne mentaient pas aux autres hommes. Chacun pouvait avoir confiance en tous et tous en chacun, le militant le plus humble avait le sentiment que les ordres des dirigeants lui révélaient sa volonté profonde, et s'il y avait un coup dur, on savait pourquoi on acceptait de mourir. Vous n'allez pas...

HOEDERER. — Mais de quoi parles-tu?

HUGO. — De notre Parti.

HOEDERER. — De notre Parti? Mais on y a toujours un peu menti. Comme partout ailleurs. Et toi Hugo, tu es sûr que tu ne t'es jamais menti, que tu n'as jamais menti, que tu ne mens pas * à cette minute même?

HUGO. — Je n'ai jamais menti aux camarades. Je... A quoi ça sert de lutter pour la libération des hommes, si on les méprise assez pour leur bourrer le crâne?

HOEDERER. — Je mentirai quand il faudra et je ne méprise personne. Le mensonge, ce n'est pas moi qui l'ai inventé : il est né dans une société divisée en classes et chacun de nous l'a hérité en naissant. Ce n'est pas en refusant de mentir que nous abolirons le mensonge : c'est en usant de tous les moyens pour supprimer les classes.

HUGO. — Tous les moyens ne sont pas bons.

HOEDERER. — Tous les moyens sont bons quand ils sont efficaces.

HUGO. — Alors, de quel droit condamnez-vous la politique du Régent *? Il a déclaré la guerre à l'U.R.S.S. parce que c'était le moyen le plus efficace de sauvegarder l'indépendance nationale.

HOEDERER. — Est-ce que tu t'imagines que je la condamne? Il a fait ce que n'importe quel type de sa caste aurait fait à sa place. Nous ne luttons ni contre des hommes ni contre une politique mais contre la classe qui produit cette politique et ces hommes.

HUGO. — Et le meilleur moyen que vous ayez trouvé

* Hugo a rompu avec lui et avec la grande bourgeoisie qu'il incarne.

* Hœderer semble soupçonner le double jeu de Hugo.

* Le chef d'État de l'Illyrie (désigne sans doute l'amiral Horthy, « régent » de la Hongrie jusqu'en 1944).

pour lutter contre elle, c'est de lui offrir de partager le pouvoir avec vous?

HOEDERER. — Parfaitement. Aujourd'hui, c'est le meilleur moyen. *(Un temps.)* Comme tu tiens à ta pureté, mon petit gars! Comme tu as peur de te salir les mains. Eh bien, reste pur! A quoi cela servira-t-il et pourquoi viens-tu parmi nous? La pureté, c'est une idée de fakir et de moine. Vous autres, les intellectuels, les anarchistes bourgeois, vous en tirez prétexte pour ne rien faire. Ne rien faire, rester immobile, serrer les coudes contre le corps, porter des gants. Moi j'ai les mains sales. Jusqu'aux coudes. Je les ai plongées dans la merde et dans le sang. Et puis après? Est-ce que tu t'imagines qu'on peut gouverner innocemment *?

* Souvenir d'une formule de Saint-Just : « Nul ne peut régner innocemment. »

Jean-Paul Sartre, *Les Mains sales*, éd. Gallimard.

— Un affrontement dramatique (Hugo doit décider s'il va tuer Hœderer comme on l'en a chargé) et politique (deux conceptions du communisme). La révolte morale et l'action révolutionnaire.

— Un langage sans abstraction ni lyrisme, familier et même brutal (14-15, 24-25, 40-41, 55-56). Enchaînement des répliques, vigoureux et traditionnel (23-31, 32-34), rythme rapide des questions et des réponses. Développement d'une image, en guise d'illustration pédagogique (49-56).

— Position de Sartre (qui se défend d'avoir fait une pièce à thèse) : « Hugo n'a jamais été pour moi un personnage sympathique [...] c'est l'attitude de Hœderer qui me paraît saine. » La réaction de la critique et du public a toujours été à l'encontre de cette intention.

C'est encore de la morale et de sa vanité dans un univers régi par les rapports de force et les luttes violentes, que traite *Le Diable et le Bon Dieu*. Les onze tableaux de cette pièce, qui est au théâtre de Sartre, toutes proportions gardées, ce que *Le Soulier de satin* était au théâtre de Claudel, mettent en scène les guerres civiles impitoyables et confuses qui ont marqué en Allemagne les débuts de la Réforme luthérienne, et les soulèvements de paysans qui y ont été associés. Jouant jusqu'au bout le jeu du drame romantique et baroque, lui donnant parfois l'allure d'une superproduction historique, Sartre crée une figure mythique, mais c'est pour mieux la démystifier : à travers Gœtz, les pièges de la morale, de la sainteté et de l'absolu sont en fait dénoncés et l'on retrouve dans cette pièce beaucoup d'échos des recherches que Sartre avait menées dans son étude sur Jean Genet. Gœtz, condottiere tout-puissant, met l'Allemagne à feu et à sang, se voue au mal et à la trahison, affirmant ainsi, contre Dieu, son propre univers. Mais alors qu'il est sur le point de massacrer tous les habitants d'une ville, voici qu'il se convertit au bien sur un coup de dés. Il donne aux paysans ses terres, fonde une cité du bonheur, se consacre à la sainteté. Cette entreprise pleine de bonnes intentions précipite en fait la révolte des paysans. Gœtz cherche vainement à les dissuader de courir au massacre. Dans le bien comme dans le mal, tous ses projets se seront réduits à des jeux de destruction incohérents qui n'affectent même pas l'ordre établi. Découvrant que Dieu n'existe pas, Gœtz reprend sa place parmi les hommes : « Je resterai seul avec ce ciel vide au-dessus de ma tête, puisque je n'ai pas d'autre manière d'être avec tous. » Et il se met à la tête des paysans révoltés, sans illusions sur leurs chances de réussite.

On a vu parfois dans cette pièce un exposé pesant des problèmes du Bien, du Mal et de l'Action : c'est oublier le ton de bouffonnerie qui domine toute l'œuvre. Gœtz incarne ce type d'aventurier héroï-comique qui a fasciné l'enfance de Sartre sous la figure de Pardaillan : « seul contre tous », Gœtz vit son existence comme une épopée, et ne rend de comptes qu'à Dieu ou à l'Histoire; mais ce héros se double d'un bouffon qui tourne en dérision la plupart de ses entreprises. Dans ses exercices de sainte humilité Gœtz s'écrie : « Seigneur, délivrez-moi de l'abominable envie de rire. » Alors qu'il croit accéder chaque fois au seul mode d'existence authentique, il tombe dans un piège et s'enferme dans une comédie. Il n'est même pas sûr que dans son engagement final il puisse retrouver la communauté des hommes; si bien que l'on est tenté de lui appliquer le jugement que porte Sartre lui-même sur les intellectuels bourgeois désireux de s'intégrer au communisme : « C'est un mauvais départ que le refus de la solitude. Car pour la refuser il faut qu'on la constate et c'est le moyen de la faire exister à l'extrême. »

[La solitude du bien]

Gœtz, converti au bien, a fondé sur ses terres, à Altweiler, la cité du Bonheur. Mais, devant cet exemple, les paysans des terres voisines veulent tous se révolter contre leurs seigneurs. Gœtz n'a pas réussi à les en décourager. Insulté et rejeté par les paysans, il s'en revient, seul dans la nuit, vers sa cité heureuse.

GOETZ. — Vous crèverez, chiens! Je vous nuirai de façon mémorable. A moi, ma méchanceté : viens me rendre léger! *(Un temps.)* C'est pour rire. Le Bien m'a rincé l'âme : plus une goutte de venin. Parfait : en route pour le Bien, en route pour Altweiler; il faut me pendre ou faire le Bien. Mes enfants m'attendent, mes chapons, mes castrats, mes anges de basse-cour : ils me feront fête. Bon Dieu, qu'ils m'ennuient. Ce sont les autres que j'aime : les loups. *(Il se met en marche.)* Eh bien, Seigneur *, à toi de me guider dans la nuit obscure. Puisqu'il faut persévérer malgré l'échec, que tout échec me soit un signe, tout malheur une chance, toute disgrâce une grâce : donne-moi le bon emploi de mes infortunes, Seigneur, je le crois, je veux le croire, tu as permis que je roule hors du monde parce que tu me veux tout à toi.

Et voilà, mon Dieu : nous sommes de nouveau face à face, comme au bon vieux temps où je faisais le mal. Ah! je n'aurais jamais dû m'occuper des hommes : ils gênent. Ce sont des broussailles qu'il faut écarter pour parvenir à toi. Je viens à toi, Seigneur, je viens, je marche dans ta nuit : donne-moi la main. Dis : la nuit, c'est toi, hein? La nuit, l'absence déchirante de tout! Car tu es celui qui est présent dans l'universelle absence, celui qui entend quand tout est silence, celui qu'on voit quand on ne voit plus rien. Vieille nuit, grande nuit d'avant les êtres, nuit du non-savoir, nuit de la disgrâce et du malheur, cache-moi, dévore mon corps immonde, glisse-toi entre mon âme et moi-même et ronge-moi. Je veux le dénuement, la honte

* Dans le bien comme dans le mal, Gœtz s'adresse à Dieu d'égal à égal.

et la solitude du mépris, car l'homme est fait pour détruire l'homme en lui-même et pour s'ouvrir comme une femelle au grand corps noir de la nuit. Jusqu'à ce que je goûte à tout, je n'aurai plus de goût à rien, jusqu'à ce que je possède tout je ne posséderai plus rien. Jusqu'à ce que je sois tout, je ne serai plus rien en rien. Je m'abaisserai au-dessous de tous et toi, Seigneur, tu me prendras dans les filets de ta nuit et tu m'élèveras au-dessus d'eux. *(D'une voix forte et angoissée.)* Mon Dieu! Mon Dieu! Est-ce ta volonté? Cette haine de l'homme, ce mépris de moi-même, ne les ai-je pas déjà cherchés, quand j'étais mauvais? La solitude du Bien, à quoi la reconnaîtrai-je de la solitude du Mal? *(Le jour s'est levé lentement.)* Le jour se lève, j'ai traversé ta nuit. Sois béni de me donner la lumière : je vais voir clair. *(Il se retourne et voit Altweiler en ruine *.)*

Jean-Paul Sartre, *Le Diable et le Bon Dieu*,
éd. Gallimard.

* En l'absence de Gœtz, des paysans armés sont venus brûler le village.

Gœtz va en venir à l'athéisme. « Dieu ne me voit pas, Dieu ne m'entend pas, Dieu ne me connaît pas. [...] Heinrich, je vais te faire connaître une espièglerie considérable. Dieu n'existe pas. »

— Gœtz entre deux échecs dans ses relations avec les hommes : un monologue en forme d'interrogation et de prière à Dieu. La tentation de la sainteté (et du masochisme) : se détruire et s'humilier pour être tout à Dieu. Hymne à la nuit, suivi d'une intuition déchirante : l'équivalence absurde du Bien et du Mal (38-41).

— Les tons : mélange de bouffonnerie (6-9), de véhémence (9-15), de ferveur (20-36), d'angoisse (37-41). Une dialectique endiablée : l'échec et la victoire, le rien et le tout, la nuit et la lumière, la descente et l'ascension... (*Cf.* la formule de saint Jean de la Croix : « Pour arriver à être tout, veillez à n'être rien en rien. »)

— Sartre épouse ici le mouvement mystique (imitations évidentes de saint Jean de la Croix, dans les variations sur la « nuit obscure »). Recherche de l'absolu? Ou mirages de la solitude, justifiant le mépris des hommes?

Avec *Les Séquestrés d'Altona* (1959), sa pièce la plus difficile mais la plus riche, Sartre a voulu écrire le drame du XXe siècle : comment l'homme de ce siècle peut-il revendiquer la responsabilité d'une histoire qui le défigure? Doit-il en supporter la culpabilité écrasante, ou au contraire plaider pour son innocence? Cette question cruciale, Sartre l'avait déjà posée en 1952, à la fin de son étude sur Jean Genet : « Ces hommes masqués qui nous succéderont et qui auront sur tout des lumières que nous ne pouvons même pas entrevoir, nous sentons qu'ils nous jugent : pour ces yeux futurs dont le regard nous hante, notre époque sera objet. Et objet coupable. Ils nous découvrent notre échec et notre culpabilité. Déjà morte, déjà chose, quand nous avons encore à la vivre, notre époque est seule dans l'histoire [...]. » Sartre notait alors que certains hommes, pour surmonter cette mauvaise conscience, choisissent de « s'installer dans ce moment de l'histoire et le vouloir contre tout avec l'entêtement du vaincu. » Frantz von Gerlach, qui s'est séquestré depuis quinze ans dans sa chambre d'Altona, est l'un de ces hommes : obsédé par les tortures qu'il a pratiquées pendant la guerre sur le front russe, hanté par le jugement de Nuremberg qui met en cause la responsabilité collective de l'Allemagne

Cl. Archives Lipnitzki.

***Les Justes* d'Albert Camus. Au centre Maria Casarès (Dora) la main sur l'épaule de Serge Reggiani (Kaliayev).**

Cl. Bernand.

***Les Séquestrés d'Altona* de Sartre : Serge Reggiani dans le rôle de Frantz von Gerlach.**

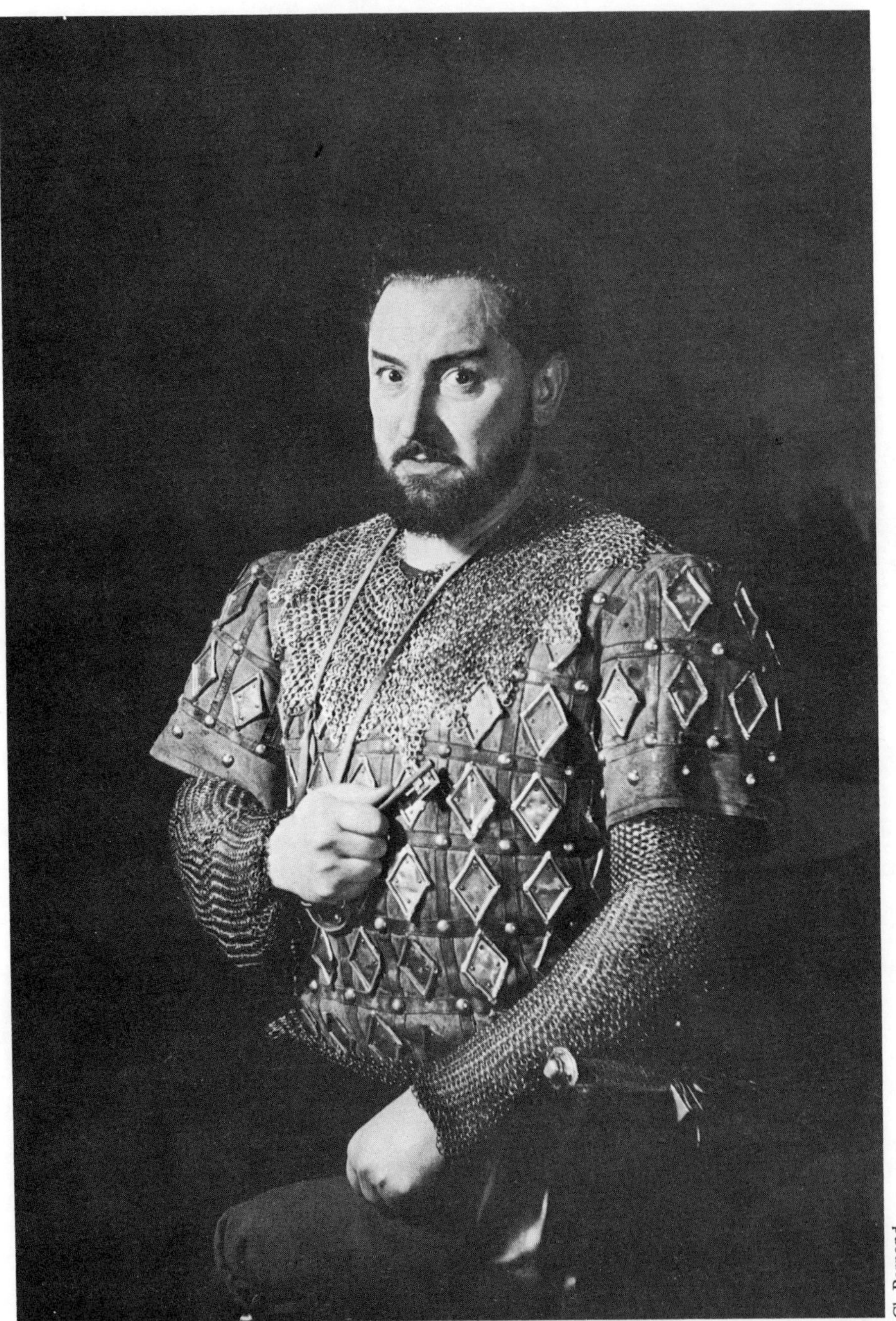

Cl. Bernand.

Le Diable et le Bon Dieu de Sartre :
Pierre Brasseur dans le rôle de Gœtz.

dans les crimes du nazisme, il décide d'assumer, face au jugement de l'histoire, son propre destin et celui de son pays. Mais pour pouvoir retrouver quelque innocence, il lui faut être non seulement un vaincu, mais une victime. C'est pourquoi il se forge la fiction d'une Allemagne détruite et martyrisée, quinze ans après sa défaite : on reconnaît là les cercles vertigineux de la mauvaise conscience, que Camus avait déjà dépeints dans *La Chute*.

Sartre lui-même, en écrivant cette pièce, était obsédé par l'usage de la torture qui était réapparu avec la guerre d'Algérie, et contre lequel il avait mené en vain une campagne véhémente. De là sans doute, la tension exaspérée et la violence contractée qui marquent cette tragédie, le rythme haché, la construction tourmentée, qui la distinguent de toutes les autres pièces de Sartre. Mais *Les Séquestrés d'Altona*, une fois la guerre d'Algérie terminée, ont pris une signification beaucoup plus générale : l'histoire, dans ses pires aspects, ne peut être reprise en charge, mais elle ne peut non plus se laisser oublier. Frantz en revendique la responsabilité, mais à l'intérieur d'une folie concertée où il se fuit sans cesse, mêlant la lucidité à la mythomanie. L'enfer, ici, ce ne sont plus les autres, c'est un siècle chargé de crimes collectifs, c'est notre époque elle-même avec ses héros en partie coupables et en partie innocents, à moitié complices et à moitié victimes. De cet enfer, Sartre a donné l'image la plus saisissante, réunissant ici la plupart de ses fantasmes personnels. Comme dans *Huis Clos*, des survivants, fascinés par leur passé, s'affrontent et se détruisent; comme dans « La Chambre » (une des nouvelles du *Mur*), la folie de Frantz gagne peu à peu tous les personnages qui entrent en contact avec lui. La pièce entière s'installe dans les cauchemars de la démence : des crustacés monstrueux peuplent les plafonds de la chambre de Frantz (comme les mufles de rhinocéros dans la pièce d'Ionesco), et dans les plaidoiries hystériques qu'il leur adresse se multiplient les images de l'Apocalypse et de la prolifération. Mais ces vertiges hallucinés, ces discours déments qu'il enregistre sur un magnétophone ne sont pour Frantz qu'une manière de s'installer à mi-chemin d'un souvenir et d'un oubli également impossibles. Incapable de s'avouer la vérité comme d'affronter le présent, il ne se délivrera de sa folie que pour entrer dans la mort.

[Un et un font un]

Fin des *Séquestrés d'Altona*. Frantz vient de quitter la maison d'Altona, pour se suicider avec son père dans un accident délibéré. Sa sœur Léni déclenche le magnétophone sur lequel il a enregistré l'un de ses soliloques, adressés aux siècles futurs.

VOIX DE FRANTZ, *au magnétophone*. — Siècles, voici mon siècle, solitaire et difforme, l'accusé. Mon client s'éventre de ses propres mains; ce que vous prenez pour une lymphe blanche, c'est du sang : pas de globules rouges, l'accusé meurt de faim. Mais je vous dirai le secret de cette perforation multiple : le siècle eût été bon si l'homme n'eût été guetté par son ennemi cruel, immémorial, par l'espèce carnassière qui avait juré sa perte, par la bête sans poil et maligne, par l'homme. Un et un font un, voilà notre mystère. La bête se cachait, nous surprenions son regard, tout à coup, dans les yeux intimes de nos prochains; alors nous frappions : légitime défense préventive. J'ai surpris la bête, j'ai frappé, un homme est tombé, dans ses yeux mourants j'ai vu la bête, toujours vivante, moi. Un et un font un : quel malentendu! De qui, de quoi, ce goût rance et fade dans ma gorge? De l'homme? De la bête? De moi-même? C'est ce goût du siècle. Siècles heureux, vous ignorez nos haines, comment comprendriez-vous l'atroce pouvoir de nos mortelles amours. L'amour, la haine, un et un... Acquittez-nous! Mon client fut le premier à connaître la honte : il sait qu'il est nu. Beaux enfants, vous sortez de nous, nos douleurs vous auront faits. Ce siècle est une femme, il accouche, condamnerez-vous votre mère? Hé? Répondez donc! *(Un temps.)* Le trentième ne répond plus. Peut-être n'y aura-t-il plus de siècles après le nôtre. Peut-être qu'une bombe aura soufflé les lumières. Tout sera mort : les yeux, les juges, le temps. Nuit. O tribunal de la nuit, toi qui fus, qui seras, qui es, j'ai été! J'ai été! Moi, Frantz, von Gerlach, ici, dans cette chambre, j'ai pris le siècle sur mes épaules et j'ai dit : j'en répondrai. En ce jour et pour toujours. Hein quoi?

Jean-Paul Sartre, *Les Séquestrés d'Altona*, éd. Gallimard.

— Un plaidoyer pour un siècle fait d'autodestruction (2-5), de violence meurtrière (13-14) et de bonnes intentions (6). Sentiment de culpabilité et d'innocence face aux tribunaux invisibles des siècles à venir (25-29). Dualité tragique de l'homme (l'homme et la bête, 6-14; l'amour et la haine, 18-20), mais exigence d'unité (29-31).

— Frantz : mélange de responsabilité lucide et de mauvaise foi : le bourreau devient un avocat, il retrouve une innocence dans un délire concerté de culpabilité universelle (*cf. La Chute* de Camus).

— Ruptures dans le ton et le rythme : accents d'emphase (1-2, 29-31), apologue infernal de la condition humaine (5-14), roublardises d'avocat (20-24), visions de fin du monde (25-28). Rythme saccadé et torturé, contraction et violence du style.

De ce que les problèmes philosophiques ou politiques qui ont obsédé Sartre apparaissent ainsi dans chacune de ses pièces, il ne faudrait pas déduire, comme on l'a fait trop aisément, que son théâtre, sorte de cours du soir illustré, se borne à animer ou à incarner une dialectique abstraite. En fait, le dramaturge porte à la scène les conflits que le philosophe n'a pas été en mesure de résoudre. Les héros de ses pièces vivent de la même manière la tragédie de l'existence et les contradictions insurmontables des idéologies. Ambigus et divisés, en dépit de leurs efforts désespérés pour unifier leur vie et leur morale, ils expriment souvent les impasses auxquelles aboutit la philosophie de l'auteur, mais ils ne sont jamais les porte-parole de ses thèses. Problématique et non point didactique, le théâtre de Sartre nous fait découvrir des êtres cruellement conscients de leurs incertitudes ou même de leur inconsistance. Solitaires comme Oreste dans *Les Mouches*, ou Hugo dans *Les Mains sales*, ils veulent se lier par un acte irréversible qui ferait de leur vie l'accomplissement résolu d'un projet. Mais ce mode de vie authentique et cette solidarité qu'ils poursuivent désespérément, ils ne l'atteignent jamais sauf dans quelques instants où ils affrontent l'irrémédiable : leur mort ou un meurtre, les deux le plus souvent. Refusant leur milieu ou refusés par lui, ils se sentent orphelins ou bâtards. Hugo, fils de grand bourgeois, qui cherche en vain à se faire accepter des communistes, se plaint ingénument de ce vide affectif qui est le sien : « Je ne suis pas fait pour vivre, je ne sais pas ce que c'est que la vie et je n'ai pas besoin de le savoir. Je suis de trop, je n'ai pas ma place et je gêne tout le monde; personne ne m'aime, personne ne me fait confiance. » Gœtz, bâtard d'un noble et d'une paysanne, revendique agressivement sa bâtardise quand il s'adresse au malheureux Heinrich, prêtre déchiré entre sa fidélité à l'Église et la solidarité qui le lie aux pauvres : « Salut, petit frère! salut en bâtardise! car toi aussi, tu es bâtard! [...] Bien sûr que les bâtards trahissent : que veux-tu qu'ils fassent d'autre? [...] Nous ne *sommes* pas et nous n'avons rien. Tous les enfants légitimes peuvent jouir de la terre sans payer. Pas toi, pas moi. Depuis mon enfance, je regarde le monde par un trou de la serrure : c'est un beau petit œuf bien plein où chacun occupe la place qui lui est assignée, mais je peux t'affirmer que nous ne sommes pas dedans. » Le bâtard, qui n'est rien et qui n'existe que par ses gestes de défi, peut se doubler d'un acteur professionnel; c'est le cas de Kean, acteur exaspéré de n'être qu'un acteur, et héros des plus sartriens bien qu'il soit emprunté à Alexandre Dumas : « Je ne suis rien [...] je joue à être ce que je suis. [...] On joue pour mentir, pour se mentir, pour être ce qu'on ne peut pas être, parce qu'on a assez d'être ce qu'on est. »

Pour s'arracher à cette solitude, le héros sartrien n'a qu'un recours, l'engagement. Le voici précipité dans des situations extrêmes où la violence, la torture et l'assassinat sont le lot le plus commun. Oreste va tuer Égisthe et sa mère Clytemnestre sans remords, en attendant d'être poursuivi par les Érinnyes; les résistants de *Morts sans sépulture* affrontent la torture que leur font subir des miliciens abjects, mais ils n'hésitent pas à étrangler un des leurs, un adolescent qui aurait pu parler, sous les yeux de sa propre sœur qui ne s'y oppose pas. *Les Mains sales* mettent en scène un double meurtre politique. Les pillages et les massacres se succèdent dans *Le Diable et le Bon Dieu*. Les camps de concentration et la fumée des fours crématoires, les assassinats de juifs, les tortures ne cessent de hanter, quinze ans après la guerre, la famille des von Gerlach. Cet univers de la violence n'est jamais conjuré : exécuté, ou choisissant le suicide, le héros sartrien apparaît, selon la formule de Heidegger, comme un « être-pour-la-mort », quand il n'est pas le damné de *Huis Clos*, passé de l'autre côté de la mort.

Ce destin écrasant, le héros veut l'affronter lucidement et en assumer la responsabilité. Il cherche sans relâche à communiquer avec autrui, c'est-à-dire avec l'adversaire : il lui faut le convaincre et le persuader, ou se justifier à ses yeux. De là ces dialogues dramatiques qui sont à la fois des épreuves de force entre des héros antagonistes et des argumentations passionnées. L'homme et Dieu, le révolté et le révolutionnaire, l'aventurier et le militant, le père et le fils se mesurent en ennemis irréconciliables qu'unit pourtant, au-delà de l'agression permanente, une certaine fraternité. Marqué par les figures du huis clos et de la séquestration, l'univers sartrien n'en reste pas moins l'un des plus arides et des plus désespérants qu'on ait jamais porté au théâtre : l'amour, en particulier, y prend l'allure d'une destruction systématique du partenaire. Froide et agressive, la femme ne semble vivre que pour démystifier l'homme et l'entourer de dérision. Frères et sœurs s'attirent et se déchirent dans d'étranges relations, qui frôlent l'inceste ou s'y établissent. Dans ce monde sans pardon et sans pitié, tous les répits sont illusoires, et toutes les tendresses mensongères. Sans doute le héros peut-il toujours surmonter le pire des destins par le seul fait qu'il le pense et qu'il l'exprime. Mais pris au piège d'une situation qui se referme sur lui, il n'invente, en général, quels que soient son courage et sa lucidité, aucune issue. Nous le découvrons d'ailleurs, à suivre l'évolution de ce théâtre, de plus en plus désarmé devant l'histoire et ses fantasmes : Oreste, par la seule vertu de son acte libre, chassait d'Argos les mouches gluantes et bourdonnantes qui infectaient la ville. Mais pour échapper aux crabes monstrueux qui peuplent les plafonds de sa chambre et qui figurent les hommes à venir, Frantz ne trouve de recours que dans le suicide. Au drame a succédé la tragédie, comme le prouve la note, très proche des *Séquestrés d'Altona*, sur laquelle Sartre termine son adaptation d'Euripide. Aux Grecs victorieux des Troyens, Poséidon prophétise : « A présent vous allez payer. Faites la guerre, mortels imbéciles, ravagez les champs et les villes, violez les temples, les tombes et torturez les vaincus. Vous en crèverez. Tous. » Nous voici loin de ce théâtre annoncé par Sartre, où des libertés s'accomplissaient dans des situations historiques. L'histoire est devenue le lieu de la tragédie et de la catastrophe, les situations se sont transformées en un destin qui ne laisse plus à l'homme que la lucidité et le refus. Ce sont bien les ambitions et les désillusions de la littérature engagée, au cours des années de l'après-guerre, que traduit ainsi, à travers toutes les figures de l'échec, le théâtre de Sartre.

Les essais :

Les essais critiques que Sartre a recueillis dans les sept tomes de *Situations*, à côté de beaucoup d'études étrangères à la littérature, seront souvent évoqués dans divers chapitres de ce livre (*cf.* chap. 16, 18, 21, 24, 26 et 30). On préférera retenir ici les livres consacrés à des écrivains, qu'il s'agisse de Baudelaire (*Baudelaire*, 1947), de Genet, dans *Saint Genet comédien et martyr* (1952), ou de l'enfant Sartre lui-même, né la plume à la main, entre des murailles de livres (*Les Mots*, 1963). Même dans de tels essais, Sartre déborde très souvent le domaine de la littérature. Dans l'œuvre littéraire, il ne voit pas une finalité qui justifierait une existence, mais un aspect parmi d'autres de l'entreprise de vivre. La réussite de l'écrivain lui semble l'envers d'un échec plus profond, qu'il s'attache à décrire, et ce qu'il dit de Jean Genet, pourrait s'appliquer à tous les auteurs qui le fascinent : « Son œuvre est la face imaginaire de sa vie et [...] son génie ne fait qu'un avec sa volonté inébranlable de vivre sa condition jusqu'au bout. Ce fut tout un pour lui de vouloir l'échec et d'être poète. » L'écrivain, selon Sartre, « joue à qui perd gagne ». Il ne l'a pas toujours pensé, et les premiers essais, contemporains de *La Nausée (Situations I)*, s'attachaient à la structure même des œuvres. Depuis 1945, au contraire, la critique littéraire a cédé le pas à une « psychanalyse existentielle » de l'écrivain, qui s'élargit à tous les aspects de sa biographie.

Certains essais comme le *Baudelaire* ne sont pas si loin du genre décrié de la dissertation. Il arrive à Sartre de simplifier son sujet pour nous faire assister au parfait fonctionnement d'une dialectique magistrale : l'essayiste domine, épuise et retourne les problèmes, le polémiste devance les objections et les anéantit. Parfois même l'étude prend l'allure d'un réquisitoire impressionnant où le procureur ne laisse à l'accusé aucun répit. Malgré toute la vigueur intellectuelle qui s'y déploie, et qui stimule le lecteur, de tels essais n'emportent pas une adhésion totale.

Par contre, quand Sartre renonce aux formes de la dissertation ou du procès, des livres étonnants surgissent. On lui demande une courte préface aux œuvres de Jean Genet. Il en sort une somme tumultueuse de cinq cents pages : une dialectique furieuse renouvelle toutes les formes de la biographie, de la critique, de l'explication de textes, elle détruit toutes les valeurs admises, et fait de Genet, bâtard, voleur, homosexuel, poète pour finir, le héros exemplaire de notre temps. Dans la vie assez mouvementée de Genet (*cf.* chap. 23), Sartre découvre, à travers la multiplicité des attitudes et des rôles, la poursuite d'une synthèse totale : « Le meurtrier qui se sent devenir objet pour les flics, l'esthète qui transforme ses actes en gestes, le Saint qui transforme la négation en affirmation idéale, l'homosexuel passif, femme imaginaire, qui prend son plaisir dans l'absence du plaisir, le vaincu qui voit dans son échec le signe d'un mystérieux triomphe, tous les personnages que Genet fut tour à tour, se fondent en un seul : le poète, qui se perd pour témoigner de l'envers insaisissable des choses. » Cette biographie paradoxale, qui fait découvrir les figures de la sainteté dans l'existence crapuleuse de Genet, devient très souvent le panorama le plus complet et le plus vivant de l'univers sartrien. L'écriture donne à la fois l'impression d'une accélération folle et d'un ressassement inépuisable : la prose de Sartre ressemble ici curieusement à la « sophistique circulaire » qu'il découvre chez Genet, à ces « tourniquets », mouvements tourbillonnants, par lesquels Genet fait se confondre le oui et le non, le bien et le mal : « Genet agence de telle sorte ses oppositions, que chaque terme, sans cesser d'exclure l'autre, s'efface devant lui. » C'est aussi le mouvement même de Sartre, qui, en pleine possession de ses qualités comme de ses défauts, décrit la tragédie de sa propre pensée qui tourne dans l'histoire comme dans une prison sans pouvoir aboutir à une issue. Ce livre, le moins contrôlé et le plus révélateur de l'écrivain, contient toutes ses autres œuvres, ses projets, ses fuites et ses impasses : il les rassemble dans un gigantesque jeu de construction et de destruction. Mais il est aussi le chef-d'œuvre de Sartre critique, multipliant les directions dans lesquelles s'inscrira bien souvent le « nouvelle critique », et réalisant parfaitement le programme qu'il s'était imposé : « Montrer les limites de l'interprétation psychanalytique et de l'explication marxiste et que seule la liberté peut rendre compte d'une personne en sa totalité, faire voir cette liberté aux prises avec le destin, d'abord écrasée par ses fatalités puis se retournant sur elles pour les digérer peu à peu, prouver que le génie n'est pas un don mais l'issue qu'on invente dans les cas désespérés, retrouver le choix qu'un écrivain fait de lui-même, de sa vie et du sens de l'univers, jusque dans les caractères formels de son style et de sa composition, jusque dans la structure de ses images [...]. »

[Un mot vertigineux]

Orphelin, Jean Genet a été placé par l'Assistance publique chez des paysans du Morvan. Enfant appliqué, il se livre cependant à quelques petits vols innocents; n'ayant rien, il peut ainsi « mimer l'appropriation » des choses.

Pris la main dans le sac: quelqu'un est entré qui le regarde. Sous ce regard l'enfant revient à lui. Il n'était encore personne, il devient tout à coup Jean Genet. Il se sent aveuglant, assourdissant : il est un phare, une sonnette d'alarme qui n'en finit pas de carillonner. *Qui* est Jean Genet? Dans un moment tout le village le saura... Seul, l'enfant l'ignore; il continue dans la peur et la honte son tintamarre de réveille-matin. Soudain

...un mot vertigineux
Venu du fond du monde abolit le bel ordre... *.

* Citation des *Poèmes* de Genet.

Une voix déclare publiquement : « Tu es un voleur. » Il a dix ans.

Cela s'est passé ainsi ou autrement. Selon toute vraisemblance il y a eu des fautes et des châtiments, des serments solennels et des rechutes. Peu importe : ce qui compte, c'est que Genet a vécu et ne cesse de revivre cette période de sa vie comme si elle n'avait duré qu'un instant.

C'est l'instant du réveil : l'enfant somnambule ouvre les yeux et s'aperçoit qu'il vole. On lui découvre qu'il *est* un voleur et il plaide coupable, écrasé par un sophisme qu'il ne peut pas réfuter : il a volé, il est donc voleur : quoi de plus évident? Ébahi, Genet considère son acte, le retourne sous toutes les faces; il n'y a pas de doute : c'est un vol. Et le vol est un délit, un crime. Ce qu'il *voulait*, c'était voler; ce qu'il *faisait*, c'était un vol; ce qu'il *était :* un voleur. Une voix timide proteste encore en lui : il ne *reconnaît* pas son intention. Mais bientôt la voix se tait : l'acte est si lumineux, si nettement défini qu'on ne peut se tromper sur sa nature. Il essaie de revenir en arrière, de se comprendre : mais il est trop tard; il ne se retrouve plus. Ce présent éblouissant d'évidence confère sa signification au passé : Genet *se rappelle* à présent qu'il a cyniquement décidé de voler. Que s'est-il produit? Presque rien en somme : une action entreprise sans réflexion, conçue et menée dans l'intimité secrète et silencieuse où il se réfugie souvent, vient de *passer à l'objectif.* Genet apprend ce qu'il *est objectivement*. C'est ce *passage* qui va décider de sa vie entière.

A l'instant s'opère la métamorphose : il n'est rien de plus que ce qu'il était, pourtant le voilà méconnaissable. Chassé du paradis perdu, exilé de l'enfance, de l'immédiat, condamné à se voir, pourvu soudain d'un « moi » monstrueux et coupable, isolé, séparé, bref, changé en vermine.

Jean-Paul Sartre, *Saint Genet comédien et martyr*,
éd. Gallimard.

— Développement assez libre, selon l'ordre des phases de la métamorphose, mais aussi commentaire de textes se déployant autour d'un noyau : les deux vers de Genet (9-10). Procès implicite d'une société qui condamne un enfant, sans appel, au vu d'une peccadille.

— Analyse et reconstitution d'un instant « fatal » à partir duquel Genet fera le choix de son existence : « J'ai décidé d'être ce que le crime a fait de moi. » Une scène composée d'un geste, d'un regard, d'un mot, d'une prise de conscience.

— Un essai de « psychanalyse existentielle » : dramatisation de l'incident initial (1-8). Réserves critiques (13-18). Description d'un « traumatisme » tel que l'a vécu l'enfant Genet, mais aussi tel que la mémoire de l'adulte l'a recomposé de manière mythique. (Jean Starobinski, dans *L'Œil vivant* et *La Transparence et l'Obstacle,* interprète d'une manière analogue certains incidents de l'enfance de Jean-Jacques Rousseau, pris en flagrant délit alors qu'il commet de menus larcins.)

Un écrivain étincelant, incisif et laconique, c'est celui des *Mots*, publiés en 1963, mais écrits dès 1954. A la question « comment suis-je devenu écrivain? », Sartre répond : par les névroses de l'enfance. Il évoque sans attendrissement l'enfant qu'il fut jusqu'à douze ans, engagé dans la manie de lire, puis d'écrire. Il dénonce les comédies bouffonnes que l'enfant jouait très consciemment à l'intention d'un grand-père qui, à la fin de sa vie, se consacrait à l'art d'être patriarche. La vocation d'écrivain, à moitié imposée par un décret du grand-père, à moitié choisie par l'enfant, va le jeter dans « la plus irrémédiable solitude bourgeoise », celle du créateur. Désormais, l'acte d'écrire va conférer le salut et l'éternité à l'enfant. Ce « rêve éveillé », Sartre avoue l'avoir prolongé jusqu'à la quarantaine : « Écrire, ce fut longtemps demander à la Mort, à la Religion sous un masque d'arracher ma vie au hasard. [...] Mystique, je tentai de dévoiler le silence de l'être par un bruissement contrarié de mots et, surtout, je confondis les choses avec leur nom : c'est croire. J'avais la berlue. » Cette mystique optimiste de la littérature, qui lui permit plus tard d'écrire « joyeusement » sur la misère humaine, Sartre en place l'origine dans les relations comiques d'un grand-père émerveillé et d'un bambin docile. Mais l'imposture une fois dénoncée, l'écrivain ne renonce pas à écrire : « Je fais, je ferai des livres, il en faut; cela sert tout de même. La culture ne sert rien ni personne, elle ne justifie pas. Mais c'est un produit de l'homme : il s'y projette, s'y reconnaît; seul ce miroir critique lui offre son image. »

Le grand mérite des *Mots*, cependant, est d'échapper à la passion du réquisitoire. Le quinquagénaire qui l'écrit ne peut foudroyer le bambin qu'il a été, coupable du seul péché d'avoir voulu devenir écrivain. Il y entre beaucoup de sourire et d'humour; le procès prend l'allure d'un ballet comique, la tendresse enfin se glisse sous l'ironie et souvent la domine. Et c'est somme toute le livre le plus heureux de Sartre. Il aime trop son grand-père, sa mère, les livres, pour que ce pamphlet contre une famille qui fit d'un enfant un bouffon puis un écrivain, soit bien féroce.

[Toujours exclus]

Élevé entre les livres par sa mère et son grand-père, le petit Jean-Paul finit par se prendre pour Michel Strogoff et Pardaillan, héros de ses romans préférés, et se livre aux vertiges des aventures imaginaires.

Il y avait une autre vérité. Sur les terrasses du Luxembourg, des enfants jouaient, je m'approchais d'eux, ils me frôlaient sans me voir, je les regardais avec des yeux de pauvre : comme ils étaient forts et rapides! comme ils étaient beaux! Devant ces héros de chair et d'os, je perdais mon intelligence prodigieuse, mon savoir universel, ma musculature athlétique, mon adresse spadassine; je m'accotais à un arbre, j'attendais. Sur un mot du chef de la bande, brutalement jeté : « Avance, Pardaillan *, c'est toi qui feras le prisonnier », j'aurais abandonné mes privilèges. Même un rôle muet m'eût comblé; j'aurais accepté dans l'enthousiasme de faire un blessé sur une civière, un mort. L'occasion ne m'en fut pas donnée : j'avais rencontré mes vrais juges, mes contemporains, mes pairs, et leur indifférence me condamnait. Je n'en revenais pas de me découvrir par eux : ni merveille ni méduse, un gringalet qui n'intéressait personne. Ma mère cachait mal son indignation : cette grande et belle femme s'arrangeait fort bien de ma courte taille, elle n'y voyait rien que de naturel : les Schweitzer * sont grands et les Sartre petits, je tenais de mon père, voilà tout. Elle aimait

* Héros des romans de cape et d'épée de Michel Zevaco.

* Côté maternel de la famille de Sartre.

que je fusse, à huit ans, resté portatif et d'un maniement aisé : mon format réduit passait à ses yeux pour un premier âge prolongé. Mais, voyant que nul ne m'invitait à jouer, elle poussait l'amour jusqu'à deviner que je risquais de me prendre pour un nain — ce que je ne suis pas tout à fait — et d'en souffrir. Pour me sauver du désespoir elle feignait l'impatience : « Qu'est-ce que tu attends, gros benêt? Demande-leur s'ils veulent jouer avec toi. » Je secouais la tête : j'aurais accepté les besognes les plus basses, je mettais mon orgueil à ne pas les solliciter. Elle désignait des dames qui tricotaient sur des fauteuils de fer : « Veux-tu que je parle à leurs mamans? » Je la suppliais de n'en rien faire; elle prenait ma main, nous repartions, nous allions d'arbre en arbre et de groupe en groupe, toujours implorants, toujours exclus. Au crépuscule, je retrouvais mon perchoir *, les hauts lieux où soufflait l'esprit, mes songes : je me vengeais de mes déconvenues par six mots d'enfant et le massacre de cent reîtres. N'importe : ça ne tournait pas rond.

* Il s'agit d'un sixième étage avec balcon.

Jean-Paul Sartre, *Les Mots*, éd. Gallimard.

— Les mythes familiaux (l'enfant prodige), les délires délicieux (le héros invincible) face à la réalité saisie à travers le regard des autres enfants (17). Une scène d'enfance narrée et commentée sur un mode comique.

— Un récit à l'imparfait mêlant le discours indirect (4-5), les répliques souhaitées (9-10), l'interprétation rétrospective (17-24), le dialogue réel (28-29, 33). Contrepoint de la scène réelle et de la scène rêvée : l'enfance comme un théâtre permanent.

— Les sentiments du petit Jean-Paul et les thèmes de l'écrivain Sartre : défiance envers son corps (4-8), rêves d'héroïsme (*cf.* Gœtz), tendresse pour une jeune mère vue comme une sœur aînée (17-20, *cf. Baudelaire*), désir de participation (*cf.* les figures de militants). Mais volonté d'assumer une solitude qui a d'abord été subie *(cf. La Nausée, Saint Genet comédien et martyr)*.

Saint Genet comédien et martyr et *Les Mots* traitent du même problème : comment un enfant ou un adolescent peut-il en venir à vouloir écrire? Ces deux essais marquent pourtant deux aspects opposés du génie de Sartre. L'auteur des *Mots* est un écrivain parfait, qui tout en faisant le procès de la littérature, en exploite tous les effets et toutes les ressources. On a salué dans ce livre, exceptionnellement bien accueilli par rapport aux autres œuvres de Sartre, une sorte de retour à l'ordre littéraire. Mais il faudrait pour en juger, lire l'ensemble de l'autobiographie, dont *Les Mots* ne sont qu'une ouverture *. Dans *Saint Genet*, au contraire, c'est, comme

* Sartre, selon une interview récente (publiée dans *Le Nouvel Observateur* du 26 janvier 1970), semble avoir renoncé au projet, qu'il avait plusieurs fois évoqué, de donner une suite aux *Mots*. En revanche, il travaille à une autobiographie politique, qui constituerait une manière de « testament ».

l'a écrit Audiberti, « un écriveur plutôt qu'écrivain. Tâcheron énorme. Veilleur de nuit présent sur tous les fronts de l'intelligence ». Sur ce plan, Sartre a dominé sans aucun doute sa génération et n'a pas eu de successeur.

Simone de Beauvoir

On ne saurait négliger l'œuvre considérable de Simone de Beauvoir, sous prétexte que sa vie a été étroitement associée à celle de Jean-Paul Sartre. Ses mérites littéraires, qui se révèlent dans l'économie générale de ses livres, se dissimulent parfois sous un style si sobre qu'il en paraît neutre. Depuis ses débuts, elle pratique une ascèse de plus en plus rigoureuse vis-à-vis de l'écriture littéraire, éliminant toutes les grâces d'un « beau style » que d'ailleurs elle récuse. Elle établit ainsi une communication parfaite avec un vaste public qui cherche moins dans ses œuvres une œuvre d'art qu'un témoignage et une réflexion. Le projet d'écrire n'est pas chez elle séparable de « l'entreprise de vivre », comme l'a montré Francis Jeanson, et elle s'est toujours attachée à mettre en forme son expérience.

Avant de se faire, au travers de ses mémoires, le témoin et l'historiographe de l'existentialisme, Simone de Beauvoir en a d'abord été l'un des auteurs les plus ambitieux. Son premier livre, *L'Invitée* (1943), demeure l'un des chefs-d'œuvre du « roman métaphysique » : rompant avec tous les procédés d'analyse psychologique que le sujet semblait commander, il posait sous une forme dramatique le problème de la relation à autrui; il assimilait, d'une manière très heureuse, les apports du roman américain, et sa technique des dialogues. A travers les deux figures opposées de Françoise et de Xavière, il dessinait une nouvelle image de la femme, empreinte de lucidité, d'énergie et d'âpreté. *Tous les hommes sont mortels* (1946) joignait les attraits du roman historique à l'inquiétude métaphysique : un homme, ayant conquis l'immortalité, traverse les siècles en proie à un désespoir qu'aucune mort ne peut plus apaiser. Avec *Les Mandarins* (1954), où l'on se gardera de voir un simple roman à clés, Simone de Beauvoir a peut-être écrit le roman le plus représentatif de l'après-guerre, chronique des espérances et des désillusions des intellectuels après 1945, de leurs relations difficiles avec le Parti communiste, de l'intérêt contradictoire qu'ils éprouvent pour les U.S.A. et l'U.R.S.S. Proche de l'expérience historique qui fut celle de la romancière, de Sartre et de Camus, la transposition romanesque est cependant assez forte pour organiser une matière aussi diverse. Une construction habile, faisant alterner le point de vue d'une narratrice, Anne, et celui de l'un des héros, donne son rythme à ce long roman. Il consacrait sans doute la fin de l'existentialisme en assimilant les écrivains, à la fois respectés et désarmés, aux mandarins de la Chine, mais il marquait aussi l'aboutissement du roman existentialiste, beaucoup mieux que *Les Chemins de la liberté*.

Par l'essai et par l'autobiographie, Simone de Beauvoir s'est attachée à décrire et à démystifier la condition féminine. *Le Deuxième Sexe* (1949), qui en étudie les faits, les mythes et l'expérience vécue, relève moins de la littérature que d'un effort d'information et de synthèse, mais il constitue l'une des meilleures applications de la méthode existentialiste à un problème précis * : ses analyses, vingt ans après, sont encore l'objet de débats très vifs et

* Le dernier essai de S. de Beauvoir, *La Vieillesse* (1970), par son ambition, sa méthode et son succès, est assez comparable au *Deuxième Sexe*.

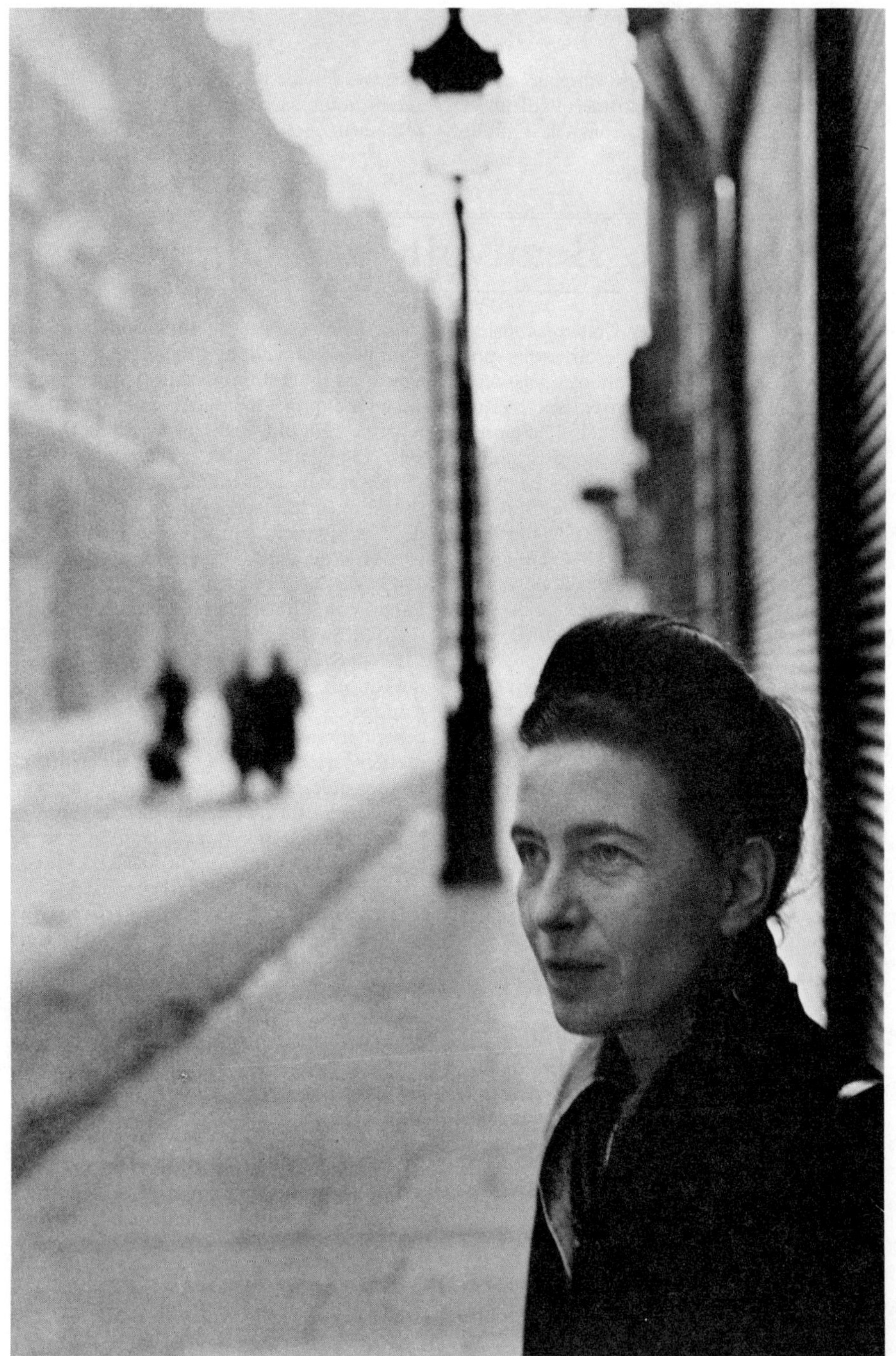

Cl. H. Cartier-Bresson — Magnum.

Simone de Beauvoir.

de réfutations passionnées. Le même souci d'éclairer les problèmes de la femme marque les derniers récits de Simone de Beauvoir (*Les Belles Images*, 1965; *La Femme rompue*, 1967) et surtout l'ensemble de ses mémoires : *La Force de l'âge* (1960) et *La Force des choses* (1963) constituent sans doute le meilleur document sur la vie intellectuelle des trente dernières années, et une chronique minutieuse des jours et des œuvres de la génération « existentialiste ». On n'y retrouve pourtant pas la vigueur de conception et de composition qui marquait les romans de Simone de Beauvoir. La mémorialiste, soucieuse de ne rien élaguer, se défend d'ailleurs d'avoir voulu faire une œuvre d'art : « Ma vie, écrit-elle, dans ses élans, ses détresses, ses soubresauts, qui essaie de se dire et non de servir de prétexte à des élégances. » Elle surmonte mieux, en effet, les périls du genre autobiographique quand elle se tourne vers son adolescence ou ses relations avec ses proches : *Les Mémoires d'une jeune fille rangée* (1958), *Une Mort très douce* (1964), trouvent par leur discrétion même un ton et une perspective également justes.

Dans ses réussites littéraires comme dans son refus de la littérature, Simone de Beauvoir a atteint cette authenticité dont les écrivains existentialistes ont toujours été épris. Son œuvre ne se borne pas à refléter les tendances de cet existentialisme, elle en exprime l'unité et en formule les problèmes.

[Une littérature de gauche]

Au lendemain de la Libération, deux écrivains, Henri Perron et Robert Dubreuilh, voyageant en province, s'interrogent sur leurs raisons d'écrire.

— Vous m'avez prêché l'action : et l'action m'a dégoûté de la littérature. » Henri fit signe au garçon qui somnolait debout contre la caisse : « Je voudrais un autre demi; pas vous?

— Non, j'ai trop chaud », dit Anne.

Dubreuilh fit oui de la tête : « Expliquez-vous, reprit-il.

— Qu'est-ce que les gens ont à foutre de ce que je pense, moi, ou de ce que je sens? dit Henri. Mes petites histoires n'intéressent personne; et la grande histoire n'est pas un sujet de roman.

— Mais nous avons tous nos petites histoires qui n'intéressent personne, dit Dubreuilh; c'est pour ça qu'on se retrouve dans celles du voisin et s'il sait les raconter, finalement il intéresse tout le monde.

— C'est ce que je pensais en commençant mon livre », dit Henri. Il but une gorgée de bière. Il n'avait guère envie de s'expliquer. Il regarda les deux vieillards qui jouaient au jacquet au bout de la banquette rouge. Quelle paix dans cette salle de café : encore un mensonge! Il fit un effort pour parler : « L'ennui, c'est que ce qu'il y a de personnel dans une expérience, ce sont des erreurs, des mirages. Quand on a compris ça, on n'a plus envie de la raconter.

— Je ne vois pas ce que vous voulez dire », dit Dubreuilh. Henri hésita : « Supposons que vous voyez des lumières, la nuit, au bord de l'eau. C'est joli. Mais quand vous savez qu'elles éclairent des faubourgs où les gens crèvent de faim, elles perdent toute leur poésie, ce n'est plus qu'un trompe-l'œil. Vous me direz qu'on peut parler d'autre chose : par exemple de ces gens qui crèvent de faim. Mais alors j'aime mieux en parler dans des articles ou dans un meeting.

— Je ne vous dirai pas ça du tout, dit Dubreuilh vivement. Ces lumières, elles brillent pour tout le monde. Évidemment, il faut d'abord que les gens mangent; mais ça ne sert à rien de manger si on vous supprime toutes les petites choses qui font l'agrément de la vie. Pourquoi voyageons-nous? parce que nous pensons que les paysages ne sont pas des trompe-l'œil.

— Mettons qu'un jour tout ça retrouvera un sens, dit Henri. Pour l'instant, il y a tant de choses plus importantes!

— Mais ça a un sens aujourd'hui, dit Dubreuilh. Ça compte dans nos vies, alors ça doit compter dans nos livres. » Il ajouta avec une brusque irritation : « On croirait que la gauche est condamnée à une littérature de propagande dont chaque mot doit édifier le lecteur!

— Oh! je ne m'en ressens pas pour ce genre de littérature, dit Henri.

— Je sais, mais vous n'essayez pas autre chose. Il y a pourtant de quoi s'occuper! » Dubreuilh regarda Henri d'un air pressant : « Bien sûr, si on fait du merveilleux à propos de ces petites lumières en oubliant ce qu'elles signifient, on est un salaud; mais justement : trouvez une manière d'en parler qui ne soit pas celle des esthètes de droite; faites sentir à la fois ce qu'elles ont de joli, et la misère des faubourgs. C'est ça que devrait se proposer une littérature de gauche, reprit-il d'une voix animée : nous faire voir les choses dans une perspective neuve en les replaçant à leur vraie place; mais n'appauvrissons pas le monde. Les expériences personnelles, ce que vous appelez des mirages, ça existe.

— Ça existe », dit Henri sans conviction.

Simone de Beauvoir, *Les Mandarins*, éd. Gallimard.

— Les problèmes des écrivains existentialistes : le refus d'un point de vue esthétique (25-26) qui ne tient pas compte des questions sociales; le refus d'une « littérature de propagande » (43-47); la tentative de synthèse entre les exigences littéraires et les ambitions politiques (50-62).

— Tour familier et même argotique (7), donné à un dialogue d'intellectuels : syntaxe simplifiée de la langue parlée. Vocabulaire restreint et élémentaire (53, 56-57, 61-63); réduction de tous les éléments extérieurs au dialogue (2, 16-18, etc.); effort du style vers une expression parfaitement neutre.

— Ce roman n'est « ni une autobiographie, ni un reportage » (*La Force des choses*). On a souvent assimilé Henri à Camus et Dubreuilh à Sartre. La position d'Henri, pourtant, est proche ici de celle qu'exprimera Sartre en 1964 : « En face d'un enfant qui meurt de faim, *La Nausée* ne fait pas le poids. »

Choix bibliographique :

(Ce choix ne porte que sur les études d'ordre *littéraire* concernant l'existentialisme.)

S. de Beauvoir, *La Force de l'âge*, *La Force des choses*, Gallimard.

M. Merleau-Ponty, *Sens et Non-sens*, Nagel.

Sur Albert Camus :

R. Quilliot, *La Mer et les Prisons*, Gallimard.

J.-C. Brisville, *Camus*, Gallimard, Bibl. idéale.

J. Onimus, *Camus*, Desclée de Brouwer.

Œuvres de Camus, 2 volumes, Pléiade, Gallimard. (Notes de Roger Quilliot et de Louis Faucon.)

Sur Jean-Paul Sartre :

F. Jeanson, *Sartre par lui-même*, Seuil.

« Jean-Paul Sartre », numéro spécial de *L'Arc*, n° 30.

« Richesses théâtrales, Jean-Paul Sartre », *L'Avant-scène*, n° 402-403.

M. Contat, M. Rybalka, *Les Écrits de Sartre* (chronologie, bibliographie commentée), Gallimard.

Sur Simone de Beauvoir :

F. Jeanson, *Simone de Beauvoir ou l'entreprise de vivre*, Seuil.

Cl. X.

Extrait du film de S.M. Eisenstein, *Le Cuirassé Potemkine* (l'escalier d'Odessa). Ce film, qui date de 1925, fut longtemps interdit par la censure française : sa première représentation légale en France eut lieu en 1953.

Chapitre IV

Le communisme

Une histoire du Parti communiste depuis la guerre serait indispensable à qui veut saisir l'évolution des lettres françaises. Beaucoup d'intellectuels et d'écrivains y sont entrés, et tout particulièrement lors de la Résistance. Certains, sans aller jusqu'à l'adhésion militante, veulent marcher à ses côtés. Beaucoup d'autres, refusant cette adhésion ou cette approbation, revendiquent une position « anticommuniste ». On ne peut plus alors être indifférent au communisme; on est contraint de se définir par rapport à lui. C'est à la fois un parti politique puissant, au prestige accru par l'attitude admirable de ses militants dans la Résistance, et un système philosophique et scientifique — le marxisme — qui a conquis toute une partie du monde.

Cette histoire indispensable est cependant impossible à écrire aujourd'hui; le Parti communiste est sans doute un parti de masse, et non une société secrète, mais il se garde de tout publier des débats qui l'agitent, et des conflits qui le divisent. Parti révolutionnaire, qui a été interdit et peut l'être de nouveau, il veille à ne pas devenir un « club pour intellectuels », il conserve ses informations pour ses organismes. Il s'attache peu à publier son histoire, et quand il le fait, c'est dans un dessein évident de plaidoyer. En sens inverse, les intellectuels qui ont quitté le P.C. sont prodigues de témoignages autobiographiques. Mais, déçus à la mesure de leurs espérances passées, dénoncés par leurs anciens camarades qui voient en eux des renégats, ils glissent le plus souvent à une polémique exaspérée par le ressentiment. Enfin, de l'extérieur, on a peine à comprendre un mouvement qui a sa dialectique propre, et à le juger au nom d'autres valeurs que les siennes.

On se bornera donc ici à quelques indications sur l'histoire du communisme français; on s'attachera surtout à l'influence que le communisme, au dedans et au dehors du parti, a exercée sur les écrivains. Il ne s'agit pas là, en effet, d'un groupe d'écrivains, comparable au surréalisme ou à l'existentialisme, il ne s'agit pas d'un climat moral, il s'agit d'une action politique concertée. La littérature n'y est qu'un secteur, nullement privilégié, étroitement subordonné à la stratégie ou à la tactique politiques. Elle serait même plutôt suspecte, dans la mesure où on y voit une superstructure du régime capitaliste, et le fait d'écrivains d'origine bourgeoise publiant leurs œuvres à l'intention d'un public bourgeois. Les théoriciens du marxisme se sont très peu attachés au problème de la littérature. Marx n'en a traité qu'accidentellement dans *La Sainte Famille*, Lénine ne lui consacre que des textes expéditifs, Staline s'en remet à Jdanov pour en définir la ligne idéologique. Il n'y a guère que Trotsky pour avoir étudié de très près les rapports de la littérature et de la révolution, encore lui a-t-il fallu les loisirs de l'exil. Aussi le communisme n'a-t-il jamais prétendu servir la littérature, il n'attend pas d'elle qu'elle transforme les masses, il se demande quelle est la meilleure manière de s'en servir, lui accordant une certaine efficacité dans son effort pour rallier une partie de la bourgeoisie. La littérature n'est qu'un aspect marginal d'une action d'ensemble, qui voit dans la lutte des classes et les transformations économiques les seules forces capables d'engendrer la révolution.

Il faut remonter aux origines du Parti communiste, c'est-à-dire au Congrès de Tours, en 1920, qui le voit naître par la scission du Parti socialiste. Déjà le communisme va attirer certains écrivains, peu nombreux d'ailleurs, qui placent leurs espoirs de justice sociale dans la Révolution d'Octobre et dans l'U.R.S.S. Être communiste, dans les milieux littéraires, ce n'est pas encore être marxiste, c'est manifester son soutien pour ce qu'on appelle le « bolchevisme », c'est exprimer une sympathie empreinte d'idéalisme pour le prolétariat. D'où des adhésions ou des prises de position assez sentimentales chez des écrivains comme Anatole France, Georges Duhamel, et, de manière plus durable, Henri Barbusse et Romain Rolland. Dans tous les cas, ni leur littérature ni leur conception du monde n'est transformée par leur choix politique. De son côté, le groupe surréaliste cherche à s'intégrer au Parti communiste, mais on verra (*cf.* chap. 7) toute la défiance qu'il y rencontre. De fait, les communistes sont beaucoup plus sur leurs gardes vis-à-vis des écrivains novateurs que des humanistes consacrés. A ceux-ci on ne demande que de continuer leur œuvre et d'en honorer le parti ; à ceux-là on demande de rompre avec leurs recherches et de se métamorphoser en militants exemplaires. Aragon sera le seul à accepter cette rupture et cette métamorphose, mais il lui faudra plusieurs années pour en venir là.

Vers 1930, tandis que commence en U.R.S.S. la période des plans quinquennaux et la construction du socialisme dans un seul pays, l'emprise du communisme sur les écrivains français reste incertaine. L'U.R.S.S. est encore isolée dans le monde, Staline a éliminé Trotsky et limité la révolution à l'U.R.S.S. ; le Parti communiste français, lui aussi, tend à se refermer sur lui-même. Mais la lutte antifasciste va réunir autour de lui quelques écrivains prestigieux ou prometteurs. Le succès du Front populaire, en 1936, auquel le Parti communiste participe, accroît son audience. Il exploite ce succès, en pratiquant au sein d'associations très ouvertes, comme l'Association des Écrivains et Artistes Révolutionnaires, une politique de « Front culturel ». On en appelle à tous les écrivains de bonne volonté, favorables à la classe ouvrière et bienveillants envers l'U.R.S.S.

Ce qui entraîne les écrivains à rejoindre les rangs du communisme, ou à lui apporter leur caution, c'est rarement la philosophie marxiste-léniniste qui reste mal connue. Quand André Gide affirme ingénument que ce n'est pas Marx, mais l'Évangile qui l'amène au communisme, il reflète la confusion propre à ces engagements enthousiastes. Durant quelque temps, on le voit brandir le poing dans les meetings de la banlieue rouge ; on le voit même sur la Place Rouge, à Moscou, encadré par Staline et Molotov, prononcer l'éloge funèbre de Gorki. Le dégagement ne tarde pas, et cette embardée n'a guère laissé de traces dans l'œuvre de Gide. Elle traduit simplement une volonté d'affronter « la tragique question sociale ».

Le plus grand prestige du communisme français, aux yeux des écrivains, est de refléter le communisme soviétique. Depuis la France, on imagine volontiers celui-ci comme une tentative prométhéenne pour reconstruire la société, transformer la nature, planifier le progrès humain. L'U.R.S.S. bénéficie de son mystère et de son éloignement, on la voit à travers les films d'Eisenstein, qui proposent les images épiques d'une humanité nouvelle. Les influences littéraires jouent moins : certes le fait que Maxime Gorki ait adhéré au régime bolchevik et couvre de son prestige la politique de Staline est pour beaucoup dans la fidélité de Romain Rolland au communisme. Il reste que la littérature soviétique ne fascine guère les écrivains français : les poètes d'avant-garde n'ont pu s'adapter à la Russie de Staline; Maïakovsky et Essenine se sont suicidés; c'est un réalisme optimiste et académique qui prévaut.

Aussi, jusqu'à la guerre, les adhésions ou les rapprochements relèvent-ils davantage de la biographie individuelle des écrivains que d'un mouvement d'ensemble. Aragon, converti par la rencontre d'Elsa Triolet et de Maïakovsky, et par un voyage en U.R.S.S., adhère dès 1930 à une stricte discipline de militant qu'il considère comme une véritable rééducation. Paul Nizan, à en juger par *Aden-Arabie*, veut dans le communisme dépasser l'exaspération de sa révolte et l'écœurement que lui inspire l'exercice « désintéressé » de la philosophie. Quant à André Malraux (on est mal renseigné sur le détail de son action politique ou révolutionnaire d'alors), il est surtout séduit par la dimension héroïque du marxisme. Comme il le fait dire à l'un de ses héros, « [...] il y a dans le marxisme le sens d'une fatalité et l'exaltation d'une volonté. Chaque fois que la fatalité passe avant la volonté, je me méfie... » S'il admire le communisme, il n'en fait pas moins le procès de certains aspects de la politique stalinienne dans *La Condition humaine* (1933). Il défend jalousement les droits d'une culture qu'il ne veut pas voir réduire à une action politique, ou intégrer au marxisme. Au plus fort de son engagement, en 1934, il exprime ses réserves sur la littérature soviétique, et va jusqu'à affirmer dans un congrès d'écrivains révolutionnaires : « Le marxisme, c'est la conscience du social; la culture, c'est la conscience du psychologique. » Malraux ne se rapproche des communistes que par le goût de l'action efficace et de la fraternité révolutionnaire. Trotsky l'a bien senti qui, après avoir lu *Les Conquérants*, remarqua qu'il manquait à Malraux « une bonne inoculation de marxisme ».

Le communisme, dans tous ces cas, est une sorte de stimulant moral, adapté à chaque écrivain. Il peut parfois, dans les derniers livres de Barbusse ou de Romain Rolland, voisiner avec des préoccupations religieuses. Or il se dessine alors, en U.R.S.S., mais aussi à l'usage des partis-frères, une conception plus rude et plus dogmatique de la littérature : Jdanov, sorte de délégué de Staline aux problèmes culturels, exige des écrivains russes qu'ils contribuent à l'édification de la société socialiste et qu'ils se consacrent exclusivement à cette tâche. Les romans doivent saluer la venue des « héros positifs ». Toute recherche novatrice est qualifiée de « formaliste ». La littérature occidentale est « décadente », à l'image du capitalisme qu'elle reflète, car la littérature n'est jamais qu'un « reflet » de la société. Tout cela constitue le « réalisme socialiste », mais d'un autre côté on demande aux romanciers soviétiques de dépasser l'état présent de la société vers l'avenir radieux qui se dessine, et c'est « le romantisme révolutionnaire ». L'écrivain, qualifié par Staline d' « ingénieur des âmes », doit ainsi contribuer à la marche en avant de la société soviétique.

Les thèses de Jdanov ne seront traduites en français qu'en 1948. Cependant, dès 1935, Aragon en fait état avec beaucoup de chaleur quand il se déclare « pour un réalisme socialiste ». Il n'en donne, il est vrai, que des images fugitives ou désarmantes, telle cette allocution d'un écrivain soviétique, citée en conclusion de l'ouvrage : « Je suis heureux, joyeux de vivre, je me sens un courage inébranlable, c'est à grand regret que je me couche, je suis joyeux de me réveiller. Je vivrai cent ans, mes cheveux blanchiront, mais je serai éternellement heureux, joyeux — tout cela grâce à toi, grand éducateur Staline. » Ce conformisme jubilant, les communistes français ne l'adoptent pas. Mais on sent chez eux un désir de rompre avec les tentations de l'avant-garde. Le thème de l'héritage apparaît dans les discours de Paul Vaillant-Couturier : le prolétariat est l'héritier des traditions culturelles; le communisme continue la France, face à une bourgeoisie décadente et cosmopolite; une littérature de tradition nationale et réaliste s'esquisse.

Vers 1939, le communisme est une force qui compte : il attire des écrivains de valeur. Mais ces écrivains restent peu nombreux,

Fernand Léger

Transport de forces. Cl. Giraudon.

et le marxisme est loin de s'être encore imposé dans les milieux intellectuels. Les années de guerre, de 1939 à 1945, vont changer cette situation. D'abord isolés et pourchassés, en raison du pacte germano-soviétique de 1939, les communistes, après la défaite, s'engagent assez vite dans la Résistance. Ils y font la preuve de leur courage, de leur patriotisme et de leur esprit d'organisation. Les écrivains, Aragon et Eluard en particulier, semblent, tout en exprimant le sentiment des communistes, traduire aussi celui de la plupart des Français. A la Libération, le Parti communiste, qui compte des ministres dans le cabinet du général de Gaulle, est plus puissant qu'il ne l'a jamais été.

Depuis son engagement dans la Résistance jusqu'à nos jours, on peut en gros distinguer quatre périodes dans l'histoire du Parti communiste. La première, celle de la Résistance et de la Libération, est celle du communisme national, elle se prolonge jusqu'en 1946. La seconde, marquée par la guerre froide, va de 1948 à 1956, c'est celle du communisme qu'on peut dire stalinien. La troisième, à partir de 1956, est marquée par la déstalinisation et le dégel. Les dernières années voient un Parti communiste toujours puissant, concurrencé cependant, surtout en milieu intellectuel, par d'autres mouvements qui se réclament du marxisme : il n'en a plus le monopole exclusif. A ces quatre périodes correspondent des programmes littéraires tout à fait différents; pour les décrire, nous nous attacherons surtout à l'œuvre d'Aragon. Membre du Comité central, militant et responsable depuis quarante ans, il a épousé, sinon inspiré, toutes les stratégies de son parti. Depuis la guerre, il a exercé son autorité, sans aucune éclipse, sur le domaine littéraire et artistique des communistes. Il semble s'être identifié à un parti politique et aux formes successives de son combat. De là une œuvre à la diversité presque insaisissable, qui n'a cessé de proclamer sa fidélité, orgueilleuse ou douloureuse, mais inébranlable, envers le communisme[1].

Le communisme national (1941-1946)

La poésie d'Aragon durant ces années (*Le Crève-cœur*, 1941; *Les Yeux d'Elsa*, 1942; *La Diane française*, 1945) ne ressemble guère aux textes virulents tels que *Front rouge* (1931), où il faisait « feu sur les ours savants de la social-démocratie ». Après sept ans de renoncement à la poésie, Aragon retrouve, pour l'inspiration et les formes, le goût des traditions nationales, traditions qui, pour les Français vaincus et humiliés, reprennent tout leur prix. La France, régulièrement assimilée à une jeune femme, et Elsa, la femme du poète, sont les deux motifs presque incessants, parfois confondus, de cette poésie. Aragon pratique alors avec passion la littérature des troubadours, il y découvre à la fois le culte de la femme et le goût des exploits chevaleresques. Le lyrisme amoureux et le lyrisme national vont ainsi se confondre. Mais c'est surtout la restauration de la rime et du vers régulier qui caractérise cette poésie. Aragon en conçoit de nouveaux usages, comme la rime enjambée qui étend la rime à la fin d'un vers et au début du vers suivant; il multiplie les rimes intérieures, à tel point que certains poèmes, qui se présentent comme une série d'alexandrins rimés, peuvent se lire également comme une série d'octosyllabes pareillement rimés. Utilisant cette prosodie savante et variée, Aragon trouve le ton d'une grande poésie nationale, ouverte à toutes les familles d'esprits. Il évoque tous les martyrs de la Résistance, chrétiens et communistes, avec une même chaleur. Le communisme s'efface ici derrière le patriotisme qu'il inspire pourtant. Si, à la fin de *La Diane française*, Aragon rend grâce à son Parti qui lui a rendu « le sens de l'épo-

Cl. Doisneau-Rapho.

Aragon et Elsa.

1. Les auteurs regrettent que M. Louis Aragon ne les ait pas autorisés à reproduire, à l'intérieur du présent chapitre, quatre textes dont il craignait, selon sa propre expression, qu'ils ne fussent pas représentatifs de la « diversité » de son œuvre. Ces textes étaient extraits respectivement de *La Diane française* (« La rose et le réséda », « Il n'y a pas d'amour heureux »), du *Roman inachevé* et d'*Elsa*.

pée » et « les couleurs de la France », cette évocation reste exceptionnelle. Aragon veut réunir tous les Français dans la lutte commune, comme il veut renouer avec toutes les traditions de la poésie française.

Au thème patriotique ou national s'associe constamment le thème amoureux. Elsa ne cessera d'inspirer une production passionnée et fiévreuse. Dans la vie d'Aragon, la rencontre d'Elsa Triolet a été, sur beaucoup de plans, décisive. Mais dans l'univers réel et mythique de la poésie, Elsa n'est pas seulement une épouse admirée. C'est la Dame, lointaine et proche, de l'amour courtois, c'est le regret d'un passé perdu, et les tourments de la jalousie. Cet amour, Aragon en a fait parfois une institution édifiante. Mais, dans les meilleurs de ses poèmes, Elsa devient une figure qui suscite l'angoisse et le vertige tout autant qu'elle les conjure. Poète de l'amour « meurtri » et du malheur d'aimer, Aragon retrouve, à travers les formes régulières, la mélancolie de l'élégie et la vigueur d'une poésie populaire, qui ne demande qu'à être mise en chanson et accompagnée de la guitare.

Il y a, dans cette évolution, des traits propres à Aragon. Dans ses textes théoriques comme « La Rime en 1940 », « La Leçon de Ribérac », il donne aisément valeur universelle à des goûts qui lui sont propres : la tradition du XIIe siècle, l'« art fermé » d'Arnaut Daniel, la restauration et la multiplication de la rime. Au-delà de ces goûts particuliers, on sent que la communication poétique utilise alors avec prédilection la rime, le refrain, la litanie. L'association de la Patrie et de la femme aimée se retrouve dans les poèmes d'Eluard du *Rendez-vous allemand* (*cf.* chap. 10). *Liberté*, le plus célèbre de ces poèmes, suppose une identification de la femme aimée et de la liberté : c'était pour Nusch que le poème était d'abord conçu, et c'était « son nom » qu'il devait écrire. Mais le poème d'amour devint tout naturellement, au témoignage d'Eluard, un hymne à la liberté, la figure de la femme aimée se transformant en image de l'indépendance nationale. Eluard n'a pas recours à la rime, mais il use lui aussi de l'énumération et de la répétition. L'image n'est plus comme dans la période surréaliste un « stupéfiant » merveilleux, elle répond à une tradition et à une attente. La poésie prend ainsi la forme d'un discours : elle en a le martèlement, l'éloquence et la rigueur. Cette poésie d'Aragon et d'Eluard, poètes communistes, fait finalement peu de place au communisme, elle évoque par contre avec chaleur la tradition chrétienne, au moins chez Aragon. Assurée d'une très grande audience, elle a pu paraître réactionnaire à certains et elle a fait l'objet, sur ce plan, d'un véritable réquisitoire de la part de Benjamin Péret dans *Le Déshonneur des poètes* (*cf.* chap. 7). Ce qui est vrai, c'est que le goût de l'héritage et de la tradition, déjà marqué chez les communistes de l'avant-guerre, devient ici exclusif. On retrouvera cette tendance plus accusée encore, vers les années 1950, quand Aragon voudra renouveler cette poésie nationale, et invitera les jeunes poètes du Parti à composer sans relâche des sonnets pour défendre les valeurs françaises attaquées par l'impérialisme américain.

Romancier autant que poète, Aragon a continué pendant la guerre le cycle du « Monde réel », qu'il avait ouvert avec *Les Cloches de Bâle*, et poursuivi avec *Les Beaux Quartiers*; il publie alors *Les Voyageurs de l'impériale* et *Aurélien*. Le projet de ces romans est de décrire, avec un certain recul historique, le monde de la lutte des classes et la société marchant vers la révolution. Leurs techniques se rapprochent de celles du roman traditionnel, mais le « réalisme socialiste » leur donne une portée politique. La chronique historique, l'histoire des destins individuels, un « merveilleux quotidien » qui apparaît dans l'évocation des villes, se fondent dans une image panoramique de l'évolution des classes sociales. A vrai dire, la connaissance congénitale de la bourgeoisie inspire mieux le romancier que la découverte du prolétariat. Il évoque dans *Les Beaux Quartiers* la famille Barbentane avec les mêmes techniques et le même ton qu'employait Roger Martin du Gard pour retracer l'histoire des *Thibault*. Cette littérature socialiste se dégage mal d'une littérature bourgeoise qu'elle condamne cependant.

Aurélien, qui paraît en 1944, est très révélateur de l'univers romanesque d'Aragon. Le livre retrace l'existence d'Aurélien Leurtillois après la guerre de 1914, dans le Paris des années folles. Le thème le plus apparent est l'amour fou, jamais réalisé, jamais oublié, qui unit Aurélien à Bérénice, épouse d'un pharmacien de province. A cet ancien combattant, indifférent et séduisant, Bérénice apporte la fascination d'un visage, mais aussi l'interminable avortement d'un amour mélancolique. Aragon, sans doute, a donné à son livre une signification politique : Aurélien représente l'ancien combattant, hésitant entre l'oisiveté et les affaires, enclin au fascisme, finalement absorbé par la bourgeoisie industrielle. (A ce personnage, c'est Drieu La Rochelle qui a servi de « pilotis », selon Aragon.) Le projet de ce roman était assurément de peindre la crise et la décadence d'une classe sociale à travers la chronique de la vie parisienne Mais les séductions, extrêmes, d'*Aurélien* sont celles d'un roman plus nostalgique que critique. Le lyrisme qui affleure sans cesse dans les monologues intérieurs du héros retient beaucoup plus qu'une étude de mœurs qui s'attache à la prose des relations sociales. *Aurélien* est sans doute un roman de l'échec, mais surtout un roman de l'amour courtois. Sa réussite même marque une contradiction chez Aragon entre le romancier naturellement porté aux « éducations sentimentales » nostalgiques, et le communiste qui cherche à y superposer des « éducations politiques » tournées vers l'avenir.

[« Je demeurai longtemps errant dans Césarée »]

Début du roman. Aurélien vient de voir Bérénice : il est déçu par son manque d'élégance, mais intrigué par son nom de princesse d'Orient. La scène se passe à Paris en 1921.

Il y avait un vers de Racine que ça lui remettait dans la tête, un vers qui l'avait hanté pendant la guerre, dans les tranchées, et plus tard, démobilisé. Un vers qu'il ne trouvait même pas un beau vers, ou enfin dont la beauté lui semblait douteuse, inexplicable, mais qui l'avait obsédé, qui l'obsédait encore :

Je demeurai longtemps errant dans Césarée *...

En général, les vers, lui... Mais celui-ci revenait et revenait. Pourquoi? c'est ce qu'il ne s'expliquait pas. Tout à fait indépendamment de l'histoire de Bérénice... l'autre, la vraie... D'ailleurs il ne se rappelait que dans ses grandes lignes cette romance, cette scie. Brune * alors, la Bérénice de la tragédie. Césarée, c'est du côté d'Antioche, de Beyrouth. Territoire sous mandat *. Assez moricaude même, des bracelets en veux-tu en voilà, et des tas de chichis, de voiles. Césarée... un beau nom pour une ville. Ou pour une femme. Un beau nom en tout cas. Césarée... *Je demeurai longtemps*... ah çà, je deviens gâteux. Impossible de se souvenir : comment s'appelait-il, le type qui disait ça, une espèce de grand bougre ravagé, mélancolique, flemmard, avec des yeux de charbon, la malaria... qui avait attendu pour se déclarer que Bérénice fût sur le point de se mettre en ménage, à Rome, avec un bellâtre

* Racine, *Bérénice* (acte I, sc. IV). Antiochus explique à Bérénice ce qu'il devint après l'avoir perdue.

* Aurélien ne se rappelle plus si Bérénice Morel était blonde ou brune.

* Depuis 1919, la France, au terme des traités, exerçait alors un mandat sur la Syrie, l'Angleterre sur la Palestine.

potelé, qui avait l'air d'un marchand de tissus qui fait l'article, à la manière dont il portait la toge. Tite *. Sans rire. Tite.

* Orthographe francisée de Titus (*cf. Tite et Bérénice* de Corneille).

Je demeurai longtemps errant dans Césarée...

Ça devait être une ville aux voies larges, très vide et silencieuse. Une ville frappée d'un malheur. Quelque chose comme une défaite. Désertée. Une ville pour les hommes de trente ans qui n'ont plus de cœur à rien. Une ville de pierre à parcourir la nuit sans croire à l'aube. Aurélien voyait des chiens s'enfuir derrière des colonnes, surpris à dépecer une charogne. Des épées abandonnées, des armures. Les restes d'un combat sans honneur.

Bizarre qu'il se sentît si peu un vainqueur. Peut-être d'avoir voyagé au Tyrol et dans le Salzkammergut, d'avoir vu Vienne à cet instant * quand le Danube charriait des suicidés, et la chute des monnaies donnait un vertige hideux aux touristes. Il semblait à Aurélien, non qu'il se le formulât, mais comme ça, d'instinct, qu'il avait été battu, là, bien battu par la vie. Il avait beau se dire : mais, voyons, nous sommes les vainqueurs...

* L'Autriche après la défaite des empires centraux, en 1918.

Il ne s'était jamais remis tout à fait de la guerre.

Elle l'avait pris avant qu'il eût vécu. Il était de cette classe qui avait fait trois ans, et qui se sentait libérable quand survint août 1914. Près de huit ans sous les drapeaux... Il n'avait pas été un jeune homme précoce. La caserne l'avait trouvé pas très différent du collégien débarqué de sa famille au Quartier Latin sur les 1908. La guerre l'avait enlevé à la caserne et le rendait à la vie après ces années interminables dans le provisoire, l'habitude du provisoire. Et pas plus les dangers que des filles faites pour cela n'avaient vraiment marqué ce cœur. Il n'avait ni aimé ni vécu. Il n'était pas mort, c'était déjà quelque chose, et parfois il regardait ses longs bras maigres, ses jambes d'épervier, son corps jeune, son corps intact, et il frissonnait, rétrospectivement, à l'idée des mutilés, ses camarades, ceux qu'on voyait dans les rues, ceux qui n'y viendraient plus.

Cela faisait bientôt trois ans qu'il était libre, qu'on ne lui demandait plus rien, qu'il n'avait qu'à se débrouiller, qu'on ne lui préparait plus sa pitance tous les jours avec celle d'autres gens, moyennant quoi il ne saluait plus personne. Tout juste ses trente ans, oui, ça les avait comptés en juin. Un grand garçon. Il ne pouvait pas tout à fait se prendre au sérieux et penser : un homme. Il se reprenait à regretter la guerre. Enfin, pas la guerre. Le temps de la guerre. Il ne s'en était jamais remis. Il n'avait jamais retrouvé le rythme de la vie. Il continuait l'au-jour-le-jour d'alors. Malgré lui. Depuis près de trois ans, il remettait au lendemain l'heure des décisions. Il se représentait son avenir, après cette heure-là, se déroulant à une allure tout autre, plus vive, harcelante. Il aimait à se le représenter ainsi. Mais pas plus. Trente ans. La vie pas commencée. Qu'attendait-il? Il ne savait faire autrement que de flâner. Il flânait.

...Je demeurai longtemps errant dans Césarée...

Aragon, *Aurélien*, éd. Gallimard.

— L'ouverture du roman : un monologue intérieur indirect à la troisième personne. Jeu de correspondances entre la *Bérénice* de Racine et la Bérénice rencontrée par Aurélien. Un portrait biographique d'un jeune ancien combattant; superposition de l'histoire contemporaine et de l'Antiquité.

— Décalage entre la reprise obsédante d'un vers de Racine (7, 27, 78), et le relâchement calculé du style parlé (points de suspension, exclamations, inachèvement des phrases). Travestissement d'une tragédie classique en récit naturaliste (19-25). Intrusion de visions fantastiques au niveau de la vie quotidienne (28-35). Rêveries désœuvrées marquées par la désorganisation de la phrase (74-77).

— Aurélien ou l'ancien combattant, indifférent à l'histoire qui l'a marqué. Présence de la guerre de 1914 (Autriche, Orient, etc.); un nihilisme assez vague, favorable au fascisme. Drieu La Rochelle dans *Gilles* (1940) présente, avec plus de sympathie, un autre Aurélien.

Le roman communiste ne témoigne pas très nettement ici pour le « réalisme socialiste », pas plus que la poésie de ces années n'était vraiment révolutionnaire. Le marxisme, le communisme semblent se diluer dans des traditions nationales ou sentimentales. La littérature reflète sans doute la situation politique : le Parti communiste, en 1945, est intégré à la vie nationale, il participe au gouvernement du général de Gaulle, il contribue énergiquement à la reconstruction économique de la France. Il reste révolutionnaire, mais il ne juge pas le moment propice à une prise de pouvoir, il préfère provisoirement le partager. Parmi les intellectuels, la Résistance a rallié aux communistes beaucoup de sympathisants : ils veulent conserver ces sympathies. L'heure n'est pas à la sévérité doctrinale, mais aux ouvertures. Il n'y a pas là un relâchement, la suite le montrera bien. Pour l'heure, le communisme tient à se présenter comme une société ouverte, et à conserver tous les écrivains qui sont venus dans ses rangs, ou à sa périphérie : on apprécie les personnalités libérales qui marquent leur sympathie. C'est le cas de Pierre Emmanuel (*cf.* chap. 10), un temps séduit par Aragon, de Vercors auquel *Le Silence de la mer* (1943) a donné un prestige durable. Francis Ponge (*cf.* chap. 16) écrit dans l'hebdomadaire communiste *Action*. Claude Roy, passé au communisme, s'y montre un critique séduisant, éclectique dans ses admirations. Pour lui comme pour Roger Vailland (*cf.* chap. 11), le communisme se fait accueillant. Compagnons de route ou adhérents, ils apportent leur talent à diverses revues d'inspiration communiste : *Les Lettres françaises*, *Action*, *La Pensée*, *Europe*. Marxisme latent, nationalisme apparent : les communistes manifestent beaucoup de vigilance dans la punition des écrivains collaborateurs, et ils s'en prennent vivement à Mauriac qui, écrivain de la Résistance, plaide pour le pardon. S'ils ne sont pas très stricts sur l'adhésion au marxisme, c'est peut-être qu'ils ne rencontrent plus de véritables concurrents en ce domaine : les trotskystes ne sont qu'une poignée, l'internationalisme ne constitue plus qu'un souvenir. Ayant le monopole incontesté du marxisme, ils le revendiquent moins jalousement.

Le communisme stalinien (1947-1956)

Avec le départ des communistes du gouvernement, avec les grandes grèves et le début de la guerre froide, la presse et la littérature communistes vont prendre une toute autre direction. Aragon va jouer le rôle de grand inquisiteur, prompt à déceler des complots et à discréditer l'adversaire, comme il avait joué celui de rassembleur des bonnes volontés, conciliateur et séduisant. En fait, selon la conjoncture, le communisme peut se présenter comme une société ouverte, hospitalière, ou fonctionner au contraire comme une société close. On y pourchasse l'hérétique, on veille aux déviations, on est confiant dans les vertus de l'autorité et de la discipline, jusqu'à croire qu'elles peuvent susciter les œuvres littéraires. Tant de rigueur n'est pas toujours mal accueillie d'écrivains qui cherchent dans le Parti une famille et une discipline. D'autre part, dans certains milieux de la presse et des lettres, l'anticommunisme devient une sorte de devoir sacré. On s'expliquerait mal la raideur dogmatique et la polémique rudimentaire des communistes d'alors si l'on oubliait le caractère fébrile de l'anticommunisme : de ce côté-là, on guette les défaillances, on fête les transfuges du communisme, on délire sur tout écrivain soviétique passé à l'Ouest, on lui ouvre les colonnes de la presse, on s'arrache ses livres, hâtivement rédigés.

Isolé, le P.C. est agressif, il ne l'est pas toujours avec talent. Contre l'existentialisme, qui tient à ne pas rompre avec lui, il retrouve les accents de vindicte que l'on entendait dans les Procès de Moscou. Sartre est un « intellectuel flic », Camus, « communiste défroqué », n'est qu'un « néo-fasciste », Gabriel Marcel appartient au « gang des existentialistes chrétiens ». On suggère de vastes complots tramés par les U.S.A. ou l'Intelligence Service, dont les écrivains se feraient les complices. Roger Garaudy, de Sartre à Malraux, ne voit qu'*Une Littérature de fossoyeurs*. On se soucie moins de critiquer l'œuvre d'un écrivain que de discréditer l'auteur, en montrant qu'il se fait le complice de l'anticommunisme. Ainsi Roger Vailland, ancien admirateur des surréalistes (*cf.* chap. 7), dénonce *Le Surréalisme contre la Révolution*, reprochant surtout à André Breton de s'être laissé interviewer dans *Le Figaro*. Le courant national (*cf.* chap. 6) est assimilé à une résurgence du fascisme; vis-à-vis des chrétiens, on réutilise l'arsenal anticlérical.

Tout cela correspond à une volonté des communistes d'organiser leur propre littérature, la littérature de parti recommandée par Lénine; et de récuser la littérature bourgeoise. Celle-ci, exprimant la décadence d'une classe, est condamnée par l'Histoire; celle-là, manifestant le mouvement conquérant de la classe montante, sera tonique et dynamique. Elle a sa doctrine, les discours de Jdanov que l'on traduit alors et qu'Aragon préface. Le réalisme socialiste, sans doute, n'est pas dans la même situation en France, où il est en conflit avec le régime, et en U.R.S.S. où il en est l'émanation. Mais on ne s'y attarde guère. Cette littérature de parti a ses éditions, sa presse, son public de militants fidèles. Elle a même son prix Nobel : le prix Staline en tient lieu. Il ne fera pas pour autant d'André Stil, qui l'obtient, un écrivain majeur. On doit bien constater ici que la volonté de planifier la littérature a entraîné d'un côté des œuvres appliquées, édifiantes et insipides, de l'autre un penchant à décider par voie d'autorité de la valeur de tel ou tel écrivain. Obsédé par ses obligations de militant, l'écrivain peut craindre de n'en faire jamais assez : André Stil se voit reprocher de prêter des hésitations, dans un de ses romans, à des mineurs en grève.

Les communistes revendiquent avec constance et vigueur ce dont on les accuse souvent : « l'attachement inconditionnel à l'U.R.S.S. », et le culte de Staline. Le « culte de la personnalité » apparaît en effet très vif, et sans doute sincère chez les écrivains français. Ainsi Paul Éluard :

« Et Staline dissipe aujourd'hui le malheur
La confiance est le fruit de son cerveau [d'amour
La grappe raisonnable tant elle est parfaite

Grâce à lui nous vivons sans connaître [d'automne [...]
L'horizon de Staline est toujours renaissant
Nous vivons sans douter et même au fond de [l'ombre
Nous produisons la vie et réglons [l'avenir [...] »

Aragon, de son côté, consacre au retour de Maurice Thorez en France des poèmes assez déconcertants.

Au-delà de ces aspects anecdotiques, le vaste roman d'Aragon, *Les Communistes* (1948-1951), est la tentative la plus révélatrice de cette période. Deux mille pages évoquent l'histoire des Français de 1939 à 1940. L'ambition d'Aragon a été de faire à la fois un plaidoyer pour les communistes dont l'attitude avait été très controversée en 1939, et un *Guerre et Paix* des années quarante. Le roman prolonge d'ailleurs le destin des personnages du « Monde réel ». Certes, l'intérêt historique n'y est pas négligeable et Aragon évoque toujours avec talent les amours incertains de Jean de Moncey et de Cécile Wisner. Mais la multiplication des personnages réels ou fictifs, l'amoncellement des intrigues, le recours à la narration traditionnelle pour évoquer une multitude de réactions simultanées à l'événement, aboutissent à un étrange montage d'où on pourrait tirer la matière de dix romans, mais où aucun roman ne prend forme. En outre Aragon, toujours habile à faire la satire d'une bourgeoisie et d'un personnel politique obsédés par la peur du communisme, échoue quand il met en scène le prolétaire. Il a beau adapter sa langue et son style à chaque classe sociale évoquée, il tombe dans le pittoresque facile du roman populiste. Les figures édifiantes des militants se noient dans la chronique de l'anticommunisme. Aragon n'a pas prolongé *Les Communistes* jusqu'en 1945, comme il le prévoyait. Le roman du destin politique d'une génération semble aboutir à une impasse, comme chez Sartre qui, dans les mêmes années, laisse inachevés *Les Chemins de la liberté* (*cf.* p. 57-59). La nouvelle version, récrite et abrégée, des *Communistes* (1967) ne dissimule pas un échec visible de l'ambition d'intégrer le roman à l'action du Parti.

De cette période, peu fertile en grandes œuvres, au moins pour ceux qui ne la voient pas avec les yeux du militant, on peut retenir la foi chaleureuse dans un humanisme collectif, où se mêlent l'héroïsme et la solidarité. Convaincu qu'un homme nouveau voit le jour en U.R.S.S., que la France résoudra ses problèmes comme la Russie de Staline vient de résoudre les siens, l'écrivain veut contribuer à ce dépassement de l'homme par l'homme. Éluard s'y attache avec une conviction enthousiaste, et une certaine humilité sur ses moyens de poète. Une grande espérance apparaît à travers les certitudes du militant et les doutes de l'écrivain (*cf.* chap. 10).

Tout dire

Fragment du poème ouvrant le recueil de 1951, *Pouvoir tout dire*.

Le tout est de tout dire et je manque de mots
Et je manque de temps et je manque d'audace
Je rêve et je dévide au hasard mes images
J'ai mal vécu et mal appris à parler clair

Tout dire les rochers la route et les pavés
Les rues et leurs passants les champs et les bergers
Le duvet du printemps la rouille de l'hiver
Le froid et la chaleur composant un seul fruit

Je veux montrer la foule et chaque homme en détail
Avec ce qui l'anime et qui le désespère
Et sous ses saisons d'homme tout ce qu'il éclaire
Son espoir et son sang son histoire et sa peine

Je veux montrer la foule immense divisée
La foule cloisonnée comme en un cimetière
Et la foule plus forte que son ombre impure
Ayant rompu ses murs ayant vaincu ses maîtres

La famille des mains la famille des feuilles
Et l'animal errant sans personnalité
Le fleuve et la rosée fécondants et fertiles
La justice debout le bonheur bien planté

Après s'être demandé comment concilier « l'ordre mécanique » des besoins et « l'ordre du plaisir », Eluard salue un avenir fraternel et conclut : « Plus rien ne nous fera douter de ce poème/Que j'écris aujourd'hui pour effacer hier ».

Paul Eluard, *Pouvoir tout dire*, éd. Gallimard.

— Un programme poétique : de la solitude à la solidarité. Une autocritique (3-4). De l'humilité (1) à l'assurance d'un bonheur triomphant (20).

— Poésie rasant la prose : énumération des réalités; rareté des images (7); répétitions convaincues et didactiques (1, 5, 9, 13, 14, 15); amplification (17-20).

— Humanisme communiste : la totalité de l'homme ressaisie au-delà des aliénations; le salut dans la collectivité (9, 13-15, 17). Conquête triomphale de la nature, de la justice et du bonheur.

— « Après le rapport Khrouchtchev, toute une part, et non la moindre, de la littérature française des trente dernières années est devenue un tiroir plein de lettres d'amour fanées. » (Julien Gracq.)

Autour d'Aragon et d'Eluard, il y avait un certain nombre d'écrivains communistes qui ne manquaient sans doute pas de talent. Elsa Triolet a manifesté le sien par toute une série de romans qui supportent la comparaison avec ceux d'Aragon, dans l'édition qui les rassemble et les « croise ». Pierre Courtade devait plus tard, avec *La Place Rouge* (1960), donner une très belle image romanesque de son expérience du communisme. Mais ce talent, il semble que l'écrivain communiste se soit attaché à le neutraliser. Il y a là une sorte de « génération perdue » du communisme, qui a trop présumé de l'aptitude de la littérature à obéir aux consignes du militantisme. Quelques-uns, cependant, concilient tant bien que mal la passion de la littérature et la politique du parti. Claude Roy et Roger Vailland cherchent ainsi à accorder la « chasse au bonheur » de Stendhal et la construction du socialisme selon Marx. Mais leurs œuvres se ressentent de ces tiraillements.

Le prestige politique du Parti communiste, par contre, n'est pas touché par sa stagnation littéraire. Du marxisme, en 1956, quelques mois avant le XXe Congrès, Sartre écrit : « C'est le climat de nos idées, le milieu où elles s'alimentent, c'est le mouvement vrai de ce que Hegel appelait l'Esprit objectif. [...] Il est à lui seul la culture. » Et du Parti communiste : « Porté par l'histoire, le P. C. manifeste une extraordinaire intelligence objective, il est rare qu'il se trompe. » Ce qui n'empêche pas le directeur des *Temps Modernes* de dénoncer la stérilité des intellectuels communistes. Tout se passe en fait comme si l'échec de la littérature de parti n'avait eu qu'une influence très secondaire. Le marxisme est resté au centre de toutes les polémiques philosophiques, c'est par rapport à lui que se définissent inlassablement Sartre, Merleau-Ponty, Aron. La littérature communiste, quant à elle, ne s'est pas imposée. Le « réalisme socialiste » qui l'inspirait ne va pas, d'ailleurs, résister à la déstalinisation.

La déstalinisation

En février 1956, le XXe Congrès, et en particulier le Rapport Khrouchtchev, attaquent durement l'œuvre et la vie de Staline, ainsi que le culte de la personnalité. Il se produit alors, en U.R.S.S., un « dégel » dans les lettres, pour reprendre le titre d'un roman d'Ilya Ehrenbourg. En France, les réactions du P. C. sont lentes, et c'est avec mauvaise grâce que l'on prend acte de cette réorientation politique. Les thèses de la coexistence pacifique repoussent peu à peu celles de la guerre froide. Le jdanovisme, qui n'était peut-être qu'une forme culturelle du « communisme de guerre », est abandonné. Dans les pays d'Occident se développe l'idée que le communisme peut l'emporter par la voie électorale. Sans rien abandonner de sa volonté de transformer le monde, il peut faire l'économie d'une révolution violente.

Le désarroi s'empare en France de certains écrivains qui avaient fait de Staline une sorte de Dieu vivant. De surcroît, ce mouvement de dégel et de libéralisation, mal contrôlé dans les démocraties populaires, va aboutir à la tragédie hongroise : à l'automne de 1956, la Hongrie semble se déstaliniser, comme l'avait fait la Pologne un peu plus tôt, mais aussi se détacher du bloc soviétique. L'intervention des chars soviétiques et la répression qui s'ensuit bouleversent tous les Français, et surtout les intellectuels communistes. Le Parti approuve l'intervention, mais beaucoup d'écrivains le quittent : Claude Roy, Roger Vailland, Aimé Césaire. Ces départs affectent peu le communisme, qui ne compte guère sur les intellectuels en période de crise. D'un point de vue littéraire, par contre, ils sont significatifs : Vercors prend congé, lassé de servir de « potiche » dans les organisations communistes. Sartre rompt avec le communisme français, et sera beaucoup plus attiré désormais par les communismes étrangers (italien, cubain ou chinois). La plupart des écrivains venus au communisme par la Résistance et qui y étaient restés durant la « guerre froide » s'en éloignent; il est vrai que la littérature engagée, à quelque enseigne que ce soit, se porte mal en ces années.

Les communistes fidèles eurent certainement leur part de déchirements et de désillusions. Le communisme radieux, l'unanimité souriante de tout un peuple, ce n'était donc pas la réalité présente de l'U.R.S.S., mais l'image d'un avenir encore lointain! Ils éprouvèrent le sentiment d'être désavoués : ils n'avaient cessé en France de protester contre une image de la vie soviétique, qui se voyait précisément confirmée par les faits. Ces désillusions transparaissent dès 1956 dans *Le Roman inachevé* d'Aragon.

Assez vite, toutefois, les communistes s'engagèrent résolument dans la voie de la coexistence pacifique, en littérature comme en politique. Le terme de « réalisme socialiste » n'est pas abandonné, mais la notion en devient bien vague. Les thèses de Jdanov sont oubliées, sinon désavouées. Maurice Thorez lui-même use de son autorité pour faire admettre qu'on ne peut prescrire les mêmes formes à tous les artistes et écrivains communistes : l'écrivain doit rester libre.

Aragon semble avoir joué ici un rôle essentiel, et pourtant difficilement saisissable. Il était bien de ceux qui dès le début avaient épousé les thèses staliniennes : en 1935, il admirait qu'on sût si bien « rééduquer » l'écrivain soviétique. Cependant, dès 1956, *Le Roman inachevé*, long poème autobiographique, exprime le déchirement de ceux qui avaient confondu le présent immédiat et l'avenir lointain. Dans les années qui suivent, il va souvent suggérer qu'il était rongé de doutes dans la période stalinienne, et que son œuvre même tentait de surmonter la contradiction entre sa croyance et ses craintes. Toujours est-il qu'à partir de 1956, oubliant le jdanovisme, il s'engage dans la nouvelle voie avec ardeur. Roger Garaudy lui aussi, qui avait dénoncé une « littérature de fossoyeurs », ouvre alors le « réalisme sans rivages » à Kafka, Picasso, Saint-John Perse. Il découvre même de subtiles harmonies entre la poésie de ce dernier et la révolution cubaine!

Dans l'itinéraire d'Aragon, c'est sans doute la fidélité à son parti qui explique ses adhésions successives à des tactiques contradictoires aux yeux de l'observateur, mais liées, aux siens, par un processus dialectique. Il disait déjà en 1935, à propos de son évolution : « Je parle ici des contradictions dialectiques d'un homme qui se développe, et non pas des sautes d'humeur d'une mouche qui se perd dans un labyrinthe de miroirs. » En 1959, il va plus loin : « J'ai toute ma vie appris pour devenir l'homme que je suis, mais je n'ai pour autant pas oublié l'homme que j'ai été, ou à plus exactement parler, les hommes que j'ai été. » En fait, au-delà d'un recours facile à la dialectique, il semble qu'Aragon surmonte sans cesse une certaine mobilité d'esprit en la réglant par une discipline politique. Mais ses variations et ses détours même sont très révélateurs des problèmes qui se posent à l'écrivain communiste et des solutions qu'il leur apporte. D'autre part, depuis 1956, la production d'Aragon a pris un rythme impressionnant et un éclat nouveau. Le flot poétique qui prend sa source dans *Le Roman inachevé* (1956), suit son cours dans *Elsa* (1959), s'enfle dans *Les Poètes* (1960), et se répand dans *Le Fou d'Elsa* (1963). Le romancier s'est imposé à tous les publics avec *La Semaine sainte* (1958), a séduit ou intrigué avec *La Mise à mort* (1965), *Blanche ou l'oubli* (1967). La voix même d'Aragon s'est transformée. La déstalinisation a libéré, peut-être même déchaîné cet écrivain qui s'affirme à la fois comme critique, comme poète et comme romancier.

Le théoricien péremptoire semble s'être effacé : il pratique une critique d'humeur, libre et véhémente, qui lui a fait applaudir les premières œuvres de Michel Butor et Philippe Sollers, saluer avec enthousiasme les films de Jean-Luc Godard. On voit malgré tout s'esquisser une nouvelle conception de la littérature communiste : l'ancienne théorie du réalisme socialiste reposait sur une erreur de perspective, on exigeait de la littérature qu'elle reflétât un état du communisme qui n'était concevable que dans un avenir lointain. Faute de réaliser la révolution, on cherchait au moins à en réaliser l'image, en agissant sur « les cervelles des romanciers ». Toujours fidèle à la « théorie léniniste du reflet en art », Aragon estime que l'écrivain reflète la marche, nécessairement incertaine, de l'humanité vers le socialisme; le réalisme ne doit plus s'enfermer dans des limites dogmatiques, ni s'attacher exclusivement aux images de la lutte des classes. Ce n'est plus un réalisme de la nomenclature, mais un réalisme « expérimental », qui fait la part très large à l'imaginaire, mais aussi à l'inimaginable : Aragon annonce ou souhaite un nouveau roman qui échappe au principe de « crédibilité » et qui use le plus possible de la « conjecture ». Le réalisme ainsi conçu renoue, d'une certaine manière, avec les tentatives surréalistes qui furent celles du jeune Aragon.

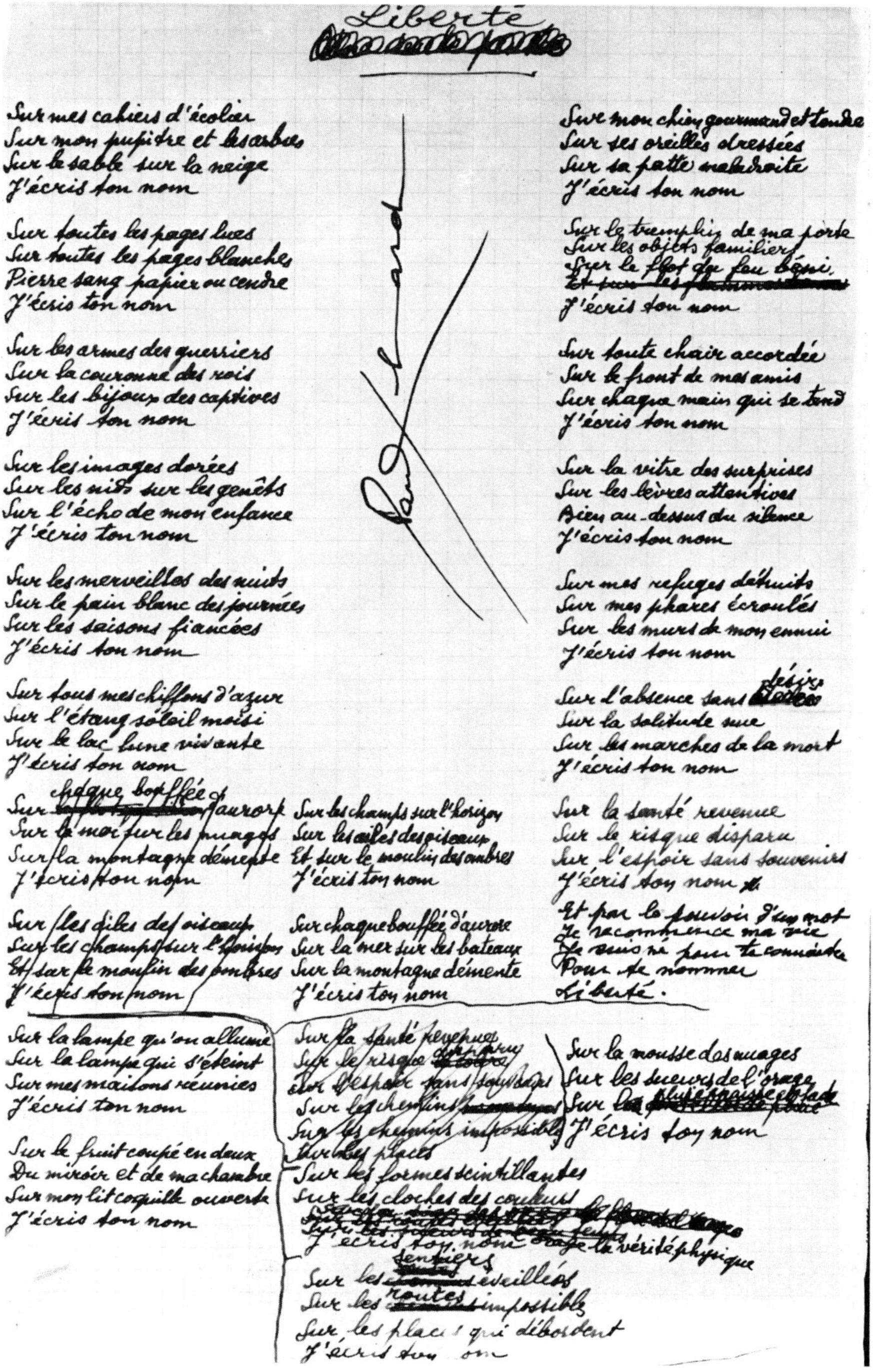

Liberté

Sur mes cahiers d'écolier
Sur mon pupitre et les arbres
Sur le sable sur la neige
J'écris ton nom

Sur toutes les pages lues
Sur toutes les pages blanches
Pierre sang papier ou cendre
J'écris ton nom

Sur les armes des guerriers
Sur la couronne des rois
Sur les bijoux des captives
J'écris ton nom

Sur les images dorées
Sur les nids sur les genêts
Sur l'écho de mon enfance
J'écris ton nom

Sur les merveilles des nuits
Sur le pain blanc des journées
Sur les saisons fiancées
J'écris ton nom

Sur tous mes chiffons d'azur
Sur l'étang soleil moisi
Sur le lac lune vivante
J'écris ton nom

Sur chaque bouffée d'aurore
Sur la mer sur les nuages
Sur la montagne démente
J'écris ton nom

Sur les ailes des oiseaux
Sur les champs sur l'horizon
Et sur le moulin des ombres
J'écris ton nom

Sur la lampe qu'on allume
Sur la lampe qui s'éteint
Sur mes maisons réunies
J'écris ton nom

Sur le fruit coupé en deux
Du miroir et de ma chambre
Sur mon lit coquille ouverte
J'écris ton nom

Sur les champs sur l'horizon
Sur les ailes des oiseaux
Et sur le moulin des ombres
J'écris ton nom

Sur chaque bouffée d'aurore
Sur la mer sur les bateaux
Sur la montagne démente
J'écris ton nom

Sur la santé revenue
Sur le risque disparu
Sur l'espoir sans souvenirs
Sur les chemins
Sur les chemins impossibles
Sur les places
Sur les formes scintillantes
Sur les cloches des couleurs
J'écris ton nom la vérité physique
Sur les sentiers éveillés
Sur les routes impossibles
Sur les places qui débordent
J'écris ton nom

Sur mon chien gourmand et tendre
Sur ses oreilles dressées
Sur sa patte maladroite
J'écris ton nom

Sur le tremplin de ma porte
Sur les objets familiers
Sur le flot du feu béni
J'écris ton nom

Sur toute chair accordée
Sur le front de mes amis
Sur chaque main qui se tend
J'écris ton nom

Sur la vitre des surprises
Sur les lèvres attentives
Bien au-dessus du silence
J'écris ton nom

Sur mes refuges détruits
Sur mes phares écroulés
Sur les murs de mon ennui
J'écris ton nom

Sur l'absence sans désirs
Sur la solitude nue
Sur les marches de la mort
J'écris ton nom

Sur la santé revenue
Sur le risque disparu
Sur l'espoir sans souvenirs
J'écris ton nom

Et par le pouvoir d'un mot
Je recommence ma vie
Je suis né pour te connaître
Pour te nommer
Liberté.

Sur la mousse des nuages
Sur les sueurs de l'orage
Sur la pluie épaisse et fade
J'écris ton nom

Paul Eluard

Liberté, **manuscrit de Paul Eluard (*cf.* p. 88).**

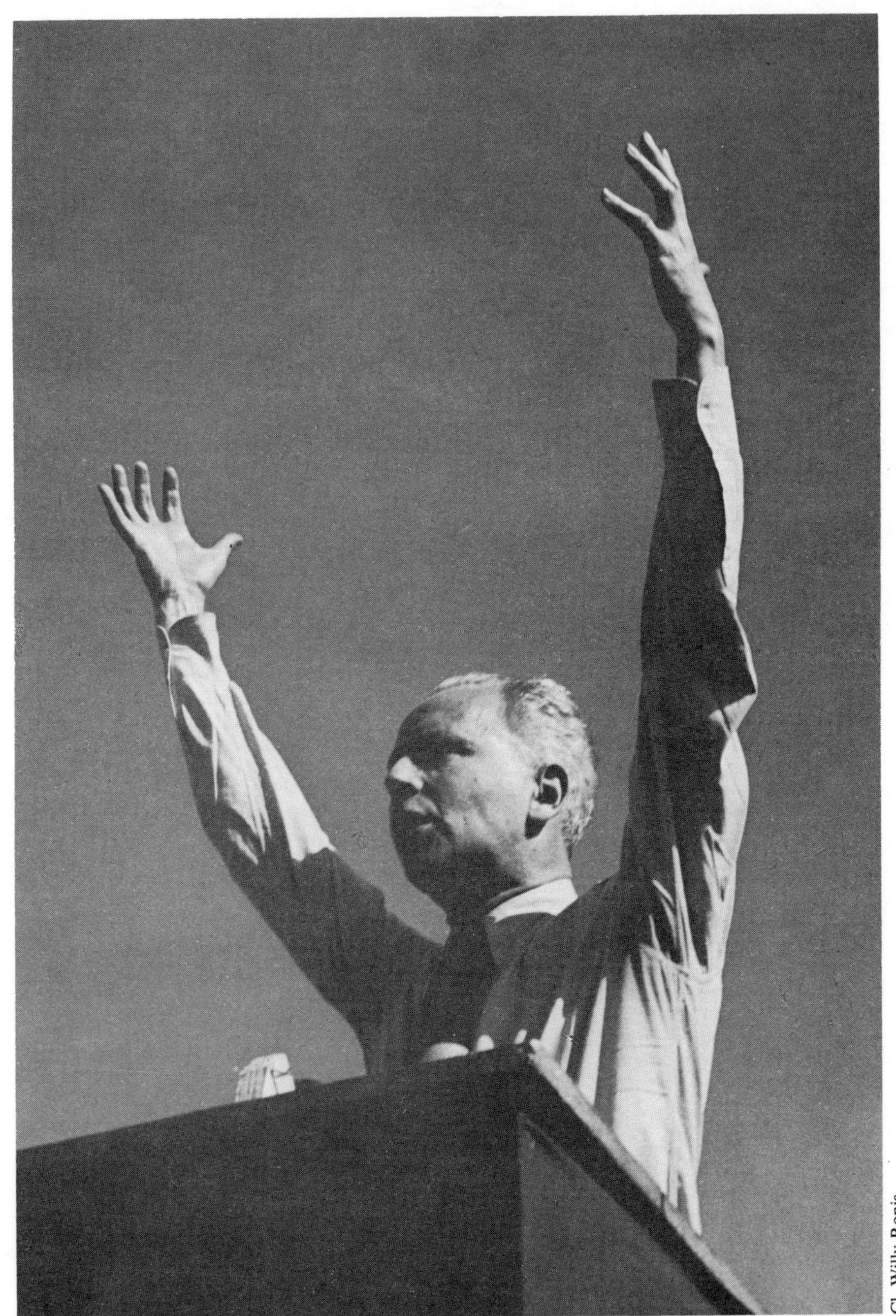
Cl. Willy Ronis.

A la tribune : Aragon.

Aragon reflète-t-il ici une position communiste, et surtout marxiste? Il ne se soucie pas vraiment d'élaborer ou de préciser une théorie marxiste de la littérature. Sur ce point, on peut lui opposer les travaux de Georges Lukacs, philosophe hongrois, dont l'influence s'est fait sentir en France sur les critiques marxistes (*Signification présente du réalisme critique*, 1957). Lukacs, comme Aragon, avait adopté les thèses du réalisme socialiste; comme lui il a participé à la déstalinisation, s'engageant en 1956 dans la révolte de la Hongrie. Mais Lukacs n'en maintient pas moins les thèses du « réalisme socialiste ». Il condamne seulement « le romantisme révolutionnaire » que Jdanov lui adjoignait, et qui confondait les perspectives lointaines du communisme et sa réalité effective. Pour lui, le « réalisme socialiste » évoque les possibilités concrètes de l'homme, tandis que la littérature bourgeoise, respectable au demeurant, s'interroge sur ses « possibilités abstraites ». En Occident, Lukacs ne voit de choix qu'entre un « réalisme critique », illustré naguère par Thomas Mann ou Martin du Gard, et une « avant-garde » où se marque la dissolution du moi et du monde. C'est ainsi qu'il voit la littérature de Sartre et de Beckett comme le reflet d'une société privée de toute perspective d'avenir. Chez eux, « l'individu, référé à lui-même, solitaire, détaché de tout lien avec la société humaine », est identifié à la réalité la plus profonde. La littérature socialiste, au contraire, doit signifier « tout à la fois l'unité contradictoire et la tension dialectique entre l'aspect individuel de l'homme, et son aspect social ». Lukacs ne s'en tient pas, comme Aragon, à l'idée assez sommaire du reflet, qui ferait automatiquement traduire par la littérature les tendances de la lutte des classes; il y voit une médiation produite sans doute par une réalité économique, mais agissant aussi sur la manière dont cette réalité se fait jour. Ces travaux théoriques sont, dans le domaine marxiste, du plus haut intérêt; mais il n'y correspond pas encore une littérature vivante. Aragon, de son côté, propose une littérature qui déborde de beaucoup ses aperçus théoriques.

Poète, Aragon reste en marge de la poésie contemporaine. Il a désormais renoncé à fonder l'école d'une poésie nationale sur le sonnet, les formes fixes et l'« art fermé », mais tout en abandonnant le didactisme, il reste fidèle, en général, à la rime et au vers régulier. Il arrive que le poème en prose et le vers irrégulier l'attirent, mais son domaine d'élection englobe toutes les variétés du vers régulier : l'octosyllabe, l'alexandrin, le vers de seize syllabes dans *Le Roman inachevé*, et même dans *Les Poètes* le vers de vingt syllabes. Cette poésie n'écarte ni le discours ni le récit; elle est autobiographique dans *Le Roman inachevé*, lyrique dans *Elsa*, épique et narrative dans *Le Fou d'Elsa*. Elle use de tous les instruments et met en œuvre toutes les traditions de la poésie française ou étrangère. Rebelle à tout hermétisme, mais aussi à toute concentration, ouverte au prosaïsme, elle vaut moins par chacun des poèmes que par leur effet d'accumulation dans l'ensemble du recueil. On est alors moins sensible à une virtuosité souvent complaisante qu'à la sincérité passionnée qui anime la voix du poète.

Le Roman inachevé, où Aragon se tourne vers une poésie autobiographique, mêle la confession et le plaidoyer. C'est une poésie de tradition revivifiée : on y retrouve, au fil des pages, l'écho de Musset, de Nerval et d'Apollinaire, les tons et les tours des fatrasies, des chansons et de multiples jeux. Mais c'est surtout la poésie d'un cœur mis à nu et à vif. Aragon évoque avec attendrissement ou agressivité les détours d'une vie : une enfance irrégulière, la guerre, Dada et le surréalisme, la rencontre d'Elsa, les séjours en Russie soviétique. A chaque instant apparaissent les déchirements d'un homme qui semble toujours, comme il le disait d'Aurélien, « déplonger d'un cauchemar ». Et certains vers qui évoquent la période surréaliste expriment l'angoisse permanente de toute une vie :

« Inexorablement je porte mon passé
Ce que je fus demeure à jamais mon partage

C'est comme si les mots pensés ou prononcés
Exerçaient pour toujours un pouvoir de chantage
Qui leur donne sur moi ce terrible avantage
Que je ne puisse pas de la main les chasser

Cette cage des mots il faudra que j'en sorte
Et j'ai le cœur en sang d'en chercher la sortie
Ce monde blanc et noir où donc en est la porte
Je brûle à ses barreaux mes doigts comme aux orties
Je bats avec mes poings ces murs qui m'ont menti
Des mots des mots autour de ma jeunesse morte. »

Y a-t-il là un reniement de l'engagement communiste? Nullement; l'espérance survit aux illusions perdues, et le Communisme, s'il ne met pas fin à la tragédie, reste le seul espoir de la voir se dénouer dans l'avenir.

Cl. Associated Press.

Aux funérailles d'Eluard, de gauche à droite : Cocteau, Cécile Eluard, Aragon, Mme Paul Eluard, Picasso, Elsa Triolet, Vercors.

La poésie d'Aragon ne cesse d'exprimer, et par là même de surmonter, une angoisse fondamentale. A cette angoisse répondent d'un côté la certitude, à long terme, de la victoire du communisme en ce monde, et d'autre part, en cette vie, invulnérable au temps, l'amour pour Elsa. Les deux certitudes s'entretiennent l'une l'autre puisque Elsa a joué un rôle d'intercesseur du communisme auprès d'Aragon. Vis-à-vis du Parti communiste comme d'Elsa, cependant, l'amour s'accompagne — peut-être même se compose — de jalousie et d'humiliation. Le lyrisme d'*Elsa* est constamment tragique : ou bien c'est l'image de la chute sans fin dans l'abîme, et l'amour n'y est que « l'insupportable délai sans mesure / A l'écrasement sûr atrocement remis », ou bien c'est la souffrance qui naît de la douceur même de l'amour conjugal.

Faut-il voir dans *Le Fou d'Elsa*, œuvre monumentale, l'épanouissement du poète? Ce poème épique narre les péripéties de la chute de Grenade (1494), et la résistance de son dernier roi, Boabdil, face aux rois catholiques de Castille. Autour de cet épisode, Aragon reconstitue, dans une sorte d'opéra fabuleux, la civilisation de l'Islam en Andalousie. La multiplication des formes, l'alternance de la prose ponctuée, du poème et du chant, souvent inspiré par des modèles arabes, donnent à cette œuvre l'aspect d'un gigantesque montage, qui accumule peut-être trop de prouesses trop voyantes.

On retrouve dans les derniers poèmes un chant plus nu et plus profond : un dialogue s'y institue avec les poètes vivants ou morts : Hölderlin, Desnos, Maïakovsky, Pablo Neruda. Au-delà du goût de l'imitation et de l'aptitude à la variation, on sent qu'Aragon poursuit une quête de lui-même et de son temps. Quand il évoque dans son *Hölderlin* les « forêts intérieures » de ce poète, « long incendie incendié sur qui souffle le vent interminable de l'histoire », ces vers évoquent mieux encore la poésie d'Aragon lui-même : après la poésie exaltée et apocalyptique de *Front rouge*, après la poésie confiante qui salue le règne de l'Homme Communiste, le lyrisme de ces dernières années exprime une sorte de messianisme désespéré. En dépit des rendez-vous manqués de l'histoire, c'est elle qui avec son passé et son avenir, ses contradictions et ses convulsions ne cesse d'inspirer la poésie d'Aragon, c'est-à-dire son espoir. C'est en quoi, d'ailleurs, parmi les poètes de sa génération, il constitue un cas singulier.

Si Aragon poète est reconnaissable, d'œuvre en œuvre, à la constance des mêmes formes « régulières », Aragon romancier est plus difficile à ressaisir : trois romans de 1958 à 1967 qui non seulement paraissent contredire tous les romans précédents, mais semblent aussi se contredire entre eux.

La Semaine sainte, venant après la chronique bien grise des *Communistes*, apparaît d'abord comme une fête du mouvement et de la couleur, bien qu'il s'agisse d'une chevauchée mélancolique et incertaine : dans la semaine qui voit le retour de Napoléon et le vol de l'Aigle jusqu'à Paris, les soldats fidèles à Louis XVIII escortent le roi, qui s'est résigné à une retraite confuse, du Louvre à la frontière belge. En apparence, un roman historique, qui choisit la perspective des partisans du roi : tableau minutieux du Paris de 1815, évocation incessante d'escadrons galopants, et d'états-majors convoyés de ville en ville. Le romancier multiplie, sous forme de monologues rétrospectifs, les biographies individuelles et superpose les images d'innombrables personnages : aristocrates revenus de l'émigration et fidèles à leur roi, maréchaux d'empire résignés à servir le régime auquel ils ont prêté serment, anciens combattants des campagnes de Napoléon. De ce foisonnement de figures émerge la personne de Théodore Géricault, qui a oublié la peinture pour être, par amour des chevaux plus que par conviction politique, mousquetaire du roi ; on reconnaît également au passage les silhouettes de Vigny et Lamartine. Il semble qu'Aragon, à la suite d'Alexandre Dumas, ait composé un roman historique, mêlant le réel et le fictif, où des hussards caracolent avec un entrain qui n'est pas si loin de Nimier ou de Giono.

Ce n'est sans doute qu'un support. Aragon voit surtout dans cette « semaine » l'instant critique où un régime semble s'effondrer et l'histoire prendre un nouveau cours. En cela, il reprend très précisément un thème des *Communistes :* l'étude d'une période où les devoirs semblent se contredire, et où les consciences cherchent à tâtons le chemin de l'honneur et de la fidélité. Mais 1815 inspire beaucoup mieux le romancier que 1939-1940. Il rend cette fois à merveille ce sentiment de confusion et d'incertitude que procurent à ceux qui les vivent des journées où tout semble possible, où la situation reste insaisissable et l'avenir imprévisible. Il parvient même, par la succession des monologues et des rêveries, à rendre aux événements historiques leur caractère aléatoire. On ne sait plus si Napoléon va rentrer à Paris et si Louis XVIII va refuser le combat, on partage toutes les incertitudes de Géricault, divisé (comme Aragon sans doute) entre une conception esthétique du monde et les nécessités de la discipline militaire. Plus profondément, tout le roman gravite autour du problème de la trahison et de la fidélité : sans qu'il y ait une correspondance allégorique entre l'attitude des officiers vis-à-vis de Napoléon, et celle des communistes vis-à-vis de Staline, on sent bien que, dans un cas comme dans l'autre, toute fidélité implique une trahison; les protagonistes, tous hommes de bonne foi, seront à un moment donné traîtres à quelqu'un ou coupables de quelque chose. Aussi, plus qu'un roman historique, est-ce là un roman sur l'ambiguïté de l'histoire, où les hommes de révolution voient leurs rêves défigurés, mais indéracinables. Le symbolisme curieux qui fait des mousquetaires du roi, soldats mal-aimés, suspects de trahison pour fait de loyauté, une préfiguration des communistes impopulaires et soupçonnés dans leur patriotisme, donne au roman d'étranges effets de profondeur; l'intrusion du romancier lui-même dans le roman historique (intrusion qui semble détruire une illusion soigneusement machinée) confère au livre un aspect plus problématique que démonstratif. Et Aragon ne s'est jamais mieux exprimé qu'à travers le personnage de Théodore Géricault.

La Semaine sainte était un monologue multiple prolongé sur six cent pages. (On n'en saurait extraire une seule qui rende compte de la réussite d'ensemble.) On y sentait déjà, à l'encontre de l'impersonnalité laborieuse des premiers romans, le désir de faire paraître au premier plan le romancier lui-même, cherchant dans son roman à résoudre les problèmes de sa personnalité; on y devinait un mélange d'autocritique douloureuse et de plaidoyer subtil. Ces tendances vont l'emporter dans *La Mise à mort* et *Blanche ou l'oubli*. Séduit par certaines tendances du roman récent, apte à les mettre en œuvre avec une vélocité impressionnante, Aragon détruit le roman qu'il compose, disloque les personnages qu'il met en scène, fait éclater le récit, introduit à tout moment des confessions brisées.

La Mise à mort est d'abord une orchestration des thèmes de la jalousie. Le narrateur, Alfred, a perdu son ombre et s'est littéralement dédoublé. La femme qu'il aime, Fougère, lui a substitué un double imaginaire, Anthoine. Tout le roman repose sur cet effort du narrateur, ou du romancier (l'incertitude est calculée), pour mettre à mort cet Anthoine, par jalousie. Réel et imaginaire se heurtent et se mêlent dans un jeu de miroirs où les images se doublent, se multiplient et se perdent, où, pour reprendre les titres des chapitres, aux « miroirs à trois faces » succèdent le « miroir tournant » et le « miroir brisé ». Dans ce roman brisé à l'image du miroir, on est tenté de voir une autobiographie fragmentaire. Quand Aragon décrit les funérailles de Gorki à Moscou, et les incertitudes de l'écrivain communiste, il nous donne un fragment de ses « antimémoires ». Mais la fiction, même brisée, reste un art de mentir, elle assure à l'écrivain un langage intermédiaire entre le roman et la confession : ce qu'il appelle « le mentir-vrai », ou « comment dire, en mentant, des choses vraies ». Excluant à la fois le roman traditionnel et les mémoires, ce livre, écrit en dehors de toute espèce de plan, nourri des divagations de la mémoire et des digressions du poète, semble appeler une confession impossible.

[Du fond de l'existence]

Le narrateur Alfred (ou le romancier Aragon?) se demande s'il va tuer Anthoine, créature imaginaire. Est-ce conforme au réalisme socialiste? et d'ailleurs qu'est-ce que le réalisme?

Tout cela... où en étais-je? Il suffit d'un rien que je me perde. Tout cela comme les cheveux sur la soupe. En réalité, j'ai la tête ailleurs. J'invente de m'en prendre à ceux-ci, à ceux-là, pour éviter ce qui me dévore. Je dis des mots, pour m'égarer. Je me joue et vous joue une pièce. Et celle en moi qui se déroule, vous n'en saurez rien. Vous ne saurez jamais, jamais ce qui m'étouffe. Ce roman silencieux de moi. Ce qui vient de se passer, à quoi vous n'avez pas accès. Parce que tout semble comme si, justement, ce que je vous livre était mon secret, n'est-ce pas. Alors que. Ce roman banal que je traîne. Ce désespoir. Ce désespoir de toute la vie. Ces sanglots sans sanglots. Ces pleurs sans pleurs. Cette abomination d'être. Et je me retourne pour voir ce qui me suit, cette ombre. Si loin que ma mémoire y plonge, cette mer muette... rien de cet abîme en moi ne chante, et je n'entends au loin que la convulsion d'avant le cri, je n'entends que cette montée en moi, cette accumulation de l'insupportable, cette croissance qui m'emplit, ce mûrissement noir, qui vient du fond de l'existence, en vain toujours écarté pour toujours revenir, et je suis là, je fais semblant, je souris parfois avec cette bouche, pour moi seul amère, avec laquelle je raconte, je raconte, et je ne tombe pas sur les genoux, il n'y a personne à qui demander pardon, à qui s'accrocher pour balancer sa tête, et tordre ses épaules, personne qui entendrait ma tempête, qui essuierait mon écume, personne pour savoir, deviner, épouser ce tremblement de l'âme, cette lassitude au profond de la chair, personne, je suis seul, cessez de prétendre, je suis seul à vainement hurler, et je ne hurle pas, à quoi bon, pour qui, pour quoi faire, vous voyez bien que personne, pas plus autrefois que naguère, personne, avec cette gueule que j'ai, avec, avec, et tout le reste, ah depuis si longtemps que cela dure, et moi pas possible de me tromper, finissez, il n'y a rien dont j'aie si forte horreur que des paroles consolantes, cela fut toujours la même chose, hier, il y a dix ans, il y en a vingt, je ne peux plus compter, je n'ai pas assez de doigts à briser, de poignets à tordre, de front à cogner, cogner, cogner que c'en éclate, je suis le supplice de la supplication, la plainte informe, le gémir de ne pas gémir, le siège obscur de ce qui n'a pas même le soulagement d'un nom pour se définir, le volet qui bat où il n'y a pas de fenêtre, l'impossibilité de se mentir, même inécouté, pour soi, comme on prend de l'aspirine, je suis le chien derrière la porte par grand vent, le lit sans repos, le vin sans ivresse, la voix sans oreille, le temps sans horloge, le visage absent, l'hiver qui vient à pas d'agonie, et cela dure affreusement, comme une blessure d'aisselle, où revient appuyer le cuir, cela trébuche obscurément de planche en planche, cela s'écrase au cœur des cendres, cela qui n'est que conscience, un instant tue, de la douleur.

Aragon, *La Mise à mort*, éd. Gallimard.

— Une dialectique folle du mensonge et de la sincérité : impossibilité d'avouer (7-8), impossibilité de se mentir (34), exaspération d'une angoisse fondamentale (16-17).

— Série de phrases brèves, éclatées, disloquées (1-14), puis une seule phrase désarticulée, longue, tumultueuse (15-51), accumulant jusqu'au paroxysme les cris, les incidents, les obsessions, les images sadiques ou masochistes (38-41).

— Le roman substitut d'une autobiographie impossible. Aragon : « La forme la plus haute du mensonge, c'est le roman, où mentir permet d'atteindre la vérité. » Mais le roman semble vouloir atteindre « l'inimaginable » comme dit Aragon, ou « l'innommable » comme dirait Beckett.

Blanche ou l'oubli accuse certaines tendances de *La Mise à Mort* et en développe d'autres, plus inattendues. Comme dans le précédent roman, le romancier présente un narrateur auquel on est à la fois contraint et empêché de l'identifier, Geoffroy Gaiffier, linguiste, son contemporain. Les amours perdues de Geoffroy et Blanche dans les années 20, telles que la mémoire oublieuse du narrateur peut les évoquer, un jeune couple de 1966, Philippe et Marie Noire, composent une fiction, élaborée et dénoncée à chaque moment. Elle suscite une incessante réflexion du romancier sur ses pouvoirs et son langage, un vagabondage anxieux à travers d'autres œuvres comme *L'Éducation sentimentale* de Flaubert ou l'*Hyperion* d'Hölderlin. L'histoire du communisme réapparaît, sous l'angle de ce qu'on pourrait appeler le plaidoyer autocritique, avec les manifestations anti-américaines de 1952 en France, ou la répression sanglante du mouvement communiste en Indonésie en 1966 (le narrateur est spécialiste des langues indonésiennes). Mais le roman manifeste surtout une extraordinaire aptitude à saisir au vol les images de l'actualité ou de la mode : aux films de Jean-Luc Godard (*cf.* chap. 29), Aragon emprunte le goût des montages déconcertants. Comme le cinéaste, il procède par collages, insérant dans ses dialogues des coupures de journaux; il retrouve là d'ailleurs une technique qu'il avait déjà mise en œuvre dans *Le Paysan de Paris* (1926). A l'exemple des écrivains du groupe *Tel Quel*, il découvre la linguistique de Saussure. Ce n'est pas un hasard si dans ce roman où l'on parle beaucoup de « texte », la réflexion du romancier sur le roman vient en parallèle avec l'enquête d'un linguiste sur le langage. Intégrés aussi dans le roman, sitôt parus, *Les Mots et les Choses* de Michel Foucault. On ne peut s'empêcher de penser aux mots d'André Breton disant de son ami de 1920 : « Nul ne s'entend comme lui à prendre le vent; vous n'avez pas décidé, même contre son avis, de gravir une colline qu'il est déjà au sommet. »

[Cette tragédie du *vous*]

Le narrateur, Geoffroy Gaiffier, linguiste, évoque sa jeunesse. Il vient de citer la formule d'un peintre moderne selon lequel la tragédie moderne, c'est le « combat de la mémoire et de l'oubli ».

Peur d'oublier, je me relis. Tout ce qui précède. D'un coup. Ça vous a tout autre air qu'à le penser, qu'à l'écrire, d'un mot sur l'autre. Et je m'aperçois que le problème, ce n'est pas qui je suis, mais ces façons de dire : *remarquez... ne vous y trompez pas... bref... moi qui vous parle... vous direz...* Qu'est-ce que c'est? Un tic, ou une peur? A l'instant *ça vous a un tout autre...* S'il faut définir le *je*, que dire du *vous?* Nous nous en tirons, les grammairiens, à qualifier ce vous-là d'explétif. A vrai dire, c'est une simple défaite : nous le savons bien, aucun mot n'est explétif *. On dit d'un mot qu'il est explétif pour s'en débarrasser, quand on n'a pas élaboré de théorie qui rende compte de son entrée en scène. Ce besoin que j'ai d'un interlocuteur. Cette tragédie du *vous*. Je me suppose un autre qui m'écoute. Je parle au mur. Ou peut-être que j'anticipe, qu'il y aura un *vous?* Le correspondant. Celui à qui j'écris. De quoi a-t-il l'air? Il me ressemble, autant dire qu'il n'existe pas, que je me parle dans le miroir. Si je dis *vous*, pourtant, c'est que j'ai besoin d'un *vous*. Pour penser. Pour me souvenir. Pour parler. Rien ne m'est plus atroce que la vérité, cette mort de moi-même, qu'il me faut m'avouer : et c'est bien le secret de ma vie, ce que je cache comme dans les romans anglais *, l'enfant monstrueux que personne n'a vu, et que trahit pourtant une fenêtre de plus à la façade du château. Le secret du château c'est que *vous* n'existe pas. Ce *vous* qu'écrire sollicite. Qui me ressemble et ne me ressemble pas. Qui me ressemble assez pour m'entendre à demi-mot, qui ne me ressemble pas, parce qu'il est, par exemple, plus jeune, ailleurs, en proie à d'autres drames, qu'il sait ce que je ne sais pas, comme ce que je sais il l'ignore, ce *vous* en qui mes paroles sonnent comme le pas d'un étranger dans les couloirs de la maison, ce *vous* dont l'oreille ne comprend qu'un mot sur quatre que je dis, et rêve, invente les autres, réinvente le lien de mes murmures, de mes cris... ce *vous* que j'invente contre l'oubli.

* Se dit d'un mot qui « remplit » la phrase sans être nécessaire à son sens.

* Peut-être *Jane Eyre* de Charlotte Brontë (mais il s'agit d'une folle, non d'un enfant).

Aragon, *Blanche ou l'oubli*, éd. Gallimard.

— Un monologue encadré par « Peur d'oublier » (1) et « contre l'oubli » (36) sur les moyens de conjurer l'oubli, et qui gravite autour de la « tragédie du vous » (14). D'un problème de grammaire (7-9) à la solitude de l'écrivain, rêvant d'un lecteur qui soit à la fois le même et l'autre.

— Le langage : la démarche du grammairien (exemples, 4-6; définitions, 7-9; discussions, 11-13). Images familières au poète, au romancier, à la tradition romantique (15, 18, 22-25, 31-33).

— Signification de *Blanche ou l'oubli*, selon Philippe Sollers : « Le roman cherchant par la dénudation de ses procédés à se faire sémantique du roman [...] une machine à interroger la fonction romanesque, l'arbitraire du récit et, du même coup, l'histoire. »

Au-delà de ces « chorégraphies mentales » et de ces « prouesses gymnastiques » dont parle Breton, il faut voir sans doute dans *Blanche* le vertige de l'insaisissable, et l'expression de ce vertige. De la confrontation du langage des années soixante et de celui des années vingt naît l'impression d'un vacillement des univers et des modes, d'un mouvement perpétuel qui rend la communication aléatoire, l'écriture et la lecture également hasardeuses. A une conception dogmatique et assurée de l'histoire succède une interrogation : le mouvement même du roman, dans son incohérence et son accélération, correspond à l'accélération d'une histoire qui a sans doute un sens, mais qui laisse, aux yeux d'un homme donné, toutes choses ondoyantes et diverses. A ce désarroi de la conscience devant l'histoire et de l'écrivain devant les révolutions du langage doit correspondre une nouvelle formule du réalisme. C'est ce que laisse entendre la dernière phrase de *Blanche*, calquée sur une célèbre formule de Marx : « Jusqu'ici les romanciers se sont contentés de parodier le monde, il s'agit maintenant de l'inventer », invention qui mêlerait le réel, l'historique, et l'imaginaire dans un langage nouveau. Prodigieux assimilateur, plutôt qu'inventeur des formes nouvelles, Aragon manifeste en tout cas la volonté de se libérer des traditions du réalisme.

Que reste-t-il ici du marxisme? peut-on se demander. Aragon n'aurait-il pas cessé d'être un écrivain communiste pour devenir un communiste écrivain? On pourrait tirer de ses dernières œuvres aussi bien une histoire des variations du communisme qu'une mise en lumière de sa permanence profonde. Mais l'adhésion au communisme n'inspire jamais mieux l'écrivain que quand il renonce à la présenter directement. Et en ce sens, cette œuvre marque à la fois l'échec de « la littérature de parti » que préconisait Lénine, et la réussite d'une littérature informée par l'expérience du partisan — l'écrivain et le partisan ne cessant, dans une relation dialectique, de s'opposer et de se concilier.

Tendances actuelles

Bien que le communisme n'ait pas inspiré directement d'œuvres littéraires marquantes ces dernières années, son influence demeure capitale. Il faudrait d'ailleurs distinguer la sphère d'influence du Parti communiste, qui est devenue moins nette, et celle du marxisme dont le centre est partout et la circonférence nulle part : on le voit coexister dans beaucoup de domaines avec le structuralisme ou le freudisme. Les influences étrangères s'exercent aussi d'une manière complexe : la littérature soviétique a peu fait en France pour le marxisme, puisque la critique et les lecteurs ne se portent que vers les œuvres qui leur semblent, à tort ou à raison, exprimer un désaveu du régime soviétique (c'est le cas du *Docteur Jivago* de Boris Pasternak, *cf.* chap. 27.) En revanche, le succès très vif, et les débats tout aussi vifs qui ont entouré le théâtre de Bertolt Brecht, ont fait s'interroger sur les liens entre les convictions marxistes de l'auteur et un théâtre « épique » qui incite le spectateur à prendre un regard critique et réflexif sur une société en devenir (*cf.* chap. 27). Ils ont inspiré la critique marxiste, sinon la critique communiste.

Les tendances marxistes extérieures au « communisme orthodoxe » n'ont pourtant donné naissance à aucune littérature. La révolution chinoise, qui a pris ses distances avec le communisme soviétique, a ses partisans en France : mais elle n'a jusqu'ici inspiré que la traduction des poèmes de Mao Tsé-toung, ou celle de programmes qui rappellent à s'y méprendre les textes de Jdanov. Les tendances que l'on situe par commodité à « gauche » du Parti communiste, semblent récuser, sinon la littérature, du moins la notion d'héritage culturel à laquelle ce parti est toujours attaché. Une profonde défiance à l'égard de la littérature se développe. Herbert Marcuse, dont la réflexion se situe aux confins du marxisme et du freudisme, n'a t-il pas expliqué qu'une littérature de contestation est toujours récupérée par une société qui l'intègre dans son acquis culturel. Elle perdrait ainsi jusqu'à son pouvoir de contester.

C'est une attitude toute différente que l'on observe dans le groupe *Tel Quel*, ainsi qu'un nouveau type de relations entre les écrivains et le Parti communiste. Ces jeunes auteurs, à en juger par leurs programmes, adhèrent à la théorie marxiste-léniniste, ils approuvent dans ses grandes lignes la politique du Parti communiste et ils entretiennent d'excellents rapports avec les revues communistes. Parmi elles, *La Nouvelle Critique* leur réserve un large accueil, et, inversement, Philippe Sollers a fait un vif éloge de *Blanche ou l'oubli* d'Aragon. Mais si la Révolution est toujours le but assigné à leur « écriture », ils veulent éviter les pièges de la littérature engagée, où ils ne voient que mystification bourgeoise et phraséologie inefficace : « L'écriture, dit Philippe Sollers, est la continuation de la politique par d'autres moyens. Ces moyens sont spécifiques... » Si l'écrivain veut porter la « révolution sociale à son accomplissement réel », c'est dans « l'ordre de ses langages » qu'il y travaille, en cherchant à intégrer dans la théorie marxiste les travaux des psychanalystes et des linguistes, et non dans l'ordre de la politique (*cf.* chap. 24).

D'autre part, sur un plan assez distinct, une renaissance des études marxistes s'est produite avec les travaux d'Althusser, qui suggèrent ou inspirent de nouvelles approches théoriques de la littérature (*cf.* chap. 30). Ils dessinent peut-être un nouveau visage du communisme, en distinguant la « scientificité marxiste » de l'idéologie humaniste qui lui a été traditionnellement associée.

Le climat du communisme et du marxisme s'est donc sensiblement modifié ces dernières années. L'influence du marxisme s'exerce dans presque tous les domaines, mais elle se conjugue avec d'autres influences qui se font jour dans les sciences humaines. Sur le plan mondial, la situation du communisme s'est modifiée : Moscou n'en est plus le seul centre, il y a Pékin et peut-être Cuba. Le Parti communiste français reste toujours aussi puissant et attire un électeur sur cinq, mais il n'a plus, en milieu intellectuel, le monopole de l'interprétation du marxisme, il est même suspecté de « révisionnisme ». Entre une politique communiste et une entreprise théorique ou critique qui s'inspire du marxisme, on voit bien ce que la littérature communiste a cessé d'être, on ne peut encore définir ce qu'elle sera, mais on peut penser qu'elle sera autre. Il y a sans doute aujourd'hui de remarquables romans engagés, proches du communisme, et l'on peut penser à l'œuvre de Jorge Semprun (*La Deuxième Mort de Ramon Mercader*, 1969), mais cette littérature n'exprime-t-elle pas précisément que « la guerre est finie », et ne tire-t-elle pas toute sa vigueur d'un bilan passionné de toutes les déconvenues de l'engagement politique?

Choix bibliographique :

D. Caute, *Le Communisme et les Intellectuels français, 1914-1966*, Gallimard.

R. Garaudy, *L'Itinéraire d'Aragon*, Gallimard.

G. Sadoul, *Aragon*, Seghers.

Chapitre V

Le christianisme

Jusque dans les années 1955, la question de l'athéisme représente l'un des éléments essentiels du grand débat engagé autour de l'humanisme, et, par exemple, la pièce de Sartre, *Le Diable et le Bon Dieu*, peut être envisagée comme une « réponse » au *Soulier de satin* de Claudel ou à la pièce de Gabriel Marcel *Un Homme de Dieu*. Ce qui ne signifie pas cependant que le christianisme constitue un mouvement littéraire ou même une famille d'esprits; il eût été sans intérêt de vouloir à tout prix regrouper, parce que leur vision du monde se réfère explicitement à la foi chrétienne, des écrivains aussi divers que Claudel, Mauriac, Bernanos, Pierre Emmanuel ou Julien Green. Il nous a semblé plus fructueux d'envisager le christianisme sous un angle plus réduit, celui des personnalités qui, souvent aux confins de la littérature, en dehors de la tradition (c'est le cas de Teilhard de Chardin) ou même de l'église (c'est celui de Simone Weil), ont contribué, par leurs recherches menées en marge de la pensée religieuse officielle, à donner son nouveau visage au christianisme.

Au lendemain de la Seconde Guerre mondiale, c'est avant tout le personnalisme qui témoigne de la vitalité de la pensée chrétienne et de son ouverture au monde moderne. Philosophes comme Jean Lacroix et Paul Ricœur, romanciers comme Jean Cayrol (*cf.* chap. 24), essayistes comme Albert Béguin, les hommes qui expriment ce courant de pensée ont le souci de faire dialoguer la foi chrétienne avec le marxisme et l'existentialisme, de désolidariser le christianisme du « désordre établi », selon leur propre expression, si révélatrice de cette opposition à un christianisme conservateur qui se montre plus soucieux de défendre les structures traditionnelles de l'église que la foi chrétienne et ce dans le dessein de perpétuer un « ordre » social bien établi.

C'est dire que le personnalisme reste une tendance plus qu'un système, un état d'esprit plus qu'une vision du monde parfaitement unifiée. Son principal représentant, Emmanuel Mounier, directeur de la revue *Esprit*, reconnaissait bien volontiers le peu de cohérence des positions qu'il était amené à défendre : « Le devoir d'incarnation nous oblige, écrivait-il, à tenir ensemble les positions les plus contradictoires pour le bon sens. » C'est à ce prix, pensait-il, que l'on pourrait réunir les valeurs traditionnelles de solidarité et de liberté avec les aspirations et les expressions neuves de la sensibilité moderne. En effet, écrivait encore Mounier, toujours à propos du personnalisme : « Son affirmation centrale étant l'existence de personnes libres et créatrices, il introduit au cœur des structures rationnelles qui sont les siennes en tant que philosophie un principe d'imprévisibilité qui disloque toute volonté de systématisation définitive. Rien ne peut lui répugner plus profondément que le goût, si commun aujourd'hui, d'un appareil de pensée et d'action fonctionnant comme un distributeur automatique de solutions et de consignes, barrage devant la recherche, assurance contre l'inquiétude, l'épreuve et le risque. »

Dans le même temps, d'autres consciences religieuses manifestent leur inquiétude devant l'évolution de la civilisation occidentale. Fortement impressionnés par les risques qu'impose à l'humanité l'essor de la science, par les méfaits de la technique et par l'injustice de la société contemporaine, certains se tournent vers d'autres cultures et d'autres mondes religieux. Ainsi Massignon tente d'unir sa foi chrétienne à la spiritualité et à la mystique de l'Islam. Guénon retrouve dans les doctrines hindoues les aspirations fondamentales de la vie religieuse. Lanza del Vasto, très attaché à l'enseignement de Gandhi, l'apôtre de la non-violence, fonde la communauté de l'Arche. Dans sa vie et ses ouvrages (*Le Pélerinage aux sources*, 1943; *Vinôba ou le nouveau pélerinage*, 1954), il exalte une existence qui resterait proche de la terre, vante le travail manuel, insiste sur les vertus humanisantes de la prière. Tournée avec ferveur vers le passé, sa pensée reste accueillante et ouverte. Chrétien, il prône un certain oecuménisme comme une expérience nécessaire à l'humanité d'aujourd'hui; il attend le jour où toutes les traditions religieuses se réuniront, sans perdre leur originalité, dans l'adoration de l'Être unique.

Tandis que la pensée religieuse officielle est dominée par les noms de Jacques Maritain, de Gabriel Marcel ou de Jean Guitton, deux personnalités ne tardent pas à s'imposer par la publication posthume de leurs œuvres : Simone Weil et Pierre Teilhard de Chardin. Profondément différents l'un de l'autre, ces deux écrivains ont en commun la même volonté d'assumer le monde moderne : ils acceptent la rigueur de ses exigences scientifiques et techniques, mais ils veulent faire face aux difficiles problèmes humains qui se trouvent posés, en termes nouveaux, à la conscience religieuse. En 1948, Simone Weil est une inconnue lorsque Gustave Thibon publie chez Plon *La Pesanteur et la Grâce*. L'année suivante, sur les conseils de Camus, Gallimard édite *L'Enracinement*. Ces deux livres sont faits de notes éparses retrouvées par sa famille après sa mort (1943). Quant aux œuvres de Pierre Teilhard de Chardin (1881-1955), elles n'ont d'abord été connues que d'un petit nombre de lecteurs privilégiés et sous la forme de copies dactylographiées : à partir de 1955, elles vont connaître un immense succès de librairie (*Le Phénomène humain*, 1955; *Le Milieu divin*, 1957; *L'Énergie humaine*, 1962; *Le Cœur de la matière*, 1966; *Comment je crois*, 1969).

L'influence de ces deux œuvres est considérable. Elle tient sans doute à la rencontre, dans ces textes, de la littérature, de la philosophie, de l'expérience vécue et du témoignage porté sur la foi. C'est dire que la personnalité de chaque auteur importe ici au moins autant que son œuvre.

Simone Weil

On pouvait lire dans *La Croix* du 14 janvier 1932 l'entrefilet suivant : « Au Puy (Haute-Loire), une demoiselle Weil, professeur au lycée du Puy, a ameuté, mardi à 18 heures, des chômeurs qui ont tenté de débaucher des casseurs de pierres. La police est intervenue. La demoiselle a pris la fuite. Les chômeurs ont ensuite manifesté en ville bruyamment. » Or ce même professeur au lycée du Puy devait finir par abandonner l'enseignement pour connaître d'expérience le monde de la misère et du malheur : *La Condition ouvrière*, édité en 1951, salué par Camus comme « le plus grand et plus beau livre qui ait paru depuis la Libération », rassemble les réflexions d'une intellectuelle qui avait travaillé comme ouvrière non-qualifiée successivement aux usines Alsthom, puis aux Forges de Basse-Indre, enfin chez Renault. Ainsi la fille d'un médecin parisien, l'ancienne élève de Le Senne et d'Alain, la normalienne agrégée de philosophie avait voulu éprouver elle-même la dure monotonie de la condition ouvrière. Étrange itinéraire qu'il serait trop facile de vouloir expliquer, comme on a parfois tenté de le faire, par une sorte de masochisme. Simone Weil écrit d'ailleurs, dans une lettre à Joë Bousquet : « Il est aussi facile de diriger volontairement la pensée vers le malheur que de persuader à un chien, sans dressage préalable, de marcher dans un incendie et de s'y laisser carboniser. »

Étonnante expérience humaine que celle de Simone Weil, difficile à classer : dès son séjour au Puy, elle a pris ses distances à l'égard du communisme orthodoxe, elle se rapproche du syndicalisme, se lie avec des milieux trotskystes; bientôt elle fréquentera des chrétiens. Ce qui la caractérise, c'est le souci de payer de sa personne et non seulement de ses idées. Ainsi est né, autour de son œuvre, une sorte de mythe qui prolonge l'image de celle qu'on appelait, rue d'Ulm et à la Sorbonne, « la vierge rouge ». Mythe qui sans doute, davantage que ses écrits, est à l'origine du rayonnement de son œuvre sur un vaste public.

Ce n'est pas à dire que la réflexion, et la plus rigoureuse, soit étrangère à une telle expérience. En 1934, Simone Weil écrit ses *Réflexions sur les causes de la liberté et de l'oppression sociale*. Elle envoie son texte à Alain. Son ancien maître de khagne au lycée Henri IV lui répond : « Votre travail est de première grandeur. [...] Votre exemple donnera courage aux générations déçues par l'ontologie ou par l'idéologie. » Quand ce texte paraîtra enfin, en 1955, Camus le présentera en ces termes : « Depuis Marx [...] la pensée politique et sociale n'avait rien produit en Occident de plus pénétrant et de plus prophétique. » Dans cet ouvrage, qu'elle aimait appeler son « grand œuvre », elle analysait les formes prises par le travail et l'exploitation dans la société industrielle, puis elle étudiait les moyens de constituer une humanité nouvelle, dans la communion et la liberté : c'était là son « utopie », comme elle nommait son projet.

Pendant l'été de 1936, elle combat en Espagne, aux côtés des républicains. C'est à partir de ce moment que l'expérience religieuse devient chez elle comme l'approfondissement naturel de l'expérience sociale. Elle lui appliquera en tout cas une réflexion aussi intrépide et exigeante.

Il faudra les décrets du régime de Vichy, qui la chassent de l'Université, pour que Simone Weil, née juive, se reconnaisse liée par ses origines. Aussi bien, par son éducation, purement agnostique, n'avait-elle reçu aucune formation religieuse. « Je ne me considère pas moi-même comme juive, écrit-elle à un ami en 1941, car je ne suis jamais entrée dans une synagogue, j'ai été élevée sans pratique religieuse, je n'ai aucune attirance vers la religion juive, aucune attache avec la religion juive, et ne me suis nourrie, depuis ma première enfance, que de la tradition hellénique, chrétienne et française. »

Partie ainsi de l'athéisme, elle devait se rapprocher du Christ et de la foi chrétienne au cours d'un itinéraire dont elle a elle-même retracé les principales étapes dans son autobiographie. Quand elle disparaît, à moins de trente-cinq ans, après un cheminement spirituel d'une intensité sans cesse croissante, elle reste cependant sur la réserve à l'égard de l'Église.

En 1935, elle assiste, au Portugal, à une procession de pêcheurs : c'est alors qu'elle comprend, dit-elle, de l'intérieur, le sens du christianisme. En 1937, elle est à Assise : au souvenir de saint François, elle s'agenouille dans la chapelle de Sainte-Marie-des-Anges. Elle passe la Semaine sainte à Solesme, en 1938 : « Le Christ est descendu et m'a prise », écrira-t-elle plus tard. Que s'est-il produit alors dans sa vie? Sa correspondance avec le Père Perrin et Joë Bousquet ne porte que des mentions discrètes de cet événement intérieur. Réfugiée à Marseille, en 1940, elle y fréquente la chapelle des Dominicains. *La Lettre à un religieux* (1951) et *L'Attente de Dieu* (1950) témoignent de ses débats intérieurs : au long de ses entretiens avec le Père Perrin, elle combat, dans une argumentation serrée, le rôle historique de l'Église et reproche à celle-ci sa compromission avec une société

2 cl. coll. part. — Snark International.

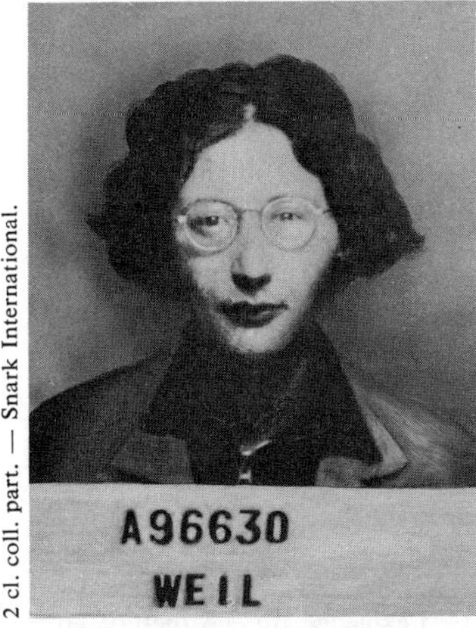

Simone Weil : le numéro matricule est son numéro d'usine.

Simone Weil à Barcelone en 1936.

et une politique que tout en elle refuse avec force. Elle demeure, selon le mot de Georges Hourdin, une « chrétienne de l'extérieur [...] chrétienne des pauvres, des humiliés, des incroyants, des hérétiques. » Cette défiance à l'égard de l'Église institutionnelle va de pair avec un approfondissement de sa vocation mystique. Nourrie par la méditation des grands maîtres de la tradition spirituelle du christianisme, Maître Eckhart notamment et saint Jean de la Croix, elle tend à un détachement absolu. Elle veut parvenir à un anéantissement du moi devant Dieu, qui opère dans l'âme. Son intention est de prêter à Dieu sa propre humanité pour qu'il puisse, à travers elle, entrer en contact avec autrui. Ainsi, au sommet de sa quête religieuse, elle cherche avant tout une transparence qui ne l'écarte en rien de la vie active.

Elle demeure fidèle à sa volonté de partager la condition des plus pauvres. Elle est d'abord ouvrière agricole en Ardèche et elle rejoint finalement la France Libre, après un voyage aux États-Unis, où ses parents se sont réfugiés. A Londres, où elle travaille jour et nuit, elle refuse de manger. Quand elle sera atteinte de tuberculose, elle négligera de se soigner : « Antigone a passé par quelques sales moments, c'est vrai, mais ça n'a pas duré », confie-t-elle dans une lettre à sa famille. En fait, elle ne devait pas tarder à succomber au mal : elle disparaît en 1943.

La Connaissance surnaturelle (1950) laisse pressentir, à partir de notes éparses, ce que fut l'ultime étape de sa longue attente de Dieu, cette attente dont elle faisait « le fondement de la vie spirituelle ». Le prologue de l'ouvrage lève le voile sur cette expérience dernière : « Il entra dans ma chambre et dit : "Misérable qui ne comprends rien, qui ne sais rien. Viens avec moi et je t'enseignerai des choses dont tu ne te doutes pas." Je le suivis. Il m'emmena dans une église. Elle était neuve et laide. Il me conduisit en face de l'autel et me dit : "Agenouille-toi." Je lui dis : "Je n'ai pas été baptisée." Il dit : "Tombe à genoux devant ce lieu avec amour comme devant le lieu où existe la vérité." J'obéis. »

Ses ouvrages, qu'on n'a pu composer qu'en rassemblant articles, travaux ou notes, son style de vie, extravagant aux yeux des bien-pensants, l'exigence qu'elle mettait en toutes ses démarches, tout empêche qu'on présente de Simone Weil un portrait d'une rigoureuse cohérence. Mais on comprend aussi par là les raisons du succès de son œuvre, au lendemain de la Deuxième Guerre mondiale. Incapable de fermer les yeux devant la misère et l'injustice, obsédée par le malheur du monde, elle a voulu lier son destin à celui des opprimés. Sa culture autant que ses convictions religieuses la poussent à cette efficace solidarité : elle puisait sa générosité, en effet, dans sa fidélité à la « source grecque », mais aussi dans sa foi difficile au Dieu de l'Évangile. Spontanément révoltée, elle n'en reste pas cependant à une attitude de protestation et de refus pas plus qu'elle ne se complaît à cultiver son angoisse. Sensible, comme tant d'écrivains de son temps, à l'atrocité de l'histoire, elle prolonge son engagement auprès des plus affligés par une communion mystique avec Dieu dans la souffrance et la prière.

[Ce qui est sacré dans l'homme]

Ce qui est sacré dans l'homme, c'est l'aptitude à l'impersonnel, la faculté de passage à l'impersonnel.

Toutes les fois qu'il y a atteinte à la personne d'un homme, il y a danger que par contrecoup ce qui en lui est impersonnel ne soit blessé. C'est ce contrecoup qu'il faut éviter.

L'aptitude à l'impersonnel peut aussi être blessée

sans aucune atteinte à la personne. Ex. : propagande. C'est là du mal.

C'est le collectif qui étouffe cette aptitude.

Il n'y a pas à persuader la collectivité (qui n'existe pas) qu'elle doit respecter la personne.

Il faut persuader la personne qu'elle ne doit pas se noyer dans le collectif, mais laisser mûrir en elle-même l'impersonnel.

Cette maturation exige du silence, de l'espace.

Mais aussi de la chaleur, car le froid de la détresse contraint à se jeter tête baissée dans le collectif.

Il faut donc une vie collective qui, tout en entourant chaque être humain de chaleur, laisse autour de lui de l'espace et du silence.

La vie moderne est le contraire. Ex. : usine.

Insister sur la *chaleur*.

Collectif non susceptible de passer dans l'impersonnel. (Un groupe ne fait pas même une addition.) Mais peut recevoir la marque de l'impersonnel.

Répandre sur la vie collective elle-même une couleur de vie impersonnelle, c'est-à-dire de beauté.

Non la fausse imitation de beauté obtenue par les États totalitaires par l'impression de puissance, de force, de dynamisme.

Mais une beauté stable, en repos, à couleur d'éternité.

C'est là la fonction spéciale de la religion (expliquer comment).

Le christianisme a rempli cette fonction jusqu'au début du XIIIe siècle. L'éclat du XIIIe siècle lui-même est une survivance de la période antérieure.

En établissant l'Inquisition, le christianisme s'est condamné à n'être plus qu'un parti qui, comme tout parti, n'a que le choix entre devenir seul un régime totalitaire ou être un pion dans le jeu des luttes de partis.

L'Inquisition a disparu, mais l'effet est demeuré, et cela également dans les Églises dissidentes.

Il demeurera tant qu'une régénération intérieure n'aura pas fait évanouir la notion d'orthodoxie. Le Christ n'a pas dit : « Je suis l'orthodoxie. » Il a dit : « Je suis la vérité. »

Si cette régénération avait lieu, le christianisme pourrait accomplir son unique mission sociale, qui consiste à être, dans les pays de race blanche, l'inspiration centrale de tous les actes de la vie collective sans aucune exception.

Comment un être humain parvient-il à imposer au collectif la marque de l'impersonnel?

Simone Weil, *Écrits de Londres*, éd. Gallimard.

— Une méditation. Son principe de progression : la reprise des mêmes mots comme « l'impersonnel » (1-2, 5, 7), « blessé » (5, 7), « aptitude » (1, 7, 10), l'introduction de mots nouveaux dans le système comme « collectif » (10), « persuader » (11), « mûrir » (14).

— Importance des substantifs et des verbes (souvent à l'infinitif) : une pensée qui cherche à se saisir, non à s'élaborer littérairement. Nombre et variété des images, toutes très immédiates (5, 10, 14, 18, etc.). Le jeu du retour des notions-clés de « silence », « d'espace » et de « chaleur » (16-23).

— La présence du monde contemporain (22, 29, 41). « De toute manière, il faut une nouvelle religion. Ou un christianisme modifié au point d'être devenu autre; ou autre chose. [...] Que la lumière éternelle donne, non pas une raison de vivre et de travailler, mais une plénitude qui dispense de chercher cette raison. » (Simone Weil.)

Pierre Teilhard de Chardin

A la différence de Simone Weil, attentive à l'expérience du mal, soucieuse de le dépasser en le prenant personnellement en charge, Teilhard de Chardin est tourné d'emblée vers tout ce qui est positif : il n'a de regard que pour les promesses de conquête et d'espoir que recèle l'humanité. S'il croit en la science, c'est parce qu'elle témoigne, avec puissance et efficacité, du pouvoir que l'homme détient à l'égard de son avenir, pouvoir qui, pour lui, s'avère comme étant proprement religieux.

Consacrant son existence à la géologie et à la paléontologie avec une compétence passionnée, ce savant jésuite acquit bien vite une renommée mondiale dans les milieux scientifiques. Il enseigne, dirige des travaux, fait des recherches sur le terrain, notamment en Chine. A partir de 1920, la défiance de ses supérieurs augmente envers lui, mais il n'en continue pas moins à méditer sur la signification religieuse du labeur scientifique. Il transpose et prolonge en philosophe et en théologien la méthode inductive que la pratique de la science lui a rendue familière. Soutenues ainsi par une référence constante aux faits, ses conceptions religieuses et sa vision d'un monde toujours plus unifié trouvent enfin, pour s'exprimer, une langue originale, vigoureuse, souvent éclatante. Sa prose de savant inspiré vibre comme celle d'un prophète.

Si Teilhard s'intéresse à l'Évolution, c'est parce qu'elle manifeste un sens, parce qu'elle atteste que l'humanité est toujours riche d'un avenir qui l'appelle. Cet appel est inscrit dans cet unique mouvement qui, par une dérive générale, conduit l'univers de la matière jusqu'aux plus hautes complexités de l'esprit humain. Nullement matérialiste, Teilhard ne réduit pas l'évolution à ses éléments primordiaux, car seule, en définitive, la direction du mouvement lui paraît significative. Or cette direction se dévoile notamment dans la loi de complexification croissante qui est présente dans l'histoire de l'univers : car c'est un fait, manifestation d'une loi immanente, qu'à certains moments, en des seuils critiques, en des points d'« émergence », surgissent des synthèses aux propriétés inattendues. C'est ainsi qu'apparaît la vie, c'est ainsi qu'apparaît l'homme, et le phénomène humain n'est lui-même qu'une étape provisoire de l'histoire de la terre entière. Pour Teilhard l'homme que nous connaissons actuellement doit être surmonté : l'avenir auquel il est promis contribue dès à présent à le transformer. « Jusqu'à l'homme, on peut dire que la nature travaillait à fabriquer " l'unité ou grain de pensée ". Vers des " édifices de grains de pensée ", dans la direction d'une " pensée des pensées ", il semble décidément que, suivant les lois de quelque hyper-chimie gigantesque,

Cl. extrait de *Teilhard de Chardin*, par Cl. Cuénot, éd. Plon.

Teilhard de Chardin (au centre, les mains à la ceinture) lors de la Croisière jaune (avril 1931-février 1932), la première liaison automobile Paris-Extrême-Orient.

nous soyons maintenant lancés, toujours plus haut, dans l'abîme des infiniment complexes. » Par le phénomène de socialisation, l'humanité se concentre toujours plus sur elle-même : ainsi rassemblée dans une croissante unification, elle tend vers Oméga, son centre de convergence, où elle atteindra un état supérieur, dans l'au-delà de l'humain. De ce point de vue, l'homme n'est que l'évolution devenue consciente et rendue capable de diriger l'aventure de la terre. Mais, en même temps, sous l'influence de son expérience et de ses convictions chrétiennes, Teilhard ajoute que cet Oméga, où converge l'humanité, n'est autre que le Christ : celui-ci se présente alors comme le foyer personnel et vivant d'un univers en évolution.

Foi totale en la science, optimisme sans réserve : telles sont assurément les certitudes qui animent cette pensée et lui donnent sa ferveur. Confiant en la science, Teilhard l'est jusqu'au bout : « Le moment est venu de se rendre compte qu'une interprétation même positive de l'Univers doit, pour être satisfaisante, couvrir le dedans aussi bien que le dehors des choses, — l'Esprit autant que la matière. La vraie Physique est celle qui parviendra, quelque jour, à intégrer l'homme total dans une représentation cohérente du monde. » Il retrouve ainsi les chemins d'une philosophie de la nature qui, s'écartant du cogito et de la méthode réflexive qu'il implique, part résolument des faits. Mais, pour lui, les faits ne portent pas avec eux une leçon de désespoir : ils empêcheraient plutôt l'homme, devenu plus conscient des risques de sa liberté, de pencher vers le pessimisme. Intégrés au mouvement d'une évolution qui est elle-même soumise à l'attraction du point Oméga, les faits incitent à la confiance et sollicitent la liberté humaine vers de meilleures conquêtes. Rien de plus tonique, rien en tout cas de plus éloigné des sombres pronostics de Jean Rostand, cet autre biologiste : « L'espèce humaine passera, écrit ce dernier. [...] Peu à peu la petite étoile qui nous sert de soleil abandonnera sa force éclairante et chauffante. [...] Alors de toute la civilisation humaine ou surhumaine, philosophes, idéaux, religion, rien ne subsistera. [...] Aventure absurde, vaine, nécessairement promise dès le principe à l'échec final et à la ténèbre infinie. » Tout au contraire, pour Teilhard, avec la « noosphère », c'est-à-dire avec la couche réfléchie, humaine de la terre, un règne nouveau a commencé : il est destiné à ne plus périr, car un lien organique unit le fait de la conscience à l'assurance de l'immortalité. « A partir du moment où elle se pense, l'Évolution ne saurait plus s'accepter, ni s'autoprolonger que si elle se reconnaît irréversible, c'est-à-dire immortelle. » En identifiant le Christ et le point Oméga, cette pensée s'oppose à l'athéisme de certains existentialismes, mais elle contesterait aussi bien les philosophies plus récentes pour lesquelles, après Dieu, c'est l'homme lui-même qui est mort. Le crédit toujours actuel de l'œuvre de Teilhard vient sans doute de sa croyance invincible en la réalité du bonheur. Comme l'écrit Jean Onimus : « Ni le fidéisme irrationaliste qui est, au fond, une défaite de l'esprit, ni la philosophie marxiste de l'histoire qui n'offre qu'un sursis à l'absurde, ni les sciences de l'homme avec leur positivisme à courte vue, ne peuvent satisfaire une conscience travaillée par le mal de l'existence. Le monde moderne attend un message de salut, et c'est probablement le rationalisme mystique du Père Teilhard [...] en accord avec nos instincts les plus profonds, qui peut le lui apporter. »

[Diviniser n'est pas détruire, mais surcréer]

Ce texte constitue la fin du *Milieu divin.*

Le progrès de l'Univers, et spécialement de l'Univers humain, n'est pas une concurrence faite à Dieu, ni une déperdition vaine des énergies que nous lui devons. Plus l'Homme sera grand, plus l'Humanité sera unie, consciente et maîtresse de sa force, — plus aussi la Création sera belle, plus l'adoration sera parfaite, plus le Christ trouvera, pour des extensions mystiques, un Corps digne de résurrection. Il ne saurait pas plus y avoir deux sommets au Monde que deux centres à une circonférence. L'Astre que le Monde attend, sans savoir encore prononcer son nom, sans apprécier exactement sa vraie transcendance, sans pouvoir même distinguer les plus spirituels, les plus divins de ses rayons, c'est forcément le Christ même que nous espérons. Pour désirer la Parousie *, nous n'avons qu'à laisser battre en nous, en le Christianisant, le cœur même de la Terre.

* Venue du Christ dans la gloire à la fin des temps.

Pourquoi donc, hommes de peu de foi, craindre ou bouder les progrès du Monde? Pourquoi multiplier imprudemment les prophéties et les défenses : « N'allez pas... n'essayez pas... tout est connu : la Terre est vide et vieille : il n'y a plus rien à trouver... »

Tout essayer pour le Christ! Tout espérer pour le Christ! « *Nihil intentatum* * »! Voilà, juste au contraire, la véritable attitude chrétienne. Diviniser n'est pas détruire, mais surcréer. Nous ne saurons jamais tout ce que l'Incarnation attend encore des puissances du Monde. Nous n'espérerons jamais assez de l'unité humaine croissante.

* Ne rien laisser sans l'essayer.

Lève la tête, Jérusalem *. Regarde la foule immense de ceux qui construisent et de ceux qui cherchent. Dans les laboratoires, dans les studios, dans les déserts, dans les usines, dans l'énorme creuset social, les vois-tu, tous ces

* Style biblique ; *cf. Isaïe*, LX, 1-5.

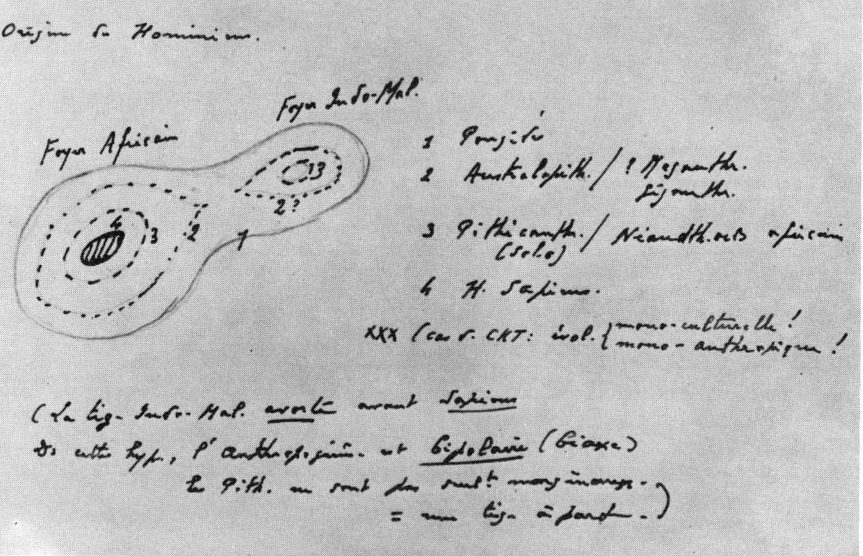

Cl. extrait de *Teilhard de Chardin*, par Cl. Cuénot, éd. Plon.

Manuscrit de Teilhard de Chardin : « Origine des hominiens ».

hommes qui peinent? Eh bien! tout ce qui fermente par eux, d'art, de science, de pensée, tout cela c'est pour toi. — Allons, ouvre tes bras, ton cœur, et accueille, comme ton Seigneur Jésus, le flot, l'inondation, de la sève humaine. Reçois-la, cette sève, — car, sans son baptême, tu t'étioleras sans désir, comme une fleur sans eau; et sauve-la, puisque, sans ton soleil, elle se dispersera follement en tiges stériles.

La tentation du Monde trop grand, la séduction du Monde trop beau, où est-elle maintenant?

Il n'y en a plus.

La Terre peut bien, cette fois, me saisir de ses bras géants. Elle peut me gonfler de sa vie ou me reprendre dans sa poussière. Elle peut se parer à mes yeux de tous les charmes, de toutes les horreurs, de tous les mystères. Elle peut me griser par son parfum de tangibilité et d'unité. Elle peut me jeter à genoux dans l'attente de ce qui mûrit dans son sein.

Ses ensorcellements ne sauraient plus me nuire, depuis qu'elle est devenue pour moi, *par delà elle-même*, le Corps de Celui qui est et de Celui qui vient!

Le Milieu divin.

Tientsin, novembre 1926-*mars* 1927.

Teilhard de Chardin, *Le Milieu divin*, éd. du Seuil.

— La montée du lyrisme dans le texte. De l'affirmation à l'interrogation et à l'exclamation. Le passage au « nous » (14, 25) et au dialogue (17, 28).

— L'utilisation de la majuscule et de l'italique. La couleur biblique dans les expressions (17), le mouvement (28), les images (9, 36-39); son alliance avec l'actuel (29-33) et la sensualité cosmique (34-39, 43-49).

— « Il y a longtemps déjà que, dans *La Messe sur le Monde* et *Le Milieu divin*, j'ai essayé, en face de ces perspectives encore à peine formées en moi, de fixer mon admiration et mon étonnement. Aujourd'hui, après quarante ans de continuelle réflexion, c'est encore exactement la même vision fondamentale que je sens le besoin de présenter et de faire partager. » (Écrit par Teilhard en mars 1955, quelque temps avant sa mort.)

Cohérente et vigoureuse, profondément marquée par la personnalité exceptionnelle de son auteur, l'œuvre de Teilhard n'était pas immédiatement conciliable avec les représentations traditionnelles de la théologie chrétienne. Comme il l'a bien vu lui-même, le problème du mal et de son origine exigeait d'être approfondi, sinon renouvelé, à partir des intuitions neuves qui animent sa pensée. Il reste qu'il avait donné une impulsion profonde à la réflexion religieuse : il a été l'un des signes précurseurs d'une Église tournée vers le présent de l'histoire. Dans ses écrits, la foi chrétienne dialogue effectivement avec le monde, s'exprimant dans la langue de ses espérances. La matière et la science ont trouvé en Teilhard leur mystique, et ce mystique ne cesse pas néanmoins d'être chrétien. La religion ne passe plus par la fuite du monde, mais elle s'incarne dans et par le monde.

Choix bibliographique :

E. Mounier, *Le Personnalisme*, P.U.F.

E. Piccard, *Simone Weil*, P.U.F.

M. M. Davy, *Simone Weil*, Éd. Universitaires.

R. Reese, *Simone Weil*, Buchet/Chastel.

H. de Lubac, *La Pensée religieuse de Pierre Teilhard de Chardin*, Aubier.

J. Onimus, *Pierre Teilhard de Chardin ou la foi au monde*, Desclée de Brouwer.

Chapitre VI

L'inspiration nationale

La lutte pour la libération de la France avait donné un renouveau d'importance à l'idée de patrie. Pourtant l'inspiration nationale n'est pas née avec la Seconde Guerre mondiale ni dans les combats de la Résistance. C'est pendant le XIXᵉ siècle qu'elle avait pris corps, notamment après l'humiliation de 1870, dans le désir de revanche qui animait, « intellectuels » compris, l'ensemble du pays. Elle tenait alors lieu d'une sorte de religion temporelle, propre à fonder la vie sur des valeurs fermes, celles de la Terre et des morts. La mystique de la patrie s'accompagne d'un certain culte du sacrifice et de la grandeur; elle est un remède contre le désespoir civique et social : ainsi, du moins, l'ont comprise Barrès et Péguy. Ce caractère, qu'elle tient de ses origines, l'inspiration nationale le conserve après 1945. Les formes dans lesquelles s'exprime ce courant restent également les mêmes que par le passé : essais, mémoires, discours, recueils d'articles ou romans issus de l'expérience historique.

Après la mort de Bernanos (*cf.* chap. 9), deux écrivains de vocation, François Mauriac et André Malraux, un homme d'État, Charles de Gaulle, illustrent la permanence de cette famille d'esprits. L'estime, l'amitié, les convictions et les tâches communes les rapprochent. Dans la vie de chacun d'eux, une rupture décisive. Tous trois, avec éclat, ont pris leurs distances par rapport à leur milieu d'origine ou d'élection. Pour de Gaulle, ce fut l'Appel du 18 juin 1940 et le refus qu'il impliquait, de la part de ce simple général de brigade, de la discipline militaire traditionnelle; pour Malraux, ce fut aussi la défaite de 1940, qui le détourne de ses amis communistes et lui fait « épouser la France »; quant à Mauriac, la guerre d'Espagne l'avait amené, tout comme Bernanos, à se désolidariser du conservatisme social qui semblait caractériser alors l'Église catholique. Intellectuels, ils sont de ces êtres dont la conduite se veut toujours conforme à une certaine « idée ». Indépendants, refusant chacun à sa façon de se plier à tout conformisme, ils n'hésitent pas à scandaliser ceux dont ils paraissaient les plus proches. Comme l'écrit Mauriac de « ces deux aventuriers (au sens noble) » que sont à ses yeux de Gaulle et Malraux : « Ce qu'ils ont en commun, c'est ce qu'il faut de folie à l'accomplissement d'un grand destin, et ce qu'il y faut en même temps de soumission au réel. »

Réalistes, ils ont du romantisme le goût du style, dans l'écriture comme dans la vie. Dans les combats qu'ils entreprennent, la rhétorique leur sert d'arme décisive, en même temps qu'elle les aide à modeler leur propre destin. Ils croient à la puissance du langage pour forcer les événements. Aussi leur parole n'est-elle jamais anonyme. Jusque dans leurs écrits les plus engagés, ils n'oublient pas la figure exemplaire que l'histoire retiendra d'eux. On peut reconnaître en chacun la tentation que Mauriac décelait chez le seul Malraux : « Non content d'écrire, il aura agi pour servir une cause, certes, mais surtout pour ajouter un trait à son personnage, car sa biographie est au fond sa grande affaire (c'est son côté Chateaubriand). »

L'idée de patrie n'a rien d'abstrait pour ces hommes : elle possède toute la puissance d'un sentiment complexe où se retrouvent, à des degrés variables, la vénération pour des souvenirs familiaux, une certaine conception de la civilisation, un sens raisonné de la continuité nationale. De Gaulle et Mauriac sont chrétiens, Malraux est agnostique, mais pour chacun d'eux l'idée de patrie touche au domaine du sacré : elle satisfait leur besoin presque physique de saisir l'absolu dans une incarnation historique, collective et concrète. Entre leur existence individuelle et le destin du monde, le patriotisme leur sert de médiation. Aussi leur engagement au service de la France fait-il d'eux d'inflexibles partisans : sans complaisance, ils rejettent les tièdes afin d'élire et de consacrer avec ferveur les vrais fidèles de l'idée à laquelle ils se dévouent. Spontanément exclusifs et entiers, ils s'efforcent pourtant d'assumer, de la façon la plus généreuse, tout le passé de la France.

Charles de Gaulle

Lorsqu'éclate la Seconde Guerre mondiale, de Gaulle n'avait écrit que trois ouvrages de doctrine militaire : *Le Fil de l'épée* (1931), *Vers l'armée de métier* (1934) et, surtout, *La France et son armée* (1938). On pouvait y lire des pages belles et fortes, qui développaient des thèses à bien des égards prophétiques, mais la personnalité de l'auteur n'avait pas encore atteint sa dimension historique. C'est cette dimension, au contraire, qui fait le prix des trois volumes des *Mémoires de guerre*, écrits entre l'échec du R.P.F. en 1953 et le retour au pouvoir en mai 1958. Ces *Mémoires* relèvent assurément du genre historique, mais l'historien fut l'un des acteurs essentiels de la période qu'il étudie, et qu'il recrée par l'éclat de son verbe.

Le livre commence par une page d'anthologie qui est devenue aussitôt célèbre : signe de ralliement pour les uns, objet de sourires moqueurs pour d'autres, elle ne peut laisser aucun lecteur indifférent. « Toute ma vie, je me suis fait une certaine idée de la France. Le sentiment me l'inspire aussi bien que la raison. Ce qu'il y a, en moi, d'affectif imagine naturellement la France, telle la princesse des contes ou la madone aux fresques des murs, comme vouée à une destinée éminente et exceptionnelle. J'ai, d'instinct, l'impression que la Providence l'a créée pour des succès achevés ou des malheurs exemplaires. S'il advient que la médiocrité marque, pourtant, ses faits et gestes, j'en éprouve la sensation d'une absurde anomalie, imputable aux fautes des Français, non au génie de la patrie. Mais aussi, le côté positif de mon esprit me convainc que la France n'est réellement elle-même qu'au premier rang; que, seules, de vastes entreprises sont susceptibles de compenser les ferments de dispersion que son peuple porte en lui-même; que notre pays, tel qu'il est, parmi les autres, tels qu'ils sont, doit, sous peine de danger mortel, viser haut et se tenir droit. Bref, à mon sens, la France ne peut être la France sans la grandeur. »

Suite variée, souvent contrastée, de récits, de portraits, entremêlés de méditations ou de formules à l'emporte-pièce, les *Mémoires* embrassent six années d'histoire mondiale et d'action personnelle. Dans le premier tome (*L'Appel*, 1954), l'auteur raconte les circonstances de la défaite et expose comment il en vint à adresser sur les ondes de la B.B.C. l'Appel du 18 juin 1940; le récit se poursuit jusqu'aux combats

Cl. Pierre Lelièvre.

De Gaulle.

du Fezzan et du Tchad, qui consacrèrent la renaissance de l'armée française. Le deuxième tome (*L'Unité*, 1956) nous montre l'Afrique du Nord libérée, la France retrouvant sa place parmi les alliés en guerre, la Résistance intérieure se rassemblant autour de Jean Moulin.

[Aujourd'hui, l'unité l'emporte]

Paris est libéré, le maréchal Pétain est en Allemagne et de Gaulle a laissé sans réponse son dernier message. « C'est moi, dit-il, qui détiens la légitimité. »

Cette nuit, d'ailleurs, après tant de tumulte, tout se tait autour de moi. C'est le moment de prendre acte de ce qui vient d'être accompli et de me confronter moi-même avec la suite. Aujourd'hui, l'unité l'emporte. Recueillie à Brazzaville, grandie à Alger, elle est consacrée à Paris. Cette France, qui avait paru condamnée au désastre, au désespoir, aux déchirements, a maintenant des chances d'aller, sans se rompre, jusqu'au bout du drame présent, d'être victorieuse elle aussi, de recouvrer ses terres, sa place, sa dignité. On peut croire que les Français, actuellement regroupés, le resteront assez longtemps pour que les catégories entre lesquelles ils se répartissent et qui, par destination, s'efforcent toujours d'entamer la cohésion nationale, ne puissent à nouveau l'emporter jusqu'à ce que le but immédiat soit atteint.

Ayant mesuré la tâche, il me faut me jauger moi-même. Mon rôle, qui consiste à plier à l'intérêt commun des éléments divers de la nation pour la mener au salut, j'ai le devoir, quoi qu'il puisse me manquer, de le jouer tant que durera la crise, puis, si le pays le veut, jusqu'au moment où des institutions dignes de lui, adaptées à notre époque et inspirées par des leçons terribles, recevront de mes mains la charge de le conduire.

Devant moi, je le sais bien, je trouverai au long de ma route tous les groupements, toutes les écoles, tous les aréopages, ranimés et hostiles à mesure que le péril s'éloignera. Il n'y aura pas une routine ou une révolte, une paresse ou une prétention, un abandon ou un intérêt, qui ne doivent, d'abord en secret, plus tard tout haut, se dresser contre mon entreprise de rassembler les Français sur la France et de bâtir un État juste et fort. Pour ce qui est des rapports humains, mon lot est donc la solitude. Mais, pour soulever le fardeau, quel levier est l'adhésion du peuple! Cette massive confiance, cette élémentaire amitié, qui me prodiguent leurs témoignages, voilà de quoi m'affermir.

Charles de Gaulle, *Mémoires de guerre*, tome II, éd. Plon.

— Un temps de réflexion sur l'événement. Clarté insistante du plan (2-3, 16). L'art du résumé en trois points (4-5, 6-7, 9-10).

— Alternance de phrases courtes et de périodes : montée régulière des unes aux autres dans les deux premiers paragraphes. Le jeu des adjectifs (34-35), des accumulations et des alternatives (27-29). Discrétion de l'image (13, 17, 29, 32-33). Claude Roy : « De Gaulle : un des bons écrivains latins de langue française. »

— Une certaine idée de la France (10-12, 25-29), *cf.* en particulier l'expression « par destination » (12-13). Une certaine idée du héros : lucidité (16), vocation (17-19), sens de l'époque (21), supériorité (22), solitude (32). L'évidence du nationalisme (30-31), et le moyen de le réaliser dans le lien direct entre le peuple et le héros (33-35).

Le troisième tome, publié en 1959, s'intitule *Le Salut*. La France est enfin libérée, mais c'est le temps des désillusions, sur un plan aussi bien national qu'international. Voyant revenir l'ère de la discorde, de Gaulle se retire. Pourtant, il ne désespère pas de la France. Tandis qu'il marche dans les allées de sa propriété de Colombey, il perçoit, à travers l'inépuisable jaillissement de la vie, la promesse d'un renouveau.

« Vieille Terre, rongée par les âges, rabotée de pluies et de tempêtes, épuisée de végétation, mais prête, indéfiniment, à produire ce qu'il faut pour que se succèdent les vivants!

Vieille France, accablée d'Histoire, meurtrie de guerres et de révolutions, allant et venant sans relâche de la grandeur au déclin, mais redressée, de siècle en siècle, par le génie du renouveau!

Vieil homme, recru d'épreuves, détaché des entreprises, sentant venir le froid éternel, mais jamais las de guetter dans l'ombre la lueur de l'espérance! »

François Mauriac

En 1933, Mauriac, écrivain comblé, entrait à l'Académie française : si, dès 1914, ses poèmes, patronnés par Barrès, l'avaient fait connaître, il avait dû ses plus grands succès, par la suite, à ses romans. Or en 1936, cet écrivain catholique, jusque là chéri par la bourgeoisie, prend publiquement le parti des Républicains espagnols contre Franco. Il se retrouve ainsi aux côtés de Maritain et de Bernanos : comme eux, il veut libérer l'Église de ses alliances traditionnelles avec les partis de l'ordre. Bien que voué à la droite par ses origines, sa formation et sa foi, il collabore à *Sept* et à *Temps présent*, hebdomadaires de la gauche catholique. Au lendemain de la défaite, en 1940, il ne tarde pas à rejoindre la cause de la Résistance, ainsi qu'en témoigne *Le Cahier noir* (1943). Depuis la Libération, il n'a cessé d'être mêlé aux grands débats politiques qui ont soulevé le pays : il combattit notamment avec passion et générosité pour la cause de l'indépendance des pays du Maghreb, et en premier lieu du Maroc, combat dont le premier *Bloc-Notes*, celui qui couvre la période 1952-1957, a consigné les étapes. Le romancier, le dramaturge se sont quelque peu effacés derrière le militant : le journaliste et le pamphlétaire l'ont emporté. Mauriac en a lui-même pleine conscience : « De 1941, date de *La Pharisienne*, au *Sagouin* (1951) et à *L'Agneau* (1954), ce n'est pas un art qui décline, c'est une œuvre qui dure; — une œuvre qui dure, c'est une œuvre qui se survit. Rien ne sert de ne pas mourir...

En dépit de la consécration du prix Nobel en 1952, j'ai été littérairement le survivant d'une époque révolue. » (*Cf.* chap. 11.)

S'il reste un écrivain d'actualité, jouissant d'une très large audience, il le doit à la politique. En 1945, il est convaincu que le M.R.P. incarnera fidèlement les idées de son premier maître, Marc Sangnier *. Mais dès les débuts de la IVe République, Mauriac dénonce ce qu'il appelle « la trahison infligée à la démocratie chrétienne par les démocrates chrétiens ». Il reprend alors le combat, avec toute la violence du partisan déçu. Il abandonne *La Table Ronde*, revue de tendance conservatrice, et porte son *Bloc-Notes* du *Figaro* à *L'Express*, qui vient de naître. Les mœurs du régime parlementaire lui inspirent un profond dégoût : il dénonce les erreurs, les facilités et les mesquineries des hommes au pouvoir. En Pierre Mendès-France, que soutient l'équipe de *L'Express*, il salue un authentique homme d'État et appuie son action gouvernementale. Mais Guy Mollet, profitant en 1956 de la victoire du Front Républicain, accède à la présidence du Conseil et se laisse imposer en Algérie une politique de « pacification » militaire qui entraînera très vite la démission de Mendès-France. Mauriac exprime alors toute sa déception et toute sa colère; sans rien retirer à Mendès-France de l'estime qu'il lui porte, il se tourne vers celui qu'il considère désormais comme le seul recours, et dont il salue en 1958 le retour au pouvoir, le général de Gaulle. Il se sent lié à lui par une affinité profonde de tempérament et d'intentions : tout se passe comme s'il voyait en lui la réalisation suprême de ses aspirations les plus constantes. « J'ai été fixé très tôt politiquement, dès l'époque du *Sillon*, et n'ai plus bougé, écrit-il. Mais comme je n'ai jamais été inféodé à aucun parti, j'ai toujours obéi en toutes circonstances à mon instinct, et jamais à des impératifs et à des directives, comme un socialiste ou un communiste. C'est sur ce plan-là d'ailleurs que je ressemble à de Gaulle. Nous sommes l'un et l'autre, de tous les Français engagés, les moins gênés aux entournures et réellement les plus libres. » Depuis dix ans, dans son bloc-notes hebdomadaire, Mauriac ne cesse de fustiger les adversaires du gaullisme, auxquels il prête souvent les traits de ses créatures romanesques les plus noires. Le polémiste, après tout, n'est pas si loin du romancier.

[Thierry Maulnier n'est pas non plus spécialiste des questions malgaches]

21 novembre 1956.

Thierry Maulnier * trouve fort plaisant que mon ami Louis Massignon * ait répondu à une question sur le drame hongrois * : « Je ne suis pas spécialiste des questions magyares. » Or, dans le temps que je rédigeais ce *Bloc-Notes* à « La Table Ronde » et que je commençais à soulever des fureurs, j'entends encore Thierry Maulnier me dire d'une voix neutre que les problèmes d'Afrique du Nord lui étaient étrangers. Il ne devait pas être mieux

* *Cf.* chap. 12.

* *Cf.* chap. 5.

* Le 4 novembre 1956 a eu lieu l'intervention soviétique en Hongrie.

* Fondateur d'un mouvement chrétien progressiste, *Le Sillon*, mouvement qui fut condamné par le pape Pie X en août 1910.

informé, j'imagine, d'une certaine révolte de Madagascar * ni des méthodes qui avaient permis de la mater. Le nombre des victimes l'eût étonné sans doute. Mais Thierry Maulnier n'est pas non plus spécialiste des questions malgaches, s'il a dû l'être un peu du problème juif que *L'Action Française** a toujours étudié de fort près, et jusqu'à la fin.

Maurrassien d'étroite observance dès sa jeunesse, j'ignore si Thierry Maulnier a donné beaucoup de larmes aux Basques de Guernica * et si le traitement par le phosphore que Mussolini infligea aux Abyssins * scandalisa outre mesure ce nationaliste intégral à qui les crimes politiques ne font ni chaud ni froid tant que ce ne sont pas des communistes qui les commettent.

Mon ami Massignon, lui, croit que la justice est indivisible. Il a peut-être ses raisons, précisément parce qu'il est Français, pour considérer que devant le martyre des Hongrois, il doit se taire. Je n'essaierai pas de faire entendre à Thierry Maulnier, pourtant si intelligent, que ce sentiment n'est pas ridicule. S'il se trouve des cadavres de pauvres sous les décombres de la médina, à Port-Saïd *, cela peut suffire à inciter un personnage aussi bizarre que le professeur Massignon à prier pour la Hongrie martyre, la tête basse et en refusant de hurler avec vous.

* Celle de 1947.

* Allusion à l'antisémitisme qui caractérisa ce mouvement d'extrême-droite (fondé par Maurras en 1899) et le journal du même nom.

* Le bombardement de Guernica, sanglant épisode de la guerre civile espagnole, eut lieu le 26 avril 1937.

* Mars-mai 1936.

* Novembre 1956.

François Mauriac, *Bloc-Notes 1952-1957*, éd. Flammarion.

— L'attaque personnelle : effet du retour insistant du nom et du prénom de l'adversaire (1, 6, 11, 16, 26); le passage final à la deuxième personne. Importance des rappels d'une Histoire proche et moins proche : la valeur de symbole prise par les événements évoqués.

— Les accents répétés de la férocité, et la façon dont ils rythment le discours (1, 7, 8, 9, 11, 12, 13, 14). L'apparition du concret (16, 17-18, 27) et l'image finale (30-31).

— Les intellectuels français devant les deux grands problèmes de l'après-guerre, le communisme et la décolonisation : Thierry Maulnier, François Mauriac, Jean-Paul Sartre.

Parallèlement à cette chronique passionnée de la vie politique, Mauriac rédige ses *Mémoires intérieurs* (1959) et leur donne une suite, en 1965, dans les *Nouveaux Mémoires intérieurs*. Le vieil écrivain se tourne vers son passé, se recueille sur ses auteurs favoris, sur son histoire personnelle, chargée de souvenirs et de rencontres. Dans ces méditations qui s'efforcent à la sérénité, il recrée le climat intime d'une existence demeurée provinciale par ses origines et de fréquents retours au pays landais. Si Mauriac a voulu plus ou moins consciemment continuer les combats de Bernanos, il n'a pas déserté les chemins de l'intériorité.

[Quand je considère ma vie]

Né en 1885, Mauriac a donc quatre-vingts ans au moment où paraît ce texte.

Je suis sans illusions, mais sans regrets, — hors celui de ne pas laisser après moi le monument indiscutable. Ce qui me frapperait plutôt quand je considère ma vie, c'est la disproportion entre les moyens dont je disposais au départ et ce que j'ai obtenu. Le gain me paraît énorme si je considère la mise. Ce petit provincial d'un milieu bourgeois, étranger à la vraie culture, élevé dans un collège dont le niveau n'était guère fait pour éveiller un esprit, cet étudiant fermé aux mathématiques, peu doué pour la philosophie, ignorant les langues étrangères et donc tributaire des traductions, aura tout de même appartenu très tôt à l'Académie. Docteur honoris causa à Oxford, il aura obtenu le Prix de Littérature *. Ce sédentaire qui redoute l'avion, qui hait tout déplacement autre que celui qu'il accomplit en auto, deux fois par an, de l'avenue Théophile-Gautier à Malagar *, qui sans doute mourra sans avoir vu New York, et en somme sans avoir presque rien vu du monde (et ce qu'il en a vu, il en a peu retenu), ce « pantouflard » aura été un journaliste notoire, admiré de ses adversaires, — notoire au point de rendre jaloux le romancier qu'il se flattait d'être. Ce bourgeois qui d'instinct déteste le risque, en aura pourtant couru beaucoup, et de très grands, et montré la plume à la main une audace dont très peu ont été capables parmi ses pairs.

* Il s'agit du prix Nobel, que Mauriac reçut en 1952.

* Avenue Théophile-Gautier : domicile parisien de l'auteur; Malagar : sa propriété girondine.

C'est donc qu'il y avait en moi, au secret de cette faiblesse et née d'elle, peut-être, une force cachée et qui aura agi jusqu'à mon dernier jour. Un mot l'exprime, c'est : poésie. Le nom de poète, je me moque bien qu'on me l'ait dénié! J'en suis un et je n'aurai même été que cela; et dans la mesure où je n'ai pu m'imposer comme poète, j'ai manqué ma vie, — ou plutôt je l'aurais manquée, si la nappe secrète n'avait alimenté tout ce que j'ai écrit : romans, essais, mais même le moindre article de journal.

Ce que je ne saurais développer ici, car le sujet déborderait ces mémoires, c'est que cette nappe secrète, un courant plus secret encore l'alimentait : la grâce. Les deux sources de l'inspiration, celle de la terre et celle de Dieu, auront donné ce fleuve trouble.

François Mauriac, *Nouveaux Mémoires intérieurs*,
éd. Flammarion.

Cl. Marc Riboud. Magnum.

Malraux.

Cl. Harlingue-Viollet.

Mauriac.

— Un regard sur le passé. Simplicité du plan : « sans illusions » est repris par la ligne 2, « sans regrets » par les lignes 3 à 24. A partir du mot « disproportion » (4), le développement se fait de manière antithétique avec des attaques similaires (6, 13, 21). En conclusion, l'explication par la « poésie » (25-33) et l'explication de la poésie elle-même par la « grâce » (34-38).

— Les sentiments de l'auteur vis-à-vis de lui-même et leur ambiguïté : *cf.* « ce fleuve trouble » (38). Humilité réelle ou ruse de la vanité et de l'orgueil (6-24)? Accent très particulier du « tout de même » (11) et des futurs antérieurs. Le secret de la force trouvé au sein de la faiblesse (26). La réduction à l'unité d'une œuvre dispersée (32-33). Le lien entre l'humanisme, la religion et le nationalisme (37).

André Malraux

En 1930, le premier roman de Malraux, *Les Conquérants*, inspirait à Drieu La Rochelle ce jugement enthousiaste : « Malraux, homme nouveau, pose l'homme nouveau. » Avec les années, la figure historique de Malraux va de plus en plus ressembler à celle des héros de ses romans, « un type de héros en qui s'unissent l'aptitude à l'action, la culture et la lucidité ». Le romancier a donné ses chefs d'œuvre avec *La Condition humaine* (prix Goncourt 1933) puis *L'Espoir* (1937). Mais la Seconde Guerre mondiale met surtout en valeur l'étonnante « aptitude à l'action » de celui qui avait d'abord été un intellectuel, sinon un esthète : après avoir organisé et commandé l'aviation étrangère au service du gouvernement républicain espagnol, Malraux fait la campagne de France dans les chars en 1940 : blessure, captivité, évasion; devenu l'un des chefs de la Résistance dans la zone Sud, il est de nouveau blessé : capture, internement à Toulouse, libération par les F.F.I. en 1944. Il prend alors le commandement de la brigade Alsace-Lorraine, et ne la quitte en 1945 que pour occuper le poste de ministre de l'Information dans le cabinet du général de Gaulle, qu'il vient de rencontrer. Le romancier des révoltes écrasées et des défaites déchirantes est passé du côté des vainqueurs : voici enfin que la victoire appartient, comme il le souhaitait en 1943, à « ceux qui auront fait la guerre sans l'aimer ».

Le prestige exceptionnel de Malraux n'est pas dû seulement à ses exploits guerriers et à sa réussite politique ou, pour tout dire, au personnage mythique qui est désormais le sien. Son œuvre passée sort grandie de l'épreuve qui s'achève : il n'est plus question de voir dans ses romans fiévreux un mélange séduisant d'exotisme et de violence, de sadisme et d'érotisme; c'est bien le monde en guerre que Malraux, dix ans à l'avance, n'a cessé de dévoiler et de recréer. A la différence des autres écrivains de l'avant-guerre qui avaient cru à la paix du monde, et qui subissent tous une éclipse en 1945, l'auteur de *La Condition humaine* semble avoir été le précurseur et le maître d'une littérature de conflit pour un temps d'apocalypse. On sent bien en quoi l'héroïsme révolutionnaire de Malraux s'oppose profondément à l'existentialisme, mais Sartre et Camus, par leur sens de l'absurde et leur volonté de participer à l'histoire, par les situations dramatiques qu'ils choisissent de mettre en scène et l'ambition même qui les anime de faire du roman le miroir de la condition humaine, rappellent invinciblement Malraux, sans vraiment l'égaler.

Bien que parvenu au sommet de sa courbe, le Malraux de 1945 paraît pourtant avoir son œuvre essentielle derrière lui : ses nouveaux écrits ne suscitent plus le même enthousiasme et ne touchent plus le même public. Jusqu'en 1940, Malraux était avant tout un écrivain, et c'est à travers ses romans qu'on lui attribuait, probablement à tort, le rôle d'un agitateur communiste en Extrême-Orient. Au contraire, depuis 1945, l'homme d'action passe au premier plan et se met au service d'une politique qui rompt incontestablement avec ses positions antérieures. Le partisan, très indépendant, du communisme soviétique mène désormais la lutte contre le totalitarisme stalinien; le romancier de l'internationalisme révolutionnaire découvre dans la nation la seule réalité intangible et ne voit plus dans le bolchévisme qu'une forme privilégiée de l'impérialisme slave; l'admirateur de Trotsky, le romancier que fascinait Chou En-laï (le modèle du Kyo de *La Condition humaine*) a lié son destin politique à celui du général de Gaulle : il le suivra dans la retraite en 1946 et en 1969, comme au gouvernement en 1945 et en 1958. Il serait évidemment absurde de prêter à Malraux un nationalisme étroit, mais il reste que c'est l'idée de nation, et non plus de révolution, que l'on trouve dorénavant au cœur de ses œuvres comme de son action.

Cette conversion à l'idée de patrie, cette rupture avec le communisme dont il avait été, sinon un militant, du moins le témoin très bienveillant, ont amené Malraux à une véritable révision de son œuvre passée. En 1947, il ne retient de ses romans, dans l'édition de la Pléiade, que *La Condition humaine*, *L'Espoir* et *Les Conquérants*, dont une postface, vingt ans après, réduit la portée révolutionnaire. Il écarte ainsi *Le Temps du mépris* (1935), son roman le plus étroitement lié à l'action communiste, comme il rejette, pour des raisons plus littéraires, *La Voie royale* (1930), l'un des rares romans d'aventures français dignes de Joseph Conrad. Avec une absence totale d'amour-propre littéraire, Malraux, comme il l'écrit lui-même, a réservé « à la curiosité des bibliophiles » *Les Noyers de l'Altenburg* (édition suisse : 1943; édition française : 1948). Ainsi a pu se confirmer l'impression que l'œuvre littéraire de Malraux, dans son expression la plus cohérente, était achevée dès 1939. Mais cette impression résiste-t-elle à l'examen des faits?

Dans une courte note liminaire, Malraux nous présente *Les Noyers de l'Altenburg* comme une ébauche fragmentaire : il s'agirait, à l'en croire, du premier volume d'un ensemble, *La Lutte avec l'ange*, dont la suite fut détruite par les Allemands. « On ne récrit guère un roman, nous prévient-il. Lorsque celui-ci paraîtra sous sa forme définitive, la forme des *Noyers de l'Altenburg* sera sans doute fondamentalement modifiée. » A ceux d'entre nous qu'intéresse « ce qui aurait pu être » de s'accommoder d'une œuvre dont l'auteur, de toute évidence, ne se montre guère satisfait. Il se pourrait bien pourtant que ce roman, qui se ressent parfois de la hâte avec laquelle il fut écrit, soit le plus neuf et le plus riche de Malraux. Il contient en effet toutes les directions futures de son œuvre : au fil des pages s'amorcent ou s'annoncent les écrits sur l'art, la prédication nationale, les interrogations passionnées sur les civilisations (définies comme des structures et non comme des ornements), les méditations à la fois fascinées et horrifiées sur les conditions des guerres modernes, le principe enfin d'une autobiographie héroïque ne retenant d'une vie qu'une figure mythique et des scènes exemplaires. Par sa diversité même, le livre fait éclater l'architecture à laquelle obéissaient tous les romans qui l'avaient précédé, et en particulier l'unité de temps et de lieu. Le témoignage autobiographique, le dialogue philosophique, le roman politique et le récit de guerre y font se succéder ou s'enchevêtrer leurs formes : éclatement, certes, mais concerté et organisé.

A l'intérieur d'une même famille alsacienne, les Berger (on sait que ce fut le nom de guerre de Malraux), trois générations se superposent. Tout d'abord le grand-père, Dietrich, et son frère Walter, l'un et l'autre familiers de Nietzsche et organisateurs des « Colloques de l'Altenburg » qui réunissent, à la veille de 1914, les plus grands intellectuels allemands (on reconnaît dans les personnages de Stieglitz et de Möllberg le romaniste Ernst Robert Curtius et l'africaniste Frobenius). Ensuite Vincent Berger, le père du narrateur, qui cherche à créer en Orient une nation turque d'Asie, jouant ainsi dans la fiction un rôle analogue à celui que tint plus tard dans l'histoire, auprès des Arabes, le colonel Lawrence : ce personnage, très proche de Malraux, fera la guerre de 1914 dans l'armée allemande et découvrira sur le front russe l'horreur des armes chimiques. Quant au fils, c'est-à-dire au narrateur, c'est lui qui ouvre le livre avec l'évocation de prisonniers français rassemblés dans la nef de la cathédrale de Chartres en juin 1940, prisonniers dont il fait lui-même partie, et qui le clôt avec le récit de la campagne qu'il avait accomplie la même année dans les blindés. Le temps et l'espace sont de la sorte indéfiniment élargis, car un dialogue s'instaure, non seulement entre le XIXe siècle et le XXe, mais aussi, à travers l'interrogation passionnée de Möllberg, entre les temps modernes et un « domaine antérieur aux religions, antérieur même à la mythologie ». Dans ce prieuré alsacien, qui rappelle très précisément l'abbaye de Pontigny où le jeune Malraux fascinait, par ses improvisations, Gide et Martin du Gard, se mêlent la tentation de l'Orient et la « tentation de l'Occident » (pour reprendre le titre du tout premier essai de Malraux, publié en 1926) : l'Islam turc, l'Afrique sont incessamment confrontés à une Europe qui, dès 1914, doit admettre la faillite de ses espérances.

On a pu penser que toutes ces forces centrifuges disloquaient le roman, qui n'a, de fait, ni la tension ni la concentration des œuvres antérieures : « Malraux, remarquait Bernard Groethuysen, est en pleine possession de ses défauts. » C'était oublier que l'on trouve dans *Les Noyers de l'Altenburg* les plus belles scènes écrites par le romancier, qui les reprendra souvent textuellement dans ses *Antimémoires*. La « communication » dans laquelle Möllberg annonce qu'il a détruit tout son ouvrage consacré à la structure de l'homme, formule avec éclat une hantise qui appartient en propre à Malraux mais que tout l'après-guerre partagera bientôt avec lui : « Qu'on l'appelle histoire ou autrement, il nous faut un monde intelligible. Que nous le sachions ou non, lui, lui seul, assouvit notre rage de survie. Si les structures mentales disparaissent sans retour comme le plésiosaure, si les civilisations ne sont bonnes à se succéder que pour jeter l'homme au tonneau sans fond du néant, si l'aventure humaine ne se maintient qu'au prix d'une implacable métamorphose, peu importe que les hommes se transmettent pour quelques siècles leurs concepts et leurs techniques : car l'homme est un hasard, et, pour l'essentiel, le monde est fait d'oubli. » Cette « mort de l'homme », Malraux n'en a jamais donné de tableaux plus saisissant que dans les deux épisodes parallèles renvoyant, l'un, à la guerre de 1914-18, l'autre, à celle de 1939-40 : d'une part la longue errance de l'allemand Vincent Berger à travers un paysage apocalyptique dévasté par les gaz de combat (« Mortes les herbes, mortes les feuilles, morte la terre où s'éloignait dans le vent le galop emballé du cheval »); d'autre part la chute du blindé, commandé par le narrateur français, dans une fosse antichar placée sous le feu croisé des canons ennemis. Mais surtout quelques thèmes essentiels, qui sont autant de leitmotive, assurent l'unité profonde de ce récit elliptique et bouleversé.

La mort est au centre de toutes les interrogations : suicide de Dietrich, mort de Dieu, mort de l'homme, mort des civilisations, instinct de mort déchaîné dans les techniques des guerres modernes. A ces interrogations, Malraux apporte deux réponses qui ne se situent pas sur le même plan : le sens de la nation et de la terre, la primauté de l'art. Le roman multiplie, dans un climat, nouveau chez Malraux, d'émerveillement et de joie, les « retours à la terre » et les hymnes à la « germination » et à la vie, mais il ménage également une très large place au monde de l'art : le narrateur, parqué dans la cathédrale de Chartres, médite sur les « visages gothiques » de ses compagnons (« Je suis dans le vaisseau de Chartres en construction »); quant aux illustres interlocuteurs de l'Altenburg, ils découvrent dans les arts gothique, roman, égyptien, islamique, africain, la seule conquête de l'homme sur la fatalité. La patrie et l'art sont bien les deux domaines dans lesquels Malraux cherchera désormais la réponse à la question centrale des *Noyers :* « Existe-t-il une donnée sur quoi puisse se fonder la notion d'homme? »

[Le premier homme]

C'est la fin du roman. Nous sommes pendant la campagne de 1940. Le narrateur, qui commande un char, est tombé dans une fosse et s'est cru perdu. Mais, par une manœuvre désespérée, l'engin a pu remonter à la surface. Le lendemain matin, le narrateur se réveille, vivant, dans un village de France.

Une fois de plus Pascal me revient à la mémoire : « Qu'on s'imagine un grand nombre d'hommes dans les chaînes, et tous condamnés à mort, dont les uns étant chaque jour égorgés à la vue des autres, ceux qui restent voient leur propre condition dans celle de leurs semblables... C'est l'image de la condition des hommes. » Combien une telle méditation peut crisper les hommes sur leur pauvre part de bonheur. Je me souviens de mon père... Peut-être l'angoisse est-elle toujours la plus forte; peut-être est-elle empoisonnée dès l'origine, la joie qui fut donnée au seul animal qui sache qu'elle n'est pas éternelle. Mais, ce matin, je ne suis que naissance. Je porte encore en moi l'irruption de la nuit terrestre au sortir de la fosse, cette germination dans l'ombre tout approfondie de constellations dans les trous des nuages en dérive; et, comme j'ai vu surgir de la fosse cette nuit grondante et pleine, voici que se lève de la nuit la miraculeuse révélation du jour.

Le monde aurait pu être simple comme le ciel et la mer. Et de regarder ses formes qui ne sont, devant moi, que celles d'un village abandonné, condamné; de regarder ces granges de Paradis et ces épingles à linge, ces feux éteints et ces puits, ces églantiers épars, ces ronces voraces qui peut-être dans un an auront tout recouvert, ces bêtes, ces arbres, ces maisons, je me sens devant un don inexplicable, — une apparition. Tout cela aurait pu ne pas être, ne pas être ainsi. Comme toutes ces formes uniques sont accordées à la terre! Il y a d'autres mondes, celui des cristallisations, des profondeurs marines... Avec ses arbres aussi ramifiés que des veines, l'univers est plein et mystérieux comme un jeune corps. La porte de la ferme que je dépasse a été laissée ouverte par les fermiers en fuite : j'entrevois une chambre à demi pillée. Ah! les Rois Mages n'ont pas apporté de présents à l'Enfant, ils lui ont seulement dit que, dans cette nuit où il arrivait, battaient sur de misérables lumières des portes entr'ouvertes, — entr'ouvertes sur la vie qui m'est révélée, ce matin pour la première fois, aussi forte que les ténèbres et aussi forte que la mort...

Sur un banc, deux très vieux paysans sont assis; la veste de l'homme est encore maculée des toiles d'araignées de sa cave. Pradé * s'approche souriant, de ses trois dents dehors :

— Alors, grand-père, on se chauffe?

* Membre de l'équipage du char que commande le narrateur.

A l'accent, le vieux a reconnu un autre paysan; il le regarde avec une sympathie distraite, comme s'il regardait en même temps plus loin. Les cheveux de la femme pendent en une pauvre petite natte grise, très serrée. C'est elle qui répond :

— Qu'est-ce qu'on pourrait donc faire? Vous, vous êtes jeunes; quand on est vieux, on a plus que d'l'usure...

Accordée au cosmos comme une pierre... Elle sourit pourtant, d'un lent sourire retardataire, réfléchi : par delà un terrain de football aux buts solitaires, par delà les tourelles des chars brillants de rosée comme les buissons qui les camouflent, elle semble regarder au loin la mort avec indulgence, et même — ô clignement mystérieux, ombre aiguë du coin des paupières — avec ironie...

Portes entr'ouvertes, linge, granges, marques des hommes, aube biblique où se bousculent les siècles, comme tout l'éblouissant mystère du matin s'approfondit en celui qui affleure sur ces lèvres usées! Qu'avec un sourire obscur reparaisse le mystère de l'homme, et la résurrection de la terre n'est plus que décor frémissant.

Ce texte a été repris à l'imparfait, avec des modifications minimes, dans les *Antimémoires*. Malraux l'y fait suivre d'un commentaire qui insiste sur l'idée du « retour sur la terre » et qui évoque d'autres scènes comparables (*cf. Antimémoires*, p. 321-326).

Je sais maintenant ce que signifient les mythes antiques des êtres arrachés aux morts. A peine si je me souviens de la terreur; ce que je porte en moi, c'est la découverte d'un secret simple et sacré.

Ainsi, peut-être, Dieu regarda le premier homme...

André Malraux, *Les Noyers de l'Altenburg*,
éd. Gallimard.

— La description (20-25, 31-33), le récit et les dialogues (40-58), à la fois origine de la réflexion et entièrement absorbés en elle. Sous des allures brusques et inspirées, netteté de la récapitulation et de la conclusion (59-70) qui recouvre exactement l'introduction (1-18).

— Densité et variété de l'expression : lyrisme ample (13-18), formule dépouillée (19), précision concrète (47-48), langue populaire (51). Couleur biblique de l'ensemble (22, 34, 60, 70). Une ponctuation tourmentée.

— Au cœur de l'angoisse, la foi en l'homme soudain miraculeusement retrouvée devant un être humain accordé au cosmos (28, 52) et qui sourit (52-58, 63). ***La Condition humaine* et *Les Noyers de l'Altenburg* : « ... le terroriste que hante l'idée de la mort signifie l'impossibilité de vivre et signifie l'espérance, puisque la mort sera le signe qu'il s'est accompli. Et l'émerveillement devant le monde retrouvé signifie grâce, bonheur, mais aussi angoisse, détresse, car ce bonheur est déjà perdu. » (Maurice Blanchot.)**

C'est la conversion à l'idée de patrie qui explique, à partir de 1945, l'engagement politique, auprès du général de Gaulle, du romancier devenu ministre. Malraux s'était déjà opposé aux communistes alors qu'ils tentaient de contrôler les organismes de la Résistance. Quand l'unité de celle-ci se déchire, et que le général de Gaulle quitte volontairement le pouvoir pour fonder un an plus tard le R.P.F., il fera fonction, dans l'état-major du nouveau parti, de délégué à la propagande. Sur le ton, qui lui sera dès lors familier, de la « prédication haletante », Malraux, dans ses allocutions et ses interviews, s'attaque sans relâche aux communistes, leur reprochant d'avoir dégradé la grande espérance internationaliste et de servir un impérialisme étranger. Il ne s'agit plus de changer le monde par tous les moyens de la guerre révolutionnaire, mais de « préciser ce qui doit être *maintenu* ». C'est le sens de l'appel qu'il adresse aux intellectuels le 5 mars 1948, à la salle Pleyel. « Depuis la grande voix de Michelet jusqu'à la grande voix de Jaurès, ce fut une sorte d'évidence tout au long du siècle dernier qu'on deviendrait d'autant plus homme qu'on serait moins lié à sa patrie. Ce n'était ni bassesse ni erreur : c'était alors la forme de l'espoir. Victor Hugo croyait que les États-Unis d'Europe se feraient d'eux-mêmes et qu'ils seraient le prélude aux États-Unis du monde. Or, les États-Unis d'Europe se feront dans la douleur, et les États-Unis du monde ne sont pas encore là... Ce que nous avons appris, c'est que le grand geste de dédain avec lequel la Russie écarte ce chant de l'*Internationale* qui lui restera, qu'elle le veuille ou non, lié dans l'éternel songe de justice des hommes, balaie d'un seul coup les rêves du XIXe siècle. Nous savons désormais qu'on ne sera pas d'autant plus homme qu'on sera moins Français, mais qu'on sera simplement davantage Russe. Pour le meilleur comme pour le pire, nous sommes liés à la patrie. » Malraux s'adresse à des « héritiers » et non plus à des révolutionnaires : c'est en effet la notion d'héritage (mais « l'héritage est toujours une métamorphose ») qui se trouve au centre de l'exaltation du sentiment national comme de la méditation sur les œuvres d'art du monde entier, assurant ainsi la rencontre et le contrepoint de ces deux thèmes dans la prédication de Malraux : « Nous voulons rendre à la France le rôle qu'elle a tenu déjà à plusieurs reprises, aux époques romane et gothique comme au XIXe siècle et qui a imposé son accent à l'Europe quand il était à la fois celui de l'audace et celui de la liberté. » Cet appel fut-il entendu? Il ne le semble pas. Malraux, après l'échec du R.P.F., restera, durant la « traversée du désert », le plus fidèle des compagnons, inaccessible à la tentation des charges politiques. Mais il sera le seul des écrivains français de grand renom à s'associer aussi étroitement au gaullisme.

Solitude de l'écrivain, en tant qu'écrivain, dans son action politique. Solitude aussi de l'esthéticien. *Esquisse d'une psychologie du cinéma* (1946; *cf.* chap. 29), *La Psychologie de l'art* (1947-1949) , *Saturne, essai sur Goya* (1949), *Les Voix du silence* (où l'auteur rassemble et complète en un seul volume, mais avec une illustration réduite, les trois tomes de sa *Psychologie de l'art*), *La Métamorphose des Dieux* enfin (dont le premier tome paraît en 1957), — les œuvres que Malraux, à partir de 1945, consacre directement et exclusivement à une réflexion sur l'art demeurent encore aujourd'hui l'objet d'un malentendu qui tient à leur nature même et à l'intention profonde qui les anime. Fasciné par l'ampleur et l'éclat du style, étourdi par le jeu incessant des références et des allusions, égaré par un développement qui s'inquiète aussi peu de l'articulation logique des idées que de la succession chronologique des faits, le grand public se tient à distance respectueuse d'une entreprise qui, pour tout dire, le déconcerte. Quant aux historiens et aux spécialistes, ils cachent mal leur irritation, habitués qu'ils sont à l'usage du microscope, devant un usage aussi libre du télescope et cette façon, si peu scientifique, de préférer les confrontations aux classifications.

Il n'est pourtant que d'écouter l'auteur et de se prêter à son projet : « Ce livre, prévient Malraux dans *La Métamorphose des Dieux*, n'a pour objet ni une histoire de l'art — bien que la nature même de la création artistique m'y contraigne souvent à suivre l'histoire pas à pas — ni une esthétique; mais bien la signification que prend la présence d'une éternelle réponse à l'interrogation que pose à l'homme sa part d'éternité — lorsqu'elle surgit dans la première civilisation consciente d'ignorer la signification de l'homme. » Cette réponse qui transcende l'histoire (« une éternelle réponse ») mais qui n'est devenue perceptible que dans l'histoire, à un certain moment de l'histoire (« dans la première civilisation consciente d'ignorer la signification de l'homme »), Malraux n'avait pas attendu 1945 pour la demander aux œuvres d'art de tous les temps et de tous les pays. Dès *La Tentation de l'Occident* (1926), s'esquissait le grand parallèle entre l'Orient et l'Occident qui commandera, quelque trente ans plus tard, toute l'introduction de *La Métamorphose des Dieux*. Son « aventure indochinoise », dont on trouvera la transposition dans *La Voie royale* (1930), avait permis à Malraux d'approcher le mystère des civilisations disparues : temples enfouis sous la jungle, « figures dont le geste séculaire régnait sur une cour de mille-pattes et de bêtes des ruines ». Enfin et surtout, en faisant s'émerveiller le narrateur des *Noyers de l'Altenburg* devant les « visages gothiques » de ses compagnons, en lui faisant découvrir, l'étrange présence, au sein du XXe siècle, d'un Moyen Age retrouvé, cet écrivain qui s'était également fait connaître comme organisateur d'expositions et comme metteur en scène de cinéma ne traduisait-il pas déjà, sur le mode romanesque, l'intuition centrale que ses essais allaient bientôt approfondir?

Cette intuition est inséparable, à son origine, d'une invention de notre temps, elle-même liée au progrès des techniques : la reproduction photographique des œuvres d'art. « Aujourd'hui, écrit Malraux dans la première partie des *Voix du silence*, un étudiant dispose de la reproduction en couleurs de la plupart des œuvres magistrales, découvre nombre de peintures secondaires, les arts archaïques, les sculptures indienne, chinoise et précolombienne des hautes époques, une partie de l'art byzantin, les fresques romanes, des arts sauvages et populaires. Combien de statues étaient reproduites en 1850? Nos albums ont trouvé dans la sculpture — que la monochromie reproduit plus fidèlement que les tableaux — leur domaine privilégié. On connaissait le Louvre (et quelques dépendances), dont on se souvenait comme on pouvait; nous disposons de plus d'œuvres significatives pour suppléer aux défaillances de notre mémoire, que n'en pourrait contenir le plus grand musée. Car un musée imaginaire s'est ouvert, qui va pousser à l'extrême l'incomplète confrontation imposée par les grands musées : répondant à l'appel de ceux-ci, les arts plastiques ont inventé leur imprimerie. »

Ni archives, ni palmarès, le musée imaginaire « est d'abord, comme le précisera l'introduction au *Musée imaginaire de la sculpture mondiale*, l'expression d'une aventure humaine, l'immense éventail des formes inventées » : non pas collection disparate, mais répertoire cohérent, mais correspondances et concordances entre elles de toutes les images que l'homme a créées dans le monde, contre le monde. Car le musée imaginaire n'est pas seulement un inventaire des formes, il est aussi le moyen d'une « métamorphose » par où se définit ce qui apparaît à Malraux comme le seul apport, mais essentiel, de notre civilisation moderne : la prise de conscience de l'art en tant qu'art, c'est-à-dire la révélation ou la mise à jour du sens, jusqu'ici obscurci tant par la notion de sacré que par celle de réalisme, du geste créateur de l'artiste. « Le Moyen Age ne concevait pas plus l'idée que nous exprimons par le mot art, que la Grèce ou l'Égypte, qui n'avaient pas de mot pour l'exprimer. Pour que cette idée pût naître, il fallut que les œuvres fussent séparées de leur fonction. » Séparées de leur fonction pour être mieux restituées — par celui qui peut aujourd'hui embrasser dans un même regard une statue sumérienne et la *Chèvre* de Picasso, un masque dogon et l'*Hermès* de Praxitèle — à leur commune signification.

Cette signification n'est autre, pour Malraux, que celle d'un refus, et d'une affirmation. Refus de la « réalité » (et c'est pourquoi l'auteur des *Voix du silence* s'acharnera, avec tant de passion, contre toute esthétique de la ressemblance). Affirmation du pouvoir créateur de l'homme. « L'humanisme, ce n'est pas dire : " Ce que j'ai fait, aucun animal ne l'aurait fait ", c'est dire : " Nous avons refusé ce que voulait en nous la bête, et nous voulons retrouver l'homme partout où nous avons trouvé ce qui l'écrase. " Sans doute, pour un croyant, ce long dialogue des métamorphoses et des résurrections s'unit-il en une voix divine, car l'homme ne devient homme que dans la poursuite de sa part la plus haute; mais il est beau que l'animal qui sait qu'il doit mourir, arrache à l'ironie des nébuleuses le chant des constellations, et qu'il le lance au hasard des siècles, auxquels il imposera des paroles inconnues. Dans le soir où dessine encore Rembrandt, toutes les Ombres illustres, et celles des dessinateurs des cavernes, suivent du regard la main hésitante qui prépare leur nouvelle survie ou leur nouveau sommeil... Et cette main, dont les millénaires accompagnent le tremblement dans le crépuscule, tremble d'une des formes secrètes, et les plus hautes, de la force et de l'honneur d'être homme. »

Organisés autour d'une idée-force (l'art comme « anti-destin »), les essais de Malraux, qui rejoignent à la fois les méditations d'un Pascal sur la grandeur de l'homme et celles d'un Proust sur la vocation de l'artiste, se présentent ainsi comme une suite de dialogues toujours recommencés, toujours renouvelés, de toutes les œuvres entre elles et de ces œuvres avec la voix qui, inlassablement, impatiemment, les interroge. Peu importent les références (Spengler) ou les influences (Élie Faure) *. Le détail de l'analyse ou la marche du raisonnement comptent moins ici que le rythme de la phrase ou son dessin mélodique. Malraux s'est fort peu soucié d'écrire un traité : au grand scandale de ses détracteurs (dont Georges Duthuit, auteur, en 1956, d'un *Musée inimaginable*), il a composé, en mobilisant toutes les ressources d'une prose qu'avaient façonnée pour lui un Bossuet et un Chateaubriand, une somptueuse et solennelle cantate.

[Un monde irréductible à celui du réel]

Ce n'est pas sur l'artiste, mais sur le non-artiste, que la peinture agit seulement comme un mode de représentation; celui que bouleverse le *Bœuf écorché* de Rembrandt *, l'*Adoration des Bergers* de Piero della Francesca, la *Maison de Vincent* de Van Gogh *, voit-il en ces tableaux des spectacles, même admirables? De même que telle suite d'accords fait comprendre soudain qu'il existe un monde musical; quelques vers, un monde de la poésie; de même un certain équilibre ou déséquilibre décisif de couleurs et de lignes bouleverse celui qui découvre que la porte entr'ouverte là est celle d'un autre monde. Non d'un monde nécessairement surnaturel ou magnifié; mais d'un monde *irréductible à celui du réel.*

* Rembrandt : peintre et graveur hollandais (1606-1669); Piero della Francesca : peintre italien (1420-1492); Van Gogh : peintre hollandais (1853-1890).

* Oswald Spengler, philosophe et sociologue allemand (1880-1936), autour du *Déclin de l'Occident* (1916) et de *L'Homme et la Technique* (1931), avait développé la thèse de l'incommunicabilité des civilisations entre elles : l'homme est étranger à l'homme. Quant à Élie Faure, il avait déjà conçu son *Esprit des formes* (publié en 1927) sur le même principe que Malraux (dialogue de l'illustration et du texte) et en partant de la même constatation : « [...] l'un des miracles de ce temps est qu'un nombre croissant d'esprits soient devenus capables non seulement de goûter, avec une égale ivresse, la délicate ou violente saveur de ces œuvres réputées antinomiques, mais même de saisir dans les caractères opposés qu'elles paraissent offrir, des accords intérieurs qui nous conduisent à l'homme et nous le montrent partout animé de passions dont toutes les idoles, en accusant l'accent, révèlent les analogies. »

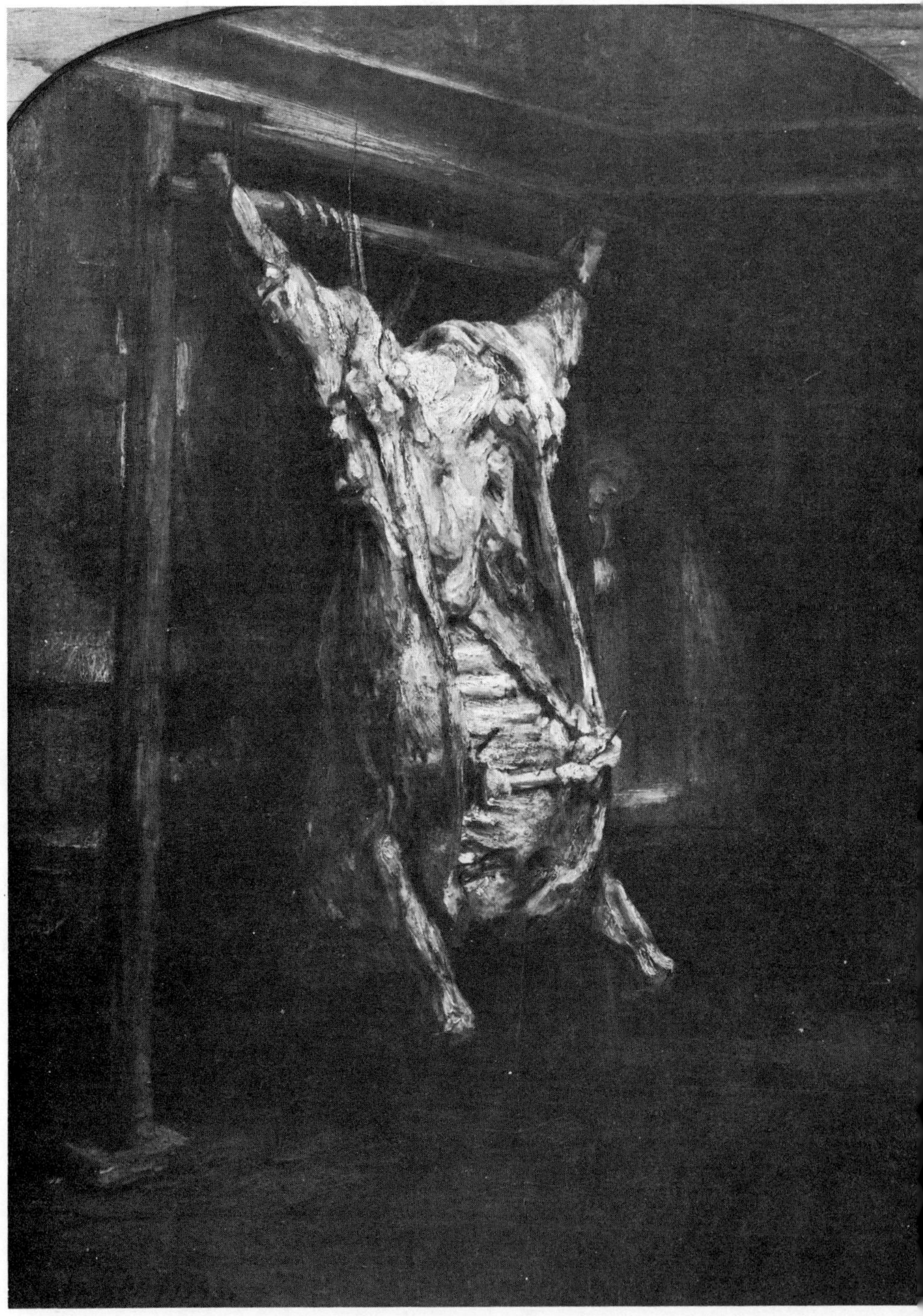

Le Musée imaginaire : « Celui que bouleverse le *Bœuf écorché* de Rembrandt, l'*Adoration des Bergers* de Piero della Francesca, la *Maison de Vincent* de Van Gogh, voit-il en ces tableaux des spectacles, même admirables ? » (André Malraux.)

Cl. Anderson-Giraudon.

Cl. Snark International.

L'art naît précisément de la fascination de l'insaisissable, du refus de copier des spectacles; de la volonté d'arracher les formes au monde que l'homme subit pour les faire entrer dans celui qu'il gouverne. L'artiste pressent les limites de cette incertaine possession; mais sa vocation est liée, à son origine puis à plusieurs reprises avec moins d'intensité, au sentiment violent d'une aventure. Il n'a peut-être ressenti d'abord que la nécessité de peindre. Quels que soient les dons que montrent les premiers essais auxquels il s'arrête, et quelle que soit la forme de son apprentissage, il sait pourtant qu'il commence un voyage vers un pays inconnu, que cette première étape n'a pas d'importance, et qu' « il doit arriver quelque chose ».

L'art a ses impuissants et ses imposteurs — moins nombreux pourtant que ceux de l'amour. On confond sa nature avec le plaisir qu'il peut apporter; mais, comme l'amour, il est passion, non plaisir : il implique une rupture des valeurs du monde au bénéfice d'une seule, obsédante et invulnérable. L'artiste a besoin de ceux qui partagent sa passion, ne vit pleinement que parmi eux. Semblable au Donatello * de la légende, qui fait durer son agonie pour que ses amis aient le temps de remplacer le médiocre crucifix que soulève sa poitrine haletante par celui de Brunelleschi *...

* Sculpteur florentin (1386-1466).

* Architecte et sculpteur italien (1377-1446).

Comme toute conversion, la découverte de l'art est la rupture d'une relation entre un homme et le monde. Elle connaît l'intensité profonde de ce que les psychanalystes nomment les affects *. Créateurs et amateurs, tous ceux pour qui l'art existe, tous ceux qui peuvent être aussi sensibles aux formes créées par lui qu'aux plus émouvantes des formes mortelles, ont en commun leur foi en une puissance particulière de l'homme. Ils dévalorisent le réel comme le dévalorise le monde chrétien et tout monde religieux; et comme les chrétiens, ils le dévalorisent par leur foi dans un privilège, par l'espoir que l'homme, et non le chaos, porte en soi la source de son éternité.

* Freud entend par ce terme les manifestations élémentaires de la vie affective, qu'il distingue ainsi des images représentatives qui les accompagnent.

André Malraux, *Les Voix du silence*,
éd. Gallimard.

— Une démonstration. Après l'affirmation initiale se succèdent exemple (3-5), comparaison (6-11), précision (13), arguments tirés de la psychologie du créateur (14-26), et de la nature du sentiment esthétique (27-37). Force de la conclusion (38-49) qui unit tous les éléments utilisés pour reprendre à un niveau supérieur l'affirmation initiale.

— Allure abrupte et inspirée du texte : absence de mots de liaison, utilisation de l'italique (13), des cassures (27, 37), de phrases sans verbes (11-13, 33-37). Le pathétique des rares adjectifs (9, 20, 31-32, 36). Couleur romantique agressive de l'anecdote (33-37).

— La victoire de l'homme (16-17, 44-45, 48-49). Un humanisme à comparer à celui du texte précédent. Ressemblances entre cet humanisme et une religion (45-49). « Esthéticien, Malraux ne décrit pas la diversité des œuvres : il tend à les confondre, à les rassembler, à les réduire à une seule œuvre indéfiniment recommencée, à un éternel présent de la durée, à une tentative d'évasion, toujours la même, du cauchemar de l'histoire. [...] Ce que cherche Malraux dans l'archéologie à 23 ans, dans la révolution à 32 ans, dans l'historiographie des arts à 50 ans, c'est une religion. » (Claude Roy.)

Ministre des Affaires culturelles depuis 1960 après un bref passage au ministère de l'Information, Malraux semblait perdu pour la littérature quand les loisirs d'un voyage et d'une convalescence lui permirent de publier, en 1967, le premier tome de ses *Antimémoires* (trois autres volumes sont prévus, mais destinés en principe à une publication posthume). Par ce titre quelque peu provocant, Malraux nous interdit de songer à une confession. Dans *Les Noyers de l'Altenburg*, qui forme à beaucoup d'égards la matrice de ces *Antimémoires*, Walter affirmait : « Pour l'essentiel, l'homme est ce qu'il cache [...] un misérable tas de secrets... »; mais Vincent Berger, qui semble bien être là le porte-parole de Malraux, protestait : « L'homme est ce qu'il fait! [...] l'homme est au-delà de ses secrets. » L'auteur des *Antimémoires* ne nous renseigne ni sur son enfance, qu'il déteste, ni sur sa vie privée (« Que m'importe ce qui n'importe qu'à moi? »), ni même sur le détail de son existence politique (aucune précision, par exemple, sur son action passée en Chine et en Espagne, sur ses relations avec les communistes ou sur sa véritable position par rapport à Trotsky). « L'homme que l'on trouvera ici, c'est celui qui s'accorde aux questions que la mort pose à la signification du monde... » Le livre ne se contente pas de commencer par les vingt-cinq dernières années de la vie de Malraux, bouleversant de la sorte un ordre chronologique qui se voit pris à rebours : aux souvenirs, il ajoute ou superpose la fiction. C'est ainsi qu'il faut comprendre la reprise textuelle du « Colloque de l'Altenburg » et la longue conversation avec Clappique. Cet ancien personnage de *La Condition humaine*, retrouvé par hasard après tant d'années, expose longuement à Malraux le découpage d'un film qui met en scène un aventurier du XIXe siècle, Mayrena, conquérant solitaire de peuples indochinois : à travers cette fiction au deuxième degré, dont le héros comme le narrateur supposé ne sont pas exempts de mythomanie, Malraux nous propose un curieux « remake » cinématographique de *La Voie royale*. Tout au long de l'œuvre, le jeu insolite entre l'historique et l'imaginaire nous suggère un univers propre à l'auteur, un univers peuplé d'ombres prestigieuses et de destins héroïques et dans lequel la mort et le temps semblent vaincus et les énigmes de l'homme dénouées par les gestes des chefs d'État fondateurs de nations (de Gaulle, Nehru, Mao Tsé-toung) ou par les œuvres d'art immémoriales.

Confuse au premier abord, la composition des *Antimémoires* s'ordonne autour de quelques grands dialogues essentiels, tantôt socratiques et tantôt shakespeariens, qui ne reproduisent pas mais transfigurent, en les situant en quelque sorte sur le plan de l'éternité, des entretiens qu'eut effectivement Malraux avec le général de Gaulle, le pandit Nehru et Mao Tsé-toung. Avec eux, comme avec le Sphynx ou les Pharaons, c'est toujours la même interrogation sur la mort et le destin que poursuit Malraux. Si l'anecdote est rigoureusement bannie, la tactique et la stratégie politique ne se laissent jamais oublier. A l'accent épique se mêle sans dissonances la familiarité gouailleuse. Mais toute l'œuvre, à tous les niveaux, repose sur ce mouvement du dialogue : « Comme l'Asie retrouvée après trente ans dialoguait avec celle d'autrefois, tous mes souvenirs survivants dialoguent — mais peut-être n'ai-je retenu de ma vie que ses dialogues... » Dialogue de l'homme et de la mort, dialogue de l'être humain et du supplice, tel est bien, selon Malraux lui-même, le sujet profond de ses mémoires. Mais l'écrivain, soucieux de marquer la continuité de son entreprise, dialogue également avec ses œuvres passées : à l'exception d'un seul, les titres des diverses parties *(Les Noyers de l'Altenburg, La Tentation de l'Occident, La Voie royale, La Condition humaine)* l'indiquent assez clairement. La reprise, tout au long du livre, de leitmotive obsédants, la construction thématique centrée autour des grands univers esthétiques ou des principales parties du monde ne sont pas sans évoquer quelque vaste opéra wagnérien : peut-être Malraux couronnera-t-il son œuvre par une tétralogie...

Mais plutôt qu'à *L'Or du Rhin*, le style, tout comme le projet, font invinciblement songer aux *Mémoires d'outre-tombe*. Par une évolution déjà très apparente dans *Les Voix du silence* et *La Métamorphose des Dieux*, Malraux s'est en effet peu à peu détaché du rythme nerveux, tendu et saccadé qui marquait ses premiers romans. L'expérience de la tribune et l'usage du micro ont orienté l'écrivain vers une éloquence plus large bien que toujours passionnée; le discours qu'il prononce devant les cendres de Jean Moulin en est l'un des plus saisissants exemples : « Pauvre roi supplicié des ombres, regarde ton peuple d'ombres se lever dans la nuit de juin constellée de tortures... » Ce grand style inspiré qui ose courir le risque de l'anachronisme est à vrai dire beaucoup plus varié qu'il n'y pourrait paraître. Malraux redonne à la littérature de voyage les prestiges qu'elle avait perdus depuis le XIXe siècle. Ainsi cette évocation de la Casamance, région du Sénégal, où Malraux rencontre la reine d'une tribu : « Le fétiche de la Reine était un arbre, semblable à un platane géant; autour de lui on avait dégagé une place, qui permettait de deviner qu'il dominait la forêt. D'un enchevêtrement ganglionnaire de racines, montaient des pans d'arbre droits comme des murs rassemblés en un fût colossal, qui, trente mètres plus haut, s'épanouissait souverainement. L'encoignure de deux de ces murs-de-tronc, hauts de plus de cinq mètres, formait une chapelle triangulaire, séparée de la place par une petite barrière que la reine seule pouvait franchir, et surtout par un sol nettoyé avec soin, comme celui des cases du village; car la place était couverte de la neige soyeuse du kapok, qui tombait inépuisablement. Dans cette pureté onirique, le sang caillé des sacrifices ruisselait de l'arbre. » Cette majestueuse ampleur du style est souvent traversée par des raccourcis fulgurants, mais aussi par des saillies d'un humour vigoureux : « j'avais peine à dessoûler du néant », note Malraux en évoquant son retour sur la terre après un raid aérien où il a risqué la mort. Et lorsqu'il apprend que le général de Gaulle veut faire sa connaissance et lui confier une mission : « J'étais étonné. Pas trop : j'ai tendance à me croire utile... » On trouvera dans les *Antimémoires* bien des morceaux d'anthologie mais aussi bien, et mieux encore, une anthologie de toute la prose française dans sa diversité.

On y trouvera également, d'une façon beaucoup plus générale et beaucoup plus profonde, la clé d'une politique culturelle qui, même si son exécution ne fut pas toujours à la hauteur de sa conception, aura marqué de son empreinte, pendant près de dix années, la vie littéraire et artistique de la France. Le dialogue de l'auteur avec Nehru, tel qu'il est rapporté dans les *Antimémoires*, montre bien comment cette volonté de redéfinir et d'organiser la culture était l'aboutissement chez Malraux de toutes ses tentatives passées, de ses recherches esthétiques comme de son action nationale :

« — Si cette civilisation, repris-je donc, qui apporte aux instincts un assouvissement qu'ils n'ont jamais connu, est en même temps celle des résurrections, sans doute n'est-ce pas par hasard. Car les œuvres ressuscitées, ce qu'on eût appelé jadis les images immortelles, semblent seules assez fortes pour s'opposer aux puissances du sexe et de la mort. Si les nations ne faisaient pas appel à ces œuvres, et par l'émotion, non par la seule connaissance, qu'arriverait-il? En cinquante ans, notre civilisation qui se veut, qui se croit, la civilisation de la science — et qui l'est — deviendrait l'une des civilisations les plus soumises aux instincts et aux rêves élémentaires, que le monde ait connues. C'est par là, je crois, que le problème de la culture s'impose à nous.

— Il me semble, dit Nehru. Ou du moins... Mais les gouvernements occidentaux ne l'ont-ils pas posé en fonction des loisirs?

— Chez nous, le premier ministre des Sports et Loisirs a été créé par le Front Populaire, il y a donc une vingtaine d'années. Mais s'il n'y a pas de culture sans loisirs, il y a des loisirs sans culture. A commencer, précisément, par le sport. Néanmoins, à l'exception du sport et du jeu, que veut dire occuper ses loisirs, sinon vivre dans l'imaginaire?

Là, nos dieux sont morts et nos démons bien vivants. La culture ne peut évidemment pas remplacer les dieux, mais elle peut apporter l'héritage de la noblesse du monde. »

[L'ère chinoise commence]

L'auteur vient d'avoir avec Mao Tsé-toung une longue conversation sur l'avenir de la révolution et du monde. La scène se situe en 1965.

Nous approchons pas à pas du perron. Je le * regarde (il regarde devant lui). Extraordinaire puissance de l'allusion *! Je sais qu'il va de nouveau intervenir *. Sur la jeunesse? Sur l'armée? Aucun homme n'aura si puissamment secoué l'histoire depuis Lénine. La Longue Marche * le peint mieux que tel trait personnel, et sa décision sera brutale et acharnée. Il hésite encore, et il y a quelque chose d'épique dans cette hésitation dont je ne connais pas l'objet. Il a voulu refaire la Chine, et il l'a refaite; mais il veut aussi la révolution ininterrompue, avec la même fermeté, et il lui est indispensable que la jeunesse la veuille aussi... Je pense à Trotsky, mais la révolution permanente se référait à un autre contexte, et je n'ai connu Trotsky qu'après la défaite * (le premier soir, à Royan *, l'éclat de ses cheveux blancs dressés, son sourire et ses petites dents séparées dans l'éclat des phares de l'auto)... L'homme qui marche lentement à mon côté est hanté par plus que la révolution ininterrompue; par une pensée géante dont nous n'avons parlé ni l'un ni l'autre : les sous-développés sont beaucoup plus nombreux que les pays occidentaux, et la lutte a commencé dès que les colonies sont devenues des nations. Il sait qu'il ne verra pas la révolution planétaire. Les

* Mao Tsé-toung.

* Une allusion faite par le président de la Chine populaire au cours de la conversation précédente (« si nous ne tolérons aucune déviation »).

* Dans la vie de son pays.

* Épisode célèbre de l'histoire du communisme chinois (1934). Pour combattre Tchang Kaï-chek dans de meilleures conditions, Mao et son armée parcoururent 10 000 kilomètres. Un quart des effectifs seulement survécut.

* C'est-à-dire après son exil de 1929.

* Station balnéaire de Charente-Maritime, où Trotsky fut assigné à résidence, lors de son séjour en France, en 1934-1937. Malraux lui rendit alors visite.

nations sous-développées sont dans l'état où se trouvait le prolétariat en 1848. Mais il y aura un Marx (et d'abord lui-même), un Lénine. On fait beaucoup de choses en un siècle!... Il ne s'agit pas de l'union de tel prolétariat extérieur avec un prolétariat intérieur, de l'union de l'Inde avec les travaillistes, de l'Algérie avec les communistes français; il s'agit des immenses espaces du malheur contre le petit cap européen, contre la haïssable Amérique. Les prolétariats rejoindront les capitalismes, comme en Russie, comme aux États-Unis. Mais il y a un pays voué à la vengeance et à la justice, un pays qui ne déposera pas les armes, qui ne déposera pas l'esprit avant l'affrontement planétaire. Déjà trois cents ans d'énergie européenne s'effacent; l'ère chinoise commence. Il m'a fait penser aux empereurs, et il me fait penser maintenant, debout, aux carapaces couvertes de rouille des chefs d'armée qui appartinrent aux allées funéraires des empereurs, et que l'on voit abandonnées dans les champs de sorgho *. Derrière toute notre conversation se tenait aux aguets l'espoir du crépuscule d'un monde. Dans l'immense couloir, les dignitaires se sont arrêtés, sans oser se retourner.

— Je suis seul, répète-t-il. Soudain, il rit : « Enfin, avec quelques amis lointains : veuillez saluer le général de Gaulle.

« Quant à eux (il veut parler des Russes), la Révolution, vous savez, au fond, ça ne les intéresse pas... »

L'auto démarre. J'écarte les petits rideaux de la vitre du fond. Comme lorsque je suis arrivé, mais cette fois en pleine lumière, il est seul en costume sombre au centre d'un cercle un peu éloigné de costumes clairs. Des houppes soyeuses de mimosas passent dans le vent comme des flocons, comme les houppes de kapok au-dessus de la reine de la Casamance *. Au-dessus, un avion brillant passe en ligne droite. Avec le geste millénaire de la main en visière, le Vieux de la Montagne * le regarde s'éloigner, en protégeant ses yeux du soleil.

André Malraux, *Antimémoires*, éd. Gallimard.

* Tableau antérieurement décrit dans les *Antimémoires*.

* Contrée méridionale du Sénégal actuel, dont la reine a été évoquée précédemment par Malraux dans les *Antimémoires* : « Depuis longtemps, j'avais rêvé de la Casamance. A cause du mot romance et des chansons des isles. »

* Surnom de Mao lié à l'épisode de la Longue Marche *(cf. supra)* et à la reconstitution postérieure des forces communistes dans les montagnes du nord-ouest du pays.

— Le ministre du général de Gaulle et le président Mao, ce dernier à la veille de lancer la Révolution culturelle chinoise : une longue méditation de Malraux, à partir d'une allusion et d'une formule de Mao (2, 44-47). Mao recréé par un mémorialiste qui fut aussi un acteur et un romancier.

— Procédés allusifs (12 *sq.*) ou suggestifs (42), précision de certains instantanés (14-15), grandeur théâtrale des images épiques (28-29), des comparaisons archéologiques (37 *sq.*), des correspondances imprévues entre l'Afrique et l'Asie (53-55). Alternance du récit, de la rêverie et de la conjecture. Mouvement d'élargissement constant (22, 35).

— La réflexion sur le nouveau visage du communisme chinois : la rupture avec l'U.R.S.S. (31, 47), l'alliance avec le Tiers-Monde (10 *sq.*), la référence aux autres grandes figures marxistes (12, 24, 25); mais surtout l'admiration devant une personnalité héroïque (4-7, 44, 56-58) et une exigence proprement nationale (9, 32, 36). Rapprochement implicite et paradoxal du général de Gaulle et du président Mao (44-45). Confusion calculée de la Russie et des Etats-Unis.

De Gaulle, Mauriac, Malraux : ce qui explique l'accord ou la rencontre qui se fait chez chacun d'eux, à des époques et par des voies différentes, entre leurs options politiques et un certain type d'expression littéraire, c'est en définitive une même vision de l'histoire. *Mémoires de guerre*, *Bloc-Notes* ou *Antimémoires* se situent tous les trois, que l'écriture y prolonge ou y prépare l'action, au niveau de la tragédie ou plus exactement du drame. L'Histoire (la majuscule est ici essentielle) est conçue comme une lutte, toujours la même à travers l'étendue des siècles, entre des fatalités obsédantes et des héros providentiels : au « destin », c'est-à-dire aux forces du néant qui pèsent sur l'homme universel, de Gaulle, Mauriac, Malraux opposent le « destin » d'un pays d'élection, de cette Terre qu'est la France, enrichie de tous ses morts. Réponse prométhéenne au temps destructeur ou bien conviction proprement religieuse que la providence est à l'œuvre dans l'histoire, leur engagement national n'est pas seulement pour eux un choix politique, il est un choix existentiel, qui préside aussi bien à leur vie qu'à leur œuvre. Avec une indéniable grandeur mais une grandeur qui les isole de leurs contemporains et les rend quelque peu anachroniques, de Gaulle, Mauriac et Malraux nous proposent, avec Nietzsche et contre Marx, un humanisme héroïque, celui, comme le dit Malraux du général de Gaulle, d'un homme « égal à son mythe ».

Choix bibliographique :

F. Mauriac, *De Gaulle*, Flammarion.
J. Lacouture, *De Gaulle*, Seuil.
N. Cormeau, *L'Art de François Mauriac*, Grasset.
P.-H. Simon, *Mauriac par lui-même*, Seuil.
G. Picon, *Malraux par lui-même*, Seuil.
J. Hoffmann, *L'Humanisme de Malraux*, Klincksieck.

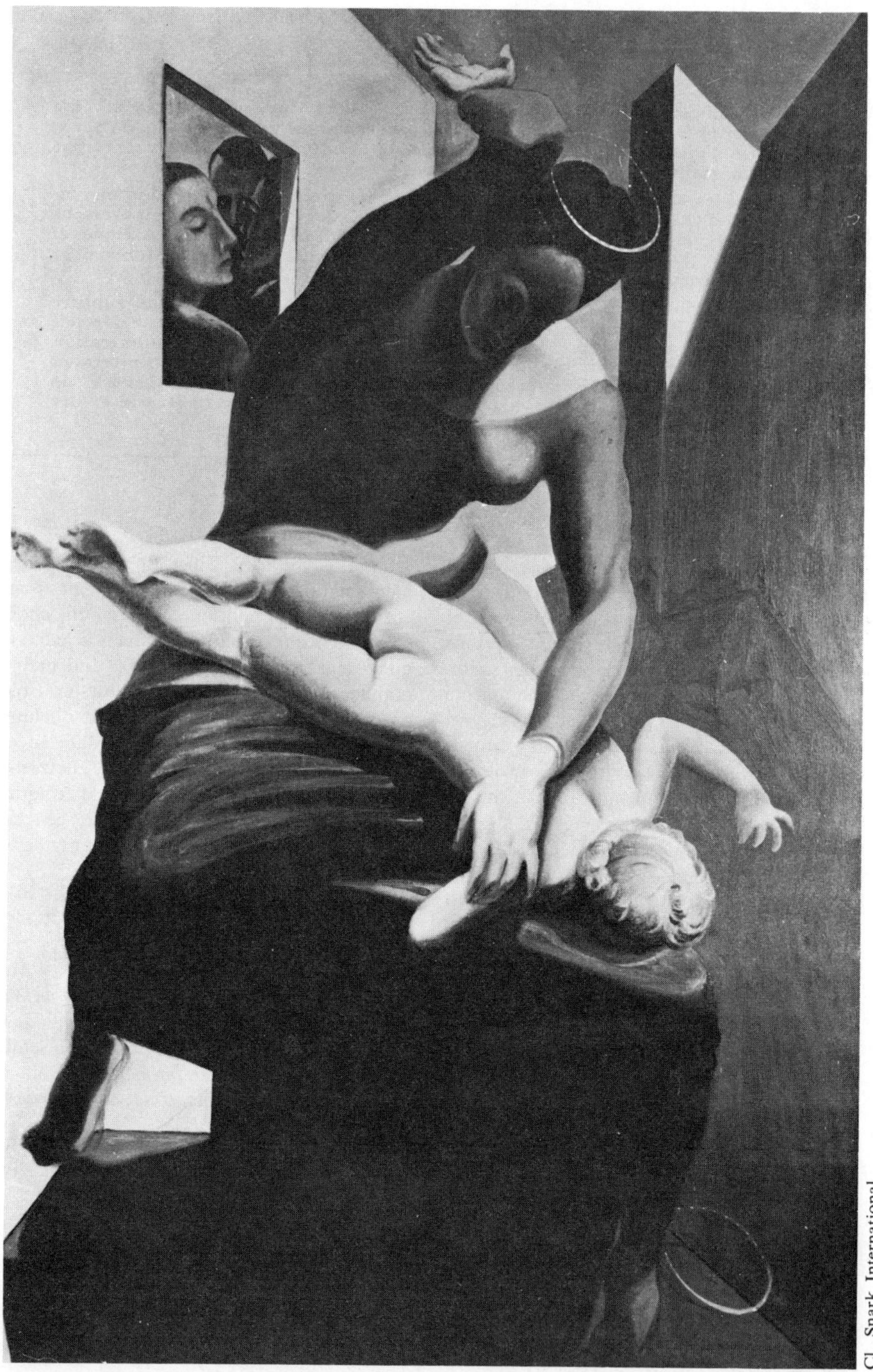

Cl. Snark International.

Max Ernst, ***La Vierge corrigeant l'enfant Jésus*** **(sous les regards de Max Ernst, d'André Breton et de Paul Éluard).**

Chapitre VII

Le surréalisme

Le surréalisme en question

Pour comprendre la situation du surréalisme en 1947 et les très vives attaques dont il est alors l'objet, pour comprendre sa difficile survie en tant que groupe, mais aussi, en France et hors de France, sa diffusion et son influence grandissantes en tant qu'esprit, un bref retour en arrière s'impose.

Né d'un violent mouvement de révolte contre les institutions établies, à commencer par l'institution littéraire, révolte qui avait d'abord conduit les jeunes directeurs de la revue *Littérature* (Louis Aragon, André Breton et Philippe Soupault) à adopter l'attitude de dérision et de provocation systématiques qui était celle, depuis 1916, des dadaïstes et plus particulièrement de Tristan Tzara, le surréalisme ne trouve son nom (emprunté à Apollinaire, qui avait qualifié ses *Mamelles de Tirésias*, en 1917, de « drame surréaliste ») et sa définition (entièrement originale) qu'en 1924 :

« SURRÉALISME, n. m. Automatisme psychique pur par lequel on se propose d'exprimer, soit verbalement, soit par écrit, soit de toute autre manière, le fonctionnement réel de la pensée. Dictée de la pensée, en l'absence de tout contrôle exercé par la raison, en dehors de toute préoccupation esthétique ou morale. » (André Breton, *Premier Manifeste du surréalisme*).

Sans abandonner pour autant les voies du scandale et du défi (l'histoire du groupe sera jalonnée de pamphlets, depuis *Un Cadavre* qui « célèbre » en 1924 la mort d'Anatole France, et de pugilats, comme celui qui éclate en juillet 1925 lors d'un banquet offert en l'honneur du poète Saint-Pol-Roux), les surréalistes s'évadaient ainsi du cercle où, très consciemment, s'enfermait Dada. En prétendant liquider toute société et toute culture, en mettant la raison et le langage au rouet, les dadaïstes n'avaient-ils pas déjà contribué, par là-même, à révéler, à libérer des forces neuves, des puissances ou des pouvoirs inconnus? Ce sont ces forces et ces pouvoirs dont André Breton et ses amis se feront les explorateurs ou les médiums attentifs et passionnés. Qu'il s'agisse des rêves ou bien de ces rencontres et de ces coïncidences bouleversantes regroupées sous le nom de « hasard objectif » (Breton analysera en 1932, dans *Les Vases communicants*, la double contamination du rêve par la réalité et de la réalité par le rêve), qu'il s'agisse de l'écriture automatique (Breton et Soupault, *Les Champs magnétiques*, 1920) ou de ce « comportement lyrique » si bien illustré par *Le Paysan de Paris* (Aragon, 1926) et par *Nadja* (Breton, 1928), les différents phénomènes auxquels s'intéressent les surréalistes, et les différentes pratiques auxquelles ils s'adonnent, traduisent ou favorisent le « fonctionnement réel de la pensée », c'est-à-dire la manifestation d'un inconscient, non point tant personnel (les obsessions qui nous sont propres) que collectif (la voix de l'imaginaire en nous), un inconscient où parle enfin, et parle seul, le désir. S'appuyant, mais à leur manière, sur les découvertes de Freud, les surréalistes s'occupent donc de tout autre chose que de littérature : la poésie devient avec eux, comme le dira plus tard Tzara, une « manière de vivre ». Elle doit tendre, par son exercice qui n'est pas le privilège de quelques-uns mais la libre faculté de tous (les surréalistes ne cesseront de répéter, après Lautréamont, que « la poésie doit être faite par tous, non par un »), « à la résolution future de ces deux états, en apparence si contradictoires, que sont le rêve et la réalité en une sorte de réalité absolue, de *surréalité*, si l'on peut ainsi dire ». Le *Second Manifeste*, publié par Breton en 1930, renchérira sur le premier : « Tout porte à croire qu'il existe un certain point de l'esprit d'où la vie et la mort, le réel et l'imaginaire, le passé et le futur, le communicable et l'incommunicable, le haut et le bas cessent d'être perçus contradictoirement. Or, c'est en vain qu'on chercherait à l'activité surréaliste un autre mobile que l'espoir de détermination de ce point. »

La volonté de briser les chaînes — chaînes de la logique, chaînes de la morale, chaînes de la société — qui nous interdisent l'accès à cette surréalité, l'affirmation, clairement formulée, que cette surréalité n'est point au ciel mais sur la terre, ici et maintenant (Breton s'en tiendra toujours à un monisme qui refuse de distinguer entre l'âme et le corps, l'esprit et la réalité), avaient conduit les surréalistes de la révolte à la révolution. (*La Révolution surréaliste*, premier organe du mouvement, paraît de 1924 à 1929.) Cette même volonté et cette même affirmation ne pouvaient pas ne pas les conduire, devant le spectacle de plus en plus criant des injustices sociales et des menées impérialistes (guerre du Maroc, 1924-1926), de la révolution poétique à la révolution politique (à *La Révolution surréaliste* succède, de 1930 à 1933, *Le Surréalisme au service de la révolution*). Artaud et Soupault seront exclus du groupe en novembre 1926, moins, comme on les en accuse, parce qu'ils persistent à reconnaître une valeur à l'activité littéraire, que parce qu'ils refusent la nouvelle orientation prise par le surréalisme. En 1927, Aragon, Breton, Éluard, Péret et Unik adhèrent au Parti communiste. Raymond Queneau, qui fut lui-même, vers cette époque, l'un des membres du groupe, a retracé dans un roman à clefs (*Odile*, 1937) les démêlés des surréalistes avec le P. C. (on n'aura pas de peine à reconnaître Breton) :

« [...] Anglarès se fatigua très vite d'aller à sa cellule, une cellule de rue où il ne rencontrait que des concierges et des cafetiers qui regardaient avec suspicion le large cordon noir qui retenait son binocle, ses cheveux balayant ses épaules et sa vêture mi-salon de la rose-croix et mi-ère du cocktail. Et la grossièreté de ces gens allait jusqu'à ne pas se laisser impressionner par son regard. Aussi quand ils voulurent l'obliger à potasser la situation économique de l'Europe pour la leur expliquer, il préféra se retirer. »

La satire est cruelle mais recouvre une vérité profonde. Entre les surréalistes et les communistes, le malentendu, du moins à cette date, était inévitable. Pour les uns, il y avait le surréalisme *et* la révolution; pour les autres, c'était le surréalisme *ou* la révolution. Breton a raconté dans ses *Entretiens* les interviews méfiantes qu'on lui faisait subir et les sarcasmes des enquêteurs devant telle ou telle œuvre de Picasso reproduite dans *La Révolution surréaliste* : à cause de leur origine bourgeoise, à cause de cette élite décadente et mondaine qui s'était délectée au spectacle de Dada et collectionnait les exemplaires sur beau papier de leurs publications, Breton et ses amis étaient de toute évidence suspects aux yeux des communistes. Ils le devinrent d'autant plus qu'ils refusèrent de renoncer, même provisoirement, à leurs activités propres : ils acceptaient bien de les subordonner au combat politique, non point de les lui sacrifier. Lorsque viendra l'heure du choix, viendra aussi l'heure du schisme. Aragon et Sadoul entreprennent en 1930 le voyage de Moscou. Invités à participer, à titre consultatif, à la 2e Conférence internationale des écrivains révolutionnaires, ils se voient brusquement contraints, après des débuts faussement prometteurs, de signer un texte dont Breton a pu dire, toujours dans ses *Entretiens*, qu'il impliquait « l'abandon, pour ne pas dire encore le reniement, de presque toutes les positions que nous avions tenues jusqu'alors ». Aragon et Sadoul s'exécutent, Breton et le reste du groupe les désavouent. Quels que soient les hésitations et les incidents qui suivront, la rupture est déjà consommée. Lorsque Breton, Éluard et Crevel seront exclus du Parti communiste, à la fin de 1933, il ne s'agira plus que d'une simple formalité.

Les conséquences de ce drame, car ce fut un drame, pèseront très lourd, non seulement sur l'avenir du mouvement surréaliste, mais également sur celui des lettres françaises. Aragon, le compagnon de la première heure, s'en est allé; d'autres, plus tard, le rejoindront, dont Éluard en 1942. C'en est fini, et pour longtemps, de ce beau projet, dont Breton s'obstine à ne point démordre (comme en fait foi *Position politique du surréalisme* en 1935), d'unir Marx et Rimbaud. Les surréalistes, parce que telles étaient sans doute leurs affinités véritables, se rapprochent de Trotsky (Breton lui rend visite au Mexique en 1938 et fonde avec lui la « Fédération internationale de l'Art révolutionnaire indépendant »). Ils rendaient de la sorte inexpiables des haines déjà vivaces et qu'ils n'avaient certes pas apaisées en condamnant avec véhémence les Procès de Moscou (1936). Tel est le contentieux qu'il convenait de rappeler.

Or quel moment plus propice, pour un règlement de comptes, que l'immédiat après-guerre? Les communistes occupent dans la presse, dans les lettres et même au gouvernement, des postes-clefs. Les surréalistes, exilés, qui aux États-Unis (Breton), qui au Mexique (Péret), ont à peu près perdu, au moins pour un temps, tout contact avec l'opinion : cahiers, revues, périodiques se multiplient mais on chercherait en vain, dans ce fiévreux foisonnement, une seule publication surréaliste. Enfin et surtout, et ceci est peut-être la véritable raison de cela, les esprits et les sensibilités ont changé pendant la dure épreuve de l'Occupation et de la Résistance. Une prise de conscience nationale, la naissance ou la renaissance d'une poésie simple et directe, proche de la chanson et renouant avec les règles de la prosodie classique (*cf.* chap. 4) : autant de faits nouveaux qui contribuaient à rejeter les préoccupations des surréalistes dans le lointain passé des songes et des fantasmes. Étiemble écrivait, dans un article intitulé « La littérature française de 1950 à 2000 » (*Valeurs*, avril 1945, nº 1) :

« La littérature qui se prépare a perçu très clairement que le surréalisme, qui se veut anarchiste, ou du moins chose légère comme le poète de Platon, traîne en fait le boulet de ses obsessions, qu'il imite laborieusement. Parfaitement indifférente à la nature, intérieure ou extérieure, de l'objet, la jeune littérature s'installera en ce point privilégié où l'esprit se détache du modèle, le repense, le reconstruit, le réinstalle dans un cadre convenu, selon des lois qui ne sont point celles de l'imitation, mais bien de l'art, c'est-à-dire de l'artifice. Or cela, c'est le postulat de toute beauté possible, et c'est la condition de tout moment classique. C'est vers quoi nous devons tendre; c'est vers quoi, par chance, nous tendons. »

Un vaste conflit d'idées mais aussi de menues querelles de personnes, des aspirations nouvelles mais aussi de très anciens préjugés, voilà qui explique pourquoi l'après-guerre s'ouvrira sur la mise en question, insistante et souvent injuste, du surréalisme.

Avec leur sens toujours aiguisé de la provocation et la belle imprudence qui les caractérise, ce sont les surréalistes qui prennent l'initiative des hostilités. Benjamin Péret publie à Mexico, en février 1945, une brochure intitulée *Le*

Déshonneur des poètes, dans laquelle il proteste, à propos des litanies « nationalistes » et « publicitaires », identiques à ses yeux, d'un Aragon, d'un Éluard et d'un Pierre Emmanuel, contre la prétention même qui consiste à « mettre la poésie au service d'une action politique, même révolutionnaire ». De par sa qualité de poète, le poète, écrit-il, est « un révolutionnaire qui doit combattre sur tous les terrains; celui de la poésie par les moyens propres à celle-ci et sur le terrain de l'action sociale sans jamais confondre les deux champs d'action sous peine de rétablir la confusion qu'il s'agit de dissiper et, par suite, de cesser d'être poète, c'est-à-dire révolutionnaire ». Les représailles n'allaient pas tarder. Le signal de l'assaut sera donné par un dadaïste reconverti. Tristan Tzara qui, après s'être un instant rapproché des surréalistes, s'était de nouveau détaché d'eux pour aller dans le même sens qu'Aragon, prononce à la Sorbonne, le 11 avril 1947, une conférence sur « le surréalisme et l'après-guerre » (on en retrouvera le texte dans l'ouvrage du même nom édité chez Nagel en 1948) : d'après lui, le surréalisme, pour s'être condamné à une absence définitive « hors de ce monde », n'aurait plus aucune chance de jamais rentrer « dans le circuit des idées ». Ancien adepte de *Grand Jeu* (un groupe constitué autour de René Daumal et plus ou moins rival de celui d'André Breton), Roger Vailland, qui avait suivi la même évolution politique que Tzara, publie en 1948, aux Éditions Sociales, un pamphlet intitulé *Le Surréalisme contre la révolution :* on y lit notamment que « toute pensée libératrice qui n'est pas liée à une volonté de transformer le monde, à une action révolutionnaire, a finalement des conséquences réactionnaires ». Mais de toutes les flèches ainsi décochées contre le surréalisme, les plus dangereuses, parce que les plus acérées, furent celles lancées en 1947 par le très influent directeur des *Temps Modernes*, Jean-Paul Sartre.

[Les parasites de la bourgeoisie]

A partir de janvier 1947, Sartre publie, dans *Les Temps Modernes*, une série d'articles que l'on trouvera recueillis dans *Situations II* sous le titre « Qu'est-ce que la littérature ? ». Le texte suivant paraît en mai 1947.

[...] au moyen de l'annulation symbolique du moi par les sommeils et l'écriture automatique, de l'annulation symbolique des objets par production d'objectivités évanescentes, de l'annulation symbolique du langage par production de sens aberrants, de la destruction de la peinture par la peinture et de la littérature par la littérature, le surréalisme poursuit cette curieuse entreprise de réaliser le néant par trop plein d'être. C'est toujours en *créant*, c'est-à-dire en ajoutant des tableaux aux tableaux déjà existants et des livres aux livres déjà édités, qu'il détruit. De là l'ambivalence de ses œuvres : chacune d'elles peut passer pour l'invention barbare et magnifique d'une forme, d'un être inconnu, d'une phrase inouïe et devenir, comme telle, une contribution volontaire à la culture; et comme chacune d'elles est un projet d'anéantir tout le réel en s'anéantissant avec lui, le Néant chatoie à sa surface, un Néant qui est seulement le papillotement sans fin des contradictoires. Et l'*esprit* que les surréalistes veulent atteindre sur les ruines de la subjectivité, cet esprit qu'il n'est pas possible d'entrevoir autrement que sur l'accumulation d'objets auto-destructifs, il chatoie, lui aussi, et papillote dans l'anéantissement réciproque et figé des choses. Il n'est ni la Négativité hégélienne, ni la Négation hypostasiée *, ni même le Néant, encore qu'il s'en rapproche : il convient plutôt de le nommer l'*Impossible* ou, si l'on veut, le point imaginaire où se confondent le songe et la veille, le réel et le fictif, l'objectif et le subjectif *. Confusion et non synthèse : car la synthèse apparaîtrait comme une existence articulée, dominant et gouvernant ses contradictions internes. Mais le surréalisme ne souhaite pas l'apparition de cette nouveauté qu'il faudrait contester encore. Il veut se maintenir dans l'énervante tension que provoque la recherche d'une intuition irréalisable. Du moins Rimbaud voulait-il voir un salon dans un lac *. Le surréaliste veut être perpétuellement sur le point de voir lac et salon : si, d'aventure, il les rencontre, il s'en dégoûte ou bien il prend peur et va se coucher, volets clos. Pour finir il fait beaucoup de peinture et noircit beaucoup de papier, mais il ne détruit jamais rien pour de vrai.

[...] *

Le fond de l'affaire c'est qu'il faut, une fois de plus, se trouver un nid d'aigle. Les surréalistes, plus ambitieux que leurs pères, comptent sur la destruction radicale et métaphysique à laquelle ils procèdent pour leur conférer une dignité mille fois supérieure à celle de l'aristocratie parasitaire. Il ne s'agit plus de s'évader hors de la classe bourgeoise : il faut sauter hors de la condition humaine. Ce que veulent dilapider ces fils de famille, ce n'est pas le patrimoine familial : c'est le monde. Ils sont revenus au parasitisme comme à un moindre mal, abandonnant tous, d'un commun accord, études et métiers, mais il ne leur a jamais suffi d'être les parasites de la bourgeoisie : ils ont ambitionné d'être ceux de l'espèce humaine. Pour métaphysique qu'il fût, il est clair que leur déclassement s'est fait par en haut et que leurs préoccupations leur interdisaient rigoureusement de trouver un public dans la classe ouvrière. Breton écrit une fois * : « Transformer le monde, a dit Marx. Changer la vie, a dit Rimbaud. Ces deux mots d'ordre pour nous n'en font qu'un. » Cela suffirait à dénoncer l'intellectuel bourgeois. Car il s'agit de savoir quel changement précède l'autre. Pour le militant marxiste il ne fait pas de doute que la transformation sociale peut seule permettre des modifications radicales du sentiment et de la pensée. Si Breton croit pouvoir

* C'est-à-dire considérée comme une substance ou comme une réalité absolue.

* Allusion à la célèbre définition de Breton dans le *Second Manifeste du surréalisme* (*cf. supra*, p. 146).

* Rimbaud écrit dans *Une Saison en Enfer* (« Alchimie du Verbe ») : « Je m'habituai à l'hallucination simple : je voyais très franchement une mosquée à la place d'une usine [...], un salon au fond d'un lac. »

* Après divers rapprochements (notamment avec les philosophes sceptiques du IIIe siècle av. J.-C.), Sartre va pousser plus avant son analyse.

* Dans *Position politique du surréalisme*, en 1935.

poursuivre ses expériences intérieures en marge de l'activité révolutionnaire et parallèlement à elle, il est condamné d'avance; car cela reviendrait à dire qu'une libération de l'esprit est concevable dans les chaînes, au moins pour certaines gens, et, par conséquent, à rendre la révolution moins urgente. C'est la trahison même que les révolutionnaires ont reprochée de tout temps à Épictète * et Politzer hier encore à Bergson *.

Jean-Paul Sartre, *Situations II*, éd. Gallimard.

* Philosophe stoïcien du Ier siècle et esclave, à Rome, d'un affranchi de Néron. Sartre s'en prend ici au thème de l'ataraxie (ou « absence de trouble »), c'est-à-dire à l'idée, défendue par Épictète, d'un salut personnel du sage.

* Sous le pseudonyme d'Arouet, Georges Politzer avait violemment dénoncé, en 1929, le caractère formel de la « sagesse » bergsonienne *(Fin d'une parade philosophique : le bergsonisme)*.

— Une analyse (rigueur des enchaînements : 10, 30, 59; précision des termes : 23-25, 27-28) et un pamphlet (de l'ironie mordante — 7, 16-17 et 21, 35-39, 47 — à la conviction passionnée : 53, 59, 61).

— Un philosophe aux prises avec la poésie (27-30, 31-33).

— « Dans le monde d'aujourd'hui, toute culture, toute littérature et tout art appartiennent à une classe déterminée et relèvent d'une ligne politique définie. Il n'existe pas, dans la réalité, d'art pour l'art, d'art au-dessus des classes, ni d'art qui se développe en dehors de la politique ou indépendamment d'elle. » (Mao Tsé-toung, mai 1942.)

A ces attaques conjuguées s'ajoute l'action, beaucoup moins hostile en principe, mais beaucoup plus redoutable en fait, des historiens. Maurice Nadeau publie en 1945, aux éditions du Seuil, une *Histoire du surréalisme* (complétée en 1948 par un recueil de *Documents surréalistes*) qui, en attendant d'autres travaux en cours, fait encore autorité. A cette enquête parfois un peu rapide mais toujours attentive, on peut évidemment reprocher, ce que ne manquera pas de faire Breton, une certaine inaptitude « à porter le débat au-dessus du plan anecdotique » : mais n'est-ce pas là le défaut par excellence de l'histoire littéraire? Il y a plus grave, du moins en 1945. Pour mieux embaumer le surréalisme, Nadeau n'a pas hésité à lui... tordre le cou. D'une guerre à l'autre guerre : comment trouver plus beau parcours, comment rêver, pour une étude qui se veut définitive, d'un plus beau plan? « Bien que nous attendions son retour avec impatience et curiosité, écrit Nadeau dans son dernier chapitre, nous pensons que pour le moment, en France tout au moins, il n'y a plus qu'à dresser l'acte de décès du mouvement surréaliste. » Comme le dira Breton dans ses *Entretiens :* « On n'a jamais vu biographe plus pressé. »

Ce surréalisme que l'on enterre (Nadeau), à qui l'on reproche d'avoir esquivé la guerre plutôt que de l'affronter (Tzara), et dans lequel on diagnostique les derniers soubresauts de l'idéalisme bourgeois (Sartre), où en est-il en 1947? S'est-il vraiment éteint dès 1939, avec l'exil et la dispersion du groupe? Retournons-nous, pour le savoir, vers celui qui fut, depuis ses origines, l'animateur du mouvement. Attachons-nous aux pas d'André Breton.

André Breton ou la continuité d'une aventure

Après avoir été pendant quelques mois médecin de l'école de pilotage de Poitiers, Breton passe l'hiver 1940 à Marseille. Particulièrement mal vu, comme tous les surréalistes, du gouvernement de Vichy (on l'accuse d'être « la négation de l'esprit de révolution nationale »), il ne peut obtenir de visa de censure ni pour un long poème, *Fata Morgana*, ni pour une *Anthologie de l'humour noir*. Craignant pour sa sécurité, il réussit à s'embarquer pour les États-Unis en mars 1941. Il y arrivera six mois plus tard, après une escale à la Martinique qui lui permet de découvrir l'œuvre, « belle comme l'oxygène naissant », et la personne, à laquelle il s'attache aussitôt, d'Aimé Césaire (*cf.* chap. 26). Installé à New York, Breton ne reste pas inactif : Charles Duits a raconté en 1969, dans *André Breton a-t-il dit passe*, la puissante impression que produisait alors celui qu'il appelle « la forêt de Brocéliande en complet veston ». Tout en collaborant comme speaker à l'effort de guerre des Alliés, Breton organise en 1942, avec son vieil ami Marcel Duchamp, une exposition internationale, et fonde la même année la revue *VVV* dont il justifie ainsi le titre : « *Triple V*, c'est-à-dire non seulement V comme vœu — et énergie — de retour à un monde habitable et pensable, victoire sur les forces de régression et de mort déchaînées actuellement sur la terre, mais double V, c'est-à-dire V au-delà de cette première victoire, V sur ce qui tend à perpétuer l'asservissement de l'homme par l'homme et au-delà de ce W, de cette double victoire, V encore sur tout ce qui s'oppose à l'émancipation de l'esprit, dont la libération de l'homme est la condition préalable. »

Breton n'avait donc pas renoncé, devant la catastrophe qui s'abattait alors sur le monde, à cette espérance indissociable du surréalisme et qui définit, mieux que n'importe quel terme abstrait, son projet. Il se livrera pourtant en décembre 1942, devant les étudiants français de Yale, à un sévère examen de conscience (recueilli, avec d'autres textes, dans *La Clé des champs*, publié en 1953); mais de cet examen, le surréalisme sort plus vigoureux et plus vibrant que jamais : « Le surréalisme, je le répète, est né d'une affirmation de foi sans limites dans le *génie* de la jeunesse. » Et il trace en conclusion, après un hommage à Freud, ce que l'on pourrait appeler la plate-forme doctrinale du mouvement :

« Foi persistante dans l'automatisme comme sonde, espoir persistant dans la dialectique (celle d'Héraclite, de Maître Eckhart, de Hegel) pour la résolution des antinomies qui accablent l'homme, reconnaissance du hasard objectif comme indice de réconciliation possible des fins de la nature et des fins de l'homme aux yeux de ce dernier, volonté d'incorporation permanente à l'appareil psychique de l'*humour noir* qui, à une certaine température, peut seul jouer le rôle de soupape, préparation d'ordre pratique à une *intervention sur la vie mythique* qui prenne d'abord, sur la plus grande échelle, figure de nettoyage, tels sont ou demeurent bien, à ce jour, les mots d'ordre fondamentaux du surréalisme. »

Cette foi, comme cette espérance, se retrouveront dans les trois principales œuvres qu'écrira Breton durant son séjour aux États-Unis. Et tout d'abord dans les *Prolégomènes à un troisième manifeste du surréalisme ou non* (1942), où, tout en reconnaissant « la gravité sans précédent de la crise sociale aussi bien que religieuse et économique », il refuse de céder au doute. « Plus que jamais, en 1942, proclame Breton, l'*opposition* demande à être fortifiée dans son principe. »

Petit intermède prophétique

Ce « petit intermède » vient rompre la continuité du discours que tient Breton dans les *Prolégomènes*. Même effet, quelques pages plus loin, avec un court pastiche intitulé « Le Retour du Père Duchesne ».

Il va venir tout à l'heure des équilibristes dans des justaucorps pailletés d'une couleur inconnue, la seule à ce jour qui absorbe à la fois les rayons du soleil et de la lune. Cette couleur s'appellera la liberté et le ciel claquera de toutes ses oriflammes bleues et noires car un vent pour la première fois pleinement propice se sera levé et ceux qui sont là comprendront qu'ils viennent de mettre à la voile et que tous les prétendus voyages précédents n'étaient qu'un leurre. Et l'on regardera la pensée aliénée et les joutes atroces de notre temps de l'œil de commisération mêlée de répugnance du capitaine du brick l'*Argus* recueillant * les survivants du *Radeau de la Méduse*. Et chacun s'étonnera de considérer sans vertige les abîmes supérieurs gardés par un dragon qui, à mieux l'éclairer, n'était fait que de chaînes. Les voici, ils sont déjà tout en haut. Ils ont jeté l'échelle loin d'eux, rien ne les retient plus. Sur un tapis oblique, plus impondérable qu'un rayon, s'avancent vers nous celles qui furent les sibylles *. De la tige qu'elles forment de leur robe vert amande et déchirée aux pierres et de leurs cheveux défaits part la grande rosace * étincelante qui se balance sans poids, la fleur enfin éclose de la vraie vie *. Tous les mobiles antérieurs sont à l'instant même frappés de dérision, la place est libre, idéalement libre. Le point d'honneur se déplace à la vitesse d'une comète qui décrit simultanément ces deux lignes : la danse pour l'élection de l'être de l'autre sexe, la parade en vue de la galerie mystérieuse de nouveaux venus auxquels l'homme croit avoir des comptes à rendre après sa mort. Hors cela, je ne vois pas pour lui de devoirs. De toute la gerbe d'artifice se détache un épi qu'il faut saisir au vol : c'est l'occasion, c'est l'aventure unique dont on s'assure qu'elle n'était inscrite nulle part au fond des livres ni dans les regards des vieux marins qui n'évaluent plus la brise que sur les bancs. Et que vaut toute soumission à ce qu'on n'a pas promulgué soi-même? Il faut que l'homme s'évade de cette lice * ridicule qu'on lui a faite : le prétendu réel actuel avec la perspective d'un réel futur qui ne vaille guère mieux. Chaque minute pleine porte en elle-même la négation de siècles d'histoire boitillante et cassée. Ceux à qui il appartient de faire virevolter ces huit flamboyants * au-dessus de nous ne le pourront qu'avec de la sève pure.

André Breton, *Prolégomènes à un troisième manifeste du surréalisme ou non*, éd. J.-J. Pauvert.

* En juillet 1816.

* Dans l'Antiquité, femmes inspirées qui prédisaient l'avenir. Nerval les a évoquées dans ses sonnets des *Chimères*.

* Rappel probable de Nerval (*Aurélia*, 1re partie, VI).

* L'expression est de Rimbaud (*Une Saison en enfer*, « Délires, I »).

* Champ clos où se déroulaient jadis les joutes (*cf.* l. 9) et les tournois.

* C'est-à-dire des figures flamboyantes en forme de huit. Fait songer à certains jeux de scène pratiqués par les équilibristes (*cf.* l. 1) et les prestidigitateurs avec des oriflammes (*cf.* l. 5) ou des écharpes.

Cl. Gisèle Freund.

André Breton au « marché aux puces » : « J'y suis souvent en quête de ces objets qu'on ne trouve nulle part ailleurs, démodés, fragmentés, inutilisables, presque incompréhensibles, pervers enfin au sens où je l'entends et où je l'aime... » (*Nadja*.)

— Rythmés par le jeu des temps mais pris dans un même élan (valeur du « et » emphatique : 9, 12, 34), les trois moments du texte : l'annonce (1), la vision (15), l'exhortation (34).

— L'imagination de Breton : sa fantaisie (jeux de mots : 24-26; associations libres : oriflamme/voile/brick) et sa rigueur (1, 15; 5, 41; 10, 36). Les reprises et les rappels : les thèmes de la lumière (3, 17, 21, 30, 41) et du végétal (18-22, 30, 42).

— La morale surréaliste : l'amour (26), la liberté (4, 15, 24, 34-37). « Avant tout développement critique, avant toute réflexion sur lui-même, le surréalisme nous propose [...] l'espoir d'exister. » (Ferdinand Alquié.)

Mêmes accents prophétiques dans l'*Ode à Charles Fourier*, composée durant l'été 1945 et publiée en 1947. Dans ce long poème, Breton renonce, une fois n'est pas coutume, à puiser son inspiration dans l'automatisme. Comme il l'écrit à son commentateur Jean Gaulmier : « Je me suis donné là le luxe d'une infraction à mes propres principes (affranchir à tout prix la poésie des contrôles qui la parasitent) et j'ai voulu donner à cette infraction à mes propres principes le sens d'un sacrifice volontaire, électif, à la mémoire de Fourier, la dernière en date qui m'en parût digne. » C'est en effet à Charles Fourier (1772-1837), qui fut, avec Saint-Simon, le plus célèbre socialiste utopique français du XIXe siècle, qu'est non seulement dédiée mais consacrée cette ode très classiquement construite et dont l'obscurité tient uniquement aux innombrables allusions qu'y glisse Breton à l'œuvre de son prédécesseur (on consultera avec profit les extraits de Charles Fourier publiés en 1967 par René Schérer sous le titre *L'Attraction passionnée*). Dans un premier mouvement, Breton trace le sombre tableau de la société contemporaine : la guerre, l'exploitation, le mensonge auraient-ils à jamais ruiné les thèses généreuses de Fourier? « Ici, intervient le poète, j'ai renversé la vapeur poétique. » Après être revenu, mais cette fois à la lumière de Fourier, sur le désordre des temps présents, Breton rassemble, dans un magnifique élan, toutes les raisons d'espérer et de se battre, au premier rang desquelles cet amour dont il vient de nouveau d'éprouver le pouvoir illuminant.

[Fourier je te salue]

Début de la troisième et dernière partie de l'ode.

Fourier qu'a-t-on fait de ton clavier
Qui répondait à tout par un accord
Réglant au cours des étoiles jusqu'au grand écart du plus
fier trois-mâts depuis les entrechats de la plus petite
barque sur la mer
Tu as embrassé l'unité tu l'as montrée non comme perdue
mais comme intégralement réalisable
Et si tu as nommé « Dieu » ç'a été pour inférer que ce
dieu tombait sous le sens *(Son corps est le feu *)*
Mais ce qui me débuche * à jamais la pensée socialiste
C'est que tu aies éprouvé le besoin de *différencier au moins
en quadruple forme la virgule*
Et de faire passer la clé de sol de seconde en première
ligne dans la notation musicale

* Cette phrase en italiques, comme les expressions qui suivent, sont des citations de Fourier.

* Au sens propre : faire sortir une bête d'un bois.

Parce que c'est le monde entier qui doit être non seulement retourné mais de toutes parts aiguillonné dans ses conventions
Qu'il n'est pas une manette à quoi se fier une fois pour toutes
Comme pas un lieu commun dogmatique qui ne chancelle devant le doute et l'exigence ingénus

Parce que le « *Voile d'airain* * » a survécu à l'accroc que tu lui as fait
Qu'il couvre de plus belle la *cécité scientifique*
« Personne n'a jamais vu de molécule, ni d'atome, ni de lien atomique et sans doute ne les verra jamais » (Philosophe). Prompt démenti : entre en se dandinant la molécule du caoutchouc
Un savant bien que muni de lunettes noires perd la vue pour avoir assisté à plusieurs milles de distance aux premiers essais de la bombe atomique (Les journaux)

* Fourier dénonce le sophisme suivant lequel un voile, recouvrant la nature, nous empêcherait à jamais d'en percer les secrets.

Fourier je te salue du Grand Cañon du Colorado *
Je vois l'aigle qui s'échappe de ta tête
Il tient dans ses serres le mouton de Panurge
Et le vent du souvenir et de l'avenir
Dans les plumes de ses ailes fait passer les visages de mes amis
Parmi lesquels nombreux ceux qui n'ont plus ou n'ont pas encore de visage

* La composition du poème a coïncidé, pour Breton, avec un voyage à travers le Nevada, l'Arizona et le Nouveau Mexique.

Parce que persistent on ne peut plus vainement à s'opposer les rétrogrades conscients et tant d'apôtres du progrès social en fait farouchement *immobilistes* que tu mettais dans le même sac

Je te salue de la Forêt Pétrifiée de la culture humaine
Où plus rien n'est debout
Mais où rôdent de grandes lueurs tournoyantes
Qui appellent la délivrance du feuillage et de l'oiseau
De tes doigts part la sève des arbres en fleurs

Parce que disposant de la pierre philosophale *
Tu n'as écouté que ton premier mouvement qui était de la tendre aux hommes

* L'idée de l'Attraction Universelle (60).

Mais entre eux et toi nul intercesseur
Pas un jour qu'avec confiance tu ne l'attendisses pendant une heure dans les jardins du Palais-Royal *
Les attractions sont proportionnelles aux destinées
En foi de quoi je viens aujourd'hui vers toi

* Le fait est authentique.

Je te salue du Nevada des chercheurs d'or
De la terre promise et tenue
A la terre en veine de promesses plus hautes qu'elle doit tenir encore
Du fond de la mine d'azurite* qui mire le plus beau ciel
Pour toujours par delà cette enseigne de bar qui continue à battre la rue d'une ville morte — Virginia-City — « Au vieux baquet de sang »

* Carbonate naturel de cuivre de couleur bleue.

André Breton, « Ode à Fourier », *Signe ascendant*, éd. Gallimard.

— Dans un grand mouvement de type oratoire (« Parce que », introduit en 15, repris en 22, 41 et 54; « Je te salue » : 32, 45, 62), un effort pour rompre, par la discontinuité des phrases et la brisure des rythmes (25-31, 52-53, 57-59, 62-71), avec l'emphase et la monotonie du discours.

— Un dialogue entre deux langages : l'un, celui des « Parce que », prosaïque et familier (platitude voulue des constructions : 11, 15; humour des comparaisons ou des rapprochements : 3-5, 22, 27-28, 24, 29-31), l'autre, celui des « Je te salue », lyrique et imagé (36-38, 52-53, 66-67).

— Contre le dogmatisme (20) et l'immobilisme (41-44), une définition, à travers Fourier (21), de la révolution telle que l'ont rêvée les surréalistes (15-17, 48-51, 62-65).

Contrairement à ce que nombre de critiques ont pu penser, l'appel à Fourier n'était pas un accident de parcours. Que l'on relise le *Second Manifeste* (1930) : les allusions aux sciences occultes et aux « secrets d'Hermès », c'est-à-dire à des conceptions ou à des types de pensée très proches de ceux de Fourier, y abondent. Dans un texte intitulé « Signe ascendant », daté du 30 décembre 1947, Breton précisera ses idées en proposant, dans ses ressemblances et dans ses différences avec l'analogie mystique, une théorie de l'analogie poétique.

Signe ascendant

Nous supprimons l'épigraphe (empruntée au Zohar).

Je n'ai jamais éprouvé le plaisir intellectuel que sur le plan analogique. Pour moi la seule *évidence* au monde est commandée par le rapport spontané, extra-lucide, insolent qui s'établit, dans certaines conditions, entre telle chose et telle autre, que le sens commun retiendrait de confronter. Aussi vrai que le mot le plus haïssable me paraît être le mot *donc*, avec tout ce qu'il entraîne de vanité et de délectation morose, j'aime éperdument tout ce qui, rompant d'aventure le fil de la pensée discursive, part soudain en fusée illuminant une vie de relations autrement féconde, dont tout indique que les hommes des premiers âges eurent le secret. Et certes la fusée retombe vite mais il n'en faut pas davantage pour mesurer à leur échelle funèbre les valeurs d'échange qui se proposent aujourd'hui. Pas de réponse, sinon à des questions utilitaires immédiates. Indifférent à tout ce qui ne l'approche pas de très près, de plus en plus insensible à tout ce qui pourrait lui livrer, pourvu qu'elle ait quelque ampleur, une interrogation de la nature, l'homme que nous côtoyons ne se donne plus guère à tâche que de flotter. La conviction millénaire qui veut que rien n'existe gratuitement mais que tout au contraire il ne soit pas un être, un phénomène naturel dépourvu pour nous d'une communication chiffrée — conviction qui anime la plupart des cosmogonies — a fait place au plus hébété des détachements : on a jeté le manche après la cognée. On se cache pour se demander : « D'où viens-je? Pourquoi suis-je? Où vais-je? * » Pourtant quelle aberration ou quelle impudence n'y a-t-il pas à vouloir « transformer » * un monde qu'on ne se soucie plus d'interpréter dans ce qu'il a d'à peu près permanent. Les contacts primordiaux sont coupés : ces contacts je dis que seul le ressort analogique parvient fugitivement à les rétablir. D'où l'importance que prennent, à longs intervalles, ces brefs éclats du miroir perdu. [...] *

* Écho du titre que Gauguin avait donné à sa grande toile de 1897.

* Allusion à la célèbre formule de Marx.

* Ici, en exergue, deux citations successives, l'une de Charles Fourier, l'autre de Malcolm de Chazal.

L'analogie poétique a ceci de commun avec l'analogie mystique qu'elle transgresse les lois de la déduction pour faire appréhender à l'esprit l'interdépendance de deux objets de pensée situés sur des plans différents, entre lesquels le fonctionnement logique de l'esprit n'est apte à jeter aucun pont et s'oppose *a priori* à ce que toute espèce de pont soit jeté. L'analogie poétique diffère foncièrement de l'analogie mystique en ce qu'elle ne présuppose nullement, à travers la trame du monde visible, un univers invisible qui tend à se manifester. Elle est tout empirique dans sa démarche, seul en effet l'empirisme pouvant lui assurer la totale liberté de mouvement nécessaire au bond qu'elle doit fournir. Considérée dans ses effets, il est vrai que l'analogie poétique semble, comme l'analogie mystique, militer en faveur de la conception d'un monde ramifié à perte de vue et tout entier parcouru de la même sève mais elle se maintient sans aucune contrainte dans le cadre sensible, voire sensuel, sans marquer aucune propension à verser dans le surnaturel. Elle tend à faire entrevoir et valoir la vraie vie « absente » * et, pas plus qu'elle ne puise dans la rêverie métaphysique sa substance, elle ne songe un instant à faire tourner ses conquêtes à la gloire d'un quelconque « au-delà ».

* Allusion à une formule non moins célèbre de Rimbaud.

André Breton, « Signe ascendant »,
La Clé des champs, éd. J.-J. Pauvert.

— Les deux temps d'un énoncé : un préambule justificatif (recours à l'expérience personnelle : 1-12; critique de la pensée contemporaine : 10-31), un essai de définition (35-57).

— Force et simplicité des images (10-12, 34), même dans la deuxième partie (40-41, 50-51), pourtant davantage marquée par l'emploi d'un vocabulaire philosophique (36, 44-45).

— Le rappel de la tradition (11-12, 20-21, 24, 31) mais aussi le refus, trois fois répété (41-44, 52-53, 56-57), d'une transcendance : origines et originalité du surréalisme.

Mais l'œuvre clé de cette période, celle qui explique toutes les autres et annonce en même temps l'orientation que prendra le surréalisme dès le retour en France de Breton, demeure *Arcane 17*. C'est elle qui, de façon définitive, engage le mouvement dès 1945 (date de sa première publication) sur ce « chemin de la Gnose » que rappellera Breton en 1953 *(Du Surréalisme en ses œuvres vives)*. Commencée le 20 août 1944, elle porte la marque des événements, publics et privés, qui ont accompagné sa rédaction. Breton voit s'approcher les temps nouveaux; il vient par ailleurs de rencontrer celle qui deviendra bientôt sa nouvelle femme et qu'il voudrait tant faire « revenir à la vie », après une tentative de suicide à laquelle elle a failli succomber. D'où le titre. « Ce titre *Arcane 17*, commente l'auteur dans ses *Entretiens*, se réfère directement à la signification traditionnelle de la lame de tarot qui s'intitule "L'Étoile". C'est l'emblème de l'espérance et de la résurrection », et il poursuit, dégageant ainsi le véritable objet du livre : « C'est à la conjonction exceptionnelle de sentiments d'ordres si distincts dont j'étais le siège que j'ai demandé de m'éclairer l'autre sens de cet "Arcane 17" qui, pour les occultistes, n'est autre que la sensibilité comme germe de la vie intellectuelle. » En des pages admirables de liberté mais aussi de rigueur (Michel Beaujour a insisté * sur la cohérence de l'univers imaginaire qu'échafaude *Arcane 17*), Breton développe un hymne à la femme ou plus exactement à la femme-enfant. Elle est pour lui à la fois la négatrice et la révélatrice, celle qui fait éclore le merveilleux au sein d'un réel dont elle dissout les apparences, celle qui sert d'intermédiaire à l'homme entre le monde inférieur de la nature et de l'inconscient et le monde supérieur de la conscience et du *moi* (tel est le sens que donne Breton à la légende de Mélusine). « La grande malédiction est levée, s'écrie le poète, c'est dans l'amour humain que réside toute la puissance de régénération du monde. »

* Dans une étude intitulée « André Breton ou la transparence » et publiée en postface de l'édition d'*Arcane 17* dans la collection 10/18.

[Mélusine après le cri]

Mélusine avait reçu de sa mère, une fée, le don d'avoir, tous les samedis, le bas du corps en forme de serpent. Son mari l'ayant surprise un jour dans sa métamorphose, elle s'envola par une fenêtre du château en poussant des cris affreux.

Mélusine après le cri... Le lac scintille, c'est une bague et c'est toujours toute la mer passant à travers l'anneau du Doge *, car il faut que, cette alliance, tout l'univers sensible la consacre et que rien ne puisse plus faire qu'elle soit brisée. Mélusine au-dessous du buste se dore de tous les reflets du soleil sur le feuillage d'automne. Les serpents de ses jambes dansent en mesure au tambourin, les poissons de ses jambes plongent et leurs têtes reparaissent ailleurs comme suspendues aux paroles de ce saint * qui les prêchait dans le myosotis, les oiseaux de ses jambes relèvent sur elle le filet aérien. Mélusine à demi reprise par la vie panique, Mélusine aux attaches inférieures de pierraille ou d'herbes aquatiques ou de duvet de nid, c'est elle que j'invoque, je ne vois qu'elle qui puisse rédimer cette époque sauvage. C'est la femme tout entière et pourtant la femme telle qu'elle est aujourd'hui, la femme privée de son assiette humaine, prisonnière de ses racines mouvantes tant qu'on veut, mais aussi par elles en communication providentielle avec les forces élémentaires de la nature. La femme privée de son assiette humaine, la légende le veut ainsi, par l'impatience et la jalousie de l'homme. Cette assiette, seule une longue méditation de l'homme sur son erreur, une longue pénitence proportionnée au malheur qui en résulta, peut la lui rendre. Car Mélusine, avant et après la métamorphose, *est* Mélusine.

Mélusine non plus sous le poids de la fatalité déchaînée sur elle par l'homme seul, Mélusine délivrée, Mélusine avant le cri qui doit annoncer son retour, parce que ce cri ne pourrait s'entendre s'il n'était réversible, comme la pierre de l'Apocalypse * et comme toutes choses. Le premier cri de Mélusine, ce fut un bouquet de fougère commençant à se tordre dans une haute cheminée, ce fut la plus frêle jonque rompant son amarre dans la nuit, ce fut en un éclair le glaive chauffé à blanc devant les yeux de tous les oiseaux des bois. Le second cri de Mélusine, ce doit être la descente d'escarpolette dans un jardin où il n'y a pas d'escarpolette, ce doit être l'ébat des jeunes caribous dans la clairière, ce doit être le rêve de l'enfantement sans la douleur.

Mélusine à l'instant du second cri : elle a jailli de ses hanches sans globe, son ventre est toute la moisson d'août, son torse s'élance en feu d'artifice de sa taille cambrée, moulée sur deux ailes d'hirondelle, ses seins sont des

* Allusion au mariage symbolique du Doge et de la mer que célébrait jadis la République de Venise.

* Allusion à saint François d'Assise.

* *Cf. Apocalypse* XVII, 21 et XXI, 11 : la ruine de Babylone prépare l'avènement de la Jérusalem céleste.

hermines prises dans leur propre cri, aveuglantes à force de s'éclairer du charbon ardent de leur bouche hurlante. Et ses bras sont l'âme des ruisseaux qui chantent et parfument *. Et sous l'écroulement de ses cheveux dédorés se composent à jamais tous les traits distinctifs de la femme-enfant, de cette variété si particulière qui a toujours subjugué les poètes *parce que le temps sur elle n'a pas de prise.*

André Breton, *Arcane 17*, éd. J.-J. Pauvert.

* Peut-être faut-il voir ici un rappel de la figure représentée sur la 17e lame du tarot.

— Du premier cri (1-25) au second cri (40-51), une construction cyclique (5-11, 41-47) qui reflète une conception messianique de l'aventure humaine (9, 14-15, 29-30).

— « Tout l'univers sensible » (3-4) à travers les quatre éléments : la terre (6-7, 41), l'eau (7-8, 46), l'air (10-11, 43), le feu (5-6, 42, 45).

— Commentant Reverdy, Breton écrivait dans le *Premier Manifeste* (1924) : « C'est du rapprochement en quelque sorte fortuit de deux termes qu'a jailli une lumière particulière, *lumière de l'image*, à laquelle nous nous montrons infiniment sensibles. La valeur de l'image dépend de la beauté de l'étincelle obtenue; elle est, par conséquent, fonction de la différence de potentiel entre les deux conducteurs. »

C'est donc un surréalisme toujours aussi juvénile et fervent que Breton va ramener avec lui. Abandonnant l'Amérique (où il a ravivé une tradition qu'y avaient implantée Duchamp et Picabia, et à laquelle le « pop'art » se rattache plus ou moins directement), Breton rentre en France au printemps 1946. Le 7 juin de la même année, il prend la parole en public, sur la scène du théâtre Sarah-Bernhardt, au cours d'une soirée donnée au bénéfice d'Antonin Artaud. Avec le retour de Breton recommence l'histoire du surréalisme en tant que « groupe ». C'est elle qu'il convient à présent d'étudier, non sans nous être d'abord interrogés sur ce que peut bien signifier ce mot de « groupe » lorsqu'on l'applique au surréalisme.

Autour d'André Breton ou la survie d'un groupe

Dans une mise au point adressée au *Figaro littéraire* en mai 1951, Breton fera d' « expresses réserves » sur l'expression même de « groupe surréaliste ». Rappelant le terme anglais de « set » emprunté à la sociologie par Jules Monnerot pour caractériser (dans *La Poésie moderne et le Sacré*, 1945) le jeu d'affinités qui donne sa cohésion et sa force au surréalisme, il conclut : « L'important est qu'à la notion de groupe (au sens statique et fermé du terme) nous n'avons cessé entre nous d'opposer celle de mouvement, d'expérience, d'attitude commune devant la vie, montrant assez par là que le surréalisme n'a rien d'un parti ni d'un dogme et se justifie dans la durée en tant qu'aventure spirituelle. » Il reste que ce mouvement et cette expérience n'auraient pas été ce qu'ils ont été (l'éclatement récent du groupe en fournit la meilleure preuve)

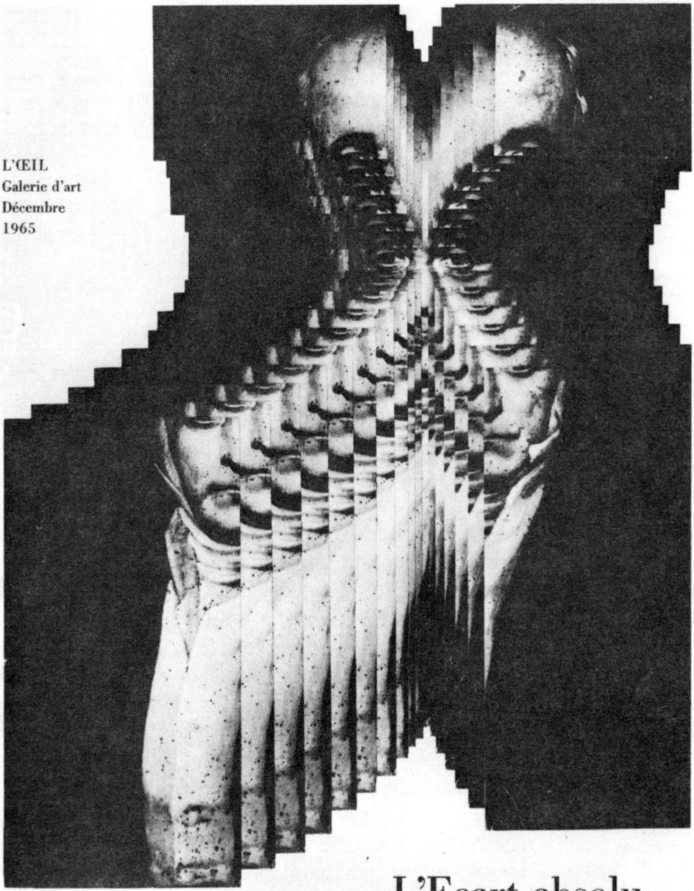

L'ŒIL
Galerie d'art
Décembre
1965

Cl. Bordas J. B.

Portrait de Charles Fourier, écartelage par Pierre Faucheux (Paris, 1965).

L'Ecart absolu

La dix-septième lame du tarot (Tarot de Marseille imprimé par Grimaud).

si, par la force de sa personnalité, un homme n'avait su rassembler autour de lui et constamment ranimer les énergies. Adversaires et amis ont été unanimes à reconnaître l'extraordinaire pouvoir de séduction, Julien Gracq préfère parler de magnétisme, d'André Breton.

[Le prestige singulier d'André Breton]

Point d'idées pour lui qui ne se fassent *idées-forces*, pouvoir magnétique qui attire ou repousse, mais auquel on *a affaire* d'une manière extraordinairement personnelle. Leur manière habituelle de se présenter à lui se caractérise toujours par un bizarre pouvoir de « happement » qui pour un moment le « met tout entier sous le pouvoir » de Freud ou de Hegel, comme de Lautréamont ou d'Apollinaire, avec une force d'appropriation qui ne le cède en rien à celle de la sensation esthétique. Pourvues d'un aiguillon dont il a senti la pointe *vive* comme aucun autre, elles sont vraiment pour lui les « idées harassantes » que dans un mot qui le peint tout entier il souhaite perpétuellement prendre en échange des « idées harassées ». Elles s'incorporent à la vie, se font souffle vital et battement du cœur — sommation totale — et jamais matière à jeu désabusé, et c'est l'honneur de Breton (à l'opposé ici de Valéry) — si sa vie comme toute autre a pu se montrer sur tel point sujette à l'inconséquence — que de ne leur avoir jamais marchandé cette suprême dignité. Il n'y a pas, il ne devrait pas y avoir pour lui de différence essentielle entre penser et se mettre en marche : s'agit-il même des idées les moins apparemment destinées à « mener le monde », Breton n'hésite pas une seconde à répondre à l'injonction, à reconnaître par exemple : « On sait maintenant que la poésie doit mener quelque part » *(Les Pas perdus *)*. Les idées sont si bien destinées à être *vécues* qu'elles s'incarnent : ainsi Breton se déclare-t-il prêt, dans la « Confession dédaigneuse », à « abandonner une idée par ami, un ami par idée ». On n'est même pas sûr qu'elles ne disposent pas pour lui de la force de matérialisation de quelque secours démoniaque. Il retrouve pour les apostropher l'énergie d'accent des pourfendeurs d'hérésie, toujours fort disposés à descendre d'une empyrée de fulminations abstraites et pour qui l'hérésie, essentiellement, *siège* — et dans les explosions de fureur sacrée du *Second Manifeste* * comme dans l'adjuration finale de *L'Amour fou* * (« qu'avant tout l'idée de famille rentre sous terre ! »)

* Recueil d'articles (dont la « Confession dédaigneuse »), publié par Breton en 1924.

* 1930.

* 1937.

il traîne incontestablement pour nous quelque chose comme un relent d'exorcisme.

Une suite de siècles fascinés par l'intellectualisme le plus *détaché* qui fut jamais avait conspiré à nous faire oublier qu'une dégradation imminente menace d'atonie tout l'édifice mental s'il n'est porté à chaque instant à la crête de l'onde vitale la plus haute, si une vibration sensible en résonance avec notre rythme le plus secret ne le fait chanter tout entier. Le prestige singulier d'André Breton, cette « résonance » indiscutable très précisément qu'il a continûment trouvée, vient de ce qu'il a exprimé mieux que personne à notre époque — qu'il a *été* le pressentiment et la nostalgie de l'*unisson*. Inspiré par un dynamisme intense qui n'a jamais consenti à se connaître de barrières, impatient de « brûler » toutes les étapes, il a entendu, de nouveau — d'un monde à l'autre — du « cœur » à l'esprit — du rêve au réel — retendre le « fil conducteur ». Plus qu'aucun de ses contemporains, il a contribué à remagnétiser le monde des idées.

Julien Gracq, *André Breton*, éd. José Corti.

— Moins le portrait d'un homme que la radiographie d'un style : la ferveur (46-47) n'interdit ni les réserves (17-18) ni une certaine forme d'humour (31-35).

— Le rôle des italiques : en restituant aux mots leur sens propre (35, 41), en ravivant les clichés, même les plus éculés (3, 50), ils visent à « remagnétiser » le langage.

— « Avec Breton, du moins, on le sentait passer, le temps, on le vivait minute par minute, on vivait. C'était tellement excessif que c'en devenait admirable. » (Charles Duits.)

Cette force d'attraction, même si elle est demeurée intacte, est-elle toujours aussi active en 1946 qu'en 1924? Autour d'André Breton et faisant front, dès 1948, aux diverses tentatives de dénigrement ou de récupération dirigées contre le surréalisme, on trouve, à part Benjamin Péret, compagnon de toujours, peu de noms anciens. Et parmi les noms nouveaux, peu de grands talents, du moins du côté des poètes. Si l'arrivée d'un Julien Gracq ou d'un Pieyre de Mandiargues, du reste adeptes convaincus plutôt que militants empressés, a enrichi le surréalisme, elle n'a pas suffi à compenser les départs, déjà lointains, d'un Aragon ou d'un Éluard. Ce sont les peintres, à tout prendre, qui forment autour d'André Breton le plus brillant cortège, mais un cortège souvent buissonnier : les condamnations qui avaient frappé jadis Artaud ou Vitrac frappent à présent Matta, Brauner ou Ernst. Tel quel, le groupe n'en reprend pas moins le même genre d'existence qui avait été le sien avant-guerre, et dont ceux qui l'ont vécu (Maxime Alexandre, *Mémoires d'un surréaliste*, 1968; Jacques Baron, *L'An I du surréalisme*, 1969) nous ont laissé des témoignages exaltants : existence collective fondée sur l'amitié, goût de l'expérience et des recherches menées en commun, échanges et collaborations, manifestes et

Victor Brauner, *Histoire autobiographique de Brauner* (détail).

manifestations; chez tous, et quelle que soit la diversité de leurs origines et de leurs tempéraments, une même passion tendue vers un même but.

Mais il en va désormais du mouvement comme de son chef. L'ardeur des néophytes, le dévouement de la vieille garde ne sont pas en cause. La vie du groupe demeure aussi animée, aussi remplie que par le passé : elle n'a plus le même retentissement ni la même signification. Breton, bien malgré lui, le laisse entendre lorsqu'il déclare en 1951, à la fin de ses *Entretiens :* « S'il est vrai, comme j'en ai convenu, que le surréalisme, de rivière à ciel ouvert au cours passablement tumultueux qu'il fut longtemps, a connu ces dernières années un cours souterrain assez prolongé, je répète que c'est là une impression tout extérieure qui ne tient qu'au manque, durant cette période, d'une publication périodique de caractère collectif. » Breton a parfaitement raison de souligner un manque dont nous avons déjà dit plusieurs fois la gravité : il n'apparaît pourtant pas que *Bief* ou *Le Surréalisme, même* aient rien changé depuis à la situation du surréalisme. Une situation dont il faut bien reconnaître (la distinction, qui aurait été beaucoup plus difficile avant 1939, entre les *Jours*, c'est-à-dire l'activité collective du groupe, et les *Œuvres*, le montrera plus clairement) qu'elle possède tous les traits, héroïques mais alarmants, d'une survie.

Les jours :

Comme celle de l'entre-deux guerres, la chronique de l'après-guerre touche à bien des domaines : du poétique au pictural, du littéraire au politique, il n'en est à peu près aucun dans lequel, à l'opposé des mouvements purement artistiques qui l'ont précédé ou qui lui ont succédé, le groupe de Breton n'intervienne. Et toujours avec une véhémence, une fougue, une « fureur » qui sont le propre de l'action surréaliste. Il faut pourtant dissocier, pour la commodité de l'exposé, les différents plans sur lesquels cette action se meut.

Et tout d'abord le plan politique. Les surréalistes y sont contraints à la défensive. L'assassinat de Trotsky, le 20 août 1940, a sonné le glas des espoirs que Breton plaçait dans la Fédération internationale de l'Art révolutionnaire indépendant. En plein stalinisme triomphant, les surréalistes prêcheront dans le désert la bonne parole d'une Révolution qui soit aussi une Révolution *humaine :* par voie de tract, ils protesteront en 1956 contre l'intervention soviétique à Budapest, rappelant qu' « en période d'insurrection, le jugement moral est pragmatique : *Les Fascistes sont ceux qui tirent sur le peuple.* Aucune idéologie ne tient devant cette infamie : c'est Galliffet * lui-même qui revient, sans scrupules et sans honte, dans un tank à étoile rouge ». Mais leur marge de manœuvre, au moins jusqu'à la fin de la période stalinienne, est infime : comment faire pour ne pas confondre sa voix avec celle d'une droite ravie de pouvoir donner libre cours à son anticommunisme? A la recherche d'une solution, les surréalistes se sont égarés un temps aux côtés

* Général français, principal responsable de la féroce répression qui suivit la Commune.

de Garry Davis, fondateur d'un « Mouvement des citoyens du monde » auquel ils se rallient en février 1949 : « Nous avons entendu votre appel. Nous ferons tout ce qui est en notre pouvoir pour que cet appel parvienne jusqu'à nos amis, tant à l'intérieur qu'à l'extérieur de ces frontières que nous n'avons cessé de nier. » La déception ne devait pas tarder.

Même attitude ou presque sur le plan culturel. Ici encore les surréalistes ont perdu l'initiative. Au lieu de contester l'orthodoxie des autres, les voici devenus les gardiens de leur propre orthodoxie. Contre certaines exégèses dont ils sont l'objet, ils réaffirment, en 1948, dans un tract intitulé *A la niche les glapisseurs de Dieu*, leurs positions fondamentalement anti-religieuses, s'en prenant avec violence aux « chrétiens d'aujourd'hui » : « Que les politiques d'entre eux renoncent à l'anathème ne suffit pas pour que nous renoncions à ce qu'ils nomment des blasphèmes, apostrophes qui sont évidemment dépourvues à nos yeux de tout objectif sur le plan divin mais qui continuent à exprimer notre aversion irréductible à l'égard de tout être agenouillé. » Cette longue et farouche résistance contre les envahisseurs, les profiteurs et les conciliateurs de tous bords, sera traversée de quelques affaires qui feront quelque bruit. La publication en 1949 de *La Chasse spirituelle*, un prétendu manuscrit de Rimbaud qui n'était en fait qu'un adroit pastiche, permet à Breton de régler ses comptes avec Nadeau (qui avait imprudemment partagé l'enthousiasme de Pascal Pia et de Maurice Saillet), et de prouver la « misère mentale » de la critique en matière de poésie (*Flagrant Délit*, 1949). En 1951 éclate une polémique avec Albert Camus qui venait d'affirmer, dans *L'Homme révolté*, que la « révolte absolue » engendrait le « goût de l'asservissement intellectuel ». L'année suivante, Aragon se voit contraint, pour répondre à l'insistance de Breton (« Pourquoi nous cache-t-on la peinture russe contemporaine? »), à un éloge peu convaincant du réalisme socialiste. En 1954 enfin, affaire intérieure au groupe mais qui reçut une très large publicité, les surréalistes excluront Max Ernst, reconnu coupable d'avoir accepté le Grand Prix de Peinture de la Biennale de Venise : « [...] il renie ainsi de manière flagrante, estimeront ses juges, le non-conformisme et l'esprit révolutionnaire dont il s'était jusqu'alors réclamé. »

Ce non-conformisme et cet esprit révolutionnaire, comment sont-ils à l'œuvre au sein du groupe? Où en est l' « aventure spirituelle » du surréalisme? Les surréalistes — et c'est ce qui achèvera de détacher d'eux bon nombre de sympathisants rebutés par l'arsenal mythique et magique dont ils s'encombrent — vont suivre l'orientation définie par Breton dans l'*Ode à Charles Fourier* et dans *Arcane 17*. Cette orientation, nous l'avons rappelé, n'est pas nouvelle, mais ce qui est nouveau, c'est la façon dont va s'opérer, à partir de 1947, l' « occultation » du surréalisme : rapprochement en 1952 avec René Alleau, spécialiste de l'alchimie; publication en 1957, par André Breton et Gérard Legrand, d'une vaste enquête sur *L'Art magique*. Cet intérêt de plus en plus exclusif porté aux sciences occultes ne doit pas faire oublier la prédilection persistante des surréalistes pour des « jeux » où le langage (comme avant la guerre dans les « Cadavres exquis », sorte de variante du jeu des petits papiers) devient le porte-parole de l'imaginaire.

Cette activité continue, comme par le passé, d'alimenter les revues du groupe. Les surréalistes possèdent enfin, à partir de 1952 (*Néon*, en 1948-1949, n'avait eu qu'une existence éphémère), un organe d'expression qui leur est propre. *Médium*, *Le Surréalisme, même*, *Bief*, *La Brèche* et *L'Archibras* se succèdent, reprenant sous des titres et des formats divers, une formule qui était déjà celle de *La Révolution surréaliste*. Mais les grands moments du surréalisme, les manifestations essentielles du groupe, en même temps que ses créations majeures, demeurent les expositions. Des expositions conçues non pas comme des exhibitions d'œuvres juxtaposées mais comme une sorte de spectacle total, organisé autour d'un grand thème et mis en scène avec un sens très aigu des éclairages et des décors. Dès juillet 1947 se tient à

Paris, à la galerie Maeght, une « Exposition Internationale » qui réunit quatre-vingt-dix participants, représentant vingt-quatre pays : une série de salles, dont une « salle des superstitions » décorée par Frédérik Kiesler, aidé de Duchamp et de Matta, donne accès à une sorte de labyrinthe initiatique imaginé par André Breton. Plus discrètes seront l'exposition de 1959, à la galerie Daniel Cordier (sur le thème de l'érotisme) et celle de 1965 à la galerie de l'Œil (sous l'invocation de Fourier).

Ce bilan n'est pas négligeable, surtout si l'on ajoute la part que prirent Breton et ses amis, en 1951, dans la fondation de la Compagnie de l'Art Brut, dirigée par Dubuffet; la création en mars 1951, sous l'impulsion d'Ado Kyrou et de Robert Benayoun, d'une revue intitulée *L'Âge du Cinéma*; la découverte de peintres comme Simon Hantaï ou Max Walter Svanberg, auxquels Breton a consacré, dans *Le Surréalisme et la Peinture*, réédité en 1965, des études ferventes et lucides. Mais cette somme d'activités, si elle a permis au surréalisme de se survivre (et même de se développer, en ce qui concerne la peinture, dans des directions originales), ne lui a pas permis de revenir, comme l'espérait Breton, sur le devant de la scène. C'est que les œuvres des écrivains, pour peu qu'on les compare à celles des peintres, déçoivent. A quelques exceptions près, le renouveau tant attendu ne s'était pas produit. Et cette carence était d'autant plus grave que le surréalisme tirait jusqu'alors tout son prestige d'un certain nombre de chefs-d'œuvre directement issus de sa pratique quotidienne et qui enrichissaient en retour cette pratique : que l'on songe au *Paysan de Paris*, à *Nadja* ou aux *Vases communicants*.

Les œuvres :

Quelles que soient les qualités de leur langage et l'évidente sincérité de leur quête, Jean-Louis Bédouin, Jean-Pierre Duprey (*Derrière son double*, 1950), Malcolm de Chazal, Joyce Mansour, Jean Schuster (qui prendra la succession de Breton à la tête du mouvement), donnent rarement l'impression d'innover. Seuls émergent de ce chœur un peu trop uniforme, et pour ne pas reparler d'André Breton, les voix de deux « anciens », Arp et Péret, et celles de deux « nouveaux », Gracq et Mandiargues.

Le cas de **Jean Arp,** qui fut, avant de se lier avec Breton dès 1920, l'un des héros de la burlesque épopée Dada, est particulièrement intéressant, en ce qu'il illustre à la fois le caractère « international » du surréalisme (né à Strasbourg en 1887, Arp écrit ses premières œuvres en allemand) et son caractère « interdisciplinaire » (il est surtout connu comme peintre et comme sculpteur). Aucune différence pour lui entre la plume et le pinceau. Telle est la leçon d'un petit apologue intitulé *L'Arbre à kakis* (et recueilli dans *Jours effeuillés*, 1966) où il s'est mis lui-même en scène : « Un peintre suisse demandait aux visiteurs qui venaient admirer ses tableaux s'ils désiraient les voir ou les entendre, si l'on devait les leur chanter ou lire. Quand les visiteurs le priaient de chanter ou de lire, il plaçait les tableaux de dos devant les auditeurs et chantait ou déclamait pathétiquement leur contenu. » Poème et tableau naissent pour Arp de la même « germination », qu'il s'agisse de formes et de couleurs ou qu'il s'agisse de mots :

> « je dors et j'attends avec bien-être
> comme dans un œuf
> je dors et j'attends qu'il me pousse
> des feuilles »

La poésie de Arp, comme sa peinture, est un art concret où la chair des mots se nourrit de la « chair des rêves ». Elle se livre, au sein du langage, à une série d'opérations qui obéissent, en dépit de leur allure saugrenue, à une sorte de logique mathématique : décomposition des mots en facteurs communs, permutations ou substitutions de syllabes. De ces « configurations » verbales naissent des spectacles étranges et pourtant familiers où se donne libre cours un humour beaucoup moins innocent qu'il n'y paraît, puisqu'il renverse nos certitudes les mieux établies.

Le langage intérieur

Comme une feuille couverte d'écriture devient illisible quand nous l'approchons trop près des yeux, des paroles et des phrases qui émanent du subconscient de l'homme et qui lui semblent inintelligibles à la lumière du jour, seront comprises par lui dans un autre espace, dans un autre temps. L'homme doit « prendre de la distance » comme fait le peintre, le sculpteur. Parfois, en travaillant à ma sculpture dans laquelle la sensation de « descente » me paraissait très sensible, j'ai réussi à me libérer de la besogne quotidienne, de la corvée éternelle de l'homme, de l'interminable « descente » hors de la lumière et à comprendre dans l'attente et à m'oublier dans le songe. Souvent aussi les mains comprennent plus vite que la tête. Parfois nous apprenons à « comprendre » mieux en suivant le mouvement d'une feuille, l'évolution d'une ligne, une parole dans une poésie, le cri d'un animal, ou en créant une sculpture. Une phrase sans importance que j'ai entendue en passant, comme si elle sortait des coulisses : « Ces gouttes, ces gouttes d'encre dont j'éclabousse la plaque de verre de mon bureau, je pourrai les faire disparaître en un clin d'œil avec mon buvard sans qu'elles laissent de traces », avait sur moi l'effet d'une formule magique, éveillait en moi un état d'euphorie comme si un astre céleste, symétrique d'un rayonnement gigantesque, s'était levé plein de promesse. Peut-être l'enchantement était-il provoqué par ces mots sauveurs « je pourrai les faire disparaître en un clin d'œil ». Ils m'émotionnaient de la même façon que la descente ressentie par moi-même et plus tard dans une de mes sculptures, hors d'un espace très, très lointain, hors du tumulte idiot d'un monde mécanisé, d'un monde rationnel, moderne. Cette descente me parlait de l'au-delà, de mon intérieur et résonnait dans le temps-espace qui est en général hermétiquement clos à la raison du jour. L'aspiration à un monde immatériel peut également être le contenu d'une sculpture.

Nous ne pouvons nous entendre dans le langage intérieur qu'avec les hommes que nous rencontrons aux confins des choses.

Jean Arp, *Jours effeuillés*, éd. Gallimard.

Arp vient d'insister, dans le début du texte, sur un sentiment qu'il lui arrive assez souvent d'éprouver et dont il a retrouvé l'équivalent dans une de ses sculptures : le « sentiment angoissant de descendre et ne jamais prendre pied, mort ou vivant ».

— Un art poétique (1-7, 13-16, 33-37) en forme de confidence (7-12, 16-30).

— Une définition de l'espace intérieur (3, 30-33, 36-37) et du travail de l'artiste à l'intérieur de cet espace : il ne s'agit pas seulement de répéter (2-3) mais de comprendre (5-6, 11, 13-15), et par là d'échapper à la double angoisse du quotidien (9-11, 29-30) et d'une trop brusque plongée dans le subconscient (6-7).

— André Breton, dans son *Anthologie de l'humour noir* (1940), félicitait Arp d'avoir su entrer « au plus vif de lui-même dans le secret de cette vie germinative où le plus minime détail est de toute importance ».

Portrait de Benjamin Péret, par Maurice Henry.

Parler de **Benjamin Péret,** c'est d'abord réparer une injustice. Non pas seulement parce qu'il se montra, depuis l'époque de *Littérature* jusqu'à sa mort en 1959, le plus fidèle compagnon de route d'André Breton, mais parce que les textes qu'il publia au hasard des revues, et généralement sans le moindre souci de leur avenir, méritent beaucoup mieux que l'oubli dans lequel ils sont tombés *. Pour qualifier cette poésie méconnue et pourtant si prenante, on pourrait emprunter à Péret une expression qu'il utilise dans *L'As de Pique* (*Grand Jeu*, 1928) et parler de « vagabondage spécial ». « Vagabondage » au gré d'une imagination fraîche et naïve, constamment émerveillée devant ce miracle que sont les choses et ce non moins grand miracle que sont les mots. Vagabondage « spécial » puisqu'il dessine, mieux encore que chez Arp, les contours d'un univers cocasse et chantant qui possède une irrésistible vertu d'enfance. Péret retrouve dans ses poèmes l'atmosphère et le ton des plus savoureuses comptines :

« Dans le port il y a un cerf malade
il a mangé des noix
Sa voix est chaude comme un astre
Il regrette les autos des routes
et les poissons d'eau douce
Il a mangé des noix
des noix sans voix et sans chaleur
et sa peau se désole
comme une mine de charbon. »

Mais c'est peut-être dans les contes (*Le Gigot, sa vie et son œuvre*, 1957) plus encore que dans les poèmes (*Feu central*, 1947) que se déchaîne la fantaisie de Péret. Une fantaisie qui n'exclut ni la violence du refus (*Je ne mange pas de ce pain-là*, 1936) ni la gravité de la méditation (*Air mexicain*, 1952).

* Les œuvres complètes de Benjamin Péret sont en cours de publication chez Éric Losfeld.

On sonne

Un saut de puce comme une brouette dansant sur les
genoux des pavés
une puce qui fond dans un escalier où je vivrais avec toi
et le soleil pareil à une bouteille de vin rouge
s'est fait nègre
esclave nègre fustigé
Mais je t'aime comme le coquillage aime son sable
où quelqu'un le dénichera quand le soleil aura la forme
d'un haricot
qui commencera à germer comme un caillou montrant son
cœur sous l'averse
ou d'une boîte de sardines entr'ouverte
ou d'un bateau à voiles dont le foc est déchiré

Je voudrais être la projection pulvérisée du soleil sur la
parure de lierre de tes bras
ce petit insecte qui t'a chatouillée quand je t'ai connue
Non
cet éphémère de sucre irisé ne me ressemble pas plus que
le gui au chêne
qui n'a plus qu'une couronne de branches vertes où loge
un couple de rouges-gorges
Je voudrais être
car sans toi je suis à peine l'interstice entre les pavés des
prochaines barricades
J'ai tellement tes seins dans ma poitrine
que deux cratères fumants s'y dessinent comme un renne
dans une caverne
pour te recevoir comme l'armure reçoit la femme nue
attendue du fond de sa rouille
en se liquéfiant comme les vitres d'une maison qui brûle
comme un château dans une grande cheminée
pareille à un navire en dérive
sans ancre ni gouvernail
vers une île plantée d'arbres bleus qui font songer à ton
nombril
une île où je voudrais dormir avec toi

Benjamin Péret, « Un point c'est tout »,
Feu central, œuvres complètes, t. II,
Éric Losfeld, éditeur.

— Un poème d'amour (7) où la rêverie, scandée par des conditionnels (3, 14, 22, 36), se donne libre cours.

— Une prolifération d'images qui tantôt rayonnent (8-13), tantôt se composent (14-20) et tantôt s'engendrent (28-36), en donnant une double impression de richesse (l'image dans l'image : 8-11, 20-21, 26-27, 34-35) et de rapidité (brusquerie des enchaînements : 4, 7, etc. ; signification du titre?).

— Un ordre, pourtant, et une progression. Du désir de se fondre dans la femme aimée (en se diminuant soi-même : la puce, le coquillage, la projection pulvérisée, le petit insecte) à celui de s'agrandir (17) pour mieux la recevoir en soi (le chêne, l'armure, la cheminée).

Julien Gracq et **André Pieyre de Mandiargues** se rapprochent l'un et l'autre en 1947 d'un mouvement avec lequel ils s'étaient reconnu des affinités dès 1939. Tous deux sont des romanciers et seront étudiés à ce titre (*cf.* chap. 24). Mais si Julien Gracq pratique l'art du roman d'une façon à peu près exclusive, il n'en va pas de même pour Pieyre de Mandiargues qui poursuit, parallèlement à son œuvre romanesque (qui entretient du reste d'étroits rapports avec elle), une œuvre poétique abondante et variée. De *L'Âge de Craie* (1961) à *Ruisseau des Solitudes* (1967), elle compte pour le moment cinq « cahiers de poésie ». Mandiargues cultive indifféremment le court poème de circonstance à la manière de Mallarmé (« Cartolines et Dédicaces ») et le long poème en vers libres, comme « Hedera ou la persistance de l'amour pendant une rêverie » qu'il publie pour la première fois en 1944 :

« Il suffit parfois d'un mot désert
D'une parole où tu m'attendais nue
D'un silence ancien comme une place
Tombe à mes pieds le réseau funèbre
La statue s'élance hors du feuillage
L'ombre se lève au fond des boiseries
Dans le reflet neigeux de ta beauté »

A ces échos un peu artificiels de la période symboliste, auxquels il arrive que se mêle la voix désinvolte et volontiers grossière d'un cavalier libertin du XVIIe siècle, on préférera l'accent beaucoup plus personnel et beaucoup plus déroutant des poèmes en prose, *Dans les années sordides* (1943) ou ce très bel *Astyanax* (1957) dont Mandiargues précise en épigraphe : « Non pas le fâcheux fils d'Hector; Astyanax, c'est le cri des mouettes et des hirondelles de mer devant les hautes falaises de craie, percées de nids, qui ont muré les meilleurs jours de mon enfance. »

Roue de plumes

Sur une terrasse de pierres jaunes, ponctuées de petits cristaux où le soleil couchant dresse des aiguilles de feu, une roue, bâtie toute en plumes de mouette, se meut horizontalement dans un silence plus parfait qu'on ne penserait trouver dehors, même à cette heure tardive. Sa forme est d'une ellipse assez capricieuse, plutôt que d'un cercle exact. Un long boyau tordu, au bout duquel elle est fixée par des bouchons * de paille ensanglantée, l'anime d'une rotation très lente, et son support, un grand arc en os marin tout aveuglant de blancheur, paraît bien être une côte de baleine dépouillée de sa chair par la vermine et les fourmis que

* Poignées de paille tortillée.

l'on y voit courir. Aucun vent ne souffle; la mer, au pied de la terrasse, montre ce dos d'un noir absolument lisse que les pêcheurs ont toujours redouté, par une crainte irrationnelle qui, maintenant encore, les fait tirer leurs barques à l'abri derrière les premiers contreforts du château. Les plumes de la roue baignent de sang frais, et des gouttes tombent, avec régularité, sur une table de pierre qui se trouve au-dessous comme un autel. Des canaux, que la main de l'homme y a visiblement creusés dans un temps lointain, dirigent ce sang vers un bassin de métal bleu, pendu au bras d'une balance romaine. Il y a aussi un baromètre, avec plusieurs thermomètres, et ces appareils, me dit-on, servent ensemble à mesurer la moiteur de l'air. On règle pour la nuit, d'après leurs indications, l'ouverture des fenêtres au premier étage du château, car toutes ces chambres sont des chambres de malades, et la fièvre, habituelle aux vaincus, traîne ses délirantes images sur tous les murs peints à fresque de cet ancien séjour d'un prince de l'Église.

André Pieyre de Mandiargues, *Dans les années sordides*, éd. Gallimard.

— Par un narrateur anonyme (4-5, 10, 15, 20, 24), une description minutieuse (5-6) qui débouche sur une double surprise (l'objet : 24; l'époque et le lieu : 26-30).

— La révélation finale (le rationnel renforçant l'absurde : 22-24) élargit au lieu de la dissiper (valeur de l'alexandrin : 29-30) l'impression d'étrangeté morbide à laquelle concourent les moindres détails du texte (silence : 4-12; menace : 12-13; sang : 8, 17, 21; pourriture : 11-12).

— Salvador Dali a défini « l'objet surréaliste » comme un « objet qui se prête à un minimum de fonctionnement mécanique et qui est basé sur les phantasmes et représentations susceptibles d'être provoqués par la réalisation d'actes inconscients ».

En marge de ces auteurs qui représentent ce que l'on pourrait appeler le surréalisme « officiel », il convient de situer un certain nombre de poètes, sympathisants ou transfuges du groupe, qui vont connaître à partir de 1945, au moins pour deux d'entre eux, un succès (d'estime pour Char, populaire pour Prévert) particulièrement révélateur.

René Char sera traité plus loin, parmi ses pairs (*cf.* chap. 10). On se contentera d'évoquer ici sa position vis-à-vis d'un mouvement dont il partagea longtemps les activités (il publia notamment en 1930, conjointement avec Éluard et Breton, *Ralentir Travaux*) mais dont il se détache à la veille de 1939. Plutôt que d'une franche séparation, il s'agit d'une prise de distance qui n'empêche ni la fidélité (« Notre particularité, écrit-il à Breton en 1947, consiste à n'être indésirables qu'en fonction de notre refus de signer le dernier feuillet, celui de l'apaisement ») ni les amitiés nouvelles (il se fait éditer chez Gallimard dans la collection « Espoir » dirigée par Albert Camus).

Le cas de **Joë Bousquet** est assez voisin de celui de René Char. Il écrit en 1938 à celle qu'il appelle « Poisson d'Or » : « J'ai signé les manifestes surréalistes du début; je suis resté l'ami des meilleurs, surtout de Paul Éluard et de Max Ernst, mais je crois voir à partir de quel point le groupe a dévié. » Est-ce bien le groupe qui a dévié? Ou ne serait-ce pas plutôt, au double contact d'un René Nelli (grand connaisseur de la mystique cathare) et d'un Paulhan (grand explorateur du langage), Joë Bousquet lui-même? Il n'est guère facile, à vrai dire, de s'orienter dans cette œuvre dispersée, aux intentions souvent obscures et qui oublie parfois de répondre à l'attente que son auteur a su faire naître en nous. Ne serait-ce point là du reste sa meilleure définition? L'œuvre de Bousquet figure moins une œuvre que l'attente d'une œuvre, elle est moins une somme de poèmes accomplis, finis, qu'un hymne ininterrompu à la poésie, le journal en miettes d'un poète qui, retrouvant par-delà le surréalisme la grande leçon du romantisme allemand, n'écrit pas de poèmes mais écrit la poésie qu'il vit : « [...] il y a deux façons de comprendre l'activité littéraire, explique-t-il en 1945 à sa correspondante, toujours dans les *Lettres à Poisson d'Or* : ou bien employer les ressources de son art à édifier un récit et donner ainsi aux hommes que l'on a su séduire une valeur de remplacement qui les aidera à supporter la vie. Ou bien changer sa vie, la purifier de tout ce que nous lui avions ajouté, lui restituer sa fraîcheur devant le jour, comme pour n'y sentir que la grâce et le don, et, rendus ainsi à une espèce d'innocence, communiquer notre bonheur et montrer qu'il ressemble à celui du rêve. Tu sais que j'ai pris ce parti; et quel rôle tu joues dans cette expérience mystique. »

C'est pourquoi on ne découvrira le véritable Bousquet ni dans un conte comme *Iris et Petite Fumée* (1939), qui possède à peu près la couleur et la consistance de son titre, ni dans les « pensefables et dansemuses » à la façon des troubadours de *La Connaissance du soir* (1947), dont la grâce n'évite pas toujours le piège de la mièvrerie :

Envoi

« Puisse en l'attente qu'il endure
Mon cœur las de vivre à demi
Mourir d'entendre le murmure
Qui tient ce qu'il aime endormi. »

Plutôt qu'à ces pâles rêveries ou à ces divertissements galants (encore que la Dame n'y joue pas seulement un rôle décoratif), mieux vaut s'adresser, pour mesurer l'importance et l'originalité de ce poète sans poèmes, de ce mystique sans religion et de cet amoureux sans femmes, à ses cahiers (*Traduit du silence*, 1939) et à ses lettres (*Lettres à Poisson d'Or*, 1967; *Correspondance*, 1969). Celui « dont une balle a paralysé la vie » (lui fracassant, le 27 mai 1918, la colonne vertébrale et le tenant cloué jusqu'à sa mort, en 1950, sur un lit de souffrances) y cherche obstinément, non pas à oublier sa blessure, mais à s'identifier à elle :

« J'aurai mis toutes mes forces à “naturaliser” l'accident dont ma jeunesse a été la victime. J'ai voulu qu'il cessât de me demeurer extérieur; et que toute mon activité intellectuelle et morale en fût le prolongement nécessaire; comme si, dans une existence entièrement restaurée, je pouvais effacer le caractère matériel dont il était revêtu, éliminer de mes pensées l'impression qu'un hasard avait pu s'appesantir sur moi sans démêler ma vie de celle des choses. Il ne s'agit pas pour moi d'écrire, mais de rendre à ma vie sa hauteur inévaluable; et pour cela, de la faire indifférente à ce qui se produisit en elle sous le jour de l'accident. » *(Traduit du silence.)*

Bousquet attend de la connaissance de soi qu'elle lui ouvre la voie des métamorphoses : se connaître pour se transformer, pour accéder enfin à l'être en abolissant les frontières qui séparent le rêve de la vie et en faisant se rejoindre, dans un « langage entier », le silence intérieur et le murmure du monde. « Poésie : un sens du langage qui soit aussi le sens de l'être. » Poésie, un autre nom — Bousquet comme Breton l'avait bien compris — pour le désir, un désir qui puise dans les mots son pouvoir et sa clarté :

« Germaine, écoute-moi : Nous ne sommes pas tout à fait au monde, et les choses mêmes ne se réalisent tout à fait qu'une fois revêtues du songe d'un homme. On dirait que chacun de nous, dans cette vie, est le somnambule de son être véritable, comme si nous incarnions les peines et les plaisirs de deux amants trop beaux pour être vus. Mon enfant chérie, nous n'avons été créés, rapprochés que pour éclairer nos visages avec la lumière de nos mots d'amour, et former, pour un instant, dans la triste lumière d'ici-bas, une flamme si pure que le ciel s'y puisse détourner de lui-même. » *(Lettres à Poisson d'Or.)*

Pour **Jacques Prévert,** aucune ambiguïté : lorsqu'il quitte le surréalisme, en 1929, c'est pour n'y plus revenir. Ce qui sera salué par la critique, au lendemain de la guerre, comme une révélation, ce qui est encore célébré par Gaëtan Picon, en 1960, comme un « langage neuf », appartient en fait aux origines mêmes du surréalisme, à son inspiration la plus ancienne et la plus authentique. Prévert rejoint peut-être « l'ancienne tradition de la poésie orale », il prolonge à coup sûr (osera-t-on dire, mais sans rien mettre de péjoratif dans ce terme, qu'il « vulgarise »?) les jeux de mots d'un Duchamp et d'un Desnos (qui composent l'un et l'autre aux alentours de 1922 une série de contrepèteries attribuées au personnage mythique de Rrose Sélavy), les expérimentations verbales d'un Vitrac dans *Peau-Asie* (*Littérature*, 1923) ou d'un Leiris dans son *Glossaire* (*La Révolution surréaliste*, 1925).

Prévert, dans des proportions qui lui sont propres et qui expliquent son immense et durable popularité, réalise la synthèse de deux courants qui traversent l'un et l'autre le surréalisme : le courant « langagier » et le courant « libertaire ». Poète qui joue des mots, qui sait, comme le recommandait Breton, leur laisser « faire l'amour » pour mieux engendrer la merveille, Prévert est aussi et en même temps celui qui se joue des mots pour mieux se jouer de la société d'exploiteurs et d'oppresseurs qu'il vitupère :

Cl. Jacqueline Hyde.

***Haute-Couture*,**
collage de Jacques Prévert.

« La viande aussi, le pain, l'abbé, la messe, mes frères, les légumes, les fruits, un malade, le docteur, l'abbé, un mort, l'abbé, la messe des morts, les feuilles vivantes, Jésus-Christ tombe pour la première fois, le Roi Soleil, le pélican lassé, le plus petit commun multiple, le Général Dourakine, le Petit Chose, notre bon ange, Blanche de Castille, le petit tambour Bara, le Fruit de nos entrailles, l'abbé, tout seul ou avec un petit camarade, le renard, les raisins, la retraite de Russie, Clanche de Bastille, l'asthme de Panama et l'arthrite de Russie, les mains sur la table, J.-C. tombe pour la nième fois, il ouvre un large bec et laisse tomber le fromage pour réparer des ans l'irréparable outrage, le nez de Cléopâtre dans la vessie de Cromwell et voilà la face du monde changée, ainsi on grandissait, on allait à la messe, on s'instruisait et quelquefois on jouait avec l'âne dans le jardin. »

Tout au long de ces *Souvenirs de famille* (parus pour la première fois dans la revue

Bifur en 1930) comme dans les autres pages de Prévert recueillies dans *Paroles* (1945), dans *Histoires* (1948) ou dans *Spectacle* (1951), lyrisme et satire (on pourrait dire aussi bien : amour et fureur, humour et tendresse) sont inséparables. Ou lorsqu'ils se séparent, c'est au grand dam d'une poésie qui a su trouver dans la chanson (*cf.* chap. 28), parmi une infinie variété de formes (contes, inventaires, charades, monologues, saynètes) son moyen d'expression — et de diffusion — privilégié.

Présence du surréalisme

« Il n'y a plus d'école, écrivait Maurice Blanchot dans *La Part du feu* (1949), mais un état d'esprit subsiste. Personne n'appartient plus à ce mouvement mais tout le monde sait qu'il aurait pu en faire partie. » Ce jugement, nous l'avons assez montré, est à nuancer, mais Blanchot parle d' « école », non de « groupe », et dans ce sens, comment ne pas lui donner raison? Il n'est que de lire le compte rendu, publié en 1968, des *Entretiens sur le surréalisme* tenus en 1966 à Cerisy-la-Salle : les membres du groupe semblent paralysés, dans leurs interventions, par un passé qui fut assurément glorieux, mais dont le rappel obsédant prend trop souvent la forme du pastiche. La mort d'André Breton, le 28 septembre 1966, précipite une fin qui devenait de plus en plus prévisible, ce qui ne signifie point, tant s'en faut, qu'elle était acquise dès 1939 : des dissensions internes, aggravées par les récents événements politiques, se font bientôt jour au sein du groupe. Dans un texte en forme de manifeste publié dans *Le Monde* du 4 octobre 1969, Jean Schuster signe l'acte de décès du surréalisme « historique » : « Le n° 7 de *L'Archibras* daté mars 1969 mais achevé de rédiger en janvier, est la dernière manifestation du surréalisme, en tant que mouvement organisé, en France. »

Mais il y avait beau temps, en 1969, que le surréalisme n'était plus dans le surréalisme. Par sa faute ou par sa grâce. Par toutes les œuvres qu'il a ressuscitées (Sade, Lautréamont, etc.) et par toutes celles qu'il a suscitées, qu'elles relèvent ou non de lui, en les rendant enfin possibles. Le surréalisme — que l'on se réfère à la quatrième partie de notre livre (« les inventeurs ») — aura été l'un des grands initiateurs de la littérature moderne. Le mot même de surréalisme est aujourd'hui passé dans la langue, non pas seulement comme le synonyme à la fois humoristique et pédant de « bizarre », d' « insolite » ou d' « onirique », mais comme une véritable catégorie sans laquelle il ne nous semble plus possible de parler de certains livres ou de certains films, de certaines toiles ou de certains événements. Indice d'une révolution ou d'une révélation profondes dans la sensibilité comme dans la conscience de notre temps. C'est par rapport au surréalisme, défini comme une recherche, que se situent aujourd'hui un Le Clézio (pour contester les facilités de l'écriture automatique) ou les membres de *Tel Quel* (pour tenter de réinterpréter, toujours du point de vue de l'écriture, quelques-unes des découvertes du groupe). C'est au surréalisme comme élan et comme foi, ou à ses origines dadaïsantes, que renvoient certains slogans de mai 1968. Double et durable action, de la part d'un mouvement qui ne les a jamais séparées, sur la littérature et sur la vie.

Choix bibliographique :

M. Nadeau, *Histoire du surréalisme*, Seuil.
J.-L. Bédouin, *Vingt ans de surréalisme (1939-1959)*, Denoël.
J.-L. Bédouin, *La Poésie surréaliste*, Seghers.
J. Schuster, *Archives 57/68*, Éric Losfeld.
F. Alquié, *Philosophie du surréalisme*, Flammarion.
M. Carrouges, *André Breton et les données fondamentales du surréalisme*, coll. Idées, Gallimard.
« André Breton et le mouvement surréaliste », n° spécial de la *N.R.F.*, avril 1967.
Entretiens sur le surréalisme, sous la direction de F. Alquié, Mouton.

Troisième partie

Domaine de la tradition

Cl. Gisèle Freund.

Paul Valéry.

Chapitre VIII

La fin des patriarches

L'après-guerre voit disparaître les derniers survivants de cette génération d'auteurs née aux alentours de 1870, qui s'est révélée l'une des plus riches de notre histoire littéraire. Voici que meurent tour à tour Romain Rolland en 1944, Paul Valéry en 1945, André Suarès en 1948, André Gide en 1951, Colette en 1954, Paul Claudel en 1955, Jean Schlumberger en 1968. Si nous ne retiendrons ici que les trois noms de Valéry, de Gide et de Claudel, ce n'est pas seulement en songeant à l'exceptionnelle qualité des œuvres, mais aussi et surtout à l'exceptionnelle situation qui est celle de leurs auteurs en 1945. Valéry, Gide et Claudel font véritablement figure, au moment de la Libération, de patriarches des lettres : la IIIe République les avait distingués, la IVe les comble. Au milieu de la gloire et des honneurs, ils parviennent pourtant à préserver leur liberté d'homme et d'écrivain. On sent même, à lire leurs derniers textes et à les confronter, que cet excès d'honneurs les a comme déliés de leur propre personnage et de toutes les servitudes qui les entourent : tous trois manifestent, et d'abord vis-à-vis d'eux-mêmes, cette aisance allègre et cette audace que confèrent, à qui sait les manier, l'ironie, la fantaisie, l'humour. En dépit de leur grand âge et malgré le sentiment qu'ils éprouvent parfois d'appartenir à une époque révolue, jamais, serait-on tenté de croire, ils ne furent aussi jeunes.

Paul Valéry

Membre du Conseil des musées nationaux, président du Pen-Club et administrateur du Centre universitaire méditerranéen, Paul Valéry, qui appartient depuis 1925 à l'Académie française, cumule les charges et les honneurs. Il ne les a pas plus recherchés qu'il ne les a refusés. Dès sa vingtième année, son choix était fait : c'est à l' « idole de l'intellect » qu'il sacrifiera. « En vérité, explique-t-il à son exégète Maurice Bémol en 1940, ma vie intellectuelle s'est développée depuis 1892 le long d'un axe de recherche de mon propre fonctionnement mental, fort différent d'un chemin de philosophe, et la production d'œuvres n'a été qu'un ensemble d'écarts limités par ce fil conducteur. » Écarts limités que *La Jeune Parque* ou *Charmes :* ils lui apporteront la gloire, et des travaux de commande dont il s'acquittera ponctuellement, mais sans cette passion personnelle et profonde qu'il réserve à ses *Cahiers*. « Je n'ai qu'un moment de bon dans la journée (quand il est bon!), confiait-il en 1925 à son ami Gustave Fourment, c'est de 5 h à 6 h du matin quand je fais mes petites philosophies d'un sou, dans mes éternels cahiers, sans aucune considération de public, sans vergogne. »

Ces *Cahiers* ont été publiés après la mort de l'auteur, entre 1957 et 1961, par les soins du Centre National de la Recherche Scientifique. Ils représentent, dans cette magnifique édition en fac-similé, vingt-neuf volumes de près de neuf cents pages chacun. C'est dire l'ampleur et la richesse d'une réflexion qui s'est inlassablement poursuivie de 1894 à 1945 et qui apparaît bien aujourd'hui comme l'entreprise essentielle de Valéry. Définissant tout à la fois leur pourquoi et leur comment, le poète nommait lui-même ses *Cahiers*, qu'il n'avait jamais songé à livrer tels quels au public (même s'il a pu lui arriver, de son vivant, d'en extraire quelques fragments), des « calques successifs ». « Ce que j'ai désiré, voulu? Un art de Re-penser. » « Toute ma philosophie, note-t-il encore, ne consiste qu'à exercer mon esprit et d'abord, puis enfin, sur lui-même. » Moins une œuvre, donc, qu'une épreuve, et le contraire, à coup sûr, d'un journal intime. Ce n'est pas en effet son moi personnel qui intéresse Valéry, mais son « moi pur ». Comme il l'écrit en 1943 au R. P. Rideau, qui venait de consacrer tout un ouvrage à l'étude de sa pensée : « Je ne me suis jamais référé qu'à mon MOI PUR, par quoi j'entends l'absolu de la conscience, qui est l'opération unique et uniforme de se dégager automatiquement de *tout*, et dans ce tout, figure notre personne même, avec son histoire, ses singularités, ses puissances diverses et ses complaisances propres. Je compare volontiers ce MOI PUR à ce précieux Zéro de l'écriture mathématique, auquel toute expression algébrique s'égale... Cette manière de voir m'est, en quelque sorte consubstantielle. Elle s'impose à ma pensée depuis un demi-siècle, et l'engage quelquefois dans des transformations intéressantes, comme elle la dégage, d'autres fois, de liaisons tout accidentelles. »

Par sa nature même, une telle recherche se veut indépendante des circonstances. La défaite de 1940 n'interrompra pas la méditation du philosophe, mais elle la teindra d'amertume. Faisant allusion à l'un de ses tout premiers textes *(Une Conquête méthodique *)*, Valéry remarque : « J'ai vu, je vois se réaliser ce que j'ai prévu dès 95 — et j'en suis peu fier, car c'est triste. » Il ne peut retenir son dégoût et son écœurement devant l'absurdité de l'histoire. On lit dans les *Cahiers*, datée du lundi de Pâques 1942, cette page désabusée : « Il est 5 h. Pendant que j'écris la note ci-après sur le "temps", le ciel est en grand émoi de fusées, feux et canonnades, les Anglais en haut, les Allemands en bas. Tous ces peuples dans l'air de Paris. La sottise de tout ce vacarme est admirable. Tous ces gens en service commandé. Je vois d'ici les équipes, les règlements, les à-coups, les zèles, les erreurs, les peurs rentrées, les envies de pisser, les rapports à faire, etc. Tous cela fait de "l'histoire", en vient et y rentre, ne rime à rien, embête ou terrifie tout le monde, gâche de la marchandise et de l'énergie, prendra de beaux noms — et suppose une crédulité fondamentale et une sensibilité du plus bas genre, de la qualité la plus vulgaire — la plus — humaine. » Un tel sentiment n'avait pourtant pas empêché Valéry de prononcer en 1941, au moment de la mort de Bergson, un discours courageux. Il ne l'empêchera pas davantage de saluer avec enthousiasme, en 1944, le retour de la liberté. Mais l'on sent bien que l'écrivain, à partir de 1940, a définitivement pris ses distances avec son temps.

Parallèlement à la rédaction quotidienne de ses *Cahiers*, Valéry va consacrer les années de guerre à reprendre des projets souvent très anciens, mais qu'avaient retardés ses multiples activités officielles et mondaines. Une pièce de théâtre, tout d'abord, intitulée

---

* On trouvera cet article, publié pour la première fois en 1897 sous le titre *La Conquête allemande*, dans le tome I des *Œuvres* de Valéry, Bibl. de la Pléiade, éd. Gallimard, p. 971-987.

« *Mon Faust* ». Cette œuvre, publiée à tirage limité en 1941 et reprise en édition courante en 1946, ne dépassera pas, il est vrai, l'état d'esquisse ou plus exactement de double esquisse, — comme si son auteur n'avait pas su ou n'avait pas voulu choisir entre deux traitements possibles d'un même thème. « *Mon Faust* » réunit en effet deux textes pareillement inachevés : une comédie, *Lust, la demoiselle de cristal*, et une féerie dramatique, *Le Solitaire ou les malédictions d'Univers*. Valéry les présente ainsi, en manière de préface :

« Tant de choses ont changé dans ce monde, depuis cent ans, que l'on pouvait se laisser séduire à l'idée de plonger dans notre espace, si différent de celui des premiers lustres du XIXe siècle, les deux fameux protagonistes du *Faust* de Gœthe.

Or, un certain jour de 1940, je me suis surpris me parlant à deux voix et me suis laissé aller à écrire ce qui me venait. J'ai donc ébauché très vivement, et — je l'avoue — sans plan, sans souci d'actions ni de dimensions, les actes que voici de deux pièces très différentes, si ce sont là des pièces. Dans une arrière-pensée, je me trouvais vaguement le dessein d'un IIIe Faust qui pourrait comprendre un nombre indéterminé d'ouvrages plus ou moins faits pour le théâtre : drames, comédies, tragédies, féeries selon l'occasion : vers ou prose, selon l'humeur, productions parallèles, indépendantes, mais qui, je le savais, n'existeraient jamais... »

A lire ces ébauches comme nous y invite l'auteur, c'est-à-dire en lecteur « de mauvaise foi et de bonne volonté », on demeure à la fois ébloui et perplexe. Ébloui par la très libre fantaisie d'un style qui se plie, et se plaît, à tous les styles : *Lust*, par exemple, évoque aussi bien Giraudoux (le personnage de la jeune fille, les mots d'esprit) que Ghelderode (la scène où les trois démons, Bélial, Astaroth et Gounngoune, s'efforcent de troubler le sommeil du Disciple). Mais comment adhérer pleinement à une action dramatique dont le lien, si tant est qu'il existe, se laisse aussi mal deviner ? Comme le fait remarquer l'un des personnages, on attend des réponses et l'on n'obtient que des répliques. Mais si brillantes qu'elles ont conduit un metteur en scène à porter « *Mon Faust* » au théâtre en 1962* — comme y furent portés peu après *L'Idée fixe* en 1966, *Eupalinos* et *L'Âme et la danse* en 1967.

[L'idole Esprit]

Faust et Méphistophélès viennent d'arriver au sommet d'une haute montagne. Méphistophélès, ne pouvant supporter l'altitude, abandonne Faust. Celui-ci surprend alors les vociférations épouvantables et géniales d'un étrange personnage qui se dit être à la fois « seul » et « légion ».

LE SOLITAIRE. — Pour quoi faire, l'esprit? A quoi te sert ton esprit? A être bête. Qui n'a pas d'esprit n'est pas bête. Le parfait n'a pas d'esprit. Si le cœur avait de l'esprit, on serait mort. Dès qu'il se ressent de l'esprit, le cœur est en peine; il pâtit, il se serre ou il se hâte; il doit se défendre. Contre quoi? Contre l'esprit. Si la nature, cette imbécile, a dû nous inventer un peu d'esprit, c'est qu'elle n'a pas su donner au corps de quoi se tirer tout seul d'affaire en toutes conjonctures, sans bavardage intime et sans réflexion.

FAUST. — C'est clair. De sorte que, si la Nature avait eu beaucoup plus d'esprit, elle eût fait l'économie de ce peu qu'elle nous donna.

LE SOLITAIRE. — Ho ho... On dirait que tu commences à comprendre... Moi aussi, j'ai été très intelligent... Moi aussi,

* *Le Solitaire* avait déjà été représenté à la Comédie-Française le 17 avril 1945.

j'ai cru très longtemps que l'esprit, cela était au-dessus de tout. Mais j'ai observé que le mien me servait à fort peu de chose, il n'avait presque point d'emploi dans ma vie même. Toutes mes connaissances, mes raisonnements, mes clartés, mes curiosités ne jouaient qu'un rôle, ou nul, ou déplorable, dans les décisions ou dans les actions qui m'importaient le plus... Toute chose importante affecte, déprime ou supprime la pensée; et c'est même à quoi l'on en reconnaît l'importance... Penser, penser...! La pensée gâte le plaisir et exaspère la peine. Chose grave, la douleur quelquefois donne de l'esprit. Comment veux-tu qu'un produit de la douleur ne soit pas un produit de dégradation et de désordre. Penser?... Non, ni l'amour ni la nourriture n'en sont rendus plus faciles et plus agréables. Qu'est-ce donc qu'une intelligence qui n'entre pas dans ces grandes actions? Au contraire! La délectation des caresses et des succulences est gâchée, corrompue, hâtée, infectée par les idées... Moi aussi, j'étais très intelligent. J'étais plus intelligent qu'il ne faut l'être pour adorer l'idole Esprit. Le mien (qui était cependant assez bon) ne m'offrait que la fermentation fatigante de ses activités malignes. Le travail perpétuel de ce qui invente, se divise, se reprend, se démène dans l'étroite enceinte de chaque moment ne fait qu'engendrer les désirs insensés, les hypothèses vaines, les problèmes absurdes, les regrets inutiles, les craintes imaginaires... Et que veux-tu qu'il fasse d'autre?... Regarde un peu là-haut... Hein? Le beau ciel, le célèbre ciel étoilé au-dessus des têtes! Regarde et songe! Songe, Minime Ordure, à tout ce que cette grenaille et ces poussières ont semé de sottises dans les cervelles; à tout ce qu'elles ont fait imaginer, déclamer, supposer, chanter et calculer par notre genre humain... Oui, Ordure, le ciel et la mort ont rendu les hommes pensants plus stupides que mes pourceaux *.

* Les pourceaux sont ceux dont vit le Solitaire. Il finit par pousser à l'abîme l'indiscret Faust. Ce dernier se réveille au second acte chez les Fées mais il refuse tous leurs dons et se dit « excédé d'être une créature ».

Paul Valéry, *Le Solitaire*, Acte I, scène II
(« *Mon Faust* », éd. Gallimard).

— Un violent réquisitoire contre l'esprit, en deux temps (1-10, 14-49) et en deux points (inutilité : 1-3, 17-19; malfaisance : 4-6, 24-41).

— Variété des genres (de la maxime à la méditation, du couplet à la tirade) et des tons : de l'humour (2) à l'imprécation (47-49), en passant par la moquerie familière (14-15) et la gravité sentencieuse (24-26).

— Par personnage interposé, Valéry soumet sa propre idole (35) à l'épreuve d'une dérision qui annonce à sa manière le négativisme moderne. Le Solitaire ou l'anti-Teste (*cf. Monsieur Teste*, dont les pages les plus anciennes remontent à 1896).

Autre projet, dont on retrouve la trace dans les *Cahiers* dès 1900 et dont un travail de commande (la traduction vers par vers des *Bucoliques* de Virgile) va enfin précipiter l'exécution : le *Dialogue de l'Arbre*. Ce texte qui mérite, mieux encore que le poème de *L'Ange* (commencé en 1922 et achevé en 1945), d'être qualifié de testamentaire, sera lu par Valéry en 1943 à la réunion des Cinq Académies. Dans un langage que l'on dirait intemporel dans la mesure où il rassemble et compose toutes les ressources de toute une langue, Valéry traite une fois encore de son grand, sinon de son seul sujet : les rapports entre la connaissance et la création.

[Une Plante, qui pense]

Valéry imagine le dialogue, au pied d'un hêtre, entre le berger Tityre (l'un des personnages de la première *Bucolique*) et le philosophe Lucrèce (l'auteur de *La Nature des choses*).

LUCRÈCE. — Je ne sais si je puis mieux dire qu'une Fable... Je voulais te parler du sentiment que j'ai, parfois, d'être moi-même Plante, une Plante, qui pense, mais ne distingue pas ses puissances diverses, sa forme de ses forces, et son port de son lieu. Forces, formes, grandeur, et volume, et durée ne sont qu'un même fleuve d'existence, un flux dont la liqueur expire en solide très dur, tandis que le vouloir obscur de la croissance s'élève, éclate, et veut redevenir vouloir sous l'espèce innombrable et légère des graines. Et je me sens vivant l'entreprise inouïe du Type de la Plante, envahissant l'espace, improvisant un rêve de ramure, plongeant en pleine fange et s'enivrant des sels de la terre, tandis que dans l'air libre, elle ouvre par degrés aux largesses du ciel des milliers verts de lèvres... Autant elle s'enfonce, autant s'élève-t-elle : elle enchaîne l'informe, elle attaque le vide; elle lutte pour tout changer en elle-même, et c'est là son Idée!... O Tityre, il me semble participer de tout mon être à cette méditation puissante, et agissante, et rigoureusement suivie dans son dessein, que m'ordonne la Plante...

TITYRE. — Tu dis que la Plante médite?

LUCRÈCE. — Je dis que si quelqu'un médite au monde, c'est la Plante.

TITYRE. — *Médite?...* Peut-être de ce mot le sens m'est-il obscur?

LUCRÈCE. — Ne t'en inquiète point. Le manque d'un seul mot fait mieux vivre une phrase : elle s'ouvre plus vaste et propose à l'esprit d'être un peu plus esprit pour combler la lacune.

TITYRE. — Je ne suis pas si fort... Je ne sais concevoir qu'une plante médite.

LUCRÈCE. — Pâtre, ce que tu vois d'un arbuste ou d'un arbre, ce n'est que le dehors et que l'instant offerts à l'œil indifférent qui ne fait, qu'effleurer la surface du monde. Mais la plante présente aux yeux spirituels non point un simple objet de vie humble et passive, mais un étrange vœu de trame universelle.

TITYRE. — Je ne suis qu'un berger, Lucrèce, épargne-le!

LUCRÈCE. — Méditer, n'est-ce point s'approfondir dans l'ordre? Vois comme l'Arbre aveugle aux membres divergents s'accroît autour de soi selon la Symétrie. La vie en lui calcule, exhausse une structure, et rayonne son nombre par branches et leurs brins, et chaque brin sa feuille, aux points mêmes marqués dans le naissant futur...

TITYRE. — Hélas, comment te suivre?

LUCRÈCE. — Ne crains pas, mais écoute : lorsqu'il te vient dans l'âme une ombre de chanson, un désir de créer qui te prend à la gorge, ne sens-tu pas ta voix s'enfler vers le son pur? Ne sens-tu pas se fondre et sa vie et ton vœu, vers le son désiré dont l'onde te soulève? Ah! Tityre, une plante est un chant dont le rythme déploie une forme certaine, et dans l'espace expose un mystère du temps. Chaque jour, elle dresse un peu plus haut la charge de ses charpentes torses, et livre par milliers ses feuilles au soleil, chacune délirant à son poste dans l'air, selon ce qui lui vient de brise et qu'elle croit son inspiration singulière et divine...

Paul Valéry, *Dialogue de l'Arbre* (*Eupalinos*, éd. Gallimard).

— Dialogue et pédagogie : le philosophe, pour se faire entendre du berger, recourt successivement au langage du mythe (1-20), à celui de la science (39-45; on remarquera, en 42, l'emploi du mot « structure ») et à celui (47-58) de l'expérience quotidienne (Tityre a l'habitude, pendant qu'il garde ses troupeaux, d'improviser des chansons sur sa flûte).

— Poésie et philosophie : autour du problème central, qui n'a cessé de préoccuper Valéry depuis l'*Introduction à la méthode de Léonard de Vinci* (1894), du « pouvoir de l'esprit », une méditation qui cherche moins à comprendre abstraitement la nature de la pensée, qu'à la vivre ou à la revivre « en acte ». L'imagination dynamique : sur une cellule rythmique très proche de l'alexandrin (15-16, 47-50), un même mouvement d'expansion plusieurs fois repris (10-15, 41-45, 54-58).

Dernier projet, à coup sûr le plus important pour l'histoire des lettres françaises au XXe siècle, mais qui ne pouvait, par sa nature même, que rester inachevé : celui d'une « Poétique ». Ce projet, le plus ancien de tous puisqu'il remonte à la découverte que Valéry fit de Poe en 1892, devait trouver sa formulation décisive en 1936. Le poète s'était porté candidat à une chaire de professeur au Collège de France : il fut élu sur sa réputation mais aussi sur son programme, et sa chaire prit le nom, qu'il avait lui-même proposé, de chaire de Poétique. Sous la forme de leçons qu'il est malheureusement très difficile de reconstituer à partir des seuls documents qui nous soient parvenus, Valéry dispensa dès lors, de 1937 jusqu'à la veille de sa mort, en 1945, un enseignement que l'on peut estimer à bien des égards prophétique et qui fait de ce poète, aujourd'hui plus ou moins renié par des successeurs que son exemple continue pourtant de fasciner, le contemporain de la critique la plus récente et la plus novatrice. Même s'ils infléchissent leur recherche dans le sens d'une analyse des formes plutôt que d'une psychologie de la création, un Jakobson ou un Todorov (*cf.* chap. 30), en reprenant à Valéry le terme de Poétique, reconnaissent ainsi leur dette envers celui qui fut et se voulut, à mi-chemin de la science et de l'art, avec la tenace modestie d'un « amateur », l'un des pionniers de notre modernité.

[La recherche des effets proprement littéraires du langage]

A une Histoire de la Littérature définie comme « une histoire des auteurs et des accidents de leur carrière ou de celle de leurs ouvrages », Valéry vient d'opposer une « *Histoire de l'esprit en tant qu'il produit ou consomme de la "littérature"* ».

[...] une Histoire de ce type suppose ou exige, à titre de préambule ou de préparation, une étude qui eût pour objet de former une idée aussi exacte que possible des conditions d'existence et de développement de la Littérature, une analyse des modes d'action de cet art, de ses moyens et de la diversité de ses formes. On ne concevrait pas que l'Histoire de la Peinture, ou celle des Mathématiques (par exemple) ne fussent pas précédées d'une connaissance assez approfondie de ces disciplines et de leurs techniques propres. Mais la Littérature, à cause de sa facilité apparente de production (puisqu'elle a pour substance et pour instrument le langage de tous, et qu'elle ne combine que des idées non spécialement élaborées) semble pouvoir se passer, pour être pratiquée et goûtée, de toute préparation particulière. On ne conteste pas que cette préparation puisse paraître négligeable : c'est l'opinion commune, selon laquelle une plume et un cahier de papier, en y ajoutant quelque don naturel, font un écrivain.

Ce n'était pas là le sentiment des anciens, ni celui de nos plus illustres auteurs. Ceux-là mêmes qui ont cru ne devoir leurs ouvrages qu'à leur désir et à leurs vertus immédiatement exercées, s'étaient fait, sans qu'ils s'en doutassent, tout un système d'habitudes et d'idées qui étaient les fruits de leurs expériences et s'imposaient à leur production. Ils avaient beau ne pas soupçonner toutes les définitions, toutes les conventions, toute la logique et la « combinatoire » que la composition suppose, et croire ne rien devoir qu'à l'instant même, leur travail mettait nécessairement en jeu tous ces procédés et ces modes inévitables du fonctionnement de l'esprit. Les reprises d'un ouvrage, les repentirs, les ratures, et enfin les progrès marqués par les œuvres successives montrent bien que la part de l'arbitraire, de l'imprévu, de l'émotion, et même celle de l'intention actuelle, n'est prépondérante qu'en apparence. Notre main, quand elle écrit, ne nous donne pas normalement à percevoir l'étonnante complication de son mécanisme et des forces distinctes qu'elle assemble dans son action. Mais ce qu'elle écrit ne doit pas, sans doute, être moins composé; et chaque phrase que nous formons doit, comme tout acte complexe et singulier, être approprié à quelque circonstance qui ne se reproduit pas, comporter une coordination de perceptions actuelles, d'impulsions et d'images du moment avec tout un « matériel » de réflexes, de souvenirs et d'habitudes. Tout ceci résulte de la moindre observation du langage « en acte ».

Mais encore, une réflexion tout aussi simple nous conduit à penser que *la Littérature est*, et *ne peut être autre chose qu'une sorte d'extension et d'application de certaines propriétés du Langage.*

Elle utilise, par exemple, à ses fins propres, les propriétés phoniques et les possibilités rythmiques du parler, que le discours ordinaire néglige. Elle les classe même, les organise, et en fait quelquefois un emploi systématique, strictement défini. Il lui arrive aussi de développer les effets que peuvent produire les rapprochements de termes, leurs contrastes, et de créer des contractions ou user de substitutions qui excitent l'esprit à produire des représentations plus vives que celles qui lui suffisent à entendre le langage ordinaire. C'est là le domaine des « figures », dont s'inquiétait l'antique « Rhétorique », et qui est aujourd'hui à peu près délaissé par l'enseignement. Cet abandon est regrettable. La formation de figures est indivisible de celle du langage lui-même, dont tous les mots « abstraits » sont obtenus par quelque abus ou quelque transport de signification, suivi d'un oubli du sens primitif. Le poète qui multiplie les figures ne fait donc que retrouver en lui-même le langage *à l'état naissant*. D'ailleurs, en considérant les choses d'assez haut, ne peut-on pas considérer le Langage lui-même comme le chef-d'œuvre des chefs-d'œuvre littéraires, puisque toute création dans cet ordre se réduit à une combinaison des puissances d'un vocabulaire donné, selon des formes instituées une fois pour toutes?

En somme, l'étude dont nous parlions aurait pour objet de préciser et de développer la recherche des effets proprement littéraires du langage, l'examen des inventions expressives et suggestives qui ont été faites pour accroître le pouvoir et la pénétration de la parole, et celui des restrictions que l'on a parfois imposées en vue de bien distinguer la langue de la fiction de celle de l'usage, etc.

Paul Valéry,
L'Enseignement de la Poétique au Collège de France
(*Variété V*, éd. Gallimard).

— Une démonstration (1-46), un manifeste (47-74) et un programme (75-82) : contre l'opinion commune (10-18), Valéry évoque tour à tour le sentiment des classiques (19-30), l'examen des textes (30-35) et le témoignage de l'introspection (35-46).

— Commentant ce texte, Gérard Genette (*cf.* chap. 30) écrit dans *Figures* (éd. du Seuil, 1966) : « Les recherches modernes sur les figures de transformations à l'œuvre dans le mythe, le conte populaire, les formes générales du récit, sont évidemment dans le droit fil du programme valéryen. Cette grande Histoire anonyme de la littérature, cette "Histoire de l'esprit en tant qu'il produit ou consomme de la littérature", qu'il prévoyait en ouvrant son cours de Poétique, cette histoire reste à faire, et peu de tâches en ce domaine, paraissent mieux répondre aux besoins et aux moyens actuels de notre intelligence critique. »

André Gide

Les dernières années de Gide ont bien été celles d'un prestigieux patriarche des lettres. Les honneurs pleuvent sur celui qu'avait toujours hanté le sort d'Oscar Wilde. Reçu docteur *honoris causa* d'Oxford en 1947, il ne lui déplaît pas de succéder dans cette consécration académique à François Mauriac. La même année, les jurés suédois lui décernent le prix Nobel : quand ils saluent en l'écrivain français l' « intrépide amour de la vérité », ils semblent bien rendre hommage à toute l'œuvre du lauréat, sans omettre *Corydon* ou *Si le grain ne meurt*. L'homme qui avait attendu vingt ans pour que s'écoulent les trois cents exemplaires des *Nourritures terrestres* (1897), qui était resté un écrivain presque confidentiel jusqu'à sa cinquantième année, s'installe dans la gloire et joue à merveille le nouveau rôle qu'elle lui assigne. Dernière consécration officielle, où l'on pourrait voir une malice du destin : une adaptation des *Caves du Vatican*, ce roman qui en 1914 avait scandalisé Claudel et quelques autres au point de faire d'eux des ennemis irréconciliables de Gide, est jouée en 1950 au Théâtre-Français; le président de la République honore la générale de sa présence. Une coïncidence curieuse veut qu'au même moment triomphe à l'Opéra *Jeanne au bûcher* de Claudel... La mort même de Gide en 1951, sera l'objet de controverses passionnées; dans ses dernières paroles recueillies par le docteur Jean Delay (« c'est toujours la lutte entre ce qui est raisonnable et ce qui ne l'est pas »), les uns verront le signe d'une incroyance inébranlable, les autres l'aveu d'une attirance persistante pour le divin. Sur sa tombe même, un pasteur, au nom de la famille, donnera lecture de passages de la Bible, au grand scandale de deux vieux compagnons, Schlumberger et Martin du Gard. Le respect et la piété ont entouré, dans ses dernières années, un homme qui n'avait cessé entre les deux guerres d'inquiéter et de scandaliser : ce « contemporain capital » avait choqué tous les gens de bien, mais aussi ses amis les plus proches, en portant au grand jour l'homosexualité, présentée d'une manière directe dans le roman (*Les Faux-Monnayeurs*, 1926), dans l'essai (*Corydon*, 1911), dans l'autobiographie (*Si le grain ne meurt*, 1920). Il s'était vu dénoncé comme un esprit rebelle à toute foi et à toute orthodoxie par les familles d'esprit qui avaient espéré un moment le retenir : les catholiques, les nationalistes de l'« Action française », les communistes avaient intenté un procès permanent à celui qu'ils tenaient pour un grand démoralisateur. En 1940, le régime de Vichy n'est pas loin de voir dans l'auteur des *Nourritures terrestres* un corrupteur de la nation, et même un responsable de la défaite! Les fidèles du Maréchal interdisent à Gide, en 1941, de faire découvrir Henri Michaux au public niçois. Tout cela n'a pas empêché l'écrivain de jouer le rôle d'un pontife des lettres, plein de sagesse et d'ironie. Depuis 1930, Gide a le sentiment d'avoir fait son œuvre, et songe seulement à la couronner par un écrit testamentaire; tel est le ton d'*Œdipe* (1931), et de *Thésée* (1946). Surtout soucieux de réussir une vieillesse à la fois sereine, sensuelle et enthousiaste, il approche sans crainte de la mort avec son beau visage usé de sage oriental.

Depuis *Le Voyage au Congo* (1927), Gide a adopté l'attitude d'un écrivain engagé, et c'est par ses prises de position courageuses contre le colonialisme, par son adhésion au communisme, qu'il a touché un vaste public. Mais, en choisissant cette attitude, il a conscience de se détourner de la création littéraire. Il le note, en 1932, dans son *Journal*. « Que l'art et la littérature n'aient que faire des questions sociales, et ne puissent, s'ils s'y aventurent, que se fourvoyer, j'en demeure à peu près convaincu. Et c'est bien aussi pourquoi je me tais depuis que ces questions ont pris le pas dans mon esprit. » Le soupçon le prend parfois que son évolution est due au vieillissement, et à une « indéniable diminution » de ses facultés : « Si les questions sociales occupent aujourd'hui ma pensée, c'est aussi que le démon créateur s'en retire. » Certes, le triptyque romanesque, d'ailleurs inachevé, de *L'École des femmes* (1929), *Robert* (1930) *Geneviève* (1936), marque un certain déclin du romancier, mais nulle trace de vieillissement chez ce pèlerin infatigable, qui, sous la forme très libre de notes de voyage, présente en fait un témoignage soigneusement pesé. Gide laissera publier en 1950 nombre de ces textes sous le titre très actuel de *Littérature engagée* et il n'avait pas tort de marquer ainsi qu'il avait ouvert la voie à la génération de Sartre. Mais, à la différence de ce dernier, il n'a jamais cru possible de concilier littérature et engagement; il s'en explique clairement en 1948 : « ... lorsque besoin était de témoigner, je n'avais nullement craint de m'engager [...]. Mais les *Souvenirs de la cour d'assises*, non plus que la campagne contre les grandes compagnies concessionnaires du Congo, ou que le *Retour de l'U.R.S.S.*, n'ont presque aucun rapport avec la littérature. » Son goût des prises de position politiques allait d'ailleurs disparaître après sa rupture avec les communistes. A partir de 1937, sans jamais se désintéresser complètement des événements, Gide renonce à porter un jugement sur une Histoire qui le laisse désarmé. Son *Journal* des années de guerre conserve la trace de beaucoup d'hésitations et même de flottements. Après la défaite, réfugié dans le midi de la France, puis, pour trois ans, en Afrique du Nord, il ne joue à aucun moment le rôle d'une grande conscience nationale. Il tarde même à se retirer de *La Nouvelle Revue Française*, que Drieu La Rochelle avait vouée à la cause de la Collaboration. S'il se retrouve, en Algérie ou en Tunisie, aux côtés des écrivains de la Résistance, il se garde cependant de lancer aucun appel franc et net. La guerre a été pour lui une apocalypse où il voit avec effroi sombrer tout le trésor de la culture. Gide ne sera plus tenté, une fois revenu en France, de prendre parti dans les conflits de la politique : mettre la culture à l'abri de tous les totalitarismes de droite ou de gauche, sauver un héritage sérieusement compromis par le cours de l'Histoire, voilà à quoi s'attache l'écrivain jusqu'à son dernier souffle.

Au terme de cette vie, trois œuvres, cependant, brillent d'un éclat particulier, trois testaments, bien différents par le ton : *Thésée* (1946), récit mythologique, *Et nunc manet in te* (1947), confession déchirante sur la tragédie d'un couple, *Ainsi soit-il*

André Gide et André Malraux, 1935.

Cl. Gisèle Freund.

André Gide et Jean-Paul Sartre, 1950.

Cl. Marc Allégret.

ou Les jeux sont faits (1952), libre méditation qu'il prolonge jusqu'aux derniers jours de sa vie. On serait presque tenté de tenir *Thésée*, malgré sa brièveté, pour le chef-d'œuvre de Gide. Une narration désinvolte des exploits légendaires, un contrepoint autobiographique, un jeu subtil et limpide sur les symboles de la mythologie, un style ironique et fervent à la fois, une langue qui mêle savamment l'archaïsme à l'anachronisme, — tout concourt à faire de ce testament une œuvre allègre et juvénile. Le mythe de Thésée ne correspondait-il pas, d'ailleurs, à une constante très profonde de la personnalité gidienne? Le Ménalque des *Nourritures terrestres* l'évoquait déjà : « Le souvenir du passé n'avait de force sur moi que ce qu'il en fallait pour donner à ma vie l'unité : c'était comme le fil mystérieux qui reliait Thésée à son amour passé, mais ne l'empêchait pas de marcher à travers les plus nouveaux paysages. Encore ce fil dut-il être rompu... » Et dans *Œdipe*, Gide avait prêté au héros cette profession de foi humaniste, qui semble annoncer celle de *Thésée :*

« J'ai compris, moi seul ai compris, que le seul mot de passe, pour n'être pas dévoré par le Sphinx, c'est : l'Homme. Sans doute fallait-il un peu de courage pour le dire, ce mot. Mais je le tenais prêt avant d'avoir entendu l'énigme; et ma force est que je n'admettais pas d'autre réponse, à quelle que pût être la question.

Car, comprenez bien, mes petits, que chacun de nous, adolescent, rencontre, au début de sa course, un monstre qui dresse devant lui telle énigme qui nous puisse empêcher d'avancer. Et, bien qu'à chacun de nous, mes enfants, ce sphinx pose une question différente, persuadez-vous qu'à chacune de ses questions, la réponse reste pareille; oui, qu'il n'y a qu'une seule et même réponse à de si diverses questions; et que cette réponse unique, c'est : l'Homme; et que cet homme unique, pour chacun de nous, c'est : Soi. »

[J'ai fait ma ville]

Nous sommes à la fin de l'œuvre. Œdipe qui, après son infortune, a cherché refuge à Athènes, dans la ville de Thésée, répond à une question du héros.

— Tu t'étonnes que je me sois crevé les yeux; et je m'en étonne moi-même. Mais, dans ce geste, inconsidéré, cruel, peut-être y eut-il encore autre chose : je ne sais quel secret besoin de pousser à bout ma fortune, de rengréger * sur ma douleur et d'accomplir une héroïque destinée. Peut-être ai-je pressenti vaguement ce qu'avait d'auguste et de rédempteur la souffrance; aussi bien répugne à s'y refuser le héros. Je crois que c'est là que s'affirme surtout sa grandeur et qu'il n'est nulle part plus valeureux que lorsqu'il tombe en victime, forçant ainsi la reconnaissance céleste et désarmant la vengeance des dieux. Quoi qu'il en soit, et si déplorables que puissent avoir été mes erreurs, l'état de félicité suprasensible où j'ai pu parvenir, récompense amplement aujourd'hui tous les maux que j'ai pu souffrir, et sans lesquels je n'y serais sans doute point parvenu.

— Cher Œdipe, lui dis-je quand j'eus compris qu'il avait cessé de parler, je ne puis que te louer de cette sorte de sagesse surhumaine que tu professes. Mais ma pensée, sur cette route, ne saurait accompagner la tienne. Je reste enfant de cette terre et crois que l'homme, quel qu'il soit et si taré que tu le juges, doit faire jeu des cartes qu'il a.

* Terme vieilli : augmenter, en parlant du mal, de la maladie.

Sans doute as-tu su faire bon usage de ton infortune même et tirer parti d'elle pour en obtenir un contact plus intime avec ce que tu nommes le Divin. Au surplus, je me persuade volontiers qu'une sorte de bénédiction est attachée à ta personne et qu'elle se reportera, selon ce qu'ont dit les oracles, sur la terre où pour toujours tu reposeras.

Je n'ajoutai point que ce qui m'importait c'est que ce sol fût celui de l'Attique, et me félicitai que les dieux aient su faire aboutir Thèbes * à moi.

* Œdipe était roi de Thèbes.

Si je compare à celui d'Œdipe mon destin, je suis content : je l'ai rempli. Derrière moi, je laisse la cité d'Athènes. Plus encore que ma femme et mon fils, je l'ai chérie. J'ai fait ma ville. Après moi, saura l'habiter immortellement ma pensée. C'est consentant que j'approche la mort solitaire. J'ai goûté des biens de la terre. Il m'est doux de penser qu'après moi, grâce à moi, les hommes se reconnaîtront plus heureux, meilleurs et plus libres. Pour le bien de l'humanité future, j'ai fait mon œuvre. J'ai vécu.

André Gide, *Thésée*, éd. Gallimard.

— Les trois niveaux du texte : une méditation, un récit, un dialogue, au sein d'un jeu sur la mythologie et la modernité; artifice et naturel dans le vocabulaire (4, 13, 21) et dans la syntaxe (7, 24-27).

— Œdipe et Thésée, images de deux attitudes possibles de l'homme devant l'existence. Le sens social chez Thésée-Gide et le paganisme serein. Caractère délibérément anachronique de ce message optimiste dans des années marquées par les expériences tragiques de la guerre.

— Gaëtan Picon, commentant ce passage : « Thésée contre Œdipe, c'est, contre le pessimisme et l'inquiétude, l'affirmation d'un humanisme qui croit à la perfectibilité de l'homme, et que l'existence terrestre a un sens suffisant. »

Avec *Et nunc manet in te*, écrit en 1938, publié dans une édition confidentielle en 1947, et divulgué seulement en 1951, Gide suscita une sorte de scandale posthume, mais donna assurément le chef-d'œuvre de ses écrits autobiographiques. La mort de sa femme Madeleine amène l'écrivain à revenir sur ce qui fut au cœur de sa tragédie personnelle : l'irrémédiable dissociation de l'amour et du désir. La figure très noble de Madeleine apparaissait déjà, transposée, dans l'Alissa de *La Porte étroite* et dans l'Emmanuèle de *Si le grain ne meurt*. Mais Gide avait retranché de son *Journal*, au moment de le publier, toutes les indications qui la concernaient directement. Avec un mélange presque monstrueux de piété et de cruauté, voici que le narrateur médite, dans *Et nunc manet in te*, sur une existence qui ne fut qu'un long et absurde sacrifice, avant de livrer enfin les notes de son « Journal intime ». Cette composition permet d'éviter les pièges du récit autobiographique, que Gide signalait dans cette note de *Si le grain ne meurt :* « ... le plus gênant c'est de devoir présenter comme successifs des états de simultanéité confuse. Je suis un être de dialogue, tout en moi combat et se contredit. » Œuvre-limite de la sincérité gidienne, *Et nunc manet in te* a fait l'objet d'une émouvante réfutation de Jean Schlumberger (*Madeleine et André Gide*, 1956) et s'est vu mieux éclairé par l'étude indispensable du professeur Jean Delay sur *La Jeunesse d'André Gide* (1957). Il reste que nous avons là, quel que soit son degré d'exactitude, le témoignage le plus troublant sur la pureté et la perversité indissolublement liées dans le personnage de Gide, mais aussi l'un des textes les plus tendus et les plus « purs » que nous ait jamais donnés l'écrivain.

[Une atroce inconscience]

La confiance lui était naturelle, ainsi qu'aux âmes très aimantes. Mais cette confiance qu'elle apportait en entrant dans la vie fut bientôt rejointe par la crainte. Car elle avait, à l'égard de tout ce qui n'est pas de parfait aloi, une perspicacité singulière. Par une sorte d'intuition subtile, une inflexion de voix, l'ébauche d'un geste, un rien l'avertissait; et c'est ainsi que, toute jeune encore et la première de la famille, elle s'aperçut de l'inconduite de sa mère. Ce secret douloureux, qu'elle dut d'abord et longtemps garder par devers elle, la marqua, je crois, pour la vie. Toute la vie elle resta comme un enfant qui a pris peur. Hélas! je n'étais pas de nature à la pouvoir beaucoup rassurer... La petite photographie, à demi effacée à présent, qui me la représente à l'âge qu'elle avait alors, laisse lire sur son visage et dans la ligne étrangement évasive de ses sourcils, une sorte d'interrogation, d'appréhension, d'étonnement craintif au seuil de la vie. Et je sentais en moi tant de joie! un flot si jaillissant que son débordement saurait submerger sa tristesse. C'est la tâche que je m'assignai, dont je m'épris. Hélas! cette surabondance que je prétendais partager avec elle, ne devait parvenir qu'à l'inquiéter davantage. Elle semblait me dire alors : « Mais il ne m'en faut pas tant, pour mon bonheur! »

« Mes plus grandes joies, c'est à toi que je les dois », me disait-elle encore; elle ajoutait à demi-voix : « et aussi mes plus grandes tristesses : le meilleur et le plus amer ».

Mais lorsque, aujourd'hui, je me penche sur notre passé commun, les souffrances qu'elle endura me paraissent l'emporter de beaucoup; certaines, même, si cruelles que je ne parviens plus à comprendre comment, l'aimant autant que je l'aimais, je n'ai pas su l'abriter davantage. Mais c'est aussi qu'il se mêlait à mon amour tant d'inconscience et d'aveuglement...

Je m'étonne aujourd'hui de cette aberration qui m'amenait à croire que, plus mon amour était éthéré, et plus il était digne d'elle — gardant cette naïveté de ne me demander jamais si la contenterait un amour tout désincarné. Que mes désirs charnels s'adressassent à d'autres objets, je ne m'en inquiétais donc guère. Et même j'en arrivais à me persuader confortablement, que mieux valait ainsi. Les désirs, pensais-je, sont le propre de l'homme; il m'était rassurant de ne pas admettre que la femme en pût éprouver de semblables; ou seulement les femmes de « mauvaise vie ». Telle était mon inconscience, il faut bien que j'avoue cette énormité, et qui ne peut trouver d'explication ou d'excuse que dans l'ignorance où m'avait entretenu la vie, ne m'ayant présenté d'exemples que de ces admirables figures de femmes, penchées au-dessus de mon enfance : de ma mère d'abord, de Mlle Shackleton *, de mes tantes Claire et Lucile, modèles de décence, d'honnêteté, de réserve, à qui le prêt du moindre trouble de la chair eût fait injure, me semblait-il. Quant à mon autre tante, la mère de Madeleine, son inconduite l'avait aussitôt déconsidérée, l'avait exclue de la famille, de notre horizon, de nos pensées. Madeleine n'en parlait jamais et n'avait eu pour elle, que je sache, aucune indulgence; non seulement par une instinctive protestation de sa propre droiture, mais beaucoup aussi, je suppose, en raison du chagrin de son père qu'elle vénérait. Cette réprobation contribuait à mon aveuglement.

* Amie et gouvernante de la mère d'André Gide. Ce dernier l'a évoquée avec beaucoup d'affection dans *Si le grain ne meurt.*

Ce n'est que longtemps plus tard que j'ai commencé à comprendre combien cruellement j'avais pu blesser, meurtrir, celle pour qui j'étais prêt à donner ma vie — que lorsque étaient déjà portés, depuis longtemps, avec une atroce inconscience, les blessures les plus intimes et les coups les plus meurtriers. A vrai dire, mon être ne pouvait se développer qu'en la heurtant. Je le comprenais bien un peu; mais ce que je ne savais pas, c'est qu'elle était très vulnérable. Je voulais son bonheur, il est vrai; mais ne me préoccupais pas de ceci : que le bonheur où je la voulais entraîner et contraindre resterait insupportable pour elle. Comme elle me paraissait toute âme et, de corps, toute fragilité, je n'estimais pas que ce fût la priver beaucoup, de lui soustraire une partie de moi, que je comptais pour d'autant moins importante que je ne pouvais pas la lui donner... Entre nous, jamais une explication ne fut tentée. De sa part, jamais une plainte; rien qu'une résignation muette et qu'un déboire inavoué.

André Gide, *Et nunc manet in te*, éd. Gallimard.

— De Madeleine à André : un portrait psychologique esquissé à partir d'un incident biographique et d'une photographie (1-17); un examen de conscience de Gide (18-34) ; la genèse d'une conception absurde de l'être féminin (35-61); la prise de conscience d'un comportement cruel et insouciant (62-79).

— Une prose classique discrètement archaïsante (passé simple, 7-11; imparfait du subjonctif, 39; complexité syntaxique, 30-32, 62-67), ouverte à l'ironie (45-53), au naturel (12-13, 68-70), à la concision tragique (77-79); décalage entre la décence de la langue et le caractère scabreux des désirs évoqués (35-45).

— Madeleine, Alissa, Emmanuèle... Gide : « Jusqu'aux *Faux-Monnayeurs*, j'ai tout écrit pour la convaincre, pour l'entraîner. Tout cela n'est qu'un long plaidoyer; aucune œuvre n'a été plus intimement motivée que la mienne — et l'on n'y voit pas loin si l'on n'y distingue pas cela. »

Autant le climat de *Et nunc manet in te* semblait étouffant, autant l'atmosphère d'*Ainsi soit-il* est sereine et détendue. Sentant venir la mort, l'écrivain, comme pour mieux lutter de vitesse avec elle, s'abandonne tout entier au bonheur d'écrire. Ce n'est plus la contention d'un style patiemment élaboré, mais la spontanéité d'une expression presque orale, qui rappelle le génie de la conversation que Gide déployait dans ses interviews réelles ou imaginaires. A travers le désordre des souvenirs littéraires et des méditations sur le néant, on sent une sérénité difficilement conquise sur l'inquiétude. Les dernières lignes, écrites six jours avant la mort : « Ma propre position dans le ciel, par rapport au soleil, ne doit pas me faire trouver l'aurore moins belle. »

[Ce grand chavirement de toutes les valeurs]

Nous donnons ici le début de ce texte que Gide a dédié à sa fille Catherine Jean-Lambert.

Je ne sais ce que ça donnera : j'ai résolu d'écrire au hasard. Entreprise difficile : la plume (c'est un stylo) reste en retard sur la pensée. Or il importe de ne pas prévoir ce que l'on va dire. Mais il entre toujours une part de comédie là dedans. On fait effort pour aveugler les phares. N'empêche qu'une sorte de radar intime avertisse...

Je viens de biffer quatre mots : c'est tricher. Tâcherai de ne pas recommencer... Ah! j'en avertis aussitôt : faudrait voir à ne pas attacher, à ce que je consigne à présent, trop d'importance; cela donnerait à Benda * trop beau jeu. Si j'ai désir de me contredire, je me contredirai sans scrupule : je ne chercherai pas la « cohérence ». Mais je n'affecterai pas l'incohérence non plus. Il y a, par delà la logique, une sorte de psychologie cachée qui m'importe, ici, davantage. J'ai soin de dire : « ici », car je ne puis supporter l'illogisme que momentanément et par jeu. Certes, rien de moins hilarant qu'un illogisme et je prétends ici m'amuser. Toutefois, sans la rigueur de raisonnement de Descartes, je reconnais que rien de solide ni de durable n'aurait pu être fondé. Mais cette partie serrée se joue sur un tout autre plan; pour l'instant ce n'est pas

* Julien Benda (1867-1956) : essayiste qui mena, au nom des valeurs rationalistes, une vive polémique contre Gide et le groupe de la *N.R.F.*

mon affaire. Et peut-être que, à mon âge, il est permis de se laisser aller un peu. *Amen.* (Ce qui veut dire, je crois : ainsi soit-il!)

Je devais avoir à peu près quatorze ans lorsque je fis la connaissance de l'*horreur.* C'était place Saint-Sulpice; laquelle, en ce temps, était pavée. A quelques mètres de moi passe un camion. Un gosse, d'une douzaine d'années, a trouvé le moyen de se faire trimbaler à l'œil en se juchant à l'arrière du véhicule, où le cocher ne puisse le voir. Il en a son content de ce voyage, veut descendre, saute, mais reste accroché par la blouse, de sorte que, son élan rompu, le voici qui retombe, brutalement tiré en arrière, donnant du front sur le pavé. Des passants, qui se sont rendu compte de l'accident, crient, gesticulent, tentent d'arrêter le conducteur qui, lui, ne s'est rendu compte de rien et fouette son cheval au trot. De pavé en pavé le crâne du malheureux petit rebondit. En vain cherche-t-il à le protéger avec ses bras. Mais il a dû perdre connaissance presque aussitôt. Lorsque trente mètres plus loin le camion consent à s'arrêter (car quelqu'un s'est enfin jeté à la tête du cheval) le visage de l'enfant n'est plus qu'une sorte de bouillie sanglante...

(A l'âge que j'avais, je crois que cette horreur m'a fait beaucoup douter du bon Dieu. Par la suite on a beaucoup travaillé au replâtrage en moi de la divinité-providence. Et, de moi-même j'étais, tant bien que mal, parvenu à la restaurer. Au surplus ce n'est pas sur ce plan qu'elle est — ou que je la sens — le plus sujette à caution.)

Depuis ce temps nous avons été saoulés d'horreur à ce point que ce mince « fait divers » risque de faire hausser les épaules. *Not worth mentioning* *, auprès des atrocités de la guerre, de ce grand chavirement de toutes les valeurs qui demeuraient pour nous des raisons de vivre...

* Cela ne vaut pas la peine d'en parler.

André Gide, *Ainsi soit-il ou Les jeux sont faits*, éd. Gallimard.

— Le mélange des genres : carnet de l'écrivain (1-8); considérations quasi-philosophiques (9-24); chose vue (25-43); méditation sur l'idée de Dieu (44-49); vision désabusée de l'histoire (50-54). A la diversité des tons et des registres répond la variété du vocabulaire et de la syntaxe.

— Gide (*Journal*, 1914) : « Ce carnet comme tous les autres "journaux" que j'ai tenus, a pour but de m'apprendre à écrire rapidement. Je me redis la phrase d'*Armance* : "Je parlais beaucoup mieux depuis que je commençais mes phrases sans savoir comment je les finirais". Il faudrait même consentir à quelque impropriété dans le choix des mots et quelques incorrections de syntaxe. »

Gide, à sa mort, paraissait sans doute plus actuel que Valéry ou que Claudel : la belle oraison funèbre de Sartre, « Gide vivant » *, en témoignait. Son œuvre et sa vie, au carrefour de la foi et de l'athéisme, de la morale et de l'immoralisme, de l'engagement et du dégagement, avaient rendu possible l'existentialisme tel qu'il se développait vers 1950. Et Gide ne pouvait paraître dépassé à certains que dans la mesure où il avait gagné sa partie. Nul ne se souvenait de ses ennemis intarissables, Massis et Béraud par exemple. L'humanisme de Sartre ou de Camus, avec sa passion du dialogue, de l'engagement et de la morale, était bien un prolongement de l'humanisme gidien. En dépit des efforts méritoires qu'avaient déployés plusieurs générations d'écrivains catholiques en vue de la conversion de Gide (Claudel, Jammes, Maritain, du Bos, Mauriac s'y employèrent vainement), l'unité de cette vie semblait bien résider dans sa volonté de « *devenir* sa vérité », dans la décision qu'avait prise l'écrivain « de vivre jusqu'au bout l'agonie et la mort de Dieu » (Sartre). Gide, il est vrai, se réclamait moins de Nietzsche que de Gœthe, et, l'on peut se demander, quand il cherche à décrire l'auteur de *Faust*, s'il ne dessine pas l'image qu'il aurait aimé laisser de lui-même : « [...] Gœthe ne serait plus Gœthe si l'inquiétude et la souffrance avaient ajouté le pathétique de quelques rides au calme patiemment acquis de cette admirable effigie. Nous restons reconnaissants à Gœthe, car il nous donne le plus bel exemple, à la fois souriant et grave, de ce que, sans aucun secours de la Grâce, l'homme, de lui-même, peut obtenir. »

Aujourd'hui, vingt ans après sa mort, Gide a cessé d'inquiéter et de fasciner : son influence sur les lettres françaises, trop bien assimilée peut-être, paraît aujourd'hui bien faible, surtout si on la compare à celle de ses contemporains immédiats : Claudel, Proust, Valéry. La publication en 1968 de la vaste *Correspondance* d'André Gide et de Roger Martin du Gard n'a pas suffi à remettre au premier plan ce remarquable épistolier. Le centenaire de sa naissance, en 1969, n'a donné lieu qu'à quelques échanges de souvenirs mélancoliques. Hasards de la mode? Purgatoire inévitable? Destin d'une œuvre trop liée à la personne de son auteur, comme celles de Barrès jadis ou de Sartre aujourd'hui, pour lui survivre? Les écrits de Gide, qui devraient être relus dans leur totalité pour être bien compris, et qui appellent le double point de vue de la morale et de l'esthétique, ont perdu le pouvoir d'ébranler les lecteurs d'une manière immédiate : *Les Nourritures terrestres*, ce bréviaire lyrique de toute une génération, ne peuvent plus éveiller les mêmes résonances. Du côté des écrivains, les nouveaux romanciers se réfèrent rarement à l'auteur des *Faux-Monnayeurs*, qui fut pourtant l'un de leurs précurseurs, et préfèrent saluer l'auteur de *La Recherche du temps perdu*. Gide, comme Barrès il y a un demi-siècle, et pour des raisons peut-être analogues, s'éloigne.

Et pourtant Gide n'a-t-il pas été l'un des esprits les plus sensibles à tout ce qu'il y avait de vraiment neuf en son temps? De Mallarmé à Lautréamont, de Dostoïevsky à Kafka, de Nietzsche à Freud en passant par Marx, peu d'inventeurs qui aient échappé à cette intelligence critique pleine d'audace et de mesure à la fois. « Les extrêmes me touchent », disait-il, mais il les faisait s'équilibrer autour d'un juste milieu, les intégrant dans un jeu d'alternances et d'antinomies. En cela, digne héritier de Montaigne, rassembleur de la culture plus encore qu'explorateur de la littérature, soucieux de tempérer ses tentations opposées plus que de les mener à leur terme. Cet écrivain, qu'on crut scandaleux et qu'on dit même démoniaque, se voit aujourd'hui reprocher un excès de prudence. Dès ses premiers essais « ironiques », il s'est attaché à indiquer « l'influence du livre sur celui qui l'écrit, et pendant cette écriture même »; mais s'il n'a pas accompli une grande œuvre autonome comme celle de Proust, il n'a pas non plus vécu la tragédie de l'écriture, comme ont pu le

* Ce texte, publié en 1951 dans *Les Temps Modernes*, a été repris depuis dans *Situations IV*.

faire un Artaud ou un Bataille. « Gide, écrivait Maurice Blanchot, est le lieu de rencontre de deux conceptions de la littérature, celle de l'art traditionnel qui met au-dessus de tout le bonheur de produire des chefs-d'œuvre, et la littérature comme expérience qui se moque des œuvres et est prête à se ruiner pour atteindre l'inaccessible. De là son double destin. » De là aussi la relative insatisfaction qu'éprouvent les modernes devant son œuvre.

La grandeur de Gide reste d'avoir marqué à quel point son œuvre, pour le meilleur et pour le pire, était liée au sort de l'humanisme. En 1949, dans un testament désabusé où l'on retrouve la perspicacité d'un des meilleurs critiques de notre temps, il discernait les raisons, bonnes ou mauvaises, qui allaient jouer contre son œuvre; la présentation de son *Anthologie de la Poésie française* se termine en effet sur ces lignes : « J'écrivais avant la guerre : "Je ne gagnerai mon procès qu'en appel" ou "J'écris pour être *relu*" — et cela ne signifie plus rien du moment qu'il n'y a plus d'appel et qu'il n'est plus question de relire. Seuls sont dès lors goûtés les émois de choc, de surprise. [...] Du coup, c'en sera fait de notre culture et de cette tradition que nous avons tant lutté pour maintenir. L'art ne peut revenir en arrière. [...] Cette anthologie ne représenterait donc plus que le désuet bréviaire d'une génération qui s'en va. Puisse-t-elle du moins apporter témoignage, tant bien que mal, de l'état où nous nous trouvions avant le retour au chaos. »

Paul Claudel

La récente publication de son *Journal* * est venue accroître encore la difficulté que l'on éprouve à parler de Paul Claudel, personnage contradictoire entre tous, détesté autant qu'admiré, et le plus souvent par les mêmes lecteurs, lui qui se voit par exemple accusé de tous les conservatismes et de tous les aveuglements, mais qui, seul de tous les écrivains français, écrivait dès décembre 1941 au grand Rabbin de France pour prendre la défense des Juifs persécutés : « Je tiens à vous écrire pour vous dire le dégoût, l'horreur, l'indignation qu'éprouvent à l'égard des iniquités, des spoliations, des mauvais traitements de toutes sortes, dont sont actuellement victimes nos compatriotes Israëlites, tous les bons Français et spécialement les catholiques. » On découvre en effet dans ces pages intimes un Claudel tout à fait conscient de l'effet qu'il produit et des réactions qu'il suscite, un Claudel jouant à être Claudel, comme celui qui déclarait à Robert Mallet : « L'incompréhension fait partie de mes attributs. »

Qu'un même écrivain connaisse à la fois la consécration et la redécouverte constitue un destin assez singulier. C'est pourtant celui de Claudel, qui entre en 1946 à l'Académie française, ce qui n'est pas pour surprendre, mais qui voit dans le même temps son œuvre dramatique, jusqu'alors à peu près ignorée du public à l'exception de *L'Annonce faite à Marie*, occuper la première place dans la vie théâtrale de l'après-guerre. Jean-Louis Barrault avait monté *Le Soulier de satin* en 1943; il monte alors *Partage de midi* (la pièce, dans sa première version, date de 1906), *L'Échange* (qui date de 1894), *Le Livre de Christophe Colomb* (qui date de 1927), et enfin en 1960, pour inaugurer l'Odéon-Théâtre de France, *Tête d'or*, dont la première version remontait à 1889. En 1955, le T.N.P. crée *La Ville;* en 1968, c'est J.-M. Serreau qui présente *L'Otage*, l'œuvre tout entière est jouée aussi bien sur les scènes classiques que dans les Centres dramatiques de province et les festivals.

* Le deuxième volume, paru en 1969, couvre la période envisagée ici.

[Qui je suis?]

Début de *Tête d'or* (1re version, 1889).

Les champs à la fin de l'hiver. Entre, au fond, Simon Agnel, en blouse, portant sur son épaule un corps de femme et tenant une bûche. Il mesure la terre et commence à creuser une fosse. Entre, sur le devant, Cébès, à pas lents.

Me voici,
Imbécile *, ignorant,
Homme nouveau devant les choses inconnues,
Et je tourne la face vers l'Année* et l'arche pluvieuse*, j'ai plein mon cœur d'ennui!
Je ne sais rien et ne peux rien. Que dire? que faire? A quoi emploierai-je ces mains qui pendent? ces pieds qui m'emmènent comme les songes?
Tout ce qu'on dit, et la raison des sages m'a instruit
Avec la sagesse du tambour; les livres sont ivres.
Et il n'y a rien que moi qui regarde, et il me semble
Que tout, l'air brumeux, les labours frais,
Et les arbres, et les nuées aériennes,
Me parlent avec un langage plus vague que le ia! ia! de la mer, disant :
« O être jeune, nouveau! qui es-tu? que fais-tu?
Qu'attends-tu, hôte de ces heures qui ne sont ni jour ni ombre,
Ni bœuf qui hume le sommeil, ni laboureur attardé à notre bord gris? »
Et je réponds : Je ne sais pas! et je désire en moi-même
Pleurer, ou crier,
Ou rire, ou bondir et agiter les bras!
« Qui je suis? » Des plaques de neige restent encore, et je vois la haie des branches sans nombre
Produire ses bourgeons, et l'herbe des champs,
Et les fauves brebillettes du noisetier! et voici les doux minonnets*!
Ah! aussi que l'horrible été de l'erreur et l'effort qu'il faut s'acharner sans voir
Sur le chemin du difficile avenir
Soient oubliés! ô choses, ici,
Je m'offre à vous!
Voyez-moi, j'ai besoin
Et je ne sais de quoi, et je pourrais crier sans fin
Comme piaule le nid des crinches* tout le jour quand le père et la mère corbeaux sont morts!
O vent, je te bois! ô temple des arbres! soirée pluvieuse!
Non, en ce jour, que cette demande ne me soit pas refusée, que je forme avec l'espérance d'une bête.

Paul Claudel, *Tête d'or*, Mercure de France.

* Au sens classique : faible, débile.

* Le moment solennel d'un renouveau total.
* La voûte du ciel.

* « Les premiers bourgeons de la bourseaude... comme du duvet de lapin. » (*Tête d'or*, 1949.)

* « Ces petites boules gluantes avec des gueul'ouvertes qu'on mettrait le poing dedans. C'est ça les "crinches" dans le patois de mon pays. » *(Ibid.)*

Cl. H. Cartier-Bresson-Magnum.

Paul Claudel, le patriarche de Brangues.

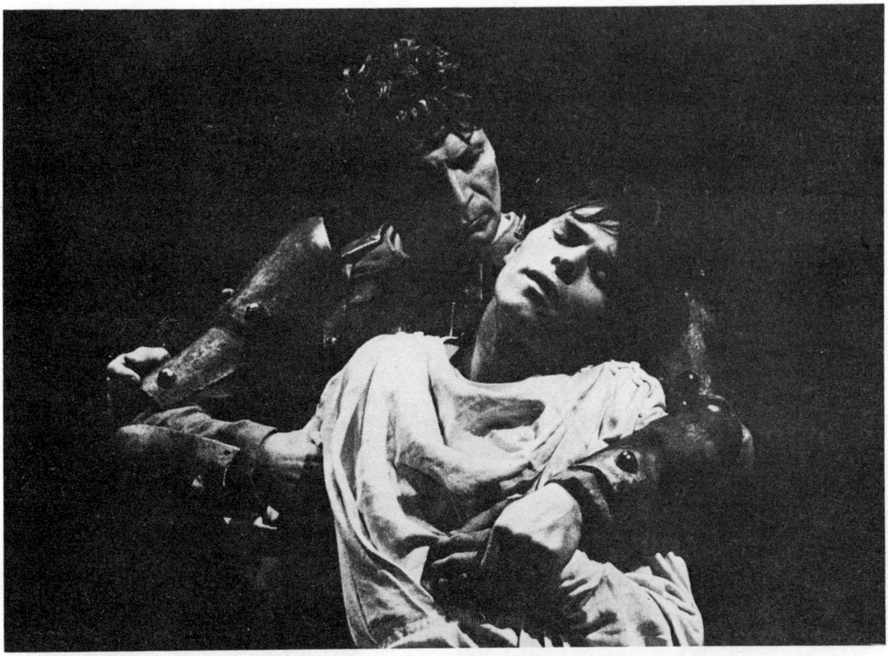

Cl. Pic.

Tête d'or (Alain Cuny et Laurent Terzieff, à l'Odéon-Théâtre de France).

Jeanne au bûcher (Ingrid Bergman dans le film tiré par Rossellini de l'œuvre de Claudel).

Cl. David Seymour-Magnum.

— Franchise inaccoutumée de cette attaque, défi aux habitudes scéniques du temps. L'imagination théâtrale dans la conception du décor, la mise en place du plateau.

— Lyrisme de la langue : images (19-20, 31-33), mouvements impliqués dans les mots (1, 9, 10, 13, 20-22). Obscurités (9, 12) et incorrections syntaxiques (19, 22-23, 38-39) : leur puissance d'expression. Lyrisme dans le rythme et la versification. Importance capitale, dans la diction, du respect de la coupe des vers (notamment 11, 14, 20, 21, 33-37).

— Cébès comme ancêtre du « jeune homme en colère » : pureté et violence de l'interrogation métaphysique qui ne fait qu'un chez l'adolescent avec la fureur de vivre. Présence de la nature et son rôle dans cette révolte : « Chez Claudel, le lyrisme, c'est de croire à la chair des choses; c'est la grande force du paganisme. » (Jean-Marie Serreau.)

Mais l'ambassadeur à la retraite qu'est Claudel n'assiste pas à cette consécration en simple spectateur. Lui qui, depuis de longues années, semblait s'être entièrement voué à ses commentaires bibliques (*Emmaüs*, 1948; *Le Livre d'Isaïe*, 1949), s'attaque à ses propres textes d'une plume aussi alerte que celle dont il s'attaque aux *Psaumes*, qu'il traduit avec une vivacité qui peut surprendre mais suivant un principe qu'il a farouchement défendu à plusieurs reprises (le volume ne sera publié qu'en 1966) :

« J'ai haï et j'ai aimé.

J'ai Ta main dans la mienne, j'ai Ton bras autour de mon corps. J'aime, je crois, j'espère. J'espère et je surespère!

Tous, laissez-moi tranquille, que je m'écoute parler à Dieu!

Que je m'écoute parler Ta propre parole, et vivre Ta propre vie, et posséder mon attente comme une possession! ... » (Psaume 118).

Cette volonté de rendre vie à des textes qui paraissaient avoir perdu tout pouvoir d'émotion ne constitue que l'une des nombreuses manifestations d'une capacité de renouvellement qui va en fait amener Claudel aux portes du nouveau théâtre. Goût pour la radio (où, selon lui, « le verbe, le langage reprend la place que lui avait dérobée la littérature »), projets de scénarios cinématographiques : le patriarche de Brangues reste en contact étroit avec le monde contemporain. Le travail qu'il effectue sur sa pièce *Partage de midi*, à partir du moment où Barrault lui a fait part de son désir de la monter, permet de saisir le sens de cet effort de renouvellement. Toutes ses corrections vont dans le même sens : débarrasser la pièce et les personnages « de l'accoutrement lyrique qui les étouffait et qui ne convient pas aux sévérités de la passion », et accentuer du même coup l'aspect dramatique. Ayant accepté de laisser représenter les poèmes qu'étaient jusqu'alors demeurées ses pièces, il se lance avec l'enthousiasme d'un débutant à la recherche d'accessoires (photos de tombes chinoises et fauteuil chinois en forme d'oméga, cloche de péniche pour laquelle il entreprend « une tournée du côté du canal Saint-Martin ») qui, grâce à leur puissance d'évocation visuelle, lui permettent de resserrer son texte.

Non pas qu'il tombe dans un réalisme banal, lui qui proclame bien haut ces deux principes autour desquels s'organise toute son œuvre :

« Tout ce qui existe est symbole — tout ce qui arrive est parabole.

La nature n'est pas illusion, mais allusion. »

Mais il sent qu'un certain type de langage a fait son temps. Ce qu'il avait accompli dans ses premières œuvres, cette rupture de l'atome, cette « détonation de l'évidence », dont il parle à propos de la poésie de Racine qu'il redécouvre alors, il veut de nouveau l'accomplir, mais autrement. Ce dernier Claudel doit être considéré comme un écrivain purement oral, partisan de ce « français parlé [...] beaucoup trop oublié aujourd'hui au profit d'un français écrit, qui est un français artificiel et desséché et qui apporte une contrainte détestable à notre "parlure" vivante, matière infiniment délectable ». On croirait entendre Céline! Les résultats sont parfois surprenants, tels ces « p'tit gars » qui remplacent « Mésa » dans *Partage de midi*, ou surtout cette nouvelle version, inachevée, de *Tête d'or*, qu'il met en chantier après avoir refusé la première version à Barrault. Pour nombre de claudéliens, cette version tient du sacrilège : la modernisation sordide du cadre, l'emploi d'un argot très conventionnel, la dérision de sa dramaturgie ancienne et de ses héros d'autrefois bouleversent l'image traditionnelle qu'ils se faisaient de leur auteur. On jugera sur pièces.

[C'est moi, le cochon en chef]

Ce texte est le début du nouveau et dernier *Tête d'or*. Il est daté par Claudel du 13 novembre 1949.

Un stalag en Allemagne au cours de la dernière guerre. Bat-flancs le long des parois. Sur le côté un grand poêle de fonte avec le tuyau.

* Il s'agit de *Tête d'or*.

CÉBÈS, *le livre * à la main.* — Les « crinches », qu'est-ce que c'est?

TÊTE D'OR. — T'as jamais ramassé un de ces nids qu'est tombé par terre? T'as pas vu ces petites boules gluantes avec des gueul'ouvertes qu'on mettrait le poing dedans? C'est ça les « crinches » dans le patois de mon pays! La maman n'a jamais fini de les bourrer de sauterelles et de hannetons.

CÉBÈS, *lisant la brochure.* — « Comme piaule le nid des crinches... » Maintenant, je comprends. *(Il lit en prenant le ton.)*

« Comme piaule le nid des crinches tout le jour, quand le père et la mère corbeau, il est mort. » *(Il ferme le livre et répète les yeux fermés.)* « Comme piaule le nid des crinches... »

On entend une cloche qui sonne à coups pressés.

* Claudel, dans cette pièce inachevée, n'a pas donné de nom à ses personnages.
* C'est-à-dire Tête d'or, alias Simon Agnel.

X *... — Qu'est-ce que c'est?

T *... (Simon) — C'est rien.

X... — Probable, c'est l'aviateur anglais qui nous était tombé du ciel l'autre jour qui vient de clamecer. Paraît qui l'avait fait la chos'de s'casser l'os.

X... — L'os qu'on a dans l'dos qu'y a pas moyen de tenir ensemble autrement.

T... (Simon) — Au temps! On s'en fout un peu de l'aviateur. Attention! C'est la pièc' pour le moment qu'on est dessus.

X... — On s'en fout pas tant que ça. C'est merci bien à

l'Engliche que nous avons toute la baraque à nous aujourd'hui pour répéter. Tout le monde est à la messe.

T... (Simon), *regardant autour de lui.* — C'est vrai, n'y a personne, ou tout comme. C'est drôle, j'aime mieux quand c'est meublé. I'me manq' queq' chose *(Il respire de toutes ses forces).*

X... — L'odeur.

T... (Simon) — C'est ça l'odeur. Ça ne sent pas aussi bon l'homme que d'habitude!

X... — Chacun son goût. Moi, je trouve qu'ça sent pas bon, l'homme.

T... (Simon) — Tu trouves que ça sent pas bon, pa'qu't'es pas le propriétaire.

X... — C'est vous, le propriétaire?

T... (Simon) — Tu l'as dit, bouffi! Quand je suis arrivé ici pour la première fois et qu'j'ai senti c't'odeur, je me suis dit : Nom de Dieu! On est chez soi à la fin, c'est pas trop tôt! Le propriétaire qui entre dans son écurie où c'qu'y a cent cinquante vaches, i'trouv'pas qu'ça sent mauvais, le propriétaire!

X... — C'est nous, les vaches?

T... (Simon) — C'est vous, les vaches à deux pattes. Moi, je suis le propriétaire, y a pas moyen autrement, faudrait pas essayer de m'en prendre une sans que j'dise qué'chose. C'est moi, le cochon en chef. *(Il tousse.)*

X... — C'est pas des choses à dire.

X... — Tout le monde aim'pas les airs que vous prenez.

X... — Et puis, i'faudrait pas jurer tout le temps comm' vous faites. C'est vilain. C'est marrant pour les camarades et ça fait tousser.

X... — Oui! si vous n'étiez pas un tousseux comm'vous êtes, on vous le ferait passer un petit peu c'te manière d'être le cochon en chef.

T... (Simon) — Je ne jure pas, je dis Nom de Dieu!

X... — C'est pas jurer que de dire : Nom de Dieu?

T... (Simon) — C'est jurer quand on est en colère, pas quand on tient une femme entre ses bras... Ça t'est arrivé à toi, le bouffi, de tenir une femme dans tes bras?

X... — Jamais!

T... (Simon) — Et toi, l'enflé, qu'est-ce que tu dis?

X... — Ça m'arrive toutes les nuits.

T... (Simon) — C'est un autre, mon vieux, qui la tient entre ses bras dans la réalité. Tra la la! Y a longtemps qu'elle ne t'écrit plus?

X... — J'ai reçu une lettre de quelqu'un qu'a dit qu'elle lui avait dit qu'elle allait m'écrire.

T... (Simon) — Moi, quand c'était qu'ça m'est arrivé

pour la première fois, j'étais si content que je pensais pas à Pierre ou Ernest, mais je me disais tout bas : Nom de Dieu! Nom de Dieu! *(pensif)* Nom de Dieu. Tu comprends? Tu comprends? Tout doucement, comme ça tout doucement, tout à la douce : Nom de Dieu! Nom de Dieu!

X... — Je comprends! Nom de Dieu! Nom de Dieu!

T... (Simon) — Eh bien, l'autre jour, quand j'ai couché ici pour la première fois, et que je respirais à pleine gueule, c'te bonne odeur que nous disions (y avait de quoi vomir) et que j'entendais ça autour de moi dans la nuit, remuer, geindre, rêver, se gratter, et plus que tout ça batt', batt' *(pensif)*, batt', battre tu entends? battre mon propre cœur. Ah! j'étais si content que je disais tout bas : Nom de Dieu! Nom de Dieu!

A la fin des deux actes de ce texte inachevé, les prisonniers, quand sonne le clairon de la Princesse de la première version, devenue ici la Mort, périssent ensevelis sous les bombardements.

Paul Claudel, *Théâtre*, Bibl. de la Pléiade, éd. Gallimard.

— Violence et orgueil chez T... (Simon). Caractère charnel et sensuel de l'humanisme claudélien.

— L'actualité dans la conception scénique de ce nouveau *Tête d'or*. Échec ou réussite de cette transposition; les prisonniers du stalag vont répéter et vivre en même temps une pièce qui s'appelle *Tête d'or* : le procédé du théâtre dans le théâtre.

— Le problème de l'argot dans la littérature et plus particulièrement au théâtre ; caractère nécessairement artificiel et pourtant puissamment expressif de ce langage : *cf.* le patois des paysans du *Dom Juan* de Molière. Antécédents dans l'œuvre de Claudel : *L'Annonce faite à Marie*, III, 1, et *Le Soulier de satin*, IV, 1, notamment.

Le langage n'est pas le seul élément de la représentation théâtrale à retenir l'attention de Claudel, l'unique écrivain avec Brecht, selon Guy Dumur, « qui ait pensé totalement les problèmes de la scène ». Son immense culture, sa familiarité avec le théâtre oriental, le regard constamment neuf qu'il porte sur les gens et les livres l'amènent à concevoir dans sa dernière pièce, *Le Ravissement de Scapin*, un théâtre qui n'est pas seulement théâtre *dans* le théâtre; mais aussi théâtre *sur* le théâtre, texte de Claudel *sur* le texte de Molière.

[Quel poète lyrique!]

Préface de la dernière pièce de Claudel, *Le Ravissement de Scapin*, publiée en 1952.

* Œuvre écrite par Claudel en 1934, représentée avec beaucoup d'éclat à l'Opéra de Paris en 1951.

Des mains liées qui font le signe de la croix, ce fut là cette espèce de vision qui détermina la composition de *Jeanne au bûcher**. Une autre vision, un peu plus tard, ce fut quoi? Une corde qui flotte. Une corde? pardon! Nous sommes au théâtre où est proscrite toute allusion à la ficelle invisible et sacrée qui met en mouvement notre brillante concurrence à la réalité. Une corde qui flotte. Elle flotte au milieu d'un de ces cabarets bon enfant, comme il y en a encore à la campagne et comme ils étaient tous au siècle dix-sept. Elle sert avec un crochet au bout à emmagasiner dans le grenier les provisions classiques où notre Université n'a jamais cessé de faire des trouvailles.

Moi aussi.

Molière par exemple. Je n'arriverai jamais à lui pardonner *Le Misanthrope*, pas plus que *Polyeucte* à Corneille. Mais quel poète lyrique! Il y a un autre lyrisme que verbal : celui qui, empruntant ses éléments à la réalité, les transpose dans le domaine de l'esprit. Du coup l'événement a perdu son sérieux, ses pointes, sa menace à notre moi. Tout dans la vie se réduit à des *situations*. Quel parti à en tirer, maintenant que désintéressés du drame, nous pouvons l'envisager de cet œil heureux d'un homme que Bacchus a induit à un état de bonne humeur supérieur à l'équilibre. On nous parle de caractères : l'Avare, l'Hypocrite... Nous nous en fichons, des caractères! ils se fichent le feu, les uns aux autres, les caractères! L'avarice, l'argent, l'amour, l'amour-propre, la maladie — quoi encore? — la mort? eh bien oui, la mort! — ah là là, c'est à se tordre! faut pas s'en faire! Vas-y camarade, Laurent n'existe plus que par la réplique qu'il extorque à Anastasie, et tous les deux par la chance qu'ils auront à Barbe et à Saturnin! Il n'y a plus d'auteur! C'est nous l'auteur! C'est nous qui avons tant besoin de la suite que ça arrive! Chaque mot qu'ils disent, vous entendez? ces espèces de gens sur la scène, c'est nous qui les leur soufflons et qui nous les soufflent, ces espèces de gens sur la scène, chaque mot qu'ils disent?

Et c'est précisément ce que j'ai voulu montrer dans la petite pièce que vous allez entendre. Il y a un tas d'acteurs en disponibilité au cabaret, tous en train de faire je ne sais quoi, boire, fumer, bâiller, se disputer, jouer aux cartes... Et tout à coup on apporte un grand panier plein de costumes et de perruques. C'est comme une secousse électrique! Chacun instantanément a pris son rôle. La pièce se fait devant nous toute seule! Car il y a cette corde qui pend, ce sac dans un coin, qui ne servait à rien, ce crochet aboutissant judicieusement dans le plafond à une trappe*... en avant! Allons-y!

Et quel plaisir de collaborer avec Molière! Quel plaisir de recopier lentement, à son aise, en se passant la langue sur les lèvres, cette prose essentielle où rien n'est inutile! Pas de chevilles ici, comme chez les plus grands, Racine par exemple. Pas de corps morts! Tout vit, tout est muscle, tout est feu, élégance, vivacité, gaieté saine, vertu! On aimerait écrire comme ça.

Paul Claudel, *Le Ravissement de Scapin*, éd. Gallimard.

* C'est là l'idée centrale autour de laquelle Claudel va bâtir tout son jeu scénique.

— Goût de la provocation calculée chez le vieux Claudel; dans le style par moments curieusement alambiqué et incorrect (3-4, 25-31); dans ses jugements sévères ou exaltés à l'égard des grands du théâtre classique (en particulier, hiérarchie de valeur des pièces de Molière : 14-24, et langue de scène de ce dernier : 48-50).

— « Le théâtre à l'état naissant » est depuis longtemps une idée chère à Claudel. Elle se déploie ici : il ne s'agit plus seulement de l'acteur qui se montre dans le personnage (*cf.* par exemple *Le Soulier de satin*, IV, 6), mais de rapports nouveaux que les acteurs entretiennent entre eux (29-31), et de ceux qu'ils entretiennent avec le public (32-36). *Cf.* les recherches d'improvisation collective dans le théâtre moderne.

— Du lyrisme de la parole et du Verbe au lyrisme de l'action, des réactions, du mouvement, et de l'ensemble du spectacle. La Fête retrouvée et Bacchus réintroduit (16-23). Comparer Claudel et Artaud (*cf.* chap. 17).

De cette actualité de Claudel, il serait aisé de fournir bien d'autres exemples, ne serait-ce que son intérêt pour cette écriture chinoise que toute une jeune littérature redécouvre actuellement en France... sous l'influence d'Ezra Pound, intérêt qui lui faisait composer dès 1926 des *Idéogrammes occidentaux :* « goutte : l'*u* est le calice d'une fleur, *tt* deux parois verticales sur lesquelles l'eau coule ou encore le sillage même de la goutte ». Et ce n'est évidemment pas par hasard si notre époque préfère le jeune Claudel, le Claudel de *Tête d'or* avec sa violence païenne, celui du premier *Partage de midi* qui met l'amour plus haut que Dieu, au Claudel des *Feuilles de saints* ou des *Visages radieux*.

Il faut cependant résister à la tentation de vouloir faire de Claudel un écrivain tout entier tourné vers l'avenir. On l'imagine mal, vieilli, face à l'*aggiornamento* de Vatican II. Même si l'œuvre de ce chrétien — et surtout son œuvre lyrique et dramatique — échappe aux limites de l'orthodoxie à laquelle il avait tenu à se plier, ce serait le trahir que de le soumettre à une lecture absolument athée, lui qui écrivait : « aucun art ne se passe de base religieuse », postulat qui le conduisait à refuser en bloc toute la peinture française de Poussin à Renoir. Et pourtant, même pour un croyant, cette œuvre n'est-elle pas profondément scandaleuse, de ce scandale incarné par le monolithique Turelure de *L'Otage* que Sygne doit épouser pour réaliser le dessein de Dieu? Comme l'écrit P.-A. Lesort : « Amère, étrange théologie, qui fait de l'amour un paradis voué à l'interdiction, et du mariage un châtiment de la vallée de larmes. [...] Foi cathare plus que chrétienne, et sur laquelle vient sûrement se briser la louange du monde créé. »

Comment donc conclure sur un écrivain qui n'est pas encore tout à fait classique mais qui n'est déjà plus notre contemporain? Cette impossible conclusion, qu'on ne s'étonne pas de nous voir l'emprunter à l'un de ses pairs, l'un de nos « Inventeurs », Francis Ponge (*cf.* chap. 16). Le numéro spécial de la *N.R.F.* consacré à la mémoire de Claudel renfermait en effet cette « Prose De Profundis A La Gloire De Claudel », hommage à tous les égards inattendu de la part d'un homme qui n'avait à première vue rien de commun avec le poète disparu * (nous en extrayons les « strophes » 2 et 3) :

« Pour prononcer, à propos de Claudel, la moindre parole juste, comme il nous faut, d'abord, respirer largement,

Refermant donc sur nous — et sur tel lecteur qui s'y prête — les portes de la

* Mais *Le Parti pris des choses* n'est-il pas préfiguré dans certaines des proses de *Connaissance de l'Est* (1897)? Ainsi, dans « Le Cocotier » : « Tout arbre chez nous se tient debout comme un homme, mais immobile; enfonçant ses racines dans la terre, il demeure les bras étendus. » Et « Le Verre d'eau » de Ponge (*cf.* chap. 16) n'est pas si loin de l'idéogramme que nous citions plus haut...

présente conduite intérieure, nous nous acheminerons rapidement hors d'ici.

Mais non bien au-delà des limites de l'Ile-de-France, c'est inutile.

Sitôt franchi le pays de Racine et de La Fontaine, nous trouverons les conditions les meilleures.

Sur la route de Sens à Troyes, par exemple. Quelques kilomètres avant cette dernière ville.

Une étendue de tertres et de mamelons, à découvert.

Respirons donc largement ici, comme il nous a réhabitués à le faire, selon cette grandeur qu'il nous a réouverte, ces exercices pneumatiques auxquels il nous a soumis, ce regonflement grâce à lui des poumons de la littérature française.

Respirons assez largement pour balayer tout de suite, du revers de ce premier souffle comme de celui de la main,

Tout ce que cet homme et cette œuvre se figurent porter sur le dos.

Car il n'est point ici de cathédrale; point de latin, et de bible non plus.

Des labours seulement, dans un air salubre et dramatique, sur un souvenir de légions.

Ce sont ici nos champs catalauniques. »

Valéry, Gide, Claudel : ces hommes, quoique différents, se connaissaient et s'estimaient. D'une manière ou d'une autre, ils n'ont cessé, leur vie durant, de dialoguer. Leurs écrits intimes (*Journal* de Gide, *Journal* de Claudel et, dans une certaine mesure, *Cahiers* de Valéry), leurs correspondances (celle de Gide et de Claudel paraît en 1952, suivie en 1955 par celle de Gide et Valéry), leurs interviews à la radio (Gide et Claudel accordent, chacun de leur côté, une série d'entretiens à Jean Amrouche), permettent de mieux apercevoir ce qui les séparait, et dont ils ont eu pleine conscience. Gide et Claudel, dont la rupture semble définitive en 1914, s'étaient affrontés, en de violents assauts épistolaires, sur la question de la foi religieuse comme sur celle de la morale sexuelle : ils n'en consentent pas moins, dans leurs dernières années, à la publication intégrale de leurs lettres. Gide et Valéry se manifestent jusqu'au bout une amitié réciproque, tout en se sachant l'un et l'autre « aux antipodes ». En 1942, après une rencontre avec Valéry, Gide écrit dans son *Journal :* « J'ai fait mon œuvre sur un plan différent du sien — que je comprends trop bien et admire trop pour ne point admettre que cette œuvre mienne ne puisse figurer dans son système et n'ait pas de valeur à ses yeux. » La même année, Valéry note dans ses *Cahiers*, à propos de Gide : « Il est dans un tout autre monde où les questions émotives sont presque les seules à exister et où la "volonté de puissance" ne vise que la puissance d'émouvoir les autres et non celle de rejoindre Ce qu'on voudrait être devant soi, TEL QUEL... » Claudel enfin, toujours en 1942, recevant les *Poésies* de Valéry, juge ainsi l'auteur dans son *Journal :* « On ne saurait pousser plus loin la finesse et le talent technique. C'est merveilleux! Mais comme c'est peu nourrissant et, somme toute, futile! Le sujet est toujours cet effort vain et d'avance découragé à se dégager de soi-même. »

Si le dialogue, malgré de telles divergences, est resté possible entre ces hommes, c'est qu'une même foi dans les vertus du langage les avait regroupés, dès avant 1914, au sein de la jeune *N.R.F.* Quarante ans plus tard, Gide définit ce que fut leur volonté commune : « Valéry, Proust, Suarès, Claudel et moi-même, si différents que nous fussions l'un de l'autre, si je cherche par quoi l'on nous reconnaîtra pourtant du même âge, et j'allais dire : de la même équipe, je crois que c'est le grand mépris où nous tenions l'actualité. Et c'est en quoi se marquait en nous l'influence plus ou moins secrète de Mallarmé. [...] Nous misions sur la durée, préoccupés uniquement de former une œuvre durable, comme celles que nous admirions, sur lesquelles le temps n'a que peu de prise et qui aspirent à paraître aussi émouvantes et aussi actuelles demain qu'aujourd'hui. »

Faire une œuvre durable : Valéry, à vrai dire, ne s'en était guère soucié. A l'entreprise de création, il avait préféré très tôt l'entreprise de connaissance, quitte à se ménager quelques « écarts » désormais illustres. Mais pour Gide et pour Claudel, qui se sont voulus pleinement et substantiellement écrivains, voici qu'ils prennent peu à peu conscience que leur œuvre est derrière eux. A la création poétique et dramatique, Claudel va maintenant substituer la recréation d'un univers proprement religieux, celui de la Bible; et lorsque ses anciennes pièces sont enfin portées à la scène, le dramaturge qui les adapte songe beaucoup plus à l'action et au spectacle qu'au respect du texte littéraire. Quant à Gide, c'est moins à la pratique de la littérature qu'à la défense de la culture qu'il va s'attacher, anxieux de préserver, contre les forces qui le menacent, un héritage dont il fait partie : conscience morale d'une génération, il ne crée plus, il « représente ». Telle est peut-être, de ces trois maîtres, la dernière ambiguïté : que ce soit du point de vue de l'esprit, du point de vue de Dieu ou du point de vue de l'homme, ils remettent en question une littérature qui est celle-là même dont ils avaient été l'incomparable illustration.

Choix bibliographique :

M. Raymond, *Paul Valéry et la tentation de l'esprit*, La Baconnière.

A. Berne-Joffroy, *Valéry*, Bibl. idéale, Gallimard.

J. Robinson, *L'Analyse de l'esprit dans les « Cahiers » de Paul Valéry*, Corti.

A. Gide et R. Martin du Gard, *Correspondance* (introduction de Jean Delay), Gallimard.

C. Martin, *André Gide par lui-même*, Seuil.

Entretiens sur André Gide, sous la direction de M. Arland, Mouton.

H. Guillemin, *Claudel et son Art d'écrire*, Gallimard.

Cahier Paul Claudel II, *Le Rire de Paul Claudel*, Gallimard.

P.-A. Lesort, *Claudel par lui-même*, Seuil.

A. Vachon, *Le Temps et l'Espace dans l'œuvre de Paul Claudel*, Seuil.

M. Mercier-Campiche, *Le Théâtre de Claudel ou la puissance du grief et de la passion*, J.-J. Pauvert.

Chapitre IX

Testaments humanistes

Ce n'est pas seulement leur appartenance à une même génération — celle qui a succédé à la « grande » génération des environs de 1870 — qui nous amène à regrouper dans ce chapitre Antoine de Saint-Exupéry (1900-1944), Jean Giraudoux (1882-1944) et Georges Bernanos (1888-1948). Ces trois auteurs, par ailleurs si dissemblables, ont en effet connu un destin à peu près identique : contemporains par leur mort autant que par leur naissance, ils avaient été reconnus très tôt, chacun dans son genre, pour des maîtres, qui du théâtre, qui du roman. Écrivains célèbres, donc, mais également — et le mot convient aussi bien à un chrétien comme Bernanos qu'à un athée comme Giraudoux (Saint-Exupéry exprimant son propre athéisme à travers un vocabulaire quasi religieux) — humanistes déclarés, humanistes angoissés. Car c'est bien en définitive une même angoisse qui les rassemble. Tous trois ont senti la montée des périls et se sont efforcés de la conjurer à la fois par l'action directe et par l'écriture : Giraudoux devient commissaire à l'Information en 1939, Saint-Exupéry reprend le service actif en 1943; quant à Bernanos, par devoir plus encore que par besoin, il s'épuise en voyages et en conférences tant au Brésil pendant la guerre qu'en Europe après son retour. Pour ces trois défenseurs de l'homme et de la civilisation, la Deuxième Guerre mondiale a ouvert la crise majeure. A l'exception sans doute de Bernanos, ils avaient pu apparaître, dans la décennie qui précéda la guerre, comme les tenants d'un optimisme social conquis sans trop de peine : leurs derniers écrits ne seront plus qu'une tentative désespérée pour maintenir à tout prix, contre ce qui change ou va changer, ce qui ne doit point changer si l'on veut ménager à l'homme une ultime chance de salut. Tel est, toujours vivant, leur testament.

Il est ainsi évident qu'ils se rattachent très étroitement par certains aspects, tantôt à l'inspiration nationale (*cf.* chap. 6), tantôt à l'inspiration religieuse (*cf.* chap. 5). Ils s'en démarquent néanmoins dans la mesure où chez eux, même dans l'essai ou le pamphlet, la dimension littéraire reste essentielle. Mais cette littérature, à laquelle ils n'ont pas renoncé, subit elle-même le contrecoup de leurs obsessions et de leurs luttes : formes et genres éclatent, se renouvellent dans leurs dernières œuvres. Inlassables retours bibliques dans *Citadelle*, étrangeté de *Choix des élues* ou délire de *La Folle de Chaillot*, technique déroutante de *Monsieur Ouine*, importance des textes polémiques et recours au cinéma révèlent chez Saint-Exupéry, Giraudoux et Bernanos, une crise de la littérature parallèle à la crise de civilisation qu'ils dénoncent.

Antoine de Saint-Exupéry

Avec Antoine de Saint-Exupéry, la tendance paraît justifiée qui veut toujours voir un testament dans toute dernière œuvre d'écrivain. *Citadelle*, publié en 1948, constitue à coup sûr le testament de celui qui écrivait en 1943, un an avant sa mort, dans la « Lettre au général X » : « Si je suis tué en guerre, je m'en moque bien. Ou si je subis une crise de rage de ces sortes de torpilles volantes qui n'ont plus rien à voir avec le vol et font du pilote parmi ses boutons et ses cadrans une sorte de chef comptable. [...] Mais si je rentre vivant de ce " job nécessaire et ingrat ", il ne se posera pour moi qu'un problème : que peut-on, que faut-il dire aux hommes? » Dégoût de son existence, dégoût de ce qu'est devenue l'aviation : Saint-Exupéry paraît avoir renoncé. Mais il va réussir, jusqu'à la mission dont il ne reviendra pas, à participer de nouveau aux combats aériens dont son âge l'écartait, mais il va continuer à composer en secret ce *Citadelle* auquel il travaille depuis 1936.

Car Saint-Exupéry, à travers le roman *(Courrier Sud)*, le récit *(Vol de nuit)* et l'essai autobiographique *(Terre des hommes)*, n'a toujours écrit, en réalité, que des « traités de morale » (Roger Caillois). Les lecteurs, frappés par la nouveauté des livres du pilote-écrivain, étaient souvent passés à côté de la préoccupation essentielle de l'auteur. Ils avaient admiré cette littérature de l'outil, cette littérature de l'action; Sartre, rapporte Simone de Beauvoir dans *La Force de l'âge*, voyait dans *Terre des hommes* « la meilleure illustration possible, la plus convaincante, des thèses de Heidegger » par « cette métamorphose de la terre et du ciel qu'éprouve un pilote aux commandes de son appareil ». Il faut attendre *Pilote de guerre*, et la défaite, pour que l'humanisme de Saint-Exupéry s'exprime directement en ce qui constitue, selon la même Simone de Beauvoir, « une longue et nébuleuse dissertation d'un humanisme assez équivoque ». Mais tous ses livres avaient toujours célébré l'acceptation du devoir, la fraternité, la solidarité, l'enracinement dans un groupe ou un pays.

Étrange mutation que celle de cet écrivain qui renonce à ce qui a fait son succès, à ce qu'il connaît bien — le récit d'aviation, la référence à l'actualité, le goût de la chose vue — pour se lancer dans le pseudo-conte pour enfants que constitue *Le Petit Prince* (publié à New York en 1943) et dans la parabole de *Citadelle*. Une certaine maladresse, la même que celle des illustrations dues à l'auteur, sauve *Le Petit Prince*, l'un des livres les plus célèbres de notre époque, de la sensiblerie qui le guette à chaque page et surtout du ton moralisateur qui va envahir *Citadelle*.

Rarement écrivain s'est, autant que dans ce dernier livre, coupé aussi volontairement de son époque, s'est à ce point privé des atouts qui lui permettraient d'en être entendu. Ni le sujet (les réflexions d'un jeune prince oriental qui reçoit les leçons de son père), ni la forme adoptée (celle du fragment — il y en a 219 — de nature variée : pièces brèves, récits, apologues), ni surtout le style, curieusement anachronique, hétéroclite, où passent des réminiscences du Gide des *Nourritures terrestres* (« Ah! d'avoir une fois goûté l'eau du puits d'El Ksour! Me suffit certes du cérémonial d'une fête pour qu'une fontaine me soit cantique... »), de Claudel et de Saint-John Perse, n'avaient de quoi retenir l'attention du public d'après-guerre. La difficulté était d'ailleurs accrue par l'état d'inachèvement du texte : celui-ci, dicté au magnétophone, n'avait été ni relu, ni corrigé, ni coupé par l'auteur. D'où l'impression de monotonie et de pesanteur de ce brouillon qui contraste avec la vigueur des romans. Au réalisme de ces derniers s'oppose également le symbolisme de *Citadelle*, cette citadelle de la civilisation humaniste qu'il faut défendre contre toutes les menaces (régimes totalitaristes, robots privés d'âmes). Et le lecteur peut s'estimer déçu de ne découvrir en fin de compte qu'une sagesse bien proche de celle du *Candide* de Voltaire : au « il faut cultiver notre jardin » du philosophe répond le « moi aussi ce matin j'ai taillé mes rosiers » de Saint-Exupéry. Le lecteur préférera sans doute reprendre la fin du *Petit Prince :* « Regardez le ciel. Demandez-vous : Le mouton oui ou non a-t-il mangé la fleur? Et vous verrez comme tout change... Et aucune grande personne ne comprendra jamais que ça a tellement d'importance! »

Plutôt que cette leçon, trop simple et finalement trop confuse, on retiendra, chez le dernier Saint-Exupéry, un approfondissement de la notion d'humanisme : il s'agit moins alors de défendre certaines valeurs, dont Saint-Exupéry comprend bien qu'elles sont dépassées, que de dégager l'idée, tout à fait actuelle celle-ci, de « lien ». « L'homme n'est qu'un nœud de relations, les relations comptent seules pour l'homme » : cette phrase de Saint-Exupéry qui sert de conclusion à la *Phénoménologie de la perception* de Merleau-Ponty, peut encore servir à notre époque de sujet de réflexion. Il serait curieux d'étudier de près tous les thèmes qui, dans ces dernières œuvres, se rattachent à l'idée de construction, d'organisation : les mots de « structure », de « système », d' « arbre », de « forme » y reviennent sans cesse. Si « la civilisation est un bien invisible », écrit-il au général X, c'est qu'elle « porte non sur les choses, mais sur les invisibles liens qui les nouent l'une à l'autre, ainsi et non autrement. » *(Un sens à la vie.)*

Gardons-nous cependant de vouloir à toute force moderniser Saint-Exupéry. L'échec de *Citadelle* traduit le désarroi d'un homme qui a cru à la machine et qui se sent dépassé par elle, d'un homme qui jusqu'au bout affirme : « Respect de l'homme! Respect de l'homme! Là est la pierre de touche! [...] La vie crée l'ordre, mais l'ordre ne crée pas la vie! » (*Lettre à un otage*, 1943.)

[La part obscure encore]

Il est temps, en effet, que je t'instruise sur l'homme.

Il est dans les mers du Nord des glaces flottantes qui ont l'épaisseur de montagnes mais du massif n'émerge qu'une crête minuscule dans la lumière du soleil. Le reste dort. Ainsi de l'homme dont tu n'as éclairé qu'une part misérable par la magie de ton langage. Car la sagesse des siècles a forgé des clefs pour s'en saisir. Et des concepts pour l'éclairer. Et de temps à autre te vient celui-là qui amène à ta conscience une part encore informulée, à l'aide d'une clef neuve, laquelle est un mot, comme « jalousie » dont je t'ai parlé, et qui exprime d'emblée un certain réseau de relations qui, de la ramener au désir de la femme, t'éclaire la mort par la soif, et bien d'autres choses. Et tu me saisis dans mes démarches alors que tu n'eusses su me dire pourquoi la soif me tourmentait plus que la peste. Mais la parole qui agit n'est point celle qui s'adresse à la faible part éclairée mais qui exprime la part obscure encore et qui n'a point encore de langage. Et c'est pourquoi les peuples vont là où le langage des hommes enrichit la part énonçable. Car tu l'ignores l'objet de ton immense besoin de nourriture. Mais je te l'apporte et tu le manges. Et le logicien parle de folie car sa logique d'hier ne lui permet pas de comprendre.

Mon rempart c'est le pouvoir qui organise ses provisions souterraines et les amène à la conscience. Car ils sont obscurs tes besoins et incohérents et contradictoires. Tu cherches la paix et la guerre, les règles du jeu pour jouir du jeu et la liberté pour jouir de toi-même. L'opulence pour t'en satisfaire et le sacrifice pour t'y trouver. La conquête des provisions pour la conquête et la jouissance des provisions pour les provisions. La sainteté pour la clarté de ton esprit et les victoires de la chair pour le luxe de ton intelligence et de tes sens. La ferveur de ton foyer et la ferveur dans l'évasion. La charité à l'égard des blessures, et la blessure de l'individu à l'égard de l'homme. L'amour construit dans la fidélité imposée, et la découverte de l'amour hors de la fidélité. L'égalité dans la justice, et l'inégalité dans l'ascension. Mais à tous ces besoins en vrac comme une rocaille dispersée quel arbre fonderas-tu qui les absorbe et les ordonne et de toi tire un homme? Quelle basilique vas-tu bâtir qui use de ces pierres?

Mon rempart c'est la graine d'abord que je te propose. Et la forme du tronc et des branches. D'autant plus durable l'arbre qu'il organisera mieux les sucs de la terre. D'autant plus durable ton empire qu'il absorbera mieux ce qui de toi se propose. Et vains sont les remparts de pierre quand ils ne sont plus qu'écailles d'un mort.

Saint-Exupéry, *Citadelle*, éd. Gallimard.

— Nécessité ou arbitraire du lien qui unit les deux temps de l'enseignement du Sage au lecteur : « la parole qui agit » (1-23) et « le pouvoir qui organise » (24-48)?

— Couleur biblique du style dans la parabole (2-5), dans les réalités concrètes évoquées (13, 22). Forme litanique dans les répétitions (1 et 2, 7 et 8, 24 et 43), et dans les couples antithétiques des lignes 27-38. Tenue affichée de la langue (15, 46-47). Lourdeur, solennité, obscurité parfois (34-36) n'excluant pas la familiarité et la simplicité.

— Les thèmes fondamentaux : le rôle du langage, l'arbre (40) et l'édifice (41); l'héritage de Gide dans les lignes 27-38. La volonté de conquête et de renouveau continus pour l'homme, à l'intérieur d'une « forme » héritée (7, 46).

Jean Giraudoux

« Nous avons tous vu des empires s'effondrer, et les plus solides. Et les plus habiles à croître et les plus justifiés à durer. Et ceux qui ornaient cette terre et ses créatures. Au zénith de l'invention et du talent, dans l'ivresse de l'illustration de la vie et de l'exploration du monde, alors que l'armée est belle et neuve, les caves pleines, les théâtres sonnants, et que dans les teintureries on découvre la pourpre ou le blanc pur, et dans les mines le diamant, et dans les cellules l'atome, et que de l'air on fait des symphonies, des mers de la santé, et que mille systèmes ont été trouvés pour protéger les piétons contre les voitures, et les remèdes au froid et à la nuit et à la laideur, alors que toutes les alliances protègent contre la guerre, toutes les assurances et poisons contre la maladie des vignes et les insectes, alors que le grêlon qui tombe est prévu par les lois et annulé, soudain en quelques heures un mal attaque ce corps sain entre les sains, heureux entre les bienheureux. C'est le mal des empires... Il est mortel. »

Ces propos désabusés de l'Archange au Jardinier dans le prélude de *Sodome et Gomorrhe* illustrent le changement qui, avec la Deuxième Guerre mondiale, a affecté l'univers de Jean Giraudoux. Certes, la recherche d'un bonheur terrestre à travers les jeux du langage et de l'humour avait déjà rencontré des obstacles; quand le monde des dieux, de l'au-delà était repoussé, dans *Électre* par exemple, le monde des hommes gardait encore pour l'héroïne toute son inquiétude tragique. Mais, au moment même du désastre final, l'espoir subsistait dans un salut à l'aurore :

« La Femme Narsès. — Comment cela s'appelle-t-il, quand le jour se lève, comme aujourd'hui, et que tout est gâché, que tout est saccagé, et que l'air pourtant se respire, et qu'on a tout perdu, que la ville brûle, que les innocents s'entretuent, mais que les coupables agonisent, dans un coin du jour qui se lève?

Électre. — Demande au mendiant. Il le sait.

Le Mendiant. — Cela a un très beau nom, femme Narsès. Cela s'appelle l'aurore. »

L'aurore qui est venue n'est pas celle que l'on pouvait attendre. Les dernières années de la vie de Giraudoux sont celles de l'échec. Curieusement choisi en 1939 par le gouvernement Daladier pour occuper le poste de commissaire à l'Information, il se retirera après la défaite et devant la vanité de ses efforts : l'éloquence brillante de l'auteur de *La Guerre de Troie n'aura pas lieu* s'était révélée impuissante à remonter le moral des troupes. Après avoir hésité quelque temps, il condamne le régime de Vichy : « Blason de défaites, blason d'indignités, telles étaient les armoiries que le nouvel ordre remettait, pour leur sacre, à ses chevaliers. Un proche avenir les martèlera, aucune de leurs devises n'a été acceptée par le pays, et la leçon des événements est bien loin pour la France des vérités où certains dirigeants ont prétendu la trouver. » (*Sans Pouvoirs*, 1943). Claude Roy, dans son livre de souvenirs *Moi Je* (1969), montre « l'enchanteur triste », qui n'a pas perdu entièrement confiance dans l'avenir de la France, constituant une entreprise de « Documentation nationale », un « inventaire en commun des ressources, des besoins et des problèmes de la France » où lui, Claude Roy, est nommé par l'auteur d'*Intermezzo* « Vice Haut Commissaire aux Sports Nautiques de la France Libérée ».

Plus sérieusement, Giraudoux poursuit dans *Sans Pouvoirs* la réflexion inaugurée en 1939 dans *Pleins Pouvoirs;* il trace, sans illusions, le portrait d'une France idéale qu'il oppose au spectacle du monde contemporain, déshumanisé, robotisé. Cet écrivain déçu, c'est le nouveau visage du « magicien des lettres », image trop facile et bien trompeuse. Dans ses dernières œuvres éclatent un doute et une tension que la maîtrise du style rend plus tragiques encore.

En 1938, un an avant *Pleins Pouvoirs*, son dernier roman, *Choix des élues* * avait sonné le glas de tout un monde. Sans doute le schéma de base restait-il celui de ses autres romans : le départ, le périple et le retour. Comme Bardini ou Juliette, Edmée quitte son cadre familier, en proie à l'appel mystérieux de l'Abalstitiel qui peut faire songer au spectre d'Isabelle dans *Intermezzo*. Mais la fin est autre : le retour n'est plus vers un équilibre, un ordre retrouvé, mais vers une résignation morne et feutrée. Le récit romanesque, d'une souplesse et d'une liberté remarquables, s'ordonne autour d'une intuition fondamentale, celle de l'absence, de l'indifférence au monde, même parfait, même aimé. Dans un tout autre langage, Edmée est une étrangère avant *L'Étranger*, et c'est déjà l'expérience de l'absurde qu'elle fait. C'est à travers les différents monologues intérieurs que les événements sont évoqués et que sont entendus les fragments du dialogue : on songe au *Mrs. Dalloway* de Virginia Woolf. Plus que jamais le roman de Giraudoux est un drôle de roman, presque un « anti-roman », dans lequel l'utilisation du temps et de la durée, des personnages et de la psychologie refuse les lois ordinaires du genre. Cet univers, parfaitement faux en un sens, ne veut aucun garant extérieur, il entend ne tenir que par son écriture et l'adhésion du lecteur. Ce roman constitue l'aboutissement d'une conception de la littérature affirmée depuis longtemps déjà par Giraudoux : « Ils [les lecteurs] n'exigent plus de l'écrivain qu'il réussisse, suivant des recettes, des romans ou des pièces. Ils exigent de lui une nourriture qui leur est indispensable, mais qui est aussi peu précise que le pain ou la viande. Vous n'exigez pas votre kilogramme de veau en forme de petit veau, votre jambon en forme de petit porc. C'est pourtant ce que faisaient jusqu'ici la plupart de nos romanciers qui croyaient indispensable, pour nous présenter l'homme, de nous servir, dans une intrigue composée, des petits personnages en forme d'hommes complets mais minuscules. Il ne s'agit plus d'exciter par l'intrigue et l'imagination une société repue; mais de recréer, dans toutes ces alvéoles taries que sont nos cœurs, la sève d'où s'élaborera l'imagination de demain. » (« De siècle à siècle », 1930, *Littérature*.)

[Mise hors du circuit]

La fin du roman approche. Edmée, que son fils Jacques a retrouvée, comprend ce qui lui est arrivé.

* Celle qu'elle a menée depuis son départ du foyer.

* Personnages bibliques célèbres; le second est l'héroïne d'une pièce de Giraudoux représentée en 1931.

Et peu à peu le voile s'était levé, elle avait compris : cette vie sans but de femme sans homme *, c'était là sa couronne, c'était là son métier. Solitaire, anonyme, pure, elle goûtait cette joie de l'élection que les autres femmes ne trouvent que dans l'encerclement, le nom et le plaisir... C'était comme cela que la voulait le maître exigeant auquel cette pudeur, devant la piété, par laquelle ne brillaient ni Job ni Judith *, ne lui avait jamais permis de donner une forme ni un nom... C'était cela, sa destinée : une intrigue sans parole et sans geste, mais durable, mais intime, avec une présence qui manifestement n'était pas celle des hommes; la prédilection, en marge des saintetés officielles, d'une puissance éparse jusque-là, et qui se laissait maintenant centrer sur elle, en tiédeur et en

* *La Menteuse* a été publié depuis, en 1969. Ce roman dont la composition remonte à 1936, est beaucoup plus proche de *Bella* ou d'*Eglantine* que de *Choix des élues*.

attachement, comme par une énorme loupe. Une favorite, voilà ce qu'elle se sentait, ce qu'elle était. Parfois, attristée de ne pouvoir donner un nom à cette présence, à cette préférence, elle se disait que celles-là ont vraiment de la chance qui se suffisent de ce terme conventionnel du Seigneur... Tout se fût expliqué merveilleusement dans son cas... On eût dit que celui que les autres appellent le Seigneur, puisqu'il est question de lui, las d'avoir en ce bas monde des créatures, des reprouvés, des aimés, voulait y avoir une amie. Voilà sans doute pourquoi jamais la piété d'Edmée ne s'était traduite en transes ou en vocation : Dieu ne la voulait pas pour épouse légitime, il la voulait pour amie. Il voulait éprouver les joies secrètes d'une union non consacrée avec les hommes. Elle était à l'écart, au fond de la cour, mais elle était l'amie. Comme dans *Back Street* *. Le martyre, la confession, c'est quand même tout petit : c'est se déclarer saint soi-même; vouloir s'approcher par eux de Dieu, c'est humain à un point incroyable. On comprenait que Dieu eût besoin d'une présence qui ne fût pas altérée par sa présence même... Ainsi s'expliquait cette situation fausse qu'elle avait avec tous les hommes; Dieu l'avait mise hors du circuit, il l'avait donnée à un ingénieur des mines *, pour qu'elle fût femme, pour qu'elle fût une épouse. Et, à son heure, c'était une des tâches les moins dures qui lui aient été réservées depuis la création, étant donné la douceur de Pierre, il avait écarté l'ingénieur et l'avait conduite en son entresol. Cette paix enfin atteinte, cette liberté en elle, c'était Dieu anonyme. Voilà ce que retrouvait Jacques dans sa mère, une femme entretenue. L'amant n'était jamais là... L'amant était toujours là...

* Roman de Fannie Hurst, best seller des années trente, d'où a été tiré un film à succès avec Irène Dunne.

* Son mari, Pierre.

Jean Giraudoux, *Choix des élues*, Grasset.

— Une méditation intérieure qui progresse autour d'un même thème (2, 15, 27, 30, 44) pour justifier (43-44) l'intuition première (1-4).

— Texte paradoxal : l'absurdité qui devient grâce; l'athéisme jamais plus éloigné de Dieu que lorsqu'il paraît s'en rapprocher; l'homme, l'humanisme, vainqueurs dans le sentiment même d'étrangeté.

— Jean-Paul Sartre écrit dans la *N.R.F.*, en mars 1940, à propos de *Choix des élues* : « Dès que l'on ouvre un roman de M. Giraudoux, on a l'impression d'accéder à l'univers d'un de ces rêveurs éveillés que la médecine nomme "schizophrènes" et dont le propre est, comme on sait, de ne pouvoir s'adapter au réel. Tous les traits principaux de ces malades, leur raideur, leur effort pour nier le changement, pour se masquer le présent, leur géométrisme, leur goût pour les symétries, pour les généralisations, les symboles, pour les correspondances magiques à travers le temps et l'espace, M. Giraudoux les reprend à son compte, les élabore avec art, et ce sont eux qui font le charme de ses livres. »

Sodome et Gomorrhe est une œuvre étrange, superbement créée en 1943 par Edwige Feuillère et Gérard Philipe et qui n'a pas eu depuis la grande reprise qu'elle mérite. Le cadre biblique fait voisiner le Jardinier cher à Giraudoux avec tout un peuple d'anges et d'archanges envoyés par Dieu aux hommes et aux femmes des célèbres villes pour les inciter à ne pas consentir à la désunion des couples qu'ils forment encore. L'action est réduite au profit de dialogues très littéraires qui, dans une mise en scène apocalyptique comme notre temps sait les réaliser, pourraient produire un effet saisissant. L'irrémédiable mal d'être, le mal d'être seul et le mal d'être deux, éclatent sans retenue. L'heure de vérité a sonné et avec elle la fin du monde : « La fin du monde? [...] Est-ce bien le mot. Disons plutôt que Dieu dispense aujourd'hui le monde de ses hypocrisies. Sa vérité, c'est ce déchaînement, ce grondement, ces incendies. La vérité du ciel, ce sont ces étoiles dételées de leurs constellations et le sillonnant en chevaux échappés. On appelle fin du monde le jour où le monde se montre juste ce qu'il est : explosible, submersible, combustible, comme on appelle guerre le jour où l'âme humaine se donne à sa nature. » Irréalité totale du décor et de l'action, atmosphère de « fin de partie », de catastrophe impossible à conjurer, ni même à terminer puisque, foudroyés, Jean et Lia continueront à se déchirer, — nous sommes en plein cauchemar métaphysique, et la beauté un peu compassée du verbe est loin de compenser, pour le lecteur des œuvres précédentes de Giraudoux, la déroute du monde et des hommes qui se consomme dans ce dernier livre.

[Le feu des étoiles mortes]

Ultime effort de l'ange pour persuader Lia de revenir à Jean.

L'Ange. — [...] le jour où Dieu a eu son seul accès de joie, il a voulu se donner à soi-même une louange, il a créé la liberté et a délégué au couple humain le pouvoir de fonder en ce bas monde les deux prix de Dieu, la constance et l'intimité humaines. Rien ne le récompense de ses autres enfants. Le Liban et le crépuscule sur ses cèdres, la neige et l'aurore sur la neige, c'est un tableau, pas une récompense. Les cigognes volant sans faute vers le nord, c'est une leçon bien récitée, pas une récompense. Mais qu'il lui faille renoncer, par votre désunion, à son vrai firmament, c'est ce qu'il ne peut pardonner.

Lia. — Quel firmament?

L'Ange. — Les seules constellations qu'on voit du ciel, ce sont les feux des couples humains. Jadis ce firmament étincelait de toutes parts. Chaque étoile était le feu d'un couple. Ici le feu était le diamant de la femme, ou le feu même de l'âtre, ou le soleil sur les boutons d'argent du mari. Et là ce feu était la lampe, l'éclat du poignard, les yeux du chien du couple. Or maintenant, ils se sont éteints l'un après l'autre. Dans Sodome, plus un seul. Le vôtre brille encore de là-haut, comme le feu des étoiles mortes. Je suis descendu mille fois plus vite que la lumière pour arriver à temps et pour rallumer le feu de tes bagues et de ton front sous la lune, le feu du regard de Jean et du pommeau d'or de son épée avant qu'on en ait vu du ciel le mensonge et la cendre.

Lia. — Je connais le couple mieux que vous. Je le connais de son cœur, non de son apparence! Il est stérile.

L'Ange. — Stérile comme la double source, stérile comme la double rose. Lia, de là-haut, nous voyons surtout le désert, qui tient les trois quarts du monde, et il reste le désert si c'est un homme seul ou une femme seule qui s'y risque. Mais le couple qui y chemine le change en oasis et en campagne. Et le couple peut être égaré à vingt lieues du douar, chaque grain de sable par sa présence devient peuplé, chaque rocher moussu, chaque mirage réel. La solitude pullule, s'il est là, de mains entre-croisées, de fronts éclatants, de visages accolés. Et il peut n'avoir qu'un chameau ou une chèvre, c'est le chameau du couple, et il l'emporte sur toutes les caravanes qui ramènent les trésors et les épices sous la conduite des chameliers solitaires, c'est la chèvre du couple, et elle l'emporte sur tous les troupeaux gardés par les bergers. Et l'époux avec l'épouse peut ne trouver au point d'eau qu'une vase, c'est l'eau du couple, et de là-haut, fontaines et cascades à côté de cette lie paraissent troubles. Et tous deux meurent de soif, et leurs ossements ne sont pas des objets de mauvais os et de mauvaise chaux, ce sont les ossements du couple, les côtes en sont d'ivoire, les orbites sont des émeraudes, les vides entre les côtes sont les pleins de la vie, et ils brillent à travers la nuit éternelle.

La dernière entrevue de Lia et de Jean sera un échec. Femmes et hommes se séparent en deux groupes hostiles et c'est la fin du monde.

Jean Giraudoux, *Sodome et Gomorrhe*, Grasset.

— Les deux brèves interventions de Lia (12, 27-28) forcent l'Ange à donner leur « vrai » sens aux mots (« firmament », « stérile »). Le dialogue de l'ombre et de la lumière (6 et 7; 15 et 19; 50 et 51).

— Une éloquence souveraine (les « Et » initiaux : 34, 38, 43, 46) dans une atmosphère biblique fabuleuse (6, 34-35, 44); abondance des évocations concrètes, en particulier dans le bestiaire.

— La mystique du couple. Ses origines dans le théâtre antérieur de Giraudoux (par ex. : *Amphitryon 38*). Le couple chez Claudel et chez Giraudoux : *Le Soulier de satin* a été représenté pour la première fois la même année que *Sodome et Gomorrhe*. Giraudoux et Beckett : le couple et la fin du monde (*cf.* chap. 22).

Cette même et double montée des ténèbres et de la lucidité fait le prix de *La Folle de Chaillot*, pièce posthume jouée par Louis Jouvet et Marguerite Moreno en 1945. Ce sera aussi, malgré le retour à un cadre plus traditionnel, le sens de sa dernière œuvre, *Pour Lucrèce*, créée en 1953 par la compagnie Renaud-Barrault. A la pittoresque clocharde de Chaillot, le chiffonnier déclare : « Il y a une invasion, Comtesse. Le monde n'est plus beau, le monde n'est plus heureux à cause de l'invasion. [...] Depuis dix ans nous les voyons débouler, de plus en plus laids, de plus en plus méchants. [...] Le monde est plein de mecs. Ils mènent tout, ils gâtent tout [...]. L'époque des esclaves arrive. Nous sommes là les derniers libres. » Les mecs en question, ce sont les hommes d'argent et de profit, contre lesquels Giraudoux et son héroïne entendent défendre notre harmonie avec la terre et avec nous-mêmes. Mais la victoire finale de la Folle, si elle réjouit le spectateur de Guignol que chacun de nous est demeuré, est toute illusoire, victoire de la fiction, du style qui transforme mais aussi qui masque la réalité : cette comédie burlesque est une pièce désespérée. Plus que le sens, la forme importe ici : la fable est d'une invraisemblance criante, l'engloutissement final des « mecs » dans la trappe rappelle les outrances bouffonnes de Jarry, l'absurdité du langage et des situations (« A midi, tous les hommes s'appellent Fabrice! ») nous plongent dans un univers que ne désavoueraient pas Vitrac et Ionesco. Avec *La Folle de Chaillot*, Giraudoux est aux portes de l'anti-théâtre.

[Mes os et mon gésier, Irma!]

A la terrasse de chez Francis, place de l'Alma, plusieurs spéculateurs : le Président, le Baron, le Coulissier ont une conversation d'affaires avec le Prospecteur qui a trouvé des gisements de pétrole sous la colline de Chaillot. Quand surgit un personnage étrange...

La Folle de Chaillot apparaît. En grande dame. Jupe de soie faisant la traîne, mais relevée par une pince à linge de métal. Souliers Louis XIII. Chapeau Marie-Antoinette. Un face-à-main pendu par une chaîne. Un camée. Un cabas. Elle contourne la terrasse, s'arrête à la hauteur du groupe, et sort de sa gorge un timbre de salle à manger sur lequel elle appuie. Irma paraît.

La Folle. — Mes os sont prêts, Irma?

Irma *. — Il y en aura peu, Comtesse. Mais c'est du poulet de grain. Repassez dans dix minutes!

La Folle. — Et mon gésier?

Irma. — Je tâcherai de le sauver. Le client mange tout aujourd'hui.

La Folle. — S'il mange mon gésier, garde mon intestin. Le matou du quai de Tokio le préfère à ta rate.

Elle réfléchit fait un pas en avant, s'arrête devant la table du Président.

Le Président. — Garçon, faites circuler cette femme!

Le Garçon. — Je m'en garderai, Monsieur. Elle est ici chez elle.

Le Président. — C'est la gérante du café?

Le Garçon. — C'est la Folle de Chaillot, Monsieur.

Le Président. — Une folle?

Le Garçon. — Pourquoi une folle? Pourquoi serait-elle folle?

Le Président. — C'est vous qui le dites, idiot!

Le Garçon. — Moi? Je dis comme on l'appelle. Pour-

* La plongeuse.

quoi folle? Je ne vous permets pas de l'insulter. C'est la Folle de Chaillot.

LE PRÉSIDENT. — Appelez le sergent de ville!

La Folle de Chaillot a sifflé entre ses doigts. Le petit chasseur paraît avec trois écharpes sur le bras.

LA FOLLE. — Alors, tu l'as retrouvé, mon boa?

LE CHASSEUR. — Pas encore, Comtesse. J'ai retrouvé ces trois écharpes, pas le boa.

LA FOLLE. — Depuis cinq ans que je l'ai perdu, tu aurais pu le retrouver!

LE CHASSEUR. — Prenez une de ces écharpes. Personne ne les réclame.

LA FOLLE. — Cela se voit, un boa en plumes mordorées, de trois mètres de long!

LE CHASSEUR. — La bleue est très gentille.

LA FOLLE. — Avec le col de corsage rose et le voile vert du chapeau? Tu veux rire. Donne-moi la jaune. Elle va?

LE CHASSEUR. — Prodigieusement.

D'un mouvement coquet la Folle lance l'écharpe en arrière, renverse le verre du Président sur son pantalon, et s'en va.

LE PRÉSIDENT. — Garçon! Le sergent de villc! Je porte plainte!

LE GARÇON. — Contre qui?

LE PRÉSIDENT. — Contre elle! Contre vous! Contre eux tous! Contre ce chanteur à voix *, ce trafiquant en lacets *, cette folle...

LE BARON. — Calmez-vous, Président!

LE PRÉSIDENT. — Jamais. Voilà nos vrais ennemis, Baron! Ceux dont nous devons vider Paris, toute affaire cessante! Ces fantoches tous dissemblables, de couleur, de taille, d'allure! Quelle est la seule sauvegarde, la seule condition d'un monde vraiment moderne : c'est un type unique du travailleur, le même visage, les mêmes vêtements, les mêmes gestes et paroles pour chaque travailleur. Ainsi seulement le dirigeant en arrive à croire qu'un seul humain sue et travaille. Quelle facilité pour sa vue, quel repos pour sa conscience! Et voyez! Voyez, du quartier même qui est notre citadelle, qui compte dans Paris le plus grand nombre d'administrateurs et de milliardaires, surgir et s'ébrouer, à notre barbe, ces revenants de la batellerie, de la jonglerie, de la grivèlerie, ces spectres en chair et en os de la liberté de ceux qui ne savent pas les chansons à les chanter, des orateurs à être sourds-muets, des pantalons à être percés aux fesses, des fleurs à être fleurs, des timbres de salle à manger

* Deux des figures pittoresques du petit peuple de Chaillot déjà repoussées par le Président avant l'arrivée de la Folle.

Cl. Archives Lipnitzki.

Jean Giraudoux

à surgir des poitrines! Notre pouvoir expire là où subsiste la pauvreté joyeuse, la domesticité méprisante et frondeuse, la folie respectée et adulée. Car voyez cette folle! Le garçon l'installe avec des grâces de pied, et sans qu'elle ait à consommer, au meilleur point de la terrasse. Et la fleuriste lui offre gratis un iris géant qu'elle passe aux trous de son corsage... Et Irma galope!... Je pense au scandale que je provoquerais, tout président que je puisse être, si moi j'enfilais dans ma boutonnière un glaïeul et m'avisais de crier à pleine voix sur cette place respectable et devant ce symbole officiel de l'amitié franco-belge*: Mes os et mon gésier, Irma!

Il a crié. Des autres tables on le regarde avec réprobation.

Jean Giraudoux, *La Folle de Chaillot*, Grasset.

* Il s'agit d'un monument célébrant l'amitié franco-belge et situé sur une partie de la place de l'Alma qui a reçu le nom de Place de la Reine Astrid.

— La première apparition de l'héroïne. Vigueur des contrastes : « camée » et « cabas »; saugrenu de son comportement : « le timbre de salle à manger »; surprise de son attaque (10) et cocasserie de ses affirmations (10-17).

— Le jeu de l'alternance : l'héroïne (1-17, 33-48) et les spéculateurs (20-32, 52-87). Comment 33-51 reproduit et amplifie le mouvement de 20-32. La symétrie rompue avec le passage final au couplet.

— Georges Wilson, faisant allusion à *Maître Puntila et son valet Matti* : « *La Folle* est un admirable poème de combat pour la liberté. Je ne veux pas m'amuser à comparer Giraudoux et Brecht, mais entre *Puntila* et *La Folle*, ces deux pièces que j'ai choisies pour inaugurer la saison du T.N.P. à un an d'intervalle, il y a quelque chose de commun. »

Sodome et Gomorrhe (Gérard Philipe dans le rôle de l'Ange, et Edwige Feuillère).

Cl. Harcourt-S.P.A.D.E.M.

La Folle de Chaillot (Louis Jouvet, dans le rôle du chiffonnier, et Marguerite Moreno).

Cl. Archives Lipnitzki.

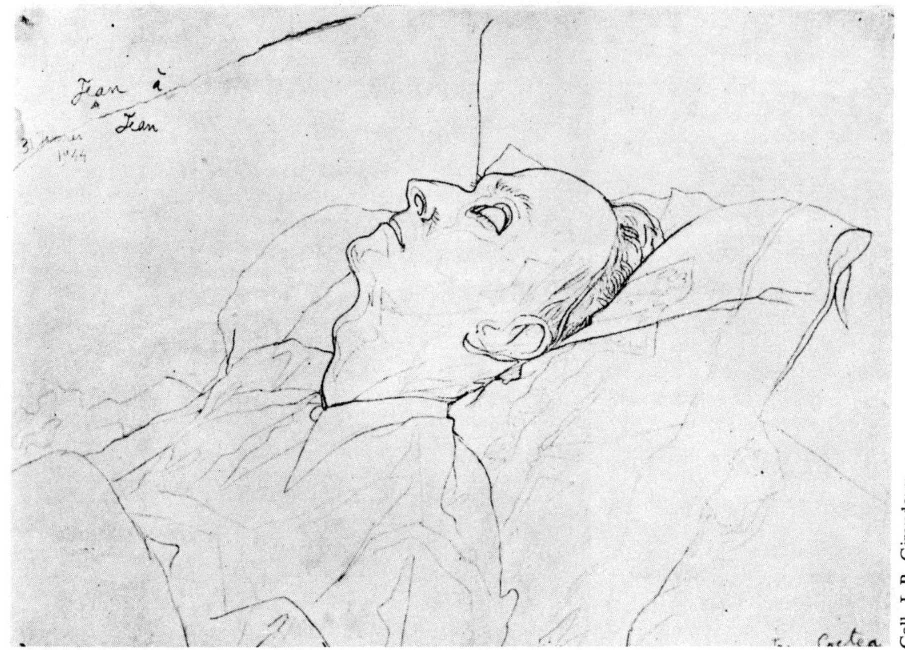

Coll. J.-P. Giraudoux.

Jean Giraudoux sur son lit de mort, dessin de Jean Cocteau.

Les dernières années de Giraudoux sont également marquées par plusieurs tentatives intéressantes du côté du cinéma : il adapte *La Duchesse de Langeais* de Balzac et surtout donne à Robert Bresson, avec *Les Anges du péché*, l'occasion de son premier film. Grandeur du couple, découverte du mal par une âme pure, les thèmes fondamentaux restent inchangés mais cette recherche par l'écrivain de moyens nouveaux est caractéristique du temps et témoigne de l'ouverture de Giraudoux au monde contemporain. Monde sur lequel plane, par la bouche de Barbette, l'entremetteuse de *Pour Lucrèce*, la malédiction d'un homme qui avait tant fait pour l'aimer et le faire aimer : « Dis à Dieu, [s'écrie Barbette à l'adresse du cadavre de Lucile en parlant de la morsure qu'elle lui a faite], que c'est le baiser aux femmes d'une vieille maquerelle d'Aix et que tu le lui portes en serment de sa part, pour ce qu'elle s'engage, elle et ses sœurs de la ville, à ne pas laisser de répit aux hommes, ni dans le métier, ni par occasion [...] pour te venger, mon petit ange, et les mener droit à la damnation éternelle... Amen... »

Georges Bernanos

C'est un télégramme personnel du général de Gaulle qui décide Georges Bernanos à quitter le Brésil où, installé depuis 1938 avec toute sa famille, il avait trouvé une seconde patrie. Lorsqu'il rentre en France, en juillet 1945, il rapporte avec lui un roman, *Monsieur Ouine*, dont une première édition a déjà vu le jour deux ans plus tôt à Rio de Janeiro. Ce roman qu'il a commencé en 1931, juste après *La Joie*, et qu'il a repris plusieurs fois ensuite avec autant de passion que de dégoût, Bernanos le laisse publier chez Plon, en 1946, dans un texte très fautif. Tout se passe comme s'il s'était maintenant détourné d'une œuvre à laquelle il sentait si bien qu'aboutissaient toutes les recherches spirituelles et formelles, parfois confuses, de ses romans précédents, qu'il aurait voulu pour elle, avait-il déclaré, une publication posthume. C'est seulement en 1955 qu'Albert Béguin sera en mesure de faire paraître, au Club des Libraires de France, une version enfin conforme au manuscrit de l'auteur.

L'accueil du public et de la critique, en 1946, fut en général très défavorable. Outre les fautes de texte, la technique, la conception romanesques de *Monsieur Ouine* étaient trop en avance sur les habitudes du public de Bernanos. Celui-ci, en grande majorité catholique et bien-pensant, ne pouvait guère admettre alors, sur le plan littéraire, qu'un roman ne racontât pas une histoire claire, n'obéît pas à une certaine logique; les autres œuvres anglaises, américaines ou même françaises qui auraient pu lui ouvrir d'autres horizons ne lui étaient pas encore familières. Or ce qui fait la nouveauté et l'importance de *Monsieur Ouine*, c'est justement l'audace avec laquelle l'auteur renonce à l'armature parfois lourdement traditionnelle et réaliste dans laquelle jusque-là il insérait ses visions, et se confie pleinement aux ressources du rêve qui, dans ses incertitudes, ses incohérences mêmes, ne cesse de rendre perceptible, sous forme d'images aiguës et lancinantes, la tension de l'auteur vers l'expression d'une réalité difficile, délicate, obscurément approchée. Parlant de son roman au poète Jorge de Lima, Bernanos lui écrivait : « Vous l'avez classé magistralement : onirique. [...] Rien n'est plus réel, ni plus objectif que le rêve. Mais il y a beaucoup de gens bornés qui n'admettent que les réalités de Zola. [...] Ne comprend-on pas comment les choses logiques peuvent devenir oniriques, logiquement en hypnose, dans les romans? C'est que rien n'est aussi lucide que le rêve. Et y aura-t-il quelque chose de plus conscient que l'ivresse de l'art? » « Conscient » ne veut pas dire ici transposable aussitôt en idées simples et claires; sur un roman comme *Monsieur Ouine*, le travail qui reste à faire au critique, au lecteur est essentiel. On le voit dans la lettre de Bernanos à Claude-Edmonde Magny, qui, avec Albert Béguin, fut la seule, dans un article de *Poésie 46*, à comprendre et à saluer la grandeur de cette dernière création romanesque : « Je suis un romancier, c'est-à-dire un homme qui vit ses rêves, ou les revit sans le savoir. Je n'ai donc pas d'intentions, au sens qu'on donne généralement à ce mot. Mais vous me rendez intelligible ce monde où j'ai avancé jadis, de page en page, dans les ténèbres, guidé par une espèce d'instinct analogue à celui de l'orientation des oiseaux, peut-être... Vous l'éclairez, ce monde, vous le pénétrez de lumière, je le vois, je le reconnais, je découvre le chemin que j'ai fait jadis à tâtons. » C'est là un premier aspect très moderne de ce texte : parler de complicité serait insuffisant; un don de divination, un esprit de ferveur et d'inquiétude sont nécessaires pour pénétrer dans l'œuvre.

Au premier abord, cependant, on retrouve les données habituelles du roman bernanosien. Dans le cadre : chemins du pays d'Artois, trempés de pluie; dans le sujet : un drame entre village et château avec des enfants humiliés, un prêtre exceptionnellement lucide et ridiculement bafoué. Le nœud même est de nature policière : on recherche le meurtrier d'un jeune vacher. Mais le récit est conduit de telle façon, avec des ellipses, des ruptures, des lacunes, des imbrications étroites de descriptions objectives et de points de vue intérieurs aux personnages que le mystère n'est jamais dissipé. Caché à nos yeux par la malignité du romancier, l'assassin a cette existence à la fois obsédante et imprécise, en porte-à-faux sur le réel, qu'ont certaines actions rêvées et il agit moins sur le village par sa réalité, par les conséquences de ses actes, par son poids, que par cette sorte de vide qu'il creuse dans la substance d'une vie déjà étrangement poreuse. D'autres énigmes non élucidées viennent accentuer le caractère lacunaire de cette réalité. Mais tout, insensiblement, nous ramène à la présence centrale, au château, de M. Ouine, un vieux professeur de langues, malade, qui paraît à l'origine de la déchéance des châtelains comme de la décomposition du village. Peu à peu la valeur symbolique de l'ensemble se laisse deviner : dans le meurtre de l'enfant, la communauté humaine se défait, soumise qu'elle est à l'influence maléfique d'un homme qui, sous son apparence de sainteté, n'est que haine et froid, un véritable anti-prêtre, le prêtre de Satan. Roman-parabole sur la mort de l'homme et du monde. Approche tâtonnante du problème du mal et du retour au néant. Les formes du roman traditionnel se sont ici désagrégées avec le monde qu'il évoquait. *Monsieur Ouine* pourrait se définir, sans trop d'anachronisme, comme l'anti-roman d'un anti-monde.

[Je me sentais leur providence]

Fragment de la confession finale du héros à l'agonie.

La curiosité me dévore, poursuit M. Ouine. A ce moment elle creuse et ronge le peu qui me reste. Telle est ma faim. Que n'ai-je été curieux des choses! Mais je n'ai eu faim que des âmes. Que dire, faim? Qu'est-ce que la faim? Je les ai convoitées d'un désir, auquel le mot faim ne convient pas, la vraie faim grince des dents, le regard de la faim brûle comme du feu. Que n'ai-je fait des âmes ma proie! Hélas! ce n'est pas de beaucoup d'âmes que j'avais faim, une seule d'entre elles m'eût suffi, la plus misérable, je me serais enfermé avec elle, pour toute la vie, seul, dans la solitude la plus profonde, comme un physiologiste avec le chien des rues qui va servir à ses expériences, comme l'adolescent avec sa première grotesque maîtresse, ramassée dans la rue. Je les regardais jouir et souffrir ainsi que Celui qui les a créés eût pu les regarder lui-même, je ne faisais ni leur jouissance ni leur douleur, je me flattais de donner seulement l'imperceptible impulsion comme on oriente un tableau vers la lumière ou vers l'ombre, je me sentais leur providence, une providence presque aussi inviolable dans ses desseins, aussi insoupçonnable que l'autre. Je me félicitais d'être vieux, laid, podagre, je m'épanouissais au son de ma propre voix, j'en exagérais scrupuleusement le timbre de basson nasillard fait pour rassurer les marmots.

Avec quelle jubilation j'entrais dans ces modestes consciences, si indifférentes d'aspect, si communes, si semblables à ces petites maisons de briques sans éclat, noircies par l'habitude, le préjugé, la sottise, comme par la suie des villes, ces corons *...

* Groupes d'habitations ouvrières en pays minier.

Georges Bernanos, *Monsieur Ouine*, éd. Plon.

— Densité d'un aveu (insistance des « je ») qui progresse en se précisant : une faim non des choses (3), mais des âmes (4). Non pas faim véritable (6). Non pas des âmes (8), mais d'une seule (9). Et qui s'épanouit en trois évocations : l'« anti-providence » (14-20), l'apparence physique du héros (21-23) et son regard sur ses victimes (24-28).

— Des images élémentaires et brutales (6, 11-13, 27-28). Réalisme et lucidité dans l'analyse de soi (21-23).

— « M. Ouine appartient à ce groupe de personnages, prisonniers du mensonge et du désespoir, que Bernanos n'a tiré de nulle part ailleurs que de son propre fonds, traçant en eux une impitoyable caricature de soi et prenant à se regarder lui-même dans ces miroirs déformants un plaisir étrange. Un plaisir, plutôt, qui paraîtrait bien étrange, si l'on n'y devinait pas la pratique d'une ascèse purificatrice et l'un des épisodes de la lutte sans cesse menée contre les démons familiers de l'imposture et du dégoût. » (Albert Béguin.)

Si Bernanos a pu paraître se désintéresser, en 1946, du sort d'un roman que la critique s'accorde aujourd'hui à tenir pour son chef-d'œuvre, c'est qu'il s'est désormais jeté tout entier dans un combat d'idées auquel il sacrifiera ses dernières forces. Engagé, Bernanos, à vrai dire, l'a toujours été : sa vocation de pamphlétaire remonte, par delà *La Grande Peur des bien-pensants* (1931) et *Les Grands Cimetières sous la lune* (1938), à l'époque où il polémiquait contre Alain, en 1913-1914, dans les colonnes de *L'Avant-garde de Normandie*. Mais c'est durant la Deuxième Guerre mondiale que cette vocation s'affirme avec le plus d'insistance et d'éclat : Bernanos collabore activement aux journaux brésiliens, aux Bulletins de la France Libre ainsi qu'à *La Marseillaise* de Londres et d'Alger. Après la Libération, il donnera des articles à *La Bataille*, à *Carrefour*, à *L'Intransigeant*.

De cette masse de textes *, auxquels il convient d'ajouter les conférences *(La Liberté pour quoi faire?)*, les essais *(Scandale de la vérité*, *Nous autres Français*, *Lettre aux Anglais*, *La France contre les robots)* et les fragments de journal intime *(Les Enfants humiliés)*, il serait vain de prétendre tirer un système cohérent, encore moins un programme politique précis. Visionnaire et prophète, Bernanos ne s'intéresse pas au détail des institutions, mais aux grandes options qui commandent l'histoire d'un peuple et d'une civilisation. Ce monarchiste fidèle, qui a définitivement rompu avec l'extrême-droite au moment de la guerre d'Espagne, et ce chrétien convaincu, dont la générosité fait écho à celle de Péguy, est tout le contraire d'un homme de parti — et de chapelle. « Il faut refaire des hommes libres » : voilà ce que Bernanos, sous toutes ses formes, répète inlassablement d'un texte à l'autre, comme par exemple dans ce fragment de *La Liberté pour quoi faire?* :

« Je n'entends nullement opposer le capitalisme au marxisme, pour la raison que le capitalisme et le marxisme sont les deux aspects, ou si vous préférez, les deux symptômes d'une même civilisation de la matière, d'une civilisation envahie par

* Les articles que Bernanos écrivit pendant et après la guerre se trouvent recueillis dans *Le Chemin de la Croix-des-Âmes* (pour la période 1940-1945) et dans *Français, si vous saviez* (pour la période 1945-1948).

la matière comme un adipeux est envahi par la graisse — si du moins on veut bien me permettre de continuer mes comparaisons médicales, au risque de me faire dénoncer pour exercice illégal de la médecine par les médecins. Le libéralisme capitaliste, comme le collectivisme marxiste, fait de l'homme une espèce d'animal industrieux soumis au déterminisme des lois économiques. " Soumis au déterminisme des lois économiques ", ça vous a tout de suite un petit air philosophique et rébarbatif qui décourage l'attention. Le sens de cette formule est pourtant très simple et voici son équivalent : l'homme, comme un autre animal, ne vit que pour son bien-être, il n'y a rien pour lui qui soit plus précieux que la vie, et rien dans la vie qui soit plus précieux que la jouissance. Ce n'est que trop vrai, soit. Mais si ce n'est pas vrai une fois sur cent, ou sur cent mille, ou sur un million, cela suffirait pour prouver que l'homme est un être capable de se dépasser lui-même, et dès lors le monde capitaliste ou marxiste ne peut plus être qu'une expérience faussée, puisqu'elle part d'une fausse définition de l'homme. Ou l'expérience échouera, ou elle avilira l'homme au point nécessaire pour qu'elle puisse se poursuivre coûte que coûte. Il s'agit donc de savoir qui l'emportera de la technique ou de l'homme. »

Plein d'une compassion poignante pour les victimes comme pour les égarés (ceux qu'il appelle les « imbéciles » et auxquels il ne cessera jusqu'au bout de s'adresser), le pamphlétaire se déchaîne, avec une violence à la mesure ou plutôt à la démesure de sa colère, contre les forces du mensonge, c'est-à-dire en fait contre celui-là même qu'il avait fait apparaître dès son premier roman, en 1926, sous les traits d'un maquignon : le « Prince de ce monde », Satan. Il faut prendre Bernanos au mot lorsqu'il dénonce dans *La France contre les robots*, tel un Alfred Jarry mâtiné de Léon Bloy, le caractère « réellement démoniaque » de ces machines à décerveler que nous nommons aujourd'hui les « mass-media » :

« La Civilisation des Machines a besoin sous peine de mort, d'écouler l'énorme production de sa machinerie et elle utilise dans ce but — pour employer l'expression vengeresse inventée au cours de la dernière guerre mondiale par le génie populaire — des machines à bourrer le crâne. Oh! je sais, le mot vous fait sourire. Vous n'êtes même plus sensible au caractère réellement démoniaque de cette énorme entreprise d'abêtissement universel, où l'on voit collaborer les intérêts les plus divers, des plus abjects aux plus élevés — car les religions utilisent déjà les slogans. Politiciens, spéculateurs, gangsters, marchands, il ne s'agit que de faire vite, d'obtenir le résultat immédiat, coûte que coûte, soit qu'il s'agisse de lancer une marque de savon, ou de justifier une guerre, ou de négocier un emprunt de mille milliards. Ainsi les bons esprits s'avilissent, les esprits moyens deviennent imbéciles, et les imbéciles, le crâne bourré à éclater, la matière cérébrale giclant par les yeux et par les oreilles, se jettent les uns sur les autres, en hurlant de rage et d'épouvante. »

Jamais sans doute l'art de Bernanos ne fut plus convaincant, parce que moins concerté, que dans ces textes rédigés à la hâte, sous la menace d'un futur dont on sent qu'il oppresse l'écrivain à la façon de ces mauvais rêves contre lesquels il faisait se débattre autrefois ses propres personnages.

[Libérés de la liberté]

Extrait de la fin d'une conférence prononcée à la Sorbonne devant un public étudiant, le 7 février 1947.

Jeunes gens, on vous dit que les nations retrouveront la prospérité en se remettant à construire des machines, et vous refaites le rêve imbécile de vos pères de 1900, lorsqu'ils s'imaginaient la paix universelle assurée par la concurrence pacifique du commerce et de l'industrie. Ah!

Georges Bernanos.

Coll. part.

Journal d'un curé de campagne (Claude Laydu dans le film tiré par Robert Bresson du roman de Bernanos, en 1951).

Cl. Cinémathèque Frse.

jeunes gens, ne soyez pas si naïfs! votre nation, ainsi que la plupart des autres, construira des machines aussi longtemps que n'aura pas atteint son plein développement le gigantesque monstre économique dont la force croît et s'organise tous les jours à l'est et à l'ouest de l'Europe en ruines. [...] Toute la puissance technique de l'univers est destinée à passer ainsi, tôt ou tard, entre les mains de l'organisation économique la plus puissante et la mieux outillée. La civilisation totalitaire et concentrationnaire se sera refermée sur vous.

Il faut se hâter de sauver l'homme, parce que demain il ne sera plus susceptible de l'être, pour la raison qu'il ne voudra plus être sauvé. Car si cette civilisation est folle, elle fait aussi des fous. Jeunes gens, qui m'écoutez, vous vous croyez libres vis-à-vis d'elle. Ce n'est pas vrai. Vous vivez comme moi dans son air, vous la respirez, elle entre en vous par tous les pores. On vous dit : « La liberté ne peut pas mourir »; elle peut mourir dans le cœur des hommes, souvenez-vous! Des milliers et des milliers, des millions de garçons qui vous ressemblaient ont tout à coup perdu le goût de la liberté, comme on perd le sommeil ou l'appétit*. Mais qui a perdu le sommeil ou l'appétit souhaite retrouver l'un ou l'autre. Eux n'avaient pas perdu la liberté, ils l'avaient donnée, ils l'avaient rendue, ils étaient fiers de l'avoir donnée, ils se vantaient, par une extraordinaire, une prodigieuse contradiction dans les termes, de s'être libérés d'elle... Libérés de la liberté!

* Allusion à la jeunesse allemande, séduite par le nazisme.

Georges Bernanos, *La Liberté pour quoi faire ?*
éd. Gallimard.

— La montée des périls : du danger futur et collectif (8-15) au danger quotidien et individuel (19-32).
— Une éloquence passionnée : apostrophes répétées (1, 6, 19), ironie amère des exclamations (6, 32), jeu haletant des antithèses (20, 23) et des accumulations (28-32).
— Une vision surnaturelle de l'histoire : ampleur (24-25) et soudaineté (25-26) de l'événement, étrangeté insistante du paradoxe (31).

Depuis 1940, date à laquelle il achève *Monsieur Ouine*, Bernanos semblait avoir abandonné l'univers de la fiction. Voici qu'un hasard inattendu l'y ramène, prouvant ainsi que l'action politique n'avait point interrompu pour autant la méditation intérieure. On lui demande un scénario : il s'agit d'adapter pour l'écran une nouvelle de Gertrud von Lefort, *La Dernière à l'échafaud*. Bernanos, qui aimait cette œuvre, coule aisément ses sentiments intimes dans l'univers de l'écrivain allemand. Blanche de la Force, l'héroïne, rejoint les Mouchette et les Chantal. Minée par la peur et l'angoisse, la jeune Carmélite reçoit de la vieille prieure, comme autrefois

Cl. Bernand.

Dialogues des Carmélites (au Théâtre Hébertot, en 1952).

Cénabre de Chevance dans *La Joie*, le don spirituel de fermeté qui la rachète : *Dialogues des Carmélites* s'organise ainsi autour de deux agonies, l'agonie torturée de la prieure et la montée triomphante de Blanche à l'échafaud.

[Surtout ne vous méprisez jamais!]

Extrait du discours de la prieure à la jeune Blanche de la Force qui, par peur de faillir à l'honneur si elle reste dans le monde, veut entrer au Carmel.

Mon enfant, quoi qu'il advienne, ne sortez pas de la simplicité. A lire nos bons livres, on pourrait croire que Dieu éprouve les saints comme un forgeron une barre de fer pour en mesurer la force. Il arrive pourtant aussi qu'un tanneur éprouve entre ses paumes une peau de daim pour en apprécier la souplesse. Oh! ma fille, soyez toujours cette chose douce et maniable dans Ses mains! Les saints ne se raidissaient pas contre les tentations, ils ne se révoltaient pas contre eux-mêmes, la révolte est toujours une chose du diable, et surtout ne vous méprisez jamais! Il est très difficile de se mépriser sans offenser Dieu en nous. Sur ce point-là aussi nous devons bien nous garder de prendre à la lettre certains propos des saints, le mépris de vous-même vous conduirait tout droit au désespoir. Souvenez-vous de ces paroles, bien qu'elles vous paraissent maintenant obscures. Et pour tout résumer d'un mot qui ne se trouve plus jamais sur nos lèvres bien que nos cœurs ne l'aient pas renié, en quelque conjoncture que ce soit, pensez que votre honneur est à la garde de Dieu. Dieu a pris votre honneur en charge, et il est plus en sûreté dans ses mains que dans les vôtres.

Georges Bernanos, *Dialogues des Carmélites*, éd. du Seuil.

— Docilité à Dieu (2-6), refus de la révolte (7-10) c'est-à-dire du mépris de soi (10-14), confiance en Dieu (16 *sq.*) : sous une apparence de décousu dans la pensée, expression instinctive d'une logique très sûre.

— Simplicité dans le ton (7-10), dans les images (3-6). Régularité tranquille du rythme, que viennent souligner, plutôt que rompre, deux apostrophes pressantes (6-7, 10).

— Dieu garant de l'humanisme. « L'honneur bernanosien pourrait être défini comme l'acceptation des devoirs et des risques découlant de notre condition d'homme et comme la reconnaissance de la valeur que nous avons en tant qu'êtres créés par Dieu. Bernanos y voit par là-même la plus sûre des garanties contre ce mépris ou cette haine de soi qui inspire identiquement le cynisme et l'angélisme. C'est pourquoi la haine de soi est la plus grande tentation à laquelle Blanche doive faire face lorsque l'honneur lui paraît hors de portée. » (Max Milner.)

Saint-Exupéry, Giraudoux, Bernanos : une simple phrase, que nous emprunterons à l'un d'entre eux, suffit à résumer le combat auquel tous trois ont voué les dernières années de leur vie. « Il s'agit de relever l'homme, c'est-à-dire de lui rendre, avec la conscience de sa dignité, la foi dans la liberté de son esprit. » (Georges Bernanos.)

Choix bibliographique :

M. Migéo, *Saint-Exupéry*, Flammarion.

Saint-Exupéry en procès, ouvrage collectif, Belfond.

R. M. Albérès, *Esthétique et Morale chez Jean Giraudoux*, Nizet.

A. G. Raymond, *Giraudoux devant la victoire et la défaite*, Nizet.

A. Béguin, *Bernanos par lui-même*, Seuil.

M. Milner, *Georges Bernanos*, Desclée de Brouwer.

Chapitre X

Les accomplissements de la poésie

Durant les années de guerre, la poésie française a trouvé une inspiration commune et une audience considérable. Déploration des malheurs de la France, appel à la Résistance, exaltation du sentiment national — on retrouve ces thèmes chez les poètes les plus divers : Aragon, Éluard, Pierre Jean Jouve, Pierre Emmanuel, Supervielle. Ils ont recours le plus souvent, pour exprimer l'amour de la patrie, à une expression allégorique ou symbolique, ils trouvent un ton commun, simple et élevé à la fois. On chercherait en vain, par contre, un poète de quelque talent qui ait exalté l'Allemagne nazie. La poésie s'exprime aussi bien dans les plaquettes clandestines des « Éditions de Minuit » que dans les revues qui lui sont consacrées : *Poésie 40*, *41*, etc. que dirige Pierre Seghers, *Fontaine*, à Alger. La poésie est alors écoutée et entendue.

« L'espèce d'attachement — si touchant, malgré le malentendu radical qui en était la cause — qu'avaient montré pour la poésie tant de personnes sevrées de toute littérature d'opinion, se relâcha très vite, les revues moururent l'une après l'autre, nous entrâmes dans le silence. » Pierre Emmanuel indique bien ici ce retour de la poésie à la solitude dans les années qui suivent la guerre. Tout se passe comme si les parenthèses de la guerre se fermaient; avec le recul, la poésie qu'elle a inspirée représente même, pour beaucoup de nos poètes, une sorte de temps mort dans leur œuvre. On ne retrouve pas les meilleurs accents de Jouve et de Supervielle dans des poèmes qui restent, au sens le plus large, des œuvres de circonstance.

Après 1945, on ne voit plus de mouvements poétiques, à plus forte raison d'écoles. Le groupe surréaliste, en dehors de l'œuvre de Breton, n'exerce plus le même magnétisme. Les autres mouvements intellectuels concèdent à la poésie une portion congrue. Les deux poètes les plus prestigieux de l'avant-guerre se sont tus : la mort de Valéry, le renoncement de Claudel à la poésie lyrique profane laissent un certain vide. A défaut de mouvement d'ensemble, a-t-on des directions irréversibles? Ce n'est pas sûr : de bons esprits tiennent Marie Noël pour l'un des grands poètes de ce siècle, alors que son inspiration et sa versification appartiennent au XIXe siècle. Les réussites les plus exquises de Supervielle évoquent parfois la fantaisie ironique de Paul-Jean Toulet. L'éloquence de Pierre Emmanuel rappelle irrésistiblement celle de Victor Hugo. On n'aurait pourtant aucune raison de les écarter des conquêtes de la poésie, et de placer celle-ci sous la seule influence de Rimbaud. La poésie n'est plus un continent, mais plutôt une série d'îles ou de rochers, qui semblent composer, pour reprendre un titre de René Char, une « Parole en archipel ».

Si l'on cherchait un point commun entre ces entreprises profondément séparées, il faudrait retenir une même foi dans les pouvoirs de la poésie. L'essai de Martin Heidegger sur *Hölderlin et l'Essence de la poésie*, paru pendant la guerre, exprime bien les ambitions considérables des poètes de ce temps. Pour Heidegger, la poésie n'est pas seulement un travail dans l'ordre du langage, ni même une connaissance privilégiée de la réalité authentique, c'est bien une « fondation de l'être par le langage ». Le poète nomme les choses et les dieux, la « parole essentielle » qui est la sienne est la seule qui puisse révéler l'homme à lui-même et lui conférer l'existence. Il ne s'agit pas pour Heidegger d'un optimisme béat, puisque selon lui, avec Hölderlin, commence « le temps de la détresse » : les poètes de ce temps nomment des dieux qui se sont enfuis, ou un dieu qui n'est pas encore là. Et ce n'est pas par hasard qu'Hölderlin a obsédé tant de poètes modernes : pour lui comme pour eux, c'est en poète que l'homme habite cette terre.

Ambition de connaître et de fonder la réalité, sens d'un tragique moderne, on retrouve ces deux aspects, à tout le moins l'un des deux, dans les poètes que nous étudions ici. René Char, rejoignant Heidegger, définit la poésie comme « la connaissance productive du réel ». Même confiance chez Saint-John Perse, puisqu'il y voit le « mode de connaissance » qui se rapproche au plus près du « réel absolu », et aussi un « mode de vie intégrale » où le sens du divin survit à l'écroulement des mythologies et des religions. Il ne s'agit pas là de simples proclamations emphatiques : Saint-John Perse veut restituer le « texte » secret du monde; Char enferme, comme Héraclite, les énigmes de l'univers dans les contours d'un fragment; Supervielle, un ton en dessous, chante la Fable du Monde ou la tragédie du corps; Éluard cherche à comprendre le monde pour le transformer; Reverdy même, s'efforçant de nommer ce qui manque à l'univers pour qu'il soit celui de la plénitude, poursuit « le réel absent ». Jouve et Emmanuel, recourant à la double symbolique du freudisme et du christianisme, s'installent d'emblée dans un ordre cosmique. Cette foi de tous les poètes dans les pouvoirs de leur langage est d'autant plus remarquable que, disons-le, notre société ne la partage nullement. L'audience de tous ces poètes est passionnée, mais restreinte. Ils ne touchent guère le grand public, sauf au prix de quelques malentendus, et c'est dans une haute solitude qu'ils créent leur œuvre. Solitaires à l'égard du public, ils le sont aussi à l'égard de la vie littéraire. Éluard a trouvé dans le Parti communiste une famille, mais aussi un lieu clos. Les confidences de Reverdy et de Jouve révèlent un sentiment poignant d'isolement. René Char, dans sa retraite provençale, s'est mis à l'écart de tous les mouvements littéraires, et doit peut-être à ce splendide isolement une part de son prestige croissant. Le chant de Saint-John Perse s'élève du continent américain, comme le chant du monde ou celui des planètes. A la limite, ces poètes ressemblent à des monolithes superbes sur les rivages de leurs îles.

Les sept poètes retenus ici ne constituent pas toute la poésie d'après la guerre, ni même une pléiade qui en illuminerait le ciel (on a souligné ailleurs la force d'André Breton, la fécondité d'Aragon). Mais ils marquent mieux que d'autres la permanence des valeurs poétiques. Cinq d'entre eux étaient déjà salués et caractérisés, dès 1933, par Marcel Raymond, dans son panorama *De Baudelaire au surréalisme*. N'y manquent que René Char et Pierre Emmanuel, le premier ne se dégageant de l'action collective du surréalisme qu'en 1934 (*Le Marteau sans maître*), le second, plus jeune, ne venant à la poésie que dans les années quarante sous l'influence de Jouve. Certes on ne retrouve pas ici tous les poètes étudiés par Marcel Raymond (on ne peut, en particulier, que rappeler le sort des poètes « assassinés » au cours de la guerre : Saint-Pol-Roux, Max Jacob, Robert Desnos) ni tous ceux, apparus depuis, dont l'inspiration, souvent proche de celle des « maîtres » que nous allons évoquer, mais particulièrement vivante, ne mérite assurément pas le silence auquel nous contraignent les dimensions de cet ouvrage : René-Guy Cadou, Marie-Jeanne Durry, Maurice Fombeure, Max-Pol Fouchet. Il reste que le paysage de la poésie n'est pas si différent de ce qu'il était avant-guerre; ce n'est pas à dire, bien sûr, que ces poètes ne fassent que prolonger leurs œuvres antérieures, mais ils n'ont plus à s'imposer : de là l'allure libre et souvent souveraine de leurs recherches.

Choix bibliographique :

J. Onimus, *La Connaissance poétique*, Desclée de Brouwer.

G. Poulet, *Le Point de départ*, Plon.

J.-P. Richard, *Onze Études sur la poésie moderne*, Seuil.

P. Jaccottet, *L'Entretien des muses*, Gallimard.

G. Picon, *L'Usage de la lecture*, Mercure de France.

G. Bounoure, *Marelles sur le parvis*, Plon.

Saint-John Perse

— 1904. Un étudiant en droit à Bordeaux écrit, à dix-sept ans, d'extraordinaires *Images à Crusoé*, suivies d'*Éloges*. Ces poèmes, que va publier plus tard *La Nouvelle Revue Française*, chantent en versets la nostalgie d'une enfance passée à la Guadeloupe, dans la plantation familiale, entre les navires et les chevaux. Ils sont signés Saint Léger Léger.

— 1924. Saint-John Perse publie *Anabase*. André Breton le salue, comme un surréaliste à distance; Rilke, Eliot, Ungaretti traduisent ses poèmes. Mais Alexis Léger devient, sous l'aile de Briand, secrétaire général des Affaires étrangères. Il ne publie plus de poèmes, ni n'en écrit. Il dirige la politique extérieure de la France pendant seize ans.

— 1940. Ennemi farouche du nazisme, Alexis Léger voit sa carrière brisée. Il va gagner les États-Unis, où il s'établira; la France perd un homme d'État, mais elle retrouve l'un de ses plus grands poètes. Saint-John Perse publie ses quatre poèmes d'*Exil* en 1941-1944, puis *Vents* en 1945. Mais c'est avec *Amers* (1957) que Perse donne son œuvre la plus vaste, chef-d'œuvre s'il en est.

— 1960. Après avoir écrit *Chronique*, et salué le « Grand Âge », Saint-John Perse reçoit le prix Nobel. Il se consacre principalement à la navigation dans toutes les mers du monde.

— 1969. Saint-John Perse, dans *La Nouvelle Revue Française*, publie un de ses plus beaux poèmes d'amour : « Chanté par celle qui fut là ».

Écartons la carrière d'Alexis Léger, qui appartient à l'histoire, et n'étudions que l'œuvre de Saint-John Perse. Elle tient en deux volumes, dont *Amers* constitue le second. Mais ces deux volumes, qui cristallisent soixante années de poésie, présentent de la première à la dernière page, une perfection constante associée à un enrichissement non moins constant. Dès l'adolescence, Saint-John Perse s'est donné sa langue poétique et son univers de sensations. La parole du poète a déjà une splendeur toujours égale, les images y ont ce ruissellement continu qui ne tarit jamais. Et cependant, d'œuvre en œuvre (il ne s'agit jamais de recueils, mais de longs poèmes savamment développés), Perse ne cessera d'élargir son chant, ses formes et ses thèmes, jusqu'à l'épanouissement d'un grand âge singulièrement juvénile. Aussi peut-on distinguer, d'un côté son art et son univers, tels qu'ils apparaissent depuis *Éloges* jusqu'à *Vents*, de l'autre le renouvellement très net avec *Amers*.

Perse utilise toujours le verset, mais selon ses poèmes, il l'utilise soit de manière dissymétrique, l'étendant tour à tour au mot, à la phrase ou à la proposition, soit de manière symétrique, le verset s'étendant à la strophe. C'est tout à fait à tort que l'on a vu là l'imitation de Claudel; avant même d'avoir lu les *Cinq Grandes Odes*, Perse avait opté pour cette forme poétique. Mais plutôt que la forme très libre du verset, c'est le choix du vocabulaire qui frappe d'abord chez Saint-John Perse. Il aime les termes précis et techniques, il les emprunte aux domaines spécialisés : géologie, zoologie, cynégétique, botanique tropicale; il joue aussi des mots archaïques, ou des substantifs étrangers, importés plutôt que vraiment implantés. A aucun moment, pourtant, on ne tombe dans le pédantisme ou la technicité; à ces substantifs spécifiques s'associent des épithètes vagues comme « grand », « vaste », « frais », ou même « vert » dont il est fait un grand usage. A tous les mots exacts dont Perse a le goût et qui imposent le recours aux dictionnaires, s'opposent les noms d'éléments fondamentaux qui reviennent sous la forme d'apostrophes, d'anaphores ou de reprises : « Vents », « Eaux », « Poussières », « Pluies », « Neiges ». Le lecteur reconnaît vite les paysages préférés de Saint-John Perse : cirques montagneux avec leurs degrés, cités croulantes de ruines, déserts d'Asie ou d'Amérique parcourus par des cavaleries intemporelles, amphithéâtres gigantesques surplombant la mer.

La précision, le pittoresque et l'archaïsme peuvent parfois évoquer les reconstitutions savantes de Flaubert. Mais Perse ne s'attache pas à restituer une période précise : il déroule les siècles, il passe d'un continent à l'autre, il se réfère tour à tour aux époques légendaires les plus diverses. Multipliant des visions assez détaillées d'univers au demeurant hétérogènes, il introduit le lecteur dans une épopée du monde entier. Le poète, comme un conquérant, rassemble l'espace et le passé de l'humanité, réconcilie l'étrange et l'universel. Loin de se tourner exclusivement vers le passé, comme pourrait le faire croire un vocabulaire souvent archéologique, Perse puise souvent dans le langage des sciences modernes. Le lyrisme de la modernité lui inspire des passages vibrants sur la conquête du monde par la science et la technique. En tout cela, il ne faut pas voir une érudition livresque (Perse déteste les livres : « un livre, c'est la mort d'un arbre »), mais la passion d'un homme pour les sciences de la nature, le goût de l'exactitude et de la rigueur, un inventaire du monde qui prend l'allure d'une enquête attentive. Il reste que ces savantes terminologies pourraient se figer dans une nomenclature hétéroclite, tout le génie de Perse est de les entraîner dans un mouvement incessant. Il y parvient d'abord par un jeu de structures formelles : enchaînements de termes selon l'homophonie, les métagrammes (passage d'un mot à un autre par substitution d'une seule consonne), les allitérations, les figures étymologiques. Des versets entiers se déroulent sur une modulation de quelques consonnes. Les jeux de la phonétique, qui coïncident avec le développement du sens, provoquent des harmonies toujours renouvelées.

A ce flot de sonorités délectables se superpose une organisation complexe de la phrase, de la page, et du poème. Le verset s'insère dans le déroulement oratoire d'une phrase qui prend appui très souvent sur les propositions comparatives. Mais les phrases elles-mêmes sont enchaînées dans une progression qui a ses répits et ses paroxysmes. La répétition joue un rôle essentiel : certains leitmotive appartiennent en propre à tel fragment, d'autres se répètent sur toute l'étendue d'un mouvement, l'encadrant par un énoncé initial et un rappel final, d'autres enfin unissent les mouvements entre eux, à tel point que l'idée même de fragment devient, à la limite, inconcevable. Une suite de reprises et de modulation confère le mouvement à toutes les formes de cette poésie, depuis le jeu des consonnes à l'intérieur des groupes de mots jusqu'à la réitération de vastes énoncés arrivant par vagues successives. Dans une rumeur incessante, ces vagues semblent se superposer inlassablement, de plus en plus hautes et glorieuses, mais ce mouvement a, comme les marées, ses sommets et ses pauses, ses flux et ses reflux.

On a pu penser qu'il s'agissait surtout là d'une grande fête des sonorités et des couleurs. Mais il s'agit bien plutôt d'un mouvement proprement épique : on reconnaît dans ces poèmes les traces et les souvenirs

Lithographie d'André Marchand pour *Amers* de Saint-John Perse (éd. Les Bibliophiles de Provence, 1962).

André Marchand A.D.A.G.P. - Cl. B.N.

Saint-John Perse en 1966.

Cl. Gisèle Freund.

de toutes les épopées du passé, on y entend aussi un accent auquel elles n'atteignaient pas souvent. Épopée sans héros et sans récit, mais la figure d'un Ulysse hanté par le retour au pays natal s'y dessine à travers les images du poète, de l'Aède ou du Conducteur de peuples. L'Ithaque de Perse est un paysage tropical, vu à travers les songes de l'enfance, peuplé de feuilles et de palmes. Les *Images à Crusoé* chantent le désespoir de Robinson, exilé de son île vierge, rendu malgré lui à la mesquinerie des villes. L'ivresse d'un avenir propre au continent américain remplit les poèmes d'*Exil*, mais aussi la nostalgie de l'Europe. Éternel exilé, Perse ne cesse de poursuivre le rêve d'un retour au sein d'une unité fondamentale : réconciliation avec les grandes forces de ce monde, rassemblement des terres et des mers. La poésie nostalgique subsistera toujours chez lui, mais elle s'alliera aux thèmes de la conquête.

[Palmes...!]

Premier mouvement de « Pour fêter une enfance », écrit en 1907. Le poète évoque la plantation familiale de la Guadeloupe.

Palmes...!
Alors on te baignait dans l'eau-de-feuilles-vertes; et l'eau encore était du soleil vert; et les servantes de ta mère, grandes filles luisantes, remuaient leurs jambes chaudes près de toi qui tremblais...
(Je parle d'une haute condition, alors, entre les robes au règne de tournantes clartés.)

Palmes! et la douceur
d'une vieillesse des racines...! La terre
alors souhaita d'être plus sourde, et le ciel plus profond où des arbres trop grands, las d'un obscur dessein, nouaient un pacte inextricable...
(J'ai fait ce songe, dans l'estime : un sûr séjour entre les toiles enthousiastes.)

Et les hautes
racines courbes célébraient

l'en allée des voies prodigieuses, l'invention des voûtes et des nefs
et la lumière alors, en de plus purs exploits féconde, inaugurait le blanc royaume où j'ai mené peut-être un corps sans ombre...
(je parle d'une haute condition, jadis, entre des hommes et leurs filles, et qui mâchaient de telle feuille.)

Alors, les hommes avaient
une bouche plus grave, les femmes avaient des bras plus lents;
alors, de se nourrir comme nous de racines, de grandes bêtes taciturnes s'ennoblissaient;
et plus longues sur plus d'ombre se levaient les paupières...
(J'ai fait ce songe, il nous a consumés sans reliques.)

Saint-John Perse, *Éloges*, éd. Gallimard

— Structure fondée sur la symétrie : organisation similaire des strophes, avec une certaine amplification (1-7, 24-31). Verset initial bref (1, 8, 15, 24); verset final marqué par la parenthèse (6-7, 13-14, 22-23, 31). Correspondance des parenthèses entre elles : répétition et variation entre les lignes 6-7 et 22-23, 13-14 et 31.

— Éléments d'un univers à la fois réel et imaginaire : le vert (2, 3), les palmes (1, 8), les feuilles (2, 23), les racines (9, 16, 27), l'ombre et la lumière.

— Sémantique et poésie. Roger Caillois : « *L'enthousiasme* (14) exprime la possession par le dieu, la poitrine et le cœur gonflés par un souffle surnaturel, comme des étoffes par le vent, [...] *les reliques* (31) sont de simples vestiges, déchets misérables ou négligés, mais aussi restes saints où s'appuie une piété. »

Peut-on parler d'épopée, quand il n'y a plus ni héros, ni narration, ni même les mythes de la naissance d'une nation? On en a douté. Mais l'épopée ici se fait allusive et savante : elle multiplie les références à toutes les épopées antérieures, et devient ainsi une sorte d'épopée au second degré. Perse célèbre le monde, mais il vient toujours un moment où c'est le chant lui-même qui est célébré, et où succède à l'invocation de l'univers l'invocation du poème lui-même, conçu comme un univers. Perse, poète de la décadence? Mais c'est bien plutôt à un Hugo qu'il nous faudrait songer, car pour l'auteur des *Contemplations* comme pour celui d'*Anabase*, le monde entier est un texte. Les schistes et les ardoises évoquent les feuillets du livre, les bouleversements géologiques élaborent un texte mystérieux que seul le poète déchiffre. Celui-ci peut saluer du même mouvement la « co-naissance » du monde et du poème épique, puisqu'il découvre une équivalence triomphale entre le réel et le langage. D'un côté, Perse ne cesse de scruter la réalité de ce monde, de l'autre, « devançant les beaux travaux du linguiste », il ne cesse d'évoquer les éléments de l'écriture et de la voix, la texture même des mots et des messages. Il ne s'agit pas là d'une vague analogie : Roger Caillois, dans *Poétique de Saint-John Perse*, a bien montré que cette œuvre est un inventaire minutieux du monde, et le travail d'un véritable linguiste qui élabore sa propre langue, en faisant du langage l'objet de sa poésie. Mais la coïncidence est absolue : c'est un même mouvement qui chante le monde et le poème, et qui les rassemble. Et l'épopée se tourne moins ici vers le passé que vers l'avenir : Saint-John Perse témoigne pour l'homme, il le réconcilie avec les grandes forces du monde et avec son propre langage. Il restitue une unité fondamentale par un chant qui rend la « plénitude » de l'être, mais aussi son « mutisme ».

[Avec tous hommes de douceur]

Vents, IV, 4. Le poète sort de ses « chambres millénaires » et vient témoigner pour l'homme.

... Avec tous hommes de douceur, avec tous hommes de sourire sur les chemins de la tristesse,

Les tatoueurs * de Reines en exil et les berceurs de singes moribonds dans les bas-fonds de grands hôtels,

Les radiologues casqués de plomb au bord des lits de fiançailles,

* Il en existait à Londres, spécialisés dans la clientèle des altesses détrônées.

Et les pêcheurs d'éponges en eaux vertes, frôleurs de marbres filles * et de bronzes latins,

* Il s'agit sans doute de « filles de marbre », statues retrouvées au fond des océans.

Les raconteurs d'histoires en forêt parmi leur audience de chanterelles, de bolets, les siffloteurs de « blues » dans les usines secrètes de guerre et les laboratoires,

Et le magasinier des baraquements polaires, en chaussons de castor, gardien des lampes d'hivernage et lecteur de gazettes au soleil de minuit.

... Avec tous hommes de douceur, avec tous hommes de patience aux chantiers de l'erreur,

Les ingénieurs en balistique, escamoteurs sous roche de basiliques à coupoles *,

* Bases militaires organisées en souterrain.

Les manipulateurs de fiches et manettes aux belles tables de marbre blanc, les vérificateurs de poudres et d'artifices, et correcteurs de chartes d'aviation,

Le Mathématicien en quête d'une issue au bout de ses galeries de glaces, et l'Algébriste au nœud de ses chevaux de frise *; les redresseurs de torts célestes, les opticiens en cave et philosophes polisseurs de verres *,

* Image du « X » de l'algèbre.

* Allusion à Spinoza dont c'était la profession.

Tous hommes d'abîme et de grand large, et les aveugles de grandes orgues, et les pilotes de grande erre *, les grands Ascètes épineux dans leur bogue * de lumière,

* Vitesse, lancée.

* Enveloppe piquante de la châtaigne.

Et le Contemplateur nocturne, à bout de fil, comme l'épeire fasciée *.

* Araignée au centre de sa toile et de ses « faisceaux ».

... Avec son peuple de servants, avec son peuple de suivants, et tout son train de hardes * dans le vent, ô sourire, ô douceur,

* Double sens : vêtements pauvres et usagés, troupe de bêtes sauvages.

Le Poète lui-même à la coupée du Siècle!

— Accueil sur la chaussée des hommes, et le vent à cent lieues courbant l'herbe nouvelle.

Car c'est de l'homme qu'il s'agit, et de son renouement.

Quelqu'un au monde n'élèvera-t-il la voix? Témoignage pour l'homme...

Que le Poète se fasse entendre, et qu'il dirige le jugement!

Saint-John Perse, *Vents*, éd. Gallimard.

— Un catalogue épique et une profession de foi : tous les hommes de culture et de science (1-33); place du poète en son siècle et parmi les hommes (34-41).

— Trois phrases (1-31) absolument dépourvues de verbes, à l'exception de quelques participes. Un recensement de toutes les formes de recherche, qui aboutit à l'exaltation de l'homme. Evocation de figures modernes ou contemporaines dans un vocabulaire technique (17-24), archaïque (20-21), parfois énigmatique (3-4).

— Un ton épique qui permet de renouer le passé et l'avenir de l'homme : une épopée du modernisme. Invention et exactitude chez Saint-John Perse : chaque verset semble correspondre à une réalité précise, mais transposée dans un fonds inépuisable d'analogies. Une griserie encyclopédique qui fait parfois penser à Jules Verne (7-8, 17-21).

[C'étaient de très grands vents]

Vents, IV, 6. Fin du poème, Les vents se taisent après avoir « renouvelé le lit des hommes sur la terre ».

... C'étaient de très grands vents sur la terre des hommes — de très grands vents à l'œuvre parmi nous,

Qui nous chantaient l'horreur de vivre, et nous chantaient l'honneur de vivre, ah! nous chantaient et nous chantaient au plus haut faîte du péril,

Et sur les flûtes sauvages du malheur nous conduisaient, hommes nouveaux, à nos façons nouvelles.

C'étaient de très grandes forces au travail, sur la chaussée des hommes — de très grandes forces à la peine

Qui nous tenaient hors de coutume et nous tenaient hors de saison, parmi les hommes coutumiers, parmi les hommes saisonniers,

Et sur la pierre sauvage du malheur nous restituaient la terre vendangée pour de nouvelles épousailles.

Et de ce même mouvement de grandes houles en croissance, qui nous prenaient un soir à telles houles de haute terre, à telles houles de haute mer,

Et nous haussaient, hommes nouveaux, au plus haut faîte de l'instant, elles nous versaient un soir à telles rives, nous laissant,

Et la terre avec nous, et la feuille, et le glaive — et le monde où frayait une abeille nouvelle...

Ainsi du même mouvement le nageur, au revers de sa nage, quêtant la double nouveauté du ciel, soudain tâte du pied l'ourlet des sables immobiles,

Et le mouvement encore l'habite et le propage, qui n'est

plus que mémoire — murmure et souffle de grandeur à l'hélice de l'être,

Et les malversations de l'âme sous la chair longtemps le tiennent hors d'haleine — un homme encore dans la mémoire du vent, un homme encore épris du vent, comme d'un vin...

Comme un homme qui a bu à une cruche de terre blanche : et l'attachement encore est à sa lèvre

Et la vésication * de l'âme sur sa langue comme une intempérie,

Le goût poreux de l'âme, sur sa langue, comme une piastre d'argile...

* Vésicules ou ampoules qui se forment après une irritation.

O vous que rafraîchit l'orage, la force vive et l'idée neuve rafraîchiront votre couche de vivants, l'odeur fétide du malheur n'infectera plus le linge de vos femmes.

Repris aux dieux votre visage, au feu des forges votre éclat, vous entendrez, et l'An qui passe, l'acclamation des choses à renaître sur les débris d'élytres *, de coquilles.

Et vous pouvez remettre au feu les grandes lames couleur de foie sous l'huile. Nous en ferons fers de labour, nous connaîtrons encore la terre ouverte pour l'amour, la terre mouvante, sous l'amour, d'un mouvement plus grave que la poix.

* Ailes des coléoptères, dures et cornées.

Saint-John Perse, *Vents*, éd. Gallimard.

— Six strophes dont trois à l'imparfait (1-22), deux au présent (23-38), une au futur (39-49). Du mouvement de l'orage à la paix du soir : l'homme régénéré (39-49).

— Un mouvement qui réunit les quatre éléments : l'air (les vents, symbole de la destruction, de l'inspiration, de la renaissance); l'eau (15-17, 23-28, 33-34); la terre (13-14, 46-49) ; le feu (45-46). Passages permanents de l'un à l'autre de ces éléments par un jeu d'analogies et de comparaisons.

— Système de répétitions et de substitutions : métagrammes (3, 4), redoublement (3, 4, 5), reprise du même schéma de strophe (1-7, 8-14), similitude des deux images développées dans les lignes 23-32 et 33-38.

En 1957, la publication d'*Amers* (ce titre désigne des repères fixes que se donnent les navigateurs) a modifié l'image que l'on pouvait se faire de Saint-John Perse, et a triomphé des résistances de la critique. Les poèmes précédents, *Anabase*, *Vents* étaient dominés par la figure hautaine du poète, conquérant sans conquête, silhouette altière d'un récitant masqué qui dialogue avec les chœurs ou avec le monde. Dans *Amers* la figure du couple, avec ses désirs réciproques, domine l'évocation des mers et des rivages. Un érotisme sans remords et sans péché apparaît, assez nouveau chez Perse, dans le célèbre mouvement « Étroits sont les vaisseaux ». Les désirs de la femme répondent à la houle de la mer, l'homme règne sur son amante avec la même ivresse tranquille que le soleil de midi sur les eaux. Au-delà de l'érotisme éclatant, il y a ici une possession réciproque du monde à travers la femme, et de la femme à travers le monde. Les noces de l'homme et de la femme accomplissent les noces du poète et de la mer. Ce n'est plus la solitude, mais le couple des amants qui est au cœur de l'épopée. Aussi le langage même s'est-il modifié sensiblement : moins d'archaïsme, de technicité et de modernisme, moins de recours à l'étrange et à l'étranger, moins d'attention à la singularité des objets. C'est que le chant de Perse n'est plus la célébration d'un poème à venir, il en est l'accomplissement. La plénitude de l'amour physique, l'évidence d'un lien sensuel avec la femme et le monde donnent à *Amers* une unité organique qu'on ne trouvait pas toujours dans *Vents*. L'épopée a trouvé son centre, c'est le couple, autour duquel gravitent les éléments, les mers, les vents et les continents.

Poésie élargie et humanisée, sans qu'elle perde rien de son intensité et de son éclat. Elle nous propose l'image d'un homme réconcilié avec ses désirs, assurant sa possession heureuse de l'univers. Le parallélisme entre le monde et le texte s'accomplit sur un plan sensuel : les versets se déploient avec l'ampleur des plus beaux paysages du monde, le langage même devient l'objet d'un plaisir des sens. Le poème, dans ses dimensions très vastes, ne donne jamais l'aspect d'une dissémination de beautés, mais bien d'un unique mouvement, réunissant la singularité de l'être aimé et la totalité de l'univers. La voix du poète s'est donné un corps et une chair.

[Nous t'appelons, reflux!]

Dans une ville construite en amphithéâtre au-dessus de la mer, les Tragédiennes, lasses de leur répertoire usé, invoquent la « Mer vivante du plus grand texte ».

« Nous t'appelons, reflux! nous guetterons, houle étrangère, ta course errante par le monde. Et s'il nous faut, plus libres, nous faire plus neuves pour l'accueil, nous dépouillons en vue de mer tout équipement et toute mémoire.

O Mer nourrice du plus grand art, nous Vous offrons nos corps lavés dans les vins forts du drame et de la foule. Nous déposons en vue de mer, comme aux abords des temples, nos harnachements de scène et nos accoutrements d'arène. Et comme les filles de foulons aux grandes fêtes trisannuelles — ou celles * qui brassent du bâton la couleur mère dans les bacs, et celles * rouges jusqu'à l'aine qui pressent nues les grappes dans la cuve — exposent sur la voie publique leurs ustensiles d'un bois pauvre, nous portons à l'honneur les instruments usés de notre office.

* Les teinturières.

* Les vendangeuses.

Nos masques et nos thyrses * nous déposons, nos tiares et sceptres déposons, et nos grandes flûtes de bois noir comme des férules de magiciennes — nos armes aussi et nos carquois, nos cottes d'écailles, nos tuniques, et nos toisons des très grands rôles; nos beaux cimiers de plume rose et nos coiffures des camps barbares à double corne de métal, nos boucliers massifs aux gorges de déesses, nous déposons, nous déposons!... Pour vous, Mer étrangère, nos très grands peignes d'apparat, comme des outils de tisserandes, et nos miroirs d'argent battu

* Tige de roseau, couronnée de lierre. Attribut de Dionysos, dieu du théâtre.

comme les crotales * de l'Initiée; nos grands joyaux d'épaule en forme de lucanes *, nos grandes agrafes ajourées et nos fibules nuptiales.

Nos voiles aussi nous déposons, nos bures peintes du sang des meurtres, nos soieries teintes du vin des Cours; et nos bâtons aussi de mendiantes, et nos bâtons à crosse de suppliantes — avec la lampe et le rouet des veuves, et la clepsydre * de nos gardes, et la lanterne de corne du guetteur; le crâne d'oryx * gréé en luth, et nos grands aigles ouvragés d'or et autres trophées du trône et de l'alcôve — avec la coupe et l'urne votive, l'aiguière et le bassin de cuivre pour l'ablution de l'hôte et le rafraîchissement de l'Étranger, les buires * et fioles du poison, les coffrets peints de l'Enchanteresse et les présents de l'Ambassade, les étuis d'or pour le message et les brevets du Prince travesti — avec la rame du naufrage, la voile noire du présage et les flambeaux du sacrifice; avec aussi l'insigne royal, et les flabelles * du triomphe, et les trompettes de cuir rouge de nos Annonciatrices... tout l'appareil caduc du drame et de la fable, nous déposons! nous déposons!...

Mais nous gardons, ô Mer promise! avec nos socques de bois dur, nos anneaux d'or en liasse à nos poignets d'amantes, pour la scansion d'œuvres futures, de très grandes œuvres à venir, dans leur pulsation nouvelle et leur incitation d'ailleurs. »

* Cliquettes marquant le rythme de la danse; il s'agit sans doute du culte phrygien de la « Grande Mère » des Dieux, Cybèle.

* Cerf-volant (insecte coléoptère).

* Horloge à eau.

* Antilope aux cornes dures et pointues.

* Sorte de cruches.

* Éventails.

Saint-John Perse, *Amers*, éd. Gallimard.

— Un mouvement d'un seul tenant; pratiquement un seul verbe de la l. 8 à la l. 45, « nous déposons », avec inversion du complément, et parfois ellipse du pronom (17); double effet : un amoncellement monstrueux et une liquidation salubre (à comparer avec *La Tentation de saint Antoine* de Flaubert).

— Termes et réalités puisés dans l'Antiquité, le théâtre grec et romain; mais plutôt qu'un catalogue d'antiquités, un opéra fastueux et baroque : mort et renaissance du théâtre.

— Un ton nouveau : renoncement du poète à la poésie de l'archaïsme savant, alors même qu'il en joue; simplicité transparente (1-5, 46-50); mouvement de dépossession et de libération; érotisme apparent (12-13); choix significatif que fait l'auteur des « Tragédiennes », alors que le théâtre grec semble n'avoir connu que des acteurs masculins.

[Femme plus fraîche que l'eau verte]

Début du mouvement « Étroits sont les vaisseaux », qui associe « cette aube immense appelée mer », et le dialogue des amants « aux chambres closes du désir ».

« ... Amour, amour, qui tiens si haut le cri de ma naissance, qu'il est de mer en marche vers l'Amante! Vigne foulée sur toutes grèves, bienfait d'écume en toute chair, et chant de bulles sur les sables... Hommage, hommage à la Vivacité divine!

Toi, l'homme avide, me dévêts : maître plus calme qu'à son bord le maître du navire. Et tant de toile se défait, il n'est plus femme qu'agréée. S'ouvre l'Été, qui vit de mer. Et mon cœur t'ouvre femme plus fraîche que l'eau verte : semence et sève de douceur, l'acide avec le lait mêlé, le sel avec le sang très vif, et l'or et l'iode, et la saveur aussi du cuivre et son principe d'amertume — toute la mer en moi portée comme dans l'urne maternelle...

Et sur la grève de mon corps l'homme né de mer s'est allongé. Qu'il rafraîchisse son visage à même la source sous les sables; et se réjouisse sur mon aire, comme le dieu tatoué de fougère mâle *... Mon amour, as-tu soif? Je suis femme à tes lèvres plus neuve que la soif. Et mon visage entre tes mains comme aux mains fraîches du naufrage, ah! qu'il te soit dans la nuit chaude fraîcheur d'amande et saveur d'aube, et connaissance première du fruit sur la rive étrangère.

* Allusion obscure, sans doute à des tatouages rituels signalés par des ethnographes.

J'ai rêvé, l'autre soir, d'îles plus vertes que le songe... Et les navigateurs descendent au rivage en quête d'une eau bleue; ils voient — c'est le reflux — le lit refait des sables ruisselants : la mer arborescente y laisse, s'enlisant, ces pures empreintes capillaires, comme de grandes palmes suppliciées, de grandes filles extasiées qu'elle couche en larmes dans leurs pagnes et dans leurs tresses dénouées.

Et ce sont là figurations du songe. Mais toi l'homme au front droit, couché dans la réalité du songe, tu bois à même la bouche ronde, et sais son revêtement punique * : chair de grenade et cœur d'oponce *, figue d'Afrique et fruit d'Asie... Fruits de la femme, ô mon amour, sont plus que fruits de mer : de moi non peinte ni parée, reçois les arrhes de l'Été de mer... »

* Sens latin de *pourpre*, joint au sens propre.
* Figuier de barbarie.

Saint-John Perse, *Amers*, éd. Gallimard.

— Hymne de la femme au désir, à l'amour, à l'homme; mais entrelacé à un chant de la mer : correspondances multiples entre la femme et la mer (ou la grève), mais l'homme lui aussi est venu de la mer (6-7, 14-15, 24-29). « L'Été de mer », image cosmique de l'amour humain et, comme lui, fusion heureuse des éléments.

— Images de la femme : éléments marins (9-13), fraîcheur du fruit (20-22), eau verte (10, 23), palmes (27), réciprocité des désirs et des plaisirs (5, 28-29, 33-35).

— Jeu à peu près constant des allitérations (1-3, 6-7, 10-12, etc.), syntaxe elliptique (6-7), propositions exclamatives et interrogatives, fréquence des subjonctifs de souhait (14-22). Ampleur de la phrase dans l'évocation, minutieuse et fantastique, du songe (23-29). Changement de rythme avec le retour à la « réalité du songe » (30-36).

— « Ce poème de l'amour, le plus grand qui ait jamais plié notre langue à parler de l'amour *réel*, et de l'homme et de la femme ensemble... » (Aragon.)

Reste le problème de savoir s'il s'agit bien là d'une lecture profonde de l'univers comme le veut Saint-John Perse, d'un texte qui nous révélerait la contexture du réel, ou au contraire d'un opéra fabuleux qui nous assourdirait, à force de beautés, de fastes et d'illusions, comme le suggèrent certains critiques. « Et ce sont les figurations du songe... », semble avouer le poète lui-même, qui associe souvent le « songe » et le « mensonge ». Ne nous propose-t-il pas mille formes d'évasions et d'illusions, et n'est-ce pas aujourd'hui un beau rêve que de reprendre aux anciennes épopées leur mystère et leur éclat? « Ils m'ont appelé l'obscur, et j'habitais l'éclat. » Cet univers éclatant, où toute chose est lisible et délectable, où coïncident miraculeusement le désir et l'action, la prophétie et l'accomplissement, la nature et le langage, nous hésitons à le croire nôtre. Il n'a pas, comme celui de Claudel, une structure religieuse ou philosophique. On y discerne des « thèmes de laïcité », qui sont ceux d'un homme de progrès, des « thèmes de nativité », où l'on verrait le culte du sacré et un prophétisme messianique, et aussi des thèmes de surhumanité, avec des figures nietszchéennes de seigneurs et de conquérants. Ce n'est que dans un mouvement épique et oratoire que tous ces thèmes prennent quelque unité.

C'est là sans doute, comme l'a bien vu Jean Paulhan, l'une des « énigmes de Perse ». Il ne s'agit certainement pas d'une féerie solaire : l'horreur, la solitude, l'amertume et la déception s'expriment avec force dans cette œuvre. Mais elles ne contrebalancent jamais les images de la grandeur : les tragédiennes d'*Amers* ne dénoncent la décrépitude de leur répertoire que parce qu'elles appellent et saluent de grands textes à venir. Le mal est toujours surmonté; il reflue ou s'efface devant les grandes marées du renouveau. Pourtant, si le poète ne nous révèle jamais de véritable fêlure dans son univers, il laisse percer dans ses accents les plus conquérants une nostalgie profonde. Il évoque une terre natale, « terre arable de nos songes », mais il l'évoque comme une terre lointaine, dont notre enfance et nos songes constituent l'humus. Perse nous restitue un royaume dont nous sommes à ce point exclus que nous en avons oublié l'éclat et le mystère. Il rend aux désirs de l'homme leur violence et leur splendeur, et en cela toute sa poésie pourrait répondre à la définition de René Char : « Le poème est l'amour réalisé du désir demeuré désir. » « Un pur grief d'un autre songe », disent les tragédiennes d'*Amers*. Cette poésie n'est-elle pas un grief contre un monde où l'homme n'a que la poésie pour retrouver l'unité perdue? C'est bien la profondeur énigmatique de cette poésie : le poète célèbre le monde, affirme « l'adhésion totale à ce qui est », mais reste cependant « la mauvaise conscience de son temps » (*Poésie*, discours de Stockholm, 1960).

Choix bibliographique :

R. Caillois, *Poétique de Saint-John Perse*, Gallimard.

J. Charpier, *Saint-John Perse*, Bibl. idéale, Gallimard.
Honneur à Saint-John Perse, Gallimard.
J. Paulhan, *Énigmes de Perse* (Œuvres complètes, t. IV, Cercle du Livre précieux).

Jules Supervielle

La critique a accordé peu d'attention aux derniers recueils poétiques de Supervielle : elle admet communément que son lyrisme s'est exprimé avec le plus de bonheur dans *Gravitations* (1925), *Les Amis inconnus* (1934), *La Fable du Monde* (1937). Après la guerre, on a applaudi ses pièces de théâtre (*Shéhérazade*, *Le Voleur d'enfants*, 1948), on a goûté ses contes (*Le Jeune Homme du dimanche*, 1952). Mais on n'a guère rendu justice à ces admirables recueils que sont *Oublieuse Mémoire* (1949), *L'Escalier* (1956), *Le Corps tragique* (1959). On semble rejeter Supervielle de la poésie vivante, ou comme le fait Étiemble avec feu, le dresser contre tous les poètes modernes.

Fidèle à lui-même, à ses formes et à son univers, Supervielle (1884-1960) l'est sans doute, depuis les *Poèmes de l'humour triste* (1919) jusqu'au *Corps tragique*. Français et Uruguayen à la fois, passant sa vie entre le Pays basque et l'Amérique latine, familier de l'Océan, cet « Ulysse montévidéen » restera toujours attaché à la Pampa et à son bétail, à la mer et à ses mystères. Assez étranger aux révolutions de la poésie moderne, il gardera sa prédilection pour la prosodie classique, et tout particulièrement pour les vers brefs de six ou huit syllabes. Il va même jusqu'à conserver les masques du fabuliste, de l'humoriste ou du peintre animalier. Avouant, non sans mérite, qu'il n'a guère été influencé par Rimbaud et Apollinaire, il exprime son souhait de concilier « les poésies anciennes et modernes ».

« Modeste Supervielle », dit-il de lui-même, s'étonnant de l'assurance de Claudel : « Mais qui est sûr même d'une chanson? » Cette modestie lui inspire le ton de l'humour triste, plus drôle que triste : « Soyez bon pour le Poète/Le plus doux des animaux.../Ah! donnons-lui pour sa fête/La casquette d'interprète. » Supervielle n'écrit pas des « poèmes » : il ne tente que des « poésies ». Les images qu'Éluard imposerait comme un dévoilement de l'évidence, Supervielle les propose avec douceur, comme une hypothèse de sa rêverie. La mobilité de ces images, le tremblement continu des apparences créent un climat d'incertitude constante. Quand il arrive au poète de récrire la *Genèse*, il imagine un Dieu inquiet et étourdi, qui a oublié de remplir la mer de poissons : « Et Dieu songea tout à coup : Et ma mer qui est vide! » Et s'il crée l'homme, c'est qu'il se sent bien seul et fatigué : « Et pour avoir quelqu'un à qui parler de ce qu'il avait façonné, Dieu fit l'homme. » Ce Dieu n'est guère assuré, Supervielle non plus, qui parle « sans être sûr, pour sûr, d'avoir raison ».

Cette incertitude évoque souvent l'inquiétude de l'enfant que le monde effraie, et qui ne trouve refuge que dans la rêverie. Et les héros des pièces de Supervielle, débordés par le train du monde et les événements, ne conjurent leur panique qu'en tissant d'aimables affabulations. Mais l'anxiété de Supervielle a beau, d'année en année, se nourrir de la fréquentation de la mort, elle se laisse toujours conjurer par l'exercice de la poésie. En revanche, elle empêche le poète de verser dans les facilités de l'école fantaisiste.

A l'origine, cependant, Supervielle paraît se livrer à un chant du monde plein de fraîcheur : horizons de la pampa, vaches tranquilles, montagnes pyrénéennes, océan Atlantique vu du paquebot. Une vision paisible et heureuse du monde semble s'exprimer dans ces poèmes généralement courts : le vocabulaire y est simple, les figures poétiques rares, le rythme assourdi, la rime et la césure peu marquées. Une musique jouée en sourdine semble s'effacer derrière un dessin de phrase presque prosaïque; toute affirmation y est atténuée, par des verbes tels que « sembler », « paraître » ou des locutions comme « peut-être ». On croit avoir affaire à l'expression discrète d'une expérience vécue.

Mais on s'aperçoit très vite que le « modeste Supervielle » nous introduit, sans que nous y prenions garde, dans un étrange univers, moins réel que surréel, où règnent les métamorphoses inquiétantes. Ses paysages ne sont pas des paysages vus : ils échappent au contraire au regard. Rêvant sans fin sur la mer, sur la transparence de sa surface et sur ses profondeurs ténébreuses, Supervielle y fait flotter, habités par un seul enfant, des villages inconnus, qui s'évanouissent à l'approche des paquebots; il peuple les fonds sous-marins d'étranges cavaliers échappés à la mort, d'arbres et d'oiseaux fantastiques. Les montagnes deviennent des « monuments du délire », stabilisation toute provisoire de mouvements furieux qui ne demandent qu'à reprendre leur tumulte. Les animaux, que Supervielle évoque à tout instant, ne ressemblent guère à ceux de La Fontaine : êtres silencieux, auxquels leur mutisme donne une « sereine profondeur » et des « espaces intérieurs », êtres sourds au langage des hommes et aux vers du poète. Il arrive à Supervielle de souhaiter d'eux un signe de connivence, mais il sent bien que, s'ils parlaient, leur société serait aussi difficile que celle des humains : « On ne serait plus jamais seul dans la campagne ni en forêt. » C'est parce que les bêtes sont secrètes que Supervielle les fait s'ébattre et tant parler dans sa poésie : ce bestiaire, qu'il puise modestement dans le bétail, s'établit à mi-chemin du réel et de l'irréel.

Loin d'être une célébration du monde, cette poésie semble jeter le doute sur l'existence des choses et des personnes : la « mer secrète » de Supervielle, c'est la mer rendue à sa liberté, par le seul fait qu'on ne la regarde pas et qu'elle se dérobe à toute perception. Le Dieu qui apparaît dans cette cosmogonie souriante qu'est *La Fable du Monde*, n'est qu'un « Dieu atténué » qui a quelque mal à se convaincre de son existence. Le Cosmos lui-même éprouve des hésitations sur sa réalité. L'étoile se dit : « Je tremble au bout d'un fil. Si nul ne pense à moi je cesse d'exister. » A la limite, elle ne tient que par le fil que le poète tisse dans les espaces. Les arbres se plaignent que le poète les néglige au profit d'arbres imaginaires. Ce monde qui tremble au bout d'un fil, ce poète incertain du peu de réalité qu'il donne à ses songes, sont sujets à des métamorphoses constantes. Le poète, devant la montagne, devient « un peu de pierraille ou de roche », pour échapper à la servitude de l'humain. Chaque être peut « devenir autrui » et « naviguer vers d'autres fables ». Le lapin, à force de rêver au zèbre, devient un petit cheval rayé; l'éléphant, nostalgique de la légèreté, se transforme en papillon.

Ces métamorphoses charmantes deviennent, dans les dernières années de Supervielle, de plus en plus inquiétantes, et même tragiques. C'est dans son propre corps que le poète sent naître et se révolter une horde d'êtres vivants. La mémoire s'effondre et se fait oublieuse; le cœur malade et l'insomnie tourmentent un poète qui jamais ne veut céder complètement à l'angoisse : Supervielle apprivoise les monstres de son « bestiaire malfaisant ». La présence obsédante de la mort règne dans ses derniers poèmes. Il a toujours aimé évoquer les morts et les noyés, survivant à la manière des ombres, mais pourvus d'une secrète profondeur. A partir du moment où il habite « un corps tragique » avec un cœur arythmique, il ne cesse de s'imaginer ombre ou cadavre. Dans cette vie même, il se voit comme un « hors-venu » ou un étranger, qui n'a que la consistance que lui donne la mort. Le tragique se fait léger, mais la douceur des vers n'est qu'un moyen de conjurer la terreur. « Le fil de nos jours/Chaque jour plus mince/Et le cœur plus sourd/Les ans qui le pincent/Nul n'entend que nous/La poulie qui grince/Le seau est si lourd. » La nuit devient le milieu favori du poète, ténèbres ruisselantes de douces clartés : « ce maternel tombeau vivant » se situe entre la vie et la mort. « L'ombre une et circulante » ne cesse d'appeler les songes et les métamorphoses. Peuplée de hantises, elle apaise cependant « les enfants perdus maltraités par le jour ».

Ce monde à peine réel ne peut guère être comparé à celui des surréalistes, qui n'ont jamais évoqué Supervielle. André Breton condamnait un critique qui n'admettait pas qu'un cheval puisse galoper dans une tomate. Supervielle s'intéresse à la manière dont le cheval a pu entrer dans la tomate. C'est le glissement de l'impression au rêve, du réel à l'imaginaire, qui captive le poète, et nous le rend captivant. Son rêve ne prend jamais tout à fait corps, il ne se donne à aucun moment pour une image du réel. Supervielle ne partage guère les grandes ambitions de ses contemporains; il se garde au contraire de hausser le ton, persuadé de ne jamais parler trop bas : « Silence! On ne peut pas offrir l'oreille à ces voix-là. On ne peut même pas y penser tout bas. Car l'on pense beaucoup trop haut et cela fait un vacarme terrible. » Au risque de paraître chantonner de petites chansons, il parvient à des silences presque miraculeux, apprivoisant la mort et l'ombre à demi-voix, pacifiant son délire. La fraîcheur du rêve, la gentillesse de l'amitié rendent légère et limpide cette poésie, mais sous son humour constant elle fait courir un pathétique secret. Supervielle n'a cessé, depuis 1919, de dessiner « l'entrelacement fortuit » de la tristesse et de la joie. S'il chasse sa tristesse par la poésie, c'est pour retrouver « une nouvelle tristesse, infiniment plus triste et moins cruelle ».

Ce fabuliste épris de fabuleux a bien réussi à concilier les charmes de la poésie passée et les inquiétudes de la poésie présente. Sa position reste pourtant bien singulière. Confiant dans la vertu des mots de tous les jours, il ne met pas en question le langage. Persuadé que « le poète est celui qui cherche sa pensée et redoute de la trouver », il ne se soucie pas d'élaborer une poétique. Il ignore les engagements politiques (ses *Poèmes de la France malheureuse*, seule exception, ne sont pas toujours très convaincants). Il pousse même l'indépendance jusqu'à délaisser les thèmes du lyrisme amoureux. Mais à l'intérieur de ses limites, qui sont plutôt les frontières d'un royaume, apparaît une singularité bien moderne, proche de la singularité d'Henri Michaux et de Jorge Luis Borges, ses amis intimes. « J'aspire à rêver tous les instants de ma vie, à leur donner un corps fabuleux de sirène grâce à quoi je puis accueillir le miracle de la poésie encore amorphe, et toujours menaçant, tant qu'on ne lui a pas donné l'hospitalité du poème. » (1959.)

Choix bibliographique :

Étiemble, *Supervielle*, Bibl. idéale, Gallimard.

T. Greene, *Jules Supervielle*, Droz.

J. A. Hiddleston, *L'Univers de J. Supervielle*, Corti.

Le survivant

Poème publié en 1925.

Lorsque le noyé se réveille au fond des mers et que son cœur
Se met à battre comme le feuillage du tremble,
Il voit approcher de lui un cavalier qui marche l'amble
Et qui respire à l'aise et lui fait signe de ne pas avoir peur.
Il lui frôle le visage d'une touffe de fleurs jaunes
Et se coupe devant lui une main sans qu'il y ait une goutte de rouge.
La main est tombée dans le sable où elle fond sans un soupir,

Une autre main toute pareille a pris sa place et les doigts bougent.

Et le noyé s'étonne de pouvoir monter à cheval,
De tourner la tête à droite et à gauche comme s'il était au pays natal,
Comme s'il y avait alentour une grande plaine, la liberté,
Et la permission d'allonger la main pour cueillir un fruit de l'été.

Est-ce donc la mort cela, cette rôdeuse douceur
Qui s'en retourne vers nous par une obscure faveur?

Et serais-je ce noyé chevauchant parmi les algues
Qui voit comme se reforme le ciel tourmenté de fables?

Supervielle, *Gravitations*, éd. Gallimard.

— Vers de longueur inégale, le plus souvent rimés (mais 6-10, 21-22); rareté des comparaisons (3); syntaxe d'une extrême simplicité, ordre des mots proche de celui de la prose.

— Une fable fantastique, sur un ton aimable et rassurant (5). Un univers absolument étrange et aberrant, satisfaisant cependant pour l'esprit (7-12, 17-18). L'homme réconcilié avec lui-même par la mort (19-20).

— Henri Michaux écrit de Supervielle : « [...] pressé par une nostalgie de distance, qui distend et dépasse tous ses vers, il cherche et pressent une sorte d'absence essentielle, où tout serait présent-absent. »

[O légère mémoire]

Pâle soleil d'oubli, lune de la mémoire,
Que draines-tu au fond de tes sourdes contrées?
Est-ce donc là ce peu que tu donnes à boire,
Ces gouttes d'eau, le vin que je te confiai?

Que vas-tu faire encor de ce beau jour d'été
Toi qui me changes tout quand tu ne l'as gâté?
Soit, ne me les rends point tels que je te les donne
Cet air si précieux, ni ces chères personnes.

Que modèlent mes jours ta lumière et tes mains,
Refais par-dessus moi les voies du lendemain,
Et mène-moi le cœur dans les champs de vertige
Où l'herbe n'est plus l'herbe et doute sur sa tige.

Mais de quoi me plaignais-je, ô légère mémoire...
Qui avait soif? Quelqu'un ne voulait-il pas boire?

Regarde, sous mes yeux tout change de couleur
Et le plaisir se brise en morceaux de douleur,
Je n'ose plus ouvrir mes secrètes armoires
Que vient bouleverser ma confuse mémoire.

Je lui donne une branche elle en fait un oiseau,
Je lui donne un visage elle en fait un museau,
Et si c'est un museau elle en fait une abeille,
Je te voulais sur terre, en l'air tu t'émerveilles!

Je te sors de ton lit, te voilà déjà loin,
Je te cache en un coin et tu pousses la porte,
Je te serrais en moi, tu n'es plus qu'une morte,
Je te voulais silence et tu chantes sans fin.

Qu'as-tu fait de la tour qu'un jour je te donnai
Et qu'a fait de l'amour ton cœur désordonné?

Mais avec tant d'oubli comment faire une rose,
Avec tant de départs comment faire un retour,
Mille oiseaux qui s'enfuient n'en font un qui se pose
Et tant d'obscurité simule mal le jour.

Écoutez, rapprochez-moi cette pauvre joue,
Sans crainte libérez l'aile de votre cœur
Et que dans l'ombre enfin notre mémoire joue,
Nous redonnant le monde aux actives couleurs.

Le chêne redevient arbre et les ombres, plaine,
Et voici donc ce lac sous nos yeux agrandis?
Que jusqu'à l'horizon la terre se souvienne
Et renaisse pour ceux qui s'en croyaient bannis!

Mémoire, sœur obscure et que je vois de face
Autant que le permet une image qui passe...

J'aurai rêvé ma vie à l'instar des rivières
Vivant en même temps la source et l'océan
Sans pouvoir me fixer même un mince moment
Entre le mont, la plaine et les plages dernières.

Suis-je ici, suis-je là? Mes rives coutumières
Changent de part et d'autre et me laissent errant.
Suis-je l'eau qui s'en va, le nageur descendant
Plein de trouble pour tout ce qu'il laissa derrière?

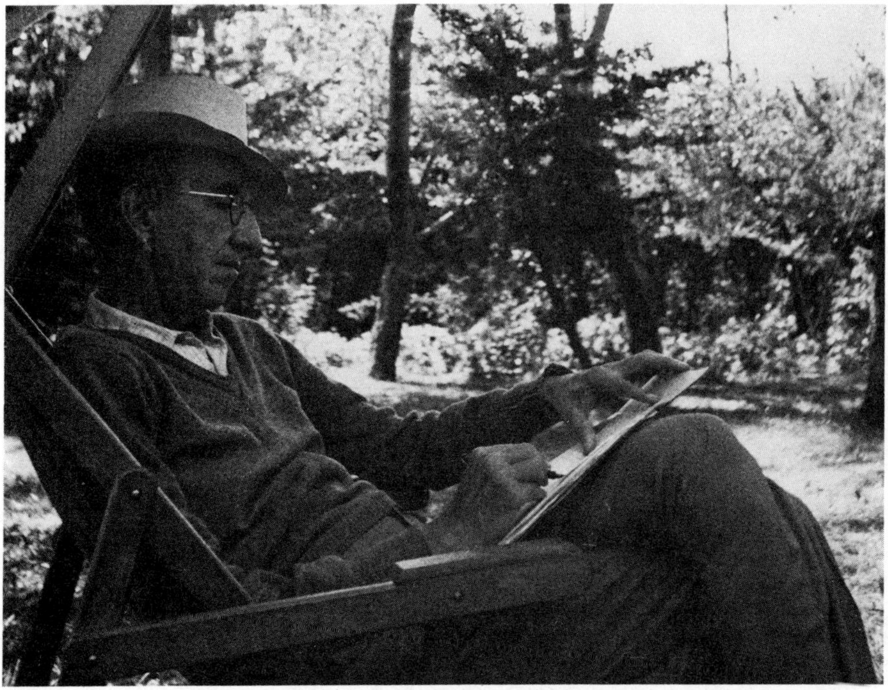

Cl. Gisèle Freund.

Supervielle en Uruguay, 1955.

Tu seras mortel, mon petit,
Je te coucherai dans le lit
De la terre où se font les arbres.

Cl. B.N. - A.D.A.G.P.

Lithographie de Lurçat pour *La Fable du Monde* de Supervielle (éd. A. et G. Gonin, Lausanne, 1959).

Ou serais-je plutôt sans même le savoir
Celui qui dans la nuit n'a plus que la ressource
De chercher l'océan du côté de la source
Puisqu'est derrière lui le meilleur de l'espoir?

Supervielle, *Oublieuse Mémoire*, éd. Gallimard.

— Retour à une forme prosodique classique : quatre sonnets en alexandrins (il s'agit du sonnet élisabéthain, que Supervielle, traducteur de Shakespeare, emprunte à la poésie anglaise : trois quatrains à rimes croisées, un distique à rimes plates). Mais liberté du poète, qui varie dans les quatrains le schéma des rimes (5-12, 23-26, 51-54) et qui omet le distique final attendu (54).

— Les jeux de la mémoire et de l'oubli : indétermination de la mémoire (deuxième personne, 1-12; troisième personne, 19-21); son pouvoir de métamorphoser le passé (1-14), le monde (15-42), le moi du poète (43-54); sa puissance, magique et redoutable, sur le poète, comparable à ce qu'est l'inconscient pour les surréalistes (19-22).

— Union de la mélancolie (15-18, 29-36), de l'humour (19-26), de l'espoir (33-40) dans l'évocation d'un paysage multiforme : champêtre (19-22), intime (23-26), clair-obscur (1, 35-36), montueux (46), mais surtout peuplé de cours d'eau et d'images liquides (2-4, 38, 43-54).

[Bestiaire malfaisant]

Quand le cerveau gît dans sa grotte
Où chauve-sourient les pensées
Et que les désirs pris en faute
Fourmillent, noirs de déplaisir,
Quand les chats vous hantent, vous hantent
Jusqu'à devenir chats-huants,
Que nos plus petits éléphants
Grandissent pour notre épouvante,
O bestiaire malfaisant
Et qui s'accroît chemin faisant,
Bestiaire fait de bonnes bêtes
Qui nous paraissaient familières
Et qui tout d'un coup vous secrètent
Un univers si violent
Que, le temps de le reconnaître,
Nous n'en sommes déjà plus maîtres.

Il nous fige et va galopant
Autour de nous dans tous les sens
Ainsi qu'une aveugle tempête
Qui ne se trouve qu'en courant.

Supervielle, *Le Corps tragique*, éd. Gallimard.

— Un poème d'insomnie, où Supervielle résiste au tragique du corps par le comique de la poésie. Série ininterrompue d'octosyllabes : la brusque révolte d'une ménagerie, d'ordinaire domestiquée, dans le corps du poète. Rythme qui va s'accélérant (14-20).

— Animalisation des sentiments ou des pensées (1, 3-4, 17). Verbes construits par calembours sur le nom d'oiseaux nocturnes (2, 5-6); alliance de termes (7, 9-11). Puissance de ce bestiaire intérieur, capable de « secréter », de « figer ». Présence de l'horreur ou de l'angoisse, à peine conjurée par les jeux de mots.

— Supervielle : « Mon cerveau, dans sa boîte plus ou moins chevelue, mes nerfs, le long du corps, mènent un tel tapage dans l'obscurité, qu'il n'y a pas moyen de s'entendre, bien que tout ce bruit demeure parfaitement subjectif, clandestin. » ***(Boire à la source.)***

Ma dernière métamorphose

J'étais de fort mauvaise humeur, je refusais de me raser et même de me laver. Le Soleil et la Lune me paraissaient complètement stupides. J'en voulais à mes meilleurs amis tout autant qu'à Altaïr, à Bételgeuse et à toute la Voie lactée. Je me voulais ingrat, injuste, cherchant noise à mon prochain, à mon lointain. Pour me prouver mon existence, j'aurais foncé, tête basse, sur n'importe quoi.

Pour m'amadouer on me faisait des offres de service. Je refusais avec indignation de devenir tatou ou même tapir. Je me voulais affreux, répugnant. J'avais absolument besoin d'une corne sur le nez, d'une bouche fendue jusqu'aux oreilles, d'une peau coriace genre crocodile et pourtant je savais que je ne trouverais aucun apaisement du côté des sauriens. J'avais un besoin urgent de boucliers indurés aux jambes et sur un ventre de mammifère.

Soudain, je me sentis comblé. J'étais devenu un rhinocéros et trottais dans la brousse, engendrant autour de moi des cactus, des forêts humides, des étangs bourbeux où je plongeais avec délices. J'avais quitté la France sans m'en apercevoir et je traversais les steppes de l'Asie méridionale d'un pas d'hoplite qui aurait eu quatre petites pattes. Moi, si vulnérable d'habitude, je pouvais enfin affronter la lutte pour la vie avec de grandes chances de succès. Ma métamorphose me paraissait tout à fait réussie jusqu'en ses profondeurs et tournait au chef-d'œuvre, lorsque j'entendis distinctement deux vers de Mallarmé dans ma tête dure et cornée.

Décidément, tout était à recommencer.

Supervielle, *Le Corps tragique*, éd. Gallimard.

— Le doux Supervielle décidé à une métamorphose féroce : volontés d'agressivité (1-7); à la recherche d'une carapace (8-15); merveilleuse rhinocérisation (16-25); mais on n'échappe pas, même rhinocéros, à Mallarmé (26-28).

— Mélange de l'intime et de l'astronomique (1-5). Jeux de mots (6), langage des affaires (8), humour familier (10-14), délire géographique (16-22), parodie (22-24), burlesque (26-27).

— Coïncidences curieuses avec le *Rhinocéros* de Ionesco (1960); voir en particulier la métamorphose de Jean en rhinocéros sous les yeux de Bérenger (*cf.* p. 521).

Pierre Reverdy

Faut-il faire figurer Reverdy (1889-1960) parmi les poètes dont l'après-guerre voit l'accomplissement? Sans doute pas : il ne publie que deux recueils assez minces : *Le Chant des morts* (1944-1946) et *Bois vert* (1946-1949). Ils ne modifient pas vraiment l'image qu'on pouvait se faire d'un poète dont *Ferraille* (1937) représente sans doute le chef-d'œuvre. *En vrac* (1956) est un recueil de remarques, qui poursuit les recherches morales et esthétiques du *Gant de Crin* (1926) et du *Livre de mon bord* (1948). Retiré à Solesmes où sa conversion au catholicisme, qui ne dura que quelques années, l'avait amené, Reverdy passe ses dernières années dans la solitude, entouré d'un silence qu'il supportait avec stoïcisme. Il avait le sentiment amer d'être resté, aux yeux du public lettré, un « poète cubiste », ayant eu son heure entre Apollinaire et le surréalisme, quand il était le commentateur de Braque ou de Picasso, et leur ami.

Et cependant cette œuvre, l'une des plus austères mais des plus déchirantes, n'a été vraiment regroupée dans des ensembles collectifs qu'après 1945 : *Plupart du Temps* et *Main d'œuvre* rassemblent enfin tout ce qui s'était dispersé dans les plaquettes et les revues, et rendent à Reverdy la place qu'il mérite. La publication après sa mort, d'un « Hommage » collectif a permis de voir à quel point cette figure avait fasciné les poètes de ce siècle. Tous ceux qui ont vécu ou traversé le surréalisme reconnaissent leur dette envers Reverdy : Breton et Aragon, Éluard et Char s'accordent pour le mettre plus haut qu'Apollinaire. Et ses livres de remarques, malgré la modestie du ton (« Je ne pense pas, je note »), malgré une amertume de moraliste un peu sommaire, dessinent une poétique précise et exigeante, sans laquelle l'histoire de la poésie n'aurait pas suivi le même cours depuis cinquante ans.

Comment s'explique alors le peu de résonances de cette œuvre auprès du public? A part Gaëtan Picon qui, du vivant de Reverdy, a parfaitement étudié sa poétique et sa poésie, la critique l'a figé dans le rôle ingrat du précurseur; on lui a même prêté une « cervelle provinciale de petit bourgeois de 1920 » (Georges Mounin). C'est sans doute que Reverdy est plus connu par les hommages éclatants de Breton qu'il n'est réellement lu. Le dépouillement ascétique de sa poésie, qui l'a conduit à une manière de perfection, a pu donner, tout à fait à tort, une impression d'appauvrissement, de grisaille et de monotonie.

La solitude de Reverdy s'explique par les malentendus qui ont marqué ses relations avec le surréalisme, puis, dans une moindre mesure, avec le christianisme. A la fin de la première guerre, il dirige la revue *Nord-Sud*, qui accueille les premiers textes de Breton et d'Aragon. Les poèmes de *La Lucarne ovale* paraissent mettre en œuvre une théorie de l'image que Reverdy énonce sous forme de lois quasi mathématiques : l'image naît, non d'une comparaison, mais « du rapprochement de deux réalités plus ou moins éloignées ». « Plus les rapports des deux réalités rapprochées seront lointains et justes, plus l'image sera forte, plus elle aura de puissance émotive et de réalité poétique. » Breton reprendra et transformera cette théorie dans le *Premier Manifeste du Surréalisme*. Mais c'est la violence de l'image produite par l'inconscient, son pouvoir d'ébranlement qui l'attirent, alors que Reverdy ne les sépare jamais de la justesse d'un rapport saisi par l'esprit. D'ailleurs, si celui-ci manifeste dans ses premiers poèmes un don éclatant de l'image, il ne cessera par la suite d'en restreindre l'usage. Ses poèmes d'alors, remarquables par une disposition typographique qui isole le mot ou décale le vers au moyen de blancs, se dépouillent de plus en plus : les couleurs disparaissent, les adjectifs n'existent presque plus, le verbe porte seul le sens de la phrase, ou disparaît complètement, la syntaxe ne connaît guère que les propositions nominales ou indépendantes. Le poème semble se réduire à une juxtaposition d'objets, mais d'objets qui se vident de leur réalité, et se réduisent à un halo de clair-obscur. Il fait presque l'économie du mouvement, ou bien il en esquisse un qui se paralyse et retombe dans l'immobilité. Ces tendances vont s'accuser, curieusement, avec la conversion de Reverdy au catholicisme, qui coïncide avec celle de Max Jacob. Cette conversion, qui s'exprime dans les notes du *Gant de crin*, ne paraît guère avoir inspiré sa poésie. En revanche, elle engage le poète dans une solitude monacale, et une ascèse rigoureuse qui écarte les prestiges traditionnels de la poésie. Solitude et ascèse qui survivront à la perte de la foi. A partir de ce moment, l'univers de Reverdy sera celui de *Ferraille*, univers décomposé, fait de silence et de décombres. Dans la période de l'occupation, *Le Chant des morts* reflète sans doute le malheur des temps, mais il ne laisse aucune place à la poésie militante de l'espoir, il évoque plutôt la « chute définitive dans les abîmes sans fissures du malheur ».

Malgré ces variations, Reverdy a toujours voulu dans ses poèmes traduire un « contact avec le destin », s'établir à « l'intersection de deux plans au tranchant cruellement acéré, celui du rêve et de la réalité », provoquer une émotion qui s'intègre dans la vie réelle du lecteur. Il est donc naturel que toute sa poésie exprime une expérience originelle, qui est celle d'un homme enfermé dans des lieux clos, circonscrits entre quatre murs, comme la chambre ou la prison. Mais ce lieu clos a toujours ses fenêtres ou ses « lucarnes ovales » sur l'extérieur. L'extérieur, c'est le paysage que dessine le regard du poète, sous la forme, le plus souvent, d'un réseau de fils entrecroisés, c'est l'image d'une réalité où le mouvement semble naître, puis avorter. Ce n'est jamais la plénitude que propose cet univers, mais le défaut. Reverdy est le poète du manque : ce qui manque à son « moi » l'incite à s'évader, par le regard, vers l'extérieur, mais ce monde extérieur où tout n'est que déficience, nostalgie ou attente, le fait revenir à son « moi » et à ses limites. L'inventaire du réel ne fait que dénombrer des beautés imparfaites, des objets trouvés, des chemins qui ne mènent nulle part. La rouille, la poussière et la cendre recouvrent les villes; la nature, loin d'avoir horreur du vide, s'y décompose ou s'y évanouit. Il y a pourtant un lyrisme profond chez Reverdy, mais ce lyrisme n'est jamais une adhésion au monde : « La poésie, écrit-il, est dans ce qui n'est pas. Dans ce qui nous manque. Dans ce que nous voudrions qui fût. Elle est en nous à cause de ce que nous ne sommes pas. » Sa poésie, en effet, crée une attente qu'elle ne comble pas. Appel d'une autre réalité, elle exprime l'appel, mais non cette réalité. D'où le caractère désespéré de ces poèmes qui exaspèrent le sentiment de l'absence jusqu'au malaise : « La poésie, c'est le lien entre nous et le réel *absent*. C'est l'absence qui fait naître tous les poèmes. » Jamais, pourtant, Reverdy ne se résigne au désespoir, ni ne rompt ses liens avec le réel absent : son poème instaure toujours un va-et-vient entre le dedans et le dehors, l'immobilité désespérée et l'élan de l'espoir. Son œuvre, où règne l'attente, annonce parfois le climat de la pièce de Samuel Beckett *En*

Lithographie de Juan Gris, *La Lampe*, pour *Au Soleil du plafond* de Reverdy (éd. Teriade, 1955).

Juan Gris A.D.A.G.P. - Cl. B.N.

Reverdy en 1947.

Cl. Brassaï.

attendant Godot. Elle n'est pas le fait d'une inspiration appauvrie, elle présente l'image de la privation ou de l'aliénation.

Reverdy, dans ses réflexions sur la poétique, ne s'est guère étendu sur les formes de sa poésie : elles lui semblent subordonnées à l'expérience et à l'émotion qu'il veut exprimer. Il faut en marquer, outre le dépouillement, la perfection constante, moins monotone qu'on ne le dit (Marcel Raymond parle plus justement d'une « monodie »). Le poème s'inscrit le plus souvent dans la page : la disposition même des vers permet la saisie globale du texte, comme un tableau s'offre à qui le regarde. Vers désarticulés s'étendant à la phrase ou se réduisant au mot, poèmes en prose d'un seul tenant, évidement régulier du poème qui finit par se réduire aux mots du néant, ces formes conviennent à un poète qui, tout en restant fidèle à l'ordre de la poésie, égale les réussites des grands peintres de son temps. Il écarte toutes les formes du développement, et même la comparaison, qui est des plus rares dans ses textes. Son art de la juxtaposition aboutit presque toujours à une figure synthétique. Elle propose moins une succession d'images qu'une organisation concentrique où des cercles vont s'élargissant autour du noyau de la sensation : poème statique, Reverdy le veut ainsi, mais parcouru de glissements et de tremblements, équilibre instable entre l'immobilité et le mouvement. Reverdy, plein de défiance à l'égard des mots, alors même qu'il a éliminé toutes les figures de la rhétorique ou de la poétique, nous donne une poésie aussi transparente que profonde : un poète s'y démunit pour exprimer le dénuement.

Choix bibliographique :

J. Rousselot et M. Manoll, *Pierre Reverdy*, Seghers.

Pierre Reverdy, 1889-1960, Mercure de France (hommage collectif).

Jour éclatant

Poème publié en 1929.

Un mouvement de bras
        Comme un battement d'ailes
Le vent qui se déploie
        Et la voix qui appelle
Dans le silence épais
        qu'aucun souffle ne ride
Les larmes du matin et les doigts de la rive
        L'eau qui coule au dehors
L'ornière suit le pas
        Le soleil se déroule
        Et le ciel ne tient pas
L'arbre du carrefour se penche et interroge
La voiture qui roule enfonce l'horizon
Tous les murs au retour sèchent contre le vent
Et le chemin perdu se cache sous le pont
        Quand la forêt remue
        Et que la nuit s'envole
Entre les branches mortes où la fumée s'endort
L'œil fermé au couchant
        La dernière étincelle
Sur le fil bleu du ciel
        le cri d'une hirondelle

Pierre Reverdy, *Sources du vent*, Mercure de France.

— Un poème réduit à une série d'indications elliptiques et juxtaposées : un jour ensoleillé, du matin (7) au soir (19) dans un village campagnard; extrême rareté des adjectifs (1-14); syntaxe réduite à des relatives, des indépendantes (sauf 16-17). Simplicité qui rend le poème transparent et énigmatique à la fois.

— Images de mouvement très nombreuses (1-2, 9-13, 16-17), mais opposées à une certaine inertie (5-6). Impression générale pourtant d'un univers statique (19-22), décomposé en mouvements solitaires, et où « l'ornière suit le pas » (9).

— Georges Poulet analyse ainsi le rôle du regard dans certains poèmes de Reverdy : « Rien n'égale cet essor immense et immédiat du regard. Dans l'existence du poète, c'est le seul moment où l'on trouve quelque chose comme l'accent du bonheur. Il contraste avec tous les autres. Point de passé, puisque le passé, c'est le temps de l'ombre, de l'espace étroit et de la répétition monotone; point de futur, puisque plus rien n'est calculable et que tout se ramène à la possession de l'heure. »

Reflux

Poème publié en 1937.

Quand le sourire éclatant des façades déchire le décor fragile du matin; quand l'horizon est encore plein du sommeil qui s'attarde, les rêves murmurant dans les ruisseaux des haies; quand la nuit rassemble ses haillons pendus aux basses branches, je sors, je me prépare, je suis plus pâle et plus tremblant que cette page où aucun mot du sort n'était encore inscrit. Toute la distance de vous à moi – de la vie qui tressaille à la surface de ma main au sourire mortel de l'amour sur sa fin — chancelle, déchirée. La distance parcourue d'une seule traite sans arrêt, dans les jours sans clarté et les nuits sans sommeil. Et, ce soir, je voudrais, d'un effort surhumain, secouer toute cette épaisseur de rouille — cette rouille affamée qui déforme mon cœur et me ronge les mains. Pourquoi rester si longtemps enseveli sous les décombres des jours et de la nuit, la poussière des ombres. Et pourquoi tant d'amour et pourquoi tant de haine. Un sang léger bouillonne à grandes vagues dans ces vases de prix. Il court dans les fleuves du corps, donnant à la santé toutes les illusions de la victoire. Mais le voyageur exténué, ébloui, hypnotisé par les lueurs fascinantes des phares, dort debout, il ne résiste plus aux passes magnétiques de la mort. Ce soir je voudrais dépenser tout l'or de ma mémoire, déposer mes bagages trop lourds. Il n'y a plus devant mes yeux que le ciel nu, les murs de la prison qui enserrait ma tête, les pavés de la rue. Il faut remonter du plus bas de la mine, de la terre épaissie par l'humus du malheur, reprendre l'air dans les recoins les plus obscurs de la poitrine, pousser vers les hauteurs — où la glace étincelle de tous les feux croisés de l'incendie —

où la neige ruisselle, le caractère dur, dans les tempêtes sans tendresse de l'égoïsme et les décisions tranchantes de l'esprit.

Pierre Reverdy, *Ferraille*,
Mercure de France.

— Une marche forcée à l'aube. Mouvement d'un seul tenant (rare chez Reverdy) avec une série de reprises (1, 2, 4, 5, 7-10, 14-16); un « effort surhumain », révolte sans répit contre les tentations de la fatigue et de la mort, conquête d'une énergie dure et tranchante (26-32).

— Développement et opposition des images. D'une part l'univers de la mort et de la défaite : distance (7-11), rouille, décombres, poussières (11-16), fascination de la mort (20-22), les murs de la prison (24-25). D'autre part l'univers de la nature, de la vie et de la force : essor du matin (1-5), circulation du sang (17-20), l'or (24); la profondeur (mine, humus) et l'altitude (hauteurs, glace, neige) : 24-32.

— Reverdy et Rimbaud (*cf.* « Aube » dans *Illuminations*) : poésie de l'évasion et de la délivrance, d'un mouvement dramatique et violent.

Le sens du vide

Poème publié en 1944.

Ces lignes à franchir que je ne veux pas lire
Ces formes inouïes qui ne veulent rien dire
Que la mort
La mort étant le plus juste prix
Le poids du corps dans la balance
Et l'étrange circuit de la distance
Au bout des fils qui se rejoignent dans le port
Départ demain vers d'autres houles vaines
Retour certain au foyer sans chaleur
Une peine jamais éteinte sous la cendre
Ni braise ni charbon ni flamme
On ne pense à rien de réel
Pas plus de terre que de ciel
Pas plus d'écho que de silence
Encore moins la flèche d'un regard
Déliés, dénoués, rompus
Nœuds de l'espoir.

Pierre Reverdy, *Le Chant des morts*,
Mercure de France.

— Un monde inintelligible (1-2), décoloré, privé de chaleur, réduit à des fils dénoués (1, 6-7, 16), à des liens rompus. Passage de la vie à la mort, de l'être au néant, avec l'aller-retour de l'espoir et du désespoir.

— Une accumulation de négations (10-17). Dépouillement des formes poétiques : renoncement à la comparaison, à la phrase; rareté de l'image, aussitôt récusée (15-17). Le poème : tableau qui se compose et se décompose sous les yeux du lecteur.

— Évolution de Reverdy. *Cf.* ce qu'il écrivait en 1916 sur un thème analogue à celui des vers 9-11 : « En ce temps-là, le charbon était devenu aussi précieux et rare que les pépites d'or et j'écrivais dans un grenier où la neige, en tombant par les fentes du toit, devenait bleue. »

Dans ce désert

Poème publié en 1949.

Ce regard
qui m'a laissé son dard dans le flanc
Ce dard qui n'en sort pas
Cette tête inspirée qui tient tout l'horizon
Le plat bord de la nuit
qui me sert de bâillon
Et la soif de bonheur qui me donnait la fièvre

Dans ce désert

Enfin rien ne sort
Rien ne vient
Dans la réalité trop sombre
Où le soleil déplie son papier de couleur
toujours neuf
On ignore le jeu et la partie se gagne
Sur le trapèze d'os où le singe s'endort
Encore un cran dans la montée sévère
Et décidément rien ne sort
De ton cœur démonté où la rumeur s'apaise
Rien ne tient à la loi des mots
A la liste des morts au sommeil sans encombre
Arbres couverts de sel
de fruits cueillis dans les ruelles
Têtes charnues plissées de rires pleins d'abeilles
Rien ne tient au fond
Ni à la forme
L'esprit monte à la corde sans effort
Comme le soleil dans les ombres
Puis je tâche de vivre à mon moindre ressort
Je tâte la nuit qui approche
Comme la mer repue
qui regagne ses bords

Ma nuit sans horizon où la lune s'accroche
Rien ne répond à mon appel muet
Rien ne s'oppose à ce geste durci
qui fauche ma moisson
Allons il fait plus chaud
plus noir dans la maison
Mon cœur a dévidé sa laine
Plus de feu dans le coin
Plus d'amour plus de haine
Bateau perdu sans mât
Sans orientation
Tête tranchée
Poitrine sans passion
Houle du monde nu
Fermé
Cercle de ma prison
Amour sec
Et la mort à secret
Sur la fenêtre bleue
Qui m'attend au balcon
Veilleuse au cadre noir
A l'angle des saisons
Ma part de faim
de soif
mains vides
sang perdu

Dans ce désert

Pierre Reverdy, *Bois vert*, Mercure de France.

— Un testament de Reverdy : la poésie, ressassement de la solitude et de la mort, mouvement à l'intérieur du « cercle de ma prison » (47). Mutilation de l'existence, rendue sensible par la décroissance des vers et l'extinction du rythme (8, 46, 55-57).

— Recours à des images assez traditionnelles (1, 2, 29-31, 34-35, 41, 42, 49-52), mais entraînées dans un mouvement de décomposition : le lyrisme se détruit lui-même.

— Michel Leiris note, à propos de Reverdy, « le côté journellement vécu de sa poésie où réalités du dehors et du dedans se répondent sans chatoiements de vocabulaire ou de syntaxe, l'allure qu'elle revêt d'angle de vue sous lequel le monde est une fois pour toutes appréhendé plutôt que celle de refonte qu'on choisit de lui imposer ». Gabriel Bounoure : « Telle est la poésie-seconde qui est poésie de l'échec, poésie de la non-poésie, celle qui fait reverdir la pierre. »

Paul Éluard

Durant trente ans, l'œuvre d'Éluard (1894-1952) n'a cessé de faire l'unanimité autour d'elle : c'est qu'elle place toujours la poésie au-dessus de tout. Surréaliste fervent, il n'en reste pas moins fidèle à la poésie prise dans son sens traditionnel, comme André Breton le lui reprochera plus tard. Engagé dans la lutte anti-fasciste dès 1937, résistant de la première heure, communiste depuis 1942, c'est toujours à travers la poésie qu'il s'engage dans l'histoire; elle reste son seul mode d'expression, et sa seule manière de vivre. Rien d'étonnant à ce qu'Éluard ait toujours été aimé de ses adversaires politiques comme de ses camarades : il ignore la véritable agressivité, il n'est que bonté. Ses engagements les plus violents, aux côtés de Breton dans les années vingt, d'Aragon dans les années quarante, prennent chez lui la douceur et l'innocence de sa poésie.

Cette poésie a sa constance et son évolution. On est d'abord sensible aux constantes, qui sont autant de vertus : harmonie, fluidité, transparence. La communication poétique s'établit à la perfection : chaque poème capte une lumière si pure qu'elle se transmet sans s'altérer. La « vie immédiate », les relations fondamentales avec l'eau, le feu, la lumière et les végétaux, un espace peuplé de miroirs qui reflètent les rêves et ne font jamais obstacle, une circulation fluide des images entre les éléments et les sens, composent un univers toujours nouveau et pourtant identique à lui-même. Chaque poème réconcilie le monde et le rêve : « Mes rêves sont au monde/Clairs et perpétuels », dit Éluard dans *L'Amour la poésie* (1929). Il retrouve (ou répète) littéralement ces deux vers dans l'un de ses derniers recueils, *Une Leçon de morale* (1950). Perpétuelle clarté des rêves, présence au monde, la poésie d'Éluard a toujours réuni ces deux tendances dans une harmonie tranquille.

Le droit le devoir de vivre

Il n'y aurait rien
Pas un insecte bourdonnant
Pas une feuille frissonnante
Pas un animal léchant ou hurlant
Rien de chaud rien de fleuri
Rien de givré rien de brillant rien d'odorant
Pas une ombre léchée par la fleur de l'été
Pas un arbre portant des fourrures de neige
Pas une joue fardée par un baiser joyeux
Pas une aile prudente ou hardie dans le vent
Pas un coin de chair fine pas un bras chantant
Rien de libre ni de gagner ni de gâcher
Ni de s'éparpiller ni de se réunir
Pour le bien pour le mal
Pas une nuit armée d'amour ou de repos
Pas une voix d'aplomb pas une bouche émue
Pas un sein dévoilé pas une main ouverte
Pas de misère et pas de satiété

Rien d'opaque rien de visible
Rien de lourd rien de léger
Rien de mortel rien d'éternel

Il y aurait un homme
N'importe quel homme
Moi ou un autre
Sinon il n'y aurait rien.

Paul Éluard, *Le Livre ouvert*, éd. Gallimard.

— Énumération des richesses de la vie qui disparaîtraient avec l'homme : monde des animaux (2, 4), des végétaux (3, 8), de la vie amoureuse et sensuelle (9, 11, 17), de la vie morale (12-14); simples existences (1-2), relations (7-8), antithèses (14, 18-21); le monde entier informé et relié par l'amour humain.

— Révélation différée de la clef du poème (1, 22, 25); système de répétitions jouant sur une expression négative qui introduit chaque vers (*Pas un... rien de... il n'y...*) isolant ainsi les deux seuls vers affirmatifs (22, 24).

— Poésie du bonheur humain; union du singulier et de l'universel (24). Georges Poulet : « L'étonnant, c'est que ce bonheur ne soit pas confiné à une étroite patrie privilégiée, à une île heureuse et que le poète ait réussi à le faire régner sur l'Univers entier. »

Mais l'évolution n'est pas non plus niable. Dans les thèmes comme dans les formes, rien ne diffère plus que *Poésie ininterrompue* (1946-1952) de *Capitale de la douleur* (1926). La poésie n'est plus suggestion, mais affirmation. Elle tend vers le discours suivi, ou au contraire vers l'extrême fragmentation. Éluard, passant « de l'horizon d'un homme à l'horizon de tous », élargit son poème pour lui faire exprimer un mouvement collectif, ou le réduit à n'être que l'expression nue d'une expérience vécue.

Un nouvel Éluard est né entre 1937 et 1945; il ne renie certes pas l'ancien, mais il veut le dépasser vers une poésie agissante et fraternelle. C'est à l'occasion d'une exposition surréaliste qu'il affirme ses nouvelles tendances : les poètes « ont appris les chants de révolte de la foule malheureuse et, sans se rebuter, essaient de lui apprendre les leurs. [...] La solitude des poètes, aujourd'hui, s'efface, voici qu'ils sont des hommes parmi les hommes, voici qu'ils ont des frères. » Les circonstances politiques (la guerre d'Espagne, et le bombardement de Guernica en particulier) vont accuser ce tournant d'Éluard vers une poésie soucieuse de rassembler les hommes contre leurs ennemis. Les circonstances extérieures coïncident avec les nécessités intérieures d'une évolution poétique : les unes et les autres amènent Éluard à se rendre solidaire de la révolte, de la résistance ou de la révolution : « Le poète suit son idée, dira-t-il en 1952, mais cette idée le mène à s'inscrire dans la courbe du progrès humain. »

Ce renouvellement d'inspiration a été, pendant la guerre, salué sans réserves : on y a vu la rupture avec les singularités du surréalisme, le retour à l'humain, l'épanouissement d'un poète. Ses poèmes de guerre, simples et chaleureux, étaient aussi convaincus que convaincants. *Au rendez-vous allemand* rassemblait les feuillets nés du combat, mais savait évoquer aussi avec compassion le sort d'une jeune fille tondue à la Libération pour avoir aimé un Allemand. Cette poésie, par la générosité qui s'y exprime, déborde de beaucoup le cadre historique de la Résistance, et témoigne plus encore pour l'humanité que pour le sentiment national.

Paul Éluard.

Cl. Brassaï.

"On allait même jusqu'à les tondre" ("Comprenne qui voudra"): Emmanuelle Riva dans le film d'Alain Resnais, *Hiroshima mon amour*.

Coll. J. Chevallier - Snark International.

Comprenne qui voudra

En ce temps-là, pour ne pas châtier les coupables, on maltraitait des filles. On allait même jusqu'à les tondre.

Poème inspiré par un épisode de la libération de Paris et publié dès 1944 dans le journal *Les Lettres françaises.* Il figure dans le recueil de poèmes de la Résistance, *Au rendez-vous allemand.*

Comprenne qui voudra
Moi mon remords ce fut
La malheureuse qui resta
Sur le pavé
La victime raisonnable
A la robe déchirée
Au regard d'enfant perdue
Découronnée défigurée
Celle qui ressemble aux morts
Qui sont morts pour être aimés

Une fille faite pour un bouquet
Et couverte
Du noir crachat des ténèbres
Une fille galante
Comme une aurore de premier mai
La plus aimable bête

Souillée et qui n'a pas compris
Qu'elle est souillée
Une bête prise au piège
Des amateurs de beauté
Et ma mère la femme
Voudrait bien dorloter
Cette image idéale
De son malheur sur terre.

Paul Éluard, *Au rendez-vous allemand*, éd. de Minuit.

— Élégie pour une « enfant perdue » doublement victime (8-10, 19-20); contraste des images de lumière (11, 15) et des images de l'obscurité (12-13, 17); expression directe de la brutalité et de l'injustice (3-4, 6, 13, etc.); développement des images (11, 19) qui prépare l'interprétation symbolique de l'incident (21-24) : la femme-mère et la femme-victime.

— De la scène vue au poème. Des jeunes femmes ont été tondues pour avoir été les maîtresses d'officiers allemands sous l'occupation. Notes bouleversées d'Éluard sur un carnet : « Réaction de colère. Je revois, devant la boutique d'un coiffeur de la rue de Grenelle, une magnifique chevelure féminine gisant sur le pavé. Je revois des idiotes lamentables tremblant de peur sous les rires de la foule. Elles n'avaient pas vendu la France et elles n'avaient souvent rien vendu du tout. » On retrouve une telle scène (peut-être inspirée par ce poème) dans le film *Hiroshima mon amour* d'Alain Resnais, dont un court-métrage antérieur, *Guernica*, était accompagné d'un commentaire d'Éluard.

De 1945 à 1952, l'œuvre d'Éluard, considérable, est exaltée par son parti, estimée par tous les publics : ses *Poèmes pour tous* trouvent une audience qui déborde très largement le cercle restreint des fidèles de la poésie. La voix d'un poète universel semble s'élever : elle exprime la douleur devant la perte d'un être aimé et l'ardente conviction du révolutionnaire, elle chante les tourments et les joies d'un cœur, elle exalte une morale et une politique. En 1952, le Parti communiste fit à Éluard de véritables funérailles nationales. Mais maintenant que les enthousiasmes généreux du combat politique sont retombés, que les illusions du communisme stalinien ont été perdues, on peut se demander si c'est bien dans les dernières années d'Éluard que l'on doit chercher l'accomplissement et les sommets de sa poésie, et non dans les années du surréalisme.

La richesse poétique de ces sept années n'est pas niable : la diversité de l'inspiration recouvre une profonde unité. *Le Dur Désir de durer* (1946), *Le Temps déborde* (1947), *Corps mémorable* (1947), *Le Phénix* (1951) appartiennent à l'inspiration amoureuse, et ont pu être regroupés sous le titre de *Derniers poèmes d'amour*. Ces poèmes vont de l'élégie tragique, inspirée par la mort de Nusch, la seconde femme d'Éluard, à l'érotisme lyrique, ou au chant du renouveau. Et l'inspiration amoureuse y est toujours liée à l'espérance politique : l'amour devient la figure de la communion ou de la communauté des hommes. L'inspiration politique, quant à elle, s'exprime largement dans des « poèmes de circonstances » (Éluard revendique ce terme). Mais les *Poèmes politiques* (1948) s'ouvrent sur la tentation de la solitude et du malheur, qu'a éprouvée le poète après la mort de Nusch. On trouve, enfin, dans *Poésie ininterrompue* (I et II), un passage constant de l'amour heureux ou malheureux à la foi dans la libération de tous les hommes par le communisme. Distinguons cependant, puisque les titres des recueils y invitent, la parole amoureuse et la parole politique dans ces dernières années.

Les poèmes d'amour constituent le terme de cette « longue réflexion amoureuse » qu'Éluard a poursuivie depuis ses premiers vers. La présence ou l'absence de la femme aimée suffit à faire du monde un enchantement ou un désert. Gala, sa première femme, régnait déjà, mais invisible, sur *L'amour la poésie* (1929). La mort subite de Nusch, en 1946, la chute dans une solitude dont Éluard a toujours ressenti l'horreur, lui ont inspiré un « tombeau » élégiaque, et des accents tragiques : « Nous ne vieillirons pas ensemble/Voici le jour/En trop : Le Temps déborde. /Mon amour si léger a le poids d'un supplice. » Mais si l'univers d'Éluard s'effondre avec la disparition de l'être aimé, il renaît de manière triomphante avec la rencontre de Dominique. Un épithalame ardent célèbre cette renaissance, qui voit à la fois l'épanouissement du désir amoureux et le retour de la confiance dans les hommes. Aux ellipses pudiques du premier Éluard se substitue un chant de gloire du corps humain. L'expérience vécue, qui apparaît directement dans ces textes, leur donne un incontestable pouvoir d'émotion. La poésie est plus liée que jadis aux incidents et aux rencontres d'une vie : elle ne métamorphose plus l'expérience en images et en rêves, elle la nomme directement. Le poème se décompose souvent en éclats très brefs, le vers s'isole dans sa nudité. On pense à une sorte de journal poétique qui se bornerait à désigner les instants d'une vie. Mais Éluard, soucieux de retrouver « le fil de la poésie impersonnelle », ne donne de sa vie que les images les plus universelles; évitant toute obscurité, il n'a plus recours à des associations implicites ou mystérieuses, mais à des énonciations explicites.

A côté de ces poèmes fragmentés qui visent à une parfaite transparence, on trouve dans des poèmes plus développés la veine lyrique ou élégiaque qu'Éluard n'avait jamais complètement abandonnée. L'image de la femme aimée, indéfiniment reflétée dans tous les miroirs du monde, retrouvée dans l'eau, le feu et la lumière, réconcilie le poète avec l'univers. La joie de la possession physique et l'éclat de la pureté sont les deux faces d'un même bonheur. Éluard écrivait en 1925 : « Tout jeune, j'ai ouvert mes bras à la pureté. Ce ne fut qu'un battement d'ailes au ciel de mon éternité, qu'un battement de cœur amoureux qui bat dans les poitrines conquises. Je ne pouvais plus tomber », mais aussi : « Mon imagination amoureuse a toujours été assez constante et assez haute pour que nul ne puisse tenter de me convaincre d'erreur. » Ces certitudes, dans les derniers poèmes d'amour heureux, viennent s'incarner dans la réalité quotidienne. Elles perdent de leur légèreté et de leur hauteur au bénéfice de l'émotion la plus simple.

« Tout n'est pas si facile ni gai », dans l'univers d'Éluard ; l'absence de l'être aimé dessine un monde en creux, où le poète devient aveugle, et non plus voyant heureux. Ces instants sont rares dans sa poésie, mais saisissants : l'univers se dépeuple, les éléments se dérobent, les images fuient : « La vie soudain horriblement/N'est plus à la mesure du temps/Mon désert contredit l'espace/Désert pourri désert livide/De ma morte que j'envie. » Mais le monde retrouve sa légèreté et sa plénitude avec l'amour qui, comme le phénix, renaît de ses cendres. Et le poète remet au bien, comme il le dit, tout ce qui vient du mal et du malheur. La parole amoureuse d'Éluard est ainsi personnelle et impersonnelle à la fois : on y retrouve parfois la merveilleuse gravitation des images de l'époque surréaliste, on y trouve plus souvent une veine traditionnelle qui remonterait à Apollinaire, à Lamartine, et, d'une façon plus générale, à toute cette poésie du passé, dont Éluard, en ces années, compose des « anthologies vivantes ».

[Nue effacée ensommeillée]

Début du long poème *Poésie ininterrompue*. Une voix féminine, mais anonyme, émerge du sommeil sans qu'il y ait de véritable commencement, comme l'indique la ligne de points de suspension.

. . . .

Nue effacée ensommeillée
Choisie sublime solitaire
Profonde oblique matinale
Fraîche nacrée ébouriffée
Ravivée première régnante
Coquette vive passionnée
Orangée rose bleuissante
Jolie mignonne délurée
Naturelle couchée debout
Étreinte ouverte rassemblée
Rayonnante désaccordée
Gueuse rieuse ensorceleuse
Étincelante ressemblante
Sourde secrète souterraine
Aveugle rude désastreuse
Boisée herbeuse ensanglantée
Sauvage obscure balbutiante
Ensoleillée illuminée
Fleurie confuse caressante
Instruite discrète ingénieuse
Fidèle facile étoilée
Charnue opaque palpitante
Inaltérable contractée
Pavée construite vitrifiée
Globale haute populaire

Barrée gardée contradictoire
Égale lourde métallique
Impitoyable impardonnable
Surprise dénouée rompue
Noire humiliée éclaboussée

Paul Éluard, *Poésie ininterrompue I*, éd. Gallimard.

— Trente vers comportant chacun trois adjectifs ou participes au féminin (exceptions : 11, 13, 18, 23, 28). Structure qu'Éluard a empruntée à une tradition poétique du XVIe **siècle; il en donne un exemple dans *Sentiers et Routes de la poésie* (éd. de la Pléiade, t. II, p. 599).**

— Enchaînement des épithètes, tantôt descriptives (8-10), tantôt métaphoriques (16, 24). Associations selon le sens, l'assonance ou l'analogie (14), mais surtout selon les harmonies propres à Éluard (7, 13, 21). Jeu des antithèses (17-18, 22-23, 28-29). Ordre assez lâche qui respecte le désordre propre à la nuit, aux rêves et à l'éveil, mais qui fait succéder à la femme heureuse la femme humiliée (24-30), à l'amour heureux l'amour malheureux.

Je t'aime

Poème extrait du *Phénix* (1951), et adressé à Dominique, qu'Éluard épouse la même année.

Je t'aime pour toutes les femmes que je n'ai pas connues
Je t'aime pour tous les temps où je n'ai pas vécu
Pour l'odeur du grand large et l'odeur du pain chaud
Pour la neige qui fond pour les premières fleurs
Pour les animaux purs que l'homme n'effraie pas
Je t'aime pour aimer
Je t'aime pour toutes les femmes que je n'aime pas

Qui me reflète sinon toi-même je me vois si peu
Sans toi je ne vois rien qu'une étendue déserte
Entre autrefois et aujourd'hui
Il y a eu toutes ces morts * que j'ai franchies sur de la paille
Je n'ai pas pu percer le mur de mon miroir
Il m'a fallu apprendre mot par mot la vie
Comme on oublie

Je t'aime pour ta sagesse qui n'est pas la mienne
Pour la santé
Je t'aime contre tout ce qui n'est qu'illusion
Pour ce cœur immortel que je ne détiens pas
Tu crois être le doute et tu n'es que raison
Tu es le grand soleil qui me monte à la tête
Quand je suis sûr de moi.

* Allusion à la mort de Nusch, sa seconde femme.

Paul Éluard, *Le Phénix*, éd. Seghers.

— Une déclaration d'amour modulée et répétée (1-2, 6-7, 15-17) : la femme aimée qui tient lieu de toutes les femmes (1-7); la femme, seul reflet de l'homme (8-14); la femme, unique moyen d'accès à la raison, mais aussi à l'exaltation joyeuse (15-21). Réconciliation heureuse de l'amour-passion et d'une sagesse optimiste.

— Simplicité transparente d'une poésie qui énonce et énumère (15-21). Images et sensations empruntées aux expériences les plus communes (3-5). Permanence de l'imagination proprement éluardienne (8-12) : le miroir, obstacle ou issue selon que la femme aimée est présente ou absente; le désert, la paille.

— « Chez Éluard, c'est le propre de l'image aimée d'aboutir à l'image du monde, de se confondre avec elle en se généralisant. La figure de la femme ne se limite pas aux contours de son corps. Elle se prolonge en d'autres figures, elle s'associe à ce qu'elle touche, elle s'étend à ce qui lui est contigu. » (Georges Poulet.)

C'est par la parole politique que la poésie d'Éluard trouve une nouvelle dimension, et aussi une rupture avec son inspiration antérieure. Il déplore parfois que ses amis, habitués à faire pleine confiance à son imagination lyrique, ne le suivent plus quand il chante « sans détour » sa rue et son pays : « Car vous marchez sans but sans savoir que les hommes/Ont besoin d'être unis d'espérer de lutter/Pour expliquer le monde et pour le transformer. » Avec une simplicité qui s'exerce parfois au détriment de la poésie, Éluard s'engage tout entier dans le communisme marxiste. *Poèmes politiques* (1948), *Grèce ma rose de raison* (1949), *Une Leçon de morale* (1950), *Poèmes pour tous* (1952) offrent la vision d'une humanité qui reforge et invente son destin. Éluard, au marxisme près, côtoie Hugo : il partage sa confiance dans la perfectibilité infinie de l'homme et dans les pouvoirs conquérants de la poésie. (Il va même, sur les pentes du Mont Grammos, clamer ses poèmes au porte-voix à l'intention des guerilleros grecs.) Comme Hugo, il rend présent l'avenir de l'humanité, ou tout au moins le rapproche de nous : il voit dans l'U.R.S.S. de Staline l'image même de la fraternité humaine. D'où l'aspect plus fraternel que révolutionnaire propre à cette poésie : s'il est arrivé à Éluard, au temps de la Résistance, d'exprimer de superbes colères, on ne trouve guère de virulence dans les poèmes qui suivent. Être communiste, pour lui, c'est posséder des « millions de camarades », conjurer la solitude par la solidarité, exorciser le temps qui dans son univers est toujours destructeur, temps de l'oubli et de la mort. C'est le paradoxe de cette poésie qu'annulant la distance entre le présent et l'avenir, elle s'inscrit dans une vision pacifiée du monde, et qu'elle ignore l'agressivité, mais aussi la violence révolutionnaire (*cf.* chap. 4).

La poésie politique, ainsi conçue, s'infléchit tout naturellement vers *Une Leçon de morale*, et la bonté tend à supplanter la beauté. Éluard en vient, dans le recueil qui porte ce titre, à construire tous ses poèmes selon un diptyque, dont le premier volet est consacré « au mal » et le second « au bien ». Chaque fois les forces du mal cèdent à celles du bien. L'innocence et la pureté, toujours à l'arrière-plan de la poésie d'Éluard, sont maintenant manifestées et revendiquées. Le poète rassemble vers le bien les images de l'amour, les gestes simples du travail, les liens des hommes entre eux. Une telle « leçon de morale », marquée par beaucoup d'optimisme humaniste, tourne trop souvent à une sagesse moralisante bien rudimentaire. Les amours du poète contiennent sans doute une exigence de justice et de bonheur universels, mais il est hasardeux d'y voir l'image même de l'évolution de l'humanité.

A mesure que s'élargit l'inspiration du poète, s'amplifie la construction du poème, il n'est plus comme avant la cristallisation d'un instant autour d'une image, il repose sur une répétition ou une énumération. Un terme final vient réunir tous les éléments et ouvrir sur l'espérance. Ainsi dans *Liberté*, où le schéma répété dans chaque strophe,

« Sur... sur... j'écris ton nom », aboutit au mot ultime, celui de la liberté. D'une façon générale, la reprise d'un même motif, tout au long du poème, parfois à chaque début de vers exerce un pouvoir d'entraînement incontestable, par la manière dont elle fait converger vers un point du poème une série d'éléments parallèles. Dans de plus longs poèmes, l'impulsion est donnée par l'usage d'un refrain ou d'une litanie : *Le Château des pauvres*, testament poétique d'Éluard sur la libération des hommes, est scandé par la reprise du distique : « Une longue chaîne d'amants/Sortit de la prison dont on prend l'habitude. » A l'image par identification, elliptique et instantanée, Éluard préfère désormais l'image par analogie qui exerce une action continue sur l'ensemble du poème, et qu'il développe à loisir. Il lui arrive même de souligner la progression d'un long poème par des indications qui en marquent les paliers : « Si nous montions d'un degré... Et nous montons », ces expressions, plusieurs fois répétées, marquent les mouvements successifs de la première *Poésie ininterrompue*. Le poème ne donne plus à voir la vie immédiate, il se déploie, avec une composition préméditée, en grands mythes collectifs de l'humanité.

Le Château des pauvres

Le Château des pauvres, ainsi désigné par antiphrase, est une prison ou un ghetto où les misérables vivent, éternellement opprimés. Mais au sein de la pire aliénation, va naître le « très vieux songe » qui est à la fois celui de l'amour et de la libération. Nous donnons ici un fragment de ce long poème.

Les aveugles nous contemplent
Les pires sourds nous entendent
Ils parviennent à sourire
Ils ne nous en faut pas plus
Pour tamiser l'épouvante
De subsister sans défense
Il ne nous en faut pas plus
Pour nous épouser sans crainte
Nous nous voyons nous entendons
Comme si nous donnions à tous
Le pouvoir d'être sans contrainte

Si notre amour est ce qu'il est
C'est qu'il a franchi ses limites
Il voulait passer sous la haie
Comme un serpent et gagner l'air
Comme un oiseau et gagner l'onde
Comme un poisson gagner le temps
Gagner la vie contre la mort
Et perpétuer l'univers

Tu m'as murmuré perfection
Moi je t'ai soufflé harmonie
Quand nous nous sommes embrassés
Un grand silence s'est levé
Notre nudité délirante
Nous a fait soudain tout comprendre
Quoi qu'il arrive nous rêvons
Quoi qu'il arrive nous vivrons

Tu tends ton front comme une route
Où rien ne me fait trébucher
Le soleil y fond goutte à goutte
Pas à pas j'y reprends des forces
De nouvelles raisons d'aimer
Et le monde sous son écorce
M'offre sa sève conjuguée
Au long ruisseau de nos baisers

Quoi qu'il arrive nous vivrons
Et du fond du Château des pauvres
Où nous avons tant de semblables
Tant de complices tant d'amis
Monte la voile du courage
Hissons-la sans hésiter
Demain nous saurons pourquoi
Quand nous aurons triomphé

Une longue chaîne d'amants
Sortit de la prison dont on prend l'habitude

Paul Éluard, *Poésie interrompue II*, éd. Gallimard.

— Naissance simultanée, au milieu de la pire misère, de la fraternité collective et du couple des amants; l'amour heureux réinvente la vie, réintroduit l'espoir, donne le signal de la libération des pauvres par la révolte et la conquête. Une voix qui est en même temps la voix du poète, amoureux de Dominique, et celle de la foule opprimée.

— Prosodie assez régulière malgré l'absence de rime, série d'octosyllabes (sauf les vers 41-45), groupés le plus souvent par strophes de huit vers.

— Images de la sensualité heureuse (22-25), du règne animal (14-17), du règne végétal (33-34), de la révolte collective (40-41). Image développée (44-45) qui réunit et élargit tous les thèmes.

— Raymond Jean, à propos d'Éluard : « Ce qui importe est que justement le combat politique ne soit ni le masque ni le prétexte de l'amour, mais son principe complémentaire. »

Cette production poétique d'Éluard n'est pas indigne de celle de Hugo, elle a pourtant le tort de venir après celle-ci. Certes, Éluard a eu le mérite de vouloir dépasser le type de perfection qu'il avait atteint très tôt, de l'intégrer dans les traditions vivantes, d'y faire passer les grandes espérances communistes. « Il nous faut peu de mots pour exprimer l'essentiel, il nous faut tous les mots pour le rendre réel. » Cette phrase, qu'il a souvent répétée de 1937 à 1952, donne sans doute la clef de son évolution. L'univers essentiel d'Éluard s'exprime incomparablement, dès ses premiers poèmes, dans les jeux de la lumière et de la nuit, du rêve et du regard, du reflet et de la transparence. Il tient en peu de mots. Nous le retrouvons parfois dans le dernier Éluard, mais ses images s'intègrent alors dans un discours qui veut « rendre réel » l'essentiel. Éloquente et passionnée, sa poésie devient didactique et démonstrative. Tourné tout entier vers l'avenir de l'histoire, il se rapproche de la poésie du passé. Il propose une poésie du bonheur intime et collectif. Persuadé que la « poésie intentionnelle » du poète n'est pas d'une autre nature que la « poésie involontaire » du peuple, il rend sa poésie accessible à tous. Cette part de son œuvre restera respectée et même vénérée par certains, elle risque d'être moins fréquentée. Si Éluard exerce aujourd'hui une influence considérable, il le doit à l'éternelle jeunesse de ses poèmes conçus dans la ferveur et l'effervescence du surréalisme, mais miraculeusement accomplis dans un ordre qui leur est propre : *Mourir de ne pas mourir* (1924), *Capitale de la douleur* (1926), *L'Amour la poésie* (1929), *La Vie immédiate* (1932).

Choix bibliographique :

« Paul Éluard », Numéro spécial d'*Europe*, novembre 1962.

R. Jean, *Paul Éluard*, Seuil.

René Char

A vingt-trois ans, en 1930, René Char figure déjà dans la constellation du groupe surréaliste. Breton et Éluard l'estiment au point de l'associer à la composition de *Ralentir Travaux*. A en juger par ses apports, Char, d'emblée, s'élève au niveau de ses aînés. Si ses poèmes, du moins jusqu'au *Marteau sans maître* (1934), restent assez confidentiels, *Seuls demeurent* (1945) et *Feuillets d'Hypnos* (1946) imposent un poète qui s'est éloigné du groupe surréaliste sans rompre avec son esprit. Char s'est engagé physiquement dans la Résistance avec le plus grand courage : les notes du poète maquisard, consignées dans les *Feuillets d'Hypnos*, n'ont rien perdu de leur force aujourd'hui, à la différence des autres livres de ce temps. Depuis, Char s'est tenu à l'écart de la vie publique et même de la vie littéraire. Mais, à citer seulement les titres de ses recueils, on devine la violence et la variété de son œuvre : *Le Poème pulvérisé* (1947), *Les Matinaux* (1950), *A une sérénité crispée* (1951), *La Bibliothèque est en feu* (1956), *La Parole en archipel* (1962). C'est dans *Commune Présence* (1964), anthologie élaborée par Char lui-même selon un ordre non pas chronologique, mais thématique, que l'on trouve le meilleur panorama de cette poésie. Mais *Dans la pluie giboyeuse* (1968) nous avertit que l'œuvre de Char ne cesse de se développer à sa guise, et d'échapper aux anticipations de la critique.

Aucun poète, depuis la guerre, ne s'est imposé aussi impérieusement à la critique : il a inspiré des commentaires toujours admiratifs, et parfois admirables. Georges Mounin, le premier en date, Maurice Blanchot, Georges Poulet, Jean-Pierre Richard, Gaëtan Picon, Jean Starobinski nous proposent de Char des images captivantes, mais passablement contradictoires. René Char a exercé un ascendant considérable sur Albert Camus, et son influence a été peut-être jusqu'à une manière de collaboration pour *L'Homme révolté*. La poésie nouvelle (c'est le cas d'André Du Bouchet ou de Jacques Dupin) se réclame de lui. Tant d'unanimité dans l'admiration témoigne pour son génie, mais elle recouvre des interprétations si divergentes qu'il vaut mieux écouter le poète lui-même, qui ne cesse de qualifier sa poésie. Avouons aussi qu'il s'agit d'un poète difficile : malgré vingt ans de commentaires attentifs, Georges Mounin avoue que la moitié de cette œuvre lui est étrangère ou obscure. Modestie exemplaire : nul ne saurait prétendre faire le tour de cette poésie.

René Char ne cesse de poursuivre, d'un même mouvement, une poétique, une poésie, et sans doute une métaphysique. Mais il a ses initiateurs ou ses modèles.

Il faut citer en premier lieu André Breton, bien que la critique, après guerre, se soit plu à inventer, dans l'œuvre de Char, une franche rupture avec le surréalisme. (Il faudrait au contraire saluer ici l'extraordinaire impulsion que ce mouvement a donnée à la poésie française.) Au-delà des divergences superficielles ou anecdotiques, Char n'a-t-il pas accompli, sur un plan plus large, les ambitions de Breton? Sa poésie poursuit et retient ce que le fondateur du surréalisme appelait « l'infracassable noyau de nuit ». Mais c'est plus loin dans le temps que Char s'est donné son modèle essentiel : Héraclite d'Éphèse. « Ils ne comprennent pas comment les contraires se fondent en unité : harmonie de forces opposées comme de l'arc ou de la lyre. » Une telle formule du philosophe présocratique suggérerait déjà les thèmes et les aspects les plus remarquables de la poésie de Char : la tension et l'identité des contradictoires, l'antagonisme des forces qui équilibrent le réel, le choix de formes laconiques et fragmentaires pour l'exprimer. Les peintres ou les sculpteurs, de leur côté, ont joué pour Char un rôle d'intercesseur : Georges de la Tour, dans le passé, Braque, Miro, Giacometti, entre autres, dans le présent. Mais, parmi les poètes mêmes, Char reconnaît essentiellement Rimbaud, Reverdy, Apollinaire, Saint-John Perse, Jouve, Artaud, Éluard. Il ne tombe donc pas dans notre poésie comme un météore fabuleux venu des constellations présocratiques, il s'est développé au milieu des artistes et des poètes de ce temps.

Son art poétique, nous le voyons éclater en formules décisives et contradictoires (Char ne conçoit pas les rapports des contraires, du clair et de l'obscur, du visible et de l'invisible, comme le fait la pensée rationaliste). A l'origine du poème, il y a « le bien-être d'avoir entrevu scintiller la matière-émotion instantanément reine ». La tâche du poète est d'atteindre par une « commotion graduée » cette « connaissance productive du réel » que doit être, à son plus haut niveau de tension, le langage poétique. Ennemi de tout développement, Char pratique le « raccourci fascinateur ». Ses aphorismes, malgré les apparences, n'ont rien de commun avec les maximes : les maximes, sèches et précises, tranchent les problèmes; les formulations condensées de Char marquent le centre de gravité d'une contradiction fondamentale, elles atteignent un mystère, mais en préservent l'obscurité. Le fragment, qui semble se fermer sur lui-même, est en fait un coup de sonde dans l'inconnu, ouvrant sur une issue ou une interrogation. Une dialectique du clair et de l'obscur, étrangère à toute rhétorique, mais aussi à la tradition occidentale, règne sur ces poèmes : « Nous ne pouvons vivre que dans l'entrouvert, exactement sur la ligne hermétique de partage de l'ombre et de la lumière. Mais nous sommes irrésistiblement jetés en avant. Toute notre personne prête aide et vertige à cette poussée. » Le poème ne se limite ni à une investigation du rêve et de l'inconscient, ni à un chant de la conscience éveillée contemplant le monde; il doit, surréaliste et réaliste à la fois, participer de ces deux univers : « Le poète doit tenir la balance égale entre le monde physique de la veille et l'aisance redoutable du sommeil, les lignes de la connaissance dans lesquelles il couche le corps subtil du poème, allant indistinctement de l'un à l'autre de ces états différents de la vie. » Mais cette connaissance a ce pouvoir étrange d'éclairer l'obscur en le laissant obscur, de cerner l'inconnu sans qu'il cesse d'être inconnu : « Comment vivre sans inconnu devant soi? » De même, la poésie accomplit le désir sans l'altérer, elle est « l'amour réalisé du désir demeuré désir ». Il serait facile de multiplier les formules de Char qui attestent l'aptitude de la poésie à rassembler les contradictoires dans un monde unique de « poésie et vérité ». La poésie réunit l'instant et l'éternité : « Si nous habitons un éclair, il est au cœur de l'éternel. » L'acte même d'écrire naît d'un jeu d'éléments contraires que Char évoque ainsi : « Comment me vint l'écriture? Comme un duvet d'oiseau sur ma vitre en hiver. Aussitôt s'éleva dans l'âtre une bataille de tisons qui n'a pas encore à présent pris fin. »

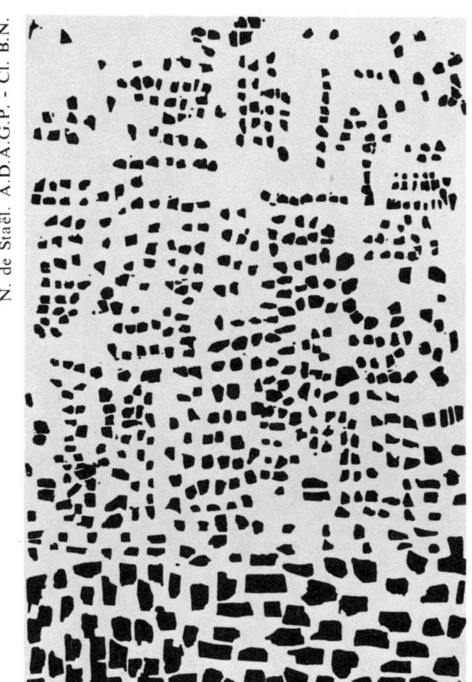

N. de Staël. A.D.A.G.P. - Cl. B.N.

Bois de Nicolas de Staël, pour ***Poèmes*** **de René Char, 1951.**

Lithographie de Georges Braque.

Nous ne jalousons pas les dieux, nous
ne les servons pas, ne les craignons
pas, mais au péril de notre vie nous
attestons leur existence multiple, et nous
nous émouvons d'être de leur élevage
aventureux lorsque cesse leur souvenir.
RENÉ CHAR

Braque. A.D.A.G.P. - Cl. Bibl. litt. Jacques Doucet.

André Breton, Paul Éluard et René Char en 1930.

Cl. Valentine Hugo. Coll. part.

René Char (troisième debout à partir de la gauche) dans le maquis, en 1943.

Coll. part.

Char, malgré les apparences, n'est ni un philosophe, ni un mystique, ni un voyant. A la différence de ces derniers, il ignore l'apaisement. Et sa poésie nous propose surtout un état de violence ou de résistance : les images de l'explosion, de l'éclair, de la foudre et de la mine sont de celles qui désignent le plus souvent l'acte poétique. Indifférent à la recherche des preuves, Char donne à tous ses poèmes un pouvoir d'ébranlement, de révolte ou d'espérance : « A chaque effondrement des preuves, le poète répond par une salve d'avenir. » Cette violence a fait parfois de Char un poète de combat, exprimant sa résistance à toutes les formes d'injustice ou de fatalité. Le *Placard pour le chemin des écoliers* (1937) était dédié aux enfants d'Espagne. Les *Feuillets d'Hypnos*, images d'une lutte violente, marquent « la résistance d'un humanisme conscient de ses devoirs, discret sur ses vertus, désirant réserver l'inaccessible champ libre à la fantaisie de ses soleils ». Par la suite, Char s'est voulu indifférent à l'histoire et à l'actualité, uniquement soucieux de ce qu'il appelle sa moisson. Mais il est intervenu avec force contre l'installation de rampes de fusées en Haute-Provence, et il dénonce souvent dans les progrès de la technique une forme de destruction de l'homme. Cette résistance opiniâtre s'exprime brutalement dans ce poème laconique : « Obéissez à vos porcs qui existent. Je me soumets à mes Dieux qui n'existent pas : Nous restons gens d'inclémence. »

Cette poétique de l'obscur et du lumineux, du conflit et de la violence commande une bonne part des poèmes de Char : poèmes de *Fureur et Mystère*, qui se contractent jusqu'à former un noyau insécable, et qui, à la manière de l'atome, brûlent, consument et éclatent en une sorte de fission. Mais il arrive à la poésie d'échapper à la poétique, et c'est le cas pour Char qui ne cesse pourtant de formuler admirablement son art poétique depuis *Partage formel* jusqu'à *La Bibliothèque est en feu*. Son œuvre a, certes, ses versants abrupts, où des images saisissantes éblouissent le lecteur et « accentuent l'obscur en lui », mais elle a aussi ses versants tempérés, à la lumière plus sereine, semblable à cette lumière de la Provence que Char ne quitte jamais, ni en acte, ni en pensée, ni en poésie.

Une veine sentimentale, et presque bucolique, court à travers le vaste recueil de *Commune Présence*. Il est d'ailleurs significatif que Char l'ait ordonné autour de thèmes tels que « cette fumée qui nous portait », « battre tout bas », « haine du peu d'amour », etc. A la tension des aphorismes héraclitéens s'oppose la mélodie détendue de chansons nostalgiques, à peine marquées d'une légère angoisse. La nature provençale, qui est à la fois pour Char une enfance, une terre et une lumière, lui fournit la plupart de ses images et de ses thèmes. Ses poèmes en prose, qui s'étendent parfois à la page (c'est beaucoup pour ce poète !), traduisent le plus souvent l'accord d'un enfant ou d'un adolescent avec cette nature sauvage et complice; l' « adolescent souffleté », meurtri par les hommes, se réfugie auprès de l'étang ou de la rivière : « Il atteignait la prairie et la barrière des roseaux, dont il cajolait la vase et percevait le sec frémissement. Il semblait que ce que la terre avait produit de plus noble et de plus persévérant, l'avait, en compensation, adopté. » Le poète lui-même, au-delà de cet accord fondamental avec la nature, en vient à se faire arbre ou plante : « J'ai, captif, épousé le ralenti du lierre à l'assaut de la pierre d'éternité. » Mais c'est en se retournant avec nostalgie vers son enfance qu'il découvre le plus souvent cet accord parfait. Les oiseaux (le loriot, le martinet, le rouge-gorge), le lézard et le serpent (auquel Char voue une prédilection remarquable), les figuiers et les amandiers, la floraison et la poussière du pollen peuplent toujours davantage cet univers poétique qu'on pourrait croire virgilien si ne pesait sur lui la menace d'un anéantissement. Dans les derniers recueils, la violence cède le plus souvent à la tendresse : le peuplier « endort la foudre aux yeux bleus ». Cet attachement que porte Char à l'univers rural, mêlé d'inquiétudes sur les chances de survie de cet univers dans un âge industriel, est plus net encore dans son théâtre *(Le Soleil des eaux)*. Retrouvant la poésie à l'état naissant « en traits, en spectres et en vapeur dans le dialogue des êtres qui vivent en intelligence patente avec les ébauches autant qu'avec les grands ouvrages vraiment accomplis de la création », le dramaturge fait parler ou chanter ces êtres avec une admirable justesse.

Il serait absurde de réduire Char à n'être que l'auteur de modernes géorgiques, poète d'un terroir, de sa faune et de sa flore : c'est son inspiration la plus détendue. Mais il est artificiel, comme on le fait souvent, de le figer dans la posture hiératique d'un voyant héraclitéen, agité de fureurs convulsives, même si cela correspond à ses explorations les plus ambitieuses, et à certains de ses aphorismes. A mi-chemin de ces deux extrêmes, on perçoit chez lui une nostalgie profonde de son enfance, et de celle de l'humanité. Son enfance, c'est une douce confusion avec la nature, une unité profonde à jamais perdue, dont la poésie est une quête désespérée : « L'été et notre vie étions d'un seul tenant [...]. C'était au début d'adorables années. La terre nous aimait un peu, je me souviens. » L'enfance de l'humanité, c'est un temps disparu où la poésie et le sacré, la nature et l'homme ne faisaient qu'un : l'admiration de Char pour les philosophes présocratiques et pour les peintures rupestres de Lascaux le fait remonter vers l'âge de la pierre et du silex comme vers un paradis perdu, un monde « où le silex frissonnait sous les sarments de l'espace ». Proche en cela de Rousseau et de Lévi-Strauss, Char verrait le bonheur de l'humanité dans l'âge préhistorique; aussi met-il mille fois plus haut que l'homme de l'espace « l'homme granité, reclus et recouché de Lascaux, au dur membre débourbé de la mort ». La poésie de Char, hantée par la nostalgie de l'unité perdue, marque à chaque moment une fêlure entre l'enfance et l'âge adulte, la vie authentique et l'existence factice. Avec ses deux versants de révolte inlassable et de mesure méditerranéenne, elle correspond assez bien aux thèmes les plus profonds d'Albert Camus. René Char, malgré les apparences, n'est pas non plus si loin de Saint-John Perse : l'un avec une poésie fragmentée, contractée ou disséminée, l'autre avec une poésie ample et continue, poursuivent la même plénitude de l'être; ils nous la restituent, mais comme une plénitude irrémédiablement perdue. La cassure est plus sensible dans la poésie de Char : « Je suis né, comme le rocher, avec mes blessures. Sans guérir de ma jeunesse superstitieuse, à bout de fermeté limpide, j'entrai dans l'âge cassant. » La poésie conserve ici toutes ses ambitions, mais elle se partage en une espérance de l'avenir et une nostalgie désespérée : « La poésie est à la fois parole et provocation silencieuse, désespérée de notre être exigeant pour la venue d'une réalité qui sera sans concurrente [...]. Telle est la beauté, la beauté hauturière, apparue dès les premiers temps de notre cœur, tantôt dérisoirement conscient, tantôt lumineusement averti. »

Choix bibliographique :

G. Mounin, *La Communication poétique*, précédé de *Avez-vous lu Char ?*, Gallimard.

G. Picon, « René Char et l'avenir de la poésie », dans *L'Usage de la lecture*, t. I, Mercure de France.

M. Blanchot, « René Char », dans *La Part du feu*, Gallimard;
« René Char ou la pensée du neutre », dans *L'Entretien infini*, Gallimard.

A. Camus, « René Char », dans *Essais*, Pléiade, Gallimard.

G. Poulet, « De la constriction à la dissémination », dans le n° spécial de la revue *L'Arc*, 1963.

J.-P. Richard, « René Char », dans *Onze études sur la poésie moderne*, Seuil.

G. Blin, Préface à *Commune Présence* de René Char, Gallimard.

J. Starobinski, « René Char et la définition du poème », dans le n° spécial de la revue *Liberté*, 1968.

Commune présence

Tu es pressé d'écrire,
Comme si tu étais en retard sur la vie.
S'il en est ainsi fais cortège à tes sources.
Hâte-toi.
Hâte-toi de transmettre
Ta part de merveilleux de rébellion de bienfaisance.
Effectivement tu es en retard sur la vie,
La vie inexprimable,
La seule en fin de compte à laquelle tu acceptes de t'unir,
Celle qui t'est refusée chaque jour par les êtres et par les
choses,
Dont tu obtiens péniblement de-ci de-là quelques fragments
décharnés
Au bout de combats sans merci.
Hors d'elle, tout n'est qu'agonie soumise, fin grossière.
Si tu rencontres la mort durant ton labeur,
Reçois-la comme la nuque en sueur trouve bon le mouchoir
aride,
En t'inclinant.
Si tu veux rire,
Offre ta soumission,
Jamais tes armes.
Tu as été créé pour des moments peu communs.
Modifie-toi, disparais sans regret
Au gré de la rigueur suave.
Quartier suivant quartier la liquidation du monde se
poursuit
Sans interruption,
Sans égarement.

Essaime la poussière
Nul ne décèlera votre union.

René Char, *Le Marteau sans maître*, éd. José Corti.

— Un dialogue du poète avec lui-même : impératifs (4, 5, 17, etc.), usage du pronom personnel de la deuxième personne (1, 2, etc.). Série de conditionnelles alternant avec des affirmatives brèves : syntaxe régulière mais ramassée (16).

— Un art poétique : ses trois tendances (6); son obsession principale (8), ses conquêtes (12-13); un mouvement de destruction (26) et de fécondité (30-31). Une poésie indissociable d'une existence (3).

— Georges Poulet : « Si la parole embrasse et recrée l'être, son jaillissement a néanmoins pour effet immédiat de le diviser en ses parties composantes, comme la fusée s'épand en une gerbe de lumières distinctes, signe de sa gloire et de sa mort. » *Cf.* 12-13, 26-27, 30.

Cette fumée qui nous portait

Cette fumée qui nous portait était sœur du bâton qui dérange la pierre et du nuage qui ouvre le ciel. Elle n'avait pas mépris de nous, nous prenait tels que nous étions, minces ruisseaux nourris de désarroi et d'espérance, avec un verrou aux mâchoires et une montagne dans le regard.

René Char, *Retour amont*, éd. Gallimard.

— **Trois images de l'essor et de l'espérance (1, 2). Une adolescence divisée et inquiète, mais unie à la nature (2-6).**

— **Jeux de correspondances entre les éléments (1, 2), d'antithèses développées (4-6). Symétrie des deux phrases dans le rythme et le développement; symétrie des propositions entre elles.**

Aux portes d'Aerea*

* Sans doute la ville d'airain ou de fer (*Urbs aerea*).

L'heureux temps. Chaque cité était une grande famille que la peur unissait; le chant des mains à l'œuvre et la vivante nuit du ciel l'illuminaient. Le pollen de l'esprit gardait sa part d'exil.

Mais le présent perpétuel, le passé instantané, sous la fatigue maîtresse, ôtèrent les lisses *.

* Clôtures, limites d'un enclos.

Marche forcée, au terme épars. Enfants battus, chaume doré, hommes sanieux *, tous à la roue!

* Infectés.

Visée par l'abeille de fer, la rose en larmes s'est ouverte.

René Char, *Retour amont*, éd. Gallimard.

— **Quatre mouvements : le bonheur d'une ancienne cité (1-4), la division (5-6), l'exode et l'asservissement (7-8), le fer contre la fleur (9). Unité donnée par un rythme binaire (1, 3-4, 5-6) et par les symétries internes (7-8, 9), par l'organisation des images (lieux clos, roue, roses, abeilles, pollen) dont Char fait ici un usage très personnel.**

— **Un sens possible à cet apologue mystérieux : le bonheur de l'humanité dans l'âge de pierre; les ravages de l'âge de fer, âge d'oppression et d'exploitation; l'homme asservi et divisé par le progrès apparent (industrie, agriculture). *Cf.* Rousseau, *Discours sur l'origine de l'inégalité*.**

Fastes

L'été chantait sur son roc préféré quand tu m'es apparue, l'été chantait à l'écart de nous qui étions silence, sympathie, liberté triste, mer plus encore que la mer dont la longue pelle bleue s'amusait à nos pieds.

L'été chantait et ton cœur nageait loin de lui. Je baisais ton courage, entendais ton désarroi. Route par l'absolu des vagues vers ces hauts pics d'écume où croisent des vertus meurtrières pour les mains qui portent nos maisons. Nous n'étions pas crédules. Nous étions entourés.

Les ans passèrent. Les orages moururent. Le monde s'en alla. J'avais mal de sentir que ton cœur justement ne m'apercevait plus. Je t'aimais. En mon absence de visage et mon vide de bonheur. Je t'aimais, changeant en tout, fidèle à toi.

René Char, *Fureur et Mystère*, éd. Gallimard.

— Élégie à une femme aimée et à un passé lointain, évocation d'un univers méditerranéen. Trois strophes, réunies par la série des imparfaits, par des reprises (1-5, 12-13). Effacement progressif de la mer, du monde et de l'être aimé (10-14).

— Climat de ferveur et de tristesse (3), de lumière et de mystère. Mélange de laconisme abrupt et d'ordonnance régulière.

— Georges Mounin : « [dans la l. 4] toute une après-midi de Méditerranée, son lent ressac et les jeux de l'eau sur le sable — enfermés, ou mieux : manifestés dans ces trois mots, *la longue pelle bleue.* »

Le deuil des Névons

A l'Isle-sur-Sorgue, René Char a passé son enfance au milieu d'un parc à l'abandon, le parc des Névons, qui devait être détruit par la suite. Nous donnons tout le poème, à l'exception des cinq premières strophes. En épigraphe, comme s'il s'agissait d'une partition, ces simples mots : « Pour un violon, une flûte et un écho. »

La fenêtre et le parc,
Le platane et le toit
Lançaient charges d'abeilles,
Du pollen au rayon,
De l'essaim à la fleur.

Un libre oiseau voilier,
Planant pour se nourrir,
Proférait des paroles
Comme un hardi marin.

Quand le lit se fermait
Sur tout mon corps fourbu,
De beaux yeux s'en allaient
De l'ouvrage vers moi.

L'aiguille scintillait;
Et je sentais le fil
Dans le trésor des doigts
Qui brodaient la batiste.

Ah! lointain est cet âge.

Que d'années à grandir,
Sans père pour mon bras!

Tous ses dons répandus,
La rivière chérie
Subvenait aux besoins.
Peupliers et guitares
Ressuscitaient au soir
Pour fêter ce prodige
Où le ciel n'avait part.

Un faucheur de prairie
S'élevant, se voûtant,
Piquait les hirondelles,
Sans fin silencieux.

Sa quille retenue
Au limon de l'îlot,
Une barque était morte.

L'heure entre classe et nuit,
La ronce les serrant,
Des garnements confus
Couraient, cruels et sourds.
La brume les sautait,
De glace et maternelle.
Sur le bambou des jungles
Ils s'étaient modelés,
Chers roseaux voltigeants!

*

Le jardinier invalide sourit
Au souvenir de ses outils perdus.
Au bois mort qui se multiplie.

*

Le bien qu'on se partage,
Volonté d'un défunt,
A broyé et détruit
La pelouse et les arbres,
La paresse endormie,
L'espace ténébreux

De mon parc des Névons.
Puisqu'il faut renoncer
A ce qu'on ne peut retenir,
Qui devient autre chose
Contre ou avec le cœur, —
L'oublier rondement,

Puis battre les buissons
Pour chercher sans trouver
Ce qui doit nous guérir
De nos maux inconnus
Que nous portons partout.

René Char, *La Parole en archipel*, éd. Gallimard.

— Une pastorale : les abeilles et les fleurs (1-5); les oiseaux (6-9); douceur de la présence maternelle (10-19); la rivière et l'étang (21-43); élégie au parc disparu (47-53); oubli du passé : la poésie seul remède à une blessure inguérissable (54-63).

— Une chanson « pour un violon, une flûte et un écho » : fluidité des vers de six syllabes (le plus souvent); évocations attendries (19-27), narration émue (17-53), magie de l'enfance qui rappelle *Le Grand Meaulnes* d'Alain-Fournier (35-43).

— L'ancien et le nouveau : fusion des images caractéristiques de Char (1-5) et des images les plus traditionnelles (10-17).

Rémanence

Un des derniers poèmes de Char (1968).

De quoi souffres-tu? Comme si s'éveillait dans la maison sans bruit l'ascendant d'un visage qu'un aigre miroir semblait avoir figé. Comme si, la haute lampe et son éclat abaissés sur une assiette aveugle, tu soulevais vers ta gorge serrée la table ancienne avec ses fruits. Comme si tu revivais tes fugues dans la vapeur du matin à la rencontre de la révolte tant chérie, elle qui sut, mieux que toute tendresse, te secourir et t'élever. Comme si tu condamnais, tandis que ton amour dort, le portail souverain et le chemin qui y conduit.

De quoi souffres-tu?

De l'irréel intact dans le réel dévasté. De leurs détours aventureux cerclés d'appels et de sang. De ce qui fut choisi et ne fut pas touché, de la rive du bond au rivage gagné, du présent irréfléchi qui disparaît. D'une étoile qui s'est, la folle, rapprochée et qui va mourir avant moi.

René Char, *Dans la pluie giboyeuse*, éd. Gallimard.

— La rémanence (c'est-à-dire la persistance) du passé dans le présent. Images du passé (5, 6-8, 13-14) : révoltes de l'adolescence, temps de l'essor et du « bond »? Ou bien ambitions du poète surréaliste? — Images du présent (3, 4-5, 9-10) : retombée dans l'inertie et dans l'amertume.

— Structure du poème; trois motifs répétés : une question (*De quoi*..., 1, 11), une série d'approximations ou d'hypothèses (*Comme si*..., 1-10), une seule réponse qui essaime en images successives (*De*..., 12-16). Centre de gravité du poème (12) qui justifie le titre, et organise les deux ensembles.

— Le poète et son étoile (15-16). « Magicien de l'insécurité, le poète n'a que des satisfactions adoptives. Cendre toujours inachevée. » (René Char.)

Pierre Jean Jouve

Diadème, *Ode*, *Langue*, *Mélodrame*, *Moires*, *Ténèbre*. Ces titres laconiques indiquent l'évolution de Pierre Jean Jouve depuis la guerre, évolution qui s'est poursuivie dans un grand silence de la critique. On y relève peu de traces de la « renaissance catholique » où l'on avait voulu classer ce poète. Mais on y voit un corps à corps incessant avec la langue poétique, dont l'accent est de plus en plus désespéré. Si l'espérance, ici ou là, apparaît, ce n'est pas du côté du Christ, mais du côté d'une sagesse extrême-orientale, marquée par l'esprit du Tao. C'est le propre de Jouve que de ne jamais se laisser identifier à tous les courants qu'il a côtoyés en ce siècle : l'unanimisme, le pacifisme, le freudisme, le christianisme. Sa voix est si singulière qu'elle a rencontré de moins en moins d'échos, mais elle n'est jamais montée si haut que dans ses derniers poèmes.

Les portes de la mort

La vie où parvenus nous sommes en ce jour
Est un lac exigu bleu sombre et immobile
Où de singuliers trous montrent l'eau pénétrant
Plus profond sous les caves vertes de la vase,

Et deux rocs géants roses s'élevant
Reflétés dans les eaux en toute exactitude
Abolissant le réel dans l'envers
Forment le double mur de toute inquiétude.

Les forêts et aussi le ciel la rive l'eau
Sont doubles parmi la noirceur déjà de l'ombre
Quand les parois font écran au soleil
Et les rocs éclatants deux fois creusent le sombre.

Quatre! Oh dis-moi très obscur voyageur,
N'est-ce pas le temps dit de franchir le passage
De remonter entre les poussiéreux espoirs
Vers la terrible belle porte aux deux visages?

Mais d'abord des jardins précieux et chinois
S'étagent, sur les bosses partout veloutées
De désirs de remords sont des pins enchantés
Qui préparent au sacrifice dans la porte.

Et toujours nous endorment plus de pins charmeurs
Plus de rhododendrons à la floraison vieille
Plus d'efforts, plus de poussière, et de long chemin
Plus de hauteur vers la trouée mortelle,

Plus géante la porte et sa coupe de ciel
L'aridité peu à peu et qui gagne
Un désert accourant comme l'orient vert
Terribles et doux dans les deux roses de la Porte,

L'événement désert; abandonne l'espoir
Ici se préfigure une mort de lumière,
N'importe dans quel temps ici tu vas mourir
En emblème, comprends, l'impasse et la charnière,

Ainsi voilà, telle sera la mort
Toute seule éclatante
Et vernie avec le soleil rose des cieux verts.

Pierre Jean Jouve, *Moires*, Mercure de France.

— Une marche lente vers une « mort de lumière ». Un paysage fantastique inspiré par l'art de l'Extrême-Orient (couleurs tranchées, 2, 4, 5, 28, 35; jeux de reflets, 5-8; ombre et lumière, 9-12; jardins chinois, etc.) où le voyageur traverse successivement un lac, une forêt, un désert, pour atteindre les « portes de la mort ».

— Rythme tranquille et régulier. Reprise constante des mêmes images et des mêmes thèmes : la porte formée par les rochers (5, 12, 16, 25, 28), la poussière (15, 23), les pins (19, 21), le rose et le vert; mais surcroît constant de lumière.

— Gabriel Bounoure note que les images de la Chine (*cf.* Claudel, Saint-John Perse, Victor Segalen) rendent au poète la sérénité en le faisant cheminer vers ce « grand vide au bout du monde » (Segalen).

La solitude et le silence qui entourent cette œuvre (mises à part les belles études de Gaëtan Picon) ne sont pas inexplicables. Obsédé par la musique, par Mozart et Alban Berg, Jouve ne fait pourtant pas entendre un chant facile et harmonieux. Qu'il utilise les vers irréguliers, le verset ou l'alexandrin, il donne toujours à sa poésie une apparence de lourdeur compacte. Les mythes et les symboles eux-mêmes, tels ceux du Cerf ou du Cygne, sont tout imprégnés de sueur et de sang, ils baignent dans une violence confuse et tragique qui ne se dénoue jamais. Cette poésie est si étroitement liée à la tragédie d'une existence qu'elle en conserve l'aspect déchirant et rugueux. Elle appelle, au-delà même de l'accomplissement dans l'ordre du langage, une révélation et un salut qui dépassent l'ordre poé-

Illustration de Sima pour *Langue* de Pierre Jean Jouve (éd. de l'Arche, 1952).

tique. C'est la poésie désespérée d'un Sisyphe qui, chaque jour, soulève le rocher de ses angoisses et de ses terreurs. Peu d'univers poétiques plus sombres que celui-là : pour Jouve, « l'Art est un médium entre nous et la vie qui demeure, quoi qu'on fasse, absolument cruelle, absolument énigmatique. » Et son œuvre poétique, conçue comme une recherche du salut personnel, finit par nous proposer l'éclatement de la personne : cette « traversée du désir », selon le mot de Starobinski, est parsemée d'obstacles et de chutes. Indifférent au goût du temps et parfois au « bon goût », persuadé que l'œuvre d'art existe d'une manière autonome, indépendamment du lecteur, Jouve ne fait rien pour faciliter l'accès à ce soliloque véhément qu'est sa poésie.

C'est au poète lui-même qu'il faut demander d'éclairer sa poésie et d'en dessiner la thématique. Il l'a fait dès 1933, dans un texte capital intitulé *Inconscient, Spiritualité et Catastrophe*, qui se trouve être encore la meilleure introduction à ses derniers recueils. Les trois termes indiquent, en effet, un domaine qu'il approfondira sans relâche, mais dont il ne sortira jamais. L'inconscient lui fournit une matière qu'il utilise et élabore intégralement : toutes les images sexuelles ou génitales que Freud a inventoriées, Jouve les reprend parce qu'il les retrouve en lui-même; mais alors que Freud cherche à neutraliser et à gouverner ces images, Jouve les rend intolérables et explosives, en les liant au sens du péché. La spiritualité ne cesse d'attirer vers le haut cet univers grouillant de monstres et d'épaves, et ce n'est pas par hasard que dans *Mort d'un Cygne* la figure de la pureté absolue est celle d'une jeune prostituée disparue. En cela, Jouve est très près de l'antagonisme baudelairien entre les deux postulations simultanées vers Dieu et vers Satan. La catastrophe, en troisième lieu, donne à ce conflit une dimension nouvelle : c'est « l'instinct de mort » que Freud décèle dans l'homme et que Jouve interprète comme une force monstrueuse de destruction et d'autodestruction, bête de l'Apocalypse que seul le poète peut apprivoiser. A ces trois forces — inconscient, spiritualité, catastrophe — correspondent trois registres constants chez Jouve, souvent entremêlés : une érotique forcenée, minée par le remords; une angoisse mystique qui ne se voit jamais apaisée (sauf peut-être dans les derniers recueils par la sagesse de l'Extrême-Orient); une dimension cosmique et apocalyptique toujours donnée à son drame personnel.

Plus près de nous, *Miroir sans date* (1956) précise les grandes directions de Jouve, et indique la constance de son inspiration. Sa poésie ne cesse de joindre, par des mythes symboliques, les hasards de l'expérience vécue à la nécessité d'un destin universel. Elle ne cesse de s'affronter à la psychanalyse, mais, comme Bachelard l'a expliqué, pour en métamorphoser toutes les données dans un nouvel ordre, celui d'un langage poétique. Jouve plonge toujours dans les eaux du désir, mais toute son entreprise est de maîtriser cette « plongée » et de la conduire à une « pure forme du langage ». Au désir vient s'opposer, d'ailleurs, ce que Jouve appelle « l'antagonisme à l'érotique » : aux images descendantes de la chute (comme la spirale vertigineuse) répond un mouvement ascendant et réparateur. Dans ses romans *(Paulina 1880)*, comme dans sa poésie, une sorte de « catharsis » sanctifie les images du mal, de la cruauté ou de la prostitution. Dans les deux cas, la réussite de Jouve est d'avoir su transposer l'inextricable du vécu dans l'ordre du langage symbolique.

Mort d'un cygne

« J'ai vécu dans la larme et la marche forcée
Faisant sortir de l'homme un taureau, pour de l'or,
Les tarots maintes fois prédisaient mon malheur,

Le ciel a plu sur les frissons de ma jeunesse,
J'ai tremblé pour une ombre opaque au petit jour
Et ne sus à qui j'ai souri : ma faiblesse
Ainsi me porta tout au bout des longues distances du cœur.
Regardez mon portrait d'anémones sanglantes
N'est-il pas ressemblant? car je posais errante,
Je dormais je faisais de l'œil et me prêtais
A la misère la plus proche et vagabonde
Qui cherche Dieu et dit une parole immonde. »

Pierre Jean Jouve, *Mélodrame*, Mercure de France.

— La complainte d'une prostituée : sa marche trébuchante (1) vers la misère (10), la mort et peut-être Dieu (12). Évocation réaliste de sa vie quotidienne (1, 2, 5, 9-10), doublée constamment par des symboles tragiques (2-3) ou religieux (11-12).

— Rythme laborieux et heurté des vers, alexandrins approximatifs; continuité d'une seule phrase sur tout le fragment. Goût des rimes intérieures, allant jusqu'au jeux de mots (1, 2, 3), rejets interminables (6-7) : imitation expressive de la « marche forcée » de la prostituée, ou du calvaire d'une victime (8), figure de la pureté.

— « L'érotisme, centre même de l'âme, est assailli de l'intérieur, cerné de l'extérieur, par le sentiment d'être une faute, de porter la culpabilité. » La prostituée est, aux yeux de Jouve, un « animal sacré » qui figure un « drame fondamental » *(Miroir sans date).*

On voit tout ce que l'entreprise de Jouve comporte de rigueur et de fidélité à ses principes. Ses commentaires sur le *Don Juan* de Mozart ou le *Wozzeck* d'Alban Berg révèlent une intelligence critique d'une profondeur exceptionnelle. On peut se demander, pourtant, si sa poésie, au-delà de l'exercice spirituel et de la recherche symbolique, a bien trouvé la forme qui lui conférerait l'unité. Les derniers recueils marquent une certaine hésitation : *Ode* tente de retrouver, avec les larges versets, le grand lyrisme organique de Saint-John Perse, *Moires* et *Ténèbre* reviennent à l'extrême fragmentation qui caractérisait déjà *Sueur de Sang*. Mais la musique que poursuit Jouve semble toujours inachevée. La poésie a peut-être ici préjugé de ses forces : à trop vouloir affronter l'inconscient et ses monstres, est-ce que le regard du poète, « absolument dévasté comme Œdipe, l'œil crevé », ne s'est pas laissé aveugler? Les matériaux de cette poésie, saisissants et rebutants, se sont-ils jamais complètement intégrés dans un langage commun? Le langage de l'inconscient garde une violence explosive et, au sens propre, inouïe; celui de la sainteté, plus convenu et convenable, n'offre guère de surprises.

Il reste à Jouve le mérite d'avoir apporté à plusieurs poètes, par tout ce que son entreprise avait de rare et, avant la lettre, d' « existentiel », une révélation décisive des pouvoirs de la poésie. C'est le cas de Pierre Emmanuel qui a découvert sa vocation avec la lecture de *Sueur de Sang*. Il a admirablement caractérisé les réussites de Jouve, en évoquant la « cohésion agglutinante » d'un langage où rien ne se laisse détacher de l'ensemble. Il marque la profondeur et la densité, parfois irrespirable, de cet univers, quand il salue en Jouve le poète de ce chaos qu'est en nous la lutte du conscient et de l'inconscient à travers une forêt de symboles : « Le chaos de Jouve n'est pas une continuité d'objets hétéroclites, mais un nœud de forces vivantes, terriblement denses et serrées, et que leur réciproque inimitié resserre encore, chacune les nouant toutes davantage en cherchant à se libérer. »

Choix bibliographique :

R. Micha, *Pierre Jean Jouve*, Seghers.
J. Starobinski, préface à *Les Noces* de P.-J. Jouve, Poésie, Gallimard.

Pierre Emmanuel

Dans ce chapitre comme dans la poésie contemporaine, Pierre Emmanuel occupe une place à part. Tout d'abord par l'âge : il appartient à une autre génération que Saint-John Perse ou Pierre Jean Jouve. Il n'a que vingt-cinq ans en 1941 quand son *Tombeau d'Orphée* lui vaut une soudaine célébrité. Porté au premier plan par l'enthousiasme qui entoure la poésie de la Résistance, salué d'emblée comme le plus éloquent et le plus prometteur des nouveaux poètes, il connaît ensuite une rupture dans sa carrière poétique, et renouvelle son inspiration, sans retrouver la vaste audience qui avait été la sienne. Plus jeune, plus vite célèbre, mais éprouvant quelque difficulté à trouver sa véritable voie, Pierre Emmanuel n'a sans doute, du strict point de vue poétique, ni la stature d'un Claudel ni celle de cet Éluard qu'il dit avoir passionnément imité dans sa jeunesse. Mais son itinéraire préfigure, s'il ne le figure point encore tout à fait, l'un des « accomplissements poétiques » les plus attachants de notre époque.

Deux traits caractérisent dès le début sa poésie, deux traits qui vont en se précisant, en s'accusant avec le temps : sa poésie est chrétienne et elle est « raisonnable » (« poésie raison ardente »). D'une nébuleuse mythique et symbolique initiale, encore très ambiguë (*Élégies*, 1940, *Orphiques*, 1942), peu à peu, à travers l'écho des circonstances et de la guerre, se dégage une poésie de plus en plus soumise aux seules aspirations religieuses de son créateur, et en même temps de plus en plus marquée par les formes rhétoriques et métriques traditionnelles. Par ce second trait, Emmanuel est en un sens le plus anachronique des poètes contemporains. Le bouleversement surréaliste ne l'a pas, semble-t-il, réellement touché ni ébranlé : Hugo et d'Aubigné, plus encore que Jouve, restent ses grands intercesseurs. Pas de crise du langage chez lui au sens que l'on donne de nos jours à cette expression : poète, il n'a pas devant son instrument le doute, l'impatience, la révolte que beaucoup connaissent. Comme il l'écrit dans *Babel :*

« ... Aucune
Parole grande ne se meurt. Je sais alors
Que le verbe est la seule éternité : promesse
D'âme, et qu'un jour viendront des [hommes en esprit
Fondés sur la très sûre assise du langage. »

Cette confiance absolue l'amène à concevoir d'une manière bien différente de celle de ses contemporains le problème de la poésie actuelle : la crise n'est pas dans le langage, elle est dans l'homme parce qu'il mésuse de ce qui est sa seule chance d'accéder à la vraie réalité. L'homme n'est que dans la mesure où il est verbe (« Ma foi dans le langage est mon être même »), et le verbe dans la mesure seule où il est Verbe. « Nous sommes langage incarné : jusque dans la hauteur des symboles, nous n'échappons jamais à la présence concrète du mot. Si nous y échappions, nous cesserions d'être. Les images les plus surprenantes qui semblent ouvrir un nouvel espace à la pensée, demeurent l'itération d'une réalité fondamentale au langage. Nous pouvons inventer la parole, la faire surgir : nous ne la créons pas. Elle nous est donnée : c'est la part d'Être que nous recevons en nous disposant à lui. » *(Le Goût de l'Un.)* Humanisme religieux qui débouche, à travers une compassion douloureuse pour les malheurs d'un temps dont le poète refuse de s'abstraire, sur un prophétisme mystique.

Pierre Emmanuel définit en effet sa démarche comme une « tentative pour élucider par les symboles ceux des conflits permanents de l'espèce dont l'homme moderne souffre le plus ». Le sentiment reste très fort chez lui de la totalité de l'œuvre : ses poèmes sont presque tous des parties d'un vaste ensemble. « Dès mes premières tentatives, j'ai conçu l'idée d'un monument poétique dont mes œuvres jusqu'ici n'ont présenté que des ébauches ou des fragments. Il est impossible de réaliser du premier coup l'idée d'un monument universel — l'épopée spirituelle d'une époque. » De fait, c'est tout un univers de la Parole que le poète a tenté dès le départ, et sans relâche depuis, d'organiser. Il a d'abord essayé de cerner les trois figures mythiques d'Orphée, du Christ, de Hölderlin, s'identifiant à leurs épreuves et à leurs résurrections : c'est le moment d'un lyrisme touffu et souvent obscur qui n'a trouvé son épanouissement et sa résolution que dans *Le Poète fou*, consacré à la passion d'Hölderlin et publié seulement en 1944.

Jour de colère, *Combats avec tes défenseurs* (1942) et *La Liberté guide nos pas* (1945), qui viennent ensuite, sont des poèmes de l'événement, marqués par la hantise du chaos et fiers d'un espoir neuf. Mais ces hommages au pays humilié et aux victimes de la guerre valent surtout par les visions apocalyptiques qui les parsèment :

« La plaine... on tranche ras les hommes [et les arbres
et ces moignons sanglants ne reverdiront [plus.
La Terre fuit à l'infini, pesante et lasse.
Sa fuite se rebat immense en fumées basses
où s'enchevêtrent les fuyards : les blés de fer
froissé vont bruissant d'oubli sur les morts [sombres
et là-bas, ajourés par les chutes du ciel,
les villes à genoux dans la cendre s'étonnent
de leur ombre démente et nimbée de corbeaux. » *(La Liberté guide nos pas.)*

Arrive alors le temps de la désillusion. Emmanuel fait le point, et, malgré son jeune âge, se tourne vers l'autobiographie : *Qui est cet homme* (1948), *L'Ouvrier de la onzième heure* (1954) retracent les enthousiasmes et surtout les déceptions de l'écrivain. C'est dans cette période, cependant, qu'il publie son œuvre la plus caractéristique : *Babel* (1952). « A la crête du siècle, je me sentis très seul. Tout le paysage historique à mes yeux ressemblait à une catastrophe géologique. Je ne partageais l'optimisme de personne — mais je croyais en l'homme à ma façon : en l'essence humaine, indestructible, capable de souffrance infinie. Je me crus de taille à bâtir une épopée spirituelle de l'histoire humaine, non point dans sa nouveauté, mais dans sa sempiternelle répétition : ce fut *Babel.* » Commencé à la fin de la guerre, *Babel* s'inspire sans doute des événements vécus par l'auteur, mais considérés et interprétés au niveau d'une théologie de l'histoire. Dans cette grande fresque épique qui rappelle souvent *La Légende des siècles*, Emmanuel montre l'orgueil et la vanité humaine foudroyés par Dieu; la tension du poème vient de ce que le projet babélien de construire la Tour (c'est-à-dire le Monde) n'est pas en lui-même, au départ, contraire à la nature de l'homme, et que la perversion progressive qui le gagne entoure de doutes et d'incertitudes les nombreuses pages qui « mettent à l'œuvre, inépuisablement, la mystérieuse autonomie de l'homme et la jalousie réciproque de Dieu ». Marqué comme il l'est par l'influence des *Psaumes* et de *L'Apocalypse*, mais aussi par le souci obsédant de répondre aux angoisses du temps présent, le long poème de *Babel* nous ferait penser, plutôt qu'à Hugo, aux *Tragiques* d'Agrippa d'Aubigné.

Manessier, *La Couronne d'épines*. « La vraie mesure de l'homme c'est le Christ. » (Pierre Emmanuel, *Jacob*.)

[Dieu]

Il s'agit ici de l'un des récitatifs en prose qui interrompent le discours composé de grandes laisses d'alexandrins.

L'homme s'en fait accroire, quand il prétend se passer de Dieu. Ses idées, que sont-elles donc? des membres épars du Dieu unique. Pendant des siècles, chaque jour, les prêtres ont refait son corps et son sang à partir du froment et des pampres : rassemblant Dieu, ils rassemblaient l'homme. Puis les paroles ont perdu leur pouvoir. L'homme s'est divisé à l'infini, désintégrant son Dieu jusqu'à l'atome. L'univers demeurait éclatant, mais d'une lumière brisée, comme si la terre eût été jonchée de débris de strass multicolore. Chacun se croyait une parcelle de Dieu : puis Dieu, et consécrateur de soi-même. Ce fut un temps de grande intelligence et de grande famine. Les hommes ne semaient que des idées, ne récoltaient que des éclats de mirages. On échangeait des diamants contre du pain : il y eut bientôt des silos de diamants, et plus de pain. Alors la foule, telle une Isis *, se jeta de droite et de gauche, en quête d'un seul grain dc blé, d'une seule vérité commune. En quête d'un homme qui fût encore un. D'un homme qui n'eût qu'une idée, pour en faire un Dieu.

* Déesse égyptienne du blé. Elle part à la recherche des morceaux du corps d'Osiris, son époux, qu'on a mutilé.

Quand il parut, le besoin d'adorer était si fort qu'il en fut surpris lui-même. Mais l'espérance des multitudes était en lui : il devint Dieu pour y répondre, et prisonnier de sa divinité. Plus tard, il en prit le goût : cet homme qu'on avait fait Dieu fut Dieu même qui se faisait homme. Source de toute justice, de tout amour, de toute vérité. On le pria dans les anciens temples. On identifia le soleil avec ses yeux. Les poètes chantèrent son front vaste, où s'inscrivaient les géométries nouvelles. Les mères lui offrirent leurs enfants nouveau-nés. Il fut le dispensateur du langage, et nul ne prononçait une parole qu'il n'y joignît son nom. Rabbi * : maître. Il les laissait s'enivrer de louange : seul, il savait ce qui les attendait.

* Maître religieux (rabbin).

Pierre Emmanuel, *Babel*, éd. Desclée de Brouwer.

— L'aventure cyclique de l'humanité : du rassemblement à la dispersion (3-16), de la dispersion au rassemblement (16-31); alternance entre le besoin d'obéir à un Dieu et le désir d'égaler Dieu. Vision synthétique qui réunit le paganisme et le judaïsme, le présent (7-8) et le passé (16-18) et qui débouche sur le christianisme (20-32).

— Une poésie métaphysique, soutenue par l'éloquence prophétique. Deux familles d'images : celle de la substance et de la nourriture fondamentale (5, 14-16, 17), celle de l'éclat factice et de la fragmentation (8-10, 14-15).

— Pierre Emmanuel parlant du Christ : « L'humanité ne trouvera rien de plus aux siècles des siècles, parce qu'il n'y a rien de plus, personne autre à trouver. »

Après *Babel*, qui, eu égard aux ambitions de l'auteur, peut passer pour un demi-échec, commence une période de repli. A côté de continuations peu convaincues comme *Versant de l'âge* (1958), elle voit naître de ce que l'on pourrait tenir pour un accident mais qui correspond en fait, chez Emmanuel, à une attente profonde, une poésie nouvelle, celle d'*Evangéliaire*. Sollicité pour une préface en prose à un album ayant pour thème la Nativité, Emmanuel, après plusieurs tentatives infructueuses, se met à écrire toute une série de courts poèmes, d'allure volontairement naïve, qui respectent l'esprit et le style des sculpteurs et imagiers du Moyen Age. Grêle, pauvre, et si contraire en apparence à l'ambition foisonnante des textes antérieurs, cette poésie, vise à la netteté, à la simplicité, à la ferveur : une force nue s'y rencontre souvent.

Prière athée

Mes yeux mes mains c'est là tout mon royaume
Mes yeux ma bouche et le creux de mes mains
J'y vois la nuit Le jour m'est un fantôme
Je parle au vent Je me tais chez les miens
Moi qui pourrais boire un ciel dans ma paume
Ce n'est que lie en moi que je retiens

Je ne sais plus crisper les doigts sur rien
Mes yeux ouverts ont brûlé leurs paupières
Ce qui me fuit est mon unique bien
Déjà perdu quand je m'y désaltère
Ma langue est sèche et je l'humecte en vain
A peine dit le mot fond en lumière

Que suis-je donc L'oblat * d'une misère
Que l'être affame en lui donnant le sein
Je meurs sans cesse aux choses que j'espère
Mais cette mort de mourir me retient
O mon énigme O néant qui m'éclaires
C'est être Dieu qu'être pauvre à ce point

* Personne qui s'offre à une communauté religieuse, avec tout ce qu'elle a, sans abandonner l'état laïc.

Pierre Emmanuel, *Évangéliaire*, éd. du Seuil.

— Descente angoissée vers la misère (13) et la mort (15), qui débouche sur un acte de foi, par le renversement des vers 16-18. Comme le titre, le poème est conçu sur les oppositions de membres de vers, ou de groupes de vers (chiasme : 3; antithèse : 4; renversement : 5-6).

— Un lyrisme traditionnel dans ses moyens (décasyllabes, rimes) et qui rappelle par instants (11, 15, 16) la poésie du XVIe siècle (Scève, d'Aubigné).

— « Ce profond/Néant inquisiteur que nomment Dieu les hommes ». (Pierre Emmanuel.) Le christianisme contemporain attentif à l'athéïsme où il découvre une exigence comparable à la sienne.

Pierre Emmanuel a paru un moment renoncer à la création poétique : ses essais en prose poursuivaient une méditation sur l'acte d'écrire (*Le Goût de l'un*, 1963) et « la gloire de croire » (*La Face humaine*, 1965). La parole poétique semblait s'effacer devant la quête proprement religieuse d'un certain « mode d'adoration » qui l'aurait prolongée. Mais *Jacob* (1970), renouant avec l'inspiration et les formes de *Babel*, témoigne de la force créatrice d'un poète qui, loin de renoncer à ses grandes ambitions, est en passe de trouver le grand Verbe poétique qui leur serait approprié. La figure de Jacob, dans ce dernier poème, se déploie dans un vaste triptyque, tour à tour éclairée par le récit de la Bible, par le christianisme de l'Évangile et par la réflexion sur l'homme moderne « tel que l'ont défini les événements de l'histoire, les progrès de la technique, l'évolution de l'Église, une certaine orientation de la science ». L'itinéraire, un moment interrompu, reste ouvert : il appelle et promet un accomplissement. La poésie de Pierre Emmanuel, qui tire toute sa force d'une foi catholique profonde et exigeante, mais a parfois tendance à se perdre sous la profusion du symbolisme religieux, trouvera sans doute, comme celle de Claudel, des accents vraiment universels; ils se font déjà entendre dans maints passages de *Jacob*, aussi émouvants pour le lecteur athée que pour le lecteur chrétien :

« Je n'ai d'autre raison que de dire et de dire
Que Tu es

De dire ce que nul ne veut entendre
Ne sait entendre
Qu'ici, au cœur de l'homme
Il faut creuser :
Qu'ici est l'eau.

J'ai en dégoût ce qui n'est Toi
Ce qui n'est pas.
Je ne vis que d'espérer
Ta nuit sans image.
Elle est ma source et mon Jourdain
Mon centre et mon abîme :
Baptise-moi au fond de moi
Comme l'étoile au fond du puits.

Tu m'as fait entrer
Dans la ténèbre des noces.
Ne pas Te voir c'est Te voir
Ta Présence m'aveugle.
Nu et néant je suis devant
Toi dont je ne sais que ceci
Que je suis néant et nu.

Je n'ai d'autre raison que de dire et de dire
Que Seul Tu es. »

Choix bibliographique :

A. Bosquet, *Pierre Emmanuel*, Seghers.

Chapitre XI

La tradition romanesque et l'essor de l'autobiographie

La notion de « roman traditionnel » est sujette à caution : c'est surtout un fantôme que les tenants du Nouveau Roman ont suscité et combattu à la fois. Il vivrait d'une existence arbitraire et irréelle, en sursis. Sa mort ne serait plus qu'une question de quelques années. Dépourvu de toute nécessité, il se bornerait à mimer pauvrement le roman du XIXe siècle : celui de Balzac ou de Stendhal, de Flaubert ou de Zola. Jouant sur des superstitions aujourd'hui archaïques (le personnage, l'intrigue, la narration), il perpétuerait, en le dégradant, un modèle qui ne correspond plus à la vision que nous avons du monde, mais à une convention. Nathalie Sarraute, Robbe-Grillet se sont même irrités de la fidélité du public à un genre aussi périmé : ils ont dénoncé le contrat tacite qui lie un lecteur avide de céder à l'illusion romanesque et un romancier illusionniste qui la lui confectionne selon des recettes usées. Dans les deux cas, on ne suivrait que la pente de la facilité.

Un tel roman n'aurait en effet aucune raison de vivre. Or, le roman que l'on appelle « traditionnel », d'une manière généralement dépréciative, est au contraire très prospère : il ne se borne pas à survivre, il prolifère. Il reste même aux yeux d'un vaste public la forme la plus attirante, la plus rassurante aussi, de la littérature. Production d'une littérature quasi industrielle, dira-t-on; mais il se déploie, dans nombre de ces romans, une habileté et une ardeur qui les placent, sans conteste, dans la littérature vivante.

La vitalité de ce roman a résisté à ce que l'on pourrait appeler la mise à mort périodique du roman, devenue elle-même traditionnelle. Dès les années vingt, Valéry, Breton, Aragon ont porté les coups les plus durs au genre romanesque. Presque tous les grands novateurs dans l'ordre du roman, en France ou à l'étranger, ont dessiné, parfois caricaturé l'image d'une « tradition romanesque » qui était le plus souvent le roman de la génération antérieure. Proust dénonce le roman réaliste, Virginia Woolf le roman victorien. Sartre exécute allégrement le roman mauriacien en 1938, mais Sartre et Camus se voient exécutés de la même manière en 1958 par Robbe-Grillet. La « tradition », ainsi conçue, finirait par regrouper toutes les créations romanesques récusées par les novateurs eux-mêmes.

Malgré tant de simplifications polémiques, on sent qu'il existe une masse de romans, fort peu homogène, extraordinairement diversifiée, qui se distingue des « nouveaux romans ». Ce type de romans, on aurait bien de la peine à en circonscrire les limites et les caractères. On peut au moins le définir par sa fidélité à certains principes : il vise d'abord à la lisibilité, plus soucieux d'effacer les résistances du lecteur que de les susciter. Quelles que soient les formes du récit, il reste que ce roman raconte une histoire. L'intrigue peut y être secondaire, elle ne disparaît jamais totalement. Des personnages ou, à la rigueur, des consciences que le lecteur peut toujours identifier, à qui il peut aussi s'identifier, vivent dans ces romans. Le langage romanesque peut être extrêmement divers, toujours est-il que le romancier en use, et qu'il ne se propose pas d'en décrire l'usure ou d'en opérer la destruction. Il n'ignore pas les intrusions de l'auteur, en tant que tel, dans son roman, mais, dans ce cas, elles ne servent pas à détruire la fiction, elles la renforcent de manière subtile. En somme, le roman traditionnel persévère dans l'usage de la fiction, et il s'efforce de lui donner la crédibilité et la vraisemblance qui en feront une représentation de la réalité. Ce roman reste « figuratif » : il propose une figure du monde et de l'homme, il dévoile un aspect de la société ou une forme de la sensibilité, il explicite ou accomplit nos désirs; n'acceptant jamais complètement le désordre de la vie et ne se résignant pas à voir en elle « une histoire de bruit et de fureur, racontée par un idiot », il ne peut s'empêcher de lui imposer un ordre. Comme le disait E. M. Forster, « les romans nous consolent de la vie : ils nous proposent une humanité intelligible ». De tels romans peuvent décrire les camps de concentration, plonger dans les ténèbres de l'inconscient, enregistrer les violences de l'histoire et les fureurs du désir; ils leur imposent un ordre raisonnable, et les intègrent à un monde humain, c'est-à-dire rassurant. La forme même du roman n'est jamais dans ces œuvres l'objet d'une mise en question radicale : c'est une manière de réponse ou de riposte aux questions que la vie pose à l'homme, et aux agressions dont il est l'objet.

A partir de cette définition très large, on admettra que tous ces romans recherchent la lisibilité et la vraisemblance, la force de persuasion et le pouvoir d'entraînement. Ils mettent en œuvre avec confiance les formes et les fonctions du récit que récuse le nouveau roman. Ils se placent dans une perspective qui est celle de l'humanisme : on y suppose l'homme capable d'ordonner et d'unifier sa vision de la réalité, de s'accomplir dans l'histoire ou dans ses passions, de communiquer avec autrui, à tout le moins d'expliquer pourquoi il ne le peut. Pour toutes ces raisons, on ne peut comparer le roman multiforme de la tradition, et le Nouveau Roman. On ne peut que constater, comme le faisait Julien Gracq en 1960, la coexistence de deux littératures, aux tendances antagonistes, dont l'une doit ses vertus à un principe de continuité, et l'autre ses prestiges à un pouvoir de rupture. Il est sans doute vain, comme le font souvent les critiques, de regretter les beaux romans traditionnels que pourraient nous donner, s'ils le voulaient bien, les plus doués des romanciers novateurs, mais il l'est tout autant d'annoncer depuis vingt ans la mort imminente du roman de la continuité. Le nouveau a pu faire baisser le prestige de l'ancien, il n'en a pas tari les sources, ni atteint profondément son emprise sur le public. Il ne l'a pas en tout cas rejeté dans les ténèbres de l'infra-littérature. On peut suivre ici Maurice Blanchot, que la tradition n'attire guère, quand il évoque « cette énorme masse de livres écrits avec talent, ingéniosité et générosité, dans lesquels le lecteur est appelé à reconnaître la vitalité d'un genre inépuisable ».

De ce que le roman de la continuité accepte un certain nombre de traditions, il n'en faudrait pas déduire que sa valeur se réduit à une répétition méritoire de formes anciennes, à un artisanat jaloux de la qualité de ses produits. Il s'agit d'abord moins d'une tradition que d'un carrefour de traditions, qui s'entrecroisent ou se succèdent. Aucun romancier n'imite exclusivement un modèle unique. Si les écrivains gardent de Balzac l'ambition de créer des personnages qui soient à la fois des individus et des types, aucun d'eux n'écrit vraiment comme Balzac, ni ne tente une « comédie humaine » susceptible de concurrencer l'état civil. Si Flaubert continue à susciter les romans de l'adultère provincial ou de l'éducation sentimentale, on ne pratique plus, au moins dans le roman traditionnel, son culte de la forme ou ses techniques descriptives. Toute une lignée naturaliste peut s'esquisser à partir de Zola ou de Maupassant, mais on ne voit pas que *Les Rougon-Macquart*, ou *Boule de Suif*, procurent aujourd'hui un patron aux constructeurs de sommes romanesques ou aux spécialistes de la nouvelle. Un romancier pourra trouver chez Stendhal le sens du réalisme subjectif, le goût de la désinvolture, le climat de la chasse au bonheur; il ne se bornera jamais à adapter le roman stendhalien au goût du XXe siècle.

Les traditions du XIXe siècle français ne sont pas les seules à jouer. Le roman français, concurrencé par le succès des traductions, s'ouvre de plus en plus aux influences étrangères. Dans l'entre-deux-guerres, on voit une acclimatation, assez tempérée, de Dostoïevsky dans les romans de Mauriac, Gide, et surtout Bernanos, un effort pour retrouver Tolstoï dans les *Thibault* de Martin du Gard. Au cours des années 1930-1940, les formes nouvelles que propose le roman américain — celui de Dos Passos ou d'Hemingway — semblent révolutionnaires. Mais, dès 1945, on les retrouve intégrées à une certaine tradition du roman français, et d'ailleurs Hemingway lui-même ne donne-t-il pas l'exemple de cette transformation progressive d'innovations en procédés? Quand Sartre, dans *Le Sursis*, emprunte à Dos Passos une technique simultanéiste qui fait éclater le récit des existences individuelles, il semble rompre avec toute la tradition du roman français, mais il n'est pas si loin de Jules Romains, qui lui aussi entrecroisait les destinées de ses personnages pour composer l'image d'une société. En fait, le roman dit traditionnel relève d'un registre extrêmement varié, où voisinent le récit d'analyse psychologique, le roman français du XIXe siècle, le roman russe réfracté par les romanciers français de l'entre-deux-guerres, le roman américain dont les formes s'acclimatent progressivement (*cf.* chap. 27). Traditions anciennes et vénérables, traditions récentes, influences étrangères proposent non pas un seul modèle, mais une infinité de figures possibles. Entre les années 1920 et 1950, le roman a vu se succéder une série de formes novatrices : les unes sont restées singulières et n'ont pas engendré de « traditions », sinon celle d'un constant renouvellement, les autres, au contraire, se sont établies, elles ont perdu leur pouvoir d'intriguer et de déconcerter.

De la multiplicité des traditions bien assimilées, il ne s'ensuit pas que l'on assiste après la guerre à la multiplication des chefs-d'œuvre. Multiplication d'œuvres, certes! Chaque automne, cent vingt à cent quatre-vingts romans partent à l'assaut du prix Goncourt, que décernent des romanciers couverts d'ans, sinon de gloire, pour la plupart. Les autres prix (Théophraste Renaudot, Fémina, Interallié, Grand Prix de l'Académie française) ne semblent pas manquer non plus de candidats. Ils couronnent, le plus souvent, des romans traditionnels, ou qui ont paru l'être. Ils assurent un succès régulier et considérable de vente et de lecture. C'est peut-être la seule institution qui fasse entrer la littérature dans les communications de masse. Par ailleurs, le succès considérable du « Livre de Poche » a reposé essentiellement sur la diffusion différée du roman traditionnel, celui de l'avant-guerre et celui de l'après-guerre. Prix littéraires, éditions de poche : le romancier qui en bénéficie ne manque pas de lecteurs et s'en flatte parfois, face au mépris que lui prodiguent les novateurs. Mais à ne consulter que le palmarès de ces prix, on n'a guère l'impression d'une floraison de chefs-d'œuvre : par rapport à une avant-guerre étonnamment féconde (Montherlant, Drieu La Rochelle, Morand, Chardonne, Malraux, Giono, Mauriac, Green, Bernanos, Martin du Gard, Saint-Exupéry...), les générations de l'après-guerre, malgré une production riche et variée, sont pauvres en romanciers de premier ordre.

Des romanciers les plus féconds de l'avant-guerre, beaucoup se sont tus après 1945, ou se détournent du genre romanesque; pour certains, comme Georges Duhamel, Jules Romains, Colette, leur œuvre est faite; leur univers était trop lié au climat des années 1930 pour pouvoir revivre avec la même force dans les années 1950. L'interruption, irrévocable semble-t-il, de l'œuvre romanesque de Malraux (*cf.* chap. 6) est plus frappante : *Les Noyers de l'Altenburg*, fragment d'un ensemble plus vaste, indiquent la désintégration à la fois d'une forme romanesque propre à Malraux, et de l'humanisme révolutionnaire qui l'inspirait. Sartre et Camus, qui semblaient se rapprocher de la tradition romanesque avec *L'Âge de raison* ou *La Peste*, vont pratiquement renoncer au roman, préférant le théâtre ou l'essai. Il est plus significatif encore que Martin du Gard, après *Les Thibault*, où Camus devait voir un modèle du roman français digne de Tolstoï, n'ait pu mener à bien *Les Souvenirs du colonel de Maumort*, malgré plusieurs années d'élaboration. Son désarroi s'exprime dans ses lettres à André Gide : incertain sur son sujet et sur ses formes, il ne se résout ni à affronter son roman aux problèmes contemporains ni à l'orienter vers le passé.

Tant de renoncements ne s'expliquent pas par des raisons individuelles. C'est la relation de l'écrivain avec son temps qui a changé. Les romans de l'avant-guerre supposaient ou bien une confiance dans la stabilité sociale, chez les écrivains conservateurs, ou bien, chez les écrivains révolutionnaires, la certitude que l'homme transformerait la société selon ses propres valeurs. Aragon, voyait dans le roman « un moyen d'exploration de la société ou de l'homme dans les conditions historiques d'une époque »; « la richesse et la rapidité des transformations » en cours lui semblaient un « excitant pour l'écriture romanesque ». L'écrivain progressiste ou révolutionnaire trouvait dans le roman traditionnel une forme apte à refléter, peut-être à transformer l'histoire. Cette confiance dans les vertus du roman cyclique, les écrivains ne la partagent plus après la guerre, et Aragon en viendra à se demander, avec inquiétude, si « les variations de la structure sociale ne rendent pas illisibles les romans qui leur sont antérieurs ». L'après-guerre voit la plupart des écrivains renoncer à dominer une Histoire dont l'accélération les déconcerte, et à en organiser l'image dans de vastes constructions.

A cela s'ajoutent de nouvelles exigences du public. Sans qu'on puisse établir le fait avec certitude (il y faudrait une sociologie de la littérature), il semble que le lecteur de romans aimait jadis à retrouver en chaque romancier l'univers qui lui était propre. Univers familier, habitable, où l'on se reconnaît et où l'on reconnaît avec plaisir les mêmes paysages et les mêmes âmes. De chaque nouveau roman d'un même auteur, on exigeait à la fois qu'il fût autre et qu'il fût le même, qu'il dépaysât et qu'il rassurât. Ce n'est pas faire injure à des romanciers comme Chardonne ou Mauriac de dire qu'ils recomposaient inlassablement le même univers, le même climat, pour la satisfaction renouvelée du lecteur. Après 1945, le lecteur semble demander autre chose au roman : le reflet de ce qu'il y a de nouveau dans la société et dans l'histoire. On demande un effet de choc ou de surprise, parfois de scandale, sans rompre pour autant avec le goût des formes traditionnelles. On n'incite plus le romancier à créer un univers cohérent et vaste qui affirme la permanence des valeurs morales à travers l'histoire.

Aussi, devant la diversité des formes romanesques, tout essai de classification est-il arbitraire. Les romanciers des vingt-cinq dernières années n'ont pas l'imperturbable fidélité à eux-mêmes qui caractérisait leurs prédécesseurs. Leur œuvre est variable, sujette à des influences contradictoires. Le cas de Roger Vailland est très significatif de cette mobilité d'inspiration : *Drôle de Jeu* (1945) pourrait faire de lui un romancier de la Résistance, sensible à l'exemple de Malraux et à l'influence de Laclos. *Les Mauvais Coups* (1948) le rattacherait plutôt à la tradition du roman américain, nuancée par celle du conte libertin. Dans *325 000 francs* (1955), l'on découvre un romancier engagé, tenté par le réalisme socialiste, cherchant à introduire la lutte des classes dans les destins individuels. En revanche, *La Loi* (1957), couronnée par les Goncourt, mêle l'exaltation de l'indifférence aristocratique à la tentative d'un grand roman allégorique où le jeu de la vérité présenterait les relations sociales comme une dialectique du maître et de l'esclave; Hemingway, Montherlant et Malraux mêlent leurs influences dans cette machine trop bien montée. *La Fête* (1960) et *La Truite* (1964) proposeraient plutôt des tableaux de la nouvelle société : l'érotisme et la consommation y prennent la place laissée vide par l'espérance révolutionnaire. Toutes les influences se sont données rendez-vous chez cet écrivain, dont aucun roman ne laisse indifférent ni ne satisfait pleinement.

On se bornera donc aux distinctions suivantes. Un certain nombre de romanciers continuent une œuvre romanesque commencée avec éclat avant la guerre. Parmi les nouveaux, on peut distinguer une tendance naturaliste, et, marquée dans les années 1950, une tendance désinvolte, où le plaisir de l'écriture romanesque s'associe au goût de la littérature dégagée. A côté de ces romans, fidèles à la fonction traditionnelle du genre, d'autres se tournent vers l'histoire pour en saisir les reflets : exploration du passé et témoignages pour le présent ne sont pas si éloignés. Enfin, et cela nous semble la tendance la plus intéressante, beaucoup de romanciers se tournent vers l'autobiographie. Ils retrouvent dans le récit autobiographique, avec plus de liberté et d'abandon, un substitut du récit romanesque. Ainsi le roman chercherait à se fuir lui-même dans l'histoire de son temps ou dans l'histoire du romancier. Mais ce sont bien de toute manière les techniques du roman traditionnel que l'on retrouve dans des formes apparemment étrangères au roman : le document, la biographie, l'autobiographie.

Romanciers d'avant-guerre

Des grands romanciers de l'avant-guerre qui poursuivent leur entreprise on retiendra surtout les œuvres de Montherlant, Green, Simenon, Giono (ce dernier constituant un cas singulier, dont nous avons reporté l'étude à la fin de ce chapitre). Il conviendrait, sans doute, d'évoquer aussi les romans de **Mauriac** : de *La Pharisienne* (1941) à *Un Adolescent d'autrefois* (1969), beaucoup de réussites. Le dernier, en particulier, tranquillement anachronique, nous montre un narrateur plus habile qu'il ne l'a jamais été, plus hardi dans la manière de dessiner le conflit entre les puissances du mal et la soif de la pureté. D'autres romans viendront peut-être. Mais l'univers de Mauriac restera celui du *Nœud de Vipères* (1932) ou de *Thérèse Desqueyroux* (1927). Plus d'habileté et de hardiesse, moins de foi dans l'aptitude du roman à exprimer les problèmes d'une âme ou d'un temps, telle est l'impression que procure cette production romanesque, devenue, depuis la guerre, intermittente (*cf.* chap. 6).

Les romans que **Julien Green** a publié depuis 1945 n'ont pas suscité la même curiosité ni le même trouble que les précédents. Il estime lui-même que *Moïra* (1950) et *Chaque homme dans sa nuit* (1960) étaient trop marqués par l'inspiration autobiographique. Et on retrouve là, comme dans son théâtre (*cf.* chap. 12) et dans ses souvenirs de jeunesse, les mêmes souvenirs obsédants, les mêmes conflits jamais résolus. Pourtant ces deux romans manifestent bien le pouvoir des formes classiques. Les héros de Green, beaux jeunes gens épris de sainteté, torturés par le mal (le diable et le sexe ne font qu'un), se débattent dans une société résolument indifférente à leurs drames intérieurs; les consciences solitaires sont déchirées entre des exigences religieuses inapaisables et des tentations sexuelles rarement formulées, jamais satisfaites et d'autant plus insidieuses. Tout l'art de Green, à travers une mécanique romanesque tranquille et une écriture délibérément conventionnelle, est de nous faire passer des apparences rassurantes à la découverte d'un enfer sur terre. Les personnages les plus inoffensifs y deviennent des âmes meurtries, avides de blesser, baignant dans un fantastique monstrueux qui se résoud par le meurtre. La convention romanesque (portraits, descriptions des universités ou des demeures patriciennes du Sud américain) ne rassure le lecteur que pour mieux le jeter dans un univers fiévreux et angoissant; c'est au sein d'une humanité sans prestige que le conflit de la Grâce et de la faute, de Dieu et de Satan, se déploie avec une violence ténébreuse. Green, grâce à des techniques réalistes et psychologiques, sait créer des personnages et développer une intrigue, captant ainsi l'intérêt du lecteur le plus étranger à son jansénisme convulsif, mais il sait surtout faire du personnage une âme, de la société un décor de cauchemar. Il suggère et impose une dimension religieuse que Mauriac, contraint parfois d'éclairer la signification de ses romans par des postfaces, atteint rarement. Lisibles ainsi à deux niveaux, réaliste et métaphysique, trouvant leur tension dans les souvenirs d'une adolescence indépassable, ces romans donnent une vie nouvelle aux fantasmes inactuels du puritanisme.

[Une présence éparse dans la nuit]

Joseph Day ne parvient pas à trouver le sommeil, obsédé par l'image de la jeune Moïra, qu'il tente en vain de repousser.

Brusquement, il rejeta la couverture et se leva. Le plancher gémit sous ses pas, et il eut l'impression que toute l'ombre était habitée. Depuis une demi-heure, l'idée qu'il ne se trouvait pas seul entre ces murs le troublait sans qu'il voulût en convenir. Il ne s'agissait pas de revenants — ces histoires ne l'intéressaient guère — mais de bien autre chose qu'il n'aurait su décrire, ni même désigner d'un nom. Cela ressemblait à une présence éparse dans la nuit, et elle était autour de lui à la façon de l'air. Il ramassa sa couverture qu'il jeta sur ses épaules et fut s'asseoir près de la fenêtre, sur la chaise à bascule qui s'inclina en arrière sous le poids de son corps. La rue était nettement visible, tout au bout du jardin, entre les arbres qui se détachaient en noir sur le fond un peu plus clair du ciel; il distinguait même le coin d'une maison peinte en blanc, et cela le rassurait un peu. Machinalement il récita : « L'Éternel est mon berger... »; mais ces paroles lui semblèrent frappées de mort sur ses lèvres parce qu'il sentait en lui quelque chose qui les contredisait. L'Éternel n'était pas son berger.

Il frissonna. La brise plus fraîche lui coulait sur le visage et la poitrine comme de l'eau, et il remonta la couverture jusqu'à ses oreilles. Ses yeux tournés vers le jardin se fermaient à moitié, mais maintenant il luttait pour ne pas dormir. A sa gauche, en effet, il y avait cette grande masse d'ombre qui, d'une manière indéfinissable, le guettait, et il regretta de n'avoir pas eu plus tôt l'idée de se diriger vers la porte et de tourner le commutateur, au lieu d'aller s'asseoir près de la fenêtre, car à présent il ne pouvait plus traverser la chambre. Il avait peur. Lui-même ne s'en aperçut pas tout de suite, mais il jetait de temps à autre un coup d'œil furtif vers le fond de la pièce, et par un mouvement instinctif, il se poussa dans son siège un peu plus vers la droite. Au bout de quelques minutes, il cessa tout à fait de regarder le jardin et tourna son visage du côté de la porte, là où l'ombre était plus épaisse. « J'ai froid », pensa-t-il, tout tremblant, et il voulut serrer la couverture un peu plus étroitement autour de son corps, mais ses mains crispées sur l'étoffe rugueuse semblaient changées en marbre. En vain, il essaya de distinguer les colonnes du lit, le grand rectangle de la cheminée : sa vue se heurtait à une sorte de mur noir; tout au plus reconnaissait-il un coin du plafond à sa blancheur incertaine, et ce fut sur cette tache brumeuse qu'il s'efforça de fixer son attention comme sur une île au cœur de l'obscurité maléfique. A présent, l'imagination impure qui le fascinait un moment plus tôt s'évanouissait, laissant la place tout entière à l'effroi, et dans la confusion des idées qui se heurtaient en lui, une pensée plus précise se fit jour, modestement d'abord, comme quelqu'un qui se fraie avec patience un chemin dans la foule, puis victorieuse enfin, triomphante : « Tu t'es trompé. Dieu ne pardonne pas aussi vite. Car il est écrit qu'aucun impudique n'a d'héritage dans le royaume de Dieu. Tu es perdu. »

Julien Green, *Moïra*, éd. Plon.

— Un récit réaliste et fantastique : le passage du surnaturel (et du démoniaque) dans une âme; fascination de l'ombre (3, 9, etc.); précision des notations physiques (1, 10-11, 22-23); objets rassurants ou obsédants (15-16, 41, 43); incertitude des volumes et des couleurs (43-46).

— Une narration patiente et précise, soulignée de manière explicite (5-8, 46-48); points de vue confondus du héros, du romancier, et peut-être de Dieu.

— Le péché et la pureté. Saint François de Sales : « La pureté ne se trouve qu'en paradis et en enfer » (épigraphe de *Moïra*). Tentations sexuelles intégrées dans un drame religieux : trouble (1), effroi (48), inquiétude sur le salut (20), certitude de la damnation (55). Présence discrète, mais décisive, des références religieuses (17-20, 52-55).

Romancier, **Montherlant** a paru cesser de l'être pendant vingt ans pour se tourner vers le théâtre, et y faire une œuvre dont les mérites se sont imposés mais dont les limites se perçoivent mieux aujourd'hui (*cf.* chap. 12). On ne peut guère tenir compte de *La Rose de sable*, publié en 1968, mais écrit en 1932. Montherlant n'avait cessé d'invoquer cette œuvre, de l'annoncer, de l'exalter. Par scrupule patriotique, il s'interdisait de publier ce roman qui, à travers la passion du lieutenant Auligny dans le Sud marocain, dénonçait certains vices de l'administration coloniale; cette œuvre devait compenser par sa générosité tout ce que *Les Jeunes Filles* pouvaient avoir de délicieusement exaspérant. *La Rose de sable* que nous pouvons lire aujourd'hui ne risquait guère d'ébranler l'empire colonial français, et la figure du lieutenant d'Auligny, jeune homme de bonne volonté aux idées courtes, ne pouvait répondre à la figure cynique de Costals. Le chef-d'œuvre du romancier n'est pas là.

C'est bien dans le roman, pourtant, que Montherlant déploie le plus librement un talent de prosateur aussi à l'aise dans le réalisme sarcastique que dans l'élan lyrique, dans la familiarité débraillée que dans la concision du moraliste. Le romancier joue de tous les procédés, et à la manière de Diderot dans *Jacques le fataliste*, il joue aussi avec ses personnages et ses lecteurs. *Le Chaos et la Nuit* (1963) évoque les derniers jours d'un réfugié espagnol, rescapé de la guerre civile, qui se détache peu à peu de toutes ses relations et de toutes ses convictions, et décide librement de retourner en Espagne où il se sait poursuivi. Récit réaliste, entrecoupé d'aphorismes, de charges et de caricatures, où Montherlant parvient à la fois à dénoncer, par les instrusions incessantes du romancier, la fiction réaliste, et à en accroître la vraisemblance, devançant les objections possibles du lecteur. Déjà, dans *Les Célibataires* (1934), l'itinéraire lamentable du vieil aristocrate clochardisé aboutissait à l'exaltante vision des oies sauvages s'envolant vers le Sud tandis qu'il agonise. Ici la minutieuse description de l'exil débouche sur l'étonnante corrida de la fin à laquelle assiste Celestino; s'identifiant d'abord au torero puis au taureau, il assiste en fait à sa propre mise à mort qui va ensuite se répéter et s'accomplir dans une chambre d'hôtel. Mise à mort réelle et hallucinatoire, où, comme le taureau qu'il vient de voir, il sera tué de quatre coups d'épée. Une série de corridas, tantôt réelles et tantôt imaginaires, figure ains tout au long du roman le meurtre ou la mort de l'homme.

[Les haut-parleurs de la mort]

Fin du roman. Seul, dans sa chambre d'hôtel, Celestino comprend qu'il va mourir et n'éprouve qu'une étrange indifférence.

A la guerre, dans les lignes amies et dans les ligne ennemies, des haut-parleurs invitaient les hommes d'en face à déserter. Maintenant, à sa droite, à sa gauche, clamèrent les haut-parleurs de la mort.

Celui de gauche :

« Camarades! Dans peu d'instants, sans espoir et sans appel, vous ne pourrez plus rien sur ce que vous avez mis toute votre vie à construire, et même vous n'en connaîtrez plus rien. Rien n'a d'existence, puisque tout va cesser d'exister quand vous allez cesser d'exister. »

Celui de droite :

« Tout ce que vous faites n'est raisonnable que si vous le tenez pour un jeu; autrement, vous êtes dupes. Désertez! Désertez! Il n'y a pas de quoi se peiner sur la terre. »

Les haut-parleurs étaient l'un à droite et l'autre à gauche, mais ils clamaient le même « message ». Et, pour une fois — chose extraordinaire et presque inconcevable, — un « message » qui n'était pas mensonge et farce.

Celui de gauche, encore :

« Camarades! Vous avez été bien bêtes de souffrir. Souffrir pour le chaos, qui va rentrer dans la nuit! »

Celui de droite :

« Il n'y a pas de " tâche d'homme "; il ne s'agit que de passer le temps. Feignez si cela vous plaît, faites " celui qui "... Mais au fond de vous-mêmes désertez. Désertez! Désertez! Car il n'y a pas de sérieux sur la terre. »

« Il n'y a pas de sérieux, mais il y a le tragique », pensa Celestino.

Des voix s'élevèrent quelque part : « Nous sommes de la vie. Que nous importe l'ordre de la mort! » Celestino se tourna sèchement vers le mur. Flûte pour la vie!

« A ses propos on voyait bien que c'était un fou, plein de zèle pour les choses du gouvernement. » Il la connaissait depuis toujours, cette phrase du *Quichotte*. Mais pourquoi fallait-il les haut-parleurs de la mort pour lui en faire comprendre la vérité? Et pourquoi les haut-parleurs de la mort pour lui faire revenir en mémoire ces mots en apparence étranges prononcés naguère par Ruiz * : « Le jour où tu seras libéré de ton socialisme et de ton patriotisme... » A présent il ne saignait plus de la condition de sa patrie (c'est-à-dire de la chose sociale considérée dans le cadre de sa patrie). L'Espagne voulait être franquiste? Eh bien! qu'elle le fût. Entre sa patrie et lui était tombé le même rideau de fer qui était tombé la veille entre lui et Pascualita *. Puisque sa propre mort — sa *propre mort* — lui était indifférente, est-ce qu'il n'était pas naturel que sa patrie lui devînt indifférente? « Si je peux tout perdre, et ne le prendre pas trop mal, il doit falloir admettre que ma patrie puisse tout perdre, et que je ne le prenne pas trop mal. » Devant ses yeux apparut l'image de Franco, à mi-corps, en buste. Peu à peu les moustaches du *Caudillo* s'allongèrent, ses cheveux se dressèrent, les décorations s'effacèrent sur son dolman, qui devenait une blouse : il vit alors que Franco était Staline. Au rebours de ce qu'il avait toujours pensé, il n'y avait pas de *oui* et de *non;* tout était *oui* et *non* à la fois. Et c'étaient ce *oui* et ce *non* identifiés qui étaient la terre promise qu'il avait toujours méconnue. Quand il avait découvert que Franco était Staline, la terre promise avait été découverte, tout avait été découvert. Une atmosphère sacrée, sans divin, s'était installée autour de lui.

* Un ami espagnol avec qui Celestino vient de rompre.

* Sa fille.

Henry de Montherlant, *Le Chaos et la Nuit*, éd. Gallimard.

— Hallucinations et méditations devant la mort : appels croisés à la désertion (1-31); conquête de l'indifférence, liquidation des engagements et des espérances (32-50); équivalence de toutes choses au seuil du néant (50-61).

— Animation dramatique : transposition de l'histoire dans le fantastique (1-31) selon des techniques théâtrales; monologue intérieur de Celestino (45-50), toujours dominé par le romancier : interventions directes (16-18), commentaires sentencieux (41-42); alternance du grotesque (50-54) et du solennel (54-61).

— L'univers de Montherlant : héroïsme et nihilisme *(cf. Service inutile)*; prédilection pour l'Espagne d'hier (32-34) et d'aujourd'hui *(cf. Le Maître de Santiago; La Petite Infante de Castille)*; limites d'un individualisme (23-25) ennobli ici par la mort; plaidoyer de Montherlant pour son propre dégagement à l'égard des luttes politiques?

Plus représentatifs encore du talent de Montherlant romancier, *Les Garçons* (1969). Dans cette évocation d'une adolescence, et du « paradis des enfants » qu'est un collège religieux d'avant 1914, se rejoignent tous les thèmes successifs de l'écrivain : la sensualité dominée par la tendresse chez les adolescents, leur attachement à la gloire du collège, leur avidité de réforme morale, la religion sans Dieu d'un prêtre athée passionné par son rôle d'éducateur, l'indépendance du fils attendri et exaspéré par sa mère. Tout cela forme un hymne à la vertu et au bonheur juvéniles. La composition romanesque, très diversifiée, fondée sur l'alternance des tons, le goût des digressions et des interventions, a le charme de l'architecture baroque. Elle l'emporte de beaucoup sur la régularité compassée de la pièce qui traite d'un des épisodes des *Garçons (La Ville dont le prince est un enfant)*. Si la morale de Montherlant a pu paraître bien suspecte, avec ses jeux de l'hédonisme et de l'héroïsme, son syncrétisme superficiel, c'est dans *Les Garçons* que l'on retrouve la source très pure de cette exaltation sensuelle et moraliste à la fois. Ce livre, où le romanesque et l'autobiographique se fondent dans une franchise allègre, devrait faire oublier toute la défiance que Montherlant a pu susciter tant par les éloges qu'il ne cesse de se décerner, par ce qu'il appelle lui-même « l'administration » de son œuvre, que par le personnage de Romain, égaré dans un siècle indigne, qu'il joue avec obstination. Le roman traditionnel, dans toute sa variété, joint ici le bonheur de l'expression à l'expression du bonheur.

On hésite à ranger aux côtés de tels écrivains, qui ne se sont plus consacrés au romanesque que par intermittence, la production de **Georges Simenon** dont la fécondité est un cas rare dans l'histoire de la littérature. Littérature ou infra-littérature? Simenon semble appartenir par certains aspects à la seconde catégorie : un rythme industriel, l'attachement à l'enquête policière ou au fait divers, un style si neutre qu'on a pu le croire nul, tout cela appartient au genre policier (*cf.* chap. 28). Mais de cette masse inégale, on retiendrait sans mal, surtout depuis la guerre, une dizaine de chefs-d'œuvre, où les puissances du roman s'exercent avec souveraineté. Entre autres : *Trois Chambres à Manhattan*, *Lettre à mon juge*, *La Neige était sale*, *La Mort de Belle*, *Les Complices*, *En cas de malheur*. Les personnages créés par Simenon sont rarement inoubliables, mais il décrit admirablement comment, à l'occasion d'un incident ou d'un fait divers, un personnage se décompose et comment une conscience se révèle à elle-même dans l'échec ou dans la chute. Il mêle à une sorte de coup d'œil médical qui sonde les reins et les cœurs, un don de sympathie fraternelle qui lui fait épouser la quête de ses personnages, tâtonnant vers une vérité d'eux-mêmes qu'ils ont dû se cacher, vers les secrets de l'enfance ou du désir. Le fait divers, la catastrophe, la déchéance ne sont là que pour arracher les masques mal ajustés de la vie sociale et révéler l'existence dans ce qu'elle a d'anxieux et d'incertain. L'écriture même est beaucoup plus délibérée

Cl. Brassaï.

Henry de Montherlant.

Buffet. A.D.A.G.P. cl. B.N.

Illustration de Bernard Buffet pour *Recherche de la pureté* de Jean Giono (éd. Greuzevault, 1953).

qu'on ne le dit; Simenon réduit son vocabulaire et simplifie son style jusqu'à donner l'illusion d'une voix anonyme. Sans doute André Gide se laissait-il emporter lorsqu'il disait que certains romans de Simenon allaient plus loin que *L'Étranger* de Camus, « et comme sans le savoir, ce qui est le comble de l'art ». Mais on est étonné de tout ce qu'il y a de neuf et de troublant dans les meilleures de ces œuvres.

Romanciers d'après-guerre

Parmi les romanciers qui se sont fait connaître après la guerre, on distinguera quelques tendances, sans prétendre rendre compte de toutes les œuvres notables. La tradition naturaliste est sans doute la plus féconde. Elle imprègne les romans d'Hervé Bazin; une verve vindicative la relève. La révolte de l'enfant contre sa famille (*Vipère au poing*, 1948), la fureur du jeune homme contre une société répressive et pharisienne (*La Tête contre les murs*, 1949) sont exprimées avec vigueur mais aussi avec hargne. Le naturalisme évoque ici, non plus la société dans son ensemble, mais ce qu'en voit un héros qui refuse de s'y adapter : il se combine avec la vivacité de l'autobiographie. Relèvent de même du naturalisme les chroniques acides de Maurice Druon (*Les Grandes Familles*, 1948). La dénonciation sarcastique des dynasties prospères de banquiers ou d'industriels n'a cependant pas la même portée que du temps de Zola : plus cynique, parfois plus crue, elle reste cependant assez inoffensive et traduit même l'attachement de l'auteur aux milieux dont il détaille les indignités. Le naturalisme y est finalement moins critique que mondain. Naturalisme encore, mais tempéré par l'influence de Tolstoï, dans l'œuvre abondante d'Henri Troyat. Aussi à l'aise dans l'évocation de la Russie de 1815 (*La Lumière des Justes)* que dans la chronique des Russes réfugiés en France *(Étrangers sur la terre)*, la description de la société moderne *(Les Eygletière)*, ou la biographie des romanciers russes, Troyat représente une sorte de perfection dans la mise au point et la fusion des traditions diverses. Il en arrive à un degré de savoir-faire où le roman, n'offrant plus la moindre résistance au lecteur, allant au-devant de ses désirs et de ses nostalgies, existe moins comme une production littéraire que comme un produit de consommation. Quand la tradition comble l'attente du lecteur, mais ne lui apporte plus aucune surprise, quand l'échec même de l'écrivain n'est plus concevable, on peut dire qu'il y a triomphe de la tradition, mais c'est peut-être moins dans la littérature que dans la communication de masse.

Un public plus restreint, mais plus fervent s'attache à une tradition moins assurée, celle du mystère, du fantastique. On évoquera ici, parfois inspirés par Alain-Fournier, les romans d'André Dhôtel. Ceux d'Henri Bosco (*Malicroix*, 1948), à partir d'une apparence de roman rural, atteignent à une poésie mystérieuse qui a captivé, entre autres, Gaston Bachelard (*cf.* chap. 30) et lui a inspiré de subtils commentaires. Robert Margerit (*Mont-Dragon*, 1944), Noël Devaulx *(Sainte Barbegrise*, 1952) expriment un fantastique discret ou un merveilleux insolite. N'appartenant vraiment ni au roman traditionnel ni au roman nouveau, ce sont des romans singuliers, qui explorent les domaines de l'imaginaire.

Entre ces deux pôles opposés, celui du naturalisme, qui découpe la vie, et celui de l'imaginaire, qui dessine la forme de nos rêves, on pourrait sans doute aligner les rubriques dans un type d'énumération que Robert Desnos a jovialement parodié : « Roman psychologique, roman d'introspection, réaliste, naturaliste, de mœurs, à thèse, régionaliste, allégorique, fantastique, noir, romantique, populaire, feuilleton, humoristique, d'atmosphère, poétique, d'anticipation, maritime, d'aventure, policier, scientifique, ouf! et j'en oublie. » Il vaut mieux constater qu'une foule de romans échappe à ces rubriques meurtrières, sans qu'aucun ait vraiment imposé un nouvel ordre romanesque.

Aux alentours des années 1950, un mouvement s'est dessiné, qui avait l'allure d'une renaissance du roman. Réagissant vivement contre la littérature engagée à l'honneur depuis 1945, les « hussards », et à leur tête **Roger Nimier,** imposaient un roman de la désinvolture où s'alliaient l'allégresse et la dérision. Ils se réclamaient de Stendhal, ils réhabilitaient Drieu La Rochelle, Paul Morand (qui donne toujours à ses récits autant de fantaisie que de naturel), Chardonne (dont les derniers romans montrent autant de subtilité que de monotonie). Agressivement « dégagés », ils ne s'en tournèrent pas moins vers l'extrême droite : c'est le milicien et non plus le résistant qui est le héros favori de Roger Nimier. A une littérature convaincue et sentencieuse semblait succéder une littérature de l'insolence et du bonheur d'écrire. *Le Hussard bleu* de Nimier paraissait galoper de concert avec le *Hussard* de Giono.

Et de fait les romans de Nimier séduisent: *Les Épées* (1949) et *Le Hussard bleu* (1950) qui en est la suite, retraçant l'itinéraire cocasse qui fait d'un résistant un milicien puis d'un milicien un soldat qui occupe l'Allemagne vaincue, montrent une grande virtuosité : autobiographie narquoise d'adolescent, montages de monologues successifs rondement menés, style oral dont la brutalité trahit l'imitation de Céline, goût des maximes amères ou acérées, digressions sarcastiques contre les valeurs d'un univers qui s'écroule. Le cocktail attire plus qu'il ne retient : la verve de Nimier, qui triomphe dans certaines pages, ne se maintient pas dans l'ensemble du roman. *Histoire d'un amour* (1953), où passent des échos de Scott Fitzgerald et d'Hemingway, apparaît comme un effort nostalgique pour restaurer l'esprit des années folles, le climat d'une autre après-guerre. *Les Enfants tristes* (1951), au titre significatif, tombent, malgré la variété des procédés, dans des variations psychologiques assez conventionnelles. La désinvolture et la dérision, parfois salubres, deviennent à la longue désespérées et grinçantes. Le dernier mot du *Hussard bleu* le montre bien : « Vivre, il me faudra vivre encore quelque temps, parmi ceux-là. Tout ce qui est humain m'est étranger. »

[Nous sommes pour les massacres]

François Sanders vient d'entrer dans la Résistance (il passera ensuite dans la Milice, c'est-à-dire la Collaboration). Il dîne avec un officier gaulliste, très réservé à l'égard des attentats individuels qui entraînent des exécutions d'otages.

Ensuite, l'effet de l'alcool que je supporte si mal, la chaleur, la bêtise? je ne sais, mais enfin, quelque chose m'a poussé dans l'éloquence et j'ai tenu à cet officier si chauve une sorte de raisonnement. — Les attentats sont d'abord des gestes de révolte. Tout y est spontané. Cependant, comme il y a plus de plaisir à tuer un officier ou un policier qu'un simple soldat, on prépare ces meurtres. Du moment où on les calcule, on y réfléchit. Avec la réflexion, vient la morale. Tout cela rentre dans un plan qu'on développe avec ordre ou démesure. Mais ni Marcel Cachin * ni le général de Gaulle ne peuvent en parler, pour des raisons électorales. Les peuples occupés songent à sauver leurs meubles, cela va de soi. Les électeurs sont lâches. Il s'agit d'animer cette torpeur, de creuser le fossé.

* Député communiste, directeur de *L'Humanité*.

L'officier que nous tuerons n'aura aucune importance. Ce qui comptera, ce seront les cinquante otages fusillés, cinquante familles de vengeurs... Les Français sont avares et peureux, plutôt par habitude que par nature. Dès qu'ils ont perdu quelque chose, ils acceptent de tout perdre. En tuant leurs parents, on leur ouvre l'imagination, on leur inspire la vraie colère qui produit de nouveaux meurtres. Ce ne sont pas quelques milliers de résistants — dont la moitié sont de mauvais républicains — qui sauveront la France. Ce seront les massacres. Nous sommes pour les massacres. Nous condamnons à mort cinquante notables toutes les semaines — tous les jours quand nous pourrons. En 17 *, on fusillait des mutins pour refaire le moral des troupes. Nous continuons. Un pays occupé est une nation en armes. Ils sont tous mobilisés. Mais pour leur imposer les disciplines de la colère et de la haine, nous ne pouvons compter que sur l'Armée allemande. Le plan des nazis est de dissimuler la terreur et de ne pas laisser traîner de cadavres dans les rucs. Le nôtre n'est pas plus compliqué : il est à la source de ces taches de sang, ces curieuses petites affiches rouges * que vous voyez à l'entrée des métros...

* Allusion aux refus d'obéissance qui se produisirent, en 1917, dans l'armée française, et aux mesures prises pour les réprimer.

* Affiches allemandes, annonçant les exécutions.

Roger Nimier, *Les Épées*, éd. Gallimard.

— Monologue cynique d'un jeune « activiste » : goût de la violence, mépris pour toute justification morale (9), mépris pour les chefs (10-11) et pour les masses (13-14, 17-18); exaltation de la politique du pire (29-36).

— Un rythme rapide et sec : concision désinvolte (1-4); accélération croissante d'un raisonnement absurde et logique (8-24); maximes expéditives (17-18, 28-29). Une verve gouailleuse qui se souvient de Céline.

— Sens de cette dérision collective? François Sanders dans *Le Hussard bleu* : « J'appartiens à cette génération heureuse qui aura eu vingt ans pour la fin du monde civilisé [...]. Votre confort, vos progrès, nous vous conseillons de les appliquer aux meilleurs systèmes d'enterrements collectifs. Je vous assure que vous en aurez grand besoin. »

De Nimier, on pourrait rapprocher les romans charmants et amers d'Antoine Blondin. Son talent de conteur et sa fantaisie rappellent Marcel Aymé; les premiers romans de François Nourissier séduisent par l'agrément de la narration et les grâces de l'analyse. La plupart de ces romanciers se sont tus, se sont tués (Roger Nimier), ou ont pris une autre voie. L'influence de ce mouvement, qui n'était peut-être qu'une réaction, n'est pourtant pas négligeable. On retrouve ses valeurs (goût de l'analyse, cynisme adroit, affectation d'indifférence, penchant pour l'érotisme ou la passion, et bien sûr désinvolture) aussi bien dans les romans de Françoise Sagan que dans ceux de Roger Vailland. Et cette réaction a eu le mérite de délivrer la littérature de l'esprit de sérieux, en lui rendant le plaisir d'écrire qui tendait à se perdre.

On a déjà évoqué les engagements et les dégagements de **Vailland,** les influences éclectiques toujours bien maîtrisées dans ses romans. Le savoir-faire d'un écrivain rompu au journalisme et aux dialogues de cinéma s'ajoute à l'habileté d'un romancier qui conduit à merveille les intrigues entrecroisées. Attaché à un idéal aristocratique de l' « homme de qualité », recherchant la solidarité dans le communisme, il se projette dans des héros partagés entre l'érotisme et l'idéologie et qui concilient tranquillement le modèle du libertin avec celui du militant. Une écriture vigoureuse évoque des caractères énergiques et des corps sensuels, mais l'Histoire ne cesse de peser sur le destin de ces personnages, qu'elle les exalte ou qu'elle les accable. Les héros sont moins attachés à l'amour-passion, « cette obsession que provoquent chez certains hommes les femmes qu'ils n'ont jamais possédées », qu'à l'amour physique. « Pour la plupart des romanciers l'aventure est terminée lorsque les deux antagonistes parviennent à coucher ensemble. [...]. Pour moi, c'est à ce moment qu'elle commence. » De fait, Vailland décrit les conflits et les dégradations du couple avec « le regard froid » qu'il admire chez les libertins, mais aussi avec la véhémence de l'amour-fou. C'est sans doute là qu'on cherchera le meilleur de son œuvre. Une œuvre diversement jugée, qui restera sans doute comme le reflet des tentations de ce siècle, éprouvées par un caractère mobile et énergique qui se voyait lui-même sous les traits de Laclos et de Stendhal.

[Un duel à mort]

Hélène, jeune institutrice de village, est attirée par Milan et Roberte; elle raconte à son fiancé, Duval, le récit que Milan lui a fait de sa jeunesse.

« ...Au dix-huitième mois de leur liaison, Milan prit l'initiative de rompre avec Roberte. Il partit pour un long voyage afin d'éviter toute occasion de réconciliation. Mais bientôt il regretta sa décision...

« *Dans les premiers jours de notre séparation, avait raconté Milan, je me sentis heureux, dispos et léger, comme l'enfant à l'entrée des vacances, le conscrit le jour de la classe, le roi qui vient d'abdiquer, le vicieux guéri de son vice, — mais vous ne savez pas ce que c'est qu'un vice. Puis j'eus besoin de Roberte. Cela se manifesta tout soudainement, il m'en souvient avec beaucoup de précision, c'était le dix-septième jour après mon départ, vers quatre heures de l'après-midi. Une angoisse d'abord, un vide où je tombai puis qui se creusa au nœud des nerfs solaires, qui s'agrandit enfin jusqu'à devenir identique à la totalité de moi-même. C'était aussi un appel, un manque, un creux dans chaque muscle, dans chaque parcelle de chair, dans chaque cellule. Comment décrire le besoin de l'être aimé? La faim, la soif, le manque d'air ne touchent qu'une part de nous-même; quand Roberte me manquait, je criais tout entier. Ne plus s'appartenir, ne plus se posséder est la pire des humiliations. C'est pourquoi deux amants qui s'aiment de passion ne peuvent que se détester, comme l'ivrogne déteste le vin, le drogué la drogue, le joueur les cartes et le pédéraste les invertis. La passion qui enchaîne l'un à l'autre deux êtres libres ne peut se terminer que par la destruction de l'un ou de l'autre; c'est un duel à mort. « Mais, avait protesté Hélène, toutes les passions ne sont pas fatales. » Bien sûr, avait répondu Milan. C'est aussi que les êtres libres sont rares. Seuls les souverains peuvent devenir héros de tragédie. Les amours de leurs sujets forment le nœud des comédies. »*

« ... Quand Milan, poursuit la jeune fille, revint à Paris, Roberte était devenue la maîtresse d'Octave * et elle vivait chez lui.

* Le meilleur ami de Milan.

— C'est une garce, dit Duval.

— Qui pouvait mieux qu'Octave exciter la jalousie de Milan? Elle avait imaginé de s'attacher celui-là pour reconquérir celui-ci.

— S'ils avaient été des hommes, ils se seraient mis d'accord pour la congédier et ne jamais la revoir.

— L'amour n'est pas si simple », répond Hélène, qui a appris beaucoup de choses depuis huit jours.

Milan, pour reconquérir Roberte, laisse Octave se suicider.

Roger Vailland, *Les Mauvais Coups*, éd. du Sagittaire.

— Procès de l'amour-passion : impression fallacieuse de libération (1-13), retombée dans le besoin et l'obsession (13-21), dépossession de soi ou destruction de l'autre (21-32). Stratégie de la reconquête (33-43).

— Les divers plans du récit : le récit au discours indirect, résumé par Hélène (1-4, 33-39); le discours direct de Milan (5-27); le dialogue des jeunes gens (33-43). Jeu de superpositions entre le dialogue actuel et le dialogue évoqué.

— Roger Vailland et les héros de Stendhal : « Ce qui nous fait chérir Julien, Fabrice, Lamiel, Lucien ou la Sanseverina, ce n'est pas l'abandon qui soumet à l'amour, mais la force de caractère qui permet de l'assouvir, c'est l'appétit de bonheur qui prouve l'homme de cœur et la tête froide qui trouve les moyens de le satisfaire. »

L'étonnant succès de **Françoise Sagan** en 1954 n'est peut-être pas aussi inexplicable qu'on l'a prétendu. Il y eut sans doute la stupéfaction du public à voir s'exprimer avec justesse et sincérité une jeune femme qui éludait les tentations aimables du « roman féminin ». Il y eut aussi une curiosité naïvement scandalisée qui cherchait dans ces romans l'image d'une jeunesse amorale. Ils faisaient entendre une voix qui ne haussait guère le ton, pleine de tendresse et d'amertume. On est ici très près des romans de Nimier, mais la désinvolture y est plus gracieuse, et la tristesse plus douce. Inaccessible aux idéologies, « dégagée » sans même y penser, Françoise Sagan a toujours évoqué un univers de richesse, d'oisiveté et de luxe, mais ce n'est là qu'un décor privilégié pour des naufrages sentimentaux qu'elle évoque à mi-voix, mêlant le goût de l'analyse et le charme de l'inachevé. Ses sujets, d'une simplicité constante, se limitent aux figures du couple ou du trio. L'économie des moyens n'est pas chez elle le résultat d'une ascèse délibérée, mais de limites naturelles qu'elle a su ne jamais dépasser. Œuvre fragile sans doute, et qui au cours des ans perd son mélange d'innocence et de perversité qui avait tant frappé dans *Bonjour tristesse*, pour devenir le roman, plus traditionnellement féminin, de la passion impossible dans la société de consommation. Si Françoise Sagan a très souvent évoqué *L'Âge de raison* de Sartre ou *L'Invitée* de Simone de Beauvoir comme les romans qui ont eu sur elle le plus d'influence, ses meilleures pages rappelleraient plutôt Scott Fitzgerald. Chez elle comme chez lui, « toute vie est un processus de démolition », l'alcool et la richesse déploient leur magie, mais font régner le gâchis et précipitent les désastres. Dans les deux œuvres, la même mélancolie mélodieuse, le même désespoir tranquille, et la grâce d'une écriture qui fait penser à un air de « blues » assourdi.

[Ce sentiment inconnu]

Premières pages de *Bonjour tristesse* (1954).

Sur ce sentiment inconnu dont l'ennui, la douceur m'obsèdent, j'hésite à apposer le nom, le beau nom grave de tristesse. C'est un sentiment si complet, si égoïste que j'en ai presque honte alors que la tristesse m'a toujours paru honorable. Je ne la connaissais pas, elle; mais l'ennui, le regret, plus rarement le remords. Aujourd'hui, quelque chose se replie sur moi comme une soie, énervante et douce, et me sépare des autres.

Cet été-là, j'avais dix-sept ans et j'étais parfaitement heureuse. Les « autres » étaient mon père et Elsa, sa maîtresse. Il me faut tout de suite expliquer cette situation qui peut paraître fausse. Mon père avait quarante ans, il était veuf depuis quinze; c'était un homme jeune, plein de vitalité, de possibilités, et, à ma sortie de pension, deux ans plus tôt, je n'avais pas pu ne pas comprendre qu'il vécût avec une femme. J'avais moins vite admis qu'il en changeât tous les six mois! Mais bientôt sa séduction, cette vie nouvelle et facile, mes dispositions m'y amenèrent. C'était un homme léger, habile en affaires, toujours curieux et vite lassé, et qui plaisait aux femmes. Je n'eus aucun mal à l'aimer, et tendrement, car il était bon, généreux, gai, et plein d'affection pour moi [...] *

Les premiers jours furent éblouissants. Nous passions des heures sur la plage, écrasés de chaleur, prenant peu à peu une couleur saine et dorée, à l'exception d'Elsa qui rougissait et pelait dans d'affreuses souffrances. Mon père exécutait des mouvements de jambes compliqués pour faire disparaître un début d'estomac incompatible avec ses dispositions de Don Juan. Dès l'aube, j'étais dans l'eau, une eau fraîche et transparente où je m'enfouissais, où je m'épuisais en des mouvements désordonnés pour me laver de toutes les ombres, de toutes les poussières de Paris. Je m'allongeais dans le sable, en prenais une poignée dans ma main, le laissais s'enfuir de mes doigts

* La narratrice, son père et la maîtresse de ce dernier, Elsa, s'installent pour l'été dans une villa, au bord de la Méditerranée.

en un jet jaunâtre et doux; je me disais qu'il s'enfuyait comme le temps, que c'était une idée facile et qu'il était agréable d'avoir des idées faciles. C'était l'été.

Françoise Sagan, *Bonjour tristesse*, éd. Julliard.

— Ouverture du roman : rupture entre le présent (1-8) et un passé tout récent (9-37). Un été heureux vu à travers une « tristesse » encore inexpliquée (6-8) : le bonheur d'un père et d'une fille complice (9-22), la mer (23-37).

— Les tons : mélodie douce-amère (1-8); portrait attendri et indulgent, proche du cliché (12-16, 19-23); ironie innocente (25-29); lyrisme atténué par la lucidité (33-37).

— « Elle (Françoise Sagan) fait tenir dans les mots les plus simples le tout d'une jeune vie. Et il est vrai que ce tout n'est rien, et que ce rien, c'est pourtant la jeunesse, la sienne, celle de tant d'autres, en fait de tous ceux qui ne se donnent pas. » (François Mauriac, 1956.)

On peut rapprocher du succès de Françoise Sagan celui de Christiane Rochefort avec *Le Repos du guerrier* (1958). Même succès du côté du public et de la critique à la fois : on s'étonna de voir une femme parler de ses désirs avec la même franchise crue qu'un homme à l'égard des siens. En un sens le succès venait d'une rupture avec une tradition : celle du « roman féminin » où la romancière se doit d'étaler les délicatesses exquises de sa sensibilité. Mais il venait aussi du recours à une tradition solidement établie du roman masculin, rehaussée chez elle par un bagoût gouailleur et une audace tranquille. Ce roman semble illustrer la citation mise en exergue au *Deuxième Sexe* de Simone de Beauvoir : « Tout ce qui a été écrit par les hommes sur les femmes doit être suspect car ils sont à la fois juge et partie. » Le roman traditionnel doit peut-être son regain de vitalité à ce qu'il est devenu, pour une bonne part, le fait des romancières.

Le Roman et l'Histoire

Le roman a renoncé, on l'a vu, à dominer l'Histoire, ou à embrasser l'ensemble de l'époque moderne. Si l'on met à part le roman engagé et le roman partisan, il reste un roman que l'on pourrait dire « historique » dans la mesure où il propose, avec peu de retard sur l'événement, une forme romanesque du témoignage ou de l'actualité. Le roman historique, à proprement parler, celui qui part à la recherche du temps passé et tente de le faire ressurgir, reste bien vivant. Il est cependant fortement concurrencé par l'histoire romancée qui emprunte au roman traditionnel, hors son étiquette, tous ses procédés. Les biographies à la fois érudites et romancées d'André Maurois *(Prométhée ou la vie de Balzac)* ont une innombrable postérité, mais on notera surtout les tentatives de Maurice Druon : *Les Rois maudits*, qui ne font pas oublier Dumas père, et *Les Chevaux du Soleil* (1967) de Jules Roy, qui retrouve le processus du roman cyclique pour décrire la colonisation de l'Algérie. Le roman historique, dans ce cas comme dans *La Semaine sainte* (1958) d'Aragon (*cf.* chap. 4), est une manière détournée de mettre en lumière les problèmes du présent. Plus complexes et plus ambitieux sont les romans de **Marguerite Yourcenar** : *les Mémoires d'Hadrien* (1951), autobiographie apocryphe de l'empereur romain du second siècle, *L'Œuvre au noir* (1968), biographie intellectuelle d'un héros imaginaire du XVIe siècle hanté par les tentatives de l'alchimie, les mystères de l'hermétisme, les recherches sur le corps humain. Avec un art très recherché, Marguerite Yourcenar recrée le paysage intellectuel et la vie intérieure des époques passées. Usant à la fois de l'érudition et de ce qu'elle appelle la magie sympathique, elle donne à chacun de ses récits le ton d'une voix singulière, celle d'Hadrien ou de Zénon. L'individu et l'histoire se répondent dans ces biographies imaginaires qui réfractent un siècle à travers une conscience. Le roman historique exprime ici une recherche spirituelle : méditation sur la sagesse chez le vieil Hadrien, quête de la vérité et de la substance dans *L'Œuvre au noir*. Le roman historique, tel que le conçoit Marguerite Youcenar, accuse la continuité des formes culturelles et met en œuvre leurs métamorphoses. Au prix d'anachronismes concertés, il réussit à prendre une signification actuelle à travers les images des civilisations disparues.

[Il s'était vu voyant]

Zénon, médecin, alchimiste, cherche à sonder les mystères de la vie et « l'abîme » qui nous entoure : « Il se servait de son esprit comme d'un coin pour élargir de son mieux les interstices du mur qui de toutes parts nous confine. »

Un matin, au cours d'une de ses promenades d'herboriste, une occurrence insignifiante et presque grotesque le fit réfléchir; elle eut sur lui un effet comparable à celui d'une révélation illuminant pour un dévot quelque saint mystère. Il était sorti de la ville au point du jour pour se rendre à l'orée des dunes, emportant avec lui une loupe qu'il avait fait construire sur ses spécifications par un lunettier de Bruges, et qui lui servait à examiner de près les radicelles et les graines des plantes ramassées. Vers le midi, il s'endormit couché à plat ventre dans un creux du sable, la tête contre le bras, sa loupe tombée de sa main reposant sous lui sur une touffe sèche. Au réveil, il crut apercevoir contre son visage une bête extraordinairement mobile, insecte ou mollusque qui bougeait dans l'ombre. Sa forme était sphérique; sa partie centrale, d'un noir brillant et humide, s'entourait d'une zone d'un blanc rosâtre ou terne; des poils frangés croissaient sur la périphérie, issus d'une sorte de molle carapace brune striée de crevasses et bossuée de boursouflures. Une vie presque effrayante habitait cette chose fragile. En moins d'un instant, avant même que sa vision pût se formuler en pensée, il reconnut que ce qu'il voyait n'était autre que son œil reflété et grossi par la loupe, derrière laquelle l'herbe et le sable formaient un tain comme celui d'un miroir. Il se redressa tout songeur. Il s'était vu voyant; échappant aux routines des perspectives habituelles, il avait regardé de tout près l'organe petit et énorme, proche et pourtant étranger, vif mais vulnérable, doué d'imparfaite et pourtant prodigieuse puissance, dont il dépendait pour voir l'univers.

Il n'y avait rien de théorique à tirer de cette vision qui accrut bizarrement sa connaissance de soi, et en même temps sa notion des multiples objets qui composent ce soi. Comme l'œil de Dieu dans certaines estampes, cet œil humain devenait un symbole. L'important était de recueillir le peu qu'il filtrerait du monde avant qu'il fît nuit, d'en contrôler le témoignage et, s'il se pouvait, d'en rectifier les erreurs. En un sens, l'œil contrebalançait l'abîme.

Marguerite Yourcenar, *L'Œuvre au noir*, éd. Gallimard.

— L'expérience étrange d'un savant, herboriste à ses heures. Un univers monstrueux (12-20); l'œil humain reflété (20-24); un renversement de perspectives : de l'univers à l'homme, de la chose vue à l'œil (25-38).

— Variété des techniques et des styles : récit traditionnel, teinté d'archaïsme (2) et de couleur locale (7-9), précis et parfois précieux (1-9); hallucination préparée (9-12), décrite avec minutie (12-19) : géométrie des formes, nuances de la matière, couleurs et teintes (*cf.* Robbe-Grillet). Commentaire philosophique soulignant les inflexions d'une recherche (30-33), jeu de symboles sur l'œil et le monde (33-38).

Le roman qui se veut miroir de l'histoire immédiate est fortement influencé, après la guerre, par l'exemple de Malraux. Comme son modèle, il cherche à « transformer en conscience une expérience aussi large que possible »; il ne créera pas d'œuvres aussi fortes, mais il témoignera longtemps d'une aptitude du roman à donner forme à l'expérience vécue.

Les drames et les problèmes des trente dernières années transparaissent dans toute une série de romans souvent vigoureux, rarement inoubliables. La guerre et la Résistance ont suscité bien des ouvrages où la part du récit et celle de la fiction restent difficiles à démêler : le désastre de 1940 se reflète dans *Week-end à Zuydcoote* (1949) de Robert Merle, l'occupation dans *Le Silence de la mer* (1943) de Vercors, la Résistance dans *Éducation européenne* de Romain Gary (1945), livre qui domine encore une œuvre féconde. Les rescapés des camps de concentration en ont exprimé la barbarie sous la forme du récit (Robert Antelme : *L'Espèce humaine*) ou du roman (David Rousset : *L'Univers concentrationnaire*). Loin de se délivrer de cette expérience, Jean Cayrol, aux frontières de la tradition, esquisse un « romanesque lazaréen » et retrouve « un réalisme concentrationnaire dans chaque scène de notre vie privée » : l'homme continue à vivre dans un « insaisissable camp », l'écrivain ne peut qu'entreprendre une « comédie inhumaine » (*cf.* chap. 24). Le génocide du peuple juif inspire de nombreux romans et en particulier *Le Dernier des Justes* (1959) de Schwarz-Bart, où est retracé sur le ton de la chronique et de l'épopée « le martyre d'Ernie Lévy, mort six millions de fois ». La guerre d'Indochine a suscité les romans assez âpres de Jean Hougron *(Tu récolteras la tempête)*, mais c'est dans *L'Histoire de la guerre d'Indochine* par Lucien Bodard que se dissimule, sous l'apparence d'une chronique historique, le véritable roman de ce conflit. La guerre d'Algérie, quant à elle, a fait naître toute une littérature romanesque qui ne lui a pas survécu. On retiendra *Les Feux mal éteints* de Philippe Labro, postérieurs de quelques années à l'événement, et pour cela même passés inaperçus. C'est là sans doute la faiblesse de ces œuvres : la pression toujours plus vive de l'actualité les contraint à être produites et consommées sans attendre. Dès que l'événement tombe dans l'histoire, c'est-à-dire dans l'indifférence, le roman qu'il inspirait y tombe aussi.

Les dernières années voient une série de romans refléter les mutations perceptibles de la société et le passage à ce qu'on a appelé la société de consommation. Dans *Les Petits Enfants du siècle* (1960), Christiane Rochefort a décrit avec une verve désespérée la solitude d'une adolescente, aînée d'une famille nombreuse : les H.L.M., la machine à laver, la voiture, les ventes à tempérament, les allocations familiales, et même les vacances, constituent un cauchemar à peine climatisé. La narratrice, harassée par des frères et sœurs surnuméraires, mais rémunérateurs pour ses parents, en vient à ne plus vivre que pour les quelques instants de solitude qu'elle parvient à se ménager : « [...] j'attendais que ça se passe. J'attendais que la journée se passe, j'attendais le soir, le soir, qui, rien à faire, finirait par venir, et la nuit, qui les aurait tous, qui les faucherait comme des épis mûrs, les étendrait pour le compte, et alors je serais seule. Seule. Seule. C'est moi qui tenais la dernière. » On retrouvera le miroir de cette société de consommation dans *Les Belles Images* (1966) de Simone de Beauvoir, et *Un jeune couple* (1967) de Jean-Louis Curtis, deux œuvres qui mettent en scène les différentes aliénations que cette société provoque dans nos sentiments ou dans notre langage.

Il existe donc des romanciers qui se sont efforcés de donner forme au présent et d'en informer. Mais on n'en découvre aucun chez qui l'expérience historique ait été intégrée dans un roman de la condition humaine. Depuis quelques années, le public semble d'ailleurs préférer aux figures de roman des visages nus. Le récit direct, le témoignage brut, le « vécu », d'un côté, l'essai, le montage de documents, l'histoire instantanée, de l'autre, semblent supplanter le roman. Mais le roman ne s'avance-t-il pas masqué, dans des narrations qui prétendent à l'authenticité du « spontané » et du « vécu », et qui nous proposent en fait des fictions autobiographiques, sinon des autobiographies fictives ?

L'autobiographie

C'est un fait assez général que le passage de beaucoup de romanciers à l'autobiographie dans ces dernières années. Elle peut prendre des aspects fort divers. Les *Mémoires intérieurs* de François Mauriac ne sont que le journal d'un lecteur (*cf.* chap. 6). *Les Antimémoires* de Malraux s'établissent à l'opposé de ce qu'il appelle « l'introspection-aveu », c'est-à-dire de la littérature de confession (*cf. ibidem*). *Les Mots* de Sartre sont pour une part le récit d'une enfance, mais surtout l'analyse de ses relations avec le langage et l'écriture (*cf.* chap. 3). Le seul point commun à des autobiographies si diverses serait que l'auteur parle en son propre nom et de lui-même. A partir de là il peut s'orienter aussi diversement que le Montaigne des *Essais*, le Rousseau des *Confessions*, le Chateaubriand des *Mémoires d'Outre-Tombe*. Il reste qu'à la différence de ses devanciers, il ne peut complètement ignorer, même s'il la repousse, l'influence de la psychanalyse : elle fait peser le soupçon sur toutes les certitudes de la mémoire ou de l'introspection, et réserve à ses méthodes propres l'investigation de l'inconscient. Elle aurait dû, logiquement, décourager l'écrivain de la confession autobiographique, et Malraux a pu dire avec raison que « les aveux du mémorialiste le plus provocant ne sont rien en face des monstres qu'apporte l'exploration psychanalytique, même à ceux qui en contestent les conclusions ». Mais en fait la psychanalyse a plutôt encouragé la passion de la connaissance de soi et la chasse aux secrets opaques de l'enfance. L'autobiographie tente aussi l'écrivain par d'autres aspects : elle reste un récit, autorise tous les modes de narration, et, à supposer qu'elle ne donne jamais dans la fiction (ce qui est douteux), elle crée une figure mythique de la personne. En tout cela elle se rapproche du roman.

Julien Green, tout au long de ces dix dernières années, s'est surtout consacré à une vaste enquête sur son enfance et sa jeunesse : *Partir avant le jour* (1963), *Mille Chemins ouverts* (1964), *Terre lointaine* (1966). Comme Gide dans *Si le grain ne meurt*, Green recherche dans son enfance les secrets ou les traumatismes qui ont pu l'amener à l'homosexualité et au puritanisme, mais ce sont bien les ruses du diable, et non celles de l'inconscient, que Green pourchasse avec une application inlassable. « Je sais bien qu'on ne peut pas tout mettre sur le dos du Malin. Il y a la nature, cette bonne à tout faire du diable, et notre corruption qui se chargent du gros œuvre, mais on ne voit pas sans un intérêt horrifié le parti que notre ennemi tire des circonstances et du mécanisme subtil des causes et des effets. » Cet intérêt horrifié règne sur ces souvenirs où passe aussi la présence de Dieu dans une vie d'homme. Green esquisse plus qu'il ne décrit, le trait est plus flou que dans ses romans. Il s'interdit de styliser et de concentrer. L'homme apparaît mieux, avec sincérité et abandon, mais l'écriture y perd de sa vigueur. L'œuvre, indéfiniment ouverte, est guettée par la tentation de l'intarissable qui s'exerce fréquemment sur le projet de l'autobiographie.

Inlassable, éternellement fragmentaire, **Marcel Jouhandeau** prodigue, avec trop de générosité peut-être, son autobiographie permanente : entre autres, six volumes pour le *Mémorial*, treize pour les *Journaliers*. Aux contes et récits de l'avant-guerre a succédé une confidence ininterrompue. Au conflit aigu, qui opposait dans la même âme la sainteté et l'abjection, l'orgueil mystique et l'homosexualité, semble se substituer une philosophie païenne du bonheur. Jouhandeau ne transpose plus Guéret, sa ville natale, en Chaminadour, il ne se dissimule plus derrière Monsieur Godeau, son double romanesque, pour pouvoir s'entretenir avec Dieu d'égal à égal. Il ne faudrait pas voir en lui, cependant, un simple chroniqueur de sa vie quotidienne : les *Chroniques maritales*, toujours renouvelées, font de « Marcel » et d'« Élise » une institution quasi mythique, un théâtre quotidien de la cruauté conjugale. Dans ses meilleures pages, Jouhandeau déploie son art de saisir les âmes et de capter leurs mystères. L'*Essai sur moi-même* (1945) représente peut-être son chef-d'œuvre. Déjà décidé à « tout dire », mais encore obsédé par le sentiment du péché, il poursuit une méditation heureuse et inquiète sur ses relations avec Monsieur Godeau, avec Dieu, avec Élise, avec le style, et même avec ses élèves.

[Une espèce de meurtre]

Je crois n'avoir commis dans toute ma carrière de professeur qu'une faute grave, mais cette faute est un crime, une espèce de meurtre. Ma victime fut un enfant et mon arme la colère. De cela il y a bien une vingtaine d'années, les faits me sont toujours présents, comme actuels et même si Dieu me pardonne, à cause de l'ombre de X. qui me le cache, jamais je ne verrai tout à fait le Paradis, à moins que ce ne soit lui qui m'en ouvre la porte et qui m'y prenne par la main gentiment. Nous venions de faire connaissance à la rentrée, un gamin de treize ans, bien fait, grand, mince, un peu pâle, distingué, qui me regardait avec des yeux si avides, si ardents à s'instruire que je l'avais d'emblée adopté, installé devant moi et toujours je m'adressais à lui, sans m'en rendre compte, comme s'il avait été seul avec moi en leçon particulière, mais je m'aperçus bien vite que c'était peine inutile. Pas un mot de sa bouche je ne tirais à longueur de journée, ses devoirs nuls. Un muet. Un soliveau. Les zéros s'additionnaient. A la fin, n'y tenant plus, à cause de cette attention passionnée qui me fascinait, je décidai d'obtenir, coûte que coûte, quelque chose de lui; je l'entreprenais, je le pris à parti avec douceur d'abord, avec fermeté ensuite, convaincu de mon pouvoir, du pouvoir que j'avais de le faire sortir de lui lentement avec son assentiment et bientôt, s'il le fallait, par attaques brusquées, malgré lui; à force de le presser de toutes parts, je m'y obstinais, je briserais bien cette fragile tête, apparemment si bien faite et j'y porterais l'étincelle qui l'animerait, qui nous permettrait de nous entendre, qui donnerait tout son sens à son extase, qui lui permettrait de me faire savoir qu'il avait compris enfin quelqu'une de ces choses si peu mystérieuses que je répétais à satiété pour lui et qu'il écoutait avec une ardeur si rare et si vaine. Hélas! je ne me tins que trop fidèlement parole, mais comment, après tant d'efforts, ma patience se changea-t-elle, tout d'un coup lassée, en violence, ma violence en exaspération, mon exaspération en fureur? Je crois certes de ma vie n'avoir fixé sur quelqu'un regard chargé de plus de reproche, d'une rancune plus noire. C'est qu'il y avait de mon côté plus que du découragement, une sorte de désespoir et sans doute du sien un désespoir égal. Ce mutisme et cette immobilité conjugués venaient de me précipiter hors de moi. Non, jamais non plus je n'avais rencontré rien de pareil; jamais je ne m'étais heurté à un obstacle vivant, invincible à ce point et comme opiniâtre dans son refus, dont j'avais seulement tort de le tenir pour complice et responsable et me voilà déchaîné, l'œil en feu, l'invective aux lèvres et tremblant de rage. A mes foudres l'enfant ne répondait pas autrement qu'à mes caresses : il se contenta de rougir un peu plus et de fermer les yeux, une larme coulait. Je n'eus pas à la suivre bien loin, pour mourir de honte; et de ces paupières baissées qui ne se relevaient plus, sans doute de peur de me surprendre encore défiguré par l'injustice, quelle bonne leçon je recevais de son calme, de son indulgence entière. Certes, la grandeur avait changé de camp. Jamais je ne me suis senti plus bas, plus près de la terre, plus humilié que devant ce petit visage que la douleur par ma faute auréolait. Le lendemain, la place de X. était vide, le surlendemain il ne reparut pas davantage et comme la semaine écoulée, la classe me semblait déserte, à constater cette seule absence, je me risquais à demander : « — X. ne reviendra sans doute pas au Pensionnat? » Le cours allait finir : « Comment le ferait-il, Monsieur? me répondit le semainier. Il est mort dimanche d'une embolie, et hier nous avons suivi son enterrement ».

Marcel Jouhandeau, *Essai sur moi-même*, éd. Gallimard.

— Un récit dramatique donnant une issue tragique à une situation comique et faisant se succéder tous les types de relation possible entre le maître et l'élève : sympathie (9-15), déception (16-18), zèle pédagogique (19-33), fureur (33-48), humiliation (49-59), consternation (59-66).

— Rapidité des changements de ton : solennité (4-9, 52-59), humour (16-20). Variété de la syntaxe : ampleur et complexité (9-15, 21-33), concision, inversions, ellipse (16-18). Variation du rythme, entre les déploiements de l'analyse (21-26) et l'animation rapide du récit (56, 59-66).

— Problèmes de l'autobiographie : culpabilité et remords, volonté de s'accabler (*cf.* le récit du « ruban volé » dans *Les Confessions* de Rousseau), mais complaisance de l'auteur pour son agilité intellectuelle, et allégresse évidente de l'écrivain.

L'œuvre de **Marcel Arland** est de celles où l'on sent le mieux le glissement du roman à l'autobiographie. Arland est sans doute aujourd'hui le maître de la nouvelle. Des ensembles profondément organisés comme *L'Eau et le Feu* (1956), ou *A perdre haleine* (1960) multiplient les chefs-d'œuvre de concentration : une même angoisse, un même trouble y sont savamment contrôlés. Les frustrations de l'enfant, les inquiétudes de l'adolescent, les déchirements du couple, l'impossibilité de communiquer créent un univers sombre et tourmenté. La nouvelle associe la mise en scène d'un instant critique et l'évocation d'un paysage âpre. Elle traduit presque toujours, à travers le tourment d'êtres « tout ensemble avides et meurtris », la recherche « d'un accord avec le monde fondamental ». Une écriture retenue domine une expérience si douloureuse qu'elle appellerait spontanément « le cri, le balbutiement, ou le silence ». A la concision et à la densité de ces nouvelles répond une certaine effusion des récits autobiographiques, où l'on pourrait voir de modernes « rêveries d'un promeneur solitaire ». Utilisant avec bonheur le genre des « lettres imaginaires », associant la méditation vagabonde et le récit de voyage, Arland atteint à ce qu'il appelle la musique des anges, cette voix qui naît du trouble intérieur et qu'il cherche à surprendre à l'état naissant, « dans le cœur et dans l'ombre ». Une prose sévère et dépouillée, mélodieuse cependant, donne sa mesure à une souffrance qui est sans doute irrémédiable, mais qui se voit parfois un instant conjurée.

[J'ai revu ma mère]

Tant de choses... J'ai revu ma mère, qui vit seule depuis que son grand fils est mort. Nous avons passé deux jours ensemble. Chaque regard que je portais sur elle, c'était un déchirement. J'écoutais sa plainte, cette longue lamentation qui semble sortir du fond des âges. Cependant, le dernier jour, elle s'est quelque peu apaisée. Nous dînions, je l'ai entendue évoquer de vieux souvenirs, et, songeant que nous n'avions jamais été aussi calmes l'un devant l'autre, j'ai voulu comprendre ce qui s'était passé entre nous. J'ai parlé enfin. Je l'ai interrogée sur moi. Tout était-il de ma faute? « Je n'ai pas eu une enfance heureuse », lui ai-je dit. Elle m'a répondu qu'il y en avait de plus malheureuses, et que j'avais eu ceci, cela... « Mais, maman, dès trois ans j'avais un père mort. Te rappelles-tu le cimetière où, chaque jeudi, chaque dimanche, tu m'emmenais pour des heures? » Elle a détourné le propos, comme si l'image de ces tombes se fût, un seul de mes jours, effacée. Je lui ai rappelé les nuits où, me glissant hors de la maison, par le jardin, je descendais la route et restais contre la baraque du cantonnier, sous l'auvent, jusqu'à l'aube. Je lui ai dit que je n'avais rien connu de meilleur que ce silence nocturne, et que je n'avais été sauvé que par ce monde qui accueillait un enfant. Elle a parlé de la ville. Je lui ai dit que, lorsqu'elle était à la ville pour les études de mon frère, je couchais, moi, chez mes grands-parents, dans la chambre de leur fils mort, dans la sulfureuse odeur qui ne l'avait pas quittée, dans la crainte, dans l'attente du retour, dans une solitude qui n'était qu'une prison. Elle m'a vaguement regardé, de ses pauvres yeux presque aveugles. Je lui ai dit : « Mon frère était meilleur que moi, je le sais bien. Mais de moi tu semblais toujours te méfier. Je pouvais lire, rester seul, gagner la rue, descendre la côte, aller dans les bois : je sentais toujours ta méfiance. On aurait cru que je te faisais peur. Qu'est-ce que tu redoutais donc? » Elle a murmuré : « C'est que tu n'étais pas comme les autres. — Mais en quoi? J'étais ton enfant. » Je l'ai pressée : hésitante d'abord (il y avait trop à dire, sans doute, et à quoi bon!), cédant enfin. Elle a parlé; et tout ce qu'elle se rappelait de moi, c'étaient des révoltes. Tout ce que j'avais fait dans ma vie, c'était par révolte et obstination. J'avais toujours dit non, non à tout, non à chacun, à mes parents, au curé (« Te rappelles-tu? »), à nos voisins, à nos amis, et quand j'étais au collège, et quand j'étais au régiment, et... « Eh bien, me suis-je écrié, avais-je tort? Rends-toi compte. » Elle a souri, du coin de ses lèvres gercées : « C'est ta nature, mon pauvre enfant. » Mais il m'a semblé que dans ces mots, dans sa voix, il n'y avait plus enfin de reproche.

Marcel Arland, *La Musique des anges*, éd. Gallimard.

— Un fils âgé, cherchant auprès de sa mère la tendresse qu'elle lui a refusée, enfant : du déchirement (4-5) à un relatif apaisement (45-48). Récit d'une conversation : jeu des pronoms personnels (je, elle) marquant la difficulté de la communication.

— Recours très large au discours indirect (12, 18, 21, 24, etc.), introduit par des verbes mis en valeur; discours indirect libre (40-44); passage au discours direct pour certaines répliques (13-16, 30-35, etc.). Usage du passé composé; absence de coordination (*cf. L'Étranger* de Camus).

— Autobiographie et psychanalyse. Arland : « On ne choisit pas sa blessure. Elle naît au monde avec nous, mais de plus loin et, il me semble, de plus haut. Nous n'avons qu'à l'assumer. »

Si elle attire les romanciers, l'autobiographie devient aussi une sorte de carrefour où se retrouvent en littérature des hommes qui lui sont à l'origine étrangers, philosophes ou ethnographes par exemple. La philosophie classique utilisait certes l'autobiographie, mais chez Descartes ou chez Spinoza, celle-ci n'était qu'une présentation fictive, destinée à favoriser l'entrée du lecteur dans un système rationnel. *L'Histoire de mes pensées* (1936) d'Alain est bien une autobiographie, mais strictement philosophique. Rien n'y entre de l'enfance ou de la vie privée. Au contraire, dans les autobiographies qui apparaissent depuis quelques années, l'écrivain cherche à ressaisir la totalité d'une vie en y marquant la continuité d'une recherche philosophique ou scientifique. Parmi des œuvres très diverses, on s'attachera à *Tristes Tropiques* (1955) de Claude Lévi-Strauss et à *De fil en aiguille* (1960) de Brice Parain.

Lévi-Strauss, dont les travaux d'ethnographie sont essentiels, et dont *L'Anthropologie structurale* a exercé une influence capitale sur les sciences humaines, n'appartient sans doute pas à l'ordre de la littérature. Mais il la rencontre avec éclat par le biais de la critique (*cf.* chap. 30) et surtout de l'autobiographie. *Tristes Tropiques* est sans doute un livre inclassable, superposant diverses structures : récits de voyage d'un savant qui hait les voyages et les explorateurs, autobiographie d'un homme pour lequel le « moi » est haïssable et peut-être inexistant, méditation de l'ethnographe sur sa vocation et ses recherches, confrontation des sociétés modernes et des sociétés « primitives », souvent à l'avantage de ces dernières. On y verra surtout, de notre point de vue, une autobiographie complexe, qui poursuit, à travers un « voyage philosophique » ponctué d'incessants retours en arrière, une définition de la culture, de la science et de la sagesse. Se plaçant sous l'invocation de Rousseau dont il confirme souvent les vues par l'enquête sur le terrain, Lévi-Strauss égale parfois son modèle par la rigueur de son style et par l'étendue de son registre (lyrisme, ironie, humour, éloquence, variations musicales). *Tristes Tropiques* rappelle à la fois les deux *Discours* de Rousseau et ses *Confessions*. Les recherches de la science, les jeux de la mémoire et de la culture s'y entrecroisent; les formes du récit et celles de l'essai y conjuguent leurs attraits. On songe en lisant ce livre que si le roman, comme le pense Maurice Blanchot, a perdu sa capacité « d'absorber et de concentrer presque toutes les forces » de l'écrivain, l'autobiographie retrouve parfois ce pouvoir.

Cl. Snark International.

Fabius von Gugel, *Paysage onirique :* « Comme l'œil de Dieu dans certaines estampes, cet œil humain devenait un symbole. » (Marguerite Yourcenar, *L'Œuvre au noir.*)

L'épouillage chez les Nambikwara (extrait de *Tristes Tropiques* de Claude Lévi-Strauss).

Cl. éd. Plon.

[Une enquête ethnographique]

L'ethnographe, boudé par des Indiens misérables à qui il doit « faire pardonner sa présence », est réduit à la solitude et à l'inaction.

Surtout, on s'interroge : qu'est-on venu faire ici? Dans quel espoir? A quelle fin? Qu'est-ce au juste qu'une enquête ethnographique? L'exercice normal d'une profession comme les autres, avec cette seule différence que le bureau ou le laboratoire sont séparés du domicile par quelques milliers de kilomètres? Ou la conséquence d'un choix plus radical, impliquant une mise en cause du système dans lequel on est né et où on a grandi? J'avais quitté la France depuis bientôt cinq ans, j'avais délaissé ma carrière universitaire; pendant ce temps, mes condisciples plus sages en gravissaient les échelons; ceux qui, comme moi jadis, avaient penché vers la politique étaient aujourd'hui députés, bientôt ministres. Et moi, je courais les déserts en pourchassant des déchets d'humanité. Qui ou quoi m'avait donc poussé à faire exploser le cours normal de ma vie? Était-ce une ruse, un habile détour, destinés à me permettre de réintégrer ma carrière avec des avantages supplémentaires et qui me seraient comptés? Ou bien ma décision exprimait-elle une incompatibilité profonde vis-à-vis de mon groupe social dont, quoi qu'il arrive, j'étais voué à vivre de plus en plus isolé? Par un singulier paradoxe, au lieu de m'ouvrir un nouvel univers, ma vie aventureuse me restituait plutôt l'ancien, tandis que celui auquel j'avais prétendu se dissolvait entre mes doigts. Autant les hommes et les paysages à la conquête desquels j'étais parti perdaient, à les posséder, la signification que j'en espérais, autant à ces images décevantes bien que présentes s'en substituaient d'autres, mises en réserve par mon passé et auxquelles je n'avais attaché aucun prix quand elles tenaient encore à la réalité qui m'entourait. En route dans des contrées que peu de regards avaient contemplées, partageant l'existence de peuples dont la misère était le prix — par eux d'abord payé — pour que je puisse remonter le cours de millénaires, je n'apercevais plus ni les uns ni les autres, mais des visions fugitives de la campagne française que je m'étais déniée, ou des fragments de musique et de poésie qui étaient l'expression la plus conventionnelle d'une civilisation contre laquelle il fallait bien que je me persuade avoir opté, au risque de démentir le sens que j'avais donné à ma vie. Pendant des semaines, sur ce plateau du Mato-Grosso occidental, j'avais été obsédé, non point par ce qui m'environnait et que je ne reverrais jamais, mais par une mélodie rebattue que mon souvenir appauvrissait encore : celle de l'étude numéro 3, *opus* 10, de Chopin, en quoi il me semblait, par une dérision à l'amertume de laquelle j'étais aussi sensible, que tout ce que j'avais laissé derrière moi se résumait.

Claude Lévi-Strauss, *Tristes Tropiques*, éd. Plon.

— L'ethnographe et la société occidentale : intégration ou évasion (1-21), nostalgie de la culture européenne dans l'exil (25-48), ambiguïté de la rupture avec l'Europe (7-8, 41-44). L'obsession musicale involontaire (45-48).

— Méditation sur le voyage, ses incertitudes et ses déceptions (Lévi-Strauss : « Était-ce donc cela, le voyage? Une exploration des déserts de ma mémoire plutôt que de ceux qui m'entouraient? »). Mise en question de l'unité d'une existence (38-41).

— L'art de l'écrivain : série d'interrogations, d'alternatives et d'antithèses (1-25), dialectique concentrée (25-31), raccourci d'expression (32-34), dureté (13-14). Narration de type proustien, fils tissés entre le passé et le présent : « la petite phrase » de Chopin (37-48).

Un effort analogue pour faire se rejoindre la méditation autobiographique et l'enquête philosophique inspire, dans un style différent, l'œuvre de **Brice Parain.** Philosophe, il a été obsédé par les problèmes du langage; écrivain, il a été tenté par le roman et le théâtre. *De fil en aiguille* confronte sans cesse les exigences d'une philosophie et les expériences d'une vie. Entre les recherches théoriques sur le langage et le contact difficile d'un homme avec la guerre ou la Russie soviétique, il s'établit un va-et-vient incessant de la pensée, semblable à cet « aller-retour » par lequel Sartre caractérisait la philosophie de Parain.

Un style presque oral, familier, énergique, défiant à l'égard de la dialectique, cherche à écarter le mensonge inhérent au langage social et à serrer au plus près la relation fondamentale d'un homme avec les autres. On trouverait dans cette œuvre discrète des réussites d'écrivain dignes de Queneau. Brice Parain est sans doute l'un des rares philosophes à n'écrire ni dans le langage du XVIIIe siècle, ni dans la terminologie spécialisée, mais, un peu à la manière de Socrate, à parler sa philosophie, comme il le fait, de manière savoureuse, dans le film de Jean-Luc Godard : *Vivre sa vie.* Toute son œuvre exprime un effort pour comprendre la faillite des grandes espérances du siècle et pour maintenir une communication entre les hommes.

[L'autre mensonge]

Paysan, étudiant, soldat, philosophe, Brice Parain est amené chaque fois à s'interroger sur le fonctionnement du langage.

Quand j'étais au collège, je me figurais, comme tout le monde, que les paroles exprimaient les pensées des personnes qui les disaient. Tout était simple, alors. J'écoutais, je répondais, j'étais d'accord ou pas, souvent pas, d'ailleurs, mais je pensais qu'il n'y avait qu'à continuer ainsi. Puis, j'ai découvert très vite que l'on pouvait mentir. Je ne m'en suis pas privé, au reste. C'était à peu près le seul moyen que nous avions pour nous défendre contre les parents et l'administration. Seulement ce n'était pas si facile pour que ça prenne. Par bonheur, cette sorte de mensonge, uniquement volontaire et de combat, ne met en question que la morale. La morale qui était dans l'air, à cette époque-là, était la morale de bande. Ce mensonge-là y avait sa place naturelle, comme n'importe quelle arme de la guerre civile. Ce n'était pas encore très dangereux pour mon équilibre. J'ai appris ensuite à connaître l'autre mensonge, celui dont on n'est pas le maître, et qui ne peut venir que dans les articulations de notre moi, entre ce qui se passe en lui et ce qu'il dit, parce qu'il y a du jeu dans leurs engrenages. Le mot moi est bien imprécis là, pour sûr, mais quel terme choisir pour désigner ce qui n'est la plupart du temps qu'un besoin, au fond de nous, celui de la cohérence, rarement un état. On a dit une chose, on la fera ou on ne la fera pas, on en était capable ou non, elle n'a sans doute été que l'un des visages possibles de ce qu'on était au moment où on l'a dite. Comment ne pas en être gêné, honteux même? On appelle cela le tragique de la vie. C'est tout simplement une position intenable. Il faut en sortir. On ne la tient que par force ou par défi, tant que le moteur tourne, comme on tient une automobile un peu folle dans un passage difficile, quitte ou double. Mais c'est parce qu'on espère bien arriver à la paix de l'âme, quand tout ne fait plus qu'un, ce qu'on aime, ce qu'on fait, ce qu'on dit.

Brice Parain, *De fil en aiguille*, éd. Gallimard.

— L'illusion d'un langage adéquat à la pensée (1-5); fonction sociale du mensonge (5-15); le mensonge intérieur : incertitude du moi et de son langage (16-27); une solution provisoire soutenue par l'espoir de l'unité (28-34).

— La philosophie dans l'autobiographie : rythme du dialogue, style oral et naïf (3-5). Syntaxe réduite à l'élémentaire (23-26), définitions qui font la part de l'approximation (20-23, 31-34). Réduction délibérée du lexique *(On... c'était...)*

— « Parain ne commence pas ses recherches avec l'impartialité inhumaine du linguiste. Il a mal aux mots et il veut en guérir. Il souffre de se sentir décalé par rapport aux mots. » (Sartre.)

Quel est l'avenir de l'autobiographie? Son registre est très varié. Pour reprendre la distinction faite par Malraux, elle peut aussi bien scruter « ce misérable petit tas de secrets » que tout homme porte en lui que dessiner l'image d'un homme qui se définit par ce qu'il fait. Elle prend chez Michel Leiris des formes extrêmement complexes et élaborées qui échappent à toute classification (*cf.* chap. 19). Dans une littérature plus traditionnelle, elle s'établit souvent, aux confins du roman, du récit et de la chronique, comme une entreprise quasi permanente. Elle peut exaspérer par sa monotonie et son ressassement, l'éclat vite terni des aveux provocants. Mais elle contraint aussi l'écrivain, plus soucieux de communiquer que de créer, à renouveler les formes du récit. Les livres récents de François Nourissier représentent sans doute l'effort le plus intéressant dans ce sens : on y retrouve les vertus traditionnelles du roman d'analyse et les subtilités complexes de l'auto-analyse. L'équilibre y est constamment maintenu entre l'impudeur des aveux et la pudeur ironique du ton. Cette œuvre séduisante semble s'établir à égale distance de Drieu La Rochelle et de Michel Leiris, de la tradition et de l'invention.

[L'exploration autobiographique]

Extrait d'*Un petit bourgeois* (1963), qui fait suite à *Bleu comme la nuit* (1958) et qui précède *Une histoire française* (1966). L'auteur a donné comme titre à l'ensemble : *Un malaise général.*

Avant de m'aventurer à écrire certaines des pages de ce récit, je me suis imaginé entrant brusquement dans une pièce où, réunis, mes amis, mes ennemis, ma famille et les personnes que j'aime — étrange ménagerie — viendraient précisément de les lire, ces pages, et dans le silence lèveraient les yeux sur moi et me regarderaient. Je dois dire que le résultat de cette petite expérience promettait d'être catastrophique. Les années aidant, nos rapports avec les êtres prennent une opacité, une solidité tout à fait satisfaisantes et qui peuvent faire illusion. Les vérités que nous sommes amenés à formuler éclatent là-dedans et provoquent du dégât : des fissures, des passages de lumière. Je puis l'avouer : j'ai systématiquement cherché à fissurer ce bloc massif, mou, sans contours ni saveur. J'ai voulu aiguillonner le bœuf. Le regard qui finit par exister, rassurant, archi-connu, comme une ficelle tendue entre nos yeux et les yeux de qui nous aimons (et la ficelle pourrait servir à « étendre » le linge sale, pourquoi pas?), ce regard a besoin de chavirer un peu. Je sais telle personne dont les yeux, plus jamais, n'auront pour me voir, après ce livre, la même couleur. Vous me direz que vous vous fichez éperdument de cette intéressante affaire de couleur et que la création tout entière pourrait bien me faire de l'œil, ou l'œil noir, ou l'œil narquois, voire de vulgaires clins d'œil, sans que vous souhaitiez être mêlé à ces manèges de famille. C'est votre droit. Je ne fais pas le trottoir devant la librairie. Mais je crois que le destin général des textes dérive directement de leur destin particulier. La force de persuasion et de dissuasion exercée par un livre dépend d'un but étroit, précis, que l'auteur s'est fixé dans la discrétion de sa conscience. Destiné à rétablir dans leur vérité mes rapports avec des êtres proches, il me semble que ce livre pourrait ébranler d'autres conforts, dire à haute voix d'autres secrets, et finalement éclairer le comportement d'un certain type d'homme devant un certain paysage social. C'est parce que les corps, les mémoires, les rêves et les ruses se ressemblent, que l'effort du roman, dispersé entre le particulier et le général, me semble moins fécond que l'exploration autobiographique. Celle-ci, farouchement attelée au particulier, et au seul particulier que l'honnêteté risque de nous faire jamais connaître, devient ainsi tout à fait utilisable par le commun des lecteurs.

François Nourissier, *Un petit bourgeois*, éd. Grasset.

— L'autobiographie dans la vie de l'écrivain : une variante du jeu de la vérité (1-21). L'objection à l'entreprise (21-26). Utilité de l'autobiographie (27-42), comparée à celle du roman.

— Les diverses portées de l'autobiographie : l'agression (6-8), la clarification des rapports avec autrui (31-32), le goût de la généralisation (39-42).

— Les tons : dosage du sarcasme (21-25), de la vulgarité (17-18, 26), de la tendresse (19-21), de la provocation (10-15).

— Reprise des thèmes de Michel Leiris qui voulait avec *L'Age d'homme* « faire un livre qui soit un acte [...]. Acte par rapport à autrui puisqu'il était évident qu'en dépit de mes précautions oratoires, la façon dont je serais regardé par les autres ne serait plus ce qu'elle était avant la publication de cette confession » (1945).

Dans les usages multiples qui en sont faits, l'autobiographie semble éclater : aux romanciers éprouvés, elle permet, sinon de se reconvertir, du moins de s'exprimer à découvert, sans recourir à des fictions dont ils ont perdu le goût. Au personnage créé par le romancier se substitue le personnage de l'écrivain qui se raconte ou s'analyse. Des esprits qui s'expriment ordinairement par l'essai ou le traité peuvent, par le biais du récit biographique, retrouver l'unité d'une vie et d'une pensée. Une recherche des structures imaginaires ou mythiques de la personnalité peut se poursuivre à travers un travail de décomposition ou de recomposition du vécu. Ajoutons, mais il s'agit d'une zone qui échappe sans doute à la littérature, la narration spontanée, orale ou écrite, à l'état brut, qui connaît de très vifs succès : une masse de lecteurs dévore les odyssées de bagnards évadés ou de filles repenties. A tous ces types de récits, on ne saurait trouver un modèle commun. L'autobiographie est moins un genre avec ses règles qu'une limite vers laquelle on tend : aucun récit ne peut prétendre à la sincérité absolue de la confession; le « journal intime », qui pourrait, au prix de l'insignifiance, s'en rapprocher, est peu pratiqué, en tout cas peu publié. Même si l'écrivain et le lecteur souhaitent que s'établisse entre eux une communication immédiate de personne à personne, il ne s'agit là que d'un mythe attendrissant ou réconfortant. L'autobiographie, qui implique une élaboration du récit, réintroduit la fiction, par le seul fait qu'elle crée une figure fictive de la personnalité. Elle tient à la fois du roman atténué et de l'essai dramatisé, du témoignage et du testament. On soupçonne là, bien sûr, une dégradation ou une dilution de l'art du roman. Thibaudet, il y a un demi-siècle, affirmait avec énergie : « Le romancier authentique crée ses personnages avec les directions infinies de sa vie possible, le romancier factice les crée avec la ligne unique de sa vie réelle. Le vrai roman est comme une autobiographie du possible [...] » Mais, depuis le temps où le roman régnait avec une confiance absolue dans ses pouvoirs, les perspectives se sont modifiées : « les directions infinies de la vie possible » ne s'ouvrent plus au romancier qui a perdu ses accents conquérants; la fiction n'est souvent que le déguisement à peine voilé d'une expérience vécue; et c'est pour échapper à la facticité de ce romanesque dégradé, que l'écrivain, soucieux de retrouver une authenticité creuse « la ligne unique de sa vie réelle ». Celle-ci lui paraît plus profonde et plus ramifiée qu'on ne le croyait jadis. Les formes du récit et de l'essai, du mythe et du symbole parfois, se mêlent dans ces tentatives autobiographiques. Loin de constituer un genre défini, elles témoignent plutôt de l'éclatement des genres littéraires.

Jean Giono

On ne reparle vraiment de Jean Giono qu'en 1951, à la publication du *Hussard sur le toit*. Et c'est pour s'apercevoir qu'un nouvel écrivain est apparu. La frayeur qui s'empare des critiques chaque fois qu'apparaît un nouvel écrivain les pousse à vouloir à tout prix lui trouver des antécédents : puisque Giono n'est plus Giono, il doit être quelqu'un d'autre. Nul besoin d'aller bien loin dans le livre pour identifier son modèle : « Ces Français, poursuivit-il, ne digéreront jamais Napoléon. Mais maintenant qu'il n'y a plus à se battre que contre des tisserands qui réclament le droit de manger de la viande une fois par semaine, ni vu ni connu, je t'embrouille, ils vont rêver à Austerlitz dans les bois plutôt que de chanter "Vive Louis-Philippe" sur le dos des ouvriers. Cet homme sans chemise n'attend qu'une occasion pour être roi de Naples. Voilà ce qui fait la différence des deux côtés des Alpes » : Giono c'était donc Stendhal. On fut un peu surpris, mais, comme beaucoup de jeunes écrivains de ces années-là, les « hussards » précisément, se prenaient eux aussi pour Stendhal, on crut que Giono avait voulu se rajeunir en se mettant au goût du jour. Lui-même ne songeait nullement à cacher son admiration : « De Stendhal je connais tout, les textes retrouvés, les marginalia. Il est le seul qui m'ait toujours donné une satisfaction totale. Peut-être parce qu'on trouve chez lui à la fois la rigueur et la richesse — mélange si rare. »

Ce catalogage expéditif évita de se poser des questions, on parla d'une deuxième manière, comme si Giono était Picasso. A chacun de ses nouveaux livres on se contentait de vérifier que c'était bien toujours « du Stendhal ». Giono ne faisait rien pour détromper l'opinion, et lui qui n'avait jamais quitté Manosque rapportait d'au-delà des Alpes un *Voyage en Italie* (1953) encore plus proche de son « dieu ». *Le Désastre de Pavie* (1963) rappela *Les Chroniques italiennes*, et *Le Bonheur fou* (1957), *La Chartreuse de Parme*. Et puis on se lassa, et les derniers livres de Giono, *Deux Cavaliers de l'orage* (1965), *Ennemonde* (1968), *L'Iris de Suse* (1970), parurent au milieu d'une assez large indifférence.

[Le bonheur est une recherche]

Au cours de leur voyage en Italie, au bord du lac de Garde, à Peschiera, Giono qui vient de citer quelques pages des *Mémoires* du général Govon, et quelques lignes de Dante, éprouve, avec ses amis, l'envie de déguster une friture dans une guinguette au bord du lac.

On nous sert finalement une exécrable friture. Ce sont des poissons blancs qu'on a plongés dans une bassine d'huile bouillante (et d'huile de graines). On ne sait généralement pas faire les fritures de poissons. Cela n'est pas particulier à Peschiera ni à l'Italie. On fait du poisson une chose rousse et craquante, alors que c'est une chair savoureuse quand on en respecte le goût délicat. Voilà ma méthode : très peu d'huile (et d'olive) dans la poêle. Il faut à peine la faire rire et, dès qu'elle rit, on y dépose le poisson. Il ne cuit que d'un côté, puis on le tourne. Il reste blanc, souple et juteux. On le sert avec l'huile dans laquelle tous ses jus ont mijoté. De cette façon, la sardine même est un régal. Les poissons de même qualité ont des goûts différents suivant les eaux dans lesquelles ils ont vécu. D'un torrent à l'autre, on a des surprises magnifiques. Allez vous y reconnaître quand vous croquez des sortes de salsifis à l'huile de ricin? J'ai vu des gens refuser certains poissons de lac parce qu'ils ont le goût de la vase. Et ils avaient raison. On leur servait ce goût de vase brut, assaisonné d'huile d'arachide bouillie. Or, même le goût de la vase est exquis si, au lavage d'abord, on n'en laisse qu'un peu et surtout si le jus même du poisson s'y mélange, si l'arôme d'une huile d'olive un peu fruitée s'y ajoute. Dégustez en plein vent, au bord de l'eau qui a fourni la nourriture, dans l'air qui a le même goût que le poisson. Vous n'imaginez pas comme tout est fait pour le plaisir. Il ne faut rien dédaigner. Le bonheur est une recherche. Il faut y employer l'expérience et son imagination. Rien ne paie de façon plus certaine. Le poisson de Peschiera est simplement une matière quelconque destinée à transporter de la cuisine à ma bouche une certaine quantité d'huile (et mauvaise) qui bout depuis une heure sur le feu. On a massacré cent mille petits goûts, cent mille occasions de se réjouir et même de s'émerveiller, cent mille images prêtes à naître sous ma langue. Il était inutile d'aller pêcher pour en arriver là; on pouvait atteindre le même résultat avec de la croûte de pain ou de l'éponge découpée en forme de poisson.

Je m'étonne que ce soit du travail d'Italien; d'ordinaire, ils savent. Notre serveuse est manifestement de Peschiera mais elle n'y est sans doute pour rien. Je vais faire un tour à la cuisine. Là aussi, tout le monde est de Peschiera, mais j'ai l'explication : ce sont des Italiens, mais ce sont des Italiens qui veulent gagner de l'argent.

Jean Giono, *Voyage en Italie*, éd. Gallimard.

— Texte de conteur autant dans la construction — le récit s'interrompt (1-5, 39-44) pour faire place à la recette (7-12) et aux réflexions (12-38) vite généralisantes *(il faut, il ne faut pas)* — que dans le ton : constants changements d'allure (14-19 par exemple), appels à l'auditoire.

— Le bonheur simple donné par la science des choses (14-15, 25) est traduit dans un langage simple, qui sait doser l'hyperbole méridionale (6-7, 13, 15, etc.) et les tournures pittoresques (9, 16, 34, etc.).

— Le prophète panthéiste s'est transformé en un sage épicurien qu'on ne peut s'empêcher de situer dans la lignée de Montaigne *(Journal de voyage en Italie)*, du président de Brosses *(Lettres sur l'Italie)*, de Stendhal et de Colette, et qui sait donner à la fois la recette du poisson et celle du bonheur.

Certains lecteurs persistent cependant dans l'étrange opinion selon laquelle Giono serait le seul des grands romanciers de l'avant-guerre à avoir poursuivi son œuvre, c'est-à-dire à l'avoir complétée et non répétée. La surprise éprouvée à la lecture du *Hussard* vient de ce qu'on n'a guère lu les livres publiés depuis *Le Chant du Monde* (1934) et surtout depuis la guerre. Les difficultés personnelles de Giono, son double emprisonnement, au début de la guerre pour refus d'obéissance, à la fin pour sympathie envers le régime de Vichy, ne sont peut-être pas étrangères à cet état de choses, non plus que l'éloignement de Giono par rapport au monde littéraire parisien. Isolé géographiquement dans sa Provence, il l'est sans doute encore davantage dans sa façon de voir et d'écrire : « Et puis, il y a la métaphysique, certes pas celle de Sorbonne, celle dont on est bien obligé de tenir compte lors de l'affrontement de la solitude irrémédiable et du monde. M. Sartre ne servirait pas à grand-chose, un fusil est par contre à maintes reprises très utile. » *(Ennemonde.)*

Les ouvrages de cette période, en particulier *L'Eau vive* (1943), *Un Roi sans divertissement* (1947), *Noé* (1947) marquent pourtant les étapes les plus significatives de ce qui est une évolution et non pas une mue. Il suffit de rappeler que les deux cents premières pages du *Hussard* étaient écrites depuis 1936, que *Deux Cavaliers* est annoncé dès 1943, pour saisir que l'œuvre de Giono possède une indiscutable unité organique, celle d'un développement qui va de la spontanéité à la réflexion, de la réflexion à la maîtrise.

Les livres d'avant-guerre étaient en effet les livres d'une certaine innocence, de l'enthousiasme lyrique qui pousse leur auteur à devenir le prophète pacifico-anarchiste du Contadour, cette ferme-chantier-auberge de jeunesse qu'il s'efforça d'animer vers 1936. Mais entre temps Giono, prenant la pleine mesure de ses talents d'écrivain, a transformé son univers. Il ne peut pas demeurer à tout jamais le barde d'un monde anachronique et virgilien. Il doit réfléchir à la fois sur le monde et sur lui-même. Sur le monde : c'est-à-dire introduire l'Histoire, replacer dans son évolution cette société rurale. Si Alithea, la fille d'Ennemonde, est recherchée « par tous les séminaires scientifiques du monde », c'est qu'elle a « publié un *Essai d'axiomatisation parfaite dans l'étude des invariants et de la théorie des treillis* ». Giono accomplit sur son coin de Provence un travail un peu semblable à celui de Faulkner sur son comté du Missisipi : ses chroniques et ses romans retracent « l'Histoire et la Géographie » du Haut Pays depuis six ou sept générations : « Ici ménage signifie domaine dans le sens qu'on donnait à ce mot entre Clovis et Charlemagne : une vaste organisation d'artisanats rustiques, et qu'on continue à donner dans le Haut et même Bas Pays. Avant que les temps modernes y aient installé une usine atomique, on citait en exemple "le ménage de Cadarache" ». Il ne proteste plus contre la civilisation moderne, il semble qu'il l'enregistre en historien ou en ethnographe responsable de cette culture en évolution. Mais la passion du romancier pour les êtres à part, les caractères hors du commun, les jeunes êtres très beaux ou les monstres, relègue vite au second plan cet intérêt documentaire. *Ennemonde* est d'abord l'histoire d'un personnage exceptionnel, énorme femme de cent quarante kilos, tombée amoureuse du lutteur de foire Clef-des-Cœurs, « amas de graisse et de muscles d'un mètre soixante de haut et d'un mètre cinquante de large ». Le roman d'amour vient éclairer d'un jour nouveau les événements de la chronique; la mort d'Honoré, le mari d'Ennemonde, rapportée sèchement au début du livre — « Le reste est normal et sans histoire. Honoré fut tué quelques années après d'un coup de pied de mulet, enfin, on suppose, et il y a de grandes chances pour que ce soit vrai » — devient la mort d'un mari jaloux des absences de sa femme : « Le neuvième jour en rentrant, elle trouva Honoré debout dans la cour. Enfin, il était à l'air libre, il voulait savoir d'où elle venait. Deux heures après, on le trouva sous les sabots du mulet. » Après cette nouvelle version du « bonheur dans le crime », la fin du livre, au présent, retrace la méditation d'Ennemonde sur le bonheur, le sien et celui de ses enfants, et sa lutte contre la mort qui vient, grâce au seul moyen qui lui reste, à elle paralysée, l'écoute de la Nature.

Réflexion sur lui-même également, c'est-à-dire sur l'écriture romanesque : dans *Noé*, roman du romancier, Giono mêle la vie personnelle de Jean Giono, sa vie d'écrivain, la vie persistante des personnages du *Roi sans divertissement* qu'il vient alors de terminer, celle des personnages qu'il n'a pas eu le temps de peindre, celle des personnages de son prochain roman, dans une profusion d'un fantastique grouillant qui submerge l'environnement réel de l'écrivain :

« J'avais présents sous les yeux des quantités de personnages qui ne sont pas entrés dans l'histoire. Ils étaient, comme les autres, grandeur nature; ils se déplaçaient sur le même tapis de sol et dans la même perspective. Ils étaient installés dans la treille de clairettes, sur la terrasse, dans la salle à manger, dans les escaliers, dans les chambres, dans le cabinet de toilette. On cueillait des raisins dans les barbes des bûcherons. [...] Pour aller au téléphone, il fallait traverser le menuisier, marcher dans un fossé où le cantonnier pelletait le gravier du dernier orage, mettre les deux pieds au milieu d'une bataille de chiens, prendre le récepteur dans un panier de truites froides. »

Il ne s'agit pas là seulement d'un procédé destiné à faire croire à la réalité des personnages de fiction, ni même d'un jeu pirandellien sur les difficultés d'un auteur en proie à ses personnages, mais de la représentation de la création romanesque elle-même, qui n'est pas sans annoncer le dernier stade de l'expérimentation d'un Robbe-Grillet (*cf.* chap. 24).

Le contrôle que le romancier de *Noé* essaie en vain de maintenir sur ses personnages (mais la mise en scène de cet échec marque en fait le triomphe de l'artiste) est la notion qui aide le mieux à comprendre l'évolution de Giono. De même qu'il s'était aperçu que « le bonheur est une recherche », il en est venu à une élaboration beaucoup plus poussée de ses moyens d'expression. D'abord dans la construction, où le flux de la grande voix panique des premiers ouvrages se complique, conduisant, par exemple, à la si savante construction en parallèle des *Âmes fortes* (1949). De plus en plus souvent il opte pour des constructions non-linéaires, écheveaux de fils qu'il dévide et interrompt en fonction non de l'intrigue ou de la chronologie, mais d'un plan dont il impose la logique à celle du réel supposé : le genre de la chronique telle que la pratique Giono, reconstitution de la vie d'un individu à travers les témoignages et les souvenirs du narrateur et de ses informateurs, exige en effet l'emploi de pareilles techniques.

Contrôle du style également : c'est la fin d'une certaine emphase, d'un goût qui s'accentuait pour le lyrisme panthéiste, la métaphore grandiose : « Nous allons voir l'homme. C'est lui qui est l'ombre. C'est lui qui est l'eau et le soleil. Va ma fille. » (*Que ma Joie demeure*, 1935.) Ce « côté Hugo » qui poussait Giono à toujours voir le général derrière le particulier s'efface au profit du « côté Stendhal » : le bonheur remplace la Joie, bonheur qui est individuel. Les titres eux-mêmes changent d'allure : *Ennemonde et autres caractères* marque l'un des termes actuels de cette évolution commencée avec les titres hautement symboliques de *Colline* et de *Regain*. La Nature est toujours présente, mais elle a cédé la première place aux individus. Les trois derniers romans approfondissent le style des chroniques de l'immédiat après-guerre déjà sourdement soumis à l'influence stendhalienne. Mais jamais il n'y a eu de rupture, de conversion à une mode — simplement maîtrise accrue de ce style nerveux, dont l'élaboration extrême vise à retrouver la vie du style oral, plein de sautes et de saccades, feu d'artifice jubilant d'éclairs et de repos soudains, — le style d'un écrivain qui a délaissé les accents de la prophétie pour ceux de la poésie.

[La foire des paons]

Marceau Jason, qui éprouve pour son jeune frère Mon Cadet une affection passionnée est allé le retrouver à Briançon où il fait son service militaire. Il a obtenu le droit de l'emmener avec lui acheter des chevaux pour le régiment.

Ce jour-là, Marceau eut non seulement la joie de retrouver ce qu'il * avait perdu et celle d'écraser facilement cette poussière de commandants et de généraux qui le privait de sommeil depuis un mois, mais le miraculeux de briller enfin, lui aussi, devant Mon Cadet. Et Mon Cadet, pétrifié devant son seau à pansage, aima tout à coup, au-delà de tout, ce maître des événements et des choses.

Les chevauchées pour la remonte * à travers les Alpes furent un long paradis. Mais, malgré tout, il fallait porter l'uniforme de négociant de mulets et du soldat détaché. Les Hautes-Collines furent le paradis et la liberté.

Ils allèrent à Lachau, à la foire d'Automne, la plus importante de l'année; la foire des paons.

A cette foire-là, on vend des paons. Il n'y en a pas cent mille; il y en a trente ou cinquante au plus. Mais pour cette sorte de chose c'est beaucoup. Il ne s'agit pas d'acheter de la volaille; il s'agit de s'acheter du contentement. Tous les marchands de paons sont de Saint-Hilaire. Tous les acheteurs sont des Hautes-Collines. Saint-Hilaire est un pays de coteaux, lieu de tendresses, plein de fleurs : cosmos, roses trémières, capucines de toutes les couleurs, et même des tournesols si éclatants dans le vert des prés qu'on les voit et qu'ils éblouissent depuis les lisières des Hautes-Collines. On comprend très bien que les gens de cet endroit vendent des paons. Inutile de dire ce que c'est ici, chez nous, au contraire : vert de bronze, noir et silence, à part le mugissement du vent. On comprend très bien pourquoi c'est le pays des acheteurs de paons. Non seulement le père d'Ariane *, mais tous les ancêtres d'Ariane, qui sont les ancêtres de Marceau et de Mon Cadet, ont eu dans le sang une passion irrésistible pour les paons. Tellement que la ferme qu'ils ont créée et tenue s'appelle le Pavon. Certains jours, par là, en 1850, et même encore il n'y a pas très longtemps, on a vu, à la fin de certains hivers particulièrement uniformes, le village tout entier s'en aller, comme

* Son frère.

* L'achat de nouveaux chevaux.

* La mère des deux frères.

sur un mot d'ordre, jusqu'au Pavon, pour regarder les paons. Cela se produisait à la saison où, dans les pays ordinaires, apparaissent les premières fleurs de printemps. Ici, rien n'apparaît, eh bien! on le force à apparaître avec des paons. C'est à la fois un luxe, et un défi.

Sacré tonnerre, Marceau mijotait quelque chose! En effet, il acheta un paon pour commémorer le printemps du cœur. Il acheta un paon de petite race; un de ceux qui restent de la taille d'un coq, mais ont la roue d'un émail plus vif que l'émail de la pluie au soleil. Il fallait bien ça pour empanacher le plus grand bonheur qu'il avait jamais eu. Il était impossible de dire jusqu'à quel point tout était neuf et rutilant. Il n'aurait pu jamais imaginer, même au plus fort de son orgueil, que Mon Cadet soit sa propriété particulière comme il était sûr qu'il l'était, et à chaque instant de plus en plus sûr.

Jean Giono, *Deux Cavaliers de l'orage*,
éd. Gallimard.

— Paroxysme et tension constante : dans les sentiments (6, 16, 31, etc.), les qualificatifs (9, 11, 16, etc.), les couleurs (22, 45), la progression des images (jusqu'à « pour empanacher le plus grand bonheur »), dans la rapidité syncopée du début (1-13) qui s'immobilise soudain en un récit qui n'est pas une digression mais une façon indirecte de peindre un tempérament éternel (33-34).

— La façon la plus directe de s'exprimer peut sembler maladroite : c'est la plus expressive (4, 16, 23, etc.).

— Roman et chronique : recul vers des formes surannées? Ou bien seule forme acceptable aujourd'hui pour une écriture romanesque ?

Choix bibliographique :

R.-M. Albérès, *Histoire du roman moderne*, Albin-Michel.

M. Nadeau, *Le Roman français depuis la guerre*, coll. Idées, Gallimard.

M. Raimond, *Le Roman depuis la Révolution*, coll. U, Armand Colin.

M. Zéraffa, *Personne et personnage, le romanesque des années 1920 aux années 1950*, Klincksieck.

M. Blanchot, *Le Livre à venir*, Gallimard.

C. Chonez, *Giono par lui-même*, Seuil.

Chapitre XII

Le théâtre de tradition

Que l'un des premiers grands succès de la vie théâtrale de l'après-guerre ait été, en 1945, la pièce de Giraudoux *La Folle de Chaillot* — mise en scène par Louis Jouvet qui avait étroitement collaboré à la notoriété de l'auteur, décorée par le grand décorateur des années trente Christian Bérard, interprétée par Marguerite Moreno, actrice célèbre depuis le début du siècle — pourrait laisser supposer que le conflit mondial n'avait constitué qu'un entr'acte un peu long dans la vie du théâtre français. Mais c'est le même Louis Jouvet qui, avant de disparaître en 1951, devait contribuer à imposer un des grands noms du Nouveau Théâtre en créant *Les Bonnes* de Jean Genet. Au théâtre, peut-être plus encore que pour les autres genres littéraires, du fait de la juxtaposition d'un texte et d'une mise en scène, la frontière entre les notions de tradition et d'avant-garde s'avère extrêmement difficile à tracer. C'est pourquoi il convient, avant d'étudier le théâtre de tradition, d'envisager dans leur ensemble les conditions nouvelles de la vie théâtrale de l'après-guerre. Ce sont elles qui définissent encore, en grande partie, la vie théâtrale des années soixante-dix, mais surtout, ce sont elles qui ont contribué à frapper de caducité toute une partie du répertoire de l'avant-guerre.

Le fait nouveau, essentiel, fut la prise en charge par l'État de tout un secteur de l'activité théâtrale. Le théâtre est désormais considéré comme un service public et reçoit des subventions qui vont permettre aux créateurs d'échapper, dans une certaine mesure, aux impératifs de la rentabilité. Il faut ici rappeler le nom de Jeanne Laurent qui fut, à la Direction des Arts et des Lettres, l'inspiratrice de cette politique qui constituait l'application de certaines des idées défendues avant 1940 par le célèbre Cartel des Quatre (Jouvet, Dullin, Baty, Pitoëff). Dullin, d'ailleurs, devait être quelque temps secrétaire général de la commission d'aide à la première pièce, qui permit à de jeunes écrivains de se faire connaître. Mais l'aide la plus importante fut celle apportée aux animateurs, metteurs en scène et comédiens : concours annuel des jeunes compagnies et, surtout, création des centres dramatiques de province. La province, depuis longtemps vouée aux sempiternelles « tournées » venues jouer, avec des acteurs en mal de cachet, les pièces à succès du théâtre de boulevard, va soudain retrouver une activité théâtrale autonome grâce à des compagnies permanentes qui deviendront rapidement de véritables centres d'animation culturelle. Les spectateurs de Lyon, de Nancy ou de Saint-Étienne, mais aussi de petites villes et de villages qui n'avaient jusqu'alors connu que des troupes de patronage, assistent enfin à d'authentiques créations. Hubert Gignoux, André Reybaz, Jean Dasté, Maurice Sarrazin, Roger Planchon, les Centres dramatiques de l'Ouest et de l'Est, la Compagnie du Nord, le Grenier de Toulouse, la Comédie de Saint-Étienne, le Théâtre de Villeurbanne, autant de metteurs en scène

Cl. Agnès Varda.

Le festival d'Avignon, au palais des Papes. En haut, une répétition (à gauche Jean Vilar, à droite Gérard Philipe); en bas, le *Dom Juan* de Molière : l'apparition du Commandeur à la fin du dîner.

Cl. Bernand.

et de troupes (ce sont les premiers en date, il y en aura d'autres) aussi importants que ceux de Paris pour la bonne connaissance du théâtre en France depuis la guerre.

Le théâtre en province, ce sont aussi les festivals d'été en plein air. Le premier fut celui d'Avignon, organisé en 1947 par Jean Vilar. D'autres, éphémères ou durables, se créèrent aux quatre coins de la France (Arras, Angers, Sarlat, Lyon, Vaison, etc.); les exigences de la représentation en plein air contribueront à imposer certains textes, à modifier mise en scène et jeu des acteurs.

La traditionnelle prééminence parisienne est donc sans cesse remise en question. Les disparitions successives de Pitoëff, de Dullin, de Copeau, de Jouvet et de Baty, dans les années cinquante, créent un vide qui sera pourtant rapidement comblé : on voit surgir, parmi bien d'autres, les noms d'André Barsacq, de Marcel Herrand, de Georges Vitaly (inséparable du théâtre d'Audiberti), de Jacques Fabbri, des Grenier-Hussenot. Mais les deux metteurs en scène, ou plutôt animateurs, les plus importants sont deux élèves de Dullin, Jean-Louis Barrault et Jean Vilar. Barrault fonde en 1946, avec sa femme, la comédienne Madeleine Renaud, la compagnie qui porte leurs noms; d'abord au Théâtre Marigny, puis à l'Odéon-Théâtre de France, qu'ils devront quitter après le mois de mai 1968, ils sont avant tout associés, nous l'avons vu, au théâtre de Claudel. C'est volontairement que Vilar quitte en 1963 le Théâtre National Populaire, qu'il dirigeait depuis 1951; ce théâtre, lui aussi subventionné par l'État, constitue l'exemple le plus significatif de tout cet effort de renouvellement. Modifiant les habitudes matérielles de la représentation (horaires, location, prix des places, tenue des spectateurs), imposant un répertoire difficile, souvent politique au meilleur sens du terme, mettant au point, pour triompher des dimensions inhabituelles du Palais de Chaillot, un style de jeu et de mise en scène dépouillé à l'extrême, Vilar fut à l'origine d'un véritable phénomène sociologique : la découverte par un public neuf d'un répertoire renouvelé.

Ce renouvellement des textes n'est pas limité au seul T.N.P. Un reclassement des valeurs, aussi brutal que général, s'opère alors, qui voit disparaître de l'affiche la plupart des auteurs à succès de l'entre-deux guerres : Sarment, Lenormand, Passeur ou Bourdet. Giraudoux lui-même est moins joué. On revient aux classiques, Corneille, Shakespeare, Molière, Racine, mais aussi Marivaux, Hugo et même Feydeau. Le théâtre de Claudel, on l'a vu, touche enfin un public plus large et plus varié que le cercle restreint de ses admirateurs fervents. On représente Lorca, Brecht, Tchékov, O'Casey. Seuls parmi les grands de l'avant-guerre, Anouilh, Salacrou et Cocteau font le lien avec l'époque antérieure. Des écrivains déjà célèbres viennent d'arriver au théâtre : Mauriac, Montherlant, Sartre et Camus. La veine du théâtre traditionnel de qualité semble à peu près tarie : Marcel Aymé, Thierry Maulnier, Félicien Marceau, la liste des nouveaux venus est vite dressée.

Mais qu'est-ce donc, en définitive, que le théâtre de tradition? Avant tout, un théâtre littéraire : le texte vaut par lui-même; certes, la représentation est utile pour transformer ce texte en spectacle, mais elle ne lui ajoute rien d'essentiel. Il s'agit à coup sûr d'un théâtre lié à la conception humaniste selon laquelle la parole suffit à l'expression et le verbe coïncide avec la pensée : rien dans l'individu qui ne puisse être dit. Cette primauté du langage implique une hiérarchie des genres; elle conduit à donner au tragique une place privilégiée, tandis que passent pour des divertissements négligeables le mime et la farce.

Tout ceci ne signifie pas qu'un tel théâtre soit voué à l'imitation de modèles admirés, à l'application de recettes éprouvées ou à la variation sur des thèmes reçus. Il n'ignore la création ni dans la langue, ni dans la composition des scènes, ni dans la vision du monde. Mais, si audacieux que soient ces dramaturges, leurs œuvres s'inscrivent finalement dans un cadre général où rien d'essentiel n'a changé : la permanence du genre se reconnaît en eux à un certain goût du réalisme, au souci de ne rien proposer qui heurte la vraisemblance psychologique admise par le plus grand nombre. Jamais ils n'osent enfreindre vraiment les formes strictes qu'impose à une action scénique, dans l'espace et dans le temps, l'expérience ordinaire de la condition humaine.

Les personnages doivent se recommander par la cohérence de leur évolution, par leur crédibilité. Or comment pourrait-on satisfaire à de telles exigences, si l'on introduisait, dans la texture même de l'action, l'irrationalité du rêve ou la dislocation de la durée? Pas davantage les héros d'un drame ne peuvent-ils être construits comme des symboles ou comme des mythes : ils ne sont que le prétexte à une analyse. Ils pourront bien être saisis par la folie, par l'obsession de l'absurdité des choses ou par toutes sortes de révoltes : jamais néanmoins le spectateur ne sera vraiment dépaysé, toujours il pourra reconnaître une secrète connivence entre lui-même et le monde qu'on lui présente sur scène. Le spectacle, même lorsqu'il est chargé d'émotivité, s'adresse toujours à l'intelligence; il est fait pour être compris, il peut l'être : ne procède-t-il pas d'une intention tout intellectuelle, celle du dramaturge qui a choisi de donner une forme rationnelle à l'action, aux paroles, aux gestes de ses héros? Même quand l'absurde sera célébré par ce théâtre — comme c'est le cas avec Anouilh, Salacrou, Sartre et Camus — il le sera avec la clarté rigoureuse d'une argumentation.

Nouveauté éventuelle du contenu, continuité des formes : telle est la conception du théâtre qui, en 1945, n'est pas encore sérieusement contestée. On ne songe pas à introduire l'irrationnel jusque dans les structures formelles de l'action dramatique. Le surréalisme de l'avant-guerre n'a pas triomphé sur la scène, l'anti-théâtre, le véritable « théâtre de l'absurde » sont encore à venir.

Permanence des genres

Si le théâtre de boulevard a toujours un public, sa banalité, son impuissance à se renouveler lui valent l'indifférence des critiques. Quelques bons mots, une situation scabreuse entre le mari, la femme et l'amant, des morceaux d'éloquence qui relèvent plus de la satire des mœurs que de la critique de la société : tous ces caractères, éminemment conventionnels, se retrouvent dans les pièces de Guitry, d'Achard, de Roussin. L'ambition de ce théâtre est restreinte, même si son avenir est assuré.

Le lyrisme n'est pas parvenu à se maintenir sur la scène. A cet égard, le succès de Claudel ne doit pas faire illusion. Ni Cocteau, (*Renaud et Armide*, 1943), ni Clavel (*Les Incendiaires*, 1946, *Maguelonne*, 1951) ne font école. Désincarnés à force d'être symboliques, les personnages de *L'État de siège* de Camus ne parviennent pas à transformer en un spectacle le roman dont l'auteur a voulu transposer le thème sur la scène, *La Peste :* le jeu foisonnant des idées joint à un mélange extrême des formes dramatiques fait de cette pièce, au demeurant très attachante, un ensemble beaucoup trop composite. Exceptons Supervielle, qui obtient un franc succès à Paris, en 1948, avec *Le Voleur d'enfants*, dans une mise en scène de Raymond Rouleau; la même année Jean Vilar avait créé *Shéhérazade*, du même auteur, au festival d'Avignon.

La poésie se fait moins déconcertante pour le spectateur, elle lui devient moins étrangère, lorsque le théâtre utilise les mythes antiques et les fait revivre dans le cadre de la société contemporaine. Par le langage familier que parlent les héros, les situations représentées sur scène rejoignent immédiatement l'attente d'un public exigeant en matière de sincérité. Mais, en même temps, la référence à l'antiquité, l'auréole apportée par la mythologie donnent une note de gravité et de grandeur et ouvrent la porte au rêve. Déjà Giraudoux et Cocteau avaient frayé la voie suivie par Anouilh (*Antigone* est de 1943) et Sartre (*Les Mouches*, également de 1943, constitue une nouvelle version du mythe d'Électre). Après la Libération, Georges Neveux, André Obey ont marché sur leurs traces. Cependant, ce renouveau de l'antique n'aura pas de suite durable.

L'après-guerre voit plutôt triompher le drame d'idées. Les théâtres de Sartre et de Camus (*cf.* chap. 3), de Gabriel Marcel et de Thierry Maulnier, le succès d'Emmanuel Roblès avec *Montserrat* (1948) constituent de bons exemples du genre. Celui-ci est incarné en habits d'époque dans *Les Justes* de Camus (1950), dans *Le Diable et le Bon Dieu* de Sartre (1951) ou dans *Le Profanateur* de Maulnier (1950). Il se revêt du costume contemporain dans *Les Mains sales* de Sartre (1948), dans *La Maison de la nuit* de Maulnier (1951) ou dans *Rome n'est plus dans Rome* de Gabriel Marcel (1951). Les années de la guerre, l'époque de la Libération ont été fécondes en drames de conscience : les auteurs s'ingénient à construire des intrigues où s'affrontent deux points de vue opposés à propos d'un important problème politique ou intellectuel. Les suites de la mort de Dieu, les dangers du totalitarisme forment ainsi les thèmes dominants de ce théâtre :

« Notre époque est historique et métaphysique. [...] Si le théâtre contemporain ne peut plus se contenter, sinon pour les grossières occasions de "tuer le temps" offertes à la partie la plus opaque du public, de suspendre l'attention des spectateurs aux chances que peut avoir un certain monsieur de coucher au dernier acte avec une certaine dame, ou une certaine dame de ressusciter l'ardeur amoureuse d'un certain monsieur, ce n'est pas seulement parce qu'il faut bien qu'une mode succède à une autre, c'est parce que les quatre murs confortables entre lesquels vivaient à l'aise les rêves d'une bourgeoisie abritée se sont effondrés dans la tempête et laissent entrer le froid de la nuit, les énigmes du crime et du malheur humains, l'interrogation muette d'une création en agonie. » (Thierry Maulnier, préface du *Profanateur*, 1952.)

Ce théâtre n'échappe pas aux dangers d'un certain didactisme : sous prétexte de faire vivre des problèmes, le drame risque de succomber sous l'idéologie, de devenir une joute philosophique. En tout cas, il demeure très traditionnel dans sa forme, très littéraire dans son écriture. Les meilleures pièces de ce genre ne révèlent pas de noms nouveaux : elles sont l'œuvre d'écrivains consacrés.

Avec *L'Inconnue d'Arras* (1935), **Armand Salacrou,** déjà remarqué pour la fantaisie et la liberté de ses premières pièces, avait voulu, dès avant la guerre, s'engager dans cette voie du théâtre métaphysique : « C'est une pièce, déclarait-il lui-même, qui, comme notre vie, sort du Néant pour retourner au Néant. » Dans *Les Nuits de la colère* (1946), la Résistance lui fournit son thème : au centre de la pièce, le dialogue entre le Résistant et l'Attentiste ne manque pas de force. Armand Salacrou donne ensuite dans la satire sociale avec *L'Archipel Lenoir* (1947) et *Une Femme trop honnête* (1961), répétant le procès de la famille bourgeoise qui tout à la fois se maintient et se déchire. Son dernier grand succès est un drame idéologique, *Boulevard Durand* (1961) : à la suite d'une grève, au début du siècle, un jeune syndicaliste est condamné dans des conditions scandaleuses; prétexte, pour l'auteur, à exposer une thèse où s'unissent la critique d'une société injuste et l'expression d'une angoisse proprement métaphysique.

[Un acquittement consommerait la ruine du port]

1910. La cour d'assises de Rouen : Jules Durand, docker du Havre et secrétaire du syndicat, est accusé injustement du meurtre d'un non-gréviste. Devant le tribunal, il est accablé par Roussel, homme de confiance du directeur, qui avait essayé de briser la grève.

Roussel. — N'avez-vous pas essayé de saboter la nouvelle machine automatique que j'installais sur les quais, précisément pour supprimer la peine des hommes?

Jules. — Elle supprimait avant tout leur travail, leur salaire, leur dernier espoir d'une bouchée de pain...

Roussel. — C'est la rançon du progrès.

Jules. — Oui, et tandis que vous empochiez les bénéfices du progrès, c'étaient les ouvriers qui payaient la rançon.

Roussel. — Durand, pourquoi ne vous êtes-vous jamais honnêtement mis à notre place? Vous connaissez vos difficultés, et vos difficultés, moi je les connais, mais connaissez-vous les nôtres? L'angoisse du chef, seul dans son bureau, devant ses chiffres qui, comme le patron vous commande, commandent le patron, et quelquefois sans aucune pitié; je ne peux pas vous en dire davantage. Ah! Durand, pourquoi n'êtes-vous pas venu chez nous, avec nous, devant ces chiffres? Avec votre habitude des quais, votre autorité naturelle, dont vous avez donné tant de preuves regrettables, quel avenir s'ouvrait devant vous! Aujourd'hui, vous seriez peut-être un chef respecté, au lieu d'être devenu un assassin inutile.

Jules. — Je ne suis pas un assassin et vous le savez mieux que personne. Vous osez me reprocher de ne pas être venu vous voir? Votre porte nous était toujours bouclée! Et quand je vous ai fait demander la fermeture des cafés sur les lieux de travail, vous avez répondu? Et quand j'ai fait demander qu'on ne retienne pas les dettes sur la totalité du salaire, vous avez répondu? Et quand j'ai fait demander l'installation d'un système de douches près du fourneau économique, vous avez répondu? On nous a dit que vous qui ne riez jamais, et qui passez pour un pète-sec, vous auriez même rigolé, pour la première fois de votre vie.

Roussel. — Avant de me retirer, je voudrais, monsieur le président, dans l'intérêt même du travail sur les quais et dans le port, renouveler mon appel à l'indulgence du jury. Il est impossible de ne pas trouver des circonstances atténuantes à un crime dont j'abandonne l'évocation au terrible réalisme de M. l'Avocat général. Les uns, ivres, ont obéi à un mot d'ordre. Les frères Boyer * étaient et sont encore

* Ouvriers accusés en même temps que Durand.

fascinés par Durand, et je me demande encore de quoi ils peuvent être coupables. Quant à Durand, qui, honnêtement, peut dire que ce soit un assassin ordinaire? Sont plus coupables que lui, ses théories, absorbées hâtivement dans les cours du soir des Universités populaires. Certes, un acquittement serait désastreux, et laissez-moi vous parler au nom de l'Union des Armateurs, toute discipline alors deviendrait impossible. Un acquittement consommerait la ruine du port. Mais après une condamnation de principe qui est nécessaire, laissez à un homme du métier, qui a vécu le drame, qui en connaît les acteurs, réclamer pour tous, encore une fois, le bénéfice des circonstances atténuantes.

JULES. — Si je comprends bien, vous demandez pour moi la prison? Et vous n'avez pas honte?

LE PRÉSIDENT. — Accusé! c'est ainsi que vous remerciez le témoin qui vient de déposer avec une humanité qui force le respect?

L'AVOCAT GÉNÉRAL. — Je signale l'insensibilité peu sympathique de l'accusé.

JULES. — C'est peut-être que vous ne connaissez pas M. Roussel. Moi, je le connais. Oh! Dieu sait que...

L'AVOCAT GÉNÉRAL. — Où voulez-vous en venir avec ces perpétuelles invocations au Seigneur? Derrière quel écran voulez-vous cacher votre ignoble matérialisme? Alors, vous seriez aussi un bon catholique?

JULES. — Et vous, pourquoi faites-vous toujours semblant de croire que je suis un menteur? Dieu, dans mon langage, n'est pas le vieux monsieur à barbe des peintures de musée, ni le père fouettard de l'éternité; Dieu dans mon langage, c'est le mystère de ma naissance, c'est l'incroyable trou noir de ma mort, c'est mon angoisse devant la peine des hommes, c'est ma pitié pour les vivants! Dieu, c'est tout ce que je ne comprends pas, c'est le mot dont je recouvre l'existence du monde, Dieu, c'est l'autre nom du silence terrible dans lequel nous vivons, et aussi de cette ignorance qui jette les uns contre les autres des hommes qui devraient s'aimer puisque sur cette terre perdue et muette où nous passons tout juste quelques années...

Condamné à mort, Jules perdra la raison. Il faudra huit ans pour que son innocence soit reconnue. En 1965, la municipalité du Havre lui a dédié un boulevard. La pièce a été créée dans cette même ville le 19 septembre 1961 par le Centre Dramatique du Nord dans une mise en scène d'André Reybaz.

Armand Salacrou, *Boulevard Durand*,
éd. Gallimard.

— Discrétion de la langue à peine colorée de quelques reprises comme « supprimer » (3, 4), « rançon » (6, 8), de quelques mots du registre familier comme « saboter » (1), « empochiez » (7), d'une amorce de frémissement lyrique qui reste très peu imprévue (5), ou d'un balancement rhétorique (20-21).

— Les deux mondes : les chiffres et le quai (9-21). Véhémence et précision chez Jules (22-32); habileté manœuvrière de Roussel (33-52); la dérision du mot « humanité » (56) et le procès d'opinion (64). Profession de foi, leçon de vocabulaire et vraisemblance scénique dans la dernière tirade de Jules.

— « Pour la première fois dans ma vie d'écrivain, j'ai le sentiment d'avoir écrit ce que j'avais exactement envie d'écrire. [...] On me dira que le héros de cette histoire ne montre pas une intelligence exceptionnelle. Il n'en est à mes yeux que plus grand. C'est sa bonté profonde qui me touche. Qu'elle donne à l'anecdote un côté d' " image d'Épinal " ne me trouble pas; et je n'ai pas cherché à éviter cet écueil. Dans un combat, il n'y a pas de nuances. » (Salacrou.)

La comédie doit beaucoup à des écrivains qui avaient souvent fait leurs débuts au roman. Avec *L'Œuf* (1956), Félicien Marceau tient une gageure : la pièce n'est qu'un long monologue, celui de Magis, personnage à la fois naïf et cynique, auquel les autres personnages viennent donner la réplique au gré des souvenirs et des associations d'idées; avec *La Bonne Soupe* (1958), la trouvaille dramatique de la pièce précédente est reprise mais tend à devenir un procédé. Cependant tout espoir n'est pas perdu depuis le succès du *Babour* (1969) : se démarquant aussi bien par rapport au boulevard que par rapport au cabaret, cette dernière pièce amène, au milieu des rires les plus francs, à une intéressante réflexion sur un problème précis de notre temps, celui de la place et du rôle des sexes dans la société nouvelle.

Autre déception partielle, celle qui suivit les débuts prometteurs de **Marcel Aymé** au théâtre avec *Lucienne et le boucher* (1947). Ses pièces, *Clérambard* (1950), *Les Oiseaux de lune* (1955), *La Convention Belzébir* (1966), ont très souvent, comme ses contes, un point de départ fantaisiste : saint François d'Assise apparaît à un gentilhomme campagnard, un surveillant de collège a le pouvoir de transformer ses interlocuteurs en oiseaux, le meurtre est permis moyennant certaines redevances. L'absurdité initiale se développe selon une suite logique que soutiennent un défilé de fantoches hauts en couleurs et les verdeurs d'un langage savoureux. L'originalité, la poésie vigoureuse ainsi que l'irréalité de cet univers annoncent parfois le nouveau théâtre : dans *Rhinocéros* de Ionesco on assiste aussi à la métamorphose des humains en animaux. Toutefois Marcel Aymé reste proche du « boulevard » par son goût de la plaisanterie, parfois assez grossière.

[C'est nous les petits oiseaux]

Surveillant de collège, Valentin est sur le point de transformer sept élèves, les « élus », en oiseaux.

VALENTIN. — [...] Mes chers amis, l'instant est venu pour vous d'en finir avec votre vie d'homme, qu'aggravait encore l'internat d'une boîte à bachot, imposé par des parents inconscients. Vous allez connaître la liberté et le bonheur d'oublier très vite ce que vous ont péniblement appris vos familles et vos professeurs. Vous serez enfin délivrés de ces lourds cerveaux qui font peser sur les pauvres hommes et aussi bien sur les plus cancres d'entre vous la constante obligation de penser. Vous aurez désormais des crânes d'oiseaux et juste ce qu'il faut de cervelle pour « savoir », sans passer par les labyrinthes du raisonnement. Pour vous, il n'y aura plus de grammaire latine, plus d'explications de textes, plus de dissertations, plus de volumes de troncs de pyramides, plus de pourquoi ni de par conséquent.

LES ÉLUS, *d'une seule voix.* — Vive Valentin! Vive Valentin!

VALENTIN. — Vous serez des divinités ailées.

LES ÉLUS. — Vive Valentin!

MARTINON *, *s'avançant vers les élus.* — Ne l'écoutez pas! Il vous raconte des histoires pour se débarrasser de vous! Demandez-lui donc s'il va se changer en oiseau, lui!

* Élève réfractaire à Valentin.

VALENTIN. — Martinon!

MARTINON. — Il dit qu'avec vos cervelles d'oiseaux, vous ne pourrez plus penser et que ça vaudra mieux pour vous. C'est pas vrai! Rappelez-vous les romans policiers qu'on se refile à l'étude. Rappelez-vous les discussions sur le Tour de France. Et sur les nichons des vedettes. Tout ça, c'était de la pensée. Vous avez pourtant jamais craché dessus. Je vous dis qu'il essaie de vous mettre à zéro. Rien que d'entendre ses boniments, au faiseur d'oiseaux, je marche à fond pour la culture, les humanités, la géométrie et tout le bataclan!

(Concert de voix indignées, tant parmi les élus que les autres élèves.)

LES ÉLÈVES. — Vicieux! Faux frère! Mauvais esprit! Graine de bon élève! Dévoyé! Dévoyé!

MARTINON. — Mieux que ça! Je jure de décrocher mon bac!

SYLVIE *. — Bravo! On le décrochera ensemble!

* Secrétaire du directeur et élève de Première B.

VOIX DES ÉLÈVES. — Salopard! Fort en thème! Bête à concours! Normalien! Bachoteur!

CHABERT *. — Silence, petits malheureux! Écoutez plutôt votre camarade Martinon! Lui seul entre tous les élèves de l'établissement a le cœur assez large et l'esprit assez haut pour ne pas se laisser prendre à des paroles fallacieuses. Martinon, je vous promets un bel avenir. Vous serez un jour agrégé de philosophie ou major de Polytechnique, alors que ce ramassis de cancres sera condamné à chercher sa vie dans la vermine des bois et les détritus des villes.

* Le directeur.

SELIGMANN *, *se détachant des élèves de l'escalier.* — Aux petits des oiseaux, Dieu donne la pâture, Et sa bonté s'étend à toute la nature.

* Cet élève avait cherché en vain jusque-là à se faufiler parmi les « élus ».

VALENTIN. — Très bien, Seligmann. Reprenez votre place auprès des sept.

SELIGMANN. — Merci, Monsieur le Surveillant général. Merci. *(Radieux, il retourne se joindre aux élus.)*

CHABERT, *aux élèves.* — Je sais que rien ne peut vous sauver à présent et que mes exhortations, pas plus aujourd'hui qu'hier, ne vous tireront des griffes de mon gendre.

LES ÉLÈVES. — Enlevez Chabert! Enlevez le directeur! Enlevez le vieux!

CHABERT. — C'est en flattant vos dispositions de cancrelats et de paresseux qu'il vous a persuadés du bonheur qui vous attend dans une vie diminuée. Il vous est agréable de croire que l'intelligence est une infériorité et que l'ignorance est plus féconde que l'étude.

LES ÉLÈVES. — Hou! Hou! Agrégé! Agrégé! Bourrique à Descartes! Humaniste! Hou! Hou!

MARTINON. — Vive la grammaire! Vive le principe d'Archimède!

VALENTIN. — Silence! Martinon, je vous avertis que ma patience est à bout. [...]

* Élève dévoué à Valentin depuis que ce dernier a transformé son père en oiseau.

ÉTIENNE *, *sur un signe de Valentin, il se tourne vers les élèves.* — A pleine gueule!

LES ÉLÈVES, *chantant en chœur :*

C'est nous les petits oiseaux
Cui cui cui cui cui cui
Les math le latin la philo
Et les parents et leur bachot
On s'en tape sur le jabot
Cui cui cui cui cui!

ÉTIENNE, *chantant seul :*

Ah! dis-moi bel oiseau, bel oiseau sans souci
En physique et chimie
Combien que le prof' t'a mis?

LES ÉLÈVES, *en chœur :*

Un zéro grand comme ton cul
Pauvre cloche pauvre cloche
Un zéro grand comme ton cul
Pauvre cloche où en es-tu?

Tout rentre dans l'ordre pour finir : « Illusion heureusement dissipée », dit Chabert; à quoi Valentin répond : « Ce n'est pas d'illusion qu'il s'agit, mais d'un trou dans le mur, d'une brèche éternellement béante...»

Marcel Aymé, *Les Oiseaux de lune*,
éd. Gallimard.

— Le mouvement dramatique dans l'irrésistible montée de l'enthousiasme jusqu'au chant final : élimination successive des deux contradicteurs. Couleur parodique dans le style (18, 52-54) et verdeur pittoresque de la langue. Effet scénique du chœur (36-37, 41-42) et des oppositions qu'il rencontre (38-40).

— Les lieux communs de la satire (3-4, 12-15) tournés en dérision (9-11). Une curieuse défense de l'humanisme (26-33). Anarchisme et bonne humeur : *cf. Zéro de conduite,* film célèbre de Jean Vigo, ainsi que la scène 6 de l'Acte I d'*Intermezzo* de Giraudoux.

— Jacques Lemarchand : « Avec *Les Oiseaux de lune,* Marcel Aymé nous donne au théâtre l'équivalent exact de ses brefs contes fantastiques [...]. Le sujet a [...] la simplicité énorme et l'absurdité convaincante de ses meilleurs contes » (*cf. Le Passe-muraille* ou *Les Contes du chat perché*).

On attendait beaucoup des romanciers tardivement venus au théâtre. Plusieurs des plus célèbres écrivent des pièces originales, mais la plupart du temps elles ressemblent à leurs romans tant par le style des dialogues que par le caractère des personnages ou par le climat psychologique. C'est ainsi que la Comédie-Française avait créé *Asmodée*, de Mauriac, dès 1937 : le public devait encore applaudir, en 1945, *Les Mal Aimés* et, en 1951, *Le Feu sur la terre. Le Roi pêcheur*, de Gracq, est joué en 1949. *Château en Suède*, en 1960, inaugure le succès de Françoise Sagan au théâtre. Dans *Sud* (1953), **Julien Green** évoque l'amour impossible d'un homme pour un autre : le drame est situé dans le cadre, cher à l'auteur, du « Deep South », au moment de la Guerre de Sécession, dont les récits ont bercé son enfance. Avec *L'Ennemi* (1954), le spectacle se déroule dans le monde de l'aristocratie de province, à la veille de la Révolution française. Elisabeth est mariée à Philippe, un impuissant. Sans amour, elle a pris pour amant Jacques, son beau-frère. L'irréalité et le mensonge secret de son univers lui apparaissent quand arrive Pierre, un moine défroqué, demi-frère de Philippe et de Jacques. Elle se laisse séduire par le nouveau venu. Mais elle comprend qu'il est lui-même au service de l'Ennemi. Ne pouvant supporter d'être ainsi abandonnée au pouvoir de Satan en se liant à Pierre, elle s'arrache à lui, mais pour sombrer dans la folie. En des dialogues d'une puissante intensité, où la clarté classique de la langue excelle paradoxalement à répandre une lourde impression de mystère, on assiste à « l'horrible et délicieuse fascination du monde visible sur une âme pour qui l'invisible devient chaque jour plus vrai que n'importe quoi » (P. Gaxotte).

[La vie est ailleurs]

Élisabeth retrouve de nuit Pierre, son amant.

ÉLISABETH, *elle ôte son manteau.* — Oh, Pierre, tout cela m'est égal. Que m'importe ce qui se passe dans le cerveau confus de cet homme sombre *? A peine existe-t-il à mes yeux. Quand nous faisons notre partie de whist avec lui, dans ce grand salon glacial et solennel, je me demande si je ne suis pas le jouet d'une illusion absurde et si en criant : « Pierre, je t'aime! » je ne vais pas faire s'évanouir autour de moi ces miroirs qui ne reflètent que l'ennui, ces portraits qui ne parlent que de mort, et le seigneur de Silleranges lui-même avec son habit, sa perruque, son épée et ses grandes manchettes de dentelle d'où sortent

* Son mari, le seigneur de Silleranges.

ces doigts aigus dont les ongles crissent sur les cartes, avez-vous remarqué? Comment tout cela peut-il être à la fois aussi vrai et aussi faux? Comment peut-il être vrai que je vous aime et vrai que je tienne entre les mains ces morceaux de carton peints sur lesquels je dois fixer mon attention parce qu'un homme que je méprise a le droit d'exiger que je me livre à ce jeu ridicule? Qui a raison dans cette histoire? Est-ce que ce sont les pierres de ce château, le plancher sur lequel je marche, ces bougies qui se consument dans leurs flambeaux, ces mains qui sont mes mains, ce visage que je touche et que j'adore,

(Elle touche le visage de Pierre.)

ou tout ce que je sens en moi d'indiscutable et de sûr, cette voix que rien ne fait taire et qui, nuit et jour, me redit que le monde est comme s'il n'était pas, que la vie est ailleurs et que, même dans tes bras, je suis l'étrangère que la terre regarde comme une intruse, que les arbres, les maisons, les routes ne reconnaissent pas, parce qu'elle vient d'ailleurs.

PIERRE. — Moi aussi, je viens d'ailleurs et c'est pour cela que je vous ai reconnue.

ÉLISABETH. — Quelquefois il me semble que nous sommes pareils à deux enfants qui auraient entendu un secret chuchoté à travers une porte. Oh, Pierre, écoutez-moi : cette porte, c'est la création tout entière, c'est la vitre derrière laquelle brillent des étoiles, c'est le cri de l'oiseau qui monte des abîmes de l'aurore, c'est le chant du petit garçon qui prend peur tout à coup dans sa solitude, et derrière cette porte, il y a quelque chose qui fait que tout ceci n'est rien. Ce secret, c'est cela, et ce secret nous lie pour toujours. Et cependant, jamais personne ne jeta sur ce monde illusoire un regard à la fois plus attentif et plus ébloui que le nôtre. Personne n'admira comme vous ni comme moi ces flammes qui s'étirent dans l'âtre et ces cavernes roses qu'elles creusent dans la braise. Personne avec plus d'amour n'a considéré l'inépuisable merveille du visage humain, le gouffre d'ombre et de lumière qui se voit dans les yeux, où il semble que le ciel se mire et que l'océan déferle, que la nuit se referme et que l'aube craintive sorte des noires profondeurs. Si rien n'existe, ce rien, adorons-le par tous les sens qui nous furent donnés. Oh, Pierre, avant de vous connaître, je ne regardais pas, j'étais comme une aveugle qui eût deviné autour d'elle un univers, tissu de couleurs d'une beauté magique...

Julien Green, *L'Ennemi*, éd. Plon.

— La lente solennité du mouvement : les deux vérités (1-29) et les deux mondes (32-54). Sobriété (30-31) et mutisme de Pierre. Importance que prennent, au milieu du discours, le décor évoqué (19-21) ainsi que les gestes indiqués (21-23).

— Rien de plus écrit, de plus concerté que cette langue aux longues phrases descriptives (4-13), aux adjectifs très attendus (3-5); les images (47 *sq*), les énumérations et les reprises (17-29, 35-38) ont toujours l'apprêt du convenu. Essai de retour à un type de théâtre proche par la langue de notre théâtre classique.

— Le double élan de refus du monde (40) et d'acceptation passionnée (52) : mysticisme et sensualité.

Parmi les réussites théâtrales de l'époque, il est enfin plusieurs adaptations de romans célèbres. Camus porte à la scène *Requiem pour une nonne* de Faulkner et *Les Possédés* de Dostoïevski, Thierry Maulnier *La Condition humaine* de Malraux; Vercors tire une pièce, *Zoo ou l'assassin philanthrope*, de ses *Animaux dénaturés*. Partant d'un texte connu et apprécié du public, l'auteur établit ainsi d'emblée une certaine communication avec le spectateur. On retrouve là quelque chose des mythes parmi lesquels le dramaturge antique pouvait puiser pour constituer le thème de ses tragédies. En outre l'auteur, en adaptant, est obligé d'inventer les procédés proprement scéniques qui lui permettront de faire d'un récit, écrit pour la lecture, une construction dramatique, susceptible d'être représentée. La plus célèbre de ces adaptations, celle qui a fait date, est *Le Procès* de Kafka-Gide, créé par Barrault en 1947. Il s'agissait de rendre sensible l'écrasement de l'homme dans une société où il étouffe et qu'il ne peut plus comprendre. Au service de ce thème, en accord avec ce qu'il a d'implacable, le texte est d'une belle sobriété, écrit dans un ton qui évite l'éclat. La mise en scène visait à impressionner le spectateur par son ingéniosité, sa souplesse, son rythme. Tout concourait pour constituer une sorte de liturgie inexorable qui allait avec sûreté vers son achèvement. Quant à l'enseignement donné, il restait à dessein ambigu : on pouvait hésiter entre l'interprétation sociale ou l'interprétation métaphysique, tenir la pièce pour une illustration de la société contemporaine ou pour un témoignage sur la condition intemporelle de l'homme dans le monde. Par sa structure même, autant que par sa mise en scène, l'adaptation du *Procès* annonçait le nouveau théâtre.

[Seul dans le noir]

La fin approche. Joseph K... a été condamné; son dernier interlocuteur, l'aumônier, s'apprête à le quitter.

K... — Ne me diras-tu rien pour calmer mon inquiétude?

L'AUMÔNIER. — C'est de ton inquiétude que tu dois faire ton assurance. Tu dois te dire : je suis traqué; je suis élu.

K... — Si du moins je pouvais clamer mon innocence...

L'AUMÔNIER. — Dans le silence, la voix de qui ne peut parler retentit. L'aveugle y voit. Le sourd entend. Toute solitude est peuplée. Les ténèbres resplendissent et ce qui te prosterne te magnifie. *(La lampe que tient K... s'éteint.)* A présent je dois te quitter. Mon ministère m'appelle ailleurs; et toi-même tu es attendu.

K..., *comme en un cri de détresse.* — Ne m'abandonne pas. Comment m'y retrouverais-je, seul, dans le noir?

L'Aumônier s'éloigne à grands pas. De loin déjà :

L'Aumônier. — Rejoins le mur de gauche et suis-le. Tu trouveras une sortie.

*La lumière change et devient claire et bleue : celle de l'aube. Les éléments de la cathédrale disparaissent. On revoit le praticable * du fond.*

* Élément de décor non peint.

K..., qui suivait le mur de droite, s'avance vers le milieu de la scène en rajustant ses gants noirs.

Il semble arriver de très loin.

Deux argousins apparaissent, surgis des premiers plans de droite et de gauche. Ils sont très grands et coiffés de chapeaux hauts de forme; en redingote. L'un d'eux porte à sa ceinture un long couteau de boucher. Ils avancent l'un vers l'autre et se saluent cérémonieusement. Ils voient K..., se le désignent et vont vers lui, qui est resté en retrait.

Des ouvriers, avec leurs outils de travailleurs, passent rapidement sur le praticable, indifférents à la scène.

*Quelques noceurs en habit et des grues (crépuscule du matin * de Baudelaire).*

* Dernier poème des *Tableaux parisiens* dans *Les Fleurs du mal.*

Par le premier plan de droite, arrive un inspecteur, très digne, insensible. Il roule une cigarette. Les deux argousins, encadrant K..., le saluent avec un respect exagéré.

L'Inspecteur. — Messieurs, faites votre devoir.

Les mains des argousins s'abattent sur les épaules de K...

Les argousins sont des personnages muets; leur mimique seule doit, devant l'étonnement (un peu cabré d'abord) de K..., exprimer qu'ils ne font ici qu'obéir à des ordres — auxquels K... lui-même doit se soumettre.

K... — Tout de même... si mon pauvre oncle voyait cela, ça lui ferait peut-être de la peine... Il a toujours été gentil pour les siens.

L'Inspecteur, *sentencieux et comme à lui-même.* — On ne peut pas grand'chose les uns pour les autres.

K... — Ça n'est pas tant pour moi... C'est plutôt une question de principes.

L'Inspecteur, *supérieur et dédaigneux.* — Ne t'inquiète pas des principes. D'autres sont là pour les représenter.

K... — Si du moins...

L'Inspecteur. — Que veux-tu dire?

K... *hésite un peu; puis.* — Rien.

L'inspecteur hausse les épaules et s'en va en fumant sa cigarette. Les argousins ont saisi K... sous les bras. Il n'oppose plus aucune résistance; au contraire, se prête au jeu et prend à cœur de faciliter la tâche des exécuteurs.

La scène de l'exécution, ad libitum, *soit un peu en retrait et dissimulée; soit au contraire très apparente et « réaliste » au milieu de la scène (tel l'arrachement des yeux du vieux Gloucester dans le* Roi Lear **); de toute manière réglée à la manière d'un cérémonial.*

Les argousins hésitent et se font des politesses... lequel des deux portera à K... le coup final? L'un passe à l'autre le grand couteau. K..., de lui-même, a posé sa tête sur le billot (simple pavé que les argousins ont trouvé là et déplacent) et pris la position favorable; les argousins approuvent.

A ce moment, au fond, la fenêtre d'une lointaine maison s'allume. K... relève la tête et tend les mains : Est-ce un signal; l'annonce d'un secours inespéré?

Mais la lumière s'éteint et les bras de K... retombent. Vain geste de quelqu'un qui se noie.

Un des argousins lui enfonce le couteau dans le cœur.

Sur le praticable passent un Monsieur et sa dame, laquelle s'arrête un instant en regardant l'exécution.

La Dame. — Oh! regarde... Qu'est-ce qu'on va lui faire?.. C'est très curieux.

Le Monsieur, *qui se rend compte.* — Viens, ma chérie. C'est des affaires de Justice. Ça ne nous regarde pas.

[RIDEAU]

Kafka, *Le Procès*, adaptation par André Gide et J.-L. Barrault, d'après le roman traduit par A. Vialatte, éd. Gallimard.

* Acte III, scène 7.

Cl. Bernand.

Franz Kafka, *Le Procès* : la mort de K... (Jean-Louis Barrault).

Cl. Pic.

Armand Salacrou, *Boulevard Durand* (mise en scène de Raymond Gerbal au Théâtre Romain-Rolland de Villejuif en 1969).

— Rôle du décor (souplesse de ses changements à vue). Valeur du détail dans le costume, dans le geste (22-23) et dans la mise en scène (80-85). Irréalisme onirique (26-29); importance du mime (30-31, 39-41, 45-49). Alternative pour l'exécution mais une exigence : « à la manière d'un cérémonial ». Contradiction entre le « billot » (77) et le mode final de l'exécution (86).

— Densité symbolique des rares paroles, particulièrement celles de l'aumônier. Les deux dernières pensées de K... : son oncle et les principes; son dernier mot : « Rien » (61). L'indifférence des autres (33-37 et surtout 88-94) : voir le développement qu'en donnera par exemple Georges Michel dans *La Promenade du dimanche* (*cf.* p. 547).

— « Après la Seconde Guerre mondiale — Joseph K..., cet " étranger ", jeté dans le monde de la non-communication, et victime d'une culpabilité obsessionnelle, paraît, rétrospectivement, prophétique. Cette vision d'une sorte d'intime univers concentrationnaire, on la sent proche (à tort ou à raison) et de l'" enfer " sartrien et de l'absurde selon Camus. En outre, et ceci compte encore davantage, ce héros n'en est pas un et sa présence cependant s'impose avec une surprenante force concrète, irréductible au symbole. De loin, Joseph K... donne la main déjà à Vladimir et Estragon, à Clov et Hamm. » (Geneviève Serreau.)

Henry de Montherlant

Depuis la fin de la guerre, le théâtre de tradition est dominé par deux œuvres importantes, variées et cohérentes, qui valent qu'on les examine à part, celle de Montherlant et celle d'Anouilh.

De 1942 à 1965, la partie la plus spectaculaire de l'œuvre de Montherlant (*cf.* chap. 11) est assurément son œuvre théâtrale. De *La Reine morte* à *La Guerre civile*, plus d'une dizaine de titres attestent la fécondité du dramaturge. Si deux ou trois de ces pièces ont subi un échec retentissant, les autres ont connu un succès immédiat et durable. Ce théâtre très littéraire frappe d'abord par son style qui tient du classicisme, aussi bien français que romain, sa ligne toujours nette, fermement dessinée, jusque dans l'expression de la passion et du mépris. Fait de clarté et de précision, il excelle à peindre idées et sentiments, sans confusion, avec une force extrême et une parfaite délicatesse du trait.

[Vive donc la pourriture!]

César hait les Romains, et Pompée ne les aime pas : chez eux deux, quel ardent mépris de l'homme! Les peuplades sauvages qui combattent sous eux nous haïssent également : quand la guerre civile aura rendu Rome exsangue, Rome sera colonisée par ces gorilles qu'elle a sottement voulu s'attacher. César est un destructeur, et il s'est entouré de destructeurs. Partout, mettre la racaille en haut, et les meilleurs en bas. Avilir tout ce qui était encore à peu près bien : le Sénat, la justice, les emplois, les honneurs. Ce qu'il veut, c'est régner, et la pourriture * est facile; vive donc la pourriture, qui facilitera de régner.

Nous sommes à Dyrrachium dans le camp de Pompée en 48 avant Jésus-Christ, quelque temps avant la bataille de Pharsale. Caton, le républicain intègre, médite sur la guerre civile qui oppose César à Pompée.

* « Et comme les bons législateurs cherchent à rendre leurs concitoyens meilleurs, ceux-ci (César et Pompée) travaillaient à les rendre pires. » Montesquieu, *Grandeur*. [Note de Montherlant.]

Pompée vaut à peine mieux, avec moins de cynisme et moins de savoir-faire. Fomenter l'anarchie, pour se ménager la monarchie, cela, c'est le crime entre les crimes; tous les crimes sont contenus dans ce crime-là. Ils ont égorgé leur pays pour faire de son cadavre le piédestal de leur statue. Comme si un dieu infernal leur avait dit : « Frappe à l'âme! », ils ont frappé à l'âme * : Rome ne s'en relèvera jamais. Déjà derrière César et Pompée il n'y a pas deux partis, il n'y a qu'un parti, un parti unique : le parti de la bêtise *, de la bassesse et de la lâcheté. La forme particulière de cette bêtise est l'inconscience : ô douce inconscience, sommeil des éveillés, quand auras-tu ton image au Capitole, pour y être adorée des tyrans? Cela, je suis seul à le voir, parmi mes stupides compatriotes. Ceux-là croyaient que leurs ennemis étaient les Gaulois et les Germains, alors que leur seul ennemi est César; César s'avançait dans un cliquetis terrible; ils se bouchaient les oreilles pour ne pas l'entendre. Ceux-ci vénèrent Pompée; qu'il fasse bévue sur bévue, vilenie sur vilenie, il sera toujours le sauveur. On vit sur ce qu'il était il y a vingt ans; on respecte en lui une république qui n'existe pas; c'est un souvenir défendu par un nom. On devrait vous arracher du cœur le respect et le jeter à terre, comme on arrache le foie des bêtes sacrifiées; du moins le respect de ce qui ne mérite pas le respect. Mais l'homme a besoin de respecter, et du respect à la servitude... Peu leur importe par quelles horreurs leur maître s'est élevé et se maintient, pourvu qu'ils aient leur pain et leurs aises. Il m'arrive parfois de souhaiter que les Barbares submergent l'Italie, et fassent souffrir ce peuple indigne, en châtiment de son indignité.

* *Cf.* « Feri ventrem », « Frappe au ventre » : recommandation faite, dit-on, par Néron à l'homme qu'il envoyait tuer sa mère Agrippine.

* Caton a dit plus haut (II, 3) : « Le besoin de nouveauté, quelle qu'elle soit, et fût-elle bien pis que ce qu'elle remplace, est une des formes les plus caractéristiques de la bêtise humaine. Cette forme de la bêtise est celle de la jeunesse, et la jeunesse est avec César. Et quiconque a la bêtise avec lui est bien fort. »

Henry de Montherlant, *La Guerre civile*, éd. Gallimard.

— Méditation sur la bêtise, la lâcheté, la bassesse universelle. Absence de tout véritable mouvement dramatique : une pensée qui se complaît à se dire et à se redire.

— L'art de la maxime. Grand nombre de phrases courtes, fermées de points ou de points-virgules; les antithèses (1, 6-7, 8-9), les infinitifs (8-13), les répétitions (7-8, 14-15, 20, 32-37, 41-42); les figures de rhétorique (10-11, 22-23). Pour animer ce style très figé, quelques curieuses et voyantes négligences : « cela » (14, 24), « ceux-là » (25), et même « gorilles » (5).

— « Précisément parce qu'il s'agit d'une des plus belles langues de théâtre et de la plus envoûtante des rhétoriques, il importe d'opposer de temps en temps l'espèce d'avarice humaine de ce qui est effectivement dit à la somptuosité de l'art avec lequel c'est dit [...]. Cet art, apparemment apaisé, procède de la haine de la vie et du lendemain. » (Bertrand Poirot-Delpech.)

Cette perfection du style se retrouve au niveau de la conception générale de chaque pièce : jamais la violence de l'inspiration, la force de l'imagination ne viennent altérer la ligne d'ensemble, l'empêcher de ressembler aux grands modèles connus. « Des pièces comme *La Reine morte*, *Fils de personne*, *Le Maître de Santiago*, *Malatesta* sont tout entières contenues dans le contour ingauchissable qui est celui du chef-d'œuvre classique » (Gaëtan Picon). Cette constante noblesse du langage peut sembler anachronique par rapport au goût que montrent les modernes pour la spontanéité, pour une écriture qui se surveillerait moins ou qui, en tout cas, chercherait à s'inventer. Montherlant, lui, ne veut qu'exploiter admirablement toutes les ressources d'un instrument que d'autres ont forgé : il croit à une certaine permanence de l'homme. L'univers moral de ses pièces ne fait d'ailleurs rien pour dissiper l'impression de malaise que peut procurer leur beauté formelle.

Qu'il s'agisse en effet de drames modernes comme *Fils de personne* (1943), *Celles qu'on prend dans ses bras* (1950), ou de pièces en costumes telles que *Malatesta* (1946), *Le Maître de Santiago* (1947), nous rencontrons toujours, au centre de l'action, un personnage (qui vient en droite ligne de *Service inutile*, un essai de 1935) entouré de comparses en fin de compte misérables et méprisables; parce qu'ils manquent de grandeur, il se détache par sa force d'âme, sa rigueur, son amour de la discipline, l'austérité de son idéal. Mais cet héroïsme, inspiré par le seul désir d'être au-dessus des autres, ne débouche sur rien. Faudrait-il donc y voir une comédie de la noblesse d'âme? Dans *La Ville dont le prince est un enfant* (1951), le prêtre amoureux de l'enfant se donne le change à lui-même et veut nous faire les complices de son illusion volontaire. Le débat intérieur n'est pas sans vérité, mais il ne présente, en définitive, qu'un intérêt psychologique : rien de vraiment héroïque n'est impliqué dans ces jeux du désir et des mots. L'antiquaire Ravier, dans *Celles qu'on prend dans ses bras*, le constate amèrement : « Tout est faux dans ce que nous faisons en ce moment. [...] Le meuble est faux, j'en aurai des ennuis. N'importe, je le prends, parce que j'en ai envie. » Ce dernier mot est significatif : il révèle une passion constante de soi-même, une obstination cultivée à toujours jouir de l'image qu'on se donne de soi. N'est-ce pas l'unique moteur du trop naïf Malatesta et de son entourage? « Les personnages, ici, jouissent à tous les vents et ne cessent de ciseler leurs statues, leurs médailles, leurs fresques, mais dans l'imaginaire. » (Maurice Clavel.)

Ce ratage, toute l'œuvre théâtrale de Montherlant l'expose en fait, comme se l'entend crier le héros d'*Un Incompris* (1943) : « Voilà le résultat de ton faux égoïsme. » Chaque pièce témoigne d'un défaut d'authenticité que ne parviennent pas à masquer les discours des héros. Aussi reconnaissent-ils eux-mêmes leur échec, mais leur déception porte encore la marque de leur fausse grandeur jusque dans son expression hautaine, d'un cynisme désabusé. Avec Montherlant, le théâtre de tradition est dans une impasse, même s'il rencontre auprès du public un succès considérable; c'est pourquoi le même critique, qui reconnaît sa valeur, Gaëtan Picon, a pu écrire aussi, non sans une certaine dureté : « *Port-Royal* (1954), où l'on a vu son chef-d'œuvre, ne supporte guère la comparaison avec ces *Dialogues des Carmélites* qu'il est si tentant de lui opposer. Notre émotion n'est pas celle de l'auteur qui semble jouer froidement avec nous. Et l'extraordinaire pastiche de la langue du XVIIe siècle coïncide avec un autre pastiche plus étonnant et plus suspect encore : celui de la sincérité. »

Plutôt que d'un théâtre de la grandeur, il serait donc peut-être plus juste de parler d'un théâtre du geste et de l'attitude héroïques. Ainsi, dans *Le Cardinal d'Espagne* (1960), Cisneros, maître de l'Espagne, attend et redoute la fin de son propre pouvoir dans l'arrivée du futur Charles-Quint; d'autre part, la mère du roi, Jeanne la Folle, est prisonnière de son désespoir depuis la mort de son mari. Les deux personnages se ressemblent parce qu'ils sont puissants l'un et l'autre, mais surtout parce qu'une même hantise du vide les habite.

L'ensemble, comme *Malatesta*, forme une nouvelle tragédie de l'aveuglement de soi sur soi. Cet impossible dévoilement commande alors la structure scénique : les personnages, indéfiniment, vont discourir sur eux-mêmes, soit en se confrontant à des médiocres (le cardinal inquiet à l'acte I, le cardinal mourant à l'acte III), soit en acceptant le face à face avec le rival qui leur ressemble (la reine et le cardinal dans l'acte II). Le mouvement est toujours dirigé par le discours et celui-ci n'est qu'un effort inlassable pour sonder l'abîme que le héros porte en soi.

Que cette quête de l'être véritable, perdu derrière les masques et les fausses images, soit le thème central de ce théâtre, une pièce comme *Brocéliande* (1956) ne permet pas d'en douter. M. Persilès, qui n'est qu'un brave bourgeois, se prend devant nous pour un descendant de saint Louis. On rit d'abord d'assister à la naissance de cette méprise, mais bien vite le rire se glace et la comédie tourne court : car cette idée de grandeur est si dévorante qu'elle ne souffre pas d'être déçue par la réalité; quand le héros découvre sa vanité, il ne lui reste plus qu'à se donner la mort. Dans le *Don Juan* de 1958 on retrouve la même moralité amère, soutenue non plus par des discours, mais par un rythme frénétique. La pièce est unique en son genre dans l'œuvre de l'auteur : il s'est excusé de ne pas l'avoir « écrite ». Sarcastique, pleine de verve et de drôlerie, elle ne méritait pas l'échec qu'elle a rencontré auprès du public. Car, pour une fois, Montherlant, au lieu de laisser ses héros se mentir librement à eux-mêmes sur la scène, prend plaisir à se moquer d'eux et à les détruire : démolissant l'ultime imposture qu'est le souper du Commandeur, le héros s'applique lui-même sur le visage un dernier masque, et c'est celui de la mort. Ainsi sonne l'heure de la vérité. Mais cette pièce sans complaisance constitue une exception : il n'y avait d'autre voie pour le dramaturge que celle de *Malatesta*.

Parce que le pape a fait à Malatesta l'affront de lui proposer Spolète et Foligno en échange de sa ville de Rimini, le condottiere a voulu l'assassiner : tentative manquée. Paul II vient alors de lui rappeler ses forfaits et de l'accabler de reproches.

[Quand j'ai le ton des héros]

MALATESTA. — Quand j'ai le ton des héros, on me le reproche. Quand j'ai le ton humain, on me le reproche. Pourquoi ne me plaindrais-je pas une fois? J'en ai assez d'être toujours de fer. Eh bien! oui, vous pourrez dire à tous : « Malatesta est un faible, un pleureur. C'est un homme en façade, un bravache de carton-pâte comme ceux du carnaval, bon à faire peur aux enfants. » Que m'importe, puisque, vrai ou non, on le dira toujours, pour me discréditer? Pourquoi me donnerais-je le mal de me tenir droit, puisque de toute façon on affirmera que je suis tordu? Pourquoi ferais-je quelque chose de bien, puisque ce ne sera reconnu par personne? C'est ainsi qu'on a corrompu et flétri tout ce qu'il y avait de bon et de fleurissant en moi!

LE PAPE. — Allons, seigneur Sigismond, vous parlez, vous parlez... Vous me rappelez ce que me disait le duc d'Urbin, que votre éloquence était le masque que vous mettiez sur votre pensée muette. Et Sforce *...

MALATESTA. — Urbin, Sforce, Alphonse *, toujours les mêmes noms qui auront bourdonné autour de ma tête tout le long de ma vie. S'il pouvait y en avoir d'autres! Si

* Sforce est le beau-père de Malatesta, qu'il a trahi et tenté d'empoisonner.

* Malatesta a rappelé plus haut : « Au nord, j'ai la haine de Venise, au ponant la haine de Sforce, au sud la haine d'Alphonse et d'Urbin, ici la haine du pape. »

je pouvais changer un peu de contemporains! Et maintenant, cela va être Ferdinand de Naples...

Le Pape. — Ferdinand de Naples?

Malatesta. — Il me presse de m'engager avec lui *.

* C'est en fait Malatesta, condottiere sans emploi, qui a fait des offres de service à Naples.

Le Pape. — Ah! *(Temps.)* Eh bien, Malatesta, vous m'avez dit que vous auriez aimé servir de nouveau la sainte Église. Il vous faut aussi racheter le crime que vous vous disposiez à commettre sur ma personne. Je vous offre le moyen d'accomplir ces deux tâches. Une fois encore, vous pouvez être le condottiere pontifical. Cela vaut bien le service de Naples.

Malatesta. — Votre condottiere?

Le Pape. — Oui.

Malatesta. — O mon pape! O véritable Jupiter! Je viens ici pour... et vous... *(Il va pour lui baiser la main. Le pape la retire vivement.)* Mais que me demanderez-vous en échange? Vous ne me demanderez pas ma pauvre Rimini?

Le Pape. — Je ne vous demande que votre art et que votre loyauté.

Malatesta. — Je suis devant vous comme Allutius * devant mon aïeul Scipion l'Africain...

* S'agit-il de M. *Attilius* Regulus, célèbre pour avoir payé de sa vie le respect de la parole donnée (mais il n'est pas contemporain de Scipion l'Africain), ou Montherlant fait-il allusion à un personnage de sa *Vie de Scipion l'Africain*, ouvrage non publié, en trois volumes, qu'il déclare, dans les notes de *Malatesta*, avoir écrit à l'âge de dix ans?

Le Pape. — Ce que je fais, je ne le fais pas pour vous. Vous êtes ceci et cela, mais vous êtes un des plus grands hommes de guerre de l'Italie. Je m'attache cet homme; c'est tout. Et je lui fais confiance.

Malatesta. — Vous lui faites confiance, ou vous avez confiance en lui?

Le Pape. — Je lui fais confiance. *(Désignant le poignard *.)* Ramassez votre couteau.

* Celui que Paul II a obligé Malatesta à jeter au début de la scène.

(Malatesta fait un signe de refus.)

Malatesta. — Et moi je veux vous donner une pareille marque de confiance, et je vous supplie d'agréer que je me confesse à vous. Vous vouliez savoir jusqu'où j'étais pécheur. Vous le saurez.

Le Pape, *avec une certaine gêne.* — Seigneur Sigismond...

Malatesta, *agenouillé par terre, aux pieds du pape, les mains jointes.* — Que ne puis-je tenir dans mes mains votre Rose d'or *, et la serrer sur ma poitrine comme une épée!

* Bouquet de roses en or donné en cadeau par les papes comme distinction suprême.

Le Pape. — O Sigismond! comme il aurait été beau que vous fussiez honnête!

Malatesta. — Quoi?

Le Pape. — Honnête. Droit. Sans tache. Pareil à cette armure d'argent pur que vous portiez le jour de votre triomphe dans Rome. Et non à ce pourpoint de ténèbres que vous avez endossé pour ma mort.

Malatesta. — Pour la mienne.

LE PAPE. — O Sigismond! Sigismond! Vous qui avez été un jour le faucon de la chrétienté...

MALATESTA, *se signant.* — *In nomine Patris, et Filii, et Spiritus Sancti...*

LE PAPE, *se levant tout à coup.* — Et puis non, relevez-vous. Pourquoi vous confesser à moi? Il ne manque pas de prêtres dans Rome; allez à eux.

MALATESTA, *se relevant.* — Très Saint-Père...

LE PAPE, *agitant une sonnette.* — Ne mettons pas entre nous la confession, Monseigneur. Elle risquerait de rendre l'un ou l'autre de nous moins libre. C'est un sacrement délicat; il faut en user avec prudence. N'insistez pas.

Henry de Montherlant, *Malatesta*, Gallimard.

— Une scène animée. Violence des articulations : le mensonge sur Ferdinand de Naples (22), les gestes de méfiance (36) puis de confiance (49) du pape, son refus final d'entendre la confession du héros (72-73). Face à face de renards.

— Un langage à l'image des personnages : tenue, apparat, correction poussée jusqu'au pédantisme (13, 60-61). Une lutte de masques : l'ironie de Montherlant et ses manifestations.

— « Quand sera retrouvée cette vérité banale qu'il existe un art littéraire comme il existe un art pictural et un art musical; quand les écrivains — seuls à le faire — cesseront de traiter de haut " la littérature " (qui parfois le leur rend bien), l'œuvre de Montherlant montrera que l'art de notre temps connut, lui aussi, l'union fort rare de l'ironie avec une écriture royale. » (Malraux.)

Jean Anouilh

Par le nombre (plus de quinze pièces depuis l'*Antigone* de 1943) comme par le succès de la plupart de ses œuvres, Anouilh a été avec Montherlant le grand nom de la scène française dans les deux décennies qui ont suivi la Libération. A l'intérieur du théâtre de tradition, il équilibre, dans un cadre qui est généralement celui de la comédie satirique, la dignité et la pompe tragique de Montherlant. Au mythe du héros répond chez Anouilh le mythe de la Sauvage, c'est-à-dire de la pureté liée à la jeunesse : mais tous deux ne découvrent, pour finir, que la corruption et le néant. L'un se sauve par un mépris hautain, l'autre par le rire. « L'homme a cela de charmant, Toto, dit le général de *L'Hurluberlu* à son fils. Il rit quand même. » Mais Anouilh est moins prisonnier que Montherlant de son personnage et des formes scéniques qu'il a reçues. Lorsque celui-ci se conforme ouvertement à un patron classique donné, l'imagination de l'autre, et les exigences scéniques propres au domaine comique, l'entraînent à toute une série de recherches et d'expériences. Toutes ne sont pas neuves, mais elles suffisent à empêcher que l'auteur et l'image qu'il donne de lui ne se figent prématurément.

Cl. Bernand.

Montherlant, *Malatesta* (mise en scène de Jean-Louis Barrault au Théâtre Marigny en 1950).

Anouilh, *Pauvre Bitos*, le dîner de têtes (au centre, debout, dans le rôle de Bitos, Michel Bouquet).

Dès avant la Deuxième Guerre mondiale, dans *L'Hermine*, *Le Voyageur sans bagages* ou *La Sauvage*, Anouilh a créé la figure principale de son univers dramatique : au centre de l'action, un héros, hanté par la nostalgie de l'adolescence, refuse de sacrifier la pureté de son ambition et de ses rêves aux compromissions d'une vie qui ne pourrait que l'avilir. *Antigone* donne à cette figure la consécration du mythe antique : même si Créon, sensible aux impératifs inévitables de la vie sociale et du gouvernement des hommes, n'apparaît pas complètement méprisable, il fait ressortir l'absurdité et la noblesse, à la fois déraisonnable et nécessaire, du geste de la jeune fille. Ainsi le drame se joue toujours entre le consentement à la médiocrité et l'accomplissement impossible d'une vie sans souillure. Mais d'une pièce à l'autre l'éclairage varie, et Anouilh a classé lui-même son théâtre en pièces roses, noires, brillantes, grinçantes et costumées. Les pièces roses et la majeure partie des pièces noires sont antérieures à la période qui nous occupe. Les pièces brillantes, elles, marquent un temps d'arrêt dans l'évolution de l'auteur : il développe, amplifie, mélange habilement le noir et le rose; il tâte à l'occasion de la pièce en costumes, mais des œuvres comme *La Répétition ou l'Amour puni* ou *Colombe* ne font que récapituler le théâtre antérieur.

Ardèle ou la Marguerite (1948) donne le ton des pièces grinçantes. Tout se passe en un seul acte, construit autour du personnage d'un vieux général, homme volage, de mauvais caractère, au langage vert. Sa femme est atteinte d'une maladie étrange qui la retient au lit. La vieille tante Ardèle, une bossue, aime le précepteur des enfants, un bossu lui aussi, et elle en est aimée. On réunit un conseil de famille pour la convaincre de renoncer à son amour. Ardèle, invisible, reste dans sa chambre, tandis que, devant sa porte, s'organise un vrai défilé, à la fois ridicule et inquiétant. L'univers qu'on croyait respectable s'effondre : on ne voit apparaître que des êtres dominés par la sensualité, qui se mentent effrontément les uns aux autres. L'évocation de ce monde est impitoyable : l'amour physique fait peur, inspire le dégoût; la crainte de la déchéance est liée à l'horreur de la sexualité et devient une sorte d'obsession : « Tout jouit et s'accouple et me tue », crie, pour finir, la générale, dans sa folie. L'enfance elle-même est contaminée, elle a perdu son innocence et n'est plus le refuge de l'idéal, la part du rêve et du bonheur : Toto et Marie-Christine reproduisent, en les parodiant, les tristes gestes de la vie de débauche des parents. Anouilh s'est décidément concentré sur ce qui est sordide et honteux : il fait la preuve que « vivre avilit ». *La Valse des toréadors*, dédiée à Roger Vitrac (*cf.* chap. 23), reprend le même cadre : on retrouve un général, homme à femmes, et son épouse infirme. Tout l'acte IV est occupé par une dispute entre les deux personnages principaux : l'hypocrisie disparaît alors sous la violente éruption de la haine conjugale, elle blesse et fait peur. Dans *Le Boulanger, la Boulangère et le Petit Mitron* (1968), c'est la pièce tout entière qui prend l'aspect d'une scène de ménage où se trouvent rassemblés tout le passé des personnages, leurs nostalgies, leurs dérisoires espérances. N'en vient-on pas à souhaiter des malheurs exemplaires afin de pouvoir sortir des noirceurs habituelles de la vie quotidienne? Anouilh, que ses idées politiques ont fait considérer comme un auteur de droite, se présente en fait comme un farouche critique de la bourgeoisie; ainsi que l'écrivait le critique Bertrand Poirot-Delpech après la représentation de cette dernière pièce : « Si le dénigrement de la bourgeoisie classe à gauche, comme il semble ces temps-ci, alors Anouilh bat de loin les plus enragés des enragés. Le mépris de Brecht paraît une gracieuseté comparé à la hargne que l'auteur de *La Sauvage* témoigne à son milieu depuis trente-cinq ans. »

[Mon objet, ma chose, mon fourre-tout, ma boîte à ordures...]

Après avoir trompé pendant des années sa femme malade, le général apprend un soir qu'elle n'était pas plus fidèle que lui.

Le Général. — Mais foutre alors! Si vous me trompiez, pourquoi ces larmes, ces reproches, pourquoi ces immenses douleurs? Pourquoi cette maladie? Je ne comprends plus, moi. Je deviens fou!

La Générale. — Pour te garder, Léon! Pour te tenir toujours parce que je suis ta femme. Parce que, même lorsque j'avais mon amant sur le ventre, j'étais ta femme encore et tu n'y pouvais rien; rien qu'avoir honte et élever mes filles * et leur donner ton nom, s'il m'en faisait. Et me reprendre le soir dans ton lit après l'autre, avec mes plaintes, mes reproches, mes coups d'ongles — et mon amour! Car je t'aime, Léon, par-dessus le marché. Oui, il faut que tu portes mon amour aussi, avec tes cornes! Je te hais pour tout le mal que tu m'as fait, mais je t'aime — pas tendrement, imbécile, pas en t'attendant dix-sept ans et en t'écrivant des lettres * — (j'en ai trouvé une de cette gourde dans tes poches) — pas pour être dans tes bras le soir (nous n'avons jamais fait l'amour tous les deux, pauvre homme, tu le sais bien) — pas pour te parler (tu m'ennuies, tu n'aimes rien de ce que j'aime) — pas pour ton grade non plus, ni ton argent, on m'a proposé davantage : je t'aime parce que, si piteux que tu sois, tu es à moi, mon objet, ma chose, mon fourre-tout, ma boîte à ordures...

* Les deux filles du général, Estelle et Sidonie, sont deux personnages caricaturaux de la pièce.

* Comme Mademoiselle de Saint-Euverte (« cette gourde ») qui, amoureuse du général, l'a retrouvé au début de la pièce.

Le Général *recule et crie.* — Non!

La Générale. — Si! Tu le sais. Et quoi que tu puisses promettre à d'autres, tu sais que tu ne seras jamais que cela.

Le Général. — Non!

La Générale. — Si! Tu ne pourras jamais me faire de peine, tu es trop lâche. Tu le sais et tu sais que je le sais aussi!

Le Général. — Non!

La Générale. — Si! Allons, viens, viens danser mon chéri. Viens danser la « Valse des toréadors », la dernière *, mais avec moi cette fois!

Le Général. — Non!

La Générale. — Si! Je le veux! Et tu veux tout ce que je veux. Viens danser avec ton vieux squelette, avec ta vieille maladie chronique. Viens danser avec ton remords. Viens danser avec ton amour.

* Il avait dansé la première, dix-sept ans plus tôt, au bal du Cadre noir de Saumur avec Mademoiselle de Saint-Euverte.

* Appellation qui était la sienne dix-sept ans plus tôt, *cf.* Acte II : « Lieutenant Saint-Pé. Sorti second de Saumur. Sans fortune, mais du courage et bien noté. Prêt à tout donner pour la France, pour l'honneur et pour une femme. Une vraie femme, tendre, bonne, fidèle — pure. »

Le Général *se sauve, criant.* — Non! Ne me touche pas sacrebleu! *(Il crie.)* Lieutenant Saint-Pé *! A moi!

Elle le poursuit. Il fuit. Ils semblent danser ensemble une valse cauchemardesque. Le général est acculé dans un coin, il étend soudain les bras en avant et lui serre le cou en criant.

Carnaval!

La générale se débat dans sa chemise de nuit, tentant d'arracher les mains de son cou.

[RIDEAU]

Mademoiselle de Saint-Euverte partira dans les bras d'un autre. Et le général s'intéresse à la nouvelle bonne...

Jean Anouilh, *La Valse des toréadors*, La Table Ronde.

— La déroute du général. Montée de l'horreur jusqu'à la fin de l'acte; précision des étapes : « ta femme » (6), « mon amour » (11), « ma boîte à ordures » (23), « lâche » (30), « danser avec ton vieux squelette » (38).

— Art du mouvement dans la tirade de la générale (5-23) : tirets et parenthèses. Crudité du détail. Un style neutre qui devient lyrique dans l'ordure.

— Caricature et profondeur dans le personnage de la générale : amour et possession. Psychologie et métaphysique : *cf.* Dostoïevski et Bernanos.

La férocité d'Anouilh ne décroît nullement lorsqu'il passe, dans les pièces costumées, du monde contemporain à des époques plus anciennes. Le thème de *Becket* (1959) est simple : la « conversion » de Becket à « aimer l'honneur de Dieu » lorsqu'il a été fait archevêque par son ami et ancien compagnon de débauche le roi Henri II. Ce drame de l'amitié et du devoir, sinon de la foi, est l'occasion d'un grand déploiement d'ingéniosité dans la construction en même temps qu'il donne à Anouilh un prétexte pour réaffirmer l'absurdité des plus nobles combats. Becket est voué à défendre la cause de Dieu, mais, quelle que soit son intransigeance, « il est assez honnête, comme le remarquait Morvan Lebesque, pour ne pas la confondre avec la sainteté ». Dans *La Foire d'empoigne*, il donnera le beau rôle à Louis XVIII contre Napoléon : le roi parle pour lui, expose ses idées et lui donne raison de se moquer de la gloire impériale et de sa vanité.

L'Alouette (1953) est sans doute la pièce dans laquelle Anouilh montre le mieux son aptitude exceptionnelle à construire librement une action dramatique. Dans le cadre du procès de Jeanne d'Arc, nulle entrave ne le retient, ni dans l'utilisation du temps, ni dans l'exploitation de l'espace : il brise, agence, disloque à son gré. Les scènes s'enchaînent parce qu'elles s'appellent l'une l'autre, non point parce qu'elles se suivent. L'ensemble apparaît comme une création continuellement en acte, et pourtant le jeu est conduit avec une sûreté inflexible. Quant à Jeanne, elle rappelle Antigone : elle montre la même impatience, la même intrépidité, elle refuse de « s'habituer à vivre ». Comme naturellement, Anouilh retrouve, pour exprimer l'exigence limpide d'une telle âme, une langue plus sereine, qui est bien accordée « au chant joyeux et absurde d'une petite alouette immobile dans le soleil, pendant qu'on lui tire dessus ».

[Il était déjà parti et moi j'avais la France sur le dos]

Le rideau vient de se lever. Les personnages sont tous en scène et s'apprêtent à commencer.

CAUCHON *, *se retourne vers Jeanne.* — Jeanne?

Elle lève les yeux sur lui.

Tu peux commencer.

JEANNE. — Je peux commencer où je veux?

CAUCHON. — Oui.

JEANNE. — Alors au commencement. C'est toujours ce qu'il y a de plus beau, les commencements. A la maison de mon père quand je suis encore petite. Dans le champ où je garde le troupeau, la première fois que j'entends les Voix.

Elle est restée accroupie à la même place, les personnages qui n'ont rien à voir avec cette scène s'éloignent dans l'ombre. Seuls s'avancent le père, la mère, le frère de Jeanne qui auront à intervenir. La mère tricote toujours.

C'est après l'Angélus du soir. Je suis toute petite. J'ai encore ma tresse. Je ne pense à rien. Dieu est bon, qui me garde toute pure et heureuse près de ma mère, de mon père, et de mes frères dans cette petite enclave épargnée autour de Domrémy, tandis que les sales godons * brûlent, pillent et violent dans le pays. Mon gros chien est venu mettre son nez contre ma jupe... Tout le monde est bon et fort autour de moi, et me protège. Comme c'est simple d'être une petite fille heureuse!... Et puis soudain, c'est comme si quelqu'un me touchait l'épaule derrière moi, et pourtant je sais bien que personne ne m'a touchée, et la voix dit...

QUELQU'UN, *demande soudain au fond.* — Qui fera les voix?

JEANNE, *comme si c'était évident.* — Moi, bien sûr.

Elle continue.

Je me suis retournée, il y avait une grande et éblouissante lumière du côté de l'ombre, derrière moi. La voix était douce et grave et je ne la connaissais pas; elle dit seulement ce jour-là :

— Jeanne, sois bonne et sage enfant, va souvent à l'église.

J'étais bonne et sage et j'allais souvent à l'église. Je n'ai pas compris, j'ai eu très peur et je me suis sauvée en courant. C'est tout la première fois. Je n'ai rien dit en rentrant chez moi.

Un silence, elle rêve un peu, elle ajoute :

Je suis revenue un peu après, avec mon frère, chercher le troupeau que j'avais laissé. Le soleil s'était couché et il n'y avait plus de lumière.

* Le juge du tribunal de Rouen.

* Terme injurieux de l'époque pour désigner les Anglais (« Goddam! »).

Alors il y a eu la seconde fois. C'était l'Angélus de midi. Une lumière encore, mais en plein soleil et plus forte que le soleil. Je l'ai vu, cette fois!

CAUCHON. — Qui?

JEANNE. — Un prud'homme avec une belle robe bien repassée et deux grandes ailes toutes blanches. Il ne m'a pas dit son nom ce jour-là, mais plus tard j'ai appris que c'était Monseigneur saint Michel.

* Officier chargé de la garde de Jeanne, et qui représente les intérêts du roi d'Angleterre.

WARWICK *, *agacé, à Cauchon.* — Est-il absolument nécessaire de lui laisser raconter encore une fois ces niaiseries?

CAUCHON, *ferme.* — Absolument nécessaire, Monseigneur.

Warwick se remet dans son coin en silence, il respire une rose qu'il tient à la main.

JEANNE, *avec la grosse voix de l'Archange.* — Jeanne, va au secours du roi de France et tu lui rendras son royaume.

Elle répond :

— Mais, Messire, je ne suis qu'une pauvre fille, je ne saurais chevaucher, ni conduire des hommes d'armes...

— Tu iras trouver Monsieur de Beaudricourt, capitaine de Vaucouleurs...

Beaudricourt se redresse dans la foule et se glisse au premier rang, faisant signe aux autres que ça va être à lui — quelqu'un le retient, ce n'est pas encore à lui.

... il te donnera des habits d'homme et il te fera mener au dauphin. Sainte Catherine et sainte Marguerite viendront t'assister.

Elle s'écroule soudain sanglotante, épouvantée.

— Pitié! Pitié, Messire! Je suis une petite fille, je suis heureuse, je n'ai rien dont je sois responsable que mes moutons... Le royaume de France c'est trop pour moi. Il faut considérer que je suis petite et ignorante et pas forte du tout. C'est trop lourd, Messire, la France! Il y a des grands capitaines autour du roi qui sont forts et qui ont l'habitude... Et puis eux, ça ne les empêche pas de dormir quand ils perdent une bataille. Ils disent qu'il y a eu une préparation d'artillerie insuffisante, qu'ils n'ont pas été secondés, qu'ils ont eu la neige ou le vent contre eux et tous les hommes morts, ils les rayent tout simplement sur leurs listes. Moi je vais y penser tout le temps si je fais tuer des hommes... Pitié, Messire!...

Elle se redresse et d'un autre ton.

Ah, ouiche! Pas de pitié. Il était déjà parti et moi j'avais la France sur le dos.

Elle ajoute simplement :

Sans compter le travail à la ferme et mon père qui ne badinait pas.

Le père, qui tournait en rond autour de la mère, explose soudain.

LE PÈRE. — Qu'est-ce qu'elle fout?

LA MÈRE, *toujours tricotant.* — Elle est aux champs.

LE PÈRE. — Moi aussi, j'étais aux champs et je suis rentré. Il est six heures. Qu'est-ce qu'elle fout?

LE FRÈRE, *s'arrêtant un instant de se décrotter le nez.* — La Jeanne? Elle rêve auprès de l'Arbre aux Fées. Je l'ai vue en rentrant le taureau.

LE PROMOTEUR *, *aux autres au fond.* — L'Arbre aux Fées! Je vous prie de noter, Messieurs. Superstition. Sorcellerie déjà en herbe! L'Arbre aux Fées!

CAUCHON. — Il y en a partout en France, Messire Promoteur, des arbres aux Fées. Il nous faut laisser quelques fées aux petites filles, dans notre propre intérêt.

LE PROMOTEUR, *pincé.* — Nous avons nos saintes, cela doit leur suffire!

CAUCHON, *conciliant.* — Plus tard, certainement. Mais quand elles sont encore toutes petites... Jeanne n'avait pas quinze ans.

LE PROMOTEUR. — A quinze ans une fille est une fille. Ces garces savent déjà tout!

CAUCHON. — Jeanne était très pure et très simple, alors. Vous savez que je ne l'épargnerai guère sur ses voix, au cours de ce procès, mais j'entends lui passer ses fées de petite fille...

Il ajoute ferme :

Et c'est moi qui préside ces débats.

Jean Anouilh, *L'Alouette*, La Table Ronde.

* Procureur d'office, tenant le rôle du ministère public auprès des juridictions ecclésiastiques.

— Un jeu scénique libéré (2-5). Le théâtre dans le théâtre (26-29). Souplesse du développement dramatique (90-94). Parfaite lisibilité dans la superposition des temps différents (51-57, 65-68, 102-120).

— Pureté du début (7-10) dans la simplicité des répétitions, la précision des phrases nominales (8-9), la brièveté des affirmations au présent (15, 16), et des débuts par « Je ». Familiarité et grandeur (88-92).

— La jeune fille et l'appel de l'absolu : *cf.* l'*Antigone* d'Anouilh ou l'*Électre* de Giraudoux. Un thème moderne très fréquent : héroïsme et esprit d'enfance (*cf.* Saint-Exupéry et Bernanos) : « Les héros d'Anouilh ne sont guère que des anciens enfants qui ne se consolent pas d'avoir grandi. » (Jean Mauduit.)

Avec *Pauvre Bitos* (1956) Anouilh réussit à faire une pièce historique qui, en évoquant le passé révolutionnaire, s'attaque sans merci à l'hypocrisie de la société et de la politique contemporaines. Bitos n'est qu'un parvenu. Procureur de la République, il a fait régner la terreur au lendemain de la Libération dans une petite ville française. Le temps a passé, mais rien n'a été oublié; des bourgeois l'invitent à un dîner de têtes où il incarne Robespierre : ainsi est assuré le va-et-vient du présent au passé, la pièce grinçante et la pièce costumée ne font plus qu'une. La comédie apparaît dans la liberté dont use l'auteur pour jouer avec le temps, pour dédoubler les personnages à sa guise, mais le tragique demeure présent, et rien n'est moins irréel que ce dîner où Bitos connaît pour son compte le sort de Robespierre, cet homme « qui tue parce qu'il n'a pas su grandir » : c'est ainsi que l'auteur explique le destin d'un héros pour lequel il montre autant de pitié que de dégoût. En effet, s'il le tourne en ridicule, il sait aussi le montrer comme un naïf aux idées sociales. Anouilh semble s'acharner sur Bitos comme sur le représentant vaincu de ses propres illusions. Ainsi, par delà la valeur psychologique, une pièce de ce genre suggère toute une critique de l'action politique. Écrite dans une langue sobre, elle soutient les thèses pessimistes de l'auteur avec une éloquence qui touche, et la poésie, comme souvent chez Anouilh, vient moins ici des mots eux-mêmes que de l'assemblage des situations.

Brassac et ses amis font boire Bitos pour l'amener à dévoiler ce qu'il pense réellement sur la Révolution et sur l'Ordre.

[Pas de désordre! Surtout quand c'est le peuple qui gouverne!]

BITOS, *finement, amusé.* — Je ne vous soupçonnais pas cette culture *, mon cher Brassac! J'en étais resté au cancre d'autrefois *... Mais pourquoi diable Dionysos serait-il contre-révolutionnaire?

* Brassac a montré qu'il savait que Dionysos et Bacchus ne sont que les deux noms, grec et romain, d'une même divinité.

* Ils ont été en classe ensemble autrefois; Bitos était, lui, le premier de la classe.

BRASSAC. — Parce que Dionysos c'est l'anarchie! Et je ne vous apprends pas que lorsque les révolutionnaires — les révolutionnaires sérieux — prennent le pouvoir, les premiers qu'ils font fusiller bien avant les réactionnaires et les petits bourgeois qu'ils estiment, à juste titre, peu dangereux, ce sont toujours les anarchistes... Vous ne voudriez pas qu'ils laissent ces excités-là aller leur déclencher des grèves tout de même? Une grève dans un régime sérieux, ça se mate dans l'œuf! Pas de désordre! Surtout quand c'est le peuple qui gouverne!

BITOS, *soudain complice lui aussi, buvant avec lui.* — Je vois qu'il y a bien des choses dans la conduite de ce monde qui ne vous ont pas échappé, mon cher Brassac!

BRASSAC, *même jeu.* — C'est qu'il y a des hommes, mon cher Bitos, avec qui on comprend très vite qu'il y a tout intérêt à être franc! L'intelligence aussi est une internationale, ne l'oublions pas!

BITOS, *ravi, levant son verre, très Régence* *. — Je vous retourne le compliment, mon cher.

* La liberté des mœurs et des propos de cette époque historique est restée aussi célèbre que son élégance.

BRASSAC, *le servant et se servant.* — Buvons encore un peu, Bitos, et je sens que nous allons tout nous dire!

(Confidentiel.) On vous reproche toujours vos massacres, mais croyez-vous qu'à la réaction de Thermidor *, quand de très musclés muscadins ont eu enfin le droit de massacrer du sans-culotte ou après les Cent-Jours, à la Terreur Blanche, nous y avons été de main-morte nous aussi?

* Après l'exécution de Robespierre.

Coups de coude, clin d'œil. Bitos rigole et répond de même.

BITOS, *ravi.* — Vous l'avouez donc enfin!

BRASSAC *cligne de l'œil, un doigt sur la bouche.* — Chut! officiellement on n'avoue jamais rien. Je ne vous l'apprends pas, vous êtes orfèvre. Mais, il ne faut pas oublier que nous sommes les fils des vaillants Versaillais du petit Père Thiers *, ce parangon des vertus bourgeoises — les rejetons de Galliffet *, ce parfait homme du monde, qui désignait de son gant blanc les têtes qui ne lui revenaient pas dans la foule des prisonniers. Rran! Vingt mille fusillés! La moitié des ouvriers tanneurs, des plâtriers et des cordonniers de Paris, très exactement, disent les statistiques. La France, grâce à nous, commençait à voir grand : signe de l'avènement des temps modernes.

* Allusion à la Commune de 1871.

* Le nom du général de Galliffet est resté lié à la répression de la Commune.

BITOS, *rigolant, complice.* — Je ne vous le fais pas dire!... Alors, pourquoi nous reprocher, à la Libération *, compte tenu du chiffre accru de la population...

* On avait reproché à Bitos sa férocité d'alors à l'égard des collaborateurs et des partisans du régime de Vichy.

BRASSAC, *en confidence.* — Mais rien du tout, rien du tout! En fait, nous ne vous reprochons rien du tout. Nous ne sommes pas des enfants! Les exécutions sommaires c'est comme les boules, c'est un jeu français. Chez nous, on sait ça en naissant.

BITOS, *soudain pointilleux comme un homme ivre.* — Pardon! Pardon! Là, je vous arrête. Nous, nous avons toujours veillé — je veux dire en 93 — à ce que les décisions du Tribunal révolutionnaire fussent parfaitement en règle. Toujours deux signatures!

BRASSAC. — Mais nous aussi, nous aussi, mon bon! Nous signons. Pour qui nous prenez-vous? On n'est pas des brutes! Deux, trois signatures, quatre s'il le faut! En France, on trouve toujours un général pour signer un décret ou pour refuser une grâce et, si on n'a pas le texte de loi qu'il fallait, on le fait, avec effet rétro-actif, bien entendu! On a des manières. On tue, soit, mais on y met des formes. L'ordre, toujours l'ordre! Seulement le soir, en rentrant, nous, on s'habille et on baise tout de même la main des dames, leur confiant, dans un sourire, quelques-uns de ces horribles détails dont elles sont à la fois effrayées et gourmandes... Et on continue à élever chrétiennement nos chers petits enfants. *(Bitos fait la grimace)*. Ah! ça on y tient beaucoup, comme vous à l'avenir de l'humanité! Chacun son dada. *(Il achève complice :)* Seulement que voulez-vous, que ce soit chez vous ou chez nous, il faut se faire à cette idée, mon bon : en France, on dîne de têtes. C'est le plat national!...

BITOS, *avec un geste ignoble soudain.* — La poigne! C'est le seul secret. Et pas besoin du gant de velours, vieille histoire. La main de fer suffit... Mais attention! *(Il lève un doigt précautionneux d'ivrogne et achève, pâteux.)* Pour le bien du peuple.

JULIEN, *doucement derrière lui.* — Et qui décide que c'est pour le bien du peuple?

BITOS, *innocemment.* — Nous.

(Il a dit ça si gravement qu'ils n'y tiennent plus et éclatent de rire. Il les regarde un peu effaré, puis soudain, il se met à rire avec eux, on en profite pour le servir à nouveau.)

Jean Anouilh, *Pauvre Bitos*, La Table Ronde.

— Une discussion politique sur le problème de l'ordre. Comment la satire cynique de l'ordre bourgeois devient elle-même un instrument pour la satire contre-révolutionnaire. Les étapes dans l'aveu de Bitos. Un style nerveux sans effets appuyés, tout entier au service de l'idée.

— L'internationale des amoureux de l'ordre. Pessimisme généralisé d'Anouilh : une droite immonde et lucide, une gauche idéaliste qui ne peut être qu'inconsciente ou hypocrite. Le thème de l'ordre dans la révolution : *cf. La Condition humaine* de Malraux ou *Les Mains sales* de Sartre.

— « Jansénisme du théâtre d'Anouilh, car nulle part la profondeur d'une corruption de la nature et d'une culpabilité inéluctable n'est évoquée avec plus de force [...]. Sa noblesse est d'être un cri de l'homme perdu au fond des abîmes. » (Pierre-Henri Simon.)

La Grotte (1961) a constitué l'un des rares échecs d'Anouilh. C'était la première de toute une série de pièces dans lesquelles l'auteur allait se livrer à un retour sur lui-même et sur ses personnages. Les deux dernières, *Cher Antoine* (1969) et *Les Poissons rouges* (1970) représentent une étape supplémentaire dans ce théâtre autobiographique vers lequel semble bien s'acheminer le dramaturge; Anouilh y met en scène, toujours sous la forme qui lui est chère du théâtre dans le théâtre, des souvenirs d'enfance et d'adolescence dérisoires et bouleversants, mais aussi sa haine, qui tourne à l'obsession, des modifications sociales provoquées par la guerre et surtout par l'épuration qui l'a suivie. Il révèle ainsi peu à peu les secrets de son univers. Sa faculté d'invention peut donner l'impression d'un relatif essoufflement, mais les accusations qu'il porte contre le mensonge social se font plus amères, comme se fait plus pathétique sa nostalgie de la pureté; plus désespérément cynique que jamais, il laisse entendre que le mal en ce monde ne peut que s'accroître lorsque l'on tente de le guérir.

Anouilh exploite une veine où il excelle lorsqu'il se tourne vers la mise en scène. On lui doit, en 1962, le triomphe de *Victor*, de son ami Vitrac (*cf.* chap. 23). Cette pièce d'un auteur surréaliste annonçait un théâtre qui n'était plus le sien, mais dont il avait su discerner la nouveauté et l'intérêt dès 1956, date à laquelle il écrivait : « *En attendant Godot* est un des chefs-d'œuvre du jeune théâtre [...], une des rares pièces qui m'aient plongé, dans mon âge mûr, dans ce désespoir du créateur maladroit qui n'a rien à voir avec la jalousie, comme le pense le vulgaire... car la jalousie, elle, n'est jamais recouverte, pour finir, par la joie... Quel que soit le talent de Beckett [...], je croyais pouvoir souffler un peu. L'expérience m'a appris que les chefs-d'œuvre étaient rares. Et voilà que Ionesco sort ses *Chaises*, je ne sais d'où... ». Volontairement enfermé dans un théâtre de conception traditionnelle — est-ce lui qui déclare, par la bouche d'un personnage de *La Grotte :* « J'ai décidé une fois pour toutes que je ne pousserai jamais de cri »? — Anouilh a le mérite d'avoir su favoriser, tout en restant lui-même, la naissance du nouveau théâtre. Quelques années plus tard, il lui rendra un autre service, en étant cette fois l'un des premiers à tourner en dérision certaines des facilités dans lesquelles il n'a pu s'empêcher de tomber.

[Une signification profondément métaphysique]

Dans le salon du général, devant une assistance brillante et nombreuse...

LE GÉNÉRAL. — Puisque la générale semble y tenir, je pense que nous pourrions nous installer et écouter ce jeune homme. Je ne serai pas fâché de voir ce que c'est que le théâtre moderne. Je n'y vais jamais.

AGLAÉ *. — Ne vous en vantez pas, mon ami!

DAVID EDWARD MENDIGALÈS *. — Je suis de l'avis de Madame la Générale, mon Général. Votre indifférence est coupable. Le théâtre moderne a fait un grand pas en avant. Le jeu pur, le divertissement, c'est fini!

* Femme du général.

* Jeune homme amoureux de Sophie.

LE GÉNÉRAL, *bonhomme, s'installant.* — Tiens, pourquoi? Il ne faut plus s'amuser?

DAVID EDWARD MENDIGALÈS. — Habitants provisoires de cette planète que menace la destruction atomique, nous n'en avons plus le temps. Il s'agit maintenant de travailler à la prise de conscience de l'homme, par l'homme, pour l'homme — et dans l'humain. Ce qui n'exclut en rien, vous le verrez, l'angoisse métaphysique et une sorte d'humour désespéré.

LE GÉNÉRAL. — Vous nous promettez là une excellente soirée! Mais, vous savez, bombe atomique ou non, nous avons toujours été des habitants provisoires de cette planète. Cela ne nous empêchait pas de rire de temps en temps.

AGLAÉ. — Eh bien, je suis, moi, très curieuse d'écouter cette pièce. J'espère que vous ne voulez pas me gâcher ce plaisir?

LE GÉNÉRAL, *débonnaire, car Aglaé s'est assise sur le bras de son fauteuil et lui tient la main.* — Pour rien au monde, mon amour. Nous vous écoutons donc, Monsieur... Il faut toujours s'instruire impartialement... Moi je suis un homme de bonne foi; je ne me mets en colère qu'après.

David Edward Mendigalès, *qui a sorti sa brochure.* — La pièce s'appelle *Zim! Boum!*

Sophie *, *pâmée.* — Oh! *Zim! Boum!*

Le Général. — *Zim! Boum!* J'aime bien ça. Ça fait gai.

David Edward Mendigalès. — *Ou Julien l'Apostat.*

Le Général. — C'est moins gai.

David Edward Mendigalès. — L'écueil était le problème du style. La route giralducienne ou claudélienne était barrée. Il ne pouvait être question, pour le théâtre moderne, de reprendre à son compte la vulgarité congénitale du néo-boulevard. Le nouveau théâtre cherche son style dans le réalisme le plus banal, le plus quotidien, mais le transcende...

Le Général. — Nous verrons bien, Monsieur.

David Edward Mendigalès. — « *Zim! Boum! ou Julien l'Apostat. Antidrame.* »

Le Général *demande.* — Pourquoi antidrame?

David Edward Mendigalès. — Vous le verrez tout de suite, Général. La pièce est de Popopief, un de nos jeunes auteurs français.

Le Général *répète, rêveur.* — Popopief.

Sophie, *pâmée.* — Popopief! Ah! Cela sent déjà Paris!

David Edward Mendigalès *recommence.* — « *Zim! Boum! ou Julien l'Apostat. Antidrame.* »

Le Général. — Antidrame.

Coup d'œil d'Aglaé, coup d'œil de David Edward Mendigalès.

David Edward Mendigalès — Antidrame. « *Le décor ne représente rien.* »

Le Général. — Ça coûtera moins cher. *(Aglaé lui tape sur la main.)* Je ne dis rien de mal. Je pense aux frais généraux.

David Edward Mendigalès *continue un peu pincé.* — « *A droite, une porte condamnée par des planches; au fond, une fenêtre trop haute pour qu'on puisse rien voir. Au milieu de la scène : un bidet.* »

Le Curé, *qui n'est pas sûr d'avoir bien entendu.* — Plaît-il?

David Edward Mengigalès, *ferme.* — Un bidet. Je vous demande toute votre patience, Monsieur le Curé. Vous verrez que cet ustensile, dont la présence au premier abord peut vous choquer, a une signification profondément métaphysique.

Le Curé, *un peu confus.* — Dans ce cas, je n'insiste pas.

* Fille du général, issue d'un premier mariage.

David Edward Mendigalès, *lisant.* — « *En scène Julien et Apophasie *. Ils sont assis par terre, accroupis l'un près de l'autre. Ils ne se disent rien. Ils ne bougent pas. Ce silence doit se prolonger jusqu'à la limite de résistance du spectateur.* » *(Il explique :)* J'ai vu représenter la pièce à Paris; c'est un moment de théâtre extraordinaire et d'une audace bouleversante! C'est la première fois, dans l'histoire du théâtre, qu'on levait le rideau et que, le rideau levé, il ne se passait rien. Il y a là quelque chose qui vous prend à la gorge; c'est le néant de l'homme soudain, son inutilité, son vide. C'est d'une profondeur vertigineuse!... *(Il continue à lire:)* « *Au bout d'un moment, quand l'angoisse est devenue insoutenable, Julien bouge enfin et se gratte.* » *(Il explique:)* Là, c'est d'une cruauté folle! Nous avons vu l'homme : son néant, sa vacuité, et quand enfin il fait un geste, le premier, c'est pour se gratter... Vous sentez?

* Ce nom est de pure fantaisie, forgé sur Apostat et Aphasie.

Le Général. — Pas encore. Mais allez toujours.

David Edward Mendigalès *continue.* — « Apophasie, voix blanche, diction monocorde. — *C'est une puce?* Julien. — *Non.* (Un silence.) *Même pas.* (Un silence encore.) Apophasie. — *J'avais cru que c'était une puce.* Julien. — *Ça serait trop beau.* (Un silence.) Apophasie, demande, lueur d'espoir. — *Ça vient?* Julien. — *Quoi?* Apophasie. — *La chose.* Julien, morne. — *Ça vient et ça repart.* Apophasie. — *Si seulement on était sûr qu'il y ait une chose.* Julien, criant soudain. — *Putain!* »

Le Curé *fait un geste de désapprobation.* — Tst! Tst! Tst! Tst! Tst!

David Edward Mendigalès, *conciliant.* — Nous pourrions remplacer par « prostituée », Monsieur le Curé, si le mot vous choque. Mais c'est très important. C'est le drame du couple qui s'amorce.

L'acte finit par une explosion de colère du général.

Jean Anouilh, *L'Hurluberlu ou le Réactionnaire amoureux*, La Table Ronde.

— La scène de salon mondain dans la critique littéraire : *cf. Le Misanthrope* et *Les Femmes savantes*. Les deux pôles : le bourru (le général) et l'enthousiaste (David); les différents spectateurs et leur rôle; mouvement donné par la découverte progressive du texte; vie scénique des rebondissements imprévus.

— Justesse dans la caractérisation du théâtre moderne : la fin du divertissement (9), le sens de la précarité du monde (12), humour et métaphysique (17-18). Variété des aspects envisagés : titre, style, qualification (« antidrame » : 49), auteur, décor, rapports avec le public. Comment Anouilh montre la nouveauté dégénérant en procédés. Absence quasi totale d'argumentation (sauf 19-23) : le seul exposé de David suffit à la satire.

Le théâtre de tradition est donc bien vivant mais, à une époque où s'exerce sur la création artistique la pression conjuguée des fantasmes subconscients et des besoins d'une collectivité en gestation, il place trop bas ses ambitions pour que la route de l'avenir puisse passer par lui. Est-ce à dire qu'une dramaturgie nouvelle soit d'ores et déjà faite? Le chapitre sur le nouveau théâtre essaiera d'y répondre. Contentons-nous jusque-là d'y rêver avec Ionesco, qui écrivait en 1953 dans *Victimes du devoir :*

« Le théâtre actuel [...] ne correspond pas au style culturel de notre époque, il n'est pas en accord avec l'ensemble des manifestations de l'esprit de notre temps. [...] Il est nécessaire pourtant de tenir compte de la nouvelle logique, des révélations qu'apporte une psychologie nouvelle... une psychologie des antagonismes. [...] Un théâtre surréalisant [...] Dans la mesure où le surréalisme est onirique. [...] M'inspirant d'une autre logique et d'une autre psychologie, j'apporterais de la contradiction dans la non-contradiction, de la non-contradiction dans ce que le sens commun juge contradictoire... Nous abandonnerons le principe de l'identité et de l'unité des caractères, au profit du mouvement, d'une psychologie dynamique... Nous ne sommes pas nous-mêmes... La personnalité n'existe pas. »

Choix bibliographique :

M. Beigbeder, *Le Théâtre en France depuis la Libération*, Bordas.

P. Surer, *Le Théâtre français contemporain*, SEDES.

J. de Beer, *Montherlant*, Flammarion.

J. de Laprade, *Le Théâtre de Montherlant*, Denoël.

P. Vandromme, *Jean Anouilh, un auteur et ses personnages*, La Table Ronde.

Valéry, *L'Idée fixe* (Julien Bertheau à gauche et Pierre Fresnay; mise en scène de Pierre Franck, décor de Jacques Noël, au Théâtre de la Michodière, 1966). *Cf.* p. 179.

Cl. Bernand.

Quatrième partie

Les inventeurs

« Le conformisme commence à la définition »,
texte et dessin de Georges Braque.

Les inventeurs

« Le seul inventeur du siècle », s'écrie Céline en parlant de lui-même *(Entretiens avec le professeur Y)*. Les différentes monographies qui suivent lui donnent à la fois raison puisqu'il y figure, et tort puisqu'il n'y figure pas seul. Elles regroupent en effet une dizaine d'écrivains dont on peut affirmer aujourd'hui — c'est un jugement de fait avant d'être un jugement de valeur — qu'ils ont tous contribué, par des voies parfois très différentes mais toujours remarquablement convergentes, à modifier de fond en comble le paysage littéraire du XXe siècle : ce sont eux les véritables « inventeurs », pour le meilleur et pour le pire, de cette littérature moderne qui s'impose à l'attention à partir des années 1956-1958, et dont les derniers développements déconcertent, sinon découragent, tant de lecteurs ignorants des origines.

Si l'on s'en tient à la chronologie, ces « pères fondateurs » brouillent le jeu des générations littéraires. Bien que nés pour la plupart aux alentours de 1900, ils sont loin d'avoir atteint, au moment où la guerre s'achève, la notoriété d'un Bernanos ou d'un Malraux, pour ne pas parler d'un Sartre ou d'un Camus. L'un des plus précoces d'entre eux, Céline, avait secoué violemment l'opinion, et pas seulement l'opinion littéraire, avec le *Voyage au bout de la nuit* (1932) et *Mort à crédit* (1936) : ses pamphlets antisémites de 1938 ont fait de lui, en 1945, l'écrivain maudit par excellence. De 1927 (fondation du « Théâtre Alfred Jarry ») à 1938 (publication du *Théâtre et son Double*), Artaud avait tenté par tous les moyens de révolutionner l'art dramatique : seule une poignée d'amis se souvient, dans le fracas de la victoire, de l'interné de Rodez. Paulhan avait déjà adopté, bien avant la guerre, cette discrétion feutrée si favorable au mythe « Paulhan ou l'éminence grise », et si préjudiciable à l'œuvre qui reste confidentielle : *Les Fleurs de Tarbes*, en 1941, arrivent un peu tard, ou un peu tôt. Michaux, dont les premiers textes remontent à 1927, et Queneau (son premier roman, *Le Chiendent*, est de 1933) ne touchent encore qu'un public très restreint. Leiris vient à peine de trouver sa voie (*L'Âge d'Homme*, 1939). Beckett tâtonne : *Murphy*, publié en anglais en 1938, passe totalement inaperçu. Quant à Blanchot (*Thomas l'Obscur*, 1941), Ponge (*Le Parti pris des choses*, 1942) et Bataille (*L'Expérience intérieure*, 1943), leur œuvre, saluée avec des réserves par Sartre, ne fait à vrai dire que commencer : elle est trop récente, en 1945, pour prétendre exercer une influence quelconque. Trop récente et surtout (même si l'on y retrouve des thèmes existentialistes) trop anachronique, ou du moins jugée telle à une époque où l'on réclame de l'écrivain qu'il fasse servir sa plume au combat politique.

Le rapide essoufflement de la littérature engagée ne signifie pas pour autant la revanche et le triomphe des « inventeurs ». Il leur permet simplement de se faire entendre. Antonin Artaud donne une conférence au Vieux-Colombier en janvier 1947, et obtient la même année le Prix Sainte-Beuve pour son *Van Gogh. En attendant Godot* (1953) révèle Beckett. Après plus de dix ans de purgatoire, Céline fait sa rentrée en 1957 avec *D'un Château l'autre*. L'audience de Michaux s'est élargie. *Zazie dans le métro* (1959) apporte enfin le succès à Queneau. Mais il est des voix qui ne suscitent apparemment aucun écho : Paulhan, Ponge, Bataille, Leiris, Blanchot demeureront longtemps encore (ont-ils cessé de l'être?) des auteurs pour initiés ou pour « happy few ». C'est qu'ils tiennent un discours difficile, et qui rend difficile (on s'en apercevra dans les études qui suivent, et notamment pour Blanchot) le moindre discours que l'on entreprend de tenir sur lui. Ils ne font pourtant que redire ou que mieux dire, à leur manière, les mêmes vérités.

Des vérités qui portent moins sur l'homme et sur le monde que sur la littérature et, d'une façon plus générale, sur le langage dans son double rapport avec l'homme et avec le monde. Il n'est pas indifférent d'observer que trois de nos « inventeurs » (Queneau, Artaud, Leiris) appartinrent au mouvement surréaliste, que Bataille, s'il n'y adhéra jamais, en fut toujours, comme dit André Masson, plus ou moins mitoyen, que les affinités sont multiples entre Michaux et les poètes surréalistes, que Blanchot reconnut, en 1949, la dette de ses contemporains envers Breton. Celui-ci écrivait dès 1920, à propos de Lautréamont : « Il en va de toute la question du langage. » Telle fut bien la question pour les surréalistes (*cf.* chap. 7), comme telle est la question, qu'ils y aient été conduits par le surréalisme ou par d'autres chemins, pour chacun de nos dix « inventeurs ». Acceptation (Paulhan) ou refus (Artaud), haine et amour confondus (Bataille); la littérature change de sens dans la mesure où elle est mise en question non pas dans sa fin mais dans son moyen même : le langage.

Céline et Queneau renversent les barrières qui séparaient la langue écrite de la langue parlée. Les explorations d'un Michaux ou les descriptions d'un Ponge bouleversent la définition traditionnelle des genres. Artaud remplace le mot par le cri. Bataille et Leiris substituent l'écriture au style. Philosophes de la « Terreur », Paulhan et Blanchot s'interrogent sur cette révolution, l'un prêchant une sagesse et l'autre une ascèse. L'œuvre de Beckett illustre enfin, d'une façon exemplaire, ce dialogue avec les mots que poursuit aujourd'hui la jeune littérature, scientifiquement, méthodiquement (au contraire des « inventeurs » que préoccupait moins la recherche que la trouvaille, même s'ils s'efforçaient, comme Paulhan, à la rigueur). L'abondance des numéros spéciaux de revues consacrés depuis peu à Céline et à Michaux *(L'Herne)*, à Queneau *(L'Arc)* et à Bataille *(Critique, L'Arc)*, à Blanchot *(Critique)* et à Paulhan *(N.R.F.)* suffirait à prouver l'importance capitale et la parenté profonde de ces enfants du siècle qui en furent aussi les pères.

Chapitre XIII

Céline

Par rapport aux autres « inventeurs » mal et tard connus, Céline constitue un cas spécial. Sa gloire et son influence furent aussi grandes avant guerre que sa disparition fut totale après : lorsqu'on ose encore parler de lui dans les années cinquante, c'est presque comme d'un écrivain disparu en 1938 après avoir écrit deux grands romans : *Voyage au bout de la nuit* (1932), *Mort à crédit* (1936). Sa mort, en 1961, a rétabli la distance indispensable à la considération de cette œuvre. L'on est sûr que le personnage de Céline ne réservera plus de surprise, qu'il ne sortira plus, comme en 1937, du rôle dans lequel on l'avait enfermé. Jamais de toute façon la sérénité n'avait été possible à son égard : ses deux premiers romans avaient déjà secoué l'époque, et leur succès avait été d'abord un succès de scandale. Scandale qui devient total lorsque Céline abandonne le masque de la fiction pour prendre directement position — et quelle position ! — dans une série de pamphlets : *Mea culpa* (1936), *Bagatelles pour un massacre* (1937), *L'École des cadavres* (1937), *Les Beaux Draps* (1941).

Céline n'est pas le seul antisémite de ces années-là, mais celui qui s'exprime le plus violemment, le plus constamment. De toutes les attaques délirantes contenues dans ces textes, on n'allait retenir que la plus insupportable, l'antisémitisme, en quelque sorte confirmé par le fait que Céline se soit réfugié chez les nazis en 1944. Sans tenir compte, tant les haines étaient vives, de ce qu'il n'avait commis aucun acte de collaboration, et qu'il n'avait publié que *Guignol's Band* (1944), souvenirs du Londres des années quinze, on ne se souviendra que des phrases contre les Juifs, sans apercevoir que la haine de Céline contre les Juifs lui faisait non pas appeler ce qui devait se passer, l'odieuse extermination des Juifs par les Aryens, mais redouter un génocide des Européens par ceux qu'il appelle la race des tyrans « campés, implacables, le knout à la main », et qu'il ne veut pas supprimer mais éloigner.

« Je veux pas faire la guerre pour Hitler, moi je le dis, mais je veux pas la faire contre lui, pour les Juifs... On a beau me salader à bloc, c'est bien les Juifs et eux seulement, qui nous poussent aux mitrailleuses... Il aime pas les Juifs Hitler, moi non plus... Y a pas de quoi se frapper pour si peu... C'est pas un crime qu'ils vous répugnent... Je les répugne bien moi, intouchable !... Les Juifs à Jérusalem, un peu plus bas sur le Niger, ne me gênent pas ! ils me gênent pas du tout !... Je leur rends moi tout leur Congo ! toute leur Afrique !... Le Libéria, je la connais, leur République nègre, ça ressemble foutrement à Moscou. A un point que vous ne pourriez croire... » *(Bagatelles)*.

Toujours est-il qu'avec un tel antisémitisme, Céline achevait de faire l'unanimité contre lui. Après s'être attiré la haine des milieux bien pensants en attaquant dans le *Voyage* le militarisme, le colonialisme, le machinisme, l'injustice sociale, il avait ensuite, en publiant ses impressions à son retour d'U.R.S.S., heurté toute la fraction du public qui l'avait soutenu jusqu'alors. Il lui fallait compter encore avec les milieux littéraires jaloux du succès de cet écrivain amateur : Céline continue d'exercer son premier métier et d'être le docteur Destouches. Céline, seul contre tous, voix solitaire. Qu'elle se mette à dérailler, et tous allaient l'accabler.

Au succès d'avant guerre allait donc succéder un long silence, correspondant au séjour de Céline au Danemark, d'abord en prison, puis en résidence surveillée. Amnistié, il rentre en France en 1951 ; la publication de son œuvre reprend dans un climat étrange de culpabilité gênée : il ne semblait pas possible d'apprécier impartialement l'œuvre de ce maudit, de ce corps étranger qui, loin de rien regretter ou de chercher à se faire pardonner ou même oublier, repartait à l'assaut de la nouvelle société issue de la guerre.

Maintenant que Céline est mort, que son œuvre est sans doute à peu près intégralement publiée (depuis sa mort ont paru *Le Pont de Londres* en 1964, et *Rigodon* en 1969), on peut tenter d'en définir le caractère indispensable. Indispensable en tant que source d'abord : le Roquentin de *La Nausée* (Sartre place en épigraphe une phrase de *L'Église*, pièce que Céline publie en 1933 mais qu'il a écrite avant le *Voyage* dont elle constitue comme un brouillon : « C'est un garçon sans importance collective [...] juste un individu »), le Meursault de *L'Étranger* sont les frères cadets de Bardamu, le héros du *Voyage*. En tant qu'influence diffuse également, partout présente : se débarrassant de toute une conception de la littérature, Céline a inventé une façon nouvelle de parler de l'homme contemporain, inventé de nouvelles formes littéraires. Il est, à la même époque, et pas seulement pour la France, un écrivain aussi important que Joyce en Angleterre ou Faulkner aux États-Unis. C'est bien en effet sur le plan littéraire qu'il faut placer la révolution célinienne : même prophétique, cette œuvre n'aurait pas resurgi après la guerre si elle n'avait été qu'un réquisitoire et non pas la création d'un univers artistique dont la nouveauté n'est pas encore effacée.

Céline s'est longuement expliqué sur son dessein, sur son invention : dans la préface de *Guignol's Band*, dans les *Entretiens avec le professeur Y* (1955), dans les *Entretiens familiers* publiés en 1958 par Robert Poulet, dans sa correspondance, dans des disques, et même dans ses livres, il a souvent défini son art poétique tout entier consacré à rendre *l'émotion*. L'œuvre en effet n'est jamais témoignage ou reportage, elle est toujours dénonciation, mise en accusation : c'est parce qu'il prend parti que le style de Céline possède, malgré sa recherche extrême, ce caractère de nécessité. On s'en rend d'ailleurs vite compte dans certains passages de *Guignol's Band* ou du *Pont de Londres :* lorsque la petite musique célinienne semble tourner à vide, c'est que son objet n'en vaut pas la peine, que l'émotion initiale est trop strictement individuelle, que ces histoires de filles et de gangsters ressemblent trop à du Mac Orlan — l'une des rares admirations littéraires de Céline avec Eugène Dabit, Paul Morand, Aristide Bruant et Barbusse — et pas assez à du Céline. Toute l'œuvre de Céline est donc pamphlet, c'est-à-dire parti pris à la suite d'une émotion qu'il s'agit de faire passer.

[L'émoi c'est tout dans la vie]

Dialoguant tantôt avec le critique, tantôt avec le public, Céline, dans la préface de *Guignol's Band*, justifie sa manière, explique pourquoi le public accueille ses livres que la critique récuse.

— Ah! mais y a les « merde »! Grossièretés! C'est ça qu'attire votre clientèle!

— Oh! je vous vois venir! C'est bien vite dit! Faut les placer! Essayez donc! Chie pas juste qui veut! Ça serait trop commode!

Je vous mets un petit peu au courant, je vous fais passer

par la coulisse pour que vous vous fassiez pas d'idées... au début je m'en faisais aussi... maintenant je m'en fais plus... l'expérience...

C'est même drôle ça bavache s'échauffe là tout autour... Ça discute des trois points ou pas... si c'est se foutre du monde... et puis encore et ci et ça... le genre qu'il se donne!... l'affectation... etc... et patati!... et les virgules!... mais personne me demande moi ce que je pense!... et l'on fait des comparaisons... Je suis pas jaloux je vous prie de le croire!... Ah! ce que je m'en fous! Tant mieux pour les autres de livres!... Mais moi n'est-ce pas je peux pas les lire... Je les trouve en projets, pas écrits, mort-nés, ni faits ni à faire, la vie qui manque... c'est pas grand-chose... ou bien alors ils ont vécu tout à la phrase, tout hideux noirs, tout lourds à l'encre, morts phrasibules *, morts rhétoreux. Ah! que c'est triste! Chacun son goût.

* Mot forgé à partir de « phrase ».

Faut que je vous avoue mon grand-père, Auguste Destouches par son nom, qu'en faisait lui de la rhétorique, qu'était même professeur pour ça au lycée du Havre et brillant vers 1855.

C'est dire que je me méfie atroce! Si j'ai l'inclination innée!

Je possède tous ses écrits de grand-père, ses liasses, ses brouillons, des pleins tiroirs! Ah! redoutables! Il faisait les discours du Préfet, je vous assure dans un sacré style! Si il l'avait l'adjectif sûr! s'il la piquait bien la fleurette! Jamais un faux pas! Mousse et pampre! Fils des Gracques! la Sentence et tout! En vers comme en prose! Il remportait toutes les médailles de l'Académie Française.

Je les conserve avec émotion.

C'est mon ancêtre! Si je la connais un peu la langue et pas d'hier comme tant et tant! Je le dis tout de suite! dans les finesses!

J'ai débourré tous mes « effets », mes « litotes » et mes « pertinences » dedans mes couches...

Le Jazz a renversé la valse, l'Impressionnisme tue le « faux jour »*, vous écrirez « télégraphique » ou vous écrirez plus du tout!

* Désigne la lumière de l'atelier par opposition à la lumière du plein air chère aux peintres impressionnistes.

L'Émoi c'est tout dans la vie!
Faut savoir en profiter!
L'Émoi c'est tout dans la Vie!
Quand on est mort c'est fini!

A vous de comprendre! Émouvez-vous! « C'est que des bagarres * tous vos chapitres »! Quelle objection! Quelle tourterie! Ah! attention! La niaise! En botte! Volent

* Il s'agit des scènes de bagarre de *Guignol's Band*.

babillons! Émouvez bon Dieu! Ratata! Sautez! Vibrochez! Éclatez dans vos carapaces! fouillez-vous crabes! Éventrez! Trouvez la palpite nom de foutre! La tête est là! Enfin! Quelque chose! Réveil! Allez salut! Robots la crotte! Merde! Transposez ou c'est la mort!

Je peux plus rien pour vous!

Embrassez celle que vous voudrez! S'il est temps encore! A la bonne vôtre! Si vous vivez! Le reste arrivera bien tout seul! Bonheur, santé, grâce et fredaines! Vous occupez pas tant de moi-même! faites-le marcher votre petit cœur!

Ça sera tout ce que vous y metterez! l'orage ou la flûte! comme aux Enfers, comme chez les Anges!

Céline, *Guignol's Band*, éd. Gallimard.

— Art poétique éparpillé dans un discours où se mêlent dialogue, réflexions, souvenirs, vers de mirliton. Au-delà de la tradition (23-41), recherche moderne (42, 43) pour rendre la vie par tous les moyens (grossièreté, transposition, style télégraphique), contrairement aux autres livres, situés du côté de la mort (18, 21, 56) et des robots (55).

— Art poétique qui prouve le mouvement en marchant : émotion (exclamations, trois points), pulvérisation de la grammaire académique (raccourcis : 10, 13, 34; créations verbales : 21, 52, 53, 62; créations syntaxiques : 27; phrase accumulative : 8-9, 20-21), grossièretés, drôleries.

Cette voix nouvelle s'impose d'autant plus que jamais elle ne se transforme en recettes : on peut suivre son évolution soit de livre en livre, soit par périodes : « Le style, c'est un boulot très dur. » Céline peut, avec du recul, juger sévèrement le style de son premier livre : « D'instinct je cherchais un autre langage qui aurait été chargé d'émotion immédiate, transmissible mot par mot, comme dans le langage parlé. Ainsi se constitua le style Bardamu. Maintenant, ce style, je le trouve encore trop vieillot et trop timide. Il y a là encore pas mal de "phrases filées". Je ne peux plus avaler ça. C'est écœurant [...] C'est encore " Paul Bourget" plus qu'à moitié. » *(Entretiens familiers.)*

Du *Voyage* à *Mort à crédit*, la transformation de la voix est très nette, première et capitale mise au point de l'instrument, correspondant à plusieurs autres différences importantes dans la conception des deux livres. Dans le *Voyage*, Céline fait aborder son héros Bardamu, au cours d'une randonnée parfois fantastique (comme l'épisode de la traversée en galère), aux rives les plus caractéristiques du monde contemporain. Chaque continent incarne un cercle de l'enfer de cette nouvelle *Divine Comédie :* l'Europe c'est la guerre, l'Afrique coloniale la pourriture, l'Amérique le cauchemar de la déshumanisation, la France des banlieues incarnant, quant à elle, la misère, l'injustice, la maladie, la mort. « La vérité, c'est une agonie qui n'en finit pas. La vérité de ce monde c'est la mort. » Le périple de Bardamu est d'abord un voyage réel qui permet à Céline de stigmatiser un certain nombre des maux dont souffre le monde dit civilisé, et qui renvoie par moments aux aventures de l'auteur. Devenu médecin après la guerre (sa thèse sur *La Vie et l'Œuvre de Philippe Ignace Semmelweis*, 1926, est en fait sa première tentative littéraire), il fuit l'embourgeoisement d'un mariage avec la fille d'un doyen de Faculté de médecine et la carrière qui l'attend, pour la découverte de l'Afrique sous l'auspice de la Société des Nations, puis celle des États-Unis, et pour le retour enfin à la banlieue parisienne : l'écriture lui permet de trouver le sens de cette fuite. Ce périple est aussi voyage symbolique de la jeunesse et de l'illusion vers la connaissance désabusée et la mort : « La vie c'est ça, un bout de lumière qui finit dans la nuit. Et puis peut-être qu'on ne saurait jamais, qu'on ne trouverait rien. C'est ça la mort. » Peu de lueurs pour adoucir ces ténèbres : des enfants que le médecin veut arracher à la mort, une brève rencontre américaine; la nuit est encore plus noire de l'échec de ces expériences.

Franchise, violence, verdeur, caractère absolument nouveau de l'expression qui rompait avec des siècles de beau langage, de « style Voltaire », dans une tentative pour retrouver le français parlé : Céline ne se reconnaît qu'un seul ancêtre, médecin comme lui, Rabelais, l'homme de la langue parlée, qui a échoué face à Amyot et à « la langue de la traduction », Rabelais qui, comme lui, « mettait sa peau sur la table, il risquait. La mort le guettait, et ça inspire la mort! c'est même la seule chose qui inspire, je le sais, quand elle est là, juste derrière. Quand la mort est en colère ».

[En banlieue]

Bardamu, revenu des États-Unis, est maintenant médecin de banlieue, à « La Garenne-Rancy ». Il attend les clients.

En banlieue, c'est surtout par les tramways que la vie vous arrive le matin. Il en passait des pleins paquets avec des pleines bordées d'ahuris bringuebalant, dès le petit jour, par le boulevard Minotaure, qui descendaient vers le boulot.

Les jeunes semblaient même comme contents de s'y rendre au boulot. Ils accéléraient le trafic, se cramponnaient aux marchepieds, ces mignons, en rigolant. Faut voir ça. Mais, quand on connaît depuis vingt ans la cabine téléphonique du bistrot, par exemple, si sale qu'on la prend toujours pour les chiottes, l'envie vous passe de plaisanter avec les choses sérieuses et avec Rancy en particulier. On se rend alors compte où qu'on vous a mis. Les maisons vous possèdent, toutes pisseuses qu'elles sont, plates façades, leur cœur est au propriétaire. Lui on le voit jamais. Il n'oserait pas se montrer. Il envoie son gérant, la vache. On dit pourtant dans le quartier qu'il est bien aimable le proprio quand on le rencontre. Ça n'engage à rien.

La lumière du ciel à Rancy, c'est la même qu'à Detroit, du jus de fumée qui trempe la plaine depuis Levallois. Un rebut de bâtisses tenues par des gadoues noires au sol. Les cheminées, des petites et des hautes, ça fait pareil de loin qu'au bord de la mer les gros piquets dans la vase. Là-dedans, c'est nous.

Faut avoir le courage des crabes aussi, à Rancy, surtout quand on prend de l'âge et qu'on est bien certain d'en sortir jamais plus. Au bout du tramway voici le pont poisseux qui se lance au-dessus de la Seine, ce gros égout qui montre tout. Au long des berges, le dimanche et la nuit les gens grimpent sur les tas pour faire pipi. Les hommes ça les rend méditatifs de se sentir devant l'eau qui passe. Ils urinent avec un sentiment d'éternité, comme les marins. Les femmes, ça ne médite jamais. Seine ou pas. Au matin donc le tramway emporte sa foule se faire comprimer dans le métro. On dirait à les voir tous s'enfuir de ce côté-là, qu'il leur est arrivé une catastrophe du côté d'Argenteuil, que c'est leur pays qui brûle. Après chaque aurore, ça les prend, ils s'accrochent par grappes aux portières, aux rambardes. Grande déroute. C'est pourtant qu'un patron qu'ils vont chercher dans Paris, celui qui vous sauve de crever de faim, ils ont énormément peur de le perdre, les lâches. Il vous la fait transpirer pourtant sa pitance. On en pue pendant dix ans, vingt ans et davantage. C'est pas donné.

Et on s'engueule dans le tramway déjà un bon coup pour se faire la bouche. Les femmes sont plus râleuses encore que des moutards. Pour un billet en resquille, elles feraient stopper toute la ligne. C'est vrai qu'il y en a déjà qui sont saoules parmi les passagères, surtout celles qui descendent au marché vers Saint-Ouen, les demi-bourgeoises. « Combien les carottes? » qu'elles demandent bien avant d'y arriver pour faire voir qu'elles ont de quoi.

Comprimés comme des ordures qu'on est dans la caisse en fer, on traverse tout Rancy et on odore ferme en même temps, surtout quand c'est l'été. Aux fortifications on se menace, on gueule un dernier coup et puis on se perd de vue, le métro avale tous et tout, les complets détrempés, les robes découragées, bas de soie, les métrites et les pieds sales comme des chaussettes, cols inusables et raides comme des termes, avortements en cours, glorieux de la guerre, tout ça dégouline par l'escalier au coaltar * et phéniqué * et jusqu'au bout noir, avec le billet de retour qui coûte autant à lui tout seul que deux petits pains.

* Goudron.

* Acide phénique du goudron.

Céline, *Voyage au bout de la nuit*, éd. Gallimard.

— Autour du tramway matinal, fil directeur, une évocation de la banlieue : cohérence d'un univers désespéré (décor : maisons, fleuve, lumière, odeurs, personnages). Du récit au reportage (passé et présent). Du reportage (regard curieux, ironique : « ils ») au témoignage (le narrateur fait partie de cette foule : « on, nous »; 11, 24, 60 : les glorieux de la guerre).

— Cohérence de l'univers imaginaire : images du liquide et du visqueux (14, 20, 23, 28, 28, 30, 42, 61); le fleuve image centrale du *Voyage*, de la vie.

— Vision symbolique (4) d'un monde exploité (15, 39, 63); dénonciation qui, comme l'écrit Trotsky dès la parution du livre, constitue « une vue passive du monde avec une sensibilité à fleur de peau, sans aspiration vers l'avenir (qui n'est donc pas révolutionnaire); c'est là le fondement psychologique du désespoir, un désespoir sincère qui se débat dans son propre cynisme ».

Le cavalier Destouches en octobre 1914

Coll. éd. de l'Herne.

Pour ce dessin, Céline s'est inspiré de la couverture de *L'Illustré national* qui avait célébré l'exploit guerrier du cavalier Destouches, blessé au bras lors d'une mission pour laquelle il s'était porté volontaire.

Coll. éd. de l'Herne.

Coll. éd. de l'Herne.

Céline en exil à Klaskongaard au Danemark.

« Tunnel fumant! *Château Trompette!* L'asphalte brûle!... »
(*Week-end*, film de Jean-Luc Godard).

Cl. Production. — Distribution Godard.

Après avoir crié son émotion devant l'horreur du monde qui l'entoure, Céline, avec *Mort à crédit*, se replie sur lui-même. Il fait un retour en arrière et revient sur les années qui ont précédé l'engagement de Bardamu dans l'armée, ou plutôt son engagement à lui Céline, puisque, abandonnant la fiction et le masque de Bardamu, il utilise le *Je* qu'il va garder jusqu'à la fin de son œuvre. Représentant l'écrivain Céline et non pas le docteur Destouches, ce *Je* lui suffit pour prendre par rapport au monde réel, à l'expérience vécue, la distance nécessaire à la recréation artistique.

Mais surtout, ce deuxième livre marque la mise au point et l'utilisation quasi systématique du style entrecoupé par les fameux points de suspension, le « style à trous, le style dentelle », qui n'était apparu que sporadiquement dans le *Voyage*. *Mort à crédit*, qui n'a pas le caractère démonstratif de ce dernier livre, où chaque épisode semble prendre sa place dans une série trop bien réglée, permet à l'univers de Céline de s'élargir : le désespoir y côtoie la farce, le truculent, le tohu-bohu. L'amertume n'est plus la note dominante de cette danse macabre. Le noir est celui de l'humour aussi bien que de la mort. Comme le dit Céline : « Tout homme qui me parle est à mes yeux un mort; un mort en sursis, si vous voulez; un vivant par hasard et pour un instant. Moi, la mort m'habite. Et elle me fait rire! Voilà ce qu'il ne faut pas oublier : que ma danse macabre m'amuse, comme une immense farce. Chaque fois que l'image du "fatal trépas" s'impose dans mes livres, on y entend des gens qui s'esclaffent. [...] Croyez-moi : le monde est drôle, la mort est drôle; et c'est pour ça que mes livres sont drôles, et qu'au fond je suis gai. » *(Entretiens familiers.)*

[A l'assassin!]

Dans un Paris écrasé par la chaleur, l'adolescent cherche du travail. Il revient ivre d'une fugue et déclenche une scène paternelle, paroxysme d'une opposition latente.

Il recommence ses tremblements, il saccade de toute sa carcasse, il se connaît plus... Il crispe les poings... Tout son tabouret craque et danse... Il se rassemble, il va ressauter... Il revient me souffler dans les narines, des autres injures... toujours des autres... Je sens aussi moi monter les choses... Et puis la chaleur... Je me passe mes deux mains sur la bouille... Je vois tout drôle alors d'un seul coup!... Je peux plus voir... Je fais qu'un bond... Je suis dessus! Je soulève sa machine *, la lourde, la pesante... Je la lève tout en l'air. Et plac!... d'un bloc là vlac!... je la lui verse dans la gueule! Il a pas le temps de parer!... Il en culbute sous la rafale, tout le bastringue à la renverse!... La table, le bonhomme, la chaise, tout le fourniment viré en bringue... Tout ça barre sur les carreaux... s'éparpille... Je suis pris aussi dans la danse... Je trébuche, je fonce avec... Je peux plus m'empêcher... Il faut là, que je le termine le fumier salingue! Pouac! Il retombe sur le tas... Je vais lui écraser la trappe!... Je veux plus qu'il cause!... Je vais lui crever toute la gueule... Je le ramponne par terre... Il rugit... Il beugle... Ça va! Je lui trifouille le gras du cou... Je suis à genoux dessus... Je suis empêtré dans les bandes *, j'ai les deux mains prises. Je tire. Je serre. Il râle encore... Il gigote... Je pèse... Il est dégueulasse... Il couaque... Je pilonne dessus... Je l'égorge... Je suis accroupi... Je m'enfonce plein dans la bidoche...

* Machine à écrire qui permet au père de gagner un peu d'argent.

* Qui protègent les furoncles de son père.

C'est moi... C'est la bave... Je tire... J'arrache un grand bout de bacchante... Il me mord, l'ordure!... Je lui trifouille dans les trous... J'ai tout gluant... mes mains dérapent... il se convulse... Il me glisse des doigts. Il m'agrafe dur autour du cou... Il m'attaque la glotte... Je serre encore. Je lui sonne le cassis sur les dalles... Il se détend... Il redevient tout flasque... Il est flasque en dessous mes jambes... Il me suce le pouce... Il me le suce plus... Merde! Je relève la tête au moment... Je vois la figure de ma mère tout juste là au ras de la mienne... Elle me regarde, les yeux écarquillés du double... Elle se dilate les châsses si larges que je me demande où on est!... Je lâche le truc... Une autre tête qui surgit des marches!... au-dessus du coin de l'escalier... C'est Hortense * celle-là! C'est certain! Ça y est! C'est elle! Elle pousse un cri prodigieux... « Au secours! Au secours! » qu'elle se déchire... Elle me fascine alors aussi... Je lâche mon vieux... Je ne fais qu'un saut... Je suis dessus l'Hortense!... Je vais l'étrangler! Je vais voir comment qu'elle gigote elle! Elle se dépêtre... Je lui barbouille la gueule... Je lui ferme la bouche avec mes paumes... Le pus des furoncles, le sang plein, ça s'écrase, ça lui dégouline... Elle râle plus fort que papa... Je la cramponne... Elle se convulse... Elle est costaude... Je veux lui serrer aussi la glotte... C'est la surprise... C'est comme un monde tout caché qui vient saccader dans les mains... C'est la vie!... Faut la sentir bien... Je lui tabasse l'occiput à coups butés dans la rampe... Ça cogne... Elle ressaigne des tifs... Elle hurle! C'est fendu! Je lui fonce un grand doigt dans l'œil... J'ai pas la bonne prise... Elle se dégrafe... Elle a rejailli... Elle se carapate... Elle a de la force... Elle carambole dans les étages... Je l'entends hurler du dehors... Elle ameute... Elle piaille jusqu'en haut... « A l'assassin! A l'assassin!... »

* La femme de ménage.

Céline, *Mort à crédit*, éd. Gallimard.

— Récit épique : événements, sensations, réactions, sentiments sur le même plan; mouvement ininterrompu grâce au système des points de suspension qui permet l'organisation de la matière verbale en longues et en brèves : rythme musical, « dentelle » célinienne.

— Richesse du langage : dosage du langage simplement familier, de l'argot (par ex. : variété des termes pour désigner la tête), de l'onomatopée, et du langage déformé (1, 3, 13).

— « Somme toute, *Mort à Crédit* compte moins par les recherches syntaxiques, plutôt rares et disséminées, que par l'allure et le ton du récit. » (Marc Hanrez.)

Il semble qu'alors Céline, ayant réglé ses comptes avec son passé et avec celui de l'Europe, veut essayer de réformer le présent, veut éviter la catastrophe imminente : « En 1930-40, j'ai joué en France le rôle de l'avertisseur subtil, qui ne voit pas le danger, mais qui le sent, à bonne distance, avant tout le monde, et qui signale " Arrêtez ". » Son voyage en U.R.S.S., digne pendant de son expérience américaine, lui enlève le peu d'espoir qui lui restait sur les hommes et leurs sociétés. Le pacifiste acharné qu'il est devenu, lui l'ancien héros de 1914, le cavalier Destouches dont *L'Illustré national* a publié et illustré les exploits, cherche un bouc émissaire, rôle que Bardamu avait l'impression de tenir : « Je tenais sans le vouloir le rôle de l'indispensable "infâme et répugnant saligaud" honte du genre humain qu'on signale partout au long des siècles. » Pris sans doute à son propre piège, celui de ce petit raté bourgeois dont il a recréé le style, mi-résigné mi-râleur, Céline trouve le Juif. Toutes ses haines finissent ainsi par avoir le même dénominateur commun : le beau style, le communisme, le cinéma, la vulgarité moderne, la guerre, tout s'explique par l'omniprésence du Juif. « Le monde est une société anonyme, un Trust dont les Juifs possèdent toutes les actions. Trust à filiales : "La Communiste" [...] "La Royaliste" [...] "La Démocratique" et peut-être bien "La Fasciste". » Le style émotif convenait hélas trop bien au genre du pamphlet que Céline pousse à un point de perfection, c'est-à-dire de virulence et de mauvaise foi, rarement égalé.

Après cette tentative désastreuse pour infléchir l'Histoire, Céline, qui a touché celle-ci de près dans la débâcle du régime pétainiste et de l'Allemagne nazie, se retire, de force et de gré, dans une solitude autant physique qu'intérieure. Dans sa « tour » qui n'a rien de la calme retraite volontairement choisie d'un Montaigne, ni de la tour d'ivoire de l'artiste indifférent aux pulsations du monde environnant, et qui est d'abord la prison danoise, la maison de Korsor au bord de la Baltique, puis le pavillon de la Route des Gardes à Meudon, Céline s'abandonne à ses souvenirs et à ses obsessions. Souvenirs d'un passé lointain : enfance, première guerre, Londres; ou proche : la seconde guerre, la débâcle, Paris occupé et bombardé, errances avec sa femme Lili, le chat Bébert et l'acteur Le Vigan dans l'Europe en feu des années quarante-cinq, nouvelle Apocalypse trente ans après celle qu'il a décrite dans le *Voyage*.

[Tas de décombres]

Après avoir traversé dans tous les sens l'Allemagne en décomposition, le narrateur et Lili errent dans Hambourg bombardée, à la recherche de nourriture, en compagnie d'un Italien, Felipe, et d'un convoi d'enfants débiles mentaux.

Tas de décombres et morceaux de boutiques... et plein de pavés par monticules, en sortes de buttes... tramways en dessus, les uns dans les autres, debout et de travers, à califourchon... plus rien à reconnaître... surtout en plus des fumées, je vous ai dit, si épaisses, crasseuses, noires et jaunes... oh j'ai l'air de me répéter... mais n'est-ce pas il faut... je veux vous donner l'idée exacte... pas rencontré un seul vivant, les vivants! où?... je dois dire... ils sont partis... aussi sous des tas de pavés? pourtant c'était du monde Hambourg!... disparus tous? à leur aise!... moi c'était le lait condensé... on a un but!... je voyais pas très bien une boutique ouverte... épicier ou pharmacien...

— Ralliez-vous à mes bâtons blancs*!... chiards baveux!...

Que je dis!... je me force à me lever... qu'on va les prospecter ces ruines!... du diable si on trouve pas une boule! je veux dire en pain de troupe... obus piégés, bitume,

* Bâtons fabriqués par Felipe.

explosions, on en a vu d'autres!... ah, un môme reste en arrêt... il regarde quoi?... j'y vais... Felipe aussi, et Lili... qu'est-ce qui l'interloque?... dans le bitume comme ça?... un pied tout noir... seulement un pied... pas de jambe ni de corps... le corps a dû brûler... Harras * m'avait dit : ils arrosent tout au phosphore... il ne reste rien... évidemment!... ah, tous les mômes s'agglomèrent autour de quelque chose... c'est plus un pied ce sont des corps entiers dans la glu... du bitume a fui, glu dessus et autour... gras enduit noir... ah, oui! un homme, une femme et un enfant... l'enfant au milieu... ils se tiennent encore par la main... et un petit chien à côté... c'est un enseignement... des gens qui devaient se sauver, le phosphore a mis feu au bitume... plus tard on m'a dit, des mille et des mille... nous on n'était pas là pour rire, le lait qui nous intéressait, et une boule, un pain, en somme, une boutique... je crois, à réfléchir que ces décombres étaient dangereux, cadavres à part... ça explosait un peu partout... les feux étaient pas très éteints, et je voyais le bitume... plus on avançait plus il était mou... vachement à se méfier comme les sables mouvants, vous savez, la baie du Mont Saint-Michel... mais ici l'odeur de brûlé... pas tellement des corps, il faisait trop froid... au printemps ça cocoterait... y avait de quoi rire, mais d'abord chercher à manger... le ravitaillement, on m'excusera ce mot me dit beaucoup... avec n'est-ce pas la brique *, ma tête, j'ai droit à quelques souvenirs, ils me viennent comme cheveux sur la soupe... oh tant pis! patati...! Verdun, je veux dire octobre 14, le ravitaillement du 12e... j'en étais avec mon fourgon... le régiment dans la Woevre... je vois encore ce pont-levis de Verdun... debout sur les étriers j'envoyai le mot de passe... le pont-levis grinçait, s'abaissait, la garde, les douze hommes sortaient vérifier... les fourgons un par un... l'armée alors était sérieuse la preuve elle a gagné la guerre... nous entrions donc dans Verdun, au pas, chercher nos boules et sacs de « singe » *... on ne savait pas encore le reste, tout le reste!... si on savait ce qui vous attend, on bougerait plus, on demanderait ni pont-levis, ni porte... pas savoir est la force de l'homme et des animaux...

* Médecin nazi, personnage important de *Nord*.

* Brique tombée un peu auparavant sur le crâne de Céline.

* Viande en conserve.

Céline, *Rigodon*, éd. Gallimard.

— Texte qui passe sans heurt du récit au souvenir et à la réflexion (système des temps), grâce à la présence affirmée du narrateur (5, 7, 30, 42 *sq.*). Ton assez retenu : peu de recherches verbales. Ici, variété de l'instrument stylistique, le style entrecoupé accentue l'impression de décomposition.

— Obstination à survivre (11, 15, 31, 40) : à la fois le fil du récit et le témoignage d'une vie qui ne veut pas s'avouer vaincue; parodie (13), tendance à la farce (31, 39).

— Au terme de l'œuvre, retour en arrière sur le point de départ de l'évolution de l'homme et de l'écrivain, inséparables : héroïsme du cavalier Destouches, et désir d'immobilité, d'anéantissement. Motif essentiel de l'œuvre : tumulte et retombée, jusqu'à la mort.

Tous ces livres écrits à la première personne, dont le caractère improvisé est le résultat d'un travail acharné (« cinq cents pages imprimées font quatre vingt mille pages à la main »), présentent une étourdissante liberté de composition. Aucun d'eux ne s'achève du strict point de vue de l'histoire, et l'on est souvent obligé de recourir à la biographie du docteur Destouches pour donner une fin aux aventures de Céline. Ainsi la trilogie *D'un château l'autre* (1957), *Nord* (1959) et *Rigodon* (1969), qui couvre à peu près la période juillet 1944-mars 1945, ne suit absolument pas la chronologie des événements vécus : *Nord* devrait être lu en premier, et *Rigodon* laisse le lecteur dans le même état d'attente avide que la fin d'un épisode de roman-feuilleton interrompu au moment critique. L'impression de tourmente est renforcée par le mélange d'expérience et de réflexion qui constitue des livres ne respectant plus les lois d'aucun genre. C'est seulement une voix qui parle, à la recherche attendrie ou nostalgique du temps perdu, une voix qui a le sentiment d'avoir été placée à un carrefour de l'Histoire et qui tente d'en rendre compte. Mais ces livres sont aussi pour Céline une tentative à peine déguisée d'auto-justification, une contribution à l'édification de son mythe : celui du grand écrivain (« le seul inventeur du siècle! moi! moi! moi là, devant lui! le seul génial, qu'on pouvait dire! maudit pas maudit »), qui fut une victime pillée physiquement (le sac de son appartement de la rue Girardon, les meubles vendus au Marché aux Puces, les manuscrits détruits ou volés en vue de profits futurs) et artistiquement exploitée par son éditeur (« Brottin Achille, lui, c'est l'achevé sordide épicier, implacable bas de plafond con... il peut penser que son pèze! »). Lorsque Céline se tourne vers le nouveau monde né de la guerre, il retrouve les accents prophétiques d'une Cassandre, rôle qu'il a toujours tenu avec une sombre délectation : seul contre tous.

[La messe [...] au sang chaud!]

Dans la mise en train du livre, Céline qui se peint comme « médecin sans bonne, sans femme de ménage, sans auto, et qui porte lui-même ses ordures » sur la route à 200 m de chez lui, s'en prend, entre autres cibles, au fléau voitures.

N'en parlons plus!... mais le fait qui me pousse à la haine... hors de moi... précisément sur cette route! les autos!... elles arrêtent pas! là, vous pouvez voir la folie!... la trombe vers Versailles! cette charge des autos!... semaine! dimanche! comme si l'essence était pour rien... autos à une... trois... six personnes!... goinfrées pansues, rien à foutre!... où qu'ils vont tous?... pinter, bâfrer, pire! parbleu!... plus! plus!... déjeuner d'affouaîres!... ouaîres!... ouaîres!... voyouages d'affouaîres!... ouaîres!... ouaîres!... rôts d'affouaîres!... rrrôâ! que c'est pitié, moi qu'on a volé trois poubelles! y a des milliardaires en colère que leur moteur éclate pas! ils m'éclaboussent... et mes poubelles!... tout rotant de canards aux navets! ploutocrates, poujades *, communisses, rotant pétant plein l'autoroute! l'union des canards aux navets! 130 à l'heure! plus pétant rotant pour la paix du monde que tous les gens qui vont à pied! canards historiques!... «Relais » historique! menu historique!... vous sortez de table de façon tellement enivrante (*Château Trompette 1900*) que c'est pur miracle! pichenette! que vous défonciez pas le remblai, l'érable, le peuplier avec! et votre direction et le volant!... vlan!... deux mille peupliers! autopunitif en diable!... que diable! freins puants! freins flambants!... toute l'autoroute et le tunnel! joyeux drilles ivres! doublant, triplant, s'engouffrant! le délire, la ferveur que c'est!... ah! *Château Trompette 1900!*... la plusss vie que ça donne!... l'abîme! canard aux navets!... mille trois cents voitures roues dans roues! palsambleu Dieu, zut! viandes si plein de sang, prêtes à roustir! un coup de champignon! le four ouvre! la Messe est là! pas à l'eau bénite!... au sang chaud! sang, tripes, plein le tunnel!... le rare de rare qui réchappera pourra jamais vraiment se vanter s'il a tué tous les autres ou non? Croisade! croisons! pèlerins bolides! plein la minute et le peuplier! pétants, rotants, colères, fin ivres! *Château Trompette!* canard maison! les C.R.S. regardent... marmonnent... agitent... gesticulent... brassent le vent!... trente bornes à la ronde les fidèles sont venus... tout voir! tout voir! plein les deux remblais les voyeurs!... mémères, pépères, tantines, bébés! sadiques pécores! le gouffre à 130 à l'heure, et les bolides, et les C.R.S. en pantaine *... brassant le vent... tunnel fumant! *Château Trompette!* l'asphalte brûle!...

* Pierre Poujade, fondateur d'un mouvement revendicatif de petits commerçants qui remporta un succès inattendu aux élections de 1956.

* Les dictionnaires donnent voiles « en pantenne » : voiles qui tombent, en signe de deuil. Mais le mot est riche d'autres associations.

Céline, *D'un château l'autre*, éd. Gallimard.

— Dans une dérision de l'histoire (17, 19), une nouvelle danse macabre : folie universelle (13-15) d'autodestruction (jeu de mots : 22, 26, 40), nouveau culte (29-42) d'une humanité vulgaire (7-12, 26). La composition musicale accentue cette impression de fuite vers l'abîme : refrains, entraînement par jeux de mots, de sonorités (8-10, 23, 24, 33), récréation sonore (14).

— Imagination délirante (1, 2, 21, 22) : univers de feu, de sang, de tripes. Constante exagération, constante tension, qui serait impossible avec la période rhétorique classique.

— « Je suis un coloriste de certains faits » : le pamphlet passionné, lui-même plein de folie, n'est-il pas la seule arme efficace? On comparera ce texte avec les sages dissertations humanistes sur l'asservissement de l'homme à la machine.

Insensiblement, au fil de ces derniers livres, la manière de Céline continue d'évoluer. La phrase se disloque encore, la syntaxe se plie de plus en plus souplement aux nécessités de l'indignation ou de la tendresse. Celle-ci est rare, et par là plus précieuse : quelques thèmes reviennent, tantôt infiniment ténus, tantôt un peu mieux affirmés, qui ont peut-être permis à Céline de survivre si longtemps à son désespoir : un attachement tenace à l'existence symbolisé par le chat Bébert qui refuse de mourir, la bonté des enfants, l'amour des animaux, la beauté des femmes et surtout celle des danseuses pour lesquelles Céline, ô paradoxe, a écrit plusieurs arguments de ballets d'une idyllique suavité ; le travail enfin, celui de sa femme la danseuse Lili, mais aussi celui du médecin et par-dessus tout celui de l'écrivain. D'où l'étrange climat des derniers livres, tourbillon fascinant de vaticinations qui se voudraient prophétiques — les Jaunes et les Noirs (qui ont remplacé les Juifs dans l'imagination de Céline) à la gare Montparnasse et à Brest, venant boire le cognac et le champagne français —, mais aussi tourbillon d'évocations attendries d'anachroniques vieilles demoiselles adonnées à la tapisserie — : « œuvres sérieuses pas de temps à perdre... regarder en l'air ! un coussin brodé prend un an... » A ces vieilles demoiselles, l'écrivain s'identifie : « fines tapisseries, broderies d'astuces, le style, j'en suis. » L'écrivain qui commença par dévaster la littérature finit ainsi par lui rendre hommage, et l'admiration grandissante que notre époque éprouve pour lui s'adresse aussi bien à celui qui défricha le champ de l'écriture moderne qu'au plus grand styliste depuis Proust.

Choix bibliographique :

M. Hanrez, *Céline*, Bibl. idéale, Gallimard.
Cahiers de *l'Herne*, nº 3, 1963; nº 5, 1965 (repris en Poche-club).

Céline à Meudon, vers la fin de sa vie.

Cl. Étienne Hubert.

Coll. part. — Cl. Ségalat-Gallimard.

Raymond Queneau l'explorateur.

« Y'a pas que la rigolade, y'a aussi l'art. »

Cl. — H. Cartier-Bresson. — Magnum.

Chapitre XIV

Raymond Queneau

Trois grands principes, tous les trois tirés de ce Parfait Manuel du Petit Inventeur avec exemples à l'appui que constitue *Bâtons, Chiffres et Lettres* (1947) :

1° Epui sisaférir, tan mye : jécripa pour anmiélé lmond.

2° Se cramponner au français de Voltaire n'est pas plus absurde que d'écrire des vers latins.

3° Je n'ai jamais vu de différences essentielles entre le roman, tel que j'ai envie d'en écrire, et la poésie.

Le premier de ces principes ne constitue pas à proprement parler une invention. Mais il a fortement contribué à masquer l'originalité et l'importance de Queneau l'écrivain. Dans *Zazie dans le métro* (1959), celui de ses livres qui l'a vraiment fait connaître — et méconnaître —, Gabriel répond, au public qui s'exclame « Meussieu est d'un drôle » : « N'oubliez pas l'art tout de même. Y a pas que la rigolade, y'a aussi l'art. » Trop souvent, chez Queneau, la « rigolade » a caché l'art, la virtuosité technique a fait oublier le rigoureux dessein qu'il poursuit.

L'inventeur doit d'abord forger son instrument, ce qu'il appelle le troisième ou néo-français. Le premier français ne fut que du latin mal parlé, le second fut le français de la Renaissance transformé et codifié par des grammairiens pédants, et puis il y a le français que nous parlons mais n'écrivons pas. Telle est la situation en 1932 lorsque Queneau écrit son premier roman-poème : *Le Chiendent*, après des études de philosophie, des contacts avec les surréalistes (*cf.* p. 146), des recherches sur les fous littéraires et d'autres sur les mathématiques que l'on retrouvera dans *Les Derniers Jours* (1936), *Odile* (1937), *Les Enfants du limon* (1938).

Ces trois romans, avec *Un Rude Hiver* (1939) situé au Havre, ville natale de Queneau, pendant la guerre de 14-18, et le roman en vers *Chêne et Chien* (1937) qui rapporte la cure psychanalytique de... Monsieur X., constituent la période « autobiographique » de son œuvre. A partir de là, il n'est plus qu'écrivain : l'expérience de l'écriture vient se substituer à celle de la vie.

Ses réflexions personnelles, fruits de ses lectures et de ses expériences, ont amené Queneau à la nécessité d'une réforme de la langue de l'écrivain. Les lectures : *Le Langage* de Vendryes, puis, en remontant chronologiquement, Joyce, *Les Pieds nickelés*, Jehan Rictus, Henry Monnier, et quelques autres. Dans ce domaine, Queneau ne se reconnaît qu'un prédécesseur — ou plutôt co-inventeur, Céline, dont *Voyage au bout de la nuit* a paru quelques mois avant *Le Chiendent :* « Le premier livre d'importance, où pour la première fois le style oral marche à fond de train [...] Ici, enfin, on a le français parlé moderne, tel qu'il est, tel qu'il existe. » Les expériences : l'école du service militaire où le zouave Queneau Raymond ne comprend pas la phrase : « Est-ce que tu enlèves tes pompes? »; le voyage en Grèce qui lui donne l'occasion de réfléchir sur le divorce entre la « cathavousera », c'est-à-dire la langue littéraire, et la démotique, c'est-à-dire le grec parlé, moderne.

Ignorer le langage parlé c'est ignorer la vie, ce serait, pour retourner le second principe, aussi absurde que d'écrire des vers latins en 1932. Et Queneau compose de timides essais, comme cette chanson dont nous donnons deux versions qui permettent de suivre le travail que l'écrivain impose à la matière brute :

« Yen a qui mégrice su [la tère
Du ventre du coccyx [ou des genoux
Yen a qui mégrice [l'caractère
Yen a qui mégrice pa [dutou
Oui mais
Moi j'mégris du bout [des doigts
Tralalala Tralalala
C'éckyia d'plu

distinglé.

Y en a qui maigricent [sulla terre
Du vente du coq-six [ou des jnous
Y en a qui maigricent [le caractère
Y en a qui maigricent [pas du tout
Oui mais
Moi j'mégris du bout [des douas
Oui du bout des douas
Oui du bout des douas
Moi j'mégris du bout [des douas
Seskilya dplus [distinglé. »

Il ne s'agit pas d'une sténographie du langage parlé, mais de son expression écrite. La révolution portera sur trois points : vocabulaire, orthographe, syntaxe. Pour le vocabulaire, Queneau ne fait que poursuivre la révolution romantique, coiffant les dictionnaires de bonnets aux couleurs encore inédites. La syntaxe : le néo-français essaiera de rendre la souplesse, la diversité, les habitudes du français parlé; inutile d'essayer de donner à celui-ci des leçons de correction puisque c'est toujours la vie qui l'emporte : « L'exemple le plus célèbre de cette évolution du français est la disparition du subjonctif tué par le ridicule et l'almanach Vermot. Les *que je susse*, *que je visse* n'ont pas résisté aux plaisanteries les plus élémentaires et l'enseignement officiel a même éliminé ce malheureux temps. » On a vu plus haut des exemples de l'orthographe selon Queneau : simplifiée, aussi phonétique que possible. Pourquoi perdre du temps à perpétuer les invraisemblables graphies de quelque scribe médiéval? On a fini dans l'enseignement et le bon usage par donner valeur absolue à ce qui, après tout, n'est qu'un signe. Et Queneau, pour bien montrer le peu d'importance qu'il attache à ce système particulier de signes, compose dans une autre écriture, d'après des modèles indiens d'Amérique du Nord, des pictogrammes *(Bâtons, Chiffres et Lettres)*.

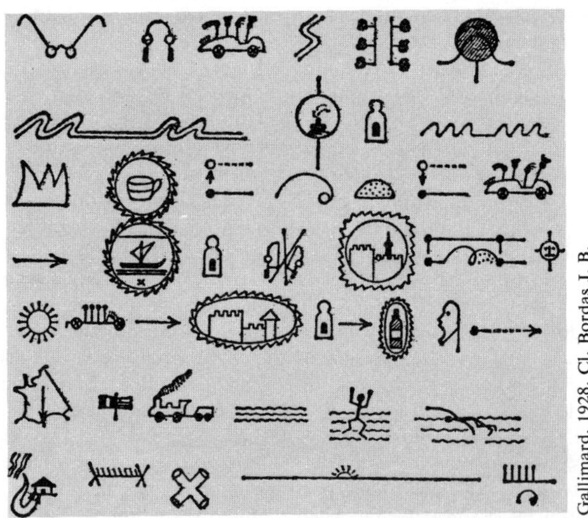

Gallimard, 1928. Cl. Bordas J. B.

Pictogramme n° 2 :
Récit d'un voyage en automobile de Paris à Cerbère (en prose).

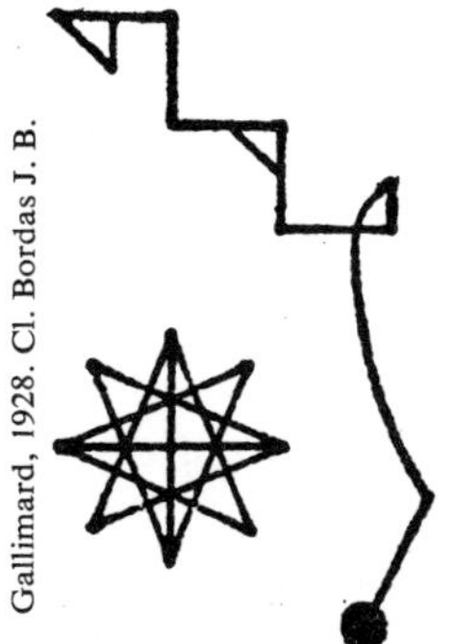
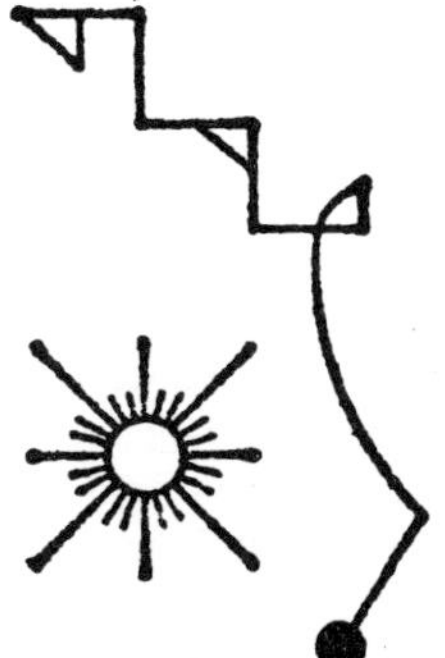
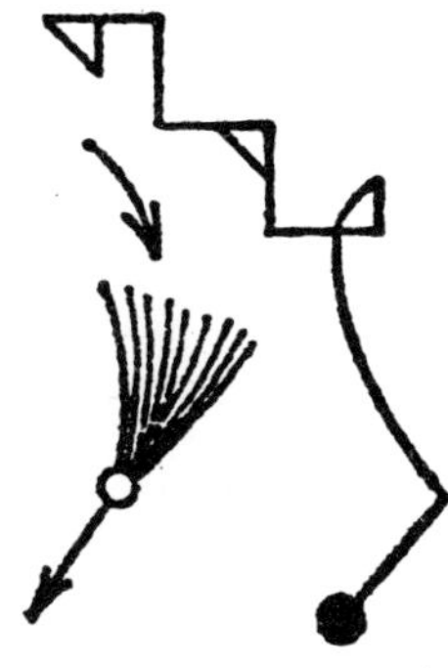

Pictogramme n° 8 :
"*Assyrii phœnica vocant*", Ovide, *Métamorphoses*, XV, 393 (poème).

Il s'agit là bien sûr d'une solution assez radicale au problème de l'orthographe qui remettrait du même coup en question bon nombre d'autres notions reçues, telles que lecture, littérature, texte, ce qui ne serait pas pour faire peur à Queneau : « Il faut bien reconnaître que le livre n'est pas un objet particulièrement bien inventé : il attire la poussière, il se déglingue facilement, il est fragile et pas pratique, et ça en tient de la place dans une bibliothèque. [...] Plus de livres? Pourquoi pas? Il y a bien eu des œuvres littéraires avant l'imprimerie, pourquoi n'y en aurait-il pas après? Ou pourquoi pas de littérature du tout? » N'est-il pas l'inventeur du « premier livre qu'aucun homme n'aura jamais le temps de lire pendant sa vie » (G. Charbonnier), *Cent Mille Milliards de poèmes* (1961), recueil de dix sonnets construits sur les mêmes rimes et selon la même structure grammaticale, que treize coups de ciseaux, un sous chaque vers, ont suffi à transformer en cent mille milliards de poèmes?

Avec cet exemple, nous voici entrés dans le domaine de la Technique et du Jeu, c'est-à-dire le domaine de l'Art selon Queneau, pour qui cette définition est aussi celle de la science. La fantaisie de Queneau ne peut s'exercer que par rapport à des règles. Certaines existent déjà : si l'alexandrin a douze pieds, c'est afin que le poète puisse écrire « la vitre la boussole et la imprimerie ». La poésie de Queneau accepte toutes les formes de la poésie traditionnelle : dans *Chêne et Chien*, l'octosyllabe et la division en chants; dans *Petite Cosmogonie portative* (1950), l'alexandrin convient mieux à l'ambitieux dessein, inspiré de Lucrèce, d'évoquer en six chants la naissance de l'univers et la venue de la vie.

[Du nadir à l'oreille et du radar au pif]

Le poète demande à Mercure d'expliquer au lecteur la nature de son projet poétique.

Malgré son * irrespect nous leur expliquerons
à ces lecteurs français son dessein bénévole
Au lieu de renoncules ou bien de liserons
il a pris le calcium et l'abeille alvéole
Compris? Au lieu de banc ou de lune au printemps

* Celui du poète.

il a pris la cellule et la fonction phénol
Compris? Au lieu de mort, d'ancêtres ou d'enfants
il a pris un volcan Régulus ou Algol *
au lieu de comparer les filles à des roses
et leurs sautes d'humeur aux pétales qui volent
il voit dans chaque science un registre bouillant
Les mots se gonfleront du suc de toutes choses
de la sève savante et du docte latex
On parle des bleuets et de la marguerite
alors pourquoi pas de la pechblende * pourquoi?
on parle du front des yeux du nez de la bouche
alors pourquoi pas de chromosomes pourquoi?
on parle de Minos et de Pasiphaé
du pélican lassé qui revient d'un voyage
du vierge du vivace et du bel aujourd'hui
on parle d'albatros aux ailes de géant
de bateaux descendant des fleuves impassibles
d'enfants qui dans le noir volent des étincelles
alors pourquoi pas de l'électromagnétisme?
ce n'est pas qu'il (c'est moi) sache très bien ce xé
les autres savaient-ils ce xétait que les roses
l'albatros le voyage un enfant un bateau
ils en ont bien parlé! l'important c'est qu'il sent
comme de son nid s'envole un petit zoizeau
l'aile un peu déplumée et le bec balistique
celui-ci voyez-vous n'a rien de didactique
que didacterait-il sachant à peine rien
(merci) les mots pour lui saveur ont volatile
la violette et l'osmose ont la même épaisseur
l'âme et le wolfram * ont des sons acoquinés
cajole et kaolin assonances usées
souffrante et sulfureux sont tous deux adjectifs
le choix s'étend des pieds jusqu'au septentrion
du nadir * à l'oreille et du radar au pif
De quelque calembour naît signification
l'écriture parfois devient automatique
le monde ne subit point de déformation
très conforme en est la représentasillon
des choses à ces mots vague biunivoque
bicontinue et translucide et réciproque
choses mots choses mots et des alexandrins
ce petit prend le son comme la chose vient
modeste est son travail fluide est sa pensée
si pensée il y a.

Raymond Queneau, *Petite Cosmogonie portative*,
éd. Gallimard.

* Noms de deux étoiles.

* Minerai d'uranium.

* Minerai de tungstène.

* Point imaginaire de la voûte céleste.

— La liberté n'est pas revendiquée au nom du modernisme, mais d'un nouvel Art Poétique, réflexion sur « les mots et les choses » (13-18). Aux oppositions du début peut succéder la similitude (34-39) fondée sur la sensibilité du poète à la saveur des mots qui justifie d'autres types d'écritures (40, 41).

— Cet Art Poétique se retrouve dans ce texte : liberté par rapport aux règles (rimes oubliées ou trop rigoureuses : 42, 43), aux mots (25, 26, 30, 32), aux textes (18-23), au poète qui sait se moquer de lui-même (25, 33, 49).

— « Jamais la destruction ironique n'y [dans cette poésie] est complètement séparée du mouvement inverse d'affirmation et de construction artistique.[...] Queneau détruit avec élégance le mythe littéraire au moment même où il s'affirme poète. » (Jean Borie.)

Le troisième des principes édictés au départ nous fait comprendre pourquoi Queneau, face au roman, genre libre par excellence, refuse de raconter des histoires « à tort et à travers » et s'impose les règles qu'il ne trouve pas : « C'est ainsi que *Le Chiendent* se compose de 91 (7 × 13) sections, 91 étant la somme des treize premiers nombres et sa « somme » étant 1, c'est donc à la fois le nombre de la mort des êtres et celui de leur retour à l'existence, retour que je ne concevais alors que comme la perpétuité irrésoluble du malheur sans espoir. [...] Il y a treize chapitres : chaque chapitre a sept paragraphes et chacun d'eux a sa forme particulière, sa nature, en quelque sorte, soit par le style, soit par les modifications de temps, de lieu. Les personnages apparaissent d'une façon rythmée, à certains moments et à certains endroits. Tout cela était préparé sur des tableaux, des tableaux aussi réguliers qu'une partie d'échecs. » Le goût de Queneau pour les chiffres, qui lui fait écrire un livre *Bords* (1963) sur les mathématiques modernes, se mêle dans ces lignes à des justifications autobiographiques à la limite du sérieux, ce même esprit de sérieux qui lui fait diriger *L'Encyclopédie de la Pléiade*. L'explication ne dit pourtant pas l'essentiel, à savoir qu'aucun lecteur ne prend conscience de cette architecture : les règles sont là pour être transgressées, l'échafaudage doit être invisible. La volonté démonstratrice de Queneau ne s'avoue comme telle qu'une seule fois, dans les 99 (chiffre qui marque à la fois le sérieux de l'entreprise mais également la désinvolture de l'auteur qui s'arrête juste avant la centaine) *Exercices de style* (1947); or il s'agit là, non pas d'un roman, mais d'une réflexion sur les pouvoirs de l'expression. Racontant le même événement de 99 façons différentes, Queneau affirme la toute-puissance du style, mais aussi sa relativité.

Exercices de style

Il s'agit ici d'un montage de textes qui, dans le livre, ne se succèdent pas dans ce même ordre.

Récit

Un jour vers midi du côté du parc Monceau, sur la plate-forme arrière d'un autobus à peu près complet de la ligne S (aujourd'hui 84), j'aperçus un personnage au cou fort long qui portait un feutre mou entouré d'un galon tressé au lieu de ruban. Cet individu interpella tout à coup son voisin en prétendant que celui-ci faisait exprès de lui marcher sur les pieds chaque fois qu'il montait ou descendait des voyageurs. Il abandonna d'ailleurs rapidement la discussion pour se jeter sur une place devenue libre.

Deux heures plus tard, je le revis devant la gare Saint-Lazare en grande conversation avec un ami qui lui conseillait de diminuer l'échancrure de son pardessus en en faisant remonter le bouton supérieur par quelque tailleur compétent.

Noble

A l'heure où commencent à se gercer les doigts roses de l'aurore, je montai tel un dard rapide dans un autobus à la puissante stature et aux yeux de vache de la ligne S au trajet sinueux. Je remarquai, avec la précision et l'acuité de l'Indien sur le sentier de la guerre, la présence d'un jeune homme dont le col était plus long que celui de la girafe au pied rapide, et dont le chapeau de feutre mou fendu s'ornait d'une tresse, tel le héros d'un exercice de style. La funeste Discorde aux seins de suie vint de sa bouche empestée par un néant de dentifrice, la Discorde, dis-je, vint souffler son virus malin entre ce jeune homme au col de girafe et à la tresse autour du chapeau, et un voyageur à la mine indécise et farineuse. Celui-là s'adressa en ces termes à celui-ci : « Dites-donc, vous, on dirait que vous le faites exprès de me marcher sur les pieds! » Ayant dit ces mots, le jeune homme au col de girafe et à la tresse autour du chapeau s'alla vite asseoir.

Plus tard, dans la Cour de Rome aux majestueuses proportions, j'aperçus de nouveau le jeune homme au cou de girafe et à la tresse autour du chapeau, accompagné d'un camarade arbitre des élégances qui proférait cette critique que je pus entendre de mon oreille agile, critique adressée au vêtement le plus extérieur du jeune homme au col de girafe et à la tresse autour du chapeau : « Tu devrais en diminuer l'échancrure par l'addition ou l'exhaussement d'un bouton à la périphérie circulaire. »

Litotes

Nous étions quelques-uns à nous déplacer de conserve. Un jeune homme, qui n'avait pas l'air très intelligent, parla quelques instants avec un monsieur qui se trouvait à côté de lui, puis il alla s'asseoir. Deux heures plus tard, je le rencontrai de nouveau; il était en compagnie d'un camarade et parlait chiffons.

Ignorance

Moi, je ne sais pas ce qu'on me veut. Oui, j'ai pris l'S vers midi. Il y avait du monde? Bien sûr, à cette heure-là. Un jeune homme avec un chapeau mou? C'est bien possible. Moi, je n'examine pas les gens sous le nez. Je m'en fous.

Une espèce de galon tressé? Autour du chapeau? Je veux bien que ça soit une curiosité, mais moi, ça ne me frappe pas autrement. Un galon tressé... Il s'aurait querellé avec un autre monsieur? C'est des choses qu'arrivent.

Et ensuite je l'aurais de nouveau revu une heure ou deux plus tard? Pourquoi pas? Il y a des choses encore plus curieuses dans la vie. Ainsi, je me souviens que mon père me racontait souvent que...

Raymond Queneau, *Exercices de Style*, éd. Gallimard.

— Chaque variation vaut pour elle-même en même temps que par sa superposition avec d'une part le thème original (Récit), et d'autre part chacune des autres variations.

— Virtuosité et humour de ce langage-caméléon : à chaque fois, transformation totale des moyens d'expression.

— Technique et jeu : jeu qui ouvre la voie à de nouvelles formes de littérature ou l'événement s'efface devant le récit, à de nouveaux modes de lecture. Le lecteur a envie de continuer, de « s'exercer » (voir la liste des styles non traités, dans l'édition de 1956 du Club des Libraires de France, compliquée d'exercices de style typographiques de Pierre Faucheux, *cf.* p. 398).

A mi-chemin des mathématiques et de la musique, les *Exercices de style* correspondent au désir de faire quelque chose comme l'Art de la Fugue. A l'opposé de ces 99 façons différentes de dire la même chose, les romans seront, eux, ponctués de phrases, de situations, de personnages, qui sont autant de rimes, de refrains, de façons de s'opposer au flux informe de l'existence, auquel sont si sensibles les héros (et probablement l'auteur) de ces romans, autant de façons de construire une œuvre. Le « tu causes, tu causes » du perroquet Laverdure et le « Gibraltar aux anciens parapets » qui rythment le texte de *Zazie* sont à la fois la marque du psittacisme, que l'on soigne chez « le psittaco-analyste », et les manifestations visibles de cette prosodie secrète du roman.

Des règles donc, mais surtout le Jeu : le décalage devient alors la notion-clé de l'art de Queneau. La transcription de mots ou de groupes de mots selon une orthographe nouvelle n'est pas une fin en soi, mais seulement le déclic libérateur qui permettra d'arracher les mots à ces « grands cimetières/Que les esprits fripons nomment des dictionnaires/Et les penseurs chagrins des alphadecedets ». (« La chair chaude des mots », *Le Chien à la mandoline* 1965.) Ainsi dans *Saint Glinglin* (1948), le plus fascinant de ses romans, dans lequel, mêlant la prose et les vers, il tente de traduire de grands mythes primitifs en même temps qu'une angoisse toute contemporaine, le mot *existence* devient d'abord *aiguesistence*, plus phonétique, et mieux adapté aux poissons dont il est alors question, avant de se transformer, pour le homard, en *ogresistence*, en *exsistence*, *hainesistence*, *existence* même (le décalage joue alors de la surprise) et pour finir *alguesistence*.

Ce n'est pas diminuer l'originalité de Queneau, mais au contraire en apprécier plus justement la portée, que de souligner tout ce qu'il doit, et en particulier dans cette fusion de l'humour et de la philologie, à James Joyce (*cf.* chap. 27), auquel il rend d'ailleurs hommage dans *Bâtons, Chiffres et Lettres* qui renferment une « traduction en joycien » d'un passage de *Saint Glinglin :* « Doradrôle de vie la vie de poisson. »

Les modalités de ce Jeu sont innombrables; citons les plus remarquables. La transcription de mots étrangers *(knock-out* en *queneau-coutte; blue-jeans* en *bloudjinnzes* puis *djinns bleus)* toujours à la fois juste et

Doc. publiés dans le Nouvel Observateur.

Un conte à votre façon.

poétique; la dérivation à partir de sigles (*ératépiste* pour employé de la R.A.T.P.); l'anachronisme autour duquel Queneau bâtit tout un de ses livres *Les Fleurs bleues* (1965) : *céhéresse* pour compagnies *royales* de sécurité — nous sommes en 1264; et en général toutes les formes d'une préciosité qui n'est en fait qu'une science du langage infinie : la périphrase de « l'essence de fenouil avec de l'eau plate » (c'est du pastis qu'il s'agit), leitmotiv des *Fleurs bleues*, est également le moyen de passer d'une époque à une autre, mais surtout l'occasion pour l'auteur de nous révéler, à la fin du roman, que ce qui lui plaît « avec l'essence de fenouil, c'est qu'il n'y a aucun autre mot qui rime avec. Avec fenouil ». Les *Fleurs bleues*, roman monorime : œuvre de langage et de rhétorique avant tout. Jeu encore l'utilisation de la citation, de l'allusion, de la référence : comme son maître Joyce, et d'une façon plus aimable que les tenants actuels de l'« intertextualité » (*cf.* p. 623), Queneau réactive la culture du passé au même titre qu'il fait entrer dans le domaine littéraire la culture du présent. *Loin de Rueil* par exemple (1945), livre où le cinéma tient une place essentielle, est en même temps une « reprise » d'« Oceano Nox » de Victor Hugo, dont le souvenir plane sur tout le livre jusqu'au moment presque final où les deux textes fusionnent : « Et l'hiver va de nouveau recommencer. Non décidément Jacques l'Aumône n'est rien devenu pas même un escroc international pas même un assassin connu même pas un fripon célèbre. Il doit travailler obscurément dans quelque bureau dans quelque usine dans quelque ferme même sait-on. Serait-il, autre hypothèse, décédé? Reposerait-il dans quelque lointain et perdu village sous une humble pierre dans l'étroit cimetière où l'écho nous répond tandis que le saule vert s'effeuille à l'automne et qu'à l'angle d'un vieux pont un mendiant chante sa chanson monotone et naïve? »

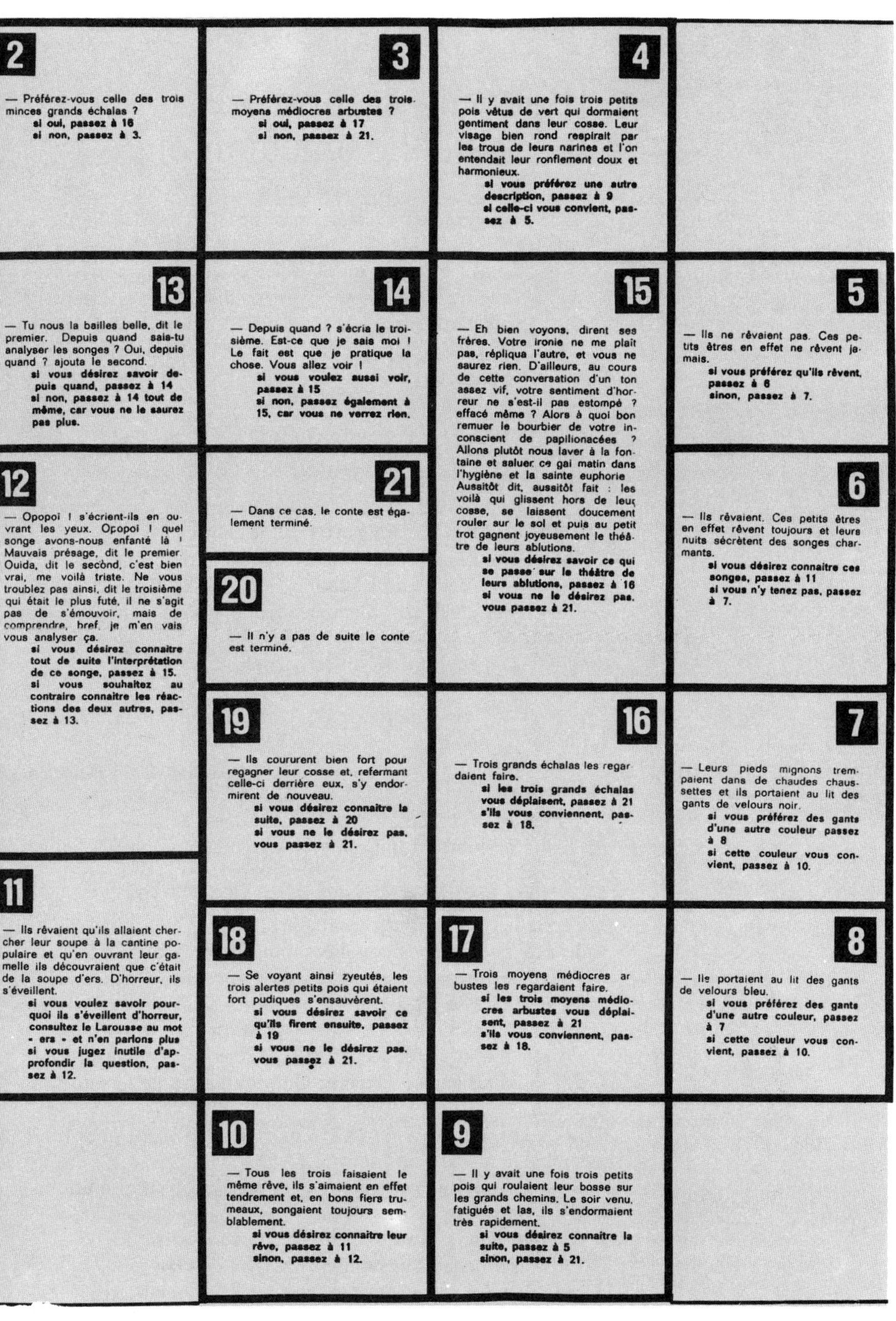

2

— Préférez-vous celle des trois minces grands échalas ?
si oui, passez à 16
si non, passez à 3.

3

— Préférez-vous celle des trois moyens médiocres arbustes ?
si oui, passez à 17
si non, passez à 21.

4

— Il y avait une fois trois petits pois vêtus de vert qui dormaient gentiment dans leur cosse. Leur visage bien rond respirait par les trous de leurs narines et l'on entendait leur ronflement doux et harmonieux.
si vous préférez une autre description, passez à 9
si celle-ci vous convient, passez à 5.

13

— Tu nous la bailles belle, dit le premier. Depuis quand sais-tu analyser les songes ? Oui, depuis quand ? ajouta le second.
si vous désirez savoir depuis quand, passez à 14
si non, passez à 14 tout de même, car vous ne le saurez pas plus.

14

— Depuis quand ? s'écria le troisième. Est-ce que je sais moi ! Le fait est que je pratique la chose. Vous allez voir !
si vous voulez aussi voir, passez à 15
si non, passez également à 15, car vous ne verrez rien.

15

— Eh bien voyons, dirent ses frères. Votre ironie ne me plait pas, répliqua l'autre, et vous ne saurez rien. D'ailleurs, au cours de cette conversation d'un ton assez vif, votre sentiment d'horreur ne s'est-il pas estompé ? effacé même ? Alors à quoi bon remuer le bourbier de votre inconscient de papilionacées ? Allons plutôt nous laver à la fontaine et saluer ce gai matin dans l'hygiène et la sainte euphorie. Aussitôt dit, aussitôt fait : les voilà qui glissent hors de leur cosse, se laissent doucement rouler sur le sol et puis au petit trot gagnent joyeusement le théâtre de leurs ablutions.
si vous désirez savoir ce qui se passe sur le théâtre de leurs ablutions, passez à 16
si vous ne le désirez pas, vous passez à 21.

5

— Ils ne rêvaient pas. Ces petits êtres en effet ne rêvent jamais.
si vous préférez qu'ils rêvent, passez à 6
sinon, passez à 7.

12

— Opopoï ! s'écrient-ils en ouvrant les yeux. Opopoï ! quel songe avons-nous enfanté là ! Mauvais présage, dit le premier. Ouida, dit le second, c'est bien vrai, me voilà triste. Ne vous troublez pas ainsi, dit le troisième qui était le plus futé, il ne s'agit pas de s'émouvoir, mais de comprendre, bref, je m'en vais vous analyser ça.
si vous désirez connaitre tout de suite l'interprétation de ce songe, passez à 15.
si vous souhaitez au contraire connaitre les réactions des deux autres, passez à 13.

21

— Dans ce cas, le conte est également terminé.

20

— Il n'y a pas de suite le conte est terminé.

6

— Ils rêvaient. Ces petits êtres en effet rêvent toujours et leurs nuits sécrètent des songes charmants.
si vous désirez connaitre ces songes, passez à 11
si vous n'y tenez pas, passez à 7.

19

— Ils coururent bien fort pour regagner leur cosse et, refermant celle-ci derrière eux, s'y endormirent de nouveau.
si vous désirez connaitre la suite, passez à 20
si vous ne le désirez pas, vous passez à 21.

16

— Trois grands échalas les regardaient faire.
si les trois grands échalas vous déplaisent, passez à 21
s'ils vous conviennent, passez à 18.

7

— Leurs pieds mignons trempaient dans de chaudes chaussettes et ils portaient au lit des gants de velours noir.
si vous préférez des gants d'une autre couleur passez à 8
si cette couleur vous convient, passez à 10.

11

— Ils rêvaient qu'ils allaient chercher leur soupe à la cantine populaire et qu'en ouvrant leur gamelle ils découvraient que c'était de la soupe d'ers. D'horreur, ils s'éveillent.
si vous voulez savoir pourquoi ils s'éveillent d'horreur, consultez le Larousse au mot « ers » et n'en parlons plus
si vous jugez inutile d'approfondir la question, passez à 12.

18

— Se voyant ainsi zyeutés, les trois alertes petits pois qui étaient fort pudiques s'ensauvèrent.
si vous désirez savoir ce qu'ils firent ensuite, passez à 19
si vous ne le désirez pas, vous passez à 21.

17

— Trois moyens médiocres arbustes les regardaient faire.
si les trois moyens médiocres arbustes vous déplaisent, passez à 21
s'ils vous conviennent, passez à 18.

8

— Ils portaient au lit des gants de velours bleu.
si vous préférez des gants d'une autre couleur, passez à 7
si cette couleur vous convient, passez à 10.

10

— Tous les trois faisaient le même rêve, ils s'aimaient en effet tendrement et, en bons fiers trumeaux, songeaient toujours semblablement.
si vous désirez connaitre leur rêve, passez à 11
sinon, passez à 12.

9

— Il y avait une fois trois petits pois qui roulaient leur bosse sur les grands chemins. Le soir venu, fatigués et las, ils s'endormaient très rapidement.
si vous désirez connaitre la suite, passez à 5
sinon, passez à 21.

[Boucan somnivore, médianoche gueulante]

Gabriel, l'oncle de Zazie, a une altercation avec Trouscaillon, mystérieux personnage, peut-être agent de police, plus sûrement Haroun el Raschid, le sultan des Mille et une Nuits. Presque tous les personnages du roman les entourent.

* Repas pris au milieu de la nuit.

Ces vociférantes exclamations firent hors de l'ombre surgir deux hanvélos.

— Tapage nocturne qu'ils hurlèrent les deux hanvélos, chahut lunaire, boucan somnivore, médianoche * gueulante, ah ça mais c'est que, qu'ils hurlaient les deux hanvélos.

Gabriel, discrètement, cessa de tenir Trouscaillon par les revers de sa vareuse.

— Minute, s'écria Trouscaillon, faisant preuve du plus grand courage, minute, vous m'avez donc pas regardé? Adspicez mon uniforme. Je suis flicard, voyez mes ailes.

Et il agitait sa pèlerine.

— D'où tu sors, toi, dit le hanvélo qualifié pour engager le dialogue. On t'a jamais vu dans le canton.

— Possible, répondit Trouscaillon animé d'une audace qu'un bon écrivain ne saurait qualifier autrement que d'insensée. Possible, n'empêche que flic je suis, flic je demeure.

— Mais eux autres, dit le hanvélo d'un air malin, eux autres (geste), c'est tous des flics?

— Vous ne voudriez pas. Mais ils sont doux comme l'hysope. *

* Dans la Bible, cette herbe est le symbole de la petitesse, opposée au cèdre.

— Tout ça ne me paraît pas très catholique, dit le hanvélo qui causait.

L'autre se contentait de faire des mines. Terrible.

— J'ai pourtant fait ma première communion, répliqua Trouscaillon.

— Oh que voilà une réflexion qui sent peu son flic, s'écria le hanvélo qui causait. Je subodore en toi le lecteur de ces publications révoltées qui veulent faire croire à l'alliance du goupillon et du bâton blanc. Or, vous entendez (et il s'adresse à la ronde), les curés, la police les a là (geste).

Cette mimique fut accueillie avec réserve sauf par Turandot qui souriait servilement. Gabriel haussa nettement les épaules.

— Toi, lui dit le hanvélo qui causait. Toi, tu pues (un temps) la marjolaine.

— La marjolaine, s'écria Gabriel avec commisération. C'est Barbouze de Fior *.

* Dès les premières lignes du roman, Gabriel a fait admirer son parfum.

— Oh! dit le hanvélo incrédule. Voyons voir.

Il s'approcha pour renifler le veston de Gabriel.

— Ma foi, dit-il ensuite presque convaincu. Regardez

donc voir, ajouta-t-il à l'intention de son collègue.

L'autre se mit à son tour à renifler le veston de Gabriel. Il hocha la tête.

— Mais, dit celui qui savait causer, je me laisserai pas impressionner. Il pue la marjolaine.

— Je me demande ce que ces cons-là peuvent bien y connaître, dit Zazie en bâillant.

— Mazette, dit le hanvélo qui savait causer, vous avez entendu, subordonné? Voilà qui semble friser l'injure.

— C'est pas une frisure, dit Zazie mollement, c'est une permanente.

Et comme Gabriel et Gridoux s'esclaffaient, elle ajouta pour leur usage et agrément :

— C'en est encore une que j'ai trouvée dans les Mémoires du général Vermot.

— Ah mais c'est que, dit le hanvélo. Voilà une mouflette qui se fout de nous comme l'autre avec sa marjolaine.

— C'en est pas, dit Gabriel. Je vous répète : Barbouze de Fior.

La veuve Mouaque s'approcha pour renifler à son tour.

— C'en est, qu'elle dit aux deux hanvélos.

— On vous a pas sonnée, dit celui qui savait pas causer.

— Ça c'est bien vrai, marmonna Zazie. Je lui ai déjà dit tout à l'heure.

Raymond Queneau, *Zazie dans le métro*, éd. Gallimard.

— Queneau renouvelle la scène traditionnelle de comédie sur les deux gendarmes par un double débat burlesque (8-31, et 36-66).

— Virtuosité verbale : mots forgés (2, 4, etc.), décalés par rapport à leur sens premier (4), au contexte (10, 21). Langage parlé : expressions figées (5, 22, etc.), refrains (28, 36, 50, etc.). Mélange du style noble et du style familier. « Le langage oral comprend outre les mots plus ou moins organisés en phrases, un nombre incroyable de grognements, râclements de gorge, grommellements, interjections qui participent à la communication et qui ont une valeur sémantique. » (Queneau). Ajoutons les gestes et les pauses.

— Un auteur et un personnage conscients de leurs effets (15, 52, 57) : la comédie ne se prend pas au sérieux.

La nécessité d'étudier séparément les différents aspects de l'œuvre de Queneau ne doit cependant pas suggérer que nous serions en présence de l'œuvre du dernier des grands rhétoriqueurs, même si certaines de ses expériences les plus récentes tendraient à le laisser penser, telles son activité à l'OU.LI.PO. (Ouvroir de Littérature Potentielle où quelques «chercheurs» d'un nouveau style s'efforcent, en travaillant sur les textes, de donner naissance à de nouvelles formes d'expression comme ce « Un conte à votre façon » dans lequel l'humour vient tempérer ce que pourrait avoir de trop abstrait ce type de lecture) ou même son dernier roman, *Le Vol d'Icare* (1968), variation un peu terne sur le thème déjà bien rebattu des rapports du romancier avec ses personnages. Le jeu sur le langage est d'abord le moyen le plus sûr de se rapprocher de la vie, d'échapper à la pure littérature.

Les premières pages du *Chiendent*, livre duquel tout part véritablement, comme l'a bien vu Claude Simonnet, avaient pu faire croire que ce langage vécu servirait à peindre un univers proche de celui des romanciers populistes : trains de banlieue, pavillons, et dimanches en famille. Presque toujours Queneau choisira ses personnages et ses décors dans cette partie du monde, avec une prédilection, à cause de leur caractère romanesque et de leur malléabilité, pour les gens un peu en marge, bizarres, pittoresques : à cet égard *Pierrot mon ami* (1942) et *Le Dimanche de la vie* (1952) seraient les plus représentatifs des romans de Queneau. De ces personnages indéterminés, silhouettes perdues dans la foule, le romancier peut faire ce que bon lui semble et, en particulier, leur confier sa recherche d'une sérénité, d'une sagesse qu'il ne faut surtout pas confondre avec la philosophie. *Le Chiendent*, premier champ d'expérience de Queneau, veut être une traduction en néo-français du *Discours de la méthode*, et non une peinture exclusive de l'existence quotidienne. C'est que la philosophie, dira Queneau dans *Les Derniers Jours*, « ça vient avec l'âge. Quand on a vu des guerres, des naufrages, des supplices comme moi j'en ai vu, alors on commence à philosopher ». La traduction en néo-français signifie donc la confrontation de la théorie avec la vie quotidienne.

Cette sagesse, c'est une acceptation de la vie, de la vieillesse en particulier. Zazie, à la fin du livre, répond à sa mère qui lui demande si elle s'est bien amusée : « J'ai vieilli. » En ce domaine il n'y a rien à inventer, et Queneau ne peut que moderniser le *Carpe diem* en « Si tu t'imagines » :

« Si tu t'imagines
si tu t'imagines
fillette fillette
si tu t'imagines
xa va xa va xa
va durer toujours
la saison des za
la saison des za
saison des amours
ce que tu te goures
fillette fillette
ce que tu te goures »

Les personnages du romancier n'ont aucune avidité : ils tendent naturellement à se replier sur eux-mêmes dans la contemplation et l'immobilité.

[Un philosophe à ma façon]

Fin du monologue d'Alfred, le garçon de café, qui ne songe qu'à récupérer l'argent perdu par son père sur les champs de courses.

Moi qui suis un philosophe à ma façon, je les regarde passer et je me dis : « Ah! on va revoir ceci, on va revoir cela », et ça ne manque jamais de se passer ainsi. A moins qu'il n'y ait une catastrophe, la guerre ou la grippe espagnole, et encore ça ne me surprend pas. Tout ça, ce sont des histoires de planètes. Les planètes tournent en rond comme les gens. Moi, je reste fixe au milieu des soucoupes et des bouteilles d'apéro et les gens tournent autour de moi; en rond, avec les saisons et les mois. Moi, je ne bouge pas, eux, ils tournent et se répètent. Ils sont plus ou moins contents de ça. Moi, je les regarde, mais ça ne me regarde pas. Je me contente de finir mes calculs pour aller enfin sur un champ de courses accomplir ma destinée; car tel est mon destin. Je l'ai moi-même lue dans les planètes, ma destinée. C'est bien commode de pouvoir faire ça tout seul et de n'avoir rien à demander à personne et de ne laisser personne fourrer son nez là-dedans. A chaque coup, je gagne, c'est là ma destinée, telle que les chiffres l'écrivent dans le ciel avec des petites lumières.

En fait de destinées, il y en a de drôles. Je me disais ça justement le jour de la condamnation à mort de M. Landru *, ou plutôt le lendemain, quand les journaux en ont parlé. Et je ne me suis pas dit ça à propos de M. Landru (j'aurais pu me le dire), mais à propos d'un borgne à qui un type avait crevé l'autre œil. C'était un fait divers qui a même beaucoup ému M. Tolut *, qui l'a même beaucoup plus ému que la condamnation à mort de M. Landru. Il est très mal raconté, ce fait divers. On ne comprend pas très bien ce qui s'est passé. Ça reste mystérieux. En tout cas le borgne est aveugle maintenant. En voilà une destinée! Ah! c'est une drôle de chose, la destinée. Je suppose que ce borgne venait tous les jours au même café, depuis vingt ans peut-être — simple supposition. Il venait donc tous les jours et revenait, comme le soleil chaque matin, et il parcourait le cycle de l'année avec les saisons. Quand venaient les premières feuilles, il devait dire : « Voilà le printemps », et quand elles tombaient dans la boue, il devait dire « Voici l'hiver ». Et le même garçon lui servait chaque jour le même apéritif et sans doute s'attendait-il à ce qu'il en soit ainsi longtemps encore, peut-être s'imaginait-il : toujours. Maintenant, c'est fini. Les prévisions sont cassées. Tout de même, ça devait être dans les planètes, mais qui pensait à les regarder?

Et quand je vois tourner autour de moi mon petit monde, je pense qu'un jour une destinée s'accomplit; alors quelqu'un part. Il faut parfois pour cela des années. Ils sont devenus des vieillards, accomplissant chaque année le cycle des saisons, montés sur leur jour de naissance comme sur un cheval de bois. A voir leur régularité, on croirait qu'ils ne s'arrêteront jamais et que l'axe est si bien graissé qu'ils continueront à tourner toujours. Mais un jour, leur destinée s'accomplit. C'est-à-dire qu'un jour ils meurent. Les plus jeunes tournent moins longtemps et quand ils disparaissent, c'est pour aller tourner ailleurs. Quant à moi, le cycle des saisons ne m'emporte pas et je reste insensible à leur déroulement. Ce sont les planètes qui font les saisons, et comme je connais la marche des planètes, c'est comme si je faisais le cours des saisons. Les habitués ne s'en doutent pas, mais ça me porte quelquefois à rire.

Raymond Queneau, *Les Derniers Jours*, éd. Gallimard.

* Accusé du meurtre d'une dizaine de femmes disparues sans laisser de traces, Landru fut condamné à mort et exécuté en 1921, à l'issue d'un procès qui défraya la chronique.

* Un des clients du Soufflet, le café d'Alfred.

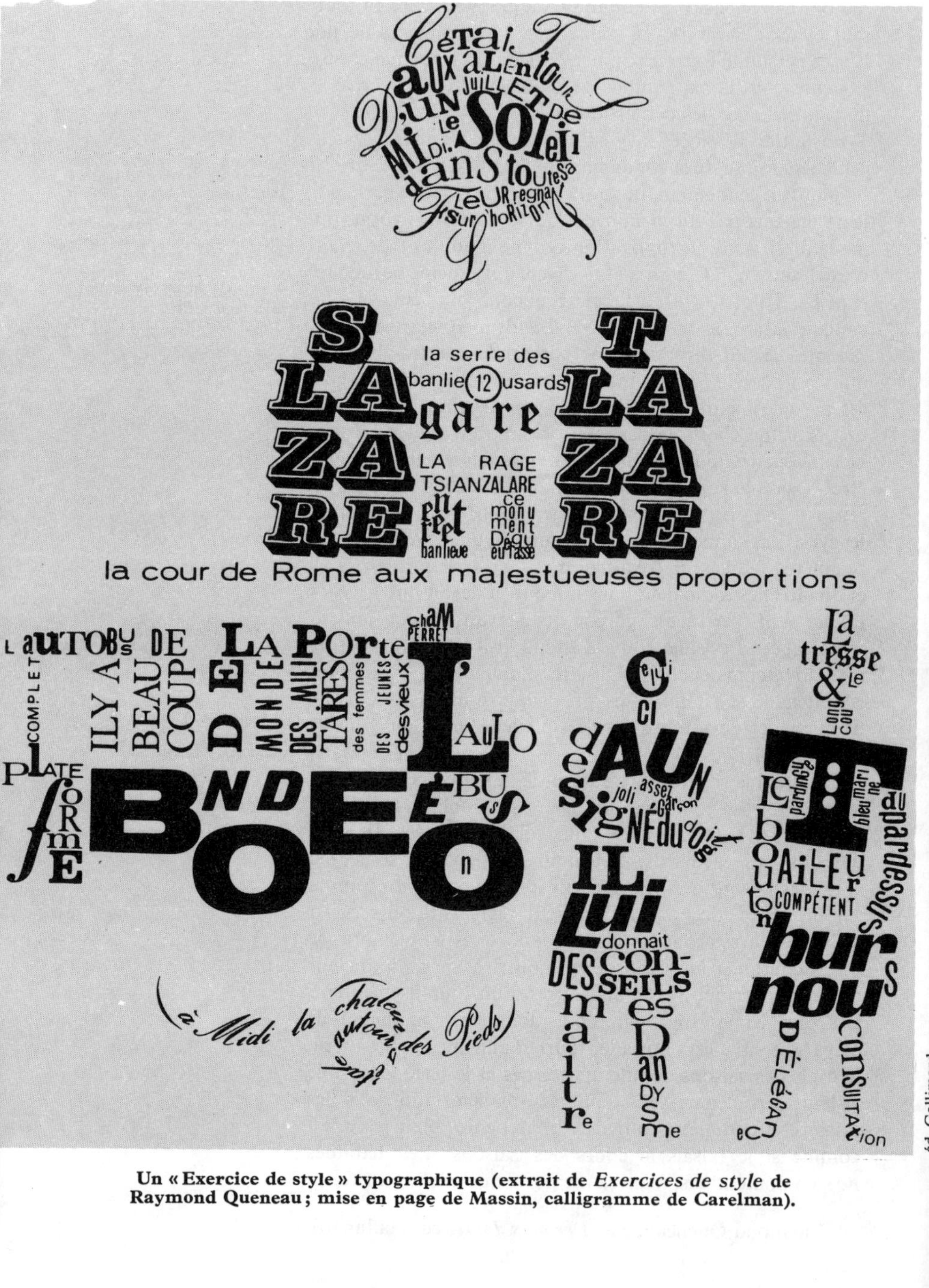

Un « Exercice de style » typographique (extrait de *Exercices de style* de Raymond Queneau ; mise en page de Massin, calligramme de Carelman).

éd. Gallimard

— Monologue cyclique : la construction exprime elle aussi le thème.

— Dans son effort vers un style soutenu, le personnage ne dispose que de clichés (4, 14, 20, etc.), de formules mortes (« moi je », « en tout cas », « tout de même », etc.).

— La parodie : ce prosaïsme n'empêche pas de redécouvrir dans l'existence quotidienne les grands thèmes de la sagesse humaine. « Passe une époque et vient une époque et la terre à jamais demeure. Ce qui a été sera et ce qu'on fait est ce qu'on fera. Et il n'est rien de nouveau sous le soleil. » (L'Ecclésiaste.)

Ces personnages sont toujours entre la réalisation d'un grand destin et le rêve. D'où l'importance prise par le cinéma dans cette œuvre : dans *Les Fleurs bleues* par exemple, tous les épisodes historiques sont vus à la fois comme des rêves et des fragments de films de cape et d'épée. Et *Loin de Rueil* est tout entier construit sur cet échange entre le rêve et le cinéma : Jacques l'Aumône, de Rueil, qui rêvait tant lorsqu'il allait au Rueil Palace, devient, après une série d'échecs dans la vie pratique, l'acteur James Charity qui, dans son premier film à Hollywood, raconte comment petit garçon il se passionnait pour « les cowboys du muet, les vampires du tacite, les maxlinder du silencieux, les charlot de l'aphone ».

[Le Rueil Palace]

Le petit Jacques l'Aumône va au cinéma en matinée avec son ami Lucas.

Ils arrivèrent devant le Rueil Palace. Des groupes frénétiques et puérils attendaient l'ouverture.

— Ça va être rien bath, disait-on en regardant les affiches.

La fille Béchut commence à distribuer les billets à dix et à vingt ronds. On se bouscule. Une horde farouche se précipite sur les meilleurs places les plus proches de l'écran comme si tous étaient myopes. On s'interpelle car ils se connaissent tous et il y a des farces, des pugilats. Jacques et Lucas se ruent sur les premiers rangs eux aussi.

La mère Béchut se montre enfin aux applaudissements de l'assistance et assommant un vieux piano elle exécute de douze fausses notes dans la clé de sol un morceau de musique sautillant et pimprené * qui fut peut-être célèbre. Puis vient le documentaire, la pêche à la sardine. Les gosses ça les emmerde le docucu, et comment. De plus ils n'ont pas des bottes de patience. Conséquemment s'agite la salle et bientôt les cris s'enflent au point que les rares adultes présents ne pourraient plus goûter les harmonies béchutiennes même s'ils le désiraient les imbéciles. Puis ensuite au milieu d'un chahut général s'estompent les sardines. On fait la lumière. Les gosses s'entrexaminent et se lancent des boulettes de papier ou des bouts de sucette gluants. Enfin de nouveau la lumière s'éteint. On fait silence. Le premier grand film commence.

* Le mot est-il forgé sur « pimprenelle », herbe d'assaisonnement?

Se profila sur l'écran un cheval énorme et blanc, et les bottes de son cavalier. On ne savait pas encore à quoi tout cela mènerait, la mère Béchut tapait à cœur fendre sur sa grelottante casserole, Jacques et Lucas tenaient leur siège à deux mains comme si ç'avait été cette monture qu'ils voyaient là devant eux immense et planimétrique. On montre donc la crinière du solipède et la culotte du botté et l'on montre ensuite les pistolets dans la ceinture du culotté et l'on montre après le thorax puissamment circulaire du porteur d'armes à feu et l'on montre enfin la gueule du type, un gaillard à trois poils, un mastard pour qui la vie des autres compte pas plus que celle d'un pou *, et Jacquot n'est nullement étonné de reconnaître en lui Jacques l'Aumône.

* Le pou est l'animal thématique du roman.

Comment est-il là? C'est assez simple. Après avoir abdiqué pour des raisons connues de lui seul Jacques comte des Cigales * a quitté l'Europe pour les Amériques et le premier métier qu'il a choisi de faire en ces régions lointaines est celui d'orlaloua.

* M. des Cigales, le poète, est un vieil ami de la famille l'Aumône.

Raymond Queneau, *Loin de Rueil*, éd. Gallimard.

— Français parlé : argot et termes familiers (3, 6, 16, etc.), syntaxe assouplie (8, 16), c'est la langue du monde réel.

— Transformation du réel par la narration : langage épique (1, 6, 21, etc.), grotesque (12, 14, etc.), précieux (32, 34, 35, etc.); créations verbales (14, 16, 20, etc.). Dans la synthèse du « orlaloua », réel et imaginaire se rejoignent.

— Humour et nostalgie de ce monde enfantin qui est aussi l'âge d'or. Pour Queneau qui « né à peu près avec le cinéma, fréquente assidûment les salles obscures au moins trois fois par semaine depuis plus de trente-cinq ans », le cinéma est « un nouveau mode d'expression de l'humanité ».

Loin de Rueil est une des nombreuses versions de « la vie est un songe », thème sur lequel Queneau a brodé tant de variations : « Paris n'est qu'un songe, Gabriel n'est qu'un rêve (charmant), Zazie le songe d'un rêve (ou d'un cauchemar) et toute cette histoire le songe d'un songe, le rêve d'un rêve, à peine plus qu'un délire tapé à la machine par un romancier idiot (oh! pardon). » *(Zazie.)* Et Cidrolin, le dernier sage de Queneau, passe sa vie à rêver, et le livre n'est plus que son rêve... jusqu'au jour où les personnages du rêve, après avoir traversé l'histoire, débarquent sur sa péniche pour lui faire remonter le temps, ce qui nous ramène au cycle des saisons et des planètes des *Derniers Jours*.

Pris entre le vertige du temps, ce temps que la plupart de ses héros sentent passer avec tant d'angoisse, et la richesse du vécu, l'œuvre de Queneau devient une épopée du quotidien. Il est significatif que l'auteur intitule « Sérénité » ce petit poème de *Courir les Rues*, album de croquis où il tente de fixer les métamorphoses du Paris des années soixante :

« Place du 18-juin-1940
la pendule de la gare Montparnasse
au-dessus des ruines
continue à nous dire l'heure
pour quelques jours encore »

De cette angoisse du temps, angoisse existentielle qui a failli envahir ses premiers romans, et qui se manifeste bien plus spontanément dans nombre de ses poèmes (« L'explication des métaphores » par exemple, *Les Ziaux*, 1943), Queneau a triomphé par l'humour, c'est-à-dire par une attention sans relâche portée au langage chargé d'exprimer cette angoisse : « C'est ici où le problème du langage, dit Queneau, devient un problème de style, et le problème d'écriture un problème humain. [...] A travers toute cette intrication des problèmes, il s'agit en réalité de questions en fait très simples et immédiates, il s'agit de l'homme, de la vie de l'homme contemporain, de la vie contemporaine. »

Choix bibliographique :

C. Simonnet, *Queneau déchiffré*, Julliard.
« Raymond Queneau », *L'Arc* nº 28, 1966.

« ... c est le dimanche de la vie, qui nivelle tout et éloigne tout ce qui est mauvais; des hommes doués d'une aussi bonne humeur ne peuvent être foncièrement mauvais ou vils. » (Hegel, épigraphe du *Dimanche de la vie*).

Cl. H. Cartier-Bresson. Magnum.

Chapitre XV

Henri Michaux

Comme s'il était étranger à lui-même, Henri Michaux parle d'Henri Michaux à la troisième personne dans ces quelques lignes de « De quelques renseignements sur cinquante-neuf années d'existence », écrit en 1958 :

« 1911 à 1914 : Bruxelles. Découverte du dictionnaire, des mots qui n'appartiennent pas encore à des phrases, pas encore à des phraseurs, des mots et en quantité et dont on pourra se servir soi-même à sa façon.

1914 à 1918. Bruxelles. [...] Mais il se débarrasse de la tentation d'écrire, qui pourrait le détourner de l'essentiel. Quel essentiel? Le secret qu'il a depuis sa première enfance soupçonné d'exister quelque part et dont visiblement ceux de son entourage ne sont pas au courant.

Lectures en tous sens. Lectures de recherche pour découvrir les siens, épars dans le monde, ses vrais parents, pas tout à fait parents non plus cependant, pour découvrir ceux qui peut-être " savent ".

1957. [...] Se casse le coude droit. Ostéopose. Main inutilisable. Découverte de l'homme gauche. Guérison. »

Découverte : Michaux nous fournit la clé pour pénétrer dans cette œuvre toujours en porte-à-faux sur la littérature. Entre 1911 et 1957, toute une série de voyages, réels ou imaginaires — et, à partir de 1956, l'exploration d'un autre monde, celui dont la mescaline d'abord, puis d'autres drogues, lui ont ouvert les portes, car Michaux, inlassablement, continue à chercher l'essentiel, à chercher le secret. Tous ses livres, qui ont fini, malgré sa méfiance envers « les phraseurs », par faire de lui un écrivain, sont des récits de voyages, des comptes rendus d'explorations, des journaux de bord dont l'objet est avant tout de fixer avec exactitude les étapes de la découverte; la «littérature», la beauté, semble être donnée en plus, jamais elle n'est recherchée comme telle. Cette œuvre fuyante, restée longtemps secrète, ne fait aucun effort pour aller vers le lecteur, à lui d'aller vers elle, de suivre Michaux au long de tous ces voyages, voyages réels, imaginaires, intérieurs ou fantastiques.

D'abord les livres des voyages aux pays réels, ceux dont on peut trouver les noms sur les cartes : *Ecuador* (1929), *Un Barbare en Asie* (1933). Le premier porte le sous-titre « Journal de voyage », mais prenons bien garde que Michaux est celui qui voyage « contre ». Cette découverte de l'Équateur, même si elle correspond à un séjour réel effectué en 1927, est essentiellement une découverte de soi-même. Dès les premières pages nous sommes prévenus : « Je n'ai écrit que ce peu qui précède et déjà je tue ce voyage. Je le croyais si grand. » Les descriptions du pays et des gens, monde étrange, décevant, contradictoire, sont entremêlées de lectures, de poèmes, de rêveries diverses. Les pages du 5 mars, par exemple, juxtaposent une description de bambous, bananiers et palmiers, des réflexions sur Mme de Sévigné et sur les bébés qui crient trop fort — « cependant on s'informe discrètement s'il n'y a pas de tigre dans les environs qui pourrait faire taire ça » — puis une fausse lettre à ses parents où le tigre imaginé au paragraphe précédent devient tigre réel : « Un tigre a mangé un mulet ici la nuit dernière, etc. Mais en fait je n'écris pas la lettre. Je ne leur écris jamais. Je me méfie. Car, si le tigre m'allait broyer une jambe... » Mais surtout, Michaux, à différents moments du voyage, est amené à tenter de se définir, et ces réflexions, aphorismes et poèmes même, préfigurent tout l'univers des œuvres futures : « On dit que je compte déjà un certain nombre d'années. Je n'ai jamais eu dans ma vie plus de quinze jours. D'une seconde à quinze jours, voilà toute ma vie. [...] Ah! comme on est mal dans ma peau! [...] J'ai sept ou huit sens. Un d'eux : celui du manque »; et surtout le long poème « Je suis né troué » qui commence ainsi :

« Il souffle un vent terrible.
Ce n'est qu'un petit trou dans ma poitrine,
Mais il y souffle un vent terrible.
Petit village de Quito tu n'es pas pour moi. »

Du voyage en Asie des années 1930, Michaux écrit : « Enfin *son* voyage. Les Indes, le premier peuple qui, en bloc, paraisse répondre à l'essentiel, qui dans l'essentiel cherche l'assouvissement, enfin un peuple qui mérite d'être distingué des autres. » Le *Barbare en Asie*, fruit de ce contact, est un récit de voyage plus traditionnel. Le voyageur s'oublie lui-même plus qu'il ne l'avait fait en Équateur et devient spectateur : « Quand je vis l'Inde, et quand je vis la Chine, pour la première fois, des peuples, sur cette terre, me parurent mériter d'être réels. Joyeux, je fonçai dans ce réel, persuadé que j'en rapportais beaucoup. Y croyais-je complètement? Voyage réel entre deux imaginaires. » (Préface.) Mais l'attention de ce spectateur, qui regrettera plus tard d'avoir cependant manqué ce qui était véritablement essentiel, la politique et les bouleversements qui allaient transformer l'Asie, révèle toujours les mêmes préoccupations : bien plus que le pittoresque ou le simplement différent, ce sont le mystérieux, le difficile, le bizarre, l'essence des langages, le « centre » sur lequel il s'agit de mettre le doigt. Et la description de l'Aquarium de Madras, par exemple, s'achève sur ces mots : « Et il y en a vingt autres [poissons] encore qui paraissent tout nouveaux et surgis de l'inconnu », mots qui pourront s'appliquer à toutes les créatures prêtes à surgir de l'imagination de Michaux.

Moins tourné vers lui-même, Michaux peut perfectionner la manière, déjà affirmée dans *Ecuador*, qui lui servira dans toute son œuvre, mis à part certains des textes sur la drogue. L'unité de base est le fragment : en ce sens le journal de voyage est un genre idéal, avec ses entrées quotidiennes, au gré des déplacements. Mais ce n'est pour Michaux qu'un cadre théorique : « Les genres littéraires sont des ennemis qui ne vous ratent pas, si vous les avez ratés, vous, au premier coup. » *(Qui je fus.)* Le fragment est chez lui déjà un univers composite : à chaque paragraphe, parfois même à chaque phrase (les deux souvent coïncident) s'effectue un nouveau départ, un changement de point de vue, une visée nouvelle sur l'objet du texte : « La phrase est le passage d'un point de pensée à un autre point de pensée. Le passage est pris dans un manchon pensant. »

[Japon]

Après l'Inde et la Chine, le Barbare, l'Européen, visite le Japon, et sa première réaction est défavorable devant ce peuple « prisonnier de son île, de son masque, de ses conventions, de sa police, de sa discipline, de ses paquetages et de son cordon de sécurité ».

Tandis que beaucoup de pays qu'on a aimés tendent à s'effacer à mesure qu'on s'en éloigne, le Japon que j'ai rejeté prend maintenant plus d'importance. Le souvenir d'un admirable «Nô * » s'est glissé et s'étend en moi.

C'est leur faute aussi avec leur maudite police. Mais voilà, la police ne gêne pas le Japonais, il l'aime. Il veut

* Drame lyrique traditionnel.

l'ordre avant tout. Il ne veut pas nécessairement la Mandchourie *, mais il veut de l'ordre et de la discipline en Mandchourie. Il ne veut pas nécessairement la guerre avec la Russie et les États-Unis (ce n'est qu'une conséquence), il veut *éclaircir* l'horizon politique.

* Enjeu de la guerre avec l'U.R.S.S.

« Donnez-nous la Mandchourie, battons la Russie et les États-Unis, *et puis* nous serons tranquilles. » Cette déclaration d'un Japonais m'avait tellement frappé, ce désir de *nettoyer*.

Le Japon a la manie de nettoyer.

Or, un lavage, comme une guerre, a quelque chose de puéril, parce qu'il faut recommencer après quelque temps.

Mais le Japonais aime l'eau, et le « Samouraï * », l'honneur, et la vengeance. Le « Samouraï » lave dans le sang. Le Japonais lave même le ciel. Dans quel tableau japonais avez-vous vu un ciel sale? Et pourtant!

* Guerrier de l'ancien Japon.

Il ratisse aussi les vagues.

Un éther pur et glacé règne entre les objets qu'il dessine; son extraordinaire pureté est arrivée à faire croire merveilleusement clair leur pays où il pleut énormément.

Plus claires seraient encore si c'est possible leur musique, leurs voix de jeunes filles, pointues et déchirantes, sorte d'aiguilles à tricoter dans l'espace musical.

Comme c'est loin de nos orchestres à *vagues de fond*, où dernièrement est apparu ce noceur sentimental appelé saxophone.

Ce qui me glaçait tellement au théâtre japonais, c'était encore ce vide, qu'on aime pour finir et qui fait mal d'abord, qui est autoritaire, et les personnages immobiles, situés aux deux extrémités de la scène, gueulant et se déchargeant alternativement, avec une tension proprement effroyable, sorte de *bouteilles de Leyde* * vivantes.

* Condensateur électrique.

Henri Michaux, *Un Barbare en Asie*, éd. Gallimard.

— Démarche qui semble capricieuse (5, 23, 30) mais qui suit un mouvement très ferme : à partir d'un sentiment personnel (le dernier paragraphe répond au premier, du *je* au *je*), élucidation progressive qui donne le sentiment de l'étranger (30-32). Composition par associations qui permet de tenir compte des aspects traditionnels du Japon (esprit guerrier, samouraï, peinture, musique) en les changeant de sens.

— Caprices aussi dans les différences d'intensité : tantôt il appuie (5-11 : « il veut ») tantôt il esquisse (22). Mais toujours une nécessité verbale (23, 30). Humour des formules (31, 38) et des images (29), surprises des sautes de tension du vocabulaire (26, 36).

Ombre-profil d'Henri Michaux.

Cl. Karl Flinker.

Clown, d'Henri Michaux (*Peintures*, éd. G.L.M., 1936) « CLOWN...
Sans bourse dans l'infini-esprit sous-jacent ouvert à tous, ouvert moi-même à une nouvelle et incroyable rosée à force d'être nul
et ras...
et risible... »

Dessin d'Henri Michaux (paru dans *Peintures et Dessins*, éd. du Point du Jour) : « Écoute, je suis l'ombre d'une ombre qui s'est enlisée ». (« La Ralentie ».)

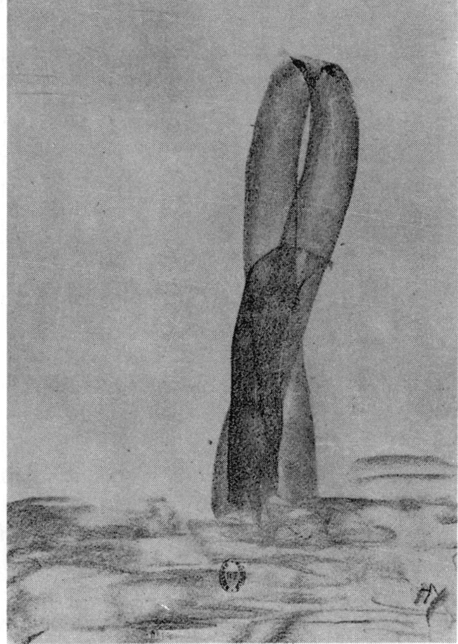

2 cl. B.N.

« Aucune contrée ne me plaît : voilà le voyageur que je suis », avait-il écrit dans *Ecuador*. Il va bien sûr continuer de parcourir le monde, mais il n'en parlera plus. Ses livres seront les récits des voyages intérieurs, imaginaires : il se replie sur ses « propriétés », dans « l'espace du dedans ». On aura pourtant toujours l'impression que Michaux nous parle du bout du monde : « Je vous écris d'un pays lointain », celui où nous vivons tous, sans le savoir. La plupart de ses livres, de *Qui je fus* (1927) à *Face aux verrous* (1954), appartiennent à cette veine, d'un fantastique du réel, dont les titres de livres ou de recueils donnent déjà une idée assez précise : *Lointain intérieur*, *La Vie dans les plis*, *Lieux inexprimables*, *Apparitions*, *Entre centre et absence*, *Nouvelles de l'étranger*.

Le goût déjà marqué pour le bizarre, l'inconnu, devient prépondérant. Attention très fine portée aux phénomènes, aux impressions les plus impalpables, qui, projetés en pleine lumière, soudain paraissent plus indubitables que ceux de l'expérience courante. C'est par le moyen très simple de la description que Michaux impose cet univers insolite, à mi-chemin de la sensation et du rêve. Description faite en général sur le ton le plus neutre — on a parlé, comme pour Blanchot, de l'écriture « blanche » de Michaux —, et qui utilise les procédés les plus prosaïques pour susciter l'inquiétude poétique. Celui qui coïnciderait parfaitement avec son corps, avec son existence, ne sentirait pas cet éloignement de soi : ces textes rapportent le plus souvent les « difficultés » de l'être, la nuit et le cauchemar en sont les moments privilégiés, la peur y rôde avec la menace, le corps est le lieu de toutes les agressions et de toutes les tortures, dans une répétition sans fin qui est la règle de cet univers figé dans son incongruité.

L'assaut du sabre ondulant

Là, je subis l'assaut du sabre ondulant. Difficile de parer les coups. Et avec quelle souplesse, il entre dans les chairs.

Il y a aussi la lance qui est portée contre moi, longue, très longue.

Elle va s'effilant, sinon, vu sa longueur qui est de plus de huit mètres, il me semble, elle ne pourrait être maniée même par six hommes réunis.

Déjà à un mètre de moi, elle est aussi effilée qu'une aiguille pour injection hypodermique et elle va toujours s'effilant, si bien qu'à cinquante centimètres elle est presque invisible. Aussi, quand elle entre dans le corps, ténue comme elle est mais d'autant plus pénétrante, à peine si elle dérange les couches de cellules sagement assemblées des différents tissus. Il faut alors ne pas bouger, absolument ne pas bouger (mais comment faire?) et ne presque plus respirer. Alors elle se dégagera peut-être comme elle est entrée, doucement.

Mais malheur à qui aura un sursaut. Un éblouissement de mal vous atteint alors plus profond. Un neurone sans doute, un neurone crache sa souffrance électrique, dont on se souviendra.

Oh! moments! Que de moments d'alerte dans cette vie...

Mais parfois, quand elle est doucement entrée en vous immobile, cependant que dans votre dos des gens remuent inconsidérément, on a parfois l'étrange impression que peut-être en ce moment de répit pour vous, elle est en train de tuer quelqu'un à travers votre corps, je veux dire « au-delà », et l'on attend le cri fatal, mais sans le désirer naturellement. On est dans un embarras déjà suffisant.

Henri Michaux, *La Vie dans les plis*, éd. Gallimard.

— Progression : redoublement (3 *sq.*), chute et installation dans la durée (23-29) après l'invocation « finale », jeu des pronoms (du *je* au *vous*) qui fait entrer le lecteur dans cet univers rendu plausible par une logique absurde (5-7, 8-11).

— Le ton : malaise résultant du mélange du ton scientifique (1-9), de la résignation (6, 17, 20), de l'admiration (2, 12-13), de la litote (22). Série de refus, de syncopes (1, 18, 21), jamais d'emphase, valeur du murmure.

— « Des œuvres d'où presque tout pathétique direct est exclu, mais que déchire un humour désespéré, une bouffonnerie dont le sens ne peut être découvert. L'emploi d'un langage volontairement banal, la recherche d'une syntaxe sans beauté propre, retombant sans cesse sous le poids de ses propres inventions, viennent encore accuser le caractère frivole de ces rêveries qu'aucun fil ne relie à une possibilité de justification. » (Maurice Blanchot.)

Mais il est une dimension qui permet à cet univers recréé de dépasser le stade du compte rendu d'expérience névrotique : l'humour. La notion même de *distance* qui envahit Michaux dès ses premières années (« sa façon d'exister en marge », qui n'est ni celle d'un révolté, ni celle d'un aliéné) est consubstantielle à celle d'humour. La composition par juxtaposition y concourt également : les arrêts fréquents, les retombées, interdisent toute identification. Il y a toujours « regard sur », incrédulité foncière, dans ces affirmations — « Quand les autos penseront, les Rolls Royce seront plus angoissées que les taxis » —, dans la certitude de cette écriture à peindre cet univers impossible, cette vie pleine de questions sans réponse. Michaux semble ne jamais prendre tout à fait au sérieux cet univers qu'il peint avec le plus grand sérieux. Humour désespéré, aussi sombre qu'il est possible : « Riez, riez petits sots, jamais ne comprendrez que de sanglots il me faut pour chaque mot. » (« La Ralentie ».) Cet humour trouve son incarnation la plus efficace avec le seul personnage créé par Michaux, celui qui a le plus contribué à le rendre un peu célèbre, Plume : quatorze textes courts sur ce personnage, rêveur ahuri, imperturbable au milieu des pires catastrophes, victime résignée sans autre défense qu'une indifférence souveraine aux soubresauts de ce monde où tout peut arriver.

Plume au plafond

Dans un stupide moment de distraction, Plume marcha les pieds au plafond, au lieu de les garder à terre.

Hélas, quand il s'en aperçut, il était trop tard.

Déjà paralysé par le sang aussitôt amassé, entassé dans

sa tête, comme le fer dans un marteau, il ne savait plus quoi. Il était perdu. Avec épouvante, il voyait le lointain plancher, le fauteuil autrefois si accueillant, la pièce entière, étonnant abîme.

Comme il aurait voulu être dans une cuve pleine d'eau, dans un piège à loup, dans un coffre, dans un chauffe-bain en cuivre, plutôt que là, seul, sur ce plafond ridiculement désert et sans ressources d'où redescendre eût été, autant dire, se tuer.

Malheur! Malheur toujours attaché au même... tandis que tant d'autres gens dans le monde entier continuaient à marcher tranquillement à terre, qui sûrement ne valaient pas beaucoup plus cher que lui.

Si encore il avait pu entrer dans le plafond, y terminer en paix, quoique rapidement sa triste vie... Mais les plafonds sont durs, et ne peuvent pas vous « renvoyer », c'est le mot.

Pas de choix dans le malheur, on vous offre ce qui reste. Comme, désespérément, il s'obstinait, taupe de plafond, une délégation du Bren Club*, partie à sa recherche, le trouva en levant la tête.

On le descendit alors sans mot dire par le moyen d'une échelle dressée.

On était gêné. On s'excusait auprès de lui. On accusait à tout hasard un organisateur absent. On flattait l'orgueil de Plume qui n'avait pas perdu courage, alors que tant d'autres, démoralisés, se fussent jetés dans le vide, et se fussent cassé bras et jambes et, davantage, car les plafonds dans ce pays sont hauts et datent presque tous de l'époque de la conquête espagnole.

Plume sans répondre se brossait les manches avec embarras.

Henri Michaux, *Plume*, éd. Gallimard.

* Dans le texte précédent, Plume était « l'hôte d'honneur du Bren Club », « ne faisant aucun commentaire sur la dinde farcie à l'asticot et la salade nettoyée au cambouis ».

— Croire aux mots (plume plafond, 20, 23, 11-12, 25) suffit pour lancer et poursuivre une aventure absurde : actions, désirs, réflexions se succèdent suivant schéma et formules classiques du récit d'aventure (1, 4, 6, etc.).

— L'étrangeté : moins dans l'histoire que dans les décalages de la narration; juxtaposition de phrases banales (5, 14-15, 22, 25), d'expressions infléchies (5, 27) et de détails « en trop » (9-11, 16-17, 23, 32-34).

— Un personnage qui résume l'univers de Michaux : familiarité avec l'insolite, malaise avec le réel, désir de se réfugier *dans* (par opposition à *sur*), résignation, obstination.

— « Il est remarquable que le seul personnage véritable qu'il ait créé, Plume, soit un idiot, comme le prince Muychkine, comme Jésus l'était, si l'on en croit Nietzsche. » (Robert Bréchon.)

Parti du monde extérieur, explorant son monde intérieur, Michaux débouche tout naturellement sur des mondes imaginaires : aucune frontière nette entre ces régions, « avec simplicité les animaux fantastiques sortent des angoisses et des obsessions et sont lancés au dehors sur les murs des chambres où personne ne les aperçoit que leur créateur ». Il est cependant des cas où un certain nombre de signes balisent l'entrée en pays strictement imaginaire : les mots dont Michaux explore aussi les possibilités ne figurent pas dans les dictionnaires. Comme un romancier invente les noms de ses personnages, Michaux nomme son royaume, ses *Ailleurs :* et ce sont le *Voyage en Grande Garabagne*, *Ici Poddema*, *Au Pays de la magie*, *Portraits des Meidosems*, *Adieux d'Anhimaharua*, *Vieillesse de Pollagoras*. Parfois il va plus loin et compose quelques textes presque tout entiers « en michaux », langue certes voisine, mais bien distincte, du français :

Articulations

« Et go to go and go
Et garce!
Sarcospèle sur Saricot,
Bourbourane à talico,
On te bourdourra le bodogo,
Bodogi.
Croupe, croupe à la Chinon.
Et bourrecul à la misère. »

(La Nuit remue.)

Mais en général il suffit de quelques noms propres pour établir la distance nécessaire à l'exercice de la description. Car Michaux reste fidèle à sa tactique. Il parle de l'Emanglon, des Phlises, des Bourabous et des Cournouaques avec la même précision quasi ethnologique qu'il avait utilisée pour parler des Yumbos et du Cotopaxi dans *Ecuador*. Tant il est vrai que la seule réalité est celle des mots : pourquoi douter de l'emanglon et pas de l'okapi? Le monde à part d'Henri Michaux se développe suivant les mêmes catégories, sociologiques ou sémantiques, par exemple, que notre monde quotidien, mais le caractère non vérifiable des mœurs de ces peuplades permet à son imagination de nous faire pénétrer dans l'univers le plus familier et le plus incroyable. Ces mondes fantastiques sont régis par des codes aussi contraignants qu'absurdes, mais qu'il nous semble cependant bien reconnaître ; l'ethnologie devient regard rétrospectif sur notre monde à nous : apprenons à nous observer.

[Les Hivinizikis]

Ce texte illustre la première définition donnée des Hivinizikis, l'un des peuples de la Grande Garabagne : « Toujours pressés, en avant d'eux-mêmes, fébriles, courant de-ci de-là, affairés, ils perdaient jusqu'à leurs mains. »

Les Hivinizikis sont toujours dehors. Ils ne peuvent rester à la maison. Si vous voyez quelqu'un à l'intérieur, il n'est pas chez lui. Nul doute, il est chez un ami. Toutes les portes sont ouvertes, tout le monde est ailleurs.

L'Hiviniziki vit dans la rue. L'Hiviniziki vit à cheval. Il en crèvera trois en une journée. Toujours monté, toujours galopant, voilà l'Hiviniziki.

Ce cavalier, lancé à toute allure, tout à coup s'arrête net. La beauté d'une jeune fille qui passe vient de le frapper. Aussitôt il lui jure un amour éternel, sollicite les parents, qui n'y font nulle attention, prend la rue entière à témoin de son amour, parle immédiatement de se trancher la gorge si elle ne lui est accordée et bâtonne son domestique pour donner plus de poids à son affirmation. Cependant passe sa femme dans la rue, et le souvenir en lui qu'il est déjà marié. Le voilà qui, déçu, mais non rafraîchi, se détourne, reprend sa course ventre à terre, file chez un ami, dont il trouve seulement la femme. « Oh! la vie! » dit-il, il éclate en sanglots; elle le connaît à peine, néanmoins elle le console, ils se consolent, il l'embrasse. « Oh! ne refuse pas, supplie-t-il, j'en suis autant dire à mon dernier soupir. » Il la jette dans le lit comme seau dans le puits, et lui, tout à sa soif d'amour oubli! oubli! mais tout à coup il se regalvanise, ne fait qu'un bond jusqu'à la porte, son habit encore déboutonné, ou c'est elle qui s'écrie en pleurs : « Tu n'as pas dit que tu aimais mes yeux, tu ne m'as rien dit! » Le vide qui suit l'amour les projette dans son éloignement; elle fait atteler les chevaux, et apprêter la voiture. « Oh! Qu'ai-je fait! Qu'ai-je fait! Mes yeux qui étaient si beaux autrefois, si beaux, il ne m'en a même pas dit un mot! Il faut que j'aille vite voir à la ferme si le loup n'a pas mangé un mouton; j'ai comme un pressentiment. »

Et dare-dare sa voiture l'emporte, mais non vers ses moutons, car ils ont tous été joués et perdus par son mari ce matin, la maison de campagne, les champs, et tout, sauf le loup qui n'a pas été joué aux dés. Elle-même a été jouée... et perdue, et la voilà qui arrive brisée chez son nouveau maître.

Henri Michaux, *Voyage en Grande Garabagne*, éd. Gallimard.

— Après deux paragraphes sur le mode de la description ethnologique ou entomologique, une anecdote où Michaux retrouve et parodie le ton des légendes folklo-primitives (22) : puzzle mal ajusté (fragments de présent, changement de personnage principal) dont l'aspect déconnecté (31), entier, soudain (21-22) exprime la nature même des Hivinizikis.

— L'idée de mouvement rapide (déjà dans le nom des Hivinizikis) est modulée tout au long du texte (6, 8, 9, 12, 17, etc.). De temps à autre une touche d'insolite (2, 5, 11, 13, 14) vient encore distancer cette prose.

— « Certains lecteurs ont trouvé ces pays un peu étranges. Cela ne durera pas. Cette impression passe déjà. Il traduit aussi le Monde, celui qui voulait s'en échapper. Qui pourrait échapper? Le vase est clos. Ces pays, on le constatera, sont parfaitement naturels. On les retrouvera partout bientôt... Naturels comme les plantes, les insectes, naturels comme la faim, l'habitude, l'âge, l'usage, les usages, la présence de l'inconnu tout près du connu. Derrière ce qui est, ce qui a failli être, ce qui tendait à être, menaçait d'être, et qui entre des millions de " possibles " commençait à être, mais n'a pu parfaire son installation. » (Henri Michaux, préface à *Ailleurs*.)

Il restait à Michaux, qui avait déjà entrepris l'exploration du monde pictural, à la suite de la découverte de Paul Klee (« Pour entrer dans ses tableaux et d'emblée, rien de ceci, heureusement, n'importe. Il suffit d'être l'élu, d'avoir gardé soi-même la conscience de vivre dans un monde d'énigmes, auquel c'est en énigmes aussi qu'il convient le mieux de répondre », *Passages*, 1950), à demander le secours de forces extérieures pour poursuivre l'exploration, toujours à reprendre, de l'esprit humain : « Tout progrès, toute nouvelle observation, toute pensée, toute création, semble créer (avec une lumière) une zone d'ombre. Toute science crée une nouvelle ignorance. Tout

Paul Klee, *La Machine à gazouiller* : » [...] lignes-signes, tracé de la poésie, rendant le plus lourd léger » (Préface de Henri Michaux au livre de W. Grohmann, *Paul Klee*).

conscient, un nouvel inconscient » *(Plume)*. A partir de 1956 il entre dans l'univers de la mescaline, expérience suivie de beaucoup d'autres menées méthodiquement à l'aide de diverses drogues et hallucinogènes. Dans *Ecuador* il notait déjà : « Un mot rond, et qui couvrait presque toute mon idée de l'Asie, et que ma jeunesse emplit d'une vraie hantise : *Opium.* Je te connais maintenant [...] et tu n'es pas des miens. Cette perfection sans surforce ne m'est rien [...]. L'opium reste dans mes veines. Il y met contentement, satisfaction. Bien. Mais qu'ai-je à faire de cela? Ça m'embarrasse. » Michaux ne cherche donc pas du tout l'évasion, mais la connaissance, une autre voie d'accès vers le secret :

« Les drogues nous ennuient avec leur paradis. Qu'elles nous donnent plutôt un peu [de savoir. »

Là encore les titres des ouvrages sont caractéristiques du dessein de Michaux : *Misérable Miracle*, *L'Infini turbulent*, *Connaissance par les gouffres*, *Les Grandes Épreuves de l'esprit*, *Vers la Complétude*. La drogue est en rapport avec l'infini. « L'Infini, à tout homme, quoi qu'il veuille ou fasse, l'Infini, ça lui dit quelque chose, quelque chose de fondamental. Ça lui rappelle quelque chose. Il en vient. » Non que l'homme puisse espérer échapper à sa finitude; et la drogue est elle-même une limitation, un asservissement : « Ceux-là qui, ayant absorbé d'une poudre aux effets quasi magiques, se croyaient désentravés de tout, en plein gratuit, sortis de ce monde peut-être, ils sont encore sur des rails. Ils subissent [...]. Ces libérés sont des prisonniers. Il existe une banalité du monde visionnaire. » Ce que la drogue permet donc de découvrir, d'après Michaux, c'est le fonctionnement et le maniement de la pensée. Par le fonctionnement en état d'aliénation, il atteindra à la compréhension du fonctionnement normal : « Je voudrais dévoiler le "normal", le méconnu, l'insoupçonné, l'incroyable, l'énorme normal. L'anormal me l'a fait connaître. » On voit donc que cette étape du cheminement de Michaux s'inscrit dans la ligne de ses recherches précédentes : les univers en marge agissent comme révélateurs de l'univers dit normal.

C'est sur le plan littéraire qu'il faut poser en fait le problème des rapports de l'écrivain et de la drogue. Alors que la « littérature » avait pu finalement récupérer tous les textes antérieurs de Michaux, qui avait d'ailleurs intitulé certains de ses livres « poèmes », elle hésite devant ces comptes rendus d'expériences : préparatifs, conditions, déroulement, résultats, conclusions. Tout en prévenant le lecteur qu'il ne pourra noter qu'une fraction infime de ce qu'il a vu et ressenti, Michaux s'efforce d'être exact, fidèle : il ne transpose pas. Seuls quelques rares textes prennent la forme de poèmes :

« La table vit de moi
je vis d'elle
Est-ce tellement différent?
Existe-t-il quoi que ce soit
de totalement différent
manteau table tissus tilleul
colline sanglier
différents seulement
parce que semblables »

(Vers la Complétude.)

Si l'on peut introduire un jugement de valeur, il semble que la voix de Michaux disparaisse trop souvent de ces textes. N'est-ce pas qu'il y manque cette distance, cet humour, qui lui sont consubstantiels? Voulant coller à l'événement, il ne peut le représenter. Lorsqu'il y a rencontre, lorsque le miracle opère de nouveau, on tend à oublier qu'il s'agit de textes de — et sur — la drogue.

[Blanc]

L'expérience (de prise de mescaline) qui se déroule dans le garage d'un de ses amis, a commencé à 11 h 30. Les notes en marge sont de Michaux : « Ce langage-vérité est la transcription de notes prises pendant les expériences ou aussitôt après : il est la voix même du chaos, l'écriture automatique d'une nécessité vitale. » (Raymond Bellour).

. . .

Je ne vois toujours rien, ce qui m'agace, car ce sont les visions qui m'intéresseraient.

1 h. 15. Éclaboussement de blanc crayeux.

L'éclaboussement de blanc

. . .

De toutes parts fusent des sortes de sources blanches.

Suis en plein dans la respiration mescalinienne.

Des draps blancs, des draps blancs qui seraient vertigineusement secoués et frémissants. Comme si je venais d'entrer dans une nouvelle patrie, où au lieu du drapeau tricolore, de couleurs, et de n'importe quoi, on y arborait, et en quantité folle, le seul blanc, blanc diamant, étrange patrie nouvelle où à tout autre occupation on préfère dresser et faire flotter des linges blancs dans une fête délirante qui ne cesse pas.

La patrie du blanc diamant

. . .

Je suis dans les plus extrêmes superlatifs, que pourtant je résiste à formuler tant je déteste ça naturellement.

tressautement

. . .

Maintenant c'est comme si j'entrais en gare d'une ville où l'on changerait de corps (totalement, par transsubstantiation).

. . .

Agacement. Je subis un savant agacement comme si j'étais obligé mentalement de clignoter intérieurement à la vitesse d'une vibration.

. . .

Stupide, absurde, exorbitant. Je n'aurais pas dû reprendre de la mescaline. Car j'en ai encore repris un peu, il y a quelque temps. Quand? Si encore je voyais des couleurs au lieu de cet étincelant blanc, blanc, blanc!

Comme si chaque seconde disait « à perte de vue », « à perte de vue ». Cliquetis secret du blanc. Je dois faire quelque chose avant que ce blanc n'opère le hachage complet de ma volonté et de mes possibilités de décisions.

Friction par le blanc cliquetis secret du blanc

Dans la tempête du blanc

En sortir comment en sortir?

Il faut faire quelque chose, mais quoi? Ce blanc est excessif, ce blanc m'affole, je n'y vois aucune forme. Je prends un nouveau comprimé de Nicobion (l'antidote) et du sucre, et encore du sucre dans le même dessein. Je ne veux plus continuer l'expérience. Je connais tout ce blanc par cœur. Pour de la répétition, pour du connu, pourquoi souffrir? Je reprends du Nicobion, mais au bout de combien de temps va-t-il agir... s'il agit?

blanc blanc

blanc de torrent qui ne me lâche plus

blanc qui reste, dont je ne « reviens » pas

le blanc frappant ma pensée de blanc

Une fois lancé, quelle résistance a ce blanc. Le blanc ne me laisse pas tranquille. Le blanc est à l'avant-plan. Le blanc pousse de tous les côtés. Je ne peux plus rien mettre entre le blanc et moi. Vais-je reprendre encore du Nicobion? (les remèdes souvent pires que le mal, quoique celui-ci paraisse innocent). Oui ou non? *Mon hésitation est blanche.* C'est inouï. Ce n'est pas un mot, une demi-vérité, c'est ça, mon hésitation est totalement blanche, comme est blanche ma constatation que mon hésitation est blanche. Le blanc frappe de blanc toute pensée. Je fais plus de blanc que de n'importe quoi.

Que faire? Mon hésitation même est blanche les mots deviennent blancs

Le blanc coiffe tout. Il y a dix frappes de blancs, pour une de réflexion. Mes réflexions lattées de blanc, gravement mais non douloureusement scandées de blanc — m'horripilent, horripilation blanche. Je n'en veux plus. Je voudrais un mot qui ne fasse pas blanc, qui ne « prenne » pas le blanc. Mais le blanc invraisemblablement accroché orchestre et mitraille toute pensée.

Je reprends du sucre et encore du Nicobion. (J'ai dû en prendre et cesser de compter depuis un bout de temps.) Il faut que je mette arrêt au blanc. Je ne veux plus arborer de blanc. Je ne veux plus que blanc crie sur moi, je veux cesser d'avoir envie intolérable, pour me délivrer au moins ainsi, de crier « blanc! blanc! blanc! »

Henri Michaux, *L'Infini turbulent*,
éd. du Mercure de France.

— Une expérience bien plus qu'une évasion : le journal (4, 7, 42, etc.), le caractère pénible (24, 28, 34-35, etc.)

— Lutte entre la tyrannie de la drogue et l'effort de l'écrivain qui veut écrire l'expérience : notations (4) puis équivalences (6, 8, 9, 20, etc.), efforts pour dire l'ineffable qui sont « du Michaux » (49, 51, 54, etc.), qui échouent; le poète dépossédé du langage (59, 65) : il devient cri (67).

— « Tout Michaux est dans cet accord entre deux exigences fondamentales de son esprit : le goût de l'aventure et la volonté de lucidité; c'est lui qui, en ce qui concerne la drogue, fait la valeur de son témoignage. » (Robert Bréchon.)

Cl. Bordas J.B.

Dessin mescalinien d'Henri Michaux, extrait de *Paix dans les brisements*. (Éd. Martin Flinker.)

Il serait faux bien sûr de dire que Michaux « s'éloigne » de la littérature, — pour la simple raison qu'il n'a jamais eu le dessein d'y pénétrer. L'écriture a toujours été pour lui l'instrument d'une expérience, elle-même expérience parmi d'autres, débarrassée de tout statut privilégié. Michaux n'est pas un « artiste », mais un chercheur *. A le voir se dépouiller successivement de ses peaux, on comprend mieux les dernières lignes de la Postface de *Plume*, où, dès 1938, il indiquait, en quelques mots, la problématique d'une certaine écriture contemporaine, celle de textes sans auteur dont la lecture doit donner naissance à d'autres écritures :

« Lecteur, *tu tiens donc ici*, comme il arrive souvent, *un livre que n'a pas fait l'auteur* quoiqu'un monde y ait participé. Et qu'importe?

Signes, symboles, élans, chutes, départs, rapports, discordances, tout y est pour rebondir, pour chercher, pour plus loin, pour autre chose.

Entre eux, sans s'y fixer l'auteur poussa sa vie.

Tu pourrais essayer, peut-être, toi aussi? »

Choix bibliographique :

R. Bréchon, *Michaux*, Bibl. idéale, Gallimard.

R. Bellour, *Henri Michaux ou une mesure de l'être*, Gallimard.

Cahiers de l'Herne, n° 8, 1966.

* Voici d'ailleurs qu'il abandonne le champ d'expérimentation que constituait la drogue, et que, dans son dernier ouvrage, *Façons d'endormi façons d'éveillé* (1969), il explore l'univers de ses rêves.

Couverture de *Proêmes*, frontispice de Georges Braque (éd. Gallimard).

Chapitre XVI

Francis Ponge

Douze petits Écrits : 45 pages tirées à 718 exemplaires de luxe, dont 68 hors commerce, en 1926. Puis plus rien jusqu'en 1942 où paraît *Le Parti pris des choses*, tiré, lui, à 1350 exemplaires. « J'ai, avec Giacometti, un autre point de fraternité. Nous sommes quelques-uns de cette génération à avoir retardé de nous produire », écrit Francis Ponge en 1951. Retard à se produire, mais aussi retard à publier. Ponge n'est pas un homme de lettres qui cherche le succès, mais un écrivain qui, dans l'obscurité, cherche sa voix. Et qui doit matériellement assurer sa subsistance : il a raconté comment, pendant des années, il n'avait pu consacrer que vingt minutes chaque soir à l'écriture. Ignoré du public, mais encouragé, admiré par un petit nombre d'amis qui finissent par l'imposer : Paulhan, auquel est dédié le premier livre, Sartre, Blanchot, Camus. Silence laborieux, puisque soudain, après trente années d'un silence interrompu seulement par trois textes, *Proêmes* paraît en 1948 (sans compter quelques textes épars dans des revues, ou publiés en éditions de luxe en collaboration avec des peintres qui forment, peut-être davantage que les écrivains, le vrai milieu de Ponge). L'œuvre provisoirement complète va être publiée entre 1961 (*Le Grand Recueil*, en 3 volumes) et 1967 (*Le Savon* et *Nouveau Recueil*, précédés en 1965 · de *Pour un Malherbe* et du *Tome premier*). Cette publication massive modifie profondément l'image qu'on se faisait de Ponge : à celle de l'écrivain de précieuses plaquettes pour initiés se superpose celle d'un créateur vigoureux, varié, et finalement très accessible. Et surtout d'un créateur dont l'évolution est tout entière contenue dans le silence de la recherche initiale et pour lequel l'écriture a toujours été la recherche d'une voie individuelle ainsi qu'un salut :

« Rhétorique »

« Je suppose qu'il s'agit de sauver quelques jeunes gens du suicide et quelques autres de l'entrée aux flics ou aux pompiers. Je pense à ceux qui se suicident par dégoût, parce qu'ils trouvent que " les autres " ont trop de part en eux-mêmes.

On peut leur dire : donnez tout au moins *la parole* à la minorité de vous-mêmes. Soyez poètes. Ils répondront : mais c'est là surtout, c'est là encore que je sens les autres en moi-même, lorsque je cherche à m'exprimer je n'y parviens pas. Les paroles sont toutes faites et s'expriment : elles ne m'expriment point. Là encore j'étouffe.

C'est alors qu'enseigner l'art de *résister aux paroles* devient utile, l'art de ne dire que ce que l'on veut dire, l'art de les violenter et de les soumettre. Somme toute, fonder une rhétorique, ou plutôt apprendre à chacun l'art de fonder sa propre rhétorique, est une œuvre de salut public. » *(Proêmes.)*

Cette résistance aux paroles entraîne évidemment une complète remise en question de la littérature; non pas seulement des institutions littéraires et en particulier, on l'a vu, des rapports avec le public et la publication, mais surtout des formes littéraires. L'emploi du terme « écrits » dans le titre de son premier ouvrage, qui contient des textes, poésies, satires, apologues, en est la première manifestation. Les textes du *Parti pris* n'appartiennent pas non plus à un genre bien déterminé : poèmes en prose, histoires naturelles, croquis, réflexions? Le titre de *Proêmes* marque aussi clairement le désir d'abolir la distinction entre poèmes et prose, tout est poème, l'idéal de Ponge est alors « d'une forme rhétorique par objet (c'est-à-dire par poème). Si l'on ne peut prétendre que l'objet prenne nettement la parole (prosopopée), ce qui ferait d'ailleurs une forme rhétorique trop commode et deviendrait monotone, toutefois chaque objet doit imposer au poème une forme rhétorique particulière. Plus de sonnets, d'odes, d'épigramme : la forme même du poème soit en quelque sorte déterminée par son objet » *(Grand Recueil)*. Cette attitude révolutionnaire, c'est-à-dire ce besoin de renouvellement, répond chez l'homme à une prise de conscience politique curieusement sarcastique et résignée : « Je rêve quelquefois au monde meilleur que mon enthousiasme refroidi me représente plus rarement depuis quelques années. Mais bientôt je sens que je vais dormir. » *(Douze petits Écrits.)* Entré en 1937 au Parti communiste, Ponge le quitte en 1946, après avoir pris une part active à la Résistance et dirigé la page littéraire d'*Action*.

Cet idéal rhétorique ne s'incarnera pleinement que dans les textes plus étendus des années cinquante, lorsque Ponge sera libéré des servitudes de toutes sortes qui l'empêchaient d'être lui-même. Le premier Ponge, celui qui sort de l'obscurité avec *Le Parti pris*, est plutôt, pour le public guidé par un article de Sartre de 1944, un écrivain qui fixe un nouveau rapport de l'homme avec le monde. Cet ensemble de textes assez courts sur des choses (orange, coquillage, cageot), des phénomènes (l'eau, la fin de l'automne), des gens (le gymnaste, la jeune mère), des lieux (bords de mer, le Restaurant Lemeunier) est présenté par Sartre comme une tentative révolutionnaire pour faire dire autre chose aux mots, en parlant d' « autres choses » : « On voit, par la triple signification indifférenciée du titre, comment Ponge entend user de l'épaisseur sémantique des mots : prendre le parti des choses contre les hommes; prendre son parti de leur existence (contre l'idéalisme qui réduit le monde aux représentations); en faire un parti pris esthétique. » (*Situations I.*) Quelques années plus tard, pour mettre fin aux querelles qui se sont développées autour du caractère humaniste ou anti-humaniste de son livre, que certains veulent assimiler à leur vision chosiste du Nouveau Roman, Ponge définit son projet, celui du *Parti pris* et de toute son œuvre :

« PROÊME. Le jour où l'on voudra bien admettre comme sincère et *vraie* la déclaration que je fais à tout bout de champ que je ne me veux pas poète, que j'*utilise* le magma poétique *mais* pour m'en débarrasser, que je tends plutôt à la conviction qu'aux charmes, qu'il s'agit pour moi d'aboutir à des formules *claires*, et *impersonnelles*,

on me fera plaisir;

on s'épargnera bien des discussions oiseuses à mon sujet, etc.

Je tends à des définitions-descriptions rendant compte du contenu actuel des notions,

— pour moi et pour le Français de mon époque (à la fois *à la page* dans le livre de la Culture, et honnête, authentique dans sa lecture en lui-même).

Il faut que mon livre remplace : 1) le dictionnaire encyclopédique; 2) le dictionnaire étymologique; 3) le dictionnaire analogique (il n'existe pas); 4) le dictionnaire de rimes (de rimes intérieures aussi bien); 5) le dictionnaire des synonymes etc.; 6) toute poésie lyrique à partir de la Nature, des objets, etc.

Du fait seul de vouloir rendre compte du *contenu entier de leurs notions*, je me fais tirer, *par les objets*, hors du vieil humanisme, hors de l'homme actuel et en avant de lui. J'ajoute à l'homme les nouvelles qualités que je nomme.

Voilà *Le Parti pris des choses.*

Le Compte Tenu des Mots fait le reste... Mais la poésie ne m'intéresse pas comme telle, dans la mesure où l'on nomme actuellement poésie le magma analogique brut. Les analogies, c'est intéressant, mais moins que les différences. Il faut, à travers les analogies, saisir la qualité différentielle. » *(Grand Recueil.)*

On mesurera mieux par une approche du texte si Ponge a ou non réalisé son dessein. Ou si, comme Sartre l'indiquait à la fin de son article, tout son effort était purement métaphorique, puisque l'homme ne peut finalement que se mettre lui-même dans les choses.

La fin de l'automne

Le deuxième texte du *Parti pris des choses.*

Tout l'automne à la fin n'est plus qu'une tisane froide. Les feuilles mortes de toutes essences macèrent dans la pluie. Pas de fermentation, de création d'alcool, il faut attendre jusqu'au printemps l'effet d'une application de compresses sur une jambe de bois.

Le dépouillement se fait en désordre. Toutes les portes de la salle de scrutin s'ouvrent et se ferment, claquant violemment. Au panier, au panier! La Nature déchire ses manuscrits, démolit sa bibliothèque, gaule rageusement ses derniers fruits.

Puis elle se lève brusquement de sa table de travail. Sa stature aussitôt paraît immense. Décoiffée, elle a la tête dans la brume. Les bras ballants, elle aspire avec délices le vent glacé qui lui rafraîchit les idées. Les jours sont courts, la nuit tombe vite, le comique perd ses droits.

La terre dans les airs parmi les autres astres reprend son air sérieux. Sa partie éclairée est plus étroite, infiltrée de vallées d'ombre. Ses chaussures, comme celles d'un vagabond, s'imprègnent d'eau et font de la musique.

Dans cette grenouillerie, cette amphibiguïté salubre, tout reprend forces, saute de pierre en pierre et change de pré. Les ruisseaux se multiplient.

Voilà ce qui s'appelle un beau nettoyage, et qui ne respecte pas les conventions! Habillé comme nu, trempé jusqu'aux os.

Et puis cela dure, ne sèche pas tout de suite. Trois mois de réflexion salutaire dans cet état; sans réaction vasculaire, sans peignoir ni gant de crin. Mais sa forte constitution y résiste.

Aussi, lorsque les petits bourgeons recommencent à pointer, savent-ils ce qu'ils font et de quoi il retourne, — et s'ils se montrent avec précaution, gourds et rougeauds, c'est en connaissance de cause.

Mais là commence une autre histoire, qui dépend peut-être mais n'a pas l'odeur de la règle noire qui va me servir à tirer mon trait sous celle-ci.

Francis Ponge, *Le Parti pris des choses*, éd. Gallimard.

— La composition cyclique et le cycle des saisons. L'écrivain au travail.
— « Le comique perd ses droits » (15) : l'écriture est un triomphe sur cette tristesse, jubilation dans ce va-et-vient entre la description (2, 9, 14-15, etc.) et la transformation inventive par jeux de mots (1, 5, 6, 7, 20, etc.) et jeux phonétiques (24-25, 30-33).
— « C'est moins l'objet qu'il faut peindre qu'une idée de l'objet [...] La nature existe. — En nous. La beauté existe. — En nous. » (Ponge). Tout dans ce texte renvoie à un regard plein de connaissances (le cycle des saisons) et à une imagination, c'est-à-dire un langage. « Entre le monde et le langage, la littérature organise ainsi un jeu de cache-cache; et le sens du poème serait une poursuite, essentiellement inachevée, du sens le long de la chaîne toujours renouvelée, et toujours savoureuse, de ces signifiants-signifiés : les mots, les choses... » (Jean-Pierre Richard.)

Quelques-uns des *Proêmes*, par exemple « Le Galet » et « Introduction au galet », portent en germe, dans la juxtaposition du texte, de sa critique éventuelle, de sa lecture et de son mode de rédaction, les bouleversements qui vont affecter la manière de Ponge. D'un Ponge « dans tous ses états », pour reprendre le titre-jeu de mots qu'il donne à la reprise et à la continuation du texte « La Crevette » dans *Le Parti pris* qui devient « La Crevette dans tous ses états » dans *Le Grand Recueil* (1926-1934). Saisi par « la rage de l'expression » — un autre de ses titres —, il modifie profondément la notion même de texte littéraire.

Il compose, mais surtout publie, un certain nombre de livres dont le texte, à moins que ce ne soit le livre dans sa totalité *(Pour un Malherbe, Le Savon)*, présente sur un sujet initial, une série de variations datées, de reprises, de retouches, mêlées au journal de l'écrivain, aux réflexions critiques ou méthodologiques qui infléchissent le texte au fur et à mesure : nous suivons le travail de l'écrivain, en même temps que le fruit, toujours remis en cause, de ce travail. Le principe de ces textes n'est pas celui de l'exercice de style cher à Raymond Queneau, mais celui d'un effort vers la « chose totale », celui d'un mode de travail : « Fort souvent il m'arrive, écrivant, d'avoir l'impression que chacune des expressions que je profère n'est qu'une tentative, une approximation, une ébauche; ou encore que je travaille *parmi* ou *à travers* le dictionnaire un peu à la façon d'une taupe, rejetant à droite ou à gauche les mots, les expressions, me frayant un chemin à travers eux, malgré eux. » Il est permis de voir une influence de la peinture moderne dont il est si proche, et du goût pour l'ébauche vivante, l'esquisse préparatoire préférées à l'œuvre terminée, léchée, déjà morte, dans la contribution de Ponge à ce mouvement de toute la littérature moderne commencé avec Proust, qui voit l'identification progressive du travail créateur et du travail critique, et qui aboutit au refus des notions de génie et de chef-d'œuvre, privilégiant ainsi le travail aux dépens de l'inspiration.

Cette nouvelle forme, ou mieux ce principe, Ponge l'applique dans toute une série de textes consacrés aussi bien à des artistes qu'à de nouveaux objets. Artistes dont il saisit le « caractère », comme il le fait de celui des objets : il retrouve l'ancestrale fonction du poète, être celui qui nomme; il n'y a d'autre histoire dans les textes de Ponge que celle de la parole qu'est la saisie de l'objet. Les goûts de Ponge l'éloignent bien sûr du romantisme et le rapprochent de créateurs pour qui une certaine recherche formelle est la base du classicisme. En musique il aime Rameau, Bach, Stravinsky. En peinture Chardin, Braque auquel il emprunte la formule « l'objet, c'est la Poétique », Fautrier, et, surtout, le sculpteur-peintre Giacometti.

Cl. André Bonin. Éd. Gallimard.

Coll. Karskaïa.

**Francis Ponge,
photographie récente.**

**Francis Ponge,
portrait de Vulliamy.**

Extrait de « Joca Seria », notes ayant servi à la composition d'un texte qui parut en 1952, que Ponge publie en 1967 dans *Nouveau Recueil*. Il a jusque-là surtout étudié le phénomène de la réduction, de l'amenuisement de ces figurines « saisissantes ».

[L'homme de Giacometti]

Otez leurs grands pieds, leurs godillots de plomb aux figurines de A. Giacometti, ce n'est plus rien. — Comment nous avons tenté, Giacometti et moi, de nous l'expliquer. — Il a d'abord dit : vus d'en bas. Et moi : attraction universelle luttant avec l'élan du J *. C'est plutôt ça. *Gravité.* Tout le poids du corps de l'homme descend vers ses pieds. On n'y peut rien. Il est attaché au sol. Il a à lutter avec ça. Ça le caractérise. Non, il ne vole pas! Bottes de plomb. Les égoutiers de Proust *.

* « Chaos de la matière de l'I(un) [...] tremblement du J(e) qui l'exprime. »

* L'auteur, que nous avons consulté à propos de ces mystérieux égoutiers, nous dit se souvenir vaguement d'une anecdote de la vie de Proust. Ce qui importe, dans cette association d'idées, est une évocation de la lourdeur et non un quelconque rapport entre Proust et Giacometti.

Les pieds des végétaux, chaussés à l'extrême poulaine, sont beaucoup plus habiles (à se diviser, par exemple, du fait de leur immobilité (racines). Nous sommes (paradoxalement) beaucoup plus immobiles. Nous ne prenons pas racines. C'est du poids mort (pierre qui roule n'amasse pas mousse). C'est vraiment des kilos de plomb (à la fois abstrait et concret) que nous portons aux pieds. Nos pieds n'ont pas le temps (il ne leur est pas laissé le loisir) d'exister par eux-mêmes. Ils sont dérangés à chaque instant. Obligés d'aller. C'est un détail (est-ce un détail?) : n'insistons pas trop.

1° L'histoire de la crucifixion. Le corps tend à descendre. Le martyre du poids. Le poids déchire le corps aux clous.
2° Celle de la pendaison...

L'homme de Giacometti n'est pas le Christ, cloué sur la croix : sa damnation est d'une autre sorte : *il va*, par terre, il a de gros pieds. Si mince qu'il soit...

Chenets * mais dans l'autre sens : ils viennent vers vous. Tous les personnages de Giacometti viennent vers vous. Foule à notre rencontre (l'exposition chez Maeght *).

Récemment on a beaucoup troué l'homme (Lipschitz * et sa suite, par exemple); lui, il le *lamine* et le *resserre à la fois*. Intention identique : offusquer au minimum le paysage, le « monde ».
Lutte entre l'idée du corps, et l'idée de l'idée (de l'âme).

* Parlant plus haut de la minceur, Ponge a déjà employé ce terme avec d'autres (barreaux, baguettes, rampes).

* Galerie parisienne.

* Autre sculpteur contemporain.

Le « petit homme », siégeant vers le cervelet...
Tout le reste du corps semble (et d'abord le crâne) la maison qu'il s'est construite pour se protéger, s'y abriter. Lui, ou ses attributs, ses propriétés, ses outils, ses impedimenta, etc.

Francis Ponge, *Nouveau Recueil*, éd. Gallimard.

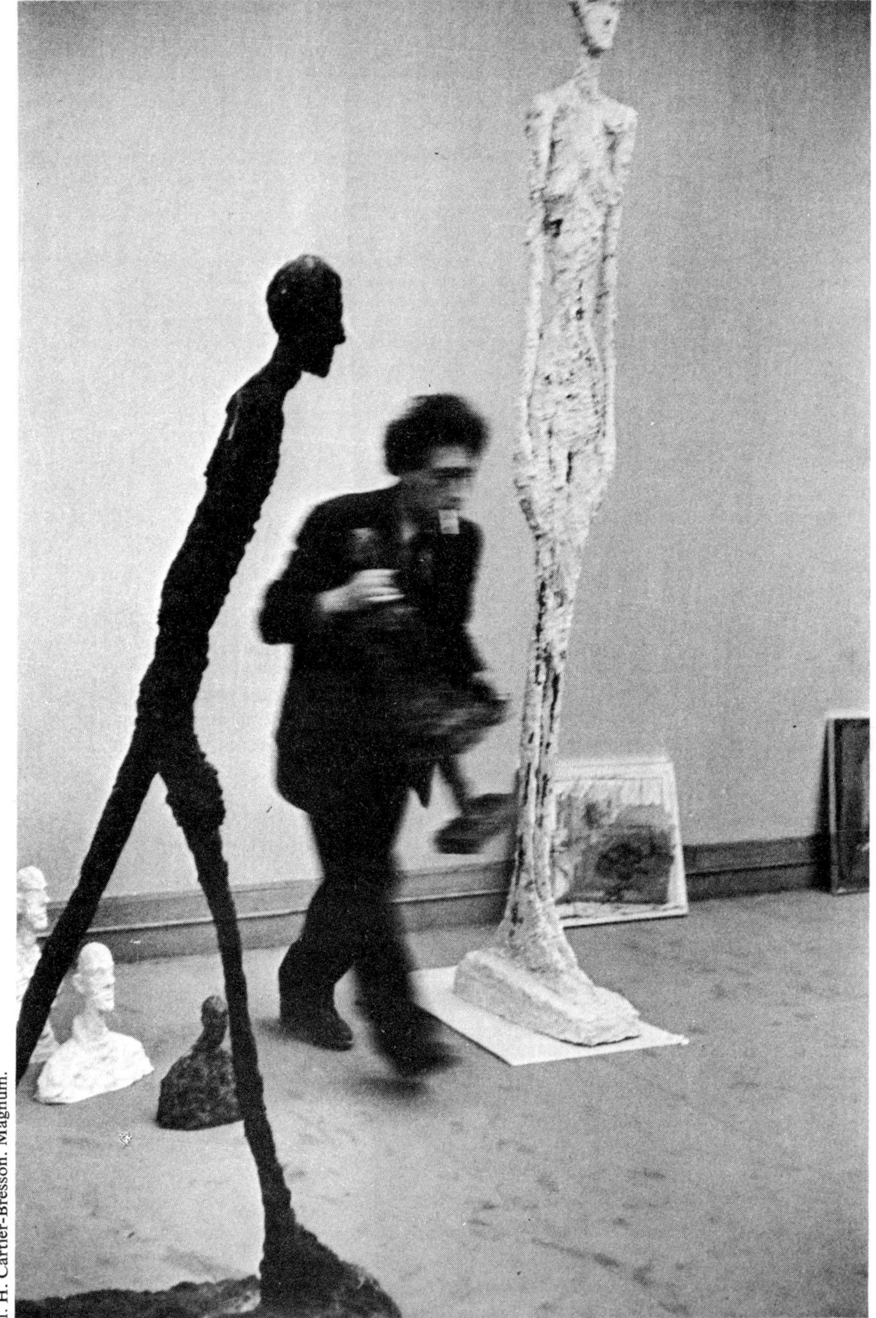

Cl. H. Cartier-Bresson. Magnum.

Giacometti.

— Texte non composé : série d'approches (5, 8, 18, 27) qui découlent de l'impression première (gravité, 5) et y ramènent.

— Le caractère d'ébauche, tantôt style télégraphique, tantôt rédaction soignée pour parler de cette sculpture qui ne veut pas être œuvre d'art, mais expression (opposition dégagée plus haut dans le texte). Chaque paragraphe a sa forme, son ton, l'unité vient de l'objet et de la vivacité de l'imagination verbale et visuelle (6, 10-11, 27).

— Ce qui reste de ces notes dans le texte définitif (« Réflexions sur les statuettes, figures et peintures d'Alberto Giacometti », *Grand Recueil*, I) : « L'homme sur son bûcher de contradictions. Non plus même crucifié. Grillé. Vous avez raison, chère amie. — L'homme sur son trottoir comme une tôle brûlante; qui n'en peut détacher ses gros pieds ... C'est ce JE que vous avez réussi à faire tenir debout sur son jambage, sur son pied monstrueux, cher Alberto. »

Les nouveaux textes sur les objets (terme à prendre dans un sens très étendu) tiennent compte de plus en plus de la personne qui écrit : ce qui importe, c'est d'arriver à rendre l'impression que ressent le spectateur devant cet objet, tout en tenant compte également des mots : « Peut-être, ce qui rend si difficile mon travail, est-ce que le nom du mimosa est déjà parfait. Connaissant et l'arbuste et le nom du mimosa, il devient difficile de trouver mieux pour définir la chose que ce nom même. » *(Tome premier.)* Pour approcher l'objet, son nom est à la fois appui et obstacle : le poète lutte vainement contre cette perfection du nom, et pourtant il ne peut pas ne pas lutter puisque sa fonction à lui est de faire des textes qui soient des objets, comme un arbre porte des feuilles.

Prenons comme exemple de cette démarche le texte « Le Verre d'eau » (1949). Une cinquantaine de pages du 9 mars au 4 septembre 1948, précédées d'une note que Ponge dit remonter à 20 ans auparavant, et qui donne une première formule « O VERRE D'EAU, source bue de mémoire! ». D'abord un développement qui s'appuie surtout sur des recherches de sens dans le Littré. Puis une page sur le verre d'eau du conférencier. Une autre sur les rapports du verre et de l'eau. Une autre formule qui sera l'un des générateurs de tout le texte : « Si les diamants sont dits d'une belle eau, de quelle eau donc dire l'eau de mon verre? Comment qualifier cette fleur sans pareille? — Potable? » Deux pages où le texte prend l'allure de vers libres brodant autour de cette formule. Puis une réflexion sur la perfection du mot lui-même (*cf.* le fragment que nous donnons ci-dessous). La première moitié du texte tourne court. Ponge le reprend au mois d'août et progresse en identifiant l'effet du texte à celui de l'objet. « Pour vous, qui que vous soyez, dans quelque état que vous vous trouviez, un verre d'eau. Ce livre soit un verre d'eau. » Étude du vieillissement du verre d'eau. D'autres variations, d'autres directions. Soudain le plan du texte sur le verre d'eau. Une page en majuscules qui peut être considérée comme *le* Texte. Des pages de journal, de notations quotidiennes. Un ultime retour à la formule sur l'eau du diamant avant une sorte de dissolution : « C'EST BI? C'EST BA? C'EST BU? (FIN.) »

Le verre d'eau

Ce passage est daté : 25 mars (matin).

Une des choses que je tiens à dire du verre d'eau est la suivante. Je vois bien qu'il faut que je la dise (malgré le coté mesquin, superficiel et tournant au précieux que je lui prête) parce que je la ressens très authentiquement, — toujours tenté néanmoins de lui appliquer ma censure, mais elle me revient à chaque instant. Peut-être le seul moyen de m'en débarrasser est-il donc que je la confie à mon lecteur, après avoir toutefois pris la précaution de le prévenir qu'il ait à s'en défier, à ne la prendre trop au sérieux et à s'en débarrasser lui-même au plus tôt. Voici.

Le mot VERRE D'EAU serait en quelque façon adéquat à l'objet qu'il désigne... Commençant par un V, finissant par un U, les deux seules lettres en forme de vase ou de verre. Par ailleurs, j'aime assez que dans VERRE, après la forme (donnée par le V), soit donnée la matière par les deux syllabes ER RE, parfaitement symétriques comme si, placées de part et d'autre de la paroi du verre, l'une à l'intérieur, l'autre à l'extérieur, elles se reflétaient l'une en l'autre. Le fait que la voyelle utilisée soit la plus muette, la plus grise, le E, fait également très adéquat. Enfin, quant à la consonne utilisée, le R, le roulement produit par son redoublement est excellent aussi, car il semble qu'il suffirait de prononcer très fort ou très intensément le mot VERRE en présence de l'objet qu'il désigne pour que, la matière de l'objet violemment secouée par les vibrations de la voix prononçant son nom, l'objet lui-même vole en éclats. (Ce qui rendrait bien compte d'une des principales propriétés du verre : sa fragilité.)

Ce n'est pas tout. Dans VERRE D'EAU, après VERRE (et ce que je viens d'en dire) il y a EAU. Eh bien, EAU à cette place est très bien aussi : à cause d'abord des voyelles qui le forment. Dont la première, le E, venant après celui répété qui est dans VERRE, rend bien compte de la parenté de matière entre le contenant et le contenu, — et la seconde, le A (le fait aussi que comme dans ŒIL il y ait là diphtongue suivie d'une troisième voyelle) — rend compte de l'œil que la présence de l'eau donne au verre qu'elle emplit (œil, ici, au sens de lustre mouvant, de poli mouvant). Enfin, après le côté suspendu du mot VERRE (convenant bien au verre vide), le côté lourd, pesant sur le sol, du mot EAU fait s'asseoir le verre et rend compte de l'accroissement de poids (et d'intérêt) du verre empli d'eau. J'ai donné mes louanges à la forme du U.

... Mais, encore une fois, je ne voudrais pas m'éblouir de ce qui précède... Plutôt me l'être rendu transparent, l'avoir franchi...

Francis Ponge, *Le Grand Recueil*,
éd. Gallimard.

— Entre deux paragraphes de justification du texte, effort pour retrouver dans la forme du mot l'idée de l'objet : jeu (9-10) paradoxal (sur *deux mots,* omission du *d*, utilisation de *œil* pour les besoins de la cause) qui pose la proposition (11) et passe à la démonstration (12-43).

— Imagination visuelle et verbale : la matière-verre devient une façon de voir et de dire les choses (13, 16-18, 23-28, 30-34, etc.).

— Ce qui n'est peut-être que jeux de mots (l'écriture est-elle jamais autre chose?) tente de s'édifier en vérité de conviction (14-15, 20-22, 26-28). La double ambition de Ponge : « la *préciosité* (la bonne, l'aimable).[...] S'il est possible de fonder une science dont la matière serait les impressions esthétiques, je veux être l'homme de cette *science* ».

Ce texte, comme presque tous ceux de cette période, s'articule donc autour d'un même conflit : celui du désir d'aboutir à la formule définitive qui serait l'équivalent absolu du nom de l'objet, et de la volonté de dépasser cette formule pour donner tout l'objet. A partir du *Malherbe*, Ponge affirme son ambition : celle de dépasser sa propension que l'on pourrait qualifier de baroque ou de précieuse, pour aboutir au classicisme d'un La Fontaine : « Dans notre poète La Fontaine il y a tous les animaux, beaucoup d'animaux. Mais au lieu de faire "Le Lion devenu vieux", "le lion malade", "le lion et la cigogne", etc., je voudrais faire "Le cheval" ou "Le lion". » *(Grand Recueil.)* Ce retour à la tradition n'est pas en contradiction avec l'aspect révolutionnaire du premier Ponge. Le texte « Le Parnasse » (dans *Proêmes*) révélait déjà cette ambition de Ponge d'être dans le même lieu que Malherbe, Boileau ou Mallarmé. Et, à propos de Mallarmé, il indiquait le même but à la littérature que celui qu'il lui assigne de nouveau : aboutir à des proverbes, des textes courts, qui puissent se graver dans la pierre, but inaccessible bien sûr, mais qui justifie sa démarche. Il donne alors une nouvelle série de textes « définitifs », un peu dans la ligne du *Parti Pris*, mais où la conscience des mots est davantage utilisée.

La chèvre

« Et si l'enfer est fable au centre de la terre,
Il est vrai dans mon sein. » (Malherbe.)

Première moitié d'un texte, daté 1953-57.
C'est la période où Ponge écrit la plus grande partie de *Pour un Malherbe*.

Notre tendresse à la notion de la chèvre est immédiate pource qu'elle comporte entre ses pattes grêles — gonflant la cornemuse aux pouces abaissés que la pauvresse, sous la carpette en guise de châle sur son échine toujours de guingois, incomplètement dissimule — tout ce lait qui s'obtient des pierres les plus dures par le moyen brouté de quelques rares herbes, ou pampres, d'essence aromatique.

Broutilles que tout cela, vous l'avez dit, nous dira-t-on. Certes; mais à la vérité fort tenaces.

Puis cette clochette, qui ne s'interrompt.

Tout ce tintouin, par grâce, elle a l'heur de le croire, en faveur de son rejeton, c'est-à-dire pour l'élevage de ce petit tabouret de bois, qui saute des quatre pieds sur place et fait des jetés battus, jusqu'à ce qu'à l'exemple de sa mère il se comporte plutôt comme un escabeau, qui poserait ses deux pieds de devant sur la première marche naturelle qu'il rencontre, afin de brouter toujours plus haut que ce qui se trouve à sa portée immédiate.

Et fantasque avec cela, têtu!

Si petites que soient ses cornes, il fait front.

Ah! ils nous feront devenir chèvres, murmurent-elles — nourrices assidues et princesses lointaines, à l'image des galaxies — et elles s'agenouillent pour se reposer. Tête droite, d'ailleurs, et le regard, sous les paupières lourdes, fabuleusement étoilé. Mais, décrucifiant d'un brusque effort leurs membres raides, elles se relèvent presque aussitôt, car elles n'oublient pas leur devoir.

Ces belles aux longs yeux, poilues comme des bêtes, belles à la fois et butées — ou, pour mieux dire, belzébuthées — quand elles bêlent, de quoi se plaignent-elles? de quel tourment, quel tracas?

Comme les vieux célibataires elles aiment le papier-journal, le tabac.

Et sans doute faut-il parler de corde à propos de chèvres, et même — quels tiraillements! quelle douce obstination saccadée! — de corde usée jusqu'à la corde, et peut-être de mèche de fouet.

Cette barbiche, cet accent grave...

Elles obsèdent les rochers.

Par une inflexion toute naturelle, psalmodiant dès lors quelque peu — et tirant nous aussi un peu trop sur la corde, peut-être, pour saisir l'occasion verbale par les cheveux — donnons, le menton haut, à entendre que chèvre, non loin de cheval, mais féminine à l'accent grave, n'en est qu'une modification modulée, qui ne cavale ni ne dévale mais grimpe plutôt, par sa dernière syllabe, ces roches abruptes, jusqu'à l'aire d'envol, au nid en suspension de la muette.

Nulle galopade en vue de cela pourtant. Point d'emportement triomphal. Nul de ces bonds, stoppés, au bord du précipice, par le frisson d'échec à fleur de peau du chamois.

Non. D'être parvenue pas à pas jusqu'aux cimes,conduite là de proche en proche par son étude — et d'y porter à faux — il semble plutôt qu'elle s'excuse, en tremblant un peu des babines, humblement.

Ah! ce n'est pas trop ma place, balbutie-t-elle; on ne m'y verra plus; et elle redescend au premier buisson.

Francis Ponge, *Pièces*, dans *Le Grand Recueil*, éd. Gallimard.

— « L'objet c'est la rhétorique » : le caractère saccadé (alternance de paragraphes longs, très écrits, et de paragraphes brefs, à l'allure de notes : 10, 19, 20, etc.) pour exprimer la « notion de chèvre ». « A travers chaque facette on voit l'objet entier. Mais chaque fois d'un autre point de vue. » (Sartre.)

— Vers un point d'équilibre entre description (tendance Jules Renard à la justesse pittoresque : 2-5, 13-18, etc.) et réflexion (« qualité différentielle » : 43-44; jeux de mots aux nuances multiples : 8, 10-11, 21, 36, etc.; parole contre sa propre parole : 8, 40-42; identification objet-mot : 40-48).

— Faut-il voir dans ce texte, avec Philippe Sollers, une « allégorie de la parole, de la création » : lait, chevreau, obstination de la chèvre (4, 9, 10, etc.), caractère moral (27, 30-31), identification du poète à son modèle (43-44), emploi du mot « étude »?

Les deux principes de publication vont dès lors coexister. A ces textes courts, « réussis », vont se mêler des textes longs *(Savon, Seine, Malherbe)*, sans qu'on puisse d'ailleurs introduire de classification chronologique, puisqu'un texte peut à tout moment être repris, complété, développé, remanié. Le mythe de l'œuvre géniale est détruit au profit de la mise en scène du travail de l'écrivain, ce travailleur dont la matière et l'outil sont les mots, « un homme comme les autres, un peu plus sensible peut-être et plus enragé d'expression ». *(Tome premier.)* Le texte du *Savon* se termine, à une page près, par ces mots : « Mais enfin, si je pousse plus loin l'analyse, il s'agit beaucoup moins de propulser moi-même des bulles, que de vous préparer le liquide (ou la solution, comme on dit si bien), de vous tenter d'un mélange à saturation, dans lequel vous pourrez, à mon exemple, vous exercer (et vous satisfaire) indéfiniment à votre tour... » Cet aspect d'œuvre ouverte explique que, quinze ou vingt ans après sa découverte et sa récupération par les écrivains-philosophes des années quarante-cinq, Ponge ait pu de nouveau servir de guide et d'illustration à la nouvelle école littéraire groupée autour de la revue *Tel Quel* dont le premier numéro s'ouvre avec un texte de lui intitulé « La Figue ». Par son refus, non de l'absurde, mais de faire de l'absurde autre chose qu'un donné non modifiable de la condition humaine (donc inintéressant parce que nécessairement romantique dans son expression), et par la confiance qu'il accorde, comme son maître et ami Paulhan, aux mots, au pouvoir artisanal de l'écrivain, Ponge fait de la littérature l'expression parfaite de l'homme : « Il faut concevoir son œuvre comme si l'on était capable d'expression, de communion, etc., c'est-à-dire comme si l'on était Dieu, et y travailler ou plutôt l'*achever*, la limiter, la circonscrire, la détacher de soi comme si l'on se moquait ensuite de sa nostalgie d'absolu : voilà comment être véritablement un homme. » *(Proêmes.)*

Choix bibliographique :

Sartre, *Situations I*, Gallimard.

P. Sollers, *Entretiens de Francis Ponge avec Philippe Sollers*, Gallimard/Seuil.

J. Thibaudeau, *Ponge*, Bibl. idéale, Gallimard.

Chapitre XVII

Antonin Artaud

Le directeur de la *N.R.F.* reçoit, en 1923, des poèmes qu'il refuse de publier. Il tente d'expliquer à l'auteur les raisons, littéraires, de son refus; l'auteur tente d'expliquer au critique les raisons, vécues, de son échec. Ainsi commence entre Jacques Rivière et Antonin Artaud une correspondance où, pour la première fois peut-être, le problème de la littérature devient celui de son impossibilité.

A Rivière qui tente de l'encourager, qui l'exhorte au travail et à la patience, qui voudrait le persuader en somme que la littérature est possible, Artaud, dès la première lettre, oppose l'évidence de ce qu'il choisit de nommer, pour mieux repousser les alibis qu'on lui souffle (maladresse de débutant, passagère stérilité du poète abandonné par sa Muse), son « mal » ou sa « maladie ». « Je voudrais que vous compreniez bien qu'il ne s'agit pas de ce plus ou moins d'existence qui ressortit à ce que l'on est convenu d'appeler l'inspiration, mais d'une absence totale, d'une véritable déperdition. » C'était dissiper un malentendu au prix d'un malentendu plus grave encore. Que de commentateurs n'ont pas conclu, de ce premier aveu, à la « folie » d'Artaud! Comme si l'on pouvait se débarrasser, par un simple mot, d'un homme qui tenta, au moins jusqu'à sa grande crise de 1937, non seulement d'affronter l'angoisse qui le rongeait, mais d'en tirer les principes d'un art nouveau. Comme si la folie, à supposer qu'elle fût clairement établie, devait nous dispenser de comprendre une expérience qui, sous la forme unique où l'a vécue Artaud, n'en possède pas moins, comme l'histoire de nos lettres le prouve assez depuis vingt ans, une portée qui dépasse la simple portée d'un « cas », si curieux, si émouvant soit-il.

Parti d'une conception traditionnelle de la poésie, Artaud s'était efforcé d'obtenir, par un savant agencement des mots, ce dur, ce pur objet rayonnant qu'est un beau poème. Mais comment réussir dans le langage une « cristallisation » qui fait défaut dans la pensée? « Je souffre d'une effroyable maladie de l'esprit. Ma pensée m'abandonne à tous les degrés. Depuis le fait simple de la pensée jusqu'au fait extérieur de sa matérialisation dans les mots. » Ce que le correspondant de Rivière découvre ainsi dans et par l'impossibilité de la poésie, Maurice Blanchot n'hésite pas à y reconnaître l'essence même de la pensée. Analysant les premiers textes d'Artaud, il décrit le combat dont ils sont l'écho dans des termes que contresigneront, à quelques réserves près, Jacques Derrida et Philippe Sollers : « Combat entre la pensée comme manque et l'impossibilité de supporter ce manque, — entre la pensée comme néant et la plénitude de jaillissement qui se dérobe en elle, — entre la pensée comme séparation et la vie inséparable de la pensée. » *L'Ombilic des limbes*, *Le Pèse-Nerfs* (1925), autant de « fragments d'un Journal d'Enfer », autant d'anti-poèmes (« Toute l'écriture est de la cochonnerie ») où les mots eux-mêmes sont à la torture, où des images à la fois incandescentes et décharnées (« Je vais vers mes images. Je les arrache par touffes lentes, elles ne viennent pas à moi, ne s'imposent plus à moi ») esquissent un paysage apocalyptique de gel, de feu, et de sang.

[Retrouver la communication avec soi]

Penser sans rupture minime, sans chaussc-trape dans la pensée, sans l'un de ces escamotages subits dont mes moelles sont coutumières comme postes-émetteurs de courants.

Mes moelles parfois s'amusent à ces jeux, se plaisent à ces jeux, se plaisent à ces rapts furtifs auxquels la tête de ma pensée préside.

Il ne me faudrait qu'un seul mot parfois, un simple petit mot sans importance, pour être grand, pour parler sur le ton des prophètes, un mot-témoin, un mot précis, un mot subtil, un mot bien macéré dans mes moelles, sorti de moi, qui se tiendrait à l'extrême bout de mon être,

et qui, pour tout le monde, ne serait rien.

Je suis témoin, je suis le seul témoin de moi-même. Cette écorce de mots, ces imperceptibles transformations de ma pensée à voix basse, de cette petite partie de ma pensée que je prétends qui était déjà formulée, et qui avorte,

je suis seul juge d'en mesurer la portée.

Une espèce de déperdition constante du niveau normal de la réalité.

Sous cette croûte d'os et de peau, qui est ma tête, il y a une constance d'angoisses, non comme un point moral, comme les ratiocinations d'une nature imbécilement pointilleuse, ou habitée d'un levain d'inquiétudes dans le sens de sa hauteur, mais comme une (décantation)

à l'intérieur,
comme la dépossession de ma substance vitale,
comme la perte physique et essentielle
(je veux dire perte du côté de l'essence)
d'un sens.

Un impouvoir à cristalliser inconsciemment, le point rompu de l'automatisme à quelque degré que ce soit.

Le difficile est de bien trouver sa place et de retrouver la communication avec soi. Le tout est dans une certaine floculation * des choses, dans le rassemblement de toute cette pierrerie mentale autour d'un point qui est justement à trouver.

* Désigne, dans le vocabulaire de la chimie, la séparation d'une matière colloïdale du solvant auquel elle était associée par formation de petits flocons qui grossissent et se rassemblent.

Et voilà, moi, ce que je pense de la pensée :
CERTAINEMENT L'INSPIRATION EXISTE.

Et il y a un point phosphoreux où toute la réalité se retrouve, mais changée, métamorphosée, — et par quoi?? — un point de magique utilisation des choses. Et je crois aux aérolithes mentaux, à des cosmogonies individuelles.

Savez-vous ce que c'est que la sensibilité suspendue, cette espèce de vitalité terrifique et scindée en deux, ce point de cohésion nécessaire auquel l'être ne se hausse plus, ce lieu menaçant, ce lieu terrassant.

Antonin Artaud, *Le Pèse-Nerfs*, éd. Gallimard.

— Une description clinique, constamment interrompue, soit par le cri d'une souffrance (de l'ironie — 5-7 — à la détresse : 44-47); soit par l'affirmation d'un orgueil (14-18), d'un désir (8-12) ou d'une foi (38-43).

— L'effort pour exprimer — par des néologismes (31), des répétitions (5-7; 36, 40, 42 et 46), des approximations (25-30) — la nature physico-chimique (3-4, 31, 34-37) ou physiologique (11, 27, 45) de la pensée.

— « Depuis Rimbaud et Lautréamont nous savons que les chants les plus beaux sont souvent aussi les plus hagards. *Aurélia* de Nerval, *Les Poèmes de la folie* de Hölderlin, les toiles de l'époque d'Arles de Van Gogh sont ce que nous mettons le plus haut dans leur œuvre. Bien loin de les river dans les soutes, tout se passe comme si le " délire " les avait déliés, comme si par un pont tout aérien ils étaient entrés en communication fulgurante avec nous. » (A. Breton, *Entretiens*.)

« Toute l'écriture est de la cochonnerie. » En moins d'un an le ton avait changé. Au respect, à peine traversé de quelques bouffées d'orgueil, des lettres à Rivière, voici que succède la fureur. Si Artaud a pu passer, en si peu de temps, de la plainte au sarcasme, de la souffrance à la révolte, c'est au surréalisme, sans doute, qu'il le doit. Breton et ses amis, qu'il rejoint dès 1924, lui permettent de mieux apercevoir la nature des prétendues « fatalités » (à commencer par celle de l'écriture) que la société fait peser sur lui, ils lui offrent l'occasion de sortir de lui-même, de s'engager dans une action concrète. Mais il convient aussitôt de préciser, comme le fera Breton dans les *Entretiens*, que le bienfait fut réciproque : Artaud apporte au mouvement naissant une impulsion particulièrement efficace, assumant la direction du « Bureau de recherches surréalistes », rédigeant pour le n° 3 de la *Révolution surréaliste*, dont la charge lui est confiée, des textes d'une extraordinaire véhémence : « La vie pue, Messieurs, s'écrie-t-il dans une *Lettre aux recteurs des Universités européennes*. Regardez un instant vos faces, considérez vos produits. A travers le crible de vos diplômes, passe une jeunesse efflanquée, perdue. »

Cette ardeur insurrectionnelle n'est pas sans inquiéter les surréalistes. Artaud brûle trop vite et trop fort pour un mouvement qui, passant de la révolte à la révolution, est en train d'élaborer son rapprochement avec le Parti communiste. Consommée en novembre 1926, la rupture entre Artaud et les surréalistes sera portée « au grand jour » en 1927, dans une brochure qui contient, sous ce titre salubre, des attendus particulièrement insultants pour l'ancien compagnon de route, accusé de ne voir dans la Révolution qu' « une métamorphose des conditions intérieures de l'être ». Artaud répliquera aussitôt dans *A la grande nuit ou le bluff surréaliste*. La polémique n'aurait plus qu'un intérêt histo-

Coll. part.

Artaud, jeune.

Cl. B.N.

Autoportrait d'Artaud publié en frontispice de *La Bouche ouverte* de Marcel Béalu, 1944.

rique, si elle n'avait contraint Artaud à définir, avec une parfaite netteté, son point de vue : « C'est le point de vue du pessimisme intégral. Mais une certaine forme de pessimisme porte avec elle sa lucidité. La lucidité du désespoir, des sens exacerbés et comme à la lisière des abîmes. » Retenons encore, dans sa nudité naïve, ce cri : « Que me fait à moi toute la Révolution du monde si je sais demeurer éternellement douloureux et misérable au sein de mon propre charnier. »

Comment redonner un corps à la pensée? Comment se rejoindre enfin soi-même, ici et maintenant? Pour opérer, par « une descente à pic dans la chair », cette révolution de tout son être, ce n'est pas au Parti communiste que s'adresse Artaud, c'est au théâtre. Avant même de se chercher (et de se perdre) comme poète, Artaud s'était déjà trouvé comme acteur. Il entre dès 1922 au Théâtre de l'Atelier et participe avec enthousiasme aux exercices d'improvisation qu'y organise Charles Dullin : « C'est à la fois, écrit-il à une amie, un théâtre et une école où l'on applique des principes d'enseignement [...] qui ont pour but d'*intérioriser* le jeu de l'acteur. » Germes d'un théâtre nouveau, celui-là même qu'Artaud — en s'inspirant à la fois de son expérience d'acteur (à l'Atelier, puis, sous la direction de Georges Pitoëff, à la Comédie des Champs-Élysées), de spectateur (découverte en 1922, à Marseille, des danses cambodgiennes et en 1931, à Paris, du théâtre balinais) et de metteur en scène (fondation du « Théâtre Alfred Jarry », en 1927, puis du « Théâtre de la Cruauté », en 1932) — va tenter de définir dans une série de textes écrits entre 1931 et 1933 et réunis en 1938 sous un titre désormais célèbre : *Le Théâtre et son Double*.

« Ce titre, explique Artaud à Paulhan en 1936, répondra à tous les doubles du théâtre que j'ai cru trouver depuis tant d'années : la métaphysique, la peste, la cruauté... » Sur ce terme même de cruauté, qui a donné lieu depuis à tant d'interprétations (et de mises en scène) discutables, il précisait dès 1932 : « J'emploie le mot de cruauté dans le sens d'appétit de vie, de rigueur cosmique, et de nécessité implacable. » C'en est donc fini, pour Artaud, des variations psychologiques que s'amuse à broder depuis des siècles le théâtre occidental. « Créer des Mythes voilà le véritable objet du théâtre, traduire la vie sous son aspect universel, immense, et extraire de cette vie des images où nous aimerions à nous retrouver. » Retrouvailles avec notre corps, avec les forces élémentaires du cosmos et de la vie. Retrouvailles, non point dans le confort d'un plaisir à distance, mais dans une sorte de transe où s'abolissent les frontières entre le spectateur et le spectacle.

[Une bataille de symboles]

Le premier des textes dont se compose *Le Théâtre et son Double* est une conférence de 1933 intitulée *Le Théâtre et la peste*.

[...] si le théâtre est comme la peste, ce n'est pas seulement parce qu'il agit sur d'importantes collectivités et qu'il les bouleverse dans un sens identique. Il y a dans le théâtre comme dans la peste quelque chose à la fois de victorieux et de vengeur. Cet incendie spontané que la peste allume où elle passe, on sent très bien qu'il n'est pas autre chose qu'une immense liquidation.

Un désastre social si complet, un tel désordre organique, ce débordement de vices, cette sorte d'exorcisme total qui presse l'âme et la pousse à bout, indiquent la présence d'un état qui est d'autre part une force extrême et où se retrouvent à vif toutes les puissances de la nature au moment où celle-ci va accomplir quelque chose d'essentiel.

La peste prend des images qui dorment, un désordre latent et les pousse tout à coup jusqu'aux gestes les plus extrêmes; et le théâtre lui aussi prend des gestes et les pousse à bout : comme la peste il refait la chaîne entre ce qui est et ce qui n'est pas, entre la virtualité du possible et ce qui existe dans la nature matérialisée. Il retrouve la notion des figures et des symboles-types, qui agissent comme des coups de silence, des points d'orgue, des arrêts de sang, des appels d'humeur, des poussées inflammatoires d'images dans nos têtes brusquement réveillées; tous les conflits qui dorment en nous, il nous les restitue avec leurs forces et il donne à ces forces des noms que nous saluons comme des symboles : et voici qu'a lieu devant nous une bataille de symboles, rués les uns contre les autres dans un impossible piétinement; car il ne peut y avoir théâtre qu'à partir du moment où commence réellement l'impossible et où la poésie qui se passe sur la scène alimente et surchauffe des symboles réalisés.

Ces symboles qui sont le signe de forces mûres, mais jusque-là tenues en servitude, et inutilisables dans la réalité, éclatent sous l'aspect d'images incroyables qui donnent droit de cité et d'existence à des actes hostiles par nature à la vie des sociétés.

Une vraie pièce de théâtre bouscule le repos des sens, libère l'inconscient comprimé, pousse à une sorte de révolte virtuelle et qui d'ailleurs ne peut avoir tout son prix que si elle demeure virtuelle, impose aux collectivités rassemblées une attitude héroïque et difficile.

Artaud proposera également, comme « images » du théâtre, la peinture (à partir d'un tableau de Lucas de Leyde) et l'alchimie.

Antonin Artaud, *Le Théâtre et son Double*, éd. Gallimard.

— Plutôt qu'un développement méthodique, l'approfondissement insistant (10, 15, 17; 11, 25, 32; 20, 26, 27, 31) d'un certain nombre de notions (19) qui traduisent moins des idées que des impressions (6-7). L'image centrale de la peste (24-26).

— Théâtre et société (2, 7, 8, 36; mais 38-41).

— « La première proclamation d'Artaud a pour objet de restituer au théâtre sa vocation qui est de rompre tout lien entre *culture* et *nature*. » (Georges Charbonnier.)

A buts nouveaux (encore que ce soit avec une très ancienne tradition qu'Artaud prétende renouer), moyens nouveaux. Comme il a récusé la psychologie, il récuse le langage. Il renverse de son trône celui que Gaston Baty (*cf.* chap. 12) nommait « Sire le Mot ». Ou plus exactement, il demande qu'on en use avec les mots comme avec les lumières, les décors, les costumes ou les objets, pour leur valeur matérielle, physique : « [...] ce que le théâtre peut encore arracher à la parole, ce sont ses possibilités d'expan-

Cl. Snark International.

Artaud interprétant Marat dans le *Napoléon* du cinéaste Abel Gance (1926).

Cl. Archives Lipnitzki.

Les Cenci, acte IV, scène 1, dans la mise en scène d'Artaud (1935) : « Les deux assassins rient. Béatrice tire les mains des assassins de dessous leurs manteaux. Leurs poings se ferment. Leurs bras se raidissent. Elle tourne autour d'eux en se servant des pans de leurs manteaux comme de longues bandelettes et les enveloppe comme des momies, avec le poing dehors. Elle leur passe la main sur le visage pour éteindre leurs ricanements. »

sion hors des mots, de développement dans l'espace, d'action dissociatrice et vibratoire sur la sensibilité. » S'inspirant de la Kabbale, Artaud montrera que la clé de ce langage concret réside, pour l'acteur, dans la maîtrise du souffle : « Je veux, avec l'hiéroglyphe d'un souffle, retrouver une idée du théâtre sacré. »

[Un langage physique et concret]

Extrait du second texte du *Théâtre et son Double*, une conférence sur « la mise en scène et la métaphysique », donnée en 1931.

Comment se fait-il qu'au théâtre, au théâtre du moins tel que nous le connaissons en Europe, ou mieux en Occident, tout ce qui est spécifiquement théâtral, c'est-à-dire tout ce qui n'obéit pas à l'expression par la parole, par les mots, ou si l'on veut tout ce qui n'est pas contenu dans le dialogue (et le dialogue lui-même considéré en fonction de ses possibilités de sonorisation sur la scène, et des *exigences* de cette sonorisation) soit laissé à l'arrière-plan?

Comment se fait-il d'ailleurs que le théâtre Occidental (je dis Occidental car il y en a heureusement d'autres, comme le théâtre Oriental *, qui ont su conserver intacte l'idée de théâtre, tandis qu'en Occident cette idée s'est — comme tout le reste — *prostituée*), comment se fait-il que le théâtre Occidental ne voie pas le théâtre sous un autre aspect que celui du théâtre dialogué?

* Artaud songe surtout au théâtre balinais qui, écrit-il, « remet le théâtre à son plan de création autonome et pure, sous l'angle de l'hallucination et de la peur ».

Le dialogue — chose écrite et parlée — n'appartient pas spécifiquement à la scène, il appartient au livre; et la preuve, c'est que l'on réserve dans les manuels d'histoire littéraire une place au théâtre considéré comme une branche accessoire de l'histoire du langage articulé.

Je dis que la scène est un lieu physique et concret qui demande qu'on le remplisse, et qu'on lui fasse parler son langage concret.

Je dis que ce langage concret, destiné aux sens et indépendant de la parole, doit satisfaire d'abord les sens, qu'il y a une poésie pour les sens comme il y en a une pour le langage, et que ce langage physique et concret auquel je fais allusion n'est vraiment théâtral que dans la mesure où les pensées qu'il exprime échappent au langage articulé.

Antonin Artaud, *Le Théâtre et son Double*, éd. Gallimard.

— Le ton et l'allure d'un manifeste : l'accusation (1-15); la preuve (16-20), la thèse (21-29).
— Valeur de ce texte : par rapport à la situation du théâtre français vers 1930 (*cf.* Lagarde et Michard, *XXe siècle*), par rapport à l'histoire du théâtre en général (*cf.* Robert Pignarre, *Histoire du théâtre*).
— Les écrivains français du XXe siècle devant l'Orient : Valéry (« Le Yalou », dans *Regards sur le monde actuel*), Claudel *(Connaissance de l'Est)*, Segalen *(Stèles)*, Malraux *(La Tentation de l'Occident)*, etc.

Telle est, dans ses très grandes lignes, non pas la théorie, mais la vision qu'Artaud se fait du théâtre. Vision très proche de celle qu'il s'était faite, vers la même époque, du cinéma (*cf.* chap. 29). « Idée du théâtre pur », utopie plutôt qu'idée, mais utopie qui n'a cessé de hanter, depuis qu'Artaud la rêva, un nombre toujours grandissant de metteurs en scène et de dramaturges (*cf.* chap. 23). Plutôt que d'invoquer le « happening », dont Jacques Derrida fait remarquer qu' « il est à l'expérience de la cruauté ce que le carnaval de Nice peut être aux mystères d'Éleusis », on se contentera de rappeler l'influence d'Artaud sur Jean-Louis Barrault, et l'admirable travail que mène, à partir de Beckett et de Genet, un Roger Blin. Féconde utopie mais, pour son auteur, utopie mortelle.

En 1935, en effet, l'échec des *Cenci* va rejeter Artaud, mais pour des raisons cette fois contingentes (manque de moyens, insuffisances des acteurs, ignorance du public), dans son « charnier ». La pièce, qu'il avait lui-même composée et mise en scène, dut être retirée de l'affiche au bout de dix-sept jours. Privé de théâtre, privé du théâtre, Artaud n'a plus qu'une seule ressource : chercher le théâtre dans la vie, transformer (mais ne l'a-t-il pas fait depuis toujours?) sa vie en théâtre. Il avait déjà demandé à l'histoire, dans *Héliogabale* (1934), des exemples d'un théâtre « où tout serait vrai ». Lorsqu'il décide de partir pour le Mexique, en 1936, c'est pour retrouver un peuple où, comme dans l'ancienne Syrie, « le théâtre n'était pas sur la scène, mais dans la vie ». *Au Pays des Tarahumaras*, publié en 1945, sera le journal ou plutôt l'épopée, le chant haletant, déchiré, de ce voyage qui conduisit Artaud, à travers la « Montagne des Signes », jusqu'aux « illuminations fantastiques » du peyotl *.

Tutuguri
Le rite du soleil noir

Au début des *Tarahumaras*, Artaud explique ainsi la signification de Tutuguri : « [...] c'est l'ordre hiérarchique des choses qui veut qu'après être passé par le TOUT, c'est-à-dire le multiple, qui est les choses, on en reviendra au simple de l'un, qui est le Tutuguri ou le soleil. »
Nous ne donnons ici que la première partie du texte.

Et en bas, comme au bas de la pente amère,
cruellement désespérée du cœur,
s'ouvre le cercle des six croix,
très en bas
comme encastré dans la terre mère,
désencastré de l'étreinte immonde de la mère
qui bave,

la terre de charbon noir
est le seul emplacement humide
dans cette fente de rocher.
Le rite est que le nouveau soleil passe par sept points
avant d'éclater à l'orifice de la terre.

Et il y a six hommes,
un pour chaque soleil
et un septième homme

* Le peyotl, plante du Mexique, contient un alcaloïde, la mescaline, qui a la propriété de provoquer des hallucinations (cf. chap. 15).

qui est le soleil tout
cru
habillé de noir et de chair rouge.

Or, ce septième homme
est un cheval,
un cheval avec un homme qui le mène.

Mais c'est le cheval
qui est le soleil
et non l'homme.

Sur le déchirement d'un tambour et d'une trompette longue,
étrange,
les six hommes
qui étaient couchés,
roulés à ras de terre
jaillissent successivement comme des tournesols
non pas soleils
mais sols tournants,
des lotus d'eau,
et à chaque jaillissement
correspond le gong de plus en plus sombre
et *rentré*
du tambour
jusqu'à ce que tout à coup on voie arriver au grand galop,
avec une vitesse de vertige,
le dernier soleil,
le premier homme,
le cheval noir avec un
homme nu
absolument nu
et vierge
sur lui.

Antonin Artaud, *Les Tarahumaras*,
L'Arbalète, Marc Barbezat.

— Une mise en scène : le décor (1-10), le thème (11-12), les acteurs (13-24) et les costumes (18); puis les mouvements (30, 38) scandés par la musique (25-26, 35-37).

— Un poème convulsif : martèlement des rythmes (5-7, 20-21, 40-46), violence des images (5-7, 16-18, 30-33, 39).

— « La poésie, écrit Artaud dans *Héliogabale ou l'anarchiste couronné*, c'est de la multiplicité broyée et qui rend des flammes. Et la poésie, qui ramène l'ordre, ressuscite d'abord le désordre, le désordre aux aspects enflammés; elle fait s'entrechoquer des aspects qu'elle ramène à un point unique : feu, geste, sang, cri. »

Artaud vers la fin de sa vie.

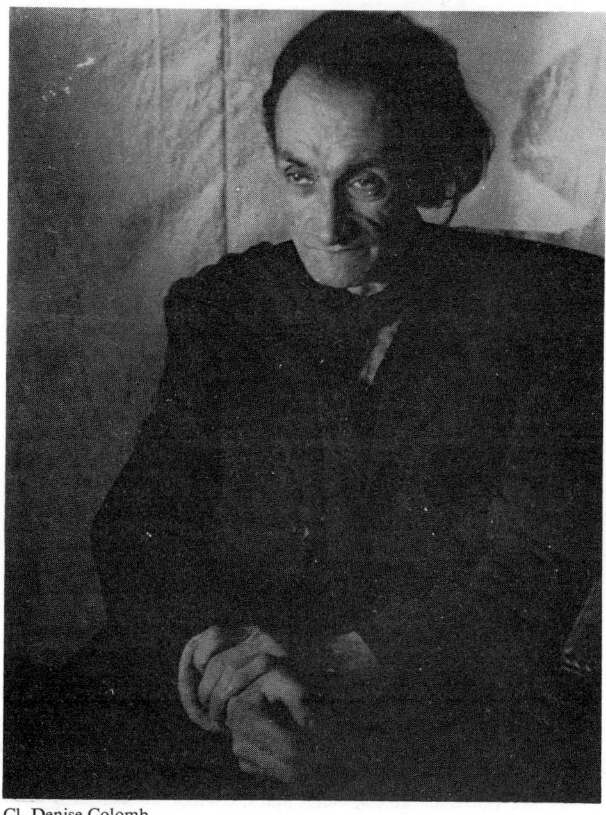

Cl. Denise Colomb.

C'est au retour du Mexique qu'Artaud commence à donner des signes de plus en plus évidents de déséquilibre. Après une tumultueuse expédition en Irlande (1937), il est interné d'office à la Ville-Evrard, puis à Rodez. Le voici coupé pendant neuf ans de ce monde dont il avait annoncé, dans les *Nouvelles Révélations de l'Être* (1937), qu'un cycle était achevé. Lorsqu'il sera rendu à la liberté, en 1946, Artaud hurlera, dans des textes où chaque mot n'est plus qu'un bruit, un cri, sa détresse et sa rage : rage contre Dieu, contre le sexe, contre son corps rongé par le cancer, contre la société qui l'a suicidé comme elle avait déjà suicidé Van Gogh (*Van Gogh le suicidé de la Société*, 1947). Dernier acte de cette pièce « cruelle » qu'aura été la vie d'Artaud : la conférence qu'il donne, le 13 janvier 1947, au Théâtre du Vieux-Colombier. « J'en garde, écrivait Gide à Henri Thomas, un souvenir ineffaçable, atroce, douloureux, presque sublime par instants, révoltant aussi et quasi intolérable. » Celui qui fut, comme le dit le peintre André Masson, « notre Hamlet », avait enfin incarné le théâtre.

Choix bibliographique :

« Antonin Artaud et le Théâtre de notre temps », Cahiers de la Compagnie Madeleine Renaud et Jean-Louis Barrault, nº 22-23, mai 1958.

A. Virmaux, *Antonin Artaud et le Théâtre*, Seghers.

J. Derrida, *L'Écriture et la Différence*, Seuil.

Chapitre XVIII

Georges Bataille

« L'intérêt que l'on attribue d'habitude à mes livres est d'ordre littéraire et ce dut être inévitable : on ne peut en effet les classer dans un genre à l'avance défini. » Bataille l'inclassable. Ce serait trop peu de dire qu'il fut, au fil de son œuvre, tantôt romancier (*Le Bleu du ciel)*, tantôt poète *(L'Archangélique)* et tantôt essayiste *(La Littérature et le Mal)*. C'est dans chacun de ses livres que Bataille se montre, dans la même page, dans la même phrase, essayiste, poète et romancier, juxtaposant, mêlant indissolublement l'image et le concept, la maxime et le cri, l'aveu et la fiction. Comme s'il ne sacrifiait aux différents « genres » que pour mieux les sacrifier, tous ensemble, et la notion même de littérature, à une entreprise qui mérite, bien mieux encore que l'œuvre où elle s'inscrit, le qualificatif d'inclassable.

S'agit-il de philosophie? Assurément non, si l'on entend par philosophie le calme exercice d'une pensée distincte et distante de son objet, ou pour citer l'auteur lui-même, « l'interrogation que nous pouvons faire *apaisés* ». A l'exemple de Nietzsche qu'il découvrit à vingt-six ans, en 1923, Bataille n'a cessé, comme le souligne Michel Foucault, de « rompre en lui, avec acharnement, la souveraineté du sujet philosophant ». La pensée de Bataille (à supposer que le mot même de pensée convienne à ce « voyage au bout du possible de l'homme ») est une pensée violente, une pensée tragique, toujours affrontée, aux limites d'elle-même, avec ce qui la dépasse et qui la nie. Ce serait une grave erreur que de demander un système cohérent à celui qui, faisant de l'incohérence à la fois le lieu, l'objet et le destin de sa pensée, renonça à l'exercice rassurant de la logique pour s'aventurer, dans l'extase, jusqu'au seuil de la folie. « Ce que j'enseigne (s'il est vrai que...) est une ivresse, ce n'est pas une philosophie : je ne suis pas un philosophe mais un *saint*, peut-être un fou. »

S'agit-il donc de religion? Pas davantage. « Ma méthode, répond Bataille, est aux antipodes des idées élevées, du salut et de tout mysticisme. » De Dieu, cet étrange catéchumène ne conserve que le nom, un nom qui ne désigne plus rien, ou pour mieux dire, qui désigne RIEN, l'impensable, l'innommable qui n'a pas d'autre nom précisément que celui de DIEU. D'où le titre de *Somme athéologique* sous lequel se trouvent regroupés, formant le noyau central de l'œuvre, *L'Expérience intérieure* (1943; 2e édition, revue, en 1954) et *Le Coupable* (1944; 2e édition, revue, en 1961), auxquels on ajoutera *Sur Nietzsche, Volonté de chance*, publié en 1945. Cette théologie négative ou plutôt privative met à profit, mais en la laïcisant, toute une tradition religieuse, aussi bien celle des mystiques chrétiens que des yogi hindous. Bataille la fonde en effet sur ce qu'il choisit de nommer, après de longues hésitations, l' « expérience intérieure » et qui n'est à vrai dire, comme le fait remarquer Jacques Derrida, ni une expérience, « puisqu'elle ne se rapporte à aucune présence, à aucune plénitude, mais seulement à l'impossible qu'elle "éprouve" dans le supplice », ni intérieure puisque « tout entière *exposée* — au supplice — nue, ouverte au dehors, sans réserve ni for intérieur, profondément superficielle ».

État toujours vacillant, toujours menacé, moment d'horreur et de bonheur confondus où cèdent enfin, pour notre plus grande douleur et notre plus grande joie, les barrières de notre *moi :* l'extase, telle que Bataille tente de la vivre et de la décrire, ne débouche sur rien d'autre qu'elle-même. Ravissement et non révélation, elle constitue bien la seule autorité mais, comme Blanchot en avait averti son ami dans une phrase qui servira de leitmotiv à *L'Expérience intérieure*, elle est « une autorité qui s'expie ». Parce qu'elle ne possède ni durée ni point d'application, parce qu'elle est le contraire même de ce qu'il est convenu d'entendre par autorité, l' « expérience intérieure » se condamne et nous condamne à l'impuissance et à l'insatisfaction. Issue de l'angoisse (Bataille a très souvent recours, pour susciter l'extase, à la représentation mentale ou figurée de la mort : photographies d'un jeune supplicié chinois, évocation d'un « oiseau de proie égorgeant un oiseau plus petit »), c'est à l'angoisse que nous rend, une fois dissipée, cette « joie suppliciante », — une angoisse d'autant plus atroce que nous avions cru pouvoir, un très court instant, la transcender en la transfigurant.

Ainsi se dessine, ou se devine, le « sens insensé » de ce qu'a tenté (faut-il dire : de ce qui a tenté?) Bataille et qui n'est pas sans analogie avec ce qu'osèrent entreprendre, à la même époque, les surréalistes. Même s'il est vrai que Bataille et Breton se heurtèrent violemment aux environs de 1930, Bataille dénonçant l'orientation « bassement » idéaliste de Breton et Breton l'orientation « bassement » matérialiste de Bataille, ils n'en ont pas moins tendu, chacun à leur manière, vers un même but : ce « point » défini par Breton (définition reprise et complétée par Bataille), où s'aboliraient enfin tous les contraires. Mais plutôt que les affinités, ce sont les différences qu'il importe aujourd'hui de bien apercevoir, dans la mesure où elles expliquent certains développements récents de la jeune littérature. La première tient à l'attitude de Bataille devant la science, ou plus exactement les sciences humaines; la seconde, la seule véritablement esentielle, à son attitude devant le langage.

Toute une partie de l'œuvre de Bataille pourrait passer à bon droit pour une œuvre « savante » et Sartre ne s'est pas privé d'adresser à celui qu'il saluait en 1943, non sans quelque dédain, comme un « nouveau mystique », le reproche de scientisme. Les surréalistes avaient lu (un peu hâtivement) Freud et Marx, mais ils n'ont jamais prétendu faire œuvre théorique, ni dans le domaine de la psychanalyse ni dans celui de l'économie : il en va tout autrement de Bataille. Ancien élève de l'École des Chartes, très tôt séduit, au contact de son ami Alfred Métraux, par l'ethnologie et plus particulièrement par les théories de Marcel Mauss, Bataille déploya, dans le domaine très général de l'anthropologie, une activité considérable. Directeur de revues (*Documents*, de 1929 à 1930; *Acéphale*, de 1936 à 1937; *Critique*, créée en 1946 et qui demeure, par les soins de Jean Piel, l'une des principales revues françaises), fondateur avec Roger Caillois et Michel Leiris d'un Collège de sociologie qui s'était donné pour tâche, à la veille de la Deuxième Guerre mondiale, de « reconstituer par le principe un mode d'existence collective », auteur de deux essais, l'un sur l'économie (*La Part maudite*, 1949), l'autre sur *L'Érotisme* (1957), Bataille a trouvé le moyen de fonder sa folie en raison, en parvenant à rassembler sous un même point de vue (mais sans jamais aboutir — faut-il le rappeler? — à un système, c'est-à-dire à une construction harmonieuse et complète) l'ensemble des activités humaines. Qu'il s'agisse des mécanismes de l'économie générale ou de ces différentes « opérations souveraines » que sont, avec l'extase, l'érotisme (conçu par Bataille comme « l'approbation de la vie jusque dans la mort »), le rire, l'héroïsme, le sacrifice et la poésie, la vérité de l'homme est dans la « consumation », une consumation qui, en raison des mécanismes de défense que sécrète la société, ne peut s'opérer sans « transgression ».

Cl. Oeffentliche Kunstsammlung, Bâle.

Niklaus Manuel Deutsch (1484-1530), ***La Mort en lansquenet embrasse une jeune femme*** **(Planche VI de** ***L'Érotisme*****).**

Cl. Harlingue-Viollet.

Exécution à Pékin en 1905. « Le jeune et séduisant Chinois [...] livré au travail du bourreau, je l'aimais d'un amour où l'instinct sadique n'avait pas de part : il me communiquait sa douleur ou plutôt l'excès de sa douleur et c'était ce que justement je cherchais, non pour en jouir, mais pour ruiner en moi ce qui s'oppose à la ruine.» ***(L'Expérience intérieure.)***

« Consumation », « transgression », si ces deux mots-clés sont devenus si fréquents, ces dernières années, dans une publication comme *Tel Quel* (*cf.* chap. 24), ce n'est pas tant, à vrai dire, par un goût prononcé pour l'ethnologie (encore que *Tel Quel* prétende se placer sous le signe de la « science »), mais parce que la nouvelle génération littéraire a cru trouver en eux le secret d'une « écriture » par quoi remplacer ce que les critiques persistent à nommer la « littérature ». Secret d'une écriture qui est l'écriture même de Bataille telle qu'il l'a pratiquée dans ses textes « athéologiques ». Au contraire des surréalistes qui ne vitupèrent contre le langage que pour mieux s'abandonner, une fois brisé le carcan du sens, à l'intarissable jaillissement des images, Bataille n'attend point son salut des mots : ils le fascinent et l'exaspèrent tout à la fois. Mais il sait que le langage est notre seule chance, même truquée, de communiquer, le seul moyen que nous ayons, même illusoire, de nous ressaisir dans ce qui nous dépossède : c'est pourquoi, par une « haine de la poésie » qui est à la mesure de l'amour toujours déçu mais toujours renaissant qu'il lui porte, il écrira. Il écrira contre l'écriture, « pour annuler, dit-il, un jeu d'opérations subordonnées ». Écriture négative à l'image même de sa théologie, « emploi dérapant mais éveillé des mots » (Sollers), « sorte de potlatch des signes, brûlant, consumant, gaspillant les mots dans l'affirmation gaie de la mort » (Derrida), écriture « plurielle » (Blanchot) qui ne cesse, de fragments en fragments, de se raturer elle-même.

[*L'absence de moi*]

Extrait d'un passage intitulé « Le Roi du Bois » : « je suis le roi du bois, le Zeus, le criminel... ».

Dans la profondeur d'un bois, comme dans la chambre où les deux amants se dénudent, le rire et la poésie se libèrent.

Hors du bois comme hors de la chambre, l'action utile est poursuivie, à laquelle chaque homme appartient. Mais chaque homme, dans sa chambre, s'en retire...; chaque homme, en mourant, s'en retire... Ma folie dans le bois règne en souveraine... Qui pourrait supprimer la mort? Je mets le feu au bois, les flammes du rire y pétillent.

La rage de parler m'habite, et la rage de l'exactitude. Je m'imagine précis, capable, ambitieux. J'aurais dû me taire et je parle. Je ris de la peur de la mort : elle me tient éveillé! Luttant contre elle (contre la peur et la mort).

J'écris, je ne veux pas mourir.

Pour *moi*, ces mots, « je serai mort », ne sont pas respirables. Mon absence est le vent du dehors. Elle est comique : la douleur est comique. Je suis, à l'abri, dans ma chambre. Mais la tombe? déjà si voisine, sa pensée m'enveloppe de la tête aux pieds.

Immense contradiction de mon attitude!

Personne eut-il, aussi gaîment, cette simplicité de mort?

Mais l'encre change l'absence en intention.

Le vent du dehors écrirait ce livre? Écrire est formuler

mon intention... J'ai voulu cette philosophie « *de qui la tête au ciel était voisine* — et dont les pieds touchaient à l'empire des morts * ». J'attends que la bourrasque déracine... A l'instant, j'accède à tout le possible! j'accède à l'impossible en même temps. J'atteins le pouvoir que l'être avait de parvenir au contraire de l'être. Ma mort et moi, nous nous glissons dans le vent du dehors, où je m'ouvre à *l'absence de moi.*

* La Fontaine, *Fables*, I, 22, « Le Chêne et le Roseau ».

Georges Bataille, *Le Coupable*, éd. Gallimard.

— Une méditation traversée de silences, hachée de cris : les points de suspension (6-8, 24, 26), les questions sans réponses (8, 21, 28), les exclamations (13, 20, 27).

— Le jeu des contradictions (20) : rire/douleur (16-17, 21), possible/impossible (27-28), être/néant (28-29), moi/ absence de moi (14-16, 22, 23, 26-27).

— « Le seul moyen de racheter la faute d'écrire est d'anéantir ce qui est écrit. Mais cela ne peut être fait que par l'auteur; la destruction laissant l'essentiel intact, je puis, néanmoins, à l'affirmation lier si étroitement la négation que ma plume efface à mesure ce qu'elle avança. Elle opère alors, en un mot, ce que généralement opère le " temps ", — qui, de ses édifices multipliés, ne laisse subsister que les traces de la mort. Je crois que le secret de la littérature est là, et qu'un livre n'est beau qu'habilement paré de l'indifférence des ruines. » (Georges Bataille, *L'Abbé C.*).

L'écriture très XVIIIe siècle, lisse, neutre et pour ainsi dire glacée d'un roman comme *Ma Mère*, publié après la mort de l'auteur en 1966, semble, à première vue, aux antipodes de l'écriture haletante et rompue des essais. L'opposition est trompeuse. Dans les courts récits, presque tous publiés sous le manteau, qui constituent la « part maudite » (mais peut-être aussi la plus durable) de l'œuvre de Bataille, la fragmentation se situe moins au niveau de la phrase (encore que *Madame Edwarda*, publié en 1937, fasse un très large usage des points de suspension) qu'au niveau du récit : morcellement du livre, soit en épisodes appartenant à des tranches chronologiques différentes (comme dans *Le Bleu du ciel*, écrit en 1935 et publié en 1957), soit en préfaces, récits ou notes attribués à des narrateurs distincts (comme dans *L'Abbé C.*, 1950). Sur cette trame déchirée, l'écriture romanesque formera, par sa pureté rigoureuse, un contraste presque insoutenable (et dont Sade, le premier, avait donné l'exemple) avec le contenu même du texte. Car les récits de Bataille, écrits presque toujours à la première personne, ce qui ne signifie point pour autant qu'ils aient une origine autobiographique, tournent tous autour des mêmes obsessions érotiques, portées au paroxysme de l'impudeur et de la frénésie. Mais l'ordure n'y est jamais décrite pour elle-même ou, si l'on ose dire, pour le plaisir. Rien de gratuit, rien de graveleux dans ces fêtes douloureuses que se donne à elle-même, par le biais de la fiction, une pensée pour laquelle « l'érotisme envisagé gravement, tragiquement, représente un entier renversement ».

[De toute nécessité, tout renverser]

Le narrateur se trouve à Barcelone. Une grève générale est prévue pour le lendemain, et l'on craint des troubles graves.

Je descendis de la voiture et ainsi je vis le ciel étoilé par-dessus ma tête. Après vingt années, l'enfant qui se frappait à coups de porte-plume * attendait, debout sous

* Sous prétexte de s'endurcir à la douleur.

le ciel, dans une rue étrangère, où jamais il n'était venu, il ne savait quoi d'impossible. Il y avait des étoiles, un nombre infini d'étoiles. C'était absurde, absurde à crier, mais d'une absurdité hostile. J'avais hâte que le jour, le soleil, se levât. Je pensais qu'au moment où les étoiles disparaîtraient, je serais certainement dans la rue. En principe, j'avais moins peur du ciel étoilé que de l'aube. Il me fallait attendre, attendre deux heures *... Je me rappelai avoir vu passer, vers deux heures de l'après-midi, sous un beau soleil, à Paris — j'étais sur le pont du Carrousel — une camionnette de boucherie : les cous sans tête des moutons écorchés dépassaient des toiles et les blouses rayées bleu et blanc des bouchers éclataient de propreté : la camionnette allait lentement, en plein soleil. Quand j'étais enfant, j'aimais le soleil : je fermais les yeux et, à travers les paupières, il était rouge. Le soleil était terrible, il faisait songer à une explosion : était-il rien de plus solaire que le sang rouge coulant sur le pavé, comme si la lumière éclatait et tuait? Dans cette nuit opaque, je m'étais rendu ivre de lumière; ainsi, de nouveau, Lazare * n'était devant moi qu'un oiseau de mauvais augure, un oiseau sale et négligeable. Mes yeux ne se perdaient plus dans les étoiles qui luisaient au-dessus de moi réellement, mais dans le bleu du ciel de midi. Je les fermais pour me perdre dans ce bleu brillant : de gros insectes noirs en surgissaient comme des trombes en bourdonnant. De la même façon que surgirait, le lendemain, à l'heure éclatante du jour, tout d'abord point imperceptible, l'avion qui porterait Dorothea... J'ouvris ces yeux, je revis les étoiles sur ma tête, mais je devenais fou de soleil et j'avais envie de rire : le lendemain, l'avion, si petit et si loin qu'il n'atténuerait en rien l'éclat du ciel, m'apparaîtrait semblable à un insecte bruyant et, comme il serait chargé, dans la cage vitrée, des rêves démesurés de Dirty *, il serait dans les airs, à ma tête d'homme minuscule, debout sur le sol — au moment où en elle la douleur déchirerait plus profondément que l'habitude — ce qu'est une impossible, une adorable « mouche des cabinets ». J'avais ri et ce n'était plus seulement l'enfant triste aux coups de porte-plume, qui allait, dans cette nuit, le long des murs : j'avais ri *de la même façon* quand j'étais petit et que j'étais certain qu'un jour, *moi*, parce qu'une insolence heureuse me portait, je devrais tout renverser, de toute nécessité tout renverser.

Georges Bataille, *Le Bleu du ciel*, éd. J.-J. Pauvert.

* L'heure à laquelle doit arriver l'avion de Dorothea, l'ancienne amie du narrateur.

* Une femme que le narrateur a longuement fréquentée à Paris, après sa rupture avec Dorothea. Elle l'attire et le répugne à la fois.

* Le surnom provocant de Dorothea (« dirty », en anglais, signifie « sale, dégoûtant »).

Masson. A.D.A.G.P. - cl. Bordas J. B

André Masson, *Mithra*.

— Le présent supplanté (24-26, 31-33) par le passé (11-21) puis par l'avenir (28-31, 33-40). A l'angoisse (6-7) succède l'ivresse (22, 32), puis un rire (33, 40, 42) par où se traduisent l'orgueil et la révolte (l'enfance retrouvée : 40-45).

— Un univers dionysiaque (*cf.* Nietzsche, *La Naissance de la tragédie*) : les thèmes du soleil et de la lumière (12, 17, 19, 24, 27, 29-30, 32, 34) étroitement liés à ceux de la mort (le rouge : 14, 20) et de l'ordure (le noir : 27, 35, 40).

— Le soleil chez Bataille et chez Camus (*L'Étranger ;* « Le Renégat », dans *L'Exil et le Royaume*).

Rien de gratuit : telle est peut-être la caractéristique essentielle d'une œuvre que son auteur a moins créée que subie. « Comment nous attarder, s'écrie Bataille dans la préface du *Bleu du ciel*, à des livres auxquels, sensiblement, l'auteur n'a pas été *contraint* ? » Tout comme celle d'Artaud et tout comme celle de Leiris, avec lesquelles elle forme, par son climat et par ses thèmes, une sorte de trilogie, l'œuvre de Bataille nous oblige à reconsidérer les rapports entre la littérature et la vie.

Choix bibliographique :

J. Derrida, *L'Écriture et la Différence*, Seuil.

« Hommage à Georges Bataille », n° spécial de la revue *Critique*, août-septembre 1963.

« Georges Bataille », *L'Arc* n° 32, printemps 1967.

Chapitre XIX

Michel Leiris

C'est par un hommage à la poésie, « cette chose fascinante, et toujours à poursuivre parce que jamais tout à fait saisie », que s'achève en 1966, aboutissement tout provisoire, l'œuvre maîtresse de celui qu'il serait trop facile d'étiqueter comme le plus brillant représentant, parmi nos contemporains, de la littérature de confession. « Être un poète, écrit Leiris dans *Fibrilles*, aspiration qui n'a cessé d'être la mienne lors même qu'au point de vue des genres littéraires scolairement reconnus je me suis orienté dans une tout autre direction. »

Être poète, telle est bien l'ambition du jeune chimiste, ami de Max Jacob et d'André Masson, qui adhère en 1924, à vingt-trois ans, au groupe surréaliste. Être un poète, mais précisément à la manière dont l'entend le *Premier Manifeste*, qui vient juste de paraître : non pas seulement « écrire des poèmes », mais « vivre poétiquement », écrire et vivre sans que plus rien ne sépare l'écriture et la vie. « Dans le surréalisme, expliquera Leiris, ce qui m'attira d'emblée, et que je n'ai jamais renié, [...] c'est la volonté qui s'y manifestait de trouver dans la poésie un système total. » Au sein du groupe dont il est vite devenu l'un des membres les plus actifs et les plus virulents, Leiris s'intéresse surtout à l'exploration des rêves et à l'expérimentation sur le langage. D'une part, comme il le rappelle dans *L'Âge d'homme*, il s'efforce de noter ses rêves, « les mettant bout à bout afin de mieux en déchiffrer le sens et en tirant ainsi des sortes de petits romans » (*Le Pays de mes rêves*, publié en janvier 1925 dans la *Révolution surréaliste*); d'autre part il soumet le langage à toute une série de triturations analogues à celles qu'avaient déjà pratiquées Duchamp et Desnos (*cf.* chap. 7), « décomposant les mots du vocabulaire et les reconstituant en des calembours poétiques qui (lui) semblaient expliciter leur signification la plus profonde » (*Glossaire j'y serre mes gloses*, également dans la *Révolution surréaliste*). Deux entreprises qui se rejoignent par une même façon de questionner le rêve et le langage comme on questionne un oracle, mais un oracle dont la voix brouillée, hachée, demande, si l'on en veut saisir le sens, qu'on en retrouve le « fil » — qu'il s'agisse d'une continuité (le roman) ou d'un classement (le glossaire). Deux préoccupations qui se conjuguent dans une même œuvre, écrite en 1927-1928 et publiée seulement en 1946, *Aurora*.

« Ce qui m'attache à *Aurora*, avoue vingt ans plus tard son auteur, c'est, malgré le fatras d'allure symbolique et les rodomontades dans le goût "noir" ou "frénétique" dont cet écrit est rempli, l'appétit qui s'y exprime d'une inaccessible pureté, la confiance qui y est faite à l'imagination laissée dans son état sauvage. » Aragon définissait le surréalisme dans *Le Paysan de Paris*, comme « l'emploi déréglé et passionnel du stupéfiant *image* ». Comment trouver plus bel exemple de ce vice que cet étrange « roman » où les images les plus rigoureuses et les plus folles explosent avec l'apparente liberté et la profonde nécessité du rêve? Le langage, comme chez Raymond Roussel (*Impressions d'Afrique*, 1910; *Locus Solus*, 1914), engendre l'histoire. Ce sont les différentes formes prises par le nom de l'héroïne — « Or aux rats », « Or Aura », « Eau Rô-Rah », « Horrora », etc. — qui commandent la nature et l'enchaînement des épisodes. Mais il en va de ces récits comme des poèmes de *Simulacre* (1925) : le caprice des associations verbales sert de catalyseur aux obsessions les plus secrètes de l'auteur. Le langage est lui-même commandé, et ce n'est pas un hasard si l'univers qui s'échafaude au fil des pages ressemble avec tant d'exactitude à ce *Pays de mes rêves* dont Leiris tentait d'arracher les formes à ses nuits. Orgueilleuse affirmation d'une subjectivité, miroir où se reflètent, non sans une naïve complaisance, les hantises qui la déchirent (l'auteur s'est mis lui-même en scène sous l'anagramme de Damoclès Siriel), *Aurora* constitue la première en date des œuvres autobiographiques de Michel Leiris.

[Le pronom JE]

Il m'est toujours plus pénible qu'à quiconque de m'exprimer autrement que par le pronom JE; non qu'il faille voir là quelque signe particulier de mon orgueil, mais parce que ce mot JE résume pour moi la structure du monde. Ce n'est qu'en fonction de moi-même et parce que je daigne accorder quelque attention à leur existence que les choses sont. Si quelque objet survient par hasard qui me fasse sentir combien sont restreintes réellement les limites de ma puissance, je me roidis dans une folle colère et j'invente le Destin comme s'il avait été décrété de toute éternité qu'un jour cet objet apparaîtrait sur MON chemin, trouvant dans cette intervention son unique raison d'être. Ainsi je me promène au milieu des phénomènes comme au centre d'une île que je traîne avec moi; les perspectives, regards solidifiés, pendent de mes yeux comme ces longs filaments que le voyageur recueille involontairement par tout son corps et déplace avec lui, bagage de lianes ténues, lorsqu'il traverse la forêt tropicale. Je marche et ce n'est pas moi qui change d'espace mais l'espace lui-même qui se modifie, modelé au gré de mes yeux qui l'injectent de couleurs pareilles à des flèches de curare, afin que sans faute il périsse sitôt mes yeux passés, univers que je tue avec un merveilleux plaisir, repoussant du bout du pied ses ossements incolores dans les chantiers les plus obscurs de mon souvenir. Ce n'est qu'en fonction de moi-même que je suis et si je dis qu'*il pleut* ou que *la mer est mauvaise*, ce ne sont que périphrases pour exprimer qu'une partie de moi s'est résolue en fines gouttelettes ou qu'une autre partie se gonfle de pernicieux remous. La mort du monde est égale à la mort de moi-même, nul sectateur d'un culte de malheur ne me fera nier cette équation, seule vérité qui ose prétendre à mon acquiescement, bien que contradictoirement je pressente parfois tout ce que le mot IL peut contenir pour moi de châtiments vagues et de menaces monstrueuses.

Michel Leiris, *Aurora*, éd. Gallimard.

— Le double jeu d'un JE à la fois délirant d'orgueil sous son apparente modestie (2-3, 29-32) et doué, même à travers ses prétentions les plus folles (24-29), d'une inquiète lucidité.

— Une prose manifestement inspirée, avec sa grandiloquence voulue (complexité de la syntaxe : 32-34) et ses comparaisons trop insistantes (12-24), de Lautréamont. Des complaisances conçues pour irriter plutôt que pour convaincre : en fait de confidence, une provocation.

— « [...] la définition ordinaire des pronoms personnels comme contenant les trois termes *je*, *tu*, *il*, y abolit justement la notion de " personne ". Celle-ci est propre seulement à *je/tu*, et fait défaut dans *il*. » (Émile Benvéniste, « La nature des pronoms », *Problèmes de linguistique générale*.)

Aurora était une autobiographie malgré elle, elle était aussi une autobiographie contre son auteur. Maurice Nadeau a bien montré ce que signifie dans *Aurora*, comme dans les poèmes qui l'accompagnent, l'implacable géométrie de cristal et d'acier où sont enserrés les êtres et les choses. Leiris fait de son impuissance vertu. En guise d'« inaccessible pureté », c'est sa propre paralysie, c'est sa propre prison qu'il nous décrit. Il se livre à ses démons au lieu de s'en délivrer : tel est le risque d'une imagination laissée « dans son état sauvage ». Ce risque n'échappe pas à Leiris. Il se détache de Breton, pour des « divergences d'idées mêlées à des questions de personnes », lors de la crise qui secoue le mouvement en 1929, et, se convertissant à l'ethnologie, participe, de 1931 à 1933, à la mission Dakar-Djibouti en Afrique Noire. Il en reviendra persuadé que le voyage est un leurre mais ayant déjà commencé, avec *L'Afrique fantôme* (1934, édition définitive en 1951), ce « voyage à l'intérieur de (soi)-même » qui va devenir désormais sa tâche essentielle. Essentielle mais non exclusive, car il ne renoncera pas pour autant à la poésie, une poésie abritée en quelque sorte derrière l'autobiographie et qui cultive un style parfois très proche d'Apollinaire (*Haut Mal*, 1943; *Autres Lancers*, 1969).

L'Afrique fantôme se présente comme un journal où « sont notés pêle-mêle, annonçait lui-même l'auteur, les événements, observations, sentiments, rêves, idées ». Ce désordre fait le charme du livre mais il en sanctionne aussi l'échec. Avec *L'Âge d'homme*, écrit entre 1930 et 1935 et publié en 1939, Leiris tente au contraire de dominer sa matière, c'est-à-dire son moi. L'âge d'homme, c'est cette « plénitude vitale » à laquelle le livre du même nom, par la « liquidation » qu'il est censé opérer, doit permettre à son auteur de parvenir. Leiris veut « faire un livre qui soit un acte », où le risque ne soit plus subi ou méconnu, comme dans *Aurora*, mais volontaire et codifié, comme dans la corrida. *Grande Fuite de neige* (écrit en 1926, publié en 1964), *Miroir de la tauromachie* (1938), l'avant-propos de *L'Âge d'homme* (complété en 1946), évoquent, décrivent ou commentent, avec une remarquable insistance, un spectacle dans lequel Leiris aperçoit l'image de notre condition, et la condition même de toute littérature : pour qu'elle soit autre chose qu'un divertissement ou qu'une diversion, il faut « introduire ne fût-ce que l'ombre d'une corne de taureau dans une œuvre littéraire ». Donc tout dire. Donc affronter le rire ou le dégoût des autres (ce sera la corne) avec pour seule règle l'authenticité (ce sera l'équivalent du code auquel obéit la corrida). Mais le progrès ne consiste pas seulement, par rapport à *L'Afrique fantôme*, dans des intentions mieux affermies. Inventaire ou constat, *L'Âge d'homme* combine la méthode ethnographique des fiches et la

Giacometti. A.D.A.G.P. - cl. B.N.

Portrait de Michel Leiris, par Giacometti (in *Vivantes Cendres* de Michel Leiris, éd. Jean Hughes, 1957).

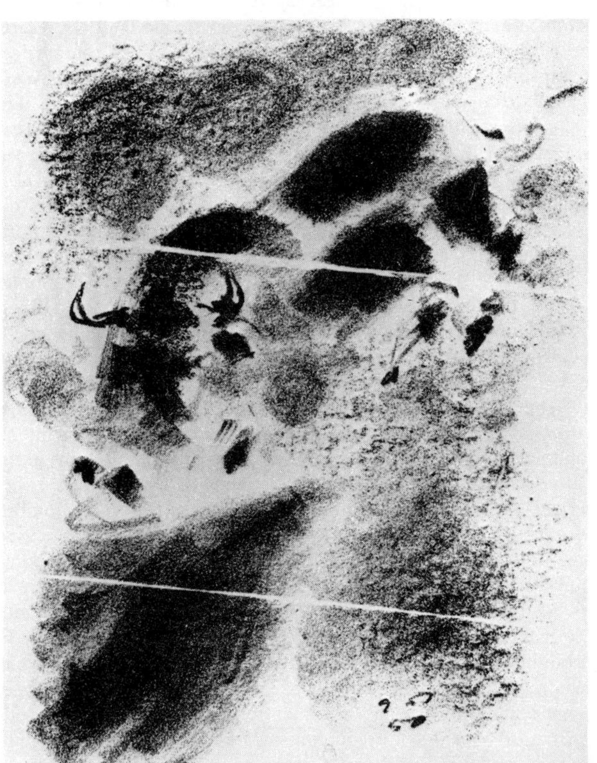

Masson. A.D.A.G.P. - cl. Bordas J. B.

***Toro*, Lithographies d'André Masson (précédées d'un texte de Michel Leiris, éd. Galerie Leiris).**

technique surréaliste du collage ou plutôt du photo-montage. Remontant jusqu'à ses représentations enfantines du suicide et de la mort, Leiris regroupe, à la lumière d'un diptyque de Cranach figurant Lucrèce et Judith, ses aventures et ses fantasmes érotiques, et en dégage la loi : « Rien ne m'émeut ni ne me sollicite autant qu'une femme qui pleure, si ce n'est une Judith avec des yeux à tout assassiner. »

[Le mot SUICIDE]

J'avais en tête quelques idées peu rassurantes qui touchaient à la Mort, plus exactement au *cadavre* (l'une, notamment, qui me venait d'une gravure vue dans un illustré où il était question, si je ne m'égare pas, d'un homme frappé par le tonnerre, dans l'œil de qui était photographiée l'image de l'arbre sous lequel il avait été foudroyé). J'avais aussi — ou j'eus un peu plus tard — certaines représentations concernant le *suicide*, un supplément illustré de quotidien m'étant tombé sous les yeux où j'avais vu figurer le suicide d'un radjah avec ses femmes au milieu d'un incendie, fait divers qui avait dû se passer dans quelque île ou presqu'île de la Malaisie; le radjah était un homme assez jeune, svelte et jaune, doté d'une moustache noire et d'un turban à aigrette; ses femmes ayant été tuées de sa main ou mises à mort par son ordre, il était représenté en train de se poignarder à son tour; il s'enfonçait dans la poitrine un long kriss à lame ondulée et sa stature, déjà quelque peu vacillante, se détachait sur le fond d'incendie.

Je ne comprenais pas en quoi exactement consistait le suicide et surtout dans quelle mesure la volonté intervenait dans cet acte; je me demandais par exemple si les femmes que le radjah avait tuées ou fait tuer étaient ou non des suicidées, jusqu'à quel point elles avaient été consentantes, jusqu'à quel point on les avait forcées. La seule chose claire que je percevais, c'est le mot « suicide » lui-même, dont j'associais la sonorité avec l'idée d'incendie et la forme serpentine du kriss, et cette association s'est tellement ancrée dans mon esprit qu'aujourd'hui encore je ne puis écrire le mot SUICIDE sans revoir le radjah dans son décor de flammes : il y a l'S dont la forme autant que le sifflement me rappelle, non seulement la torsion du corps près de tomber, mais la sinusoïdalité de la lame; UI, qui vibre curieusement et s'insinue, si l'on peut dire, comme le fusement du feu ou les angles à peine mousses * d'un éclair congelé; CIDE, qui intervient enfin pour tout conclure, avec son goût acide impliquant quelque chose d'incisif et d'aiguisé.

Michel Leiris, *L'Âge d'homme*, éd. Gallimard.

* Qui n'est pas aigu ou qui n'est pas tranchant.

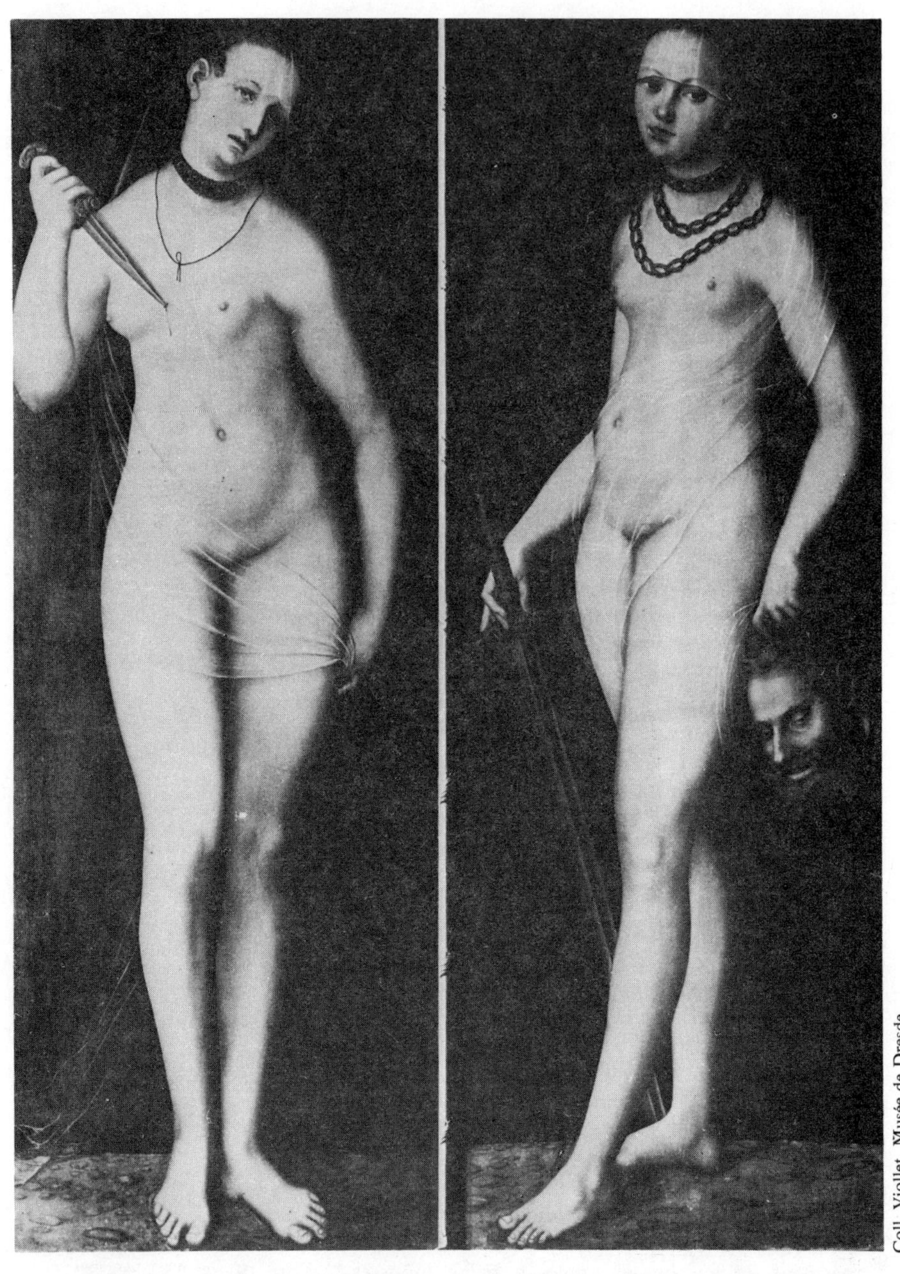

Coll. Viollet. Musée de Dresde

Lucas Cranach, *Lucrèce et Judith* : « [...] ces deux aspects de l'éternel féminin, ma Lucrèce et ma Judith, avers et revers d'une même médaille » (*L'Age d'homme*).

— Minutieusement analysée, la naissance d'une association (26, 27) entre des idées ou plus exactement des sensations : l'image (10-18) d'une part, et d'autre part le mot (dans sa sonorité : 26, 31, 32-37, mais aussi dans sa forme : 30-32).

— Le contraste entre le style sec et précis de l'enquêteur (1-29) et la joie sensuelle du poète rêvant les mots, vivant les mots (29-37). Leiris « mangeur de langage », comme il se définira lui-même dans *Biffures*.

— L' « âge des noms » chez Leiris et chez Proust (*cf. Du côté de chez Swann*, 3e partie : « Noms de pays : le nom »).

L'Âge d'homme, quelle qu'en soit la réussite, souffrait pourtant d'une double limitation. Leiris s'en était volontairement tenu au seul point de vue de la sexualité, estimant qu'elle était « la pierre angulaire dans l'édifice de la personnalité ». Il avait opté par ailleurs pour un ordre statique, spatial plutôt que temporel, l'ordre d'un tableau. Dans le cadre étroit où il la redessinait, sa vie, amputée de toute sa foisonnante richesse, prenait elle-même l'allure un peu sèche et compassée des personnages de Cranach. C'est ce qui explique sans doute que Leiris ait jugé bon, dès 1940, de remettre son ouvrage sur le métier. La nouvelle entreprise est beaucoup plus ambitieuse, beaucoup plus hasardeuse aussi. Il s'agit cette fois non plus tant de liquider le passé, en reconstituant plus ou moins artificiellement son schéma, que de lui demander, en scrutant avec minutie ses moindres détours, « la règle du jeu » (ce sera le titre général que Leiris donnera à sa recherche), c'est-à-dire « une règle d'or qui serait en même temps art poétique et savoir-vivre ». Ce qui veut dire que Leiris n'interrogera pas seulement son passé, mais s'interrogera lui-même interrogeant son passé.

Pour mener à bien ses investigations, le nouvel Œdipe ou le nouveau Proust s'appuiera sur ce qu'il nomme des « bifurs » ou « biffures », et par quoi il entend à la fois « les décalages insolites qui s'opèrent dans notre esprit à l'occasion de mots ou de combinaisons de mots » et « ce que déclenchent en nous de similaire certaines convergences ou disjonctions qu'on croit, à tel moment déterminé, voir se manifester bel et bien dans des choses ». Le premier tome de *La Règle du jeu*, précisément baptisé *Biffures* (1948), renoue donc en partie avec l'inspiration, quelque peu négligée dans *L'Âge d'homme*, du *Glossaire* et d'*Aurora :* c'est toujours la même croyance dans le caractère « sacré » ou « divin » du langage qui pousse Leiris à se remémorer les traitements bizarres qu'il infligeait, dans son enfance, à des mots dont il ignorait encore la forme et le sens exacts (« Habillé-en-cour », par exemple, pour « à Billancourt »).

Mais comment empêcher qu'au souvenir se mêle la rêverie? Comment interdire que le présent vienne envahir une œuvre qui se voulait tournée vers le passé? Dès le cinquième chapitre (« Perséphone »), les barrières ont cédé : « C'est au 53 *bis* quai des Grands-Augustins que j'habite maintenant, à quelques pas du Pont Neuf et face à la Cité. » Voici que le journal se mêle à l'enquête, sans combler pour autant le fossé de plus en plus profond qui se creuse, comme dans *L'Emploi du temps* de Michel Butor, entre le « *je* raconteur » et le « *je* raconté ». La phrase s'allonge, se complique, s'étire à l'extrême de la rupture, comme pour mieux embrasser les infinies ramifications du moindre mot ou du moindre fait; de savants raccords tentent de coudre ensemble le présent et le passé, le livre et la vie. Mais c'est en vain que Leiris déploie toutes les ressources de son art : ce présent et ce passé, ce livre et cette vie ne cessent de s'écarter l'un de l'autre. Il lui arrive de désespérer : il intitulera *Fourbis* (1961) le second volume de cette quête impossible que viendra pourtant prolonger *Fibrilles* (1966).

[Las d'attendre]

[...] ce regard en quoi tout devrait soudain se condenser et prendre la fixité d'un panorama, je le jette à travers ces *Biffures*, ces *Fourbis*, ces *Fibrilles* que j'écris non pas simplement dans le temps (en cette époque qui est la mienne et me fournit mon langage) mais, puis-je dire, avec le temps puisqu'il me faut de longs délais pour ajuster ces matériaux pêchés aux quatre coins de ma vie et enchaîner des réflexions dont chacune, loin de se proposer d'un bloc, est un mouvement décomposable en plusieurs phases. Attendre d'une méthode discursive, prosaïque, l'impression de présence absolue et de saisie totale que seule peut donner la poésie, dans son surgissement apparemment sans racines, c'est — bien sûr — espérer l'impossible... Mais si le mot « attendre » se rapporte ici à une vaine expectative, le relisant maintes fois en tête de cette phrase qu'il amorce et sur la teneur négative de laquelle je butais (de sorte que j'y revenais sans cesse afin d'y découvrir le joint qui me permettrait de poursuivre), je l'ai relié finalement à quelque chose de plus concret : l'attente continuelle où me met un procédé si lent qu'il me fait presque toujours manquer mes rendez-vous avec moi-même — implication dernière d'un terme dont j'avais usé presque fortuitement sans prévoir qu'un jeu de double sens l'amènerait à dénoncer, par un biais analogue à celui du lapsus, le vice de ma méthode.

Ces fiches que je conserve dans une boîte en attendant de les utiliser et dont le contenu, quand j'y retourne, a perdu sa fraîcheur. Les éléments de conclusion que j'ai déjà notés, en avance donc sur le cheminement de cette série d'écrits, mais que je laisse en attente comme un bureaucrate laisse en sommeil un dossier inexploitable tant qu'il n'est pas complet. Patience masquant peut-être une paresse ou l'envie d'éluder l'heure de vérité, tactique à la Fabius (ce *cunctator* * dont le *De Viris* de ma première année de lycée m'avait conté l'histoire en même temps qu'il m'apprenait ce que c'est que temporiser), l'attente du mûrissement des quelques phrases qui, venant en succession d'éclairs, devraient culminer comme l'étreinte au regard de quoi ce qui a précédé représentera tout au plus de savantes approches. A l'orée même de mon travail, une attente en prise directe sur le siècle, puisque c'est au début de l'Occupation que je me suis mis à l'ouvrage, pensant — tous projets en suspens — ne pouvoir employer mieux qu'à un large tour d'horizon intérieur le temps qui s'écoulerait jusqu'à la sortie du tunnel, cela, sans voir que c'était

* Le temporisateur. Le *De Viris* est un ouvrage scolaire de l'abbé Lhomond (1727-1794), consacré aux grands hommes de l'histoire romaine.

m'engager dans un autre tunnel : ce livre qui viserait bientôt à l'invention d'une règle de vie basée, compte tenu de mes faiblesses, sur mes désirs les plus réels mais qui s'avère trop compliqué pour aboutir en temps utile et dont peut-être, accablé plus qu'aidé par le constant passage au crible qu'il exige, j'aurai failli mourir * avant que le sort se charge de m'éliminer. Las d'attendre d'en arriver à mes fins, j'incrimine toute attente qui, dès la source, a pu jouer dans la rédaction de ces pages. Parti pris certain, qui toutefois me permet de déboucher sur ceci : poser des jalons, laisser venir, projeter une enquête à mener par paliers et pour laquelle on prend sagement des notes, c'est remettre à plus tard l'atteinte de ce qui doit, si l'écriture est autre chose qu'un outil vulgaire, se réaliser à chaque instant et sans aucun sursis. Rien de commun entre l'échéance que préparent ces approches et le midi ou minuit éternel qu'édicte souverainement la création poétique. Et si j'agite ainsi dans mon cornet pierraille de mon passé, caillots de présent vivant et grains de ce futur en gestation, au lieu que s'y fomente le coup de dés grâce à quoi tours de cadran et horizons seraient enfin dominés, je me débats dans un temps qu'on pourrait dire *détraqué* s'il s'agissait de météorologie.

Michel Leiris, *Fibrilles*, éd. Gallimard.

* Allusion à une tentative de suicide dont Leiris décrit très longuement les conséquences dans *Fibrilles* tout en gardant la plus grande discrétion (l'un des articles de son « code » est de ne désobliger personne) sur les raisons qui ont pu l'y pousser.

— « Un jeu de double sens » (23) sur le mot « attendre » (compter sur : 9; laisser passer du temps : 19, 25, 29, 35, 39, 51, 52; l'attente/l'atteinte : 57).

— L'opposition prose (le médiat, le discursif) et poésie (l'immédiat, l'absolu) : 9-12, 35-39; 54-56, 59-61. Le rêve mallarméen du coup de dés (64).

— Le temps de l'écriture introduit, par une rupture très apparente (les points de suspension : 13; la parenthèse à l'imparfait : 16-18), dans le temps de la lecture. « Autobiographie dialectique » (Michel Butor) mais aussi autobiographie critique (49-50) : l'œuvre s'accompagne de son propre commentaire.

Si Michel Leiris, malgré les doutes et les remords qui l'assaillent, a persévéré, c'est qu'il a cru découvrir, chemin faisant, quelques secrets très simples. Non point ceux qu'il espérait. En fait de « règles », son livre ne peut que lui renvoyer celles qu'il s'était lui-même fixées pour l'écrire. Mais si la règle (la morale de l'écriture) n'a pas varié, le livre (la morale de l'histoire) a changé. Dans cette œuvre acharnée à tout dire sur un seul être et manquant y trouver sa perte, apparaissent peu à peu ce que Leiris nommera lui-même « des espèces de débats d'ordre général » (sur la mort, sur l'art), en même temps que se fait de plus en plus sensible, de *Biffures* à *Fibrilles*, la présence des autres (qu'il s'agisse d'une femme : Khadidja, ou d'un pays : la Chine). Double mouvement d'élargissement qui conduit Leiris à retrouver cette vérité qu'il avait trop longtemps méconnue : « *on ne parle pas tout seul* ». L'œuvre, en se modifiant, a modifié son auteur. Leiris n'écrira pas ces *Fibules* par lesquelles il se proposait de « rattacher solidement (ses) aperçus éparpillés », mais il écrit (est-ce une allusion à cette « voix » que tout écrivain, même le plus démuni, a pour mission de nous faire entendre?) *Frêle Bruit.*

Choix bibliographique :

M. Nadeau, *Michel Leiris et la Quadrature du cercle*, Julliard.

Cl. Chris Marker-Snark International.

« La statue nègre n'est pas le Dieu : elle est la prière » (Chris Marker).

Chapitre XX

Jean Paulhan

Chez Jean Paulhan, la fonction, pendant près d'un demi-siècle, aura fait oublier l'œuvre. Une œuvre discrète et discontinue, distillée en de fragiles opuscules ou vouée à l'éphémère des revues, mais inséparable d'une activité qu'elle fonde et qu'elle oriente et qui ne prend que par elle sa véritable signification *. Si Jean Paulhan, à la tête de la *Nouvelle Revue Française*, mit un tel cœur et un tel bonheur à remplir la tâche qu'il avait héritée de Jacques Rivière en 1925, s'il sut découvrir, encourager des auteurs aussi importants et à l'époque aussi peu connus que Jouhandeau, Giono, Ponge, Artaud ou Michaux, s'il peut passer à bon droit, par la diversité et la sûreté de ses choix, pour l'un des premiers critiques de son siècle, et le seul peut-être, depuis Félix Fénéon (*cf.* chap. 30), à ne s'être pas trop égaré sur ses contemporains, c'est qu'il était, suivant sa très belle expression, « critique en connaissance de cause », c'est qu'une ardente curiosité, une savante passion l'animait, non pas seulement pour les œuvres (il fut l'un des plus « attentifs à l'unique »), mais pour la littérature qui passe par elles, Paulhan préfère dire : pour le langage.

Tel est le thème, en effet, qui domine cette œuvre obstinée. Non point que son auteur, comme on le lui a si souvent reproché, se soit, à la façon des anciens mandarins, calfeutré dans les mots. Paulhan ne fuit pas la réalité dans le langage : il l'y rejoint, et c'est pour en mieux cerner le secret. « Je crois, confiait-il à Robert Mallet dans un entretien radiophonique, que le langage contient la clé de tous les problèmes qui nous préoccupent. Encore faut-il savoir l'y trouver. Remarquez qu'il constitue une sorte de microcosme du monde entier, il a sa part de matière : les lettres, les mots qu'elles forment, leur son. Il a aussi sa part d'esprit : les idées que nous représentent ces mots, leur sens. Et les milliards de combinaisons de cet esprit avec cette matière. Et, je suppose, les lois de ces combinaisons. » Et poussant un peu plus loin l'aveu : « J'ai toujours pensé, dira-t-il encore, que s'il m'était donné quelque jour de connaître à fond le langage, tout le reste me serait donné de surcroît. Je ne songe pas au langage académique ou littéraire, non : mais au langage immédiat, brut, réduit à l'essentiel, avec ses arguments et ses astuces. » De par l'union en lui de la matière et de l'esprit, le langage est donc l'image même du mystère. Mais parce que nous pouvons réfléchir sur les mots sans les faire s'évanouir (au contraire de notre pensée, qui « ne nous est jamais donnée si entière que nous ne prélevions sur elle la part qui nous permet de l'observer »), il en est aussi la clé. Tout le mystère et tout son secret.

---

* Les œuvres de Jean Paulhan viennent enfin d'être rassemblées, au Cercle du Livre Précieux, en cinq gros volumes dont la publication s'est échelonnée de 1966 à 1970.

Car cet homme, qui passa pour un classique et pour un sceptique, éprouva, sa vie durant, le sentiment très vif de l'inexplicable. La guerre, l'amour, le rêve, la maladie, la mort, autant d'« événements » qui font brusquement vaciller l'idée que nous nous étions formée du monde et de nous-même. « Tout se passe comme si notre pensée ne se suffisait pas à elle-même et ne pouvait vivre sur son propre fonds — mais qu'elle exigeât à certains moments d'être en quelque sorte rechargée, de quoi? D'un élément d'autre nature, ambigu, mystérieux et parfaitement étranger à l'esprit. Claire, qu'elle fût étayée par de l'obscur; raisonnable, par de la déraison; explicable, par un non-sens. »

Au début de sa carrière, puis, épisodiquement, dans de courts récits qui ne sont le plus souvent que la transcription, à peine voilée, d'une expérience intime, Paulhan a tenté de ressusciter ces moments où l'« obscurité », soudain, nous devient sensible. Tantôt conte, tantôt journal et le plus souvent les deux ensemble, chacun de ces petits textes aigus décrit, avec un humour qui en renforce la gravité, ce que Robert Abirached a très justement nommé « une hésitation de soi au bord de soi ». Comme le remarque le narrateur de *Progrès en amour assez lents* (écrit en 1916), cet autre Frédéric Moreau tranquille et presque indifférent qui, repoussé par Jeanne puis éconduit par Juliette, connaîtra enfin avec Simone la saveur de la femme, « il n'est pas d'événement plus grave qu'une aventure d'amour; j'entends la sorte d'amour dont je parle. L'on y risque pas mal de choses, et d'abord la pensée qu'on a de soi-même (ce que prouve bien la quantité de compliments que l'on s'adresse l'un à l'autre et l'inquiétude ici plus profonde). Et ce point justement est si grave que je ne veux pas en dire plus long : il est la clef de ces récits et qui ne l'a pas déjà entendu ne les suivra pas. Mais j'écris ceci pour les autres ». Ne cherchons pas une autre clef pour *Lalie* ou pour *Le Pont traversé*, pour *La Guérison sévère* ou pour *Le Clair et l'Obscur*, ni surtout pour ces deux chefs-d'œuvre que sont *Le Guerrier appliqué* (écrit en 1914, publié en 1917), où le zouave Paulhan considère la guerre (« plus intense que les autres événements, cependant de même nature et comme leur apparence grossie ») avec un si scandaleux naturel, et le *Guide d'un petit voyage en Suisse* (écrit en 1946, publié en 1947), qui ressemble aussi peu à un récit de voyage que le précédent à un récit de guerre.

Ne connaissez-vous pas
de ces instants où l'on
sent en quelques secon-
des toute une éternité?
Cela vous arrivera, soyez-
en sûre. Avec l'amitié
de
Jean Paulhan

Coll. Gallimard.

[Un petit nuage blanc]

A la recherche de « paysages inoubliables », Paulhan vient de découvrir un vertigineux précipice.

... c'est alors qu'il se passa l'événement de ce voyage, le plus digne d'être raconté.

Sous le coup de l'émotion, j'avais couru jusqu'à ma table, où je m'accoudai. J'allumai une cigarette. Le soleil brillait sur les mêmes montagnes de la veille, mais je lui trouvais je ne sais quoi de changé. L'on m'apporta une tasse de café, que je bus. Je me disais : « J'ai beau avoir éprouvé déjà pas mal de sentiments, il se peut que le plus étonnant de tous me fasse encore défaut. » Ici je me rappelai bizarrement une réclame de pharmacie qui commençait par ces mots : « Vous sentez-vous tout à fait aussi bien que vous le pourriez? » Ah! voilà. Évidemment, je ne me sens pas aussi bien, je ne me suis jamais senti tout à fait aussi bien que je l'aurais pu. (Et dans ma hâte à reposer ma tasse, je laissai tomber quelques gouttes sur le plateau.) D'ailleurs, il n'est pas facile de comprendre que les hommes, ayant une fois commencé de vivre, continuent comme si ça allait de soi, sans autrement s'en étonner. Je veux dire hors de ces époques où les dangers, la mort, la guerre font que la vie même toute simple à chaque instant suffise à la surprise. (J'avalai un peu de fumée.)

Je rêvai encore à la réclame. Peut-être son auteur savait-il quelque chose qu'il ne disait pas : je ne sais quel événement simple mais mystérieux, que chacun soupçonne, mais dont personne ne peut tout à fait parler, et c'est lui qui nous engage à vivre. (D'ailleurs, qui saurait se voir tout entier?)

Ici je me sentis le bout du doigt brûlé par la cigarette qui, durant mon absence, s'était fumée toute seule, et je la plongeai pour l'éteindre dans une goutte de café. C'est alors, c'est précisément alors qu'il s'éleva au-dessus de la goutte un petit nuage blanc, exactement rond, de la grosseur d'une bille; c'est alors que le nuage devint plus blanc que la neige, d'une splendeur matinale, puis, tournant et comme roulant sur lui-même, redescendit, vint se poser sur le plateau, après quelques instants s'écrasa devant moi qui le regardais de tous mes yeux, et ne laissa enfin à la place où il s'était posé qu'une légère buée pâle, que j'effaçai du doigt.

J'eus beau dans la suite recommencer l'expérience avec de nouvelles cigarettes, et de nouvelles gouttes de café.

Comme entre-temps nous avions repris des forces, et même un peu de graisse, la Suisse estima très justement qu'elle avait assez fait pour nous, qui n'avions plus l'air de victimes *, si nous l'avions jamais eu. L'on nous ren-

* Nous sommes au lendemain de la guerre, en 1946.

Coll. part. - Snark International.

Jean Paulhan pendant la guerre de 1914-1918.

Jean Paulhan en 1958.

Éd. Gallimard.

voya donc chez nous, le lendemain du nuage, tout aussi gentiment qu'on nous avait fait venir. Pour moi, je n'ai guère cessé de penser, depuis lors, aux incidents de ce voyage. Entre autres projets, j'esquisse une suite de mesures qui, étendant à notre franc l'extrême versatilité du franc suisse, le mettraient assez vite à la portée de toutes les bourses. Ce sera l'objet du petit livre qui fait suite à celui-ci.

Jean Paulhan, *Guide d'un petit voyage en Suisse*,
éd. Gallimard.

— Liberté du récit : parallèlement à une méditation vagabonde, alimentée par un souvenir (9) et interrompue par une sensation (27), la préparation toute machinale (14-15, 21) de l'événement. Marquée par un point d'orgue (29-30), l'apparition. Deux silences (38, 40) et conclusion en forme de pirouette.

— Mélange des tons : la familiarité (11-14) dialogue avec la profondeur (18-20, 23-26), la poésie naïve (29-38) avec le badinage mondain (41-51). L'humour de Paulhan ou l'art de surprendre (et de décevoir : 46-48/48-51) pour mieux suggérer (la morale, 23-26, précède ici l'histoire).

— « Qu'est-ce que la pudeur? C'est d'abord un refus. Est pudique l'homme qui tient à distance ses émotions, sa volonté, ses désirs. Qui les traite par le mystère : étant beau, dissimule son corps; fort, sa puissance; amoureux, son désir. » (Jean Paulhan, *Le Clair et l'Obscur*.)

Événements qu'une file de soldats courant vers une crête ou que la fumée d'un mégot flottant sur une tasse de café. Événement parmi d'autres, événement des événements : le langage. Toute la réflexion de Paulhan sur les mots, à laquelle il a consacré, sous forme de traités, l'essentiel de son œuvre (mais ce sont des contes encore que ces « essais » à la Montaigne), est issue, elle aussi, d'une expérience vécue. Au cours d'un séjour à Madagascar, entre 1907 et 1911, Paulhan avait été frappé par de courts poèmes didactiques, les « hain-tenys », formés de deux parties dont l'une contenait soit des conseils soit des aveux et l'autre ce qu'il est convenu d'appeler un proverbe : mais l'obscurité de cette seconde partie, la nature profondément énigmatique du lien qu'elle entretient avec la première, allaient conduire le jeune professeur, par toute une série d'étapes qui sont autant de renversements du pour au contre, sur la voie du mystère ou à tout le moins du malentendu : « J'avais pris pour des mots ce que les Malgaches entendaient en choses. » Ainsi se révélait à lui, par-delà tous les péchés dont on le charge, par-delà cette dualité, cette duplicité dont on l'accuse, l'unité (« inconcevable » mais « intelligible ») du langage, et sa merveilleuse innocence.

Paulhan va dès lors se donner pour tâche, d'une part d'analyser, avec toujours plus de minutie, les mécanismes du malentendu, d'autre part de désigner, avec toujours plus d'insistance, la présence du mystère. Enquêtant aussi bien sur le langage quotidien (dans *Entretien sur des faits divers*, commencé en 1910, publié en 1930 et réédité en 1945) que sur la littérature (qu'il considère, du reste, comme du « langage grossi », et donc d'autant plus propice aux investigations du chercheur), Paulhan dénonce tour à tour, en clinicien averti, un certain nombre d'illusions : « l'illusion de projection » (dont les généralisations abusives, du genre « toutes les Françaises sont rousses », fournissent le meilleur exemple); « la preuve par l'étymologie », qui repose sur la conviction que « toute réflexion valable se trouvait *déjà* dans notre langage, et (que) les mots ne s'unissent pas au hasard »; « l'illusion du traducteur » (c'est-à-dire celle qui, dissociant, « aux yeux d'un interprète, les clichés et les lieux communs d'une langue étrangère, l'amène à confondre dans le texte qu'il veut rendre la part de la langue et la part de l'auteur »); « le mythe des langues concrètes », par où nous jugeons « plus "vivante" et plus imagée que la nôtre une langue étrangère — et plus elle nous est étrangère —, l'argot, les langages techniques ». Toutes ces maladies, qui correspondent en fait au fonctionnement normal et faussement naturel de notre esprit, peuvent se ramener à deux grands types d'illusions symétriques : « l'illusion des grands mots » (celle des terroristes, autrement dit d'à peu près tous les écrivains modernes, persuadés que les mots entravent la pensée), et « les illusions du grand penser » (celles des rhétoriciens, comme Valéry, Alain ou Benda, persuadés qu'il suffit de creuser un peu les mots pour en faire jaillir la pensée). Double erreur qui permet à Paulhan, dans son ouvrage le plus célèbre, *Les Fleurs de Tarbes* (publié en 1941, mais auquel il travaillait depuis 1930), de refuser les termes mêmes du grand débat — des classiques et des romantiques, de l'Ordre et de l'Aventure — qui domine notre littérature depuis 1830 et devient particulièrement vif aux environs de 1920. Terreur et Rhétorique sont renvoyées dos à dos, ou plutôt Paulhan montre qu'elles se renvoient l'une à l'autre, comme le dogmatique et le pyrrhonien de Pascal, tous deux dans l'erreur parce que n'apercevant tous deux qu'une part de la vérité. Resterait, une fois les malentendus dissipés, à reconstruire une rhétorique. Mais peut-on codifier le mystère, peut-on seulement l'énoncer? Paulhan n'a jamais écrit le second tome des *Fleurs de Tarbes*, mais il a su nous proposer, à défaut d'une rhétorique, une sagesse : « Certes, la littérature est faite pour nous embarrasser si elle est littéraire, le roman s'il est romanesque ou le théâtre théâtral. Mais il est un moyen de tourner l'embarras à notre avantage : c'est de rendre le théâtre un peu plus théâtral, le roman violemment romanesque, et la littérature en général plus littéraire. Il y suffit d'un élan. Il y suffit d'une réconciliation et d'un oui. »

[En tout langage la présence sacrée d'un monde unique]

Dans cette conclusion, Paulhan introduit et justifie le titre de son essai, achevé en 1967, et le dernier qu'il ait écrit, *Le Don des langues*.

* Ancienne divinité des colons grecs d'Égypte, Hermès Trismégiste (« trois fois le plus grand ») passait pour l'auteur d'un certain nombre de traités magiques, auxquels les alchimistes devaient plus tard se référer.

* Après les exemples de « polysémie » qu'a multipliés Paulhan.

Les disciples d'Hermès *, au XVIIe siècle, appelaient *don des langues* certain savoir secret qui permît au voyageur de parler aussitôt la langue de la contrée où il venait de pénétrer. Celui qui possède ce don, ajoutait-on, peut parcourir sans danger le monde : il trouve partout la paix, l'équilibre, la sérénité. Cependant, un abus du mot — qui n'a plus rien pour nous surprendre * — semble avoir assez vite substitué la religion à la langue, permettant ainsi à ce voyageur de se faire orthodoxe en Russie, bouddhiste dans l'Inde et taoïste en Chine. Tel est du moins le reproche qu'adressaient aux hermétistes leurs adversaires.

Je ne sais si le reproche était fondé, je ne sais même s'il s'agissait, à proprement parler, d'un reproche. Mais l'expression conviendrait assez exactement à la société qui nous occupe. C'est une société dont les membres — nous tous, peu s'en faut — savent reconnaître, ou du moins soupçonnent en tout langage la présence sacrée d'un monde unique où nous sommes confondus. Si l'on préfère, d'un Dieu que déchirent nos divisions, notre étude, nos sciences.

Qui saura cependant préciser l'allusion, et montrer clairement qu'il connaît le *mot* de la société? Ah! c'est là une autre question, que je ne posais pas. A première vue, voici :

Il s'agit d'un conseil, qui figure dans les manuels d'éducation de la volonté. A l'homme qui voudrait, par exemple, s'arracher à son lit de bonne heure, qui le veut et le veut encore et s'obstine sans y parvenir, il reste une ressource : c'est d'oublier son obstination et sa volonté même. Mais il repasse une fois encore toutes ses bonnes raisons, et puis les oublie. Il laisse tomber (comme on le dit très bien) les réflexions et les idées. Il flotte, il fait la nuit dans son esprit. Il obéit à je ne sais quelle légère extase. Et qu'arrive-t-il? C'est qu'après quelques instants il se retrouve debout. Debout, il ne sait comment ni pourquoi; sans qu'il ait eu à se servir de ses mains ou de ses pieds. Mais enfin debout : c'est tout ce qu'il fallait.

Ainsi en va-t-il de l'homme qui s'est proposé de parler (ou d'écrire) et qui parle en effet sans le moins du monde prévoir ses mots, ou ses phrases. Il n'a mémoire de lettres ni de sons. Il ne sait plus ce qu'est langage, ni langue, ni s'il est lui-même. Il a suivi ce passage où nous approchons le monde tout entier, si * la liberté et la nécessité, le proche et le lointain, le bien et le mal n'y font qu'un. Passage indicible, mais capable d'imprimer à la démarche de l'homme éveillé, avec l'accent de la vérité, la même sorte de gaucherie gracieuse, à la fois frêle et forte, qui nous enchante chez plus d'une fille ou femme, et qui me touche, il faut l'avouer, dans la lettre de la jeune écrivaine — je l'ai citée plus haut — qui me disait goûter le sport, le jerk ou le flamenco, mais avoir la littérature et le parlage en horreur.

* S'il est vrai que.

Jean Paulhan, *Le Don des langues*, Cercle du Livre Précieux.

— Deux apologues (13-15; 38) pour désigner, puis préciser (21) un même secret. Le premier emprunté à la culture savante (l'histoire de l'occultisme : 1-11), l'autre à la culture populaire (les recettes psychologiques : 25-37).

— L'idée de grâce : le miracle d'une faveur (34-37) et la qualité d'un style (33-34; 44-48). Une nouvelle définition (mais est-elle si nouvelle?) de l'inspiration.

— « Il semble que le paradis soit toujours là : c'est nous qui ne savons pas le voir. Du moins les mots nous sont-ils les témoins de sa présence, les mots et le langage que nous servons ou plutôt qui se sert de nous. » (Jean Paulhan, 1964.)

A.D.A.G.P. - cl. Snark International.

Braque, *Le Billard* (Jean Paulhan publie en 1945 une étude sur *Braque le patron*).

Fautrier, *Prisonniers* (à l'étude sur Braque fait pendant un *Fautrier l'enragé* paru en 1949).

Cl. B.N.

La sagesse de Paulhan, qu'il faut prendre au sens fort du mot, fut pour lui à la fois une morale (un comportement juste) et un savoir (une connaissance juste). Elle fut aussi sérénité. Paulhan le sage, qui avait redécouvert, par une patiente méditation sur les mots, le même secret qui captiva Breton, qui déchira Bataille, un secret dont il ne s'exagère surtout pas l'originalité mais dont il souligne au contraire, pour mieux en marquer l'importance, qu'il figure dans toutes les religions et dans tous les folklores : « Il n'y a dans le monde aucune des différences dont vous faites si grand cas : Tout est *un.* » Paulhan le réconciliateur, de l'écrivain avec la littérature et de l'homme avec son langage. Paulhan l'inventeur des inventeurs, qui, les embrassant tous ensemble dans un même regard et dans une même foi, voua sa vie à nous rappeler quelle étonnante invention est la littérature.

Choix bibliographique :

R. Judrin, *La Vocation transparente de Jean Paulhan*, Gallimard.

M.-J. Lefebve, *Jean Paulhan*, Gallimard.

« Jean Paulhan et la *Nouvelle Revue Française* », n° spécial de la *N.R.F.*, mai 1969.

Chapitre XXI

Maurice Blanchot

« Elle ne lut que quelques pages et parce qu'il le lui demanda doucement. "Qui parle?" disait-elle. "Qui parle donc?" Elle avait le sentiment d'une erreur qu'elle ne parvenait pas à situer. » Ce sentiment, ce malaise qu'éprouve, dans *L'Attente l'Oubli*, l'étrange interlocutrice d'un non moins étrange narrateur, c'est celui-là même qu'éprouve tout lecteur de Maurice Blanchot devant une œuvre qui ne cesse précisément de poser, soit sous forme de « romans » ou de « récits », soit sous forme d'« essais », la question que nous nous posons à son sujet : « Qui parle? ».

Dans tous les écrits, romanesques ou critiques, de Maurice Blanchot, revient en effet la même question. Question sur le langage, mais dont il faut bien voir qu'elle se confond, sous l'influence de Mallarmé et de certains philosophes contemporains (Husserl, Heidegger), avec la question même de l'être. Comme Paulhan, mais d'une façon plus radicale encore, Blanchot voit dans le langage le lieu, sinon la clef, de tous les mystères : c'est en lui que se noue et se joue le drame humain fondamental. D'où un principe qui bouleverse les conceptions traditionnelles de la critique et qu'il convient au moins d'appliquer à son auteur : il faut cesser de distinguer entre l'expérience et l'expression, entre la vie et la littérature qui serait censée en rendre compte. « Le récit, écrit Blanchot dans *Le Livre à venir*, n'est pas la relation de l'événement, mais cet événement même, l'approche de cet événement, le lieu où celui-ci est appelé à se produire. » La littérature, telle que Blanchot la conçoit et la pratique, n'est pas seulement une expérience, elle est toute l'expérience. Et le reste, nos désirs, nos enthousiasmes, nos déceptions, bref cet ensemble de sentiments et d'activités que nous nommons la vie, n'est que l'image ou la figure de ce que met en jeu, dans l'acte même d'écrire, la littérature.

« Qui parle? » Telle est donc l'unique question. C'est pourquoi nous devons entendre, lorsque Blanchot évoque, dans un de ses romans, la mort d'un personnage, qu'il s'agit aussi, qu'il s'agit d'abord et surtout du langage et de la « mort » qui lui est essentielle. Mais nous ne devons pas davantage oublier que cette mort, telle qu'elle est envisagée dans les essais, incarne aux yeux de Blanchot la mort au sens propre, la seule dont nous verrons qu'elle mérite véritablement ce nom puisque la seule à nous priver, au sein même de l'existence, de tout contact avec l'être. Si bien que l'œuvre entière apparaît, non pas comme une allégorie (les romans n'illustrent pas les essais), mais comme une vaste métaphore dont les deux termes sont assez bien représentés par les deux « genres » que cultive Blanchot, deux genres qui d'année en année tendent de plus en plus à se confondre.

Si l'on étudie le côté de la fiction et si l'on prend à la suite les différents textes publiés par l'auteur sous cette rubrique, on remarque en effet un passage, tout à fait volontaire et conscient, du « roman » au « récit ». *Thomas l'Obscur* (dans sa première version, commencée en 1932 et publiée en 1941), *Aminadab* (1942), *Le Très-Haut* (1948) sont des œuvres complexes où l'histoire ne dissimule pas (elle l'afficherait plutôt en multipliant les invraisemblances et les ruptures) son caractère de fable, mais où la relative diversité des personnages, l'abondance des épisodes et la présence, même stylisée, d'un décor détournent parfois notre attention de l'essentiel. Il arrive à l'artisan de mettre un

Portrait de Sade, par Man Ray.

Cl. Man Ray

peu trop de complaisance dans ses phrases (et cela sonne comme du Giraudoux) ou de dessiner avec un peu trop de minutie les labyrinthes où se perdent ses héros (et l'on songe à Kafka). Trompé par tout cet appareil et par tout cet apparat, Sartre rangeait *Aminadab*, un peu précipitamment, dans la catégorie du fantastique et concluait son article sur d'assez vives réserves : « Mais enfin tout cela ne rend pas un son très neuf. »

C'était méconnaître, mais sans doute Blanchot l'avait-il exagérément travesti, le sens de ces trois Odyssées. Un sens qui de toute manière (par nature et par nécessité, non par caprice ou par accident) ne saurait être clair, mais que l'auteur aurait pu rendre plus manifeste. Hommes quelconques, c'est-à-dire l'homme par excellence, Thomas ou Sorge illustrent, à première lecture, ce qui sonnait déjà, aux alentours de 1942, comme des lieux communs. Lieux communs existentialistes de l'incommunicabilité, de l'absurde, etc. *Aminadab* décrit ainsi l'errance, à travers une bizarre demeure dans laquelle il s'est aventuré sur la foi d'un signe (mais lui avait-on vraiment fait signe?), d'un héros qui découvrira trop tard celle qu'il souhaitait connaître (mais s'agit-il bien de la même femme?). Roman métaphysique? Plus exactement roman de la conscience, plus précisément encore, et c'est ici que perce l'originalité de l'œuvre, roman de l'écriture. Blanchot se sert des différents thèmes existentialistes, modulés du reste d'une façon qui lui est propre (sa nausée n'est pas celle de Sartre ni son absurde celui de Camus) pour introduire un thème beaucoup plus profond, celui des rapports du langage avec l'être et de l'écrivain avec son œuvre. Anne et Thomas *(Thomas l'Obscur)*, Lucie et Thomas *(Aminadab)*, sont les premières versions, chez Blanchot, du mythe d'Orphée et d'Eurydice tel que l'interprétera *L'Espace littéraire*.

Mais pour que ce mythe, encore enfoui sous des symboles parasites, devienne enfin visible, sensible, il faudra que le romancier renonce, par une ascèse dont il est peu d'exemples, aux prestiges de l'art romanesque. *L'Arrêt de mort* (1948) marque la première étape dans la voie du dépouillement : un narrateur qui dit « Je » et dont ce simple pronom sera toute l'identité, une ou deux silhouettes féminines, le plus souvent désignées par de simples initiales, une chambre nue et qui semble isolée pour toujours du monde extérieur, un événement auquel le narrateur se réfère avec insistance sans jamais pouvoir l'exprimer directement (« L'extraordinaire commence où je m'arrête. Mais je ne suis plus maître d'en parler »), nous voici introduits dans un univers que Georges Poulet qualifie de « vestibulaire ». Univers de l'absence, univers du vide dont la signification ne cesse de s'enrichir à mesure qu'il s'appauvrit. La seconde version de *Thomas l'Obscur*, publiée en 1950, définit assez bien la tâche que s'est fixée Blanchot, non seulement en récrivant son premier roman, mais en composant ces « récits » ténus et tendus à l'extrême que sont *Au Moment voulu* (1951), *Celui qui ne m'accompagnait pas* (1953), *Le Dernier Homme* (1957) : il s'agit bien de « la recherche d'un centre imaginaire », de ce « je pense » qui n'est lui-même qu'un « je parle », et par où s'affirme, en tant d'abord que négation, ce que Michel Foucault propose d'appeler « la pensée du dehors ».

[« Je pense, donc je ne suis pas »]

Anne vient de mourir. Muré dans sa douleur, Thomas, dont elle était l'amie, médite sur lui-même.

[...] si j'avançais en moi-même, me hâtant dans un grand labeur vers mon exact midi, j'éprouvais, comme une tragique certitude, au centre de Thomas vivant, la proximité inaccessible de ce Thomas néant, et plus l'ombre de ma pensée diminuait, plus je me concevais, dans cette clarté sans défaut, comme l'hôte possible et plein de désirs de cet obscur Thomas. Dans la plénitude de ma réalité, je croyais toucher l'irréel. O ma conscience, il n'était pas question de t'imputer sous forme de rêverie, d'évanouissement, de lacune, ce qui n'ayant pu être assimilé à la mort aurait dû passer pour chose pire, ta propre mort. Que dis-je? Je le sentais lié, ce néant, à ton extrême existence comme une condition irrécusable. Je sentais qu'entre lui et toi se nouaient d'indéniables raisons. Tous les accouplements logiques étaient incapables d'exprimer cette union où, sans donc ni parce que, à la fois comme cause et comme fils, vous vous retrouviez inconciliables et indissolubles. Était-ce ton contraire? Non, je l'ai dit. Mais il semblait que si, faussant un peu la jonction des mots, j'avais cherché le contraire de ton contraire, j'aurais abouti, ayant perdu mon juste chemin, et sans revenir sur mes pas, progressant admirablement de toi conscience, qui es à la fois existence et vie, à toi inconscience, qui es à la fois réalité et mort, j'aurais abouti, lancé alors dans un terrible inconnu, à une image de mon énigme qui eût été à la fois néant et existence. Et, avec ces deux mots, j'aurais pu détruire sans cesse ce que signifiait l'un par ce que signifiait l'autre et ce qu'ils signifiaient tous deux, et j'aurais détruit en même temps, par leur contrariété, ce qu'il y avait de contraire entre ces contraires et j'aurais fini, les malaxant sans fin pour fondre ce qui ne pouvait se toucher, par ressurgir au plus proche de moi-même, Harpagon qui soudain trouve son voleur et se saisit par le bras *. C'est alors qu'au sein d'une grotte profonde la folie du penseur taciturne m'apparut, et des mots inintelligibles résonnèrent à mes oreilles, tandis que j'écrivais sur le mur ces douces paroles : « Je pense, donc je ne suis pas. »

* Molière, *L'Avare*, acte IV, scène 7.

Maurice Blanchot, *Thomas l'Obscur*, éd. Gallimard.

— Une pensée discursive (l'image de la marche : 1-2, 20-24) aux prises avec une énigme (25) qui défie toute logique (14-15) : ses ruses (19, 26-31) et ses surprises (31-33, 33-37).

— « Il n'y a pas de romancier qui se montre moins *réaliste* que Blanchot; il n'y en a pas qui se veuille plus *véridique*. Pour lui le roman est un *discours* et une *méthode*, un discours méthodique et d'allure essentiellement cartésienne [...] » (Georges Poulet.)

— La notion d'écriture chez Bataille et chez Blanchot (26-31).

Il reste à mieux cerner cette intuition paradoxale. Les essais peuvent nous y aider, mais il serait vain d'en espérer le « dernier mot ». L'exercice de la critique n'est qu'un autre détour, par lequel Blanchot tente de saisir ce qui, par définition, échappe à sa prise. Les images ou les figures se nommeront cette fois Lautréamont, Sade (*Lautréamont et Sade*, 1re édition en 1949; 2e édition en 1963), Hölderlin, Kafka, Mallarmé, Artaud, Beckett. Devant ces œuvres difficiles, comme devant toutes celles dont il décide de rendre compte pour la *Nouvelle Revue Française* ou pour *Critique*, Blanchot s'abstient de juger : son choix est déjà un jugement. Refusant la notion de valeur, évitant les pièges de l'interprétation, il se veut avant tout un « lecteur », le premier lecteur, celui qui se prête à l'œuvre pour qu'elle s'achève en lui. Mais la modestie de cette critique ainsi définie comme « un espace de résonance », comme « la chose même augmentée d'un regard », est à la mesure de son ambition. Ce que tente de retrouver Blanchot, à force de patience et d'attention, c'est, dans une œuvre donnée, son origine, l'acte dont elle est issue et qui l'a constituée comme œuvre. D'où le projet d'une « Critique » au sens kantien du terme. « De même que la raison critique de Kant est l'interrogation des conditions de possibilité de l'expérience scientifique, de même la critique est liée à la recherche de la possibilité de l'expérience littéraire. »

Or cette expérience littéraire apparaît elle-même liée, pour Blanchot, à l'expérience de la mort. S'appuyant sur ses intercesseurs et plus particulièrement sur Mallarmé, il se fera, dans toute une série de voyages à travers la littérature (depuis *Faux Pas* et *La Part du feu*, simples recueils de chroniques, jusqu'aux enquêtes plus systématiques de *L'Espace littéraire* en 1955 et du *Livre à venir* en 1959), l'explorateur de cet « espace littéraire » qui est pour lui l'espace même de la mort. Dans et par le langage, dans et par le double rapport (d'absence, d'exclusion) que les mots entretiennent avec les choses et que l'écrivain entretient avec son œuvre, se révèle en effet et s'accomplit notre séparation d'avec l'être. « Pour que je puisse dire : cette femme, il faut que d'une manière ou d'une autre je lui retire sa réalité d'os et de chair, la rende absente et l'anéantisse. Le mot me donne l'être, mais il me le donne privé d'être. » Le langage est donc négation, mais cette négation peut être aussi bien considérée comme une affirmation puisque sans elle, dit encore Blanchot, « tout s'effondrerait dans l'absurde et le néant ». Dans l'expérience essentiellement ambiguë que nous faisons du langage, la mort n'est donc qu'un moment ou qu'un passage : elle débouche en fait sur ce qui n'est pas plus une affirmation qu'une négation, sur cette « existence sans l'être », que Blanchot a choisi d'appeler le « neutre ». Le neutre, c'est-à-dire le sentiment de l'*Il-y-a*, c'est-à-dire la conscience que nous prenons de cette parole qui parle en nous, qui se parle à travers nous, en deçà du silence et par-delà les mots, c'est-à-dire cette question même, la forme même de la question : « Qui parle? »

[La littérature se passe maintenant de l'écrivain]

Qui voit Dieu meurt. Dans la parole meurt ce qui donne vie à la parole; la parole est la vie de cette mort, elle est « la vie qui porte la mort et se maintient en elle ». Admirable puissance. Mais quelque chose était là, qui n'y est plus. Quelque chose a disparu. Comment le retrouver, comment me retourner vers ce qui est *avant*, si tout mon pouvoir consiste à en faire ce qui est *après?* Le langage de la littérature est la recherche de ce moment qui la précède. Généralement, elle le nomme existence; elle veut le chat tel qu'il existe, le galet dans son *parti pris de chose* *, non pas l'homme, mais celui-ci et, dans celui-ci, ce que l'homme rejette pour le dire, ce qui est le fondement de la parole et que la parole exclut pour parler, l'abîme, le Lazare du tombeau et non le Lazare rendu au jour, celui qui déjà sent mauvais, qui est le Mal, le Lazare perdu et non le Lazare sauvé et ressuscité. *Je dis une fleur* *! Mais, dans l'absence où je la cite, par l'oubli où je relègue l'image qu'elle me donne, au fond de ce mot lourd, surgissant lui-même comme une chose inconnue, je convoque passionnément l'obscurité de cette fleur, ce parfum qui me traverse et que je ne respire pas, cette poussière qui l'imprègne mais que je ne vois pas, cette couleur qui est trace et non lumière. Où réside donc mon espoir d'atteindre ce que je repousse? Dans la matérialité du langage, dans ce fait que les mots aussi sont des choses, une nature, ce qui m'est donné et me donne plus que je n'en comprends. Tout à l'heure, la réalité des mots était un obstacle. Maintenant, elle est ma seule chance. Le nom cesse d'être le passage éphémère de la non-existence pour devenir une boule concrète, un massif d'existence; le langage, quittant ce sens qu'il voulait être uniquement, cherche à se faire insensé. Tout ce qui est physique joue le premier rôle : le rythme, le poids, la masse, la figure, et puis le papier sur lequel on écrit, la trace de l'encre, le livre. Oui, par bonheur, le langage est une chose : c'est la chose écrite, un morceau d'écorce, un éclat de roche, un fragment d'argile où subsiste la réalité de la terre. Le mot agit, non pas comme une force idéale, mais comme une puissance obscure, comme une incantation qui contraint les choses, les rend *réellement* présentes hors d'elles-mêmes. Il est un élément, une part à peine détaché du milieu souterrain : non plus un nom, mais un moment de l'anonymat universel, une affirmation brute, la stupeur du face à face au fond de l'obscurité. Et, par là, le langage exige de jouer son jeu sans l'homme qui l'a formé. La littérature se passe maintenant de l'écrivain : elle n'est plus cette inspiration qui travaille, cette négation qui s'affirme, cet idéal qui s'inscrit dans le monde comme la perspective absolue de la totalité du monde. Elle n'est pas au delà du monde, mais elle n'est pas non plus le monde : elle est la présence des choses, avant que le *monde* ne soit, leur persévérance après que le monde a disparu, l'entêtement de ce qui subsiste quand tout s'efface et l'hébétude de ce qui apparaît quand il n'y a rien. C'est pourquoi, elle ne se confond pas avec la conscience qui éclaire et qui décide; elle est *ma* conscience *sans moi*, passivité radiante des substances minérales, luci-

* Allusion à Francis Ponge.

* Citation de Mallarmé (« avant-dire » au *Traité du Verbe* de René Ghil) : « Je dis : une fleur! et, hors de l'oubli où ma voix relègue aucun contour, en tant que quelque chose d'autre que les calices sus, musicalement se lève, idée même et suave, l'absente de tous bouquets. »

dité du fond de la torpeur. Elle n'est pas la nuit; elle en est la hantise; non pas la nuit, mais la conscience de la nuit qui sans relâche veille pour se surprendre et à cause de cela sans répit se dissipe. Elle n'est pas le jour, elle est le côté du jour que celui-ci a rejeté pour devenir lumière. Et elle n'est pas non plus la mort, car en elle se montre l'existence sans l'être, l'existence qui demeure sous l'existence, comme une affirmation inexorable, sans commencement et sans terme, la mort comme impossibilité de mourir.

Maurice Blanchot, « la littérature et le droit à la mort »,
La Part du feu, éd. Gallimard.

Portrait de Mallarmé, par Gauguin.

Coll. Viollet.

— Une réflexion à la fois lucide (procédant par tout un jeu d'approximations et d'oppositions : 10-16, 54-65) et passionnée (vivacité du ton : 23-24, 34-35; vigueur des images : 14-15, 20-22, 56-57), que l'objet même de sa recherche oblige à un constant exercice du paradoxe (1-3, 15-23, 44-46, 55-56, 65).

— « La percée vers un langage d'où le sujet est exclu, la mise au jour d'une incompatibilité peut-être sans recours entre l'apparition du langage en son être et la conscience de soi en son identité, c'est aujourd'hui une expérience qui s'annonce en des points bien différents de la culture : dans le seul geste d'écrire comme dans les tentatives pour formuler le langage, dans l'étude des mythes et dans la psychanalyse, dans la recherche aussi de ce Logos qui forme le lieu de naissance de toute la raison occidentale. » (Michel Foucault, « La pensée du dehors », *Critique*, juin 1966.)

Écrire, ce sera donc écouter la question, et la répéter, ce sera s'identifier, en passant du *je* au *il* (ce qui n'est pas seulement la démarche du romancier, mais de tout écrivain), avec cette parole anonyme, impersonnelle. Arrivé à ce point de son itinéraire, Blanchot ne peut s'exprimer, une fois encore, que par figures : comme Platon dans *La République*, il aura recours, devant la faillite du langage conceptuel, au langage du mythe. Mais quelle que soit leur émouvante beauté, les pages qu'il consacre tour à tour à Orphée (dans *L'Espace littéraire*), aux sirènes (dans *Le Livre à venir*), ou à Œdipe (« La question la plus profonde », dans la *N.R.F.*, déc. 1960, janv., fév. 1961) nous parlent encore de la parole, elles ne sont pas cette parole même, telle que nous la font entendre les récits : parole « blanche », « ressassement éternel » (pour reprendre le titre d'un recueil de nouvelles publié en 1951) ou, comme il est dit dans *Le Dernier Homme*, « grandes phrases qui paraissent infinies, qui roulent avec un bruit de vagues, un murmure universel, un imperceptible chant planétaire ». Les essais nous renvoient donc aux récits, mais à des récits qui les ont aujourd'hui si bien rejoints, dans un même silence constellé de mots, que la différence est à peu près insensible entre la fragmentation dialoguée de *L'Attente l'Oubli*, dernier avatar en date de la fiction (1962), et le découpage numéroté d'un texte comme « L'absence de livre » (dans *L'Éphémère*, été 1969), aboutissement provisoire d'une inlassable méditation *.

Il resterait à marquer, en guise de conclusion, l'extrême importance de cette œuvre à deux visages. Comme tous les véritables inventeurs, Blanchot n'a pas de disciples, ou plutôt il les a tous. Ni la nouvelle critique ni le nouveau roman ne sont issus de ses recherches mais c'est lui sans doute qui aura contribué plus qu'aucun autre à créer, suivant une formule qu'il affectionne, les conditions de leur possibilité. La nouvelle critique, en arrachant les œuvres à l'histoire pour mieux les restituer à leur histoire en tant qu'œuvres; le nouveau roman, parce qu'il a renvoyé au magasin des accessoires, dès 1948, ce que l'on entendait traditionnellement par intrigue et par psychologie. Si l'on cherche à définir la notion de modernité telle qu'elle est contenue de nos jours dans l'expression même de littérature moderne, c'est à Blanchot, très certainement, qu'il convient de s'adresser. A Blanchot ou à celui qui mériterait d'être appelé, mieux que Sade, « l'écrivain (moderne) par excellence », Samuel Beckett.

Choix bibliographique :

« Maurice Blanchot », n° spécial de la revue *Critique*, juin 1966.

* On retrouvera « L'absence de livre », tout comme « La question la plus profonde », dans *L'Entretien infini* (1969) que Maurice Blanchot présente ainsi : « Je voudrais dire que ce livre, dans la relation mouvante, articulée-inarticulée, qui est celle de leur jeu, rassemble des textes écrits pour la plupart de 1953 à 1965. Cette indication de dates, référence à un long temps, explique pourquoi je puis les tenir pour déjà posthumes, c'est-à-dire les regarder comme presque anonymes. »

Cl. Brassaï.

Samuel Beckett.

Chapitre XXII

Samuel Beckett

Lorsqu'en 1953, après la première représentation de *En attendant Godot*, il devient tout à coup célèbre, il y a vingt-cinq ans que Samuel Beckett s'interroge, théoriquement et pratiquement, sur l'écriture. D'abord sur celle des autres, Joyce (*Dante... Bruno... Vico... Joyce*, 1929) et Proust en particulier (*Proust*, 1931). Puis sur la sienne, dans une série de textes, de « romans », où s'est élaboré, selon une succession sans faille, un univers prêt à être transposé sur scène. Comme tous les romans importants de ce siècle, le premier roman de Beckett, *Murphy* (écrit en 1935, publié en anglais en 1938, en français en 1948 *), est une quête. Le héros, Irlandais exilé à Londres, cherche du travail pour faire plaisir à la femme qu'il aime; les autres personnages, eux, cherchent Murphy. Celui-ci finit par trouver sa voie comme gardien dans un asile d'aliénés — « l'asile en fin de compte vaut mieux que l'exil » — où il se suicidera. Incinéré, ses cendres « avant que l'aube ne vînt encore répandre sa grisaille sur la terre, furent balayés avec la sciure, la bière, les mégots, la casse, les allumettes, les crachats, les vomissures ». Des héros de Beckett, Murphy est le seul qui atteigne un but, la fin, la tranquillité.

Ce premier roman est surtout une tentative pour nier le roman, la fiction à laquelle il reste cependant absolument soumis. C'est le roman le plus « littéraire » de Beckett, le livre de toutes les influences (Kafka, Proust, Joyce), de tous les procédés destinés à détruire l'illusion romanesque, comme par exemple ces remarques du narrateur : « le récit de Clélia, expurgé, accéléré, corrigé et réduit, donne ce qui suit », ou bien « cette tâche pénible accomplie, il n'y aura plus à ce sujet de communiqué » (il vient de décrire l'état mental de son personnage); les fiches d'identité en guise de portraits, les reproductions de parties d'échecs comme dans les rubriques spécialisées des journaux, l'emploi de mots compliqués (syzygie, toxicopée, pampygothique), et jusqu'aux attaques ouvertes contre le roman traditionnel, tout concourt au même but. Pourtant, malgré les déformations que Beckett leur a fait subir, histoire, récit, personnages sont bien là dans ce roman picaresque, parodique et baroque.

[Son costume n'était pas vert]

Portrait différé jusqu'à la page 55 du « héros » Murphy. Le bruit court parmi les membres de l'Académie Blake qu'un personnage étrange « parcourait Londres dans un costume vert, à la recherche de qui le réconforter ».

Ses malheurs avaient commencé de bonne heure. Son vagissement, pour ne remonter que jusque là, au lieu du la traditionnel de concert international, à 435 doubles vibrations par seconde, n'avait donné qu'un sol poussif. Quelle déception pour le brave gynécologue, membre ardent de la vieille Société Orchestrale de Dublin et flûtiste amateur d'un certain mérite! Quelle douleur de devoir

* Aux éditions Bordas (qui venaient de publier, l'année précédente, *Artaud le Mômo* d'Antonin Artaud).

constater que, parmi tous les millions de petits larynx en train de blasphémer à l'unisson, seul celui de l'enfant Murphy ne donnait pas la note! Pour ne remonter qu'au vagissement.

Son râle compensera.

Son costume n'était pas vert, mais érugineux *. Voilà encore un fait sur lequel l'incurie de l'Académie Blake nous oblige d'insister. Par endroits, il était même aussi noir que le jour où il l'avait trouvé, en d'autres il fallait une lumière forte pour en faire ressortir le lustre livide. Le reste était sans contredit érugineux. On voyait en effet une relique de ces jours heureux où, étudiant en théologie, nuit après nuit il appelait vainement le sommeil, avec sous son oreiller le *Supplementum ad Tractatum de Matrimonio* de l'évêque Bouvier. Juste Ciel, quel ouvrage! Un scénario Ciné Bleu dans un latin petit nègre. Ou en méditant cette flèche du Parthe du Christ : « Tout est accompli ».

* Couleur de rouille.

Autant que la couleur, la coupe en était frappante. Le veston, tube autonome, tombait dans une indépendance totale du corps jusqu'à mi-cuisse, où un léger évasement campanulé des corolles constituait la sorte de provocation à laquelle il n'est pas toujours facile de résister. Le pantalon lui aussi avait connu ses beaux jours, distingués par le même tombant rigide et orgueilleux. Mais maintenant, rompu par des kilomètres d'escalier, amer au point d'être obligé de se cramponner aux membres qu'il revêtait, un léger tirebouchonnage trahissait sa fatigue.

Murphy ne portait jamais de gilet, il s'y sentait trop femme.

Pour ce qui est de l'étoffe de ce costume, le fabricant osait prétendre qu'elle était à l'épreuve des trous. Ce qui était vrai dans le sens qu'elle était entièrement non-poreuse. Elle n'admettait pas l'air du monde extérieur, et même à la plus volatile des vapeurs personnelles de Murphy elle ne livrait pas passage. A la toucher, on aurait dit du feutre. Elle sentait le poil de chameau.

Ces pauvres restes d'une confection convenable, Murphy les éclairait d'un papillon couleur citron tout fait d'une grande simplicité, assis comme dérisoirement sur une combinaison col-plastron, taillée dans une seule pièce de celluloïde caoutchouté, contemporaine du costume et une des dernières de son espèce.

Murphy ne portait jamais de chapeau. Les souvenirs qu'il évoquait de la coiffe fétale lui étaient trop poignants, surtout quand il devait se lever.

Samuel Beckett, *Murphy*, éd. de Minuit.

— Description justifiée de façon burlesque (13-15), à la composition très stricte (retour au début après achèvement, 50 et 2) : l'inégale longueur des paragraphes répond à la dislocation de Murphy.

— Plaisir très irlandais (de 1 à 11, plus qu'un écho de Sterne et de *Tristram Shandy*) à jouer avec les mots (13, 36-38), à alambiquer la façon de dire (1-5, 25-29, 43-48), à imiter tous les tons (5-10), à les opposer (20-24) : humour presque indéfinissable (33, 44-48) dans un va-et-vient constant entre l'objet et le langage.

— Beckett, encore très joycien, assassine à son tour le roman traditionnel en faisant semblant d'en suivre le code : le personnage apparaît/disparaît derrière cette trop brillante fantaisie verbale qui prétend à l'exactitude de l'état civil.

Dans les romans suivants, *Watt* (qui ne sera publié en français qu'en 1968), *Nouvelles* (1955), *Molloy* (1951), *Malone meurt* (1952) et surtout *L'Innommable* (1953), la rupture va se préciser. La guerre est passée par là qui a tout simplifié, rabotant les excroissances, les coquetteries baroques de *Murphy*. Le roman de Beckett est beaucoup moins un roman et beaucoup plus une fable à la manière de Kafka. Les intrigues sont remplacées par des situations : Watt par exemple prend un train, arrive chez M. Knott (on ne peut s'empêcher de traduire en « what » et « not »), sert au rez-de-chaussée un maître invisible, monte au premier étage, est remplacé par un autre serviteur et quitte la maison pour unc sorte d'asile d'où il raconte son histoire. « Watt n'avait pas directement affaire à M. Knott, à cette époque. Non que Watt dût jamais avoir directement affaire à M. Knott, loin de là. Mais il pensait, à cette époque, que le temps viendrait où il aurait directement affaire à M. Knott, au premier étage. » Mais alors que le héros du *Château* de Kafka est tout entier tourné vers le château, inaccessible et désirable objet de la quête, les héros de Beckett se retournent vers le *souvenir* pour raconter ce qui les a amenés là où ils en sont, et pour faire l'*inventaire* de la situation présente.

A la quête se substitue l'errance : celle de Molloy, par exemple, qui abandonne en cours de route la recherche de sa mère, puis celle de sa ville, qui avait succédé à la première; à l'errance se substitue l'attente, l'immobilité de l'agonie, ou même de la mort dont les héros ne savent plus très bien si elle est venue ou à venir : « Je ne sais plus quand je suis mort » (« Le Calmant »). Les lieux du roman vont donc en se rétrécissant : à la lande et à la plage de Molloy succèdent la chambre, le lit, le seau à la porte d'un restaurant. Le personnage s'altère physiquement : vagabond, malade, infirme, paralysé, épave, puis plus rien qu'une tête, une bouche.

Mais il n'est plus guère possible désormais d'employer des termes tels que « lieu » ou « personnage »; la fiction, et c'est de plus en plus le sujet véritable de ces livres, est niée, refusée par la voix qui parle : « tout est fastidieux dans ce récit qu'on m'impose », et qui, plutôt que raconter des histoires, voudrait parler de la seule question importante — la situation de l'homme face à la mort. Car parler est la seule issue, qui n'en est d'ailleurs pas une, puisque de toute façon elles y sont obligées, pour ces créatures jetées là contre leur gré, au-delà de tout divertissement. Aux « petits tours pour faire passer les petits jours » de M. Knott ont succédé les litanies des mots de cette langue qui leur paraît étrangère : et Beckett signale fréquemment, dans le texte en français, qu'il existe déjà, ou qu'il existera bientôt une version anglaise de ce même texte, ce qui contribue à en accentuer le caractère d'objet fabriqué. Que le personnage soit agonisant ou déjà mort, il ne lui reste qu'à « raconter des histoires », alors il parle de sa misère, de sa naissance, de son existence banale et dérisoire, de son agonie. Parfois l'histoire se termine avec la mort de la voix *(Malone)*, mais d'autres fois, c'est plus terrible encore, la mort ne vient pas; alors « ce sont des mots, il n'y a que ça, il faut continuer » (fin de *L'Innommable*).

Dans ce dernier livre, que l'on peut considérer comme l'aboutissement de cette seconde période de l'œuvre de Beckett, la voix sans nom va plus loin encore : elle annule en quelque sorte les livres précédents en les présentant comme des histoires inventées et tente de parler, seulement de parler, sans inventer d'histoire. Dans cette tentative ultime pour détruire l'illusion de la fiction, Beckett semble atteindre un équilibre et s'immobiliser : aucune raison pour s'arrêter, aucune raison non plus pour continuer. Ne serait-ce pas là une des raisons du passage de Beckett au théâtre? La forme théâtrale ne serait-elle pas la seule possibilité pour le créateur de continuer à créer, en ce qu'elle interdit l'intrusion du créateur dans sa création? Samuel Beckett ne peut pas apparaître tous les soirs en personne sur la scène du Théâtre de Babylone pour crier au public l'angoisse qui anime ses créatures. Dans *En attendant Godot*, il peut reprendre une certaine distance par rapport à l'objet qu'est l'univers de ses romans et le faire fonctionner en tant qu'univers théâtral.

Car c'est bien le même univers; les personnages : les deux clochards Vladimir et Estragon, le maître et l'esclave, l'absent —, le lieu : lande désertique, arbre qui tantôt a des feuilles, et tantôt n'en a pas —, la situation : attente sans espoir et cependant sans fin —, tous ces éléments qui pourraient apparaître comme la négation du théâtre traditionnel contribuent au contraire à rendre au théâtre sa fonction essentielle : celle de la parole, d'une célébration, aussi dérisoire soit-elle, du langage. Par le détour de la représentation théâtrale, Beckett rejoint donc la conclusion de ses romans : l'homme est celui qui doit parler, soit qu'il invente des histoires, soit qu'il parle simplement son attente; Godot est aussi fictif pour Vladimir et Estragon que Molloy ou Watt ou Malone par rapport au narrateur de *L'Innommable*. Godot est à la fois celui qui les force à l'attendre, à parler, et aussi celui qu'ils ont inventé pour meubler leur attente, pour la supporter, pour lui donner un sens : il est *ce qu*'ils attendent, *ce dont* ils parlent lorsqu'ils ont fini de débiter les vieilles fables (le Christ, l'histoire de l'Anglais au bordel), de parler de leurs chaussures trop grandes, de leurs cors aux pieds, de carottes et de navets (c'est l'inventaire), ou de se rappeler les vendanges en Vaucluse (ce sont les souvenirs). Il s'agit de toute façon de « faire passer le temps » qui d'ailleurs serait « passé sans ça ».

[C'est vague, la vie et la mort]

En attendant d'être « tout à fait mort », Malone raconte son histoire en se racontant des histoires.

Je parlais donc de mes petites distractions et j'allais dire je crois que je ferais mieux de m'en contenter au lieu de me lancer dans ces histoires à crever debout de vie et de mort, si c'est bien de cela qu'il est question, et je suppose que oui, car il n'a jamais été question d'autre chose, à mon souvenir. Mais dire de quoi il retourne exactement, j'en serais bien incapable, à présent. C'est vague, la vie et la mort. J'ai dû avoir ma petite idée, quand j'ai commencé, sinon je n'aurais pas commencé, je me serais tenu tranquille, j'aurais continué tranquillement à m'ennuyer ferme, en faisant joujou, avec les cônes et cylindres par exemple, avec les grains du millet des oiseaux et autres panics *, en attendant qu'on veuille bien venir prendre mes mesures. Mais elle m'est sortie de la tête, ma petite idée. Qu'à cela ne tienne, je viens d'en avoir une autre. C'est peut-être la

* Autre nom du millet.

même, les idées se ressemblent tellement, quand on les connaît. Naître, voilà mon idée à présent, c'est-à-dire vivre le temps de savoir ce que c'est que le gaz carbonique libre, puis remercier. Ça a toujours été mon rêve au fond. Toutes les choses qui ont toujours été mon rêve au fond. Tant de cordes et jamais une flèche. Pas besoin de mémoire. Oui, voilà, je suis un vieux fœtus à présent, chenu et impotent, ma mère n'en peut plus, je l'ai pourrie, elle est morte, elle va accoucher par voie de gangrène, papa aussi peut-être est de la fête, je déboucherai vagissant en plein ossuaire, d'ailleurs je ne vagirai point, pas la peine. Que d'histoires je me suis racontées, accroché au moisi, et enflant, enflant. En me disant, Ça y est, je la tiens ma légende. Et qu'y a-t-il de changé pour que je m'excite de cette façon? Non, disons-le, je ne naîtrai ni par conséquent ne mourrai jamais, c'est mieux ainsi. Et si je me raconte, et puis l'autre qui est mon petit, et que je mangerai comme j'ai mangé les autres, c'est comme toujours, par besoin d'amour, merde alors, je ne m'attendais pas à ça, d'homuncule, je ne peux m'arrêter. Et cependant il me semble que je suis né et que j'ai vécu longuement et rencontré Jackson * et erré dans les villes, les bois et les déserts, et que j'ai été longuement au bord des mers en pleurs devant les îles et péninsules où venaient briller la nuit les petites lumières jaunes et brèves des hommes et toute la nuit les grands feux blancs ou aux vives couleurs qui venaient dans les cavernes où j'étais heureux, tapi sur le sable à l'abri des rochers dans l'odeur des algues et de la roche humide au bruit du vent des vagues me fouettant d'écume ou soupirant sur la grève et griffant à peine le galet, non, pas heureux, ça jamais, mais souhaitant que la nuit ne finisse jamais ni ne revienne le jour qui fait dire aux hommes, Allons, la vie passe, il faut en profiter. D'ailleurs peu importe que je sois né ou non, que j'aie vécu ou non, que je sois mort ou seulement mourant, je ferai comme j'ai toujours fait, dans l'ignorance de ce que je fais, de qui je suis, d'où je suis, de si je suis. Oui, j'essaierai de faire, pour tenir dans mes bras, une petite créature, à mon image, quoi que je dise. Et la voyant mal venue, ou trop ressemblante, je la mangerai. Puis serai seul un bon moment, malheureux, ne sachant quelle doit être ma prière, ni pour qui.

Samuel Beckett, *Malone meurt*, éd. de Minuit.

* Camarade d'école dont il a déjà été question une fois.

— Au travers des incertitudes (2, 6, 7, 15, 30) et des contradictions (vie et mort, mourir et naître : 25-26; 42-45; 49), un discours sans autre organisation que la recherche d'une certitude (16, 22, 28, 35, 52) qui pourrait être soit l'immobilité (46) soit la parole (52-54).

— Une voix aux multiples registres : ruptures de tons (29-33), phrases toutes faites (25, 47), évocations lyriques (37-45), formules empruntées (8, 11, 19), mythes détournés (Saturne : 32, 54).

— « Le discours de Beckett n'est pas une philosophie : c'est, saisie au plus bas niveau, à son premier balbutiement, l'expérience fondamentale : celle d'une conscience coincée entre l'impossibilité de rien savoir sur l'existence et l'impossibilité de ne pas exister. » (Jean Onimus.)

Avec ses voix multiples, le théâtre permet d'autre part à Beckett de faire éclater, plus nettement que dans son œuvre en prose, la puissance de son humour. Celui-ci n'est pas limité aux numéros de clowns qui seraient là comme les intermèdes des bouffons de Shakespeare pour détendre l'atmosphère et fournir un commentaire ironique à l'action tragique; il anime toute l'entreprise de dérision du langage quotidien, dont il dénonce l'inadaptation à rendre compte de la vision tragique. Le beau discours, celui de Lucky que son maître fait « penser » en un long monologue, écho lointain des discours que Sganarelle tient à Don Juan, enchaîne les lieux communs, s'enraye, déraille, se mine de l'intérieur :

« [...] je reprends au suivant bref enfin hélas au suivant pour les pierres qui peut en douter je reprends mais n'anticipons pas je reprends la tête en même temps parallèlement on ne sait pourquoi malgré le tennis au suivant la barbe les flammes les pleurs les pierres si bleues si calmes hélas la tête la tête la tête la tête en Normandie malgré le tennis les labeurs abandonnés inachevés plus grave les pierres bref je reprends hélas hélas abandonnés inachevés la tête la tête en Normandie malgré le tennis la tête hélas les pierres Conard Conard... »

Les répliques plus brèves de Vladimir et d'Estragon, mélange de trivialités, de fausse vraie logique, de citations métaphysiques, de commentaires désabusés de leur situation (« Charmante soirée-Inoubliable-Et ce n'est pas fini-On dirait que non-Ça ne fait que commencer »), constituent une critique interne de l'œuvre, qui devance et ridiculise toutes les interprétations, toutes les réactions possibles du spectateur : refuser *Godot*, c'est refuser le miroir à peine déformant que Beckett tend au spectateur.

A partir de *Godot*, et avec un décalage de quelques années (*L'Innommable* est contemporain de *Godot*), l'œuvre théâtrale va subir le même « rétrécissement » que l'œuvre romanesque. La lande avec arbre de *Godot* devient chambre avec fenêtre, étendue d'herbe brûlée avec toile peinte, et finalement le lieu théâtral lui-même, l'avant-scène sans aucun décor de *Comédie* (1966). Les personnages mobiles vont se retrouver paralysés, enfouis dans des poubelles (*Fin de partie*, 1957), rampant, enterrés vivants (*Oh les beaux jours*, 1963), puis dans des jarres « visages sans âge, comme oblitérés, à peine plus différenciés que les jarres » auxquels la parole « est extorquée par un projecteur » (*Comédie*). Mais l'appauvrissement le plus significatif est celui de l'action. Celle de *Godot*, cette attente toujours déçue à laquelle il est cependant impossible d'échapper, avait permis, contre la lettre même de la pièce, certaines interprétations philosophiques ou religieuses qui constituaient autant de tentatives pour en affaiblir l'éclatante nouveauté.

[Comme le temps passe quand on s'amuse!]

A l'acte II. Après une sortie d'Estragon qui déclare avoir vu venir quelqu'un (est-ce Godot qu'ils attendent depuis le début de la pièce? ce ne seront que Lucky et Pozzo, déjà vus au premier acte), Vladimir et Estragon font le guet.

ESTRAGON. — [...] Tu ne vois rien venir?

VLADIMIR (*se retournant*). — Comment?

ESTRAGON (*plus fort*). — Tu ne vois rien venir?

VLADIMIR. — Non.

ESTRAGON. — Moi non plus.

Ils reprennent le guet. Long silence.

VLADIMIR. — Tu as dû te tromper.

ESTRAGON (*se retournant*). — Comment?

VLADIMIR (*plus fort*). — Tu as dû te tromper.

ESTRAGON. — Ne crie pas.

Ils reprennent le guet. Long silence.

VLADIMIR, ESTRAGON (*se retournant simultanément*). — Est-ce...

VLADIMIR. — Oh pardon!

ESTRAGON. — Je t'écoute.

VLADIMIR. — Mais non!

ESTRAGON. — Mais si!

VLADIMIR. — Je t'ai coupé.

ESTRAGON. — Au contraire.

Ils se regardent avec colère.

VLADIMIR. — Voyons, pas de cérémonie.

ESTRAGON. — Ne sois pas têtu, voyons.

VLADIMIR (*avec force*). — Achève ta phrase, je te dis.

ESTRAGON (*de même*). — Achève la tienne.

Silence. Ils vont l'un vers l'autre, s'arrêtent.

VLADIMIR. — Misérable!

ESTRAGON. — C'est ça, engueulons-nous. (*Échange d'injures. Silence.*) Maintenant raccommodons-nous.

VLADIMIR. — Gogo!

ESTRAGON. — Didi!

VLADIMIR. — Ta main!

ESTRAGON. — La voilà!

VLADIMIR. — Viens dans mes bras!

ESTRAGON. — Tes bras?

VLADIMIR (*ouvrant les bras*). — Là-dedans!

ESTRAGON. — Allons-y.

Ils s'embrassent. Silence.

VLADIMIR. — Comme le temps passe quand on s'amuse!

Silence.

ESTRAGON. — Qu'est-ce qu'on fait maintenant?

VLADIMIR. — En attendant.

ESTRAGON. — En attendant.

Silence.

Vladimir. — Si on faisait nos exercices?

Estragon. — Nos mouvements.

Vladimir. — D'assouplissement.

Estragon. — De relaxation.

Vladimir. — De circumduction.

Estragon. — De relaxation.

Vladimir. — Pour nous réchauffer.

Estragon. — Pour nous calmer.

Vladimir. — Allons-y.

Il commence à sauter. Estragon l'imite.

Estragon (*s'arrêtant*). — Assez. Je suis fatigué.

Vladimir (*s'arrêtant*). — Nous ne sommes pas en train. Faisons quand même quelques respirations.

Estragon. — Je ne veux plus respirer.

Vladimir. — Tu as raison. (*Pause.*) Faisons quand même l'arbre, pour l'équilibre.

Estragon. — L'arbre?

Vladimir fait l'arbre en titubant.

Vladimir (*s'arrêtant*). — A toi.

Estragon fait l'arbre en titubant.

Estragon. — Tu crois que Dieu me voit.

Vladimir. — Il faut fermer les yeux.

Estragon ferme les yeux, titube plus fort.

Estragon (*s'arrêtant, brandissant les poings, à tue-tête*). — Dieu, aie pitié de moi!

Vladimir (*vexé*). — Et moi?

Estragon (*de même*). — De moi! De moi! Pitié! De moi!

Samuel Beckett, *En attendant Godot*, éd. de Minuit.

— Scène de l'attente (42, 43), avant un temps fort; importance des silences, des pauses. Deux façons de la meubler : parler (1-39), agir quand même (44-66), puis la révolte.

— Surtout scène de comédie : sketches (celui du « Comment ? », celui de « Mais non! Mais si ! »), comique verbal (36, 47-52) mais surtout humour noir des commentaires (27, 39, 55, etc.) et refus des effets (arrêt brutal des mouvements : 27-29, 54-59).

— Pour Jean Anouilh qui contribua à l'imposer, *Godot* ce sont « les *Pensées* de Pascal mises en sketches et jouées par les Fratellini ». (Les Fratellini sont le nom d'une célèbre dynastie de clowns.)

Cl. Bernand.

En attendant Godot (1953).

Comédie (1964).

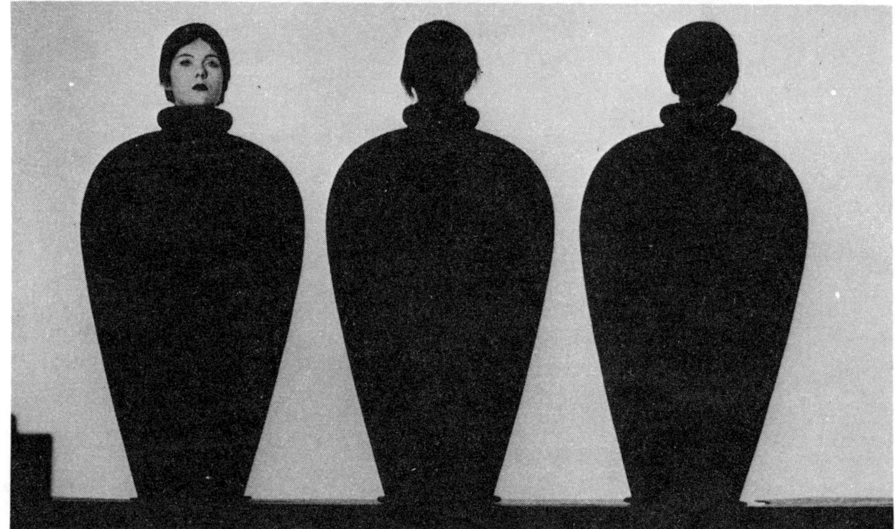

Cl. Chris Marker. Snark International.

Avec *Fin de partie* (1957) Beckett met en scène ce refus de la signification, il ne veut que représenter l'existence de l'homme, c'est-à-dire la venue de la mort, le lent engloutissement sans fin dans le rien. Si cette vision de Beckett est possible, c'est bien qu'aucune religion, aucune philosophie ne lui a apporté de solution. Il reprend littéralement la vieille assimilation de la vie et de la « comédie », et la pièce se termine sur ces mots : « N'en parlons plus... ne parlons plus. » Vivre et parler sont une seule et même chose, mais la démonstration est plus impressionnante encore au spectacle direct de la scène qu'à travers l'intermédiaire de l'écriture et de la lecture.

Oh les beaux jours (Madeleine Renaud, 1963).

[Rien n'est plus drôle que le malheur]

Quatre personnages : Hamm, aveugle, paralysé dans son fauteuil, Clov son serviteur, Nagg et Nell, ses « maudits progéniteurs » dans deux poubelles.

NAGG. (*Un temps. Montrant le biscuit.*) — Tu veux un bout?

NELL. — Non. (*Un temps.*) De quoi?

NAGG. — De biscuit. Je t'en ai gardé la moitié. (*Il regarde le biscuit. Fier.*) Les trois quarts. Pour toi. Tiens. (*Il lui tend le biscuit.*) Non? (*Un temps.*) Ça ne va pas?

HAMM, *avec lassitude.* — Mais taisez-vous, taisez-vous, vous m'empêchez de dormir. (*Un temps.*) Parlez plus bas. (*Un temps.*) Si je dormais je ferais peut-être l'amour. J'irais dans les bois. Je verrais... le ciel, la terre. Je courrais. On me poursuivrait. Je m'enfuirais. (*Un temps.*) Nature! (*Un temps.*) Il y a une goutte d'eau dans ma tête. (*Un temps.*) Un cœur, un cœur dans ma tête.

(*Un temps.*)

NAGG, *bas.* — Tu as entendu? Un cœur dans sa tête! (*Il glousse précautionneusement.*)

NELL. — Il ne faut pas rire de ces choses, Nagg. Pourquoi en ris-tu toujours?

NAGG. — Pas si fort!

NELL, *sans baisser la voix.* — Rien n'est plus drôle que le malheur, je te l'accorde. Mais...

NAGG, *scandalisé.* — Oh!

NELL. — Si, si, c'est la chose la plus comique au monde. Et nous en rions, nous en rions, de bon cœur, les premiers temps. Mais c'est toujours la même chose. Oui, c'est comme la bonne histoire qu'on nous raconte trop souvent, nous la trouvons toujours bonne, mais nous n'en rions plus. (*Un temps.*) As-tu autre chose à me dire?

NAGG. — Non.

NELL. — Réfléchis bien. (*Un temps.*) Alors, je vais te laisser.

NAGG.— Tu ne veux pas ton biscuit? (*Un temps.*) Je croyais que tu allais me laisser.

NELL. — Je vais te laisser.

NAGG. — Tu peux me gratter d'abord?

NELL. — Non. (*Un temps.*) Où?

NAGG. — Dans le dos.

NELL. — Non. (*Un temps*). Frotte-toi contre le rebord.

NAGG. — C'est plus bas dans le creux.

NELL. — Quel creux?

NAGG. — Le creux. (*Un temps*) Tu ne peux pas? (*Un temps.*) Hier tu m'as gratté là.

Nell, *élégiaque.* — Ah hier!

Nagg. — Tu ne peux pas? (*Un temps.*) Tu ne veux pas que je te gratte, toi? (*Un temps.*) Tu pleures encore?

Nell. — J'essayais.

(*Un temps*).

Hamm, *bas.* — C'est peut-être une petite veine.

(Un temps.)

Nagg. — Qu'est-ce qu'il a dit?

Nell. — C'est peut-être une petite veine.

Nagg. — Qu'est-ce que ça veut dire? *(Un temps.)* Ça ne veut rien dire. *(Un temps.)* Je vais te raconter l'histoire du tailleur.

Nell. — Pourquoi?

Nagg. — Pour te dérider.

Nell. — Elle n'est pas drôle.

Nagg. — Elle t'a toujours fait rire. *(Un temps.)* La première fois j'ai cru que tu allais mourir.

Nell. — C'était sur le lac de Côme. *(Un temps.)* Une aprés-midi d'avril. *(Un temps.)* Tu peux le croire?

Nagg. — Quoi?

Nell. — Que nous nous sommes promenés sur le lac de Côme. *(Un temps.)* Une après-midi d'avril.

Nagg. — On s'était fiancés la veille.

Nell. — Fiancés!

Nagg. — Tu as tellement ri que tu nous as fait chavirer. On aurait dû se noyer.

Nell. — C'était parce que je me sentais heureuse.

Nagg. — Mais non, mais non, c'était mon histoire. La preuve, tu en ris encore. A chaque fois.

Nell. — C'était profond, profond. Et on voyait le fond. Si blanc. Si net.

Nagg. — Écoute la encore. *(Voix de raconteur.)* Un Anglais... *(Il prend un visage d'Anglais, reprend le sien.)* ayant besoin d'un pantalon rayé en vitesse pour les fêtes du Nouvel An se rend chez son tailleur qui lui prend ses mesures. *(Voix du tailleur.)* « Et voilà qui est fait, revenez dans quatre jours, il sera prêt. » Bon. Quatre jours plus tard. *(Voix du tailleur.)* « Sorry, revenez dans huit jours, j'ai raté le fond. » Bon, ça va, le fond, c'est pas commode. Huit jours plus tard. *(Voix du tailleur.)* « Désolé, revenez dans dix jours, j'ai salopé l'entre-jambes. » Bon, d'accord l'entre-jambes, c'est délicat. Dix jours plus tard. *(Voix du tailleur.)* « Navré, revenez dans quinze jours, j'ai bousillé la braguette. » Bon, à la rigueur, une belle braguette, c'est calé. *(Un temps. Voix normale.)* Je la raconte mal. *(Un temps. Morne.)* Je raconte cette histoire de plus en plus mal. *(Un temps. Voix de raconteur.)* Enfin bref, de faufil en aiguille, voici Pâques Fleuries et il loupe les boutonnières. *(Visage, puis voix du client.)* « Goddam Sir, non, vraiment, c'est indécent à la fin! En six jours, vous entendez, six jours, Dieu fit le monde. Oui Monsieur, parfaitement Monsieur, le MONDE! Et vous, vous n'êtes pas foutu de me faire un pantalon en trois mois! » *(Voix du tailleur, scandalisée.)* « Mais Milord! Mais Milord! Regardez... *(Geste méprisant, avec dégoût.)* le monde... *(Un temps.)* ...et regardez... *(Geste amoureux avec orgueil.)* mon PANTALON! »

(Un temps. Il fixe Nell restée impassible, les yeux vagues, part d'un rire forcé et aigu, le coupe, avance la tête vers Nell, lance de nouveau son rire.)

HAMM. — Assez!

(Nagg sursaute, coupe son rire.)

NELL. — On voyait le fond.

HAMM, *excédé.* — Vous n'avez pas fini? Vous n'allez donc jamais finir? *(Soudain furieux.)* Ça ne va donc jamais finir! *(Nagg plonge dans la poubelle, rabat le couvercle. Nell ne bouge pas.)* Mais de quoi peuvent-ils parler, de quoi peut-on parler encore ? (*Frénétique.*) Mon royaume pour un boueux! *(Il siffle. Entre Clov.)* Enlève-moi ces ordures! Fous-les à la mer!

Samuel Beckett, *Fin de partie*, éd. de Minuit.

— Distorsion du temps : temps qui passe et cependant durée sans fin (107-109). Coexistence de l'angoisse d'avant la mort qui vient (Hamm), avec l'indifférence (17-27) et les préoccupations quotidiennes (biscuit, se gratter) des « pauvres morts » (Nell et Nagg).

— Puissance du langage : élégie de Nell isolée dans ses souvenirs (43, 60, 69), ratages comiques (4, 30, 34, 36, 41), jeux de mots (56), parodie (111-112) ; le récit tragique, l'art du conteur, l'histoire du tailleur (variations et chute).

— « La grande nouveauté de *Fin de partie* : [...] Godot n'est plus hors les murs, il est là dans cette zone grise où des hommes parlent, c'est le temps qu'ils vivent et font marcher par leur propre discours. Au dehors le vide, eux sont le plein. [...] Cette parole est solitude et fable. » (Ludovic Janvier.)

De même que *Malone meurt* est suivi de *L'Innommable* qui fait succéder à la solution (la mort), l'absence, encore plus tragique, de solution (il faut continuer), *Fin de partie* appelle logiquement *Oh les beaux jours*, au titre profondément ambigu. Cette pièce tout entière consacrée à l'inventaire du quotidien (le sac, que trimballent tous les personnages depuis le début de l'œuvre, dont Winnie extrait une brosse à dents, un tube de dentifrice, une glace, un étui à lunettes, un revolver, un fortifiant, un bâton de rouge, une toque, une loupe, etc.) et au rappel du souvenir (« Heure exquise — qui nous grise — lentement », « le vieux style », « mon premier bal », « le lac, ce jour-là... ») est à la fois un hymne à la vie avec ses leitmotive d'actions de grâce (« ça que je trouve si merveilleux », « abondance de bontés ») et l'atroce parodie de cet hymne lui-même; l'incessant bavardage de Winnie n'est là que pour meubler le temps, son amour pour Willie est le nom qu'elle donne à la peur de la solitude, elle n'a pas encore appris à parler toute seule, ou à « simplement regarder droit devant soi, les lèvres rentrées » : « Plus un mot jusqu'au dernier soupir, plus rien qui rompe le silence de ces lieux. De loin en loin un soupir dans la glace. Ou un bref... chapelet de rires, des fois que l'aventure je la trouverais encore bonne. » Comme les autres personnages, Winnie est en proie au processus de dégradation et de répétition sans fin qui constitue une des marques de l'univers de Beckett.

[Salut, sainte lumière]

Acte II.

Scène comme au premier acte.

Willie invisible.

Winnie enterrée jusqu'au cou, sa toque sur la tête, les yeux fermés. La tête, qu'elle ne peut plus tourner, ni lever, ni baisser, reste rigoureusement immobile et de face pendant toute la durée de l'acte. Seuls les yeux sont mobiles. Voir indications.

Sac et ombrelle à la même place qu'au début du premier acte. Revolver bien en évidence à droite de la tête.

Un temps long.

Sonnerie perçante. Elle ouvre les yeux aussitôt. La sonnerie s'arrête. Elle regarde devant elle. Un temps long.

WINNIE. — Salut, sainte lumière. *(Un temps. Elle ferme les yeux. Sonnerie perçante. Elle ouvre les yeux aussitôt. La sonnerie s'arrête. Elle regarde devant elle. Sourire. Un temps. Fin du sourire. Un temps.)* Quelqu'un me regarde encore. *(Un temps.)* Se soucie de moi encore. *(Un temps.)* Ça que je trouve si merveilleux. *(Un temps.)* Des yeux sur mes yeux. *(Un temps.)* Quel est ce vers inoubliable? *(Un temps. Yeux à droite.)* Willie. *(Un temps. Plus fort.)* Willie. *(Un temps. Yeux de face.)* Peut-on parler encore de temps? *(Un temps.)* Dire que ça fait un bout de temps, Willie, que je ne te vois plus. *(Un temps.)* Ne t'entends plus. *(Un temps.)* Peut-on? *(Un temps.)* On le fait. *(Sourire.)* Le vieux style *! *(Fin du sourire.)* Il y a si peu dont on puisse parler. *(Un temps.)* On parle de tout. *(Un temps.)* De tout ce qu'on peut. *(Un temps.)* Je pensais autrefois... *(Un temps.)*... je dis, je pensais autrefois que j'apprendrais à parler toute seule. *(Un temps.)* Je veux dire à moi-même le désert. *(Sourire.)* Mais non. *(Sourire plus large.)* Non non. *(Fin du sourire.)* Donc tu es là. *(Un temps.)* Oh tu dois être mort, oui, sans doute, comme les autres, tu as dû mourir, ou partir, en m'abandonnant, comme les autres,

* Commentaire - refrain de Winnie chaque fois qu'elle oublie et emploie une indication chronologique qui supposerait un sens à la durée.

ça ne fait rien, tu es là. *(Un temps. Yeux à gauche.)* Le sac aussi est là, le même que toujours, je le vois. *(Yeux à droite. Plus fort.)* Le sac est là, Willie, pas une ride, celui que tu me donnas ce jour-là... pour faire mon marché. *(Un temps. Yeux de face.)* Ce jour-là. *(Un temps.)* Quel jour-là? *(Un temps.)* Je priais autrefois. *(Un temps.)* Je dis, je priais autrefois. *(Un temps.)* Oui, j'avoue. *(Sourire.)* Plus maintenant. *(Sourire plus large.)* Non non. *(Fin du sourire. Un temps.)* Autrefois... maintenant... comme c'est dur, pour l'esprit. *(Un temps.)* Avoir été toujours celle que je suis — et être si différente de celle que j'étais. *(Un temps.)* Je suis l'une, je dis l'une, puis l'autre. *(Un temps.)* Tantôt l'une, tantôt l'autre. *(Un temps.)* Il y a si peu qu'on puisse dire. *(Un temps.)* On dit tout. *(Un temps.)* Tout ce qu'on peut. *(Un temps.)* Et pas un mot de vrai nulle part. *(Un temps.)* Mes bras. *(Un temps.)* Mes seins. *(Un temps.)* Quels bras? *(Un temps.)* Quels seins? *(Un temps.)* Willie. *(Un temps.)* Quel Willie? *(Affirmative avec véhémence.)* Mon Willie! *(Yeux à droite. Appelant.)* Willie! *(Un temps. Plus fort.)* Willie! *(Un temps. Yeux de face.)* Enfin, ne pas savoir, ne pas savoir de façon certaine, grande bonté, tout ce que je demande.

Samuel Beckett, *Oh les beaux jours*, éd. de Minuit.

— Importance des notations scéniques, qui créent un rythme saccadé, l'impression d'être en face d'une marionnette.

— Univers créé par le langage (27, 48) qui se moque de la véracité (32-35, 49-54). Distance prise par rapport à ce même langage (22, 25, 29, 39, etc.).

— « De tous les spectacles insoutenables que nous propose la tragédie, celui de la sérénité au cœur de l'injuste châtiment (Œdipe), de la jubilation au cœur du nihilisme (Winnie), est bien le plus insoutenable. Il nous livre le dernier secret, celui de la sagesse tragique. » (Jean-Marie Domenach.)

La modification du style apparente dans *Les beaux jours* (phrases plus brèves, inachevées, simples notations ou remarques, refus de l'ampleur) est l'équivalent théâtral de la nouvelle étape de la recherche de Beckett, manifeste dans le texte de *Comment c'est* (1961). A la longue coulée des textes en prose précédents succèdent de courtes séquences haletantes, plus proches de l'aboiement que du paragraphe, notations brèves, fragmentaires, contradictoires, sans liaison, et qui tentent d'exprimer une existence : « ma vie dernier état mal dite mal entendue mal retrouvée mal murmurée dans la boue brefs mouvements du bas du visage pertes partout recueillie quand même c'est mieux quelque part telle quelle au fur à mesure mes instants pas le millionème tout perdu presque tout quelqu'un qui écoute un autre qui note ou le même. »

La syntaxe classique offrait un refuge apaisant. L'Innommable, sauf dans les trente dernières pages, parlait une langue qui était encore presque la langue de tout le monde, celle de Pascal ou des chansons sentimentales. Dans *Comment c'est*, Beckett va plus loin, et arrache le lecteur au ronron de la phrase et du paragraphe traditionnels.

[Quelques vieux mots encore]

Dans la troisième partie, la voix cherche à fixer (voir et nommer) « quelques minutes par-ci par-là » de cette existence qui n'est plus qu'un « souffle han han cent à la minute ».

Un sac à la bonne heure couleur de boue dans la boue vite dire que c'est un sac couleur du milieu il l'a épousée l'avait toujours c'est l'un ou l'autre ne pas chercher autre chose ce que ça pourrait bien être d'autre tant dc choses dire sac vieux mot premier à venir une syllabe c à la fin ne pas en chercher d'autres tout s'effacerait un sac ça ira le mot la chose c'est dans les choses possibles dans ce monde si peu possible oui monde que peut-on souhaiter de plus une chose possible voir une chose possible la nommer la nommer la voir assez repos je reviendrai obligé un jour

cesser de haleter dire ce qu'on entend le voir un bras couleur de boue sortant du sac vite dire un bras puis un autre dire un autre bras le voir raide tendu comme trop court pour atteindre ajouter cette fois une main doigts tendus écartés ongles monstres dire voir tout ça

un corps quelle importance dire un corps voir un corps tout le revers blanc à l'origine quelques taches restées claires gris des cheveux ils poussent encore assez une tête dire une tête avoir vu une tête tout vu tout le possible un sac des vivres un corps entier en vie oui qui vit cesser de haleter que ça cesse de haleter dix secondes quinze secondes entendre ce souffle gage de vie l'entendre dire dire l'entendre bon haleter de plus belle

de loin en loin comme selon le vent mais pas un souffle sec et faible claquet de Dieu vieux moulin tourbillonnant à vide ou selon l'humeur comme si elle changeait grands ciseaux de la vieille noire plus vieille que le monde elle clic clac clic clac deux fils à la seconde cinq toutes les deux jamais le mien

c'est tout je n'entendrai plus rien ne verrai plus rien si pour finir quelques vieux mots encore il en faut encore moins vieux un peu que du temps de Pim * deuxième partie finis ceux-là jamais été mais vieux un temps énorme cette voix ces voix comme portées par tous les vents mais pas

* Le livre s'organise en trois parties : « avant Pim avec Pim après Pim ».

un souffle une autre antiquité un peu plus récente cesser de haleter que ça cesse dix secondes quinze secondes quelques vieux mots par-ci par-là les ajouter les uns aux autres faire des phrases

quelques vieilles images toujours les mêmes plus de bleu fini le bleu jamais été le sac les bras le corps la boue le noir cheveux et ongles qui vivent tout ça

ma voix si l'on veut enfin revenue une voix revenue enfin dans ma bouche ma bouche si l'on veut une voix enfin dans le noir la boue on n'a pas idée de ces durées

Samuel Beckett, *Comment c'est*, éd. de Minuit.

— Dissolution du sujet (ça / on / je) (ma voix / une voix), du monde extérieur (les couleurs s'effacent, restent le noir et la boue) : plus que le sac (*cf.* Winnie).

— Il ne reste que la voix qui se dit et dit la résistance, l'opposition du « rien plus jamais » et du « toujours le même »; et qui s'organise, haletante de son effort pour avancer dans la boue, autour de l'allitération essentielle des « v » : voir-vivre (s)-vieux-voix.

— Une forme nouvelle qui est l'aboutissement (on mesurera le chemin depuis la phrase ultra-littéraire de *Murphy*) : disparition de toute armature grammaticale (« petits paquets grammaire d'oiseaux »); la voix avance par affirmations, corrections, commentaires, mais tout est sur le même plan. On comparera ce monologue à celui de Joyce (*cf.* chap. 27).

Comment c'est représente pour l'instant le dernier texte relativement étendu (177 pages) de Beckett. A la disparition physique des personnages, à la simplification du matériel littéraire a succédé, dans ces dernières années, une diminution des moyens et de la durée même de l'œuvre. Beckett se tourne vers la pièce courte (à un seul personnage et bande magnétique : *La Dernière Bande*, 1959), le mime *(Acte sans paroles pour deux personnages et un aiguillon)*, la pièce radiophonique (*Paroles et Musique*, 1962), le fragment (*Residua* est le titre anglais de son dernier recueil). De ces lambeaux fulgurants, énigmatiques, surgit l'image d'un univers différent de celui auquel nous avait habitués Beckett, dont il est cependant malaisé de parler tant son créateur semble l'arracher au silence avec une difficulté croissante. Il abandonne le *Je* pour reprendre la position de l'observateur qui était la sienne dans *Murphy*. Il contemple avec une curiosité froide les déplacements — faut-il parler d'« ébats »? — de personnages-marionnettes, silhouettes de plus en plus semblables aux figurines squelettiques de Giacometti (« hop fixe ailleurs. Traces fouillis signes sans sens gris pâle presque blanc »). Il ne fait que décrire, il constate sans poser de question : « Bing jadis à peine peut-être un sens une nature une seconde presque jamais bleu et blanc au vent ça de mémoire plus jamais. » Cet univers n'est plus celui de la fange ou de la boue, que l'on pouvait rattacher de loin à une certaine tradition littéraire (celle de Céline ou de Sartre par exemple); il est baigné dans l'éclat insupportable d'un monde autre, pétrifié, impénétrable, d'après quel cataclysme? Vers quel silence, vers quelles terres inconnues, ineffables, Beckett, écrivain exemplaire de notre temps, s'éloigne-t-il ainsi de nous?

Fin d'un texte très court qui commence par : « Nulle part trace de vie, dites-vous, pah, la belle affaire, imagination pas morte, si, bon, imagination morte imaginez. » C'est la description d'un point blanc perdu dans la blancheur d'une rotonde de 80 cm de diamètre, où sont repliés, dans une alternance d'éclat et d'obscurité, de chaleur et de froid, deux corps.

* Tumulte « silencieux », de lumière et de température.

[Laissez-les là, en sueur et glacés]

Mais entrez et c'est le calme plus bref et jamais deux fois le même tumulte *. Lumière et chaleur demeurent liées comme si fournies par une seule et même source dont nulle tracc toujours. Toujours par terre, plié en trois, la tête contre le mur à B, le cul contre le mur à A, les genoux contre le mur entre B et C, les pieds contre le mur entre C et A, c'est-à-dire inscrit dans le demi-cercle ACB, se confondant avec le sol n'était la longue chevelure d'une blancheur incertaine, un corps blanc finalement de femme. Contenu similairement dans l'autre demi-cercle, contre le mur la tête à A, le cul à B, les genoux entre A et B, les pieds entre D et B, blanc aussi à l'égal du sol, le partenaire. Sur le flanc droit donc tous les deux et tête-bêche dos à dos. Présentez une glace aux lèvres, elle s'embue. De la main gauche chacun se tient la jambe gauche un peu au-dessous du genou, de la droite le bras gauche un peu au-dessus du coude. Dans cette lumière agitée, au grand calme blanc devenu si rare et bref, l'inspection est laissée. Malgré la glace ils passeraient bien pour inanimés sans les yeux gauches qui à des intervalles incalculables brusquement s'écarquillent et s'exposent béants bien au-delà des possibilités humaines. Bleu pâle aigu l'effet en est saisissant, dans les premiers temps. Jamais les deux regards ensemble sauf une seule fois une dizaine de secondes, le début de l'un empiétant sur la fin de l'autre. Ni gras ni maigres, ni grands ni petits, les corps paraissent entiers et en assez bon état, à en juger d'après les parties offertes à la vue. Aux visages non plus, pour peu que les deux versants se vaillent, il ne semble manquer rien d'essentiel. Entre leur immobilité absolue et la lumière déchaînée le contraste est frappant, dans les premiers temps, pour qui se souvient encore d'avoir été sensible au contraire. Il est cependant clair, à mille petits signes trop longs à imaginer, qu'ils ne dorment pas. Faites seulement ah à peine, dans ce silence, et dans l'instant même pour l'œil de proie l'infime tressaillement aussitôt réprimé. Laissez-les là, en sueur et glacés, il y a mieux ailleurs. Mais non, la vie s'achève et non, il n'y a rien ailleurs, et plus question de retrouver ce point blanc perdu dans la blancheur, voir s'ils sont restés tranquilles au fort de cet orage, ou d'un orage pire, ou dans le noir fermé pour de bon, ou la grande blancheur immuable, et sinon ce qu'ils font.

Samuel Beckett, « imagination morte imaginez »,
Têtes mortes, éd. de Minuit.

— La démarche — description (surtout 1-13), expérimentation (surtout 14-36), volonté d'éloignement — traduit le dessein de Beckett. Mais la tension subsiste : le regard de ces êtres incompréhensibles, contradictoires, morts en sursis (19) ou fœtus (14-17) qui s'ignorent l'un l'autre (13), force à s'interroger.

— Une voix nouvelle : là aussi tension entre le ton du géomètre, la volonté d'insensibilité (31-32), et le lyrisme de la fin.

— « J'ai dit souvent que tout le malheur des hommes vient d'une seule chose, qui est de ne savoir pas demeurer en repos, dans une chambre. » (Pascal.)

Choix bibliographique :

A. Robbe-Grillet, *Pour un nouveau roman*, éd. de Minuit.

J. Onimus, *Beckett*, Desclée de Brouwer.

J. M. Domenach, *Le Retour du tragique*. Seuil.

L. Janvier, *Pour Samuel Beckett*, éd. de Minuit.

Buster Keaton dans *Film*, scénario de Samuel Beckett.

Cl. Alain Resnais. Snark International.

Cinquième Partie

Domaine de la découverte

Beckett,
Fin de partie.

Cl. Pic.

Ionesco, ***Les Chaises.***

Cl. Bernand.

Chapitre XXIII

Un autre théâtre

Les années d'après-guerre sont des années fécondes pour le théâtre. Mais l'intérêt porté à des sujets nouveaux et d'actualité masque quelque temps ce que les formes et les moyens utilisés ont alors de traditionnel. Peu à peu pourtant, sans manifestation tapageuse, un autre théâtre apparaît. Dans les années 50, il s'impose au grand public.

Théâtre des Noctambules, Théâtre de Poche, Théâtre de la Huchette, Théâtre du Quartier Latin, Théâtre de Babylone, puis Théâtre de Lutèce, ce renouveau est d'abord lié à toute une série de petites salles d'essai, aux moyens matériels très pauvres, situées pour la plupart Rive Gauche. Le public, lui, se réduit à une poignée d'intellectuels et à quelques étudiants en quête de nouveauté. Rien de populaire au départ, une expérience en vase clos; et ce caractère ne disparaîtra jamais totalement malgré les succès plus larges obtenus quelques années après chez Barrault, à l'Odéon-Théâtre de France, par une pièce comme *Rhinocéros* d'Ionesco, par exemple. Il est significatif qu'après avoir monté la deuxième pièce d'Adamov, *L'Invasion*, Vilar, lorsqu'il s'est lancé, dans l'aventure du TNP, à la conquête d'un grand public, ait résolument tourné le dos à ce type de théâtre, au moins sur la grande scène du Palais de Chaillot. D'autres metteurs en scène, en revanche, y ont consacré leur carrière : Georges Vitaly, André Reybaz, Roger Blin, Jean-Marie Serreau et Jacques Mauclair, pour ne citer que les plus célèbres. Des acteurs comme Lucien Raimbourg ou Tsilla Chelton, des décorateurs comme Jacques Noël, René Allio ou André Acquart ont également leur nom lié à l'apparition et à l'histoire de ce théâtre. En quelques années tout un monde a surgi qui porte au premier rang les noms d'Audiberti, de Ghelderode, d'Adamov, d'Ionesco ou de Beckett; connu avant le leur, celui de Genet qui leur est naturellement associé n'atteint vraiment la notoriété qu'avec la représentation des *Nègres* en 1959.

Dans ses formes ce théâtre se caractérise d'abord par un refus délibéré du réalisme. Non qu'il n'y ait ici ou là des moments qui puissent paraître réalistes dans les œuvres, mais le réalisme n'est jamais le principe de base. Ce principe est à chercher au contraire dans une irréalité foncière qui se manifeste tant dans le cadre que dans l'intrigue ou les personnages, lesquels oscillent de la sécheresse et de la nullité à l'invraisemblance la plus fantastique. Ni une société donnée et ses problèmes, ni le plaisir d'un mouvement dramatique heureusement conduit, ni l'étude psychologique et ses raffinements n'intéressent pour eux-mêmes l'auteur de théâtre. De son spectacle, il tend toujours plus ou moins à constituer une totalité qui projette en gestes, en chants, en lumières et en couleurs son univers intérieur obsessionnel. D'où l'appel aux formes dites inférieures du spectacle : le mime, le cirque, les clowneries, l'improvisation, le cabaret, le music-hall; et, corrélativement, chez tous les auteurs ou presque, une dévaluation ou du moins une transformation profonde de la parole et du rôle qu'elle joue dans le spectacle. Le cri, le chant, les nuances de l'intonation comptent souvent plus que le sens intellectuel des mots, les gestes et le mouvement de l'ensemble plus que le texte dit. Le « langage scénique » se renouvelle, ou plutôt renoue avec ses origines. Lyrique par essence, ce théâtre l'est différemment et beaucoup plus pleinement que tout le théâtre antérieur. La pièce n'est plus un texte mais un spectacle qui recrée les mythes profonds d'un homme et d'une société. La communication avec le public doit se faire au niveau de cette manifestation concrète, sans qu'une élaboration intellectuelle soit la plupart du temps ni proposée ni imposée par l'auteur. D'où les ambiguïtés, les obscurités qu'on serait mal venu de reprocher à ce théâtre qui tire d'elles justement sa puissance. Impossible de parler de théâtre symboliste dans la mesure où ce dernier était d'ordinaire simple et d'un abord facile. L'image que propose maintenant le spectacle n'a pas *un* sens, elle se veut dans le meilleur des cas un « carrefour de sens » (Adamov), riche de multiples virtualités. Théâtre non d'énigmes mais de paraboles.

La satire de la bourgeoisie traditionnelle forme chez la plupart des auteurs la toile de fond de l'action dramatique. Mais dans et par le type social, c'est aussitôt l'éternel esprit petit-bourgeois et son langage sclérosé qui sont visés, c'est-à-dire la fossilisation qui toujours guette l'humain. Diffuse, impalpable ou trop concrète, une angoisse qui revêt volontiers des formes mythiques ou fantastiques s'empare de ces déchets d'humanité dans lesquels le spectateur est invité à se reconnaître. La pièce s'achève lorsque l'interrogation métaphysique sur l'homme, le temps, la vie, la mort a atteint toute sa force. Ce théâtre baigne ainsi dans un air de catastrophe et de fin du monde qui serait intolérable si la lucidité avec laquelle le créateur mène à bien la réalisation de son intuition initiale ne produisait pour finir (doit-on dire, malgré lui) un effet tonique. N'est-ce pas dans ce sens qu'il convient aussi d'interpréter l'humour, l'intime union de l'horrible et du drôle, partout présent dans ce théâtre? Renchérissement du tragique, si l'on veut, l'humour est toujours en même temps une manière de le dépasser. Et les pitreries amères de Ionesco et de Beckett font de ce théâtre de l'absurde un théâtre qui est en même temps au-delà de l'absurde.

Origines du nouveau théâtre

La qualification de théâtre d'avant-garde ne signifie pas grand-chose. Par bien des côtés ce théâtre retourne au contraire aux sources mêmes du spectacle. Il tente de renouer avec une tradition plus ancienne lentement perdue au fil des siècles, et vise à retrouver un théâtre total. Quant à ses moyens proprement dits, ils sont étroitement dépendants de prédécesseurs mal connus ou méconnus. Mal connus car trop connus, Labiche, Courteline, Feydeau et les tendances délirantes du théâtre gai de la fin du XIXe siècle constituent une véritable mine de situations et de discours absurdes dont il a suffi de changer le sens et l'utilisation. Méconnu, le théâtre symboliste de la même époque, et en particulier l'univers scénique de Maeterlinck, est l'ancêtre direct de notre moderne dérision. Enfin l'extravagance tumultueuse et révolutionnaire d'*Ubu roi* (Jarry) et des *Mamelles de Tirésias* (Apollinaire) ouvrait la voie à une libération totale par rapport au réalisme, au profit de hantises profondes à implication métaphysique.

Mais le père immédiat est le surréalisme. André Breton et Benjamin Péret ont, rapporte Ionesco, manifesté bruyamment leur joie devant *La Cantatrice chauve* : avec un quart de siècle de retard, le nouveau théâtre comblait le vide laissé par le surréalisme au théâtre. Vide qui n'était pas complet cependant : sans parler des curieuses tentatives de Tzara (*Les Aventures de M. Antipyrine* de 1920 et *Le Cœur à gaz* de 1921) et d'Aragon (*L'Armoire à glace un beau soir* et *Au Pied du mur* recueillies dans *Le Libertinage* en 1924), deux noms s'étaient imposés, Artaud et Vitrac. Exclus du mouvement dès 1926, pour avoir cédé, selon Breton, à des instincts commerciaux indignes, ils fondent ensemble le Théâtre Alfred Jarry dont la carrière fut aussi brève que le répertoire nouveau et riche d'avenir. Si, mis à part *Les Cenci*, Artaud le prophétique est surtout acteur, metteur en scène, théoricien et poète (*cf.* chap. 17), **Roger Vitrac** se révélera, lui, un auteur particulièrement fécond. Sa première pièce, *Les Mystères de l'amour*, la plus surréaliste de son œuvre, tente avec un bonheur inégal de porter à la scène les trouvailles de l'écriture automatique. Mais la suivante, *Victor ou les Enfants au pouvoir* (1928), est un chef-d'œuvre. Longtemps sous-estimée, elle a été reprise, avec beaucoup d'éclat et un grand succès, en 1962, dans une mise en scène d'Anouilh. *Victor* avait ouvert la voie au nouveau théâtre qui, en retour, lui ouvrait la célébrité.

Dans le cadre conventionnel d'une comédie de salon à la fois burlesque et fantastique, Vitrac imagine un enfant de neuf ans, adulte par la taille et l'intelligence, dont le cynisme et la férocité tout instinctives déclenchent le soir de son anniversaire une cascade de drames atroces. Les personnages types de la bonne et du général, la liberté échevelée de certains épisodes comme ceux de la belle pétomane ou de la lecture d'un journal de l'époque dont les clichés prennent vie sous les yeux du spectateur, la folie surréelle des monologues intérieurs du héros, la violence outrée et pourtant très vraie des rapports entre les personnages, et surtout le constant passage du cocasse à l'horrible réalisent déjà les ambitions majeures du théâtre des années 50. Les pièces suivantes de Vitrac ne présentent plus avec le même bonheur et à un si haut degré pareil caractère de nouveauté. Mais il suffit d'avoir écrit *Victor*.

[Si c'est pas malheureux, battre un enfant malade]

Un vent de folie et de catastrophe souffle à l'approche de la fin, et voilà qu'Émilie, la mère de Victor, trouve son fils évanoui : on le couche, elle sanglote à son chevet.

ÉMILIE. — Victor! Victor! Mon Totor bien aimé, mon chéri! mon fils! Car toi, du moins, tu l'es mon fils *. Totor, fils d'Emilie et de Charles, je t'en supplie, réponds-moi. Oh, mon Dieu! Marie, Joseph et tous les anges, déliez-lui au moins la langue, et qu'il parle, et qu'il réponde aux appels d'une mère dans la détresse. Victor! Mon Victor! Il se tait. Il est mort. Es-tu mort? Si tu étais mort, je le sentirais. Rien n'est sensible comme les entrailles d'une mère.

Victor se retourne en gémissant.

Ah! ah! tu bouges. Tu n'es donc pas mort. Alors, pourquoi ne réponds-tu pas, dis? Tu le fais exprès, tu nous persécutes, tu veux que je me torde les bras, que je me roule à terre. C'est cela que tu veux, hein? Puisque tu remues ton grand corps il ne t'en coûterait pas plus de remuer ta petite langue. Il t'en coûterait moins. Tu ne

* On vient de découvrir qu'Esther, la petite amie de Victor, était une fille adultérine. Ce qui explique (mais absurdement) la remarque d'Émilie.

peux pas parler? Tu ne veux pas parler? Une fois, deux fois, Victor! Une fois, deux fois, trois fois? Tiens, tête de têtu.

Elle le gifle.

VICTOR. — Si c'est pas malheureux, battre un enfant malade, un enfant qui souffre. Une mère qui gifle un enfant qui va mourir, qu'est-ce que c'est, maman?

ÉMILIE. — Pardon, pardon, Victor. Je ne m'appartenais plus. Mais pourquoi aussi ne pas répondre?

VICTOR. — Qu'est-ce que c'est qu'une mère qui brutalise son fils moribond?

ÉMILIE. — Il fallait répondre, Totor, répondre, mon petit.

VICTOR. — Eh bien, je réponds... qu'une mère qui fait cela, c'est un monstre.

ÉMILIE. — Pardon, Victor! Je t'ai si souvent pardonné, tu peux bien après cette soirée, après cette nuit maudite *, après toute la vie, tu peux bien... Mon Totor, songe que si tu allais mourir...

* L'action de la pièce est continue. Elle se passe dans l'appartement des parents de Victor de 8 heures du soir à minuit.

VICTOR. — Tu crois que je vais mourir?

ÉMILIE. — Non, bien sûr! Je ne sais pas ce que tu as. Que peux-tu avoir? Non, ne t'inquiète pas. Mourir, mais mon petit ce n'est pas possible. Tu es si jeune *!

* Ne pas oublier que Victor a neuf ans.

VICTOR. — On meurt à tout âge.

ÉMILIE. — Tu ne mourras pas, je ne veux pas que tu meures, je veux seulement que tu me pardonnes.

VICTOR. — Allons, allons, bonne mère. Primo, je vais mourir, secondo, parce qu'il faut que je meure, et tertio, il faut donc que je te pardonne. Tu es pardonnée.

Il lui donne sa bénédiction. Émilie sanglote et lui baise convulsivement la main.

Victor meurt à 11 h 30, heure même de sa naissance. Un rideau noir tombe. On entend deux coups de feu. Le rideau se relève. Les parents sont étendus au pied du lit de l'enfant, séparés par un revolver fumant. La bonne entre et s'écrie : « Mais c'est un drame! » (fin de *Victor*).

Roger Vitrac, *Victor ou les Enfants au pouvoir*, éd. Gallimard.

— Agitation frénétique et retournements brusques. Le personnage de la mère poussé jusqu'à l'incohérence apparente retrouve pourtant dans l'excès même les vrais mouvements de sa nature profonde. Ironie de Victor à son égard; émotion et impassibilité chez l' « enfant-adulte ».

— Violence dans le jeu scénique (10, 13, 14, 17-19, 45-46) et véhémence dans le langage (1-18) qui utilise sur le mode parodique aussi bien les cris de la passion (« Mon Totor bien-aimé », *cf.* correspondance de Juliette Drouet à Victor Hugo) que les appellations épiques (« Totor, fils d'Émilie et de Charles »). Clichés et lieux communs (8, 9, 27-28, 35-39). Une logique absurde (14, 16, 42-44). *Cf.* la fausse mort de Louison dans *Le Malade imaginaire* (acte II, sc. 7).

— « Actuellement, si nous voulons représenter la vie telle qu'elle est, nous sommes obligés de tricher, c'est-à-dire de voiler cette part du réel qu'on est convenu d'appeler choquante. Si l'on ne trichait pas, les gens crieraient "Au feu" ou "Au fou". Avant d'arriver à cet idéal d'une vérité qualifiée de surréaliste, il faudrait que nous puissions nous dépouiller du tact et de la mesure qui fausse le réalisme de l'art. » (Vitrac.)

Cl. Pic.

Roger Vitrac, *Victor ou les Enfants au pouvoir*
(dans la mise en scène d'Anouilh).

Cl. Agnès Varda.

Boris Vian, ***Les Bâtisseurs d'Empire.***

Ionesco, ***Amédée ou Comment s'en débarrasser***
(au Théâtre de l'Alliance française).

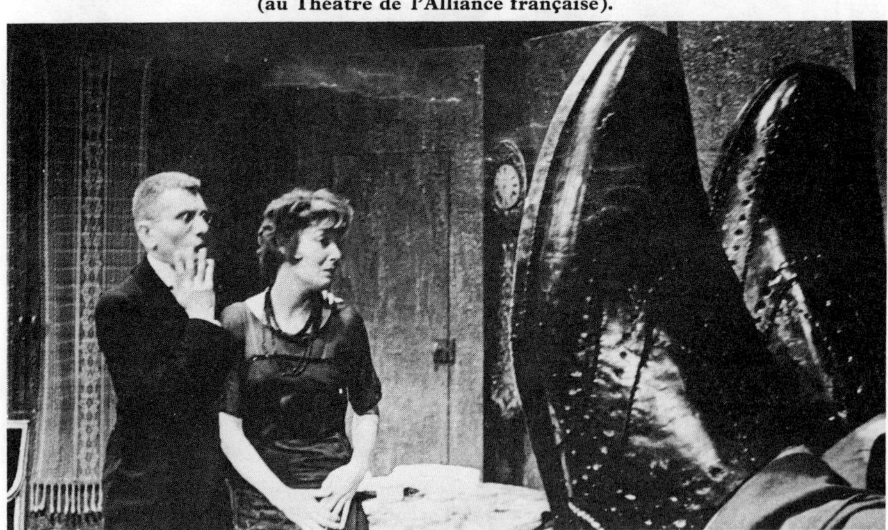

Cl. Pic.

Comme la majeure partie de celle de Vitrac, l'œuvre de **Michel de Ghelderode,** écrite entre 1918 et 1937, est antérieure à la Deuxième Guerre mondiale. Mais ce n'est qu'en 1947, avec le succès de *Hop Signor* à l'Œuvre, que cet auteur commence d'être entendu et de jouer son rôle dans la sensiblité dramatique de notre époque. « Je ne lis pas les philosophes, l'auteur dramatique n'a pas besoin de cela. Pour moi, le théâtre est un jeu de l'instinct... L'auteur dramatique ne doit vivre que de vision et de divination. La part de l'intelligence est secondaire. [...] J'ai découvert le monde des formes avant de découvrir le monde des idées. » Dans ces lignes des *Entretiens d'Ostende*, Ghelderode, se définissant comme un poète en liberté, explique le caractère haut en couleur, forcené, incohérent parfois, d'un théâtre où le surnaturel, le sexe, la mort éclatent en images hallucinantes. Les moyens qu'il utilise relèvent de la tradition du théâtre populaire flamand; ils unissent ceux des tréteaux de la foire, du music-hall et du guignol au verbe et à l'imagination visionnaire de Hugo et de Maeterlinck. Dans cette abondante production dominent les pièces d'inspiration médiévale : *Escurial*, *Fastes d'enfer*, *L'École des bouffons*, *La Farce des Ténébreux*, *Magie rouge*, fantasmagories grimaçantes où, dans une lueur de soufre, passent pêle-mêle des reflets de Bosch, de Brueghel, de Goya ou de James Ensor. Mais, au plus fort de ces messes noires, Ghelderode se meut encore à l'intérieur d'un univers profondément religieux dont il revalorise le sacré par l'excès de sa provocation. C'est avec lui un air de liberté et de scandale qui souffle sur les scènes parisiennes. Son angoisse torturée et ricanante devant la dérision humaine annoncent la violence de l'interrogation métaphysique qui fait le cœur du nouveau théâtre.

Michel de Ghelderode, ***Escurial.***

Cl. Pic.

[A quatre pattes, Folial!]

Extrait du dialogue entre le Roi et son bouffon, qui constitue, presque à lui seul, la courte pièce d'*Escurial*. La mort de la Reine est imminente; l'angoisse du Roi paraît au début expliquer le jeu étrange qu'il joue avec son bouffon. Décor : « Une salle de ce palais d'Espagne. Éclairage de souterrain. Le fond, d'opaques tentures perpétuellement agitées par des souffles et montrant des traces de blasons effacés. Au centre de cette salle, il y a des marches vétustes, recouvertes de tapis troués, qui conduisent — très haut — à un trône bizarre et comme en équilibre : un trône de fou persécuté se complaisant dans cette solitude funèbre, dernier fruit d'une race malsaine et magnifique. »

Le Roi *, *marchant de long en large, avec Folial sur ses talons.* — Voilà des semaines, de noires semaines que tu te morfonds, que tu grimaces pour ton propre compte! Vilainement, alors que ton métier est d'être hilarant! Moi, j'attends la délivrance; j'attends que la Mort s'en aille ailleurs. Et tu n'as pas un mot drolatique, pas une farce pour ton roi! Tu es empli de vinaigre!... *(Il s'arrête.)* Pourquoi marches-tu derrière moi?...

Folial *. — Je piétine votre ombre!...

Le Roi, *satisfait.* — Enfin! je te retrouve... Tu es de nouveau toi-même, arrogant, perfide; non pas malicieux et débordant de faconde comme les bouffons italiens ou français, mais taciturne et vindicatif, comme ceux de ta race. Il y a du diable en toi! Sept péchés sont lisibles, en majuscules, sur le vieux parchemin de ta face. Les sept péchés et d'autres abominations! Je t'aimais pour tant de perfection dans le mal, et tu étais le seul homme qu'un roi de ma sorte pût supporter... *(Il sursaute.)* Aïe! tu as meurtri mon ombre! *(Il gifle le bouffon.)* Ne m'approche plus, ou je t'envoie dormir avec les chiens, chien rampant, chien fourbe! Tu as bien l'expression et les manières d'un dogue... A quatre pattes, Folial!... *(Folial se met à quatre pattes.)* Ne mords pas. *(Ordonnant.)* Couche-toi. Gratte tes puces. *(Folial fait ces choses.)* Dors. *(Folial soupire et simule le sommeil d'un chien. Un silence. Le roi est méfiant.)* Chien ou bouffon, à quoi songes-tu? *(Folial avance vers le roi et le flaire.)* Folial? pas de ça! Est-ce la Mort, la charogne que tu flaires? *(Les glas recommencent. Folial tend le cou et, comme un chien, se met à hurler à la mort. Au dehors, tous les chiens répondent. Le roi, affolé, bondit sur les marches.)* Malédiction! On me persécute! Assez! Égorgez les chiens, le bouffon!... *(Folial, toujours à quatre pattes, grimpe les marches derrière le roi, sans cesser de hurler.)* Je suis la proie des chiens! *(Il donne des coups de pied au bouffon.)* Debout!...

Folial, *se redresse.* — Votre très obéissant serviteur...

Les deux en haut des marches, se font face.

Michel de Ghelderode, *Escurial*, éd. Gallimard.
(Texte écrit en 1927.)

* « C'est un roi malade et blafard, à la couronne titubante, aux vêtements crasseux. A son cou, à ses mains, des pierreries fausses. C'est un roi fiévreux, épris de magie noire et de liturgie, dont les dents pourrissent. El Greco, peintre maladroit, a fait son portrait. »

* « Le bouffon, dans sa livrée aux couleurs voyantes, est un athlète sur des jambes tordues, aux allures d'araignée. Il vient des Flandres. Sa tête rousse — grosse boule expressive — s'éclaire d'yeux pareils à des loupes. »

On comprendra, pour finir, en même temps que Folial, que la Reine a été empoisonnée par le Roi pour avoir aimé le bouffon. Le Roi fait étrangler ce dernier devant lui. « Le bourreau sort, traînant le cadavre de Folial. On entend le rire hystérique du Roi, décroissant. Les cloches se remettent à sonner. Un canon tonne. Dehors, les chiens hurlent. » (fin d'*Escurial*).

— Un affrontement inquiétant et plein de sous-entendus. Sincérité et jeu théâtral dans l'expression de l'angoisse chez le Roi. Importance des gestes et des actions : comment ils font avec le texte un tout indissoluble; valeur tragique du mime burlesque de Folial (22-34); les silences et les bruits.

— Lyrisme et obsession dans les répétitions : « semaines » (2), « j'attends » (5), « sept péchés » (14,16), « chien » (20-21). Surprise dans la place et le registre de certains mots : « vilainement » (3), « hilarant » (4).

— Le rire grinçant de Ghelderode (10-14). Son inspiration satanique (16-18).

— « Ces personnages ne ressortissent pas uniquement à leur âge aboli : ils peuvent paraître inventés, mais leurs voix trahissent des modulations qu'on percevrait en nos jours d'écoute aiguë. C'est à la recherche de ces timbres que l'auteur s'applique. Il pense être arrivé à enregistrer certaines résonances curieuses des âmes, souci qui situe son jeu hors des époques convenues et dans le silence pur. » (Ghelderode.)

C'est pour réparer une injustice que **Boris Vian** est présenté ici comme un précurseur du nouveau théâtre. On l'a trop longtemps considéré comme un talentueux suiveur à cause de la date tardive des *Bâtisseurs d'Empire :* 1959. Mais en 1947, il avait déjà écrit la farce explosive de l'*Équarissage pour tous* dont le rythme endiablé et le nihilisme joyeux trouveront tôt ou tard la mise en scène qui leur donnera toutes leurs chances. La verve de l'auteur s'assagit dans *Le Goûter des Généraux* et s'y infléchit avec succès vers la caricature politique. Elle se transforme enfin, sous l'influence de Ionesco notamment, dans sa dernière pièce *Les Bâtisseurs d'Empire.* Une cellule familiale type, père, mère, fille et bonne, poursuivie par un bruit inquiétant et affligée d'un étrange et hideux compagnon muet, le Schmürz, qui est l'objet de ses avanies, se hisse au fil des actes d'étage en étage, s'installe dans des appartements de plus en plus petits, tandis que ses membres un à un disparaissent, jusqu'au suicide final du père resté seul. La pièce s'impose par le brio du langage qui va de la truculence litanique de Cruche, la bonne, à la rêveuse pureté des souvenirs de Zénobie, la fille; par la rigueur implacable de la construction, dépouillée jusqu'au schéma, intense dans son apparente pauvreté; surtout par la force et la richesse des images proposées : la montée, le bruit, le logement, le mariage, le repas, les costumes du père, la mort de Zénobie ou de sa mère. Imagination qui culmine dans l'invention du Schmürz. Tous les critiques se sont exercés à donner leur interprétation de ce personnage. L'essentiel est qu'on est fasciné, qu'on ne peut l'oublier. L'instinct tyrannique, le vieillissement, l'usure, la mort sont désormais liés pour nous à cette créature informe que, sans même paraître en avoir conscience et sans en parler jamais, nous ne cessons de martyriser en nous et hors de nous. Image caractéristique de tout le nouveau théâtre.

[Notre exemple est, en effet, exemplaire]

Pour distraire leur fille, Zénobie, de sa tristesse et de ses inquiétudes, Mère lui propose l'exemple que lui offrent ses parents.

PÈRE. — Notre exemple est, en effet, exemplaire. *(A la mère :)* Si je mimais notre aventure?

MÈRE. — Chéri, tu mimes si bien. Mais parle, ne te borne pas à mimer. A quoi bon te priver d'un moyen d'expression dont tu as la maîtrise complète?

PÈRE *annonce.* — Reconstitution. *(Il commence son récit :)* On se représente un beau matin de printemps, la ville en fête, les oriflammes en train de claquer au vent et le vacarme des véhicules à moteur couvrant la rumeur joyeuse qui montait de cette énorme fourmilière humaine. Moi, le cœur traversé de décharges électriques, je comptais les heures à l'aide d'un abaque * chinois légué par mon grand-oncle, celui qui avait participé au pillage du Palais d'Été à Pékin *. *(Il s'interrompt, réfléchit.)* Où est-il passé, cet abaque? *(A la mère :)* Tu ne l'a pas vu récemment?

MÈRE. — Ma foi non, mais tu sais, on va probablement le retrouver en faisant le rangement *.

PÈRE. — N'importe, le fait est là.

ZÉNOBIE. — Si c'est arrivé autrefois, le fait n'est plus là, justement. Le fait que tu t'en souviennes est d'un tout autre ordre.

PÈRE. — Zénobie, j'essaie de te distraire; mais ne me fais pas perdre le fil.

ZÉNOBIE. *indifférente.* — Oh! vas-y, vas-y.

Elle sort vers l'autre pièce. Le père reprend.

PÈRE. — Bref, je comptais les heures, et comme j'étais fort en arithmétique, ce calcul ne présentait aucune difficulté pour moi. Non plus qu'un certain nombre d'autres calculs, tel celui de la circonférence du cercle, du nombre de grains de sable contenus dans un tas de sable, pour lequel on procède comme dans la sommation * des piles de boulets et ainsi de suite. Les fournisseurs se succédaient dans l'antichambre de l'heureuse fiancée, pliant sous le poids des corbeilles de fleurs, de fruits * et de linge sale, car certains confondaient avec la blanchisserie voisine. Mais tout ceci, je ne le rapporte que par ouï-dire, car elle était chez elle, et moi chez moi. J'étais prêt, resplendissant, un air de santé flottant autour de mon visage bien rasé, et, seul avec mes pensées, c'est-à-dire vraiment seul, je m'apprêtais à cette fusion des états civils dont on a pu dire qu'elle était... heu...

MÈRE *réfléchit.* — Qui a bien pu dire ça?

PÈRE. — Mais enchaînons, enchaînons, je te passe le crachoir...

MÈRE. — Moi, de mon côté, timide et rougissante, encore qu'en réalité je susse, car mes parents étaient des gens modernes, à quoi m'en tenir, et que ce vaurien n'aurait de cesse, une fois seul avec moi, qu'il ne parvînt à me grimper, je babillais, entourée de mes filles d'honneur, de choses et d'autres, et des sujets les plus divers, car une épousée du jour ne pense qu'au petit truc, mais la société refuse que l'on dénomme le petit truc avant de l'avoir subi, sauf chez les

* Boulier compteur de formes très diverses. Celui des Chinois a été utilisé jusqu'à la fin du XIXe siècle.

* Le Palais d'Été a été incendié par les Anglais et les Français en 1860.

* Comme le poste de radio précédemment, l'abaque a été oublié dans la précipitation du dernier déménagement.

* Terme de langage mathématique : action d'effectuer une somme.

* *Cf.* Verlaine, *Romances sans Paroles*, le début célèbre de « Green » : « Voici des fruits, des fleurs, des feuilles et des branches. »

êtres primitifs qui sont bien à plaindre, hélas. *(Le père revient de frapper le Schmürz.)* Léon, reprends, cette évocation m'épuise.

Ils continuent à danser une sorte de ballet, mimant toute la journée du mariage.

Boris Vian, *Les Bâtisseurs d'Empire*, L'Arche.

— Trois couplets, quasi dansés, coupés de courtes pauses dialoguées. Le théâtre dans le théâtre : Père et Mère jouent leur propre rôle (« Reconstitution », 6); contraste entre l'assurance de Père et sa faiblesse d'esprit (22-23); la sortie de Zénobie (25) faisant éclater l'absurdité de cette comédie.

— Un langage parfaitement « maîtrisé » (5) et parfaitement sclérosé. Accumulation des clichés et dérision : une parole folle qui se parle elle-même (26-35).

— Une fois de plus le Schmürz est battu pour finir (54). Antonin Artaud dans *Le Théâtre et son Double* prône « l'apparition d'un Être inventé, fait de bois et d'étoffe, créé de toutes pièces, ne répondant à rien, et cependant inquiétant par nature, capable de réintroduire sur la scène un petit souffle de cette grande peur métaphysique qui est à la base de tout le théâtre ancien ».

Poètes en marge

Jusque dans le théâtre de l'absurde, les poètes restent en marge. Préoccupés eux aussi de l'absurdité et de l'insécurité humaines, faisant fi des conventions ordinaires, tablant sur la fantaisie et la réalité rêvée, les poètes se distinguent dans le théâtre de l'époque par une attitude différente à l'égard du langage. Loin de le déprécier au profit d'une poésie qui surgit d'images de scène concrètes et directes, c'est dans son exaltation, dans la libération de ses merveilleux pouvoirs que le poète trouve le moteur principal de son mouvement dramatique. Position ambiguë qui, selon le point de vue adopté, fait de dramaturges comme Audiberti, Georges Neveux, Henri Pichette et Georges Schéhadé, ou bien des attardés chez qui la rénovation du théâtre n'atteint pas le langage, ou au contraire la pointe extrême d'une recherche qui considère que la transformation de l'univers passe d'abord par l'invention d'une langue.

1947 qui a vu la découverte de Ghelderode a vu aussi la révélation d'**Henri Pichette,** poète influencé par le surréalisme, dont Vitaly monte les *Épiphanies*. Sans nul souci d'action dramatique, cette pièce, divisée en cinq parties, la Genèse, l'Amour, la Guerre, le Délire et l'Accomplissement, illustre la vie et la mort du Poète en tableaux et tirades d'un lyrisme exacerbé :

« Je suis victime ici, j'ai donc le droit de poser des questions. Votre univers est abominable. Vos femmes y bassinent les linceuls. Vous avez planté des croix et des chrysanthèmes, et misé sur les tombes. Vous avez créé une novembre lugubre. Vous avez triché avec vos propres morts. Jusqu'à leurs cendres ont été dilapidées par vous. Et vous êtes là figés, rivés, copieusement incarnés! Ne vous étonnez pas de mon sursaut. Au fur que je me sens condamné, je vois clair. Vous devenez parfaitement lisibles. J'avais tort de croire la pitié naturelle. Soit, tuez-moi! mais comme à Luna-Park, dans le désordre sacré, car la jeunesse est au milieu du monde. Je suis prêt. »

A la demande de son interprète, Gérard

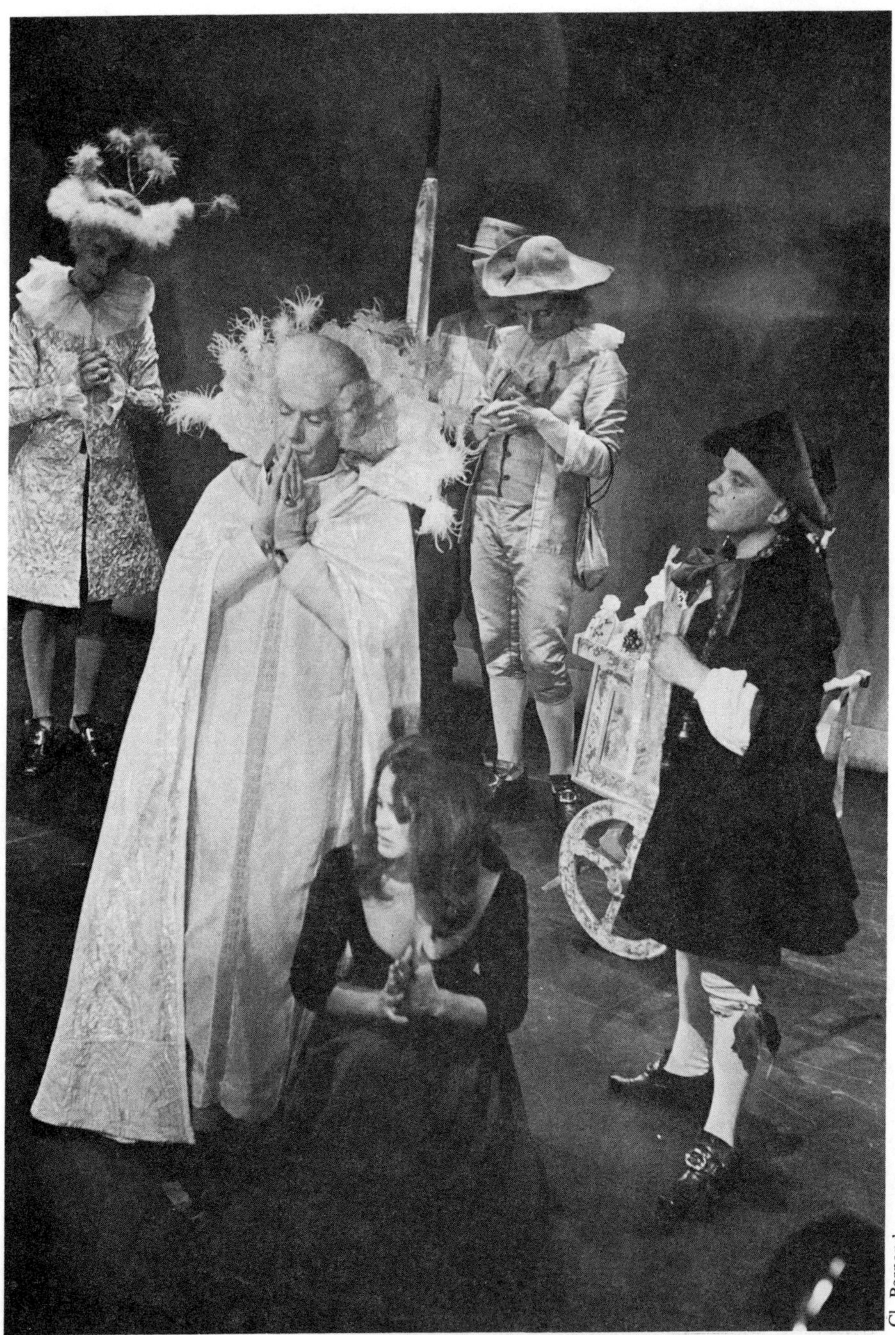

Cl. Bernand.

Jacques Audiberti, ***La Fête noire.***

Cl. Bernand.

La Maison d'os de Roland Dubillard (au Théâtre de Lutèce) : le décor est d'A. Reinerg.

Jean Genet, *Le Balcon* (à gauche Roger Blin et au centre Marie Bell).

Cl. Pic.

Philipe, Pichette écrit ensuite *Nucléa* que le T.N.P. joue en 1952, dans des décors de Calder. Sous la forme d'un oratorio très libre, prennent corps en deux parties contrastées, « Les Infernales » et « Le Ciel Humain », les affres et les extases de la guerre, de la paix et de l'amour. Héros symboliques et mythiques, chœurs, prose poétique, alexandrins même pour finir n'ont pu assurer le succès à cette œuvre ambitieuse, qui constitua l'unique tentative pour faire passer une pièce du « nouveau théâtre » sur la grande scène du Palais de Chaillot. Pichette se détourne alors du théâtre mais, à son heure, il a témoigné de l'intense désir de renouvellement des formes scéniques et du primat soudain accordé, à partir des désastres de la société humaine, aux inquiétudes métaphysiques.

[La complainte du jeune mort]

Hommes et femmes qui entrent et disent
LA COMPLAINTE DU JEUNE MORT.

Un jeune mort à l'orée d'un bois. *(Requiem.)*
Lui aussi avait eu faim, sa chair et son esprit, et plus qu'il n'était normal d'en souffrir.
Lui aussi avait eu soif de vin vineux et de justice, et voulu, coupe en main, porter la santé des vendangeurs sous le soleil.
Lui aussi attendait de redorer ses forces dans le blé sommeillant, d'abandonner sa fièvre et les offenses dans l'eau fertile de la mer.
Lui aussi.
Un jeune mort...
Il a été cueilli cette matinée.
La sève tout le jour l'a pleuré dans son arbre.
Le cœur du merle veuf bat dans un mouchoir noir.
Un jeune mort...
Il mesurait ses vingt années.
Sur le tard le renard en flairera la vareuse rougie et la gorge cireuse.
Le méchant dira : « La terre a les morts dans la peau. »
Mais cette nuit, ô mes frères, la voix du rossignol en aide nous viendra à travers les drapeaux de fortune des feuillages, et son chant fera de nos âmes une nouveauté si touchante que, lorsque nous aurons levé les yeux au ciel, nous dirons de la Lune :
Elle est la banlieue de la Terre!

Henri Pichette, *Nucléa*, L'Arche.

— Un récitatif lyrique du chœur : voix, sans doute alternées, d'hommes et de femmes. La respiration lente du texte par les reprises : « Un jeune mort » (2, 12, 16) et « lui aussi » (4, 6, 8, 11). Les jeux de l'alternance et de la succession dans les vers courts et longs jusqu'au contraste final : « Le méchant... » (20) et « ...la voix du rossignol... » (21-26).

— Sobriété du style. Simplicité dans l'utilisation des adjectifs (6, 8, 10, 18, 19), sinon toujours dans leur choix. Abondance des images et leur gradation de la plus facile à la plus surprenante (13, 14, 15). La tension entre le deuil et l'espoir à tous les niveaux du texte.

— Gaston Bachelard à Pichette : « Vous, vous avez la poésie dans le sang. Votre souffle crée des mots. Je respire mieux quand je vous lis. Et dans un monde où les tristesses s'accumulent, où le malheur s'organise, vous redressez la vie vraie.»

La verte vigueur des recueils poétiques et des romans de **Jacques Audiberti** qui s'étaient régulièrement succédé à partir de *L'Empire et la Trappe* (1929) et d'*Abraxas* (1938) a été éclipsée, depuis ses débuts à la scène avec *Quoat-Quoat* en 1946, par l'abondance et la richesse de sa production théâtrale : une quinzaine de pièces jusqu'à sa mort en 1965. Doué d'une générosité et d'une couleur verbales intenses, cet univers baroque qui pourrait rappeler Rabelais ou Shakespeare, éblouit, étourdit. La fantaisie la plus libre régit le cadre et l'intrigue : le jeune Amédée qui fait route vers le Mexique à la recherche du trésor de l'empereur Maximilien échappera-t-il au tyrannique règlement du Capitaine *(Quoat-Quoat)*? Que deviendra la joyeuse princesse Alarica de Courtelande découvrant la bassesse et le mal dans l'échec de son glorieux mariage projeté avec le roi Parfait d'Occident *(Le Mal court)*? Sur ces trames légères, au fil de la fête des mots, se développent les mythes essentiels du poète : Amédée devient l'image de l'homme « embarqué » en proie au Dieu irresponsable; Alarica se détourne du Bien et de la Pureté pour le Mal et le Vice, s'empare du pouvoir et son règne s'annonce féroce : le Mal ne cessera plus de courir. *L'Effet Glapion* mis à part qui constitue une ouverture du côté du boulevard, *La Fête noire* ou *La Hobereaute*, dans un registre plus solennel et inquiétant, confirment la coexistence ambiguë des hantises païennes et des fantasmes chrétiens chez le dramaturge : tour à tour, la chair, Dieu, la mort revêtent un étrange pouvoir de séduction ou de répulsion. Pas d'idéologie. Grâce aux merveilles du langage, une plongée confuse et intense dans le réel le plus profond. « Je n'ai jamais traité qu'un seul sujet, le conflit entre le bien et le mal, entre l'âme et la chair. Je tourne toujours autour du même problème insoluble, de la même obsession : l'incarnation. »

[Trésor ou pas, je vous patafiole]

Dans une cabine d'un paquebot Second Empire. Amédée a enfreint le règlement du Capitaine en parlant à la jolie Clarisse, la fille de ce dernier : il a été condamné à mort. Mais voici qu'il a une visite inattendue...

Entre la Mexicaine. Brune, vêtements légers, gorge très offerte. Elle tient devant elle un long pistolet.

Elle en menace Amédée.

LA MEXICAINE. — En l'air, les mains! Tout de suite en l'air! Ne criez pas. N'appelez pas. Autrement je vous dévide.

Amédée. — Je vous signale, ma belle! qu'il y a une option sur moi. Le Capitaine m'a condamné à mort.

La Mexicaine. — Nous ne disposons que de deux ou trois minutes. C'est cinquante fois plus qu'il n'en faut pour que je vous transforme en caca de chien. C'est juste assez pour que vous me parliez du trésor de l'empereur Maximilien.

Amédée. — Vous travaillez pour le gouvernement Juarez *?

* Président de la République mexicaine, après avoir été l'âme de la résistance nationale contre Maximilien.

La Mexicaine. — Juarez est un fils de tante et un perroquet mal rasé. Sa police, d'ailleurs, n'aurait eu qu'à vous mettre la main dessus à la Vera-Cruz, pas plus tôt que vous seriez arrivé. Moi je suis pour le colonel Mascaral *, nuestro santo, nuestro jolito *, le soleil en mouvement, l'espoir des cœurs propres.

* Nom de pure fantaisie.

* L'adjectif est français, le diminutif espagnol.

Amédée. — Votre colonel choisit mal ses amazones. Belle vous l'êtes, certes. Vous avez du feu. Mais vous arrivez tard.

La Mexicaine. — N'essayez pas de me noyer de paroles. Le trésor?

Amédée. — Le trésor? Vous avez bien dit le trésor? Mais, pauvre de vous! le trésor, tout le navire sait où il est. Hier soir, ici même, j'ai trompété, de toutes mes forces, des détails qui permettraient, sans erreur, de le retrouver *. A côté, dans les cabines, on devait se boucher les oreilles, tellement je criais. Je hurlais, pour mieux dire.

* Amédée a en effet révélé son secret à Clarisse et s'en désespère.

La Mexicaine. — Qu'elle soit maudite, qu'elle soit mise en dehors du cycle des grâces, l'année où je fus conçue! Qu'une mortelle calamité s'abatte sur la descendance de la femme qui me cisailla d'avec ma mère! J'occupe cette cabine, je suis sur ce bateau exprès pour vous courir derrière mais, sainte corne de l'orteil de la Madeleine *! comment pouvais-je savoir que vous seriez aussi pressé de vous écouler par la bouche, aussi bobo?

* Sainte Marie-Madeleine.

Amédée. — Bobo?

La Mexicaine. — Oui, bobo. Ça veut dire nigaud. Ne m'interrompez pas, ou moi je vous noircis la cervelle, en supposant que vous en ayez une. Il parlait le trésor. Il soufflait le pastel. Et, pendant ce temps, moi, oh! désolation! je goûtais dans la salle à manger avec les autres femmes et lui, mais regardez-le, lui, sans égards pour moi, il bourdonnait comme un vent de jeune fille dans une bouteille et pendant ce temps... non décidément, trésor ou pas, je vous patafiole... pendant ce temps, le colonel Mascaral, le plus généreux porteur d'éperons que jamais enfanta le melon d'une femme, il se morfond dans les marécages du Nord avec une trentaine de pouilleux, et, dans le portefeuille, pas même de quoi prendre tous ensemble le train pour Mexico! S'il avait le trésor, Mascaral, ah! la révolution, comme une figue, elle serait mûre, comme une figue. Mais le trésor, maintenant, il est perdu.

Amédée. — Il est peu probable, vous savez, que le Capitaine et mademoiselle Clarisse aillent jusqu'au fond du Mexique se faire griffer par les ronces et piquer par les moustiques...

La Mexicaine. — Ainsi, pour la fille du Capitaine, pour cette figure changeante, que ses mains sont comme des puces à cinq pattes, c'est pour cette omelette froide que vous avez compromis la cause proprement sublime du Mascaralisme. Je sens que je deviens un sorbet de fiel. Et si vous me dites que vous l'aimez, cette sangsue à tête de paille, si vous avez le malheur de me dire ça, je vous tue deux fois de suite, car l'amour est tout de même un trop magnifique gobelet de poivre pour que vous le mélangiez à des écolières en fromage blanc qui se croient qu'elles ont des droits sur les hommes parce qu'elles ont un couple de jambes dans leur crinoline et deux petites carottes sur l'estomac. Si vous connaissiez Mascaral, si vous pouviez vous rendre compte de l'étendue de ses talents politiques, vous comprendriez qu'une femme elle peut l'aimer jusqu'à la mort, jusqu'à la vôtre, de mort.

Elle appuie le canon de son arme sur la poitrine d'Amédée.

Amédée échappe à sa Mexicaine mais c'est finalement le Capitaine lui-même qui, volontairement, fait sauter le navire.

Jacques Audiberti, *Quoat-Quoat*, éd. Gallimard.

— Fougue pathétique de l'amazone au pistolet : disproportion des répliques entre les deux personnages; les jeux de scène prévisibles entre l'impétuosité verbale et l'arme menaçante (50-51).

— Richesse de la langue chez la volubile étrangère. Abondance des trouvailles de détail dans l'expression (12, 17-18, 20-22...). Fièvre dans l'alternance des phrases brèves (45-46) et des longs mouvements tempétueux (46-55 et surtout 67-74).

— Le mythe du trésor : merveilleux et feuilleton d'aventures pseudo-historiques. Audiberti et le surréalisme : « Ce que j'écris est une végétation aveugle dont le secret ne m'est pas donné. »

— « A travers l'incohérence délibérée du langage et le déchaînement anarchique de l'imagination, Audiberti se rattache a la fois à la grande mise en question de l'expression humaine qui caractérise notre temps, et à la tradition d'une littérature de liberté, de décoration et de foisonnement qu'on a pris l'habitude d'appeler du nom de baroque. » (Henri Lemaître.)

Georges Schéhadé, Libanais de langue et de culture françaises, influencé à ses débuts par le surréalisme, a transposé à la scène sans effort apparent le monde des *Poésies* de sa jeunesse, goûtées par Max Jacob, Eluard et Supervielle. Au foisonnement fougueux du verbe d'Aubiberti, Schéhadé oppose la recherche d'un raffinement dépouillé jusqu'à la transparence. Tout est clair dans cet univers de feuillages et de fraîcheur, de saveurs et d'enfance. Et en même temps tout est mystère autour d'une attente, d'une quête, d'un voyage. Telle l'*Histoire de Vasco* (1956) qui unit à une satire de la guerre de type brechtien, la fermeté concrète et le goût du terroir propres à Lorca. Le naïf et peureux petit coiffeur quitte son village pour l'armée; il meurt aux portes de l'amour et de la gloire sans s'être un instant départi de son insouciance et de son inconscience. Sous sa limpidité, l'art scénique de Schéhadé est à la fois riche et délicat : lumières, couleurs, bruits, silhouettes, tons de voix, chaque détail est essentiel pour la mise en scène de ces fragiles merveilles qui passent sans crier gare de la finesse rêveuse à la plus bouffonne extravagance.

[Rêve tout haut, pour que je voie]

« Une clairière dans un bois. Au fond, une charrette dételée, les deux bras en l'air et recouverte par une bâche misérable. A l'intérieur de la charrette brille une lanterne. On entend le vent longuement gémir tout le long de ce tableau. Dans les arbres, des corbeaux se tiennent immobiles, les yeux brillants. »

Marguerite bâille, s'étire et regagne la charrette.

CÉSAR. — Marguerite, ma fille, prépare ton fil et ton aiguille. Tu vas, si je ne me trompe, rapiécer bientôt les culottes du lieutenant *. Le sentier qu'il a pris est impitoyable : il m'a déjà dévoré plusieurs culottes. *(Il regarde les arbres et après un temps :)* Quand est-ce que se lève la lune?... Le vent doit la balancer de l'autre côté de la terre. *(Après un temps.)* Il va falloir que je promène un peu mes chiens *; je néglige trop la santé de ces bêtes. L'autre jour, j'ai surpris une anémie profonde sous leurs yeux d'agate. *(Il marche en proie à ses réflexions, puis :)* Marguerite, as-tu songé à sortir les chiens? *(Il appelle plus fort.)* Marguerite, ma fille...

* Le lieutenant Septembre, officier recruteur, à qui César vient d'indiquer le chemin du village de Vasco.

* On verra dans la scène suivante qu'il s'agit de chiens empaillés.

MARGUERITE, *de la charrette, d'une voix particulière.* — Je suis en rêve... laisse-moi.

CÉSAR. — A quoi rêve ma fille? C'est important. Sait-on jamais comment glisse et grandit le mensonge dans une âme? Un rêve est une lucarne. *(A Marguerite :)* Rêve tout haut, pour que je voie.

MARGUERITE. — ...

CÉSAR. — Je te dis de rêver tout haut, autrement je te réveille.

MARGUERITE, *d'une voix de dormeuse.* — Je suis avec quelqu'un.

CÉSAR. — Tout de suite? Déjà? Eh bien, tu t'en fourres, Marguerite, ma fille! Disons les choses comme elles sont, dans cette solitude. Tu n'es pas avec un corbeau, au moins?

MARGUERITE, *d'une voix lente.* — Je suis dans une église, père.

CÉSAR. — Cela me plaît beaucoup. Mais que fais-tu dans ce lieu si peu à la mode, Marguerite, ma fille?

MARGUERITE, *lentement.* — Je suis en rêve... laissez-moi. Je marche sur les dalles d'un chemin... dans une église ornée de bergers enfants qui ont, chacun, deux flûtes à la bouche...

A l'intérieur de la charrette une lumière très douce s'allume pendant le rêve de Marguerite. On aperçoit alors Marguerite en transparence à travers la bâche.

CÉSAR, *à lui-même.* — Tout ça finira par un sacrilège, je le crains. *(A Marguerite :)* Dépêche-toi de quitter ce sanctuaire.

MARGUERITE. —...et je suis si richement habillée, père... si pauvre et si belle... *(César commence à s'intéresser au récit de sa fille.)*... qu'on me jette des fleurs... que je ne vois pas...

CÉSAR, *avec une curiosité respectueuse.* — Moi non plus.

MARGUERITE. — J'avance, merveilleuse et abandonnée... en protégeant mes pas... comme si j'étais noisette... ou corps léger...

CÉSAR, *à voix basse.* — Ne va pas si vite, Marguerite; laisse-moi écouter.

MARGUERITE. — L'ombre, ici, est une seconde lumière qui double tout ce que je vois... ainsi l'ombre de la rose est une rose plus légère...

CÉSAR, *il s'est agenouillé. A voix basse.* — Il n'y a plus de vent.

MARGUERITE. — ...et je me demande pourquoi j'ai tant de bonheur... je ne suis pas la plus belle... et mon amour n'est pas le plus grand. A présent, le jour me quitte en me laissant ses mains... et ses pas de violettes dans un jardin... et je rencontre près d'une fontaine... un petit coiffeur *... L'eau n'a pas de bruit...

CÉSAR, *il est à genoux.* — Mon ange, Marguerite!

MARGUERITE. — Il touche mes cheveux comme un sable amer... et, ouvrant ses ciseaux, il en fait deux flammes : mon cœur et le sien... unis pour toujours!

CÉSAR, *il est à genoux.* — Ainsi soit-il.

MARGUERITE. — Voilà, père, comment je suis devenue : Madone... et fiancée à un petit coiffeur. Et je serais morte de faim dans ce lieu de lumière, n'était la mangeoire d'un cheval, pleine de bleuets et de pain.

* On comprendra plus tard qu'il s'agit de Vasco.

CÉSAR. — Ce rêve est le plus beau rêve de notre vie, Marguerite! Mes cheveux blancs, ce soir, sont une couronne d'amour, pour ma fille.

MARGUERITE, *elle se met subitement à ronfler.* — Rrrrr... rrrr... rrrr...

La lumière qui éclaire l'intérieur de la charrette s'éteint.

Marguerite, sans le connaître, cherchera Vasco tout au long de la pièce.

Georges Schéhadé, *Histoire de Vasco*, éd. Gallimard.

— Marguerite et César : le rêve et son contrepoint d'abord ironique (15-42), puis ému (47-75). Effets de ce « monologue dialogué ». Le décor sur la scène (36-39) et dans le langage : la lune (8), le vent (8, 57), les fleurs et les fruits.

— Mélange du merveilleux et du familier; du cocasse (3-6) et du fantastique (10-11). Noblesse (17-18) et vulgarités (26) dans la langue. Délicatesse des images (48, 54, 55, 61, 65-66).

— « La présence poétique de Schéhadé dans le théâtre contemporain défie tout classement et presque toute analyse. Des voix semblables, nous en avons rarement entendu en France. Elle nous rappelle celle de Lorca, de Valle Inclan, de Rafaël Alberti, ou la transparence hermétique de certains romantiques allemands. Mais la richesse familière de ses images, c'est dans la langue française directement qu'elle s'incarne, la langue de Du Bellay, de La Fontaine, qui brusquement nous revient chargée d'orient, d'humour et de palpable tendresse. » (Geneviève Serreau.)

Eugène Ionesco

Si les poètes restent un peu en marge de l'aventure du nouveau théâtre, Ionesco, à lui seul, pourrait la symboliser. Son rapide succès a des allures fabuleuses. En dix ans, en dix pièces, il est passé du minuscule Théâtre des Noctambules, aujourd'hui disparu, aux ors et aux fastes du Théâtre de France, de *La Cantatrice chauve* jouée par Nicolas Bataille en 1950 au *Rhinocéros* de Jean-Louis Barrault en 1960. Et alors que chacune de ses pièces suivantes constitue un événement théâtral d'importance jusqu'à la création de *La Soif et la Faim* à la Comédie Française en 1966, l'auteur nous livrait dans les deux tomes de son *Journal en Miettes* les hantises et les clefs de son univers intérieur. Un recueil d'articles théoriques et de réflexions sur le théâtre et l'art contemporains *(Notes et Contre-Notes)* complète cette œuvre forte et caractéristique de notre époque qui est en même temps l'itinéraire spirituel d'un homme débouchant sur le désespoir : « Seul un fou peut encore espérer. Si je pouvais me défaire de cette vie. La grâce et l'amour sont morts. Je devrais arracher tout ça de mon cœur et mon cœur avec. Dieu ou le suicide. Il n'y aura plus de printemps. » (*Présent passé Passé présent*, 2e volume du journal.)

Fixé en France depuis 1938, ce Roumain d'origine laisse traîner la thèse qu'il y est venu faire sur « les thèmes du péché et de la mort dans la littérature française depuis Baudelaire ». Il mène une vie de père de famille et d'employé besogneux jusqu'au jour où, s'il faut l'en croire, désireux d'apprendre l'anglais, il découvre la méthode Assimil. De ces dialogues élémentaires faits de truismes et de clichés, il comprend soudain la force comique et satirique : l'univers de ses premières pièces est né. Pièces courtes, en un acte, conçues pour un petit théâtre et un petit public; décor sommaire qui met en place un cadre étroit, une atmosphère grisâtre et même sordide. L'action est ou bien circulaire *(La Cantatrice chauve, La Leçon)* c'est-à-dire que le dénouement ramène le spectateur au point de départ, ou bien en montée constante vers une extrémité tellement absurde qu'elle s'annule elle-même et fournit une fin *(Jacques ou la Soumission, Victimes du devoir)*. Les personnages enclos dans cet univers sont élémentaires, mécaniques proches du robot ou de la marionnette de guignol : image de la fossilisation dérisoire de l'insecte humain. Le langage, enfin, sclérosé, désarticulé, inadapté à l'expression d'une pensée toujours hypothétique, sert avant tout à rendre présents le vide et l'absence. Quant à l'ensemble, il est à base de grossissement bouffon et de parodie outrée : « La valeur du théâtre [étant] dans le grossissement des effets, il fallait les grossir davantage encore, les souligner, les accentuer au maximum. Pousser le théâtre au-delà de cette zone intermédiaire qui n'est ni théâtre, ni littérature, c'est le restituer à son cadre propre, à ses limites naturelles. Il fallait non pas cacher les ficelles, mais les rendre plus visibles encore, délibérément évidentes, aller à fond dans le grotesque, la caricature, au-delà de la pâle ironie des spirituelles comédies de salon. Pas de comédies de salon, mais la farce, la charge parodique extrême. Humour, oui, mais avec les moyens du burlesque. Un comique dur, sans finesse, excessif. Pas de comédies dramatiques, non plus. Mais revenir à l'insoutenable. Pousser tout au paroxysme, là où sont les sources du tragique. Faire un théâtre de violence : violemment comique, violemment dramatique. » *(Notes et Contre-Notes.)*

Il ne se passe rien dans cette « anti-pièce » qu'est *La Cantatrice chauve* sinon l'arrivée chez un couple d'Anglais d'un autre couple d'Anglais qui racontent un moment des histoires avec le Capitaine des pompiers venu leur rendre visite. Mais chaque réplique possède un pouvoir réducteur et destructeur intense d'où naissent ensemble le rire et la gêne. Un ton était trouvé qui trouvait son public.

[J'ai été au cinéma avec un homme et j'ai vu un film avec des femmes]

M. et Mme Smith conversent le soir chez eux quand rentre leur bonne.

MARY, *entrant*. — Je suis la bonne. J'ai passé un après-midi très agréable. J'ai été au cinéma avec un homme et j'ai vu un film avec des femmes. A la sortie du cinéma, nous sommes allés boire de l'eau-de-vie et du lait et puis on a lu le journal.

Mme SMITH. — J'espère que vous avez passé un après-midi très agréable, que vous êtes allée au cinéma avec un homme et que vous avez bu de l'eau-de-vie et du lait.

M. SMITH. — Et le journal!

MARY. — Mme et M. Martin, vos invités, sont à la porte. Ils m'attendaient. Ils n'osaient pas entrer tout seuls. Ils devaient dîner avec vous, ce soir.

Mme SMITH. — Ah oui. Nous les attendions. Et on avait faim. Comme on ne les voyait plus venir, on allait manger sans eux. On n'a rien mangé, de toute la journée. Vous n'auriez pas dû vous absenter!

MARY. — C'est vous qui m'avez donné la permission.

M. SMITH. — On ne l'a pas fait exprès!

MARY, *éclate de rire. Puis, elle pleure. Elle sourit.* — Je me suis acheté un pot de chambre.

Mme SMITH. — Ma chère Mary, veuillez ouvrir la porte et faites entrer M. et Mme Martin, s'il vous plaît. Nous allons vite nous habiller.

Eugène Ionesco, *La Cantatrice chauve*, éd. Gallimard.

— Irréalisme cocasse dans la conception des personnages. Ce qu'ils disent n'a qu'un rapport très indirect avec ce qu'ils pourraient dire en réalité, mais se trouve être en fait beaucoup plus significatif et beaucoup plus vrai (1-3, 20).

— Simplicité, clarté de la langue entraînant des effets bouffons (3-5); signification intellectuelle et sociale des dialogues en écho (6-8), de l'oubli de Mme Smith et du rappel de son mari : « le journal » (9). L'absurde pris dans la logique apparente (10-16). Pensée automatique chez Mme Smith (13-16) et incohérence de ses sentiments pour Mary (6-8, 16).

— « Je crois que si je n'avais pas lu les *Exercices de Style* de Raymond Queneau, je n'aurais pas osé présenter *La Cantatrice chauve*, ni rien d'autre, à une compagnie théâtrale. » (Ionesco.)

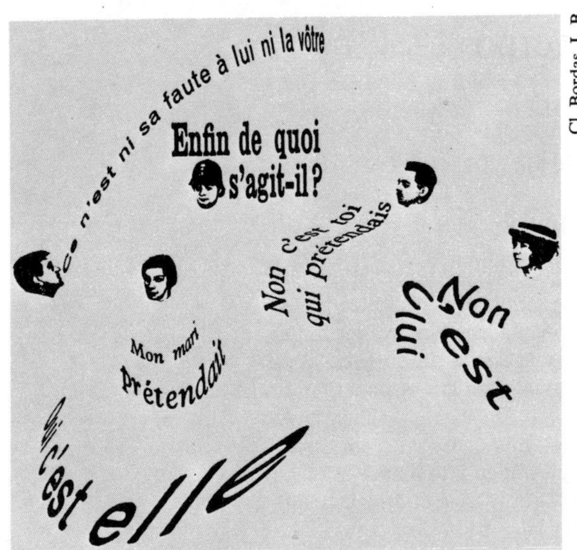

Cl. Bordas J. B.

Ionesco, *La Cantatrice chauve*, interprétation typographique de Massin (éd. Gallimard).

A côté de la très brillante *Leçon*, « drame comique » sur la technique de la domination et l'utilisation du langage qu'elle entraîne chez le professeur face à l'élève, *Jacques ou la Soumission* se présente comme un « drame naturaliste » : une cellule familiale particulièrement contraignante et qui devient l'image du corps social lui-même réussit à briser la résistance têtue d'un adolescent par les sortilèges visqueux de l'amour et du mariage. Dans *L'Avenir est dans les œufs*, sketch qui fait suite à *Jacques*, le héros n'a plus qu'à se consacrer à la confection d'une abondante progéniture, il est définitivement soumis et la pièce se termine avec le double cri : « Vive la production! Vive la race blanche! »

[Assassin! Praticide! Tu n'as plus rien à m'envier]

Depuis le lever du rideau, Jacques oppose à sa sœur, à ses parents et à ses grands-parents, un refus et un mutisme mystérieux.

JACQUES père. — Tout est inutile, il ne fléchira pas.

JACQUELINE. — Mon cher frère... tu es un vilenain. Malgré tout l'immense amour que j'ai pour toi, qui gonfle mon cœur à l'en faire crever, je te déteste, je t'exertre. Tu fais pleurer maman, tu énerves papa avec ses grosses moustaches moches d'inspecteur de police, et son gentil gros pied poilu plein de cors. Quant à tes grands-parents regarde ce que tu en as fait. Tu n'es pas bien élevé. Je te punirai. Je ne t'amènerai plus mes petites camarades pour que tu les regardes quand elles font pipi. Je te croyais plus poli que ça. Allons, ne fais pas pleurer maman, ne fais pas rager papa. Ne fais pas rougir de honte grand-mère et grand-père.

JACQUES père. — Tu n'es pas mon fils. Je te renie. Tu n'es pas digne de ma race. Tu ressembles à ta mère et à sa famille d'idiots et d'imbéciles. Elle, ça ne fait rien, car elle est une femme, et quelle femme! Bref, je n'ai pas à faire ici son égloge. Je voulais seulement te dire ceci : élevé sans reproches, comme un aristocrave, dans une famille de véritables sangsues, de torpilles authentiques, avec tous les égards dus à ton rang, à ton sexe, au talent que tu portes, aux veines ardentes qui savent exprimer — si du moins tu le voulais, tout ce que ton sang lui-même ne saurait suggérer qu'avec des mots imparfaits — toi, malgré tout ceci, tu te montres indigne, à la fois de tes ancêtres, de mes ancêtres, qui te renient au même titre que moi, et de tes descendants qui certainement ne verront jamais le jour et préfèrent se laisser tuer avant même qu'ils n'existent. Assassin! Praticide! Tu n'as plus rien à m'envier. Quand je pense que j'ai eu l'idée malheureuse de désirer un fils et non pas un coquelicot! *(A la mère.)* C'est ta faute!

JACQUES mère. — Hélas! mon époux! j'ai cru bien faire! Je suis complètement et à moitié désespérée.

JACQUELINE. — Plauvre maman!

JACQUES père. — Ce fils ou ce vice que tu vois là, qui est venu au monde pour notre honte, ce fils ou ce vice, c'est encore une de tes sottes histoires de femme.

JACQUES mère. — Hélas! Hélas! *(A son fils.)* Tu vois, à cause de toi je souffre tout ça de la part de ton père qui ne mâche plus ses sentiments et m'engueule.

JACQUELINE, *à son frère.* — Aux châtaignes on te le pan dira on te le pan dis-le aux châtaignes.

JACQUES père. — Inutile de m'attarder à m'attendrir sur un destin irrévocablement capitonné. Je ne reste plus là. Je veux demeurer digne de mes aïeufs. Toute la tradition, toute, est avec moi. Je fous le camp. Doudre!

Cédant aux arguments de sa sœur, Jacques finira par capituler, c'est-à-dire prononcera la phrase - programme de l'Ordre familial : « J'adore les pommes de terre au lard! » Il est dès lors mûr pour le mariage et c'est dans cette voie que la comédie continue.

Eugène Ionesco, *Jacques ou la Soumission*, éd. Gallimard.

— Absurdité et vie des personnages, capables de se renier entièrement (29) et pourtant très significatifs de la force et de la cohérence d'une certaine attitude. A l'intérieur de l'absurde, habileté dans la récupération des traits caractéristiques de chacun : une sale gosse de fille (5-10, 41-42), une mère toujours éplorée (32-33, 38-40), un père sot et vaniteux.

— Les jeux avec les mots et leur signification : déformations (2, 4, 35), saugrenu (31), contradiction (33), calembours (« Jacques mère et Jacquemaire », 35), allitérations (43). Parodie de la tirade rhétorique (18-28) et du style tragique (32).

— « Je puis dire que mon théâtre est un théâtre de dérision. Ce n'est pas une certaine société qui me paraît dérisoire. C'est l'homme [...] Comme *La Cantatrice chauve*, *Jacques* est une sorte de parodie ou de caricature de théâtre de boulevard, un théâtre de boulevard se décomposant et devenant fou. » (Ionesco.)

Les Chaises et *Victimes du devoir* ont déjà plus d'ambitions avouées. Le mystérieux message que les vieux des *Chaises*, après leur double suicide, font transmettre à des chaises vides par un orateur sourd-muet est inintelligible : il ne reste que les chaises qui encombrent la scène et « la porte du fond grand ouverte sur le noir ». Parodie de pièce policière, en forme d'enquête psychanalytique, *Victimes du devoir* ne met à jour peu à peu chez le malheureux Choubert que le vide et le néant. Là non plus le mot de l'énigme ne sera jamais trouvé.

Avec *Amédée ou Comment s'en débarrasser* (1954) commence une nouvelle période dans l'œuvre de Ionesco. Il s'agit pour la première fois d'une comédie en trois actes : l'auteur change d'échelle. Le cadre s'élargit, décors et machines font leur apparition. Finis les seuls intérieurs anglais ou parisiens d'éternels petits-bourgeois ressassant leur éternelle nullité. Après deux actes de ce style, Amédée descend dans la rue : la ville et ses habitants, le ciel et ses étoiles envahissent l'univers du dramaturge. Par ailleurs la pièce, construite autour du grossissement monstrueux d'un cadavre dans l'appartement d'un couple de médiocres, nécessite une mise en scène considérable; toute la fin, l'envol du héros avec le cadavre, est une merveilleuse fête : « Le ciel est éclairé à profusion : comètes, étoiles filantes... etc. » L'unité de temps et la psychologie recouvrent aussi une partie de leurs droits. L'action commence le matin un peu avant neuf heures, et s'achève un peu après minuit. Confrontés à un problème réel, même s'il est invraisemblable, les personnages acquièrent une densité psychologique réelle : l'apparition des champignons dans leur intérieur comme la croissance du cadavre entraîne chez eux des réactions concrètes qui ne ressemblent pas aux chausse-trappes du seul langage dans les premières pièces. Des silhouettes précises, sinon des caractères, se dessinent. La langue enfin gagne en cohérence, en unité. Alors que *La Cantatrice chauve* laissait proliférer les absurdités les plus mécaniques, que la langue colorée de *Jacques* admettait les créations verbales et les adjectifs les plus désopilants, *Amédée* se caractérise par la retenue, le dépouillement, la platitude apparente. A quelques moments lyriques près (le rêve du IIe acte et l'extase devant la nuit étoilée), la langue de cette pièce s'installe dans une transparence un peu sèche à laquelle Ionesco restera fidèle dans les trois premières pièces du cycle de Bérenger. L'avant-garde s'éloigne : Ionesco à présent construit, étoffe et dépouille en même temps.

Cette évolution est liée dans son œuvre à la présence d'un personnage typique, Bérenger, dont Amédée était sous un autre nom la première incarnation, et qui promène de pièce en pièce sa naïveté, son étonnement, ses moments d'exaltation et de dépression, aussi peureux qu'obstiné et maintenant sorti de l'étroit univers de la famille ou du ménage pour être confronté aux problèmes qui agitent ses contemporains. Dans *Tueur sans gages* comme dans *Rhinocéros* en effet, le problème est dans la rue. Au cœur de la ville radieuse, rôde un mystérieux tueur dont l'existence est liée aux merveilles de l'urbanisme moderne comme aux dogmatismes politiques. Ce sont ensuite les habitants de la ville eux-mêmes qui se transforment un à un en pachydermes insensibles, symbole de toutes les déshumanisations qui accompagnent l'irrésistible montée des fascismes. La hantise de la mort, physique ou mentale, donne à ces deux pièces une admirable tension, tandis que l'intérêt immédiat est accroché par une intrigue solide, puisant dans la logique d'un mauvais rêve * une valeur remarquable de parabole. Inspiré par les ravages du nazisme allemand en Roumanie, le texte de *Rhinocéros* n'en prend pas moins une portée beaucoup plus générale.

[L'humanisme est périmé!]

Les cas de « rhinocérite » sont déjà nombreux dans la ville. Bérenger craint que son ami Jean ne soit atteint lui aussi.

BÉRENGER. — Laissez-moi appeler le médecin, tout de même, je vous en prie.

JEAN. — Je vous l'interdis absolument. Je n'aime pas les gens têtus. *(Jean entre dans la chambre. Bérenger recule un peu effrayé, car Jean est encore plus vert, et il parle avec beaucoup de peine. Sa voix est méconnaissable.)* Et alors, s'il est devenu rhinocéros de plein gré ou contre sa volonté, ça vaut peut-être mieux pour lui *.

BÉRENGER. — Que dites-vous là, cher ami? Comment pouvez-vous penser...

* Il s'agit d'un de leurs amis, M. Bœuf. « M. Bœuf est devenu rhinocéros. »

* Ces deux pièces sont tirées de récits de rêves directement rapportés par Ionesco dans *La Photo du colonel* (1962).

JEAN. — Vous voyez le mal partout. Puisque ça lui fait plaisir de devenir rhinocéros, puisque ça lui fait plaisir! Il n'y a rien d'extraordinaire à cela.

BÉRENGER. — Évidemment, il n'y a rien d'extraordinaire à cela. Pourtant, je doute que ça lui fasse tellement plaisir.

JEAN. — Et pourquoi donc?

BÉRANGER. — Il m'est difficile de dire pourquoi. Ça se comprend.

JEAN. — Je vous dis que ce n'est pas si mal que ça! Après tout, les rhinocéros sont des créatures comme nous, qui ont droit à la vie au même titre que nous!

BÉRENGER. — A condition qu'elles ne détruisent pas la nôtre. Vous rendez-vous compte de la différence de mentalité?

JEAN, *allant et venant dans la pièce, entrant dans la salle de bains et sortant.* — Pensez-vous que la nôtre soit préférable?

BÉRENGER. — Tout de même, nous avons notre morale à nous, que je juge incompatible avec celle de ces animaux.

JEAN. — La morale! Parlons-en de la morale, j'en ai assez de la morale, elle est belle la morale! Il faut dépasser la morale.

BÉRENGER. — Que mettriez-vous à la place?

JEAN, *même jeu.* — La nature!

BÉRENGER. — La nature?

JEAN, *même jeu.* — La nature a ses lois. La morale est antinaturelle.

BÉRENGER. — Si je comprends, vous voulez remplacer la loi morale par la loi de la jungle!

JEAN. — J'y vivrai, j'y vivrai.

BÉRENGER. — Cela se dit. Mais dans le fond, personne...

JEAN, *l'interrompant, et allant et venant.* — Il faut reconstituer les fondements de notre vie. Il faut retourner à l'intégrité primordiale.

BÉRENGER. — Je ne suis pas du tout d'accord avec vous.

JEAN, *soufflant bruyamment.* — Je veux respirer.

BÉRENGER. — Réfléchissez, voyons, vous vous rendez bien compte que nous avons une philosophie que ces animaux n'ont pas, un système de valeurs irremplaçable. Des siècles de civilisation humaine l'ont bâti!...

JEAN, *toujours dans la salle de bains.* — Démolissons tout cela, on s'en portera mieux.

BÉRENGER. — Je ne vous prends pas au sérieux. Vous plaisantez, vous faites de la poésie.

JEAN. — Brrr... *(Il barrit presque.)*

BÉRENGER. — Je ne savais pas que vous étiez poète.

JEAN, *il sort de la salle de bains.* — Brrr... *(Il barrit de nouveau.)*

BÉRENGER. — Je vous connais trop bien pour croire que c'est là votre pensée profonde. Car, vous le savez aussi bien que moi, l'homme...

JEAN, *l'interrompant.* — L'homme... Ne prononcez plus ce mot!

BÉRENGER. — Je veux dire l'être humain, l'humanisme...

JEAN. — L'humanisme est périmé! Vous être un vieux sentimental ridicule. *(Il entre dans la salle de bains.)*

BÉRENGER. — Enfin, tout de même, l'esprit...

JEAN, *dans la salle de bains.* — Des clichés! vous me racontez des bêtises.

BÉRENGER. — Des bêtises!

JEAN, *de la salle de bains, d'une voix très rauque difficilement compréhensible.* — Absolument.

BÉRENGER. — Je suis étonné de vous entendre dire cela, mon cher Jean! Perdez-vous la tête? Enfin, aimeriez-vous être rhinocéros?

JEAN. — Pourquoi pas! Je n'ai pas vos préjugés.

BÉRENGER. — Parlez plus distinctement. Je ne comprends pas. Vous articulez mal.

JEAN, *toujours de la salle de bains.* — Ouvrez vos oreilles!

BÉRENGER. — Comment?

JEAN. — Ouvrez vos oreilles. J'ai dit, pourquoi ne pas être un rhinocéros? J'aime les changements.

BÉRENGER. — De telles affirmations venant de votre part... *(Bérenger s'interrompt, car Jean fait une apparition effrayante. En effet, Jean est devenu tout à fait vert. La bosse de son front est presque devenue une corne de rhinocéros.)* Oh! vous semblez vraiment perdre la tête! *(Jean se précipite vers son lit, jette les couvertures par terre, prononce des paroles furieuses et incompréhensibles, fait entendre des sons inouïs.)* Mais ne soyez pas si furieux, calmez-vous! Je ne vous reconnais plus.

JEAN, *à peine distinctement.* — Chaud... trop chaud. Démolir tout cela, vêtements, ça gratte, vêtements, ça gratte. *(Il fait tomber le pantalon de son pyjama.)*

BÉRENGER. — Que faites-vous? Je ne vous reconnais plus! Vous, si pudique d'habitude!

JEAN. — Les marécages! les marécages!...

BÉRENGER. — Regardez-moi! Vous ne semblez plus me voir! Vous ne semblez plus m'entendre!

JEAN. — Je vous entends très bien! Je vous vois très bien! *(Il fonce sur Bérenger tête baissée. Celui-ci s'écarte.)*

BÉRENGER. — Attention!

JEAN, *soufflant bruyamment.* — Pardon! *(Puis il se précipite à toute vitesse dans la salle de bains.)*

BÉRENGER, *fait mine de fuir vers la porte à gauche, puis fait demi-tour et va dans la salle de bains à la suite de Jean, en disant.* — Je ne peux tout de même pas le laisser comme cela, c'est un ami. *(De la salle de bains.)* Je vais appeler le médecin! c'est indispensable, indispensable, croyez-moi.

Le tableau s'achève par la métamorphose de Jean et l'invasion des rhinocéros.

Eugène Ionesco, *Rhinocéros*, éd. Gallimard.

— Contrepoint entre, d'une part les symptômes inquiétants et grotesques de Jean, et d'autre part le sérieux, l'importance, l'enjeu de ce dialogue philosophique.

— Simplicité de la langue : les clichés même (69) n'ont plus rien d'agressif dans le ridicule et reprennent vie (43-45, 49-51). Rareté des jeux sur les mots : « poésie » (55), « perdre la tête » (88). « Je ne fais pas de la littérature. Je fais une chose tout à fait différente; je fais du théâtre. Je veux dire que mon texte n'est pas seulement un dialogue mais il est aussi " indications scéniques ". » (Ionesco.)

— L'humanisme en péril : « Contre tout le monde, je me défendrai, contre tout le monde, je me défendrai! Je suis le dernier homme, je le resterai jusqu'au bout! Je ne capitule pas! » (dernières paroles de Bérenger).

Les difficultés qu'a rencontrées Ionesco à la suite du succès mondial de cette dernière pièce, il les a mises quatre ans plus tard dans la bouche du même Bérenger, devenu auteur dramatique, qui déclare dans *Le Piéton de l'air :* « Il y avait autrefois en moi une force inexplicable qui me déterminait à agir ou à écrire malgré un nihilisme fondamental. Je ne peux plus continuer... Pendant des années, cela me consolait un peu de dire qu'il n'y avait rien à dire. Maintenant, j'en suis trop convaincu et cette conviction n'est plus intellectuelle, ni psychologique; elle est devenue une conviction profonde, physiologique, qui a pénétré dans ma chair, dans mon sang, dans mes os. Cela me paralyse. L'activité littéraire n'est plus un jeu, ne peut plus être un jeu pour moi. Elle devrait être un passage vers autre chose. Elle ne l'est pas. » Passer vers autre chose, découvrir un autre monde, l' « anti-monde », c'est pourtant ce que tente l'auteur en évoquant dans sa pièce, avec un art accompli du mouvement et de la féerie scénique, la curieuse expérience mystique de son héros qui s'élève dans les airs pour une vision d'abord exaltante (« Je regarde comme si c'était la première fois que je voyais. Je viens de naître »), mais qui tourne ensuite au cauchemar (« La terre craque, les montagnes s'effondrent, des océans de sang, ... de la boue, du sang, de la boue »). Toute issue est donc fermée à Bérenger-Ionesco. Une seule certitude, atroce, la mort qui vient : « Je suis paralysé parce que je sais que je vais mourir. Ce n'est pas une vérité neuve. C'est une vérité qu'on oublie... afin de pouvoir faire quelque chose. Moi, je ne peux plus faire quelque chose, je veux guérir de la mort. »

Il n'y a plus rien d'autre en effet que le tête-à-tête de l'homme et de la mort dans Le *Roi se meurt* (1962). Bérenger Ier, roi dérisoire et shakespearien d'un univers qui se disloque avec lui, accompagné d'une servante, d'un garde, d'un médecin-bourreau et de ses deux épouses, parcourt inexorablement les étapes de la cérémonie grotesque qui l'achemine au néant. A côté des plus énormes pitreries, le grand lyrisme prend cette fois une place de choix dans l'univers théâtral de celui qui ne s'est jamais vu autrement que comme un poète tentant d'extérioriser les obsessions dans lesquelles il se débat. Plusieurs fois repris à la scène, « *Le Roi se meurt* est un "classique", écrit B. Poirot-Delpech, aussi familier désormais que le scandale métaphysique auquel il s'oppose de toute sa naïveté inconsolable ».

[Ma mort est innombrable]

Depuis le début de la pièce, nous savons que le Roi va mourir et lui-même vient de le comprendre.

LE ROI. — On ne pleure pas assez autour de moi, on ne me plaint pas assez. On ne s'angoisse pas assez. *(A Marguerite *.)* Qu'on ne les empêche pas de pleurer, de hurler, d'avoir pitié du Roi, du jeune Roi, du pauvre petit Roi, du vieux Roi. Moi, j'ai pitié quand je pense qu'elles * me regretteront, qu'elles ne me verront plus, qu'elles seront abandonnées, qu'elles seront seules. C'est encore moi qui pense aux autres, à tous. Entrez en moi, vous autres, soyez moi, entrez dans ma peau. Je meurs, vous entendez, je veux dire que je meurs, je n'arrive pas à le dire, je ne fais que de la littérature.

MARGUERITE. — Et encore!

LE MÉDECIN *. — Ses paroles ne méritent pas d'être consignées. Rien de nouveau *.

LE ROI. — Il sont tous des étrangers. Je croyais qu'ils étaient ma famille. J'ai peur, je m'enfonce, je m'engloutis je ne sais plus rien, je n'ai pas été. Je meurs.

MARGUERITE. — C'est cela la littérature.

LE MÉDECIN. — On en fait jusqu'au dernier moment. Tant qu'on est vivant, tout est prétexte à littérature.

MARIE. — Si cela pouvait le soulager.

LE GARDE, *annonçant*. — La littérature soulage un peu le Roi!

LE ROI. — Non, non. Je sais, rien ne me soulage. Elle me remplit, elle me vide. Ah, la, la, la, la, la, la, la. *(Lamentations. Puis, sans déclamation, comme s'il gémissait doucement.)* Vous tous, innombrables, qui êtes morts avant moi, aidez-moi. Dites-moi comment vous avez fait pour mourir, pour accepter. Apprenez-le-moi. Que votre exemple me console, que je m'appuie sur vous comme sur des béquilles, comme sur des bras fraternels. Aidez-moi à franchir la porte que vous avez franchie. Revenez de ce côté-ci un instant pour me secourir. Aidez-moi, vous, qui avez eu peur et n'avez pas voulu. Comment cela s'est-il passé? Qui vous a soutenus? Qui vous a entraînés, qui vous a poussés? Avez-vous eu peur jusqu'à la fin? Et vous, qui étiez forts et courageux, qui avez consenti à mourir avec indifférence et sérénité,

* « Première épouse du Roi ». Autoritaire et dure, elle est toujours à rappeler les autres au sens des convenances.

* Marie, seconde épouse du Roi, « première dans son cœur », et Juliette, « femme de ménage et infirmière de Leurs Majestés ».

* « Monsieur le Médecin du Roi, chirurgien, bactériologue, bourreau et astrologue à la Cour. »

* Le médecin guette les progrès du mal chez le Roi.

apprenez-moi l'indifférence, apprenez-moi la sérénité, apprenez-moi la résignation.

Les répliques qui suivent doivent être dites et jouées comme un rituel, avec solennité, presque chantées, avec des mouvements divers des comédiens, agenouillements, bras tendus, etc.

Juliette. — Vous les statues, vous les lumineux, ou les ténébreux, vous les anciens, vous les ombres, vous les souvenirs...

Marie. — Apprenez-lui la sérénité.

Le garde. — Apprenez-lui l'indifférence.

Le Médecin. — Apprenez-lui la résignation.

Marguerite. — Faites-lui entendre raison et qu'il se calme.

Le Roi. — Vous, les suicidés, apprenez-moi comment il faut faire pour acquérir le dégoût de l'existence. Apprenez-moi la lassitude. Quelle drogue faut-il prendre pour cela?

Le Médecin. — Je peux prescrire des pilules euphorisantes, des tranquillisants.

Marguerite. — Il les vomirait.

Juliette. — Vous, les souvenirs...

Le garde. — Vous, les vieilles images...

Juliette. — ... Qui n'existez plus que dans les mémoires...

Le garde. — Souvenirs de souvenirs de souvenirs...

Marguerite. — Ce qu'il doit apprendre, c'est de céder un peu, puis de s'abandonner carrément.

Le garde. — ... Nous vous invoquons.

Marie. — Vous, les brumes, vous, les rosées...

Juliette. — Vous, les fumées, vous, les nuages...

Marie. — Vous, les saintes, vous les sages, vous les folles, aidez-le puisque je ne peux l'aider.

Juliette. — Aidez-le.

Le Roi. — Vous, qui êtes morts dans la joie, qui avez regardé en face, qui avez assisté à votre propre fin...

Juliette. — Aidez le Roi.

Marie. — Aidez-le vous tous, aidez-le, je vous en supplie.

Le Roi. — Vous, les morts heureux, vous avez vu quel visage près du vôtre? Quel sourire vous a détendus et fait sourire? Quelle est la lumière dernière qui vous a éclairés?

Juliette. — Aidez-le, vous, les milliards de défunts.

Le garde. — Oh, Grand Rien, aidez le Roi.

Le Roi. — Des milliards de morts. Ils multiplient mon

Le Roi est pourtant encore loin du dernier instant que Ionesco décrira ainsi : « Maintenant il n'y a plus rien sur le plateau sauf le Roi sur son trône dans une lumière grise. Puis le Roi et son trône disparaissent également. Enfin il n'y a plus rien que cette lumière grise [...]. Le Roi doit rester visible quelque temps avant de sombrer dans une sorte de brume. »

angoisse. Je suis leurs agonies. Ma mort est innombrable. Tant d'univers s'éteignent en moi.

Eugène Ionesco, *Le Roi se meurt*, éd. Gallimard.

— Désespoir (1-25) et cérémonie de l'invocation (26-83). Dialogue ou monologue? Rôle de chacun des autres personnages autour du Roi dans l'un et l'autre mouvement. Absence de particularités individuelles dans le caractère du Roi.

— Véhémence lyrique dans les répétitions (4-5), les gémissements (25), les prières et les interrogations (26-39). Douceur apaisante du chœur alterné qui suit (44 *sq*). Le contrepoint ironique dans les apparentes contradictions (24-25), dans l'intégration du détail concret et vulgaire (56-58), dans le choix de certains mots : « carrément » (64).

— La littérature et la mort (9-25). Éloquence et absurdité (80). Passions royales dans la tragédie grecque (le Xerxès des *Perses*) et agonies shakespeariennes (*Le Roi Jean*, *Richard II*, *Le Roi Lear*). « On ne peut trouver de solution à l'insoutenable, et seul ce qui est insoutenable est profondément tragique, profondément comique, essentiellement théâtre » (Ionesco).

Désormais Ionesco donne l'impression de piétiner. Dans *La Soif et la Faim*, sa dernière pièce, Bérenger a pris le nom plus simple de Jean; il recommence, en trois tableaux hallucinants, l'itinéraire spirituel de l'homme altéré et affamé, toujours en quête d'un impossible bonheur. Il échoue pour finir dans une espèce de couvent infernal où les bourreaux tiennent enfermés dans des cages et harcèlent deux pauvres clowns qu'ils obligent par la faim à se renier; Jean lui-même est contraint à servir éternellement la communauté, sans espoir de revoir jamais les siens. La construction d'ensemble devient très lâche et les images confuses, le langage plus que jamais hésite entre la force et la dérision : l'équilibre du *Roi se meurt* est rompu. L'homme et l'artiste tâtonnent à nouveau dans la nuit.

Beckett

Il ne saurait être question de parler du nouveau théâtre sans marquer au passage la place essentielle qu'y tient Beckett, même si, parce que son importance dépasse de beaucoup les limites d'un genre, on a cru bon de lui consacrer une étude à part (*cf.* chap. 22).

Dans son dépouillement progressif, le théâtre de Beckett en arrive à fournir pour le théâtre de l'absurde comme un point de référence, une limite exemplaire. Effondrement du décor, du temps, des personnages, de l'action, du langage même, il ne reste plus sur scène qu'un spectacle atroce par l'impression physique de vide qu'il impose, et fascinant par cette voix anonyme et obstinée que l'on entend dévider inlassablement ses pauvres mots absurdes. Le jeu de la vie n'a pas de règles, et la partie qui s'achève n'arrive même pas à finir : le théâtre de l'absurde n'est d'un bout à l'autre qu'une dérisoire « Fin de partie ». Personne ne l'a mieux illustré que Beckett.

Jean Genet

En marge, Genet l'est dans son théâtre comme dans sa vie. Alors que l'univers de Beckett représente la voie royale du théâtre de l'absurde, celui de Genet s'inscrit au moins autant contre que dans le sens des tendances de l'époque. Une volonté de construire équilibre chez lui la rage de détruire. Des bâtisseurs, il possède certaines qualités positives : ses intrigues tiennent, ses personnages sont de véritables héros, et il manifeste vis-à-vis du langage une confiance spontanée qui nous ramènerait au plus beau temps du romantisme si, comme chez Lautréamont, un pernicieux retournement des valeurs ne le minait de l'intérieur. Un jeu hallucinant de miroirs et d'apparences, l'exaltation de l'ordure et du ricanement pulvérisent aussitôt cet échafaudage somptueux. Contre ce qui est, contre la Société, contre le Bien, Genet entend édifier un univers inverse. Construire mais pour la plus grande gloire du néant. Positivité au service de la plus radicale négativité : telle est la tension paradoxale qui nourrit l'œuvre.

Le point de départ est à trouver — Sartre l'a bien montré (*cf.* p. 70) — dans la vie de Genet. La pression de l'opinion sociale a fait de cet enfant de l'Assistance publique, puis de ce jeune délinquant, un paria : il a choisi en réponse de proclamer, d'approfondir sa solidarité passionnée avec « tous les bagnards de [sa] race ». Comme le dit Archibald, le maître des cérémonies dans *Les Nègres*, « nous sommes ce qu'on veut que nous soyons, nous le serons donc jusqu'au bout, absurdement ». Genet a refusé un monde qui l'a refusé et, par une véritable ascèse, s'applique au mal avec la ferveur même d'une de ses héroïnes des *Paravents :* « Mal, merveilleux mal, toi qui nous restes quand tout a foutu le camp, mal miraculeux tu vas nous aider. Je t'en prie, et je t'en prie debout, mal, viens féconder mon peuple. »

Et c'est d'abord la vie errante, le vol, la prostitution, la pègre et les prisons qui voient naître le poète. Ses vers d'alors, de facture toute classique, déroulent la noire splendeur d'un rite religieux destiné à magnifier, à « sauver » le monde particulier des hors-la-loi homosexuels. Il écrit ensuite, de 1940 à 1948, quatre longs récits en prose, *Notre-Dame-des-Fleurs*, *Miracle de la rose*, *Pompes funèbres* et *Querelle de Brest*, beaucoup plus proches encore du poème que du roman, qui projettent avec le même faste et non sans quelque monotonie les fantasmes érotiques du prisonnier. Ces années de littérature valant une cure psychanalytique (l'expression est de Sartre), Genet maîtrise progressivement ses obsessions et, du récit en prose, passe finalement à la forme dramatique à laquelle il s'est tenu depuis. Le *Journal du voleur*, paru en 1949, marque avec une lucidité parfaite la conscience prise par Genet de ce qu'il est et de ce qu'il veut.

Cl. Brassaï.

Jean Genet.

[Les deux pôles]

Abandonné par ma famille il me semblait déjà naturel d'aggraver cela par l'amour des garçons et cet amour par le vol, et le vol par le crime ou la complaisance au crime. Ainsi refusai-je décidément un monde qui m'avait refusé. Cette précipitation presque joyeuse vers les situations les plus humiliées tire peut-être encore son besoin de mon imagination d'enfant, qui m'inventait, afin que j'y promène la personne menue et hautaine d'un petit garçon abandonné, des châteaux, des parcs peuplés de gardes plus que de statues, des robes de mariées, des deuils, des noces, et plus tard, mais à peine plus tard, quand ces rêveries seront contrariées à l'extrême, jusqu'à l'épuisement dans une vie misérable, par les pénitenciers, par les prisons, par les vols, les insultes, la prostitution, tout naturellement ces ornements (et le langage rare s'y attachant) qui paraient mes habitudes mentales, les objets de mon désir j'en parai ma réelle condition d'homme mais d'abord d'enfant trop humilié que ma connaissance des prisons comblera. Au détenu la prison offre le même sentiment de sécurité qu'un palais royal à l'invité d'un roi. Ce sont les deux bâtiments construits avec le plus de foi, ceux qui donnent la plus grande certitude d'être ce qu'ils sont — qui sont ce qu'ils voulurent être, et le demeurent. La maçonnerie, les matériaux, les proportions, l'architecture sont en accord avec un ensemble moral qui laisse indestructibles ces demeures tant que la forme sociale dont ils sont le symbole tiendra. La prison m'entoure d'une garantie parfaite. Je suis sûr qu'elle fut construite pour moi — avec le palais de justice, sa dépendance, son monumental vestibule. Selon le plus grand sérieux tout m'y fut destiné. La rigueur des règlements, leur étroitesse, leur précision, sont de la même essence que l'étiquette d'une cour royale, que la politesse exquise et tyrannique dont à cette cour l'invité est l'objet. Comme celles de la prison les assises du palais reposent dans une pierre de taille de grande qualité, dans des escaliers de marbre, dans l'or vrai, dans les sculptures les plus rares du royaume, dans la puissance absolue de ses hôtes; mais les similitudes sont encore dans le fait que ces deux édifices sont l'un la racine et l'autre le faîte d'un système vivant circulant entre ces deux pôles qui le contiennent, le compriment, et sont la force à l'état pur.

Jean Genet, *Journal du voleur*, éd. Gallimard.

— Absence d'articulations logiques, et pourtant rigueur extrême du développement : la décision (1-5), son origine problable (5-18) et double (l'enfant et le prisonnier), et son effet dans le parallèle entre la prison et le palais (19-41). Progression des arguments dans ce troisième point : sécurité (19-27), orgueil (28-30), contrainte (30-33), faste (34-37) et, pour finir, « force à l'état pur ».

— Ampleur syntaxique de nombreuses phrases, notamment 34-41 et 5-18 (avec la curieuse rupture de construction de la ligne 16). Le mécanisme des accumulations verbales (2-4, 9-14, 23-24, 30-33, 34-37).

— Le thème de l'enfance humiliée et la revanche de l'imaginaire. « Ma vie doit être légende », déclare Genet qui veut « réussir sa légende », c'est-à-dire « l'identité de [sa] vie future avec l'idée la plus audacieuse que [lui-même] et les autres, après ce récit, s'en puissent former ». — L'adoration dans le système social de « la force à l'état pur ». Genet révolté ou conservateur?

Le théâtre convient admirablement à la nature de Genet. D'instinct il en exploite à fond les deux ressorts essentiels : l'illusion et le sacré. Seul ce monde du mensonge et du rite est capable de conférer au mal de l'inexistence essentielle une dignité supérieure à celle dont l'investissaient les poèmes. La scène tout entière devient une gigantesque maison d'illusion, comme le bordel de Mme Irma où se déroule l'action du *Balcon*. Fidèle en ceci au mouvement profond du théâtre depuis plus d'un demi-siècle, Genet refuse catégoriquement tout le réalisme du théâtre occidental : « Même les très belles pièces occidentales ont un air de chienlit, de mascarades, non de cérémonies... Ce qu'on m'a rapporté des fastes japonais, chinois ou balinais, et l'idée magnifiée peut-être qui s'obstine dans mon cerveau, me rend trop grossière la formule du théâtre occidental. » Dans cette affirmation passe comme un écho des découvertes brechtiennes ou claudéliennes du théâtre extrême-oriental, et le souvenir d'Artaud paraît proche. Rejet d'un théâtre de distraction, recherche d'un théâtre de communion : les acteurs deviennent des prêtres et les spectateurs des fidèles. Le modèle du théâtre que Genet appelle de ses vœux est la célébration symbolique de la messe : « Sur une scène semblable aux nôtres, sur une estrade, il s'agissait de reconstituer la fin d'un repas. A partir de cette seule donnée qu'on y retrouve à peine, le plus haut drame moderne s'est exprimé pendant deux mille ans et tous les jours dans le sacrifice de la messe [...]. Théâtralement, je ne sais rien de plus efficace que l'élévation. » La sincérité est ici aussi grande que la volonté de sacrilège et il importe de ne jamais oublier cette intuition majeure pour comprendre le théâtre de Genet.

Dès *Haute Surveillance*, pourtant la plus réaliste de ses pièces, écrite dans une langue frappante et vive, qui recherche avant tout l'efficacité, l'auteur demande aux comédiens de se garder d'un jeu trop réaliste : « Toute la pièce se déroulera comme dans un rêve. » Elle a pour cadre une cellule de prison et pour sujet les rapports de fascination et d'envie qu'y entretiennent trois détenus homosexuels. Lefranc, voleur sans envergure, a beau étrangler le joli Maurice pour se poser aux yeux d'Yeux-Verts, le criminel, il est rejeté à sa solitude : jamais il ne sera un élu de la grâce comme Yeux-Verts qui peut dire : « Tout m'a été donné. Un cadeau. Du bon dieu ou du diable, mais quelque chose que je n'ai pas voulu. »

Plus nettement encore, *Les Bonnes*, et d'abord dans le langage, prennent leurs distances vis à vis d'une esthétique réaliste. Une autre catégorie de réprouvés, les domestiques, y joue aux jeux ambigus des maîtres et du grand verbe tragique. Comme les deux bonnes n'ont pas réussi à empoisonner leur maîtresse, leur amour du jeu passant avant toute hostilité de classe (Genet a été catégorique sur ce point : « Il ne s'agit pas d'un plaidoyer sur le sort des domestiques. Je suppose qu'il existe un syndicat des gens de maison — cela ne nous regarde pas »), l'une d'elles en vient à obliger l'autre à lui servir la tisane fatale et meurt dans le rôle de Madame tandis que sa sœur devient Mlle Solange, la fameuse criminelle. La pièce dose à merveille les effets de théâtre dans le théâtre, la part de satire sociale, l'intensité du suspens dramatique, la fascination du crime, et l'étrange beauté d'un langage délibérément outré.

[La fameuse criminelle]

La fin de la pièce est proche. Solange, un instant seule, imagine, dans un rêve exalté, ce que serait son attitude si elle était la meurtrière de sa sœur Claire.

J'ai servi. J'ai eu les gestes qu'il faut pour servir. J'ai souri à Madame *. Je me suis penchée pour faire le lit, penchée pour laver le carreau, penchée pour éplucher les légumes, pour écouter aux portes, coller mon œil aux serrures. Mais maintenant, je reste droite. Et solide. Je suis l'étrangleuse. Mademoiselle Solange, celle qui étrangla sa sœur! Me taire? Madame est délicate vraiment. Mais j'ai pitié de Madame. J'ai pitié de la blancheur de Madame, de sa peau satinée, de ses petites oreilles, de ses petits poignets... Je suis la poule noire, j'ai mes juges. J'appartiens à la police. Claire? Elle aimait vraiment beaucoup, beaucoup, Madame!... Non, monsieur l'Inspecteur, je n'expliquerai rien devant eux. Ces choses-là ne regardent que nous... Cela, ma petite, c'est notre nuit à nous! *(Elle allume une cigarette et fume d'une façon maladroite. La fumée la fait tousser.)* Ni vous ni personne ne saurez rien, sauf que cette fois Solange est allée jusqu'au bout. Vous la voyez vêtue de rouge. Elle va sortir.

Solange se dirige vers la fenêtre, l'ouvre et monte sur le balcon. Elle dira, le dos au public, face à la nuit, la tirade qui suit. Un vent léger fait bouger les rideaux.

Sortir. Descendre le grand escalier : la police l'accompagne. Mettez-vous au balcon pour la voir marcher entre les pénitents noirs. Il est midi. Elle porte alors une torche de neuf livres. Le bourreau la suit de près. A l'oreille il lui chuchote des mots d'amour. Le bourreau m'accompagne, Claire! Le bourreau m'accompagne! *(Elle rit.)* Elle sera conduite en cortège par toutes les bonnes du quartier, par tous les domestiques qui ont accompagné Claire à sa dernière demeure. *(Elle regarde dehors.)* On porte des couronnes, des fleurs, des oriflammes, des banderoles, on sonne le glas. L'enterrement déroule sa pompe. Il est beau, n'est-ce pas? Viennent d'abord les maîtres d'hôtel, en frac, sans revers de soie. Ils portent leurs couronnes. Viennent ensuite les valets de pied, les laquais en culotte courte et bas blancs. Ils portent leurs couronnes. Viennent

* La patronne de Solange et de Claire.

ensuite les valets de chambre, puis les femmes de chambre portant nos couleurs. Viennent les concierges, viennent encore les délégations du ciel. Et je les conduis. Le bourreau me berce. On m'acclame. Je suis pâle et je vais mourir.

Elle rentre.

Que de fleurs ! On lui a fait un bel enterrement, n'est-ce pas ? Claire ! *(Elle éclate en sanglots et s'effondre dans un fauteuil... Elle se relève.)* Inutile, madame, j'obéis à la police. Elle seule me comprend. Elle aussi appartient au monde des réprouvés.

Accoudée au chambranle de la porte de la cuisine, depuis un moment, Claire, visible seulement du public, écoute sa sœur.

Quelques instants plus tard, Claire exige de sa sœur qu'elle lui verse la tasse de tilleul empoisonné.

Maintenant, nous sommes mademoiselle Solange Lemercier. La femme Lemercier. La Lemercier. La fameuse criminelle.

Jean Genet, *Les Bonnes*,
L'Arbalète, Marc Barbezat.

— Un monologue halluciné, fait d'abord de bribes de réponses à Madame (1-10), à l'Inspecteur de Police (11-13), à la sœur (14) ; puis d'un rêve dément (23-41) ; enfin d'un brusque mouvement double de faiblesse et de ressaisissement (45-53) ; intensité des jeux scéniques indiqués par Genet (15, 19-22, etc.) ou impliqués par le texte.

— Phrases courtes et martelées (1-8,23-28) qui s'amplifient bientôt par l'énumération (3-4, 28-33) et par les répétitions (« J'ai pitié » : 8) jusqu'à la véritable strophe lyrique qui clôt le rêve (34-41).

— Humiliation (1-5) et désir furieux de se réaliser (17) chez Solange. Sens et goût des fastes théâtraux : une mise en scène de drame romantique à grand spectacle.

— « Quelquefois la conscience avec laquelle nous aurons pensé un acte réputé vil, la puissance d'expression qui doit le signifier, nous forcent au chant. » (Genet.)

Malgré toute la nouveauté des *Bonnes*, leur cadre général restait celui de la comédie de salon, et leur déroulement chronologique demeurait très uniforme. Il n'en est plus de même avec *Le Balcon :* deux mondes s'opposent, celui de la maison d'illusions, et celui de la ville en émeute, déchirée par la lutte entre le Chef de la Police et le Chef des Révolutionnaires. Mais ces deux mondes se rejoignent : Mme Irma, la tenancière prend la place de la reine morte tandis que, réfugié chez elle, le Chef des Révolutionnaires demande à jouer le rôle du Chef de la Police, se châtre dans ce vêtement d'emprunt ; comme l'a bien vu Geneviève Serreau, il tue ainsi en lui, avec la virilité, « la puissance politique dont il a été frustré, et, symboliquement, la puissance de celui qui l'en a frustré ». Tout n'est que reflet, mensonge, absurdité et vaine complication dans cet univers voué à la ruine et à l'anéantissement. Genet a gardé à son texte une allure chaotique et confuse. Riche d'intuitions et d'images violentes, cette pièce reste sans doute la moins achevée de son auteur, et lui-même a dit son insatisfaction toutes les fois qu'il l'a vue au théâtre.

Il n'a pas, par contre, caché son admiration devant la mise en scène des *Nègres*, par Roger Blin, au Théâtre de Lutèce en 1959, qui a définitivement assis la renommée de l'auteur. Présentée à la fois comme une « clownerie » et comme la « tragédie de la réprobation », la pièce, cette fois, ne comporte pratiquement aucune action. On y voit une troupe d'acteurs noirs satisfaire ses rêves de haine et de vengeance en jouant le meurtre rituel d'une femme blanche, dont le catafalque occupe le centre de la scène. Mais le véritable mouvement est donné par le jeu de réactions, de miroirs qui s'établit entre ces acteurs et d'autres Noirs installés sur une galerie qui, grotesquement déguisés en Blancs, forment une Cour avec sa Reine, son Missionnaire, son Gouverneur et son Valet, et jouent les obsessions des Blancs — et le jeu plus inquiétant encore entre ces deux groupes et des événements réels de même nature qui ont lieu en coulisses, et dont on nous parle sans qu'on les voie jamais. Comme l'écrit Geneviève Serreau, « à travers ce terrifiant et comique carnaval d'ombres, la réalité se dissout et c'est ce que Genet entend nous dire. Par-delà la condition du Noir, c'est la condition humaine qui est en cause. La pire misère des Noirs (celle de Genet) c'est de rester sevrés du réel, c'est de ne pouvoir jamais parvenir à *l'être*, c'est de tourner en rond indéfiniment dans la prison des apparences et du mythe, "... cette architecture de vide et de mots" dont parle Archibald, le metteur en scène, au cours de la pièce. »

[Ténèbre, mère auguste de ma Race]

Devant la troupe des Noirs rassemblés, le héros Village fait, à sa façon, une déclaration d'amour à Vertu, une jeune femme de sa race.

Village *(à Vertu et s'inclinant avec un soupir énorme devant elle)*. — Madame, je ne vous porte rien de comparable à ce qu'on nomme l'amour. Ce qui se passe en moi est très mystérieux, et ma couleur ne saurait en rendre compte. Quand je vous vis...

Archibald *. — Attention, Village, n'allez pas évoquer votre vie hors d'ici.

* Le maître des Cérémonies.

Village, *un genou en terre.* — ... Quand je vous vis, sur de hauts talons vous marchiez dans la pluie. Vous aviez une robe de soie noire, des bas noirs, un parapluie noir et des souliers vernis. Oh, si je n'étais né en esclavage! Une étrange émotion m'eût bouleversé, mais nous nous déplacions, vous et moi, à côté du monde, dans sa marge. Nous étions l'ombre, ou l'envers des êtres lumineux... Quand je vous vis, j'eus tout à coup, je crois, durant une seconde, la force de nier tout ce qui n'était pas vous, et de rire devant l'illusion, hélas mes épaules sont bien fragiles. Je ne pus supporter la condamnation du monde. Et je me suis mis à vous haïr quand tout en vous m'eût fait entrevoir l'amour, et que l'amour m'eût rendu insupportable le mépris des hommes, et ce mépris insupportable mon amour pour vous. Exactement, je vous hais.

* Il s'agit de Noirs, déguisés en Blancs, qui assistent au spectacle donné par les leurs.

*Mais depuis un moment la Cour * paraît s'agiter. Le Valet semble hurler en silence quelques mots à l'oreille du Gouverneur qui, dans sa direction, a mis sa main en cornet.*

* Cours de Bourse.

ARCHIBALD, *à la Cour.* — Je vous en prie!

LE VALET, *hurlant.* — M'Zaïta 20.010 *!

LE GOUVERNEUR. — Les Cafés?

LE VALET, *cependant que toute la Cour est très attentive à ce qu'il dit.* — Arabica extra-prima 608-627. Robusta 327-327. Kouilou 315-317.

VILLAGE *(qui avait baissé la tête, la relève pour reprendre son récit).* — ... Je ne sais pas si vous êtes belle — j'ai peur que vous ne le soyez. J'ai peur de la ténèbre, crépitante d'étincelles, que vous êtes? Ténèbre, mère auguste de ma Race, Ombre, tunique exacte qui me gante de l'orteil à la paupière, long sommeil où le plus fragile de vos enfants voudrait s'enrouler, je ne sais pas si vous êtes belle, mais vous êtes l'Afrique, ô Nuit monumentale, et je vous hais. Je vous hais de remplir de douceur mes yeux noirs. Je vous hais de m'obliger à ce dur travail qui consiste à vous écarter de moi, à vous haïr. Il suffirait de peu de chose pour que me réjouissent votre visage, votre corps, vos mouvements, votre cœur...

ARCHIBALD. — Prenez garde, Village!

VILLAGE, *à Vertu.* — Mais je vous hais! *(Aux autres :)* Mais laissez-moi lui dire et vous dire tout le mal que j'endure. Si l'amour nous est refusé, qu'on sache...

BOBO. — Nous le savions déjà. Nous aussi nous sommes noirs. Mais nous, pour nous désigner, ce n'est pas de profondeur nocturne que nous parons nos métaphores. Ni d'étoiles. La suie, le cirage, le charbon, le goudron nous suffisent.

DIOUF. — Ne lui refusez pas une légère détente. Si sa souffrance est trop forte, qu'il se repose dans la parole.

VILLAGE. — Me reposer? Je rappelle ma souffrance à voir ce grand corps luisant marcher sous la pluie. L'eau coulait sur ses pieds...

BOBO. — Noirs. Sur ses pieds... noirs!

* Vertu est une prostituée.

VILLAGE. — Sous la pluie. Vertu * marche sous la pluie à la recherche des Blancs, vous le savez. Non, non, il n'y aura pas d'amour pour nous... *(il hésite).*

VERTU. — Tu peux parler. Dans chaque bordel il y a la négresse.

Jean Genet, *Les Nègres*,
L'Arbalète, Marc Barbezat.

Genet, *Les Paravents*. (Madeleine Renaud dans le rôle de la prostituée Warda).

Cl. Bernand.

Genet, *Les Nègres*.
La pièce, mise en scène par Roger Blin, était interprétée par la Troupe des Griots.

Cl. Bernand.

— Un discours interrompu d'avertissements (6-7, 46), de commentaires (50-57, 61) et d'un divertissement sarcastique (23-32).

— Splendeur dans les rythmes, les images, le mouvement de cette langue de grand lyrisme (2, 16, 34-45). « Sur quel ton réciter : bien limiter les tragédiens et surtout les tragédiennes français. En plus y joindre du talent. » (Genet, *Pour jouer les Nègres*). « Voleurs, dira Archibald, nous avons tenté de dérober votre beau langage. »

— Rôle de l'amour dans le comportement de Village (18-22). Rôle du langage chez celui qui a choisi la Nuit et le Mal (55-59). Mythe de l'Ombre, retournement des valeurs et satanisme romantique : *cf.* « Au-delà de cette nuit foudroyée, fragmentée en millions de Noirs tombés dans la jungle, nous étions la Nuit en personne. Non celle qui est absence de lumière, mais la mère généreuse et terrible qui contient la lumière et les actes. » *(Les Nègres.)*

Dans leur ampleur et leur maîtrise, *Les Paravents* couronnent jusqu'à présent l'œuvre de Genet : vingt-cinq tableaux, une centaine de rôles répartis entre une vingtaine de comédiens. Genet destinait cette grouillante épopée à un théâtre de pein air, qui seul lui semblait convenir, par « un jeu très varié de scènes, de niveaux et de surfaces différents », à la liberté dans l'enchaînement, à la complexité des plans simultanés, et plus généralement au plaisir du spectacle. Joie du jeu qui se manifeste aussi dans les fameux paravents où se peignent les paysages et les objets, et que trouent les personnages lorsque, accédant à la mort, ils gagnent peu à peu le quatrième étage de la scène pour regarder de là se débattre les survivants des différents groupes sociaux qui ont participé à l'action. Plusieurs constellations de personnages d'abord étrangères les unes aux autres se sont en effet heurtées, superposées, pénétrées ou ignorées tout au long de la pièce : le trio arabe, misérable entre tous, que forment Saïd, sa mère et sa femme Leïla; les gens du village, cadi, épiciers et putains; les gros colons blancs comme Sir Harold et le couple Blakensee; enfin le Lieutenant, le Sergent et les légionnaires qui font la guerre comme on fait l'amour. Fidèle au rôle que lui font jouer les vieilles femmes, dont sa mère, qui mènent la révolte et le cérémonial, Saïd, le héros, poursuit, au-delà de toutes les revendications politiques qui peuvent animer certaines scènes, un rêve personnel d'abjection dans lequel, après avoir pris pour femme Leïla, la plus laide du village, il s'enfonce avec fureur, tel un Christ à rebours, voleur, incendiaire, traître et assassin. « Vous nous avez enseigné, dit la vieille Ommou au jeune couple, comme on doit se perdre. » Et Saïd proclame : « Je vais continuer jusqu'à la fin du monde à me pourrir pour pourrir le monde. »

[Ma laideur gagnée heure par heure]

SAÏD. — Je veux que le soleil, que l'alfa, que les pierres, que le sable, que le vent, que la trace de nos pieds se retournent pour voir passer la femme la plus laide du monde et la moins chère : ma femme. Et je ne veux plus que tu torches tes yeux, ni ta bave, ni que tu te mouches, ni que tu te laves.

LEÏLA. — Je t'obéirai. *(Soudain sévère.)* Mais moi, je veux — c'est ma laideur gagnée heure par heure, qui parle, ou qui parle? — que tu cesses de regarder en arrière. Je veux que tu me conduises sans broncher au pays de l'ombre et du monstre. Je veux que tu t'enfonces dans le chagrin sans retour. Je veux — c'est ma laideur gagnée minute par minute qui parle — que tu sois sans espoir. Je veux que tu acceptes toutes les humiliations. Je veux que tu choisisses le mal et toujours le mal. Je veux que tu ne connaisses que la haine et jamais l'amour. Je veux — c'est ma laideur gagnée seconde par seconde qui parle — que tu refuses l'éclat de la nuit, la douceur du silex, et le miel des chardons. Je sais où nous allons, Saïd, et pourquoi nous y allons. Ce n'est pas pour aller quelque part, mais afin que ceux qui nous y envoient restent tranquilles sur un rivage tranquille. Nous sommes ici, et cela, pour que ceux qui nous y envoient sachent bien qu'ils ne le sont pas et qu'ils n'y sont pas.

Jean Genet, *Les Paravents*, L'Arbalète, Marc Barbezat.

— Lyrisme et ordure : les deux temps conjugués de la réplique de Saïd que Leïla va expliciter.

— Intensité dans l'évocation des réalités concrètes (1, 18-20), puissance hallucinatoire des répétitions et des refrains (8, 12, 17). Rôle essentiel des « autres », les « lumineux » (20-24).

— « Si la sainteté est mon but, je ne puis dire ce qu'elle est [...] sauf que sans elle ma vie serait vaine. [...] Toutefois, il me semble qu'elle ait pour base unique le renoncement. Je la confondrai donc encore avec la liberté. Mais surtout je veux être un saint parce que le mot indique la plus haute attitude humaine et je ferai tout pour y parvenir. J'y emploierai mon orgueil et l'y sacrifierai. » (Genet, *Journal du voleur*.)

On a sifflé dans *Les Paravents* une pièce anti-militariste : le malentendu était grand. La critique sociale ne prend son essor chez Genet qu'avec la fascination de l'abjection dénoncée. Grandeur de ce théâtre qui, partant d'images concrètes et souvent crapuleuses, échappe à tous les embrigadements politiques et idéologiques, pour mettre à nu les hantises d'un monde intérieur, et poser ainsi à tous l'interrogation essentielle.

Recherches et expériences

Au théâtre, comme dans l'art contemporain en général, la recherche technique est reine. Insatisfaction, dérision poussent à exploiter à fond les possibilités contenues dans les formes anciennes aussi bien qu'à expérimenter des formes nouvelles. C'est un aspect vivant chez tous les auteurs : les dialogues enchevêtrés des vieux des *Chaises* avec leurs invités invisibles, la longueur insupportable de l'ultime monologue de Bérenger devant le « Tueur sans gages », tout comme l'enlisement de la Winnie des *Beaux Jours* ou les différents plans de réalité dans *Les Nègres* et *Les Paravents* donnent toujours l'impression d'une gageure tenue.

Un nom résume cet état d'esprit : celui de **Jean Tardieu**, dont toute l'œuvre théâtrale (*Théâtre de chambre*, 1955; *Poèmes à jouer*, 1960) n'est qu'une suite de curieux petits exercices de style, esquisses conçues, dit-il, non en fonction de leur « sujet » mais de leur « objet », c'est-à-dire d'un effet à obtenir. Le cadre est la plupart du temps celui des sketches drôles, des numéros de cabaret tels que l'ont mis au point les humoristes de la fin du XIXe siècle, mais l'ambition expérimentale reste prédominante. *Oswald et Zénaïde*, par exemple, exploite jusqu'à l'absurde le procédé de l'aparté et du récit intérieur, tandis que le dialogue normal se développe selon la logique particulière d'une sorte de contrepoint; *Il y avait foule au manoir*, piécette policière très réussie, explore les possibilités du seul monologue; *Ce que parler veut dire ou le patois des familles* étudie les déformations du langage à l'intérieur de la cellule familiale, *Un geste pour un autre* la relativité cocasse des usages de la civilité. Plus curieuses encore, *La Sonate et les trois messieurs* et *Conversation-Sinfonietta* cherchent à rapprocher le dialogue de la musique, en évacuant le sens des mots au profit de leur rythme et de leurs sonorités. On fera bien d'autres découvertes à la lecture de ces textes trop fourmillants d'idées pour constituer véritablement une œuvre, mais aussi excitants que significatifs d'un auteur et d'une époque.

Directions actuelles

Parmi les directions actuelles, il en est une qui fait figure de parent pauvre : celle du rire franc. La farce énorme et inquiétante, le sourire jaune, c'est tout ce qu'une certaine sensibilité moderne arrive à tolérer dans ce domaine. Sous les anathèmes de théâtre de boulevard, de théâtre de digestion, on traque sans pitié le rire trop modeste. Si bien que fait figure de solitaire rejeté aux ténèbres de la facilité un auteur aussi original que **René de Obaldia**. C'est d'abord un romancier plein de fantaisie *(Tamerlan des Cœurs, Fugue à Waterloo, Le Centenaire)*, dont l'imagination anarchique rêve sur les mots, les œuvres et les chronologies : « Roland sonnait du cor. Sa face s'empourpra. Les Tyroliens s'éveillèrent, croyant à l'apparition du soleil; et des milliers de femmes s'empressèrent d'étendre le linge sur les prairies. Ce fut le fameux bal des couleurs de 1723. » (Début de *Tamerlan*.) C'est surtout un dramaturge qui fait alterner des pièces brèves comme *Le Sacrifice du Bourreau*, *Édouard et Agrippine* et surtout *L'Air du large* — où les touches de sadisme et de tendresse n'ôtent rien à la netteté du rire — avec des œuvres plus longues comme *Génousie*, satire onirique des colloques savants et mondains, *Le Satyre de la Villette*, farce poétique insolente qui joue avec les modes de la télévision et de la sexualité, *Du Vent dans les branches de sassafras* enfin (1965), « western de chambre », hommage savoureux et parodique à l'un des mythes les plus populaires de notre époque. Sans vulgarité, avec intelligence et avec force, Obaldia fait rire. Faut-il attendre pour oser le goûter qu'on ait daigné montrer qu'il a, tout comme un autre, une philosophie des êtres et de la société?

[Qu'on est heureux sur cette terre Jusque z'à preuve du contraire]

Le rideau s'ouvre, tandis que Tom et Paméla, soutenus par William B., chantent, en scandant le rythme à grands coups de fourchette sur la table.

Nous sommes au début de la pièce.

« Quand un cow-boy a faim,
Ce n'est pas pour demain,
Il lui faut tout de suite
Un bœuf dans sa marmite *(bis)*. »

JOHN-EMERY, *tapant sur son assiette avec une grosse cuillère en bois et, d'une voix de pierre ponce.* — Silence, bande de Mormons, silence!... *(Il fait le signe de croix avec sa cuillère en bois.)* Seigneur... *(Tous se lèvent et se signent.)* Seigneur, j'ai pas toujours été malpropre avec toi; je t'ai fait des tas d'enfants dont certains avec ma femme, Caroline, qu'est bien honnête sous ce rapport-là... Deux vivent encore sous mon toit : ma fille, Paméla, qui présente pas mal d'avantages corporels, et Tom, un sacré voyou qui t'honore aussi à sa façon... *(A Tom.)* Ne tripote pas toujours ton revolver quand je fais la prière!

TOM, *la bouche remplie de chewing-gum.* — Bon, bon, ça va.

JOHN-EMERY. — J'ai toujours secouru la veuve et l'orpheline. J'ai rudement travaillé de mes dix doigts, on ne peut pas m'accuser d'être manchot. *(Paméla pouffe de rire dans son coin.)* J'ai repoussé bien des assauts et succombé à bien des tentations. J'ai blanchi à la sueur de mon front et bouffé pas mal d'Indiens vu que ce sont des païens... Paméla, n'étale pas toujours tes seins sur la table quand je fais la prière!

CAROLINE. — Personne t'empêche de regarder ailleurs.

WILLIAM BUTLER, *puant l'alcool à dix lieues.* — Personnellement, ça ne me gêne pas...

Paméla hausse les épaules. Tom ricane.

JOHN-EMERY. — Silence!... *(Décidément inspiré.)* Ma maison est toujours ouverte quand elle est pas fermée, à preuve notre ami William, le toubib, William Butler, toujours rond comme une barrique et qui vient régulièrement s'empiffrer ici.

WILLIAN BUTLER, *hilare.* — Youpi! Youpi!

JOHN-EMERY. — Attends, c'est pas fini... Puisque j'ai vécu jusqu'au jour d'aujourd'hui, y a pas de raison que ça ne continue pas, et les autres avec... Alors, Seigneur, jette un œil miséricordieux sur nos humbles personnes; donne-nous ta bénédiction. Fais-nous plumer nos ennemis et triompher de nos amis. Protège le bétail, les faibles d'esprit et envoie aussi un peu de pluie... Si t'agis comme ça, recta, moi, John-Emery Rockefeller, colon dans le Kentucky, je ne penserai pas trop de mal de toi. Voilà. Amen.

TOUS. — Amen!

Les uns et les autres se ruent sur une nourriture indéterminée.

WILLIAM BUTLER, *ajoutant soudain aux bruits de déglutition un petit couplet atrocement faux.*

« La panse pleine et les pieds au sec,
Les pieds au sec et le gosier mouillé.
Qu'on est heureux sur cette terre
Jusque z'à preuve du contraire,
Jusque z'à preuve du contraire. »

Le contraire ne va pas tarder à apparaître après ce début idyllique.

René de Obaldia. *Du Vent dans les branches de sassafras*, éd. Grasset.

— Un bénédicité pittoresque. Entourée par deux couplets chantés, et coupée d'interruptions brèves et cocasses (18-21, 28-32), une prière inspirée (35-38) et bouffonne.

— Le rire parodique : les personnages-types du western classique. La drôlerie même fait partie du genre : *cf.* les films de John Ford. Comique de gestes (2-3, 9-12) et comique de mots (11, 23, 47). Lapalissade et absurdité (40-42). Forte structure rhétorique de l'ensemble du discours contrastant avec le relâchement de l'expression (15, 18, 38, 46).

— Sympathie narquoise assurée dès le début au héros par son entrain et sa franchise. Joie de vivre communicative de Obaldia. « Il veut nous rendre pareils à des enfants [...] nous rendre la liberté du jeu et le fonctionnement sans frein de l'imagination. » (Maurice Nadeau.)

Les trois directions principales du théâtre actuel, qui souvent se confondent au sein d'une même œuvre, correspondent à autant d'interrogations que l'on se pose sur l'avenir du théâtre et de l'homme. Est-ce du côté de la recherche intérieure, de type onirique et poétique, ou bien du côté de la participation à la vie et à l'action des hommes, ou encore du côté de l'explosion libératrice de l'individu que va pencher le théâtre de demain?

La première tendance est depuis ses débuts essentielle au nouveau théâtre. Dès 1952, le *Capitaine Bada* de **Jean Vauthier** se situait ainsi, à mi-chemin entre Audiberti et Beckett, dans l'axe de cette exploration du moi. Exploration ou plutôt extériorisation, par le biais d'un personnage privilégié, de tous nos rêves, de tous nos fantasmes et de tous nos délires. Dans l'une des multiples annotations marginales qui transforment le texte de sa pièce en une véritable partition (mais alors que Tardieu tendait vers la fugue, nous tendons ici vers le récitatif), Vauthier nous livre l'un des secrets de son art : « De l'extrême mobilité des attitudes mentales dépend l'extériorisation bouffonne consciente et inconsciente du personnage. » Théâtre de reprises et de surprises, de redites et de ruptures, théâtre au rouet. A la fois superbe et lamentable, ridicule et poignant, acteur réussi mais auteur manqué, Bada, pris au piège des mots, n'écrira jamais cette œuvre qui fait pourtant sa seule raison de vivre; il se contentera d'en évoquer la splendeur et d'en déplorer l'absence au cours d'une interminable scène de ménage (qui se poursuit dans *Badadesques*, 1965) avec sa femme Alice. Dernier avatar en date de ce raté sublime : *Le Sang* (1970), pièce que Vauthier qualifie lui-même de fête et dans laquelle Bada voyage à travers l'univers — décors, drame et personnages — du théâtre élizabéthain.

[Vertu, ma jeune vertu! es-tu là, vertu?]

Nous sommes à l'acte I de la pièce. En pleine méditation métaphysique de Bada, surgit Alice. « Tu te nommes la Tentation, lui crie-t-il. Va-t'en. » (Les indications en italiques qui accompagnent le texte sont de Vauthier.)

BADA : Dieu de la pureté, donnez-moi la force d'un gigantesque frère inférieur et la ruse de la puce, pour m'éviter de regarder la maléfique luminosité de cette gorge qu'il vous a plu de m'envoyer, attachée au thorax, que dis-je? au torse — un torse! un torse d'adolescent pourvu d'une paire de... Ah! c'est toi.

Il claque des doigts.

La défense de ses droits donne à la jeune fille une efficacité surprenante.

ALICE : Il est un temps pour tout. Marié avec moi, tu pourrais prier, Nous prierons ensemble. Alors que tout seul tu dois t'ennuyer, ne pas finir ce que tu commences, prendre de mauvaises habitudes.

BADA : Ah!!!

Terrifié. Départ oblique, les bras sur la tête.

ALICE : Tu supportais si mal la solitude!

BADA : Ici! dans mon lieu de prières et de pénitence.

Entièrement mobilisé.

Crapule! attention. Je vais te faire du mal. Je vais t'écharper. Te réduire au silence, tuméfier tes nichons et faire jaillir ta petite salive et te prendre sous le feu de mes malédictions. Ah! Ah!! Pschitt! Pschitt! Pam-pam! Pam-pam-pam-pam-pam! Pam-pam-pam!

ALICE : Oh! tais-toi! Tu recommences.

Très douce et malheureuse.

Dédéboum, c'est toute ma vie qui se joue et je te l'offre, cette vie. Cesse de t'amuser, Dédé.

BADA : Elle est folle.

ALICE : Mais qu'attends-tu pour me serrer dans tes bras et me faire oublier toutes tes excentricités! A-t-on idée, à plus de vingt-cinq ans, après la vilaine vie que tu as menée, vouloir se priver de femme!

Révélation d'un secret...

J'ai grandi.

Tu oublies que nous sommes fiancés.

Ce sera toi ou personne.

Réveille-toi. *(Elle enlève son manteau.)*

Comme elle est jolie et bien plantée!

Regarde. Regarde! Ne te plais-je pas? Vois. En trois ans. Mais regarde donc!

Fâchée.

Ah! belles prières! Ce n'est pas le moment. Tu es donc toujours aussi méchant...

Grondant.

BADA : Remets ton manteau petite gueuse!

ALICE : Tu me fais rire.

Grondant.

BADA : Allez, pousse-toi. Ton manteau. Tu ne sais pas à quoi tu échappes.

Désorientée.

ALICE : Ce n'est pas un manteau, c'est un blouson.

Méchant.

BADA : Cache ça.

Tu veux pleurer dans trois secondes?

ALICE : Mais enfin, j'ai un chandail, dirait-on pas?

Du fond de sa rancune.

BADA : Oh!

Éploré.

Et tu me forces à pécher au plus fort de ma victoire! Je les vois encore, je vois tes bras, je les vois, tous deux, si beaux.

Gourmand. Bouffonnerie avouée mais pathétique.

Je te maudis, entends-tu ! Ma vertu s'en va.

Je pèche, je pèche. Je les vois.

Ah! où s'en va-t-elle? ma vertu. Tu es là, vertu? Est-elle sous un meuble? Vertu, ma jeune vertu! es-tu là, vertu? Non, elle s'enfuit comme une charge électrique, comme une vibration qui va mourir.

Malheur réel et simulé.

Comme un lavement. Ah! que je suis malheureux! Une fille, une fille aux cheveux d'or a baisé ma vertu au nom de la bêtise moyenne, bêtise bourgeoise, petite bêtise de tous les jours.

Tristesse infinie.

Et cette crapuleuse grâce a de beaux membres très peu bourgeois. Car elle est saine comme une fille des champs. Allez, ouste! c'est ferme comme du jambonneau — allez, allez! c'est plein, c'est rebondi. C'est du muscle, c'est bien foutu. Allez! tonnerre! décampez!

Bada ne résistera pas à la Tentation. Après un long duel moitié parlé moitié dansé qui fait tout le sujet de l'acte II, l'acte III nous le montrera marié : « Jambes nues. Pieds dans les savates. Sa beauté n'est plus qu'un souvenir. Il a la figure que donnent les premières lueurs de l'aube aux visages fanés. »

Jean Vauthier, *Capitaine Bada*, éd. Gallimard.

— Lutte verbale et pantomime. Importance des indications d'expression corporelle et de ton : leur caractère par moments très particulier (44-45, 49-50). Brusques revirements dans les personnages : des guignols pathétiques.

— Ampleur du registre verbal : du grand lyrisme initial (1-3) aux cris et aux bruits (29-31). Jeu constant sur ces écarts. Vigueur des phrases brèves, ramassées, pleines d'interrogations et d'exclamations. « Un maelström de bouffonnerie et de lyrisme. » (Robert Abirached.)

— « Alors que le Ubu de Jarry est le guignol de la vie sociale, le Bada de Vauthier est le guignol de la vie intérieure. » (Georges Neveux.)

Avec des moyens souvent très différents, illustrent ce même type de recherche les essais au théâtre de Robert Pinget (*Lettre morte*, 1959, *cf.* p. 576), de Marguerite Duras (*Le Square*, 1957, *L'Amante anglaise*, 1968, *cf.* p. 573), de Nathalie Sarraute (*Le Silence*, 1964 et *Le Mensonge*, 1966, *cf.* p. 579), de Romain Weingarten qui, venu des parages d'Artaud dans l'*Akara* de 1948, se retrouve parent de Schéhadé dans les mystères feutrés de *L'Été* (1966). Quant à **Roland Dubillard,** ses trois pièces (*Naïves Hirondelles*, 1961, *La Maison d'os*, 1962, et *Le Jardin de betteraves*, 1969) témoignent au contraire d'une progression ininterrompue dans l'exploration du monde intérieur. Alors qu'il conserve dans la première un cadre et des personnages socialement identifiables, qu'il se laisse dans la dernière envahir par le fantastique le plus laborieux, la seconde de ses pièces impose avec force la vision cauchemardesque d'une agonie : « Un vieil homme très riche, sans famille, sans enfants, beaucoup de domestiques. Il meurt comme ça, tout seul dans sa maison, et les domestiques s'en moquent; ce n'est pas leur affaire. » Maison d'os que cette maison, maison qu'est le corps pour la conscience qui l'habite et qui va le quitter : le symbole affleure sans jamais s'expliciter, on se borne à s'en imprégner dans la succession désordonnée d'images oniriques, de scènes brèves, pourvues d'un simple numéro, et que l'auteur a laissé au metteur en scène le loisir d'organiser à sa guise.

La scène XIII est ici donnée en entier. Elle n'est qu'une des quatre-vingt et une scènes de l'ensemble, et n'entretient aucun lien direct ni avec la scène précédente ni avec la suivante.

[Ma maison, je veux qu'on me donne ma maison]

* « Un vieillard. Ce rôle est tenu par un seul acteur qui n'en joue pas d'autres. »

LE MAITRE *. — Ma maison. Je veux qu'on me donne ma maison. Je ne l'ai pas. Je suis dedans. Le dehors, encore, il nous en reste une idée cohérente. Mais le dedans, c'est l'incohérence même. Je ne vois pas. Je sais que c'est par là qu'il faut que je passe si je veux me retrouver dans ma grande salle d'harmonium, mais ça c'est le pratique, un aveugle en ferait autant, ce que je veux c'est me représenter le dedans de ma maison comme il est. Comme elle est.

* Tous les personnages qui entourent le Maître ne sont que des figurants interchangeables « payés pour être. C'est ce qu'il y a tout autour, les gens, payés, achetés, vendus, ils s'achètent les uns les autres, c'est pas ça qu'on appelle être ensemble! »

LE VALET *. — Monsieur me permettra de confier à Monsieur qu'à cet égard je ne connais personne qui ne soit dans le cas de Monsieur. Le dedans d'une chose sitôt qu'on y entre, on ne peut plus, Monsieur, regarder cette chose du dehors.

LE MAITRE, *qui n'a pas écouté.* — Donnez-moi une maquette, par exemple, une maquette non pas du dehors de ma maison, pour ça n'y a qu'à sortir et s'éloigner un peu, un aéroplane et le tour est joué; donnez-moi une maquette du dedans de ma maison. Comprenez? Que je puisse manipuler le dedans de ma maison. L'avoir bien en main, clair et net.

LE VALET. — Je ne voudrais pas affliger Monsieur, mais il me paraît douteux que l'on parvienne jamais à considérer comme du dehors un dedans quel qu'il soit. Il y a là un phénomène pour ainsi dire de gant retourné, qui malheureusement...

LE MAITRE. — Un gant.

LE VALET. — Et même dans le cas du gant qu'on retourne — que fait le gant? Un gant de la main gauche devient gant de main droite, mais il reste gant, sa doublure est son nouvel extérieur, elle ne nous donne aucun renseignement sur l'intérieur qu'elle a cessé d'être.

LE MAITRE, *à la Sténo* *. — Petite, les réponses ne m'intéressent pas, vous vous dispensez de les prendre en note. Ce qui importe, c'est ce que j'ai demandé. Conservez ça. Moi je n'ai pas de mémoire. Et puis même si ça me revenait, je n'aime pas me répéter. Vous faites machiner ça en beaucoup d'exemplaires et vous propagez.

* *Cf.* note précédente.

LA STÉNO. — Bien, monsieur.

LE MAITRE, *au Valet.* — Avec des petits bouts de bois. Et de la colle. C'est pas dur. Il suffisait d'avoir le chic. Montez au cinquième étage et asseyez-vous dans le couloir. Faites provision de sandwiches et de canettes avant de vous installer.

Ma maison. Ma maison.

Mes desiderata, car il faut que je me ressaisisse. Ma maison sur ma table. Décision. Mes engagements antérieurs.

Roland Dubillard, *La Maison d'os*, éd. Gallimard.

— Un dialogue qui n'en est pas vraiment un (14, 32-37). La quête du Maître : la maison et la conscience. Apparitions du concret et dérision (6, 15, 17, 26, 39).

— Sécheresse, schématisme et abstraction de la langue (1-4). Minuties, répétitions, piétinement laborieux : caractère qu'accentueront les reprises des mêmes termes et des mêmes mouvements dans la scène XIX par exemple.

— Suggérée à l'auteur par un passage du *Journal* des Goncourt (6 mai 1880) évoquant l'agonie sordide d'une riche bourgeoise, *La Maison d'os* peut être comparée pour son sujet au *Roi se meurt* (*cf.* p. 525). Ionesco : « J'ai vu, en 1953, Roland Dubillard jouer un "sketch" de lui, au théâtre du Quartier Latin : j'ai reconnu un parent [...] Il me semble qu'il y a [...] chez lui une évolution très intéressante de l'expression dramatique, aboutissant à l'annulation de la littérature pour le plus grand bien de la force théâtrale. »

L'itinéraire d'**Arthur Adamov** illustre d'une façon particulièrement significative le passage de la tendance intérieure à la tendance politique. Ce qui le frappait surtout quand, sous l'influence de Strindberg, il abordait le théâtre vers 1950, « c'était le défilé des passants, la solitude dans le côtoiement, l'effarante diversité des propos, dont [il se plaisait] à n'entendre que des bribes, celles-ci [lui] semblant devoir constituer, liées à d'autres bribes, un ensemble dont le caractère fragmentaire garantissait la vérité symbolique ». Le nom d'Adamov est alors constamment cité avec ceux de Beckett et de Ionesco, cette trilogie d'exilés venus de Russie, d'Irlande et de Roumanie pour renouveler le théâtre français avant de renouveler le théâtre tout court. Encore proche de Ionesco dans le rêve inquiétant qu'est *Le Professeur Taranne*, Adamov se sépare de lui en 1955 à partir du *Ping-Pong*. Tout en étant un objet mythique et fabuleux, l'appareil à sous qui fait le centre de la pièce caractérise aussi une société déterminée contre laquelle l'auteur prend violemment parti.

[Rien de bon, rien de grand ne sort jamais du monologue]

Arthur, l'un des deux héros, essaie une fois de plus de convaincre le Vieux, riche directeur du Consortium, des mérites de l'appareil à sous qu'il a imaginé. Mais ce dernier s'intéresse davantage à la jeune manucure Annette, amie d'Arthur.

LE VIEUX. — Ne vous échauffez pas comme ça, jeune homme. Quoi? Vous ne voulez pas que je vous réponde? Mais c'est un dialogue qu'il nous faut. Rien de bon, rien de grand ne sort jamais du monologue.

ARTHUR. — Eh bien l'essentiel, pour moi, est finalement dans les trous... Il y a dans les trous toutes les possibilités imaginables. Il faut considérer les trous, d'un bout à l'autre de la partie, comme une chance de gagner et un danger de perdre. Il faut, à la fois, en avoir très peur et tout espérer d'eux. On les vise, on les rate, c'est peut-être une chance. On les vise, on les atteint, c'est peut-être encore une chance. On ne peut pas savoir. *(Pause.)* Mais la plus grande chance, la seule indiscutable, c'est ce que j'appelle en anglais, puisqu'il faut parler anglais, le « return-ball. » Pourquoi ce nom? Parce que la bille tombée dans ce trou-là revient au joueur par la voie souterraine; c'est désormais une bille gagnée, une bille heureuse.

LE VIEUX. — Eh oui, rien de tel que de recommencer!

Il rit, renouvelle une tentative auprès d'Annette qui, cette fois, se lève.

ARTHUR, *agressif.* — Attention! Il n'y a pas un trou dont on pourra dire *a priori :* « C'est le " return-ball ". » Ce sera tantôt l'un, tantôt l'autre... et parfois, il n'y en aura pas, de « return-ball »; car si l'on sait d'avance où est la possibilité, c'est de nouveau... le plaisir médiocre, le petit travail.

LE VIEUX, *dans un gros rire.* — Ah! ces sacrées billes, des coquines, hein! Elles n'ont pas fini d'étonner leur monde. Elles s'enfoncent dans leur trou, on les croit disparues, enterrées, et puis hop! les voilà qui se remettent en branle... Et ça court, et ça saute, et ça y va! Car les petites, entre temps, elles ont repris du souffle! Pas folles!

ARTHUR, *ivre de rage.* — Bien entendu, le « return-ball », à supposer qu'il existe, ne vaudra que pour une bille sur cinq. Il ne s'agit pas, non plus, d'éterniser la partie.

LE VIEUX. — Mais si la partie est plus longue, quelle importance? On la fait payer plus cher, et voilà... Et tout le monde sera d'accord. *(Dans un gros rire qui ne le quittera plus.)* Tout le monde sait bien que plus c'est long, plus c'est bon, ou plutôt, meilleur c'est, pardon! Ça coûte dix francs, eh bien, ça en coûtera cinquante! Le tout, c'est que la bonne grosse pièce passe dans la fente. Trop petite, la fente? Qu'à cela ne tienne, on l'agrandira! Cinquante francs, et les trois petites sœurs * s'allument! *(Pause; il halète.)* On en a, de ces pièces-là, dans la poche, alors profitons-en, profitons-en...

* Figures qui décorent l'appareil à sous.

*Le Vieux rampe sur son lit pour essayer d'attraper Annette, et apparaît en longue chemise blanche. Annette recule, épouvantée. Les instruments de manucure tombent. Arthur et M. Roger * restent figés.*

* Secrétaire du Vieux.

On retrouvera au dernier tableau Arthur et son ami, Victor, devenus des vieillards, toujours prisonniers de leur obsession de l'argent et déchus par elle, jouant au ping-pong, tels des pantins cassés, avec la même ardeur et la même acrimonie que du temps où ils jouaient à l'appareil à sous.

LE VIEUX, *haletant et retombant sur son lit.* — Roger!

M. Roger se précipite et reçoit dans ses bras le Vieux expirant.

Arthur Adamov, *Le Ping-Pong*, éd. Gallimard.

— Deux efforts parallèles : le but dérisoire d'Arthur et, en contrepoint pénible, le but obscène du Vieux. Obstination têtue du héros : répétitions et minutie de la monomanie (6-12). Lourdeur appuyée des réponses à double sens du Vieux. Atrocité sordide de l'agonie finale.

— Drame naturaliste et tragédie d'avant-garde. « Il fallait, d'un point de départ absolument réaliste, arriver logiquement à une certaine folie; mais là encore le danger pouvait surgir : le lyrisme échevelé, ou plutôt, dans mon cas, l'élucubration schizophrénique sur l'Appareil Centre du Monde. Je suis parvenu à éviter ce danger, et à faire qu'en dépit de la folie grandissante, ou à cause d'elle l'appareil reste un objet produit par une société précise : la nôtre, et dans un but précis : gagner argent et prestige. » (Adamov.)

A partir de sa névrose et de son sentiment de solitude, qui devaient le conduire à la mort en 1970, Adamov a retrouvé la leçon de Brecht. Avec des résultats inégaux et discutés, son option politique, qui s'accompagne d'un certain retour au réalisme, s'est précisée dans ses pièces suivantes comme *Paolo-Paoli* (1957), *La Politique des restes* (1967) ou *Off Limits* (1969).

Dans cette voie de la critique sociale, à côté de Max Frisch, de Friedrich Dürrenmatt et de Peter Weiss qui sont de langue allemande (*cf.* chap. 27), on peut mentionner les noms de Georges Michel (*La Promenade du dimanche*, 1966; *L'Agression*, 1967) et surtout d'Armand Gatti chez qui les recherches techniques accumulées (*La Vie de l'éboueur Auguste Geai*, 1962; *Chant public devant deux chaises électriques*, 1966; *V comme Vietnam*, 1967) sont souvent assez loin de donner toute son efficacité possible à la leçon idéologique. Plus réussie dans l'œuvre attachante de **François Billetdoux** (*Tchin-Tchin*, 1959; *Va donc chez Törpe*, 1961) est l'odyssée haute en couleur et riche en enseignements des deux héros de *Comment va le monde, Môssieu* (1964), qui se rencontrent dans un camp de concentration en Silésie et, après avoir traversé l'Allemagne et la France, gagnent les États-Unis, en quête d'un monde meilleur qui se dérobe sans cesse.

[La vérité, c'est que le prochain, j'en ai soupé]

L'indignation d'Hubert éclate lorsqu'il croit que Job, son vieux copain, l'a trahi lui aussi.

HUBERT. — Sainte Vierge, mère de Dieu, j'en ai plein le cul. J'en ai trop vu, Marie-Joseph, je ne me sens plus. Ce que je voudrais, c'est plonger mon nez au bon creux d'une jupe pour chialer à fond, je vous jure. Les pensées que j'ai, ça n'est pas pour moi. Et la vérité, c'est que je n'ai pas le tempérament pour aimer le prochain. La vérité, c'est que le prochain, j'en ai soupé. Moi je suis le mec vachement fatigué, Vierge Marie, vachement fatigué. Un bon roupillon jusqu'au-dessus de la tête, je m'en contenterais. Le monde, il m'emmerde, il n'est pas au point. Et la vérité, c'est que, tel que je suis, je ne suis pas synchrone. Moi je suis typique, rien qu'un pauvre con qui croyait des choses et qui ne les croit plus. Et je mesure mes mots, mais la vérité, c'est que j'en ai marre et que je laisse couler. Si je me force un peu, je demande seulement que ce con de Job, il ne soit plus si con, parce qu'un copain qu'on a cru copain, ma Vierge Marie, qu'il soit le con des cons, ça démolit tout. Salaud, bon, d'accord, on l'est tous un peu à certains moments, mais quoi, ça se décide, on veut ci ou ça, on a de l'intérêt quand on est salaud. Mais se montrer con, quel est l'intérêt? C'est donné par qui? Et encore je dis : le con profiteur, le con couillonné, le con pauvre con, ça passe et je passe avec. Mais le con méchant, le vrai con tout cru, je vous le jure, Mère de Dieu, ça lasse. Et ça prolifère. Et ça se répand. Et s'il faut prier pour un con quelconque, faites un maximum pour les gars comme Job. Puis salut, puis marre.

François Billetdoux, *Comment va le monde, Môssieu? Il tourne, Môssieu!* éd. de La Table Ronde.

— Le héros fatigué. Contraste entre le genre de la prière, le désespoir qui s'y exprime et la verdeur de la langue utilisée. Langue qui a violemment partagé les critiques : « Je n'aime pas du tout la facile grossièreté de ce langage; ce n'est pas du tout une grossièreté populaire ou militaire; c'est la pauvre grossièreté des traînards de bistrot qui ne savent que trois ou quatre mots orduriers et les emploient avec la plus triste monotonie. » (Jacques Lemarchand.) « Billetdoux a fait parler à ses héros une langue ouvrière, comme Claudel est paysan à ses meilleurs moments. »(Philippe Dechartre.) « S'expliquer, argumenter, tromper la peur par la jactance et la gouaille : quel Français ne se reconnaîtrait pas dans ce fol espoir et dans le visage déchirant que lui donne André Weber ? » (B. Poirot-Delpech.) [André Weber jouait Hubert.]

— Les influences littéraires : Villon *(Ballade de sa mère à Notre-Dame),* Rabelais (Litanies des couillons, *Tiers Livre,* chapitre XXVI), Céline et Brecht.

La troisième tendance enfin englobe et réunit les deux précédentes. Pour ses adeptes, le monde intérieur et le monde extérieur n'ont pas à être dissociés, ni explorés séparément : ils n'en font qu'un qui est à créer ou à recréer dans une libération sauvage de l'individu au sein d'une immense fête collective. Le théâtre et la vie se rejoignent, le désir et le rêve deviennent le réel et le vrai. L'auteur, le texte, le metteur en scène même voient leur importance contestée par les jeux concrets et forcenés d'un petit groupe d' « inspirés ». Retour aux sources, si l'on veut; le théâtre revient à ses origines dionysiaques, mais on oublie trop que le théâtre, lorsqu'il n'y avait que Dionysos, n'était pas encore né. État prénatal : on rejette le passé sans pouvoir préjuger l'avenir. Les émules du Living Theater, dont le nom a symbolisé ces dernières années les recherches du théâtre américain, comme ceux du Polonais Grotowski, dont le Théâtre-Laboratoire souleva un très vif intérêt lors de ses représentations parisiennes de 1968, sont tous au sens large des héritiers d'Artaud et du surréalisme : ils essaient de retrouver, à partir de l'expression corporelle, une vérité plus immédiate dans le jeu de l'acteur, et de renouveler, par l'agression et la fascination conjuguées, le rapport entre la scène et le public. Ils tournent autour de ce « théâtre panique », qu'après plusieurs œuvres cruelles et foisonnantes, préconise, entre autres, **Fernando Arrabal.**

Une mise en scène de Grotowski, *Le Prince Constant.*

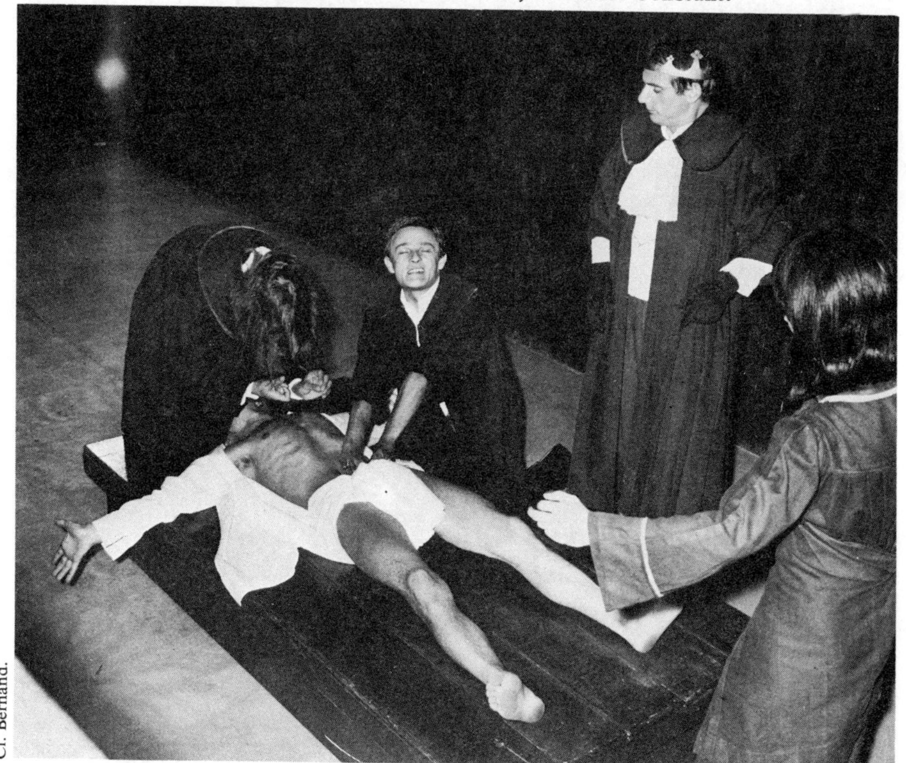

Cl. Bernand.

Cl. Lacordaire. Snark-International.

Cl. Bernand.

Une répétition du Living Theater au Festival d'Avignon en 1968 (à gauche Judith Malina et au centre Julian Beck).

Arrabal,
Le Cimetière des Voitures.

[Le miroir le plus riche d'images]

A présent, diverses personnalités dispersées à travers le monde * essaient de créer une forme de théâtre poussée à ses plus extrêmes conséquences. Malgré d'énormes différences entre nos tentatives, nous faisons du théâtre une fête, une cérémonie d'une ordonnance rigoureuse. La tragédie et le guignol, la poésie et la vulgarité, la comédie et le mélodrame, l'amour et l'érotisme, le happening et la théorie des ensembles, le mauvais goût et le raffinement esthétique, le sacrilège et le sacré, la mise à mort et l'exaltation de la vie, le sordide et le sublime s'insèrent tout naturellement dans cette fête, cette cérémonie « panique ».

* Arrabal énumère, dans le même texte, Londres, Paris, New York, Mexico, Tokyo et cite les noms des metteurs en scène Peter Brook, Victor Garcia, Lavelli et Savary.

Je rêve d'un théâtre où humour et poésie, panique et amour ne feraient qu'un. Le rite théâtral se changerait alors en un « opera mundi » comme les fantasmes de Don Quichotte, les cauchemars d'Alice *, le délire de K *... voire les songes humanoïdes qui hanteraient les nuits d'une machine IBM.

* *Alice au pays des merveilles* de Lewis Carroll.

* Le héros du *Procès* de Kafka.

Mais pour atteindre ce but le spectacle doit être régi par une idée théâtrale rigoureuse, ou, s'il s'agit d'une pièce, la composition en sera parfaite, tout en reflétant le chaos et la confusion de la vie. De nos jours, et c'est là notre chance, les mathématiques modernes nous permettent de construire avec maestria la pièce la plus subtile, la plus complexe. De même, sous un apparent désordre, il est indispensable que la mise en scène soit un modèle de précision.

Plus le spectacle se révèle exaltant (jusqu'à la connivence ou la provocation) et fascinant (jusqu'à l'outrage ou le sublime), plus la pièce et la mise en scène exigent de minutie.

Le langage dit « poétique », dans le meilleur des cas, me semble inefficace, ou bien il devient un artifice qui distrait l'attention du spectateur, l'empêchant de s'attacher à ce qui se passe sur scène, de se laisser envoûter. Au théâtre la poésie, le dialogue poétique naît du cauchemar, de ses mécanismes, des relations qu'entretiennent le quotidien et l'imaginaire, et d'un style émouvant et direct comme « une volée de pierres ». [...]

Le théâtre que nous élaborons maintenant, ni moderne, ni d'avant-garde, ni nouveau, ni absurde, aspire seulement à être infiniment libre et meilleur. Le théâtre dans toute sa splendeur est le miroir le plus riche d'images que puisse nous tendre l'art d'aujourd'hui, il est aussi la prolongation et la sublimation de tous les arts.

Arrabal, Commentaire au Théâtre IV, extrait de *Théâtre panique*, Christian Bourgois.

— Fête et mélange des genres (5-11). Théâtre et rêve (12-17). Désordre et rigueur (18-28). Nouvelle conception de la poésie au théâtre (30-37). Acte de foi dans l'avenir et dans le théâtre (38-43).

Choix bibliographique :

M. Esslin, *Le Théâtre de l'absurde*, Buchet/Chastel.

L. C. Pronko, *Théâtre d'avant-garde*, Denoël.

G. Serreau, *Histoire du « Nouveau Théâtre »*, Coll. Idées, Gallimard (ouvrage essentiel, dont nous nous sommes inspirés pour quelques points de ce chapitre).

E. Ionesco, *Notes et Contre-notes*, *ibid.*

Chapitre XXIV

Le roman nouveau

En parlant de « roman nouveau », comme en parlant de « théâtre nouveau », il ne s'agit évidemment pas d'opposer la bonne littérature à la mauvaise, ni même de distinguer, pour reprendre les termes de Malraux dans ses essais sur l'art, la création de la convention. Le chapitre sur la « tradition romanesque » a montré la surprenante vitalité de thèmes et de formes que l'on a sans doute un peu trop vite condamnés, et dont il faudrait en tout cas se demander pourquoi ils survivent aussi gaillardement. Le roman nouveau n'est pas le seul roman, pas plus que le théâtre nouveau n'est le seul théâtre. Mais il se veut un autre roman ou plutôt un roman autre, et c'est cette volonté même qui le définit. Volonté non pas d'originalité, mais de changement. Et changement non pas pour le seul plaisir de changer, mais parce que certains s'y sentent poussés par une nécessité à la fois personnelle et collective, c'est-à-dire relevant aussi bien de l'individu que de l'histoire. C'est pourquoi il serait dangereux de s'en tenir au terme, qu'ont réinventé les critiques (Charles Sorel l'avait déjà utilisé, au XVIIe siècle, pour son *Berger extravagant*), d'« anti-roman ». C'est pourquoi il serait vain de s'en tenir à ce que d'autres critiques (ce sont les mêmes) ont baptisé le « nouveau roman ». N'apercevoir que la rupture, imaginer un groupe ou un complot : comme tout l'art moderne, le roman nouveau est la victime d'une double illusion.

Il importe donc de redresser les perspectives ou plutôt de les rétablir. C'est à quoi l'on s'efforcera de deux manières : en faisant apparaître la continuité dans la rupture et la diversité dans la ressemblance. Antérieurs au « nouveau roman » ou ses contemporains, il existe toute une série de romanciers dont certains annoncent ou accompagnent un Butor ou un Robbe-Grillet, dont d'autres les ignorent ou les mésestiment (Julien Gracq s'étonnera de « ces curieux romans en zinc, qui semblent voués à je ne sais quelle assomption du réverbère, de la lampe Pigeon et du bouton de guêtre »), mais qui tous œuvrent dans le sens du changement, un changement qui ne concerne pas seulement, qui ne concerne pas toujours les techniques. L'étude de ce que l'on appellera, d'un terme à dessein très large, *des romans différents* permettra, en renouant le fil avec les recherches qui précèdent et qui suivent immédiatement la Seconde Guerre mondiale, de mieux comprendre l'apparition, qui n'a rien d'une génération spontanée, du «*nouveau roman*». A ce dernier, encore si souvent prisonnier de son étiquette, on restituera sa variété, ses nuances, ses tâtonnements et ses incertitudes. Ainsi pourront peut-être se dessiner, ou se deviner, dans le domaine démesurément élargi (mais qu'il est aussi bien permis de juger exagérément rétréci) d'un genre qui se conçoit de moins en moins comme un « genre », quelques-unes des directions qui semblent conduire le roman moderne *vers un livre futur*, vers ce « livre à venir » que prophétisait Maurice Blanchot.

Victor Hugo, ***Le Phare des Casquets.***

Cl. Bulloz

« Devant nous, à la toucher, semblait-il au mouvement de recul de la tête qui se renversait vers sa cime effrayante, une apparition montait de la mer comme un mur. » (Julien Gracq.)
***Cf.* p. 559.**

José Corti, ***Rêve d'encre.***

Cl. extrait de *Rêve d'encre*, éd. José Corti, 1969.

1. Des romans différents

Comme l'a bien montré Michel Raimond *(La Crise du roman, des lendemains du naturalisme aux années vingt)*, il était courant, dès la fin du XIXe siècle, de parler de « crise » à propos du roman. La question essentielle, celle qui se trouve au cœur de tous les débats, et ils n'ont pas manqué, est celle du réalisme. Dans *Le Temps retrouvé* (publié après sa mort, en 1927, et qui termine le gigantesque édifice d'*A la recherche du temps perdu*), Proust s'en prend avec violence à ce « misérable relevé de lignes et surfaces » auquel il accuse ses contemporains de se complaire à l'imitation des Goncourt : la « vraie vie » réside dans des « impressions » profondément enfouies au sein de la mémoire et dont le romancier, par tout un jeu de métaphores qui l'apparentent au poète, doit se faire le traducteur fidèle. C'est le même procès que Gide instruit, quoique d'une manière très différente, dans les *Faux-Monnayeurs :* en essayant, par des procédés plus ou moins originaux (intrusions d'auteur, morcellement de la chronologie, utilisation de documents fictifs : lettres, carnet, journal, etc.), de décrire la vaine tentative d'un romancier (Édouard) pour enserrer dans une œuvre la réalité telle qu'il la vit, à mesure qu'il la vit, Gide forçait à s'interroger sur la validité même d'un genre dont il mettait en doute les moyens et la fin. Les boutades de Valéry (comment accepter d'écrire : « la Marquise sortit à cinq heures »?) et les attaques de Breton dans le *Premier Manifeste du Surréalisme* vont dans le même sens. Et lorsque Sartre accuse Mauriac, en 1939 (« M. François Mauriac et la liberté », article recueilli dans *Situations I*), de jouer à Dieu le Père avec Thérèse Desqueyroux, il s'en prend à un privilège depuis longtemps contesté.

Mais est-ce bien le roman qui est en cause? Ce que tous ces iconoclastes lui reprochent c'est moins son réalisme qu'une certaine conception de la réalité, c'est, pour reprendre une formule célèbre de Sartre, la métaphysique à laquelle il renvoie. Ce qui ne les empêche point d'écrire eux-mêmes des romans, mais des romans où ils prétendent, par un traitement nouveau de la description, du récit, du personnage et du style, exprimer une idée nouvelle de la société, du monde et du moi. Telle est l'ambition, après beaucoup d'autres, de ce que l'on a appelé le « roman existentialiste ». Cette ambition, qu'avaient brillamment illustrée *La Nausée* (1938) et *L'Étranger* (1942), tourne court aux alentours de 1948 (*cf.* chap. 3) : le roman, tel que l'avait déjà pratiqué Malraux, de la liberté humaine aux prises avec l'histoire, devient très vite un poncif dont le succès de *La Peste* cache, s'il ne les accuse, les faiblesses. Les références à Hemingway ou à Dos Passos (*cf.* p. 57), le montage cinématographique, les techniques behaviouristes (ne décrire que le comportement des personnages : attitudes, physionomies, gestes), autant de « trucs » qui vont désormais grossir le bagage quelque peu hétéroclite de la tradition romanesque. Qu'en est-il, dans les années 1950, du roman nouveau? Le triomphe de Françoise Sagan, la vogue de ces romanciers désinvoltes que sont un Jacques Laurent, un Antoine Blondin ou un Roger Nimier (Maurice Nadeau parle à leur propos de « réaction néo-classique »), tout ce tumulte, s'il leur rend malaisé de se faire entendre, n'empêche point un petit nombre de romanciers d'élaborer, à l'abri des surenchères artificielles de la mode, des œuvres véritablement nouvelles. Œuvres marginales, à l'audience souvent très limitée (même si certaines ont dû à un prix littéraire ou à une réussite cinématographique une reconnaissance tardive) et que l'on peut classer approximativement en deux groupes, selon qu'elles ouvrent sur un autre univers ou sur une autre psychologie.

Un autre univers

Il pourra sembler saugrenu de réunir, sous une même rubrique, le joyeux Boris Vian et le sévère Julien Gracq, Mandiargues le précieux et Klossowski l'obscur. Du cocasse au fantasmatique en passant par le merveilleux et par l'étrange, ils possèdent pourtant tous les quatre, et quelques autres à leur suite, l'art de nous introduire, par la magie des mots, dans un autre monde. Un monde souvent angoissant, parfois chargé d'horreur, mais qui possède toujours un irrésistible pouvoir de séduction. Un monde qui, si différent soit-il du nôtre, n'en est point le contraire, mais l'envers. Un envers qui en révèle ce que l'endroit dissimule, c'est-à-dire la vérité.

Boris Vian :

Les romans de Boris Vian, qui connaissent aujourd'hui auprès du même public la même faveur que les poèmes de Prévert vingt ans plus tôt, passèrent à peu près inaperçus du vivant de leur auteur. La gloire, les scandales et les gros tirages n'étaient pas pour le signataire de *Vercoquin et le Plancton*, petite chronique burlesque où toute une jeunesse aurait dû cependant retrouver son portrait, mais pour Vernon Sullivan, pseudonyme sous lequel Vian publia la même année, en 1946, le premier et le plus célèbre de ses pastiches du roman noir américain : *J'irai cracher sur vos tombes*. Condamné à l'insuccès par le succès même de son double, Vian n'en continua pas moins d'écrire, dans l'indifférence générale, ses propres romans : *L'Écume des jours* (1947), *L'Automne à Pékin* (1947), *L'Herbe rouge* (1950) et *L'Arrache-cœur* (1953). Or ces œuvres qu'il avait lancées, entre deux pièces et deux chansons (*cf.* p. 753), comme autant de bouteilles à la mer, notre époque a su, depuis la mort de leur auteur en 1959, les reconnaître pour siennes. Rééditions et exégèses, qui se multiplient, rendent enfin justice à celui qui ne fut pas seulement l'une des plus pittoresques figures du Saint-Germain-des-Prés d'après-guerre, mais aussi et surtout un romancier d'une étonnante invention.

Invention d'abord verbale. Ce qui frappe en effet dans ses cinq romans, c'est le jeu constant sur les mots : calembours, travestissements, déformations, dérivations, néologismes se multiplient avec une fraîcheur et une virtuosité qui font songer, par-delà Queneau et Michaux, à leur maître à tous, Alfred Jarry. Car Boris Vian, en se livrant à ces exercices auxquels il serait de mauvais goût (parce que de trop bon goût) de reprocher leur « facilité », libère la charge de poésie contenue dans le langage, poésie naturelle et naïve, innocente et féroce, poésie proprement enfantine. Nous voici introduits dans un univers peuplé d'objets et d'animaux incongrus (le pianocktail de *L'Écume des jours*, le ouapiti de *L'Herbe rouge*), un univers où les cravates sifflent et se tordent, où les souris et les chiens discourent, où d'étranges nénuphars poussent dans les poitrines sans que jamais les héros manifestent le moindre étonnement devant des phénomènes en apparence aussi déroutants. La cruauté fait bon ménage avec le merveilleux dans cette jungle-paradis où nous reconnaissons, cernées d'un trait ferme et peintes de couleurs vives, les images sensibles (et non point les symboles abstraits) de nos désirs et de nos hontes. Ce ne sont pas des histoires drôles que ces dessins animés : plutôt des tragédies douces-amères, où l'amour fou, comme dans *L'Écume des jours*, se brise contre la mort, où plus souvent encore l'amour même est impossible, comme dans *L'Herbe rouge* ou *L'Automne à Pékin*. Et toujours s'étale, survivant au naufrage des protagonistes et peut-être l'expliquant, le spectacle d'une société marquée par l'égoïsme (la foire aux vieux dans *L'Arrache-cœur*) et l'aliénation (le travail en usine dans *L'Écume des jours*).

[Une jolie rose blanche]

Sa jeune femme, Chloé, étant tombée malade, Colin, obligé de chercher du travail, découvre dans le journal une annonce demandant « des hommes de vingt à trente ans, pour préparer la défense du pays ». Il se présente à l'adresse indiquée : « un vieil homme en blouse blanche » lui explique le travail.

Colin entra. La pièce était petite, carrée. Les murs et le sol étaient de verre. Sur le sol, reposait un gros massif de terre en forme de cercueil, mais très épais, un mètre au moins. Une lourde couverture de laine était roulée à côté par terre. Aucun meuble. Une petite niche, pratiquée dans le mur renfermait un coffret de fer bleu. L'homme alla vers le coffret et l'ouvrit. Il en retira douze objets brillants et cylindriques avec un trou au milieu, minuscule.

— La terre est stérile, vous savez ce que c'est, dit l'homme, il faut des matières de premier choix pour la défense du pays. Mais, pour que les canons de fusil poussent régulièrement, et sans distorsion, on a constaté, depuis longtemps qu'il faut de la chaleur humaine. Pour toutes les armes, c'est vrai, d'ailleurs.

— Oui, dit Colin.

— Vous pratiquez douze petits trous dans la terre, dit l'homme, répartis au milieu du cœur et du foie, et vous vous étendez sur la terre après vous être déshabillé. Vous vous recouvrez avec l'étoffe de laine stérile qui est là, et vous vous arrangez pour dégager une chaleur parfaitement régulière.

Il eut un rire cassé et se tapa la cuisse droite.

— J'en faisais quatorze les vingt premiers jours de chaque mois. Ah!... j'étais fort!...

— Alors? demanda Colin.

— Alors vous restez comme ça vingt-quatre heures, et, au bout de vingt-quatre heures, les canons de fusil ont poussé. On vient les retirer. On arrose la terre d'huile et vous recommencez.

— Ils poussent vers le bas? dit Colin.

— Oui, c'est éclairé en dessous, dit l'homme. Ils ont un phototropisme positif, mais ils poussent vers le bas parce qu'ils sont plus lourds que la terre, alors on éclaire surtout en dessous pour ne pas qu'il y ait de distorsion. [...] *

* Ici une coupure d'environ deux pages. Les canons de Colin, qui étaient d'abord parfaitement droits, commencent à présenter des anomalies. On vient d'apporter sur un « chariot blanc stérilisé » sa toute dernière production : le vieil homme l'examine avec inquiétude.

Il souleva le linge. Il y avait douze canons d'acier bleu et froid, et, au bout de chacun, une jolie rose blanche s'épanouissait, fraîche et ombrée de beige au creux des pétales veloutés.

— Oh!... murmura Colin. Qu'elles sont belles!...

L'homme ne disait rien. Il toussa deux fois.

— Ça ne sera donc pas la peine de reprendre votre travail demain, dit-il hésitant.

Ses doigts s'accrochaient nerveusement au bord du chariot.

— Est-ce que je peux les prendre? dit Colin. Pour Chloé?

— Elles vont mourir, dit l'homme, si vous les détachez de l'acier. Elles sont en acier, vous savez...

— Ce n'est pas possible, dit Colin.

Il prit délicatement une rose et tenta de briser la tige. Il fit un faux mouvement et l'un des pétales lui déchira la main sur plusieurs centimètres de long. Sa main saignait, à lentes pulsations, de grosses gorgées de sang sombre qu'il avalait machinalement. Il regardait le pétale blanc marqué d'un croissant rouge et l'homme lui tapa sur l'épaule et le poussa doucement vers la porte.

Boris Vian, *L'Écume des jours*, éd. J.-J. Pauvert.

En deux courtes scènes et au service d'une même cause (la dénonciation de la guerre), tous les registres de Boris Vian :

— L'humour ou la perversion du langage : le vieil homme, à la fois docte et faraud (23-25), débite des explications pseudo-scientifiques (33-36) sur le ton d'une recette de cuisine (29-30).

— L'émotion ou l'art de l'ellipse : le jeu des contrastes (dans la première partie, entre la volubilité du vieil homme et le laconisme de Colin), la valeur des silences (les imparfaits dans la seconde partie), l'absence d'analyse psychologique (non pas des sentiments mais des attitudes : 45, 52, 56, 58).

— La poésie ou le sens de l'image : dans une rose d'acier (37-40, 50), dans l'opposition du rouge et du blanc (56-57), vie et mort, guerre et beauté, douceur et cruauté.

Julien Gracq:

André Breton, nous l'avons rappelé, s'était inscrit en 1924 parmi les plus furieux adversaires du genre romanesque, critiquant d'une part l'inanité des descriptions (« ce n'est que superpositions d'images de catalogue, l'auteur en prend de plus en plus à son aise, il saisit l'occasion de me glisser ses cartes postales »), et d'autre part les prétentions de la psychologie (« l'intraitable manie qui consiste à ramener l'inconnu au connu, au classable, berce les cerveaux. Le désir d'analyse l'emporte sur les sentiments »). Il reviendra en 1930 sur cette double condamnation, mais en évoquant cette fois la possibilité d'un roman surréaliste « où la psychologie renoncera à bâcler ses grands devoirs inutiles pour *tenir* vraiment entre deux lames une fraction de seconde et y surprendre les germes des incidents », en même temps que « la vraisemblance des décors cessera, pour la première fois, de nous dérober l'étrange vie symbolique que les objets, aussi bien les mieux définis et les plus usuels, n'ont pas qu'en rêve ».

Ce programme qu'esquissait le *Second Manifeste du surréalisme*, l'œuvre de Julien Gracq le remplit avec une fidélité parfaite et une incontestable réussite. Surprendre, au sein d'un paysage ou d'un climat qui ne se bornent pas à encadrer l'histoire mais qui en quelque sorte la suscitent, les germes d'un événement qui peut être interprété aussi bien comme une apocalypse que comme une assomption, tel est, dès son premier ouvrage (*Au château d'Argol*, 1938), le propos fermement défini, et qui ne variera plus, d'un romancier qui refuse toute compromission avec la vie littéraire de son temps (il en a dénoncé en 1950 les pratiques bassement commerciales dans un vigoureux pamphlet, *La Littérature à l'estomac*). Organisé autour du thème profondément surréaliste de l'attente (« indépendamment de ce qui arrive, n'arrive pas, écrit Breton, c'est l'attente qui est magnifique »), chacun des romans de Gracq met en scène tout un jeu d'attractions, tout un champ de forces qui peu à peu convergent et s'intensifient avant une explosion finale qui n'est parfois que suggérée. Le héros se fera le catalyseur de ces forces, il sera comme Aldo dans *Le Rivage des Syrtes* (pour lequel Gracq refuse le prix Goncourt en 1951), celui par qui le scandale arrive. Nous voilà donc bien loin, dans ces romans qui se contentent pourtant d'exploiter certains effets du genre sans jamais prétendre en contester les lois, de la conception traditionnelle du personnage et de l'intrigue. Plus de sentiments codifiés, mais les grandes vagues de fond du désir, de la fascination et de la mort. Plus d'inventaires méticuleux, mais un long poème en prose où, dans un riche et rigoureux réseau d'images, dans une langue somptueusement, lourdement ouvragée, le merveilleux prend peu à peu forme et figure. Que ce lointain disciple de Chrétien de Troyes et ce proche parent de Barbey d'Aurevilly emprunte ses thèmes au romantisme allemand (dans *Au château d'Argol*), qu'il bâtisse une Venise imaginaire (dans *Le Rivage des Syrtes*) ou qu'il situe son récit, beaucoup plus près de nous, en Bretagne (*Un Beau Ténébreux* 1945; *La Presqu'île*, 1970) ou dans la forêt des Ardennes (*Un Balcon en forêt*, 1958), ce sont à chaque fois, dans ces œuvres que l'on pourrait qualifier de mythiques ou d'« emblématiques » *, les noces du roman et de la poésie que célèbre Julien Gracq.

[Une apparition]

Délégué « sur le front des Syrtes » par la Seigneurie d'Orsenna, Aldo est parti en patrouille à bord du « Redoutable ». Mais au lieu de virer de bord comme prévu, il décide de pousser droit devant vers les rivages du Farghestan, pays qui continue théoriquement d'être en guerre avec Orsenna. Voici que les nuages, en s'écartant brusquement, « comme un rideau de théâtre », découvrent la silhouette d'un volcan qui a joué un grand rôle dans les rêveries d'Aldo : le Tängri.

Devant nous, à la toucher, semblait-il au mouvement de recul de la tête qui se renversait vers sa cime effrayante, une apparition montait de la mer comme un mur. La lune brillait maintenant dans tout son éclat. Sur la droite, la

* C'est le terme que Julien Gracq applique lui-même, dans *Préférences*, au roman publié en 1939 par l'écrivain allemand Ernst Jünger (*cf.* p. 717), *Sur les falaises de marbre*.

forêt de lumières de Rhages * frangeait d'un scintillement immobile l'eau dormante. Devant nous, pareil au paquebot illuminé qui mâte * son arrière à la verticale avant de sombrer, se suspendait au-dessus de la mer vers des hauteurs de rêve un morceau de planète soulevé comme un couvercle, une banlieue verticale, criblée, étagée, piquetée jusqu'à une dispersion et une fixité d'étoile de buissons de feux et de girandoles de lumière. Comme les feux d'une façade qui se fût reflétée paisiblement, mais jusqu'à hauteur de nuage, sur la chaussée luisante, et si près, semblait-il, si distinctes dans l'air lavé qu'on croyait sentir l'odeur des jardins nocturnes et la fraîcheur vernissée de leurs routes humides, les lumières des avenues, des villas, des palais, des carrefours, enfin, plus clairsemés, les feux des bourgades vertigineuses accrochées à leurs pentes de lave, montaient dans la nuit criblée par paliers, par falaises, par balcons sur la mer doucement phosphorescente, jusqu'à une ligne horizontale de brumes flottantes qui jaunissait et brouillait les dernières lueurs, et parfois en laissait reparaître une, plus haute encore et presque improbable, comme reparaît dans le champ de la lunette un alpiniste un moment caché par un épaulement du glacier. Comme le piédestal, la pyramide brasillante et tronquée d'un autel qui laisse culminer dans la pénombre la figure du dieu, l'espalier de lumières finissait à cette lisière inégale. Et, très haut, très loin au-dessus de ce vide noir, dressé à une verticale qui plombait la nuque, collé au ciel d'une ventouse obscène et vorace, émergeait d'une écume de néant une espèce de signe de fin des temps, une corne bleuâtre, d'une matière laiteuse et faiblement effulgente *, qui semblait flotter, immobile et à jamais étrangère, finale, comme une concrétion étrange de l'air. Le silence autour de cette apparition qui appelait le cri angoissait l'oreille, comme si l'air tout à coup se fût révélé opaque à la transmission du son, ou encore, en face de cette paroi constellée, il évoquait la chute nauséeuse et molle des mauvais rêves où le monde bascule, et où le cri au-dessus de nous d'une bouche intarissablement ouverte ne nous rejoint plus.

* L'un des ports du Farghestan.

* Dresse comme un mât.

* Irradiant une faible lumière.

Julien Gracq, *Le Rivage des Syrtes*, éd. José Corti.

— Un univers à la verticale (7, 32) qui, imposant un autre espace, oblige à une autre perception (2, 32). La description (mouvement ascensionnel de la phrase : 6-12, 13-27, 31-37) procède du bas vers le haut (13-30, 31-37).

— Une apparition (3, 38) que tout un jeu de comparaisons rend à la fois merveilleuse (les lumières : 5-6, 12, 30) et angoissante (2, 8, 23-24, 33, 37-39).

— L'ambiguïté d'un rêve (9, 41-44) : une paix (6, 13-14) chargée de menaces (les canons de Rhages vont bientôt se mettre à tonner, premier signal de la catastrophe future qui s'abattra sur Orsenna, en châtiment de cette « transgression ». *Cf.* le thème du sacré : 29).

— « J'avoue que pour moi ce qui compte, tout ce qui vraiment en vaut la peine, se présente toujours en imagination au bout d'un voyage; — il n'y a que là qu'il peut être vraiment question, il me semble, que *le rideau se lève.* » (Julien Gracq, « Les yeux bien ouverts », *Préférences.*)

André Pieyre de Mandiargues :

L'œuvre de Mandiargues, comme celle de Gracq, est inséparable du surréalisme (*cf.* chap. 7). Mais tandis que l'auteur du *Rivage des Syrtes* se définit avant tout comme un romancier (même s'il a publié un recueil de poèmes, *Liberté grande*, et une pièce de théâtre, *Le Roi pêcheur*), Mandiargues persiste à jouer, du point de vue des moyens d'expression qu'il utilise, sur le double registre du poème et du roman. S'il devait choisir, sans doute répondrait-il qu'il est d'abord poète : ses nouvelles ne sont que le prolongement de ses poèmes (du moins de ses poèmes en prose) et ses romans, à leur tour, continuent ses nouvelles. Mandiargues ou la genèse d'un romancier; Mandiargues ou l'animation, la dramatisation progressives (de poèmes en nouvelles et de nouvelles en romans) de quelques obsessions fondamentales, des obsessions voisines de celles de Gracq, mais plus charnelles et plus ambiguës, et jouant sur un registre sensoriel beaucoup plus « noir », au sens où l'entendent les surréalistes *.

Les cruels tableautins, à la manière d'Aloysius Bertrand, du recueil intitulé *Dans les années sordides* (première édition en 1943, deuxième édition augmentée en 1948) sont encore beaucoup plus proches, quoi qu'en pense l'auteur, d'une vision que d'un récit. Mais ils prendront dès 1946 *(Le Musée noir)* une vie et un relief qui, allant sans cesse en s'approfondissant (*Soleil des loups*, 1951; *Feu de braise*, 1959; *Porte dévergondée*, 1965), font de Mandiargues le plus parfait représentant d'un genre auquel Nodier et Villiers de l'Isle-Adam donnèrent au XIXe siècle ses lettres de noblesse, à savoir le conte fantastique. Car c'est bien du fantastique tel que l'a défini Roger Caillois (« un scandale, une déchirure, une irruption insolite, presque insupportable, dans le monde réel »), que relèvent ces textes méticuleusement agencés où l'auteur ménage à d'inconsistantes créatures des rencontres bouleversantes, dans un trouble climat de meurtre et de volupté dont le pouvoir est accentué par le maniérisme voulu d'un style qui allie la pompe académique aux séductions du baroque.

Sans renoncer pour autant à ses thèmes de prédilection, Mandiargues sera conduit, en passant de la nouvelle au roman (et c'est ce qui explique sans doute cette évolution), à une sorte de restructuration de son univers. Succédant aux furtives silhouettes des contes, voici qu'apparaît dans *Marbre* (1953) un substitut de l'auteur : « Plutôt que d'avoir recours à la mémoire, je vais susciter un témoin. » Ferréol Buq, simple « voyeur », n'a guère de consistance, non plus que la Vanina du

* « C'est seulement au fond par une référence lointaine au sacrilège, à la profanation, référence qui n'est jamais tout à fait perdue de vue, que ce terme de "noir" reçoit pour les surréalistes toute la charge galvanique dont on le voit capable. » (Julien Gracq, *André Breton.*)

Cl. Brassaï.

A Bomarzo, en Italie, dans la province de Viterbe : « une tête colossale d'ogre dit-on, que l'on voit grimacer à travers les broussailles qui lui font un système pileux assez théâtralement épouvantable » (Mandiargues, *Les Monstres de Bomarzo*).

Lis de mer (1956), mais en dépit de son nom, Rébecca Nul, l'héroïne de *La Motocyclette* (1963), impose sa présence au lecteur, puisque c'est à travers elle, à travers ses sens et sa mémoire, que l'histoire nous est contée. Et la longue errance de Sigismond dans Barcelone (*La Marge*, prix Goncourt 1967) nous émeut d'autant plus que nous la vivons à son rythme et à son pas. Même si Mandiargues a pu citer pour son modèle un livre comme *La Modification* (*cf.* p. 598), n'est-ce pas plutôt du roman traditionnel qu'il s'est ainsi rapproché? Son art, s'il perd en puissance et en charme, y gagne au moins, par davantage de chaleur humaine, une plus large audience.

[Une diva du rond]

Dans la dernière partie de son voyage en Italie, intitulée « le théâtre de la mort », Ferréol Buq arrive dans le village de Borgorotondo, où les femmes doivent mourir en public, devant les hommes assemblés, après avoir été rituellement dépouillées par leur famille.

L'évanouissement de dona Lavinia (mais c'était peut-être une feinte, car les mourants, comme les furieux, retirent un étrange plaisir de la simulation, et ils donnent volontiers la comédie de leur mal) dura quelque temps. Puis la vie revint, et ce fut par les yeux et par la main pendante, comme auparavant, qu'elle se manifesta. Elle persista pendant près d'un quart d'heure, n'ayant été choquée de rien, et elle s'en alla de nouveau.

Il y eut ainsi plusieurs alternatives, que l'on aurait pu comparer aux oscillations d'un liquide entre deux vases communicants, ou, mieux, aux mouvements d'une flamme de gaz lorsque la pression est irrégulière. Cependant les sautes de vie se faisaient plus brutales en même temps que plus brèves, et les pâmoisons gagnaient en pesanteur, à mesure qu'elles se prolongeaient davantage. Il arriva que le corps fut parcouru de violentes secousses qui dérangeaient la chemise, au moment qu'il se ranimait; la main libre, alors, s'affolait, pendule freiné par le velours, mais l'autre restait paralysée sur le bras du fauteuil. La bouche bayait avec un écartement affreux, exhibant des gencives parfaitement dépourvues, car le dentier de dona Lavinia n'avait pas été plus respecté que ses bijoux, quand ses petits-fils, ou neveux, l'avaient mise au pillage. Entre les mandibules pâles vibrait une sorte de semelle d'enfant, dure et sèche, qui était la langue.

Autour du plancher, les hommes étaient tous haletants, car ces spasmes, ces syncopes, suivies d'un retour de souffle et d'une syncope nouvelle, ces gestes exagérés ou appauvris, représentaient pour eux, évidemment, les diverses phases de ce que le compagnon de Ferréol avait appelé une « belle mort », et qui était une agonie tirée en longueur selon les lois de certain code esthétique. Dona Lavinia ne décevait aucun de ceux qui, sachant les ressorts de sa vieille carcasse, avaient eu confiance en elle. Volontairement ou non, elle expirait en virtuose. On parlerait d'elle, pendant bien des années, comme d'une diva * du rond *, et son exemple serait cité aux mourantes des générations futures. Belmonte... Manolete *... Telle que ceux-là, peut-être, elle serait célébrée par des poètes et des vocératrices *. Elle garderait la réputation d'avoir poussé l'art de mourir à un niveau où nulle autre n'atteignit, et les gens de sa famille en seraient glorieux comme s'ils descendaient des paladins de France *.

* Cantatrice de talent.

* La scène de cet étrange théâtre.

* Toreros célèbres.

* Aux enterrements, pleureuses professionnelles.

* L'histoire de Charlemagne, de Roland et d'Olivier fait encore partie aujourd'hui du folklore vivant de la Sicile (théâtre de marionnettes, conteurs populaires).

André Pieyre de Mandiargues, *Marbre*, éd. Robert Laffont.

— Deux points de vue sur la mort : celui du narrateur (la mort dans sa nudité physiologique; le regard d'un médecin attentif à des mécanismes : 1-15, puis celui d'un témoin fasciné par l'horrible : 15-25), celui des hommes du village (la mort comme une représentation et comme un art : 26-43).

— Une langue qui évoque le XVIIe siècle (le siècle de Louis XIII plutôt que celui de Louis XIV) par son mélange de tournures élégantes (1-3, 7-8, 21-22) et d'expressions crues (20, 34).

— Le thème de la corrida : Montherlant *(Les Bestiaires, Le Chaos et la Nuit)*, Hemingway *(Mort dans l'après-midi)*, Leiris (*cf.* p. 449) et Mandiargues.

Pierre Klossowski :

Au contraire de celle de Mandiargues, la réputation de Pierre Klossowski n'a guère dépassé le cercle restreint des initiés. Et pourtant cette œuvre difficile et scandaleuse, que son auteur feint lui-même de tenir, du moins en ce qui concerne *La Vocation suspendue*, pour « un salmigondis de psychanalyse camouflée en démonologie », mérite à plus d'un égard l'attention. Même si l'on reste insensible aux méandres théologico-linguistiques d'une pensée très proche de celle de Georges Bataille (dont Klossowski fut longtemps le collaborateur et l'ami) et qui doit autant à Sade (*Sade mon prochain*, 1947) qu'à Nietzsche (*Nietzsche et le cercle vicieux*, 1969), on ne peut manquer de subir l'insidieuse fascination de ces récits tantôt faussement continus, tantôt délibérément rompus, où tout se reflète, se répète et se dédouble comme en un miroir diabolique. On pourrait surnommer Klossowski, sans trop déformer, sinon le sens, du moins l'allure de ses œuvres, le romancier du fantasme. Dès *La Vocation suspendue*, qui se présente comme le commentaire d'un récit précisément intitulé *La Vocation suspendue*, récit où l'on voit un auteur anonyme s'interroger sur les faits et gestes d'un personnage nommé Jérôme, la réalité commence à vaciller. Elle devient plus problématique, plus incertaine encore dans *Les Lois de l'hospitalité*, qui regroupent dans l'ordre *La Révocation de l'édit de Nantes* (1959), *Roberte, ce soir* (1954) et *Le Souffleur* (1960). Dans cette énigmatique trilogie apparemment consacrée à l'éloge de la prostitution conjugale (les lois de l'hospitalité consistant pour l'hôte à offrir son épouse à ses invités), l'imaginaire règne en maître : les aventures sexuelles de Roberte et son passé mouvementé, les sophismes de son mari Octave et les pâmoisons juvéniles de son neveu Antoine sont entremêlés de représentations (théâtrales) où les personnages jouent leur propre rôle, et de représentations (plastiques) où semble figurée la situation même qu'ils sont en train de vivre. Le procédé apparaissait déjà dans *La Vocation suspendue* où une fresque toujours reprise, toujours interrompue, jouait un rôle capital. La tension de ce « théâtre de société » atteint à son paroxysme dans *Le Souffleur* où le héros, Théodore, est aux prises avec deux Roberte sans pouvoir deviner laquelle est l'usurpatrice. Quant à l'intrigue du *Baphomet* (1965), elle repose tout entière sur unc série de réincarnations qui permettent à la même « scène capitale », une scène somptueuse et scabreuse que ne désavouerait pas Mandiargues, d'être indéfiniment revécue.

[Un « système de revendication »]

Le commentateur du récit intitulé *La Vocation suspendue* s'interroge sur les rapports, de ressentiment plutôt que de ressemblance, entre l'auteur et son héros.

[...] nous sommes ici au point de départ de tout un « système de revendication » que l'on devine par l'entretien de Jérôme avec l'un des Pères du couvent où il a commencé son noviciat. Tout ce que Jérôme n'a senti que confusément, le Père le lui dira en termes catégoriques. Jérôme cependant se croit personnellement visé, parce que le Père qui monologue et ne lui laisse jamais le temps de s'expliquer lui-même, paraît le prendre pour un adversaire, alors qu'il prêche un converti. Jérôme lui avait parlé de la maladie de Nietzsche et de ses rapports avec l'image du Christ. Mais le nom du solitaire de Sils-Maria * à peine prononcé provoque la colère du Père; il résume toute son horreur par ces mots : *Le virilisme à outrance, voilà l'infâme qu'il faut écraser*. Ce qu'il nomme le *virilisme à outrance* est selon lui immédiatement responsable de notre civilisation de forges et d'usines qui, conformément aux « maudites valeurs viriles, déracine, déclasse, dégrade. Qui veut dominer, dit le Père, veut l'industrie, qui veut l'industrie, veut le prolétariat, qui a voulu le prolétariat, suscitera le déracinement, la désolation des campagnes, la destruction des foyers, la détresse, la révolte; qui suscite la révolte des masses, doit alors vouloir la répression inéluctable. La virilité à outrance qui s'est déchaînée sur le monde et qui menace le Matriarcat spirituel de l'Église comme le Dragon menace la Femme de l'Apocalypse *, la virilité à outrance trouve dans les modes de production et dans les convulsions sociales qu'ils entraînent, son propre cercle vicieux : *le régime du bagne social est la dernière création, les chambres de torture, le dernier mot des valeurs dites viriles et les rapports du suspect et du délateur, du bourreau et de la victime le propre secret de la sodomie* *. » Lorsque Jérôme rapportera ces propos à son Père-Maître, celui-ci niera que le Père ait jamais

* Village de la Haute-Engadine que Nietzsche découvre en juin 1881 et où il séjournera tous les étés, de 1883 jusqu'à sa mort en 1900.

* Apocalypse, XII.

* Une des formes de l'homosexualité masculine.

conclu dans ces termes. Jérôme proteste de sa bonne foi et se défend d'avoir déformé le sens de ces paroles. Alors le Père-Maître de lui répliquer : « *La dernière phrase est de vous!* » Et comme il n'est pas question que Jérôme s'en retourne auprès de son révérend interlocuteur pour lui en demander confirmation, parce qu'un novice ne saurait ainsi abuser de la confiance qu'un Père veut bien lui faire, Jérôme se le tient pour dit et finit par croire que cette phrase est sortie de lui-même. Et l'auteur semble être du même avis que le Père-Maître du novice.

Pierre Klossowski, *La Vocation suspendue*, éd. Gallimard.

— Le texte se présente comme le résumé et l'interprétation (2, 42-43) d'un autre texte : les citations (13-15, 17-32; 36-37).

— Mais les citations sont elles-mêmes frappées d'un coefficient d'incertitude (les italiques comme des guillemets dans les guillemets, à la fois soulignant l'importance d'une phrase, et jetant le soupçon sur son origine : 13-15, 28-32, 36-37). L'illusion et la réalité, le thème de la persuasion (41-42).

— Le roman dans le roman ou le roman du roman. Proust, Gide *(Les Faux-Monnayeurs)*, Nathalie Sarraute *(Les Fruits d'or)*.

Vian, Gracq, Mandiargues et Klossowski jalonnent des routes sur lesquelles d'autres romanciers se sont aventurés depuis 1945 avec plus ou moins de bonheur. Citons parmi eux Georges Limbour, qui passa lui aussi par le surréalisme (*La Chasse au mérou*, 1963), Marcel Schneider, qui s'inspire, comme Julien Gracq, du romantisme allemand (*Le Chasseur vert*, 1950), André Dhôtel, qui poursuit avec un art subtil et délicat l'exploration du féerique (*L'Azur*, 1968) et Michel Bernard qui tisse, sur des thèmes érotiques, d'éclatantes tapisseries (*Les Courtisanes*, *La Négresse muette*, 1968).

Une autre psychologie

Parallèlement à cette tentative pour renouveler de l'intérieur le roman traditionnel en l'utilisant comme le miroir, non plus du quotidien mais de l'extraordinaire, on peut déceler (sans que les frontières entre les deux groupes soient toujours très nettes) une autre tendance qui, refusant elle aussi les lieux communs habituels de la psychologie mais ne cédant point aux prestiges de l'imaginaire, s'efforce de faire apparaître, en restant fidèle au quotidien le plus quotidien (c'est-à-dire le plus dénué, du moins en apparence, d'intérêt dramatique), le visage incertain de nos véritables sentiments. On ne trouvera pas ici d'orchestration à grand spectacle, ni cette passion pour l'image (à la fois comme tableau et comme figure de rhétorique) qui caractérisent un Gracq ou un Mandiargues. On ne trouvera pas davantage, dans ces œuvres dépouillées à l'extrême, les élégantes dissertations, les menues chirurgies d'âme qui ont fait le succès de ce qu'il est convenu d'appeler le roman psychologique. Pour Jean Cayrol ou Louis-René des Forêts, pour Yves Régnier ou Marguerite Duras, une autre psychologie, cela signifie aussi bien d'autres sentiments (à vrai dire les mêmes, mais rendus à leur ambiguïté) qu'une autre façon, non plus de les analyser, mais de les évoquer.

Par l'importance que tient dans leur œuvre le thème de la mémoire et d'une façon plus générale le thème du temps, ces différents romanciers, même s'ils ne partagent pas le goût de leur prédécesseur pour les généralisations et les « lois » (« ces vérités que l'intelligence dégage directement de la réalité »), s'inscrivent à peu près tous dans la lignée de Proust. Ceci est particulièrement sensible pour un Paul Gadenne dont *La Plage de Schveningen* (1952) développe, en des pages admirables d'émotion contenue, le douloureux contrepoint de l'amour et de l'amitié, du présent et du passé. Mais quelques-uns d'entre eux prolongent l'entreprise proustienne d'une autre manière encore, beaucoup plus féconde en ce sens qu'elle aura déterminé pour une très large part l'évolution des recherches romanesques contemporaines. Leurs héros, s'ils ne sont pas toujours (en puissance ou en acte) des écrivains (définition qui s'applique au *Promontoire* d'Henri Thomas, 1961, ou au *Roman de Blaise* de Frantz André Burguet, 1962), jouent très souvent, comme dans *La Recherche du Temps perdu*, le rôle de narrateurs, mais de narrateurs qui, à la différence du narrateur proustien, ne nous laissent jamais oublier que nous sommes leurs interlocuteurs. Romans de la parole, plus proches en définitive de Blanchot que de Proust.

Jean Cayrol :

C'est sans doute Jean Cayrol, dont l'œuvre de romancier se greffe sur une œuvre de poète, qui a su le mieux définir, sous ses deux aspects étroitement complémentaires, ce nouveau romanesque qu'il qualifie lui-même de « lazaréen » (*Lazare parmi nous*, 1950) : « Il n'y a pas d'histoire dans un romanesque lazaréen, de ressort, d'intrigue. [...] Le héros d'une telle fiction est toujours debout, sans répit, ne vivant que le déchaînement d'une passion sans en suivre la progression, le rythme, irréfléchi, bousculé, emporté dans une multiplicité d'épisodes, dans un éparpillement de l'action, dans une sorte de corruption de la réalité. » D'où, comme le note encore Cayrol, l'emploi nécessairement abusif du monologue, mais d'un monologue au ton très particulier : « Le héros n'aime pas qu'on lui réponde; il suffit à sa question, il désire laisser en suspens sa demande. Il ne craint pas le mutisme et parfois notera-t-il avec une certaine satisfaction le malaise grandissant de l'Autre; tous les mots lui ayant été un jour ôtés, il s'est déhabitué du mouvement merveilleux des lèvres, de la chaude parole, du Verbe fait chair. »

Ce romanesque est directement issu, pour Cayrol, de son expérience de déporté, mais loin d'en constituer la transposition, il est la révélation sur laquelle a débouché cette expérience, révélation de l'absence et du refus, de l'impuissance et de la stagnation. L'homme selon Cayrol est un homme amputé, « sinistré de corps et d'âme », et ce que chaque roman de l'auteur tentera de décrire ou plutôt de mimer, depuis *Je vivrai l'amour des autres* (qui obtient le prix Renaudot en 1947) jusqu'à *Je l'entends encore* (1968), c'est l'effort d'un *je* pour devenir un *moi*. Mémoire qui s'invente elle-même au gré des rencontres et des objets. Parole dépossédée qui cherche à retrouver une demeure dans le langage. « Comme toutes les autres œuvres de Cayrol, écrivait Roland Barthes en 1954, *L'Espace d'une nuit* est un pré-roman ou, si l'on préfère, une parole tendue entre l'image et le refus du roman, en sorte que le lecteur est entraîné à la suite de Cayrol dans une marche le long du roman, ou vers lui, mais jamais en lui. » Mais la foi de l'orateur ne peut-elle réussir où toutes les ruses du discours ont échoué? Il arrive que pointe sur cet univers de l'immobilité, où Cayrol voit l'« image typique du Samedi Saint », l'aurore des grandes Pâques romanesques. Comme s'écrie Jean-Pierre avec ferveur, dans *Je l'entends encore :* « Je vais naître dans l'invention; fils de la mémoire et de l'imaginaire. »

Coll. Viollet.

« Il n'y a rien à expliquer. Les camps de concentration ont été subis de différentes façons par leurs victimes. Certains en sont morts, d'autres en meurent lentement, coupés du retour, et vieillissent dans cette forme larvaire d'une terreur à demi éteinte; beaucoup en vivent et tentent de se frayer un chemin à travers cet Insaisissable Camp qui, à nouveau, les entoure, les envoûte, les déroute. » (Jean Cayrol, *Lazare parmi nous*.)

[Une simple histoire]

Gaspard, ancien petit trafiquant du « marché noir », se penche sur son passé.

Il faut que j'en sorte de ma vie. Il faut que j'en sorte, il n'y a pas à dire. Où en étais-je? Ah! oui, la maison dans laquelle je m'étais réfugié une nuit de 1942. La porte était ouverte; oui, c'est cette porte-là qui était ouverte. Attends, laisse-moi me rappeler. Oui, c'était une grande porte à deux battants; elle était peinte en faux bois; il y avait une poignée de cuivre. Je la vois bien. J'ai trop à me souvenir : c'est impossible, aide-moi! On ne croirait jamais qu'une existence comme la mienne soit si difficile à raconter. Et pourtant, sur le moment... Je n'ai plus le temps de reprendre depuis le début. Contente-toi de ce qui me reste. Je suis sûr que si j'avais devant moi un jour ou deux, j'aurais parlé d'une seule traite, sans me perdre. Une fois, j'ai fait une action peu commune. Quand la police m'avait questionné au sujet de l'histoire des montres suisses, je me suis tu. Ne crois pas que j'ai gardé le silence parce que je ne savais rien. J'étais au courant des filières. Oui, avec un jour ou deux, j'aurais de belles choses à me rappeler. Mais je reprends. La porte était bien telle que je viens de te la décrire. Elle s'ouvrait sur un vestibule. Un volet devait battre au grenier; j'entendais sa claque régulière contre le mur. J'entends ce volet; je n'entends plus que ce volet. Quel est le saligaud qui laisse battre son volet? Il faudrait que j'aille voir si ce n'est pas ici que le volet claque. Tant pis pour cette histoire; elle n'est pas aussi importante que je le pensais. C'est une simple histoire qui peut arriver à n'importe qui. Et elle n'explique rien. Il y a des choses dans la vie qui ne servent à rien, qu'on pourrait supprimer sans que j'en sois atteint. Une simple histoire. Il y avait un chien qui attendait et qui est venu, sans aboyer, auprès de moi, m'a flairé, puis s'est couché à mes pieds. Il avait fermé les yeux; il savait que je ne lui ferais pas de mal. Tu vois, ce n'est pas aussi étrange que je le pensais. Sur une table, une lettre inachevée, qui donnait rendez-vous à un nommé Gaspard. Non, pas Gaspard; Gaspard, c'est moi. Un nommé Camille. Un rendez-vous d'amour. Que s'était-il passé pour que la maison soit aussi vide? Oui, ce n'est pas important. C'est dommage. Ça commençait bien. Brusquement, quand un souvenir arrive, on est souvent enclin à le grossir, à penser qu'il était le plus utile et que, sans lui, rien ne pourrait être décrit. Je ne comprends pas pourquoi j'ai voulu te retracer ce petit fait; j'avais une raison mais je l'ai oubliée.

Nous découvrirons, aux toutes dernières pages du livre, qu'il s'agissait bien d'un soliloque : Gaspard est enfermé dans la chambre où il vient de tuer Yolande.

Jean Cayrol, *Les Corps étrangers*, éd. du Seuil.

— Un monologue où le fil du récit est constamment interrompu, sans souci des transitions, par des commentaires (7-14, 25-30, 39-44), des digressions (14-19), et des apartés (22-25, 33-34).

— L'obsédante présence d'un interlocuteur imaginaire (5, 11, 20, 33, 43). Le désir de réhabilitation (14-19). Les affres et les ruses (souvenir ou fiction? *cf.* la confusion des temps : 20-25, et des personnes : 36-37) de la mauvaise conscience.

— Une langue sans recherche et sans éclat, dépouillée aussi bien du prestige du langage littéraire (aucune image) que du pittoresque du langage populaire (ni argot ni incorrections notables). Cayrol, Céline et Queneau ou trois utilisations différentes de la langue parlée.

Louis-René des Forêts :

L'espoir qui perce chez Cayrol a définitivement déserté l'œuvre, mince en volume mais grande en influence, de Louis-René des Forêts. Dès *Les Mendiants* (1943) — composés d'une suite de monologues, non pas « intérieurs » à la manière de Joyce ou de Faulkner, mais extérieurs, c'est-à-dire où s'extériorisent tour à tour, comme dans un monologue de théâtre ou un récitatif d'opéra, chacun des personnages de l'histoire — apparaît, avec peut-être moins de richesse mais sans doute plus de force que chez Cayrol, le thème de la parole. Parole liée à la recherche du pouvoir, d'un prestige qui permettrait d'asservir, par la seule force du verbe, un auditoire « enchanté ». Parole que son ambition même condamne au mensonge : nous aurons beau confronter les interventions (les témoignages) de Guillaume, de Richard ou de l'Étranger, il nous sera impossible de reconstituer l'histoire (certains ont donc menti, mais lesquels? Et si tous, également assoiffés de « reconnaissance », avaient menti?). Ce jeu pirandellien du mensonge et de la vérité se continue, toujours sous la forme du monologue, dans *Le Bavard* (1946), dont le héros, tels ces bouffons chers à Dostoïevski, tente désespérément, au prix des pires pitreries et en passant tour à tour de l'humiliation à la provocation, de captiver notre attention. Devant l'irrémédiable gâchis où nous précipite l'exercice du langage, et faute de pouvoir nous maintenir sur les hauteurs où nous enlève parfois la grâce imméritée d'un chant, il ne reste plus que la solution du mutisme : c'est celle qu'adoptent au moins trois des personnages de *La Chambre des enfants*, recueil de nouvelles publié en 1960 et dans lequel des Forêts semble avoir rassemblé quelques fragments du grand roman inachevé auquel, partagé lui-même entre le silence et la parole, il avait fini par renoncer.

[Pour parler, rien de plus]

Le narrateur vient d'avouer le plaisir qu'il prend à observer les visages, dans la rue ou sur l'écran d'un cinéma.

S'il ressort clairement de tout ceci que je me range dans la catégorie de ces bien tristes gens qu'on appelle voyeurs, libre au lecteur de s'en indigner, mais qui l'assure que je ne me laisse pas emporter par mon imagination? Prouvez-moi que je dis la vérité. Comment dites-vous? Ce mensonge ne serait pas bénéfique? Et si je mens pour le plaisir de mentir et s'il me plaît à moi d'écrire ceci plutôt que cela, mettons : un mensonge plutôt qu'une vérité, c'est-à-dire très exactement ce qui me passe par la tête, et si je ne demande pas mieux que d'être jugé sur un faux aveu, enfin supposez qu'il me soit infiniment agréable de compromettre ma réputation? Mais je vous vois venir : trop facile d'atténuer le fâcheux effet d'un aveu en nous donnant à entendre qu'il pourrait être mis en doute. Bon. Je vous laisse le dernier mot. Mais pour commencer, j'ai pris soin de dissiper toute équivoque en précisant que mon unique souci était de me persuader que j'avais un lecteur. Un. Et un lecteur, j'insiste, ça veut dire quelqu'un qui lit, non pas nécessairement qui juge. Au reste, je n'interdis pas qu'on me juge, mais si le lecteur brûle d'impatience, s'il se dessèche d'ennui, je le prie de n'en rien laisser paraître, je tiens à lui signifier une fois pour toutes que je n'ai que faire de ses bâillements, de ses soupirs, de ses vociférations à voix basse, de ses coups de talon sur le parquet, est-ce ma faute si j'ai un faible pour les gens polis? Et notez que je ne vous demande pas de me lire *vraiment*, mais de m'entretenir dans cette illusion que je suis lu : vous saisissez la nuance? — Alors, vous parlez pour mentir? — Non, monsieur, pour parler, rien de plus, et vous-même faites-vous autre chose du matin au soir et pas seulement à votre chat? Et un écrivain écrit-il pour une autre raison que celle qu'il a envie d'écrire? Mais suffit. Que mon lecteur me pardonne si je n'aime pas qu'on me bourdonne aux oreilles quand je parle.

Louis-René des Forêts, *Le Bavard*, éd. Gallimard.

— Un monologue à deux voix : le narrateur répète (5-6) ou devance (12-15) les objections d'un interlocuteur imaginaire auquel il finit par donner directement la parole (28-30).

— L'interpellation du lecteur (3, 18, 20, 33) dans l'œuvre : Diderot *(Jacques le fataliste et son maître)*, Gide *(Les Faux-Monnayeurs)*.

— « Le lecteur de tout livre est pour l'auteur ce compagnon malheureux à qui il n'est demandé que de ne pas parler, mais d'être là, à distance et gardant ses distances, pur regard, c'est-à-dire pure entente sans histoire et sans personnalité. » (Maurice Blanchot.)

Yves Régnier :

Yves Régnier poursuit depuis 1957, dans la relative indifférence de la critique, une œuvre romanesque plus ou moins teintée d'autobiographie *(Le Royaume de Bénou, Le Sourire, La Main sur l'épaule, Les Ombres)*, qui, par sa mystérieuse limpidité, par un art très moderne de la suggestion ne l'en apparenterait pas moins à certains romanciers traditionnels (on songe à Jacques Chardonne), s'il n'avait publié en 1967, avec *La Barrette*, un roman d'une facture entièrement nouvelle et qui constitue l'un des chefs-d'œuvre de cette littérature de la parole inaugurée par Cayrol et des Forêts. Il s'agit de la première partie d'une suite dont le titre général *(Un Monde aveugle)* reprend celui d'un court recueil de textes publié en 1952. « Ce qu'il y a de plus affreux dans le monde végétal, écrivait Régnier [...], c'est qu'il est aveugle. C'est que les plantes ne voient pas les fleurs sur leurs branches. Et je pense : fleurs sorties des ténèbres, organes attrapes, organes mirages formés pour la reproduction de la plante, mais aussi pour nous; pour moi, vainement penché, captif de ces miroirs aveugles. » La barrette fait partie de ces « organes attrapes » tout droit sortis du monde aveugle du langage : l'étrange couvre-chef que l'agonisant croit apercevoir à son chevet n'est-il pas né en effet de sa douleur et de son délire, de cette parole intarissable à laquelle il s'abandonne comme pour mieux étourdir la mort? Avec une superbe rigueur syntaxique, Yves Régnier dessine le cours à la fois chaotique et continu de ce discours où se mêlent, comme dans un mauvais rêve, les êtres et les choses, les temps et les lieux. « On s'égare tout le temps, s'étonne le héros, dans les entrelacs de sentiers sinueux d'une montagne glacée, aux flancs des parois abruptes de ravins. »

[Ce que j'aimais]

Quelque part près d'Athènes, le narrateur, veillé par ses domestiques, est à l'agonie.

— Le pouls est filant.

— Malheureux M. Philippe qui meurt plus dénué qu'à sa naissance. On s'est emparé de tout ce qu'il possédait.

— On lui a tout pris, tout détruit, tout brisé.

— A vrai dire, on a ignoblement saccagé...

Inutilement.

— Ce à quoi il était attaché.

Ce que j'aimais.

— Il avait, pourtant, du foin dans ses bottes.

— Vous voulez dire qu'il a été très riche.

— Certainement, quoiqu'il n'ait jamais parlé de ses biens.

— En tout cas, il faisait vivre son monde.

— C'était un bon pacha.

— Avec lui, on ne s'en faisait pas.

— Nous ne manquions de rien.

Nul, chez nous, ne semblait songer au lendemain et sauf quelques cris, quelques colères de temps à autre, qui tenaient les jours de vent du sud au goût justifié des sexes pour l'exaltation passagère suscitée moins par les situations aux conséquences fatales de la tragédie que par celles du mélodrame, même la boudeuse Mlle Cavourinochka y chantait du matin au soir, sur la terrasse en battant les tapis, dans les chambres puis sur le pas de la porte, après dîner, la romance du beau papillon.

— Il avait des attentions : un petit cadeau par-ci...

— Un cerf-volant aux approches du carême *.

Pour nouer depuis une terre en liesse, où chacun se travestit * avant le grave sacrifice de l'Union, un premier lien avec le Ciel.

* Allusion à une coutume grecque, dont le sens est expliqué dans les lignes qui suivent.

* Il s'agit du carnaval.

— Trois épis d'un champ de blé mûrissant.

Mais Slibovitch, lieutenant de l'armée française, qui déguisait sa voix pour effrayer Louise quand elle coupait en cachette des brassées de lilas dans le jardin du cercle des officiers, lançait aussi, vers 1919, pour son plaisir bien qu'apparemment à mon intention, des cerfs-volants sur les collines de Koléa, de sorte que je n'ai jamais pu infantilement détacher ma pensée du souvenir du mouvement de ses doigts.

— Un gardénia.

Qui jaunissait et s'endeuillait, les bords des pétales noircis, sur le corsage à jours qui trahissait, laissant libre cours aux imaginations sans vergogne, les généreux débordements de gorge de la blonde princesse Létovici Phanarios.

— Un menu cadeau par-ci et pour certaines, pour certains, un billet plié par-là.

— Pour nous toutes, hélas! plus d'attentions désormais.

Pour moi, plus de romance matinale ou vespérale de Mlle Cavourinochka soit dans les chants des coqs et les claquements du sécateur de Michaïl cueillant les roses de la couronne de mai *, soit dans les parfums et l'odeur de terreau mouillé des massifs.

* Autre coutume grecque. Les couronnes seront brûlées la nuit de la Saint-Jean.

— Il aimait la plupart des bêtes, les insectes.

— Les poissons.

Quand ceux-ci, après avoir nagé sans hâte dans ma direction, changeaient tout à coup d'avis et rebroussaient chemin pour disparaître dans un univers glauque, traversé de rayons, où plongeur entre deux eaux, je cherchais follement à pénétrer sans savoir que je ne cessais pas d'en occuper le centre.

— La tension est pincée.

— Pincée?

— Très basse et pincée.

Yves Régnier, *La Barrette*, éd. Gallimard.

— Greffés sur les lamentations attendries du chœur (48-49), les commentaires et les souvenirs de plus en plus envahissants (6, 8, 17-25, 28-30, 32-39, 41-45, 50-55, 57-62) d'un mourant que hante la vie.

— L'art des raccords : l'usage de l'imparfait (commun au chœur et au narrateur), la souplesse de la syntaxe (6, 28, 41, 57) donnent au texte une remarquable continuité, comme s'il s'agissait d'un seul et même discours tenu par un unique interlocuteur.

— Souvenir et sensations (23, 38-39, 41-42, 50-55, 59-60).

Marguerite Duras :

Chez Marguerite Duras la parole joue, ici encore, un rôle essentiel. Mais elle n'est pas déléguée, comme si souvent chez Cayrol ou des Forêts, à un narrateur. La romancière, si elle ne se confond pas avec ses personnages, se garde bien pourtant de les dominer à la façon d'un Dieu tout-puissant. Attentive à la moindre inflexion de leur voix, au moindre battement de leurs cils, elle se tient tout près d'eux, au plus près d'eux-mêmes, comme leur double familier ou leur ombre révélatrice. Dans les romans de Marguerite Duras, du moins à partir des *Petits Chevaux de Tarquinia* (1953), ce ne sont point les descriptions qui comptent (jeux de la lumière plutôt que jeu des formes, comme dans *L'Après-midi de M. Andesmas*, 1962), ce n'est pas davantage l'intrigue (il s'agit moins de raconter une histoire que de saisir un moment — *Dix heures et demie du soir en été*, 1960), ce sont les dialogues. Tantôt abondants (*Le Square*, 1955), tantôt intermittents (*Moderato Cantabile*, 1958), voire réduits à quelques phrases énigmatiques (*Détruire dit-elle*, 1969), ils situent cette œuvre à égale distance du roman et du théâtre. Marguerite Duras, qui pratique avec une rare économie de moyens ce que Nathalie Sarraute nomme la « sous-conversation », s'exprime presque indifféremment dans le livre et sur la scène : elle a tiré elle-même des pièces de ses romans *(Le Square)* ou de ses nouvelles *(Des journées entières dans les arbres)* et, depuis *Les Viaducs de Seine-et-Oise* (1960), elle compose directement pour le théâtre. Elle est également l'auteur du scénario et des dialogues d'un certain nombre de films dont l'un au moins (*Hiroshima mon amour*, réalisé en 1959 par Alain Resnais) aura contribué à la faire connaître du grand public (*cf.* p. 800).

Roman, théâtre, cinéma : cette œuvre qui ne se plie à aucun genre mais qui les plie tous à son propos est vouée tout entière au double thème de l'amour et de la mort, de la possession et de la dépossession. Que Marguerite Duras mette en scène une bonne à tout faire ou la femme d'un industriel, un vice-consul, un rentier ou une petite intellectuelle de « gauche », c'est toujours, non pas l'histoire d'un amour, mais l'histoire de l'amour qu'elle nous raconte. Histoire qui tient en quelques jours, en quelques heures : le temps d'une sieste, d'un banal entretien sur un banc ou de quelques rencontres clandestines au fond d'un café. Des silences, des mots, et soudain le bref éclair d'un geste ou d'un cri : deux êtres vont l'un vers l'autre ou s'éloignent l'un de l'autre, deux êtres qui n'ont même pas besoin de consommer leur passion pour en être consumés. « Aucun amour au monde, écrit Marguerite Duras, ne peut tenir lieu de l'amour. » On comprend comment cette romancière de l'amour fou, des éblouissements et de la déchirure, a pu se rapprocher du mouvement surréaliste et pourquoi sa signature est apparue dans *L'Archibras*, qui fut la dernière en date des publications du groupe (*cf.* p. 165).

[Il est passé]

A partir d'un crime passionnel dont ils ont été l'un et l'autre les témoins, des liens étranges se sont noués entre Anne Desbaresdes, la femme d'un riche industriel, et Chauvin, un ancien ouvrier de son mari. Anne doit présider chez elle un dîner. Elle sait désormais qu'elle ne pourra pas céder à Chauvin.

Quelques-uns ont repris du canard à l'orange. La conversation, de plus en plus facile, augmente à chaque minute un peu davantage encore l'éloignement de la nuit.

Dans l'éclatante lumière des lustres, Anne Desbaresdes se tait et sourit toujours.

L'homme * s'est décidé à repartir vers la fin de la ville, loin de ce parc. A mesure qu'il s'en éloigne, l'odeur des magnolias diminue, faisant place à celle de la mer.

Anne Desbaresdes prendra un peu de glace au moka afin qu'on la laisse en paix.

L'homme reviendra malgré lui sur ses pas. Il retrouve les magnolias, les grilles, et les baies au loin, encore et encore éclairées. Aux lèvres, il a de nouveau ce chant * entendu dans l'après-midi, et ce nom dans la bouche qu'il prononcera un peu plus fort. Il passera.

Elle, le sait encore. Le magnolia entre ses seins se fane tout à fait. Il a parcouru l'été en une heure de temps. L'homme passera outre au parc tôt ou tard. Il est passé. Anne Desbaresdes continue dans un geste interminable à supplicier la fleur.

* Chauvin.

* Du café où il l'attendait, Chauvin a entendu la leçon de piano qu'Anne faisait donner à son fils (il s'agit d'une sonatine de Diabelli).

— Anne n'a pas entendu.

Elle tente de sourire davantage, n'y arrive plus. On répète. Elle lève une dernière fois la main dans le désordre blond de ses cheveux. Le cerne de ses yeux s'est encore agrandi. Ce soir, elle pleura *. On répète pour elle seule et on attend.

* Lorsqu'elle a quitté Chauvin.

— Il est vrai, dit-elle, nous allons partir dans une maison au bord de la mer. Il fera chaud. Dans une maison isolée au bord de la mer.

— Trésor *, dit-on.

* A déjà été employé précédemment pour désigner le fils d'Anne.

— Oui.

Alors que les invités se disperseront en ordre irrégulier dans le grand salon attenant à la salle à manger, Anne Desbaresdes s'éclipsera, montera au premier étage. Elle regardera le boulevard par la baie du grand couloir * de sa vie. L'homme l'aura déjà déserté. Elle ira dans la chambre de son enfant, s'allongera par terre, au pied de son lit, sans égard pour ce magnolia qu'elle écrasera entre ses seins, il n'en restera rien. Et entre les temps sacrés de la respiration de son enfant, elle vomira là, longuement, la nourriture étrangère que ce soir elle fut forcée de prendre.

* Anne et Chauvin ont souvent parlé de ce couloir, que l'on aperçoit de l'extérieur de la maison.

Une ombre * apparaîtra dans l'encadrement de la porte restée ouverte sur le couloir, obscurcira plus avant la pénombre de la chambre. Anne Desbaresdes passera légèrement la main dans le désordre réel et blond de ses cheveux. Cette fois, elle prononcera une excuse.

* Le mari d'Anne.

On ne lui répondra pas.

Marguerite Duras, *Moderato Cantabile*, éd. de Minuit.

— L'impossible nuit d'amour d'Anne et de Chauvin : après un montage parallèle qui va s'accélérant (1-5/6-8/9-10/11-15/16-17/18), une série de plans plus ou moins longs insistant sur la solitude et le désespoir d'Anne Desbaresdes. Le jeu des temps (valeur du futur : 9, 11, etc.).

— L'ellipse du décor (4) et des personnages (21, 22-23, 25-26, 30, 42, 47). Mais un accessoire privilégié, qui joue ici un rôle symbolique (16-20) : la fleur de magnolia.

— Dominique Aury souligne chez Marguerite Duras « une intensité presque diabolique, qu'il s'agisse de la présence des êtres ou de celle des choses. Elle dit en ne disant pas. Elle impose en éludant. »

Un autre univers, une autre psychologie : ces deux différences essentielles que l'on peut reconnaître, à partir de 1945, entre le roman traditionnel et le roman nouveau, comment ne pas constater à la réflexion qu'elles n'en font qu'une? C'est un autre langage que parlent Gracq ou Mandiargues, Cayrol ou Duras. Non seulement parce que leurs romans ou leurs nouvelles font généralement bon marché du personnage, de l'analyse et de l'intrigue (on pourrait opposer l'intrigue « en plein » du roman classique aux intrigues « en creux » de Julien Gracq), mais parce qu'ils reposent tous en fait sur le langage, disons plus simplement sur la langue de l'écrivain. Langue archaïque et pédante (Klossowski), anachronique et précieuse (Gracq, Mandiargues), inédite et cocasse (Vian), langue neutre et comme somnambulique, d'autant plus émouvante qu'elle est plus dépouillée (Cayrol, des Forêts, Régnier, Duras).

Rien ne montre mieux par où se rejoignent les deux types de « romans différents » que nous avons distingués, et pourquoi l'on peut être parfois tenté de classer certains d'entre eux dans le « nouveau roman » (n'oublions pas que Nathalie Sarraute publie *Portrait d'un inconnu* en 1947), que l'œuvre de Robert Pinget : l'imaginaire et le quotidien, la fantaisie et la banalité s'y mêlent au sein d'un univers qui n'existe que par et dans les mots. Explorations à la manière d'Henri Michaux (*Graal Flibuste*, 1957), fable goguenarde (*Baga*, 1958), récits (lettres ou dialogues) dont nous découvrons peu à peu, par tout un jeu subtil de décalages, qu'ils sont sujets à caution (*Le Fiston*, 1959; *L'Inquisitoire*, 1962) : ni la réalité ni le langage ne sortent intacts du traitement auquel les soumet Robert Pinget.

« Est-ce qu'il faut que je leur explique tout simplement? Oui mais l'explication, merci bien. Celle-ci ne suffirait pas, je m'en rendrais bien compte en la disant, j'essaierais d'effleurer des raisons et tout de suite voilà les causes, je m'entends déjà conclure que je n'aime pas la salade quand j'ai entendu crier les hirondelles le matin et que je l'aime quand il va pleuvoir. Non, ne pas leur expliquer. » (*Quelqu'un*, 1965.)

2. Le « nouveau roman »

1953. Robbe-Grillet, *Les Gommes;* Nathalie Sarraute, *Martereau.*
1954. Michel Butor, *Passage de Milan.*
1955. Robbe-Grillet, *Le Voyeur;* Butor, « Le roman comme recherche ».
1956. Butor, *L'Emploi du temps;* Sarraute, « Conversation et sous-conversation »; Robbe-Grillet, « Une voie pour le roman futur ».
1957. Robbe-Grillet, *La Jalousie;* Butor, *La Modification* (prix Renaudot); Claude Simon, *Le Vent;* Sarraute, *Tropismes* (réédition).
1958. Robbe-Grillet, « Nature, Humanisme, Tragédie ».

Le Nouveau Roman : un moment beaucoup plus qu'un mouvement : cinq années où paraissent et s'imposent de nouveaux romanciers dont la critique sent plus ou moins confusément l'importance et qu'elle tend à regrouper sous une étiquette commune. Cette réaction s'explique d'autant plus aisément que les quatre romanciers en question sont publiés, pour tout ou partie de leur œuvre, par le même éditeur, Jérôme Lindon, dans une même maison elle aussi « nouvelle », les Éditions de Minuit, fondées pendant la guerre en vue de publier des textes de la Résistance. On parlera des « romanciers de Minuit », et Robert Pinget, dont les romans paraissent aussi sous la désormais célèbre couverture blanche ornée de l'étoile bleue, sera parfois associé au Nouveau Roman, ainsi que Claude Ollier. On parlera également d'une « École du regard », nous verrons plus loin pourquoi, mais c'est finalement le terme de « nouveau roman » qui prévaudra.

Ce terme, inexact puisqu'il n'y a jamais eu d'école ni de groupe, présente au moins le mérite de mettre l'accent sur la volonté, qui, elle, est bien commune à ces écrivains, de recherche et de renouvellement. Recherche qui parut d'autant plus nouvelle qu'elle était contemporaine, nous l'avons vu (*cf.* p. 555), d'une certaine renaissance traditionaliste du roman. C'est bien par rapport à elle qu'il y a *nouveau* roman, bien plus que par rapport à toute une littérature dont nous avons tenté de souligner l'importance et l'originalité et qui constitue le point de départ commun aux « nouveaux romanciers » : Proust, Joyce, Kafka, Faulkner, puis, plus près d'eux Blanchot, Leiris, Paulhan, Beckett, et enfin les « romanciers différents », — autant de sources qui, rétrospectivement, atténuent et expliquent le caractère de nouveauté de ces romanciers.

C'est en effet par rapport à ces romans différents qu'il importe de situer le Nouveau Roman. A partir de ces œuvres isolées, de ces tentatives presque spontanées pour exprimer une autre vision du monde, Butor, Robbe-Grillet, Nathalie Sarraute, puis Claude Simon, postulent d'un coup, et chacun à sa façon, l'agonie du roman traditionnel, et se lancent dans une entreprise de radicalisation et de systématisation fondée sur une réflexion critique. *L'Ère du soupçon*, les *Répertoire I, II et III* de Butor, le *Pour un nouveau roman* de Robbe-Grillet ne sont peut-être pas des manifestes, mais à coup sûr des défenses et illustrations dans lesquelles reviennent toujours les mêmes noms cités plus haut, les mêmes attitudes par rapport au roman traditionnel, les mêmes intentions. Si elles ne sont pas concertées, leurs recherches sont convergentes, leurs refus sont communs, en particulier ceux qui concernent intrigue, personnage, vraisemblance. Très tôt se confondront chez eux la prise de conscience de l'inadéquation des formes reçues à exprimer une réalité qui s'est modifiée (et en ce sens ils se veulent des « nouveaux réalistes »), et la volonté de poursuivre la transformation des formes latentes chez leurs devanciers, de faire du roman une œuvre qui ait ses lois propres, qui n'ait plus à être confrontée au réel (et en ce sens ce sont des « formalistes »).

Alors que leurs prédécesseurs immédiats s'inscrivaient encore, au prix de quels malaises, dans le cadre d'une littérature humaniste, eux s'engagent très rapidement dans la voie d'une littérature abstraite où l'écriture renvoie d'abord à la subjectivité de l'écrivain : l'homme n'est plus nécessairement représenté dans le tableau, mais il est celui qui a peint le tableau. S'il était faux de prétendre, comme le firent certains critiques hostiles, qu'il s'agissait de catalogues d'objets, que la description était le seul moyen et le but unique de ces romanciers, il était cependant indéniable que la place de l'homme, en tant que sujet de l'œuvre, était profondément modifiée. Plutôt que de s'entêter dans la représentation d'un homme devenu insupportable, torturé, bafoué, « lazaréen », ils multiplient les natures mortes. Mais Cézanne est-il un peintre anti-humaniste? Est-ce suffisant pour caricaturer le Nouveau Roman, comme on le fit trop souvent ou même pour justifier les cris d'alarme, telles ces quelques lignes par lesquelles s'ouvrait une enquête de la revue *Esprit* de 1958, par ailleurs plutôt favorable à ces recherches : « Le refus des formes traditionnelles est l'indice majeur de la vie des formes à toutes les époques et dans tous les arts. Mais le malaise dépasse aujourd'hui le choix des signes : c'est une certaine notion de l'homme, l'intelligibilité du monde créé qui sont cette fois dans la balance. Comment resterions-nous étrangers à cette dégradation de la personne, à ce " refus de la nature humaine ", à " cette expérience vécue sous la menace de l'impersonnel ", à cette impossibilité pour l'homme de se délivrer des mots et de leur donner un sens? » Que l'artiste choisisse d'autres sujets que l'homme, signifie-t-il qu'il récuse l'humain? Il semble bien que les critiques de l'époque se soient arrêtés au plus extérieur, qu'ils n'aient pas réussi à surmonter la difficulté initiale de lecture que l'on retrouve chaque fois qu'il y a rupture dans les habitudes, et dont des écrivains comme Henry James et Faulkner, ancêtres des nouveaux romanciers, avaient fait l'un des principes de leur art.

Le Nouveau Roman, en effet, bouleverse aussi le rapport du lecteur et du livre. La confiance passive, fondée sur l'identification qui reliait le lecteur au personnage romanesque est détruite au profit d'une attitude critique, créatrice : c'est au romancier que le lecteur doit maintenant s'identifier, c'est lui qu'il doit suivre dans sa recherche. « Au lieu de se laisser guider par les signes qu'offrent à sa paresse et à sa hâte les usages de la vie quotidienne, il doit, pour identifier les personnages, les reconnaître aussitôt, comme l'auteur lui-même, par le dedans, grâce à des indices qui ne lui sont révélés que si, renonçant à ses habitudes de confort, il plonge en eux aussi loin que l'auteur et fait sienne sa vision. » (N. Sarraute.) Et Robbe-Grillet : « Car loin de le [le lecteur] négliger, l'auteur aujourd'hui proclame l'absolu besoin qu'il a de son concours actif, conscient, *créateur*. Ce qu'il lui demande, ce n'est plus de recevoir tout fait un monde achevé, plein, clos sur lui-même, c'est au contraire de participer à une création, d'inventer à son tour l'œuvre — et le monde — et d'apprendre ainsi à inventer sa propre vie. » Butor ne dit pas autre chose : « Au début, il y a une certaine grammaire à apprendre, on apprend à lire pendant les premières pages. »

Cette volonté de recherche (« Le Roman comme recherche » est le titre d'un essai de Butor, et Robbe-Grillet affirme : « Le Nouveau Roman n'est pas une théorie, c'est une recherche ») explique qu'il soit de toute façon impossible de fixer le Nouveau Roman : il est différent avec chacun de ses tenants, en constante évolution de livre en livre pour chacun d'entre eux. Très rapidement, les Nouveaux Romanciers se sont engagés dans des voies très différentes de celles qu'ils avaient paru suivre dans les années cinquante-cinq : l'univers mental qu'ils vont peindre sera de plus en plus exclusivement celui du Créateur, et le roman va disparaître au profit de formes plus larges, plus souples, plus proches du poème. L'histoire de l'écriture et de l'écrivain devient peu à peu le sujet obsédant de leurs œuvres récentes. Le Nouveau Roman montre la voie au « livre futur ».

Nathalie Sarraute

« Je croyais que le roman, pour parler avec Flaubert, doit toujours apporter de nouvelles formes et une nouvelle substance. Et je croyais que l'on ne doit écrire que si l'on éprouve quelque chose que d'autres écrivains n'ont pas déjà éprouvé et exprimé. » Œuvre de recherche, dans la mesure où elle se propose comme but l'exploration de terres encore inconnues, l'œuvre de Nathalie Sarraute entend, d'emblée, se situer par rapport aux autres œuvres de la littérature. Ce caractère, apparent dès son premier livre *Tropismes* (1938), ne cessera de s'accuser tout au long de l'œuvre, aussi bien dans l'essai *L'Ère du soupçon* (1956) que dans les romans, surtout les deux derniers *Les Fruits d'or* (1963) et *Entre la vie et la mort* (1968) dont le sujet même est l'œuvre littéraire, sa création, son succès, sa survie.

Chez Nathalie Sarraute, l'écriture procède donc d'une réflexion théorique sur l'art du roman, elle-même appuyée sur une lecture critique. Cette réflexion déborde du recueil d'essais pour irriguer toute l'œuvre romanesque : c'est dans *Tropismes* le texte XI où l'on voit les personnages absorbant la culture, « l'intellectualité », ou (*cf. infra*) dans le texte XIV la comparaison qui renvoie à un conte d'Hoffmann. Dans le *Portrait d'un inconnu* (1948), au milieu d'un texte qui fourmille de références littéraires (en quelques pages : Mauriac, Rilke, Green, Pirandello), le personnage principal, à propos des masques et de la vraie personnalité de ceux qui l'entourent, réfléchit sur le vieux prince Bolkonski de *Guerre et Paix*, et sur la notion même de personnage de roman, ce qui définit *a contrario* la conception de Nathalie Sarraute :

« Ils sont, ne l'oublions pas, des personnages. De ces personnages de roman si réussis que nous disons d'eux habituellement qu'ils sont " réels ", " vivants ", plus " réels " même et plus " vivants " que les gens vivants eux-mêmes.

Les souvenirs que nous avons gardés des gens que nous avons connus n'ont pas plus d'intensité, plus de " vie " que ces petites images précises et colorées qu'ont gravées dans notre esprit la botte, par exemple, la botte souple en cuir tartare, ornée de broderies d'argent, qui chaussait le pied du vieux prince, ou que sa courte pelisse de velours bordée d'un col de zibeline et son bonnet, ou que ses mains osseuses et dures qui serraient comme des pinces, ses petites mains sèches de vieillard, aux veines saillantes, et les scènes continuelles qu'il faisait, ses sorties, nous paraissent plus " réelles ", souvent plus " vraies ", que toutes les scènes du même genre auxquelles nous avons nous-mêmes jamais assisté. [...]

Et, comme les gens que nous connaissons le mieux, ceux-mêmes qui nous entourent et parmi lesquels nous vivons, ils nous apparaissent, chacun d'eux, comme un tout fini, parfait, bien clos de toutes parts, un bloc solide et dur, sans fissure, une boule lisse qui n'offre aucune prise. Leurs actions, qui les maintiennent en perpétuel mouvement, les modèlent, les isolent, les protègent, les tiennent debout, dressés, inexpugnables [...].

Comme je voudrais leur voir aussi ces formes lisses et arrondies, ces contours purs et fermes, à ces lambeaux informes, ces ombres tremblantes, ces spectres, ces goules, ces larves qui me narguent et après lesquels je cours... [...]

Je devrais essayer pour cela, je le sais bien, de me risquer un peu, de me lancer un peu, rien que sur un point seulement pour commencer, un point quelconque, sans importance. Comme par exemple de leur donner au moins un nom d'abord pour les identifier. Ce serait déjà un premier pas de fait pour les isoler, les arrondir un peu, leur donner un peu de consistance. Cela les poserait un peu... Mais non, je ne peux pas. Il est inutile de tricher. Je sais que ce serait peine perdue... Chacun aurait tôt fait de découvrir, couverte par ce pavillon, ma marchandise. La mienne. La seule que je puisse offrir. »

L'art de Tolstoï est un de ceux dont Nathalie Sarraute choisit de ne pas s'inspirer; ou seulement par instants. Les grands ancêtres — car pour elle il y a un progrès de la littérature, et chaque romancier doit inventer en sachant que son invention sera vite démodée, destinée à devenir une forme creuse — ce sont Dostoïevski, Proust, Kafka et Joyce bien sûr, mais surtout ces romanciers anglais passés maîtres dans l'art de la suggestion, de l'impression : Virginia Woolf, Henry Green, Ivy Compton-Burnett. Ce sont tous des « réalistes », terme que Nathalie Sarraute emploie dans une acception volontairement paradoxale, c'est-à-dire ceux qui cherchent à donner leur vision de la réalité, par opposition aux « formalistes », ces coucous de la littérature qui vont pondre leurs œufs dans les nids des autres. Chez ces écrivains, elle a cru discerner les prémisses de ce qu'elle s'attacherait à montrer : « phénomènes plus profonds et moins gros, petits mouvements, petits tourbillons qui se produisent sous la surface. Ce sont des drames microscopiques [...] toujours internes, cachés, on ne peut que les deviner à travers la surface, à partir de nos conversations et de nos actions, des actions tout à fait banales. » Son royaume va être celui de la *sous-conversation*, de ce qui est vécu mais de ce qui n'est pas dit, de ces mouvement, secrets qu'elle nomme d'un terme emprunté au vocabulaire scientifique : *tropismes.*

Mais le monde extérieur ne disparaît pas tout à fait de cet univers : les tropismes sont provoqués par la présence d'autrui. Les rapports entre humains sont toujours d'agression ou d'exclusion, de tyrannie, de fascination, de soumission. Ces mouvements imperceptibles, que nous n'osons pas reconnaître et encore moins avouer, sont en général les réactions de l'individu solitaire aux exigences des autres, du groupe, du *ils* tout-puissant. Il s'agit en définitive de savoir si l'on réussira à présenter aux autres une façade aussi heureusement insouciante que celle qu'ils offrent à nos regards, et si l'on réussira à coïncider de l'intérieur avec cette façade. L'œuvre prend alors un second aspect, celui d'une satire sociale. Nathalie Sarraute, en grossissant certains phénomènes verbaux, en particulier le procédé de la répétition qui met en relief la vacuité de termes employés, fait ressortir le caractère purement artificiel de la vie en société. Depuis Proust on n'avait pas étudié aussi profondément le snobisme. Nathalie Sarraute ne part pas en guerre contre telle ou telle étrangeté, injustice ou bizarrerie de la société, mais, utilisant consciencieusement les matériaux que lui fournit le petit secteur qu'elle connaît bien (un peu le même que celui de Proust d'ailleurs : bourgeois cultivés, ou qui voudraient l'être, artistes), elle démonte — et c'est là que son œuvre acquiert valeur générale — le mécanisme de tout groupe social, en partant du plus simple et du plus caractéristique : la famille (*Portrait d'un inconnu*, mais aussi *Martereau*, 1953 et *Le Planétarium*, 1959).

Comment peindre l'invisible? Les techniques de l'analyse psychologique traditionnelle sont insuffisantes. Si elle ne dédaigne pas d'y recourir, Nathalie Sarraute va, en poète, s'appuyer plus sûrement sur les vertus de la métaphore. Elle nous fera voir en nous faisant sentir et imaginer. Et ce sera, surtout dans les premiers romans, le déferlement d'un « autre monde » : l'être humain se peuple d'un bestiaire « furtif, apeuré, tremblant », carnassier, vorace (hyène, serpent, crabe, bernard-l'ermite, insectes, chat, souris), d'une flore hésitante, flottante, vaguement remuante, chargée d'évoquer ce qui ne peut se décrire avec exactitude. A ces moyens indirects s'en adjoindront, peu à peu, d'autres considérés généralement comme secondaires par les romanciers : études de timbres de voix, dans leurs sautes et leurs fêlures. Ou bien la reprise d'une même scène « objective » telle qu'elle est ressentie de l'intérieur par trois personnages : la réalité n'est pas ce qui est dit, mais ce qui, pour chacun, l'accompagne.

Cette technique suppose que Nathalie Sarraute a supprimé le problème qui, d'après elle, est un faux problème, celui du point de vue de la narration : elle se place tout simplement à la meilleure distance possible du phénomène : « Pour arriver à reproduire ces actions, ces mouvements, il a fallu que je place aux limites de la conscience du personnage une conscience plus lucide que la sienne »; elle passe alors dans la même phrase d'un personnage à un autre sans aucune transition, ce qui n'est plus gênant, puisque le sujet du livre n'est pas le personnage, mais le tropisme, lequel implique deux personnages, un autre vers lequel on se déplace ou bien duquel on s'éloigne.

[Bien qu'elle se tût toujours]

C'est le texte XIV de *Tropismes.*

Bien qu'elle se tût toujours et se tînt à l'écart, modestement penchée, comptant tout bas un nouveau point, deux mailles à l'endroit, maintenant trois à l'envers et puis maintenant un rang tout à l'endroit, si féminine, si effacée (ne faites pas attention, je suis très bien ainsi, je ne demande rien pour moi), ils sentaient sans cesse, comme en un point sensible de leur chair, sa présence.

Toujours fixés sur elle, comme fascinés, ils surveillaient avec effroi chaque mot, la plus légère intonation, la nuance la plus subtile, chaque geste, chaque regard : ils avançaient sur la pointe des pieds, en se retournant au moindre bruit, car ils savaient qu'il y avait partout des endroits mystérieux, des endroits dangereux qu'il ne fallait pas heurter, pas effleurer, sinon, au plus léger contact, des clochettes, comme dans un conte d'Hoffmann, des milliers de clochettes à la note claire comme sa voix virginale — se mettraient en branle.

Mais parfois, malgré les précautions, les efforts, quand ils la voyaient qui se tenait silencieuse sous la lampe, semblable à une fragile et douce plante sous-marine toute tapissée de ventouses mouvantes, ils se sentaient glisser, tomber de tout leur poids écrasant tout sous eux : cela sortait d'eux, des plaisanteries stupides, des ricanements, d'atroces histoires d'anthropophages, cela sortait et éclatait sans qu'ils pussent le retenir. Et elle se repliait doucement — oh! c'était trop affreux! — songeait à sa petite chambre, au cher refuge où elle irait bientôt s'agenouiller sur sa descente de lit, dans sa chemise de toile froncée autour du cou, si enfantine, si pure, la petite Thérèse de Lisieux, sainte Catherine, Blandine... et, serrant dans sa main la chaînette d'or de son cou, prierait pour leurs péchés.

Parfois aussi, quand tout allait si bien, quand elle se pelotonnait déjà tout aguichée, sentant qu'on abordait une de ces questions qu'elle aimait tant, quand on les discutait avec sincérité, gravement, ils s'esquivaient dans une pirouette de clown, le visage distendu par un sourire idiot, horrible.

Nathalie Sarraute, *Tropismes*, éd. de Minuit.

— De ce conflit (fascination, attirance, recul; silence et éclat; immobilité et fuite) le point de vue narratif indéterminé permet de peindre dans un même mouvement les deux parties (les phrases longues, avec redoublements — 1, 8, 10, etc. — basculent de *ils* à *elle*, ou inversement); il permet aussi de mêler le descriptif pur (souvent parodique : 5-6, 26, etc.) et l'image(20 -21) en une réalité autre, analogique (15-17, 36-38).

— Nathalie Sarraute créatrice accomplit-elle ce que Nathalie Sarraute critique reproche à Proust de n'avoir pas fait : étudier d'*assez près* en le *revivant* dans le *présent* « ces groupes composés de sensations, d'images, de sentiments, de souvenirs » qui, traversant ou côtoyant le mince rideau du monologue intérieur, « se révèlent brusquement au dehors dans une parole en apparence insignifiante, dans une simple intonation, ou dans un regard »?

Un des caractères les plus marquants de cette œuvre est l'unité organique de sa croissance. D'être tout à coup proclamée comme la pionnière du Nouveau Roman n'entraîne pas Nathalie Sarraute à modifier sa manière : elle ne peut qu'être encouragée dans la voie difficile qu'elle s'était tracée dès le début. De *Tropismes*, premier livre d'un « amateur » passé complètement inaperçu, aux *Fruits d'or*, grand prix international de littérature*, c'est un développement sans heurt. On observe même, dans les deux derniers romans, un retour au caractère très fragmenté qui était déjà celui de *Tropismes*, suite de scènes juxtaposées autour de la seule idée centrale dont elles constituent autant d'illustrations. Il est bien difficile de voir dans ce livre, comme l'ont fait certains critiques, l'histoire d'une famille : ce serait vouloir à tout prix ramener le singulier au banal. Ce sont des gammes avant les grandes compositions futures, et d'abord les trois romans où Nathalie Sarraute applique sa vision à des situations centrales dont la banalité met bien en évidence qu'il faut chercher ailleurs le vrai sujet du livre. Dans *Portrait d'un inconnu*, par exemple, un narrateur observe le couple presque balzacien d'un père avare, autoritaire, et de sa fille encore célibataire. Très peu d'événements : la fille à la fin se marie avec le seul personnage du livre qui ait un nom, M. Dumontet. Et pourtant que de tourbillons, de répulsions, de terreurs secrètes, de mouvements en tous

* Ce prix n'eut qu'une existence éphémère, de 1961 à 1965; outre celui de Nathalie Sarraute, il contribua à imposer les noms de Beckett, Borges et Saul Bellow.

sens avant la scène finale où tout rentre dans l'ordre, où le narrateur se sent gagné par la placidité extérieure des autres personnages, placidité que, dans les dernières lignes, il ne peut assimiler qu'à la mort :

« Tout s'apaisera peu à peu. Le monde prendra un aspect lisse et net, purifié. Tout juste cet air de sereine pureté que prennent toujours, dit-on, les visages des gens après leur mort.

Après la mort?... Mais non, ce n'est rien, cela non plus... Même cet air un peu étrange, comme pétrifié, cet air un peu inanimé disparaîtra à son tour... Tout s'arrangera... Ce ne sera rien... Juste encore un pas de plus à franchir... »

Si elle peut, dans ses deux derniers livres, en revenir à une composition beaucoup plus libre, plus morcelée, sans aucun souci de l'anecdote qu'elle a remplacée par le mouvement, c'est qu'elle a maîtrisé les difficultés qu'elle avait supposées résolues peut-être un peu trop tôt. Elle s'est rapprochée chaque fois un peu plus de ce niveau d'abstraction que, selon elle, la peinture, avec l'aide involontaire de la photographie, a pu atteindre, et que le roman doit, avec l'appui du cinéma, se proposer comme fin. Dans les romans précédents, les personnages, vus sous cet éclairage transparent, avaient résisté à la volonté de leur créatrice. Paresse du lecteur? force des habitudes? il s'était produit une accommodation, prévue d'ailleurs par l'auteur, et une récupération de ce qui n'avait voulu être que la peinture de « moments », au profit d'une vue psychologique plus classique du personnage. Les lecteurs avaient fini par confondre la vision de l'auteur et le tempérament du personnage. A mi-chemin du Narrateur hypersensible de Proust et du Roquentin tourmenté de Sartre, on avait peu à peu vu apparaître un personnage, un « type-Sarraute ». En choisissant comme sujet de ses deux derniers romans la vie et la survie d'un livre, puis la naissance de l'œuvre littéraire, Nathalie Sarraute réussit à échapper à l'attraction de l'intrigue et des héros. Ce genre de sujets appelle mieux, semble-t-il, cette fragmentation en moments, que le lecteur doit accepter comme tels, au lieu d'essayer de les assembler en un puzzle : « Le lecteur qui se laisserait aller à son habitude de chercher partout des personnages, qui perdrait son temps à vouloir caser à toute force les mouvements, les tropismes qui constituent la substance de ce livre, s'apercevrait que ses efforts pour les loger convenablement l'ont amené à construire un héros fait de pièces disparates, qui peut difficilement tenir debout », annonce le Prière d'insérer d'*Entre la vie et la mort*.

La technique d'expression subit une évolution comparable. A l'utilisation, dans les débuts, d'une phrase longue, souple, enveloppante, propre à suivre méandres et tourbillons, assez proche de celle de Proust, mais d'une architecture plus émiettée, avait succédé un morcellement en courts blocs de mots séparés par des points de suspension, sautillant au gré des surgissements imprévisibles des désirs et des dégoûts. Les derniers livres assimilent ces deux courants : moins systématiques, plus souples et plus variés, ils constituent pour l'instant le stade ultime d'une recherche qui va s'épurant vers l'essentiel, le combat de l'écrivain et de sa création; moins tendus, moins parodiques aussi, surtout le dernier, où Nathalie Sarraute a abandonné la caricature du « grand écrivain » Germaine Lemaire pour évoquer l'écrivain au travail, la place et le rôle possibles de la littérature dans la vie et la société.

[Les hautes grilles]

Un Je, invisible dans ce fragment, tente, afin de résister à l'engouement d'une certaine critique pour *Les Fruits d'or*, de reconstituer le phénomène d'intoxication par lequel « ils » (ces critiques, auteurs inconnus d'écrits illisibles) impressionnent le premier public, celui des milieux littéraires. Reconstitution qui s'effectue en pre-

Alors, pleins d'appréhension, ils ont osé s'avancer, ils se sont approchés des portes bien gardées, des hautes grilles de la demeure royale où ces princes de l'esprit vivaient enfermés. Ils ont prononcé timidement certains nant au pied de la lettre la métaphore « un langage nouveau accessible seulement à quelques rares privilégiés ».

mots. Les hautes grilles se sont entrouvertes pour les laisser passer. Ils ont franchi des espaces solennels, les vastes cours de palais royaux couvertes de gravier blanc. Ils sont entrés et ils ont vu. Quoi donc? demandait, quand ils sont ressortis, la foule toujours plus dense et plus impatiente des exclus. Ah ils avaient été extrêmement intimidés — ils racontaient cela — on sentait la présence de gardes invisibles postés partout et observant votre mine, votre tenue. Il fallait se plier à une étiquette sévère, s'incliner très bas, jusqu'à terre, mais qu'à cela ne tienne, ils se sont prosternés... Ses œuvres... ils ont murmuré cela, fous de fierté, de joie... ils ont été les premiers, sans encouragements, sans soutien, à les découvrir, à les contempler... Nous avons, ô Maître, nous croyons pouvoir vous l'affirmer, nous avons compris, nous avons admiré... Sans bornes est notre dévotion, nous pouvons vous en assurer, sans réserves... Alors nous avons vu le souverain s'avancer vers nous et nous relever... Ah nous ne l'aurions jamais reconnu... Il est si simple, charmant. Il nous a conduits dans une chambre où des manuscrits innombrables s'empilaient...

— Quand pourrons-nous les voir, nous aussi? Quand pourra-t-on défiler devant les trésors? La foule impatiente trépigne... — Cela viendra, prenez patience... Il a consenti... — Est-ce possible? — Oui, il a bien voulu nous en confier. Et si vous saviez quelle grâce exquise, quelle délicieuse spontanéité. Sous ses paroles... — Comment, il a, vraiment, avec vous? parlé? — Parlé? Avec nous? Mais il bavardait, il ne pouvait plus s'arrêter. Il s'épanchait avec nous... Et nous, à notre tour, sous ce jet rafraîchissant... tout ce qu'il dit est si primesautier, neuf, étonnant... nous on s'ébattait, on perdait même, par moments, hein? toute retenue... — Vous parliez de quoi? — Oh de tout et de rien. On parlait à bâtons rompus. — Mais de quoi donc, mon Dieu? — Mais de n'importe quoi, des choses les plus simples, de tout... — De tout? Mais alors, peut-être... non... impossible de le croire... est-ce que de nous aussi... Mais dites de quoi vous avez parlé... de qui? De moi, peut-être, ô joie, peut-être que mon livre... mais comment? par quel miracle?... a pénétré jusque-là... — Eh bien, figurez-vous qu'il est très au courant. Il s'intéresse à tout. C'est très surprenant. Il connaissait vos livres... — Oh je défaille... Mais ne me torturez pas plus longtemps... Vite... Qu'a-t-il dit?... Ah! cela?... Mais comme c'est étrange... Déconcertant... Juste à l'opposé de ce que... Mais qui sommes-nous, ici, pour en juger? Il faut recueillir cela avec précaution, il faut en toute humilité l'examiner... Il faut s'initier aux mystères de cette langue inconnue... Mais nous sommes prêts à faire tous les efforts... nous voulons être dignes, nous aussi, un jour, de voir s'entrouvrir pour nous les hautes grilles bardées de fer, de parcourir en tremblant les vastes cours de gravier blanc, de traverser les enfilades de salles immenses et de pénétrer... génuflexions, baisemains... mais relevez-vous donc, montez, là, venez donc vous asseoir ici, près de moi...

Nathalie Sarraute, *Les Fruits d'or*, éd. Gallimard.

— Parodie du snobisme littéraire : intoxication réussie (les lignes 53-58 reprennent — avec variation : 54 — les lignes 1 à 8); deux moments : le récit (phrases longues de l'entrée pour frapper d'effroi; puis l'adoration : changement de temps, de personnes, de rythme), le dialogue avec les exclus (fausse désinvolture : 31-39; clichés : 29, 34, 37; torture persuasive : 38; la phrase se brise pour suivre les mouvements secrets ainsi révélés : 38-43, 45-50).

— « Qu'est-ce que *Les Fruits d'or?* Non pas un ouvrage sur la littérature, ce qui serait parfaitement vain. Mais, appliqué à la littérature parce que c'est là qu'il s'y applique peut-être le mieux, un essai sur le jugement utilisé comme terreur. » (Ludovic Janvier.)

Nous pensons avoir assez nettement indiqué que l'étiquette de « nouveau roman » avait été artificiellement appliquée à des produits fort divers pour ne pas avoir à tenter l'impossible tâche de montrer en quoi l'œuvre de Nathalie Sarraute appartiendrait à cette école. Nous préférons pour conclure emprunter ces quelques lignes à la préface que Sartre rédigea en 1947 au *Portrait d'un inconnu*, qu'il fut le premier à nommer un « anti-roman » *; en situant la place et le rôle des objets dans l'univers de Nathalie Sarraute, elles permettront peut-être de comprendre par quel biais cette œuvre a pu — tout temporairement — être rapprochée de celle de Butor et de Robbe-Grillet : « Nathalie Sarraute nous fait voir le mur de l'inauthentique : elle nous le fait voir partout. Et derrière ce mur? Qu'y a-t-il? En bien, justement, rien. Rien ou presque. Des efforts vagues pour faire quelque chose qu'on devine dans l'ombre. L'*Authenticité*, vrai rapport avec les autres, avec soi-même, avec la mort, est partout suggérée mais invisible. On la pressent parce qu'on la fuit. Si nous jetons un coup d'œil, comme l'auteur nous y invite, à l'intérieur des gens, nous entrevoyons un grouillement de fuites molles et tentaculaires. Il y a la fuite dans les objets qui réfléchissent paisiblement l'universel et la permanence, la fuite dans les occupations quotidiennes, la fuite dans le mesquin. [...] Je pense qu'en laissant deviner une authenticité insaisissable, en montrant ce va-et-vient incessant du particulier au général, en s'attachant à peindre le monde rassurant et désolé de l'inauthentique, elle a mis au point une technique qui permet d'atteindre, par-delà le psychologique, la réalité humaine, dans son *existence* même. »

* Dans la même préface, où il expliquait ainsi ce qu'il entendait par ce terme : « [...] il s'agit de contester le roman par lui-même, de le détruire sous nos yeux dans le temps qu'on semble l'édifier, d'écrire le roman d'un roman qui ne se fait pas, qui ne peut pas se faire, de créer une fiction qui soit aux grandes œuvres composées de Dostoïevski et de Meredith ce qu'était aux tableaux de Rembrandt et de Rubens cette toile de Miro, intitulée *Assassinat de la peinture*. »

Alain Robbe-Grillet

Il serait sans doute imprudent de parler d'un silence littéraire de Robbe-Grillet, qui peut n'être pas définitif. Mais il est indéniable que, depuis quelques années, Robbe-Grillet privilégie l'expression cinématographique aux dépens de l'expression littéraire. Depuis sa collaboration avec Alain Resnais pour *L'Année dernière à Marienbad* (1961), il n'a en effet publié qu'un seul roman *La Maison de rendez-vous* en 1965 (*Pour un nouveau roman*, publié en 1963, est un livre d'essais), alors qu'il réalisait quatre films durant la même période : *L'Immortelle*, *Trans Europ Express*, *L'homme qui ment* et *L'Éden et après* (*cf.* p. 801). Ce passage d'un mode d'expression à un autre paraît cependant bien correspondre à certaines des tendances profondes de l'œuvre antérieure. La préface qu'il rédige pour la publication du « ciné-roman » de *Marienbad* est révélatrice d'une certaine parenté d'esprit entre sa démarche et celle de Resnais. Il ne s'agit pas bien sûr d'assimiler la technique descriptive de Robbe-Grillet à une quelconque technique cinématographique : chaque art a sa technique. « Je connaissais l'œuvre de Resnais, j'y admirais une composition extrêmement volontaire et concertée, rigoureuse, sans excessif souci de plaire. J'y reconnaissais mes propres efforts vers une solidité un peu cérémonieuse, une certaine lenteur, un sens du "théâtral", même parfois cette fixité des attitudes, cette rigidité des gestes, des paroles, du décor, qui faisaient en même temps songer à une statue et à un opéra. Enfin j'y retrouvais la tentative de construire un espace et un temps purement mentaux — ceux du rêve peut-être, ou de la mémoire, ceux de toute vie affective — sans trop s'occuper des enchaînements traditionnels de causalité, ni d'une chronologie absolue de l'anecdote » : Robbe-Grillet nous expose ainsi en quelques mots ce qui n'était pas apparu immédiatement à ses premiers lecteurs, frappés peut-être par d'autres aspects de cette œuvre dont le pouvoir de provocation a fait de son auteur le symbole de l'avant-garde, la cible et la tête de Turc de toutes les réactions. Rarement œuvre aussi ferme dans son propos aura suscité autant d'interprétations, de malentendus, de tentatives de réduction à *une* clé. Il faut d'ailleurs indiquer que les prises de position théoriques de Robbe-Grillet, paradoxales, excessives (pour répondre à des attaques qui l'étaient tout autant), souvent en porte-à-faux par rapport à ses romans, contribuaient à créer une certaine confusion. Puisque nous avons déjà exposé les grands traits de cette théorie à propos du Nouveau Roman, nous ne considérerons maintenant que les œuvres. Et, pour tenter d'en donner une image aussi complète que possible, nous reprendrons en quelque sorte l'évolution suivie par la critique : elle traduit les différentes phases de l'étonnement causé par cette œuvre, la façon dont elle s'est imposée à la conscience des lecteurs, étant bien entendu que la dissociation que nous opérons n'est pas dans les livres.

Robbe-Grillet et le tableau :

L'aspect le plus frappant des romans de Robbe-Grillet, leur « marque de fabrique » est la place importante donnée à la description des objets, des éléments du décor, et l'extrême minutie, le caractère quasi scientifique de cette description. Les exemples les plus saisissants de cette démarche sont les textes recueillis dans *Instantanés* (1962) dont certains — les « Visions réfléchies » — ne présentent aucun personnage. Le premier de ces textes, « Le Mannequin », est la description d'une chambre telle qu'elle pourrait être photographiée ou peinte :

« La cafetière est sur la table.

C'est une table ronde à quatre pieds, recouverte d'une toile cirée à quadrillage rouge et gris sur un fond de teinte neutre, un blanc jaunâtre qui fut peut-être autrefois de l'ivoire — ou du blanc. Au centre, un carreau de céramique tient lieu de dessous-de-plat; le dessin en est entièrement masqué, du moins rendu méconnaissable, par la cafetière qui est posée dessus. »

L'effet produit par une semblable nature morte est d'abord de déception : pour le lecteur conditionné par ses autres lectures se crée un phénomène d'attente : les plus longues descriptions de Balzac finissent par mener à la compréhension d'un personnage, au démarrage d'une intrigue. Rien de tel ici : « Le Mannequin » se termine sur un refus, le texte s'interrompt au moment où « il faudrait » passer aux gens qui vivent parmi ces objets, à la main qui a posé cette cafetière sur ce dessous-de-plat.

Un tel texte qui date de 1954, c'est-à-dire du début de l'œuvre de Robbe-Grillet, constitue un cas limite qui permet de mieux saisir pourquoi on a d'abord voulu faire de Robbe-Grillet l'écrivain des choses, celui qui supprimait l'homme de son œuvre. S'il y a « parti pris des choses », si la description paraît froide, géométrique, c'est que l'auteur veut donner du monde l'image la plus fidèle possible. Ce qui nous empêche habituellement de voir les choses, ce sont les mots, ces mots trop employés, chargés de tout un potentiel affectif qui peignent finalement beaucoup plus l'attitude sentimentale du spectateur ou du narrateur que les choses elles-mêmes. En gommant de son vocabulaire tout adjectif affectif, toute notation par trop humaine, en employant le vocabulaire le plus neutre possible (par exemple le verbe « être », banni par les tenants du beau style, ceux qui veulent « faire vivant », c'est-à-dire qui veulent supprimer la distance entre hommes et choses), Robbe-Grillet espère appréhender les choses « comme elles sont ». Il veut restituer à l'objet tout son pouvoir, et d'abord, pour reprendre l'analyse de Roland Barthes, « celui d'être là » *. Il s'agirait donc de toute façon d'une étape préparatoire (à l'opposé de celle de Francis Ponge qui, lui, met en œuvre toutes les ressources poétiques du langage pour prendre le parti des choses) ayant pour but de délimiter les domaines respectifs de l'homme et des choses.

Mais ce point de vue n'est pas qu'une hygiène, il est aussi une forme, un style générateur d'une vision du monde. A mi-chemin des « ready-made » de Marcel Duchamp, (objets de série, porte-bouteilles ou urinoirs, isolés et privés de leur fonction utilitaire) et des objets familiers (boîtes de conserves, côtes de porc, panneaux d'autoroute) que le pop'art choisit de magnifier aux deux sens du terme, l'objet chez Robbe-Grillet acquiert une valeur fantastique et procure une impression de vertige. Rappelons que parmi ses « pères spirituels », Robbe-Grillet indique Raymond Roussel (*cf.* p. 448), tant à cause de sa passion pour la mise en place de mécanismes fantastiques que pour la minutie invraisemblable de certaines de ses descriptions.

[Un quartier de tomate en vérité sans défaut]

Dans son enquête à travers la ville, Wallas, le détective, s'arrête pour déjeuner dans un restaurant automatique. Après une vue d'ensemble de ce monde de la similitude et de la répétition, il va choisir.

Arrivé devant le dernier distributeur, Wallas ne s'est pas encore décidé. Son choix est d'ailleurs de faible importance, car les divers mets proposés ne diffèrent que par l'arrangement des articles sur l'assiette; l'élément de base est le hareng mariné.

Dans la vitre de celui-ci Wallas aperçoit, l'un au-dessus de l'autre, six exemplaires de la composition suivante : sur un lit de pain de mie. beurré de margarine, s'étale

* Dans son article « Littérature objective » paru dans *Critique* en 1954. Cet article, ainsi que « Littérature littérale » (*Critique*, 1955) et « Il n'y a pas d'école Robbe-Grillet » (*Arguments*, 1958) du même auteur, constituèrent les premières mises au point importantes sur Robbe-Grillet et Butor.

un large filet de hareng à la peau bleu argenté; à droite cinq quartiers de tomate, à gauche trois rondelles d'œuf dur; posées par-dessus, en des points calculés, trois olives noires. Chaque plateau supporte en outre une fourchette et un couteau. Les disques de pain sont certainement fabriqués sur mesure.

Wallas introduit son jeton dans la fente et appuie sur un bouton. Avec un ronronnement agréable de moteur électrique, toute la colonne d'assiettes se met à descendre; dans la case vide située à la partie inférieure apparaît, puis s'immobilise, celle dont il s'est rendu acquéreur. Il la saisit, ainsi que le couvert qui l'accompagne, et pose le tout sur une table libre. Après avoir opéré de la même façon pour une tranche du même pain, garni cette fois de fromage, et enfin pour un verre de bière, il commence à couper son repas en petits cubes.

Un quartier de tomate en vérité sans défaut, découpé à la machine dans un fruit d'une symétrie parfaite.

La chair périphérique, compacte et homogène, d'un beau rouge de chimie, est régulièrement épaisse entre une bande de peau luisante et la loge où sont rangés les pépins, jaunes, bien calibrés, maintenus en place par une mince couche de gelée verdâtre le long d'un renflement du cœur. Celui-ci, d'un rose atténué légèrement granuleux, débute, du côté de la dépression inférieure, par un faisceau de veines blanches, dont l'une se prolonge jusque vers les pépins — d'une façon peut-être un peu incertaine.

Tout en haut, un accident à peine visible s'est produit : un coin de pelure, décollé de la chair sur un millimètre ou deux, se soulève imperceptiblement.

Alain Robbe-Grillet, *Les Gommes*, éd. de Minuit.

— Grossissement progressif jusqu'à l'imperceptible (39). La description, faite de notations visuelles (6, 37), à l'aide d'éléments chiffrés ou géométriques (7, 10, 26, etc.), accentue le caractère mécanisé (2, 3, 14, 26, etc.) et répétitif (4) d'un monde des choses où la place de l'homme semble presque nulle.

— Description « inutile » (à quoi bon décrire un quartier de tomate destiné à être avalé?) qui s'annule elle-même par l'humour (7), la parodie (7-14), la contradiction (25 et 37), l'intrusion progressive de l'humain (35-36). Elle présente en fait une image du roman (4, 7) : l'accident qui rompt l'ordonnance du système (le tueur qui a tiré à côté).

— « Dans l'iconographie robbe-grilletienne, il [ce passage] fait figure de manifeste, voire de symbole; c'est "l'univers einsteinien" en réduction, le lieu géométrique, la chose objectale, le tableau en abîme de la faille existentielle, l'*être-là* nettoyé de toute signification, le réel créé par l'écriture seule et qui se suffit. » (J. Alten.) Robbe-Grillet, plus simplement : « Rien n'est plus fantastique, en définitive, que la précision. »

Cl. Cocinor.

Françoise Brion dans *L'Immortelle*.

Ce vertige créé par un monde d'objets sans êtres humains n'est en fait que le résultat d'une hypothèse invérifiable, puisque l'absence même de l'homme est significative. Et jamais le roman de Robbe-Grillet n'est constitué, comme certains des « Instantanés », d'une seule scène, d'un seul tableau. Le traitement du temps, ne serait-ce que celui qui est nécessaire à la lecture même de la description, constitue finalement l'élément essentiel de l'art de Robbe-Grillet.

Robbe-Grillet et le montage :

C'est au niveau du « montage » du livre que son effort de renouvellement est le plus décisif, et nous devons maintenant considérer l'œuvre dans son ensemble et non plus seulement dans ses passages descriptifs. L'évolution dans la construction des romans est beaucoup plus exemplaire que celle de la technique descriptive. Si Robbe-Grillet, en effet, refuse la psychologie, la profondeur des personnages, s'il fait appel aux attitudes et aux sentiments les plus élémentaires, empruntant ses situations aux genres populaires (roman policier des *Gommes*, 1953, et du *Voyeur*, 1955; adultère feuilletonnesque de *La Jalousie*, 1957; roman d'aventures du *Labyrinthe*, 1959; érotisme et violence des bandes dessinées de *La Maison de rendez-vous*, 1965), c'est bien évidemment parce qu'il situe ailleurs la fonction de l'écrivain. Le rôle de celui-ci est d'abord de construire une œuvre. C'est dans la forme de l'œuvre qu'il faudra en chercher la signification.

Chez Robbe-Grillet la forme est avant tout répétition. Elle aussi, comme la description minutieuse, provoque le vertige. Depuis l'intrigue circulaire des *Gommes* jusqu'aux innombrables variations de *La Maison de rendez-vous*, un roman de Robbe-Grillet se transforme de plus en plus en un défilé de scènes *à peu près* identiques qui semblent tenter de s'opposer au passage du temps, et que celui-ci affecte pourtant de multiples et imperceptibles variations. Le monde des choses, cyclique (la journée, l'année) ou invariable (les objets), s'oppose aux fébriles agitations des hommes : rien d'étonnant à ce que, dès les premières pages de son premier livre *Les Gommes*, Robbe-Grillet fasse inter-

Coll. Mr. & Mrs. Burton Tremaine - Galerie Ileana Sonnabend.

Cl. H. Cartier-Bresson - Magnum - A.D.A.G.P.

A mi-chemin des « ready-made » de Marcel Duchamp et des objets magnifiés par le pop-art... **(*Cf.* p. 587.)**

venir la fameuse énigme du Sphinx à Œdipe (« Quel est l'animal qui, le matin... ») dont la résolution passe justement par une référence à l'usure que le temps inflige à l'être humain. Répétition aussi que les procédés de reflets et de mises en abyme * : souvenirs, lectures, affiches, toute une série de motifs qui répètent le thème central du livre à différents niveaux, clairs pour le lecteur attentif, obscurs pour le personnage qui les voit sans les déchiffrer.

L'évolution de l'œuvre manifeste un détachement progressif de plus en plus accusé par rapport aux justifications traditionnelles des romanciers et des lecteurs. Dans un premier temps, jusqu'à *La Jalousie*, il s'agit de ce que l'on pourrait appeler les « romans des personnages ». Robbe-Grillet garde un certain respect pour les nécessités de l'intrigue et les motivations des personnages. On peut « expliquer » les retours et les reprises du *Voyeur* par le désir qu'a le criminel de passer sous silence le moment du crime et la nécessité de reconstituer un emploi du temps sans faille, de se construire un alibi. Dans *Les Gommes*, Robbe-Grillet avait, avec la virtuosité la plus raffinée, superposé le mythe d'Œdipe et le schéma classique du roman policier d'investigation pour faire commettre le crime, à l'issue de l'enquête sur un crime raté, par le détective lui-même. Dans *La Jalousie*, tout l'échafaudage morbide édifié par l'imagination du mari jaloux à partir d'un certain nombre d'observations sur le comportement de sa femme et de son hypothétique amant Franck, peut « justifier » l'enchevêtrement de trois ou quatre scènes à peu près identiques dont les éléments passent de l'une à l'autre en se métamorphosant. La répétition est ici la marque de l'obsession. Le bouleversement de la chronologie est seulement apparent : pour la mémoire et l'imagination, tout est au présent, et Robbe-Grillet ne fait après tout que reconstituer l'univers mental de son personnage en utilisant de façon rigoureuse, jusqu'au bout, le matériel psychologique fourni par des romanciers comme Proust, dont il ne conserve que les *images* mentales, supprimant les repères trop commodes, et par là même suspects, de l'analyse psychologique.

[Le bruit que fait le mille-pattes]

Le mari jaloux (ce narrateur qui ne dit jamais Je), resté seul à la plantation, imagine, rêve ou se rappelle, un certain nombre de scènes entre sa femme et Franck. Le point de départ de cette construction est la contemplation d'un mille-pattes (un des objets-thèmes du livre) qui vient de choir du mur. Sa femme et Franck sont descendus au port dans la voiture de Franck et tardent à revenir.

Il est possible, en approchant l'oreille, de percevoir le grésillement léger qu'elles * produisent.

Le bruit est celui du peigne dans la longue chevelure. Les dents d'écaille passent et repassent du haut en bas de l'épaisse masse noire aux reflets roux, électrisant les pointes et s'électrisant elles-mêmes, faisant crépiter les cheveux souples, fraîchement lavés, durant toute la descente de la main fine — la main fine aux doigts effilés, qui se referment progressivement.

* Les mâchoires du mille-pattes.

---

* Sur cette notion de la composition « en abyme », « ce procédé du blason qui consiste, dans le premier, à en mettre un second *en abyme* » (A. Gide, *Les Faux-Monnayeurs*), on consultera le *XXe siècle* de Lagarde et Michard, éd. Bordas, p. 288.

Les deux longues antennes accélèrent leur balancement alterné. L'animal s'est arrêté au beau milieu du mur, juste à la hauteur du regard. Le grand développement des pattes, à la partie postérieure du corps, fait reconnaître sans risque d'erreur la sculigère, ou « mille-pattes-araignée ». Dans le silence, par instant, se laisse entendre le grésillement caractéristique, émis probablement à l'aide des appendices bucaux.

Franck, sans dire un mot, se relève, prend sa serviette; il la roule en bouchon, tout en s'approchant à pas feutrés, écrase la bête contre le mur. Puis, avec le pied, il écrase la bête sur le plancher de la chambre.

Ensuite il revient vers le lit et remet au passage la serviette de toilette sur sa tige métallique, près du lavabo.

La main aux phalanges effilées s'est crispée sur le drap blanc. Les cinq doigts écartés se sont refermés sur eux-mêmes* en appuyant avec tant de force qu'ils ont entraîné la toile avec eux : celle-ci demeure plissée de cinq faisceaux de sillons convergents... Mais la moustiquaire retombe tout autour du lit interposant le voile opaque de ses mailles innombrables, où des pièces rectangulaires renforcent les endroits déchirés.

* La scène de l'écrasement a déjà été racontée plusieurs fois, située en général pendant un repas dans la salle à manger.

Dans sa hâte d'arriver au but, Franck accélère encore l'allure. Les cahots deviennent plus violents. Il continue néanmoins d'accélérer. Il n'a pas vu, dans la nuit, le trou qui coupe la moitié de la piste. La voiture fait un saut, une embardée... Sur cette chaussée défectueuse le conducteur * ne peut redresser à temps. La conduite-intérieure bleue va s'écraser, sur le bas-côté, contre un arbre au feuillage rigide qui tremble à peine sous le choc, malgré sa violence.

* Jusqu'alors le narrateur avait seulement imaginé une panne.

Aussitôt des flammes jaillissent. Toute la brousse en est illuminée, dans le crépitement de l'incendie qui se propage. C'est le bruit que fait le mille-pattes, de nouveau immobile sur le mur, en plein milieu du panneau.

A le mieux écouter, ce bruit tient du souffle autant que du crépitement : la brosse maintenant descend à son tour le long de la chevelure défaite. A peine arrivée au bas de sa course, très vite elle remonte la branche ascendante du cycle, décrivant dans l'air une courbe qui la ramène à son point de départ, sur les cheveux lisses de la tête, où elle commence à glisser derechef.

Alain Robbe-Grillet, *La Jalousie*, éd. de Minuit.

— Le déroulement du texte (22, 42, 45) ne correspond à aucune chronologie : l'avant et l'après, le déjà vu et l'imaginé, le remémoré et l'appréhendé, sont racontés sur le même plan (présent extensible). Les éléments obsessionnels (le bruit, la main, la chevelure, la serviette) se groupent, passant d'un domaine à l'autre, pour aboutir à une composition cyclique (47-50).

— Le contraste entre l'angoisse obsessionnelle (scène paroxystique d'érotisme et de violence que le narrateur interrompt après l'avoir savourée) et la froideur de la narration (aspect tâtillon, mécanique des descriptions : 5-6, 11-13, etc.) crée une tension presque sans rapport avec la simplicité des moyens (clichés : 25-28, 33-41).

— « Créer, au lieu d'analyser, la psychologie des personnages, voilà l'essentiel de l'art robbe-grilletien. » (Bruce Morrissette.)

Avec *Dans le Labyrinthe* et *La Maison de rendez-vous* (titres symboliques...) Robbe-Grillet franchit une nouvelle étape : il était passé dans la précédente d'un récit à la troisième personne *sur* un personnage *(Les Gommes)* à un récit à la troisième personne *par* un personnage *(La Jalousie)*. Dans ces deux derniers livres, il rompt les amarres avec tout « réalisme » : « Ce récit est une fiction, non un témoignage. [...] L'auteur tient à préciser que ce roman ne peut, en aucune manière, être considéré comme un document sur la vie dans le territoire anglais de Hong-Kong », ironisent les Prières d'insérer.

Ces récits, introduits à la première personne, celle d'un narrateur écrivant, ou rêvant, ou imaginant, rendent tous ses pouvoirs à la fiction, et d'abord celui de la gratuité, à partir d'affirmations initiales qui autorisent toutes les libertés : « Je suis seul ici, maintenant, bien à l'abri »; « La chair des femmes a toujours occupé, sans doute, une grande place dans mes rêves. » Le livre se clôt sur lui-même et n'obéit plus aux règles de « notre » univers : la contradiction, la simultanéité, la fantaisie en sont les normes nouvelles. D'autres scènes possibles se juxtaposent aux scènes déjà lues, les éléments s'y combinent suivant de nouvelles structures. Le récit devient à lui-même son principe d'engendrement, semblant se raturer à mesure qu'il avance : n'était-ce pas déjà le sens ultime de ces fameuses « gommes » qui avaient tant intrigué les critiques? L'emploi à peu près constant du présent — qui, dans *La Jalousie*, pouvait, nous l'avons dit, trouver une justification d'ordre psychologique — affirme ici la volonté de refuser toute « histoire » : les personnages n'ont pas vécu avant la première ligne du texte, ils cessent d'exister avec le mot « Fin ». Robbe-Grillet entend faire coïncider absolument l'espace-temps du livre avec celui de la lecture, purifier la littérature de toute compromission avec le monde extérieur; l'unité de sa démarche apparaît alors clairement : la fameuse cafetière était dans la page, avant d'être sur la table, et la main qui l'y avait posée était celle du romancier. Le « et maintenant » qui lance de nombreux épisodes n'est que l'annonce d'un nouveau mouvement, d'une variation supplémentaire à partir des éléments que le narrateur met à la disposition du lecteur dès le début du livre. Tout *Le Labyrinthe* (il n'y manque que la forme de la croix sur le bureau) est contenu dans ce paragraphe décrivant le décor de la chambre dans laquelle se trouve le narrateur : « Le tableau encadré en bois verni, le papier rayé des murs, la cheminée aux cendres entassées, la table-bureau avec sa lampe à l'abat-jour opaque et son cendrier de verre, les lourds rideaux rouges, le grand lit-divan couvert de la même étoffe rouge et veloutée, la commode enfin et ses trois tiroirs, le marbre fêlé, le paquet brun qui est posé dessus, et au-dessus encore le tableau, et les lignes verticales de petits insectes qui montent jusqu'au plafond. »

[La paroi absente du dessin]

Le narrateur a lancé son héros (le soldat porteur d'un paquet brun) au sortir du cabaret, à la suite de l'enfant qui doit le guider dans la ville enneigée. Après plusieurs versions différentes de cette marche, l'enfant vient maintenant d'entrer dans l'immeuble.

Le soldat lève la tête vers la façade grise aux rangées de fenêtres uniformes, sans balcon, soulignées d'un trait blanc au bas de chaque embrasure, pensant voir peut-être apparaître le gamin, quelque part derrière un carreau. Mais il sait bien que l'enfant à la pèlerine n'habite pas cette maison, puisqu'il l'a lui-même accompagné déjà jusque chez lui. A en juger par l'aspect des fenêtres, l'immeuble entier a l'air, du reste, inoccupé.

Les lourds rideaux rouges s'étendent sur toute la hauteur, du sol au plafond. La cloison qui leur fait face est garnie par la commode, avec, au-dessus, le tableau. L'enfant y est à sa place, assis à même le sol sur ses jambes repliées; on dirait qu'il veut se glisser tout à fait sous le banc. Pourtant il continue d'observer vers l'avant de la scène, avec une attention dont témoigne, à défaut d'autre chose, la grande ouverture de ses yeux.

Cet indice, il est vrai, n'est pas très sûr : si l'artiste a considéré que la scène n'ouvrait sur rien, s'il n'y a vraiment rien dans son esprit sur le quatrième côté de cette salle rectangulaire dont il n'a représenté que trois murs, on peut dire que l'enfant a seulement les yeux dans le vide. Mais, dans ce cas, il n'était pas logique de choisir, pour le neutraliser ainsi, le seul des quatre côtés qui donne vraisemblablement sur quelque chose. Les trois parois figurées sur la gravure ne comportent en effet aucune espèce d'ouverture visible. Même si une issue se trouve au fond et à gauche, derrière les portemanteaux, ce n'est certainement pas l'entrée principale du café, dont la disposition intérieure serait alors par trop anormale. La porte d'entrée, vitrée comme toujours, montrant en lettres d'émail blanc, collées sur le verre, le mot « café » et le nom du propriétaire en deux lignes incurvées se présentant leur côté concave, puis, au-dessous, un rideau froncé d'étoffe légère, translucide, obligeant celui qui veut regarder par-dessus à s'approcher tout contre la porte, cette porte d'entrée ne peut prendre place que sur la paroi absente du dessin, le reste de celle-ci étant occupé par une grande vitre, également voilée jusqu'à mi-hauteur par un long brise-bise, et ornée en son centre de trois boules en bas-relief — une rouge posée sur deux blanches — dans le cas du moins où l'issue située derrière les portemanteaux conduirait à une salle de billard.

L'enfant assis qui tient la boîte dans ses bras regarderait donc du côté de l'entrée. Mais il est presque au ras du sol et ne peut certes pas voir la rue par-dessus le rideau. Il n'a pas les yeux levés afin d'apercevoir quelque figure blême collée contre la vitre, coupée au ras du cou par le brise-bise. Son regard est à peu près horizontal. La porte vient-elle de s'ouvrir pour laisser le passage à un nouvel arrivant, qui étonnerait le gamin par son costume insolite : un soldat, par exemple? Cette solution semble douteuse, car il est plus habituel de placer la porte du côté du comptoir, c'est-à-dire ici à l'extrême gauche, à l'endroit où un petit espace dégagé s'étend devant les personnages debout habillés de façon bourgeoise. L'enfant se tient au contraire sur la droite du tableau, où aucun passage, parmi l'encombrement des bancs et des tables, ne permettrait d'accéder au reste de la salle.

Le soldat, d'ailleurs, est entré depuis longtemps, il est assis à une table, loin derrière l'enfant qui ne paraît guère s'intéresser à son costume. Le soldat regarde aussi vers l'avant de la scène à un niveau à peine supérieur; mais, comme il est beaucoup plus éloigné de la devanture, il n'a besoin de lever les yeux que de quelques degrés pour apercevoir la vitre au-dessus du rideau, et la neige qui tombe en flocons serrés, effaçant de nouveau les empreintes, les traces de pas isolés, les sentiers jaunâtres entrecroisés qui longent les hautes façades.

Juste au coin de la dernière maison, debout contre l'arête du mur, dans la bande de neige blanche en forme d'L comprise entre celui-ci et le sentier, le corps coupé verticalement par l'angle de pierre derrière lequel disparaissent un pied, une jambe, une épaule et tout un pan de la pèlerine noire, le gamin est en observation, les yeux fixés sur le lampadaire de fonte. Est-il ressorti de l'immeuble par une autre porte qui donnerait sur la rue transversale? Ou bien est-il passé par une fenêtre du rez-de-chaussée? Le soldat fait en tout cas semblant de ne pas avoir remarqué sa rentrée en scène. Appuyé à son réverbère, il s'applique à examiner la chaussée déserte, vers l'extrémité lointaine de la rue.

Alain Robbe-Grillet, *Dans le Labyrinthe*, éd. de Minuit.

— Une séquence dans la rue (1-8) qui se boucle (78-81) après être repassée par la chambre du narrateur (9-58) et le tableau (59-77) : le passage s'effectue par les fenêtres et la paroi de verre absente. Atmosphère onirique : neige, silence, fixité, questions sans réponse (75-77).

— Le créateur au travail et son projet flaubertien : « Bâtir quelque chose à partir de rien, qui tienne debout tout seul, sans avoir à s'appuyer sur quoi que ce soit d'extérieur à l'œuvre, c'est aujourd'hui l'ambition de tout roman » (Robbe-Grillet). Du conditionnel (29) à l'indicatif, la création veut se faire prendre pour une logique (22). Mais elle assimile les contradictions et les interrogations.

— Cette rêverie sur la « paroi absente » est un des motifs révélateurs de la littérature moderne : Klossowski *(La Révocation de l'édit de Nantes)*, Foucault (début de *Les Mots et les Choses*).

Le lecteur, auquel Robbe-Grillet, par de multiples provocations, refuse tout apaisement, est invité à suivre l'écrivain au travail, en explorant avec lui les possibilités combinées de l'imagination et du langage : le poète — car le roman de Robbe-Grillet, comme tout le roman moderne, se rapproche de plus en plus d'une certaine forme de poésie — rêve sur les choses et sur les mots. Les personnages se sont effacés à peu près totalement devant la personnalité de l'écrivain. On comprend mieux alors pourquoi celui-ci a recours aux archétypes de la sensibilité collective : un peu comme Rabelais reprenant le matériel populaire des histoires de géants ou Cervantes celui des romans de chevalerie pour écrire l'un la dernière histoire possible de géants, l'autre le dernier roman possible de chevalerie, Robbe-Grillet écrit le dernier roman d'aventures possible sur Hong-Kong, la drogue et les Eurasiennes mystérieuses, le dernier parce qu'il les contient tous, parce qu'il en démonte le mécanisme. Mais alors que Rabelais et Cervantes se servaient des normes et des types pour exprimer une vision du monde, Robbe-Grillet les utilise pour exprimer son univers mental et son idée de la littérature. Est-ce un constat d'échec? Le passage de Robbe-Grillet au cinéma doit-il être interprété comme une confiance plus grande faite à cet autre moyen d'expression? Il est vrai que Robbe-Grillet refuse catégoriquement toute forme d'interprétation : « Il s'agit pourtant ici d'une réalité strictement matérielle, c'est-à-dire qu'elle ne prétend à aucune valeur allégorique. Le lecteur est donc invité à n'y voir que les choses, gestes, paroles, événements, qui lui sont rapportés, sans chercher à leur donner ni plus ni moins de signification que dans sa propre vie, ou sa propre mort » (épigraphe du *Labyrinthe*). Il reste cependant que Robbe-Grillet veut nous montrer que nous ne sommes après tout, chacun d'entre nous, que le porte-parole d'un imaginaire collectif, que l'individu, avec ses prétentions à l'originalité, n'est au fond qu'une collection d'images, de mots, de réactions prévisibles — et que son salut, ou sa dignité, ou sa seule occupation un peu sérieuse est dans la liberté qu'il a d'*organiser* ces images?

Michel Butor

Un livre de Butor, c'est d'abord, et de plus en plus à mesure que l'œuvre se développe, un texte discontinu. Discontinuité du roman en forme de Journal (*L'Emploi du temps*, 1956) ou d'emploi du temps scolaire (*Degrés*, 1960), discontinuité accentuée par la typographie, et qui frise l'éclatement, dans les textes les plus récents. Butor est à l'opposé d'un Joyce, d'un Faulkner ou d'un Claude Simon dont les longues phrases tendent à se confondre avec le paragraphe, celui-ci avec le chapitre, et le chapitre avec le livre tout entier.

Discontinuité aussi, évidente, des recueils d'essais (*Répertoire I*, 1960; *Histoire extraordinaire*, 1961; *Répertoire II*, 1964; *Répertoire III*, 1968) dont nous avons choisi de ne pas parler en tant que tels, afin de ne pas gonfler exagérément cette étude consacrée au roman, pour laquelle nous avons cependant utilisé maints commentaires que Butor a donnés de ses livres et de son projet d'écrivain. Les lectures qu'il propose de ses auteurs favoris sont cependant très révélatrices de ses préoccupations de créateur.

Cette discontinuité souligne d'un trait épais l'architecture de l'ouvrage : l'échafaudage reste visible, mieux même il tend à devenir le véritable sujet du livre. Échafaudage qui n'offre d'ailleurs aucun caractère spécial d'originalité, puisque le plus souvent l'écrivain l'emprunte aux classifications et systèmes divers parmi lesquels nous vivons plus ou moins bien : immeuble avec ses étages (*Passage de Milan*, 1954, son premier livre), indicateur Chaix *(La Modification)*, plan de bâtiment (*Description de San Marco*, 1964), itinéraires, fuseaux horaires, alphabet (*Mobile*, 1962). Très vite il apparaît que Butor a quelque chose à dire sur le monde et l'époque dans lesquels il vit : « Il y a dans ce roman [*Passage de Milan*] une condamnation implicite, c'est une condamnation de la façon de vivre dans un immeuble parisien dans les années cinquante » (*Entretiens avec Michel Butor*, Georges Charbonnier, 1967). Le romancier n'a pas à proposer de solution, mais, par sa recherche formelle qui n'a rien de gratuit, il veut nous faire prendre conscience : « La recherche de nouvelles formes romanesques dont le pouvoir d'intégration soit plus grand joue donc un triple rôle par rapport à la conscience que nous avons du réel, de dénonciation, d'exploration et d'adaptation. »

Les recherches de cet expérimentateur-né, qui semble prendre plaisir à dérouter le public chaque fois que celui-ci a réussi à le rejoindre, et qui ne met au point une forme que pour en faire le point de départ d'une investigation nouvelle, se développent en trois étapes : jusqu'à *La Modification* (1957, date à laquelle le Nouveau Roman, grâce au prix Renaudot décerné à Butor, atteint un public autre que celui des milieux littéraires), *Degrés* (1960, qui constitue à lui tout seul la seconde étape), et les livres écrits depuis *Degrés*.

Jusqu'à 1957, en effet, l'effort du romancier (le mot lui convient encore; il n'en sera pas toujours de même), dans la lignée des descendants de Proust, consiste d'abord à justifier dans le texte la fabrication du livre : l'action est enquête, et le livre compte rendu de cette enquête. Il s'agit à la fois de rendre compte du monde, et, en mettant de l'ordre dans le compte rendu, de tenter de mettre un peu d'ordre dans le monde, c'est-à-dire d'abord en soi-même. L'écriture est un moyen de salut — « J'écris pour donner une colonne vertébrale à ma vie », dit Butor —, le héros devient narrateur lorsqu'il a compris ou pour tenter de comprendre. Ces premiers romans tiennent donc à la fois de la recherche d'un temps perdu et du roman policier, mais ils s'en séparent par l'allure extérieure : ils n'en ont pas le caractère linéaire. Ce qui intéresse le romancier, ce n'est pas le résultat, mais l'effort d'élucidation et de reconstruction. Le lecteur, à la suite du héros-enquêteur-narrateur, et par le moyen de faits, de gestes, de conversations, et non d'analyses psychologiques (c'est le « nouveau réalisme » de Butor, assez proche, en ce sens, de celui de Robbe-Grillet), se trouve plongé dans la complexité du monde, c'est-à-dire d'un lieu (immeuble du passage de Milan, ville de Bleston, train entre Paris et Rome) où la vie continue cependant que se déroule l'enquête. A la complexité de l'espace s'ajoute alors celle du temps qui passe : la décision finale (écrire, partir, ne pas divorcer) est le résultat d'un passé, la porte ouverte vers un avenir. Il faut que la matière et la forme du livre traduisent tous les rapports qui s'établissent dans toutes les directions : l'architecte devient musicien et Butor peut présenter *L'Emploi du temps* « comme un canon, au sens musical [...], une sorte d'immense canon temporel ». A l'effort du héros doit donc correspondre un effort du lecteur semblable à celui du mélomane, ce lecteur auquel Butor s'adresse directement dans *La Modification* par l'utilisation de la seconde personne : la confusion du personnage et du lecteur souligne encore la participation que le romancier exige de son lecteur; le roman ne doit pas être évasion mais recherche, et la beauté de l'œuvre réside autant dans l'arrangement que dans la mélodie de chaque fragment. La phrase sera d'une extrême plasticité, tantôt banale, tantôt au contraire frappante par sa longueur, par son caractère enserrant, la façon dont elle se morcelle en paragraphes qui deviennent autant de strophes de la phrase-poème. Il faut rappeler ici ce que Butor déclarait de la poésie : « Du jour où j'ai commencé mon premier roman, des années durant je n'ai plus rédigé un seul poème, parce que [...] j'avais eu l'impression que [...] le roman, dans ses formes les plus hautes [...] était capable de recueillir tout l'héritage de l'ancienne poésie. » *(Essais sur le roman.)* La lecture appelle une relecture qui permette de dégager la forme, d'en saisir le sens, ainsi que de mieux apprécier la richesse du système de références de tous ordres que Butor dispose à l'intérieur de chacun de ses romans. L'aventure individuelle ne peut, en effet, se comprendre que sur un fond d'évocations culturelles, religieuses, mythiques (Butor est extrêmement sensible au pouvoir d'envoûtement de certains lieux, comme en témoigne en particulier son livre *Le Génie du lieu*, 1958), qui à la fois déterminent les personnages et illustrent à l'avance leur comportement. Peut-être davantage que de Cécile, sa maîtresse qu'il part retrouver à Rome avec l'intention de la ramener à Paris, c'est de Rome et de tout ce que cette ville incarne, que Delmont, le héros de *La Modification*, est tombé amoureux. La prise de conscience progressive, tout au long de cette nuit en train, de l'impossibilité de faire coïncider Paris et Rome, est l'équivalent de la rupture inévitable avec Cécile.

[Il me faut écrire un livre]

Vers la fin du voyage de Paris à Rome, le moment de la décision qui vient *modifier* le projet initial de ramener Cécile à Paris et de quitter sa femme. (Chacun des éléments de cette page est, pour le lecteur du roman, l'écho de passages très proches : l'extrait ne permet pas, comme trop souvent pour le Nouveau Roman, de montrer cet aspect essentiel du texte.)

Enfoncé dans la rainure où se rejoignent la banquette et le dossier, il y a ce livre que vous avez acheté au départ, non lu mais conservé tout au long du voyage comme une marque de vous-même, que vous aviez oublié en quittant le compartiment tout à l'heure, que vous aviez lâché en dormant et qui s'était glissé peu à peu sous votre corps.

Vous le prenez entre vos doigts, vous disant : il me faut écrire un livre; ce serait pour moi le moyen de combler le vide qui s'est creusé, n'ayant plus d'autre liberté, emporté dans ce train jusqu'à la gare, de toute façon lié, obligé de suivre ces rails.

Je continuerai par conséquent ce faux travail détériorant chez Scabelli * à cause des enfants, à cause d'Henriette *, à cause de moi, à vivre quinze place du Panthéon *, c'était une erreur de croire que je pourrais m'en échapper; et surtout, les prochaines fois, je le sais, je ne pourrai pas m'empêcher de retourner voir Cécile.

D'abord, je ne lui dirai rien, je ne lui parlerai pas de ce voyage. Elle ne comprendra pas pourquoi il y aura une

* La firme italienne de machines à écrire qui emploie le narrateur à Paris.

* Sa femme.

* Son adresse parisienne.

telle tristesse dans mes embrassements. Elle sentira peu à peu ce qu'elle avait d'ailleurs toujours senti, que notre amour n'est pas un chemin menant quelque part, mais qu'il est destiné à se perdre dans les sables de notre vieillissement à tous deux.

Passe la gare de Manliana. De l'autre côté du corridor, c'est déjà la banlieue romaine.

Vous allez arriver dans quelques instants à cette gare transparente * à laquelle il est si beau d'arriver à l'aube comme le permet ce train dans d'autres saisons.

* A Rome, la Stazione Termini.

Il fera encore nuit noire et au travers des immenses vitres vous apercevrez les lumières des réverbères et les étincelles bleues des trams.

Vous ne descendrez pas à l'Albergo Quirinale *, mais vous irez jusqu'au bar où vous demanderez un *caffélatte*, lisant le journal que vous viendrez d'acheter tandis que la lumière apparaîtra, augmentera, s'enrichira, s'échauffera peu à peu.

* L'hôtel où il est censé descendre à Rome lorsqu'il y vient en voyage d'affaires.

Vous aurez votre valise à la main lorsque vous quitterez la gare à l'aurore (le ciel est parfaitement pur, la lune a disparu, il va faire une merveilleuse journée d'automne), la ville paraissant dans toute sa rougeur profonde, et comme vous ne pourrez vous rendre ni via Monte della Farina *, ni à l'Albergo Quirinale, vous arrêterez un taxi et vous lui demanderez de vous mener à l'hôtel Crose di Malta, via Borgognone, près de la place d'Espagne.

* L'adresse de Cécile. Il n'a pas retenu de chambre au Quirinale pour ce voyage improvisé puisqu'il devait retrouver Cécile à la sortie du palais Farnèse, l'ambassade de France, où elle travaille comme secrétaire.

Vous n'irez point guetter les volets de Cécile : vous ne la verrez point sortir; elle ne vous apercevra point.

Vous n'irez point l'attendre à la sortie du palais Farnèse; vous déjeunerez seul; tout au long de ces quelques jours, vous prendrez tous vos repas seul.

Évitant de passer dans son quartier, vous vous promènerez tout seul et le soir vous rentrerez seul dans votre hôtel où vous vous endormirez seul.

Alors dans cette chambre, seul, vous commencerez à écrire un livre, pour combler le vide de ces jours à Rome sans Cécile, dans l'interdiction de l'approcher.

Puis lundi soir, à l'heure même que vous aviez prévue, pour le train même que vous aviez prévu, vous retournerez vers la gare,

sans l'avoir vue.

Michel Butor, *La Modification*, éd. de Minuit.

— Texte construit sur deux alternances (présent et futur; vous et je) : de l'idée (7-8) à la décision (54) toute la représentation (et non pas une analyse) du futur lointain (12-24) puis immédiat (27-60) avec sa litanie d'auto-suggestions (« point », « seul ») qui le ramène à la gare (59) où il va bientôt arriver (25-27).

— Le livre, objet obsédant (3-4), trouve son utilisation : par sa décision, l'homme perdant (9, 12, 23) peut devenir l'écrivain gagnant.

— « Comme il s'agissait d'une prise de conscience, il ne fallait pas que le personnage dise *je*. Il me fallait un monologue intérieur en-dessous du niveau du langage du personnage lui-même, dans une forme intermédiaire entre la première personne et la troisième. Ce *vous* me permet de décrire la situation du personnage et la façon dont le langage naît en lui. » (Michel Butor, « L'usage des pronoms personnels dans le roman », *Essais sur le roman*).

Ces trois premiers romans mettaient en scène d'abord des individus, puis les collectivités dans lesquelles ils vivaient (voisins, amis, famille) avec leurs croyances, leurs coutumes, leurs codes, c'est-à-dire leur langage; le mouvement de ces livres était celui de la conquête, ou du moins de la prise en charge, d'un langage personnel. A partir de *Degrés*, si les préoccupations (trouver l'issue, l'ordre dans la confusion) restent les mêmes, les perspectives vont être profondément modifiées. La tentative d'explication et de reconstitution porte d'abord cette fois sur un phénomène collectif de culture et de langage : une heure de classe dans un lycée parisien. Le problème du choix du narrateur (d'abord le professeur Pierre Vernier s'adressant à son neveu Pierre qui est en même temps son élève; puis ce neveu; puis un autre oncle-professeur, Henri Jouret) reste capital : le premier narrateur meurt de son effort démesuré en prononçant les mots « Qui parle? ». Mais il renvoie à une question encore plus importante : celle de la formation de notre langage. Butor donne dans ce livre une première réponse à cette question qui va le préoccuper de plus en plus, celle de la collectivité : « Je suis de plus en plus fasciné par le pluriel. Ce n'est pas le singulier qui est premier pour moi, ce n'est pas l'individu, c'est le pluriel et c'est à l'intérieur du pluriel que le singulier va se condenser en quelque sorte. » Il accentue le caractère familial des rapports entre élèves et professeurs, montrant par là que la culture diffusée par les professeurs et reçue par les élèves est à proprement parler une culture de clan, de « classe », dont sont exclus l'élève africain et le mystérieux Arabe : il est très significatif que la leçon qui fait l'objet du livre soit une leçon d'histoire traitant de la découverte de l'Amérique, épisode du colonialisme. Butor rend concret, dans notre lecture même, le caractère fragmenté, atomisé, gratuit, d'un emploi du temps scolaire et des connaissances qu'on y distribue, ainsi que l'isolement du monde scolaire par rapport au monde extérieur représenté par le numéro de la revue *Fiction* qui circule parmi les élèves, déterminant deux types de lectures, exclusives l'une de l'autre :

« [...] (poncif, que voulait dire poncif? Dictionnaire? Tant pis, ce n'était pas un devoir, pas une préparation, c'était quelque chose que tu lisais pour ton plaisir : Rabelais, Homère, Tite-Live, Virgile, Shakespeare, cela suffisait!), " derrière les barreaux, l'homme nu dormait d'un profond sommeil "...

Le jeudi soir, armé du dictionnaire Bailly, dans ta chambre, "Or, tandis que là-bas, le héros d'endurance, Ulysse le divin, dompté par la fatigue et le sommeil, dormait, Athéna..." »

Le procédé de la citation, qui se généralisera dans les œuvres suivantes, trouve dans *Degrés* sa justification la plus évidente : rendre compte de la coexistence (le romancier n'a pas à décider si elle est viable ou non, il a à trouver la forme qui la fasse « voir ») de plusieurs langages, à la fois littéraires et extra-littéraires, codes multiples, ce que Butor appelle les « couleurs stylistiques » : le style des récits de Marco Polo, celui des manuels, celui de la conversation, de Racine, de *Fiction*, etc.

[Comme un clou fixant mon texte]

Vers la fin de la première partie, le narrateur, qui vient de mentionner l'emploi du temps d'un de ses collègues, l'oncle Henri, est amené à préciser sa méthode et son objet.

Donc, non seulement je suis obligé d'imaginer pour toi, mais nécessairement j'imagine pour moi; ces mots que j'ai écrits ou bien que je prononce, en disant « Je ne sais que cela », ces mots mêmes n'ont de sens pour moi que parce que je sais bien autre chose, que bien autre chose est présent à divers degrés d'historicité;

ce fait * qui est comme un clou fixant mon texte et l'empêchant de s'égarer, il n'a finalement d'existence pour moi, pour toi, pour nous tous, que parce qu'il apparaît comme un foyer au milieu de toute une zone d'imaginations et de probabilités,

* Le programme de l'oncle Henri, le mercredi 20 de 15 h à 16 h.

et cette imagination est d'autant plus forte et d'autant plus juste que je suis capable de relier ce moment de la vie de ton oncle, par des catégories grammaticales ou autres, à d'autres moments,

cet homme à d'autres hommes, ce lieu à d'autres lieux, cette citation * au reste de la tragédie, cette tragédie aux autres de Racine, ce fragment de culture à d'autres,

* Un vers d'*Iphigénie*.

apportant un peu de lumière au milieu de cette confusion énorme où nous nous débattons, un peu de lumière qui se projette sur cet instant, qui le rend visible, observable, qui se réfléchit sur cet instant pour venir éclaircir un peu l'obscur présent

(c'était le mercredi 20 octobre),

et je sais par le même moyen *, de la même façon, que le mardi 26 octobre, donc quinze jours exactement après cette heure-pivot, cette leçon d'histoire pendant laquelle je vous ai parlé de la découverte et de la conquête de l'Amérique, et que toutes ces explorations dans les heures d'avant ou d'après doivent t'aider à situer,

* La communication de l'horaire par le professeur.

à partir de ce lieu, de ce temps, de ce milieu dans lequel tu te trouveras lorsque tu liras enfin ces lignes qui te sont destinées,

je sais que ton oncle Henri était encore une fois avec sa classe de première moderne, dans la salle derrière mon dos, et qu'il donnait le corrigé du devoir que ses élèves lui avaient remis huit jours auparavant, le 19, dont il avait donné les sujets le premier mardi de l'année, le 5 octobre, sujets se rapportant au programme qu'ils avaient suivi l'an passé, c'est-à-dire lorsqu'ils étaient en seconde, comme toi maintenant :

« l'éducation chez Rabelais et chez Montaigne ».

« Racine écrit dans la préface de *Bérénice :* " La principale règle est de plaire et de toucher. Toutes les autres ne sont faites que pour parvenir à cette première. " Qu'en pensez-vous? »,

« Boileau nous déclare dans l'*Art poétique :*

" Il n'est point de serpent ni de monstre odieux,
Qui par l'art imité ne puisse plaire aux yeux. "

Commentez cette pensée en vous servant d'exemples tirés de la peinture. »

Et ce que je voudrais, c'est te rendre capable, grâce à toutes les circonstances, à toutes les conjonctures que je t'aurai transmises, de te représenter avec suffisamment de précision et de vraisemblance ce qu'a pu être un tel corrigé, ce qu'il a pu leur dire à ses élèves de première moderne, tandis que toi, de l'autre côté du mur, tu m'écoutais parler du début de la guerre de Trente Ans;

je voudrais pouvoir te remettre en mémoire ce moment, cette heure qui est déjà tellement passé pour moi que, malgré l'attention que je te portais, que je vous portais à tous, je suis incapable de retrouver avec certitude quels gestes tu as pu faire, à quels moments tu as été attentif, à quels distrait.

Pour t'aider à te représenter ce que tu as été toi-même, donc d'où tu viens, donc dans quelle direction tu vas, quel est le vecteur de ton présent, il me faudrait faire un grand effort d'imagination méthodique déjà, de reconstruction, d'hypothèse, que je me mette à ta place, que j'essaie de me voir moi-même par tes yeux, que je te donne la parole par conséquent, faisant basculer l'équilibre de ce récit.

Michel Butor, *Degrés*, éd. Gallimard.

— Texte des conflits : confusion/ordre, ombre/lumière, savoir/imaginer; langage figé (42-51 : les trois citations peuvent servir à définir *Degrés*)/langage vivant (longue phrase pédagogique, répétitions : 52-59); conflit du texte avec lui-même : la confiance faite à la création d'un nouvel espace-temps (a-chronologie; vocabulaire spatial pour la vie comme pour le texte : 7, 8, 19, etc.) déterminant un individu (40-41) et un certain type de récit, se heurte à l'altérité du destinataire (65-71) : échec inévitable, annonce du changement de narrateur — et pour le romancier Butor, de l'abandon du roman pour la représentation globale (*Mobile,* etc.).

— « J'ai fabriqué ce roman pour tâcher de voir l'enseignement français de l'extérieur. Ce sont des cubes (le cube de chaque classe, les salles de classe les unes à côté des autres, et avec l'unité de temps, ce sont aussi des cubes à la 4e dimension, parce que ce sont des heures de classe) qui sont posés les uns sur les autres, avec toutes sortes de rythmes qui les lient. » (Butor.)

Calder, *Mobile* (Musée d'art et d'industrie, Saint-Etienne).

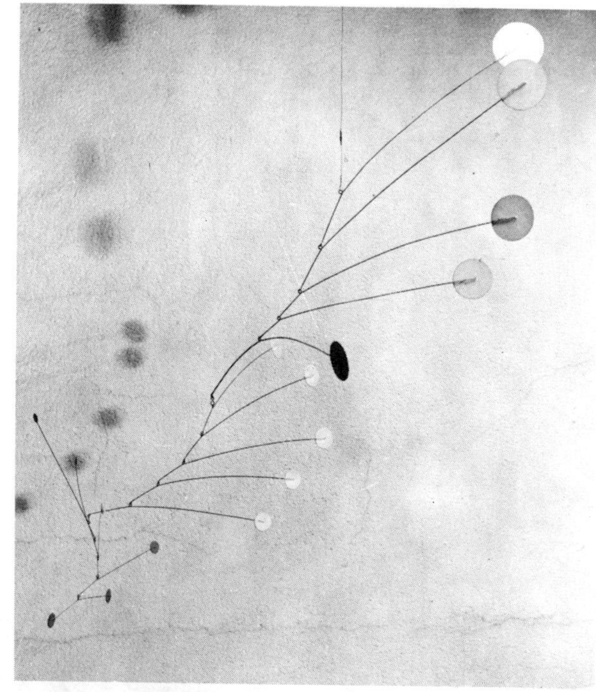

Cl. Giraudon - S.P.A.D.E.M.

***6 810 000 litres d'eau par seconde :* représentation à la Maison de la Culture de Grenoble en 1968.**

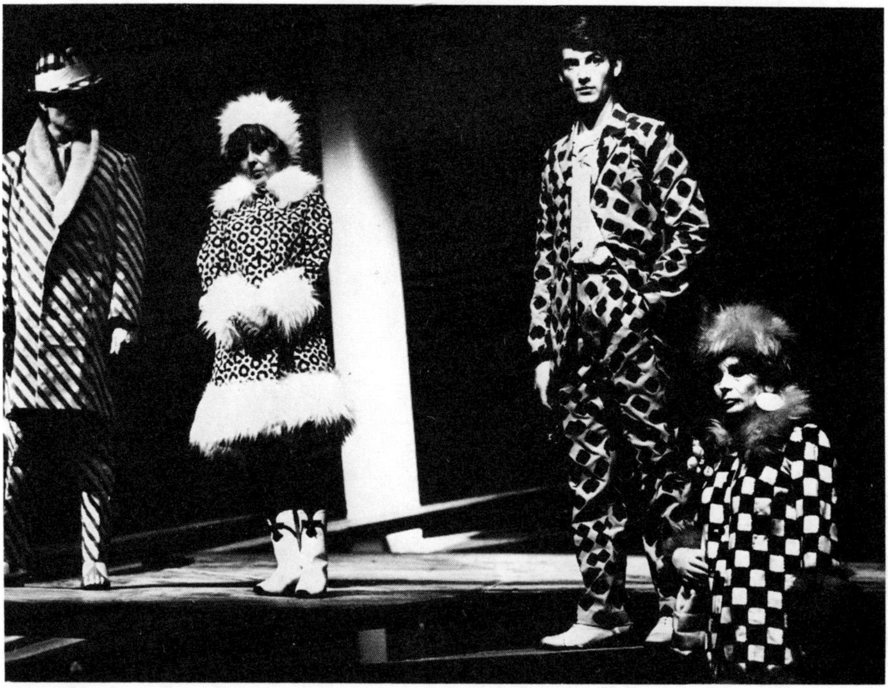

Cl. Marie Jésus Diaz - S.P.A.D.E.M.

Les chutes du Niagara au temps de Chateaubriand et au temps de Michel Butor.

Coll. Viollet.

Cl. Off. nat. du tourisme canadien.

Degrés marque un tournant dans l'œuvre de Butor : c'est la fin du roman au sens habituel, la fin du héros individuel, et le dernier pas décisif vers les formes que vont prendre *Mobile*, *Réseau aérien* (1962), *San Marco*, *6 810 000 litres par seconde* (1965). Dans les *Entretiens*, Butor fait remarquer que le passage de titres avec article à des titres sans article correspond à un changement profond dans la nature de ces livres. Les romans étaient des enquêtes, ces ouvrages sont des descriptions, des études, de la même façon que *Degrés* se voulait la description d'une heure de classe. Il n'y aura plus un héros cherchant à sortir du labyrinthe que constitue chaque lieu, mais un déploiement de ce qui constitue le génie de chaque lieu : au mot « Niagara » l'esprit d'un Français à la culture classique accroche un certain nombre de phrases, de Chateaubriand par exemple, que Butor travaille, modifie, confronte à d'autres phrases sur la réalité actuelle des Chutes du Niagara, du spectacle qu'elles offrent, pour en faire surgir une nouvelle *représentation.*

Voici donc l'effort du créateur intégré au texte : au lecteur de se mettre au travail. La lecture est en effet profondément affectée par la forme de ces livres : il y a possibilité de lectures différentes, et il est peu probable qu'aucun lecteur lise à la suite les énumérations de *Mobile:* chacun se fera ses trajets dans ce qui lui est proposé, comparera, reviendra en arrière, sautera, suivra une ligne plutôt qu'une autre.

Dans *Degrés*, les citations étaient intégrées dans un livre dont la facture restait finalement traditionnelle, avec pour fonction d'exprimer l'impossibilité même de raconter une histoire. Avec *Mobile*, Butor franchit un nouveau stade, et passe de la citation au collage. La discontinuité va plus loin que jamais, l'attention, sans cesse tenue en éveil par les changements de textes, est en même temps forcée à des accommodations constantes en raison de la diversité des matériaux juxtaposés : extraits de catalogues de grands magasins, discours du président Jefferson, couleurs de voitures, oiseaux, parfums d'ice-cream... sont utilisés avec bien d'autres éléments pour cette représentation des États-Unis. On le voit, une certaine idée de la création littéraire est par là-même remise en cause : l'écrivain n'est plus ce génial démiurge qui crée à partir de rien, mais celui qui choisit et arrange un certain nombre d'éléments proposés par les textes existants.

Le deuxième caractère déroutant du livre est sa composition : la répétition et la variation constituent les principes de ces ouvrages. L'écrivain compositeur est d'abord celui qui saura choisir la grille propre à faire ressortir l'idée qu'il se fait de l'objet considéré. L'immensité, mais aussi l'uniformité du continent américain sont rendues par ces incessants rapprochements d'un État à l'autre, par les répétitions des mêmes mots (noms de villes, heures, couleurs, produits de consommation), de même que dans *San Marco* les variations sur les mêmes mots expriment le caractère convenu et prévisible des réactions de la foule et des individus qui la composent devant un monument célèbre : « Tu as remarqué? — It's so lovely! — Et cela... — Je vous croyais à... — De quel pays? — Maravigliosa! — Il y avait de la brume. — Incroyable! »; ou bien encore : « Suisses? — Tu as vu cette chevelure écaille blonde! — Il a plu? — Un peu de brume. — Quelle fraîcheur! — Tu as vu cette femme en robe grise? — Lovely! ».

Le lecteur est ainsi contraint d'entrer dans le jeu, de se promener à l'intérieur du livre, déplacement idéal reproduisant le trajet que l'auteur a effectué en fait, mais dont le sens véritable ne lui — et ne nous — apparaît que dans cette mise en forme. A l'image du livre réalisé en opérant un certain nombre de prélèvements dans le « réel », c'est-à-dire dans tous les « textes » existants, qu'ils soient effectivement écrits (catalogues, menus, guides) ou non, notre lecture sera prélèvement et réorganisation des matériaux qui nous sont offerts. A une première lecture au fil des pages, qui peut avoir donné l'impression d'un chaos émietté, succéderont d'autres lectures s'organisant autour de tel ou tel thème, essayant, par exemple, dans *6 810 000 litres d'eau par seconde*, de suivre les variations que Butor fait subir au texte fameux de Chateaubriand (et même, parfois, à ses propres textes : dans son dernier livre *Illustrations II*, 1969, il travaille sur un certain nombre de ses poèmes antérieurs); lectures dégageant les rapports que ces variations entretiennent avec les autres thèmes, appréciant ou refusant les solutions proposées par l'auteur auquel le lecteur est incité, sinon à se substituer, du moins à s'identifier.

De plus en plus le lecteur est placé dans la position de l'auditeur d'un morceau musical, ces textes étant destinés aussi, ou d'abord, à l'audition. Butor s'attaque là encore au privilège de la chose lue. L'écrivain moderne est, pour lui, celui qui sait faire usage des techniques nouvelles. Une telle tendance est poussée à son paroxysme avec *Notre Faust*, « fantaisie variable genre opéra », écrite en collaboration avec le musicien Henri Pousseur; dans cette œuvre, qu'il ne cesse de transformer depuis 1962, l'attitude du spectateur détermine le déroulement du spectacle, qui au départ est programmé plutôt qu'écrit. On comprend mieux maintenant pourquoi Butor a intitulé *Mobile* le premier livre de cette troisième période de son œuvre : les compositions imprévisibles engendrées par les déplacements des tiges et des palettes métalliques de Calder ne sont-elles pas le modèle le plus suggestif de l'entreprise actuelle de Butor?

Texte stéréophonique : au centre deux voix, celle du speaker, fort, celle du lecteur, assez fort, qui lit « le texte de Chateaubriand ». A gauche, assez doucement : Milton, veuf; doucement : Liddy jeune femme solitaire. A droite, pas trop fort : Nelly veuve; très doucement : Kent, jeune homme solitaire.

Noël au Niagara

deuxième parenthèse de DÉCEMBRE

SPEAKER **Partout d'immenses arbres de Noël couverts de girandoles multicolores.**

se suspendent mille arcs-en-ciel, LECTEUR

Et je m'en retourne dans la nuit noire. KENT

et des carcajous au levant descendent dans une ombre effrayante, on dirait une colonne d'eau du déluge,

LIDDY Et je me renferme dans ma propre nuit noire.

celle qui tombe au fond du gouffre,

Messes dans les églises aux vitres illuminées.

de toutes les couleurs,

MILTON Avec elle autrefois, mais c'était dans une autre saison.

descendent en tournoyant en nappe de neige et brillent au clair de lune,

Avec lui autrefois dans cette neige. NELLY

entraînés par le courant d'air qui se précipite au midi,

Je hais cette nuit. KENT

s'arrondit en un vaste cylindre,

Les réveillons dans tous les restaurants décorés de gui et de houx.

puis se déroulent

LIDDY Je hais cette nuit.

des aigles sur le chaos des ondes, la masse du fleuve,

MILTON Je hais tous ces bruits nouveaux qui la repoussent dans son ombre, dans son oubli.

une île creusée en dessous qui pend avec tous ses arbres,

Comme il aurait aimé ces nouveaux bruits qui m'aident à le tirer de l'ombre! NELLY

s'avance

La danse.

entre les deux chutes;

La nuit.

la cataracte se divise en deux branches et se courbe en un fer à cheval,

MILTON Luttant parmi d'autres fantômes.

à la bouche béante d'un gouffre,

Jaillissant des eaux, m'entraînant. NELLY

c'est moins une rivière qu'une mer impétueuse dont les cent mille torrents se pressent,

LIDDY Me pressent.

en sorte qu'au moment même du Saut,

MILTON Nageuse, elle qui de sa vie n'avait nagé, sa tête émergeant des eaux de l'oubli, sa chevelure se déployant, immense...

dans un cours de près de six lieues,

Source que j'y boive en cette chambre où je suis seule écoutant les faux bruits de Noël... NELLY

en déclinant par une pente rapide

Les danseurs qui se lassent.

le fleuve arrive toujours

Charriant des blocs de glace,

jusqu'à la cataracte,

franchissant des ponts de glace.

depuis le lac Érié,

Les églises se ferment.

c'est que...

LIDDY J'y renonce.

Mais ce qui contribue à la rendre si violente...

Les couples se défont.

Sa hauteur perpendiculaire peut être d'environ deux cents pieds.

LIDDY Je ne pourrai pas dormir cette nuit ici, il faut que je m'enfuie sur les routes gelées.

A environ neuf milles de ce dernier lac se trouve la chute...

MILTON Roule, me roule dans son sommeil et dans sa pluie et dans sa neige et dans sa grêle et dans sa banquise qui me brûle...

Et se jette dans l'Ontario...

Et rejaillit grande fumée d'hiver qui me roule et me pénètre et me pétrit dans toute une ronde d'autres fantômes; ah! si seulement j'étais seule avec lui! NELLY

Les lumières s'éteignent.

LIDDY Adieu.

Michel Butor, *6 810 000 litres d'eau par seconde*, éd. Gallimard.

— On passe de rapports de contraste à une harmonie dans le sombre et la nuit. La multiplicité des voix entraîne une multiplicité de types de rapports (sens, rimes, rythmes) : représentation visuelle et auditive.

— Le traitement critique du texte de Chateaubriand (« Le critique c'est celui qui, en ajoutant un mot à une œuvre énorme, la change », a écrit Butor) : rupture de la syntaxe et de la suite logique, pour ces personnages au destin sans but.

— « Faire apparaître des contiguïtés ignorantes des catégories unitaires, pratiquer systématiquement la variation syntaxique ne constitue pas un jeu. Non seulement les "grands sujets" (l'amour, la mort, le temps) s'y rajeunissent, se révèlent encore capables de nous émouvoir en tant que sujets littéraires, mais, ce faisant, définissent les voies d'une poésie qui soit à la mesure de notre attente : une intelligence globale de notre espace. » (Georges Raillard.)

Il est significatif que deux de ces livres récents de Butor soient des livres sur l'Amérique, comme l'était déjà la leçon d'histoire de *Degrés*. La réflexion créatrice de Butor a saisi que là se jouait sans doute le destin de l'homme actuel.

« Si nous avons la possibilité de devenir Américains sans cesser d'être Européens, si nous avons la possibilité de traverser ce phénomène de dissolution, mais en conservant beaucoup mieux toutes nos structures anciennes, alors, nous nous trouverons avec la possibilité de nous inventer nous-mêmes à un niveau bien supérieur.

Il y a dans toute l'Amérique, dans toute la notion de " nouveau monde ", il y a une espèce de risque extraordinaire; il y a une sorte de crise de l'humanité qui se produit, et qui se produit non seulement pour les gens qui y sont, mais naturellement, pour tous les gens qui sont ailleurs.

Si nous sommes capables de nous approprier ce moment de crise, alors, nous sommes véritablement capables d'inventer une individualité supérieure, nous sommes capables de vivre une autre vie. »

Dans un effort peut-être démesuré pour résoudre cette crise, Butor, bien loin déjà de ses recherches timides du temps du Nouveau Roman, abandonne le roman pour partir à la recherche du livre qui serait Le Livre, où serait représentées toute histoire et toute culture :

« Nous pouvons avoir aujourd'hui l'idée d'une littérature de je ne sais quel siècle futur qui serait à la fois architecture et livres : des sites, des monuments travaillés de telle sorte que puissent s'y produire des événements admirables dans lesquels le langage apparaîtrait sous tous ses aspects, mais non point fermés sur eux-mêmes, en communication avec tout un réseau de résonateurs immeubles ou meubles, donc à la fois localisés et diffusés, à la fois destructibles et permanents,

ressuscitables.

Partition d'un événement sonore, partition d'un événement en général, nous devons travailler au livre, en cette métamorphose aux débuts de laquelle nous assistons, comme à la partition d'une civilisation. » (Fin de *Répertoire III.*)

Claude Simon

Nous ne parlerons ici que des romans postérieurs à 1957 : *Le Vent* (1957), *L'Herbe* (1958), *La Route des Flandres* (1960), *Le Palace* (1962), *Histoire* (1967), *La Bataille de Pharsale* (1969), étant bien entendu que les thèmes de l'œuvre figuraient déjà dans les romans antérieurs, mais que ceux-ci constituent la préhistoire d'un Claude Simon à la recherche de l'instrument qui va lui permettre de les exprimer et de les imposer. Cet instrument, il le trouve, c'est du moins l'impression que ressent le lecteur, chez Faulkner, en particulier le Faulkner d'*Absalon! Absalon!* (*cf.* p. 747).

Claude Simon est le seul des « nouveaux romanciers » à n'avoir pas publié d'ouvrage théorique. C'est de l'intérieur qu'il préfère commenter ses romans, nous fournissant de la sorte des fragments de son « Art poétique ». Dans *Le Vent*, il parle de « grammaire sans syntaxe »; dans *Histoire*, il compare sa technique à « ces vieux films usés, coupés et raccordés au petit bonheur et dont des tronçons entiers ont été perdus, de sorte que d'une image à l'autre et sans qu'on sache comment le bandit qui triomphait l'instant d'avant gît sur le sol, mort ou captif, ou encore l'intraitable, altière héroïne se trouve soumise ou pâmée dans les bras du séducteur — usure, ciseaux et colle se substituant à la fastidieuse narration du metteur en scène pour restituer à l'action sa foudroyante discontinuité ».

A mesure que l'œuvre se développe, depuis la brusque mutation formelle du *Vent*, qui donne aux critiques l'idée d'associer Claude Simon au groupe du Nouveau Roman, l'apparence de ces romans devient plus chaotique, à la fois plus impénétrable (le livre tendant à se composer d'une seule phrase de plus en plus longue) et plus discontinue : à l'intérieur de cette unique phrase, ce ne sont que mouvements inachevés, reprises étonnantes de mouvements depuis longtemps interrompus, parenthèses envahissantes, incidentes monstrueuses introduites par « comme » ou « comme si ». Cette technique permet au romancier, en s'appuyant sur la basse continue du participe présent qui se veut, « hors du temps, conventionnel », l'équivalent de l'éternel présent de la mémoire, de juxtaposer des fragments très éloignés de l'espace et du temps, mais qui coexistent dans la conscience du narrateur, et plus précisément dans son souvenir; le livre de Claude Simon est toujours, comme chez Faulkner, mouvement vers le passé, « tentative de restitution » pour reprendre le sous-titre du *Vent.*

Le temps est, en effet, le thème dominant de l'œuvre. Le narrateur, à la recherche du repos que constituerait un point fixe, oscille entre la hantise de la mort, de l'anéantissement final dans la terre qui engloutit tout, et la quête de l'origine, incarnée dans le personnage de la femme enceinte, présent tout au long de l'œuvre et jusqu'aux dernières lignes d'*Histoire :* « La femme penchant son mystérieux buste de chair blanche enveloppé de dentelles ce sein qui déjà peut-être me portait dans son ténébreux tabernacle sorte de têtard gélatineux lové sur lui-même avec ses deux énormes yeux, sa tête de ver à soie sa bouche sans dents son front cartilagineux d'insecte, moi? » Pour échapper au gouffre dans lequel l'entraîne le flux du temps, il accumule, en des énumérations sans cesse reprises et toujours décevantes, petits faits, fragments de conversation, descriptions minutieuses et envoûtantes d'objets (c'est peut-être cet aspect qui a fait rattacher Claude Simon au Nouveau Roman) : « [...] reflétée dans la glace surmontant le comptoir une de ces glaces rectangulaires comme celles que l'on peut voir ou plutôt dans lesquelles on peut se voir chez le coiffeur les angles supérieurs arrondis le cadre commençant au bord de la glace par un léger décrochement et un étroit à-plat puis une rangée de perles puis se renflant non pas ripoliné en blanc comme dans les salons de coiffure mais couverts d'un badigeon marron, de légers, et filiformes reliefs comme des vermicelles décorant la moulure comme des astragales des astériques à partir d'un motif central genre palmette au milieu de chaque côté et comme la glace était inclinée les verticales qui s'y reflétaient elles aussi, à commencer par au premier plan et en bas la rangée de cols et de goulots des bouteilles alignées sur l'étagère située immédiatement au-dessous. » *(La Route des Flandres.)*

Ce temps, et ceci distingue aussi Claude Simon des autres « nouveaux romanciers », n'est pas un temps abstrait, théorique. Qu'ils soient les masques, bien transparents, dont le romancier-narrateur, qui déclarait en 1960 « je suis incapable d'inventer quoi que ce soit », s'est affublé jusqu'à *Histoire*, ou le narrateur-auteur des deux derniers livres, les personnages sont poursuivis, hantés par des événements bien précis : la guerre d'Espagne *(Le Palace)*, la débâcle de l'armée française en 1940 *(La Route des Flandres)*, auxquels s'ajoutent dans *Histoire* tous les souvenirs d'enfance accrochés aux vieilles cartes postales qui constituent la trame de l'ouvrage. L'Histoire — le titre en majuscules est bien sûr remarquablement ambigu qui se lit à la fois : Histoire et histoire — est fatalité et, face à elle, le destin des individus qui font cette Histoire ne peut être que dérisoire. La guerre d'Espagne et la débâcle de 40 constituent l'équivalent, chez Simon, de la guerre contre le Nord et dc la défaite des Sudistes chez Faulkner. Les gestes accomplis, les paroles prononcées en ces journées sont ineffaçables, ils ne peuvent mener qu'à l'anéantissement de celui qui, par miracle ou par malheur, y a d'abord échappé : le suicide (?) de Reixach à la fin de *La Route* reproduit le souvenir qui a bercé toute l'enfance de Simon, « l'histoire de cet ancêtre qui s'est tué d'un coup de pistolet, et dont j'avais sous les yeux le portrait ».

[Et lui continuant à chevaucher]

Fragment d'*Histoire* où l'on retrouve le personnage central, le capitaine de Reixach dont les seuls soucis sont « les jambes des femmes et celle des chevaux », et l'épisode central de *La Route des Flandres*, vus maintenant dans le souvenir du narrateur qui s'entretient avec le capitaine.

Souvent, par la suite, j'ai cherché à l'imaginer, écrivant à son tour sa page d'Histoire — quoiqu'il fût trop bien élevé évidemment pour se laisser aller à ces sortes de pompeux commentaires, à n'importe quelle espèce de commentaire sans doute. Mais cela : cette route bordée de débris fumants, et lui avec tout ce qui lui restait de son escadron, c'est-à-dire un unique sous-lieutenant, un cavalier et son ordonnance, ce jockey à tête de casse-noisette qu'il avait pris à sa vieille folle de tante, lui faisant troquer la fameuse toque cerise pour ces couleurs, casaque rose, toque noire, dont on aurait dit qu'elles avaient été choisies sur mesure pour Corinne * d'après une réclame pour dessous féminins dans les magazines spécialisés, et les blessés couchés dans les fossés lui criant de ne pas continuer, qu'il allait se faire tuer et lui les ignorant, se contentant de dire à l'autre officier (parlant de cette voix de tête un peu haute qu'il tenait sans doute de ses ancêtres arabes, c'est-à-dire de l'ancêtre arabe qui avait dû engrosser une des arrière-arrière-grand-mères des barons de Reixach avant que Charles Martel ait eu le temps d'arriver, de sorte qu'il était lui aussi, comme ses chevaux, un croisement d'Arabe) avec seulement un soupçon d'agacement, d'ennui : « ... pour quelques salopards embusqués derrière les haies avec une malheureuse pétoire... » et n'achevant même pas, continuant, hautain, tout au plus légèrement contrarié, offusqué, au pas régulier et calme de sa jument au milieu de ce paysage printanier tout à coup dangereux (comme le banal et inquiétant décor * de l'avenue aux monotones façades ocres, aux trottoirs vides, à la chaussée vide, aux magasins fermés) : les prés fleuris de pâquerettes, les lisières des bois, les haies, les vergers dangereux : comme si la nature tout entière complice des assassins se retenait de respirer dans l'attente du meurtre, s'était soudain muée en quelque chose d'à la fois indifférent et perfide, verte, étincelante dans le soleil, bizarrement silencieuse, bizarrement immobile, déserte, cachant quels invisibles regards, quelle invisible mort... Et lui continuant à chevaucher entre ces deux moraines puantes de détritus, de camions brûlés, de cadavres, aussi naturellement (c'est-à-dire trouvant ces choses aussi naturelles) qu'au manège ou à la promenade, nonchalamment assis sur sa selle ou plutôt avec une nonchalante rigidité, comme s'il avait été habitué

* La femme du capitaine.

* Parenthèse qui renvoie à l'épisode de la guerre civile espagnole qui se mêle à celui-ci.

dès l'enfance à porter une sorte de corset dans lequel ses os, ses muscles et son esprit auraient fini sans même s'en apercevoir par se tenir, raides, inflexibles et cérémonieux, de sorte qu'il n'avait plus à s'en soucier, pouvait se laisser aller négligemment ou plutôt insolemment abandonné à l'intérieur de son imperturbable et hautaine carapace de réflexes et d'orgueil, conversant avec son sous-lieutenant, tandis que ce parachutiste caché derrière les tendres feuilles printanières les regardait peu à peu s'approcher, grandir, lui dans ce moment où il allait mourir, où il avait peut-être décidé qu'il ne lui restait plus qu'à mourir, pensant quoi, ressentant quoi...

Claude Simon, *Histoire*, éd. de Minuit.

— Le processus de la création littéraire : recréation par l'imagination à partir d'un fait réel et de questions posées (37, 54).

— Questions qui sont les points de rupture du mouvement de la phrase qui progresse par additions (6, 13, etc.), précisions (2, 5, 7, etc.); le participe présent immobilise (15, 25, etc.) et permet de juxtaposer différents moments et différents centres d'intérêt (12, 20, 28, etc.).

— Rapports de l'individu et de l'Histoire : en « continuant », en suivant un destin tout tracé, le personnage va vers sa mort.

Suivant l'évolution qui conduit le roman récent à abandonner toute intrigue au profit de la seule aventure de l'écriture (*cf.* p. 614), Claude Simon, dans ce livre qu'il intitule paradoxalement *Histoire* — comme dans son tout dernier ouvrage, *La Bataille de Pharsale*, où il poursuit et approfondit cette réflexion sur les problèmes de la création —, échappe à cette fascination de l'anéantissement, en écrivant lui aussi sans transposition, sans utilisation de personnages intermédiaires : le lecteur retrouve les personnages des romans précédents devenus des individus réels. Cet abandon de la fiction lui permet, en laissant davantage son univers en suspens dans le temps même de l'écriture, de pousser plus loin encore la dislocation formelle, cette « destruction concertée du discours » dont parle Ricardou, l'un des jeunes romanciers qui a le mieux assimilé et poursuivi la leçon du Nouveau Roman.

Cl. éd. de Minuit.

De gauche à droite : Nathalie Sarraute, Alain Robbe-Grillet, Michel Butor, Claude Simon.

« ... havre de paix, terre de bonheur » (Georges Perec, *Les Choses; cf.* p. 621).

Cl. Bobois et Roche.

3. Vers un livre futur

Où en est le roman nouveau après le Nouveau Roman? Il faut d'abord nous demander si une telle question, ainsi posée, possède un sens. Les pages qui précèdent ont suffisamment souligné, d'une part l'enchevêtrement des œuvres (Robbe-Grillet commence à écrire *après* Cayrol, mais Cayrol continue d'écrire *pendant* Robbe-Grillet), et d'autre part la liberté des auteurs, que ce soit vis-à-vis des « écoles » ou vis-à-vis d'eux-mêmes (*La Maison de rendez-vous* ne ressemble guère aux *Gommes*, ni *Mobile* à *L'Emploi du temps*). Tout ceci n'empêche évidemment pas le jeu des influences, des filiations ou des affinités mais devrait rendre le critique un peu plus prudent lorsqu'il cherche à les établir.

Le Nouveau Roman, comme toute nouveauté ou prétendue telle, a créé une mode. Aux environs de 1960, on se met à faire « objectal », comme les peintres mondains, à l'époque des impressionnistes, s'étaient mis à peindre « clair ». Ne citons pas de noms : ils sont déjà oubliés. Mieux vaut insister sur l'œuvre de deux romanciers qui ne sont, ni l'un ni l'autre, des « suiveurs », mais qui forment une sorte de transition entre le Nouveau Roman et l'un des principaux courants actuels de la jeune littérature. En poussant à l'extrême le parti pris de Robbe-Grillet, Claude Ollier (*La Mise en scène*, 1958) et Jean Ricardou (*L'Observatoire de Cannes*, 1961), débouchent sur ce que l'on pourrait appeler le paradoxe de la description. Ce paradoxe, ce n'est pas seulement, comme l'a montré Maurice Nadeau, « que la description minutieuse et même fanatique du réel puisse basculer dans l'irréalité »; c'est aussi et surtout l'expérience que fait de son pouvoir créateur une écriture apparemment asservie à l'objet. « Description créatrice », capable d'engendrer un monde sous les espèces d'un livre : tel est le sens, précisément, que Ricardou donne à l'entreprise de Robbe-Grillet dans *La Jalousie*. Ainsi interprété, le Nouveau Roman devient moins, pour reprendre une formule de Ricardou, « l'écriture d'une aventure que l'aventure d'une écriture ».

Nous voici donc ramenés, en matière de roman, de l'histoire au langage, du réel à l'écriture. Mais nous voici ramenés également, par un autre détour, de l'objet au sujet, du monde à la conscience. A partir des analyses de Bruce Morrissette (1963), la critique a bien été forcée de reconnaître que l'univers décrit par Robbe-Grillet n'était pas, quoi qu'en ait d'abord prétendu l'auteur dans des proclamations pour le moins ambiguës, l'univers en soi, les objets sans les hommes, mais bien une vision, le produit d'un regard subissant ses fantasmes ou cultivant ses fantaisies. Ce qui rejoignait, sur le plan du contenu, les conclusions tirées par Ricardou sur le plan de l'écriture. Aventures du langage, aventures du sujet : sous cette double rubrique, qui n'en fait à vrai dire qu'une seule, pourraient se ranger la plupart des romanciers, jeunes ou moins jeunes, qui se sont révélés depuis peu dans le domaine de ce que nous avons nommé le roman nouveau. A la façon d'Yves Régnier, beaucoup d'entre eux prolongent, par-delà Robbe-Grillet, les tentatives d'un Maurice Blanchot, d'un Jean Cayrol ou d'une Marguerite Duras : c'est le cas de Bernard Pingaud qui, après avoir pratiqué, sous sa forme à vrai dire la plus épurée, le roman classique (*L'Amour triste*, 1950), s'est ouvert peu à peu à des recherches originales (*Le Prisonnier*, 1958, et surtout *La Scène primitive*, 1965). C'était également le cas, dès les années soixante, de Bruno Gay-Lussac, aux prises, dans *L'Insaisissable* (1963), avec l'« univers muet et inaccessible » d'une conscience.

Mais si ces deux exemples prouvent, une fois de plus, la vanité des classements à l'intérieur d'une période aussi brève et aussi complexe, ils n'en font pas moins apparaître clairement ce que le Nouveau Roman, même dans ses manifestations les plus spectaculaires et les plus superficielles, aura rendu possible : davantage d'audace et davantage de liberté, un affranchissement à peu près complet par rapport aux servitudes traditionnelles de l'art romanesque. Moins romans que livres et jetant comme un pont entre la poésie et la philosophie, les romans nouveaux d'aujourd'hui se ressemblent par une même conception de la « fiction », entendue non plus comme la représentation feinte du réel, mais comme le déploiement révélateur d'une écriture. S'ils diffèrent, c'est d'abord par le souci plus ou moins grand de la construction : non pas de cette composition de type dramatique (préparation, crise et dénouement) que Thibaudet relevait chez Bourget, mais de cette organisation de l'œuvre en un système « ouvert », pour reprendre un terme utilisé par le critique italien Umberto Eco dans un important essai traduit en 1965 et intitulé précisément *L'Œuvre ouverte*. On opposera ainsi les monologues plus ou moins linéaires (même s'il arrive que la parole se boucle sur elle-même en un perpétuel recommencement) de Gaëtan Picon (*Un Champ de solitude*, 1968) et de Dominique Proy (*L'Envahie*, 1968), de Jean Roudaut (*La Chambre*, 1968) et de Jean-Michel Gardair (*Et moi*, 1968), ou bien le chant martyrisé, martelé, de Pierre Guyotat (*Tombeau pour 500 000 soldats*, 1968), — à la fugue joycienne d'Alain Badiou (*Almagestes*, 1964; *Portulans*, 1967) et à la fresque initiatique de Simonne Jacquemard (*L'Éruption du Krakatoa*, 1969). Mais ces œuvres diffèrent également, et cette différence est sans doute la plus importante, par leur pouvoir plus ou moins apparent et plus ou moins fort de contestation. Non point tant contestation d'un genre (l'âge de la provocation est à peu près passé) que de la société dans sa culture et de l'homme dans son langage. Plutôt que de proposer un panorama, nous essayerons de marquer, à l'intérieur d'un même champ, celui de l'écriture, les positions extrêmes.

L'écriture textuelle

La revue *Tel Quel*, fondée en 1960, n'a pas trouvé tout de suite cette vigueur et cette rigueur doctrinales par lesquelles elle séduit les uns et rebute les autres. A l'image de son principal animateur, Philippe Sollers, qui débuta dans les lettres par le sage récit, que saluèrent Aragon et Mauriac, d'une éducation sentimentale des plus bourgeoises (*Une Curieuse Solitude*, 1958), *Tel Quel* est passé en peu d'années, depuis la simple recherche de la « qualité » littéraire jusqu'à l'entreprise révolutionnaire qui est aujourd'hui la sienne, par un certain nombre d'étapes que jalonnent d'inévitables exclusions et de non moins inévitables manifestes. Disons, pour faire bref, que la revue regroupe de jeunes auteurs qui, non contents de pratiquer cette écriture dont nous avons vu qu'elle constituait le commun dénominateur des œuvres « romanesques » les plus récentes, prétendent, sous le nom d'« écriture textuelle », en élaborer la théorie et en épurer, par conséquent, la pratique. Pour mener à bien leur entreprise, ils s'appuient, comme le fait Philippe Sollers dans *Logiques* (1968), sur des « textes-limites, refusés ou mis à l'écart par notre culture » : Sade et Lautréamont (héritage des surréalistes déjà repris par Blanchot) et, plus près de nous, Artaud et Bataille, auxquels ils ont su redonner leur véritable figure d'« inventeurs ». Ils ont également recours — et c'est là sans doute la grande nouveauté d'une démarche influencée à la fois par un critique (Roland Barthes) et par deux philosophes (Michel Foucault, Jacques Derrida), — aux derniers développements de la psychanalyse (Lacan), de la linguistique (Chomsky) et du marxisme (Althusser). Sans entrer dans le détail de recherches parfois gâtées par tout un jeu hâtif de surenchères et d'analogies, on mentionnera simplement d'une part l'extension du concept d'écriture (qui remplace celui, désormais caduc, de littérature) à l'ensemble de l'histoire humaine considérée comme un texte, d'autre part le sens révolutionnaire conféré, par le biais d'une théorie de la production calquée sur Marx, à la pratique textuelle (*Théorie d'ensemble*, recueil collectif publié en 1968).

Puisque « la théorie de l'écriture textuelle, comme l'affirme Sollers, se fait dans le mouvement de la pratique de cette écriture », attardons-nous plutôt sur cette pratique. Parmi tout un essaim de textes généralement interchangeables (mais n'est-ce pas l'ambition de Jean-Louis Baudry, de Marcelin Pleynet, de Jacqueline Risset ou de Pierre Rottenberg, que de supprimer toute fixation à l'« auteur » et à l'« œuvre »?), nous retiendrons deux livres qui se présentent l'un et l'autre, avec moins d'ironie qu'il n'y paraît, comme des « romans ». *Drame*, de Philippe Sollers (1965), raconte en effet une histoire, disons plutôt qu'il est cette histoire (histoire au sens d'événement et non pas d'intrigue) : « Nous sommes, explique l'auteur, au présent, sur la scène de la parole. Celle-ci se dédouble, à la fois intérieure et extérieure, alternativement confiée à un chœur (représenté par le pronom "il") et à l'individu (désigné par le "je"). » Le « drame » que Philippe Sollers met en scène, et qu'il projette dans l'espace du livre (tel est le sens qu'il donne à la composition en soixante-quatre « chants » analogues aux soixante-quatre cases noires et blanches du jeu d'échecs), c'est celui de l'invention d'une langue ou plus précisément d'une syntaxe.

[« Là d'où ça vient »]

Il devient un écho immobile et froid, debout, au coin de la rue, l'écho d'une phrase qu'elle prononcerait pour elle-même à l'autre bout de la ville. Puis, silence. Il s'éveille à demi : rivière claire, verte, rapide, devant les yeux (elle, de son côté, reste dans sa vision comme un point de choc noir, un plan vertical ressenti de face). Et c'est maintenant le battement du cœur, à nouveau, dans un contre-courant de sommeil... En même temps, pensée qu'entre deux battements prend place « l'éternité »... Pensée insistante, évidente : « l'éternité » est « ce qui dure le moins » (l'instantané dure encore beaucoup trop pour pouvoir en être l'image). Effondrement, évanouissement, pulvérisation : plus on divise et plus cela fuit; plus on est sûr et moins on peut s'assurer du phénomène. La souffrance se fait maintenant aiguë, incessante (il y a eu un moment où cela pouvait être dit clairement, mais le piège est toujours le même, fonctionne toujours avec la même précision : « inutile, on s'en souviendra »). En fermant les yeux, il cherche à laisser s'épancher « la source », « là d'où ça vient ». Vibration, alors, de plus en plus forte : le corps entier, mais un corps pensé plutôt que perçu, semble à présent osciller sur place, c'est comme si — mais la comparaison le fait aussitôt déraper — il voyait au loin la courbe, la courbure... Fuite : tout ce qu'il ne veut pas penser faisant exprès de se penser... Le lieu se réduit, une sorte de main se referme sur tout paysage, ramasse, replie, largue les amarres de tout paysage... Déploiement invisible, frontière organique, chaude, dans le soir... Il s'appuie sur cette tapisserie menaçante... Étoffe comme enroulée hors de l'espace, mais dont l'espace est seul à pouvoir parler, suite d'images inutiles affrontées désormais à la possibilité d'un langage muet, immédiat... C'est bien « le monde entier » qui est palpé dans cette ombre chaude, fragile, dans cette insaisissable demeure d'ombre et de nuit... (et la nuit, dehors, s'infiltre avec la brume dans la ville de plus en plus silencieuse, tandis que les lumières persistent, que les moyens d'information se déploient et persistent à l'intérieur, brefs communiqués, musiques, journaux en préparation, décalage, retard qu'une veille incessante s'emploie à combler, commentaires et rappels du langage direct assuré en plein jour...) Et la nuit prend possession de lui, pour finir, tirant le rideau derrière lequel il peut feindre d'échapper au problème, bien que tout, à partir de là, soit transposé dans une élaboration parallèle, travail dont il tirera au réveil seulement quelques fragments masqués hors du courant... quelques indications scéniques insignifiantes pour la somme de texte qu'il est sûr d'avoir lu, entendu, souplement vécu... toujours cette marge, cette coupure, mince immensité latente...

Philippe Sollers, *Drame*, éd. du Seuil.

— D'un sommeil (3) à l'autre (41) : les visions et les pensées (1-18) du demi-sommeil (*cf.* chez Proust le début de *Du côté de chez Swann*) ; l'effort pour saisir ou plutôt pour vivre la pensée à sa « source » (18-34); la montée de la nuit hors de soi (34-40) et en soi (40-49).

— Les deux langages (31, 40). Abondance des phrases nominales. Les points de suspension. Des images qui se succèdent à un rythme très rapide, mais qui sont toutes remarquablement convergentes (l'espace comme enroulement et déploiement : 6-7, 23, 29-30, 27 et 37).

— « Le problème, [...] pour quelqu'un qui croit le langage excessif (empoisonné de socialité, de sens fabriqués) et qui veut cependant parler (refusant l'ineffable), c'est de s'arrêter *avant* que ce *trop* de langage ne se forme : prendre de vitesse le langage acquis, lui substituer un langage inné, antérieur à toute conscience et doué cependant d'une *grammaticalité* irréprochable : c'est là l'entreprise de *Drame* [...]. » (Roland Barthes.)

Avec moins de rigueur dans la construction mais davantage de liberté dans l'écriture (une écriture pourtant très surveillée et qu'il faut se garder d'assimiler à l'écriture automatique), Jean Thibaudeau, dans les deux tomes d'*Ouverture* (*Ouverture*, 1966; *Imaginez la nuit*, 1968) poursuit un projet identique. Le très beau lyrisme abstrait qui se plie, chez Sollers, aux calculs d'une combinatoire inspirée de Mallarmé (*Nombres*, 1968, repose, aux dires de son auteur, sur une « matrice carrée » * dont les trois premières séquences sont à l'imparfait et la dernière au présent), voici qu'il se charge, qu'il se gorge, chez Thibaudeau, de sensations et d'images, de chair et de vie. Sans doute s'agit-il bien, comme on voudrait nous en persuader, d' « esquiver toute espèce de repères et de formes apprises ». Mais cette esquive est un élan : loin de dessécher le texte ou de le paralyser, elle l'entraîne dans une sorte de mouvement perpétuel, — phrases toujours rompues, thèmes toujours repris, mort et renaissance confondues —, bref dans une « consumation » où l'on sent beaucoup moins de haine et beaucoup plus d'amour encore que chez Bataille. Organisme vivant, *Ouverture* prouve, d'une façon certainement plus convaincante que les objets mathématiques machinés par Philippe Sollers, que la destruction et la création peuvent et doivent aller de pair dans le livre futur, et peut-être déjà présent, dont rêvent aussi bien les rédacteurs de *Tel Quel* que ceux de *Change* (signalons parmi ces derniers Jean-Pierre Faye, transfuge de *Tel Quel* et géomètre passionné, notamment dans *Analogues* publié en 1964, de l'espace romanesque).

[D'entre tous les fantômes]

Le narrateur procède à sa toilette matinale.

* Création de Thibaudeau (on pense à la fois à « s'ébaudir », « s'ébattre » et « babiller »).

Quoi qu'il en soit, l'eau, ici, où je suis seul, bien seul, où je me parle à moi-même et m'écoute, réfléchi, où je me débarbouille, m'échauffe, m'ébabille *, elle jaillit à toute allure, toute force, dans cette chambre en cet instant, transparente, belle à l'œil et belle à l'oreille, est giclante et rebondissante, giflante, réconfortante, bonne à boire et

* *Cf.* A. Warusfel, *Dictionnaire raisonné des mathématiques* (éd. du Seuil, 1966, p. 267).

je suis le conseil, goulu, à longs traits puis je m'essuie les mains au torchon blanc et rouge sec et propre — pendu là — et elle remporte avec soi, aux enfers, dans la terre, au centre de la terre, au fond, vers une boue intime, noire et liquide, essentielle, substantielle, molle, commune, par les conduits obscurs, coudés reliés entre eux, compliqués, soudés; et ils tremblent et résonnent; par là, elle remporte, rapidement aussitôt, en bouillons gris et paquets floconneux, roulés, innommables, en vrac, en boules aspirées répugnantes, et qu'on n'en parle plus — elle remmène en bas, aux diables, la saleté

Et, soc (tu sais, cet homme qui, tandis que au mépris de toute prudence et pudeur, vive ce bonheur-là, nous nous aimions; que le village, non loin de cette route où des enfants se sauvent, après leur crime, en contre-bas vivait, rues et boutiques, pavés, enclumes, les cheminées tranquilles, rouge et rose, joliment bruyant; cet homme qui peinait, courbé en deux, les mains calleuses crispées sur le bois poli, jaune, humide, suant et criant le pauvre et s'essuyant le front, les joues, au grand mouchoir à carreaux lavé la veille dans la rivière même, au bas du raidillon sous les arbres le lavoir, alors que son cheval, tendu, pattes écartées, hennissant intensément pissait ou encore, ce voyage avec toi, aux îles, au loin, quelle croisière, azurée, nous deux légers, au bastingage accoudés, enlacés, et en bas l'eau très verte est dans l'ombre, filante, toi, petite, les paupières plissées, et bronzée, en robe blanche et large, d'été, par le kodak nous fixerons la terre à l'instant de sa disparition pour aussitôt après selon un chemin difficile et sonore, descendre en riant et nous courons jusqu'à notre cabine et nous y enfermer et déshabiller dans cette pièce vaste et basse le sol lisse et quand on veut, quand on veut voir sinon le ciel les mouettes suspendues un nuage blanc derrière, au bon moment, notre couchette alors penchée de ce côté, au bon moment voir la mer, et rien d'autre, par le hublot clair : les vagues

Soc, ou quille d'un navire, donc (et il est noir, il est noir rouge et blanc, élancé, fumant, et on dirait qu'il ne bouge pas et qu'il vient vers nous — oui, celui-là retournant la terre découvrant l'humidité perpétuelle, les racines, les vers, quand celle-ci crée, et rejette l'écume — sillons à toutes fois, image alors, tremblante et pure, cadrée, image du laboureur et du pesant attelage (nous deux absents maintenant, nous deux sommes partis, dans notre chambre instable — ils sont arrêtés, eux, au beau milieu du paysage, abrités du vent par les arbres, le poil trempé sous les harnais, et l'urine s'écoule, couvre le sol et y entre, ils sont arrêtés ainsi dans le champ de pleine campagne que ferment les haies hautes et bien profondes, où les nids se balancent dans les branches, juste au-dessus de la mer pourtant tout en bas scintillante (murmurante) silencieuse lumineuse sans limite et bleue

La lame, celle-là qui, ouvrant les veines en une belle orgie, solitaire, et romaine * dans la baignoire, dans l'eau mousseuse colorée et chaude, permettrait d'en finir — non, précisément coupante, et sans aucun danger, habile et presque immatérielle, à petits coups pour le meilleur et le pire après le temps les erreurs après les terreurs nocturnes et hors de l'ignoble m'émergeant, la lame a refait mon visage, d'entre tous les fantômes

* Allusion au suicide d'un Sénèque ou d'un Pétrone.

Jean Thibaudeau, *Ouverture*, éd. du Seuil.

— En des phrases ou plutôt (absence de points) en une seule longue phrase « ouverte » (à l'image des parenthèses), se donnent libre cours une sorte de jubilation verbale, un goût des mots (et de leur sonorité même : 5-6) qui va jusqu'au néologisme (3) ou à la redondance (9-11).

— A l'intérieur de cette parole foisonnante (2, 18, 30), il s'établit pourtant, en dépit ou plutôt à cause de toutes les ruptures (17, 42, 58) et de toutes les digressions (18, 43, 59-62), une continuité profonde : « Et soc (18) ... Soc, ou quille d'un navire, donc (43)... La lame (59)... »

— Mieux encore que sur des jalons syntaxiques, cette continuité repose en fait sur tout un jeu d'associations, d'antithèses ou de correspondances entre un certain nombre d'images fondamentales (8 et 26-27; 9-13, 53-54, 45-47; l'eau/la terre; la transparence/l'obscurité; le jour/la nuit : 65-66).

Pastiches et paraphrases

L'exploration du langage à des fins à la fois destructrices et novatrices, telle est aussi la préoccupation d'un certain nombre de romanciers dont les œuvres sont assurément très diverses mais qui tous ont choisi, parfois le temps d'un seul livre, non pas d'esquiver mais de cultiver — pour en faire jaillir des scandales ou des vérités méconnues — des structures, des mythes ou un style « reçus » (au sens où l'on parle d'idées reçues). Romanciers de la consommation, et de la contestation de cette consommation, comme Perec ou Lewino. Romanciers de la culture, et de l'interrogation sur cette culture, comme Tournier ou Teyssèdre.

Il serait injuste de vouloir enfermer Georges Perec dans son premier roman. Comme il le dit plaisamment du « scriptor », c'est-à-dire de lui-même, dans *La Disparition* (1969) : « Alors qu'il avait surtout, jusqu'alors, discouru sur sa situation, son moi, son autour social, son adaptation ou son inadaptation, son goût pour la consommation allant, avait-on dit, jusqu'à la chosification, il voulut, s'inspirant d'un support doctrinal au goût du jour qui affirmait l'absolu primat du signifiant, approfondir l'outil qu'il avait à sa disposition [...]. » Mais une telle évolution, qui conduit Perec à prendre pour sujet de son dernier ouvrage la « disparition » d'une voyelle (que l'on relise attentivement le texte qui précède) découle presque logiquement de la formule qu'il avait adoptée dans *Les Choses* (prix Renaudot 1965). Ce qui compte en effet dans cette « histoire des années 60 », ce n'est pas tellement la dénonciation qu'y fait l'auteur d'un certain type de société, mais la forme que prend cette dénonciation et qui n'est pas, précisément, celle d'une dénonciation. Perec adopte d'entrée le même point de vue, impersonnel et froid, objectif et distant, que celui voulu sinon toujours tenu par Flaubert. Le point de vue, si l'on veut, d'une caméra qui accompagne les personnages, qui vit, rêve et voyage avec eux sans jamais manifester à leur égard le moindre sentiment. Mais le romancier moderne va plus loin encore : il pastichera délibérément Flaubert, multipliant les allusions à *L'Éducation sentimentale*, reprenant les tours, répétant les rythmes de l'écrivain. Si bien que cette vision d'une société chosifiée devient elle-même une chose, l'une de ces « copies » dont Jérôme et Sylvie brûlent d'enrichir leur ameublement, un bel objet d'aujourd'hui, sans âge et sans âme.

[Havre de paix, terre de bonheur]

C'est le début du roman.

L'œil, d'abord, glisserait sur la moquette grise d'un long corridor, haut et étroit. Les murs seraient des placards de bois clair, dont les ferrures de cuivre luiraient. Trois gravures, représentant l'une Thunderbird, vainqueur à Epsom *, l'autre un navire à aubes, le *Ville-de-Montereau* *, la troisième une locomotive de Stephenson, mèneraient à une tenture de cuir, retenue par de gros anneaux de bois noir veiné, et qu'un simple geste suffirait à faire glisser. La moquette, alors, laisserait place à un parquet presque jaune, que trois tapis aux couleurs éteintes recouvriraient partiellement.

* Il s'agit de la célèbre course de chevaux appelée le « Derby ».
* Nom du bateau qui, aux premières pages de *L'Éducation sentimentale*, conduit Frédéric Moreau de Paris à Nogent-sur-Seine.

Ce serait une salle de séjour, longue de sept mètres environ, large de trois. A gauche, dans une sorte d'alcôve, un gros divan de cuir noir fatigué serait flanqué de deux bibliothèques en merisier pâle où des livres s'entasseraient pêle-mêle. Au-dessus du divan, un portulan * occuperait toute la longueur du panneau. Au-delà d'une petite table basse, sous un tapis de prière en soie, accroché au mur par trois clous de cuivre à grosses têtes, et qui ferait pendant à la tenture de cuir, un autre divan, perpendiculaire au premier, recouvert de velours brun clair, conduirait à un petit meuble haut sur pieds, laqué de rouge sombre, garni de trois étagères qui supporteraient des bibelots : des agates et des œufs de pierre, des boîtes à priser, des bonbonnières, des cendriers de jade, une coquille de nacre,

* Ancienne carte marine.

une montre de gousset en argent, un verre taillé, une pyramide de cristal, une miniature dans un cadre ovale. Plus loin, après une porte capitonnée, des rayonnages superposés, faisant le coin, contiendraient des coffrets et des disques, à côté d'un électrophone fermé dont on n'apercevrait que quatre boutons d'acier guilloché, et que surmonterait une gravure représentant le *Grand Défilé de la fête du Carrousel.* De la fenêtre, garnie de rideaux blancs et bruns imitant la toile de Jouy, on découvrirait quelques arbres, un parc minuscule, un bout de rue. Un secrétaire à rideau encombré de papiers, de plumiers, s'accompagnerait d'un petit fauteuil canné. Une athénienne * supporterait un téléphone, un agenda de cuir, un bloc-notes. Puis, au-delà d'une autre porte, après une bibliothèque pivotante, basse et carrée, surmontée d'un grand vase cylindrique à décor bleu, rempli de roses jaunes, et que surplomberait une glace oblongue sertie dans un cadre d'acajou, une table étroite, garnie de deux banquettes tendues d'écossais, ramènerait à la tenture de cuir.

* Ancien meuble servant de console.

Tout serait brun, ocre, fauve, jaune : un univers de couleurs un peu passées, aux tons soigneusement, presque précieusement dosés, au milieu desquelles surprendraient quelques taches plus claires, l'orange presque criard d'un coussin, quelques volumes bariolés perdus dans les reliures. En plein jour, la lumière, entrant à flots, rendrait cette pièce un peu triste, malgré les roses. Ce serait une pièce du soir. Alors, l'hiver, rideaux tirés, avec quelques points de lumière — le coin des bibliothèques, la discothèque, le secrétaire, la table basse entre les deux canapés, les vagues reflets dans le miroir — et les grandes zones d'ombres où brilleraient toutes les choses, le bois poli, la soie lourde et riche, le cristal taillé, le cuir assoupli, elle serait havre de paix, terre de bonheur.

Georges Perec, *Les Choses*, éd. Julliard.

— L'analyse (1-44) et la synthèse (45-58) : souplesse de la caméra (un travelling dans le couloir, suivi, de la gauche vers la droite, d'un long panoramique dans la pièce de séjour) et richesse de la palette (45-48).

— Une vision du paradis (58) : les conditionnels.

— La description chez Flaubert, Robbe-Grillet et Perec.

— « L'intérieur "d'ambiance" est fait pour que joue entre les êtres la même alternance chaleur non-chaleur, intimité-distance, qu'entre les objets qui le composent. Ami ou parent, famille ou client, une certaine relation est toujours de rigueur, mais elle doit rester mobile et "fonctionnelle" : c'est-à-dire qu'elle soit à tout moment possible, mais que la subjectivité en soit résolue... » (Jean Baudrillard, *Le Système des objets.*)

Walter Lewino, qui mène dans *L'Éclat et la Blancheur* (1967) le même procès, a choisi un parti beaucoup plus simple, trop simple assurément, mais d'une remarquable efficacité comique. Par un savoureux montage de textes publicitaires (prospectus, magazines, guides et best-sellers), il nous raconte, dans le langage même de notre société, comment se sont rencontrés, épousés, logés deux purs produits de ce langage : « ... et, un soir, elle approcha, dit l'épigraphe, la lumineuse fraîcheur du teint scandinave. »

Pour des projets il est vrai plus ambitieux, Michel Tournier et Bernard Teyssèdre empruntent, du collage au pastiche, de la parodie à la paraphrase, des voies sensiblement analogues. Le premier réutilise dans *Vendredi ou les Limbes du Pacifique* (1967), le mythe de Robinson : ni l'époque (le XVIIIe siècle) ni le décor (le Pacifique) n'ont changé. Mais la fable s'élargit aux dimensions de notre temps : de l'extrême civilisation à l'extrême primitivisme se dessine un itinéraire prophétique où dialoguent le journal et le récit, le lyrisme et l'humour. Cet humour, Bernard Teyssèdre en fait le ressort essentiel d'un livre complexe et grave, qui cache, sous son apparente désarticulation, une composition savante et rigoureuse. A la fois *Tentation de saint Antoine* et *Dictionnaire des idées reçues*, *Foi de Fol* (1968), « récit drolatique enchevêtré de plagiats et d'exemples », se présente comme une sorte de revue, en style proprement « burlesque » (au sens du XVIIe siècle), de toute la culture occidentale. Par un jeu sans cesse renouvelé de citations et d'allusions se réfléchit, dans un seul livre, la bibliothèque entière. Roman des romans, mais aussi bien des poèmes, des drames, des essais, des journaux et des chansons, *Foi de Fol*, où se combinent le temps d'une culture, le temps d'une vie et le temps d'un livre, est la parfaite illustration — à laquelle concourent toutes les ressources de l'écriture et de la typographie — de cette « intertextualité » (c'est-à-dire de ce dialogue d'un texte avec tous les textes, avec l'histoire elle-même considérée comme un texte) que pratiquaient déjà Joyce et Borges, et qui préoccupe si fort aujourd'hui, après Michel Butor, les collaborateurs de *Tel Quel*.

Une écriture sismographique

A ces œuvres « critiques » où l'écriture se perd à dessein dans ses propres miroirs, on serait tenté d'opposer le « nouveau réalisme » d'un Le Clézio. Mais ce serait oublier que l'écriture tient, ici encore, le premier rôle. Écriture naturelle et non plus « textuelle », écriture panique ou sismographique qui enregistre les moindres secousses d'une sensibilité ouverte, offerte au tumulte du monde. Car « le monde est vivant ». Fragment de matière incendié de lumière ou bousculé de vent, faisceau d'énergies cachées, insondable galaxie, n'importe quel objet vivra, si nous savons ouvrir sur lui des yeux illimités. Adam Pollo, le héros sans avenir et sans passé du *Procès-verbal* (prix Renaudot 1963), se laisse glisser, au gré des heures et de sa fantaisie, dans une « extase matérialiste » à laquelle Le Clézio consacrera en 1967 un essai précisément intitulé *L'Extase matérielle* : « Partant de sa propre chair humaine, de sa somme de sensations présentes, il s'anéantit par le double système de la multiplication et de l'identification. » La méthode consiste à percevoir chaque geste, chaque objet, chaque sensation comme un genre, comme l'archétype de millions de gestes, d'objets ou de sensations identiques; à deviner dans chaque objet l'histoire de cet objet, le temps de l'objet devenu visible ; à sentir enfin le monde entier présent, prégnant dans chacune des manifestations du monde. Mais cette rêve-

Coupe d'une glande thyroïde vue au microscope.

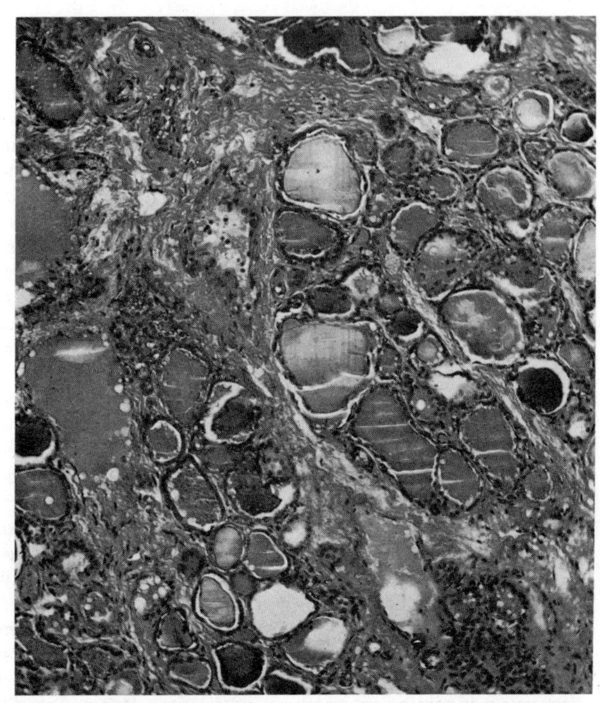

Cl. Laporte - Snark International.

Dubuffet, *Topographie, miettes et pavage.*

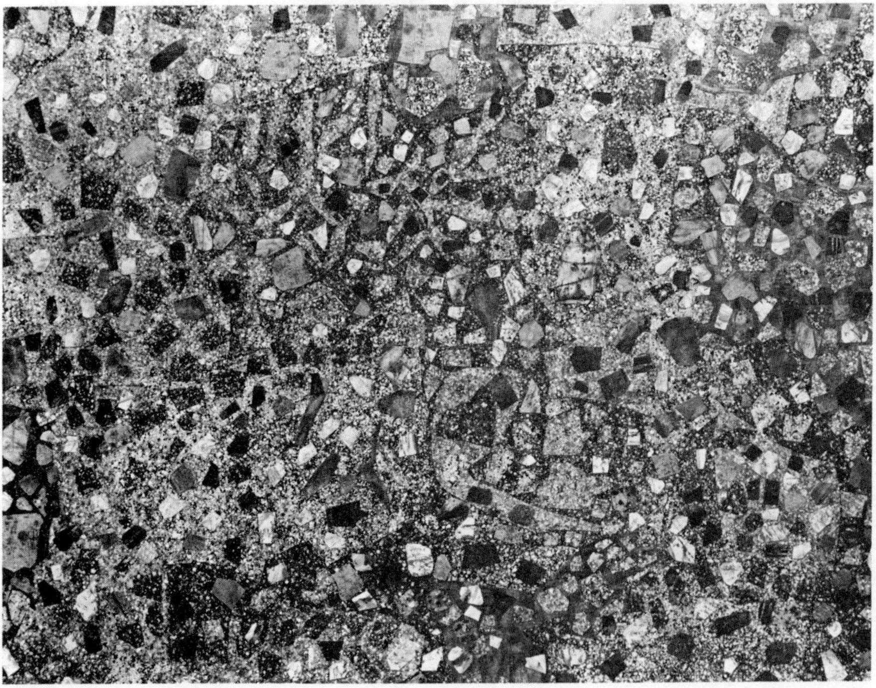

Cl. Dubuffet - A.D.A.G.P.

rie, souvent très proche de certains phénomènes décrits par Bachelard (*cf.* p. 821) ou peints par Dali (« Il y a tous les éléments du téléphone dans le rhinocéros », affirme Le Clézio), se retourne contre le rêveur : loin de le conduire, comme il le souhaite, « jusqu'au ventre de la mère », elle le précipite dans le « déchaînement » et dans la mort. Cette terrible révélation de notre solitude et de notre dépendance au sein d'un cosmos qui nous ignore et nous écrase, un accès de fièvre, une rage de dents, un bruit d'évier, le passage d'un vélomoteur suffisent à nous l'apporter. C'est elle qui jette Roch, Beaumont, Paoli ou Besson (*La Fièvre*, 1965; *Le Déluge*, 1966) dans une déambulation sans fin à travers la ville, ou le Jeune Homme Hogan dans une fuite éperdue autour du globe (*Le Livre des fuites*, 1969). L'univers de Le Clézio, comme celui de Bataille, est un univers tragique.

Ce n'est pourtant pas un univers désespéré. D'abord parce que l'on y sent, même au prix de la souffrance et de la mort, un immense appétit de vivre (celui de Chancelade dans *Terra Amata*, 1967). Ensuite et surtout parce qu'une certaine forme de sagesse se dessine au sein même de la folie. Sagesse de l'homme qui marche (comme Paoli dans *La Fièvre*) et qui peu à peu retrouve le « rythme ». Sagesse de l'homme qui écrit. Pour l'« écrivant » que se veut Le Clézio, ce n'est pas l'expression qui importe, c'est l'acte même d'exprimer : « Vous comprenez, commente Martin dans *La Fièvre*, pas de la poésie, ni des essais, ni des romans, seulement de l'écriture à l'état brut. » Dans ces livres indéfinissables qui passent indifféremment du « je » au « il », qui additionnent pour mieux les annuler procédés et points de vue, et charrient, en un flot ininterrompu, la réalité « à l'état brut » (tickets de métro, prospectus déchirés reproduits avec la même minutie de myope qu'un Dubuffet; conversations qui sont autant d'interviews que l'on croirait prises sur un magnétophone), seule compte, parce qu'elle seule existe et fait exister, l'écriture.

[Tout comprendre, tout aimer]

Le spectacle régulier du jour avait été détruit. Plus de lignes, plus de couleurs, plus de relief. La baie changeait constamment de forme, tantôt si longue qu'on n'en voyait pas la fin, tantôt courte, refermant sa courbe comme un cercle. Le cap avançait loin au milieu de la mer, ou bien se reculait jusqu'à n'être qu'un ridicule moignon. Les silhouettes des arbres dansaient. Les rondeurs des collines, à perte de vue, se déplaçaient sans arrêt, moutonnaient; parfois, trois monticules disparaissaient en même temps, près de l'horizon, et on voyait un grand trou noir creusé dans la terre.

La mer, elle, était par instants si plate et si déserte, qu'on en avait mal; à d'autres moments, elle se dressait d'un seul coup sur l'horizon, à la verticale, pareille à un rempart; ou bien elle avait l'aspect d'une tôle ondulée, et des chatoiements de couleurs étincelaient miraculeusement, des grappes de rubis, des irisations dorées, de profondes pupilles violettes en train de regarder.

« Le monde est vivant » commence comme une sorte d'art poétique : « Voici ce qu'il faut faire, écrit Le Clézio : il faut partir pour la campagne, comme un peintre du dimanche, avec une grande feuille de papier et un crayon à bille. »

Le paysage tremblait ainsi, se faisant et se défaisant inlassablement. La beauté calme, extatique de la terre était faite de ces orgies et de ces métamorphoses. On n'y pouvait rien. Il fallait se contenter de regarder, avidement, de tous ses yeux. Debout sur ce petit promontoire, avec le bruit du ressac à ses pieds, il fallait tout comprendre, tout aimer, l'espace d'une seconde. La courbe immense de la baie. Le cap. Les collines et les montagnes. Le ciel indélébile. Les reflets des réverbères, et la lumière rouge du phare, s'éteignant, se rallumant, s'éteignant, se rallumant, s'éteignant, se rallumant. L'odeur sourde et les voiles de l'ombre. Les cris sauvages des bêtes. Les scintillements des maisons. Les touffes menaçantes des arbres, où se cachent deux ou trois mystères. L'air invisible. La respiration asthmatique de la chouette nécrophage, dans le cimetière. Les couches de terre grasse, peuplées d'insectes engourdis. Le vol des chauves-souris aveugles. Le miroitement des étoiles, des millions d'étoiles enfoncées dans le ciel, si loin que ce n'est même pas la peine d'y penser. Les rides qui avancent toutes seules sur l'eau profonde, sur l'eau noire, sur l'eau gouffre horizontal où se perd l'esprit vertigineux des hommes, sur le liquide sans limite cachette des abîmes, sur la grande surface éternelle, si plate, désertée, où la nuit et le jour sont mélangés comme deux qualités de graines différentes.

Voilà. Le monde est vivant, ainsi, en minuscules coups de boutoir, en glissades, en suintements. Dans les arbustes, dans les grottes, dans le fouillis inextricable des plantes, il chante, avec la lumière ou avec l'ombre, il vit d'une vie explosive, sans repos, lourde de cataclysmes et de meurtres. Il faut vivre avec lui, comme ça, tous les jours, couchés la joue contre le sol, l'oreille aux aguets, prêts à entendre tous les galops et toutes les rumeurs. Les nerfs plongés jusque dans la terre comme des racines, et se nourrir de sa force guerrière, incohérente; il faut boire longtemps à sa source de vie et de mort, et rester invincibles.

J. M. G. Le Clézio, « Le Monde est vivant », *La Fièvre*, éd. Gallimard.

— A partir de la description plus ou moins ordonnée (la baie et le cap/les collines/la mer) d'un paysage saisi par la nuit (1-18) naissent et se développent, étroitement liées, une méditation (19-25, 44-54) et une vision (25-43).

— Le Clézio, poète « panique » : pêle-mêle, l'infiniment grand (25, 35-36) et l'infiniment petit (32-34, 44-45), le splendide (16-18) et l'exaltant (47-54).

— L'influence de Rimbaud (*cf.* « Délires II », dans *Une Saison en Enfer* : « Elle est retrouvée!/Quoi? l'éternité./C'est la mer mêlée/Au soleil »).

Choix bibliographique :

M. Nadeau, *Le Roman français depuis la guerre*, coll. Idées, Gallimard.
M. Rybalka, *Boris Vian*, Bibl. des Lettres modernes, Minard.
J.-L. Leutrat, *Julien Gracq*, éd. Universitaires.
D. Oster, *Jean Cayrol et son œuvre*, Seuil.
N. Sarraute, *L'Ère du Soupçon*, coll. Idées, Gallimard.
A. Robbe-Grillet, *Pour un nouveau roman (ibid.)*.
M. Butor, *Essais sur le roman (ibid.)*.
M. Butor, *Entretiens avec G. Charbonnier*, Gallimard.
« Michel Butor », *L'Arc* n° 39.
L. Janvier, *Une parole exigeante*, éd. de Minuit.
L. Goldmann, *Pour une sociologie du roman* coll. Idées, Gallimard.
M. Cranaki et Y. Belaval, *Sarraute*, Bibl. Idéale, Gallimard.
J.-P. Sartre, Préface à *Portrait d'un inconnu* de N. Sarraute, Gallimard (repris dans *Situations IV*).
B. Morrissette, *Les Romans de Robbe-Grillet*, éd. de Minuit.
G. Raillard, *Butor*, Bibl. Idéale, Gallimard.
R. Barthes, *Essais critiques*, Seuil.
J. Ricardou, *Problèmes du nouveau roman (ibid.)*.
P. Sollers, *Logiques (ibid.)*.
« Tel Quel », *Théorie d'ensemble (ibid.)*.
Jean Blot, « Le Roman et son Langage », *N.R.F.*, 1er juin 1969.

Cl. Giraudon - Musée d'Art moderne, Paris - A.D.A.G.P.

Soulages, ***Peinture.***

Chapitre XXV

La poésie actuelle

La poésie ne connaît pas, dans les années cinquante-cinq, la méfiance et la curiosité, l'hostilité et l'enthousiasme qui entourent l'apparition du Nouveau Roman et d'un autre théâtre. L'indifférence du public envers des œuvres de plus en plus isolées ne fait que croître : les tirages à 1 500 exemplaires de livres de poèmes constituent à l'heure actuelle de rarissimes et bienheureuses exceptions. Il ne s'agit pas cependant d'une allergie contemporaine à la poésie : ce même public achète 400 000 exemplaires de Rimbaud en « Livre de Poche », et 300 000 Éluard dans la collection « Poètes d'aujourd'hui » chez Pierre Seghers, éditeur mais aussi poète, et auquel il convient de rendre l'hommage qu'il mérite pour sa défense de la poésie dans les différentes collections qu'il publie depuis plus de vingt-cinq ans *.

Malgré les efforts d'un petit nombre de critiques-poètes dans les revues (Claude-Michel Cluny et Philippe Jaccottet à la *N.R.F.*) ou dans la presse hebdomadaire (Marc Alyn au *Figaro littéraire*, René Lacote aux *Lettres françaises*, Alain Bosquet au *Monde*, Jean Rousselot aux *Nouvelles littéraires*), il pourrait sembler que les lecteurs ont fait leurs nos conclusions du chapitre des « Inventeurs », et décidé que la poésie en tant que telle n'était plus qu'un exercice byzantin à l'usage exclusif des critiques et... des autres poètes, qu'elle n'avait plus à se présenter en tant que genre distinct et qu'elle devait être partout. Ce serait sans doute aller trop vite, et vouloir ignorer la cause principale du malentendu qui sépare la poésie de ses lecteurs en puissance : sa difficulté, ou plutôt son extrême singularité.

Pour tenter de dissiper le malentendu qui éloigne les lecteurs de la poésie contemporaine, il faut cependant délimiter le champ dans lequel s'exercent aujourd'hui ses recherches. Pour ce faire, nous avons voulu interroger des textes plutôt que des œuvres dans leur continuité, jalonner des tendances plutôt que statufier des poètes. Tous les textes que nous proposons, ces textes que nous trouvons à la fois lisibles, beaux et significatifs des tendances actuelles, ont été, à l'exception d'un seul, publiés après 1960. Nous rejetons à la fin du chapitre, à côté de l'habituelle bibliographie sur la question, quelques indications sur les poètes et sur leurs ouvrages (y compris les essais théoriques), ce qui permettra de constater que pour certains il s'agit d'une œuvre en pleine vigueur, en pleine évolution, alors que pour d'autres elle n'en est qu'à ses débuts.

S'il n'y a pas de « Nouvelle Poésie », c'est que la vraie poésie est toujours nouvelle. L'exigence de recherche qui s'impose au roman et au théâtre est, pour les poètes, permanente. La poésie forme une perpétuelle avant-garde, qui rend vite dérisoires les tentatives spectaculaires de renouvellement total, aussi représentatives soient-elles des sourdes tendances qui la travaillent, tels au lendemain de la guerre le lettrisme

* A noter l'intéressante entreprise des éditions Gallimard, qui publient depuis quelques années une collection de poche intitulée « Poésie » où se retrouvent plusieurs des textes étudiés dans le présent chapitre.

d'Isidore Isou qui voulut pousser jusqu'à la désagrégation du mot en ses éléments sonores — les notes — la notion selon laquelle la poésie serait avant tout musique, ou, plus récemment, le spatialisme de Pierre Garnier qui tenta d'appliquer le même principe en le limitant aux syllabes qu'il combinait, répétait, espaçait, pour retrouver un rythme essentiel. A l'image d'une peinture qui s'est débarrassée de la représentation pour n'être plus que création, la poésie est elle aussi tentée par l'abstraction. Mais elle avait déjà fait sa révolution à une époque où la peinture, avec l'impressionnisme, amorçait la sienne; Rimbaud, Mallarmé, Valéry, le surréalisme : son histoire est derrière elle, elle en est au stade critique, celui de la réflexion sur sa fin et sur ses moyens.

Elle semble se mouvoir dans un espace dont les limites seraient d'une part la confiance ou la méfiance envers le langage, envers les mots eux-mêmes, et d'autre part la proximité ou l'éloignement par rapport au monde réel. Entre l'ascèse mallarméenne et le fleuve rimbaldien, elle hésite; mais aussi entre sa vocation à nommer les choses, et la conscience qu'elle a prise de n'être qu'objet de langage. La situation actuelle de la poésie reproduit donc toute son histoire : on y assiste à la fois à la récupération de toutes les formes antérieures (une autre hésitation apparaît entre la nostalgie des formes fixes et le désir de découvrir de nouvelles allures poétiques), et à la réflexion, de l'intérieur, sur ces mêmes formes. C'est là une autre des raisons pour lesquelles nous n'avons pas voulu étudier en tant que telles des œuvres trop proches les unes des autres dans leur préoccupations comme dans leurs évolutions, simultanées ou non, entre ces pôles divers : elles se recoupent en trop d'endroits, et ce sont ces intersections que, précisément, nous voudrions faire apparaître grâce aux textes proposés.

Rares sont en effet les poètes actuels qui osent parler ou chanter comme s'ils étaient les premiers à le faire, naïvement. L'humour et l'ironie d'un Queneau et de ses héritiers montre assez nettement leur mauvaise conscience par rapport à l'instrument qu'ils manient. Cette parole sait qu'elle ne sera acceptable que si elle reste humblement au niveau du quotidien, et son prosaïsme reflète son scepticisme.

[Ce qu'est un homme dans la vie]

Ce qu'est un homme dans la vie
m'importe peu C'est son envie
d'être autre chose qui m'excite
Autre chose que seul errant
aux caprices d'une aventure
dont il pense tenir les rênes
C'est le quant-à-soi qui me rend
plus seul encore Je fais serment
de m'en tenir là mais à qui
Rentre en toi-même Georges et cesse
de te plaindre écrivant cela
qui te fait passer en douceur
le temps l'horreur de tes humeurs
le temps l'angoisse de tes jours
de tes nuits ce temps bel ennui

qui te donne permission
de la traiter à la légère
alors que sans lui mon garçon
ta langue serait moins facile
Se résigner crier pourquoi
la résignation est stupide
et la révolte pareille à
l'aboiement d'un chien fou C'est
Shakespeare par Cléopâtre
qui nous le dit avec raison
Et pourquoi d'être indifférent
ce rêve? Sois intelligent
ce n'est rien moins que difficile
mais quoi nous faisons tous semblant
de l'être à la mesure aimable
Ainsi les enfants dans le sable
tracent-ils des signes qui sont
autant de certitudes signes
que prend en écharpe le vent
Ne vous étonnez pas s'il tonne
S'il pleut à vous fendre le front
Ne vous étonnez de rien C'est
Le plus sublime étonnement

Georges Perros, *Une Vie ordinaire*, éd. Gallimard.

— Sur un ton familier (3, 18, 29) et dans un langage prosaïque qui préfère la sentence (23, emprunt) à l'image (31-34), un discours, à la fois méditation (je, toi, je) et adresse (nous, toi, vous), sur l'existence et l'activité poétiques.

— Versification réduite à quelques éléments (rimes 1 et 2, 4 et 6; surtout l'octosyllabe qui enlève de son naturel à ce discours), imposant sa forme à ce flux verbal : équivalent de la forme donnée par l'écriture à cette « vie ordinaire » qui cherche son sens.

— On songe à Queneau (et à *Chêne et Chien*) dont Alain Bosquet écrit : « Il est une manière de traduire le désespoir, qui fut celle de Jarry et qui est assez peu représentée dans nos lettres actuelles car elle comporte un parti pris de ricanement et un recours au burlesque. » Peut-on parler d'une école?

On n'écrit plus pour transformer le monde, la poésie semble définitivement dégagée, et les textes « spontanés » de mai 1968 par exemple, quelle que soit l'attitude que l'on adopte par ailleurs vis-à-vis de ce mouvement, se figent presque instantanément à la relecture en chansons anachroniques qui prouvent *a contrario* que l'on ne peut pas se lancer dans la poésie sans tout connaître d'elle.

« Drapeau rouge, drapeau noir
Encre rouge, encre noire
L'encrier n'est jamais vide
D'encre rouge, d'encre noire.
Paroles rouges, actes noirs
Couteau rouge, bandeau noir
Le sang est dans les encriers.
Chair rouge et chair noire
Chair brûlée, chair morte
La chair vit debout

Cl: Snark International.

Jackson Pollock, *Peinture* (New York, Metropolitan Museum).

Dans le sang rouge et noir.
Casque noir, bouclier noir
Horreurs noires, massacre rouge
La violence est liberté.
Nuit noire, nuit rouge
Une noire vaut deux rouges
La liberté est violentée.
Mort noire pour vie rouge
Vie noire pour mort rouge
Le rouge est mort ! Vive le rouge !
Le noir est mort ! Vive le noir ! »

Anonyme.

Est-ce à dire que tout lyrisme est impossible, que le chant, rongé par l'ironie, ne saura dire désormais que le plus futile? Plutôt, ce lyrisme doit prendre conscience qu'il parle « malgré tout », et que son poids vient peut-être de sa pathétique vanité; il sera dès lors, selon les paroles de **Jean-Claude Renard,** « ce langage vide qui ne sait pas s'il parle mais doit pourtant sans cesse refuser de se taire / Et sans cesse à la fois accepter et nier l'angoisse du néant / Pour tenter jusqu'au bout de traverser l'absence ». Ce lyrisme miné de l'intérieur ira parfois chercher ses certitudes dans une foi établie, une religion, et constituera alors un langage sur un autre langage. Jusque dans ses élégies profanes, la poésie d'un **Jean Grosjean** est avant tout poésie biblique, mais une poésie biblique qui se connaît impossible « puisque pour dire le dieu qui se perd, le langage doit se perdre lui-même, il dessine en route la feuille que chaque arbre multiplie pour les pourritures d'arrière-saison » *(La Gloire)*. Lyrisme qui sera toujours d'un au-delà, au-delà de l'existence, au-delà du langage, lyrisme presque toujours funèbre, à la ressemblance de celui de « La terre vaine » *(The Waste Land)* de T. S. Eliot, dont la lente découverte en France (*cf.* p. 707) coïncide avec l'apparition d'un nouveau poète lyrique comme **Jacques Réda.**

La limite des cendres

L'expression « la rivière et la braise » (18) est si essentielle à la poésie de J.-C. Renard qu'il la reprendra comme titre de son dernier recueil (1969).

J'ai rapporté du bois.

Le feu ne franchit pas la limite des cendres
Mais la chaleur du feu pénètre la maison.

Une fente s'est faite dans les briques glacées,
La barrière d'absence.
Une fourrure d'air pour les membres, les meubles,
La nudité de l'âme.

Il y a maintenant comme une ombre éclairée
Dans l'angle de la nuit,
Un début de lumière, presque un pont transparent
D'une île à l'autre.
Quelque chose de pur qui commence à parler plus bas que [la parole
Mais dit peut-être plus.
Ce que déjà je trouve,
Ce que déjà je touche
Me perd en me brûlant.

Est-ce plus loin que luit la substance fruitée
Qui laisse s'unifier la rivière et la braise
Sans que rien ne s'altère de l'une ni de l'autre?

Un vide en moi s'avive — où vient sourdre un appel
formé pour la réponse et pour l'unique essence
De ce qui l'a créé.
L'arbre même soudain, dans le néant fertile, dans l'espace
du temps qui ne peut s'accomplir qu'avec l'éternité,
M'est libre et nécessaire
Et son mystère attend que je le sois pour lui.

J'allumerai son nom
Dans cette mort ouverte où l'invisible été prend la douceur
des seins.

Jean-Claude Renard, « La Distance du feu »
dans *La Terre du sacre*, éd. du Seuil.

— Poème qui, partant du concret (1-5), passe par l'image (6-11) et s'épanouit en méditation abstraite, appel vers l'être (20-29), lieu où se résolvent les contraires (3-5, 19). Ce lieu indicible ne peut être qu'approché, les mots ne sont pas adéquats (12-15, 27).

— La poésie est d'abord le résultat du jeu rythmique constant sur alexandrins et hexasyllabes. Unité de l'univers imaginaire autour des thèmes du feu et de la lumière.

Élégie n° 6

Que j'aie la face fouettée de pluies ou la fièvre sous l'âme, j'éprouve ta paix dans la tempête, ton ciel dans l'ombre, ton ombre dans la canicule.

Je n'ai trouvé ta source qu'au désert et n'ai surpris ton cœur qu'en ce silence dont je creusais le gouffre mais ta beauté me retient dans les affres de ta patrie.

Oh, mes antiques cheminements sous l'orage entre les fondrières où glisse le pied, avec pour seule lumière voilée dans l'âme l'intermittente lueur que font tes yeux pareils aux larmes de fer des mers du Nord.

Tes pas sur les morts chantent en novembre une terre boueuse hantée par le ciel glauque et ton épaule exalte ces saules qui geignent perdus au détour du vallon.

Le souffle qui me courbe sur le marais emporte au loin les feuilles et mes songes sans t'arracher plus de mes songes qu'il ne disjoint du dos des feuilles leur face.

Noirceur des jours que trouent de feux errants les prunelles des bêtes borgnes quand l'aube mort-née se traîne à l'horizon sans m'empêcher de t'entendre te taire!

Si je n'habitais l'écho de ton mutisme, je serais pareil aux hommes, ces fétus dont le corbeau trame son trône dans l'arbre.

Puisque personne n'a pu dénouer ma soif, c'est la clarté de tes lèvres bientôt qui rouvrira la primevère tremblante et peut-être mes yeux.

Jean Grosjean, *La Gloire*, éd. Gallimard.

— Après l'opposition du début (1-6), le poète se fixe à sa saison et son heure favorites (automne, nuit) : l'amour lui permet de lancer un défi victorieux aux agressions multiples, jusqu'à la promesse du printemps (24-26).

— Chacune de ces phrases-versets a sa couleur, sa syntaxe, sa musique (autour d'une cellule sonore : le « f » de la 1re; le « l » de la 3e...). L'unité est dans l'ampleur solennelle de la voix, et l'entrecroisement d'éléments (fièvre et soif; ombre et nuit; silence et mutisme...) qui les relient.

— Il reste dans cette poésie amoureuse quelque chose de la poésie biblique de Grosjean : une sorte d'éternité, le caractère concret, primitif, des images, la façon dont la nature, loin d'être un décor, devient le protagoniste du drame.

Récitatif

Fin d'un long poème où la voix qui parle d'au-delà « le passage » parle à celle qu'elle aimait pour lui demander son aide.

J'ai franchi.
Peu d'espace, mais j'ai franchi
l'encerclement du réitératif
désir.
Et la solitude à son tour je l'ai
franchie.
Ici,
les images qui s'affaiblissent
cherchent l'œil sans foyer qui nous avait filmés
déambulant
sur la pente éternelle de la prairie, avant
de nous projeter vous et moi dans l'épaisseur fictive
à travers les murs circulaires de la caverne.
Oh aidez-moi
à finir, aidez-moi,
que je passe, que l'œil éclate et que je vous délivre
du temps lavé de moi comme une dalle où tremble encore
votre image
que le ciel à portée de la grande impuissance de mes
doigts
envahisse l'écran où vous demeurez prise — et paix,
paix comme avant que l'histoire n'ait commencé;
crevaison, rebut du grand fond d'où sortirent nos souffles,
nos visages;

descente, déambulation dans la fin qui ne finit plus —
s'il vous plaît aidez-moi.
Attendez l'heure de la nuit
où l'œil juste avant l'aube un instant cligne et se renverse,
quand des pas, des voix, des ombres sans pas, sans voix,
sans ombre glissent,
par l'espace hors de l'espace enclos et déroulé
alors n'ayez pas peur, écoutez-moi, glissez-vous, faites vite, mettez
simplement un peu d'air dans une boîte d'allumettes
et posez-la dans le courant
d'un ruisseau qui n'atteint la mer que noyé dans l'oubli,
dissous dans la force étrangère des fleuves,
et s'il vous plaît dites que c'est mon âme d'image qui vous aima
et qui morte s'égare entre les murs, contre l'œil fixe,
toujours plus loin de vous, de moi, de tout pour vous rejoindre.

Jacques Réda, extrait de « Récitatif, »
dans *Les Cahiers du Chemin*, oct. 68.

— Souplesse d'une voix triomphante (1-13), pathétique (triple appel au secours, 14-26), confidentielle (27-42, la requête). La reprise des mythes (celui de la caverne — 13, 40 — par le cinéma : 8, 9, 12, 21; la barque des âmes) est à la mesure du sujet (la quête d'un amour non contingent) : une poésie métaphysique qui sait pourtant rester concrète.

— Le récitatif : variété parallèle des vers, assonances et rimes (simple ponctuation : 1-7, 33-34, 18-24), une certaine dislocation de la phrase (1-4, 11-12, 33-34); plutôt que la musique, c'est l'expressivité qui est recherchée.

Mais ce lyrisme est l'exception. La poésie sait que les mots qu'elle emploie ne sont pas les vrais mots. « Je dois / vous parler à travers quelque chose qui n'a pas de nom dans la langue que j'ai connue, / sinon justement *quelque chose* sans étendue, sans profondeur, et qui ne fait jamais obstacle », écrit Réda au début de son *Récitatif*. Ces mots sont ceux qui ont servi au mensonge, à la guerre, à l'apocalypse que fut le monde quand ces poètes étaient enfants. Contre cette tentation des mots, le remède de l'ascèse : dans la lignée du premier Reverdy, ou d'un certain Char, une concision abrupte, qui souvent tourne à l'hermétisme, de poèmes qui paraissent toujours plus ou moins arrachés au silence, comme au marbre la statue, et dont le texte est de plus en plus envahi de blanc (il faut imaginer les textes que nous reproduisons avec leur disposition originale : le blanc y tient souvent une place beaucoup plus importante).

Cette ascèse est d'abord dépouillement d'un langage. A la brièveté quasi générale des textes répond l'extrême simplification d'une syntaxe qui se refuse à couler les mots dans le moule de phrases, ou même de propositions, suivies. Comme un Beckett désarticule la prose, ces poètes fragmentent impressions et expressions. Ce peut être là l'écueil sur lequel se brise la bonne volonté du lecteur : de même que l'abstraction peut devenir le masque derrière lequel se réfugient les mauvais peintres, des poètes dont la vision n'a rien d'actuel peuvent s'emparer de cette apparence pour tenter de plaire. C'est *une* des leçons que l'on peut tirer de ces *Explications de textes* où **Jean Tortel,** l'un des meilleurs tenants de cette expression discrète, démonte l'un des mécanismes favoris de la poésie actuelle, comme s'il entendait fournir une sorte de recette pour « faire du neuf avec du vieux ».

Paysage d'octobre

Dans la section *Explications de textes*. « Les textes, dont une *explication* est ici proposée, sont tirés de l'ouvrage, adopté pour les écoles primaires de la Ville de Paris, de Galet et Gillard, *Vocabulaire et Méthodes d'orthographe*, cours supérieur 1re et 2e année. Le pourquoi de son entreprise a paru à l'auteur assez évident pour qu'il soit nécessaire ici même de l'expliquer. » (Tortel.)

Par-delà les labours bruns et les jachères aux teintes violettes, le jeune Maugars distingua bientôt les champs de la métairie. La terre, fraîchement remuée à coups de hoyau, montrait çà et là des trous jonchés de fanes noircies et de tubercules oubliés. Un ciel marbré de nuées blanches baignait de sa lumière voilée les sillons sablonneux, les travailleurs occupés à cette dernière récolte d'automne et les contours lointains des collines bleuâtres. De distance en distance, des sacs déjà pleins se dressaient tout droits au long des règes, et des feux allumés avec des pommes de pin et des fanes desséchées se consumaient lentement, en envoyant vers le ciel de fines fumées perpendiculaires.

André Theuriet *.

* Écrivain français (1833-1907), « peintre de la famille et de la province ». *(Dictionnaire Larousse)*.

Les trous jonchés de fanes
Et noirs, la métairie
Loin partagée en labours et jachères,
Brune ou verte selon.

Le ciel marbré, on distingue les champs.
Lumière blanche, on fait
La dernière récolte. Les sacs

Sont pleins, jalonnent les sillons.
(Des tubercules oubliés
Pourriront là.)

Les feux d'herbe sont lents, fumées
Tout le jour et blanches,
Bleuâtres, confondues
Avec ce qu'est le jour, et montent
Tandis que la nuit ponctuée
Par eux de rouge va venir.

Il regarde la terre.
Elle est blême et trouée.

Jean Tortel, *Relations*, éd. Gallimard.

— Exercice sur la technique et l'esprit de la poésie moderne; tentative pour fixer (présent substitué au passé) l'essentiel (articles définis) en dramatisant (7, 10, 15, 16, 17, 18) cette description dont tout l'anecdotique a été supprimé.

— Comparer les deux textes : suppressions, additions, regroupements, déplacements. Un certain nombre de procédés : strophes inégales, torsion de phrases (11-16, 14), hermétisme artificiel (13, 14), rejets d'une strophe à l'autre (7, 8) : est-ce suffisant pour parler de « poésie »?

— A la fois dénonciation et hommage, ce poème constitue une lecture-explication, c'est-à-dire le surgissement d'un autre texte dans le texte. A rapprocher des exercices de l'OULIPO (*cf.* p. 395) et de la conception moderne de l'intertextualité (*cf.* p. 623).

Mais il serait dangereux de réduire ce texte à la seule intention polémique ou parodique. Non seulement il illustre le fait que la poésie actuelle est généralement langage sur un ancien langage, mais il souligne aussi, par son sujet, l'un des thèmes les plus fréquents de cette poésie. Il est en effet étrange de constater que de nombreux poètes ignorent la civilisation urbaine qui est la leur et celle de leurs lecteurs éventuels, pour se retourner vers ce qui leur paraît le plus fondamental, le plus digne de foi, ce qui peut échapper à la suspicion générale, la Nature. Ne faudrait-il pas voir là une autre des causes possibles de l'isolement de la poésie actuelle? Le lecteur pressé perçoit comme une discordance entre l'apparence résolument moderne de ces textes et le monde qui en surgit, monde du passé, presque des vacances, sans rapport avec son monde quotidien. Il ne voit pas qu'en chantant gravement les choses simples, les maisons, la province, ces poètes (Follain, Tardieu, **Frénaud,** Tortel) tentent d'approcher un mystère qu'ils s'entêtent malgré tout à vouloir cerner, et que la véritable abstraction poétique, loin d'être dans les provocations extérieures de certaines tentatives évoquées plus haut, est bien davantage à chercher dans ce retour incessant, cher à l'art japonais dont ces textes ont souvent la densité contenue, aux mêmes thèmes très simples, universels; d'objets ou d'arrangements d'objets, le poète s'efforce d'extraire une image de l'essentiel. Et même lorsqu'il tente, comme Guillevic, de donner forme à la Ville, le voici qui fait pénétrer la nature au cœur de l'univers urbain.

Tenir un globe

« L'habitant parti
la bêche usée et le râteau à dents
[manquantes
ne referont plus l'allée
aux empreintes de bêtes coutumières
l'enfant apporte le globe
monté sur un pied de bronze
le tourne lentement face aux collines âpres
le vent de l'automne
contourne ses mains fines
un instant il fermera les yeux
quand se soulèvera
une poussière aride
et rouge »

Jean Follain.

Viatique

« Oiseau sorti de la forge
Dans la poussière de l'après-midi
dans l'odeur du fumier
dans la lumière de la place

Puisses-tu seulement
l'avoir vu sans le comprendre
avant de changer de village

N'était-ce pas
l'indestructible? »

Philippe Jaccottet.

La ville (fragment).

Taupinière, la ville
Surtout vers le soir.

Vers le soir aussi :
Tribu de bruyère en exaltation.

Au soleil couchant,
Bruyère au soleil.

Effets de la ville
Sur les dents.

Rapports
Entre les dents et la ville.

Que la ville
A sur les dents des prétentions.

Que les dents peut-être
Servent à la ville.

De comparaison
Voire de modèle.

Je ne vois pas sur la ville
Ce tremblement

Qui est sur la mer
Qui est sur les champs,
Où il devient le cri des mouettes,
L'ombellifère.

Je vois sur la ville
Comme un battement.

Il y avait
Autour d'un square près de la Seine
Un haut mur
Fraîchement peint en clair,

Qui m'a fait penser
D'abord à une joue,
Chaude à cause d'une joie,

Ensuite à un *e* muet
Dans un vers qui tendait
A devenir sonore.

Guillevic.

La Sainte Face dans le baquet

Dans ses derniers poèmes — « avatars christiques » — Frénaud rejoint l'univers mental et verbal des Mystères et des Passions. Ici, à l'intérieur de l'église Saint-Aurélien des Bouchers, à Limoges, il évoque dans un double mouvement les animaux qu'on égorge et les saints martyrs, demandant dès le début : « Qui, les victimes? Qui les endosse/L'abattoir était-il responsable? » Ce texte constitue la fin du poème.

Chair à pâté, piété dorée.
Du sang remonte par les piliers.
Hosanna! Hosanna!
Le bois doré est vermoulu, les rats
sortiront de l'autel par le cul.

Tu l'as voulu, mon Dieu : Homme,
tu l'as voulu. Du sang bientôt
rigolera par la trappe.

On se réjouit. On s'y prépare.
Lequel saurait s'en passer?
Le grand feu, les cris enfumés.
Le garçon hurle, il court tout nu.
Étuve et gril et les chaudrons.
La table et le linge et les chrêmes *.
Le feu purifie. L'échaudoir.
Les maillets. Les couperets. Grande eau.
Le plaisir. Les cris...

Dans le gonflement du manteau
de la Grande Mère protectrice —
une grappe de larmes noircies

* Huiles sacrées utilisées pour certains sacrements.

devient raisin sur son front —
dans cet invisible berceau
que tous les fils ont espéré,
et très haut la rose trémière
entre l'âne qui crie malheur
et nos horizons piétinés,
la Sainte Face pressentie
à travers l'eau qui tremble et fume,
dans le sacré récipient
sur l'autel, entre les lys,
aujourd'hui va se découvrir.

Nul charnier ni charogne ici.
Nul déchet, l'odeur en allée.
Tout ce qui un jour a pris peur
à la fin s'éclaircira.

L'eau est pure dans les baquets
comme en la coquille l'eau verte,
comme au coin rural de la ville
l'eau frottée par les racines.

Le laveur des morts est passé.
— Ou bien le boucher parachève!
L'enfant agite la clochette
quand il entend la parole opérer.

La peau lisse, les yeux clos, le lisible
si pâle visage régulier...

André Frénaud, *La Sainte Face*, éd. Gallimard.

— Deux tons, l'un familier, presque goguenard (1-5, 11-17, 42, 43), l'autre plus solennel, mais toujours grande simplicité d'expression de cette évocation qui mêle la boucherie au sacrifice (qui devient celui de la messe, 42, 43), spectacle figuré ou actuel. Sur la base de l'octosyllabe, plusieurs rythmes : de la comptine sautillante à la longue phrase (18-31) montant par paliers réguliers vers la révélation (31).

— Poésie concrète, qui refuse la métaphore, et préfère raconter et montrer, imposant peu à peu l'idée centrale de la purification par le sang, l'eau et le feu (32-35, 36, 40).

— Religions et poésie moderne : « Il n'est du tout fatal ni tellement commun qu'un poète soit porté à revivre et réinterpréter dans l'opération de la poésie même, les grands mythes reconnus, fût-ce sous le nom de religion ou de Parti, de la société où il vit. » (A. Frénaud, 1967.)

Cette recherche du mystère peut, chez certains, se faire plus ouvertement quête de l'absolu, et, délaissant le caractère concret de spectacles particuliers, choisir, parmi les éléments de la nature, un petit nombre d'emblèmes qui vont servir à la fois de décor et d'acteur pour une cérémonie sans cesse renouvelée d'un texte à l'autre : l'ascèse se confond alors avec l'épuisant combat que le poète mène contre les éléments pour y trouver le lieu du salut et de l'élection. « La poésie moderne est loin de sa demeure possible. La grande salle aux quatre fenêtres lui est toujours refusée. Le repos de la forme dans le poème n'est pas honnêtement acceptable », écrit **Yves Bonnefoy**, l'un des célébrants de cette poésie au caractère sacré. Si le mot, chez ces poètes, tend à se faire Verbe, ce n'est jamais pour célébrer le triomphe de la poésie, mais plutôt pour perpétuer le souvenir d'une langue ancienne dont il ne resterait que des traces, que des fragments : le poème est poème d'un impossible ailleurs.

Battant

La meule de l'autre été scintille.   Comme la face
de la terre   qu'on ne voit pas.

Je reprends ce chemin   qui commence   avant moi.
Comme un feu en place dans l'air immobile,
l'air qui tournoie au-dessus du chemin.
Tout a disparu. La chaleur déjà.

Souffle l'orage sans eau. Se perd l'haleine des
glaciers. Sans avoir enflammé la paille qui jonche
le champ.

Cette maison   dans l'autre orage. Comme un mur
froid au milieu de l'été.

Vers la paille.   Vers le mur de plusieurs étés,
comme un éclat de paille dans l'épaisseur de l'été.

André Du Bouchet, *Dans la chaleur vacante*,
Mercure de France.

— Tentative pour rendre l'éblouissement de l'instant : une série d'éclats visuels (à la fois descriptions et images qui se répondent et s'échangent : notations isolées par la typographie, phrases incomplètes, hachées ; le texte lutte — « battant » — avec le blanc, comme les choses avec la lumière).

— Impression de vertige et de violence ; texte bref fait pourtant de répétitions (été, comme et commence, paille), allusions (10, 12), contradictions (4-8, 7, 11) ; mouvement sans fin (3, 12).

— « C'est en somme une poésie de famine, qui s'amenuise, dépérit à mesure qu'elle se développe. Et, de fait, sur cette page les vagues sentences qui s'y inscrivent ne semblent naître du néant que pour y retourner. » (Jean Paris.) On notera que les derniers textes du Du Bouchet, parus dans *L'Éphémère*, concernent la sculpture de Giacometti (*cf.* texte de Ponge, p. 422), elle aussi aux prises avec ces problèmes du vide, de l'amenuisement.

Raoul Ubac, illustration pour le poème d'André Frénaud, *L'Office des morts* (éd. PAB).

Estève, eau-forte pour le poème d'André Frénaud, *Tombeau de mon père* (éd. Galanis, 1961).

[Imagine qu'un soir]

C'est le texte V de la section « Le dialogue d'angoisse et de désir » où le poète tente, avec l'aimée, de vivre ici, au soleil du soir, sous l'arbre et ses fruits, loin de la guerre, « de la vie au loin ».

Imagine qu'un soir
La lumière s'attarde sur la terre,
Ouvrant ses mains d'orage et donatrices, dont
La paume est notre lieu et d'angoisse et d'espoir.
Imagine que la lumière soit victime
Pour le salut d'un lieu mortel et sous un dieu
Certes distant et noir. L'après-midi
A été pourpre et d'un trait simple. Imaginer
S'est déchiré dans le miroir, tournant vers nous
Sa face souriante d'argent clair.
Et nous avons vieilli un peu. Et le bonheur
A mûri ses fruits clairs en d'absentes ramures.
Est-ce là un pays plus proche, mon eau pure?
Ces chemins que tu vas dans d'ingrates paroles
Vont-ils sur une rive à jamais ta demeure
« Au loin » prendre musique, « au soir » se dénouer?

Yves Bonnefoy, *Pierre écrite*, Mercure de France.

— A l'opposition de l'imaginé (1-8) et du vécu (8-12) succède une double interrogation qui réintroduit l'opposition de l'ici et du là-bas. L'opposition est sous tous ses aspects (3, 4, 6, etc.) le principe du texte : le « nous » de l'union n'est stable que dans la partie centrale (8-12).

— Sur la trame approximative de l'alexandrin et d'un vague système de rimes, Bonnefoy superpose un rythme solennel (reprises de « imagine »; pauses très fortes; enjambements : 3, 4; 7, 8 et 11) et une langue d'une certaine raideur hermétique (3, 7, 8, 9, 14 et 15).

— Cette forme très contraignante est au centre de la théorie poétique d'Yves Bonnefoy : « Je voudrais que la poésie soit d'abord une incessante bataille, un théâtre où l'être et l'essence, la forme et le non-formel se combattent durement. »

Finalement, parce qu'elle est toujours déçue, la Quête devient interrogation. Lasse d'échouer à cerner cet absolu qu'elle poursuit, la poésie s'interroge sur elle-même: le langage poétique va constituer pour elle, bien plus encore qu'un thème parmi d'autres, l'horizon de tout un mouvement. Plutôt que d'essayer de dire ce « quelque chose » qu'elle n'est plus en mesure de dire, la poésie va donner forme à son tourment. Elle s'appuie sur des Arts poétiques qui ne sont plus des proclamations ni des recettes, mais des réflexions théoriques et esthétiques sur la pertinence de la pratique poétique elle-même. « En fait, le simple énoncé de cette proposition *le poète parle de...* recouvre la pétition de principe suivante : il y a des choses bien ou mal connues, mais muettes. Le poète, par l'opération du langage, a pour fonction de les faire accéder au sens. Mais cette prétendue réalité silencieuse qui attend la parole magique du poète pour accéder à l'expression implique une théorie de l'ineffable qui mérite d'être remise en question. Car y a-t-il un monde muet qui s'oppose au monde du langage? Et s'il en est ainsi dans quel lieu de méditation retirée se situe le poète pour opérer le transfert d'une réalité de silence à une réalité expressive? » (**Jacques Garelli**, *La Gravitation poétique.*) Et **Michel Deguy** affirme : « L'essai vient ici à côté des poèmes publiés dans la mesure où il s'agit de ne pas affecter de continuer à " faire de la poésie " comme si le sol était assuré, imperturbé l'élément d'une telle production, espace stable à l'intérieur des différences héritées comme les bornes hautes du patrimoine, entre le côté de l'être et le côté du nom, le côté de la parole et le côté de l'écriture, le côté du récit et le côté du poème. » *(Actes.)*

Mallarmé et Valéry, Ponge aussi, mais surtout les philosophes (Nietzsche, Husserl, Heidegger, Sartre, Merleau-Ponty) servent de support à cette réflexion que l'on retrouve également chez les poètes du groupe *Tel Quel* (Marcelin Pleynet, Denis Roche). C'est lorsqu'elle sait échapper aux dangers de l'exercice d'école que cette poésie savante peut rendre sensible au lecteur la nécessité de poser le langage comme objet du poème.

Signe

C'est le pas sans égal
Le trot immémorial
Vibrement des poulpes
A vif sur les sables
Qui brûlent en torche
Dans la nuit cendrée.

C'est le tir polisseur
Des archers songeurs
Dans ta chair éblouie
La rose
Puis l'odeur qui rôde
Sur la grande roue violette des marées.

C'est d'un monde insensé
Le jeu cruel
L'esprit jaloux.
Prends ton mal en patience
Puis creuse le silence
Avec les mots comme des trous.

Enfin que ta langue éclate.
En son poste avancé
Dieu se tait.
Bavard, brise tes anciennes tables
Ta gueule nourrie de sable
Nous la clouerons sur des rochers.

Aussi, prends matière,
Sors de toi ou plonge.

Ton sceau : le poulpe brûlant sur les sables.
Ton signe : ces feux en vrilles
Dans la nuit, hachés.

Jacques Garelli, *Brèche*, Mercure de France.

— Un des thèmes-force de la poésie moderne : la mission rédemptrice du langage (16-18); retour à une organisation traditionnelle, strophes, rimes : cadre très souple.

— Contre une poésie bavardc (22), texte dont la densité éclate en images cruelles qui s'organisent autour de la contradiction (feu-visqueux; feu-nuit) et d'un matériel sonore extrêmement riche (vibrement, à vif, vrille-rose, rôde, roue-jeu, feu, creuse).

— « Je ne pourrais écrire la moindre ligne sans être porté spontanément par ces images obsédantes et si, avec lucidité, je cherche quelles images m'ont ouvert au monde de la poésie, je découvrirai sans doute en premier lieu la violence éblouissante de Rimbaud, mais aussi la profusion chargée de Saint-John Perse et de Césaire, l'extrême rigueur de René Char » : pour Garelli, l'auteur de cet aveu, l'imagination poétique n'est jamais reproduction du contenu d'une perception, mais processus de différenciation à partir d'autres écritures poétiques.

[Il apparaît dans mon pays]

Il apparaît dans mon pays que les arbres font cercle
autour de l'herbe (qu'on dit au singulier)

Dans mon pays quand un raisin crève
La saveur inonde le pays de la bouche

Une femme dans ce pays
Un livre dans ce pays

Les lauriers font paroi Il y a des ovales et
l'eau fut coulée dans la pierre
Le mi-sommeil irrigue les images :
L'eau en avenue en route en ruelle dans le pays
en virelai * en villanelle *
entable une étroite sortie pour le village
La pierre est verte pour ces rues

Canots et canaux se prêtent rime forte
Les tapisseries sont ressemblantes Les mots peuvent
frapper à la porte
Les ombres renseignent

* Deux types de poésies à forme fixe, du Moyen Âge et de la Renaissance.

Une place pour chaque nom : ils se balancent
posément comme au jardin des plantes
L'ignorance est protégée Le droit peut renaître de l'injure

Sujet et verbe : le fût et sa touffe de sorte
que la page est une pépinière :
alors soudain
Il faut changer de futaie
pour revenir

Michel Deguy, *Ouï-dire*, éd. Gallimard.

— Le poème : approches successives (distiques et longues strophes; disposition typographique; reprise de thèmes : arbres, eau, formes), délimitation d'un pays qui n'est autre que le poème (10-12, 21-25); les jeux de mots (14, 15, 19, 21) en sont le sujet et non un ornement (entrelacement des mots du pays et de ceux du livre).

— « Un poème cache plutôt la métaphore de lui-même dans son souffle et dans son argument. [...] Un poème ne s'achève dans aucun savoir. » (Deguy, *Actes*.)

Au terme de cette autre ascèse que constitue cette réflexion sur le langage, le poète se rapproche nécessairement de ceux dont la fonction est de l'étudier. A son tour, et comme d'autres formes littéraires, la poésie est attirée par la linguistique. Serait-il donc possible de saisir les lois du mécanisme poétique, de sa création et de son effet, et par là-même de reprendre confiance en la poésie? Le poète est-il le porte-parole d'une voix dont la source est dans le langage lui-même, n'est-il qu'une « machine à traduire »? A mi-chemin de la linguistique et de l'informatique, l'abolition du hasard que propose la page qui suit marque-t-elle la fin de la poésie ancienne, et le début de la poésie nouvelle?

« Ces deux textes, auxquels chacun accordera une très étrange et redoutable séduction, sont l'œuvre d'un ordinateur I.B.M. 360. A l'ordinateur, l'homme a donné mémoire, vocabulaire et syntaxe. Puis le coup de dés de la machine abolit le hasard.

I

La victoire sera ardue. Une mince couche de neige très étendue a couvert le champ de blé blanc rendu vigoureux : la mine sacrée gît en dessous.

La côte monte à l'assaut de la vérité, ses dessins variés forment une chaîne qui brille malgré son poison, tandis que l'aride divagation des mois et des ans a donné au buis la vigueur du vieil arbre. »

II

La source jaillissante dont les flots verrouilleront à jamais le passé. L'aubépine a remplacé le perce-neige et voici l'heure violette où l'on entend que la grenouille va piétiner le nénuphar. La facture du passé est là qui augmente chaque jour.

L'humble martinet veut habiter le fier lama. »

Commerce, hiver 1968.

Si l'on compare ce texte aux autres poèmes de ce chapitre, on s'aperçoit très vite qu'il date : la syntaxe, le système de formation des images sont bien davantage ceux de la poésie surréaliste, et plus précisément de l'écriture automatique à laquelle manquerait son inépuisable liberté, que ceux de la poésie actuelle. On n'a pu fournir à la machine qu'une « facture du passé » selon les mots qu'elle prononce elle-même, que les modèles d'une poésie consacrée, que des occasions de variations et non de création : elle a continué un langage, elle ne l'a ni modifié ni contesté.

Mais cette possibilité d'une étude scientifique du langage poétique, si elle peut désacraliser douloureusement certaines ambitions, permet peut-être de lever certaines hypothèques : la question de la confiance et de la défiance envers le langage en particulier sera reléguée au rang des faux problèmes, avec celle des rapports du mot et de l'objet. Dès lors le poète, sachant que la parole est relative, que l'inspiration et le travail poétique sont une seule et même chose, pourra se remettre à la tâche abandonnée depuis Mallarmé, l'édification du livre. Le lecteur ne sera plus le fidèle venant recevoir la parole sacrée, mais l'acteur auquel le poète demande de travailler avec lui à l'exploration des possibilités du langage et de l'écriture. Nous avons déjà rencontré chez le dernier Butor (*cf.* p. 606), qu'il faudrait se garder d'oublier dans cet examen de la situation actuelle de la poésie, ce désir de composition du livre comme structure ouverte, susceptible de plusieurs lectures, où le texte du poème peut lui-même varier selon les diverses combinaisons dans lesquelles il entre (*Illustrations II*, 1969). C'est un principe assez voisin que **Jacques Roubaud,** japonisant, mathématicien et poète, applique à la composition de son livre ∈ *. « Il y a deux aspects essentiels à considérer : 1° l'élément ou unité poétique ; 2° la stratégie d'ensemble. Entre d'autres poèmes, le poème change [...], devient autre, n'est plus que l'élément d'une création à une autre échelle, la syllabe d'une œuvre dont les mots sont des poèmes. » Ces phrases de Jacques Roubaud destinées à expliquer le fonctionnement d'une anthologie de poésie japonaise médiévale s'appliquent exactement au dessein qu'il poursuit dans ∈. De son livre, il propose quatre lectures : l'une par groupes de textes, la seconde suivant un système de signes mathématiques « pris dans un sens non mathématique dérivé », la troisième en suivant le déroulement d'une partie de « go », non achevée (une bibliographie sur le jeu de go, sorte de jeu de dames ou d'échecs, figure à la fin du livre), la quatrième en lisant ou observant isolément chaque texte. La forme, ou plutôt les formes, se situe maintenant au niveau du livre, combinant des éléments (les poèmes) qui peuvent être sonnets, séquences libres, vers réguliers ou libres, proses, descriptions, citations, « illustrations » dont seuls sont donnés les titres (« Jeu du chevalier et de la mort [dans *Le Septième Sceau*] d'Ingmar Bergman », « Jean Van Eyck Paysage, détail de La Vierge au chancelier Rolin »).

5.1.7 [GO 151]

Pour ce sonnet en prose (qui est aussi le 7e vers du sonnet que constitue la 5e partie du recueil placée sous le signe [illegible] symbole de la réflexion, où les thèmes du verre, du regard, de l'eau, du paon, sont revenus à plusieurs reprises) nous nous contenterons du quatrième mode de lecture proposé par le poète dans son « Mode d'emploi du livre » : « On peut enfin, sans tenir compte de ce qui précède, se contenter de lire ou d'observer isolément chaque texte. » Le texte précédent qui est une « Illustration » est « canal de l'Ourcq près Pantin : cimetière du verre ».

verre fusain verre averse cotre cassé où fut caillou fut lait
débordé en d'épaisses vitres terreau des échardes d'aiguilles
humus de tessons nova des glaces qui volèrent s'achemina
vers cette couche crissante s'abîma verre vantail voile
verre vosge du verre au long des nasses de charbon ici-
l'envers au triangle canal triage et stère de bois

courbe plain-pied du verre causse de verre tarot litres
décousus grenat grenaille bruns pont en poudre paon
transparent verre qui s'y couche qui prend ce lit qui trébuche se mêle sous ces draps quand la pluie qui se couche
fait face à l'opaque trop long chemin émietté de la lumière
qui verre

* ∈ : en théorie des ensembles, signe exprimant la relation d'appartenance.

étendue sur une unique dalle intacte plate débarquée de la péniche kiel 60 qui descendit comme un bouchon le long d'imprévisibles fibrilles de voies d'eau avec laine ciré noir soie verte soyeusement sur verre âcre s'éveillant de la pluie d'août au plafond moins bas du ciel

sur le gravier de verre chaud soudain d'un morceau de soleil au bleu de hauteur contre l'étoffe de verre raide le bras nu le poignet sans mouvement et regarde entre deux lattes du caisson de planches regarde le miroir infracassable pour ballons pour flocons ou nuées la proche et niaise eau boueuse l'ourcque

Jacques Roubaud, $\in$, éd. Gallimard.

— La litanie du verre : émotion d'un spectacle (21-22), quatre strophes, chacune autour d'un thème (débris-couches-la péniche-l'ourcq miroir) et d'un système de sonorités ; la matière sonore semble la préoccupation essentielle du poète (jusqu'au changement de genre de l'ourcq pour les nécessités de la rime féminine) qui en fait un principe d'engendrement du texte aussi fondamental que celui des associations et des glissements de sens (humus-terreau-couche; vosge-causse...).

— Langage abrupt : syntaxe aussi cassée que son objet; notations brutales (1, 7, etc.), phrases interrompues (11, 19, etc.) sans liaison apparente; suppression d'éléments grammaticaux; les mots comme des morceaux de mosaïque.

Si nous avons insisté sur le livre de Roubaud, ce n'est pas nécessairement que nous le considérions comme le chef-d'œuvre de ces dernières années, et nous ne sommes pas certains que le lecteur français contemporain puisse goûter « les techniques de progression et d'association [qui] présentent toutefois certains rapports plus ou moins lâches avec d'autres activités aussi familières aux courtisans de Heian que l'exercice de la poésie : les peintures sur rouleaux et le jeu de go. » Mais $\in$, sans rien abandonner de l'héritage poétique, le prolonge et le réactive en lui redonnant un sens, celui d'une ouverture aux découvertes contemporaines, qu'il s'agisse d'un passé retrouvé (l'ancien Japon) ou d'un avenir entrevu (la recherche fondamentale). L'appui que le poète prend sur la science ne signifie pas qu'il se livre entièrement aux prestiges du nombre, ou que l'émotion va céder le pas à l'intelligence, mais que peut-être il y trouve une façon d'échapper au dilemme dans lequel s'essouffle la poésie actuelle, soucieuse tout à la fois d'éternité et de communicabilité. Roubaud, comme Butor, plus modestes et plus ambitieux, savent que le poète ne peut se créer un langage autonome, qu'il doit utiliser les « mots de la tribu », et que son œuvre ne sera jamais un morceau d'absolu mais l'occasion pour les autres d'exercer à leur tour leurs facultés de création.

Nous l'avions dit pour commencer, nous n'avons voulu que donner à lire un certain nombre de textes, en montrant la multiplicité des voies dans lesquelles la poésie actuelle tentait d'exploiter les inventions de ses prédécesseurs. Le caractère successif de nos remarques ne doit pas faire oublier qu'il s'agit là de recherches contemporaines les unes des autres, à quelques mois, au plus quelques années, près. Peut-être déroutante dans son désir de se comprendre elle-même en même temps qu'elle comprendrait ce qui l'entoure, la poésie actuelle frappe à toutes les portes (nous n'en avons indiqué que quelques-unes) : il est hors de notre propos comme de notre pouvoir de désigner déjà laquelle sera la bonne...

Choix bibliographique :

J.-P. Richard, *Onze études sur la poésie moderne*, Seuil.

A. Bosquet, *Verbe et Vertige*, Hachette.

Deux anthologies :

J. Paris, *Anthologie de la poésie nouvelle*, éd. du Rocher.

P. Seghers, *Le Livre d'or de la poésie française contemporaine* (1940-1960), 2 vol., Marabout-Université.

Petite bibliographie des poètes cités :

Yves Bonnefoy, *Du Mouvement et de l'Immobilité de Douve* (1953), *Hier régnant Désert* (1959), *Pierre écrite* (1964). Deux livres d'essais : *L'Improbable* (1959), *Un Rêve fait à Mantoue* (1967). Des traductions de Shakespeare.

Michel Deguy, *Fragments du cadastre* (1960), *Poèmes de la presqu'île* (1961), *Biefs* (1964), *Ouï-dire* (1966). Un livre d'essais : *Actes* (1966).

André Du Bouchet, *Air* (1951), *Dans la chaleur vacante* (1959), *Où le Soleil* (1968). Des traductions de Hölderlin, Joyce, Shakespeare.

Jean Follain. D'une œuvre abondante commencée en 1942 avec *Inventaire*, citons *Les Choses données* (1952), *Objets* (1955), *Appareil de la terre* (1964), *D'après tout* (1967).

André Frénaud. La plupart de ses poèmes écrits depuis 1943 sont recueillis dans deux livres : *Il n'y a pas de paradis* (1967), *La Sainte Face* (1968).

Jacques Garelli, *Brèche* (1966), *Les Dépossessions* (1968). Un livre d'essais : *La Gravitation poétique* (1966).

Jean Grosjean. Une dizaine de recueils depuis *Terre du temps* (1946), dont *Fils de l'homme* (1954), *Apocalypse* (1962), *La Gloire* (1969). Traductions de la Bible, de Shakespeare, d'Eschyle et de Sophocle.

Guillevic. Une douzaine de recueils depuis *Terraqué* (1942) dont *Terre à Bonheur* (1952), *31 sonnets* (1954), *Sphère* (1963), *Avec* (1966), *La Ville* (1969).

Philippe Jaccottet. Cet écrivain suisse, outre ses traductions (*cf.* chap. 27) et ses chroniques poétiques, *L'Entretien des Muses* (1968), a publié plusieurs recueils de poèmes depuis *L'Effraie* (1953) jusqu'à *Airs* (1967).

Georges Perros, *Papiers collés* (1960), *Poèmes bleus* (1962), *Une Vie ordinaire* (1967). Traductions de Strindberg et Tchekhov.

Marcelin Pleynet, *Provisoires Amants des nègres* (1963), *Paysages en deux* (1963), *Comme* (1965).

Jean-Claude Renard, *Père voici que l'homme* (1955), *En une seule vigne* (1959), *Incantation du temps* (1962), *Terre du sacre* (1966), *La Braise et la Rivière* (1969).

Denis Roche, *Récits complets* (1963), *Les Idées centésimales de Miss Elanize* (1964), *Éros énergumène* (1968).

Jacques Roubaud, ∈ (1968).

Jean Tardieu. Outre son théâtre (*cf.* p. 538), et ses textes en prose, a publié depuis 1939 des poèmes recueillis dans *Le Fleuve caché* (1968).

Jean Tortel, depuis *De mon vivant* (1940) jusqu'à *Relations* (1968), en passant par *Villes ouvertes* (1965), de nombreux recueils. A également publié des romans et *Clefs pour la littérature*.

Sixième Partie

Horizons élargis

Chapitre XXVI

Trois aspects des littératures francophones

Parler de littératures francophones plutôt qu'illustrer encore une fois l'universalité de la langue française en déroulant la saga des écrivains qui, de par le vaste monde, ont choisi la langue de Racine et de Voltaire, c'est déjà manifester que la littérature dite jusque-là « d'expression française » n'est plus un phénomène qui aille de soi. Les littératures francophones n'existent qu'à deux conditions, l'une négative — ne pas être une simple variante provinciale ou exotique de la littérature parisienne —, l'autre positive, être le lieu d'une recherche et d'une interrogation communes à tout un peuple. Voilà pourquoi, tout au long de cet ouvrage, nous nous sommes crus autorisés à faire abstraction des origines géographiques de tel ou tel grand écrivain pour le situer à la place qui lui revenait de droit dans la littérature française. On sent bien tout ce qu'aurait eu d'artificiel un chapitre regroupant, sous le seul prétexte qu'ils étaient tous quatre nés en Belgique, Ghelderode, dont le théâtre, malgré ses couleurs flamandes, n'est pas si loin des fêtes chères à Audiberti, Félicien Marceau, dont les pièces font partie intégrante de la vie théâtrale parisienne et qui se voit décerner le prix Goncourt, Simenon, véritable écrivain international, aussi à l'aise dans l'évocation des ports de la mer du Nord que dans celle de la banlieue parisienne ou de la foule de Broadway, Michaux enfin, pour qui les seules frontières sont celles qui séparent le connu de l'inconnu, et le possible de l'impossible. La critique littéraire française contemporaine ne se comprend que si l'on tient compte de l'apport des Suisses que sont Marcel Raymond et Starobinski, et la mort du grand écrivain vaudois Ramuz en 1945 fut celle d'un grand écrivain français. Devions-nous rapprocher dans un même chapitre l'Irlandais Beckett et le Libanais Schéhadé simplement parce qu'ils étaient nés tous deux hors de nos frontières?

Ce que nous avons voulu, c'est prendre les trois exemples les plus caractéristiques de ces littératures de pays francophones où le problème linguistique n'est souvent qu'un des éléments d'une problématique plus complexe. Les rapports de chacun de ces pays avec la France présentent toujours une profonde ambiguïté. Le Québec, à la recherche de son originalité au sein du Canada, revendique la langue française bien plus comme un moyen de défense contre l'envahisseur anglo-saxon que comme un lien avec la mère patrie. Le Maghreb, après avoir rejeté politiquement la greffe d'une conquête somme toute récente, va-t-il s'engager dans la voie du bilinguisme ou au contraire retrouver les traditions de la culture arabe? Quant aux Antilles et à l'Afrique noire, si nous avons, malgré la différence de leurs évolutions politiques, étudié leurs littératures en un seul ensemble, c'est que le problème noir, qui en constitue le thème fondamental, y est abordé de façon tout aussi directe.

Québec

Il ne saurait être question de faire ici une histoire du Canada français et de ses six millions d'habitants (cinq au Québec et un dans la diaspora), ni même de la littérature canadienne française en tant que telle, mais simplement (que nos lecteurs canadiens français ne s'étonnent donc pas de ne trouver ici que ce qui est visible « de loin ») de poser quelques jalons qui permettront de s'orienter dans cet univers si proche par la langue, surtout lorsqu'elle est écrite, et pourtant si lointain par l'esprit. Il est malaisé pour un Français de France lisant un roman récent du Québec de saisir qu'il a peut-être entre les mains un pamphlet, une arme révolutionnaire, l'instrument d'une libération, et que bien souvent le jugement esthétique doit céder le pas aux considérations d'efficacité.

Il est cependant impossible, avec le Québec, de parler de littérature sans parler en même temps, et même en premier lieu, des conditions de cette littérature. Les Canadiens français sont en minorité numérique par rapport aux Canadiens anglais, et économique par rapport aux anglo-saxons, mais ce sont aussi des exilés en opposition spirituelle avec leur terre d'origine : l'influence d'un clergé conservateur tout-puissant a longtemps détourné le Québec de la France aux idées jugées trop avancées, et l'on a pu voir en 1950 l'archevêché de Montréal interdire à la population de célébrer le centenaire de Balzac, considéré comme un auteur dangereux... De cette longue et sombre période, les Canadiens eux-mêmes sont d'accord pour ne retenir que les noms de trois poètes : celui de Crémazie (1827-1879) obligé de se réfugier en France, de Nelligan (1879-1941, mais qui est mort fou, enfermé depuis 1899) et, plus près de nous, de Saint-Denys Garneau (1912-1943). L'exil et la folie des deux premiers symbolisent assez bien le sort réservé alors à tout effort de création original. La littérature du Québec ne peut même pas, durant cette période, être envisagée comme celle d'une province éloignée : le décalage et le retard sont trop importants.

Quelle que soit la torpeur dans laquelle il tente de plonger le pays pour le mieux gouverner, le premier ministre conservateur Maurice Duplessis qui détient le pouvoir de 1944 à 1959, ne peut pourtant empêcher la lente prise de conscience qui aboutira à ce que l'on nommera la « Révolution tranquille ». Littérairement, c'est le temps du rattrapage, grandement favorisé d'ailleurs par la Seconde Guerre mondiale qui provoque l'afflux d'un grand nombre d'artistes français en Amérique du Nord. Les écrivains québecois sont alors mis directement en contact avec le dernier stade de l'évolution littéraire, et ils comblent en quelques années un retard qui tendait à devenir infranchissable. L'immédiat après-guerre peut donc être considéré comme le moment où naît cette littérature. C'est surtout l'époque du roman de mœurs : il s'agit d'abord de donner une image exacte de la réalité canadienne française, sans se laisser aller aux illusions mystico-agraires ni à la célébration passéiste des beautés de la société patriarcale. Cette voie de la lucidité, ouverte juste avant guerre par un Ringuet *(Trente Arpents)*, est poursuivie par Lemelin (*Au pied de la pente douce*, premier grand roman de la ville) et par Gabrielle Roy *(Bonheur d'occasion, La Petite Poule d'eau, Alexandre Chenevert, Rue Deschambault)*.

C'est la première page du roman.

[Le Portage-des-Prés]

Ce petit village au fond de la province canadienne du Manitoba *, si loin dans la mélancolique région des lacs et des canards sauvages, ce petit village insignifiant entre ses maigres sapins, c'est le Portage-des-Prés. Il est déjà à trente-deux milles par un mauvais *trail* * raboteux du

* Il y a des communautés de langue française dispersées sur tout le territoire canadien, en particulier dans cette province centrale dont le nom est d'origine indienne.
* Chemin, piste (mot anglais).

chemin de fer local aboutissant à Rorketon, le bourg le plus proche. En tout, il comprend une chapelle que visite trois ou quatre fois par année un vieux missionnaire polyglotte et exceptionnellement loquace, une baraque en planches neuves servant d'école aux quelques enfants blancs de la région et une construction également en planches mais un peu plus grande, la plus importante du *settlement* * puisqu'elle abrite à la fois le magasin, le bureau de poste et le téléphone. On aperçoit, un peu plus loin, dans l'éclaircie des bouleaux, deux autres maisons qui, avec le magasin-bureau-de-poste, logent l'entière population du Portage-des-Prés. Mais j'allais oublier : en face du bâtiment principal, au bord de la piste venant de Rorketon, brille, munie de sa boule de verre qui attend toujours l'électricité, une unique pompe à essence. Au-delà, c'est un désert d'herbe et de vent. L'une des maisons a bien une porte de devant, à l'étage, mais comme on n'y a jamais ajouté ni balcon, ni escalier, rien n'exprime mieux la notion de l'inutile que cette porte. Sur la façade du magasin, il y a, peint en grosses lettres : *General Store* *. Et c'est absolument tout ce qu'il y a au Portage-des-Prés. Rien ne ressemble davantage au fin fond du bout du monde. Cependant, c'était plus loin encore qu'habitait, il y a une quinzaine d'années, la famille Tousignant.

* Colonie *(id.)*.

* Bazar *(id.)*.

Gabrielle Roy *La Petite Poule d'eau*, éd. Flammarion.

— Impression de solitude (1, 2, 5, etc.), et surtout la chute — 27, 28 — qui « annule » cette description balzacienne : nom, situation, décor). La réalité canadienne : le vocabulaire (toponymie de triple origine, mots anglais) et les faits (le mot « blanc » renvoie à d'autres enfants qui ne le sont pas).

— Réalisme aux dimensions insolites (monde autre, au carrefour du désert et de la civilisation : 14-21), le fantastique du vide (21-24).

— Un lecteur inattentif pourrait se croire encore dans l'univers des « quelques arpents de neige » et de *Maria Chapdelaine*. Mais les choses ont changé et les détails qui semblent n'être là que pour créer un climat sont en réalité les éléments du problème : l'école pour les enfants blancs annonce l'exigence des Tousignant demandant la création d'une école en français pour leurs enfants, exigence révolutionnaire, puisqu'il s'agit de recevoir sa culture dans sa propre langue.

Les poèmes d'Alain Grandbois (1944), le manifeste *Refus global* (1948), le succès de la pièce de Gratien Gélinas *Tit-Coq* (1948), autant d'autres manifestations de cette prise de conscience par les Canadiens français de leur originalité et de la nécessité de l'affirmer. La fondation, en 1958, de la revue *Liberté*, « revue littéraire et culturelle d'inspiration laïque et progressiste », constitue le fait le plus significatif de cette évolution, avec la fondation de maisons d'édition (par exemple l'Hexagone en 1954) se consacrant à la publication des écrivains québecois. C'est en poésie que la révolution formelle se marque le plus nettement, avec des poètes comme Rina Lasnier, Anne Hébert, Fernand Ouellette. Même l'univers le plus typiquement canadien, celui de la nature par exemple, d'une nature dont les poètes français n'ont guère idée, retrouve vie grâce à l'adoption de formes beaucoup plus libres, d'inspiration américaine autant que française.

La chambre de bois

Ce poème a paru en 1953 dans *Le Tombeau des Rois.*

Miel du temps
Sur les murs luisants
Plafond d'or
Fleurs des nœuds
cœurs fantasques du bois

Chambre fermée
Coffre clair où s'enroule mon enfance
Comme un collier désenfilé.

Je dors sur des feuilles apprivoisées
L'odeur des pins est une vieille servante aveugle
Le chant de l'eau frappe à ma tempe
Petite veine bleue rompue
Toute la rivière passe la mémoire.

Je me promène
Dans une armoire secrète.
La neige, une poignée à peine,
Fleurit sous un globe de verre
Comme une couronne de mariée.
Deux peines légères s'étirent
Et rentrent leurs griffes.

Je vais coudre ma robe avec ce fil perdu.
J'ai des souliers bleus
Et des yeux d'enfant
Qui ne sont pas à moi.
Il faut bien vivre ici
En cet espace poli.
J'ai des vivres pour la nuit
Pourvu que je ne me lasse
De ce chant égal de rivière
Pourvu que cette servante tremblante
Ne laisse tomber sa charge d'odeurs
Tout d'un coup
Sans retour.

Il n'y a ni serrure ni clef ici
Je suis cernée de bois ancien.
J'aime un petit bougeoir vert.

Midi brûle aux carreaux d'argent
La place du monde flambe comme une forge
L'angoisse me fait de l'ombre
Je suis nue et toute noire sous un arbre amer.

Anne Hébert, *Poèmes*, éd. du Seuil.

— Après celle du décor (1-8), l'évocation des moments d'une journée et d'une vie (9, 14, 21) s'assombrit peu à peu (19, 28, 30) jusqu'à l'angoisse finale. Une imagination qui tantôt utilise la comparaison (8, 18, 38) tantôt passe directement à une transformation du réel et à une vision (1, 4-5, 13, etc.). Lyrisme toujours sobre (16, 19, 36) qui se veut chanson enfantine (le début, 22, 36).

— « En sondant maintenant *l'envers du monde,* le poète retrouve sous leur face obscure des images qui avaient d'abord été comme l'eau des rivières, " fraîches et vermeilles ", et qui ne lui renvoient plus, dans leur opacité, que le sens indéfiniment répété de la solitude et de la mort » (René Lacote).

Arbres

Extrait d'un poème dont les premiers vers sont : « J'écris arbre/arbre d'orbe en cône et de sève en lumière », dans lequel le poète évoque tous les arbres de la forêt canadienne.

j'écris arbre
arbre pour l'arbre

bouleau   merisier jaune et ondé   bouleau flexible
    acajou sucré   bouleau   merisier odorant
    rouge   bouleau   rameau de couleuvre   feuille
    engrenage vidé   bouleau cambrioleur à feuilles
    de peuplier   passe les bras dans les cages du
    temps   captant l'oiseau captant le vent
bouleau à l'écorce fendant l'eau des fleuves
bouleau fontinal *   fontaine d'hiver   jet figé
    bouleau des parquets   cheminée du soir
    galbe des tours et des bals
albatros dormeur

aubier entre chien et loup
aubier de l'aube aux fanaux

j'écris arbre
arbre pour le thorax et ses feuilles
arbre pour la fougère d'un soldat mort   sa mémoire
    de calcaire et l'oiseau qui s'en échappe avec
    un cri

* Espèce de bouleau pleureur.

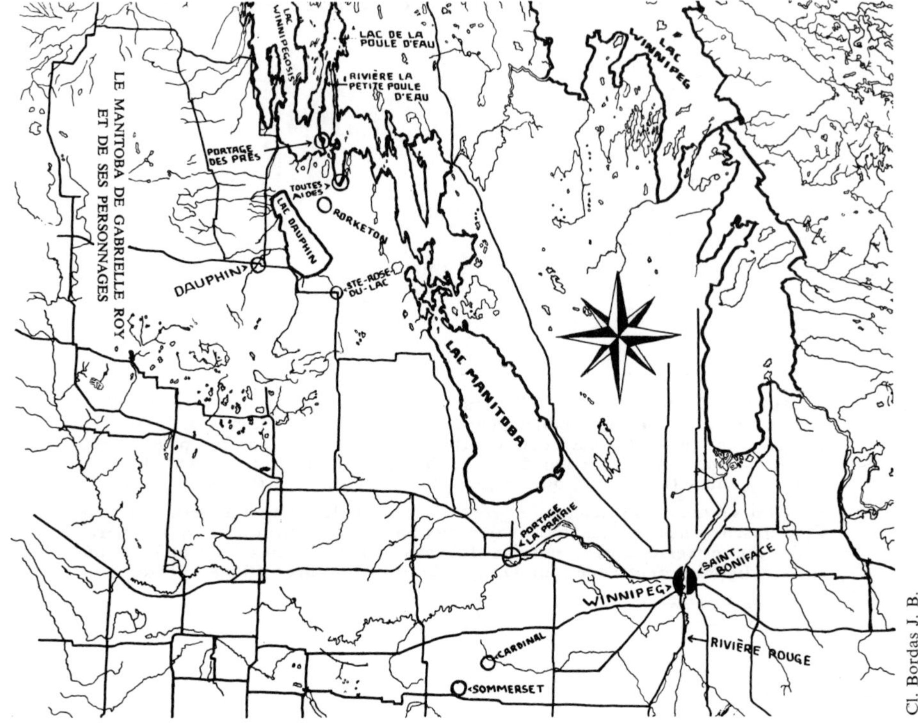

Cl. Bordas J. B.

« Ce petit village au fond de la province canadienne du Manitoba... »
(carte-frontispice de *La Petite Poule d'eau*, cf. p. 654).

arbre
peuplier faux-tremble trembleur à grands crocs
peuplier-loup griffon troubleur arracheur
immobile de mousse et de terre peuplier feuilles étroites peuplier au front bas peuplier
ligne droite cheval séché œillères rances
peuplier baumier * embaumeur des larmes peuplier
aux lances-bourgeons peuplier fruit de coton
ouates désintéressées langues de chattes pattes
d'oiselles rachitiques peuplier allumettes
coupe-vent des forêts garde-corps et tonnelier
charbon blanc des hivers

arbre
arbre pour l'arbre et le Huron
arbre pour le chasseur et la hache
arbre pour la sirène et le blé le cargo le cheval

* Espèce de peuplier.

Paul-Marie Lapointe, *Arbres*, coll. les Matinaux,
éd. de l'Hexagone.

— Litanie (retours, annonce : 7 et 22) au rythme syncopé (cellules d'inégale longueur, disposition typographique) qui se déroule selon plusieurs principes : rapprochements naturels (cycle des saisons), association de mots (22, 24), surtout de sonorités (15, 22-24, 35 : le poème est d'abord musique).

— Une leçon de choses poétique : nomenclature (un arbre après l'autre : troncs, feuilles...) et propriétés (arbre pour...). L'univers imaginaire du poète, plus hermétique (10, 18-20) se mêle aux sensations brutes (vue, ouïe, odorat).

— Le thème de l'arbre : Claudel, Char, etc.

Après la mort de Duplessis, la transformation de l'état d'esprit québecois va se préciser et s'accélérer. Le livre de Gérard Bessette, *Le Libraire*, qui paraît en 1960, l'année même de la fondation du Rassemblement pour l'indépendance nationale et de la victoire du parti libéral, est presque un symbole : l'histoire du personnage principal Jodoin, ce commis de librairie condamné pour avoir vendu un livre de Voltaire à un collégien, est une histoire exemplaire. La publication l'année suivante du poème « Recours au pays » par Jean-Guy Pilon, rédacteur en chef de la revue *Liberté*, considéré comme le chef de file de cette jeune littérature, marque encore plus nettement la revendication par le Québec de sa personnalité. Cette attitude est d'ailleurs générale pour tout le Canada, ce pays qui a mis des années à se trouver un drapeau, ce pays qui se cherche entre la dépendance toute théorique par rapport à l'Angleterre et l'influence envahissante du trop grand voisin américain.

Recours au Pays

Quelques strophes de ce long poème, choisies pour donner une idée de son importance (au détriment malheureusement de son unité).

I

Parler comme si les très grandes voiles du matin ne devaient jamais disparaître. Ni les lumières qui abolissent les horizons, ni la pluie, ni les arbres, ni la nuit, ni rien.

Parler pour vivre, pour ouvrir les yeux et aimer. Pour retrouver le village de sa naissance, enfoui quelque part sous la neige sans mémoire.

Parler pour ne plus attendre demain, ni les mois à venir, mais parce qu'il faut conduire ce jour à la joie des mots simples, d'un regard, d'une heure pleine et définitive.

II

Auras-tu cette patience sans limite du pays pour répéter les paroles que je t'apprendrai, au fur et à mesure des lacs et des montagnes, des hivers et de la pluie?

Aurai-je ce don des langues sans lequel le mot patrie n'aurait plus de vérité? Nous sommes à la naissance d'un pays à reconnaître. Nourris de l'attention calme des découvreurs, nous savons que nous sommes seuls.

V

L'exigence du pays!

Qui suis-je donc pour affronter pareilles étendues, pour

comprendre cent mille lacs, soixante-quinze fleuves, dix chaînes de montagnes, trois océans, le pôle nord et le soleil qui ne se couche jamais sur mon pays?

Où planter ma maison dans cette infinitude et ces grands vents? De quel côté placer le potager? Comment dire, en dépit des saisons, les mots quotidiens, les mots de la vie : femme, pain, vin?

Il y a des pays pour les enfants, d'autres pour les hommes, quelques-uns pour les géants...

Avant de savoir les mots pour vivre, il est déjà temps d'apprendre à mourir.

VII

Je suis d'un pays qui est comme une tache sous le pôle, comme un fait divers, comme un film sans images.

Comment réussir à dompter les espaces et les saisons, la forêt et le froid? Comment y reconnaître mon visage?

Ce pays n'a pas de maîtresse : il s'est improvisé. Tout pourrait y naître; tout peut y mourir.

IX

Ce n'est pas de vivre à tes côtés qui me détruit, c'est de ne jamais entendre ta voix, de ne jamais découvrir la nuit blanche de tes yeux.

Tu es là comme la colère d'un disparu ou l'espérance de la moisson. Je n'ai jamais vu les gestes de tes bras, ni le repos sur ton visage. Tu es ombre et absence, tu es pays à enfanter.

Il n'y a pas de lit à la fin du jour, mais seulement des épées nues.

Jean-Guy Pilon, *Recours au pays*, éd. de l'Hexagone, Montréal.

— Texte caractéristique de la « Révolution tranquille » : la connaissance des difficultés (immensité ; 10, 18, 32; langues différentes : 13; insuffisance de l'homme : (29) ne détourne pas le poète de s'attaquer lucidement à son devoir (8) : donner naissance à un pays qui n'existe pas encore (IX).

— Poésie engagée : parler c'est vivre et donner la vie. La simplicité (9) convient à cette tâche : *être* et *avoir* sont les verbes de cette quête, l'interrogation l'emporte sur l'affirmation. Les images cherchent plus la force percutante que l'originalité.

Mais bien vite cette revendication en termes mesurés va se trouver dépassée. Après l'âge du constat et du témoignage, voici venir l'âge de la révolte. La fondation en 1963 de la revue *Parti Pris*, qui se veut l'organe d'un « Front intellectuel de libération du Québec », permet de se rendre compte du chemin parcouru depuis *Liberté*.

Cl. Bordas J. B.

Gravure de Liliane Goulet illustrant le poème « Recours au pays » dans l'édition originale (éd. de l'Hexagone).

La littérature du passé n'est acceptée que dans la mesure où elle a été une préparation à ce qui n'existe pas encore : l'expression de ce nouveau Québec. Pour ces jeunes écrivains il s'agit de trouver à la fois une langue et un pays. En effet il n'y a pas *une* mais *des* langues au Québec. Laquelle l'exprimera le mieux? Sera-ce le « joual »? Joual est la déformation en québecois populaire du mot cheval, et le terme est employé, depuis son utilisation en 1959 par le journaliste Laurendeau, pour désigner le patois. Tout un courant de cette jeune littérature essaie de faire du joual, ou de sa transcription littéraire, un mode d'expression dont le roman de Jacques Godbout *Salut Galarneau* (1967) est l'aboutissement truculent.

En voici un exemple :

« viens baisser l'zipper des banques
pour faire pisser les rondelles d'or
ô mon amour tous les trente-sous qui [tinteraient
cliars comme une eau de source
perçons les tombeaux des rois
ôles cinquante cennes et les bijoux ôôô
les émeraudes les pépites pour les ti-pittes
les fraudes au fisc
Kasour la fly la banque
les gérants vont scramer
pis vite m'entends-tu vite
on leur f'ra ourch! ourch!
pareil qu'on fait pour faire marcher les [vaches. » (Jacques Renaud.)

Mais comme l'écrit Laurent Girouard dans *Parti Pris :* « Le joual n'est ni un patois ni un dialecte. Il relève plutôt d'une forme linguistique issue de l'absence d'une langue nationale et du voisinage d'une langue étrangère dominatrice. Il ne peut que devenir argot, ce serait sa place normale, ou bien marquer la dernière étape vers l'anglicisation. » A l'opposé de ce parler instable, il y a bien sûr le « parisien », le français correct et légèrement désuet des universitaires, mais qui a le défaut de ne pas correspondre à ce qu'il y a de vivant dans la culture québecoise, d'être un produit importé dont les Québecois ne veulent pas non plus : « Nous sommes sortis du mimétisme littéraire qui n'était utile qu'aux critiques. Ça leur permettait de porter des jugements de valeur sans risquer de se tromper. La culture impérialiste de France leur fournissait à tout coup le modèle de l'œuvre qu'ils jugeaient ici. P.-H. Simon, Castex et Surer ni même Georges Poulet ne pourront plus nous dire quoi dire. Finie la facilité. » (Laurent Girouard.)

La recherche d'une langue littéraire est donc pour cette génération bien davantage qu'une recherche esthétique, c'est la recherche même d'une identité : « Le Québec n'existe pas. Il n'est encore qu'une passion, une maladie à guérir ou, au mieux, une promesse à tenir... Il n'est que rêvé, désiré, voulu à toute force et en toute faiblesse. Quand je vais dans le monde, quand je quitte le village de mes origines et de mes heures quotidiennes, je ne trouve à parler du Québec qu'au passé ou au futur; l'autre à qui je parle et qui me parle, l'autre demeure seul au rendez-vous du présent. Le Québec ne se dit pas au présent, il n'est pas au monde parce qu'il n'est pas à lui-même; et s'il existe malgré tout, ce ne peut être que d'une existence séparée », écrit dans *Parti Pris*, en 1965, Jacques Brault, l'un des plus brillants représentants de ce groupe. L'éclatement du langage et des formes ne revêt donc pas au Québec la même signification qu'en France. Si certaines des œuvres nouvelles d'après 1960 peuvent être, de l'extérieur, assimilées à certaines des recherches du Nouveau Roman, ce n'est là qu'un jugement approximatif. La révolution formelle est l'écho, le reflet d'une autre révolution (jusqu'alors « tranquille », mais que le discours de 1967 du général de Gaulle « Vive le Québec libre » faillit transformer en révolution tout court), celle qui doit permettre au Québec de déterminer qui il est et quelle est sa place en Amérique du Nord. Car le fond sur lequel se détachent les romans de Marie-Claire Blais (*Une Saison dans la vie d'Emmanuel*, 1966), de Jacques Godbout, de Hubert Aquin et de Réjean Ducharme (*L'Avalée des avalés*, 1966), comme toutes les tentatives pour développer au Québec une véritable vie culturelle, demeure un fond essentiellement américain.

[Dieu avait pris Léopold d'une curieuse façon]

L'un des nombreux frères d'Emmanuel, Jean-le-Maigre, mourant à l'infirmerie du noviciat (*cf.* l. 41), raconte les premières années de sa vie, sa « descente aux enfers » avec son frère Le Septième.

Abandonnés par notre pauvre mère qui, lorsqu'elle n'était pas aux champs ou à l'écurie à soigner sa jument atteinte de consomption (dont l'odeur était un peu comparable à la mienne aujourd'hui, je dois l'avouer), dialoguait avec ses morts, tous alignés les uns à côté des autres sur le vieil harmonium rongé par les rats (seul héritage de Grand-Père Napoléon qui aimait jouer des hymnes la nuit pour faire enrager ma chaste grand-mère), morts du mois de novembre, morts de longues soirées d'hiver — ma mère les appelait un à un des ténèbres où ils ronflaient avec bien-être, dans sa mauve chemise de nuit, quelques cheveux épars sur son front toujours humide, cette triste femme contemplait avec douceur les enfants, les bébés au sourire édenté, des vieilles photographies mille fois regardées... [...]

Gemma, Barthélémy, Léopold, elle avait encore les chaussons de laine de ce lointain Barthélémy qu'elle n'était pas sûre d'avoir mis au monde, mais qu'importe! Et Léopold, une année, il ne restait qu'une année, et il sortait du séminaire. Léopold qui avait tant de talent! Ah!

Mais Dieu avait pris Léopold d'une curieuse façon. Par les cheveux comme on tire une carotte de la terre.

En revenant d'une joviale tuerie de lapins et de renards, les frères aînés trouvèrent pendu, à la branche d'un arbre solitaire — qui donc? le squelettique Léopold dans sa robe de séminariste, balancé par le vent, mort, bien mort, prêt à écorcher comme les proies qu'ils tenaient à la main, d'un geste triomphal. « Mon Dieu, soupirèrent-ils en chœur, *en voilà une idée le vendredi saint!* J'ai toujours pensé qu'il avait les idées noires, celui-là! » Mais enivrés par la chasse, la bière et le vent qui leur fouettait les tempes, les aînés décrochèrent Léopold de son arbre (je dois ajouter ici que Léopold était si brillant qu'à l'âge de dix ans, il récitait par cœur des passages de la Bible qu'il ne comprenait pas du tout, et écrivait des épitaphes en latin... J'ai hérité moi-même de l'esprit aventureux de mon frère, et comme lui, je laisserai derrière moi des reliques qui pourriront dans la poussière, *la poussière des temps*, si l'on veut — car à part notre cher curé, et le Frère Théodule qui me fait subir en ce moment le martyre du thermomètre... qui donc pourrait lire ma prose en latin?). Ainsi ils le décrochèrent de l'arbre, et le jetant comme un sac de pommes de terre sur leur dos les aînés rentrèrent allégrement chez nous, nous montrant leur gibier, dont le cher Léopold au cou pris dans la corde de sa ceinture.

« Malédiction! Oh, malédiction! », dit mon père, et il cracha par terre. Seule ma mère versa ces larmes funèbres si bienfaisantes pour Léopold.

Donc — abandonnés par notre mère, orphelins errants au visage barbouillé de soupe...

Marie-Claire Blais, *Une Saison dans la vie d'Emmanuel*, éd. Grasset.

— Digressions (3-4, 6-8, 33-42) dans une digression (1-50) : style oral d'un conteur qui ne termine pas ses phrases (15) et mélange temps, épisodes et personnages pour peindre l'univers grouillant de sa nombreuse famille.

— Dans un univers contrasté, à la fois truculent (5-6, 8, 18, etc.) et cocasse (14-15, 27, 33), un humour noir (13, 20, 22, etc.) qui n'empêche pas une tendresse vraie du narrateur pour sa mère (9-10, 14-15, 37).

— Par-delà les frontières, mais en moins grinçant, on peut songer au *Tambour* de G. Grass (*cf.* p. 720), mais aussi peut-être à Rabelais (la naissance de Pantagruel).

Cl. Off. nat. du film - Canada.

Extrait de *Pour la suite du monde*, film du cinéaste canadien-français Michel Brault (1962-63).

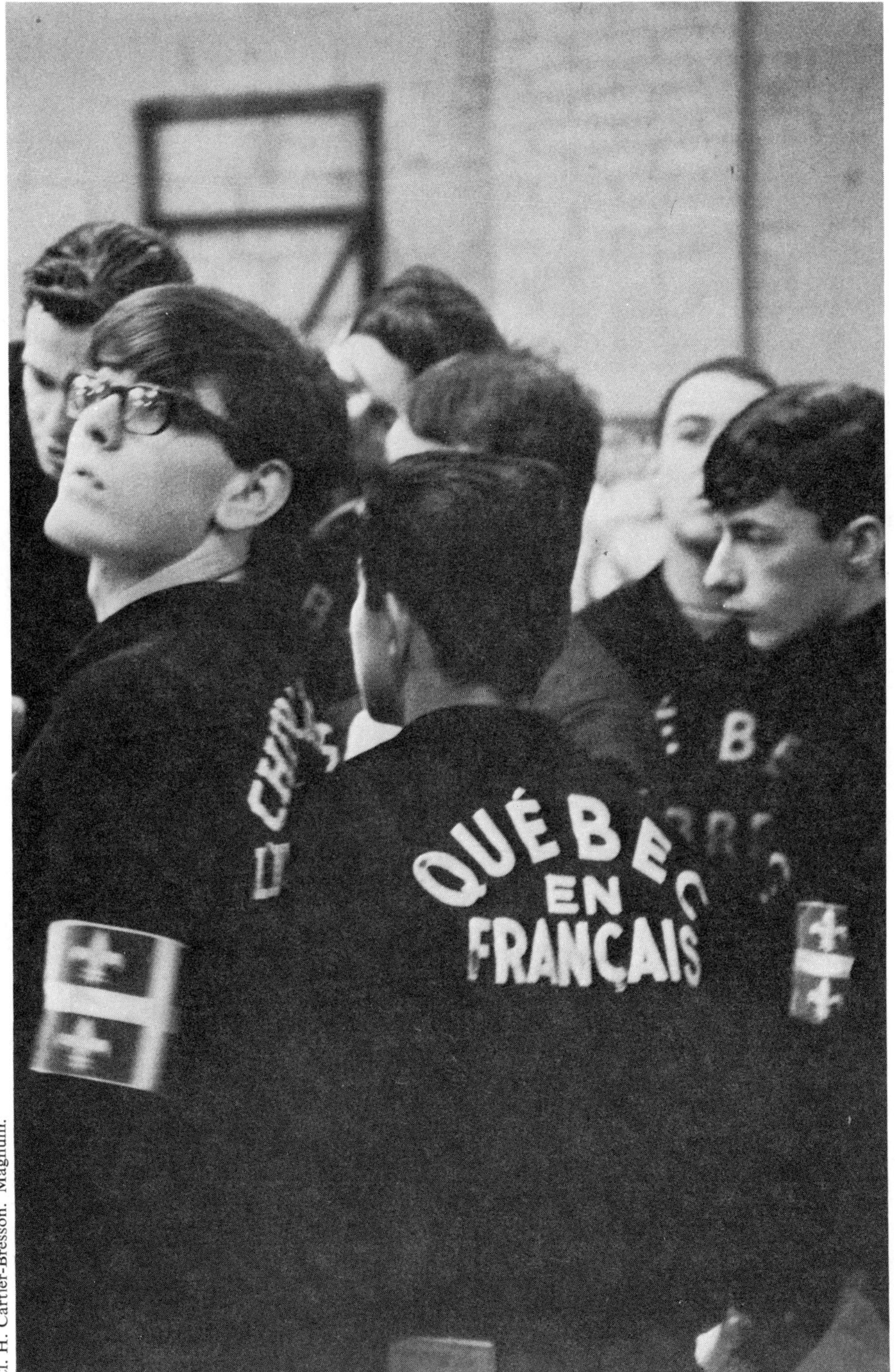

Cl. H. Cartier-Bresson. Magnum.

Étudiants québecois.

Fragment du monologue de Mille Milles qui a « seize ans et est un enfant de huit ans »; il vient de quitter son île au milieu du Saint-Laurent pour venir à Montréal, le Saint-Laurent où il péchait des têtards avec Ivugivic, la petite Esquimaude.

[Mille Milles s'en va-t-en guerre!]

Tout à l'heure j'ai acheté une bicyclette d'occasion. Je l'ai eue pour dix dollars. J'aime mieux dire dollar que piastre *, à cause de Dollard Saint-Laurent... Dollard des Ormeaux *. La plume m'a fourché. Au Nouveau-Québec*, d'où Ivugivic vient, il y a un cap qui s'appelle Dollard-des-Ormeaux. Le mot Canada * serait né des mots espagnols *aca* et *nada* qui signifient : rien ici. Je ne sais pas où ranger la bicyclette. J'ai essayé de la garer dans un des parcs de stationnement. L'homme s'est approché et a dit non avec une voix, avec un visage tyranniques. Tout est pour les automobiles sur la terre maintenant. Les rues, les policiers, le fer, le caoutchouc, le pétrole, tout est entré dans leur sphère d'activité. Tout. Au lieu de dire automobiliste, on devrait dire automobile et au lieu de dire automobile on devrait dire hommiliste. L'homme en automobile est l'homme supérieur que Nietzsche appelait. Hélas, cet homme supérieur est plus supermachine que superhomme. Combien une hommiliste ordinaire peut-elle contenir d'automobiles? Six. J'y reviendrai. Pauvre Mille Milles * ! tout dépaysagé, tout désorientalisé, tout désillusionnismisé! Tout seul! Il revient de droit au Québec, le Labrador. Je ne veux pas voir d'Anglais avec les Esquimaux. C'est un génocide. C'est comme le massacre de Gênes par les Huns * et les autres. Je réclame les îles Belcher *, parce qu'il y a du fer dedans et que le fer est fait pour faire des choses en fer comme les fers à repasser et les fers à cheval. Minute papillon, margarinefly (butterfly) * ! Belcher est un nom anglais. Que fait le ministère toponymique de cette province, française? Passe-t-il son temps à acheter (à se procurer) des culottes de golf avec l'argent de la populace qui peine? Aux armes, citoyens! A bas le ministère toponymique! A bas la conscription! A bas les Deux-Cents * de Toronto! J'ai lu, dans cet ouvrage que j'ai lu sur le Nouveau-Québec, que Port-Burwell, où Ivugivic est née, a été traduit en français par le ministère toponymique. Ivugivic n'est plus née à Port-Burwell. J'ai hâte de voir le visage qu'elle fera quand je lui apprendrai qu'elle est née à Havre-Terquetil. Brillamment traduit, Ministère toponymique, brillamment traduit! Ce soir, Milles Milles va peut-être aller au cinéma, au System, où cela ne coûte pas cher. Mille Milles s'en va-t'en guerre. Mille Milles s'en va-t'au System, à bicyclette, voir Marlon Brando dans *The*

* Piastre est le mot canadien français pour dollar.
* Dollard des Ormeaux : au XVIIe siècle, défenseur de Montréal contre les Iroquois.
* Partie septentrionale du Québec, habitée surtout par des Esquimaux.
* Étymologie fantaisiste bien sûr. Le mot est d'origine indienne.

* Ce surnom est sans doute emprunté à la célèbre course automobile des Mille Milles d'Indianapolis.

* En fait les Lombards, mais pour le jeu de mots...
* Iles de la baie d'Hudson.

* Jeu de mots sur « butterfly, » papillon, littéralement : mouche à beurre.

* Transposition de l'expression « les deux cents familles ».

Young Lions *. Au programme, il y a deux autres films, en anglais également. Sugluc *, au nord, à la pointe du continent français d'Amérique. Sugluc. Sugluc. C'est comme quelque huile épaisse qu'on avale : de l'huile de foie de baleine. Comment ce continent peut être français si pour être français il faut parler français et qu'un continent ne parle pas, n'a pas de bouche? Ce continent a une bouche, une gueule, une gueule molle de vieux loup soûl : le Saint Laurent. Et cette gueule parle français. Hostie de comique! L'hostie de comique va maintenant se rouler une cigarette et fumer. « Fume, fume, fume... » C'est une chanson des Excentriques, sorte de Beatles qui ont une automobile rose, des cheveux roses, des habits roses, et n'ont pas d'yeux roses. Il est cinq heures du soir. C'est le dix octobre. C'est le dix septembre. Ce n'est pas le dix octobre du tout. Pauvre Mille Milles! tout mélangé dans ses dates!

* Il s'agit du film tiré du roman d'Irwin Shaw : *Le Bal des maudits*.
* Petit poste de la côte nord.

Réjean Ducharme, *Le Nez qui voque*, éd. Gallimard.

— A partir des occupations quotidiennes (bicyclettes, cinéma), improvisation où se bousculent tous les thèmes du livre : Canada, Québec, questions linguistiques, automobile. Plasticité d'un langage parlé (4) qui va de la confidence à l'appel aux armes; l'unité est dans la virtuosité verbale (7, 14-15, 20, 23-24) chargée de dérision.

— Dédoublement (Je/Mille Milles) du personnage en proie à la confusion (20, 58) linguistique (jusqu'au jeu de mots bilingue : 27) et culturelle (de Nietzsche à la pop-music).

— Pour Le Clézio, ce livre est de la même famille que *Zazie* et *Catcher in the Rye* (*cf.* p. 734) car il y est « question d'un refus. Et ce refus n'est pas anecdotique, ce n'est pas un refus de la réalité. C'est le refus d'entrer dans un monde inutile, *alors qu'on l'a déjà connu* ». La tragi-comédie de Mille Milles n'est pas seulement celle du Québecois à la recherche de sa véritable patrie, c'est aussi celle de l'adolescent, Don Quichotte à bicyclette qui se cherche lui-même.

Le Canadien français, colonisé trop riche, qui fait de l'Indien et de l'Esquimau, colonisés « classiques », ses nouveaux héros, doit s'efforcer de devenir son propre maître, d'assumer cette dichotomie franco-américaine. La langue française sera-t-elle ou non le véhicule de cette renaissance? Ou bien, comme l'écrivait Fernand Ouellette, un des écrivains du groupe « Liberté », le Canadien français devra-t-il, pour devenir lui-même, abandonner cette langue, vestige d'un autre âge? « J'aime tant l'humain que je préférerais que mon peuple parle l'anglais, quoi qu'il m'en coûterait, afin qu'il soit capable de penser et de créer, plutôt que de le voir agoniser dans cette impuissance, dans cette glu, pour conserver une langue en état de pourriture. » Il semble cependant que ce pessimisme ne soit plus de mise et que le Québec se soit enfin trouvé, quoique dans un équilibre encore fragile : les romans suivants de Réjean Ducharme, par exemple, ne concernent plus seulement ces problèmes; ils se présentent désormais comme les livres d'un écrivain canadien-français, et l'un des contemporains de Ducharme en France, Le Clézio, peut lui consacrer un article enthousiaste sans même évoquer le fait canadien-français : l'écrivain canadien-français est en train de devenir un écrivain tout court.

Ces deux strophes de Jacques Brault marquent assez bien la confiance qui revient :

« Il n'a pas de nom ce pays que j'affirme et renie au long de mes jours mon pays scalpé de sa jeunesse
mon pays né dans l'orphelinat de la neige
mon pays sans maisons ni légendes où bercer ses enfançons
mon pays s'invente des ballades et s'endort l'œil tourné vers des amours étrangères
. . . .
Voici qu'un peuple apprend à se mettre debout
Debout et tourné vers la magie du pôle debout entre trois océans
Debout face aux chacals de l'histoire face aux pygmées de la peur
Un peuple aux genoux cagneux aux mains noueuses tant il a rampé dans la honte
Un peuple ivre de vents et de femmes s'essaie à sa nouveauté. »

N. B. Nous n'avons fait qu'effleurer les problèmes du théâtre en signalant le succès de la pièce *Tit-Coq.* L'évolution du théâtre suit celle des autres genres, mais le problème général du langage se double d'un autre plus largement culturel : passant presque sans transition d'un stade agraire à un état ultramoderne dans lequel cinéma et télévision tiennent une place prépondérante, le Québec ne connaissait guère le fait théâtral, considéré avec méfiance par les autorités ecclésiastiques. Avant de s'attaquer à la création d'un langage, l'écrivain de théâtre doit d'abord vaincre l'indifférence apathique d'une société qui n'attend rien de lui. Ici encore le mouvement s'est accéléré dans les dernières années : en quinze ans le pourcentage du public allant au théâtre est passé de 2 à 6 %. Quelque chose s'est mis en marche qui trouvera sa place dans la culture du Québec, une culture dont il est bien difficile de vouloir prévoir la nature et le contenu.

Choix bibliographique :

A. Bosquet, *Poésie du Québec*, Seghers.
R. Robidoux et A. Renaud, *Le Roman canadien-français du XX*[e] *siècle*, Ottawa.
« Littérature du Québec », *Europe*, numéro spécial, février-mars 1969.

Maghreb

Les vingt-cinq dernières années ont vu le Maroc, la Tunisie, l'Algérie enfin, conquérir leur indépendance nationale. La colonisation française y avait pris des formes différentes : en Algérie, elle avait abouti à la création de « départements » français, et recherchait, au moins théoriquement, l'« intégration » des colonisés. En fait, malgré un siècle de cohabitation, le fossé restait profond entre la minorité européenne et la masse des musulmans, fort loin d'être des « Français à part entière ». Au Maroc et en Tunisie, la France, plus tard venue, plus respectueuse des traditions nationales, exerçait un « protectorat » qui recouvrait cependant un régime colonial. Dans ces trois pays, dès 1945, la vigueur des revendications, la violence des troubles annoncent le début d'une décolonisation, rendue plus difficile que partout ailleurs par la présence de deux millions de Français installés dans le Maghreb et attachés à cette terre. Le Maroc et la Tunisie, après des conflits dramatiques, obtiennent l'indépendance en 1956. L'Algérie n'y accède qu'en 1962, avec les accords d'Évian qui mettent fin à huit ans de guerre et de souffrances. La violence du conflit qui a opposé le Maghreb à la France durant ces années tragiques n'a pourtant jamais rompu les liens qui les unissent. Le Maroc, la Tunisie, l'Algérie ont conservé après l'indépendance des rapports étroits de coopération avec la France : ils n'ont rejeté brutalement ni sa langue, ni sa culture. Certes, le Maghreb

Atlan (peintre originaire d'Afrique du Nord) : *La Kahena* (Paris, Musée d'Art moderne).

Cl. Atlan. A.D.A.G.P. Snark International.

Kateb Yacine : *Les Ancêtres redoublent de férocité*, représenté par la Compagnie Jean-Marie Serreau. Cette pièce constitue une nouvelle version du *Cadavre encerclé*.

Cl. Bernand

trouve son unité dans la langue arabe, dans la religion musulmane et dans la civilisation islamique. Il se tourne donc vers l'ensemble du monde arabe dont il s'est toujours senti solidaire; mais il renoue de la sorte les traditions d'amitié qui unissent ce monde arabe à la France, comme on le voit au Liban et en Égypte. Après les déceptions de l'époque coloniale, les révoltes de la décolonisation, l'Afrique du Nord a établi avec la France, sur un pied d'égalité, des rapports fructueux et durables, malgré les crises inévitables qui les traversent.

La littérature maghrebine « d'expression française » n'est pas séparable de cette histoire douloureuse : elle en a reflété toutes les phases, exprimant aussi bien l'attachement profond à la culture française que le refus d'une domination étrangère. La première génération d'écrivains arabes ou berbères a voulu s'intégrer à la littérature française, comme le citoyen algérien était invité à s'intégrer à la nation française. Elle a mis tous ses espoirs dans cet effort d'assimilation et en a vécu l'échec inévitable. Jusqu'en 1945, les écoles françaises et les missions chrétiennes n'ont touché qu'une fraction très marginale de la population musulmane : elles ont dégagé ce qu'on appelait alors des « élites », mais elles les ont aussi profondément séparées de leurs compatriotes. La vie de Jean Amrouche manifeste bien ce drame : ce Kabyle de religion chrétienne, après de brillantes études, s'est d'abord considéré comme un « écrivain français ». Nul ne s'est mieux que lui inséré dans la vie littéraire française : poète, directeur de revue, essayiste, il dialogue avec Claudel et Gide dans de remarquables entretiens radiodiffusés, jouant auprès d'eux le rôle tenu par Eckermann auprès de Gœthe. Rien ne le distingue, dans ses débuts, de ces écrivains d'origine européenne, nés en Algérie, qu'on a parfois regroupés dans une « École d'Alger » : passionnément attachés à l'Afrique du Nord, respectueux du monde musulman, ils cherchaient à définir un univers « méditerranéen » qui concilierait les valeurs de l'Europe et celles de l'Afrique. A travers le lyrisme du soleil et de la mer, les premières œuvres d'Albert Camus et de Jules Roy, celles de Gabriel Audisio et d'Emmanuel Roblès allaient dans ce même sens. Mais Amrouche ne pouvait se satisfaire longtemps d'un accord aussi vague. Quand il cherche à définir le « héros méditerranéen », il choisit une figure de la révolte et de la résistance, Jugurtha, l'ennemi des Romains. Peu à peu, il se découvre, d'une manière irréductible, algérien. Alors qu'il est nommé directeur des informations à la radiodiffusion française, il prend parti avec éclat pour l'insurrection algérienne en 1958, et dénonce dans ses derniers poèmes — des « chants de guerre » — le mirage d'une « intégration » impossible, qui l'a exilé de sa seule patrie : l'Algérie.

La deuxième génération apparaît en force aux alentours de 1952. Ces écrivains, dans des romans proches de l'autobiographie ou du témoignage, revendiquent leur nationalité ou tout au moins leur personnalité maghrebine. Solidaires du combat de leur peuple pour l'indépendance, ils engagent avec la France, adversaire et partenaire à la fois, l'indispensable dialogue. Ils décrivent, avec la précision de l'étude sociologique, les injustices du système colonial, mais aussi les problèmes complexes d'une société musulmane traditionnelle. Composant un tableau du Maghreb, ils présentent à la France, sans ménagements, le double portrait du colonisé et du colonisateur, pour reprendre le titre de l'essai d'Albert Memmi (1956). Cet écrivain tunisien décrit dans *La Statue de sel* (1952) la condition particulière de l'israélite. Le marocain Driss Chraïbi, dans *Les Boucs* (1955), présente la situation des travailleurs nord-africains en France. L'Algérie, elle, apparaît à travers les romans de Mohammed Dib (*La Grande Maison*, 1952), Mouloud Mammeri (*La Colline oubliée*, 1952), Mouloud Feraoun enfin (*La Terre et le Sang*, 1953), qui devait trouver la mort dans les massacres commis par l'O.A.S. en 1962. Toutes ces œuvres, d'une facture solide et traditionnelle, visent surtout à mettre en lumière des problèmes sociaux et politiques. Chez Kateb Yacine, en revanche, on découvre l'ambition d'exprimer sous la forme du mythe la tragédie de l'Algérie. Emprisonné dès l'âge de seize ans pour avoir participé en 1945 à des manifestations nationalistes, Kateb Yacine, dans son roman, *Nedjma* (1956), comme dans les pièces du *Cercle des représailles*, a donné les œuvres les plus vigoureuses qu'ait inspirées l'insurrection algérienne.

Avec la conquête de l'indépendance, cette littérature militante qui s'adressait aussi bien au public français qu'au public arabe perdait sa raison d'être. Dès lors l'écrivain du Maghreb semble ne pas pouvoir éluder un choix difficile : s'il s'exprime en langue française, il tend à se détacher de son pays, et à devenir un Français d'adoption; s'il veut s'adresser à ses compatriotes, il doit cesser d'écrire dans une langue qui leur est étrangère.

Avant même la fin de la guerre d'Algérie, des écrivains exprimaient leurs doutes sur l'avenir d'une littérature nationale d'expression française. Le poète Malek Haddad estimait que, « même s'exprimant en français, les écrivains d'origine arabo-berbère traduisent une pensée spécifiquement algérienne, une pensée qui aurait trouvé la plénitude de son expression si elle avait été véhiculée par un langage et une écriture arabes ». Albert Memmi, dès 1956, après avoir analysé son « drame linguistique », affirmait : « la littérature colonisée de langue européenne semble condamnée à mourir jeune », et il annonçait la venue de nouvelles générations d'écrivains abandonnant le français pour l'arabe. Les États du Maghreb se sont en effet engagés dans une politique d'arabisation : modérée en Tunisie, elle se concilie avec le bilinguisme et l'attachement à la « francophonie »; beaucoup plus nette en Algérie et au Maroc, elle fait du français une langue étrangère privilégiée. Il est évident que l'écrivain maghrebin n'a pas cessé brusquement d'écrire en français, et Jacques Nantet, dans une enquête de 1969 sur le roman algérien, constate que sur dix romans d'auteurs algériens, huit sont écrits directement en français. Un roman comme *La Répudiation* de Rachid Boudjedra (1969) montre avec force que l'écrivain algérien peut donner, en français, une image critique du monde musulman, mais il semble bien que cette littérature francophone, écrite le plus souvent par des auteurs maghrebins qui ont choisi de résider en France, n'ait plus la même portée; elle témoigne moins de la volonté d'exprimer les problèmes et les espoirs d'une nation que de l'ascendant qu'exercent la langue et la culture françaises au-delà de ses frontières sur les écrivains étrangers. Elle se rapproche ainsi de la littérature française, très vivante au Liban, avec Georges Schéhadé (*cf.* chap. 23) et Andrée Chedid, ou en Égypte, avec Albert Cossery et Joyce Mansour (*cf.* chap. 7) : la langue française ne traduit plus alors les révoltes et les conflits communs à l'écrivain et à son peuple, elle est l'objet d'un choix et d'une prédilection.

Choix bibliographique :

Albert Memmi, *Anthologie des écrivains maghrebins d'expression française*, Présence Africaine.

[La rue des Vandales]

Dans le quartier arabe d'une ville algérienne, des cadavres et des blessés. L'un des blessés, Lakhdar, parle.

LAKHDAR. — Ici est la rue des Vandales. C'est une rue, d'Alger ou de Constantine, de Sétif ou de Guelma, de Tunis ou de Casablanca. Ah! l'espace manque pour montrer dans toutes ses perspectives la rue des mendiants et des éclopés, pour entendre les appels des vierges somnambules, suivre des cercueils d'enfants et recevoir dans la musique des maisons closes le bref murmure des agitateurs. Ici je suis né, ici je rampe encore pour apprendre à me tenir debout, avec la même blessure ombilicale qu'il n'est plus temps de recoudre; et je retourne à la sanglante source, à notre mère incorruptible, la Matière jamais en défaut, tantôt génératrice de sang et d'énergie, tantôt pétrifiée dans la combustion solaire qui m'emporte à la cité lucide au sein frais de la nuit, homme tué pour une cause apparemment inexplicable tant que ma mort n'a pas donné de fruit, comme un grain de blé dur tombé sous la faux pour onduler plus haut à l'assaut de la prochaine aire à battre, joignant le corps écrasé à la conscience de la force qui l'écrase, en un triomphe général, où la victime apprend au bourreau le maniement des armes, et le bourreau ne sait pas que c'est lui qui subit, et la victime ne sait pas que la Matière gît inexpugnable dans le sang qui sèche et le soleil qui boit... Ici est la rue des Vandales, des fantômes, des militants, de la marmaille circoncise et des nouvelles mariées; ici est notre rue. Pour la première fois je la sens palpiter comme la seule artère en crue où je puisse rendre l'âme sans la perdre. Je ne suis plus un corps, mais je suis une rue. C'est un canon qu'il faut désormais pour m'abattre. Si le canon m'abat, je serai encore là, lueur d'astre glorifiant les ruines, et nulle fusée n'atteindra plus mon foyer à moins qu'un enfant précoce ne quitte la pesanteur terrestre pour s'évaporer avec moi dans un parfum d'étoile, en un cortège intime où la mort n'est qu'un jeu... Ici est la rue de Nedjma * mon étoile, la seule artère où je veux rendre l'âme. C'est une rue toujours crépusculaire, dont les maisons perdent leur blancheur comme du sang, avec une violence d'atomes au bord de l'explosion.

* Elle représente pour l'auteur à la fois la femme aimée et toutes les valeurs de la civilisation arabe que l'histoire piétine.

Kateb Yacine, *Le Cadavre encerclé*, éd. du Seuil.

— Le monologue d'un agonisant, aux résonances collectives : lyrisme des éléments (matière, sang, soleil : 11-12, 13-14, 22-23), mouvement de mort et de renaissance. Images corporelles et cosmiques (9-10, 26, 33). Images de lumières et de ténèbres.

— Syntaxe surchargée de subordonnées : longues phrases mouvementées et douloureuses (7-23, 29-34), alternant avec des formules brèves et impérieuses (1, 23, 28-29). Violence des expressions et expression de la violence (9, 12, 24, 36-37).

— Un texte lyrique et politique, antérieur aux débuts de la guerre d'Algérie (il date de 1954), mais marqué par la répression de Sétif, qu'à vécue l'auteur (1945). Élargissement aux dimensions de tout le Maghreb (1-3), dialectique du bourreau et de la victime (19-21).

[Étranger dans ma ville natale]

Alexandre Mordhekaï Benillouche voit dans son nom même les trois tendances qui le déchirent : l'influence de l'Europe (Alexandre), la tradition juive (Mordekhaï), l'insertion dans le milieu berbèro-arabe (Benillouche). Il évoque son enfance à Tunis, avant 1940, à l'époque de la colonisation française.

Toujours je me retrouverai Alexandre Mordekhaï, Alexandre Benillouche, indigène dans un pays de colonisation, juif dans un univers antisémite, Africain dans un monde où triomphe l'Europe.

Si je croyais aux signes, ne pourrais-je dire que mon nom renferme déjà le sens de ma vie? Comment faire une synthèse, polie comme un son de flûte, de tant de disparités?

Et ma ville natale est à mon image. Par la rue Tarfoune *, l'Impasse conduisait à l'école de l'Alliance *; de la maison à la cour de l'école, l'atmosphère restait homogène, familiale. Nous étions entre juifs et de même classe, sans conscience douloureuse ni grimaces. Nous parlions patois, malgré les affiches du directeur qui exigeaient le français à l'école. Je traversais quelquefois un quartier musulman, comme on traverse une rivière à gué. En allant au lycée, j'allais faire connaissance avec la ville. J'avais cru que, par une faveur insigne, on m'ouvrait les portes du monde, je n'aurais qu'à y entrer pour être accueilli avec joie : je me découvris irréductiblement étranger dans ma ville natale. Et, comme une mère, une ville natale ne se remplace pas.

* La maison du narrateur se trouve dans une impasse qui débouche sur cette rue.

* École juive.

Un homme voyage, s'étonne, se diversifie, devient un inconnu pour ses parents et même pour ses amis; mais au cœur il garde un noyau dur : son appartenance certaine à quelque village anonyme. Vaincu, aveugle, par l'imagination il se réfère à cette borne; ses mains, ses pieds en connaissent les contours, ses nerfs miraculeusement s'y accordent. Moi, je suis un bâtard de ma ville natale. O ville prostituée, au cœur fragmentaire, qui ne t'a eue pour esclave? Quand je sus un peu d'histoire, j'en eus le vertige; Phéniciens, Romains, Vandales, Byzantins, Berbères, Arabes, Espagnols, Turcs, Italiens, Français, j'en oublie et je dois en confondre. Cinq cents pas de promenade et l'on change de civilisation. Voici la ville arabe, ses maisons aux visages fermés, ses longs conduits de silence et d'ombre débouchant sur des foules compactes, les ruelles juives agitées, sordides et familières, creusées d'échoppes, boutiques et bistrots, entassant au mieux leurs maisons difformes; la petite Sicile * où la misère attend aux pas des portes, les fondouks * collectifs des Maltais, bizarres Européens au parler arabe, de nationalité

* Quartier de Tunis où s'étaient regroupés les immigrants d'origine sicilienne.

* Bâtiments composés de plusieurs maisons donnant sur un seul patio.

britannique, l'église russe orthodoxe, enluminures et coupoles, conçue un soir de rêve moscovite, le petit train belge, électrique et propre, net comme un intérieur flamand, les buildings de la Standard Oil, l'aérodrome et le cimetière américain, matériel perfectionné, jeeps et camions au service exclusif des morts, la Shell Company ou le pétrole anglais, la résidence des ambassadeurs de Sa Majesté britannique; voici les maisonnettes des rentiers français, toits couverts de tuiles rouges et jardins plantés de choux, tout comme dans la chanson.

Et dans cette diversité, où n'importe qui se sent chez soi et personne à l'aise, chacun enfermé dans son quartier a peur de son voisin, le méprise ou le hait. La peur et le mépris, nous les avons connus dès l'éveil de notre conscience, dans cette ville malodorante, sale et débraillée. Et pour nous défendre, pour nous venger, nous méprisions, nous ricanions... entre nous; espérant être craints autant que nous craignions. Dans cette atmosphère, nous vivions à table, à l'école, dans la rue. Lorsque, trop neufs, sceptiques, nous espérions encore, on nous promettait des trahisons et des aubes sanglantes. Lentement, comme par un poison absorbé goutte à goutte, ma sensibilité, mes sentiments, toute mon âme fut envahie, repétrie, j'appris à faire l'odieux inventaire. Au-delà d'une politesse cérémonieuse, chacun reste sournoisement hostile aux autres et définitivement ulcéré par sa propre image qu'il découvre chez eux.

On peut rater son enfance ou sa vie. Lentement, douloureusement, je compris que j'avais raté ma naissance à ma ville.

Le narrateur, ne réussissant à s'intégrer à aucune des trois communautés, choisira l'exil.

Albert Memmi, *La Statue de sel* (seconde édition), éd. Gallimard.

— Un homme à la recherche de son identité (1-8); un enfant qui découvre sa solitude et sa situation d'étranger (9-29); une ville hétérogène (30-52); des groupes ethniques clos sur eux-mêmes et sourdement hostiles (53-69).

— Un effort pour mettre en relation l'individuel et le collectif : recherche psychanalytique de l'enfance, étude sociologique des groupes et de leurs clivages, descriptions faussement pittoresques qui tournent à la dénonciation, techniques du récit et de l'essai combinées dans un roman apparemment autobiographique.

— Albert Camus : « En écrivant sur la difficulté d'être juif, l'auteur a finalement choisi de l'être [...] remplaçant la conscience traditionnelle religieuse de ses pères par une conscience plus moderne, dramatique, intelligente, solidaire sans illusions. Cette conscience lui permet désormais de rester ce qu'il est et de prêter attention du même coup aux contradictions des autres, Français ou Arabes. » Jean-Paul Sartre : « Entre l'usurpation des colons et la nation future que les colonisés construiront, où il soupçonne qu'il n'aura pas de place, (Memmi) essaye de vivre sa particularité en la dépassant vers l'universel. »

[La fête du mouton]

C'est la fin du roman qui décrit les conditions de vie effroyables des travailleurs nord-africains en France vers 1950. Les « boucs » (allusion à l'expression raciste de « bicots ») se sont réunis dans leur bidonville de la banlieue parisienne, à moitié morts de faim et de froid, pour célébrer à leur manière la fête du mouton, qui rappelle le sacrifice offert par Abraham.

Ils se rappelaient que c'était toujours ainsi, par un chant de grive, que s'ouvrait la fête du sacrifice, dans leurs lointains douars, où ils étaient peut-être nés en un passé immémorial, dont ils ne savaient plus rien, pas même le nom. Tout ce qu'ils en avaient gardé — mais vivace, éternel en eux — c'était ce chant de grive.

Toutes les fêtes, là-bas, débutaient ainsi : la fête du sacrifice, la fête de l'eau, la récolte des dattes et les moissons, et les labours et les semailles, circoncision, naissance et mort. Un Kabyle saisissait une cornemuse * à pleines mains et en tirait un chant de grive. Ensuite c'étaient des chants choraux et des danses rythmiques.

Franchi le temps, franchi l'espace, cela se transformait tous les ans (au début du printemps pour la fête du mouton, en mai pour la récolte, en juillet pour la fête de l'eau — et, étrangement, la grive était toujours là, qui chantait exactement en temps voulu, comme si Mahomet en personne l'avait placée là pour leur rappeler qu'ils n'étaient et ne seraient jamais que des esclaves de la Loi et du Livre et que, les civilisations crouleraient-elles, ce Livre et cette Loi demeureraient) en un cercle de Boucs assis à même la terre, frappant dans leurs mains et psalmodiant avec des voix de machines-outils, de bull-dozers et de perforeuses de chaussées, des versets d'un Coran moderne, où il était question d'os de la terre transformés par l'homme en ciment et d'hommes transformés en ciment armé : tout comme, à travers une civilisation européenne, des chants d'initiations et de sorcellerie africaines ont donné naissance au jazz — à cette différence près que, chez les Boucs, c'était le jazz qui se transformait en sorcellerie.

Mais même ainsi, chacun d'eux, regardant le mouton cuire comme s'il eût regardé Mahomet même, avait la connaissance tout intérieure que ce n'était pas seulement un rite qui renaissait ainsi tous les ans, mais leur chair même, leurs organes et leurs instincts, leurs appétits de la vie : comme la marmotte après l'hiver, comme les arbres morts en hiver et luxuriants au printemps. Ils suivaient le rythme même de la terre et savaient que les misères, les hargnes, les haines, la faim et la cruauté des hommes étaient aussi nécessaires qu'un émondement ou une taille d'arbres, aussi utiles que la pauvreté ou la mort — mais qu'il fallait leur attribuer leur juste et stricte valeur. A cela, ils s'étaient toujours limités. La mission de l'homme n'est pas de se détruire.

* Les « boucs », en guise d'instruments de musique, ont des casseroles munies de rayons de bicyclette, et un fer à cheval placé sur une brique.

Bien des hivers avaient mordu leurs os — mais jamais ils n'avaient élargi ni intensifié leurs souffrances aux dimensions d'une loi. Tout ce qu'ils en avaient extrait, c'était la connaissance que de tout temps, en tout lieu, toujours il y avait eu un lot d'hommes — et non seulement les Nord-Africains en France — promus au sacrifice : Nègres en Amérique, Juifs dans le Proche-Orient, Musulmans de l'Inde, esclaves de l'ancienne Rome ou de la Grèce antique... inadaptés à une civilisation, quelle qu'elle fût, comme pour prouver qu'aucune création de l'homme n'a jamais été générale ou parfaite.

Driss Chraïbi, *Les Boucs*, éd. Denoël.

— Evocation d'un groupe qui retrouve, malgré la misère, les vertus de la solidarité et de la spiritualité musulmane : nostalgie des fêtes traditionnelles (1-12), que les déracinés transposent et modernisent (13-30), donnant ainsi un sens à leur souffrance (31-44) et une valeur universelle à leur expérience (45-55).

— Continuité d'un texte reliant passé et présent, Europe et Maghreb : longue prière, marquée par le même leitmotiv (2, 6, 11), par le thème du sacrifice (8, 14, 31, 50), par l'invocation de Mahomet (17, 32), du Coran (20, 24) et de la Loi. Enumérations et litanies.

— Mohammed Aziz Lahbabi : « Avec l'Islam, le *mûmin* (croyant) prend une conscience de lui-même comme appartenant à la *umma* (la communauté) qui déborde l'individu, la tribu et la race. En tant que tel, il est appelé à répondre, individuellement, de tous ses actes à l'égard de Dieu, Être absolu, et à l'égard de tous les êtres humains... »

Afrique noire et Antilles

On a pris l'habitude, depuis *L'Anthologie de la nouvelle poésie nègre et malgache*, composée en 1948 par Léopold Sedar Senghor, d'associer littérature antillaise et littérature africaine. Certes, la situation a changé depuis le temps où tous les poètes noirs dispersés dans « l'empire colonial » français assumaient et exaltaient leur « négritude » avec les mêmes accents de révolte. Les Antilles sont restées des départements français d'outre-mer; tous les pays de l'Afrique « francophone », au contraire, ont obtenu l'indépendance, sans affrontement sanglant, entre 1958 et 1960. Le problème noir ne se pose pas aujourd'hui dans les mêmes termes, et la plupart des jeunes écrivains africains ne voient plus dans la « négritude » une valeur fondamentale. La solidarité entre les écrivains noirs reste pourtant très profonde : on l'a vu au Festival des Arts nègres de Dakar en 1966, ou au Festival culturel panafricain d'Alger en 1969. Le problème noir, qui s'est aggravé aux

États-Unis, n'a peut-être pas été complètement résolu en Afrique par l'accès à l'indépendance. Les jeunes États africains ont affronté en effet la redoutable concurrence internationale avec les ressources économiques peu développées que leur avait laissées le régime colonial. S'ils ne se sentent plus opprimés en tant que Noirs, ils le sont dans la mesure où ils font partie de ce « tiers-monde », en voie de développement, auquel les pays riches accordent une aide limitée, et rarement désintéressée. Les Noirs du monde entier conservent d'ailleurs une culture commune, et leur dispersion est le fait de l'Europe, qui, dans les siècles passés, les a asservis et déportés en pratiquant la « traite ». La littérature négro-africaine, qu'elle soit « anglophone » ou « francophone », a des thèmes et des accents semblables en Afrique, en Amérique et aux Antilles. Le thème du « Pouvoir noir », qui apparaît dans les romans américains de Richard Wright et de James Baldwin (*cf.* chap. 27), se retrouve dans la pièce de l'Antillais Césaire, *Une Tempête* (1969), adaptation très libre de Shakespeare. Il ne faut voir dans la littérature noire francophone qu'une partie d'un plus vaste ensemble, la culture noire, qui s'exprime aussi bien dans la musique de jazz américaine que dans les masques de l'art traditionnel africain.

Coll. Kamer. Cl. Marker. Snark International.

« Masques! Vous distillez cet air d'éternité où je respire l'air de mes Pères. » (Léopold Sedar Senghor.)

La francophonie (comme l'anglophonie) a résulté en Afrique noire des hasards de la colonisation. Elle a pourtant survécu à l'indépendance : de Dakar à Brazzaville, la langue française reste la langue administrative, officielle et scolaire, mais la scolarisation, malgré des progrès considérables, ne touche pas encore la majorité de la population africaine, et d'une manière générale, le français demeure une langue étrangère. Le retour aux langues maternelles n'a pas été tenté (au moins dans l'Afrique francophone) : ces langues « vernaculaires » conservent en effet un caractère strictement oral, bien que des projets de transcriptions graphiques soient aujourd'hui à l'étude. De plus, il n'arrive jamais qu'une seule langue vernaculaire soit commune à la même nation; et les États africains, à juste titre, ont refusé de privilégier un groupe linguistique au détriment de tous les autres. Certes, la plupart des Sénégalais, outre leur dialecte propre, parlent le « wolof », et l'écrivain Sembene Ousmane est sûr d'être compris quand il fait dialoguer dans cette langue les personnages de son film *Le Mandat*; mais il ne peut écrire ses livres qu'en français. La langue française s'imposait donc dans ces pays comme l'outil des échanges internationaux et de la scolarisation, mais aussi, paradoxalement, comme un facteur d'unité nationale. Il faudrait même aller plus loin et admettre que c'est à travers le français que les Noirs ont pris conscience de leur solidarité. Le Sénégalais Senghor et l'Antillais Césaire, qui ont conçu le terme et la notion de « négritude » alors qu'ils étaient étudiants à Paris, vers 1930, n'ont jamais remis en cause l'usage du français; ils sont d'ailleurs toujours restés fidèles à la culture française : chez le premier, la négritude ne se sépare pas de l'humanisme; chez le second, elle s'exprime dans un langage très proche du surréalisme. La génération qui a suivi a pu aller beaucoup plus loin dans le procès de l'Europe et préconiser une rupture violente : c'est le cas de Frantz Fanon, médecin antillais, qui fut le conseiller du F.L.N. durant la guerre d'Algérie et le théoricien d'une révolution africaine. Fanon se garde bien pourtant de remettre en cause une langue qui lui permet de s'adresser à l'ensemble des peuples africains, avec autant d'éloquence que de force, dans *Les Damnés de la terre* (1961).

La littérature africaine s'est d'abord imposée par la poésie lyrique, et plus précisément par deux talents exceptionnels, celui de Léopold Sedar Senghor et celui d'Aimé Césaire; dès 1948, leurs poèmes inspiraient à Jean-Paul Sartre ce jugement enthousiaste : « La poésie noire de langue française est de nos jours la seule grande poésie révolutionnaire. » Ces deux poètes de la « négritude » dominent encore d'assez haut la littérature africaine, et ils exercent une influence politique considérable, puisque Senghor est président de la République du Sénégal, et Césaire député de la Martinique. Les nouveaux écrivains, depuis l'indépendance, se détournent cependant du lyrisme : ils préfèrent mettre en lumière, par le roman ou par le récit, les problèmes complexes de l'Africain qui concilie mal sa formation traditionnelle et son éducation européenne. Dans ces dernières années, enfin, la littérature noire cherche à se définir en face des difficultés de la décolonisation.

La poésie de Senghor (*Chants d'ombre*, 1945; *Hosties noires*, 1948; *Ethiopiques*, 1958; *Nocturnes*, 1961) chante parfois la révolte de l'Africain contre l'Europe, et elle n'ignore pas le sarcasme : « Je déchirerai les rires Banania sur tous les murs de France. » Mais le plus souvent elle s'inspire de ce « métissage culturel » que Senghor a longtemps préconisé et qui veut harmoniser les valeurs culturelles du monde noir et celles de l'humanisme européen, l'animisme et le christianisme. Cette poésie de réconciliation s'inspire sans doute de Claudel et de Saint-John Perse : elle utilise le verset dans toute son ampleur, et parvient ainsi à un lyrisme majestueux et violent qui rassemble tous les éléments du monde. Les rythmes africains, et en premier lieu ceux du tam-tam, dominent ces versets, et ce n'est pas par simple goût de la couleur locale que Senghor sollicite pour ses poèmes l'accompagnement des khoras, khalam, flûtes, trompes et balafong. Cette poésie appelle le chant, le mime et la danse, elle prend aisément le ton des proclamations royales ou des prophéties, intégrant les multiples formes d'une culture africaine traditionnelle qui reste foncièrement orale. Senghor parvient à faire du français une langue capable de restituer les sortilèges de l'Afrique : il n'hésite pas à insérer des expressions dialectales et des réalités précises dans de grands mouvements lyriques. Le poète, par un génie syncrétique qu'inspire souvent l'animisme, retrouve l'unité du monde et ses grandes pulsations dans une sorte d'étreinte sensuelle avec la nature : le moi et le monde se fondent dans un symbolisme à la fois mystique et érotique. Senghor s'adresse au fleuve Congo comme à une femme, une mère et une déesse : « Oho! Congo couchée dans ton lit de forêts, reine sur l'Afrique domptée/Que les phallus des monts portent haut ton pavillon.../Femme grande! eau tant ouverte à la rame et à l'étrave des pirogues/Ma Sao, ma femme aux cuisses furieuses aux longs bras vêtus de nénuphars calmes... » La poésie de Senghor, avec ses accents conquérants, est animée par une foi profonde dans le christianisme, l'Afrique et le destin du monde : au-delà des souffrances de l'homme noir, « [...] la pirogue renaîtra par les nymphéas de l'écume/Surnagera la douceur des bambous au matin transparent du monde ».

Joal

Joal *!
Je me rappelle.
Je me rappelle les signares * à l'ombre verte des vérandas,
Les signares aux yeux surréels comme un clair de lune sur la grève.

Je me rappelle les fastes du Couchant
Où Koumba N'Dofène * voulait faire tailler son manteau royal.

Je me rappelle les festins funèbres fumant du sang des troupeaux égorgés,
Du bruit des querelles, des rhapsodies des griots.

Je me rappelle les voix païennes rythmant le *Tantum Ergo* *,
Et les processions et les palmes et les arcs de triomphe.

Je me rappelle la danse des filles nubiles,
Les chœurs de lutte — oh! la danse finale des jeunes hommes, buste
Penché, élancé, et le pur cri d'amour des femmes,
— Kor Siga *!

Je me rappelle, je me rappelle...
Ma tête rythmant
Quelle marche lasse le long des jours d'Europe * où parfois,
Comme un arbre étique,
Apparaît un jazz orphelin qui sanglote, sanglote, sanglote.

Léopold Sedar Senghor, *Chants d'ombres*, éd. du Seuil.

* Ville natale de Senghor au Sénégal, en pays serère.

* Terme serère sans doute emprunté aux conquérants portugais : les « grandes dames ».

* Chef traditionnel de la région.

* Cantique chrétien (Senghor a reçu l'enseignement des religieux européens dans un séminaire voisin de Joal).

* Cri d'encouragement aux lutteurs africains.

* Senghor réside alors en France où il enseigne.

— Un poème d'exil : une enfance noire recréée à partir de la solitude européenne. Images d'une enfance chrétienne (12-14) et d'un univers « païen » (9-11, 15-18) unis dans un même sentiment du sacré. Présence de l'Europe dans l'Afrique (12) et de l'Afrique dans l'Europe (25).

— Le « surréel » : échanges entre le registre cosmique et le registre humain (3-8). Souvenirs de Saint-John Perse (3, 5) ; usage du verset introduit par un même motif (3, 6, 12, etc.). Ruptures dans le rythme (16, 19).

— Un exemple de « métissage culturel » : introduction de termes ou de réalités africaines, souvenir d'une culture gréco-latine (9-11). Une syntaxe transparente et facile. Opposition entre les deux derniers versets (15-19, 20-26). « Si nous sentons en nègres, nous nous exprimons en français, parce que le français est une langue à vocation universelle. » (Senghor.)

Prière aux masques

Masques! O Masques!
Masque noir, masque rouge, vous, masques blanc-et-noir,
Masques aux quatre points d'où souffle l'Esprit,
Je vous salue dans le silence!
Et pas toi le dernier, Ancêtre à tête de panthère.
Vous gardez ce lieu forclos à * tout rire de femme, à tout sourire qui se fane;

* Dont est exclu.

Vous distillez cet air d'éternité où je respire l'air de mes Pères.
Masques aux visages sans masque, dépouillés de toute fossette comme de toute ride,
Qui avez composé ce portrait et ce visage mien penché sur l'autel de papier blanc
A votre image, écoutez-moi!
Voici que meurt l'Afrique des Empires * — c'est l'agonie d'une princesse pitoyable —

* Empires africains antérieurs à la colonisation, dont les masques sont contemporains.

Et aussi l'Europe à qui nous sommes liés par le nombril.
Fixez vos yeux immuables sur vos enfants que l'on commande,
Qui donnent leur vie comme le pauvre son dernier vêtement.
Que nous répondions présents à la renaissance du Monde;
Ainsi le levain qui est nécessaire à la farine blanche.
Car qui apprendrait le rythme au monde défunt des machines et des canons?
Qui pousserait le cri de joie pour réveiller morts et orphelins à l'aurore?
Dites, qui rendrait la mémoire de vie à l'Homme aux espoirs éventrés.
Ils nous disent les hommes du coton, du café, de l'huile,
Ils nous disent les hommes de la Mort.
Nous sommes les hommes de la Danse, dont les pieds reprennent vigueur en frappant le sol dur.

Léopold Sedar Senghor, *Chants d'ombre*, éd. du Seuil.

— Un dialogue entre le poète et les masques silencieux : énumération des masques (1-6), interpellations solennelles, admonestations (15-19). Série de redoublements (26-28, 32-33).

— La négritude, fidélité aux valeurs culturelles de l'Afrique : sens du silence (5), de l'éternité (9), de la joie (28), du rythme (26). L'Europe avide de se détruire (allusions probables à la guerre de 1939). Contribution de l'Afrique à la renaissance du monde. Rôle que l'art nègre a joué dans l'art européen depuis un demi-siècle : « Certains styles africains semblent avoir conquis ce qui accorde l'homme à un univers obscurément invincible [...]. Le masque africain n'est pas la fixation d'une expression humaine, c'est une apparition. » (Malraux.)

La poésie d'Aimé Césaire, beaucoup plus abrupte et violente que celle de Senghor, s'est développée à partir du *Cahier d'un retour au pays natal* (1939), méditation lyrique d'un jeune normalien qui revient aux Antilles et confronte la culture blanche avec sa propre négritude. Césaire s'en prend beaucoup plus vivement que Senghor à « l'Europe colonisatrice [...] comptable devant l'humanité du plus haut tas de cadavres de l'histoire ». Antillais, il se considère comme un Africain déporté, privé de sa langue et de ses traditions, coupé de ses racines : si la négritude est pour Senghor un royaume, elle est pour Césaire un exil. Aussi le poète fait-il entendre la voix farouche de ce « Rebelle » qui, dans l'une de ses pièces, assure : « Je pousserai d'une telle raideur le grand cri nègre que les assises du monde en seront ébranlées. » Cette révolte et cette violence se sont exprimées spontanément dans un langage très proche du surréalisme, à la fois conquérant et destructeur. La poésie de Césaire, avec son incandescence verbale qui semble évoquer un fleuve de lave descendant d'un volcan antillais, avait conquis André Breton. Dès 1941, celui-ci saluait le *Cahier d'un retour au pays natal* comme « le plus grand monument lyrique de ce temps », il y discernait « cette exubérance dans le jet et dans la gerbe, cette faculté d'alerter sans cesse de fond en comble le monde émotionnel jusqu'à le mettre sens dessus-dessous ». Jean-Paul Sartre, pour une fois d'accord avec Breton, voit le poème de Césaire éclater et tourner sur lui-même comme une fusée dont jaillissent des soleils : le surréalisme s'y épanouit « en une fleur énorme et noire ». De sa situation d'Antillais reclus dans la Martinique, cette île « désespérément obturée à tous ses bouts », Césaire est parvenu à dégager des figures universelles de l'homme opprimé et révolté : son œuvre, comme sa terre natale, se situe au carrefour de l'Afrique, de l'Europe et de l'Amérique.

Cahier d'un retour au pays natal

Césaire revient à la Martinique après ses années d'étude en France. Poème écrit en 1935, publié intégralement en 1947. Nous n'en donnons ici qu'un fragment.

ô lumière amicale
ô fraîche source de la lumière
ceux qui n'ont inventé ni la poudre ni la boussole
ceux qui n'ont jamais su dompter la vapeur ni l'électricité
ceux qui n'ont exploré ni les mers ni le ciel
mais ceux sans qui la terre ne serait pas la terre

* Bosse.

gibbosité * d'autant plus bienfaisante que la terre déserte davantage la terre
silo où se préserve et mûrit ce que la terre a de plus terre
ma négritude n'est pas une pierre, sa surdité ruée contre la clameur du jour
ma négritude n'est pas une taie * d'eau morte sur l'œil mort de la terre
ma négritude n'est ni une tour ni une cathédrale

* Tache opaque sur la cornée de l'œil.

elle plonge dans la chair rouge du sol
elle plonge dans la chair ardente du ciel
elle troue l'accablement opaque de sa droite patience.

Eia pour le Kaïlcédrat * royal!
Eia pour ceux qui n'ont jamais rien inventé
pour ceux qui n'ont jamais rien exploré
pour ceux qui n'ont jamais rien dompté

* Sans doute un arbre-fétiche, référence à l'Afrique ancestrale.

mais ils s'abandonnent, saisis, à l'essence de toute chose
ignorants des surfaces mais saisis par le mouvement de toute chose
insoucieux de dompter, mais jouant le jeu du monde

véritablement les fils aînés du monde
poreux à tous les souffles du monde
aire fraternelle de tous les souffles du monde
lit sans drain * de toutes les eaux du monde
étincelle du feu sacré du monde
chair de la chair du monde palpitant du mouvement même du monde!

* Conduit d'écoulement.

Tiède petit matin de vertus ancestrales

Sang! Sang! tout notre sang ému par le cœur mâle du soleil
ceux qui savent la féminité de la lune au corps d'huile
l'exaltation réconciliée de l'antilope et de l'étoile
ceux dont la survie chemine en la germination de l'herbe!

Eia parfait cercle du monde et close concordance!

Écoutez le monde blanc
horriblement las de son effort immense
ses articulations rebelles craquer sous les étoiles dures
ses raideurs d'acier bleu transperçant la chair mystique
écoute ses victoires proditoires * trompeter ses défaites
écoute aux alibis grandioses son piètre trébuchement

* Fondées sur la trahison.

Pitié pour nos vainqueurs omniscients et naïfs!

Aimé Césaire, *Cahier d'un retour au pays natal*, éd. Bordas.

— Un double mouvement lié : éloge et revendication de la « négritude » (néologisme inventé par Césaire), dénonciation de l'Europe agonisante, malgré ses conquêtes et son « omniscience » technique. Opposition d'une connaissance vitale du monde et d'une connaissance pragmatique des choses.

— Reprise des motifs (2-6, 18-21, 35-37). Invocations et acclamations (1-2, 34, 38). Apostrophes et interpellations (45). Images de la négritude : terre, chair, vents, eaux, sexualisation du monde, cercle.

— Interprétation donnée par André Breton de la revendication de Césaire : « Elle transcende à tout instant l'angoisse qui s'attache, pour un Noir, au sort des Noirs dans la société moderne, et ne faisant plus qu'un avec celle de tous les poètes, de tous les artistes, de tous les penseurs qualifiés, mais lui fournissant l'appoint du génie verbal, elle embrasse, en tout ce que celle-ci peut avoir d'intolérable et aussi d'infiniment amendable, la condition plus généralement faite à *l'homme* par cette société. »

Depuis quelques années, Césaire se tourne vers le théâtre, en y conservant intacte la vigueur de sa poésie. Ce théâtre est résolument politique : il exprime d'une manière de plus en plus nette la rupture avec une Europe qui continue à vouloir décider du sort des Noirs. Césaire a d'ailleurs rompu sur ce point avec le Parti communiste français. « Ce que je veux, a-t-il écrit à Maurice Thorez en 1956, c'est que marxisme et communisme soient mis au service des peuples noirs et non les peuples noirs au service du marxisme et du communisme. » Son théâtre ne présente pas seulement une épopée de la révolte noire, mais la tragédie d'un « pouvoir noir » isolé et contesté, aux prises avec des problème[illegible] [illegible]bles. *La Tragédie du roi Chri*[illegible] [illegible] met en scène un roitelet nè[illegible] [illegible] au début du XIXe siéc[illegible] [illegible]mer l'indépendance de [illegible] est abandonné par le [illegible] avoir trop demand[illegible] [illegible]*ongo* (1965) suit [illegible] [illegible]nents qui ont déc[illegible] [illegible]epuis [illegible] [illegible]dance [illegible] [illegible]ninis-tre, [illegible] [illegible]leader [illegible] [illegible]l veut [illegible] [illegible]ution-n[illegible] [illegible]itue à mi-[illegible] de Clau[illegible] [illegible]t.

[Pour Kongo!]

[illegible] Basilio », [illegible] solennelle-[illegible]ance au [illegible] « Kala-[illegible] répondre [illegible]econnais-[illegible]end à son [illegible]nt le par-[illegible] à Léopold-

[illegible] lequel les colo-[illegible]aient leurs domes-

[illegible]sseurs.

[illegible]ssion imposée de [illegible]sance.

LUMUMBA. — Moi, sire, je pense aux oubliés. — Nous sommes ceux que l'on dépossédа, que l'on frappa, que l'on mutila; ceux que l'on tutoyait, ceux à qui l'on crachait au visage. Boys-cuisine, boys-chambre, boys *, comme vous dites, lavadères *, nous fûmes un peuple de boys, un peuple de *oui-bwana* * et qui doutait que l'homme pût ne pas être l'homme, n'avait qu'à nous regarder. Sire, toute souffrance qui se pouvait souffrir, nous l'avons soufferte; toute humiliation qui se pouvait boire, nous l'avons bue.

Mais, camarades, le goût de vivre, ils n'ont pu nous l'affadir dans la bouche, et nous avons lutté! Avec nos pauvres moyens, lutté pendant cinquante ans. Et voici. Notre pays est désormais entre les mains de ses enfants. — Nôtres, ce ciel, ce fleuve, ces terres. Nôtres, le lac et la forêt. — Nôtres Karisimbi, Nyiragongo, Niamuragira, Mikéno, Ehu *, montagnes montées de la parole même du feu. Congolais, aujourd'hui est un jour grand, car, pour la première fois depuis longtemps pour nous, il fait jour! C'est le jour où le monde accueille, parmi les nations, Congo, notre mère, et surtout Congo, notre enfant. L'enfant de nos veilles, de nos souffrances, de nos combats. Camarades et frères de combat, que chacune de nos blessures se transforme en mamelle, que chacune de nos pensées, chacune de nos espérances soit rameau à brasser à neuf, l'air : pour Congo! Tenez: je l'élève au-dessus de ma tête, je le ramène sur mon épaule, trois fois je lui crachotte au visage, je le dépose par terre et vous demande à vous : « *en vérité, connaissez-vous cet enfant?* » et vous répondez tous : « *c'est Kongo!* »

* Monts volcaniques dominant le fleuve Congo.

Je voudrais être toucan * le bel oiseau, pour être, à travers le ciel, annonceur, à races et langues, que Kongo nous est né, notre roi! Kongo, qu'il vive! Kongo, tard-né, qu'il suive l'épervier! Kongo, tard-né, qu'il clôture la palabre *! Camarades, tout est à faire ou tout est à refaire, mais nous le ferons, nous le referons pour Kongo! Nous reprendrons, les unes après les autres, toutes les lois, pour Kongo! Nous réviserons, les unes après les autres, toutes les coutumes, pour Kongo! Traquant l'injustice, nous reprendrons, l'une après l'autre toutes les parties du vieil édifice, et du pied à la tête, pour Kongo!

* Grand oiseau multicolore du Brésil.

* Forme traditionnelle de la discussion en Afrique.

Tout ce qui est courbé sera redressé,
Tout ce qui est dressé sera rehaussé! Pour Kongo!
Je demande l'union de tous!
Je demande le dévouement de tous! Pour Kongo! Uhuru!

(Moment d'extase.)

Congo! Grand Temps!
Et nous, ayant brûlé de l'année oripeaux et défroques
procédons de mon unanime pas jubilant
dans le temps neuf! Dans le solstice!

(Stupeur.
*Ici entrent quatre banquiers *.)*

* Il s'agit des financiers belges qui veulent conserver leur puissance au Congo.

PREMIER BANQUIER. — C'est horrible, c'est horrible, ça devait mal finir!

DEUXIÈME BANQUIER. — Ce discours! Cette fois, ça y est, on peut faire ses valises!

Cl. Horace. Snark International.

Représentation d'*Une Saison au Congo*, montée par Jean-Marie Serreau (T.E.P. 1967).

TROISIÈME BANQUIER *(très digne)*. — C'est évident! Là où l'ordre défaille, le banquier s'en va!

QUATRIÈME BANQUIER. — Oui, sur le Congo, cette fois dérive sans balise!

Aimé Césaire, *Une Saison au Congo*, éd. du Seuil.

> **— Révolte et dérision (1-10). Hymne lyrique à la naissance du Congo (11-30). Annonce d'une révolution intégrale (31-50). Effarement anxieux des banquiers, qui assureront par la suite la chute de Lumumba (53-60).**
>
> **— Le ton : force oratoire du chef-prophète (énumérations : 4-6, 16-17); redoublement : 42-43, 44-45). Animation épique du Congo : fleuve, nation, enfant nouveau-né, roi (la variation de l'orthographe). Variété du lyrisme, délibérément africain (31-36), ou nettement claudélien (47-50). Rupture de ton avec les exclamations grotesques des banquiers.**
>
> **— Comparer le discours réinventé par Césaire et celui que tint réellement Lumumba (*Discours de Lumumba*, éd. Présence Africaine) où Sartre voit « un admirable exposé d'amertume ».**

Parmi les romans qui se sont attachés à décrire, et non plus à exalter, la condition africaine, *L'Aventure ambiguë* de Cheikh Hamidou Kane (1961) pose les problèmes du jeune noir partagé entre la fidélité à l'Islam et la tentation de l'Occident. Le héros, Samba Diallo, appartenant à une famille princière, est élevé dans le respect des traditions africaines, sous la règle de l'école coranique. Mais ce jeune Sénégalais Toucouleur est envoyé à l'école européenne, puis à Paris où il poursuit ses études. Il s'y détachera du milieu africain sans pourtant s'assimiler à l'esprit européen. Revenant en Afrique à la demande de son père, il ne voit plus d'issue que dans la mort. Le « métissage culturel », où Senghor (chrétien, il est vrai) voit une solution, Kane l'a vécu et formulé comme une tragédie : le conflit intérieur entre les valeurs de « l'Islam noir » et celles de la culture occidentale ne semble pas, dans ce récit, pouvoir se dénouer. Sans lyrisme, sans couleur locale, Kane construit son roman sur des dialogues volontiers métaphysiques ; ses personnages sont comme les pièces d'un jeu d'échecs symbolique où s'affrontent les Blancs et les Noirs. Les thèmes de la négritude et de l'anti-colonialisme ne tiennent guère de place dans ce livre : il s'agit de discerner un mode de pensée et de spiritualité propre à l'Africain musulman. L'accord entre les deux cultures est-il impossible? C'est ce que le roman, dans sa stylisation, laisserait penser, si, par la suite, Kane ne s'était attaché à montrer que l'Africain peut concilier le respect de sa culture traditionnelle et les exigences du développement économique.

Samba Diallo, étudiant africain à Paris, est reçu par une famille antillaise installée depuis longtemps en France : un vieil homme, Pierre-Louis et ses fils, Marc et Hubert. Il leur explique son désenchantement.
* Groupe ethnique auquel appartient le héros.

[Une nature étrange]

— Il me semble qu'au pays des Diallobé * l'homme est plus proche de la mort, par exemple. Il vit plus dans sa familiarité. Son existence en acquiert comme un regain d'authenticité. Là-bas, il existait entre elle et moi une intimité, faite tout à la fois de ma terreur et de mon attente. Tandis qu'ici, la mort m'est redevenue une étrangère. Tout la combat, la refoule loin des corps et des esprits. Je l'oublie. Quand je la cherche avec ma pensée, je ne vois qu'un sentiment desséché, une éventualité abstraite, à peine plus désagréable pour moi que pour ma compagnie d'assurances.

— En somme, dit Marc en riant, vous vous plaignez de ne plus vivre votre mort.

L'on rit. Samba Diallo aussi, tout en acquiesçant.

— Il me semble encore qu'en venant ici, j'ai perdu un mode de connaissance privilégié. Jadis, le monde m'était comme la demeure de mon père : toute chose me portait au plus essentiel d'elle-même, comme si rien ne pouvait être que par moi. Le monde n'était pas silencieux et neutre. Il vivait. Il était agressif. Il diluait autour de lui. Aucun savant jamais n'a eu de rien la connaissance que j'avais alors de l'être.

Après un court silence, il ajouta :

— Ici, maintenant, le monde est silencieux, et je ne résonne plus. Je suis comme un balafong * crevé, comme un instrument de musique mort. J'ai l'impression que plus rien ne me touche.

* Instrument à percussion africain.

Le rire de Pierre-Louis retentit, rocailleux et bref.

— Ha! Ha! Ha! Je sais ce que c'est. Ce n'est pas l'absence matérielle de votre terroir qui vous tient en haleine. C'est son absence spirituelle. L'Occident se passe de vous, l'on vous ignore, vous êtes inutile, et cela, quand vous-même ne pouvez plus vous passer de l'Occident. Alors vous faites le complexe du Mal Aimé. Vous sentez que votre position est précaire. [...]

— Il n'y a que des intellectuels pour souffrir de cela, trancha le capitaine Hubert. Du moment que l'Occident accepte de donner, qu'importe s'il refuse de prendre? Moi, ça ne me gêne pas.

— Non, objecta Samba Diallo. C'est, au contraire, cette attitude, capitaine, qui me paraît impossible autrement qu'en théorie. Je ne suis pas un pays des Diallobé distinct, face à un Occident distinct, et appréciant d'une tête froide ce que je puis lui prendre et ce qu'il faut que je lui laisse en contrepartie. Je suis devenu les deux. Il n'y a pas une tête lucide entre deux termes d'un choix. Il y a une nature étrange, en détresse de n'être pas deux.

Cheikh Hamidou Kane, *L'Aventure ambiguë*,
éd. Julliard.

— Ce qu'a perdu l'Africain en Europe : le sentiment de la mort, la familiarité avec l'être, l'intuition de l'essentiel. Ce qu'il n'a pas gagné : le sentiment d'être reconnu par l'Europe. Une double personnalité africaine et européenne, source de division et de détresse.

— Un dialogue entre deux types différents de « déracinés ». Recours à l'analyse, exclusion du lyrisme. Très rares traces de vocabulaire africain (25). Méditation à caractère religieux (1-22) et dramatique (40-47). Ironie amère des interlocuteurs antillais.

— L'Africain et l'Antillais. Pour Césaire, les Antillais sont des Noirs soumis à un processus d'assimilation, donc de dépersonnalisation; les Africains, eux, ont conservé leurs religions, le contact avec leurs terres et leurs mythes. Pour Kane au contraire, l'Africain est encore plus divisé que l'Antillais.

Les romans africains les plus récents traduisent souvent une angoisse comparable à celle qui dominait *L'Aventure ambiguë*. Elle est sensible dans *Le Regard du roi* de Camara Laye, elle règne sur *Un piège sans fin* d'Olympe Bhely-Quenum. Plus agressif qu'angoissé, Sembene Ousmane, ancien docker et syndicaliste, avait donné dans *Les Bouts de bois de Dieu* (1951) un témoignage honnête sur une grande grève de cheminots à l'époque coloniale. Avec *Voltaïques* (1962) et *Vehi-Ciosane* (1965), il a montré autant d'habileté dans l'art du récit que d'esprit critique à l'égard des sociétés africaine et européenne. Les films qu'il a tirés de ses nouvelles, *La Noire de...*, *Le Mandat*, manifestent plus de vigueur encore : Sembene Ousmane verra sans doute son nom associé à la naissance du cinéma africain plus qu'au renouvellement du roman.

Les dix dernières années reflètent assurément les difficultés de l'écrivain africain : dans des pays où le problème de la faim se pose d'une façon parfois tragique, la littérature n'est-elle pas déplacée? L'écrivain, par sa formation universitaire, devient un administrateur ou un éducateur. Les livres qu'il peut écrire ont quelque peine à toucher le grand public africain : ils échappent par leur prix au pouvoir d'achat de leurs lecteurs virtuels, et restent ignorés de la partie de la population qui n'est pas scolarisée. La lecture enfin, acte solitaire, convient peut-être mal au mode de vie communautaire des Africains, et à une longue tradition de littérature orale où le « griot » a toujours tenu la place de l'écrivain. Si cette littérature orale est parfois adaptée et recréée dans des livres remarquables comme *Les Contes d'Amadou Koumba* de Birago Diop, elle perd le plus souvent, à être écrite, ce qui fait sa force. Devant une telle situation, l'écrivain africain est tenté de s'installer en France et de publier ses livres à l'intention du public français. Mais il court alors le risque de se couper de la vie africaine : un roman comme *Le Devoir de violence* (1968) de Yambo Ouologhem, qui brigua et obtint le prix Renaudot, joue beaucoup plus sur un mythe du Noir susceptible de ravir et de combler le lecteur européen que sur son image réelle. Le talent qui s'y déploie dans la dérision et dans l'horreur lui assura sans doute un prix littéraire en France, mais non une place dans l'histoire du roman africain.

Les arts de la scène, mieux que le livre, répondent à l'attente des Africains et semblent assurés d'un brillant avenir. On peut le voir avec les pièces d'Aimé Césaire comme avec le poème dramatique de Senghor, *Chaka*, que la télévision française adapta en 1968. A Dakar, le Théâtre national Daniel Sorano s'est engagé dans la voie d'un théâtre africain, comique avec *L'Os de Morlam* de Birago Diop, ou épique avec *L'Exil d'Albouri* de Cheick N'Dao. C'est assurément par le spectacle collectif que la littérature africaine trouvera, chez elle, son plus vaste public.

Choix bibliographique :

A. Viatte, *La Francophonie*, Larousse.

L. Kesteloot, *Anthologie négro-africaine*, Marabout-Université.

J.-P. Sartre, *Situations III* et *V*, Gallimard.

L. S. Senghor, *Négritude et Humanisme*, Seuil.

Chapitre XXVII

Traduit de l'étranger

Voulant définir la littérature moderne par rapport à la littérature traditionnelle, Julien Gracq écrit : « La culture moderne de l'écrivain, qui ne plonge plus dans le passé lointain que par personne interposée [...], au contraire englobe très largement en extension diverses littératures contemporaines connexes : anglaise, allemande, russe, sud-américaine. » *(Préférences.)* Nous avons évoqué, lorsque cela nous a semblé indispensable, quelques-unes de ces influences directes, d'écrivain à écrivain, celle d'Ivy Compton-Burnett sur Nathalie Sarraute par exemple, ou bien celle, plus générale, du roman américain sur tout le roman des années quarante-cinq. Ce que nous voudrions, dans ce chapitre, ce n'est pas pousser plus avant ces études qui tourneraient vite au comparatisme hasardeux et subjectif, mais retracer l'impact de certaines œuvres étrangères en France. Nous serons forcés d'évoluer sur un terrain mal défini, qui sera parfois celui de la réception critique, parfois celui du succès de lecture, et parfois, quand même, celui de l'influence. Nous serons donc à mi-chemin de l'étude de la littérature et de celle de la lecture.

En effet toute œuvre traduite n'est pas nécessairement assimilée par le public. Best-seller en Amérique, *De Sang froid* (1968) de Truman Capote ne parvint pas à passionner le public français. Il y a les allergies temporaires : *Invisible Man* de Ralph Ellison, traduit en 1954 sous le titre d'*Au-delà du regard*, passa inaperçu; c'était trop tôt ou trop tard pour le problème noir; en 1969, sous le nouveau titre de *Homme invisible, pour qui chantes-tu?* il semble devoir connaître un certain succès. Et puis il y a les allergies permanentes : la littérature d'Extrême-Orient par exemple. Malgré les injonctions répétées de certains de ses défenseurs (Claude Roy, Étiemble), malgré le prix Nobel décerné à Kawabata en 1968, les lecteurs français refusent de pénétrer dans cet univers dont ils acceptent cependant des présentations indirectes et de qualité moindre dans les romans de Pearl Buck et de Han Suyin.

Cette barrière de l'incompréhension est elle-même secondaire par rapport à celle de la traduction sous ses deux aspects : politique des éditeurs, massacre ou respect de l'œuvre par les traducteurs. Étrange cercle vicieux : l'œuvre d'un écrivain n'est traduite que lorsqu'il y a une « mode » pour cet écrivain. Lorsqu'elle est traduite, ce sera dans le désordre : *Les Désarrois de l'élève Törless* de Robert Musil, écrits en 1906, ne sont traduits en français qu'en 1960, lorsque la traduction en 1957 et 1958 de *L'Homme sans qualités*, qui date de 1930, a imposé le nom de son auteur. Les éditeurs français ont d'autre part décidé une fois pour toutes que le public français ne lisait pas de nouvelles : ils attendront donc toujours qu'un jeune écrivain ait publié un roman pour publier ensuite son recueil de nouvelles. L'œuvre de Scott Fitzgerald peut être prise comme l'exemple-type de l'œuvre affligée de tous ces maux. Son premier grand livre, *Gatsby le magnifique*, est traduit en 1926, immédiatement après son immense succès aux États-Unis. Ensuite, c'est le silence jusqu'en... 1951 (*Tendre est la nuit*, qui est de 1934) et 1952 (*Le Dernier Nabab*, qui est de 1941). Mais Scott Fitzgerald n'est pas encore à la mode. Il faudra attendre la décennie suivante, et l'intérêt que le public porte alors aux années trente sous toutes leurs formes, pour voir l'œuvre enfin à peu près complète de Scott Fitzgerald atteindre la France. 1963 : *La Fêlure* qui est de 1936; 1964 : *Heureux et Damnés* de 1922, *L'Envers du paradis* de 1920; 1965 : *Histoire de Pat Hobby* de 1962; 1966 : *Lettres* de 1963; 1967 : *Les Enfants du jazz* de 1922. Il serait cependant injuste d'accabler tous les éditeurs; certains consacrent des collections à la littérature étrangère : « Feux croisés » chez Plon, « Du monde entier » chez Gallimard, « Pavillons » chez Robert Laffont; l'Unesco finance les traductions venues de petits pays, le critique Maurice Nadeau découvre et défend aux *Lettres Nouvelles* Malcolm Lowry, Gombrowicz, Lawrence Durrell.

Mais surtout l'œuvre doit trouver son traducteur. Pour de multiples raisons, dont certaines sont d'ordre économique, il y a peu de vrais traducteurs, capables de consacrer tous leurs efforts à faire exister l'œuvre dans un langage autre que celui dans lequel elle a été écrite. Le vrai traducteur n'est pas nécessairement celui qui connaît bien la langue étrangère, ainsi qu'en témoigne cette postface de Jean Lescure à la traduction des poèmes d'Ungaretti, *Les Cinq Livres* : après avoir confessé sa presque totale ignorance de l'italien, il écrit : « Je n'eus plus souci que d'être attentif à ce que se constituent lentement des poèmes de langue française. Je veux dire que quelque inouïes que fussent les musiques que me suggéraient de découvrir ici les vers italiens, il fallait encore que par quelque côté elles se rangent auprès de musiques familières, selon ce paradoxe toujours recommencé de l'art qui fait que rien de nouveau ne s'y exprime qui n'éveille aussitôt une sorte de reconnaissance. C'est ainsi que (je m'en suis avisé le travail fini) je me préoccupai peu de comprendre ce qui pouvait aisément se traduire du *sens* de ces poèmes, et que je me refusai résolument à en entendre le discours. Par contre, je demeurai obsédé, tout le temps que je traduisais, par la voix d'Ungaretti, les roulements sourds qui la secouent, ses douceurs soudaines, ses chutes, ses éclats. Et il m'arrivait de m'irriter de l'absence d'accentuation du français, de me désoler de ces consonnes filées qui font notre parler si tenté par la fluidité. Puis j'oubliai cela. » Peu de traducteurs ont malheureusement l'occasion de travailler dans de telles conditions. Pour un Maurice-Edgar Coindreau qui révèle d'abord la littérature américaine de l'entre-deux-guerres (Dos Passos, Faulkner, Caldwell, Steinbeck), puis celle de l'après-guerre (Goyen, Flannery O'Connor, Truman Capote, William Styron) avant de s'intéresser aux jeunes Espagnols (Goytisolo, Delibes, Ferlosio), pour un Alexandre Vialatte qui traduisit à peu près tout Kafka avant d'être relayé par Marthe Robert, pour un Pierre Leyris, pour un Eric Kahane qui triomphe des pièges posés par les textes de *Lolita*, de Burroughs, ou de Pinter, que de tâcherons qui défigurent des livres auxquels ils n'entendent rien! L'idéal ne serait-il pas l'écrivain-traducteur, celui qui accepte de mettre son art ou son talent au service d'un autre? Gide et Larbaud prêtant main-forte à Conrad et Joyce, Jaccottet à Musil, Henri Thomas à Junger, Boris Vian (encore lui!) qui, après ses pseudo-traductions de Vernon Sullivan, traduit *L'Homme au bras d'or* de Nelson Algren, André Du Bouchet qui s'attaque à l'impossible traduction de *Finnegans Wake?* Il reste que le véritable écrivain risque parfois de recréer, de remodeler à sa propre image l'œuvre dont il a la charge.

Pour toutes ces raisons, il était donc hors de question d'entreprendre une étude complète ou même systématique. Notre souhait plus modeste sera de rappeler certains noms, de situer certains livres dont nous estimons qu'ils ont compté au cours de ces vingt-cinq dernières années. Les limites mêmes de ce chapitre nous imposaient de ne présenter qu'un petit nombre de textes autour desquels, par tranches de cinq ans, nous exposerons brièvement un certain nombre de questions, le tout à la suite d'une chronologie des principaux livres (nous n'en avons cité qu'un par auteur) traduits durant cette période. Nous avons voulu, avec chacune des traductions, donner quelques lignes du début du texte en langue originale. Pourquoi la version originale, admise et même considérée comme artistiquement indispensable au cinéma, ne le serait-elle pas aussi en littérature? Cette étude thématique et chronologique sera précédée de l'examen un peu plus approfondi de l'œuvre de trois écrivains, Kafka, Joyce et Faulkner, dont l'importance et l'influence s'étendent bien au-delà d'une ou même de plusieurs périodes de cinq ans : ce sont les trois phares qui, de l'étranger, éclairent la littérature française de l'après-guerre.

Chronologie des traductions :

1944. E. Hemingway : *Pour qui sonne le glas*; T. S. Eliot : *Meurtre dans la cathédrale.*
1945. A. Koestler : *Le Zéro et l'Infini.*
1946. H. Miller : *Tropique du Capricorne.*
1947. F. G. Lorca : *Yerma*; R. Wright : *Black Boy.*
1948. E. Vittorini : *Conversations en Sicile.*
1949. G. Greene : *La Puissance et la Gloire*; D. Buzzati : *Le Désert des Tartares*; C. Malaparte : *La Peau.*
1950. Th. Mann : *Le Docteur Faustus*; M. Lowry : *Au-dessous du volcan.*
1951. J. Dos Passos : *42e Parallèle;* F. S. Fitzgerald : *Tendre est la nuit.*
1952. J. L. Borges : *Fictions*; B. Brecht : *Mère Courage.*
1953. W. Faulkner : *Absalon! Absalon!* J. D. Salinger : *L'Attrape-cœur.*
1954. F. Kafka : *Journal.*
1955. H. Hesse : *Le Jeu des perles de verre*; N. Kazantzakis : *Le Christ recrucifié.*
1956. M. A. Asturias : *Le Pape vert.*
1957. I. Ehrenbourg : *Le Dégel.*
1958. R. Musil : *L'Homme sans qualités*; B. Pasternak : *Le Docteur Jivago*; W. Gombrowicz : *Ferdydurke*; C. Pavese : *Le Métier de vivre.*
1959. T. di Lampedusa : *Le Guépard*; V. Nabokov : *Lolita.*
1960. J. Kerouac : *Sur la route.*
1961. G. Grass : *Le Tambour.*
1962. A. Carpentier : *Le Siècle des Lumières.*
1963. J. Baldwin : *La prochaine fois, le feu*; A. Soljenytsine : *Une Journée d'Ivan Denissovitch.*
1964. J. Joyce : *Finnegans Wake*; W. Burroughs : *Le Festin nu.*
1965. Leroi Jones : *Le Métro fantôme.*
1966. S. Mrozek : *Tango*; E. Pound : *Les Cantos pisans.*
1967. H. Pinter : *La Collection, L'Amant, Le Gardien.*
1968. M. Boulgakov : *Le Maître et Marguerite.*
1969. M. Kundera : *La Plaisanterie*; G. G. Marquez : *Cent ans de solitude.*

Trois influences majeures

Kafka :

Malgré la traduction de ses grands livres *(Le Procès, Le Château, La Métamorphose)*, Kafka n'était considéré, jusqu'en 1939, que comme un écrivain secondaire, excentrique. La guerre confère à ces ouvrages une valeur prophétique, et, en 1948, la publication en volume de *La Colonie pénitentiaire* vient renforcer l'impression que la récente tragédie n'a pas besoin d'historien ni d'analyste : le monde a rejoint Kafka, et l'adjectif « kafkaïen » quitte le domaine littéraire pour s'appliquer à la vie quotidienne. Le sentiment de l'absurde et de l'impuissance, les efforts dérisoires des individus pour trouver leur place et leur dignité dans un univers bureaucratisé, l'exil intérieur surgissent à chaque pas. Les paraboles du *Château* et du *Procès*, qui, à leur parution, avaient semblé, sinon gratuites, du moins abstraites, viennent soudain s'appliquer — et c'est par là qu'elles atteignent au classicisme — à différentes situations concrètes : nazisme, totalitarisme, toutes les aliénations de l'individu dans un monde qui l'écrase ou qui l'ignore. Ces personnages réduits à une initiale (K.) sont les modèles des individus qui, dans les camps, les prisons, les fichiers de tous ordres, ne sont plus que des numéros matricule.

Sur le plan strictement littéraire, nous emprunterons à Marthe Robert, traductrice, essayiste et spécialiste de Kafka, une page qui situe l'importance de cet auteur : « L'influence du *Procès* et du *Château* sur les œuvres littéraires se développa un peu partout* et provoqua sinon un véritable mouvement, du moins un désir général de changer le sens même de la littérature. Si la vie elle-même était devenue « du Kafka », si l'art n'imitait plus la vie, mais comme on en avait l'impression, la commandait, il fallait en tirer les conséquences et écrire autrement qu'avant. Kafka, qui, de son vivant, n'avait appartenu à aucun mouvement littéraire, devint bon gré mal gré le maître de tous ceux qui, cherchant à résoudre des problèmes devenus urgents, créaient ou tentaient de créer une nouvelle avant-garde. La méditation sur Kafka, cependant, allait de pair avec une imitation de sa manière d'écrire qui, bientôt, obséda positivement la critique. Quoique les imitations conscientes fussent relativement peu nombreuses, presque toutes les œuvres nouvelles paraissaient toucher par quelque côté à cet « univers » étrange que l'on ne se lassait pas de découvrir et que l'on voyait confirmé ou prolongé partout, aussi bien dans *L'Étranger* de Camus que dans les pièces de Sartre ou les romans de Blanchot, bref, dans tous les livres où un certain angle de vision mettait en évidence une problématique de l'existence, une préoccupation métaphysique, un sentiment d'impossibilité ou même une simple inquiétude. Dès que, dans un récit ou une œuvre dramatique, les choses ne se déroulaient pas tout à fait normalement, que ce qui était là n'était pas tout à fait visible, que l'on attendait quelqu'un qui ne venait pas, on saluait, ou, par une réaction inévitable, on condamnait cette présence occulte dont l'ombre paraissait s'étendre sur toute la littérature. » (M. Robert, *Kafka*.)

Après 1945, les études sur Kafka se multiplient : citons celle de Blanchot (dans *La Part du feu* et dans l'*Espace littéraire*), de Camus dans *Le Mythe de Sisyphe*, de Carrouges, de Denis de Rougemont, de Nathalie Sarraute. De même qu'il posait des questions aux existentialistes comme aux marxistes, Kafka éclaire le Nouveau Roman comme les recherches les plus récentes : anonymat du personnage, errance dans un univers labyrinthique, vérité préférée à la beauté, utilisation de formes littéraires variées mises au service de la littérature plutôt que recherche de la perfection dans un genre déterminé. Les adaptations théâtrales (*Le Procès* en 1947, *cf.* p. 341; *Le Château* dix ans plus tard), cinématographique (c'est en France qu'Orson Welles réalise *Le Procès* en 1962) témoignent de la permanence de l'œuvre de Kafka, la plus universelle peut-être de ce temps.

Joyce :

Il en va tout autrement avec Joyce. Son importance relève plus strictement du domaine de la littérature. La publication d'*Ulysse* en « Livre de poche » (1965) est une date remarquable en ce qu'elle consacre la reconnaissance d'une œuvre parmi les plus difficiles de ce siècle. Mais Joyce n'est pas entré pour autant dans la conscience collective. Il demeure ce que les Anglo-Saxons appellent « *a writers' writer* », un écrivain pour écrivains : la leçon qu'il donne est d'abord une leçon d'écriture. Il est d'abord reconnu par ses pairs : Svevo à Trieste, puis Larbaud à Paris où est publié *Ulysse*. La traduction, sous la direction de

* Il s'agit de la « vogue subite » de Kafka au lendemain de la Deuxième Guerre mondiale.

Cl. Gisèle Freund.

James Joyce avec Sylvia Beach et Adrienne Monnier, à la librairie Shakespeare & Cie, à Paris.

Cl. Agnès Varda.

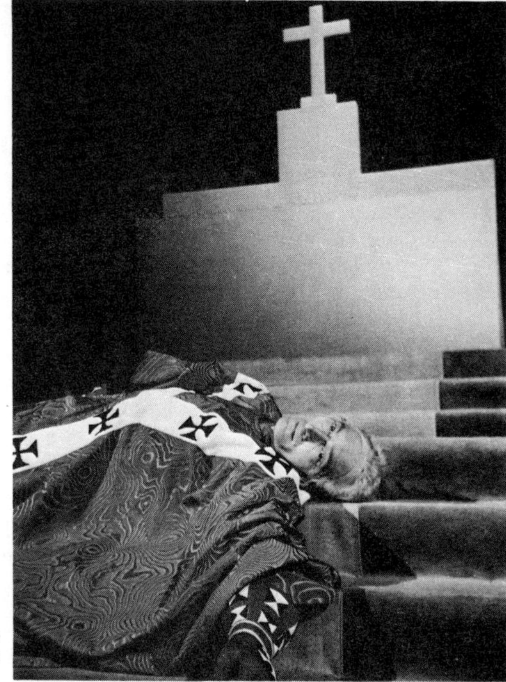

La mort de Thomas Becket : ***Meurtre dans la cathédrale*** **de T. S. Eliot (au T.N.P., avec Jean Vilar).**

Valery Larbaud et la révision de l'auteur, paraît en 1937. Mais *Ulysse* n'était qu'une étape vers une œuvre encore plus difficile, *Finnegans Wake*, publiée en 1939, mais dont des fragments paraissaient depuis 1924 sous le titre de *Work in progress*.

Nathalie Sarraute a beau écrire en 1956 que « pour la plupart d'entre nous, les œuvres de Joyce et de Proust se dressent déjà dans le lointain comme les témoins d'une époque révoluc », il s'en faut que soient apaisées les secousses provoquées par cette œuvre, d'autant plus décisive qu'elle est plus ignorée du public et qu'elle tourmente en secret les autres écrivains : ils ne peuvent l'ignorer, ils ne peuvent continuer à écrire comme si elle n'existait pas puisqu'elle risque de rendre caduques leurs propres découvertes. Si certaines des inventions joyciennes, tel le monologue intérieur *, ont pu être assimilées rapidement, il n'en va pas de même de la portée générale de l'œuvre. *Ulysse* constitue une réflexion concrète, en marche, sur le roman et la littérature, et peut-être aussi la liquidation de toute une tradition. C'est dans la mesure où ce qui semblait au départ être richesse, foisonnement baroque de styles et de tons, est perçu puis analysé comme le moyen d'une entreprise concertée, en un mot comme la Forme qui englobe toutes les formes préexistantes plus un certain nombre de formes nouvelles, qu'*Ulysse* peut et doit faire le désespoir des autres écrivains réduits à se démettre ou à le dépasser. Comme celle de Proust, l'œuvre de Joyce est un seuil en arrière duquel il n'est pas possible de revenir. Dans *La Recherche*, les différentes formes littéraires (mémoires, analyse) étaient fondues dans un style unique, sur lequel tranchent les pastiches, présentés comme tels, d'autres écrivains (le journal des Goncourt); dans *Ulysse*, le texte est lui-même histoire des formes littéraires, narrative, épique, théâtrale, jusqu'à leur dissolution dans la forme nouvelle du monologue intérieur final, de la même façon que la seule section du banquet à la clinique d'accouchement est l'histoire concrète du développement de la langue anglaise menée parallèlement au récit de la naissance de l'enfant.

[Oui puisque avant]

Début du dernier mouvement d'*Ulysse* : le monologue intérieur de Molly, la femme de Bloom (le « il » de la première ligne) en train de s'endormir.

Yes because he never did a thing like that before as ask to get his breakfast in bed with a couple of eggs since the City Arms *hotel when he used to be pretending to be laid up with a sick voice doing his highness to make himself interesting to that old faggot Mrs Riordan that he thought he had a great leg of and she never left us a farthing all for masses for herself and her soul greatest miser ever was actually afraid to lay out 4d for her methylated spirit telling me all her ailments she had too much old chat in her about politics and earthquakes and the end of the world let us have a bit of fun first God help the world if all the women were her sort down on bathingsuits and lownecks of course nobody wanted her to wear I suppose she was pious because no man would*

* Joyce a « rendu » cette invention à son propriétaire Édouard Dujardin qui l'avait utilisée en 1887 dans *Les Lauriers sont coupés*.

look at her twice I hope I'll never be like her a wonder she didn't want us to cover our faces but she was a welleducated woman

. . . .

Oui puisque avant il n'a jamais fait une chose pareille de demander son petit déjeuner au lit avec deux œufs depuis l'hôtel des Armes de la Cité quand ça lui arrivait de faire semblant d'être souffrant au lit avec sa voix geignarde jouant le grand jeu pour se rendre intéressant près de cette vieille tourte de Mme Riordan qu'il pensait être dans ses petits papiers et qu'elle ne nous a pas laissé un sou tout en messes pour elle et son âme ce qu'elle pouvait être pingre embêtée d'allonger huit sous pour son alcool à brûler me racontant toutes ses maladies elle en faisait des discours sur la politique et les tremblements de terre et la fin du monde payons-nous un peu de bon temps d'abord et quel Enfer serait le monde si toutes les femmes étaient de cette espèce-là à déblatérer contre les maillots de bain et les décolletés que bien sûr personne n'aurait voulu la voir avec je suppose qu'elle était pieuse parce qu'aucun homme n'aurait voulu la regarder deux fois j'espère bien que je ne serai jamais comme ça c'est étonnant qu'elle ne nous ait pas demandé de nous couvrir la figure mais tout de même c'était une femme bien élevée et ses radotages sur M. Riordan par-ci et M. Riordan par-là je pense qu'il a été content d'en être débarrassé et son chien qui sentait ma fourrure et se faufilait pour se fourrer sous mes jupes surtout quand d'ailleurs j'aime assez ça chez lui malgré tout qu'il soit poli avec les vieilles dames comme ça et les domestiques et les mendiants aussi il n'est pas fier parti de rien mais quelquefois si jamais il attrapait quelque chose de grave c'est bien mieux qu'ils aillent à l'hôpital où tout est si propre mais je suppose qu'il me faudrait bien un mois pour arriver à le persuader oui et tout de suite une infirmière entrerait en scène et il s'incrusterait là jusqu'à ce qu'on le mette à la porte ou encore une religieuse comme cette photo cochonne qu'il a qui n'est pas plus religieuse que moi oui parce qu'ils sont si faibles et si pleurnicheurs quand ils sont malades ils ont besoin d'une femme pour aller mieux si son nez saigne vous croiriez que c'est O quel drame et cet air de moribond en descendant du South Circular quand il s'était foulé le pied à la fête de la chorale du mont Pain de Sucre le jour que j'avais mis cette robe Miss Stack qui lui apportait les fleurs les plus fanées qu'elle pouvait trouver au rabais elle ferait n'importe quoi pour entrer dans la chambre à coucher d'un homme avec sa voix de vieille fille elle essayait de s'imaginer qu'il était en train de mourir pour l'amour d'elle ne jamais te revoir mais il avait plutôt l'air d'un homme qui a laissé pousser sa barbe au lit papa c'était la même chose et puis je déteste faire des bandages et donner des potions quand il avait coupé son doigt de pied avec le rasoir en grattant ses cors il avait peur d'avoir un empoisonnement du sang mais si c'était moi par exemple qui tombait malade alors on verrait comme je serais soignée

James Joyce, *Ulysse*, traduit de l'anglais par A. Morel et S. Gilbert, éd. Gallimard.

— Progression par associations (3, 7, etc.) ou ruptures (24, 34, etc.) autour du thème central de la maladie.

— Le langage d'un personnage habité par quelques préoccupations très simples (les refrains : *je, je suppose, comme ça, jamais* ...) contraste avec le style des autres parties du livre.

— « Pour Molly Bloom, il s'agit d'autre chose. Plus femelle encore que féminine, son discours intérieur n'est pas ponctué, pas formulé, à peine articulé. Il exprime quelque chose qui est un peu au-dessous du niveau du langage. C'est plutôt un effort de description du courant de conscience qu'un essai de reproduction. » (Michel Butor.)

Histoire, mais aussi réactivation des formes, des œuvres du passé et de ses mythes. Le titre même du livre renvoie à *L'Odyssée;* les rapports de Stephen et de Bloom évoquent ceux de Télémaque et d'Ulysse, mais aussi ceux d'Hamlet et de son père. L'œuvre est à lire à plusieurs niveaux, elle fait appel à toutes les langues, à toutes les cultures, elle est l'histoire de cette culture qui a trouvé dans la forme romanesque son expression la plus accomplie. On comprend qu'un livre aussi plein d'ambitions et d'intentions, aussi consciemment élaboré n'ait pu se livrer que lentement, le plus souvent à travers d'autres œuvres qui en ont été à tout jamais marquées et qui renvoient comme un écho la lumière de l'astre mal connu : le soliloque de Beckett, les jeux de langage d'un Queneau, la fusion de la forme policière, du mythe d'Œdipe et du thème de l'errance dans *Les Gommes* de Robbe-Grillet, les préoccupations architecturales d'un Butor, bref les différentes audaces littéraires de ces vingt-cinq dernières années, en France comme ailleurs, ne sont peut-être pas toutes empruntées à *Ulysse*, mais toutes en sont issues.

Cette première lame de fond joycienne n'est pas encore clairement évaluée qu'une seconde lui a déjà succédé. Alors qu'*Ulysse* est plus ou moins bien assimilé, et que l'on publie les traductions des œuvres antérieures, plus traditionnelles de Joyce *(Gens de Dublin*, recueil de nouvelles, en 1950, *Stephen le Héros* en 1947, des *Lettres* en 1961, des *Essais critiques* en 1966), voici que l'intérêt se porte enfin, à la suite des études anglo-saxonnes, vers *Finnegans Wake*. Indiquons pour commencer que l'œuvre n'est pas entièrement traduite. En 1962, André Du Bouchet en publiait des fragments, suivis d'un passage de *Work in progress* traduit par Samuel Beckett, Philippe Soupault et Eugène Jolas sous la direction de Joyce. Plus récemment encore, les groupes de *Tel Quel* et de *Change* se sont intéressés aux principes qui régissent cette œuvre. Dans le premier numéro de la revue

Change (fin 1968), extrayons ces quelques lignes où apparaît une nouvelle façon d'approcher Joyce :

« A Jacques Mercanton, Joyce avouera la manière dont il travaille "selon des lois phonétiques précises, celles qui règnent dans les langues". Puisque c'est là en même temps, pour lui, "obéir aux lois de l'histoire". Ainsi, "la soumission rigoureuse aux lois des phénomènes du langage" va lui "garantir la vérité". L'inlassable *Work in progress* joycien est ce montage échafaudé dans le paradigme * mondial des mots, échafaudage géant qui reproduit la fable idéologique de l'histoire — mais au travers duquel s'engendre elle-même la grammaire générale du récit. Le très anonyme héros de *Finnegans* est celui qui s'écrit entièrement, qui est entièrement "holographe" : *Wrote it all* **. Le héros H.C.E. — Here Comes Everybody *** — engendre Shem, le penman, l'écriturant. »

Et ce même numéro propose la traduction du premier chapitre de *Finnegans*. Nous pensons que la meilleure manière d'aborder cette œuvre si difficile, si insolite en ce qu'elle remet en cause le phénomène même de la lecture, est de juxtaposer deux traductions (Du Bouchet parle d'*adaptation*) d'un même fragment : on saisira ainsi immédiatement, par leurs différences, comment chaque lecteur est amené à lire, c'est-à-dire d'une certaine manière à écrire *son* texte parmi cette multiplicité de sons et de sens que l'auteur nous propose à travers ces déformations signifiantes d'un langage qui n'a plus avec l'anglais que des rapports assez lointains. Nous ne pouvons mettre en valeur que cet aspect, le plus évident, de *Finnegans*; vouloir entrer dans la richesse de construction et de signification de l'ouvrage dépasserait et nos forces et les limites de ce chapitre :

« *The fall (bababadalgharaghtakamminarronnkonnbronntonnerronntuonnthunntrovarrhounawnskawntoohoohoordenenthurnuk) of a once wallstrait oldparr is retaled early in bed and later on life down through all christian minstrelsy. The great fall of the offwall entailed at such short notice the pftschute of Finnegan, erse solid man, that the humptyhillhead of humself prumptly sends an unquiring one well to the west in quest of his tumptytumtoes : and their unturnpikepointandplace is at the knock out in the park where orange have been laid to rust upon the green since devlinsfirst loved livvy.* »

« La chute (badabadalgharaghtakamminaronnkonnbronntonnerronntuonnthunntrovarrhounawnskawntouhouhourdenenthurnuk!) d'un ci-devant inframurs est détaillée ore au lit et encore dans la vie tout au long de la christiomathie. La grande chute du mur d'angle entraîna ivicco la pffscht de Finnegan, homme tantôt fondide, de telle forte qu'enquêteur de son cap doit proprement virer à l'ouest en bêche de ses pattes, lesquelles voltepointent passé le tourniquet face au knock-out du parc où oranges gisent à rouir depuis que devlin aime livvy. » (Trad. Du Bouchet.)

« La chute (bababadalgharaghtakamminarronnkonnbronntonnerronntuonnthunntrovarrhounawnskawntoohoohoordenenthurnuk!) d'un ci-devant grand-paire de mur à l'étroit est relaté ici au lit et plus tard dans la vie tout au long de la chrétienne ménestrandie. La grande chute du mur d'angle entraîna à si brève échéance la pftjschute de Finnegan, erse solide homme, que la bosse vide de sa collitête dépêche promptement un inspecteur plein ouest en quête de ses cocorteils : leur pic pointe en lieu tourniqué renversé sans connaissance dans le parc où sur le gazon l'on a mis à rouir des oranges car dieublin premier a fait l'amour à la vie. » (Trad. Philippe Lavergne.)

La « lecture impossible » de *Finnegans Wake*, livre qui, rappelons-le, date de 1939, n'est-elle pas la préfiguration de toutes les difficultés et de toutes les recherches de la littérature contemporaine?

---

* En linguistique, l'ensemble des termes entre lesquels peut s'établir, au niveau sémantique, phonétique ou grammatical, un rapport d'équivalence.

** A tout écrit.

*** Voici Venir Tout le monde.

Faulkner :

Les rapports de Faulkner et de la France sont plus simples. A l'exception de ses deux premiers romans (*Monnaie de singe* et *Moustiques*, traduits tous deux en 1948 avec vingt ans de retard) son œuvre fut traduite régulièrement, dans un ordre à peu près chronologique, à partir du coup de tonnerre de *Sanctuaire* (1931) et de la célèbre préface d'André Malraux qui définissait le livre comme « l'intrusion de la tragédie grecque dans le roman policier. » On peut même affirmer sans trop de chauvinisme que la gloire de Faulkner fut plus vite établie en France qu'aux États-Unis. L'immédiat après-guerre le redécouvrit en même temps qu'il se plongeait dans « l'âge du roman américain » (c'est le titre de l'essai que publie Claude-Edmonde Magny en 1948); on joue en 1956 *Requiem pour une nonne*, adapté par Albert Camus; le Nouveau Roman le mettra parmi ses intercesseurs; le prix Nobel en 1950 ne pourra plus ajouter beaucoup à sa gloire.

Le centenaire de la bataille d'Appomattox (1865).

Cl. Usis.

On saisit comment le héros kafkaïen, anonyme dans un monde neutre, ou le héros de Joyce, produit de l'extrême-fin de toute une culture occidentale, ont pu pousser quelques racines dans un pays qui n'était pas leur pays d'origine. Mais l'œuvre de Faulkner? ces colonels sudistes, ces vieux nègres résignés, ces trafiquants, qu'ont-ils donc à nous enseigner qui nous les ait fait adopter sans réticence?

Il faut sans doute démêler deux aspects, et reprendre la distinction de Sartre dans son article sur *Le Bruit et la Fureur*, entre la technique et la métaphysique. Si Faulkner, plus qu'aucun des autres grands romanciers nord-américains, réussit à nous parler, c'est qu'il est en fait le moins « étranger », c'est parce qu'il peint un monde de la faute et de la grâce, monde tragique qui s'inscrit dans une tradition qui est la nôtre de toute éternité, et peut-être encore plus dans l'après-guerre. Ce « massacre des innocents » que voit Claude-Edmonde Magny dans l'œuvre de Faulkner (viol de Temple, suicide de Quentin, souffrance des Noirs), n'était-ce pas celui que le monde venait de connaître? Plus que la morale virile d'Hemingway, qui ne sonnait plus très juste, ou que l'unanimisme rajeuni d'un Dos Passos, qui ne convenait plus très bien à un pays déchiré, la vision tragique de Faulkner pouvait s'intégrer à notre sensibilité. Tout l'essai de Claude-Edmonde Magny témoigne de cet accueil réservé à Faulkner dans ces années-là :

« L'écrivain ne doit pas être seulement le bouc émissaire d'une société, la victime expiatoire préposée à la lucidité et rachetant par ses insomnies et sa névrose la calme inconscience des autres hommes. Il s'agit pour lui de refaire une Église — ou tout au moins de le tenter —, de proposer une image de ce que pourrait être cette Église. Si l'œuvre de Faulkner dépasse tellement celle de tous ses contemporains, ce n'est pas en vertu de grâces littéraires, par sa perfection technique ou l'acuité

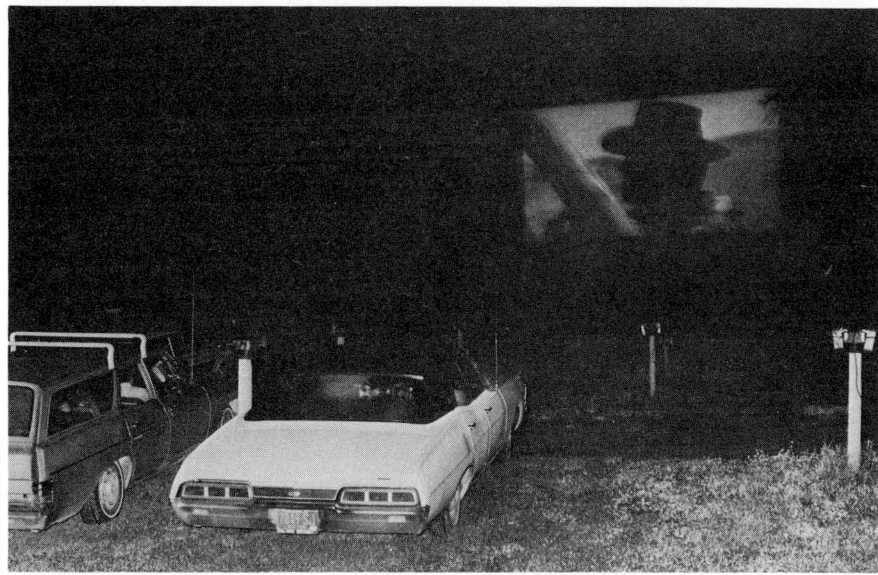
Cl. Holmes-Lebel

L'Amérique de *Lolita*, celle des autoroutes et des drive-in, cinémas de plein air pour automobilistes.

« Deep South », le Sud profond de William Faulkner.

Cl. H. Cartier-Bresson. Magnum.

de sa psychologie. C'est qu'il est seul à nous montrer dans ses romans [...] la reconstitution d'une communauté qu'on peut vraiment dire sacrée, d'une "communion des pécheurs" que cimente une réversibilité des mérites qui, pour n'être éprouvée consciemment ni par les personnages, ni sans doute par l'auteur, n'en existe pas moins fortement, c'est-à-dire, pour prendre un langage plus laïque, d'un groupe d'êtres indissolublement liés parce que tous assument la même faute, commise par l'un d'eux, l'expient à leurs diverses manières chacun selon sa nature, et se trouvent ainsi en puissance de salut. L'évidente *absurdité* que tout le monde s'accorde à reconnaître aux intrigues de Faulkner n'est que l'envers de cette participation mystique, non-causale, non-psychologique, à une même communauté, celle de la Faute. »

Mais si Faulkner a duré, s'il a été autre chose qu'un Graham Greene, c'est-à-dire un moment de notre sensibilité, c'est que cette métaphysique, ce que Sartre appelait son absurdité en la dénonçant « comme si romanesque et si peu vraie * » avait d'abord été ressentie à travers — et comme — une forme qui devait se révéler extrêmement féconde. Les « bizarreries » de Faulkner, cette apparente indifférence pour son lecteur, sa manie de raconter les histoires en commençant par la fin, de donner le même nom à plusieurs personnages, de ne pas nommer ni décrire les événements importants, de plonger le lecteur au beau milieu d'un puzzle à reconstituer, ce besoin de raconter au moins deux histoires à la fois, l'emploi du présent pour faire revivre le passé, cette surcharge d'épithètes, ces phrases qui semblent ne jamais devoir finir, ont été peu à peu perçues comme absolument indispensables à l'expression de cette vision du Temps qui constitue le centre de l'œuvre. Tous ces éléments, séparément ou isolément, vont devenir des procédés réutilisés, avec plus ou moins d'originalité, par un grand nombre de romanciers. Le silence central du *Voyeur* de Robbe-Grillet rappelle celui de *Sanctuaire*, et Butor étudie « Les relations de parenté dans *L'Ours* » quelques années avant d'écrire *Degrés* où elles tiennent tant de place. Nous avons parlé plus haut de l'évolution de Giono et de la mutation de Claude Simon, difficilement interprétables si l'on ne tenait pas compte de la présence de Faulkner dans la conscience des romanciers français, présence d'autant plus insistante qu'elle est venue dans bien des cas renforcer celle tout aussi obsédante de Proust. Sartre déjà rapprochait les univers de ces deux romanciers, en marquant très justement les différences : « A dire vrai, la technique romanesque de Proust aurait dû être celle de Faulkner, c'était l'aboutissement logique de sa métaphysique. Seulement Faulkner est un homme perdu et c'est parce qu'il se sent perdu qu'il risque, qu'il va jusqu'au bout de sa pensée. Proust est un classique et un Français : les Français se perdent à la petite semaine et ils finissent toujours par se retrouver. L'éloquence, le goût des idées claires, l'intellectualisme ont imposé à Proust de garder au moins les apparences de la chronologie. » *(Situations I.)* Les écrivains français des vingt-cinq dernières années seraient-ils moins « français », eux qui ont fait de Faulkner l'une de leurs sources d'inspiration les plus fécondes?

* Mais les événements allaient donner raison à Faulkner contre Sartre : le roman, comme la vie, allaient devenir encore beaucoup plus absurdes après 1939.

[D'abord les deux, puis quatre]

Il faudrait plusieurs pages pour situer ce passage de la fin du livre. Que l'on fasse plutôt confiance à la magie faulknérienne, en sachant simplement que le Sudiste Quentin est en train de raconter à son camarade de chambre à l'université, le Canadien Shreve, l'histoire de Sutpen. Ici, il relate la chevauchée de Charles Bon, le fils naturel de Sutpen, et de son fils légitime Henry, durant la retraite des armées sudistes.

First, two of them, then four; now two again. The room was indeed tomblike : a quality stale and static and moribund beyond any mere vivid and living cold. Yet they remained in it, though not thirty feet away was bed and warmth. Quentin had not even put on his overcoat, which lay on the floor where it had fallen from the arm of the chair where Shreve had put it down. They did not retreat from the cold. They both bore it as though in deliberate flagellant exaltation of physical misery transmogrified into the spirits' travail of the two young men during that time fifty years ago, or forty-eight rather, then forty-seven and then forty-six, since it was '64 and then '65 and the starved and ragged remnant of an army having retreated across Alabama and Georgia and into Carolina, swept onward not by a victorious army behind it but rather by a mounting tide of the names of lost battles from either side—Chickamauga and Franklin, Vicksburg and Corinth and Atlanta.

. . . .

D'abord les deux, puis quatre : maintenant, de nouveau, deux. La chambre, en vérité, était comme un tombeau : elle avait quelque chose de faisandé, de figé, de moribond, qui dépassait la mesure du simple froid vif et vivant. Pourtant ils y restèrent, bien qu'à moins de trente pieds de là il y eût le lit et la chaleur. Quentin n'avait même pas mis son pardessus, qui gisait sur le plancher à l'endroit où il était tombé du bras du fauteuil sur lequel Shreve l'avait posé. Le froid ne les faisait pas battre en retraite. Ils le supportaient tous deux dans une sorte d'exaltation masochiste et préméditée de misère physique transmuée en la souffrance morale de deux jeunes gens durant cette période, il y avait de cela cinquante ans, ou plutôt quarante-huit, puis quarante-sept, puis quarante-six, puisque c'était 64, puis 65 et les débris affamés et guenilleux de l'armée ayant battu en retraite à travers l'Alabama et la Georgie jusque dans la Caroline, non pas talonnée par une armée victorieuse, mais plutôt par la marée montante de noms de batailles perdues d'un côté comme de l'autre — Chickamauga et Franklin, Vicksburg et Corinthe et Atlanta — batailles perdues non seulement à cause de la supériorité numérique, des munitions et des approvisionnements déficients, mais à cause des généraux, qui l'étaient non pour leur pratique des méthodes contemporaines ou pour leur aptitude à les apprendre, mais en vertu du droit divin de dire : « Allez-y » à eux confiée par le pouvoir illimité d'un régime de caste; ou parce que ces généraux n'ont jamais vécu assez longtemps pour apprendre comment livrer avec circonspection des batailles mettant en ligne des masses d'hommes accrues, puisqu'ils étaient déjà aussi périmés que Richard-Cœur-de-Lion, Roland ou du Guesclin, des généraux emplumés aux capotes doublées d'écarlate, qui, à vingt-huit, trente et trente-deux ans, prenaient des bateaux de guerre avec des charges de cavalerie, mais sans grain, viande ni boulets, qui, en autant de journées, battaient trois armées en trois endroits différents, puis démolissaient leurs propres fortifications pour faire cuire la viande volée à leurs propres fumoirs, qui, en une nuit, avec une poignée d'hommes, incendiaient et détruisaient vaillamment à l'ennemi un dépôt de vivres d'un million de dollars, et, la nuit d'après, se faisaient descendre d'un coup de fusil par un voisin qui les trouvait couchés avec sa femme — deux, quatre, deux, maintenant de nouveau, selon Quentin et Shreve, les deux, les quatre, les deux qui continuaient de parler, celui qui ne savait pas encore ce qu'il allait faire, l'autre qui savait ce qu'il devait faire mais qui ne pouvait pas encore s'y résigner — Henry citant lui-même d'illustres exemples d'incestes, parlant du duc Jean de Lorraine, comme s'il espérait peut-être évoquer ce fantôme condamné et excommunié pour lui dire, à lui en personne, qu'il avait raison, comme les gens qui, avant et depuis, ont évoqué Dieu ou le Diable pour se justifier de ce qu'exigeaient leurs glandes — les deux, les quatre, les deux se regardant l'un l'autre dans cette chambre sépulcrale : Shreve le Canadien, l'enfant des blizzards et du froid, dans son peignoir de bain, avec son pardessus au col remonté jusqu'aux oreilles; Quentin, l'homme du Sud, produit morose et délicat de la pluie et de la chaleur humide, dans ses minces vêtements, appropriés, qu'il avait apportés du Mississipi, son pardessus (aussi mince et inutile en son genre que le complet) gisant sur le plancher et qu'il ne s'était même pas donné la peine de ramasser.

William Faulkner, *Absalon! Absalon!*
traduit de l'américain
par R. N. Raimbault, éd. Gallimard.

— Le personnage principal est le Temps : présent et passé ne font plus qu'un (1, 14, 50, etc.). Après un début en phrases brèves (1-9), une seule phrase qui, par appositions, parenthèses, parallèles, englobe les différents moments du Temps.

— Univers proche de celui du roman « gothique » (Ann Radcliffe, Lewis) : situations (19, 31, 54-55, etc.), allusions (35, 56), vocabulaire (10-11, 34, etc., mais la traduction n'a pas rendu l'étrangeté de certains termes).

— « Dans le laborieux processus de l'élaboration romanesque, l'auteur a semé une piste mystérieuse, sortie de nulle part sinon de la matière même de l'élaboration, ne menant nulle part sinon au stade accompli de celle-ci : c'est la piste de la création littéraire, des rapports entre l'histoire et le verbe, qui sont ceux qu'en termes abstraits traitent inlassablement des écrivains comme Beckett et Blanchot. Mais chez Faulkner l'histoire a corps, et le verbe est encore incarné. Les plus grands romanciers sont ceux qui commentent sans relâche le début du dernier évangile. » (Michel Gresset.)

Les années 45

La guerre :

La production littéraire de ces années correspond à deux réactions face à la guerre : l'exploiter, au meilleur sens du terme, ou l'oublier. La refléter pour que le souvenir en demeure marqué : chaque pays eut ainsi ses romans de guerre, ceux des camps, des prisons, des occupations, longue litanie de souffrances, de feu et de sang, dont *La Vingt-cinquième heure* du Roumain Virgil Georghiu fut le meilleur exemple. En France ce sont deux livres venus d'Italie qui devaient faire l'impression la plus profonde. **Curzio Malaparte,** le plus international des écrivains italiens, déjà célèbre en France avant 1939 par ses deux essais *La Technique du coup d'État* et *Le Bonhomme Lénine*, rapportait, de ses expériences de correspondant de guerre, puis de combattant pour la libération de l'Italie avec la division Potente, deux récits *Kaputt* (1947) et *La Peau* (1949). Son style outrancier, tapageur — devrait-on dire de mauvais goût ? — convenait parfaitement au sujet traité. Livres sans doute assez superficiels, de mauvaise foi, où l'auteur tendait à se donner le beau rôle, mais à la mesure du récent cataclysme. Lorsque, quinze ans plus tard, de jeunes écrivains voudront à leur tour traduire les cauchemars qui entourèrent leur enfance (Grass, Kosinski), leurs accents rappelleront étrangement ceux de Malaparte.

[Des ombres noires parmi les branches]

Io tacevo, guardando l'orizzonte schiarire a poco a poco. Un dorato lume, simile alla trasparenza di un guscio d'uovo, si spandeva lentamente nel cielo. Era proprio un uovo che nesceva laggiù, che spuntava a poco a poco di sotterra, che sorgeva lentamente dalla profonda e nera tomba della terra.

En Ukraine pendant l'été 1941. Le vent noir souffle, la lune se lève, et le narrateur, à cheval, croit entendre dans la nuit qui tombe, des voix dans les arbres lui dire : « N'as-tu pas honte d'être chrétien? »

— Perché taci? — gridò la voce.

Ed io sentii alto sulla mia testa un fruscio, come di rami agitati dal vento, un mormorio, come di foglie nel vento, e un riso rabbioso, e parole dure, correr nel cielo nero, qualcosa, come un'ala, sfiorarmi il viso. Erano certo uccelli, erano grandi uccelli neri, forse eran corvi, che destati dal sonno spiccavano il volo, fuggivano remigando con le grasse ali nere.

— Chi siete? — gridai — per l'amor di Dio, rispondetemi! —

. . . .

Je me taisais, en regardant là-bas l'horizon s'éclairer peu à peu. Une lueur dorée, semblable à la transparence d'une coquille d'œuf, se répandait lentement dans le ciel. C'était vraiment un œuf qui naissait là-bas, qui sortait peu à peu de la terre, qui surgissait lentement de la tombe profonde et noire de la terre.

« Pourquoi ne réponds-tu pas? » répéta la voix.

Je sentis au-dessus de ma tête comme un bruissement de feuilles agitées par le vent, comme un murmure de feuilles dans le vent, et un rire rageur courir dans le ciel noir, quelque chose comme une aile effleurer mon visage. C'étaient sûrement des oiseaux, c'étaient de grands oiseaux noirs, peut-être des corbeaux qui, réveillés de leur sommeil, s'enfuyaient, agitant leurs grasses ailes noires.

« Qui êtes-vous? criai-je, pour l'amour de Dieu, répondez-moi! »

La clarté de la lune se répandait peu à peu dans le ciel. C'était vraiment un œuf qui naissait là-bas du sein de la nuit, c'était vraiment un œuf qui naissait du sein de la terre, qui se levait lentement à l'horizon. Peu à peu je vis les arbres qui bordaient la route sortir de la nuit, se découper sur le ciel doré, et des ombres noires remuer là-haut parmi les branches.

Un cri d'horreur se brisa dans ma gorge. C'étaient des hommes crucifiés. C'étaient des hommes cloués aux troncs des arbres, les bras en croix, les pieds joints, fixés au tronc par des clous, ou par des fils de fer tordus autour des chevilles. Certains avaient la tête penchée sur l'épaule, d'autres sur la poitrine, d'autres levaient leur visage pour contempler la lune naissante. Presque tous portaient la houppelande noire des Juifs, beaucoup étaient nus, et leur chair brillait chastement dans la tiédeur froide de la lune. Pareille à l'œuf gonflé de vie, symbole de fécondité et d'éternité que, dans les peintures des tombes étrusques de Tarquinia, les morts soulèvent entre deux doigts, la lune sortait de la terre, montait dans le ciel, blanche et froide comme un œuf, éclairant les visages barbus, les orbites noires, les bouches béantes, les membres tordus des hommes crucifiés.

Je me dressai sur mes étriers, je tendis mes mains vers l'un d'eux, j'essayai avec mes ongles d'arracher les clous enfoncés dans ses pieds. Mais des cris stridents éclatèrent parmi les branches, et l'homme crucifié hurla :

« Ne me touche pas, maudit!

— Je ne veux pas vous faire de mal, criai-je, pour l'amour de Dieu, laissez-moi vous venir en aide! »

Un rire cruel courut d'arbre en arbre, de croix en croix, et je vis les têtes remuer, les barbes s'agiter, les bouches s'ouvrir et se refermer : et j'entendis le grincement des dents.

« Nous venir en aide, cria la voix, et pourquoi? Parce que tu as pitié de nous? Parce que tu es chrétien? Allons, réponds : parce que tu es chrétien? Tu crois que c'est là une bonne raison? Tu as pitié de nous parce que tu es chrétien? »

Je me taisais et la voix reprit plus fort :

« N'est-ce pas des chrétiens comme toi qui nous ont mis sur la croix? Est-ce que ce sont des chiens, des chevaux ou des rats qui nous ont cloués à ces arbres? Ah! ah! ah! un chrétien! »

Je courbais la tête sur le cou de mon cheval et je me taisais.

« Réponds, donc! De quel droit prétends-tu avoir pitié de nous?

— Ce n'est pas moi, criai-je, ce n'est pas moi qui vous ai cloué aux arbres! ce n'est pas moi!

— Je sais, dit la voix avec un merveilleux accent de douceur et de haine, je sais, ce sont les autres, tous les autres comme toi. »

Curzio Malaparte, *La Peau*, traduit de l'italien
par R. Novella, éd. Denoël.

— Un récit : une montée préparatoire (1-23), le paroxysme (24-42), un dialogue (44-69).

— Un poème : recours au mythe (la lune-œuf; la naissance et la mort; la crucifixion), rythme des répétitions.

— A la fin de la guerre, le problème de la responsabilité ne consiste pas seulement à chercher des coupables (le procès de Nuremberg) mais à poser des questions (« des chiens, des chevaux ou des rats? ») à la civilisation prétendument chrétienne et humaniste qui les a sécrétés.

Cette littérature de témoignage, un témoignage toujours plus ou moins orienté, devait trouver un nouveau champ d'action avec les problèmes politiques de l'Europe centrale ou orientale : des écrivains, réfugiés de fraîche date ou d'avant la guerre, échappés aux régimes communistes, romançaient leurs dramatiques aventures en des livres-pamphlets qui alimentaient de nombreuses polémiques. Le plus connu, sur le thème des procès de Moscou, fut *Le Zéro et l'Infini* d'Arthur Koestler. Analyser la portée et l'influence de telles œuvres, souvent excessives, forcément schématiques, mais qui devaient contribuer à modifier les rapports avec le communisme, pourrait nous entraîner loin du domaine de la littérature. Cette peinture d'un monde absurde soumis à la tyrannie, la perte de confiance en certains idéaux constituent cependant des éléments essentiels à la compréhension de cette période (*cf.* chap. 4).

L'âge d'or du roman américain :

C'est de l'autre moitié du monde que les Français attendaient l'évasion indispensable. Nous parlons ailleurs (*cf.* chap. 28) du déferlement de la littérature policière américaine. Ce n'est là qu'un aspect de l'envahissement de la France par une culture tout entière, avec sa littérature, sa musique (le jazz) et son cinéma. Voici l'âge d'or du roman américain : Faulkner lui-même n'est alors que l'un des plus traduits et des plus lus parmi tout un groupe de romanciers qui, connus en général avant la guerre, atteignent maintenant à la grande célébrité : Caldwell, Steinbeck, mais surtout Dos Passos et Hemingway. *Pour qui sonne le glas*, en 1944, semble être le roman prophétique qui décèle dans le conflit de la guerre civile espagnole l'image de l'embrasement général qui devait suivre. La sécheresse elliptique de la phrase, gonflée cependant d'émotion, l'art du reporter qui sait peindre à coups de gestes, de silhouettes, de croquis, transformaient cette fresque de la guerre civile en une sorte de grand jeu passionnant et dangereux, de chasse fatale où l'homme tenait le double rôle du chasseur et du gibier. Ce goût de l'aventure, que l'on retrouve dans les livres de chasses africaines et de corridas, connut son couronnement avec *Le Vieil Homme et la Mer*, qui devait valoir le prix Nobel à son auteur; à mi-chemin du récit de pêche et de la fable, ce duel, qui est aussi le dialogue du pêcheur et du poisson, prend des allures symboliques, évoquant la vanité et la grandeur de l'existence humaine vouée à un combat sans autre issue que lui-même. La grande trilogie de Dos Passos sur l'Amérique des années vingt, qui reprenait, en les amplifiant, les procédés de *Manhattan Transfer*, devait toucher les auteurs davantage que le public. Sartre n'avait-il pas déclaré qu'il tenait Dos Passos pour « le plus grand écrivain du siècle »?

L'absence, dans ce groupe, d'un des grand écrivains des années trente, Scott Fitzgerald, permet de délimiter le mythe américain qui se constitue à partir des œuvres de ces romanciers dont public et critiques ont tendance à faire un seul grand romancier; « le romancier américain ». Les héros de Scott Fitzgerald, secrètement marqués *(La Fêlure)*, les grands hôtels et les luxueuses propriétés de Long Island sont trop sophistiqués pour le mythe qui veut une Amérique forte et même violente, pleine de chaleur et de simplicité, pays de la liberté. Si nous parlons de mythe, c'est qu'il apparaît rétrospectivement que ces œuvres étaient pour la plupart des œuvres de dénonciation, mais qu'il se produisit à leur égard un phénomène parallèle à celui qui faisait défendre, envers et contre tous les témoignages les plus accablants, l'U.R.S.S. à ses partisans politiques; les États-Unis libérateurs de l'Europe ne pouvaient pas être en même temps le pays de l'injustice et de l'oppression. Un certain optimisme inébranlable, le goût de la lutte firent oublier la noirceur de certains tableaux *(Les Raisins de la colère)* et la détermination des forces hostiles.

Pour être un peu complets, il aurait fallu parler aussi de Saroyan dont Simone de Beauvoir écrit dans *La Force des choses :* « On ne pouvait pas ouvrir un périodique sans rencontrer son nom », des débuts de John O'Hara, de Truman Capote, de Carson

McCullers et de tant d'autres devenus célèbres depuis lors.

Roman et théâtre anglais :

A côté des grands romanciers d'avant-guerre, Aldous Huxley, Somerset Maugham, Evelyn Waugh, Charles Morgan, dont on continue à traduire les œuvres avec le retard dû aux événements, l'après-guerre voit surgir le nom de Graham Greene. Sa position excentrique d'Anglais catholique lui est une double voie d'accès vers le public français. Ce maître du roman policier de qualité à résonances morales *(L'Agent secret)* puis franchement métaphysiques *(Le Rocher de Brighton)* devait beaucoup à Simenon. Mais ce furent *La Puissance et la Gloire* et *Le Fond du problème*, où la question du Mal est posée à travers les aventures du prêtre déchu et martyr et du policier velléitaire, dans une atmosphère exotique mexicaine ou africaine, qui firent de Greene ce romancier que certains considérèrent comme l'égal d'un Mauriac ou d'un Bernanos. Le succès de cette œuvre est révélateur du sentiment d'inquiétude de cette période; il marque aussi le point de départ de la tradition d'un certain type de romans anglo-saxons à thèse morale et religieuse comme *Les Clés du royaume* (1946) de Cronin, récit de la vie d'un missionnaire dont la tâche temporelle est apparemment un échec, ou comme les livres plus récents de Morris West.

De la vitalité du roman anglais, nous retiendrons deux autres exemples légèrement postérieurs. Le premier est *1984* de George Orwell. Celui-ci après avoir, dans *Les Animaux partout*, présenté, sous la forme d'une farce amère, l'image d'un monde soumis au totalitarisme, adoptait, pour reposer le même problème, le genre de l'utopie à l'envers, de la science-fiction politique, genre anglo-saxon s'il en est (H. G. Wells, Aldous Huxley et son *Meilleur des mondes*). Mais cette œuvre, visiblement inspirée par les difficultés entre l'Est et l'Ouest, et les désillusions de l'ancien marxiste qu'était Orwell, sait dépasser les circonstances qui l'ont vu naître, pour devenir de toutes les époques. En créant le personnage de « Big Brother » (le grand frère) qui n'existe que sur ses affiches géantes BIG BROTHER VOUS REGARDE, en inventant cette Police de la Pensée, ce Ministère de la Vérité, ces inoubliables slogans LA GUERRE C'EST LA PAIX, LA LIBERTÉ C'EST L'ESCLAVAGE, L'IGNORANCE C'EST LA FORCE, Orwell faisait bien sûr le procès du régime stalinien, mais il démontait aussi à l'avance le mécanisme de tous les endoctrinements, par exemple la mise de la télévision au service des gouvernements et des idéologies. *1984*, livre désespérant jusque et surtout dans sa conclusion optimiste : « IL AVAIT REMPORTÉ LA VICTOIRE SUR LUI-MÊME : IL AIMAIT BIG BROTHER. »

Dans un tout autre ordre d'idées, les années cinquante furent aussi les années de Malcolm Lowry, ou plus exactement de son livre *Au-dessous du Volcan*. Cas étrange que celui de cet écrivain dont un seul livre parvient à recueillir les suffrages : on serait presque tenté de se demander si les préfaces (de Lowry lui-même, de Maurice Nadeau), les postfaces (de Max-Pol Fouchet) qui analysaient avec tant de diligence les richesses cachées de cet ouvrage, qui multipliaient les références à Dante, à la Kabbale, à Joyce, D. H. Lawrence, H. Miller, n'ont pas porté tort à cet ouvrage, dont la puissance et le pathétique sont au demeurant indiscutables, mais dont il était peut-être exagéré de vouloir faire à tout prix le chef-d'œuvre du roman de ces vingt dernières années.

C'est également un écrivain anglais qui marque de son empreinte le théâtre des années quarante-cinq : **T. S. Eliot.** Les Français ignoraient à peu près totalement le plus influent des poètes anglo-saxons, dont le grand poème, *The Waste Land*, qui date de 1922, est traduit par Pierre Leyris en 1947 (*La Terre vaine*), et à qui le prix Nobel est attribué en 1948. *Meurtre dans la cathédrale*, traduit en 1944 et joué en 1945 par Jean Vilar au Théâtre du Vieux Colombier, sera repris en 1951 pour la première saison du T. N. P. C'est la brutale découverte, parmi une littérature où le naturel est la règle, des vertus de l'austérité et des contraintes formelles dans un retour au théâtre lyrique qui combine la synthèse du vers et d'une prosodie réglée avec une construction très stricte proche de celle de l'oratorio, et dont la présence d'un chœur accuse le caractère solennel. Rien ne pouvait paraître moins moderne que cette forme tragique. Mais le sacrifice de Thomas Becket (le sujet devait être repris par Jean Anouilh, *cf.* p. 354) est présenté moins comme le résultat des forces historiques que comme le libre choix d'un être qui, après avoir résisté aux tentations du plaisir, du pouvoir, de la révolte et de l'orgueil, se laisse tuer sans résistance, mort qui représente en fait la victoire de l'opprimé sur les forces qui l'oppriment. Si la forme était, ou pouvait sembler, anachronique, le thème s'imposait par son actualité.

[J'ai songé à ces choses]

De retour à Cantorbery après une absence de sept ans, l'archevêque Thomas Becket est assailli par quatre tentateurs. Le quatrième ne fait que révéler à Thomas le calcul que cache le désir du martyre qui l'a guidé jusqu'alors : « Le martyr et le saint règnent du fond de la tombe » : ce sont « les choses » auxquelles il est fait allusion dans le premier vers.

THOMAS

I have thought of these things.

TEMPTER

That is why I tell you.
Your thoughts have more power than kings to compel you.
You have also thought, sometimes at your prayers,
Sometimes hesitating at the angles of stairs,
And between sleep and waking, early in the morning,
When the bird cries, have thought of further scorning.
That nothing lasts, but the wheel turns,
The nest is rifled, and the bird mourns;
That the shrine shall be pillaged, and the gold spent,
The jewels gone for light ladies ornament,
The sanctuary broken, and its stores
Swept into the laps of parasites and whores.

. . . .

THOMAS

J'ai songé à ces choses.

QUATRIÈME TENTATEUR

C'est pourquoi je te les dis.
Pour te convaincre, tes pensées ont bien plus de pouvoir que
[les rois.
Tu as aussi songé, tantôt dans tes prières,
Tantôt hésitant au tournant de l'escalier,
Et au seuil du réveil, à l'heure matinale
Quand crie l'oiseau, tu as songé à d'autres renoncements :
Que rien ne dure, mais que la roue tourne,
Le nid est saccagé, et l'oiseau se lamente;
Que l'autel sera pillé, et tout l'or dépensé,
Les joyaux partis pour attifer les femmes légères,
Le sanctuaire profané, et ses trésors

Jetés dans le giron des parasites et des putains.
Alors miracles cesseront, fidèles te déserteront,
Et les hommes s'efforceront de t'oublier.
Et plus tard ce sera pis encore car les hommes te haïront,
Pas assez pour te diffamer ou pour t'exécrer,
Mais considérant les qualités qui te manquaient,
Chercheront seulement à découvrir le fait historique.
Et les hommes déclareront qu'il n'y a pas de mystère
Chez cet homme qui a joué un certain rôle dans l'histoire.

THOMAS

Mais que faut-il faire? Que reste-t-il à faire?
N'est-il point de couronne perdurable à gagner?

QUATRIÈME TENTATEUR

Si, Thomas, si! Tu y as aussi pensé.
Que peut-on comparer à la gloire des saints,
Demeurant à jamais en présence de Dieu?
Quelle gloire terrestre, gloire de roi ou d'empereur,
Quel orgueil terrestre, qui ne soit pauvreté
Comparé à la plénitude de la grandeur céleste?
Cherche la voie du martyre et humilie-toi très bas sur terre,
Afin d'être très haut dans le ciel.
Et vois très loin sous tes pieds, là où l'abîme est figé,
Tes persécuteurs, souffrant tourments éternels,
Passion consumée, au-delà de toute expiation.

THOMAS

Non! — Qui êtes-vous à me tenter ainsi de mes propres [désirs?
D'autres sont venus, tentateurs temporels,
Offrant plaisirs et pouvoir à un prix palpable.
Que m'offrez-vous? Que me demandez-vous?

QUATRIÈME TENTATEUR

J'offre ce que tu désires. Je demande
Ce que tu as à donner. Est-ce payer trop cher
Pareille vision de grandeur éternelle?

THOMAS

Les autres ont offert des biens véritables,
Sans valeur; mais véritables. Vous ne m'offrez
Que des rêves qui mènent à la damnation.

T. S. Eliot, *Meurtre dans la cathédrale*, traduit de l'anglais par H. Fluchère, éd. du Seuil.

Thomas finit par trouver le vrai sens du martyre : la liberté dans la soumission à Dieu, le renoncement à tout désir. Il sera assassiné dans la cathédrale par les envoyés du roi.

— Ce dialogue est la mise en forme théâtrale de notre moderne « mauvaise foi » (2, 4, 28, 40, etc.), une progression vers les pensées les mieux cachées.

— Dans la tradition shakespearienne, un langage où l'image surgit naturellement. La traduction ne pouvait respecter la rime qui, pour le spectateur anglais habitué au vers libre, constitue l'élément essentiel de la « distance historique ».

— Théâtre religieux, historique, tragique, poétique : la pièce d'Eliot semble apporter sans effort toutes les réponses aux questions posées par ces genres auxquels aucun dramaturge français de l'après-guerre n'a su répondre de façon aussi satisfaisante.

Les autres pièces d'Eliot *(La Réunion de famille, La Cocktail Party)*, fondées sur un subtil et ironique décalage entre le modernisme du sujet et le caractère hiératique du traitement, devaient laisser le public français indifférent. L'obstacle du théâtre en vers, beaucoup moins important pour le public anglais, devait aussi limiter l'audience d'un autre dramaturge anglais, Christopher Fry (*Le Songe des prisonniers* 1955, *Le Prince d'Égypte* 1955). C'est sous d'autres formes, plus directes, que le théâtre anglais devait faire par la suite la conquête du public français.

Les années 50

Le roman italien :

Choisir les années cinquante pour traiter de la pénétration de la littérature italienne en France depuis la guerre relève de cet arbitraire auquel nous avons dit ne pas pouvoir échapper. Il semble pourtant que c'est dans la période 1948-1955 que furent traduites les œuvres capitales du roman italien. Malaparte déjà évoqué, restent en présence une dizaine de romanciers qui tous ont « impressionné », au sens photographique du terme, la sensibilité française, sans cependant qu'aucun d'eux atteigne la stature d'un Pirandello, révélé et bien connu avant la guerre, constamment joué depuis, et dont le théâtre complet paraît à partir de 1951 ; sous de multiples déguisements, ses trouvailles se retrouvent dans bien des œuvres récentes (*cf.* chap. 23). La réédition, dans une version plus complète, de *La Conscience de Zeno* d'Italo Svevo accuse la persistance des influences d'avant-guerre.

Le roman d'après-guerre — qui est souvent, par le retard apporté à le traduire, un roman d'avant-guerre —, comme le cinéma dont il semble inséparable *, est d'abord un roman social et politique, ce qui ne signifie pas nécessairement roman à thèse.

Si Moravia — dont le roman *Les Indifférents*, traduit en 1949, date de 1929 — se rattache plus facilement à la tradition de l'analyse psychologique et des études de mœurs (il dénonce l'hypocrisie, particulièrement l'hypocrisie sexuelle, de la bourgeoisie romaine), les autres romanciers, Carlo Levi, Elio Vittorini, Ignazio Silone, Vasco Pratolini, Cesare Pavese sont, eux, nettement marqués par l'expérience fasciste, la guerre, et les luttes politiques de l'immé-

* La traduction du roman de Bartolini *Le Voleur de bicyclette*, dont De Sica tira le film exemplaire du néo-réalisme, est publiée en 1949.

Coll. J. C. Snark International.

L'Italie du néo-réalisme (*Le Voleur de bicyclette*, film de Vittorio de Sica).

diat après-guerre. Qu'ils aient ou non appartenu au Parti communiste, qu'ils l'aient ou non quitté, ils sont tous, à des degrés divers, imprégnés de culture marxiste. L'esprit traditionnel du roman ne convient plus à la peinture de l'homme qu'ils entendent donner. La guerre, l'emprisonnement, la liberté surveillée leur ont fait découvrir une sorte d'homme fondamental, le paysan, l'homme du Sud, le pauvre, l'homme « offensé » par les injustices sociales de toutes sortes. Leurs romans sont des romans de la misère, mais aussi de la simplicité retrouvée, et peut-être de l'espoir d'un homme nouveau. Il serait vain de vouloir parler de tous ces romanciers comme s'il s'agissait d'une seule et même personne (ne serait-ce que politiquement, Silone et Vittorini, par exemple, sont aux antipodes l'un de l'autre), mais il importait de définir l'image globale que le public français se formait alors du roman italien. Le suicide de Pavese en 1950, issue strictement individuelle d'un drame obscur dont certains éléments peuvent se dégager de son journal *Le Métier de vivre* (1958), pourrait servir à dater l'échec final de ce roman néo-réaliste. Chacun de ces romanciers va poursuivre son chemin, mais, surtout pour le public français qui l'avait reçu en bloc, un grand moment du roman étranger est terminé.

Ce serait plutôt à une tradition kafkaïenne qu'il faudrait rattacher l'œuvre de **Dino Buzzati,** et plus spécialement *Le Désert des Tartares*, dont le thème avait déjà été exposé dans *Barnabbo des Montagnes* (qui ne sera traduit qu'en 1959) alors que l'adaptation par Albert Camus d'*Un Cas intéressant* avait fini d'imposer le nom de Buzzati. Sur un schéma d'une aveuglante évidence, fuite du temps, attente d'un événement important — l'arrivée de l'ennemi qui justifierait le refus orgueilleux d'abandonner le fort isolé pour se mêler à la vie du monde et faire carrière —, Buzzati construit un récit inquiétant à mi-chemin du constat rigoureux et du symbolisme fantastique.

[Comme en ce jour lointain]

Le livre s'ouvrait par ces lignes : « Ce fut un matin de septembre que Giovanni Drogo, qui venait d'être promu officier, quitta la ville pour se rendre au fort Bastiani, sa première affectation. » Ici, il revient de sa première permission.

Giovanni Drogo saliva alla solitaria Fortezza come quel giorno di settembre, quel giorno lontano. Solo che adesso dall'altra parte del vallone non avanzava nessun altro ufficiale e al ponte, dove le due strade si congiungevano, il capitano Ortiz non gli veniva piú incontro.

Drogo questa volta se n'andava solo e intanto meditava sulla vita. Tornava alla Fortezza per rimanerci chissà mai quanto tempo ancora, proprio nei giorni in cui molti compagni la lasciavano per sempre. I compagni erano stati piú svelti, Drogo pensava, ma non era poi escluso che fossero realmente migliori : poteva anche essere questa la psiegazione.

Quanto piú tempo era passato, tanto piú il forte aveva perduto importanza. Nei tempi lontani forse era stato un presidio di impegno o almeno lo si considerava tale.

. . . .

Giovanni Drogo montait au fort solitaire, comme en ce jour de septembre, comme en ce jour lointain. Avec cette seule différence que, sur l'autre versant du vallon, il n'y avait pas d'autre officier en train d'avancer et que, au pont, là où se rejoignaient les deux routes, il n'y avait pas non plus de capitaine Ortiz venant à sa rencontre.

Cette fois-ci, Drogo cheminait seul et il en profitait pour méditer sur sa vie. Il retournait au fort pour y rester Dieu sait combien de temps encore, au moment précis où beaucoup de ses camarades en partaient pour toujours. Ses camarades avaient été plus malins que lui, pensait Drogo, mais cela n'excluait pas non plus qu'ils eussent plus de valeur que lui : c'était peut-être là l'explication.

Plus le temps s'écoulait et plus le fort devenait négligeable. Peut-être, dans les temps lointains, avait-il été une garnison d'importance, ou du moins le considérait-on comme tel. Maintenant que ses forces étaient réduites de moitié, ce n'était plus qu'une barrière de sécurité, stratégiquement exclue de tous les plans guerriers. On ne le maintenait que pour ne pas laisser dégarnir ce coin de frontière. On n'admettait pas l'éventualité d'une menace venue de la plaine du Nord, tout au plus une caravane de nomades pouvait-elle apparaître sur le col. Qu'allait être maintenant l'existence là-haut?

Tout en méditant sur ces choses, Drogo atteignit dans l'après-midi l'extrémité de l'ultime plateau et se trouva face à face avec le fort Bastiani. Le fort ne renfermait plus, comme la première fois, d'inquiétants secrets. Ce n'était en réalité qu'une caserne de frontière, une ridicule bâtisse dont les murs ne résisteraient que quelques heures à des canons de modèle récent. Avec le temps on le laisserait tomber en ruine, déjà il y avait quelques merlons * d'écroulés et un terre-plein en train de s'ébouler sans que personne songeât à le faire remettre en état.

* Partie du parapet entre deux embrasures.

Voilà ce que pensait Drogo, arrêté au bord du plateau, tout en regardant aller et venir sur les chemins de ronde les habituelles sentinelles. Sur le toit, le drapeau pendait flasque, pas une cheminée ne fumait, il n'y avait personne sur l'esplanade dénudée.

A présent, quelle vie ennuyeuse attendait Drogo! Probablement le joyeux Morel * s'en irait-il parmi les premiers, et, pratiquement, Drogo n'aurait plus un seul ami. Et puis toujours le même service de garde, les éternelles parties de cartes, les éternelles escapades jusqu'à la localité la plus proche pour y boire un peu ou avoir une piètre aventure amoureuse. Quelle misère, se disait Drogo. Et pourtant un reste d'enchantement errait le long des murailles des jaunes redoutes, un mystère persistait obstinément là-haut, dans les recoins des fossés, à l'ombre des casemates, l'inexprimable sentiment de choses à venir.

* Un des collègues de Giovanni Drogo.

Un jour les Barbares viendront du Nord vers le fort. Mais le commandant Giovanni Drogo sera trop vieux pour les combattre. Il ne lui reste qu'à mener le combat, perdu d'avance, contre la mort.

Dino Buzzati, *Le Désert des Tartares*, traduit de l'italien par Michel Arnaud, éd. Robert Laffont.

— Entre la lassitude de la répétition et l'espoir qui renaît, la perte des illusions (7-39) symbolisée par la ruine du fort (25-34).

— Les moyens sont très simples : répétition de mots-clés *(peut-être, temps, éternel...)*. Où est le secret de Buzzati? Est-ce dans la distance qu'il prend par rapport au personnage, en même temps regardant et regardé?

— On a voulu voir dans le livre de Buzzati un modèle du *Rivage des Syrtes* de Gracq (*cf.* p. 559); dans un cas, c'est l'attente et l'ascèse, dans l'autre la quête et la somptuosité.

Les autres livres de Buzzati, régulièrement traduits, devaient connaître un succès assez limité jusqu'à *Un Amour* (1964) et *Le K* (1967), recueil de nouvelles où se mêlent le fantastique, le mystérieux et l'humour noir. « Pauvre Petit Garçon! » qui décrit les mésaventures au jardin public d'un pauvre petit bambin « qui ne comprenait pas et demandait au monde environnant un peu de bonté » s'achève sur cette chute étonnante : « Oh! ces enfants! quelles histoires ils font pour un rien! s'exclama l'autre dame agacée en les quittant. Allons, au revoir, madame Hitler! »

Le roman italien ne devait plus retrouver son influence des années cinquante. L'humour étrange d'Italo Calvino, dont les titres surprenants *(Le Vicomte pourfendu, Le Baron perché, Le Chevalier inexistant)* recouvrent de fausses allégories médiévales qui sont autant de jugements impitoyables sur l'homme contemporain, était déjà bien loin du néo-réalisme; proches de celles de Robbe-Grillet, les expérimentations techniques auxquelles se livrait Carlo Cassola, dans *La Coupe de bois*, pour rendre le caractère mécanique et nécessaire du travail d'une équipe de bûcherons, s'en éloignaient encore davantage. Œuvre isolée, *Le Guépard* de Tomaso di Lampedusa, à la fois chronique de la Sicile du début du siècle et portrait d'un type d'aristocrate disparu, eut une carrière internationale fondée plus sur la singularité de son auteur que sur la façon d'envisager les problèmes de l'Italie du Sud et de son antagonisme avec le Nord. On remarquera aussi les romans psychologiques d'Elsa Morante, de Piovene, les recherches sur le langage de Gadda *(L'Affreux Pastis de la rue des Merles)*, et plus récemment les exercices plus formels de Sanguinetti *(Capriccio italiano, Le Noble Jeu de l'Oye)*.

Le théâtre espagnol :

On avait joué avant la guerre *Noces de sang* de **Lorca;** puis *La Maison de Bernarda* et *Yerma* dans les années quarante-cinq. Les années cinquante voient la consécration de ce théâtre. Il serait intéressant d'essayer de démêler les composantes du succès de Lorca : la figure du Poète assassiné y est sans doute pour beaucoup, mais aussi le fait que son œuvre donne de l'Espagne une image qui, sans peine, coïncide avec la représentation que s'en fait, peut-être un peu superficiellement, le public français. Monde de la passion et d'une passion toujours tragique : jamais la Femme, car c'est elle le personnage central, ne pourra trouver dans la paix du couple l'amour auquel elle tend de tout son être. Monde contrasté où la blancheur des murs, le noir des vêtements, l'éclat du soleil et l'épaisseur de l'ombre composent avec l'aridité de la terre le décor parfait de cette tragédie du désir et de la stérilité.

Comme celui d'Eliot le théâtre de Lorca est un théâtre poétique : mais au lieu de la poésie savante, nous pourrions dire intellectuelle, d'un T. S. Eliot, celle de Lorca plonge systématiquement ses racines dans l'art populaire. On connaît l'intérêt du poète du *Romancero gitan* (retraduit en 45) pour la poésie gitane qu'il recueille et qu'il adapte. Chez lui, bien plus que dans l'emploi de formes, la poésie réside dans une vision du monde, dans le traitement du langage, dans la création de personnages qui tiennent du type et du symbole. Voulant réaliser une synthèse de différentes formes de spectacles, Lorca est amené à utiliser la chanson. Celle-ci n'est pas réservée, comme ce sera le cas chez Brecht, à commenter l'action; s'enchaînant tout naturellement sur le dialogue parlé, elle n'est qu'une autre forme de la parole poétique.

[La lune]

Dans la forêt où se sont enfuis Léonard et la Fiancée, le chœur des Bûcherons, abandonnant dans ses dernières répliques la prose pour la poésie, vient d'évoquer la sécurité des amants et les chances qu'ils ont de pouvoir échapper aux poursuites.

Cisne redondo en el río,
Ojos de las catedrales,
alba fingida en las hojas
soy; ¡no podran escaparse!
¿Quien se oculta? ¿Quien solloza
por la maleza del valle?
La luna deja un cuchillo
abandonado en el aire,
que siendo acecho de plomo
quiere ser dolor de sangre.
¡Dejadme entrer! ¡Vengo helada
por paredes y cristales!

. . . .

(Ils sortent. Dans la lumière de gauche apparaît la lune. La lune est un jeune bûcheron au visage blanc. La scène prend un vif éclat bleu.)

LA LUNE

Je suis le cygne rond sur l'eau,
La rosace des cathédrales,
Sur les feuilles et les rameaux,
Le mensonge d'une aube pâle.
Comment pourraient-ils s'échapper?
Qui se cache? Qui va pleurer
Dans les ronces de la vallée?
La lune abandonne un couteau
Dans l'air de la nuit qu'elle baigne,
Et le couteau guette d'en haut
Pour devenir douleur qui saigne.
Ouvrez-moi! J'ai froid quand je traîne
Sur les murs et sur les cristaux.
Ouvrez des poitrines humaines
Où je plonge pour avoir chaud.
J'ai froid, et mes cendres faites
Des plus somnolents métaux
Cherchent par monts et par vaux
Un feu qui les brûle à sa crête.
La neige me porte pourtant
Sur son épaule jaspée
Et souvent me tient noyée
Dure et froide, l'eau des étangs.

Mais j'aurai cette nuit
Les joues rouges de sang,
Moi, et les joncs unis
Que balance le vent.
Pas d'abri ni d'ombre qui tienne
Pour qu'ils puissent m'échapper :
Je veux une poitrine humaine
Où pouvoir me réchauffer.
J'aurai un cœur pour moi,
Tout chaud, qui jaillira
Sur les monts de ma poitrine...
Laissez-moi entrer, laissez-moi...

(Aux branches :)

Je ne permets plus les ombres,
Mes rayons auront jeté

Jusqu'au dedans des troncs sombres
Une rumeur de clartés.
Que cette nuit je passe
Le doux sang sur ma face
Et les joncs réunis
Que balance la nuit...
Qui se cache? Allez-vous-en...
Non. Pas d'abri. Leur mort est prête.
Je fais briller sur les bêtes
Une fièvre de diamants.

(La lune disparaît entre les troncs d'arbres et la scène s'assombrit à nouveau.)

Federico Garcia Lorca, *Noces de sang*, adapté de l'espagnol par Marcelle Auclair et Jean Prévost, éd. Gallimard.

— Incarnation de l'atmosphère en une figure qui chante la mort à venir, soit directement (dans la progression fatale de la lune), soit indirectement dans la thématique du froid et du chaud, dans l'image du couteau sur laquelle s'achèvera la pièce : « Il tient à peine dans la main, mais il pénètre froid dans les chairs surprises; il s'arrête là... à l'endroit où tremble enchevêtrée la racine obscure des cris. »

— « La poésie est alors un des éléments du drame, non seulement dans la mesure où elle exprime ou illustre une situation, mais dans la mesure aussi où le pouvoir incantatoire des mots *crée* le drame. » (François Nourissier.)

Le succès si vif de Lorca durant cette période s'est prolongé, avec cependant des moments de relative éclipse (mais la publication de ses œuvres complètes est en cours); il a amené en tout cas le public français à redécouvrir l'œuvre d'un autre grand poète espagnol, Valle-Inclan. Son univers, plus baroque que celui de Lorca dont la stylisation reste toujours dans les limites du réalisme, rappelle plutôt celui d'un Ghelderode (*cf.* p. 503), avec ses personnages monstrueux et ses vagabonds (*Divines paroles*, *Lumières de Bohême*, représentés en 1962-63). Mais la tragédie y est tout aussi intense que chez Lorca. On retrouve chez Rafael Alberti qui, plus que Lorca, fut engagé dans la lutte révolutionnaire, le goût de la poésie populaire, des symboles naturels (*Le Repoussoir*, 1956) et toujours ces personnages attirés par la mort.

C'est donc plutôt par le théâtre que l'Espagne touche le public français, et plutôt par des œuvres déjà consacrées et relativement anciennes. Quant aux romans espagnols récents (Cela, Delibes, Goytisolo), qui reflètent le réveil de la conscience espagnole, ils n'ont guère jusqu'ici trouvé d'audience.

Les années 55

Le retour de l'Allemagne :

A côté d'œuvres relativement isolées (Nabokov, Kazantzakis) et des premiers signes du dégel d'une littérature russe immobilisée depuis longtemps dans le carcan du réalisme socialiste le plus orthodoxe, à côté de la publication d'œuvres (Borges, Gombrowicz) qui passent encore inaperçues, les années cinquante-cinq marquent avant tout un retour de la littérature allemande. Pays anglo-saxons, Espagne, Italie : il nous manquait le quatrième pilier de la littérature étrangère en France. Les raisons de cette longue absence sont assez claires : avant cette date, la littérature allemande n'est pas des plus florissantes, et le public français se détourne de tout ce qui peut lui rappeler l'Allemagne. Pendant la guerre, seules *Sur les falaises de marbre* de Jünger ont témoigné que la littérature allemande n'était pas tout à fait éteinte. Mais cette ignorance ne pouvait s'éterniser : l'Allemagne reste au centre des préoccupations du monde, c'est là que bientôt l'Est et l'Ouest vont s'affronter.

Du fait de ce retard, la France connaîtra à peu près en même temps les dernières œuvres des grands écrivains allemands de l'entre-deux-guerres (Thomas Mann, Hesse, Broch) et celles de la génération suivante (Boll, Kirst), tout en découvrant l'œuvre de l'Autrichien Musil. Mais c'est plus encore par le théâtre que des écrivains de langue allemande vont faire la conquête du public français : Brecht, Frisch, Durrenmatt.

Pour les écrivains déjà célèbres avant 1939, le nazisme et la guerre constituent une épreuve aux deux sens du terme : ils l'ont subie, ils doivent se mesurer avec elle, chacun à sa manière. *Le Docteur Faustus* est une œuvre qui ne surprend pas : on était en droit d'attendre de Thomas Mann cette réflexion symbolique sur la montée du mal et sur le châtiment. La reprise d'un mythe traditionnel, celui du pacte avec le diable, se mêle à la recréation de l'univers artistique du héros, un musicien, en une œuvre d'une vaste portée morale et métaphysique. *Le Jeu des perles de verre* de Hermann Hesse (prix Nobel 1946), depuis longtemps naturalisé Suisse, prenait plus de distance avec le monde réel. Il s'agit d'une sorte de science-fiction ésotérique, dont l'action se passe en 2200, après toutes les guerres et tous les cataclysmes, dans un pays imaginaire la Castalie. L'exaltation allégorique du Jeu des Jeux, aboutissement et fin de toutes les cultures, rendue plus énigmatique encore par la noyade finale du héros, constituait une réponse bien difficile et bien ambiguë. En situant *La Mort de Virgile* dans l'Antiquité, Hermann Broch, témoignait lui aussi du malaise des écrivains allemands à parler de la fin d'une époque, ou plutôt d'un empire : là encore, le recours à un personnage qui est presque un mythe, l'étude des rapports de l'œuvre d'art et du monde semblent à la fois en retard et en avance par rapport à l'événement. Ainsi que l'écrit Maurice Blanchot, dont *Le Livre à venir* est en grande partie consacré à ces romanciers, « comme tout artiste moderne, comme Joyce, il a eu un grand souci de l'art et une grande méfiance des moyens de l'art, une grande culture et un grand dégoût de la culture ».

Ces trois grands livres semblaient presque trop achevés, trop raisonnables, pour rendre compte d'un événement dont ils ne pouvaient parler qu'allusivement. Malgré son inachèvement matériel, et bien qu'elle fût antérieure à la guerre, ce fut assez bizarrement, l'œuvre de **Robert Musil,** *L'Homme sans qualités*, qui allait polariser l'attention. Était-ce l'effet de la « découverte », ou plutôt de la réhabilitation, qui conféra à l'œuvre de Musil une modernité que l'on avait refusée aux trois autres romanciers? Il est clair que cet « homme sans qualités », c'est-à-dire sans particularités, était un modèle plus exact de l'homme d'aujourd'hui, de l'homme des grandes villes : « Il y en a aujourd'hui des millions. Voilà l'espèce qu'a produite notre époque. » Nous parlant du passé, de la ruine de l'empire austro-hongrois, Musil nous parle déjà de nous. Et c'est parce qu'il accepte de faire de ce « rien du tout » le point de départ et le principe d'un homme nouveau qu'il nous semble si nécessaire. C'est aussi par le surprenant mélange de l'ironie un peu raide de la première partie du roman et du mysticisme passionné de la seconde, qui raconte l'amour fou, incestueux, d'Ulrich et de sa sœur Agathe, par l'alternance de scènes concrètes et de dialogues trop intelligents sur les sujets les plus variés que ce livre imparfait, et dont l'échec inévitable était inscrit dans son projet même (peindre l'impersonnalité), parut à beaucoup comme significatif de son époque et représentatif de la nôtre. Un autre livre de Musil, *Les Désarrois de l'élève Törless*, apparemment encore plus anachronique, devait lui aussi trouver un accueil très favorable.

[Une curieuse inspiration]

Ulrich, l'homme sans qualité, réfléchit sur la transformation du monde : nous sommes en 1913.

Nach einer Weile hatte Ulrich aber in Verbindung damit einen wunderlichen Einfall. Er stellte sich vor, der große Kirchenphilosoph Thomas von Aquino, gestorben 1274, nachdem er die Gedanken seiner Zeit unsäglich mühevoll in beste Ordnung gebracht hatte, wäre damit noch gründlicher in die Tiefe gegangen und soeben erst fertig geworden; nun trat er, durch besondere Gnade jung geblieben, mit vielen Folianten unter dem Arm aus seiner rundbogigen Haustür, und eine Elektrische sauste ihm an der Nase vorbei. Das verständnislose Staunen des Doctor Universalis, wie die Vergangenheit den berühmten Thomas genannt hat, belustigte ihn.

. . . .

Quelques instants plus tard, à la suite de ces réflexions, Ulrich eut une curieuse inspiration. Il imagina que le grand philosophe catholique Thomas d'Aquin (mort en 1274), ayant à grand effort rangé dans un ordre parfait les idées de son temps, était allé plus loin encore dans cette entreprise; et que, à peine achevé ce nouveau travail, resté jeune par quelque grâce spéciale, et sortant de la porte voûtée de sa maison, une pile d'in-folios sous le bras, un tramway lui passait en sifflant sous le nez. La stupeur du « Docteur Universalis » (ainsi appelait-on le célèbre Thomas), l'impossibilité où il se trouvait de comprendre amusaient fort Ulrich. Un motocycliste fonçait dans la rue vide, bras et jambes en O, et remontait la perspective dans un bruit de tonnerre; son visage reflétait le sérieux d'un enfant qui donne à ses hurlements la plus grande importance. Ulrich se souvint alors de la photographie d'une célèbre championne de tennis qu'il avait vue dans un magazine quelques jours auparavant; elle se tenait sur la pointe du pied, une jambe découverte jusqu'au-dessus de la jarretière, lançant l'autre dans la direction de sa tête, tandis qu'elle brandissait sa raquette le plus haut possible pour attraper une balle; tout cela avec la mine d'une gouvernante anglaise. Dans le même numéro se trouvait la photographie d'une nageuse se faisant masser après la compétition; auprès d'elle l'une à ses pieds, l'autre à son chevet, se tenaient deux dames d'aspect sévère, en costume de ville; la nageuse était couchée sur le dos, toute nue, un genou relevé dans une pose abandonnée, le masseur avait les mains posées dessus, il portait une blouse de médecin, et son regard sortait de la photographie comme si cette femme avait été dépecée et sa chair suspendue à une patère. Voilà ce que l'on commençait alors à voir, et ce sont des choses que l'on est bien forcé d'admettre d'une manière ou d'une autre, comme l'on reconnaît l'existence des gratte-ciel et de l'électricité. « On ne peut en vouloir à son époque sans en être aussitôt puni », tel était le sentiment d'Ulrich. Aussi bien était-il toujours prêt à aimer ces modelages de la matière vivante. Mais ce dont il était incapable, c'était de les aimer sans réserve, comme l'exige le bien-être social; depuis longtemps traînait sur tout ce qu'il faisait ou vivait un souffle de dégoût, une ombre d'impuissance et de solitude, un dégoût en quelque sorte généralisé et dont il ne pouvait trouver le goût complémentaire. Il lui semblait parfois qu'il fût né avec des dons pour lesquels, provisoirement, il n'y avait pas d'emploi.

Robert Musil, *L'Homme sans qualités*, traduit de l'allemand par Philippe Jaccottet, éd. du Seuil.

— L'instantané fantastique, le mouvement figé forcent à voir ce que nous acceptons trop aisément. L'anachronisme (2-12) joue un rôle similaire.

— En peignant l'extrême sensibilité d'Ulrich à ces singuliers contrastes (Thomas/tramway, nudité/costume de ville ...), Musil définit un type, proche du mal du siècle comme de la nausée. Avec en plus, la bonne humeur (12) et l'ironie à peine satirique (23, 33) de l'auteur.

— Pour Blanchot, l'homme sans qualité serait « l'homme quelconque, et plus profondément l'homme sans essence, l'homme qui n'accepte pas de se cristalliser en un caractère ni de se figer en une personnalité stable : l'homme certes privé de lui-même, mais parce qu'il ne veut pas accueillir comme lui étant particulier cet ensemble de particularités qui lui vient du dehors et que presque tous les hommes identifient naïvement avec leur pure âme secrète, loin d'y voir un héritage étranger, accidentel et accablant ».

Il fallait pourtant bien que les écrivains allemands acceptent de regarder la réalité. Ils ne pouvaient se protéger éternellement derrière l'allégorie. Ce fut la tâche d'écrivains plus jeunes, que le nazisme et la guerre avaient empêchés de s'exprimer. Mais peu de ces livres atteignirent le public français, déjà las des récits de guerre.

Hans Hellmut Kirst, dont les livres constituaient une dénonciation extrêmement ambiguë du militarisme, mais surtout Heinrich Boll donnèrent l'image d'une Allemagne sans illusions ni espoir, tandis que Wolgang Borchert, qui mourut très jeune, criait son angoisse : « Nous sommes la génération sans lien ni profondeur. Notre profondeur est abîme. Nous sommes la génération sans bonheur, sans patrie et sans adieu. Notre soleil est pâle, notre amour cruel et notre jeunesse sans jeunesse. Nous sommes la génération sans limite, sans frein et sans protection. » On avait bien en effet l'impression d'être en face d'une génération perdue, sans but. Il faudra attendre quelques années pour voir surgir autour du « Groupe 47 », cette anti-académie de jeunes écrivains qui veulent se remettre au combat en gardant le souvenir de l' « année zéro », des œuvres plus vastes, plus colorées. Le baroque *Tambour* de Günther Grass, *La Frontière* d'Uwe Johnson, *Anita G.* d'Alexandre Kluge, ces deux derniers livres de réflexion plus que de lyrisme, montrent bien que le problème de la division de l'Allemagne est le nouveau traumatisme qui hante toutes les consciences allemandes.

En choisissant Berlin-Est après un exil de douze ans, **Brecht** avait voulu souligner, encore plus nettement si c'était possible, le caractère politique de son activité théâtrale : « Dans la ville A, on se rendait utile pour moi, et dans la ville B on avait besoin de moi. Dans la ville A, on me pria à table, mais dans la ville B on m'invitait à la cuisine. » Cette option politique est un des facteurs déterminants de l'attitude des Français par rapport à l'œuvre de Brecht, dont on trouvera dans le livre de Bernard Dort, *Théâtre*

Brecht lors d'une répétition de *Mère Courage* (de gauche à droite : Erich Engel, Bertolt Brecht, le musicien Paul Dessau et Helen Weigel, qui tenait le rôle de Mère Courage)

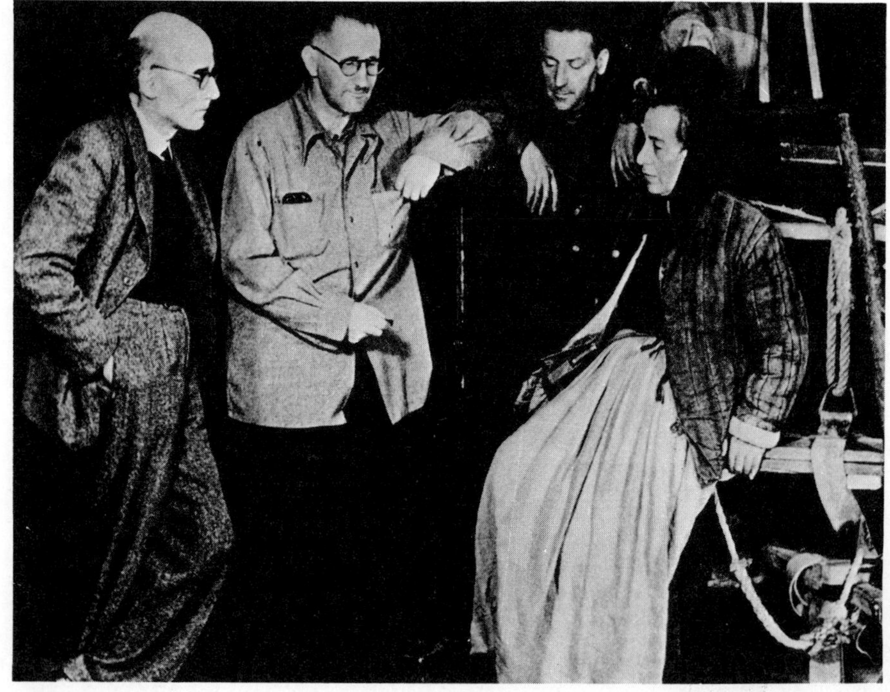

Cl. Snark International.

public, un historique détaillé. Rappelons brièvement l'essentiel : avant 1939, *L'Opéra de Quat'sous*, et *Les Fusils de la mère Carrar* au moment de la guerre d'Espagne; en 1947, *L'Exception et la Règle*, monté par Jean-Marie Serreau; puis *Mère Courage* en 1951, par Jean Vilar pour la première saison du T.N.P.; et surtout les représentations par la troupe du Berliner Ensemble, la troupe fondée par Brecht, en 1954, 1955 et 1957, dans le cadre du Festival international de Paris, puis du Théâtre des Nations *(Mère Courage, Le Cercle de craie caucasien, La Vie de Galilée)*; entre temps Brecht était mort, en 1956. En dix ans, on passe, dans la critique française, de la série « d'images grossièrement coloriées » (cité par Dort) à une invitation « à écouter et regarder Brecht comme on écoute *Le Roi Lear* ou *Œdipe-Roi* » (R. Bosc dans *Études*) : l'inconnu brocardé est devenu le grand classique. Et c'est alors le vaste raz-de-marée sur les scènes du T.N.P., des centres dramatiques et des maisons de la culture (la place de Brecht n'est évidemment pas sur les scènes bourgeoises) tandis que l'on publie son théâtre complet, puis son œuvre complète, publication toujours en cours tant est vaste l'œuvre poétique et critique de l'auteur.

Il est, en effet, impossible de séparer l'étude de l'œuvre de Brecht de l'étude de sa conception du théâtre. Pour lui, comme pour maints dramaturges et metteurs en scènes modernes, mais pas forcément pour les mêmes raisons, le texte n'est qu'*un* des éléments du phénomène théâtral que constitue sa représentation. D'où les querelles entre brechtiens de diverses obédiences, en désaccord sur la lecture et l'interprétation de l'œuvre. Empruntons à Brecht lui-même les fondements de cette nouvelle conception, de ce « théâtre épique » (postface de *Mahagonny*).

Forme dramatique du théâtre.	*Forme épique du théâtre.*
La scène « incarne » l'action, mêle le public à cette action, et consume son activité, lui rend possibles des sentiments, lui communique des *Erlebnisse* *, le spectateur se trouve au milieu de l'action,	Elle la raconte, le rend spectateur, mais éveille son activité, l'oblige à des décisions, lui communique des connaissances, il est opposé à elle,
le théâtre travaille par le moyen de la suggestion,	par des arguments,
les sentiments sont conservés,	on les pousse jusqu'à la compréhension,
l'homme est supposé connu,	l'homme est l'objet d'étude,
l'homme immuable,	l'homme changeant et changeable,
la curiosité porte sur la solution,	elle porte sur l'évolution,
chaque scène est fonction de l'autre,	chaque scène vaut pour elle-même,
les événements sont linéaires,	en courbes,
natura non facit saltus **,	*facit saltus*,
le monde tel qu'il est,	le monde tel qu'il devient,
ce que l'homme devrait faire *(soll)*,	ce que l'homme doit faire *(muss)*,
ses instincts,	ses motifs,
la pensée conditionne l'être.	l'être social conditionne la pensée.

* « Erlebnisse » : événements, anecdotes, aventures.
** Cette formule (litt. : la nature ne fait pas de saut) renvoie à une conception selon laquelle toute transformation brutale, du spectateur ou du monde, serait impossible.

Le système dramatique, où les idées sur le théâtre renvoient bien sûr à une conception des rapports de l'homme et de la société, a été parfois trop hâtivement réduit au seul concept de « distanciation », le fameux Effet-V, V pour *Verfremdurgseffekt*, c'est-à-dire la volonté de Brecht d'empêcher à tout prix, par différents procédés d'écriture et de jeu théâtral, le spectateur de s'identifier à l'action représentée, en le forçant à prendre une « distance » qui permettra la réflexion. Suivre les différents traitements imposés par les metteurs en scène français à cet effet-V serait retracer l'histoire de tout un secteur du théâtre français des quinze dernières années.

[Le chant de la grande capitulation]

Dans cette « Chronique de la Guerre de Trente ans », le 4e tableau est celui de la Justice et du Compromis. Courage, la cantinière, vient porter plainte contre la destruction de sa voiture. Le jeune soldat, de son côté, veut tuer le commandant qui lui a pris sa prime, mais il obéit à l'ordre « Assis ».
Le texte allemand correspond aux lignes 12 à 30 de la traduction.

(Sie singt das Lied von der Großen Kapitulation)
Einst, im Lenze meiner jungen Jahre
Dacht auch ich, daß ich was ganz Besondres bin.

(Nicht wie jede beliebige Haüslertochter, mit meinem Aussehn und Talent und meinem Drang nach Höherem!)
Und bestellte meine Suppe ohne Haare
Und von mir, sie hatten kein Gewinn.

(Alles oder nix, jedenfalls nicht den Nächtstbesten, jeder ist seines Glückes Schmied, ich laß mir keine Vorschriften machen!)

Doch vom Dach ein Star
Pfiff : wart paar Jahr!
Und du marschierst in der Kapell
Im Gleichschritt, langsam oder schnell
Und bläsest deinen kleinen Ton :
Jetzt kommt er schon.
Und jetzt das Ganze schwenkt!
Der Mensch denkt : Gott lenkt!
Keine Red davon!

. . . .

COURAGE. — Assis, regardez-le, il est assis, déjà! Qu'est-ce que je disais : vous êtes assis. Ils nous connaissent, allez, ils savent nous manœuvrer. « Assis », et nous voilà sur nos deux fesses. Une révolte assise est matée; non, ne vous relevez pas. Vous ne retrouverez pas la fière allure de tout à l'heure. Le cœur n'y est plus, c'est fini. Je vous fais honte? Il n'y a pas de quoi. Je ne vaux pas mieux que vous. Nos forces vives, ils nous les ont achetées. C'est comme ça : si je proteste, ça risque de nuire à mon commerce. Je vais vous raconter un bout de la grande capitulation.

Elle chante le chant de la Grande Capitulation :

Moi aussi j'ai dit, dans la fleur de ma jeunesse :
Je ne suis pas pareille à toutes les autres.
(Pas une simple fille de ferme! J'ai de l'allure et des talents, j'ai de l'ambition!)
Je ne mangeais pas de tout, j'avais ma délicatesse,
Je prétendais marcher la tête haute.
(Tout ou rien. Le premier venu, jamais. Comme on fait son lit on se couche. Personne ne me fera la loi).
Le pinson dans la cour
Siffle : cause toujours!
Avant que l'année soit écoulée
Tu marcheras avec la clique
Tu joueras sur ton petit clairon,
Mets-toi dans le ton.
Une deux, tout le monde dans le rang!
L'homme propose, Dieu dispose...
Tout ça c'est du flan!

Avant qu'une année se soit écoulée
J'ai appris à boire dans tous les verres.
(Deux enfants sur les bras, au prix qu'est le pain, et tous les frais qu'on a!)
Quand ils m'ont laissée, après m'avoir éduquée,
Je ne marchais plus, je rampais sur la terre.
(Faut prendre les gens comme ils sont. La main gauche ignore ce que fait la main droite. On ne passe pas par le trou d'une aiguille.)
Le pinson dans la cour
Siffle : cause toujours!
L'année n'est pas encore passée
La voilà qui marche avec la clique,
Elle joue déjà de son petit clairon,
Elle se met dans le ton.
Une deux, tout le monde dans le rang!
L'homme propose, Dieu dispose...
Tout ça c'est du flan!

J'en ai vu beaucoup monter à l'assaut du ciel,
Nulle étoile n'est assez belle, n'est assez loin.
(Travaillez, prenez de la peine. Quand on veut on peut. Les petits ruisseaux font les grandes rivières.)
Ils ont tant cherché, tant remué le ciel et la terre,
Qu'à la fin ils ne pouvaient plus remuer leur propre main.
(Selon ta bourse, gouverne ta bouche.)

Le pinson dans la cour
Siffle : cause toujours!
Avant que l'année soit écoulée
Les voilà qui marchent avec la clique
Ils jouent sur leur petit clairon,
Ils se mettent dans le ton.
Une deux, tout le monde dans le rang!
L'homme propose, Dieu dispose...
Tout ça c'est du flan!

COURAGE, *au jeune soldat.* — Si vraiment tu lui en veux à mort, si ta colère est vraiment grande, reste ici, sabre au clair. Car ta cause est juste, il faut le reconnaître. Mais si ta colère est courte, va-t-en, ça vaut mieux.

LE JEUNE SOLDAT. — Je t'emmerde!

Il s'en va titubant, son camarade le suit.

LE SECRÉTAIRE *passe la tête par l'ouverture de la tente.* — Le commandant est là. Vous pouvez présenter votre plainte, maintenant.

COURAGE. — J'ai changé d'avis. Je ne porterai pas plainte.

Elle sort.

Bertolt Brecht, *Mère Courage et ses enfants*,
traduit de l'allemand par Geneviève Serreau et Benno Besson,
éd. de l'Arche.

— Passage du dialogue à la chanson : convention comparable à celles du monologue du théâtre classique. Même rôle dans l'action : modification de la décision.

— Ambiguïté du personnage : sagesse « politique » issue de l'expérience (les trois temps du refrain — les collages de proverbes) qui sait calculer les rapports de forces. La survie est un devoir primordial tant que ne sont pas réunies les conditions de la révolution : Mère Courage ou l'anti-Antigone.

— « J'étais cependant tout à fait convaincu de la nécessité de la rupture que doit provoquer la musique dans le théâtre de Brecht. Ce n'est pas une musique d'opérette, un accompagnement. C'est une explication qui conteste même, parfois, ce qui a été dit dans la pièce; et qui a son autonomie. » (Jean Dasté.)

Au-delà de l'insoluble question de leur efficacité en traduction et dans un autre pays (les pièces de Brecht ne furent-elles pas toujours *d'abord* des œuvres de circonstance, les réactions d'un homme à son époque?) serait-il vain de vouloir entreprendre l'étude des œuvres de Brecht? Ce n'est pas tant, en effet, son originalité qui importe — lui-même indique les sources multiples de la « distanciation » telle qu'il la retrouve dans de nombreuses formes de spectacles — que l'existence d'une œuvre finalement susceptible d'autres interprétations que celle donnée par Brecht et le Berliner Ensemble. S'il est absurde de dire, comme Jean-Jacques Gautier, que Brecht homme de théâtre dédaigne d'appliquer ses propres théories, on est cependant en droit d'affirmer que l'œuvre de Brecht survit à l'interprétation qu'il en donna; il a créé, peut-être parce qu'il était avant tout homme de théâtre, un univers théâtral qui, par les apports de la musique (de Kurt Weil et de Paul Dessau), du chant, du mime, se rapproche de ce théâtre total à la poursuite duquel s'essouffle notre époque.

Autour de Brecht, tout un théâtre engagé* allait atteindre les scènes françaises. Max Frisch (*Biedermann et les Incendiaires*, *Andorra* — mais n'oublions pas les romans : *Je ne suis pas Stiller*, *Homo faber*), et Friedrich Durrenmatt (*La Visite de la vieille dame*, *Romulus le grand*), tous deux Suisses alémaniques, refusent l'engagement aux côtés d'un parti déterminé, et préfèrent traiter, dans des pièces à la fois drôles et sombres, qui sont des paraboles, les thèmes de la responsabilité, de la faute ou de l expiation : plutôt que dire, ils veulent montrer. Théâtre engagé également que celui des deux Irlandais : Sean O'Casey, dont l'œuvre, un peu antérieure, qui traite de la guerre civile irlandaise des années vingt, est ressuscitée à partir de 1961 (*Roses rouges pour moi*, *La Charrue et les Étoiles*) ; Brendan Behan qui lui aussi élargit sa réflexion aux dimensions de la responsabilité collective (*Le Client du matin*, *Les Deux Otages*).

Est-ce aussi à Brecht qu'il faut rattacher Rolf Hochhuth et sa pièce *Le Vicaire* (1963) dont le succès de scandale, attaché à l'évocation des rapports du Vatican et du régime nazi, lançait la vogue d'un théâtre du constat où le rôle de l'écrivain se réduirait à présenter au public les pièces d'un dossier? (Jean Vilar présente ainsi *Le Dossier Oppenheimer*.) Ne s'agit-il pas là plutôt d'un recul par rapport à la réflexion et à la mise en forme brechtiennes? Ou plutôt d'une préfiguration de toutes les tentatives qui viseront à faire participer plus directement le public à la représentation en lui confiant le rôle du jury?

Une voix solitaire : Kazantzakis :

Longtemps muette, elle aussi, la Grèce soudain retrouve une voix, celle du Crétois Nikos Kazantzakis dont *Le Christ recrucifié*, traduit en 1955, connaît aussitôt un énorme succès. Succès préparé par les premiers films projetés en France de Cacoyannis (*Stella*, *La Fille en noir*), succès aussitôt exploité et orchestré, mais aussi limité et orienté, par le film que Jules Dassin tire de ce roman sous le titre *Celui qui doit mourir*. *Alexis Zorba*, passé inaperçu en 1947, est alors republié. Mais le reste de l'œuvre (*L'Odyssée*, poème philosophique de 33 333 vers, les essais, les tragédies) demeure ignoré du public français.

L'intérêt pour l'œuvre de Kazantzakis s'explique sans doute par la découverte, si près de nous, d'un monde encore primitif derrière le masque abusif d'un passé prestigieux. Alexis Zorba, force de la nature, incarnation d'un paganisme généreux et sensuel, exerce sur les lecteurs la même fascination que sur le narrateur. Folklorique au départ, il prend vite des allures de mythe : c'est Zeus qui revit dans ses amours avec Madame Hortense, veuve française esseulée dans ce coin perdu du Péloponnèse, et sa mort est celle d'un héros et d'un demi-dieu.

Mais dans cet univers règne une autre force, celle d'un mysticisme qui confine à l'ascétisme. La personne du Christ est une réalité vivante que les personnages rencontrent tôt ou tard, un appel auquel ni Manolios le Berger, ni Michélis le fils du seigneur, ni Yannakos le colporteur (trois personnages du *Christ recrucifié*) ne peuvent se dérober. De « dévorant », comme Zorba, le héros de Kazantzakis, devient vite un « dévoré ».

Il y a là moins de contradictions qu'il n'y paraît, car ce Christ, loin de se montrer distant ou chimérique, est tout entier

* Il faudrait évidemment poser la question centrale, celle de l'absence d'un théâtre équivalent écrit par des auteurs français pour un public français sur des problèmes d'actualité : la censure, particulièrement sévère jusqu'à la fin de la guerre d'Algérie, ne suffit sans doute pas à expliquer ce silence des auteurs et cette propension du public à s'enflammer pour les problèmes... des autres pays.

pris dans l'histoire des hommes, dans leur vie sociale et politique. C'est lui qui inspire la lutte des mystiques de Lycovrissi contre les autorités du village, le pope Grigoris et l'agha turc dont l'égoïsme, l'avarice et la lâcheté condamnent les réfugiés grecs d'Asie mineure à mourir de faim et de honte. Il est le Christ des pauvres qui prennent les armes pour conquérir leur dignité et le droit à la vie. Dans une société encore fruste, stérilisée par le régime de la grande propriété, le climat de cette révolte indissolublement païenne et mystique rappelait et parfois annonçait des réalités, notamment sud-américaines, qui sont passées depuis au premier plan de nos préoccupations : « Adieu, gens de Lycovrissi! Notre Christ, à nous, est pauvre, persécuté; il frappe aux portes et personne ne lui ouvre. Votre Christ, à vous, est un riche seigneur; il est au mieux avec l'agha; il barricade sa porte et mange. Votre Christ, le repu, va claironnant; "Ce monde est juste, honnête, pitoyable; il me plaît tel qu'il est; que soit excommunié quiconque lèvera le petit doigt pour l'ébranler!" Notre Christ, le va-nu-pieds, regarde les corps affamés, les âmes opprimées, et crie : "Ce monde est injuste, malhonnête, sans pitié; il faut le jeter bas." »

La traduction des poèmes de Cavafy par Marguerite Yourcenar, en 1958, finissait de révéler au public français l'existence d'une littérature grecque. Il ne s'agissait pas là, bien sûr, d'écrivains jeunes, mais lorsque le poète Séféris reçut le prix Nobel en 1963, on put croire qu'un nouveau foyer littéraire était né. Le jeune roman grec ne devait pourtant pas avoir le temps de mûrir : le changement politique intervenu en 1967 allait faire des quelques œuvres traduites, et notamment de la trilogie de V. Vassilikos et de son *Z*, des œuvres engagées, des œuvres de l'exil (au même titre que les chansons de Theodorakis) dont il n'est plus possible de juger la valeur littéraire. Il est clair en tout cas que l'œuvre étrangère est difficilement dissociable de l'attitude du lecteur par rapport au pays d'origine, attitude bien souvent d'ordre politique.

Les années 60

Le réveil de la littérature russe :

Il aurait fallu commencer l'étude de la pénétration de la littérature soviétique en France dès 1957, date de la traduction du *Dégel* d'Ehrenbourg et de *L'Homme ne vit pas seulement de pain* de Doudintsev, deux ouvrages traduits à l'époque dans le monde entier. Mais en France ces livres reçurent un accueil d'autant plus favorable que l'orthodoxie communiste avait réussi, depuis la fin de la guerre, sinon à imposer, du moins à faire circuler toute une littérature aux sentiments estimables mais qui n'avait de littéraire que le nom, l'exception du *Don paisible* de Cholokhov, déjà en cours de traduction avant la guerre, pouvant difficilement passer pour une révélation. La publication de poètes des années vingt-cinq (Maiakovski, Blok, Pasternak, Essenine) faisait d'autant plus regretter le silence des *vrais* écrivains soviétiques. Les timides tentatives d'Ehrenbourg et de Doudintsev pour présenter des héros un peu moins « positifs », et pour aborder les questions du bonheur individuel et de la bureaucratie communiste prirent des allures de prodiges.

1958 vit éclater « l'affaire Pasternak ». Le prix Nobel décerné au roman du grand poète, *Le Docteur Jivago*, œuvre refusée par les censeurs soviétiques, et publiée en Italie, empêcha bien sûr de juger sainement des mérites du texte. Ce livre n'est certainement pas un chef-d'œuvre de l'art du roman. Autobiographie autant qu'épopée, il retrace l'histoire de la Russie depuis le début du siècle. C'est l'une des rares images de la Révolution d'octobre, sinon la seule,

Boris Pasternak chez lui en 1958.

Cl. Cornell Capa. Magnum.

Evtouchenko : le plus célèbre des jeunes poètes russes, récitant ses poèmes en public à Moscou.

Cl. A.P.N.

qui nous aient été données à la fois de l'intérieur et d'un œil impartial. Pasternak, s'il ne suivait pas les impératifs du réalisme socialiste, restait fidèle à la Russie, à la permanence de la terre et des hommes à travers les bouleversements; le romancier, lui, restait fidèle à son génie poétique évident dans les poèmes de Jivago qui figurent à la fin de l'ouvrage. Quoi qu'il en soit, le succès de *Jivago* permettait la publication d'autres textes de Pasternak et réveillait la sensibilité des lecteurs français à la littérature russe contemporaine.

Il serait trop compliqué et peu fructueux d'essayer de suivre les phases dures et les phases moins dures de la déstalinisation, ainsi que ses répercussions sur la liberté d'expression et la publication en France d'œuvres soviétiques soumises à des aléas politiques de plus en plus nombreux. La traduction de poètes laissés dans l'ombre (Akhmatova) allait précéder la traduction de l'œuvre majeure de la littérature soviétique d'après-guerre : *Une Journée d'Ivan Denissovitch* (1963). Très vite il apparut qu'un écrivain venait de naître : *La Maison de Matriona* (1965), *Le Premier Cercle* (1968), puis *Le Pavillon des cancéreux* (1968) qui, interdit en U.R.S.S., était publié en Occident, en apportaient tour à tour la preuve. Jamais ces livres qui parlent avec gravité de la vie dans la Russie de ces vingt dernières années, ne sont des attaques purement politiques. **Soljenytsine** décrit la vie dans un camp, il ne parle pas contre les camps. Le camp, l'hôpital, la prison sont bien sûr des lieux réels, soumis aux lois d'une histoire sur laquelle Soljenytsine porte un regard lucidement impartial, mais ils sont aussi le champ d'une autre expérience où l'homme torturé, souffrant, humilié découvre la vie et la mort. Dans le dépouillement absolu, le héros de Soljenytsine, loin de se laisser aller au désespoir, aspire encore à la vie, il est rempli de joie à la vue d'un coin de ciel bleu. Pour traduire des situations aussi dramatiques, des émotions aussi bouleversantes, Soljenytsine s'en est tenu à une forme traditionnelle portée à un point de perfection totale : la justesse de la vision, la sincérité de la voix font de lui le grand héritier de la tradition russe.

[C'est fête aujourd'hui]

I. D. Choukhov, après deux ans de guerre, en est à sa huitième année de travaux forcés pour « trahison » (il s'est évadé de chez les Allemands qui avaient encerclé son régiment). C'est le repas du soir après l'exténuante journée de travail.

Подносы отдали. Павло сел со своей двойной порцией, и Шухов со своими двумя. И больше у них разговору ни об чем не было, святые минуты настали.

Снял Шухов шапку, на колена положил. Проверил одну миску ложкой, проверил другую. Ничего, и рыбка попадается. Вообще-то по вечерам баланда всегда жиже много, чем утром: утром зэка надо накормить, чтоб он работал, а вечером и так уснет.

Начал он есть. Сперва жижицу одну прямо пил, пил. Как горячее пошло, разлилось по его телу — аж нутро его все трепыхается навстречу баланде. Хор-рошо! Вот он, миг короткий, для которого и живет зэк!

. . . .

On recompte les parts avec Pavlo *, ça a l'air de coller. Choukhov glisse à Pavlo une des gamelles de soupe consistante pour Andréï Prokofievitch *, et Pavlo la transvase dans une gamelle allemande, mince, à couvercle :

* Le sous-chef de la brigade.

* Le chef de la brigade.

on peut la passer sous son caban en la serrant contre sa poitrine.

Ils rapportent les plateaux. Pavlo s'installe devant sa double portion et Choukhov devant les deux siennes. Il n'est plus question de causer : voici venu le moment sacré.

Choukhov retire sa *chapka* * et la pose sur ses genoux. Il fait un sondage avec sa cuiller dans une gamelle, puis dans l'autre. Ça peut aller, il y a même du poisson. D'habitude, la soupe est toujours bien plus claire le soir que le matin. Le matin, il faut nourrir le détenu pour qu'il travaille, mais le soir, il s'endormira de toute manière.

* Bonnet de fourrure.

Il se met à manger. Au début, il ne prend que le liquide, il boit, il boit. La chaleur se répand, lui envahit tout le corps; la tripe lui frétille pour cette soupe, elle l'espère. C'que c'est bon! C'est pour ce court instant qu'il vit, le détenu!

En ce moment, rien n'atteint plus Choukhov, ni la longueur de sa peine, ni la longueur de cette journée, ni le dimanche qui saute une fois de plus. En ce moment, il pense : on va tenir le coup! On va tenir le coup, avec la grâce de Dieu, on en verra la fin!

Quand il a bu quelques gorgées du liquide bien chaud des deux gamelles, il verse le tout dans la première, secoue bien la seconde, la racle encore à la cuiller. On est tout de même plus tranquille comme ça; plus besoin de penser à l'autre gamelle, de la surveiller des yeux ou de la main.

Son regard libéré, il se met à loucher sur les gamelles des voisins. Dans celle de son voisin de gauche, il n'y a rien que du liquide. Les salauds, faire ça à des détenus comme eux!

Et Choukhov se met à manger le chou avec ce qui lui reste de bouillon. Il pêche une petite patate, une seule sur les deux gamelles — elle vient de celle de César *. Une patate pas bien grosse, gelée bien sûr, dure au milieu et un peu sucrée. Quant au poisson, il n'y en a pour ainsi dire pas, juste une arête sans rien dessus qui surnage de temps à autre. Mais il faut mastiquer la moindre arête, et la moindre nageoire, on en suce le jus, c'est bon pour la santé. Tout ça prend du temps, bien sûr; mais Choukhov n'a plus à se dépêcher. Pour lui, c'est fête aujourd'hui : il a décroché une deuxième portion au déjeuner, une deuxième portion au dîner. Ça vaut bien qu'on laisse tomber tout le reste.

* Prisonnier au statut spécial qui reçoit des colis de victuailles.

Sauf qu'il faudrait peut-être aller chercher le tabac chez le Letton. D'ici demain matin, il pourrait bien ne plus lui en rester.

Choukhov dîne sans pain : deux rations de soupe avec le pain en plus, ça serait exagéré; le pain sera pour demain. C'est crapule, le ventre, ça ne se rappelle jamais le bien qu'on lui a fait, ça en redemande le lendemain.

Soljenytsine, *Une Journée d'Ivan Denissovitch*, traduit du russe par Maurice Décaillot, éd. Julliard.

A la fin du livre : « Choukhov s'endort, pleinement contenté. Il a eu bien de la chance aujourd'hui : on ne l'a pas flanqué au cachot, on ne l'a pas collé à la "Cité socialiste" [...]. Et, finalement, il a été le plus fort, il a résisté à la maladie. Une journée a passé, sur quoi rien n'est venu jeter une ombre, une journée presque heureuse. »

— Le ton : celui d'un constat d'autant plus vigoureux (13, 15, etc.) que le lecteur est d'abord obligé de dépasser l'identification avec Ivan Denissovitch, avec sa joie (13, 20, 25, 30, etc.).

— A la fois une leçon d'optimisme et le tableau désespéré d'un homme pour qui ne compte plus que la survie physique. D'où l'ambiguïté de l'attitude par rapport au temps : tantôt le « ici et maintenant », tantôt « le lendemain ».

— Soljenytsine se souvient du Dostoïevski de *Souvenirs de la maison des morts* pour cette peinture de l'homme éternel qu'est l'homme réduit à l'élémentaire.

Leonov (*La Forêt russe*, 1966) adopte, au contraire, une technique plus moderne d'allure, qui bouleverse la chronologie; mais le lecteur français a désormais tendance à se méfier du grand vent épique qui souffle toujours dans le même sens. Parmi les éditions ou rééditions d'œuvres soviétiques mal connues, ignorées ou étouffées par le régime stalinien (*Cavalerie rouge* de Babel, *Le Maître et Marguerite* de Boulgakov), il faut faire une place spéciale aux œuvres de Chlovski (*Zoo*, *Le Voyage sentimental*, 1963). Celui-ci faisait partie de l'école formaliste des années 20 dont les travaux, longtemps interdits, sont de nos jours redécouverts avec le plus grand intérêt par la linguistique moderne. Parallèlement à ces romans autobiographiques d'un modernisme étonnant pour des livres si anciens, on publiait de Chlovski un certain nombre d'essais, « L'art comme procédé », « La construction de la nouvelle et du roman » dans le recueil collectif *Théorie de la littérature* (1966). *Cf.* p. 833.

Ces dernières années ont vu la publication d'œuvres polémiques de Danyel, Siniavski, et surtout *Le Vertige* (1968) de Ginzbourg, bouleversant témoignage sur la terreur et les camps staliniens, mais aussi manifestation de fidélité à l'idéal communiste. Les rapports de la littérature et de la politique semblent bien devoir constituer longtemps encore, pour l'écrivain comme pour le lecteur, l'élément essentiel dans la problématique de la littérature russe.

L'Amérique en question :

Nous avions parlé, à propos des grandes années du roman américain, d'un mythe de l'Amérique. Nous avions vu par exemple dans la mise à l'écart de Scott Fitzgerald et de ses personnages-épaves la preuve que l'on refusait d'entendre la voix de l'*autre* Amérique, celle des exilés, qu'ils soient exilés de l'intérieur ou de l'extérieur. Tout au long de ces vingt-cinq années, ces voix d'abord isolées, puis de plus en plus nombreuses, allaient devenir une étourdissante clameur : voix des solitaires Miller ou Nabokov, voix des romanciers blancs (sudistes, juifs ou *beat*), voix des dramaturges, voix des écrivains noirs enfin, exilés parmi les exilés.

L'après-guerre avait vu le couronnement de cet Américain, trop parisien pour s'intégrer à une civilisation qu'il combat depuis ses débuts : Henry Miller. Il lui faudra encore quelques années pour se réconcilier physiquement avec l'Amérique et se retirer à Big Sur, au-dessus de l'océan Pacifique, où il devient le pape de toute une nouvelle génération d'anticonformistes, la « beat generation ». Les traductions des *Tropiques* provoquèrent des remous considérables, mais l'œuvre, découverte en anglais, avant la guerre, par Blaise Cendrars, avait peut-être un peu perdu de sa puissance de choc. Tous les livres de Miller seront traduits au cours des vingt années à venir, certains d'entre eux (comme *Sexus* 1949, *Plexus* 1952, *Nexus* 1960) étant d'ailleurs publiés d'abord en français. Après une certaine éclipse, il semble que les années récentes (1968-69) marquent un regain d'intérêt pour cette œuvre, si moderne dans son désir d'échapper aux catégories de l'art comme à celles de la morale pour mieux retrouver la voix de l'homme naturel. Avec trente ans d'avance, le soliloque éperdu des *Tropiques* annonce la crise qui secoue actuellement la société américaine : « On a beau savoir que le Christ ne reviendra plus parmi nous, que le temps des grands législateurs est passé, qu'il n'y aura plus de fin au meurtre, au vol, ni au viol, pourtant... pourtant on attend, quelque chose de terrifiant, de miraculeux et d'absurde. »

Œuvre de l'exil également que *Lolita* (1959), d'un double exil, national et linguistique : **Nabokov,** écrivain russe, après avoir habité la France, écrit en anglais ou plutôt en américain. C'est peut-être ce regard d'étranger qui lui permet de présenter dans *Lolita*, une fois passé pour le lecteur l'effet de scandale causé par le sujet (la passion du quinquagénaire Humbert Humbert pour Lolita la nymphette), l'image d'une Amérique définitivement fissurée. La traduction intensive, après le succès de *Lolita*, de l'œuvre de Nabokov, en particulier *Pnine* et *La Vraie Vie de Sébastien Knight* en 1962, *Feu pâle* en 1965, a mis en lumière d'autres aspects du livre qui avaient pu échapper. On s'est rendu compte de la stratégie diabolique du joueur d'échecs qu'est Nabokov; on a mieux compris que c'était « par une imperceptible perversion de la langue littéraire considérée comme un objet par la langue parlée » (René Micha) que Nabokov avait gangrené le sentiment de sécurité de l'Amérique; le succès a permis de connaître une œuvre qui, assurée désormais d'être suivie, allait pouvoir se lancer dans les échafaudages les plus subtilement inquiétants *(Feu pâle)*, architectures de langage qui accompagneront, ou même faciliteront, la découverte d'écrivains comme Pound ou Borges.

[De charme et de vulgarité]

Humbert Humbert, le séducteur quadragénaire et étranger, parcourt les États-Unis en voiture avec Lolita, l'adolescente qu'il a séduite et qui l'a séduit.

A combination of naiveté and deception, of charm and vulgarity, of blue sulks and rosy mirth, Lolita, when she chose, could be a most exasperating brat. I was not really quite prepared for her fits of disorganized boredom, intense and vehement griping, her sprawling, droopy, dopey-eyed style, and what is called goofing off-a kind of diffused clowning which she thought was tough in a boyish hoodlum way. Mentally, I found her to be a disgustingly conventional little girl. Sweet hot jazz, square dancing, gooey fudge sundaes, musicals, movie magazines and so forth-these were the obvious items in her list of beloved things. The Lord knows how many nickels I fed to the gorgeous music boxes that came with every meal we had!

. . . .

Faite de naïveté et de rouerie, de charme et de vulgarité, de joies roses et de mines grises, ma Lolita, quand il lui en prenait fantaisie, se montrait une gamine exaspérante. A vrai dire, je n'étais pas préparé à ses accès d'ennui erratique, à la véhémence et à l'intensité de ses récriminations, à ses façons de se vautrer, la paupière lourde et le geste languissant, ni à ses frasques, comme on dit — une sorte de clownerie diffuse qui voulait imiter les prouesses des petits « durs » des bas quartiers. Intellectuellement, elle n'était qu'une fillette odieusement conventionnelle. Le jazz *hot* dans sa forme la plus sirupeuse, les *square dances* * à la mode des cow-boys, la mélasse hétéroclite et gluante des *ice-creams* américaines, les films de music-halls, les magazines de Hollywood — tels étaient les points essentiels sur la liste de ses préférences. Dieu seul pourrait calculer le nombre de pièces dont j'ai gavé les étincelantes juke-boxes qui accompagnaient en musique chacun de nos repas! J'entends encore les voix nasillardes de tous ces êtres invisibles qui lui dédiaient leurs sérénades, tous ces Sammy et Jo et Eddy et Tony et Peggy et Guy et Patty et Rex; j'entends encore ces chansons sentimentales à succès, aussi semblables à mon oreille que l'étaient à mon palais les multiples sucreries dont Lo raffolait. Elle prenait pour articles d'évangile toute réclame ou suggestion publiée dans des revues de cinéma telles que *Movie Love* ou *Screen Land* — « Le Starasil Supprime l'Acné », ou « Attention, Mesdemoiselles, ne portez plus votre chemise en bannière sur vos blue-jeans, car l'amie Jill dit que ce n'est plus à la mode ». Qu'elle lût sur une affiche : « Visitez Notre Rayon Cadeaux », et nous devions le visiter, nous devions acheter ses antiquailles indiennes, ses poupées, bimbeloterie de cuivre ou cactus de sucre candi. Les mots « Nouveautés et souvenirs », avec leur inflexion trochaïque *, la plongeaient dans l'extase. Qu'une enseigne de café proclamât « Boissons glacées », et ma Lolita était aussitôt séduite, bien que les boissons fussent également glacées partout ailleurs. C'était à elle que la publicité vouait ses appas, elle était l'acheteuse idéale, sujet et objet de chaque affiche, de chaque réclame frauduleuse. Elle tenta même — sans succès — de ne fréquenter que les restaurants où l'esprit céleste de l'expert en gastronomie du guide avait marqué de son sceau stellaire les petites serviettes de papier décoré et les salades huppées de fromage blanc.

Vladimir Nabokov, *Lolita*, traduit de l'américain par E. H. Kahane, éd. Gallimard.

* Danses folkloriques de l'Ouest.

* En métrique, le trochée est le pied composé d'une syllabe longue suivie d'une syllabe brève.

— **Le texte est une collection des piliers de la culture populaire américaine, c'est-à-dire contemporaine (musique, cinéma, produits de beauté, nourriture, loisirs) — la traduction, par ailleurs excellente, bute par moments sur le caractère spécifique de ces éléments —, en un collage de citations, présentées dans une forme très littéraire (33) : tout le chapitre est une parodie (utilisation des adjectifs) du Flaubert de *L'Éducation sentimentale*, comme Nabokov l'a d'ailleurs signalé dans la page qui précède notre texte.**

— **Pathétique et comique : ce mélange de style traduit-il l'incapacité du narrateur à comprendre Lolita, sa volonté de prendre rétrospectivement ses distances, son sentiment de supériorité? Leurs cultures les séparent plus sûrement que leurs âges.**

— **Une des premières expressions littéraires de la « société de consommation » (*cf.* pp. 621 et 753).**

Le succès de *Lolita* indiquait tout à la fois l'acceptation par les Américains d'une remise en cause de toutes leurs valeurs, et la profonde transformation de l'art du roman. Cette mise en question, qu'elle soit directe ou indirecte, constitue le fil directeur de toute une production qui est venue depuis une dizaine d'années se mêler, pour le public français, aux livres des « grands romanciers ». La distance est grande par exemple qui sépare *Le Bal des maudits* d'I. Shaw, de *Les Nus et les Morts* de Norman Mailer, dénonciation d'une vaine aventure guerrière. Norman Mailer va s'imposer comme un curieux accusateur de l'Amérique, d'autant plus convaincant, malgré ses outrances et son mauvais goût, qu'il est la première victime du mal qu'il dénonce : les démêlés de Mailer avec l'alcool, la justice, la drogue, le sexe, la politique, font de son existence même la preuve de ce qu'il avance : la fin du « rêve américain ». Dans tous les domaines romanesques la transformation est identique. L'image du Chicago des taudis, des bars et des gangs d'adolescents qui s'élève des livres de Nelson Algren, révélé au public français par Simone de Beauvoir, a perdu ce parfum d'aventures qui passait quand même entre les pages les plus désespérées de Dos Passos, lequel versa pour finir dans le conformisme le plus affligeant et le plus stérilisant du point de vue littéraire. La France découvre avec stupeur qu'il y a des pauvres aux États-Unis, que la violence et la brutalité ne sont pas l'apanage de films de gangsters romancés. Le problème noir, que l'on avait un peu trop tendance à considérer comme une survivance d'un état social en voie de disparition, n'est donc pas le seul à secouer cette société que l'on avait voulu croire idyllique. Saul Bellow, que le public français n'adoptera vraiment qu'avec *Herzog* (1966), mais dont les *Aventures d'Augie March* (1959) étaient plus caractéristiques, exprime, quant à lui, l'esprit d'une autre minorité : la littérature juive devient l'un des courants les plus vigoureux (Malamud, Roth, etc.) du roman américain moderne. L'opposition entre l'esprit résigné, contemplatif, spéculatif, d'une certaine minorité juive restée fidèle à un mode de vie et de pensée archaïque, et l'état d'esprit américain typique, c'est-à-dire pratique et concret, fournit le sujet de toute une série d'éducations sentimentales et de romans d'apprentissage : de l'effort d'intégration à la revendication d'une originalité, c'est déjà la démarche de toutes les minorités.

Les écrivains sudistes blancs eux-mêmes, du fait précisement qu'ils sont sudistes, se retirent dans un monde intérieur, celui du rêve, du souvenir ou de la folie, tous territoires que les Européens connaissent bien. L'on commence à mieux comprendre que Faulkner avait été lui aussi le hérault d'une nation d'opprimés, que le grand « melting-pot » (le creuset) américain dont avaient rêvé toutes les victimes des tyrans européens, tous les errants à la recherche d'un refuge, pouvait devenir un joug tout aussi insupportable. Par un curieux renversement, William Goyen (*La Maison d'haleine*, 1954), Truman Capote (*La Harpe d'herbe*, 1957), Flannery O'Connor (*La Sagesse dans le sang*, 1959) retrouvent des thèmes négligés par leurs grands prédécesseurs, mais transposés dans le cadre exotique et toujours fascinant d'un Sud hanté par des personnages étranges, tels les deux sourds-muets du *Cœur est un chasseur solitaire* de Carson McCullers, la doyenne de ces jeunes romanciers puisque son livre date de 1940. Ces thèmes, traduits en une langue plus complexe, plus « littéraire », qui cherche moins l'effet et davantage la suggestion, retrouvent toute leur force en imposant le personnage dominant d'un enfant éternel qui ne saura qu'avec peine passer à l'âge adulte, qui préfère fuir plutôt que vieillir. Cette fuite devant la société adulte est le trait essentiel de tous les romans qui nous parviennent alors des États-Unis : le héros du roman de John Updike, *Cœur de-Lièvre* (1962), fuit le mariage et le matriarcat. Mais surtout, toute une génération, la « beat generation » — dans « beat » il y a jeu de mots sur le participe passé « vaincu, défait » et sur le substantif « rythme » — refuse en bloc tout ce que la société propose, et préfère partir « sur la route » : tel est le titre du premier livre de Jack Kerouac (1960), le chef de cette école. Le public français ne comprit pas tout de suite l'importance de cet ouvrage, dont le torrent verbal de noms, de kilomètres, d'expériences amoureuses, de rencontres au hasard des amitiés et des villes, lui semblait s'inscrire dans la ligne d'Henry Miller. C'est pourtant là qu'il faut aller chercher la source la plus évidente de tout un mouvement dont nous ne voyons en France que les manifestations les plus extérieures : le Living Theatre (*cf.* p. 550), le genre de vie « hippy ». Après le jazz, l'évasion le long des routes et l'alcool, la drogue constitue pour l'instant la dernière étape de cette quête d'autre chose qui anime *Les Souterrains* (1964) et *Les Clochards célestes* (1963) de Kerouac, la poésie de Ginsberg, et surtout *Le Festin nu* (1964) de Burroughs, œuvre difficile où la prose essaie de devenir l'instrument docile qui permettra de suivre le rythme de la musique, les méandres et les jaillissements de la drogue.

Sans vouloir faire à tout prix de l'œuvre de **Salinger** l'œuvre-miroir de toute cette période, on est tenté cependant de voir dans le retard mis par le public français à recevoir *L'Attrape-cœur* (1948), qui fut le bréviaire de toute la jeunesse américaine des années cinquante, autre chose que le résultat d'une traduction de qualité discutable. Celle-ci ne fut probablement qu'un obstacle supplémentaire à la bonne écoute d'une voix qui, en 1953, parlait un langage trop différent de celui des romanciers célèbres. Il fallut attendre 1961 et la traduction des *Nouvelles* (l'exception qui confirme la règle que nous édictions au début de ce chapitre), pour que viennent le succès et l'admiration. En 1962 ce fut *Franny et Zooey*, et en 1964 *Dressez haut la poutre maîtresse, charpentiers*.

Il semble bien que l'œuvre de Salinger rassemble, c'est-à-dire selon les cas, reprenne, esquisse ou annonce, tous les caractères que nous avons dégagés de notre brève incursion dans le roman américain récent. Ses héros sont tous des enfants, ou des adolescents ou encore des adultes qui ont conservé ou veulent retrouver leur enfance : avant de se suicider, le héros du « Jour rêvé pour le poisson-banane » connaît un bref moment de merveilleux bonheur avec la petite Sybil. Mais ces enfants ne sont pas des innocents : ils possèdent toute la sagesse, et aussi toute la science du monde : les enfants de la famille Glass, qui envahit peu à peu l'œuvre de Salinger, sont tous de petits prodiges. Ils portent sur le monde des adultes, adultes qui sont tous des « salauds », un regard auquel rien ne résiste. Il ne faut évidemment pas donner à ce terme des résonances sartriennes : l'emploi par Holden Caulfield, le héros de *L'Attrape-cœur* d'un vocabulaire argotique « bastard », « jerk », « phony » : salaud, pignouf, truqueur) est à la fois la marque du désir qu'éprouve l'adolescent de jouer à l'adulte, de parler comme les grands, et la façon la plus sûre de montrer le caractère artificiel de ce code adulte qui soudain sonne « vieux » dans la bouche de cet enfant. Sa fugue, ou plutôt son retard à rentrer chez lui après avoir été renvoyé de l'école, donne au romancier l'occasion de faire ressortir le vide désespérant du monde adulte. En dehors de la famille et des morts, où trouver l'âme sœur? Tel est le thème que moduleront les livres suivants, jusqu'à la « conversion » symptomatique de Salinger, dans ses textes les plus récents, à une sorte de sagesse inspirée du bouddhisme zen, c'est-à-dire l'une des tentations les plus fréquentes d'une certaine Amérique d'aujourd'hui pour échapper à la réalité, à la solitude et au désespoir.

La réussite de Salinger tient à un équilibre entre la spontanéité et l'artifice, aussi bien dans le personnage à la fois naïf et prématurément savant, blasé et plein d'amour, que dans son langage, éblouissante fusion de naturel recomposé et de prétention à la limite du précieux. *L'Attrape-cœur*, c'est un ton, un humour à la fois américain et juif, peut-être sans équivalent exact en français, mais qui fut aussitôt adopté par une jeunesse américaine, qui y avait reconnu la voix du frère aîné.

[Je suis comme qui dirait athée]

L'une des grandes tirades qui révèlent les Opinions du Jeune Monsieur Holden Caulfield auquel rien de ce qui est humain n'est étranger.

Finally, though, I got undressed and got in bed. I felt like praying or something, when I was in bed, but I couldn't do it. I can't always pray when I feel like it. In the first place, I'm sort of an atheist. I like Jesus and all, but I don't care too much for most of the other stuff in the Bible. Take the Disciples, for instance. They annoy the hell out of me, if you want to know the truth. They were all right after Jesus was dead and all, but while He was alive, they were about as much use to Him as a hole in the head. All they did was keep letting Him down. I like almost anybody in the Bible better than the Disciples. If you want to know the truth, the guy I like best in the Bible, next to Jesus, was that lunatic and all, that lived in the tombs and kept cutting himself with stones. I like him ten times as much as the Disciples, the poor bastard.

. . . .

A la fin, pourtant, je me déshabillai et me mis au lit. Il me prit envie de prier ou je ne sais quoi, une fois au lit, mais je ne pus le faire. Je n'arrive pas toujours à prier quand j'en ai envie. D'abord, je suis comme qui dirait athée. J'aime Jésus et tout, mais je me moque pas mal de la plupart des autres machins, dans la Bible. Prenez les Disciples, par exemple. Ils m'ennuient à mourir, si vous voulez savoir la vérité. Ils ont été au poil après la mort de Jésus et tout, mais de son vivant, ils lui ont été aussi utiles qu'une paire de chaussettes à un cul-de-jatte. Tout ce qu'ils ont fait, c'est de le laisser tomber. Je préfère à peu près tout le monde aux Disciples dans la Bible. Si vous voulez savoir la vérité, le type que j'aime le mieux, dans la Bible, après Jésus, c'est ce lunatique et tout qui vivait dans les tombes et se coupait avec des pierres. Je l'aime dix fois plus que les Disciples, ce pauvre salaud. J'ai eu pas mal de disputes là-

* Le collège que Holden Caulfield a pour l'instant délaissé.

dessus, quand j'étais à Whooton School *, avec ce garçon qui habitait au bout du couloir, Arthur Childs. Vieux Childs était un Quaker et tout, et il lisait la Bible tout le temps. C'était un gosse très gentil, et je l'aimais bien, mais je ne pouvais jamais être d'accord avec lui sur un tas de machins, dans la Bible, en particulier les Disciples. Il me répétait que si je n'aimais pas les Disciples, alors je n'aimais pas Jésus et tout. Il disait que puisque Jésus a choisi les Disciples, vous devez les aimer. Je disais que je savais qu'Il les a choisis, mais qu'il les a choisis au hasard. Je disais qu'Il n'avait pas le temps d'analyser tout le monde. Je disais que je ne blâmais pas Jésus ni rien. Ce n'était pas sa faute, s'il n'avait pas le temps. Je me rappelle que j'ai demandé à Vieux Childs s'il pensait que Judas, celui qui a trahi Jésus et tout, est allé en Enfer après s'être suicidé. Childs a dit certainement. C'est exactement où j'étais en désaccord avec lui. Je lui ai dit que je parierais mille thunes que Jésus n'a jamais envoyé Vieux Judas en Enfer. Je le ferais encore d'ailleurs, si j'avais les mille thunes. Je pense que tous les Disciples l'auraient envoyé en Enfer et tout — et vite encore — mais je parierais n'importe quoi que Jésus ne l'a pas fait. Vieux Childs disait que l'ennui avec moi, c'est que je n'allais pas à l'église ni rien. Il avait raison là-dessus, en un sens. Je n'y vais pas. En premier lieu, mes parents sont de religions différentes et tous les enfants de notre famille sont athées. Si vous voulez savoir la vérité, je ne peux pas encaisser les prêtres. Ceux qu'il y avait dans les écoles où je suis allé prenaient tous cette voix de Joe Sacré quand ils se mettaient à faire leurs sermons. Dieu, que je déteste ça. Je ne vois diable pas pourquoi ils ne peuvent pas parler avec leurs voix naturelles. Ça leur donne un air tellement cul-cul quand ils parlent.

J. D. Salinger, *L'Attrape-cœur*,
traduit de l'américain par Jean-Baptiste Rossi,
éd. Robert Laffont.

— Monologue intérieur très libre dans ses associations. Voix d'un personnage irritant par son narcissisme « Je », son ton supérieur (20, 28, 48) mais attachant par sa spontanéité, sa générosité, son naturel, ses exagérations.

— Le comique de Salinger est surtout à base de décalage (27, 41); c'est un moyen de dénonciation et de sympathie.

— Les lignes en version originale permettront peut-être d'apprécier ce jugement de Jean-Louis Curtis dans sa préface aux *Nouvelles :* « Le maniement de ce langage parlé, démotique, c'est le triomphe de Salinger. [...] Salinger capte à merveille le débit, le rythme, l'intonation du discours parlé; et aussi les particularités individuelles, ses tours de phrases, tics, rengaines, gaucheries. » Un peu la méthode de Proust pour faire vivre certains de ses personnages : Françoise, Norpois.

Le théâtre américain n'est guère plus indulgent envers la société qui lui fait pourtant un succès considérable. Dans la première génération, celle des années cinquante, deux noms s'imposent en France comme aux États-Unis : ceux d'Arthur Miller et de Tennessee Williams. Tous deux héritiers d'Eugène O'Neill, mal connu en France, ils développent chacun l'un de ses aspects principaux. Arthur Miller retient la leçon sociale du *Singe velu* et s'intéresse surtout aux problèmes posés à l'individu par la société américaine : intolérance *(Les Sorcières de Salem)*, aliénation économique *(La Mort d'un commis-voyageur)*. Tennessee Williams, de son côté, fidèle à l'expressionnisme de l'auteur du *Long Voyage dans la nuit*, s'attache, dans des drames où le sexe et la passion tiennent la première place, à peindre l'autre visage de l'Amérique, celle des névroses et des refoulements *(Un Tramway nommé désir, La Chatte sur un toit brûlant, La Rose tatouée, Baby Doll, Soudain l'été dernier)*, grâce à un matériel d'images et de situations qui doit énormément à la vogue de la psychanalyse aux États-Unis. Ces pièces fourniront leurs sujets au cinéma qui les popularisera, un cinéma plus ambitieux que le cinéma de série noire des années précédentes.

La deuxième génération, dans les années soixante, s'inspire étroitement de sa devancière. Edward Albee, dans un univers et avec des personnages à la Tennessee Williams, mais en déployant une science toute nouvelle du rythme et des conversations insignifiantes succédant à des crises violentes de défoulement, entreprend à son tour de ruiner les mythes américains (*Qui a peur de Virginia Woolf*, 1964; *Zoo Story*, 1965).

Ce sont cependant les écrivains noirs qui devaient dénoncer avec le plus de violence toutes les valeurs de la société américaine. Dès 1947, *Black Boy* et *Un Enfant du pays* avaient imposé à la fois le nom de Richard Wright et la nécessité d'ouvrir les yeux sur les conséquences tant sociales que psychologiques du traumatisme que constituait aux États-Unis la différence de couleur de peau. C'est d'ailleurs autour de ce problème qu'à la même époque Boris Vian construisait ses faux romans américains (*Les Morts ont tous la même peau*, 1948), et le succès de la pièce de Sartre *La Putain respectueuse* (1946) prouve l'intérêt immédiat du public français pour la question. Intérêt qui ne se démentira jamais, comme le montre le succès d'œuvres de second ordre (Kyle Onstott, *Mandingo*, 1964; Margaret Walker, *Jubilee*, 1968) dont le seul mérite est peut-être de traiter un aspect du problème noir.

C'est aussi Wright qui, en donnant comme titre à l'un de ses livres les deux mots *Black Power*, devait fournir au mouvement noir son slogan le plus vigoureux. Mais auparavant, le public s'était passionné pour les thèses de James Baldwin, romancier et essayiste pour qui la solution passe par une guérison du Blanc : le racisme dont souffre ce dernier est le résultat d'un complexe d'infériorité, celui de l'Amérique tout entière à la recherche de son individualité. Après *La prochaine fois, le feu* (1963) au titre prophétique, et *Un autre pays* (1964), Baldwin publie, en collaboration avec les leaders noirs Martin Luther King et Malcolm X, *Nous les Nègres*.

Cette revendication de la négritude est prolongée par un LeRoi Jones qui affirme, de son côté, la supériorité du Noir et la nécessité de faire de l'œuvre littéraire une arme dans la lutte contre le Blanc. Sa pièce *Le Métro fantôme* (1965) constitue l'une des manifestations les plus provocantes de la littérature noire. Dans *Peuple du blues;* il proclame son dédain de toute forme empruntée à la littérature blanche, et l'impossibilité pour les Noirs d'aller chercher ailleurs que dans le jazz et le blues les modèles d'une littérature encore à créer.

En 1969, la publication du livre du romancier blanc William Styron * sur la première

* Ses romans précédents, *Un Lit de ténèbres* (1953), *La Proie des flammes* (1962), avaient rendu célèbre ce Sudiste à l'art sombre et puissant.

révolte d'un esclave noir, *Les Confessions de Nat Turner*, provoqua la colère des Noirs qui se jugeaient trahis. Le livre d'Ellison, *Homme invisible, pour qui chantes-tu?* dont nous avons déjà évoqué la réédition, (*cf.* p. 689), montrait, à l'aide d'une construction romanesque remarquablement élaborée, que toutes ces attitudes, de l'intégration souhaitée à la revendication de la ségrégation et de l'autonomie, étaient en germe dans les années cinquante, et qu'elles n'étaient que les étapes d'un processus unique dont il est bien difficile, à l'heure actuelle, de prévoir l'issue.

Les années 65

Le manque de recul sur les années les plus proches risque de fausser la perspective : ne donnerons-nous pas trop d'importance à des ouvrages dont le souvenir s'effacera peut-être bien vite? Il semble cependant que, plus encore que durant les autres périodes, l'attention des lecteurs français se soit portée à la fois sur des œuvres correspondant à des problèmes politiques, d'un intérêt peut-être éphémère, et sur des œuvres moins étroitement liées à leur temps ou à leur environnement, comme celles de Gombrowicz ou de Borges.

Ezra Pound :

Nous ne reviendrons pas sur la tardive réhabilitation de Scott Fitzgerald. Il est un autre grand Américain que la France découvre avec un retard considérable : le poète Ezra Pound. N'est-il pas la caution de notre entreprise, lui qui écrit : « La littérature tire sa vie de la traduction, [...] tout nouveau bouleversement, toute renaissance se font à partir de la traduction; [...] ce qu'on appelle grand siècle de la poésie est d'abord un grand siècle de la traduction.» Son œuvre si difficile d'accès, et d'ailleurs tombée dans le domaine des œuvres maudites en raison de l'appui donné par Pound au fascisme italien, était restée jusqu'à présent à peu près ignorée en France. L'indifférence pour la poésie en général, la poésie étrangère en particulier, ne pouvait que redoubler face à cet univers savant des *Cantos*, déjà bien déroutant pour un lecteur américain. La poésie de Pound où se multiplient, sous forme de collages, des citations empruntées à toutes les littératures, jusqu'à la chinoise, et citées en langue originale, correspond à toute une tendance de la littérature française actuelle, de même que, chez son auteur, le refus du génie individuel au profit de la création collective, et le désir de composer une œuvre purement thématique : « Il n'y aura pas d'intrigues, pas de succession d'événements, pas de logique interne de l'œuvre, mais seulement deux thèmes, la descente aux Enfers telle qu'on la trouve dans Homère et une métamorphose d'Ovide, à laquelle se mêlent des personnages ou types historiques du Moyen Age et des temps modernes. » Si l'on signale encore le principe de discontinuité essentiel à l'art de Pound, on comprendra que les *Cantos*, aussi bien que les œuvres théoriques du poète (*A.B.C. de la lecture*), soient l'objet d'une curiosité intense, qui commence également à se porter sur un autre poète américain de la même période, E.E. Cummings.

Le théâtre anglais :

Pour rester dans le domaine anglo-saxon, signalons l'envahissement des scènes parisiennes, durant quelques saisons (de 1966 à 1969), par le théâtre anglais. Celui-ci n'avait pas réussi à traverser la Manche au moment du mouvement des « angry young men » (jeunes hommes en colère) : *La Paix du dimanche* et *Luther* n'ayant obtenu qu'un succès très relatif, c'est par le cinéma que le public français avait pris connaissance de cet état d'esprit de libération et de revendication (*Samedi soir et dimanche matin*, *La Solitude du coureur de fond*, etc.). Au contraire, les pièces de Saunders (*La prochaine fois je vous le chanterai*, 1967), de Wesker (*Racines*, 1968) et surtout de Pinter (*Le Retour*, *L'Anniversaire*, 1968) s'imposaient presque sans lutte. Pinter, disciple lointain du théâtre de l'absurde, est le maître incontesté des situations insolites et des conversations piégées dont les lieux communs et les brusques ruptures s'agrandissent peu à peu aux dimensions du tragique.

Gombrowicz et les pays de l'Est :

La consécration de deux écrivains, Gombrowicz et Borges, que les hasards de l'exil avaient réunis pour un temps en Argentine, va nous permettre, pour terminer, d'évoquer à grands traits deux domaines immenses que nous n'avons pas abordés jusqu'ici : les pays de l'Europe de l'Est, autres que l'U.R.S.S., et l'Amérique latine. Ces deux écrivains ne sont évidemment pas caractéristiques de la production littéraire de leur pays respectif, encore moins de tout un continent linguistique, mais leur situation même est révélatrice.

Gombrowicz l'exilé, le précurseur, l'isolé, demeure méconnu jusqu'à ce qu'un autre Argentin, le metteur en scène Lavelli, monte une de ses pièces à Paris en 1963 : *Le Mariage*. On s'aperçoit alors que son plus grand livre *Ferdydurke* qui est de 1937, avait été traduit en 1958, *La Pornographie* en 1962. Le *Journal* est traduit en 1964, son théâtre en 1965, *Bakakai*, recueil de nouvelles, en 1967; d'autres ouvrages suivront. Gombrowicz, devenu célèbre, meurt en 1969. Mais célébrité ne signifie pas ici popularité. Son art est trop agressif, trop insaisissable pour être adopté par le plus grand nombre. Agressif par ses thèmes, Gombrowicz part en guerre contre l'immaturité et la forme, mais aussi, et ce n'est là que le premier de ses paradoxes, contre la maturité et l'informe. Toute forme risque de se scléroser, mais l'informe est haïssable. L'immaturité le révolte, mais la maturité lui fait peur. L'idéal est de préserver en soi un éternel pouvoir de renouvellement, et l'artiste est peut-être le seul capable de donner forme à cette jeunesse. D'où l'aspect fuyant de ces œuvres, aussi bien théâtrales que romanesques : constante contestation du genre adopté, mélange du réel et du fantastique, du roman et de la fable dans une Pologne aussi mythique que celle de Jarry, personnages au style déclamatoire qui signalent, regrettent et amplifient leur déclamation. Univers littéraire issu visiblement d'un univers onirique, que traverse un érotisme sans pudeur, mais toujours ironique, le monde de Gombrowicz est en lutte perpétuelle contre l'élan du rêve et sa gratuité, grâce au contrôle minutieux qu'exercent l'humour et la dérision d'un écrivain qui, à l'instar de ses personnages, veut à tout prix éviter de se « faire la gueule » de l'écrivain.

[Les cuisses]

Le narrateur fouille dans les tiroirs de la « lycéenne moderne ». Il voit, dans la correspondance qu'elle reçoit, « le visage du XXe siècle, du siècle de la confusion des âges ». Il en arrive aux lettres des étudiants.

Lecz listy studentów wyższych uczelni były niemniej płochliwe, choć już zręczniej maskowane. Widać było, jak każdy z nich kreśląc piórem po papierze lękał sie i męczył, jak pilnował się i ważył słowa, aby sie nie stoczyć po równi pochyłej prosto w niedojrzalość własną, w łydki swoje. Dlatego też o łydkach nie znalazłem nigdzie żadnej wzmianki, a za to wiele o uczuciu, sprawach społecznych, zarobkowych, towarzyskich, o grze w brydża i wyścigach konnych, a nawat o zmianie ustroju państwa. Zwłaszcza politycy, ci gebacze z « życia akademickiego » nadzwyczaj umiejetnie i ostrożnie ukrywali łydki, niemniej jednak systematycznie przesyłali pensjonarce wszystkie swe programy, odezwy oraz dekla-

racje ideowe. — Panno Zutko, może zechce pani zapoznać sie z naszym programem — pisali, lecz w programach i również nigdzie nie było wyraźnie o łydkach, chyba że zdarzył sie sporadycznie lapsus linguae, na przykład zamiast « sztandar połyska » napisano « sztandar po łydkach ». A także jacyś Łodzianie w deklaracji swojej wyrazili sie pomyłkowo « my Łydczanie ». Prócz powyższych dwóch wypadków, ani razu łydki się nie ujawniły.

. . . .

On voyait combien chacun d'eux avait peur et se donnait de la peine, comme il soignait et mesurait ses paroles, pour ne pas choir directement, dans l'abîme de son immaturité, de ses cuisses. Les cuisses ne les laissaient pas en paix. Il y avait une antithèse irréductible entre la cuisse, assoupie et inconsciente dans sa verdeur primitive, et tout ce dont peut rêver la tête. Mais à cause de cela justement on ne faisait jamais allusion aux cuisses, en revanche on parlait beaucoup du sentiment, des événements sociaux, économiques ou mondains, du bridge et des courses et même du changement de la structure de l'État. Les leaders politiques, surtout ces braillards de la « vie estudiantine », cachaient leurs cuisses avec une suprême habileté, et néanmoins ils envoyaient systématiquement à la lycéenne tous leurs programmes, leurs proclamations, leurs déclarations idéologiques. « Zutka, voulez-vous connaître notre programme? » écrivaient-ils, mais dans les programmes non plus il n'était pas question des cuisses, sauf quand il leur arrivait sporadiquement de faire un *lapsus linguae;* par exemple au lieu de « la neutralité de la Suisse », quelqu'un avait écrit « la neutralité de la Cuisse ». Et pour « ... que la Patrie puisse... » on pouvait lire « ... que la Patrie cuisse ». Hormis ces deux cas, les cuisses ne s'étaient jamais manifestées. De même, dans les missives, par ailleurs assez luxueuses, à l'aide desquelles les vieilles tantes, qui publiaient dans la presse des articles sur « l'époque du jazz » et le « nu sur les plages », essayaient d'entrer en contact spirituel avec la lycéenne pour la sauver de la perdition, les cuisses étaient strictement dissimulées. A les lire, on avait la sensation qu'il n'y était absolument pas question des cuisses.

En outre : des monceaux de ces recueils de vers, aujourd'hui courants, au nombre d'au moins trois ou quatre cents qui s'accumulaient au fond du tiroir, sans avoir été — il faut le confesser — assimilés ni même ouverts par la lycéenne. Ils étaient pourvus de dédicaces conçues sur un ton intime, sincère, honnête, qui, avec une suprême énergie, exigeaient la lecture de la jeune fille, obligeaient à la lecture, avec des expressions recherchées et mordantes condamnaient le non-lire de la lycéenne, tandis qu'elles louaient et exaltaient jusqu'au ciel le consentement à lire, menaçaient de l'expulsion de l'élite pour le non-lire, imploraient que la jeune fille lise par égard pour la solitude du poète, pour le labeur du poète, la mission du poète, l'avant-garde du poète, l'inspiration du poète et l'âme du poète. Le plus curieux, néanmoins, c'est qu'ici non plus, les cuisses n'étaient pas mentionnées. Plus curieux encore, les titres des volumes ne contenaient pas une parcelle de cuisse. Rien que des Aurores et des Aurores Naissantes, et des Nouvelles Aurores, et l'Aube Nouvelle, et l'Époque de la Lutte, et la Lutte de l'Époque, et l'Époque Difficile, et la Jeune Époque, et la Jeunesse en Garde, et la Garde de la Jeunesse, et la Jeunesse Militante, et la Jeunesse en Marche, et En Avant les Jeunes, et la Jeunesse Amère, et les Jeunes Yeux, et la Jeune Bouche, et le Jeune Printemps, et Mon Printemps, et le Printemps et Moi, et les Rythmes Printaniers, et le Rythme des Mitrailleuses, Sémaphores, Antennes et Hélices, et mes Adieux et mes Tendresses, et mes Nostalgies, et mes Yeux, et mes Lèvres (pas l'ombre d'une cuisse). Tout cela écrit sur un ton poétique avec des assonances recherchées ou sans recherches d'assonances, et avec des métaphores hardies, et avec l'ivresse du verbe. Mais peu de cuisses, presque rien, on ne pouvait relever la moindre cuisse. Des auteurs, avec une grande maestria poétique et très habilement, se cachaient derrière la Beauté, la Perfection Technique, la Logique Intérieure de l'Œuvre, l'Enchaînement Logique des Associations ou derrière la Conscience des Classes, la Lutte, l'Aube de l'Histoire et autres éléments semblables objectivement anti-cuisses. Néanmoins il apparaissait tout de suite évident que ces rimailleries, dans leur art forcé et tarabiscoté qui ne servait à rien ni à personne n'étaient qu'un chiffre compliqué et qu'il doit exister une raison réelle et suffisante qui oblige tant de rêveurs insignifiants à rédiger ces charades extravagantes. Et après un moment de méditation je réussis à traduire en langage intelligible le contenu de la strophe suivante :

Le poème

Les horizons éclatent comme des bouteilles
La tache verte pousse vers le ciel
Je retourne à l'ombre des sapins
et là-bas :
Je bois la dernière gorgée inassouvissante
De mon printemps quotidien

MA TRADUCTION

Les cuisses, les cuisses, les cuisses,
Les cuisses, les cuisses, les cuisses, les cuisses
La cuisse.
Les cuisses, les cuisses, les cuisses.

Witold Gombrowicz, *Ferdydurke*, traduit du polonais par Georges Lisowski, éd. Julliard.

— Écriture très composite, sans souci d'élégance : tantôt explicative, tantôt parodique. Le dénominateur commun : une intelligence sûre d'elle-même et de ses effets.

— Le conte bizarre qu'est *Ferdydurke* révèle ici l'une de ses intentions : forcer une époque à abandonner un peu de son sérieux, pour découvrir les vrais mobiles de ses prétentions socio-politico-littéraires.

— « Au lieu de vous écraser, ce libre génie vous libère. C'est sa vertu capitale. » (Maurice Nadeau.)

Le monde de Gombrowicz, édifié en majeure partie avant la guerre de 1939, n'est guère représentatif de la production littéraire des pays de l'Est. Il se pose en effet à leur propos les mêmes problèmes qu'en U.R.S.S. : rapports de la littérature et du socialisme, de la censure et de la liberté, sans parler du problème de la reconquête de la personnalité nationale contre le centralisme soviétique. Le public français voit en général les choses de trop loin, il ignore trop les traditions de chacune de ces littératures pour pouvoir replacer dans leur contexte les œuvres qui lui parviennent au gré des phases de libéralisation et des phases de reprise en main. Comme le déclare le Hongrois Tibor Déry, un des rares écrivains à avoir franchi ce mur d'indifférence : « Moins une œuvre est comprise, plus elle est importante. [...] En fait de malentendu, j'ai été copieusement servi en France... et ailleurs. La réputation de la littérature hongroise à l'étranger, et, en particulier, en Occident, est due indiscutablement à des campagnes de presse déclenchées à propos d'événements extra-littéraires *. Mais c'est inévitable et je ne suis pas sûr que les littératures polonaise et roumaine n'aient pas bénéficié de circonstances analogues. »

C'est de Pologne que sont venues les œuvres les plus accessibles au public français. Les livres de Harek Hlasko sont, dans les années 58, les premiers à briser le silence *(Le Huitième Jour de la semaine, Les Premiers Pas dans les nuages)* ; aujourd'hui, Hlasko, exilé aux États-Unis se tait, semblant confirmer la phrase de Gombrowicz : « D'une part, le Polonais vivant en Pologne a été réduit aux dimensions exigées par la doctrine qui y règne; de l'autre, le Polonais en exil reste enchaîné à son passé national, qui le subjugue et le limite, au point qu'il ne peut être question d'un libre développement de ses forces, de sa culture. » C'est en anglais que Kosinski, exilé lui aussi, publie *L'Oiseau bariolé* (1966), souvenirs d'un enfant pendant la guerre et les occupations diverses dont a souffert son pays; il y accumule les scènes d'horreur paroxystiques. Son deuxième livre, *Les Pas* (1969), montre qu'il est devenu un écrivain international. Mais peut-être est-ce chez Mrozek que nous trouvons la solution des difficultés que pose à l'écrivain ce type de société : il accepte d'y vivre, sans se réfugier ni dans le silence ni dans l'exil, mais la critique par un humour qui pousse jusqu'au bout, aussi absurde soit-il, un

* Déry fait allusion ici au soulèvement de Budapest.

Cl. Horace. Snark International.

Tango de Slavomir Mrozek, par le Théâtre de Dusseldorf, au Théâtre des Nations.

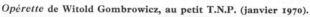

Opérette de Witold Gombrowicz, au petit T.N.P. (janvier 1970).

Cl Bernand.

certain nombre de situations-clés et de préjugés; dans *Tango* (1965), des parents révolutionnaires se désespèrent en voyant le manque d'esprit de révolte de leur fils.

C'est aussi de l'intérieur d'une société à laquelle il reste passionnément attaché que le Tchèque Kundera écrit *La Plaisanterie* dont la parution, avec une préface d'Aragon, suit immédiatement les événements survenus en Tchécoslovaquie durant l'été 1968. Sans être franchement idéologique, le roman traite indirectement, à travers une très poignante histoire d'amour, du thème qui demeure le thème central de toutes ces littératures, celui de la liberté. Thème repris sur le mode tragique dans le livre de souvenirs non romancés d'un autre Tchèque, Artur London dont *L'Aveu* (1969) semble confirmer, vingt-cinq ans plus tard, *Le Zéro et l'Infini* de Koestler.

Borges et l'Amérique latine :

Le décalage entre l'œuvre de Borges et le reste de la littérature d'Amérique latine paraît aussi grand que celui qui existe entre l'œuvre de Gombrowicz et celle des autres écrivains des pays de l'Est. Ce qu'un public restreint mais fidèle * avait cherché dans les romans du Cubain Alejo Carpentier ou du Guatémaltèque Asturias, dans les poèmes du Chilien Pablo Neruda et du Cubain Nicolas Guillen, était l'image ou plutôt la transposition foisonnante, lyrique, d'un continent encore paré des prestiges de l'exotisme mais dans lequel apparaissaient les premiers soubresauts de la révolution, et auquel pouvait seul convenir ce « réalisme magique » dont parlait Asturias. La littérature sud-américaine est encore une littérature de pays jeune qui a besoin de traiter les thèmes de la personnalité nationale. Mais l'évolution en est très rapide, comme en témoigne le succès du roman du Colombien Gabriel G. Marquez, *Cent Ans de solitude* (1969) : la fresque historique existe, mais au second degré, elle n'est que le matériau d'une autre histoire, celle de toute la littérature sud-américaine à laquelle Marquez emprunte personnages, techniques, tons variés, dans une synthèse pleine de verve où certains critiques ont voulu percevoir des échos de Rabelais et de Cervantes.

L'auteur du *Quichotte* hante aussi l'œuvre de Jorge Luis Borges, la plus importante à nous venir d'Amérique du Sud, l'une des plus énigmatiques et des plus fascinantes de la littérature moderne. Valery Larbaud dès 1925 en sentait la valeur alors qu'elle n'en était qu'à ses débuts : « [...] la critique de J. L. Borges n'est pas seulement celle d'un historien des littératures européennes, d'un simple érudit. Il possède une doctrine esthétique et il combat pour cette doctrine qui a sa base dans l'idéalisme de Berkeley et qui nie l'existence du Moi et de ses produits : le Temps et l'Espace. La poésie est "divine" en ce sens qu'elle est un pur présent, une éternité. » La lenteur, mais aussi la régularité, avec lesquelles cette œuvre s'est imposée, sont la preuve à la fois de sa singularité et de son poids : elle ne pouvait pas ne pas être finalement acceptée et louée. Première étape : la traduction de *Fictions* en 1952, dans la collection « La Croix du Sud » dirigée par Roger Caillois (qui lui-même traduisait *Labyrinthes* en 1953, et dont l'article du numéro spécial de L'Herne, 1964, constitue l'une des meilleures introductions à Borges); seconde étape : les années 57-58; et enfin la véritable découverte à partir de 1965. Huit ouvrages traduits depuis cette date, dont les *Six problèmes pour don Isidro Parodi*, enquêtes policières d'un nouveau genre (le détective est en prison) écrites en collaboration avec A. Bioy Casares, dont *L'invention de Morel*, en 1952, avait révélé l'existence, en Amérique latine, de ce fantastique intellectuel qui baigne toute l'œuvre de Borges.

En décrire la forme et les thèmes ne suffit pas, en effet, à rendre compte de la fascination vertigineuse qu'elle exerce sur ses lecteurs. Il s'agit toujours de textes courts : articles critiques, biographies ou

* La fin de la littérature française de voyages, à la Cendrars ou à la Paul Morand, ne serait-elle pas due à l'apparition d'une littérature étrangère indigène plus authentique?

Cl. Shark International.

Amérique du Sud : *Le Dieu noir et le Diable blond*, film de Glauber Rocha.

assemblages de citations (dans *Histoire de l'Infamie* et *Histoire de l'Éternité*), récits fantastiques enfin. L'érudition, dont on ne sait jamais si elle porte sur des livres réels ou sur des ouvrages imaginaires, n'est qu'un aspect de l'intuition centrale de toute cette œuvre, celle du temps circulaire. Toute œuvre de Borges représente un effort pour nier le temps, pour l'annihiler en le prenant au piège : conception circulaire de l'éternité qui repassera par les mêmes points, supériorité de la conscience sur la contingence temporelle, identité de l'instant et de l'éternité. L'érudition n'est alors que le moyen d'accès vers la récriture des textes anciens : « on a établi que toutes les œuvres sont l'œuvre d'un seul auteur qui est intemporel et anonyme », dit Borges dans « Tlon, Uqbar, orbis Tertius » *(Fictions)*. Et il écrit la bio-bibliographie d'un auteur imaginaire, Pierre Ménard, qui, après des années d'étude pour « bien connaître l'espagnol, retrouver la foi catholique, guerroyer contre les Maures ou contre le Turc, oublier l'histoire de l'Europe entre les années 1602 et 1918, *être* Miguel de Cervantes », entreprend de récrire le chapitre 26 de *Don Quichotte :* « Le texte de Cervantes et celui de Ménard sont verbalement identiques, mais le second est presque infiniment plus riche. [...] Cette technique nous invite à parcourir l'*Odyssée* comme si elle était postérieure à l'*Énéide*, et le livre *Le Jardin du Centaure* de Mme Henri Bachelier comme s'il était de Mme Henri Bachelier. Cette technique peuple d'aventures les livres les plus paisibles. Attribuer *L'Imitation de Jésus Christ* à Louis-Ferdinand Céline ou à James Joyce, n'est-ce pas renouveler suffisamment les minces conseils spirituels de cet ouvrage? » A cette enquête sans fin parmi les livres — mais la bibliothèque est le monde — de tous les temps et de tous les pays, correspond dans les nouvelles un certain nombre de motifs qui sont à la fois, selon Caillois, « la substance et la structure » de l'œuvre : le labyrinthe, le miroir, l'hexagone, le rêve dont le rêveur ne sait pas s'il n'est pas le rêve d'un autre...

Cette idée de l'Éternel Retour, empruntée à Nietzsche, Héraclite et une vingtaine d'écrivains que Borges s'ingénie à réfuter pour mieux céder à leur séduction, pourrait apparaître comme un divertissement d'intellectuel décadent, prodigieusement érudit, si l'auteur ne réussissait à prendre son lecteur aux pièges d'un autre labyrinthe, celui-là même du monde imaginaire de la littérature. La construction de chaque récit, le mélange d'humour auto-destructeur et de préciosité trop visible pour être innocente, la précision de la langue (d'après les spécialistes, Borges a bouleversé la langue littéraire argentine, la purgeant de toute sa rhétorique emphatique) entrent dans tout un système de rapports dont le principe demeure l'effet à produire. De cette intelligence, dont le seul pouvoir semble être l'infaillibilité des agencements, naît une poésie envoûtante, un peu semblable à celle qui sourd des tableaux de Chirico, énigmes peut-être « mal » peintes, assez réussies cependant pour rendre visible une idée... Mais, comme l'écrit Gérard Genette, « parler de Borges, c'est introduire dans un discours quelque chose qui déjà le comprend et l'annule. J'écris sur Borges, mais c'est Borges qui m'écrit, et qui m'efface ».

Extrême-Orient : scène du kyogen japonais au Théâtre des Nations.

Cl. Bernand

La parabole du palais

Aquel día, el Emperador Amarillo mostró su palacio al poeta. Fueron dejando atrás, en largo desfile, las primeras terrazas occidentales que, como gradas de un casi inabarcable anfiteatro, declinan hacia un paraíso o jardín cuyos espejos de metal y cuyos intrincados cercos de enebro prefiguraban ya el laberinto. Alegremente se perdieron en él, al principio como si condescendieran a un juego y después no sin inquietud, porque sus rectas avenidas adolecían de una curvatura muy suave pero continua y secretamente eran círculos.

. . . .

Ce jour-là, l'Empereur Jaune fit visiter son palais au poète. Ils laissèrent derrière eux, en vaste perspective, les premières terrasses occidentales qui, comme les gradins d'un amphithéâtre difficile à limiter, descendaient doucement vers un paradis ou un jardin. Les miroirs de métal et le réseau des haies de genévriers préfiguraient déjà le labyrinthe. Au début, ils s'y perdirent avec plaisir, comme s'ils s'abandonnaient à quelque jeu, ensuite non sans inquiétude, parce que les avenues rectilignes étaient affectées d'une courbure insensible, quoique continue, en sorte qu'elles étaient secrètement circulaires. Vers minuit, l'observation des planètes et l'opportun sacrifice d'une tortue, permirent aux promeneurs de se délivrer d'une région qui paraissait ensorcelée, mais non du sentiment d'être égarés, lequel les accompagna jusqu'à la fin. Ils parcoururent des antichambres, des cours, des bibliothèques, une salle hexagonale avec une clepsydre *. Un matin, ils aperçurent du haut d'une tour un homme de pierre qu'ils ne revirent jamais plus. Ils traversèrent, dans des barques de bois de santal, de nombreux fleuves resplendissants ou nombre de fois un même fleuve. Le cortège impérial passait et les gens se prosternaient. Un jour, ils abordèrent dans une île où un homme ne se prosterna pas, parce qu'il n'avait jamais vu le Fils du Ciel. Le bourreau dut le décapiter. Leurs yeux virent avec indifférence de noires chevelures, des danses noires, des masques d'or compliqués. La réalité se confondait avec le rêve. Mieux dit, le réel était une des virtualités du rêve. Il paraissait impossible que la terre fût autre chose que jardins, eaux, architectures et aspects de la magnificence. Tous les cent pas, une tour coupait le ciel. Pour les yeux, leurs couleurs étaient identiques, mais la première de toutes était jaune et la dernière écarlate, tellement la gradation était délicate et longue la série.

* Horloge à eau.

C'est au pied de l'avant-dernière tour que le poète (qui demeurait comme étranger aux spectacles qui émerveillaient les autres) récita la brève composition qui est aujourd'hui indissolublement liée à son nom et qui, comme le répètent les historiens les plus subtils, lui procura en même temps l'immortalité et la mort. Le texte en est perdu. Plusieurs tiennent pour assuré qu'il se composait d'un seul vers, d'autres d'un seul mot. Le certain, l'incroyable est que le poème contenait, entier et minutieux, l'immense palais avec toutes ses célèbres porcelaines, chaque dessin de chaque porcelaine, les ombres et les lumières des crépuscules et chaque instant malheureux ou heureux des glorieuses dynasties de mortels, de dieux et de dragons qui y vécurent depuis l'interminable passé. Les assistants se turent, mais l'Empereur s'écria : « Tu m'as volé mon palais », et l'épée de fer du bourreau moissonna la vie du poète.

D'autres racontent l'histoire autrement. Dans le monde, il ne saurait y avoir deux choses égales. Il a suffi, disent-ils, que le poète prononce le poème pour que le palais disparaisse, comme aboli et foudroyé par la dernière syllabe. Il est clair que semblables légendes ne sont rien que fictions littéraires. Le poète était l'esclave de l'Empereur et mourut comme tel. Sa composition fut oubliée, parce qu'elle méritait l'oubli. Ses descendants cherchent encore, mais ne trouveront pas le Mot qui résume l'univers.

Jorge Luis Borges, *L'Auteur*, traduit de l'espagnol par Roger Caillois, éd. Gallimard.

— Le monde de Borges : objets et lieux (3, 5, 6-7, 16-17, etc.), goût pour l'infini (4, 19, etc.), alliances de mots (11-12, 29), choix et place des qualificatifs (12, 16-17, etc.).

— A chaque niveau, l'incertitude (5, 20-21) et la contradiction : aussi bien dans le décor (9-11) que dans le fil du conte (1, 17, 22) ou le poème évoqué (41-45); mais surtout dans le récit qui se reprend (27) et se nie deux fois (51, 55-56).

— Borges a donné dans « L'Aleph » une autre version de ce désir d'enfermer l'univers, sinon dans un mot, comme ici, du moins dans un « point de l'espace qui contient tous les points, le lieu où se trouvent, sans se confondre, tous les lieux de l'univers, vus de tous les angles » et où « tout cesse d'être perçu contradictoirement ». (*Cf.* p. 146.) « Le monde est fait pour aboutir à un beau livre. » (Mallarmé).

Chapitre XXVIII

Autour de la littérature

Il serait si commode d'avoir des certitudes, et de pouvoir déclarer, après avoir étudié poésie, théâtre et roman actuels, « voilà, c'est fini, le reste ne nous concerne pas ». Et si l'important c'était justement « ce reste »? Nous avons, dans les chapitres précédents, rencontré tant d'écrivains qui nous ont annoncé la mort du livre et la vanité de la littérature que nous serions en droit d'avoir quelques doutes. Et si nous n'étions que les embaumeurs d'un cadavre mort depuis longtemps? L'idée même de l'écrivain « individu de génie » est remise en cause : « Qui parle? » demande le narrateur de *Degrés* avant de mourir. — « *Ça* parle », lui répond toute une critique nouvelle. Ça parle, mais aussi ça chante, ça dessine, ça fait des films.

Sans prétendre jouer au sociologue, ni nous accrocher à la remorque de quelques blasés en mal de sensations nouvelles, nous voudrions élargir un peu le champ de notre investigation en envisageant certaines aires périphériques de la production littéraire (on n'ose plus dire « littérature » : où passe la frontière?) : romans policiers, science-fiction, roman historico-sentimental, — et en poussant même des pointes vers deux domaines où le texte écrit se conjugue à d'autres moyens d'expression : la chanson et la bande dessinée.

Il y a là d'abord un réservoir où la « vraie » littérature peut puiser. Et puis, nous le verrons, les rapports sont nombreux et nuancés entre cette para-littérature et l'autre. Comme l'écrit Robert Escarpit, l'un de ceux qui ont le plus fait pour la compréhension mutuelle de ces deux univers : « On commence tout juste à soupçonner l'importance de cette "sous-littérature" à côté de la "bonne littérature". Pourtant leurs liens sont nombreux. Certaines formes littéraires nées dans l'une sont passées dans l'autre par l'évolution des sociétés, et, surtout, lorsque l'encadrement institutionnel de leur vie culturelle l'a permis. C'est ainsi que la comédie, le roman, la chanson ont été, à certains moments de leur histoire, considérés comme appartenant à la sous-littérature et ne se sont trouvés promus qu'au moment où se sont trouvés promus leurs lecteurs. Plus récemment le roman policier a subi une mutation analogue. Il n'est pas absurde de penser qu'un jour la bande dessinée, tant méprisée, tant décriée, accédera à la dignité de genre littéraire, quand ceux qui en font leur lecture habituelle posséderont les moyens intellectuels et matériels, d'une part, de formuler un jugement esthétique sur elle, d'autre part, de faire entendre ce jugement et de participer au jeu littéraire. » *(La Révolution du livre.)*

Nous voudrions éviter le dogmatisme sans humour des petits clans enthousiastes et zélés — véritables sociétés secrètes avec sigles (B. D. pour Bandes Dessinées, S. F.

pour Science Fiction, San A. pour San Antonio) et bulletins de liaison confidentiels —, pour nous placer dans la situation du consommateur éclectique, celle d'un Sartre, par exemple, déclarant dans *Les Mots* : « Aujourd'hui encore je lis plus volontiers les "Série noire" que Wittgenstein. » Jusqu'à présent nous avions considéré les œuvres comme des objets : qu'ils soient fabriqués à 300 ou à 300 000 exemplaires nous importait peu, et parfois même nous avions plutôt tendance à nous méfier de l'objet à 300 000 exemplaires. Le succès n'est pas nécessairement le signe de la médiocrité. Nous voudrions donc baliser ces domaines immenses, voir quels instruments peuvent être appliqués à l'étude de cette production, et combler, ne serait-ce qu'imperceptiblement, le fossé entre les deux cultures. Impossible d'envisager le problème dans son ensemble : chaque domaine entraîne un certain nombre de réflexions spécifiques.

La chanson

Nous commencerons par la chanson pour plusieurs raisons. D'abord il s'agit d'un domaine où l'influence américaine, si fréquente dans ces zones marginales, s'est finalement peu exercée dans le secteur particulier de la chanson qui nous intéresse : le phénomène est encore à l'état pur. Ensuite elle nous donnera l'occasion de retrouver deux personnages-clés de notre période : Jacques Prévert et Boris Vian. Mais surtout la chanson permet de voir presque tous les aspects du problème posé par les rapports des deux cultures.

En effet, elle est en premier lieu le moyen par lequel la littérature, c'est-à-dire la poésie, peut atteindre un public beaucoup plus large que celui qu'elle aurait pu atteindre sans l'aide de la musique : le texte est donné à l'auditeur, appréhendé sans effort. Cette collaboration, qui avait débuté avant la guerre, mais en restant limitée à de tout petits cercles, comme les cabarets d'Agnès Capri, va prendre dans l'après-guerre un développement considérable. L'exemple le plus remarquable est bien sûr l'association Jacques Prévert-Joseph Kosma. **Prévert** (*cf.* p. 173) avait appartenu au groupe surréaliste de la rue du Château, avec le peintre Tanguy, Queneau et Marcel Duhamel, le fondateur de la Série noire (*cf.* p. 766). Il avait, avant guerre, déployé une intense activité dans le cinéma (scénarios et/ou dialogues des films de Carné : *Drôle de Drame*, *Le Jour se lève*; films réalisés par lui-même avec son frère Pierre comme *L'Affaire est dans le sac*). Soudain, par la grâce des musiques que Joseph Kosma écrit sur des textes qu'il n'avait même pas publiés en volume, mais qui étaient connus de toute une jeunesse, il devient le seul poète français des cinquante dernières années que l'on puisse qualifier de poète populaire. Les poèmes de *Paroles* (1949), cocasses et tendres, pleins de fantaisie anticonformiste et d'invention verbale, furent l'un des évangiles de toute une génération qui savait par cœur le début de *Paroles :*

« Ceux qui pieusement...
Ceux qui copieusement...
Ceux qui tricolorent
Ceux qui inaugurent
Ceux qui croient
Ceux qui croient croire
Ceux qui croa-croa »

C'est du Saint-Germain-des-Prés des « existentialistes » — journalistes et échotiers ayant tendance à confondre philosophie et longs cheveux —, c'est en particulier du cabaret *La Rose rouge*, par la voix d'interprètes devenus célèbres, comme Cora Vaucaire, Yves Montand, les Frères Jacques, Juliette Gréco, que ces poèmes métamorphosés en chansons (« Inventaire », « Les feuilles mortes », « Les enfants qui s'aiment ») allaient s'élancer à la conquête du public.

Barbara

Brest, démolie par les bombardements; le poète, qui se souvient.

Rappelle-toi Barbara
Il pleuvait sans cesse sur Brest ce jour-là
Et tu marchais souriante
Épanouie ravie ruisselante
Sous la pluie
Rappelle-toi Barbara
Il pleuvait sans cesse sur Brest
Et je t'ai croisée rue de Siam
Tu souriais
Et moi je souriais de même
Rappelle-toi Barbara
Toi que je ne connaissais pas
Toi qui ne me connaissais pas
Rappelle-toi
Rappelle-toi quand même ce jour-là
N'oublie pas
Un homme sous un porche s'abritait
Et il a crié ton nom
Barbara
Et tu as couru vers lui sous la pluie
Ruisselante ravie épanouie
Et tu t'es jetée dans ses bras
Rappelle-toi cela Barbara
Et ne m'en veux pas si je te tutoie
Je dis tu à tous ceux que j'aime
Même si je ne les ai vus qu'une seule fois
Je dis tu à tous ceux qui s'aiment
Même si je ne les connais pas
Rappelle-toi Barbara
N'oublie pas
Cette pluie sage et heureuse
Sur ton visage heureux
Sur cette ville heureuse
Cette pluie sur la mer
Sur l'arsenal
Sur le bateau d'Ouessant
Oh Barbara
Quelle connerie la guerre
Qu'es-tu devenue maintenant

Sous cette pluie de fer
De feu d'acier de sang
Et celui qui te serrait dans ses bras
Amoureusement
Est-il mort disparu ou bien encore vivant
Oh Barbara
Il pleut sans cesse sur Brest
Comme il pleuvait avant
Mais ce n'est plus pareil et tout est abîmé
C'est une pluie de deuil terrible et désolée
Ce n'est même plus l'orage
De fer d'acier de sang
Tout simplement des nuages
Qui crèvent comme des chiens
Des chiens qui disparaissent
Au fil de l'eau sur Brest
Et vont pourrir au loin
Au loin très loin de Brest
Dont il ne reste rien.

Jacques Prévert, *Paroles*, éd. Gallimard.

— Une certaine sensibilité noire de l'après-guerre (38) : à partir de la ruine d'une ville (57, 58), la nostalgie d'un passé qui reste heureux (36) même dans son pathétique (17, 28) par opposition à un présent sans espoir (48, 49).

— De la rengaine populaire ce poème présente la simplicité du vocabulaire (jusqu'à la familiarité : 38), les répétitions, l'usage de refrains (1, 6, 11; 2, 7; 5, 20, etc.). Mais c'est la simplicité d'une poésie savante : variations (1, 37; 7, 46), liberté des rimes (8, 10), permutations (4, 21), raccourcis (39, 40-51), jeux de sonorités (Brest et reste, pluie et plus...).

— Ici, surtout le Prévert lyrique. Le Prévert satirique, drôle, irrespectueux ne fait qu'affleurer (38). Ils sont indissociables, cependant, même dans le domaine de la chanson (« Inventaire », « Le plombier zingueur », « En sortant de l'école... »).

L'exemple de Prévert fut suivi par d'autres écrivains : Sartre écrivit « La rue des blancs manteaux », Queneau donna plusieurs de ses textes dont le célèbre « Si tu t'imagines » (*cf.* p. 396), on alla chercher des poèmes de Desnos (« Une Fourmi »), d'Apollinaire (« Les Saltimbanques »). Cette collaboration n'a jamais cessé depuis : Brassens a mis en musique Hugo, Paul Fort, Villon; Léo Ferré a illustré Aragon; Hélène Martin, Jean Genet, etc.

Voici que de nouveau l'on chante la poésie. Est-ce là le moyen de lui ramener un public qui s'était éloigné d'elle? Il apparaît bien vite que toute la poésie moderne n'a pas été présentée de la sorte au public, ni même toute la poésie ancienne : ce n'est pas *La Légende des siècles* mais des romances de Hugo que choisit Brassens. La difficulté du texte détermine d'ailleurs un nouveau clivage du public qui accepte volontiers les tentatives de Brassens, mais ignore celles de Marc Ogeret ou d'Hélène Martin sur des textes moins accessibles. Le bilan reste cependant positif : même d'accès facile, ces textes ont une certaine qualité, ils offrent autre chose à l'auditeur, ils incitent peut-être une fraction du public à lire de la poésie au lieu de l'écouter; Yves Montand, lors de ses récitals, *récitait* un ou deux poèmes de Prévert. Les rapports de la chanson et de la poésie sont malgré tout à envisager plus largement. C'est la chanson en tant que telle qu'il convient d'examiner, et non pas seulement les quelques poèmes dont les musiciens ont fait des chansons. La question se pose alors ainsi : la chanson peut-elle être poésie? Queneau écrit : « La chanson n'est pas du tout un art mineur. En quelques années, la chanson est devenue intelligente, humoristique, sensible, satirique, enfin intéressante. La chanson a pénétré dans toutes les couches sociales. Elle a ses lettres de noblesse et une portée sociale évidentes. Elle fait partie de notre vie quotidienne. » Faut-il souscrire en tous points à ce jugement? Tout ne dépend-il pas du sens que l'on donne aux termes poésie et art?

Et pour ne pas quitter tout de suite le Saint-Germain-des-Prés d'après-guerre, (les deux cents premières pages de *La Force des choses* de Simone de Beauvoir donnent une idée assez fidèle de la vie artistique du quartier à l'époque), considérons le cas de **Boris Vian.** Cet homme-orchestre des années cinquante, que nous avons déjà croisé à deux reprises (*cf.* chap. 23 et 24), trompette et critique de jazz, ingénieur, auteur de faux romans noirs américains, chroniqueur des *Temps Modernes*, directeur artistique d'une maison de disques, ce qui l'amène à écrire un pamphlet aussi spirituel qu'impitoyable sur l'industrie de la chanson : *En avant la zizique* (et la liste serait encore longue et probablement incomplète de ses multiples activités), Boris Vian, le personnage le plus pittoresque et le plus secret d'un quartier qui en comptait cependant beaucoup, ne pouvait pas ne pas écrire de chansons. Activité d'écrivain ou d'amuseur? La frontière entre la chanson et la poésie devient ici impossible à tracer. Des poèmes de son recueil *Je voudrais pas crever* comme ce « Quand j'aurai du vent dans mon crâne » à ses chansons, la distance est infime : les qualités de Vian, drôlerie, imagination, sens du langage, s'épanouissent dans l'un et l'autre genre.

« Quand j'aurai du vent dans mon crâne
Quand j'aurai du vert sur mes osses
P'tête qu'on croira que je ricane
Mais ça sera une impression fosse
Car il me manquera
Mon élément plastique
Plastique tiquetique... »

Complainte du progrès

Autrefois pour faire sa cour
On parlait d'amour
Pour mieux prouver son ardeur
On offrait son cœur
Maintenant c'est plus pareil
Ça change Ça change
Pour séduire le cher ange
On lui glisse à l'oreille
Ah... Gudule!... Viens m'embrasser... Et je te donnerai

Un frigidaire
Un joli scooter
Un atomixer

Et du Dunlopillo
Une cuisinière
Avec un four en verre
Des tas de couverts
Et des pell' à gâteaux
Une tourniquette
Pour fair' la vinaigrette
Un bel aérateur
Pour bouffer les odeurs
Des draps qui chauffent
Un pistolet à gauffres
Un avion pour deux
Et nous serons heureux

Autrefois s'il arrivait
Que l'on se querelle
L'air lugubre on s'en allait
En laissant la vaisselle
Aujourd'hui, que voulez-vous
La vie est si chère
On dit rentre chez ta mère
Et on se garde tout
Ah... Gudule... Excuse-toi... ou je reprends tout ça

Mon frigidaire
Mon armoire à cuillers
Mon évier en fer
Et mon poêl' à mazout
Mon cire-godasses
Mon repasse-limaces
Mon tabouret à glace
Et mon chasse-filou
La tourniquette
A faire la vinaigrette
Le ratatine-ordures
Et le coupe-friture.
Et si la belle
Se montre encore rebelle
On la fiche dehors
Pour confier son sort

Au frigidaire
A l'efface-poussière

Boris Vian et sa tromp(in)ette.

Coll. part.

Jacques Prévert.

Cl. Doisneau-Rapho.

A la cuisinière
Au lit qu'est toujours fait
Au chauffe-savates
Au canon à patates
A l'éventre-tomates
A l'écorche-poulets
Mais très très vite
On reçoit la visite
D'une tendre petite
Qui vous offre son cœur
Alors on cède
Car il faut qu'on s'entraide
Et l'on vit comme ça } ter
Jusqu'à la prochaine fois. }

Boris Vian, *Chansons et Poèmes*, éd. Tchou.

— Sur le modèle de la chanson à trois couplets avec reprise d'énumération (Vian ne répète que quelques éléments), satire de l'amour moderne, des gadgets et... de ce type de chanson (9, 32, 34; l'interprétation de Vian accentue cet aspect parodique. (*Cf.* Disque Philips B 77922 L.)

— La drôlerie est partout : mélange du vrai, du possible et du fantastique ménager; bizarrerie des rapprochements (10-13, 24, 41); fantaisie verbale (argot, 21, 39, 40; façons de dire, 45; clichés, 30-32, 64; création d'objets, 23, 55-57...).

— Sur le mode burlesque, dénonciation du culte des objets : Vian inaugure une veine féconde (*Les Choses* de Perec, *cf.* p. 621).

Après Boris Vian auteur, mais aussi compositeur et interprète de certaines de ses chansons, nous arrivons au territoire le plus intéressant, celui des « artistes » (le mot est assez ambigu pour être temporairement utilisé) dont la chanson est le seul moyen d'expression. Ils ont fait d'une certaine partie de la chanson française quelque chose d'absolument différent de la rengaine habituelle. Ce renouvellement avait, lui aussi, débuté avant la guerre : en 1937, **Charles Trenet,** assimilant certains procédés d'écriture surréaliste, la fantaisie de Max Jacob, une tradition populaire française et les rythmes de la musique populaire américaine moderne, commence avec « Je chante » une carrière qui dure encore. Cocteau écrivait de lui : « Le parolier idéal, pour moi, est Charles Trenet. Il fait descendre la chanson dans la rue sans qu'elle se casse la figure en se jetant du troisième étage. » L'art de Trenet, comme de tous ceux dont nous allons parler, ne consiste pas à faire de la chanson le véhicule de la littérature, mais à écrire des chansons de qualité tout en obéissant à certaines exigences : pour que l'on puisse parler de chanson populaire, il faut en effet qu'on ait envie de la chanter, et qu'on puisse se la rappeler sans trop de difficulté, caractères que ne possèdent pas toujours certains textes de Prévert, tels ceux dépourvus de refrain ou de tout retour auquel la mémoire puisse s'accrocher.

Une noix

Une noix
Qu'y a-t-il à l'intérieur d'une noix?
Qu'est-ce qu'on y voit?
Quand elle est fermée
On y voit la nuit en rond
Et les plaines et les monts
Les rivières et les vallons
On y voit
Toute une armée
De soldats bardés de fer
Qui joyeux partent pour la guerre
En fuyant l'orage des bois
On voit les chevaux du roi
Près de la rivière.

II

Une noix
Qu'y a-t-il à l'intérieur d'une noix?
Qu'est-ce qu'on y voit?
Quand elle est fermée
On y voit mille soleils
Tous à tes yeux bleus pareils
On y voit briller la mer
Et dans l'espace d'un éclair
Un voilier noir
Qui chavire
On y voit les écoliers
Qui dévorent leurs tabliers
Des abbés à bicyclette
Le quatorze juillet en fête
Et ta robe au vent du soir
On y voit des reposoirs
Qui s'apprêtent.

III

Une noix
Qu'est-ce qu'il y a à l'intérieur d'une noix?
Qu'est ce qu'on y voit?
Quand elle est ouverte
On n'a pas le temps d'y voir
On la croque et puis bonsoir
On n'a pas le temps d'y voir
On la croque et puis bonsoir
Les découvertes.

Charles Trenet, « Une Noix », éd. Raoul Breton,
enregistré sur disque Columbia, 33 FS 1005.

— Cet univers en miniature, fruit de l'imagination, est aussi un résumé de l'univers de Trenet : la veine traditionnelle (6-14) y côtoie le tendre (19, 20, 29, 31), l'inquiétant (22-24), le loufoque (25-27) et l'humour (la chute).

— La chanson populaire assimile sans peine des recherches techniques savantes : liberté du mètre, des rimes (seconde strophe), des strophes ; réussites d'expression (5, 30, 31).

— Trenet proche d'un certain Max Jacob, d'un certain Desnos : le « fou chantant » fait la liaison entre la littérature et l'art populaire, c'est le « surréalisme pour tous ».

Comme Trenet avait régné sur l'avant-guerre et sur l'après-guerre, les années cinquante-cinq devaient voir surgir un autre grand : **Georges Brassens.** Alors que Trenet avait été adopté à ses débuts par une jeunesse libérée qui profitait des premiers congés payés pour partir à la découverte du monde, le premier Brassens était un personnage seul, anarchiste et révolté : « La Mauvaise Réputation », « Le Gorille, » « Corne d'auroch », autant d'affirmations d'indépendance ou de déclarations de guerre à la société. La voix allait par la suite s'amplifier, se diversifier aussi, mais Brassens appartient quand même bien au monde amer de l'après-guerre. En même temps il imposait une nouvelle image du chanteur, seul en scène avec sa guitare, sans les fastes ni les cuivres d'un orchestre. Le rapprochement avec les troubadours médiévaux allait s'imposer et inciter toute une génération à voir ses poètes chez ces chanteurs, et cela d'autant plus aisément que Brassens, comme nous l'avons dit, mêlait à ses propres textes ceux de poètes reconnus et qu'il semblait n'y avoir entre ces différents textes aucune rupture de ton. Le monde de Brassens est, en effet, un monde curieusement anachronique, intemporel même, emprunté non à la vie contemporaine mais à une tradition mi-littéraire mi-populaire, monde rustique de pandores, de braves margots, de petits chevaux, de jupons troussés et de joyeux enterrements. Brassens fait penser à un naïf très savant, qui aurait miraculeusement retrouvé le secret de fabrication de ces chansons populaires que l'on dit toujours anonymes, mais qui ont bien dû, un jour, être composées par quelqu'un.

La marche nuptiale

Mariage d'amour mariage d'argent
J'ai vu se marier toutes sortes de gens
Des gens de basse source et des grands de la terre
Des prétendus coiffeurs, des soi-disant notaires

Quand même je vivrais jusqu'à la fin des temps
Je garderais toujours le souvenir content
Du jour de pauvre noce où mon père et ma mère
S'allèrent épouser devant Monsieur le Maire

C'est dans un char à bœufs s'il faut parler bien franc
Tiré par les amis poussé par les parents
Que les vieux amoureux firent leurs épousailles
Après long temps d'amour, long temps de fiançailles

Charles Trenet, le fou chantant.

Georges Brassens et sa guitare.

2 Cl. Roger Viollet.

Cortège nuptial hors de l'ordre courant
La foule nous couvait d'un œil protubérant
Nous étions contemplés par le monde futile
Qui n'avait jamais vu de noce de ce style

Voici le vent qui souffle emportant crève-cœur
Le chapeau de mon père et les enfants de chœur
Voici la pluie qui tombe en pesant bien ses gouttes
Comme pour empêcher la noc' coûte quc coûte

Je n'oublierai jamais la mariée en pleurs
Berçant comme un' poupée son gros bouquet de fleurs
Moi pour la consoler moi de toute ma morgue
Sur mon harmonica jouant les grandes orgues

Tous les garçons d'honneur montrant le poing aux nues
Criaient : « Par Jupiter, la noce continue »
Par les homm's décriée par les dieux contrariée
La noce continue et Vive la mariée.

Georges Brassens, « La Marche nuptiale », éd. Universelles,
enregistré sur disque Philips, N 760 74 R.

— Le ton Brassens : fusion paradoxale d'une poésie traditionnelle dans ses moyens (versification : alexandrins, strophes, rimes) et dans l'univers évoqué (hors du temps : 8, 9, 18, 26; vocabulaire archaïsant : 7, 8, 11, 14, etc.); avec un irrespect des conventions, d'abord suggéré (5, 6) puis affirmé (13, 16), dans la fantaisie (18) et la tendresse (21-24).

— Il y a un cas Brassens : le succès de ces chansons qui n'ont rien à voir avec les modes (littéraire ou musicale) est-il le témoignage de la persistance d'un courant folklorique invisible mais indéracinable? Brassens incarne-t-il un certain « goût français » ?

Ce monde de la chanson, celle de Brassens, de **Ferré,** du Canadien Félix Leclerc, et de la génération suivante avec Guy Béart, Jacques Brel, Barbara, Jean Ferrat, Bobby Lapointe, Anne Sylvestre, est bien souvent le refuge d'un anti-conformisme qui n'ose plus, ou ne peut pas, s'exprimer sous d'autres formes. Comme le dit Guy Béart : « la chanson est une petite chose très ancienne qui, aujourd'hui, prend une place majeure. Cette place, elle la doit à sa dimension qui est à l'échelle des besoins modernes. Très ramassée, en forme de coup de poing, de slogan un peu prolongé, c'est une pilule d'art que l'on déguste entre deux trains, entre deux précipitations. » Qu'elle le doive à sa filiation originelle avec certains poètes d'origine surréaliste, à sa fréquentation prolongée de la bohème « existentialiste », ou plus simplement à sa relative indépendance par rapport à la censure ou aux circuits commerciaux de production et de consommation qui enchaînent plus étroitement cinéma, télévision et littérature, la chanson, tout en traitant bien sûr l'amour et les autres thèmes lyriques, porte sur son temps un regard très lucide, même si elle fait preuve parfois d'une certaine complaisance dans son « engagement » pour les causes les plus éloignées et les moins dangereuses.

L'homme

Veste à carreaux ou bien smoking
Un portefeuille dans la tête
Chemise en soie pour les meetings
Déjà voûté par les courbettes
La pag'des sports pour les poumons
Les faits divers que l'on mâchonne
Le Poker d'as pour l'émotion
Le jeu de dame avec la bonne
C'est l'homme
[...]
Le héros qui part le matin
A l'autobus de l'aventure
Et qui revient après l' turbin
Avec de vagues courbatures
La triste cloche de l'ennui
Qui sonne comme un téléphone
Le chien qu'on prend comme un ami
Quand il ne reste plus personne
C'est l'homme

Les tempes grises vers la fin
Les souvenirs qu'on raccommode
Avec de vieux bouts de satin
Et des photos sur la commode
Les mots d'amour rafistolés
La main chercheuse qui voyage
Pour descendre au prochain arrêt
Le jardinier d' la fleur de l'âge
C'est l'homme

Le va-t-en guerre y faut y'aller
qui bouff' de la Géographie
Avec des cocarde (s) en papier
Et des tonne (s) de mélancolie
Du goût pour la démocratie
Du sentiment à la pochette
Le complexe de panoplie
Que l'on guérit à la buvette
C'est l'homme

L'Inconnu qui salue bien bas
Les lents et douloureux cortèges
Et qui ne se rappelle pas
Qu'il a soixante quinze berges

L'individu morne et glacé
Qui gît bien loin des mandolines
Et qui se dépêche à bouffer
Les pissenlits par la racine
C'est l'homme.

Léo Ferré, « L'Homme », éd. Nouvelles Éditions Méridian, enregistré sur disque Odéon, OSX 109.

— Série de tableaux amers, dans un ordre vaguement chronologique, de l'homme moderne (3, 5, 11, 15, etc.) qui est aussi l'homme tout court (articles définis) : à la fois jeu de massacre des différentes poses et attitudes creuses d'un être tout de façade, et cri contre le temps qui passe.

— Les armes sont multiples : cruauté (14-19), contraste de tons (10, 12, 37, 40), jeux de mots (8, 26), clichés (37, 44), hardiesses de construction (2, 28, 29).

— L'un des exemples les plus réussis du pouvoir qu'a la chanson de traiter les sujets les moins frivoles. Son succès annonce celui de chansons qui traiteront de la religion, de l'engagement politique, de la guerre, de l'existence.

L'étude attentive de quelques-uns de ces textes de chansons, malheureusement privés de leur musique, aura peut-être permis, sinon de répondre, du moins de réfléchir à la question : la chanson est-elle poésie? La publication, par Seghers, de textes de Brassens, de Trenet, de Ferré, de Brel, d'Anne Sylvestre dans sa collection « Poètes d'aujourd'hui », aux côtés d'Eluard, de Char et de Saint-John Perse, est un signe évident de la tendance d'une partie du public à répondre oui. Disons plutôt que la chanson représente une certaine poésie; la chanson a besoin de formes fixes (strophes, refrains, rimes, vers réguliers) ce qui lui rend étrangère une bonne part de la poésie moderne. La « solution » ne serait-elle pas de considérer ces chansons comme l'équivalent des anciennes chansons populaires qui furent souvent, contre les recherches d'un petit groupe trop subtiles pour être immédiatement assimilées, le refuge de la bonne humeur, du bon sens, du sentiment lyrique, des revendications du grand nombre? C'est ce que pense Pierre Seghers dans sa préface à son *Livre d'or de la poésie française :*

« Quant à la chanson, me sera-t-il imposé de répéter sans fin que la poésie de tradition populaire existe, qu'elle a existé de tous temps, que ce serait injustice, esprit de classe et de caste, aveuglement, que de lui marchander sa place. Elle est un genre bien distinct, mais elle est poésie. Elle ne l'est peut-être pas en tant qu'objet de langue écrit, elle est poésie avec la musique et le chant, avec ses racines vivantes qui plongent en chacun de nous, avec ses épines qui nous griffent et ses roses qui sont bien souvent des roses bien vivantes et non pas des roses en papier. Brassens, Ferré, Béart et quelques autres sont des poètes. C'est par la poésie que vivent leurs chansons. Si l'on me dit que privées de guitare, elles meurent, je répondrai que celui qui aime la poésie est lui-même guitare. A choisir, je préfère la guitare à Trissotin. »

Un peu en marge du livre, la chanson permet donc de dégager certains des aspects du problème des genres marginaux. Les genres « mineurs » de la littérature sont souvent des genres « majeurs » de la lecture : livres qui répondent à certains besoins (évasion), et cela de plus en plus facilement grâce au développement considérable de l'édition à bon marché. Mais la confusion reparaît aussitôt puisque ces collections publient aussi de la « vraie » littérature.

Le roman policier

Dans cet univers, celui des genres qui a le moins besoin d'une défense est bien sûr le roman policier. On sait depuis longtemps que l'enquête policière est une des formes les plus anciennes de la littérature, Œdipe étant tout à la fois le premier détective et la première victime. Dès les années quarante, toute une critique, sous l'impulsion de Roger Caillois, toujours sensible à l'insolite et au marginal, mettait, dans une optique peut-être plus sociologique que proprement littéraire, le roman policier sur le même pied que les autres romans : « Le roman policier représente bien la lutte entre l'élément d'organisation et l'élément de turbulence dont la perpétuelle rivalité équilibre l'univers. Dans la société, l'antagonisme de la loi et du crime la figure. » *(Puissances du roman.)* Le Nouveau Roman *(Les Gommes, L'Emploi du temps)* emprunte une partie de ses schémas au roman policier que Butor définit ainsi : « Tout roman policier est bâti sur deux meurtres dont le premier, commis par l'assassin, n'est que l'occasion du second dans lequel il est la victime du meurtrier pur et impunissable, du détective qui le met à mort, non par un de ces moyens vils que lui-même était réduit à employer, le poison, le poignard, l'arme à feu silencieuse ou le bas de soie qui étrangle, mais par l'explosion de la vérité [...]. Le détective est le fils du meurtrier, Œdipe, non seulement parce qu'il résout une énigme, mais aussi parce qu'il tue celui à qui il doit son titre, celui sans lequel il n'existerait pas comme tel. » *(L'Emploi du temps.)*

Ce monde du roman policier est sans doute celui qui a subi dans ces vingt-cinq années la transformation la plus radicale, se ramifiant, se compliquant, engageant ses auteurs et ses lecteurs dans les voies les plus variées. Avant guerre, le roman policier français pouvait se définir, à la suite de la « detective story » anglo-saxonne, comme l'histoire d'une enquête destinée à retrouver un meurtrier. La grande réussite du genre, mais déjà en porte-à-faux par rapport à celui-ci, était l'œuvre de **Simenon,** créateur du commissaire Maigret, l'homme à la pipe, Simenon dont Gide écrivait : « Georges Simenon est le plus grand romancier de tous, le plus vraiment romancier que nous ayons en littérature. » L'originalité de Simenon consistait à remplacer l'enquête systématique, la résolution brillante d'un puzzle de plus en plus raffiné * par les errances apparemment désœuvrées, l'absence de méthode, les intuitions géniales de ce bon Français moyen de Maigret qui se préoccupait avant tout de comprendre la victime et son milieu (en général des ports, des bistrots, des petites gens tranquilles, toute une atmosphère à mi-chemin d'un Mac Orlan et d'un Eugène Dabit). La découverte du criminel devenant alors presque accessoire, la peinture des milieux, des rapports humains allait bientôt se passer complètement du support de l'intrigue policière; et Simenon, avec une sûreté et un économie de moyens remarquables, allait écrire de plus en plus de romans tout court. Depuis la guerre, il a continué cette œuvre double, éclipsant aisément tous ceux qui ont essayé de l'imiter (*cf.* p. 300.)

* Qu'on se rappelle les livres à couverture orange de la collection « Le Masque » où la plupart des crimes se déroulaient un samedi soir au cours d'une réception dans un château anglais, au milieu de butlers très dignes et de charmantes vieilles filles.

[Sa bonne vieille pipe]

C'est le début d'une longue nouvelle intitulée « La pipe de Maigret ».

Il était sept heures et demie. Dans le bureau du chef, avec un soupir d'aise et de fatigue à la fois, un soupir de gros homme à la fin d'une chaude journée de juillet, Maigret avait machinalement tiré sa montre de son gousset. Puis il avait tendu la main, ramassé ses dossiers sur le bureau d'acajou. La porte matelassée s'était refermée derrière lui et il avait traversé l'antichambre. Personne sur les fauteuils rouges. Le vieux garçon de bureau était dans sa cage vitrée. Le couloir de la Police Judiciaire était vide, une longue perspective à la fois grise et ensoleillée.

Des gestes de tous les jours. Il rentrait dans son bureau. Une odeur de tabac qui persistait toujours, malgré la fenêtre large ouverte sur le quai des Orfèvres. Il déposait des dossiers sur un coin du bureau, frappant le fourneau de sa pipe encore chaude sur le rebord de la fenêtre, revenait s'asseoir, et sa main, machinalement, cherchait une autre pipe là où elle aurait dû être, à sa droite.

Elle ne s'y trouvait pas. Il y avait bien trois pipes, dont une en écume, près du cendrier, mais la bonne, celle qu'il cherchait, celle à laquelle il revenait le plus volontiers, qu'il emportait toujours avec lui, une grosse pipe en bruyère, légèrement courbe, que sa femme lui avait offerte dix ans plus tôt lors d'un anniversaire, celle qu'il appelait sa bonne vieille pipe, enfin, n'était pas là.

Il tâta ses poches, surpris, y enfonça les mains. Il regarda sur la cheminée de marbre noir. A vrai dire, il ne pensait pas. Il n'y a rien d'extraordinaire à ne pas retrouver sur-le-champ une de ses pipes. Il fit deux ou trois fois le tour du bureau, ouvrit le placard où il y avait une fontaine d'émail pour se laver les mains.

Il cherchait comme tous les hommes, assez stupidement, puisqu'il n'avait pas ouvert ce placard de tout l'après-midi et que, quelques instants après six heures, quand le juge Cornéliau avait téléphoné, il avait précisément cette pipe-là à la bouche.

Georges Simenon, *La Pipe de Maigret*, éd. Presses de la Cité.

— C'est d'abord la mise en route d'un récit : atmosphère (vide, été, fin du jour), personnage (individu moyen : 3, 22, 31), faille initiale (opposition entre les automatismes — 4, 16, 21, 26 — et la surprise : 25; entre l'imparfait — 1-24 — et les autres temps; durée mystérieuse : 1 et 33).

— Surtout le début d' « un Maigret » : pour le lecteur initié, plaisir supplémentaire à retrouver un certain nombre d'éléments attendus (1, 11-17, 20-22, 29-30) et surtout à voir tout un texte bâti sur l'objet-clé de cette mythologie : la pipe.

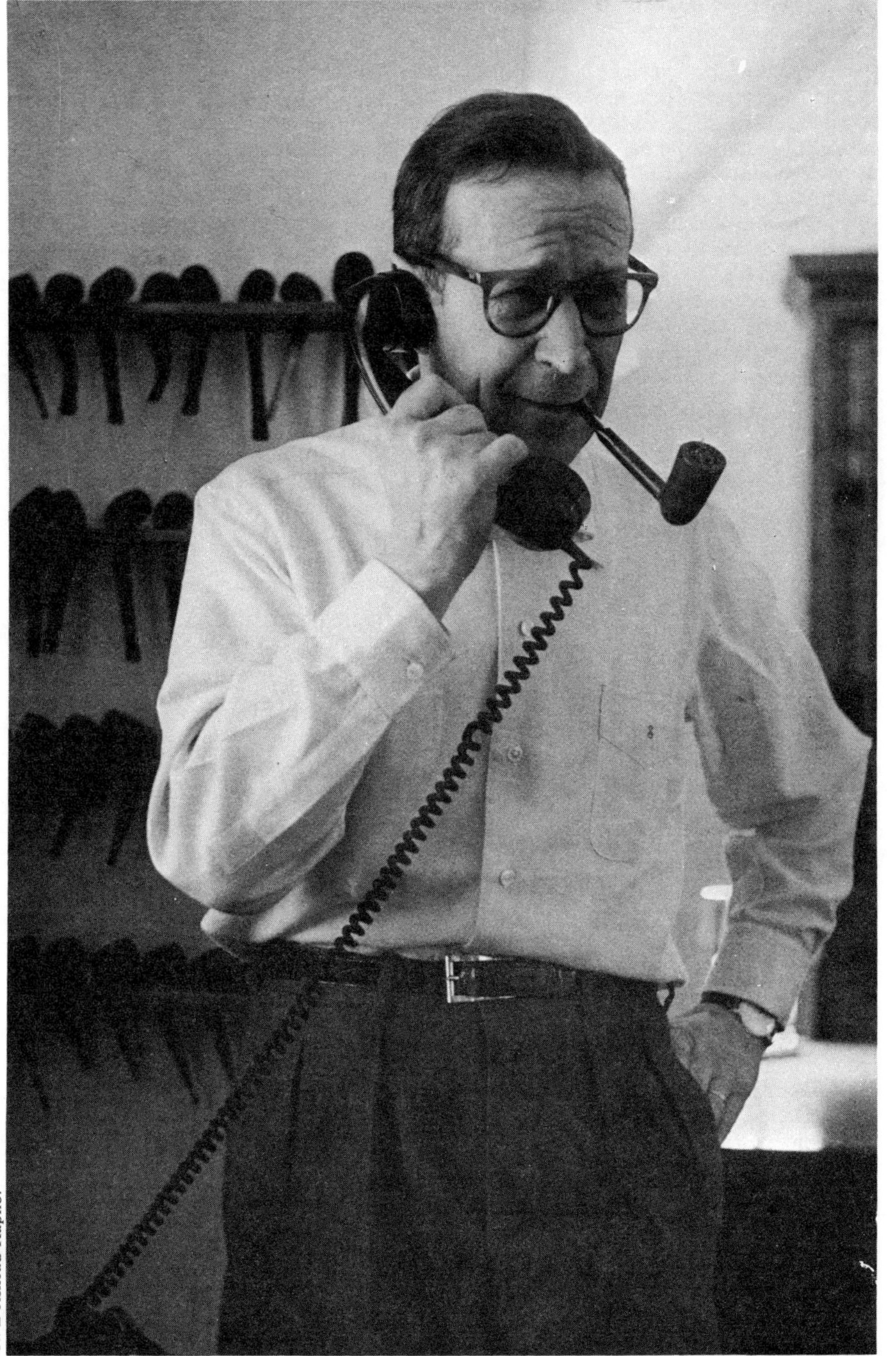

Cl. Doisneau-Rapho.

Georges Simenon et « les pipes de Maigret ».

Le renouvellement du genre devait s'effectuer en plusieurs étapes. Il y eut d'abord le temps de la « Série noire »; cette collection, dont le titre a fini par devenir un nom commun, fut créée, en 1947, par Marcel Duhamel. Il s'agissait au début de traductions de romans américains — même s'ils étaient écrits par des Anglais comme James Hadley Chase ou Peter Cheyney — bien différents des « detective-stories » : les « thrillers » (littéralement : qui donne des émotions). Romans plus proches du roman d'aventures, se déroulant dans le monde des gangs, des bars, des politiciens : toute une Amérique mythique et pourtant bien réelle, dont les Français, pendant quatre ans d'occupation, avaient rêvé, et qui s'élabora à partir des livres de Dashiell Hammett, Raymond Chandler, Richard Burnett, James Cain, et de beaucoup d'autres moins célèbres et moins doués. Le héros de ces livres n'était plus le détective mondain d'Agatha Christie, plus ou moins dilettante, ni même le commissaire humain de Simenon. C'était le « private », détective privé, incarné à l'écran par Humphrey Bogart, nouvelle idole de cette mythologie qui fonctionnait aussi bien à l'écran que dans les livres. Travaillant dur pour gagner péniblement sa vie, menacé à la fois par la police officielle et par les gangsters, vendant ses renseignements au plus offrant, et finissant cependant, malgré son amertume et son cynisme, par conserver intactes, dans un tourbillon de blondes platinées et de verres de bourbon, et après s'être fait casser la figure un nombre incalculable de fois, quelques rares valeurs et en particulier le sens de sa dignité personnelle, Philip Marlowe, le personnage créé par Chandler, était l'incarnation parfaite de ce nouveau type.

Si le lecteur français se fit souvent une fausse idée de la valeur documentaire et littéraire de ces livres, dont les meilleurs ont la qualité des romans de Hemingway ou de Caldwell, c'est que Marcel Duhamel mit systématiquement l'accent sur une certaine dérision, qu'il transforma en un comique parodique. Le langage dru, imagé, direct de ces violents prit en français une couleur pittoresque, amusante, mais beaucoup plus inoffensive. Le catalogue des titres de la Série noire marque déjà cette volonté de prendre une certaine distance, une attitude légèrement supérieure : *A halo for nobody* devient *Les Auréoles au dépotoir; Assignment Mara Tirana* devient *A 4 pattes dans les Carpathes*, et *Run with the devil*, *La pizza brûle*. Cette attitude empêcha, peut-être définitivement, le roman policier d'accéder une fois pour toutes au statut de littérature à part entière et le força à demeurer au rang de divertissement.

Les écrivains français ne pouvaient échapper à cette influence. Dès 1943, *Le Grand Mur* de Léo Malet semblait avoir retrouvé tous les procédés des « thrillers »; et surtout, après la guerre, l'inévitable Boris Vian apporta sa contribution, sous le pseudonyme de Vernon Sullivan, à l'édification du mythe américain : *J'irai cracher sur vos tombes* *, *Les Morts ont tous la même peau* (1948) et quelques autres dans lesquels il imitait à la perfection les Américains... et leurs traducteurs. Vian ne pouvait cependant s'empêcher de glisser quelques phrases à lui qui durent surprendre les premiers lecteurs, telle cette note en bas de page pour justifier un passage prétendument censuré : « Les points représentent des actions particulièrement agréables, mais pour lesquelles il est interdit de faire de la propagande, parce qu'on a le droit d'exciter les gens à se tuer, en Indochine, ou ailleurs, mais pas de les encourager à faire l'amour. » (*Elles se rendent pas compte*, 1948.)

Il y eut ensuite la Série noire à la française. Dans les années cinquante, Auguste Le Breton *(Du Rififi chez les hommes)*, **Albert Simonin** *(Touchez pas au grisbi)*, se présentant comme d'authentiques repris de justice, entreprenaient de décrire le « milieu » français, de Pigalle et de la Côte d'Azur. Usant d'un argot authentique

---

* Écrit en dix jours en 1946, dans le dessein, avoué depuis, de « fabriquer un bestseller », et qui fit scandale, Vian ayant dosé un peu trop libéralement le cocktail de violence et d'érotisme caractéristique du modèle américain.

qui nécessitait un glossaire « pour faciliter aux caves la compréhension de ce qui précède », ils voulaient peindre des tueurs débarrassés de toute auréole romantique, en réaction contre ce que leur préfacier appelait le maquillage du roman noir américain. Leurs gangsters furent fatigués, désabusés, tuberculeux même, mais réguliers, amis sincères, aimant les enfants et les animaux, ce qui ne les empêchait pas d'être cruels, durs et sans pitié.

[Le raisiné sur la tronche]

Le narrateur, Max-le-Menteur, aidé de Marco, est à la poursuite de Ramon, truand espagnol qui vient d'entrer dans le bar d'Angelo, avec lui aussi des intentions belliqueuses.

L'argot est de 1952. Le glossaire définissait les termes suivants :

* (ou raisin) : sang.

Dans moins d'une minute, tout serait terminé. Si Ramon paraissait pas d'ici là, c'est qu'il avait son compte. S'il avait eu la loi au contraire, j'allais le servir au passage.

Un flingue s'est tu, puis un autre. Ramon est sorti, un peu cassé, la main gauche sur le bide, un colt au bout du bras droit. La pluie qui tombait dru lui délayait le raisiné * sur la tronche. Ça semblait pisser du crâne à petits bouillons.

A demi aveuglé, il venait à nous, piquant vers sa voiture. Il s'est essuyé les yeux d'un revers de manche, le flingue brandi de façon presque marrante.

« Emmanché! je pensais, t'es à ma pogne! » Mais j'attendais qu'il soit encore plus près pour lui lâcher le paquet dans sa sale gueule, qu'elle effraie jamais plus personne.

On a tiré ensemble. Lui dès qu'il a aperçu Marco, moi en voyant s'amorcer sa grimace.

Il a pas eu le loisir de doubler; ma première balle l'a pris de plein fouet, entre les deux yeux. Pour la seconde j'ai dû le cueillir plus bas, alors qu'il se ratatinait sur ses jambes, avant de plonger dans le ruisseau.

Vape *! Il était pas le seul à s'étendre! Marco venait de se renverser d'un coup en travers de la porte. Mon P. 38 qu'il avait lâché rebondissait sur le trottoir, jusqu'à mes pieds.

* Être envapé : se trouver dans un état comateux, du fait d'un abus de drogue et, par extension, être accablé par une trop longue série de revers.

— Mec, c'est pas le moment de s...

En regardant de plus près, mieux valait fermer ma gueule. Il pouvait plus m'entendre, le gentil voyou; y avait trop de cervelle éclaboussée contre le mur pour ça!

J'ai ramassé le P. 38. Le Star, j'en ai essuyé la crosse, le canon, la gâchette, puis je lui ai filé en pogne, à Marco. Après, ça a été comme si je lui serrais la louche une dernière fois, pour le remercier de toutes les gentillesses qu'il avait eues pour moi. Il était encore chaud; j'ai serré à fond. Quand j'ai lâché, la main s'est rouverte et le calibre a glissé jusqu'au ruisseau. Ça a fait un tout petit plouf.

Albert Simonin, *Touchez pas au grisbi*, éd. Gallimard.

— Dans un climat stéréotypé (pluie, bar, voitures, sang, amitié virile), récit qui vise au dépouillement des « thrillers » : pour accentuer le caractère dur, une sorte de cynisme pittoresque (11, 17, 28, 35) et réservé dans l'expression des sentiments (27).

— Richesse de l'argot (surtout vocabulaire des armes), quelques incorrections (suppression de la négation), emploi du passé composé; cela suffit-il à créer un style comme le suggère Mac Orlan dans la préface de *Touchez pas au grisbi* : « L'emploi de cet argot coloré, mais qui n'utilise que rarement des mots secrets, donne à un fait divers de commissariat le droit d'entrer dans la littérature »?

Le public fit un triomphe à cette acclimatation habile de certains thèmes des romans américains, mais jamais aucun auteur français ne devait dépasser cette peinture du « milieu » pour atteindre à la cruauté de certaines études de mœurs des maîtres d'outre-Atlantique (*La Reine des pommes* de Chester Himes, *Un Nommé Louis Beretti* de Henderson Clarke). Un livre comme *L'Excommunié* de José Giovanni aurait cependant pu montrer la voie, qui mettait en rapport les gangs et les milieux de la politique municipale marseillaise.

Mais la Série noire, tout en devenant une institution nationale, capable de publier jusqu'à huit titres par mois, allait bientôt être supplantée dans les faveurs du très grand public par d'autres formes du roman d'aventures. Un moment on put penser que ce serait le roman de terreur, de « suspense * » : la Série noire se doubla d'une « Série blême » pour essayer de canaliser la concurrence, mais cette moderne version du roman d'épouvante ne dura qu'un temps, celui des traductions des chefs-d'œuvre de William Irish, le maître du genre, et de quelques réussites autochtones de Boileau et Narcejac *(Celle qui n'était plus, Les Visages de l'ombre, D'entre les morts)* qui surent rajeunir les vieux procédés du roman noir :

« De l'autre côté du couloir, des pieds glissent sur le parquet de la chambre. Le lustre s'allume. Le bas de la porte du bureau s'éclaire. Elle est derrière, juste derrière, et pourtant, il ne peut y avoir quelqu'un derrière. A travers l'obstacle, ils s'écartent, le vivant et le mort. Mais de quel côté est le vivant, de quel côté le mort?

Et puis le bouton de la porte commence à tourner, lentement, et Ravinel se détend. Durant toute sa vie il a attendu cette minute. » *(Celle qui n'était plus.)*

Deux écrivains un peu à part, Japrisot et Montheilet, donnent une couleur nouvelle, plus raffinée, à des romans dont l'intérêt réside avant tout dans une construction fondée sur tout un arsenal psycho-pirandellien de dédoublements, reflets, substitutions d'identité, amnésies vraies ou simulées qui font de ces livres d'inquiétantes machines *(Piège pour Cendrillon, Le Retour des cendres)*.

C'est un genre plus simple, plus en rapport avec l'actualité qui devait s'imposer (plus d'un million d'exemplaires vendus actuellement chaque mois) : le roman d'espionnage. Ce genre correspond à de nombreux besoins du public : à la fois celui du réalisme (les enjeux de ces aventures sont ceux du monde actuel : pétrole, secrets atomiques, spatiaux, etc.), celui de l'évasion (l'agent secret vit à la fois dans des villes connues, Londres ou Paris, et dans des pays exotiques, aux confins du fabuleux), celui enfin de l'identification au héros : à la période documentaire (les romans de Pierre Nord, puis ceux de Rémy, de Ponchardier) a succédé le temps des héros-supermen.

A l'exemple du héros de Ian Fleming, James Bond, les écrivains français, Jean Bruce, Paul Kenny, Laforest, Conty, ont créé

* Ce terme introduit par le succès des films de Hitchcock devait faire des ravages parmi des générations entières de lycéens désireux de renouveler le vocabulaire de la critique littéraire : toutes les tragédies de Racine furent mises à la sauce Hitchcock.

Coll. J. C. Shark International.

Les films de « Série noire » : une scène du film de Jules Dassin *Du Rififi chez les hommes* (avec Jean Servais à droite) qui semble faite pour illustrer notre texte du *Grisbi.*

Les films de la série des « James Bond » : le grand spectacle a pris la place de l'intimisme des « Série noire ».

Cl. Loomis Dean. Holmes Lebel.

une série de héros invincibles, Coplan, OSS 117, qui savent résister aux pires épreuves, y compris la mort de leur créateur. C'est le cas pour OSS 117 dont les aventures sont prolongées, sur un modèle préétabli, par la femme de Jean Bruce. Selon les fluctuations de la politique mondiale, les « bons » et les « méchants » de ce monde où règne un manichéisme sans nuances seront, selon les cas, Américains, Russes ou Chinois, ou bien encore quelque mystérieux Dr. No, incarnation aussi absolue qu'internationale du Mal. Aux secrets militaires, succèdent les secrets atomiques, puis les plans de fusées, puis quoi? Le roman d'espionnage doit toucher à la science-fiction s'il ne veut pas être trop vite démodé. Il tend donc à rassembler toutes les fonctions traditionnellement dévolues au roman de consommation, une extrême banalité de présentation et d'écriture étant de rigueur. Son succès considérable explique peut-être le relatif déclin de genres populaires comme le roman historique et sentimental, et même la difficulté qu'éprouve la science-fiction à atteindre en France un large public.

Le roman historique et sentimental

Tous ces genres sont, en effet, coincés entre deux désirs apparemment contradictoires du public, celui d'un goût pour la vérité, pour la documentation, et celui de l'évasion romanesque qui par moments resurgit plus fort. L'éditeur ne sait jamais très bien s'il doit mettre l'accent sur le document ou la fiction, ou sur un habile dosage des deux. Il serait sans doute plus sage de considérer qu'il y a *des* publics, et que celui qui accueille *Les Rois maudits* de Maurice Druon n'est pas forcément le même que celui qui se régale aux *Caroline chérie* de Cécil Saint-Laurent ou à *Angélique, marquise des Anges* de Serge et Anne Golon. Ce qui paraît plus étrange encore, au temps des « mass-media », est qu'il y ait encore un public pour les romans sentimentaux, ces livres qui se terminent ainsi : « Main dans la main, ils dévalèrent la colline, puis disparurent dans le sous-bois tapissé de violettes et de lierre, tandis que le garbin, ce vent frais de la Méditerranée, accompagnait d'un murmure poétique leurs serments éternels. « (Jean Dominique, *La Montagne noire*, 1965.) On réédite (trois éditeurs...) les romans de Delly : *Aélys aux cheveux d'or*, *Athélya fille des Indes*, *Anita*, *Annonciade*, *Bérengère fille de roi*, *Cœurs ennemis*, et l'alphabet commence à peine... La lecture des catalogues de ces romans d'amour, beaucoup plus amusante que celle des livres eux-mêmes, terriblement monotones, si elle laisse parfois songeur (quelle merveilleuse histoire peut bien se cacher, entre les prévisibles *Daisy des neiges* et *La jeune fille en robe rose*, derrière le titre pour une fois inattendu *De la Sorbonne au Calvaire*?), fait apparaître une extraordinaire permanence des personnages (châtelain/e, prisonnier/ère, chevalier/ère, inconnu/e, étranger/ère, comte/esse,....), des thèmes (amour, espérance, illusions, secret, épreuve, adieu, révolte), des lieux et des moments (aube, nuit, ruisseau, fleuve, tour...), à croire que le monde extérieur n'a pas changé depuis 1789 : y a-t-il encore des jeunes, ou de moins jeunes, filles qui rêvent à *L'Homme de Tampico*, à *L'Inconnu de Mexico* et à *L'Énigmatique Sylvio?* Avec l'intrusion de la télévision dans le monde du feuilleton romanesque, on pourrait s'attendre à la mort d'une certaine littérature. La lecture n'est plus, en effet, qu'un mode de consommation, parmi d'autres, de cette nourriture des rêves : le roman *Cecilia médecin de campagne*, par exemple, n'est que le relais entre un feuilleton radiophonique et un feuilleton télévisé; il indique la possibilité d'un autre romanesque : celui où la lectrice-spectatrice (nous supposerons, avec

Roger Caillois, que le roman sentimental est féminin, comme le roman d'espionnage est masculin) se reconnaît dans un personnage vraisemblable, union de la femme et du médecin, grand héros de cette mythologie moderne, et dans un univers non plus conventionnel mais accessible : le village français typique. Le photo-roman représente une autre conquête de l'image dans ce domaine : dessinés ou photographiés, les personnages prennent corps et visage, ceux d'archétypes irréprochables ou d'acteurs sur le déclin. Peu de surprises littéraires à espérer de toutes ces formes où la chose écrite est de plus en plus accessoire, et toujours prévisible.

La science-fiction

Il n'en va évidemment pas de même pour la science-fiction (abrégée en S.F.) puisque nous entrons avec elle, par définition, dans le domaine de l'imagination. Ce terme américain, qui a remplacé peu à peu celui d'anticipation, s'applique, dans d'autres pays, à une littérature vivante, qui a produit d'indiscutables chefs-d'œuvre : Bradbury (*Fahrenheit* 451, *Chroniques martiennes*), Asimov *(Fondation)*, Van Vogt *(Le Monde du non A)* et bien d'autres aux États-Unis; Karel Capek *(La Guerre des salamandres)* en Tchécoslovaquie; John Wyndham *(Révolte des Triffides)* en Angleterre; I. Efremov (*La Nébuleuse d'Andromède*) en U.R.S.S. La science-fiction n'y est pas considérée simplement comme le divertissement de parfaits petits bricoleurs ou d'esprits irréalistes, mais comme un moyen commode de réfléchir à un certain nombre de problèmes posés par la société contemporaine mais que la censure ou le manque d'imagination du lecteur ne laisserait pas traiter autrement. Lorsque Sternberg imagine, dans *La Sortie est au fond de l'espace*, la prolifération des microbes de l'eau devenus soudain géants, il ne fait que rêver logiquement au problème de la pollution de l'eau que dénoncent régulièrement les spécialistes sans jamais réussir à faire peur aux responsables ni aux usagers : la fiction peut être le moyen de sonner l'alarme avec plus d'efficacité.

La science-fiction représente d'ailleurs plus qu'un simple genre littéraire. C'est un phénomène culturel aux manifestations multiples (livres, films, objets, etc.), un état d'esprit, comme en témoigne par exemple l'exposition du Kunsthalle de Berne (été 1967) qu'on put voir à Paris à la fin de la même année. C'est dans le catalogue de cette exposition que **Gérard Klein,** l'un des rares bons écrivains français de S. F., posait, dans un très remarquable article que nous n'hésiterons pas à mettre à contribution, la question-clé : « On peut se demander si elle [la S.F.] ne reproduit pas le processus assez fréquent de l'émergence d'un moyen d'expression à partir d'une origine populaire. »

Semblant oublier qu'elle est la patrie du père de l'anticipation, Jules Verne qui, dès 1865, écrivait que la fusée emmenant les premiers hommes vers la lune s'élancerait depuis la Floride avec trois hommes à bord, la France accorde à la S.F. un statut extrêmement ambigu. Celle-ci y est en effet considérée comme un secteur de la littérature enfantine, ou comme une sous-littérature de consommation, à mettre sur les mêmes rayons que les romans d'espionnage ou les mauvais romans policiers. Ou bien alors elle s'y trouve réservée à un petit nombre d'amateurs groupés en clubs (comme le Club des Savanturiers, fondé en 1952 par Queneau, Quéval... et l'omniprésent Boris Vian) pour qui la S.F. est toujours la « découverte » d'un trésor plus ou moins inavouable et qui leur donne l'impression de s'encanailler un peu...

Pourquoi cet état de choses? A la méfiance

généralisée du public français pour toute la littérature fantastique (bien différent du public anglo-saxon qui prolonge tout spontanément les contes de fées du type il-y-avait-une-fois par des contes de fées du type il-y-aura-une-fois), au manque de culture scientifique collective d'une nation en retard sur les U.S.A. ou l'U.R.S.S. (ce qui donne de toute façon à la plupart des livres français l'allure de traductions), répondent la paresse des éditeurs qui, lorsqu'ils ont publié les chefs-d'œuvre étrangers, ne se soucient guère d'encourager les talents nationaux, et peut-être aussi la gêne qu'éprouve un écrivain français à être catalogué « écrivain de S.F. », appellation qui semble le condamner aux tourniquets des bibliothèques de gares.

A part un René Barjavel poursuivant obstinément depuis vingt-cinq ans une œuvre à éclipses (de *Ravages* à *La Nuit des Temps*) qui constitue une réflexion sur le thème du Temps *(*« On m'attribue la paternité de ce que l'on a baptisé "le paradoxe temporel". En gros c'est un personnage qui réussit à voyager dans le temps. Dans chacune de mes histoires le héros parvient à modifier le temps et à mettre en évidence les grandes contradictions de la vie humaine »), aucun écrivain de S.F. n'a réussi à imposer son univers au public français. On reste en présence des réussites épisodiques d'écrivains pour qui la S.F. constitue une activité marginale (Sternberg avec *La Sortie est au fond de l'espace*, sorte d'anthologie des thèmes de la S.F., ou bien avec *Un Jour ouvrable* qui bascule vers le fantastique à la Boris Vian), attitude regrettable car l'univers littéraire de la S.F. est un univers qui a ses lois, son histoire, son développement qu'un néophyte ne saurait assimiler d'un coup. Les œuvres de qualité, bien qu'inférieures aux grands modèles étrangers, demeurent inconnues du très grand public comme du public dit cultivé : *Terre en fuite* (Carsac), *Un Chant de pierre* (Klein).

[Un ubionaste]

Richard Mecca doit dompter un ubionaste devenu furieux, qui risque de détruire l'humanité ou de faire exploser le soleil.

Un ubionaste. *Unité biologique de navigation stellaire.* Une mécanique prodigieusement compliquée et moléculairement précise, créée d'une éprouvette géante, ultime réussite d'une science qui s'était appelée bionique, et qui avait cessé, un beau jour, d'avoir une existence à part. Avant l'ère des ubionastes, les hommes avaient franchi les gouffres stellaires à bord de véritables machines, et chaque fois, pour eux, ç'avait été un exploit incomparable que de demeurer seulement en vie. Trop de facteurs à intégrer. Il fallait que ce fût fait automatiquement et parfaitement. Une simple cellule vivante capable d'assurer plus de fonctions que l'électronique la plus complexe. C'était donc de la cellule vivante qu'il fallait partir.

Et de cataclysmiques parturitions donnaient naissance aux ubionastes. Ils avaient été au départ quelque chose comme des spores flottant dans l'espace, dérivant au gré des vents ondulatoires que soufflent les bouches de la nuit, s'appuyant sur les forces invisibles comme un dauphin s'appuie sur l'eau. Et les hommes les avaient disséqués, cultivés, perfectionnés, et en avaient fait des ubionastes. De

Illustration de l'édition Hetzel pour *De la Terre à la Lune* de Jules Verne.

B.N. Cl. Snark International.

***2001, l'odyssée de l'espace,* film de Stanley Kubrick (1967).**

Coll. M.P. Snark International.

géantes cavernes de chair minérale, énergétique, parcourues de veines de plasma, se nourrissant comme des hydres monstrueuses des pétales des soleils, et abritant, dans leurs cryptes alvéolaires, des milliers d'humains endormis. Les ubionastes voguaient nonchalamment et battaient la lumière à la course, tandis que dans leurs cercueils d'amiante, leurs passagers rêvaient. Seul, le cornac, pilote absolu et dérisoire, rien de plus qu'une poignée de microbes intelligents parasitant l'organisme colossal, veillait.

L'homme, trop petit pour l'espace, et n'ayant rencontré aucune espèce à soumettre, s'en était forgé une. L'ubionaste est la plus vaste création de l'homme. L'ubionaste est un géant idiot animé par les pensées des hommes qui l'habitent, et dévorant tout à la fois la science et la raison, le bruit et la fureur qu'ils portent en eux. Une bonne image des dieux, hantés par les hommes et miroirs des hommes.

Gérard Klein, *Un Chant de pierre*, éd. Éric Losfeld.

— Apprivoiser l'inconnu : le mot et la chose (1-5). Les pouvoirs de la science : du connu (6-9) au possible (10-13) puis à l'inouï contradictoire (20-29) grâce à un jeu sur les temps (5, 14, etc.). Les prestiges du verbe : de l'approximation (15-16) à l'explication par la poésie (17, 22-23); les mythes retrouvés (22-27), hymne à l'intelligence humaine (30-36).

— La phrase : de la brève notation (9-13) à la parodie littéraire (Hugo, Malraux), recherches d'écritures diverses qui frappent et troublent par l'artifice même.

— « Il semble donc que la S. F. représente la forme normale de la mythologie de notre temps : une forme qui, non seulement, est capable de révéler des thèmes profondément nouveaux, mais qui est capable d'intégrer la totalité des thèmes de la littérature ancienne. » (Michel Butor.)

Ce qui semble faire le plus défaut aux écrivains français de S.F. est un certain don poétique à la Jules Verne alliant la naïveté à la curiosité. Dans l'article cité plus haut, Klein montre comment l'imagination de l'écrivain de S.F. se met en branle à partir d'objets et d'événements très simples (on remarquera comment l'utilisation de certains des procédés du Nouveau Roman confère à ce fragment une indiscutable qualité poétique) :

« Un objet dérisoire, tel ce désintégrateur en plastique, jouet d'enfant, mais image d'une arme avec ses ailettes finement dessinées qui courent le long de son canon renflé, ses boutons et ses leviers minuscules et les unités inconnues de ses graduations et les fortes indentations de la crosse où viendraient se loger des doigts épaissis par le lourd gantelet du cosmonaute, et son viseur démesuré, doté d'un réticule et qui est un écran de télévision capable d'abolir la distance. Image d'une arme qui projette dans le silence un rayon sans doute invisible, susceptible d'effacer, sans un bruit, sans un cri, tout un cône de matière ou de faire pleurer le métal, et qui a peut-être dérivé longtemps dans l'espace, entre les astéroïdes, quoique sa surface lisse et nette ne manifeste en rien l'érosion caractéristique due aux météorites, sauf peut-être au-dessous du pontet, là où elle a été légèrement éraflée. D'une arme qui, au lieu de renvoyer à une fraction de l'univers réel, à tel épisode sordide ou épique de l'Histoire, suggère forcément

Cl. Usis.

Juillet 1969 : Aldrin (et Armstrong reflété dans la visière du casque d'Aldrin) sur la lune.

autour d'elle l'univers qui la complète, qui lui est nécessaire, qui la prolonge, un univers où la science inimaginable qui l'a rendue possible possède un nom, des savants et des laboratoires, un univers de planètes conquises, de combats furieux contre des Étrangers inhumains et peut-être monstrueux; un univers dont elle est un fragment émergé, d'une incompréhensible légèreté. »

Il faut cependant, à ce bilan somme toute assez décevant, ajouter, quitte à choquer les puristes de la S.F., ce qu'on a appelé « le phénomène Planète » lequel tendrait à infirmer nos conclusions selon lesquelles le public français serait rétif à toute exploration de l'imaginaire. Il y eut d'abord, en 1960, un livre *Le Matin des magiciens*, mélange hétéroclite de science, de fantastique, de rêve, de sérieux et de fantaisie (la survie d'Hitler, l'île de Pâques, les soucoupes volantes, les autres mondes habités), mélange d'ailleurs revendiqué comme tel dès la préface : « La frontière est très mince entre le merveilleux et le positif, ou, si vous préférez, entre l'univers visible et l'univers invisible. Il existe peut-être un ou plusieurs univers parallèles au nôtre. » Le succès du livre amena ses auteurs, Louis Pauwels et Jacques Bergier, à créer une revue, *Planète*, où les œuvres de S.F. étaient en minorité par rapport aux études scientifiques. L'évolution ultérieure de la revue vers l'exposé d'une culture encyclopédique dont nous n'avons pas à juger la valeur, montra que le public français était prêt à accepter la S.F. comme branche d'un ensemble plus vaste où la place la plus large est faite à l'énigme et au mystère (le goût bien connu des Français pour la 267e explication de l'Énigme du Masque de fer ou le sort du Malheureux Petit Dauphin...). Mais *Planète* semble avoir libéré certaines facultés inventives des écrivains français. Sans *Planète* on n'aurait peut-être pas eu l'occasion de lire un texte aussi merveilleusement délirant dans son syncrétisme naïf que ces quelques lignes d'un roman pris *au hasard* (qui le croira?) dans la collection « Anticipation-Fiction » la grande collection populaire de S.F. * : « Inspirée de la technologie extra-terrestre des Élohams, l'Arche d'Alliance était... *est*, un puissant générateur électrostatique, approuva le journaliste. Décidée par les instructeurs, sa construction répondait à une utilité certaine, servant en quelque sorte de " balisage ", les astronefs Élohams pouvant localiser de très loin son " champ électrique " et, par là-même, savoir en quel point du désert se trouvaient les Hébreux et Moïse, leur chef. » (J. Guieu, *Les Sept Sceaux du cosmos*, 1968.)

La bande dessinée

Cette limitation d'un genre à un petit groupe d'amateurs qui en freine le double développement possible, on le retrouve, mais selon d'autres modalités, avec le phénomène de la bande dessinée (B.D. pour les initiés). Ces histoires demeurèrent longtemps réservées aux enfants : *La Famille Fenouillard*, *Le Sapeur Camember*, de Christophe, puis *Les Pieds nickelés*, de Forton, *Bécassine*, de Cannery et Pinchon et plus près de nous *Zig et Puce* d'Alain Saint-Ogan, *Babar* de Jean de Brunhoff, *Tintin* de Hergé, *Le Professeur Nimbus* de Daix (la première bande à paraître en France dans un journal d'adultes), *Lucky Luke* (texte de Goscinny et dessins de Morris) et, la der-

* Les ouvrages de qualité paraissent plutôt dans la collection « Présence du Futur » (éd. Denoël).

La famille Fenouillard en marche vers l'immortalité (Christophe, *La Famille Fenouillard*, rééd. A. Colin, 1935).

Bécassine en proie aux puissances de l'inconscient (*Les Bonnes Idées de Bécassine*, texte de M.-L. Caumery, ill. de Jean Pinchon, éd. Gautier-Languereau, 1926).

ça ne m'arrive pas souvent, et quand ça m'arrive j'ai peur de perdre mon idée, ou de l'embrouiller. Alors, je vous en prie, ne me parlez pas.
longtemps.
... des vilains précieux souvenirs, et, me les montrant, elle dit : « Regardez-les... Quand vous les reverrez, ils seront remis comme avant, plus beaux même. » Déjà, elle débouchait ses flacons.
Je la laissai ; j'allai m'asseoir dans le fauteuil que je prends toujours quand je veux réfléchir. Je fermai les yeux, je devais avoir l'air de dormir...
... mais je ne dormais pas, je vous le garantis ; c'était comme un tourbillon dans ma cervelle. Je revoyais Boule-de-Billard, ses gestes, ses métamorphoses, ses pancartes. Je me répétais ses paroles :

« Ils sont fous, ces Romains » (*Astérix, le tour de Gaule*, texte de Goscinny, dessins de Uderzo, Dargaud éd., 1965).

3 Cl. Bordas J.B.

Cl. Opéra Mundi.

Une autre interprétation de la Rome antique (*Les Aventures de Jodelle*, texte de Pierre Bartier, dessins de Guy Pellaert, éd. E. Losfeld).

nière en date, *Astérix* (Goscinny et Uderzo). Elles deviennent soudain un élément de la vie culturelle, provoquant l'engouement de quelques-uns : non seulement des adultes nostalgiques à la recherche du temps perdu, mais des spécialistes qui se penchent sérieusement sur les modes narratifs et les messages informatifs contenus dans ces petits rectangles illustrés, science nouvelle nommée la « stripologie » (de l'américain « strip » : B.D.), dont l'un des plus beaux exemples est le livre de Robert Benayoun *Le Ballon dans la bande dessinée*, *Vroom*, *Tchac*, *Zowie*, et qui va rechercher les sources du genre dans les fresques des églises romanes et la Tapisserie de Bayeux. On réédite luxueusement des bandes anciennes *(Pieds nickelés*, *Bicot)* et surtout on publie des B.D. pour adultes : *Barbarella* de J.-C. Forest, *Jodelle* et *Pravda la survireuse* de Pellaert, la *Saga de Xam* de N. Devil, cependant que l'on « met en B.D. » des livres « normaux » comme *Zazie dans le métro*. Sans parler du travail de présentation graphique qui, en transformant l'aspect de la page, en transforme le mode d'utilisation : par exemple, l'édition en 1964 de *La Cantatrice chauve* de Ionesco par Cohen et Massin (*cf.* p. 518).

A quoi correspond cet engouement? A une mode? Assurément — mais une mode qui prend et qui dure n'est plus une mode. A un infantilisme prolongé? Pas forcément, même si les opinions à ce sujet sont violemment divergentes : « *Haut les cœurs*, *Le crime ne paie pas*, *Mandrake*, etc. Tout cela fera "d'excellents Français qui marcheront au pas", voteront comme il faut, et iront voir les grandes marées en attendant de pratiquer le scoutisme planétaire. Avec l'avantage en plus de supprimer le langage articulé, de ralentir les mécanismes intellectuels, de ramener inlassablement l'adulte à un état d'infantilisme mérovingien, et d'extraire d'un tempérament national tout ce qu'il peut avoir de plus vulgaire et de plus déplaisant : Astérix. » (A. Fermigier.) « Les adultes ont jugé qu'ils étaient encore plus à même que leur enfants d'apprécier les astuces, pastiches, calembours, à peu près, rudiments de latin, allusions politiques, sociales, gastronomiques, dont sont truffées les aventures d'Astérix. » (J. Marny.) Cette querelle autour d'Astérix montre bien en tout cas que la B.D. est un réservoir de personnages mythiques, de héros collectifs : Bécassine, Tintin, Astérix sont des types au même titre que d'Artagnan, Monte-Cristo ou Rouletabille. Et comme l'écrit Céline : « Le combat contre les mythes du temps est devenu impossible. Les mythes se défendent bien. Être Don Quichotte, ce serait faire le Jacques. »

[Zrälùkz-Wouah!]

Tintin et Milou viennent d'être éjectés du haut d'un avion qui survole la Syldavie. Le parachute s'est ouvert, mais Tintin, qui n'a pas eu le temps de le mettre, vient de le lâcher.

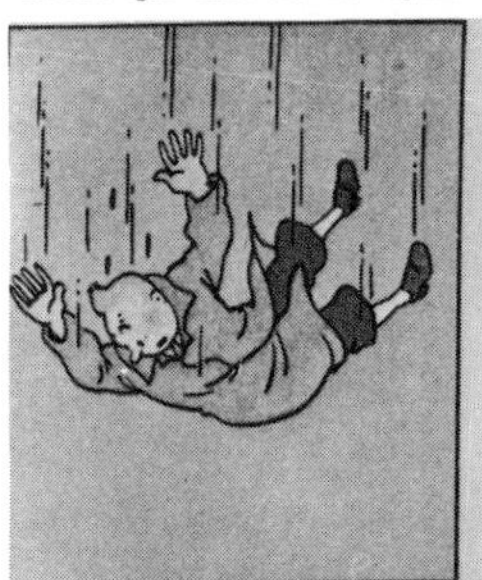

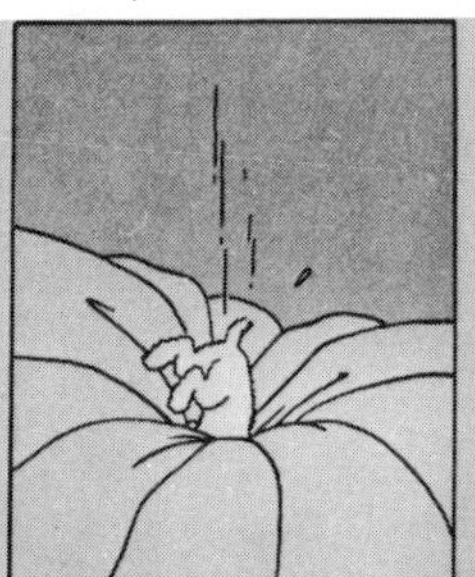

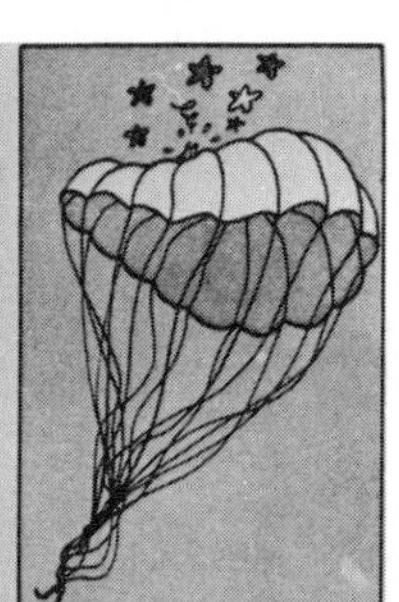

Hergé, *Le Sceptre d'Ottokar*, éd. Casterman.

— « Un romancier qui dessine » (Vandromme) mais surtout qui filme : art du montage; variété des plans (11 formats pour 11 plans; répartitions différentes; impression de durée), des cadrages (tous les plans, du plan général 4 au gros plan 3, 11) qui assure toutes les fonctions du récit : simultanéité des actions, attente, angoisse.

— Le texte : ici assez réduit. Surtout valeur humoristique (le « klebcz » du 7). Le bruitage (avec d'autres codes : 4, 8, 9) et le monologue intérieur (9, 10). « L'avenir appartient sans doute aux images qui, loin de remplacer un mot, une phrase ou une situation simple, rendront compte d'un complexe d'émotions ou de raisonnements, évinceront des pages de discours et exprimeront cette cible constante du poète, de l'artiste et du philosophe que représente l'inexprimable. » (Robert Benayoun.)

Ne faudrait-il pas voir plutôt dans le développement de la B.D. une tentative, peut-être encore balbutiante, et probablement assez irritante dans certains de ses aspects, pour trouver la forme littéraire de notre temps, dans laquelle l'image et le texte seraient en symbiose? Les surréalistes avaient déjà commencé à utiliser l'image comme partie intégrante du livre : *Nadja*, *L'Amour fou* de Breton ne se conçoivent pas sans leurs illustrations. Tout se passe comme si l'on retrouvait ici, transposé dans le domaine du livre, le mode de lecture de millions de lecteurs de la presse écrite, qui associent dans la même vision des articles illustrés de dessins ou de photos, et des bandes dessinées de types variés, verticales ou horizontales, à texte intégré ou séparé. Il est clair que pour ces lecteurs, lire un livre aux pages pleines de mots et vides de toute forme d'illustration est devenu, ou va devenir, aussi ardu que lire un livre en langue étrangère.

Actuellement, les B.D. pour grandes personnes, peut-être parce qu'elles émanent d'éditeurs marginaux (Éric Losfeld, Tchou, Belfond) et s'adressent à un public extrêmement sophistiqué, présentent un mélange savamment dosé d'érotisme, de science-fiction et de parodie, dont l'intérêt réside beaucoup plus dans les recherches visuelles que dans le texte. Mais il peut ne pas en être toujours ainsi, et l'on a le droit de rêver à un équivalent moderne des *Histoires comme ça* de Kipling, où texte et image seraient inséparables et répondraient, mieux que les productions existantes, à l'idéal défini par l'un des critiques les plus avertis de tous ces genres populaires : « Il semble que quelqu'un se soit dit un jour (peut-être l'auteur de *Barbarella*) que la bande dessinée recélait des trésors de possibilités poétiques, qu'elle pouvait prêter à tous les délires décoratifs, cerner le merveilleux, apprivoiser l'érotisme et nous rendre le sens du spectacle et du récit fantastique que les arts d'aujourd'hui nous ont fait perdre. » (M. Perez.) Par rapport aux recherches de l'art abstrait, la B.D. pourrait ainsi jouer le même rôle figuratif que le roman policier et le roman d'aventures par rapport aux recherches du roman actuel.

Ce qui caractérise les B.D., comme d'autres secteurs de toute cette para-littérature, c'est la multiplicité des niveaux de lecture possibles : à la fois reflet et origine d'une culture (le parler onomatopéique des adolescents par exemple), cette forme possède l'ambiguïté propice à toutes les inventions. Elle possède également un caractère rare dans la littérature moderne : l'humour. Du gros jeu de mots à la plus subtile distance parodique, c'est un univers de la bonne humeur, ce qui suffit peut-être à expliquer pourquoi certains refusent de le prendre au sérieux.

En guise de conclusion générale :

Pour clore cette étude des franges de la littérature, nous voudrions évoquer un autre « cas », dont l'humour semble bien être aussi le caractère principal : c'est celui de **San-Antonio,** « le plus connu des écrivains français, le plus lu dans toutes les couches de la société » (Escarpit). Ce pseudonyme de Frédéric Dard, à qui l'on doit aussi des romans noirs et des pièces de théâtre poli-

La Princesse de Clèves **en bande dessinée...**

« Après le festin, le bal commença; il fut interrompu par des ballets et autres divertissements extraordinaires. Il reprit ensuite jusqu'à minuit, et le roi, suivi de toute la cour, s'en retourna au Louvre. Quelque triste que fût Mme de Clèves, sa beauté n'en fut pas altérée, surtout aux yeux de M. de Nemours. »

cières, désigne à la fois l'auteur et le personnage principal d'une série de romans, déjà une bonne soixantaine, qui tiennent successivement et/ou à la fois du roman policier, de la Série noire et du roman d'espionnage. Ces genres n'ont d'ailleurs que très peu d'importance, puisque le lecteur qui consomme du San-Antonio sait à l'avance que l'action proprement dite tiendra le moins de place possible, pour la céder à une fantaisie verbale sans frein dans les meilleurs passages (les nécessités de l'action créent malheureusement des trous dans la lecture). On peut y voir une synthèse et une refonte habiles de l'humour absurde de Pierre Dac, de la fantaisie d'un Queneau ou d'un Vian (par exemple cette série de transformations du nom d'une sœur infirmière, Marie des Anges, à l'aspect redoutable : Attila, dame Terreur, Marie de mes deux Anges, Sœur Mésange, Sœur Attila des Anges, Sœur Marie de Solange, la moustachue, Sœur Marie de Vanves, Sœur Marée de Vidange, Sœur Mardi de Décembre, Sœur Marquis de Saintonge, Sœur Marie Étrange, Sœur Maraie me démange, Sœur Maudite Orange, Sœur Magie des Anges, Sœur Mari me dérange), du torrent célinien (« Quand je serai canné de frais, les bistourieux, les passionnés de l'encéphale, les acharnés du bulbe rachidien batifoleront dans les circonvolutions de mes deux hémisphères ») et de beaucoup d'autres formes d'humour.

Le genre a si peu d'importance que les héros — San-Antonio l'agent secret commissaire très spécial, son fidèle Béru le gros pachyderme dégoûtant, Félicie sa douce mère, Marie-Marie une petite sœur de Zazie... — peuvent quitter le roman d'aventures pour aller faire des incursions du côté de l'Histoire de France ou du monde des vacances *(Les Vacances de Bérurier)*. La richesse de l'argot et des créations verbales, la variété des références, des allusions, les jeux de mots polyglottes, les « private jokes » (clins d'œil aux lecteurs initiés), les agressions du lecteur, le cynisme, le mépris des modes et des snobismes, la désinvolture envers les lois du genre et la morale conventionnelle, et surtout la distance prise constamment par rapport au texte (San-Antonio se fait des compliments, attire l'attention du lecteur sur la pauvreté ou la richesse de ses jeux de mots, truffe son texte d'annotations de... Sartre) font de ces livres de savoureux cocktails.

San-Antonio, au cours de son enquête, est enfermé dans une prison anglaise et accusé de meurtre. Pour s'en évader, il compte sur l'aide de son fidèle second, le gros Béru, et de la petite nièce de celui-ci Marie-Marie.

[Y'a que le premier verbe qui coûte]

Je somnole... Le temps perd sa substance. Il devient incertain.

Fondu au noir! *

Me semble qu'on crie mon blaze * dans la street. S'agit-il d'un songe, d'un rêve ou d'un cauchemar? Je requiers toute mon attention, mobilise mes facultés auditives et finis par reconnaître la voix de Marie-Marie. Cette mignonne chante à tue-tête et à casse-tympan *Sur le Pont d'Avignon* mais avec des paroles de sa composition. Je les reproduis ici in-extenso car, vous le savez, je ne rechigne jamais à la tâche.

* Au cinéma, transition entre deux plans qui s'effectue par obscurcissement progressif du premier plan et découverte progressive du plan suivant.

* Nom.

Mon p'tit San
Antonio
Faut t' barrer (e), faut t' barrer (ee)
Mon p'tit San
Antonio
Y faut t' barrer illico
T'as une bagnole au coin d' la rue
La clé d' contact est dessus
Ainsi que l'adress où qu'on t'attend.
Grouille-toi, San-A, de fout' le camp!

Vous le voyez, mes très chères, il s'agit d'un bijou de chansonnette[1] aux rimes plus fraîches qu'un matin de printemps. Elle provoque en moi une réaction salutaire. Le frêle organe de la gamine c'est comme un souffle d'air par une journée torride. Il est prometteur de félicités. Je me dis que c'est la voix de la raison qui monte de la rue. En me taillant de cette prison je briserai la coalition effarante qui fait de moi un homme accusé de meurtre et passible de la potence ou de l'asile. Je dois songer à me disculper. Or qui donc, mieux que le fameux San-Antonio, est en mesure de prouver l'innocence du malheureux San-Antonio? Hein? répondez! Bon : je vois que vous êtes de mon avis. [...] *

* Ici une coupure de 30 lignes où San-Antonio parle de la nourriture de la prison et des infortunes conjugales de Béru.

Je rétrospecte pour bien me remettre dans l'œil les dédales de la prison. Ça vous chiffonne que je crée le verbe rétrospecter? Faut pas, mes pommes, faut pas! Ce qui manque à notre langage ce sont par-dessus tout des verbes.

1. Un jour je vous pondrai un San-Antonio en alexandrins.

Le verbe c'est le ferment de la phrase, son sang, son sens, sa démarche. A partir de noms ou d'adjectifs, il est aisé d'en confectionner de nouveaux. Je vous engage tous (c'est aux jeunes que je cause, pas aux vieux kroumirs * plus moisis que leurs manuels scolaires) à fabriquer du verbe pour que s'épanouisse notre langue. Ne vous laissez pas arrêter par la crainte de passer pour des incultes. Ce qui n'est pas français au départ le devient rapidement. Notre langue n'est pas la propriété exclusive des ronchons * chargés de la préserver; elle nous appartient à tous, et si nous décidons de pisser sur l'évier du conformisme ou dans le bidet de la sclérose ça nous regarde! Allons, les gars, verbaillons à qui mieux mieux et refoulons les purpuristes sur l'île déserte des langues mortes!

D'ailleurs ça vient tout doucettement, ma marotte du néologisme. Un peu partout, on assiste à des naissances. Dans les films, dans les bouquins. Oh, c'est encore timide, mais y'a que le premier verbe qui coûte. Bientôt, on ne pourra plus prétendre que le verbe s'est fait cher. Le jour viendra qu'au bac on fera passer une épreuve de néologie. Coefficient mille! La San Antoniologie écrasera la philo, ridiculisera les maths. A bas Pythagore! Il l'aura dans l'hypoténuse. On lui déniera le théorème. On le contestera, on le mettra en doute avant de l'oublier. Et tout ce qui subsistera de Samos *, son pays natal, ce sera une marque de fromage.

* Le même sens que ronchons, un peu plus bas.

* Ronchonner : maugréer.

* Allusion à l'actualité récente : on venait de lancer, à grands renfort de publicité un nouveau fromage, le « Samos 99 ».

San-Antonio, *Un Éléphant ça trompe*, éd. du Fleuve Noir.

— Variété des tons et des rythmes de ce style oral (San-A. est lui aussi dans la descendance célinienne) : du récit à peu près neutre (1-9) au feu d'artifice final en parodie de discours officiel (34-63) en passant par le pastiche de ronde enfantine (12-21) et celui de roman-feuilleton (24-33).

— Récit où l'action policière s'amenuise (1-21) au profit d'un discours presque constamment parodique, qui a perdu sa naïveté (limite difficile à tracer entre le vrai et le faux orgueil : 54-59, 22, note 1) constamment à la recherche de la trouvaille (3, 4, 10, etc.) et de l'effet comique (50-51, 55, 56, etc.).

— Tout le problème de la « culture populaire » est posé à propos des différents niveaux de lecture possibles (clins d'œil au lecteur dit cultivé). S'agit-il d'autre chose que d'un pur divertissement?

Si nous avons choisi de terminer ce chapitre sur le phénomène San-Antonio, c'est qu'il nous semble exemplaire de l'évolution de la plupart de ces genres. Les premiers San-Antonio, *Laissez tomber la fille*, *Les Souris ont la peau tendre*, n'étaient que de laborieuses imitations des Série noire de l'après-guerre. Depuis, le champ s'est élargi et l'imitation de genres mineurs est devenue parodie, c'est-à-dire en un sens recréation, de la « vraie » littérature. A l'intérêt croissant du lecteur cultivé pour ces formes populaires répond, chez l' « écrivain », la tentation de se démarquer par rapport au genre originel, l'humour changeant alors souvent de nature : à l'humour spontané, de « chauffeur de taxi », d'un Simonin ou d'un Le Breton, a succédé un jeu beaucoup plus raffiné qui fait partie intégrante de la tactique d'ensemble de la littérature. Les genres populaires forment alors véritablement une para-littérature, c'est-à-dire, en jouant à peine sur les mots, une prolifération parasitaire. Lorsque la Série noire publie un *Sans attendre Godot* ou un *Mytheux* (parodie de *Lorenzaccio*), on n'est plus très loin d'une ancienne tradition, celle des fabliaux ou du *Virgile travesti*. De la naïveté à l'ironie, de l'unicité à la pluralité des lectures possibles, telle semble bien être l'évolution normale de ces genres, le processus de leur récupération littéraire. C'est dans la mesure où le genre n'est pas irrémédiablement figé qu'il peut entretenir des relations avec la « grande » littérature. L'immobilité absolue, c'est-à-dire le sérieux répétitif des livres de Delly ou des Coplan, indique qu'aucun échange n'est à prévoir, — sans doute parce que, dans ces cas, le genre considéré à tort comme « populaire » n'est en réalité qu'un genre mort, un appauvrissement de la littérature : les « Delly » sont issus de *Manon Lescaut*, ils n'y mènent sûrement pas.

Choix bibliographique :

B. Vian, *En avant la zizique*, Le Livre contemporain.

L. Rioux, *Vingt ans de chanson en France*, Arthaud.

Boileau-Narcejac, *Le Roman policier*, Payot.

F. Hoveyda, *Petite Histoire du roman policier*, Éd. du Pavillon.

Catalogue de l'exposition de Science-Fiction du Musée des Arts décoratifs, 1967.

M. Butor, *Essais sur les Modernes*, coll. Idées, Gallimard.

Bande dessinée et figuration narrative, Catalogue Expo. 1967.

R. Benayoun, *Le Ballon dans la bande dessinée*, *Vroom*, *Tchac*, *Zowie*, Balland.

Chapitre XXIX

Littérature et cinéma

Nous n'adopterons pas pour ce chapitre le point de vue de l'esthéticien, mais celui de l'historien. Plutôt que de disserter dans l'abstrait sur les ressemblances ou les différences entre ces deux moyens d'expression que sont la littérature et le cinéma, nous préférerons décrire sur le vif la façon dont leurs rapports ont évolué à l'intérieur du domaine français. Ce qui nous oblige par là-même à remonter bien avant 1945. On ne saurait comprendre en effet la situation actuelle du cinéma devant la littérature et de la littérature devant le cinéma sans évoquer les réticences sinon le mépris qu'éprouvèrent, vis-à-vis de ce que Georges Duhamel nommait un « divertissement d'ilotes », bien des « maîtres à penser » de l'entre-deux-guerres. Alain lui-même ne ménageait pas la moindre place, dans son *Système des Beaux-Arts* (1920), à l'invention des frères Lumière; pas plus, du reste, qu'à celle de Niepce et Daguerre. Plus curieux et plus sensibles, un Gide ou un Claudel étaient loin de partager ce préjugé : le premier commente dans son *Journal* les films de Fritz Lang et de Murnau; le second, dès 1924, indiquait le cinéma comme une possiblité de mise en scène pour un épisode du *Soulier de satin*. Mais ce sont les surréalistes qui se montrèrent, dans ce domaine comme dans beaucoup d'autres, les véritables pionniers. Avec la passion et même la démesure qui les caractérisent, ils ne cessent de célébrer, durant les années vingt, cet art nouveau, dans lequel ils reconnaissent *un miroir du merveilleux*. A peu près vers la même époque, des écrivains américains, et à leur suite (mais quelque dix ou quinze ans plus tard) des écrivains français, vont tenter de renouveler, à l'imitation ou en marge du cinéma, les techniques du récit. Le cinéma, de son côté, n'est pas en reste : à ces *romans cinématographiques* font pendant sur l'écran, surtout après l'avènement du parlant (1927), des *adaptations* d'œuvres romanesques ou théâtrales plus ou moins célèbres. Influences ou correspondances, échanges ou convergences, les rapports entre la littérature et le cinéma deviennent ainsi, au fil des années, de plus en plus étroits; mais à travers l'inévitable confusion qu'ils entraînent, ils ne font que confirmer chacun des deux genres, ou plutôt chacun des deux langages, dans sa « spécificité ». C'est ce que semblent prouver en tout cas, depuis une dizaine d'années, d'une part les tentatives au cinéma de certains poètes ou de certains romanciers (ce que l'on appellera ici *le cinéma des auteurs*), d'autre part l'ambition qu'affichent certains cinéastes non pas tant de rivaliser avec la littérature que d'exprimer, par des moyens différents mais avec la même profondeur et peut-être davantage d'intensité, ce qu'exprime l'écrivain (on a souvent parlé à ce propos de *cinéma d'auteur*).

Un miroir du merveilleux

« Il est une manière d'aller au cinéma, rappelle Breton dans *La Clé des champs* (1953), comme d'autres vont à l'église et je pense que, sous un certain angle, tout à fait indépendamment de ce qui s'y donne, c'est là que se célèbre le seul mystère *absolument moderne.* » Telle fut bien la manière dont les surréalistes, grands amateurs d'images dans tous les sens de ce mot, allèrent au cinéma. De Breton, en 1928, dans *Nadja*, ces confidences provocantes :

« Avec ce système qui consiste, avant d'entrer dans un cinéma, à ne jamais consulter le programme [...] je cours évidemment le risque de plus " mal tomber " qu'un autre, bien qu'ici je doive confesser mon faible pour les films français les plus complètement idiots. Je *comprends*, du reste, assez mal, je *suis* trop vaguement. Parfois cela finit par me gêner, alors j'interroge mes voisins. N'empêche que certaines salles de cinéma du dixième arrondissement me paraissent être des endroits particulièrement indiqués pour que je m'y tienne, comme au temps où, avec Jacques Vaché, à l'orchestre de l'ancienne salle des " Folies-Dramatiques ", nous nous installions pour dîner, ouvrions des boîtes, taillions du pain, débouchions des bouteilles et parlions haut, à la grande stupéfaction des spectateurs qui n'osaient rien dire. »

L'apparent sacrilège est à la mesure de la confiance totale, de la foi profonde que les surréalistes portent au cinéma. A n'importe quel cinéma, même le plus « idiot ». Comme le dit Breton dans *La Clé des champs*, et comme le précisera en 1950 le sociologue Edgar Morin *(Le Cinéma ou l'homme imaginaire)* : « La merveille, auprès de quoi le mérite d'un film déterminé est peu de chose, réside dans la faculté dévolue au premier venu de s'abstraire de sa propre vie quand le cœur lui en dit, [...] sitôt franchie une de ces portes amorties qui donnent sur le noir. »

Mais il est des films qui, mieux que d'autres, font rêver. Au Panthéon du cinéma surréaliste, trois œuvres brillent d'un éclat particulier. De Robert Desnos, dans un article de 1927, cette vibrante évocation :

« *Fantômas!* Il y a si longtemps!... C'était avant la guerre. Mais les péripéties de cette épopée moderne sont encore présentes à nos mémoires. A chaque coin de rue de Paris, nous retrouvions un épisode de cette œuvre formidable et, sur le fond de nos rêves, nous revoyions le coin de Seine où, sur un ciel rouge, explose une péniche, à côté d'un journal relatant en manchette les derniers exploits de la bande à Bonnot.

Musidora, que vous étiez belle dans *Les Vampires!* Savez-vous que nous rêvions de vous et que, le soir venu, dans votre maillot noir, vous entriez sans frapper dans notre chambre, et qu'au réveil, le lendemain, nous cherchions la trace de la troublante souris d'hôtel qui nous avait visités?

Et tandis qu'à travers les rues désertes d'un Paris en proie aux démences belliqueuses nous quêtions le droit aux aventures ténébreuses de l'amour, sous un ciel déchiré par les projecteurs et les éclatements d'obus, savions-nous que, notre désir de fuite et d'évasion, nous le retrouverions à la suite de Pearl White, dans les randonnées automobiles des *Mystères de New York* et les luttes factices entre une police de pacotille et des bandits mirobolants? » (*Cinéma*, 1966.)

Une telle page montre bien, par la ferveur qui la soulève, ce qui fascinait tant les surréalistes chez Louis Feuillade ou Louis Gasnier : la libre exaltation de l'amour et du désir. « Ce que nous demandons au cinéma, écrivait encore Desnos, c'est l'impossible, c'est l'inattendu, le rêve, la surprise, le lyrisme qui effacent les bassesses dans les âmes et les précipitent enthousiastes aux barricades et dans les aventures; ce que nous demandons au

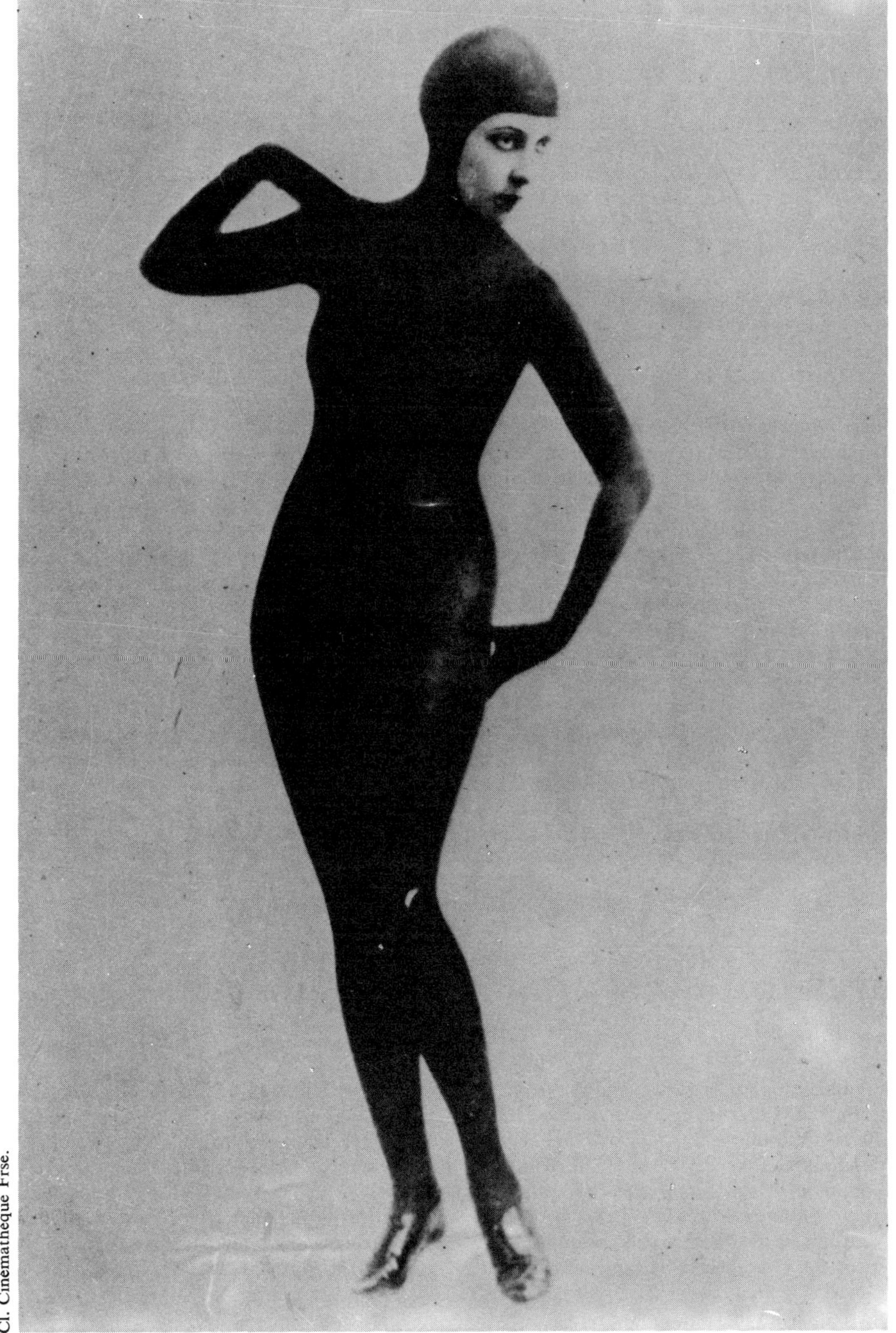
Cl. Cinémathèque Frse.

Musidora dans *Les Vampires*.

cinéma c'est ce que l'amour et la vie nous refusent, c'est le mystère, c'est le miracle. »

De ce miracle, les surréalistes ne se sont pas contentés d'être les spectateurs extasiés. Ils ont souligné, en critiques perspicaces, l'étrange pouvoir dont le cinéma investit le moindre objet. Comme le notait Aragon dès son premier article, publié en septembre 1918 dans la revue *Le Film* : « Avant l'apparition du cinématographe, c'est à peine si quelques artistes avaient osé se servir de la fausse harmonie des machines et de l'obsédante beauté des inscriptions commerciales, des affiches, des majuscules évocatrices, des objets vraiment usuels, de tout ce qui chante *notre* vie, et non point quelque artificielle convention, ignorante du corned-beef et des boîtes de cirage. Ces courageux précurseurs, qu'ils fussent peintres ou poètes, assistent aujourd'hui à leur propre triomphe. » Même remarque, ou à peu près, chez Artaud : « Le plus petit détail, l'objet le plus insignifiant prennent un sens et une vie qui leur appartiennent en propre. [...] Un feuillage, une bouteille, une main, etc., vivent d'une vie quasi animale, et qui ne demande qu'à être utilisée. » Qu'ils insistent ou non sur la modernité du spectacle, c'est son caractère merveilleux qui retient les surréalistes et les pousse à devenir eux-mêmes, sinon cinéastes, du moins scénaristes. Desnos publie, entre 1925 et 1933, toute une série de scénarios dont l'un des plus réussis, intitulé *Minuit à quatorze heures*, se présente comme un « essai de merveilleux moderne » jouant, comme le fera plus tard Hitchcock, sur certains thèmes géométriques (ici, celui du cercle et de la sphère). Quant à Artaud, qui interpréta lui-même un certain nombre de rôles à l'écran (ceux notamment de Marat dans le *Napoléon* d'Abel Gance et du moine Massieu, dans *La Passion de Jeanne d'Arc* de Dreyer), il compose en 1927 *La Coquille et le Clergyman*, qui se veut « un film à situations purement visuelles et dont le drame découlerait d'un heurt fait pour les yeux, puisé, si l'on ose dire, dans le système même du regard » : la réalisation en est assurée par Germaine Dulac, que l'auteur désavoue pour avoir donné de son texte une interprétation exclusivement onirique. Un an plus tard, Bunuel et Dali, dans *Un Chien andalou*, donnaient corps, en d'inoubliables images (l'œil sectionné par un rasoir, les pianos débordant de charognes d'ânes, la main d'où sortent les fourmis), à « cette idée de cinéma visuel où la psychologie même est dévorée par les actes ».

Des romans cinématographiques

Cinéma des poètes. Cinéma des romanciers. L'âge du cinéma, c'est aussi « l'âge du roman américain ». Dans une étude publiée sous ce titre en 1948, Claude-Edmonde Magny rappelle tout d'abord ce qui est à ses yeux une vérité d'évidence : « Le cinéma est fort peu (ou pas du tout) un spectacle; il est beaucoup plus — comme le roman — un récit. » Puis, à partir de ce postulat qu'avait déjà posé Malraux en 1946 dans son *Esquisse d'une psychologie du cinéma* (« le cinéma peut raconter une histoire, et là est sa puissance. Lui, et le roman... »), elle établit un minutieux parallèle entre certains romans américains des années vingt et les techniques narratives (ellipse, découpage) qu'utilise le cinéma. L'exemple le plus convaincant, parmi tous ceux auxquels elle a recours, est sans doute celui de Dos Passos. L'auteur de *Manhattan Transfer* et de la grande trilogie de *U.S.A.* n'a pas fait mystère de ses ambitions : l'une des « sections » qui composent *U.S.A.* (montages de journaux, de slogans et de chansons; fragments de fiction consacrés à tel ou tel personnage; biographies lyriques d'hommes célèbres — le tout savamment entremêlé) s'appelle « L'Œil de la Caméra ». Dans ce « monologue anonyme d'un personnage aussi représentatif par son insignifiance que sont les grands hommes dont la personnalité s'accorde secrètement à l'époque », l'essayiste aperçoit « la transposition exacte du procédé cinématographique qui consiste, lors des scènes historiques cruciales, à détourner l'attention du héros pour la fixer sur un spectateur perdu dans la foule ».

Or une tentative comme celle de Dos Passos n'offre pas seulement un intérêt esthétique, elle possède également — et c'est ici que les analyses de Claude-Edmonde Magny concernent très directement notre sujet — une importance historique considérable. La découverte de *U.S.A.*, mais aussi bien celle des œuvres de Faulkner, Hemingway ou Steinbeck a en effet suscité, dans les années trente et au-delà, une sorte d'émulation de la part des romanciers français. « Je tiens Dos Passos, proclamait Sartre en août 1938, pour le plus grand écrivain de notre temps. » Le simultanéisme du *Sursis* (1945; *cf.* p. 57) devra beaucoup, sinon tout, à *U.S.A.* En adoptant pour *L'Étranger* (publié en 1942, mais ébauché avant la guerre) un style où la discontinuité des phrases se calque, comme le note précisément Sartre, sur la discontinuité du temps, Camus fera songer bien de ses lecteurs, non seulement à Hemingway, mais à un Dashiell Hammett dont la technique behaviouriste (*cf.* p. 555) semble directement inspirée d'un certain type de cinéma. Comment ne pas être frappé enfin par la ressemblance entre le découpage des *Conquérants* (1928) et certains films russes contemporains? L'analogie est d'autant moins invraisemblable que Malraux portera lui-même *L'Espoir* à l'écran (1939) et travaillera avec Eisenstein à un projet d'adaptation de *La Condition humaine*.

Faut-il donc, comme nous l'avons fait, parler de romans cinématographiques et conclure à une influence, par l'intermédiaire ou non de la littérature américaine — il conviendrait au moins de rappeler Joyce (*cf.* chap. 27) — du cinéma sur le roman? Le postulat même dont part Claude-Edmonde Magny (le cinéma et le roman comme arts du récit) doit nous interdire de pousser trop loin le jeu des filiations. Comme le suggérait Malraux et comme l'a tenté depuis Georges Blin (*Stendhal et les Problèmes du roman*, 1958), « on peut analyser la mise en scène d'un grand romancier. Que son objet soit le récit des faits, la peinture ou l'analyse de caractères, voici une interrogation sur le sens de la vie; que son talent tende à une prolifération, comme celui de Proust, ou à une cristallisation, comme celui de Hemingway, il est amené à raconter, — c'est-à-dire à résumer *et* à mettre en scène, — c'est-à-dire à rendre présent ». Ne risque-t-on pas dès lors de confondre ce qui relève de l'esthétique et ce qui relève de l'histoire? S'il est vrai que tout roman est à sa manière une mise en scène (« un miroir, disait Stendhal, que l'on promène le long d'une route »), s'il est possible de découvrir, même dans l'*Énéide*, des travellings et des panoramiques (Paul Léglise, *Une Œuvre de pré-cinéma : L'Énéide*, 1958), comment décider d'un roman qu'il est plus cinématographique qu'un autre, comment surtout conclure à une influence directe et quasi mécanique du cinéma sur tel ou tel type de roman? André Bazin, qui fut l'un des plus grands critiques de cinéma de l'après-guerre, remarquait plaisamment que « l'originalité d'un film comme *Espoir* de Malraux, c'est de nous révéler ce que serait le cinéma s'il s'inspirait des romans... "influencés" par le cinéma ». Il ajoutait : « En réalité, l'âge du roman américain n'est pas tant celui du cinéma que d'une certaine vision du monde, vision informée sans doute par les rapports de l'homme avec la civilisation technique, mais dont le cinéma lui-même, fruit de cette civilisation, a bien moins subi l'influence que le roman, en dépit des alibis que le cinéaste a pu fournir au romancier. » Revenant en 1969, dans *Personne et Personnage, le romanesque des années 1920 aux années 1950*, sur le sens de *U.S.A.*, Michel Zéraffa renverse lui aussi les perspectives proposées par Claude-Edmonde

Magny : « Le roman n'est donc pas filmé. Le cinéma, au contraire, devient romanesque, Dos Passos ne lui empruntant des formes, des modes de composition que pour traduire en mots une réalité humaine qui est gestes, regards, tropismes. Il écrit un roman à partir de la signification sociale et historique de l'art cinématographique. »

Disons plus simplement que le cinéma aura contribué, durant l'entre-deux-guerres, à donner au roman une conscience beaucoup plus aiguë et beaucoup plus sûre, même si s'ouvre ainsi l' « ère du soupçon », de ses moyens et de ses fins. Précieux service que le roman n'allait pas tarder à lui revaloir.

Le problème de l'adaptation

Le cinéma n'avait pas attendu la Seconde Guerre mondiale pour se tourner vers l'Académie française (1908 : fondation d'une société intitulée le « Film d'Art » *) ou vers le roman populaire (1912 : premiers films à épisodes de Louis Feuillade). Ce qui commence à changer, aux environs de 1935, ce ne sont pas tellement les œuvres dont s'inspire le cinéaste, ce sont ses intentions mêmes. Comme le note André Bazin dans son plaidoyer « pour un cinéma impur » publié en 1951 (et repris dans *Qu'est-ce que le Cinéma?* tome II, 1959), « le cinéaste ne se contente plus de piller, comme l'ont fait somme toute avant lui Corneille, la Fontaine ou Molière, il se propose de transcrire pour l'écran, dans une quasi-identité, une œuvre dont il reconnaît *a priori* la transcendance ». D'où la tentation, si répandue parmi la critique et le public, de juger d'une adaptation sur sa « fidélité ». Mais cette fidélité, qu'on la définisse comme une fidélité à la lettre ou comme une fidélité à l'esprit, n'est-elle pas le type du faux problème? « Aucune règle possible, affirme en 1958 le cinéaste François Truffaut, chaque cas est particulier. Tous les coups sont permis hormis les coups bas; en d'autres termes, la trahison de la lettre ou de l'esprit est tolérable si le cinéaste ne s'intéressait qu'à l'une ou l'autre et s'il a réussi à faire : *a*) la même chose; *b*) la même chose, en mieux; *c*) autre chose, de mieux. »

Étudions rapidement quelques « coups » permis ou défendus. Un mot tout d'abord pour les mécaniques en carton pâte où la richesse toute relative des costumes et la présence encombrante de quelques vedettes n'arrivent point à dissimuler la pauvreté d'invention du cinéaste. Ce n'est même pas la « même chose ». Beaucoup plus intéressants sont les cinéastes qui, tout en prétendant faire « la même chose », refusent le décalque pour rechercher des équivalences. Négligeant les transpositions (changements d'époques, etc.) qui ne visent que le contenu (tel est le cas des *Liaisons dangereuses 1960*, film de Roger Vadim avec dialogues de Roger Vailland), on s'attardera plutôt sur les metteurs en scène qui s'attachent à retrouver le style même de l'écrivain : ou bien par des techniques cinématographiques appropriées (dont par exemple la voix « off », c'est-à-dire un commentaire prononcé par une voix extérieure à l'écran), ils respectent les rapports des personnages avec eux-mêmes et du romancier avec ses personnages (*Le Rouge et le Noir*, 1955, par Claude Autant-Lara, sur une adaptation d'Aurenche et Bost); ou bien ils inventent, et ces deux démarches vont très souvent de pair, des correspondances proprement visuelles : c'est ainsi qu'en 1946, Delannoy situe son adaptation par ailleurs peu convaincante de *La Symphonie pastorale* dans un paysage de neige et obtient par ce procédé, du moins au goût

* Ce fut en effet un académicien, Henri Lavedan, qui écrivit le scénario du premier et du plus grand succès du « Film d'Art », *L'Assassinat du duc de Guise*.

d'André Bazin, un effet très proche de celui que provoquent à la lecture les passés simples d'André Gide. Mais le meilleur exemple que l'on puisse proposer d'un respect créateur est sans doute celui de Robert Bresson. Mieux que *Les Dames du Bois de Boulogne* (1945), qui se voulait une transposition, sur des dialogues de Jean Cocteau, de l'un des récits insérés par Diderot dans *Jacques le fataliste et son maître*, le *Journal d'un curé de campagne* (1951) et *Mouchette* (1967), tous deux inspirés de Bernanos, parviennent à ce point où le plaisir esthétique, comme dit André Bazin, « contient tout ce que le roman pouvait offrir et, par surcroît, sa réfraction dans le cinéma ». Donc la même chose, non pas en mieux, mais en plus.

[Une voix charmante]

Nous sommes au tout début du roman.

[...] Mouchette qui s'obstine, on ne sait pourquoi, « à parler de la gorge », au point d'exagérer encore l'affreux accent picard, possède — au dire de Madame — une voix charmante, un filet de voix plutôt, si fragile qu'on croit toujours qu'il va se briser — et qui ne se brise jamais. Malheureusement, depuis qu'elle vient d'atteindre cette quatorzième année qui fait d'elle la doyenne de l'école, Mouchette s'est mise à chanter aussi « de la gorge », lorsqu'elle chante. D'ordinaire, elle se contente d'ouvrir la bouche sans proférer aucun son, dans l'espoir de tromper l'oreille infaillible de la maîtresse. Il arrive que Madame, furieuse, dégringolant tout à coup de l'estrade, entraîne la rebelle jusqu'à l'harmonium, courbe des deux mains la petite tête jusqu'au clavier.

Parfois, Mouchette résiste. Parfois, elle demande grâce, crie qu'elle va essayer. Alors l'institutrice s'installe, tire de l'insupportable instrument une espèce de plainte mugissante sur laquelle oscille vertigineusement la voix limpide, miraculeusement retrouvée, pareille à une barque minuscule à la crête d'une montagne d'écume.

D'abord, Mouchette ne reconnaît pas sa propre voix : elle est trop occupée à épier le visage de ses compagnes, leurs regards, les sourires pâles d'une envie qu'elle prend naïvement pour du dédain. Puis, tout à coup, cela vient jusqu'à elle comme des profondeurs d'une nuit magique, impénétrable. En vain elle s'efforce de briser cette tige de cristal, reprend sournoisement la voix de gorge et l'accent picard. Chaque fois le regard terrible de Madame la rappelle à l'ordre, et le rugissement soudain éperdu de l'harmonium. Quelques secondes, elle s'use dans cette lutte inégale dont personne ne saura jamais la cruauté. Puis, enfin, sans qu'elle l'ait voulu, la note fausse jaillit de sa pauvre poitrine gonflée de sanglots, la délivre.

Advienne que pourra! Les rires fusent de toutes parts, et son petit visage prend instantanément cette expression stupide dont elle sait déguiser ses joies.

Georges Bernanos, *Nouvelle Histoire de Mouchette*, éd. Plon.

Avant cette scène, Robert Bresson a présenté rapidement les différents personnages : la mère, Arsène, Mathieu, Louisa.

Salle d'honneur à l'école-jour

Plan américain * *large, trois quarts face, les fillettes debout sur deux rangs. Elles chantent. Mouchette est au dernier rang, bouche fermée. Musique d'harmonium off.* *

* Les personnages sont coupés à mi-jambe.

* On entend le son sans apercevoir l'instrument.

FILLETTES *(chantant).*

« Espérez plus d'espérance
« Trois jours leur dit Colomb
« En montrant le ciel immense
« Du fond de l'horizon *

L'institutrice apparaît entre les deux rangs et surveille d'un œil inquisiteur les chanteuses, alors que l'harmonium ne se fait plus entendre.

* Bresson a légèrement modifié et rallongé un texte qui figurait deux pages plus haut dans Bernanos.

FILLETTES *(suite du chant).*

« Trois jours et je vous donne un monde
« A vous qui n'avez plus d'espoir
« Sur l'immensité profonde
« Ses yeux s'ouvraient pour le voir.

L'intitutrice penche la tête vers Mouchette qui conserve un visage buté tout en faisant semblant de chanter. Soudain, lorsque les fillettes chantent « Espérez plus d'espérance », *l'institutrice prend Mouchette par le cou et la fait pivoter face à elle. Elle la fixe durement puis la fait à nouveau pivoter et, avec violence, la pousse en avant d'un grand coup de main dans le dos. Bruit de galoches.*

Plan moyen * *serré de Mouchette s'approchant de l'harmonium. La main de l'institutrice entre dans le champ* * *et courbe l'échine de Mouchette pour lui plaquer le visage près du clavier (plan rapproché). Les élèves se sont arrêtées de chanter. De l'autre main, l'institutrice tape violemment sur les touches, jouant fortissimo la phrase musicale à l'oreille de Mouchette.*

* Le personnage est cadré à mi-corps.

* De la caméra.

Coll. J. C. Snark International.

Maria Casarès dans *Les Dames du Bois de Boulogne.*

La leçon de chant dans *Mouchette :* « L'institutrice prend Mouchette par le cou et la fait pivoter face à elle. »

Cl. Argos Films.

INSTITUTRICE *(off)*. Chante.

MOUCHETTE *(visage courbé sur le clavier)*. Espérez plus d'espérance... *(Un temps et continuant d'une voix rauque autant que fausse.)* Trois jours leur dit Colomb...

A « Colomb », *chanté encore plus faux, la main de l'institutrice a une pression brutale sur le cou de Mouchette, alors que l'autre main tapote nerveusement le clavier (bref sanglot presque imperceptible). Plan des fillettes, debout, immobiles et silencieuses et retour sur le même plan de Mouchette courbée.*

MOUCHETTE *(chantant péniblement)*.

« Espérez plus d'espérance,
« Trois jours leur dit Colomb

Nouvelles fausses notes sur sanglots retenus. Mouchette se redresse et sort du champ.

Plan des fillettes et bruit des galoches de Mouchette qui s'approche. Elle entre dans le champ, tête baissée, et rejoint sa place. L'harmonium joue off nerveusement les deux phrases musicales.

LES FILLETTES *(Mouchette avec elles, chantant)*.

« Espérez plus d'espérance,
« Trois jours leur dit Colomb

Le « Colomb » *de Mouchette choque parmi les voix. Une voisine la regarde. Suite du chant des fillettes, parsemé de petits ricanements vite étouffés. Mouchette baisse la tête pour dissimuler son visage.*

[*Plan moyen de Mouchette qui continue à chanter. Regard aux élèves et à l'institutrice. Plan moyen de l'institutrice qui s'arrête de jouer. (Fin harmonium et fin du chant.)*

INSTITUTRICE. Pourquoi chantes-tu de la gorge?

Plan moyen de Mouchette prête à sangloter. Elle hausse les épaules. Retour sur l'institutrice.

INSTITUTRICE. Essaie... Tu as une voix charmante.

Chant et harmonium sur l'institutrice qui reprend la chanson. Plan moyen de Mouchette qui chante d'abord d'une voix douce, puis reprend sa voix rauque. Regard vers les élèves.] *

* Le passage entre crochets n'a pas été retenu au tournage.

Plan d'ensemble des fillettes qui regardent Mouchette. Plan rapproché de la main de l'institutrice pianotant nerveusement. Retour sur les fillettes qui ricanent. Mouchette, face à nous, ne peut retenir des larmes qui coulent sur ses joues. N'y tenant plus, elle prend son visage dans ses mains et hoquette de sanglots. Fondu enchaîné *.

* Disparition progressive d'une image qu'une autre image vient remplacer.

Robert Bresson, *Mouchette*, découpage du film publié dans *L'Avant-scène*, nº 80.

— Les privilèges du romancier : la souplesse de la chronologie, du fréquentatif (9) au ponctuel (16); l'identification avec le personnage (23-24, 24-25, 30-31, 35-36); les ressources de la métaphore (25-26, 26-27).

— Face à ces privilèges, les partis pris du cinéaste : chez Bresson (sens de la coupure : 60-71) il n'y a plus trace de la « lutte inégale » que livrait Mouchette chez Bernanos. Ce n'est pas par un dépassement du psychologique que Bresson parvient à situer la scène sur un plan proprement métaphysique, mais par un dépassement du dramatique : importance des attitudes, des gestes et des regards (21-25, 38-43, 58-59, 72-78); rôle de miroir ou d'explication joué par la chanson.

— « Ce qui m'éloigne de lui? L'emphase parfois, le pittoresque. Ce qui m'en rapproche? Est-ce la pensée de la mort? Sans doute. » (Réponses de Bresson à un questionnaire sur Bernanos.)

Il resterait, pour épuiser la classification de François Truffaut, à marquer une troisième catégorie. « Autre chose », sinon de mieux, du moins de différent, mais sans que soit jamais tout à fait perdu le lien avec l'œuvre originale. Citons Jean Renoir, dont l'art tout de chaleur humaine et de sensualité, moitié ironique, moitié attendri, fait merveille dans *Madame Bovary* (1933) et plus encore dans *Une Partie de campagne*, en 1937, d'après une nouvelle de Maupassant; Max Ophüls, qui organise, également à partir de Maupassant, le ballet tragi-comique du *Plaisir* (1952); Orson Welles enfin, dont la version du *Procès* de Kafka (1962), que l'on rapprochera de l'adaptation théâtrale écrite par Gide avec le concours de Barrault (*cf.* p. 341), opte délibérément pour un fantastique au premier degré, matérialisé par le gigantisme des décors, un éclairage très contrasté, le jeu expressionniste des acteurs et les déformations de la perspective (choix des objectifs, angles des prises de vue).

Nous n'avons mentionné que des nouvelles ou des romans. On consultera, pour le théâtre, les analyses consacrées par André Bazin, toujours dans *Qu'est-ce que le Cinéma?* tome II, aux *Parents terribles* de Cocteau (1948) et à l'*Henry V* de Laurence Olivier (1945). Quel que soit le genre considéré, il est frappant de constater que le cinéma s'est découvert au contact de la littérature de la même manière que la littérature s'était, pour une part, redécouverte au contact du cinéma. Grâce aux fausses ressemblances et aux multiples erreurs qui en ont résulté, les vraies différences sont apparues. Féconde impureté que celle de l'adaptation, non seulement parce qu'un certain nombre de chefs-d'œuvre continuent de lui devoir leur existence, mais parce qu'elle a permis aux cinéastes comme aux critiques et aux théoriciens de mieux définir, dans son originalité propre, un art par lequel les écrivains sont aujourd'hui de plus en plus tentés.

Le cinéma des auteurs

A l'exception des surréalistes, les écrivains s'étaient rarement risqués au cinéma avant 1945. Quelquefois dialoguistes (c'est le cas de Giraudoux pour *La Duchesse de Langeais* en 1943), ils répugnaient à se servir eux-mêmes de la caméra. Seuls Marcel Pagnol et Sacha Guitry (*Le Roman d'un tricheur*, 1936) osaient s'aventurer sur les plateaux. Il n'en va plus de même aux alentours de 1960 : on assiste alors à une véritable invasion du cinéma par les écrivains, d'abord comme scénaristes puis comme réalisateurs. Un poète leur avait montré la voie : Jean Cocteau.

Jean Cocteau et le cinématographe :

Qualifié tantôt (avec sympathie) d'animateur, tantôt (avec dédain) d'amuseur, Jean Cocteau passe d'ordinaire pour une sorte de touche-à-tout génial qui aurait virevolté, sa vie durant, entre théâtre (*cf.* p. 332) et poésie, roman, peinture et cinéma. Cette silhouette de funambule et cette réputation d'éclectisme sont également trompeuses. Parce qu'un préjugé tenace prétend cantonner le poète dans le maniement de l'alexandrin et du vers libre, on oublie que la poésie peut être (faut-il dire : doit être?) le dénominateur commun d'arts ou de genres qui prennent un peu trop aisément le parti de s'ignorer : Cocteau classera lui-même son œuvre en « poésie », « poésie de roman », « poésie critique » et « poésie de théâtre ». Mais surtout, parce qu'un préjugé plus tenace encore continue de peser sur le « septième art », on est tenté de n'apercevoir, dans l'intérêt d'un auteur pour le cinéma, que le goût du divertissement ou celui de la publicité : ce qui n'a pas manqué de nuire, la jalousie des professionnels aidant, à la carrière de Cocteau dans ce domaine. Et pourtant le cinéma, auquel cet « amateur » se consacre de plus en plus à partir de 1945, marque l'aboutissement d'une œuvre à laquelle il confère à la fois son unité profonde et sa plus grande efficacité.

« Puisque ces mystères nous dépassent, faisait dire Cocteau en 1921 au photographe des *Mariés de la tour Eiffel*, feignons d'en être l'organisateur. » Tel est bien, pour ce poète trop à l'étroit dans un livre ou sur une scène, le grand avantage du cinéma : permettre d'organiser, dans toute son ampleur et dans toute sa diversité, le mystère. Mieux encore que le théâtre, le cinéma sera pour Cocteau (qui préfère parler de « cinématographe »), du « poème agi ». Agi et non pas rêvé, car comme il le rappelle dans ses *Entretiens autour du cinématographe* (1951), « le mystère n'existe que dans les choses précises ». Cet homme qui passa pour léger conçut le cinéma comme un métier, et même comme le métier par excellence : métier d'artisan où le génie n'a chance de se manifester qu'en empruntant d'abord les voies de l'ingéniosité. Cocteau cinéaste n'a pas traduit sa poésie en une autre langue, il l'a recréée dans et par un langage nouveau. Et il n'est parvenu à cette transmutation que par un sens profond du cinéma et de ses ressources.

Héritier de Méliès (« Jean Cocteau, écrit Jean-Luc Godard en 1964, nous prouve inlassablement que pour savoir faire du cinéma il nous faut retrouver Méliès, et que pour ça pas mal d'années Lumières sont encore nécessaires »), Cocteau confie rarement au laboratoire le soin d'exécuter ses truquages (le paysage en négatif qui apparaît dans *Orphée* est une exception, et de l'aveu de l'auteur, une erreur) : il les met lui-même en scène. Écoutons-le décrire, précisément à propos d'*Orphée*, ce qui n'est pas un jeu mécanique ou chimique avec la pellicule mais la construction matérielle, réelle d'une illusion (ce qu'il nomme « le merveilleux *direct* ») :

« Un échafaudage considérable supportait à mi-hauteur du studio une reproduction horizontale et construite des arcades de Saint-Cyr. Sur le sol du studio, des découvertes photographiques jouaient la perspective lointaine. Nous nous tenions dans un wagonnet suspendu aux rails des cintres, de telle sorte que le spectacle s'offrait à nous, une fois à plat ventre et l'œil collé à l'objectif, comme des arcades normales.

A l'extrémité gauche de cette vaste machine, une paroi en pente et à pic se terminait dans une fosse bourrée de paille. Une vieille femme, le dos appuyé aux grilles plongeant sur le vide et les jambes à plat contre le décor, semblait assise dans un creux d'arcade et soulignait le trompe-l'œil. On distinguait (trop peu, hélas!) deux enfants endormis, couchés contre une planchette à l'avant d'un des faux trottoirs et permettant qu'Orphée et Heurtebise glissassent entre eux et la muraille. Marais et Périer devaient donc se traîner vers la pente en ne quittant jamais des pieds le faux sol qui limitait le vide, ou en ne le quittant qu'avec une maladresse qui prendrait, une fois l'image redressée, l'étonnante aisance des gestes du songe. » *(Entretiens autour du cinématographe.)*

Cocteau apporte la même attention, méticuleuse et presque maniaque, aux décors (des ruines de Saint-Cyr aux carrières des Baux en passant par le château de Raray, que de lieux extraordinaires n'a-t-il pas découverts!), et aux costumes (il fut remarquablement aidé sur ces deux points par Christian Bérard). Il a su défendre enfin une conception très personnelle du montage : « Mon premier soin, dans un film, confiait-il à André Fraigneau, est d'empêcher que les images ne coulent, de les opposer, encastrer et joindre sans nuire à leur relief. »

Les films de Cocteau se classent à peu près en deux groupes. D'une part ceux dans lesquels le poète tente de donner une version cinématographique de son œuvre théâtrale, d'autre part les créations originales, qu'elles s'appuient ou non sur un texte antérieur. Cocteau se reprochera d'avoir, dans *L'Aigle à deux têtes* (1947), « étalé » sa pièce, défaut qu'il se félicite d'avoir évité dans *Les Parents terribles* (1948), où, comme il le rappellera lui-même, il souhaitait « trois choses : 1° fixer le jeu d'artistes incomparables; 2° me promener parmi eux et les regarder en pleine figure au lieu de les voir à distance, sur une scène; 3° mettre mon œil au trou de serrure et surprendre mes fauves avec le télé-objectif ». Il en ira tout différemment d'*Orphée* (1949) qui, bien qu'inspiré en partie d'une pièce de 1926 qui porte ce titre, s'insère dans une « suite » où Cocteau orchestre, avec une maîtrise de plus en plus grande, le thème (« joué maladroitement avec un doigt ») qu'introduisait dès 1930 *Le Sang d'un poète*. Sous des affabulations diverses où se retrouvent la fantaisie d'*Opéra* (1927) mais aussi la gravité de *La Difficulté d'être* (1947), *La Belle et la Bête* (1945, d'après un conte de Mme Leprince de Beaumont), *Orphée* et *Le Testament d'Orphée* (1959) développent le même art poétique : Cocteau s'y donne et nous donne le somptueux spectacle de sa mort et de ses métamorphoses. « Nos œuvres, écrit-il dans ce " testament " qu'il a choisi de confier au cinéma, ne songent qu'à tuer père et mère en notre personne et à prendre le large. Mais les créatures de notre esprit restent curieuses de leurs origines... »

[Les poètes ne font que semblant d'être morts]

Au poète qui s'est égaré dans l'espace-temps, Cégeste, l'un de ses personnages, a remis une fleur d'hibiscus : « Cette fleur, lui révélera-t-il à la fin du film, est faite de votre sang, elle épouse les syncopes de votre destin. »

Le poète débouche dans la salle de Minerve. La fleur d'hibiscus se recompose dans sa main. On voit ce qu'il voit :
Loin, sur une espèce d'estrade monumentale, Minerve, avec, à sa gauche et à sa

droite, ses gardes, les hommes-chevaux. Minerve appuyée sur sa lance, porte le bouclier à tête de Gorgone et le casque à col de cygne. Elle porte l'étrange gaine noire et luisante des pêcheurs sous-marins. Le poète s'avance vers elle et lui tend la fleur. Mais elle détourne la tête.

LE POÈTE *(il recule tout en parlant)*.

Lazare non plus ne sentait pas très bon... Il y a même un tableau où Marthe et Marie se bouchent le nez avec des étoffes... Je m'excuse... je... Je m'excuse...

A peine s'est-il éloigné que Minerve brandit sa lance et la jette. Plan du poète en marche. La lance se plante dans son dos, entre ses épaules.

Plan de face. La lance a traversé le corps du poète et lui sort par la poitrine. Il y porte ses mains et tombe à genoux, puis couché sur le côté en murmurant très bas et plusieurs fois de suite :

Quelle horreur... quelle quelle horreur... quelle horreur...

Plan du groupe de Minerve. Les hommes-chevaux descendent de l'estrade.

Plan où l'un d'eux arrache la lance du corps du poète.

Plan où les hommes-chevaux soulèvent le corps du poète et l'emportent.

Plan où le sang qui était sous lui et l'hibiscus tombé au sol deviennent rouges.

*Plans où plusieurs amis assistent au spectacle de sa mort. Comme dans la loge présidentielle d'une corrida, une manière de loge faite en décombres et en fils de fer barbelés, où sont assises Jacqueline Picasso et Lucia Bose. Derrière elles, debout : Picasso et Luis-Miguel Dominguin *. Vaste plan à pic sur une pierre tombale où les hommes-chevaux me déposent.*

* Autant d'amis de Cocteau, qui avaient accepté de jouer leur propre rôle dans le film, Cocteau jouant lui-même le sien, c'est-à-dire celui du Poète.

Jean Marais dans *La Belle et la Bête.*

Jean Cocteau dans *Le Testament d'Orphée* : « Vaste plan à pic sur une pierre tombale où les hommes-chevaux me déposent. »

Cl. Cinémathèque Frse.

Cl. Keystone.

Plan où les gitans se groupent autour de la pierre tombale et me pleurent. (Tous ces plans sont accompagnés par les cuivres et les tambours de la Procession de Séville.)

Gros plan du visage du poète, avec de faux yeux grands ouverts. Une lente fumée s'échappe de sa bouche entr'ouverte.

COMMENTAIRE.
Faites semblant de pleurer, mes amis, puisque les poètes ne font que semblant d'être morts.

Jean Cocteau, *Le Testament d'Orphée*,
éd. du Rocher.

— Dans une mise en scène volontairement théâtrale (le spectacle dans le spectacle : 38-47), le poète a regroupé, comme pour mieux nous en faire don (le « testament » d'Orphée), les figures de sa vie et celles de ses rêves. L'art de la citation : l'idée de la « loge » est reprise d'une séquence qui fit scandale dans *Le Sang d'un Poète*.

— Le merveilleux selon Cocteau : l'alliance de la mythologie grecque (4-8) et de la vie moderne (9-10, 40, 50-52). Le thème de la corrida (40-41, 45). Le truquage direct (la lance) et ... indirect (36-37).

— « Peut-être ce film est-il la première tentative de transmutation du verbe en actes, d'une organisation d'actes à la place de l'organisation des mots d'un poème, une syntaxe des images au lieu d'une histoire accompagnée de paroles. » (Jean Cocteau.)

Alain Resnais et ses romanciers :

Bernard Pingaud écrivait en 1962 (article recueilli dans *Inventaire*, 1965) : « Si les écrivains, de plus en plus nombreux, se tournent vers le cinéma, c'est sans doute que l'écran leur apporte quelque chose — l'image — que la littérature ne pouvait leur donner; mais c'est aussi qu'ils espèrent pouvoir ajouter à l'image ou trouver dans l'image quelque chose — le mot, le signe — qui jusqu'à présent s'y cachait. » Telle est bien la double ambition qui semble animer, dans leurs tentatives cinématographiques, un certain nombre de romanciers contemporains : à la fois sortir de la littérature, aller vers la « chose vue », quel que soit le degré de réalité de cette « chose », et en même temps retrouver la littérature, en faisant de cette « chose vue », ou rêvée, la matière d'un nouveau discours, c'est-à-dire d'une nouvelle façon d'écrire. Du scénario à la mise en scène, cette conquête par les écrivains d'un « droit de regard » (pour reprendre le titre d'un essai publié en 1963 par Jean Cayrol et Claude Durand), c'est un seul et même cinéaste qui l'aura rendue possible : Alain Resnais.

Alain Resnais commence sa carrière par des courts-métrages (*Van Gogh*, 1948; *Guernica*, 1950), qui l'amènent à solliciter de plus en plus fréquemment la collaboration d'écrivains de talent : Jean Cayrol pour *Nuit et Brouillard* (1955), Raymond Queneau pour *Le Chant du Styrène* (1958). Préparant un documentaire sur les effets de la bombe atomique, Resnais, en quête d'un scénario, se tourne vers Marguerite Duras dont il vient de lire *Moderato Cantabile* (*cf.* p. 574). De l'étroite collaboration, fondée sur la plus entière liberté, entre la romancière et le cinéaste, va naître en 1959 un très grand film qui marque une date, non seulement dans l'histoire du cinéma mais dans celle de ses rapports avec la littérature, *Hiroshima mon amour*. Pour la première fois sans doute un sujet délibérément « littéraire » (« comment l'oubli est vécu par quelqu'un », résume Pingaud), loin d'être trahi ou déformé par le cinéma, prenait, par des voies proprement cinématographiques, une force d'existence, un pouvoir d'émotion bien supérieurs, du moins en apparence, à ceux que la simple expression littéraire aurait pu lui conférer.

Marguerite Duras poursuivra dans cette voie avec *Une aussi longue absence*, que tourne en 1961 Henri Colpi *. Mais *Hiroshima mon amour* avait déjà porté ses fruits : convaincus par une telle réussite, d'autres romanciers, parmi les plus novateurs de notre temps, vont se mettre à l'école d'Alain Resnais, avant de devenir eux-mêmes leurs propres réalisateurs. Ce sera le cas, en 1961, d'Alain Robbe-Grillet (*cf.* chap. 24) qui compose un « ciné-roman », *L'année dernière à Marienbad*, dont Resnais assure la mise en scène. Dès 1956 (« Une voie pour le roman futur », repris en 1963 dans *Pour un nouveau roman*), l'auteur du *Voyeur* avait évoqué, pour préciser ses intentions, « ces fragments de réalité brute, que le récit cinématographique ne peut s'empêcher de nous livrer à son insu ». Mais il y a loin de cette thèse « objectale » à l'effort qui sera celui de *Marienbad* (comme il était déjà en fait celui des *Gommes* et du *Voyeur*) pour construire « un espace et un temps purement mentaux »; comme l'explique lui-même Robbe-Grillet, « tout le film est en effet l'histoire d'une persuasion : il s'agit d'une réalité que le héros crée par sa propre vision, par sa propre parole ». Si bien que les « images » du film sont toutes des « imaginations ». Entre la jeune femme et son séducteur se produit, matérialisé sur l'écran, ce qui ne cesse de se produire dans notre vie la plus quotidienne lorsque nous rêvons à deux où à plusieurs sur ce que nous ferions si... : « La rue, ou le salon, où ils se tiennent ont disparu de l'esprit des interlocuteurs, remplacés par les images que mutuellement ils se proposent. C'est véritablement entre eux un *échange de vues*. »

[Cela doit être une erreur]

X: Savez-vous ce que je viens d'entendre? Que l'année dernière, à cette époque, il faisait si froid que l'eau des bassins avait gelé.

A ne répond pas à la phrase de X; elle continue seulement à affronter son regard. On la voit de trois quarts arrière. X est presque de face, et souriant. Ils ne bougent ni l'un ni l'autre.

Gros plan du visage de A, de face. Figure immobile mais qui semble lutter contre quelque chose, quelque menace intérieure. Durée très courte. On entend la voix off *de X, toujours détendue.*

VOIX DE X : Mais cela doit être une erreur.

Désignés par de simples initiales, les personnages de ce film figurent le « triangle » classique, cher au théâtre bourgeois : A la femme, M le mari et X l'amant (celui qui le fut ou celui qui voudrait bien l'être). Parlant de ce dernier, Robbe-Grillet écrit : « [...] si son obstination, sa conviction secrète, finissent par l'emporter, c'est au milieu de quel dédale de fausses pistes, de variantes, d'échecs, de reprises! »

* Elle en est venue depuis à porter elle-même à l'écran, seule ou en collaboration, ses propes œuvres (*La Musica, Détruire dit-elle*).

Aussitôt : vue de A et X dans le jardin. Elle est de dos, lui de face, se regardant. Ils sont exactement à la même place et dans la même position que sur le plan de groupe qui terminait la marche de A dans la longue allée. X est debout, appuyé contre une balustrade de pierre; A est au premier plan, à trois mètres de lui environ; mais tout le reste du groupe a disparu.

On entend la voix de A, un peu altérée. C'est bien la A que l'on voit sur l'image qui parle, mais, comme elle est placée de dos, un doute subsiste à ce sujet : la voix pourrait être celle de la A du salon. Voix pâle, qui perd pied :

A : Que me voulez-vous donc?... Vous savez bien que c'est impossible...

Gros plan du visage de A, absolument identique à l'avant-dernier plan. Mais, à présent, c'est le décor de la chambre imaginaire que l'on voit derrière elle, à la place du salon de l'hôtel.

Durée un peu plus longue. Après un moment de silence, la voix de X reprend, mais ce n'est plus tout à fait la voix souriante de la conversation de salon.

VOIX DE X : Un soir, je suis monté jusqu'à votre chambre...

Alain Robbe-Grillet, *L'Année dernière à Marienbad*, éd. de Minuit.

— Le jeu d'une parole (celle de X) et d'un visage (celui de A); le jeu de ce visage et d'un décor (le salon, le jardin, la chambre). Répétitions et différences, soustractions et substitutions (13-19, 27-30). L'absence de transitions (7-8, 12-13, 26-27). Le rôle de la durée (10, 31).

— « La liberté, au cinéma, vient de la succession, de l'assemblage. Au fond, le passage de la réalité à l'imaginaire se fait surtout quand on monte le film. Le cinéma consiste à manipuler la réalité en manipulant des images et des sons. » (Alain Resnais.) A noter que Resnais est un des rares metteurs en scène, avec Welles, à assurer lui-même le montage de ses films.

Mais cet « échange de vues » peut-il se passer du truchement d'un véritable cinéaste? Ou, si l'on préfère, est-il possible de manier avec un égal bonheur la plume et la caméra? C'est ce dont permet de douter la carrière de metteur en scène qu'a entreprise Robbe-Grillet depuis *Marienbad* (*L'Immortelle*, 1963; *Trans Europ Express*, 1966; *L'Homme qui ment*, 1968; *L'Éden et après*, 1970). C'est aussi la question qu'oblige à se poser, après ce chef-d'œuvre qu'était *Muriel* (en collaboration avec Alain Resnais, 1963), *Le Coup de grâce*, filmé en 1965 par Jean Cayrol.

Cl. Cocinor.

Delphine Seyrig dans *L'Année dernière à Marienbad.*

Jean Seberg et Jean-Paul Belmondo dans *A bout de souffle.*

Coll. J. C. Snark International.

Jean-Luc Godard préparant un plan de *Deux ou trois choses que je sais d'elle.*

Cl. Prod. Anouchka Films.

Le cinéma d'auteur

Quelle que soit la fortune, bonne ou mauvaise, des romanciers modernes au cinéma, il reste que de telles entreprises, si elles révèlent certaines des tendances ou des tentations profondes de la littérature contemporaine, signifient pour le cinéma son avènement définitif parmi les « beaux-arts ». Non point qu'elles soient directement responsables de cet avènement : tout au plus l'ont-elles parachevé. Conséquence plutôt que cause, elles représentent l'aboutissement d'une évolution par où le septième art, entre les années cinquante et les années soixante, a su gagner enfin sa véritable place en tant que moyen d'expression. Après celles de Renoir, de Welles, d'Ophüls et de Rossellini, les œuvres de Fellini (*La Strada*, 1954; *Huit et demi*, 1962), d'Antonioni (*Le Cri*, 1957; *L'Avventura*, 1960), et de Bergman (*Le Septième Sceau*, 1956; *Les Fraises sauvages*, 1957) ont prouvé que le cinéma n'avait plus à se situer par rapport à la littérature (un tel rapport impliquant toujours, même s'il est vécu en termes de rivalité, une manière de dépendance), mais qu'il était désormais capable de créer par lui-même et pour lui-même, à l'égal de la musique et de la peinture.

C'est ce qu'ont bien compris, sinon toujours très bien pratiqué, les représentants de ce que l'on appela en France, aux alentours de 1960, la « nouvelle vague ». Issus presque tous des *Cahiers du cinéma* où ils avaient fait leurs premières armes en tant que critiques, habitués d'une cinémathèque devenue, par les soins d'Henri Langlois, le plus vivant des musées et la moins académique des écoles, défenseurs passionnés de Renoir et du cinéma américain (Hitchcock, Hawks), Claude Chabrol (*Le Beau Serge*, 1958), Louis Malle (*Les Amants*, 1958), Jean-Luc Godard (*A bout de souffle*, 1959) et François Truffaut (*Les Quatre Cents Coups*, 1959) ont tenté de rompre, de différentes manières, avec les traditions boulevardières et pseudo-réalistes chères au cinéma français. Même si leurs œuvres recourent un peu trop souvent (comme pour Truffaut ou pour Chabrol) aux schémas sans surprises, sinon sans « suspense », de la littérature policière (William Irish, David Goodis), elles tentent d'explorer, d'une façon qui se veut radicalement neuve, l'homme et la société modernes.

Quelles que soient la diversité et la valeur des œuvres, le progrès n'est pas ici dans les mécanismes de la caméra mais dans l'œil du cinéaste. Peu importe le débat qui opposa, vers 1948, les tenants du cinéma comme spectacle et du cinéma comme écriture : il apparaît clairement aujourd'hui que le véritable cinéma, celui qui parvient à résister aussi bien aux impératifs commerciaux (« Par ailleurs, écrivait Malraux, le cinéma est une industrie ») qu'aux contraintes politiques (elles pèsent beaucoup plus lourd sur le cinéaste que sur l'écrivain), n'a pas pour seule fonction le plaisir des yeux ou l'illustration d'un texte, mais qu'il est une recherche. « Caméra-stylo » ou « Cinéma-vérité », voici que se réalise la prophétie d'André Bazin, lequel annonçait en 1951 : « Le temps viendra peut-être des résurgences, c'est-à-dire d'un cinéma à nouveau indépendant du roman et du théâtre. Mais peut-être parce que les romans seront directement écrits en films. » Cinéma de notre temps, dont les films « critiques » de Jean-Luc Godard (*Made in U.S.A.* et *Deux ou trois choses que je sais d'elle*, 1966; *La Chinoise* et *Week-End*, 1967) fournissent le plus provocant exemple.

[Mes liens avec le monde]

Juliette et son mari Robert habitent un grand ensemble de la région parisienne. C'est cette dernière le véritable sujet du film, celui auquel renvoie le titre (« Deux ou trois choses que je sais d'elle »).

*Plan américain serré de Juliette, vue devant un grand immeuble en très légère contreplongée *. Cris d'enfants off.*

* C'est-à-dire vue de bas en haut.

JULIETTE, *pour elle-même.* ...Ni quand? Je me souviens seulement que c'est arrivé. Peut-être que ça n'a pas d'importance. C'était pendant que je marchais avec le type du métro qui m'emmenait à l'hôtel *. C'était un drôle de sentiment. J'y ai pensé toute la journée. Le sentiment de mes liens avec le monde.

* Juliette se prostitue de temps en temps à l'insu de son mari.

A cet instant du monologue, démarre un vaste panoramique circulaire (de 360°) sur les ensembles de la cité. Juliette continue off.

JULIETTE, *off.* Tout à coup, j'ai eu l'impression que j'étais le monde et que le monde était moi. Il faudrait des pages et des pages pour décrire ça... Ou des volumes et des volumes... *(On revient sur elle.)* ...Le paysage, c'est pareil qu'un visage. On était tenté de dire : je vois simplement un visage, avec une expression particulière. Mais... *(Un temps.)* ça veut pas dire que c'est une expression extraordinaire..., ni que vous allez essayer de la décrire. Peut-être, on a envie de dire : c'est ceci, c'est cela. Elle ressemble à Natacha de Tchékov... *(Elle sourit.)* ...ou alors c'est la sœur de Nanouk de Flaherty *. Oui, ce serait tout juste de dire : on ne peut pas décrire ça avec des mots. *(Bruits d'avertisseurs de voitures off.)*... Pourtant il me semble que l'expression de mon visage doit représenter quelque chose... Quelque chose qui peut être détaché du dessin général... Je veux dire : de l'espèce de forme dessinée qui... oui... C'était comme si c'était possible de dire d'abord : ce visage a une expression particulière... Et ensuite... Et ensuite... En fait, c'est celle-ci. Par exemple, la fatigue...

* Allusion à un film célèbre précisément intitulé *Nanouk* (1921).

Gros plan insert de l'inscription d'une porte vitrée d'un magasin.

ENTRÉE
LIBRE

Une vieille dame, *off.* Je demeurais dans le XVIe. Et puis notre appartement a été vendu..., on nous a collés ici. C'est pas tout à fait pareil..., hein!...

Fin off sur un plan rapproché d'un grand panneau d'affichage aux papiers multicolores. Affiches lacérées. Une affichette intacte sur laquelle on peut lire : « PAIX AU VIET-NAM. Agissons. Exigeons. » *Bruits de bombardements aériens.*

En bas de cadre, la tête de Robert qui semble debout sur le trottoir en attendant quelqu'un. A l'opposé, à droite, arrive Juliette qui vient vers son mari.

Juliette. Qu'est-ce qu'on va faire?

Robert. On recommencera.

Elle le croise, sort du champ alors qu'il allume une cigarette. Elle revient et, en passant devant lui, lui prend la cigarette pour sortir à nouveau du champ. Cut *.

* Brusque passage d'un plan à un autre.

Plan général avec, en premier plan, une jeune femme face à nous. Mugissement de sirènes.

Enfants interviewés, *off.* Ah! ici, c'est bien... On se marre bien.

Insert du titre de la collection

idées

puis plan général de la cité près d'une station-service.

Les enfants, *off.* Ouais..., on se marre bien..., mais y a peu de jeux. Voilà. Ils devraient mettre des jeux. Là-bas, y a que des échelles..., mais on se casse une jambe. *(Rires off.)*

Insert gros plan.

EN VENTE
ICI

Contreplongée d'une poutrelle de béton... puis plans généraux des fenêtres de H.L.M. crasseuses, avec des gosses derrière les vitres et regardant au dehors.

Coll. part. Snark International.

Ingmar Bergman, *Le Septième Sceau.*

Federico Fellini, *Huit et demi.*

Cl. Snark International.

ENFANTS INTERVIEWÉS, *off*. Y'avait un manège, mais ils l'ont enlevé. Y'avait des balançoires, mais elles sont plus là. Ouais, on se marre bien. Faudrait trouver quelque chose à faire.

Jean-Luc Godard, *Deux ou trois choses que je sais d'elle*, découpage publié dans *L'Avant-Scène*, n° 70.

— Les trois niveaux du film : la réalité à l'état brut (sous forme de flashes : inscriptions, titres, réclames, affiches, interviews), une prise de conscience (grâce au montage : 34-43, 55-58) de ce que cache ou révèle cette « réalité », une méditation enfin (par personnage interposé) sur la notion de réalité et la saisie du sens : ce qui conduit à poser, plus ou moins directement, le problème même du cinéma.

— « [...] il faudrait que je puisse arriver parfois, quand je fais un gros plan, à donner l'impression que l'on est loin de la personne. Et quand je fais un plan général, un plan d'ensemble, parfois, pas toujours, mais parfois, à donner le sentiment que l'on est tout près des gens. En somme, si j'y réfléchis un peu, un film dans ce genre, c'est un peu comme si je voulais écrire un essai sociologique en forme de roman, et pour le faire je n'ai à ma disposition que des notes de musique. » (Jean-Luc Godard à propos de *Deux ou trois choses que je sais d'elle*.)

Choix bibliographique :

A. Bazin, *Qu'est-ce que le cinéma?* éd. du Cerf.

M. Martin, *Le Langage cinématographique*, *ibid.*

C. Metz, *Essais sur la signification au cinéma*, Klincksieck.

R. Jeanne et C. Ford, *Histoire illustrée du cinéma*, Marabout.

L'Encyclopédie du cinéma, dirigée par R. Boussinot, Bordas.

Septième partie

Interrogations d'aujourd'hui

Chapitre XXX

Les problèmes de la critique

Ce n'est pas au théâtre ni même dans le roman ni surtout dans la poésie qu'a éclaté la bataille d'Hernani de notre après-guerre, c'est dans la critique. Certes, depuis les commentaires de Malherbe sur Desportes jusqu'à l'agression des romantiques contre les néo-classiques en passant par l'affrontement de Perrault avec Boileau, les querelles n'ont point manqué, dans notre belliqueuse histoire, entre législateurs du Parnasse. Mais c'étaient querelles d'artistes plutôt que de critiques, et elles visaient moins le sens profond de la littérature, et donc de l'homme, qu'un certain type, réputé caduc, d'œuvre littéraire. Ici comme ailleurs, nous avons changé tout cela.

« Faut-il brûler Roland Barthes? » se sont demandé en 1965, avec Raymond Picard, certains lecteurs du *Monde*. Aurait-on jamais songé au XVIIe siècle, même par métaphore, à brûler Ménage? Il serait dangereux, pourtant, de trop ironiser. « Imposture », « délire », « critique à l'estomac » : les débordements de langage auxquels nous assistons aujourd'hui n'ont rien à voir, quelles que soient parfois la naïveté ou la perfidie des belligérants, avec les chamailleries d'un Vadius et d'un Trissotin jaloux de retenir l'oreille des belles marquises. La polémique toujours ouverte entre adversaires et partisans de la « nouvelle critique » (Picard contre Barthes), tout comme celle qui vient de s'ouvrir entre nouveaux critiques (Doubrovsky contre Barthes), marque en fait, dans l'histoire des lettres, un tournant capital : ce ne sont pas seulement les méthodes de la critique qui se sont transformées, c'est sa situation même. La plupart des critiques contemporains mettent à profit, de façons très différentes, le progrès général des connaissances, en l'occurrence le développement des sciences humaines. Mais bon nombre d'entre eux refusent également la distinction traditionnelle du créateur et du critique : ils se définissent, chacun à sa manière, comme des écrivains. Or cette situation nouvelle est étroitement tributaire de la métamorphose parallèle, quoique rigoureusement inverse, d'une littérature dont nous avons vu qu'elle se veut de plus en plus « critique » : d'où l'importance stratégique de la critique nouvelle, d'où l'âpreté des résistances de ceux qui refusent et ce progrès des connaissances (ou du moins une certaine conception de l'homme qui leur paraît en résulter) et cette métamorphose.

Ce chapitre n'essayera pas de s'engager dans un débat qui, du simple point de vue de la critique, brouille plutôt qu'il n'éclaircit les idées de nos contemporains; mais il s'efforcera d'en préciser d'abord, puis d'en dépasser les termes, en considérant avant tout la critique comme un travail et comme une recherche sanctionnés par des résultats concrets. Plutôt que de nous égarer dans la petite histoire des conflits de personnes ou de nous perdre dans la grande histoire des options idéologiques, nous commencerons donc par une *physiologie* (au sens où l'entendait Thibaudet, qui s'inspirait lui-même de Balzac) de cette profession qu'est la critique. Nous poursuivrons par une *mythologie*, c'est-à-dire par l'étude de ce double mythe, d'une part de la critique universitaire, d'autre part de la « nouvelle critique », né dans le feu d'une polémique qui n'a rien eu de plus pressé, comme toute polémique, que de déformer son objet, sinon de l'inventer. Alors seulement pourrons-nous dresser, une fois dissipés les confusions et les malentendus les plus criants, un *panorama* des différentes tendances actuelles de la critique.

Physiologie d'une profession

Comme l'écrit Roger Fayolle dans son indispensable histoire de *La Critique* (1964) : « C'est par un abus de langage que Max-Pol Fouchet, Maurice Nadeau, Pierre-Henri Simon, C.-E. Magny, G. Poulet, Mauron, Sartre, peuvent pareillement être appelés "critiques littéraires"! » Non point qu'il faille les exclure d'un domaine ou d'un genre dont ils sont parmi les plus brillants représentants; mais ils n'y tiennent ni la même place ni le même rôle. Ce n'est pas une hiérarchie des valeurs, c'est une hiérarchie des fonctions qu'il importe de rétablir. Albert Thibaudet peut nous y aider. Après avoir rappelé que « la naissance de la corporation critique a lieu en fonction de celle de deux autres corporations, inexistantes avant le XIXe siècle, celle des professeurs et celle des journalistes », il distingue, dans un petit ouvrage, *Physiologie de la Critique*, qui rassemble en 1930 une série de conférences données en 1922, trois types ou plus exactement trois niveaux :

« La critique des honnêtes gens, ou critique spontanée, est faite par le public lui-même, ou plutôt par la partie éclairée du public et par ses interprètes immédiats. La critique des professionnels est faite par des spécialistes, dont le métier est de lire des livres, de tirer de ces livres une certaine doctrine commune, d'établir entre les livres de tous les temps et de tous les lieux une espèce de société. La critique des artistes est faite par les écrivains eux-mêmes, lorsqu'ils réfléchissent sur leur art, considèrent dans l'atelier même ces œuvres que la critique des honnêtes gens voit dans les salons (aussi bien dans les salons annuels où elles sont exposées et passent, que dans les salons particuliers où elles meublent, restent, animent) et que la critique professionnelle examine, discute, même restaure, dans les musées. »

Cette page, qui porte la marque de son époque, peut nous aider à mieux comprendre la nôtre. Lorsque Barthes définit en face d'une « critique de lancée » une « critique de structure », ce qui ne veut pas forcément dire une critique structurale, il souligne la différence, déjà relevée par Thibaudet bien que dissimulée sous une ambition législatrice (élaborer une « doctrine commune », établir une « espèce de société »), entre une critique qui évalue ou qui apprécie, soit pour rabaisser, soit pour exalter, — et une critique qui scrute et qui mesure, pour mieux connaître. Critique de goût et critique de science, critique de « mondains » et critique de « doctes », critique de journalistes et critique de professeurs? Il ne faudrait pas trop forcer l'opposition ou le parallélisme. Il ne faudrait pas non plus, sous prétexte que l'Université française s'est (ou s'était : tout évolue si vite!) à peu près coupée de la vie des lettres contemporaines, réserver les œuvres du présent à la première et les œuvres du passé à la seconde. Redécouvrir Maurice Scève ou Lautréamont, c'est aussi, c'est même essentiellement de la critique de lancée. Et rien n'interdit au spécialiste, à condition qu'il renonce à faire de son étude un doctorat d'État (la règle en

France consistant à ne s'intéresser, pour de tels travaux, qu'à des écrivains déjà morts), d'entreprendre une « critique de structure » sur l'œuvre de Michel Butor ou sur celle de Robbe-Grillet.

Mais laissons ces nuances ou ces contingences. Par rapport au texte de Thibaudet que nous avons cité, l'essentiel est que les journalistes ne sont plus les seuls aujourd'hui à pratiquer la critique de lancée, et pas davantage les professeurs à pratiquer la critique de structure: débordant de l'atelier où Thibaudet prétendait les enfermer (*cf.* sa classification), les écrivains ont de plus en plus tendance à se répandre aussi bien dans le salon, à l'exemple de Baudelaire, que dans le musée, où Proust et Valéry avaient déjà conduit leurs pas. C'est ce que nous allons essayer de montrer en nous limitant provisoirement à la critique de lancée, c'est-à-dire en somme à une critique immédiate, qu'elle porte ou non sur le présent. Nous y discernerons en gros trois attitudes.

La critique de consommation, on n'ose dire de digestion, se borne à identifier le produit et à prévenir, selon des critères qui sont, ou dont elle s'imagine qu'ils sont, ceux du public auquel elle s'adresse (« ceci est un roman », « ceci n'est pas un roman »), s'il est consommable ou non : telle est la critique de la plupart des quotidiens et des magazines. Beaucoup plus intéressante, et à vrai dire sans commune mesure avec elle, est sa variante gastronomique. Sous forme d'articles, de chroniques ou de préfaces, un amateur, c'est-à-dire un professionnel qui se divertit, nous convie à partager son plaisir. Critique hédoniste, plus ou moins héritière de la critique impressionniste à la Jules Lemaître, critique de « fines gueules » parfaitement caractérisée par Marcel Jouhandeau lorsqu'il écrit de Roger Nimier, en tête de *Journées de lectures* (recueil posthume publié en 1965) : « Il a quelquefois de l'humeur. Il donne plus volontiers dans l'humour. Où il excelle, c'est, comme les prospecteurs de bons vins, à dégager et définir le fumet, la saveur d'un ouvrage, pour nous en faire partager le parfum, le goût. » On ne saurait tracer portrait plus fidèle d'un écrivain qui mit autant d'allégresse et d'impertinence dans sa critique que dans ses romans (*cf.* p. 303). Vu par Nimier, voici Péguy :

« On n'en a jamais fini avec Péguy. Il est ennuyeux avec une telle conscience, une telle application à ne pas dévier d'un pas dans l'ennui! Lui qui cite élogieusement le discours de Mme Jourdain, il oublie seulement de suivre cet exemple, il imite le maître de philosophie, il retourne mille fois " Belle marquise, je veux mourir d'amour pour vos beaux yeux ", en remplaçant la marquise par la Révolution française.

Et puis, à force de faire, il tombe sur un sens nouveau, une phrase toute jeune. Il en est le premier étonné. Il la retourne dans tous les sens, comme un chien qui vient de découvrir un animal bizarre. Cette phrase rentre dans le mouvement de ses ruminations. Alors il bifurque. Un souvenir lui revient. Il passe son examen d'entrée à Normale ou il se bagarre au Quartier Latin pour la défense de Dreyfus. Et à côté de l'élève Péguy, contre les réactionnaires, viennent se ranger l'élève Pascal et l'élève Michelet, tandis que Victor Hugo les encourage de loin. » *(Journées de lectures.)*

A côté de cette critique sensuelle et désinvolte, qui se complaît dans la maxime et dans le croquis et que pratiquent avec un égal bonheur un Paul Morand *(Monplaisir... en Littérature)*, un Claude Roy (dans sa série de *Descriptions critiques*) et un José Cabanis (peut-être davantage porté, dans *Plaisirs et Lectures*, vers l'érudition), on situera, à la fois comme son pendant et comme son opposé, la critique que nous appellerons sermonneuse. L'école tout court après l'école buissonnière : avec un sérieux qui n'exclut pas toujours la verve, cette critique fait la leçon. Elle parle, comme la précédente, de littérature, mais elle prend le plus souvent prétexte de l'œuvre littéraire pour défendre des valeurs plus générales qu'elle juge menacées. Critique humaniste ou rationaliste (parfois teintée, comme dans le cas de Pierre-Henri Simon, de personnalisme chrétien), et dont, à la suite de Julien Benda, Roger

Caillois (*Les Impostures de la poésie*, 1945; *Vocabulaire esthétique*, 1946; *Babel*, 1948) et René Etiemble (qui rassemble ses arcles, souvent à la limite du pamphlet, sous le titre général d'*Hygiène des lettres*) figureraient assez bien les deux pôles, l'un sévère et l'autre turbulent.

En rupture avec ces deux formes de critique, bien qu'il leur arrive quelquefois d'être en accord avec les dégustateurs : les explorateurs. « La véritable critique, écrit Michel Butor (*Répertoire II*, 1964) est ouverte elle aussi, non point la douane qui refuse l'introduction des marchandises suspectes après un rapide examen, mais le relais qui lui permet d'arriver à destination. Non qu'il n'y ait parfois de bons contrôleurs ou douaniers; trop de poisons circulent qu'il faut identifier et dénoncer; mais nous avons d'abord besoin de nourritures et minerais, par conséquent de prospecteurs. » Cette critique, aujourd'hui si florissante, Julien Gracq en a souligné, dans *Préférences* (1961), la grandeur et les faiblesses :

« La critique moderne intelligente [...] est ce que j'appellerais une critique de gaillard d'avant : elle a l'œil braqué d'avance sur les nouveaux mondes. Ces mondes nouveaux, elle en a déjà dépassé beaucoup; elle s'est fait à la longue une idée de leurs signes distinctifs; elle sait qu'avec chacun tout est neuf et étrange, dépaysant : les fleurs, les odeurs, les bêtes, et ces mondes neufs s'appellent, si l'on veut, Baudelaire, Mallarmé, Rimbaud, Jarry, les poètes du surréalisme; ils s'appellent aussi, dans un autre ordre, Proust, Joyce, Kafka. Elle s'est fait tant bien que mal une idée du moment où il convient de crier : " Terre! " Elle sait que chaque fois l'apparition a été marquée par une sorte de secousse d'ordre métaphysique : une modification violente, très apparente, des rapports de la conscience avec le monde, avec le temps, avec la liberté. » (D'où, objecte Gracq, le risque de découvertes trop prévisibles : le Nouveau Roman; ou de surenchères trop mécaniques : le lettrisme; d'où, par trop d'acuité dans le regard, un certain risque de cécité.) « La littérature n'est pas toujours, n'est pas obligatoirement une croisière de conquistadors, ou du moins elle n'en a pas toujours l'arrogance très affichée. Pendant de très longues périodes où rien en apparence ne bouge, on la dirait occupée seulement à transfuser dans des formes stables un sang différent, plus subtil. [...] On aime, certes, que le radar du critique soit à longue portée, mais on aimerait aussi que sur son écran quelque chose, tout de même, distingue une île au trésor d'un iceberg. »

A bien y regarder, ni cette ambition ni ces reproches ne sont tout à fait nouveaux. C'est à la fin du XIXe siècle, à l'époque du symbolisme militant, que la critique de « gaillard d'avant » fait son apparition dans notre littérature. Mais ceux qui l'exercent alors demeurent avant tout, par profession et par vocation, des critiques : tel est le cas notamment de Félix Fénéon, que Jean Paulhan célébrera comme son maître (*F. F. ou le critique*, 1945) et dont la sûreté de jugement contribua pour une large part, de 1895 à 1903, à la réputation de *La Revue blanche*. Tel est encore aujourd'hui le cas du directeur des *Lettres nouvelles*, Maurice Nadeau, aussi attentif aux jeunes romanciers français (Georges Perec) qu'aux grands romanciers étrangers (Malcolm Lowry); de Georges Lambrichs, infatigable découvreur, et dont les *Cahiers du Chemin* rassemblent quelques-uns des écrivains les plus prometteurs de notre temps; ou bien encore de Gaëtan Picon, qui posait très clairement dès 1953, dans *L'Écrivain et son ombre*, les termes de l'actuel débat sur la critique. Mais ce qui faisait autrefois figure de règle fait à présent figure d'exception : ce sont les écrivains eux-mêmes qui se chargent de la prospection, la leur et celle des autres. De tout temps, il est vrai, romanciers, poètes ou dramaturges se sont commentés eux-mêmes, examinant leurs œuvres (comme Corneille) ou justifiant leur esthétique (comme Hugo); de tout temps, les tenants d'une même école se sont salués les uns les autres; de tout temps, ils ont eu le souci de rendre hommage à ceux qu'ils reconnaissaient pour leurs prédécesseurs. Mais jamais ils n'avaient fait fonction de critiques avec autant de constance et de détermination : sans doute les défaillances de la critique officielle ne

Cl. Giraudon-Klee (Cosmopress) S.P.A.D.E.M.

Paul Klee, ***Le Livre ouvert.*** **(Musée d'Art Moderne, New-York.)**

sont-elles pas étrangères à une attitude dont il est par ailleurs évident qu'elle traduit la conscience de plus en plus aiguë que la littérature a prise d'elle-même, de ses limites et de ses pouvoirs, depuis le début du siècle. Les écrivains, de nos jours, ont envahi la critique. Disons plus exactement qu'à deux types de littérature correspondent en 1970 deux types de critique, dont l'une, qui est assurée pour l'essentiel par les écrivains, mérite seule d'être appelée exploratrice.

Or cette critique déborde largement du cadre que nous nous étions fixé et qui était celui d'une critique de lancée. Elle ne se borne pas en effet à proposer tel ou tel choix ou à édicter telle ou telle condamnation. A l'exemple des surréalistes, mais aussi bien d'un Paulhan (*cf.* chap. 20) ou d'un Blanchot (*cf.* chap. 21), elle travaille à redéfinir la table des valeurs littéraires présentes et passées : les conquêtes qu'évoquait Julien Gracq, à savoir Baudelaire, Rimbaud, Jarry (auxquels il conviendrait d'ajouter Sade et Lautréamont) d'une part, Proust, Joyce et Kafka d'autre part, ce sont conquêtes d'écrivains par les écrivains. Et ces conquêtes prennent souvent la forme de véritables études de structure. Georges Bataille dans *La Littérature et le Mal* (1957), Jean Ricardou dans *Problèmes du Nouveau Roman* (1967) et surtout Michel Butor tout au long des trois volumes de *Répertoire* (1960, 1964, 1968), se livrent à des analyses dont la rigueur, sinon toujours l'érudition, n'ont rien à envier à cette critique de spécialistes que Thibaudet semblait considérer comme le monopole de l'Université.

Mais ce rapprochement n'est-il pas trompeur? Et s'agit-il bien encore, au niveau de l'Université, d'une « critique »? Lanson et ses disciples préfèrent parler d' « histoire littéraire » : c'est précisément ce que certains universitaires, sensibles à la leçon des écrivains, c'est-à-dire à la fois aux objections qu'ils formulent et aux méthodes qu'ils proposent, vont reprocher, aux alentours de 1960, à leurs collègues.

Mythologie d'une querelle

Jean Starobinski, situant différemment les responsabilités, déclarait en avril 1968 (« La relation critique », texte recueilli dans *Quatre Conférences sur la « Nouvelle Critique »*, supplément au nº 34 de la revue *Studi Francesi*): « Quoi qu'il en soit, le débat actuel me paraît intervenir à une date relativement tardive. S'il y a une "nouvelle critique", elle ne s'est pas fait annoncer par un programme; elle a commencé par s'attacher à comprendre et à expliquer des œuvres littéraires à sa manière. Après coup, on lui a demandé de rendre ses comptes. Pour la défense ou pour l'attaque, les énoncés de principes ou les réflexions de méthode ont été alignés sur le ton de l'apologétique ou de l'accusation. Il en a pu résulter quelque distorsion. » Avant de nous intéresser, comme le conseille très justement l'orateur, aux travaux de cette critique contestatrice et contestée, attardons-nous quelques instants, parce qu'elle est particulièrement significative, sur la « distorsion », dont nous avons déjà dit qu'elle affectait également chacun des deux adversaires.

D'où vint l'initiative des hostilités? Jean Pommier, au nom de la critique traditionnelle, formula les premières réserves (« Baudelaire et Michelet devant la jeune critique », nº d'oct.-déc. 1957 de la *Revue d'histoire littéraire de la France*); mais bien d'autres chercheurs avaient fait l'épreuve, avant Jean-Pierre Richard et Roland Barthes, de son impitoyable censure. La déclaration de guerre date en fait de 1963 : Roland Barthes (nous le retrouverons à tous les détours de ce chapitre) publie coup sur coup deux articles, que reprendront en 1964 ses *Essais critiques*; il y dénonce ce qu'il nomme, « pour simplifier », la critique universitaire. Représailles en 1965, sous la forme d'un pamphlet de Raymond Picard : *Nouvelle Critique ou nouvelle imposture*. 1966 est l'année des contre-attaques, souvent discordantes et donnant naissance à leur tour à d'autres polémiques : *Critique et Vérité* de Roland Barthes, *Pourquoi la Nouvelle Critique* de Serge Doubrovsky, *Néo-critique et Paléo-critique* de Jean-Paul Weber; en octobre s'ouvre à Cerisy-la-Salle un colloque sur *Les Chemins actuels de la critique* dont les actes seront publiés en 1967. Les escarmouches n'ont point cessé depuis : citons, sous des drapeaux différents, « La Querelle » par Jean Pommier (*R. H. L.F.*, janv.-mars 1967) et *Nouvelle Critique et Art moderne* par Pierre Daix (1968).

Que retenir de ces échanges qui furent parfois fort vifs? Tout d'abord l'incompréhension réciproque des « anciens » et des « modernes. » Ensuite et surtout, à travers ces incompréhensions mêmes, les intentions profondes, souvent beaucoup plus proches qu'il n'y pourrait paraître : il y a du roman dans cette polémique, mais un roman révélateur. Chacun se peint soi-même en croyant peindre l'autre. Écoutons Roland Barthes; s'il n'a qu'éloges pour le programme déclaré de la critique universitaire, « qui est l'établissement rigoureux des faits biographiques ou littéraires », c'est pour mieux s'en prendre à l'idéologie qu'il croit déceler dans son application :

« [...] la critique positiviste pratique une idée parfaitement partiale de la littérature; car refuser de s'interroger sur l'être de la littérature, c'est du même coup accréditer l'idée que cet être est éternel, ou si l'on préfère, naturel, bref que la littérature *va de soi*. Et pourtant, qu'est-ce que la littérature? Pourquoi écrit-on? Racine écrivait-il pour les mêmes raisons que Proust? Ne pas se poser ces questions, c'est aussi y répondre, car c'est adopter l'idée traditionnelle du sens commun (qui n'est pas forcément le sens historique), à savoir que l'écrivain écrit tout simplement pour *s'exprimer*, et que l'être de la littérature est dans la " traduction " de la sensibilité et des passions. Malheureusement, dès que l'on touche à l'intentionnalité humaine (et comment parler de littérature sans le faire), la psychologie positiviste ne suffit plus : non seulement parce qu'elle est rudimentaire, mais aussi parce qu'elle engage une philosophie déterministe parfaitement datée. Le paradoxe, c'est que la critique historique refuse ici l'histoire. » *(Essais critiques.)*

Si l'on ajoute à ce premier grief celui de pratiquer « le postulat d'analogie » (« il s'agit toujours de mettre l'œuvre étudiée en rapport avec quelque chose d'*autre*, un *ailleurs* de la littérature »), on aura reconnu pêle-mêle les réquisitoires de Péguy contre Lanson, de Proust contre Sainte-Beuve et de Valéry contre les biographes. N'est-ce point pourfendre, avec près d'un demi-siècle de retard, ce qui n'est plus aujourd'hui qu'un fantôme? Assurément la tentation demeure, et il est bon de l'exorciser. Mais on remarquera d'une part, avec Marie-Jeanne Durry, que l' « on a le droit d'être curieux de ce qui est métamorphosé » (Proust n'évoque-t-il pas lui-même, dans *Jean Santeuil*, « les rapports secrets, les métamorphoses nécessaires qui existent entre la vie d'un écrivain et son œuvre »?); et d'autre part, que cette curiosité pour la personne d'un écrivain et pour son époque, peut enrichir notre compréhension d'une œuvre et permettre à cette « critique immanente » pour laquelle notre Université professerait le plus grand dédain (ce qui est faire bon marché, entre bien d'autres, des études de Jacques Schérer sur la dramaturgie classique ou d'Octave Nadal sur Corneille) de progresser avec davantage d'assurance et de discernement. C'est précisément ce que Marie-Jeanne Durry, aussi fidèle historienne de Chateaubriand que sensible exégète d'Apollinaire, ne cesse de nous prouver par son œuvre.

Reste à découvrir, après un Barthes qui caricature, un Barthes caricaturé. Il y a sans doute aussi loin de la « nouvelle critique » telle que l'imagine Raymond Picard à la vraie, que de la critique universitaire telle que l'imagine Roland Barthes (comme s'il ne faisait pas lui-même partie du même groupe socio-professionnel que ses adversaires!) à celle que l'on pratique dans les Universités. Voici qui permettra d'en juger :

« [...] tandis que certains de nos " nouveaux critiques " découvrent dans l'œuvre des romanciers ou dramaturges des ontologies et des phénoménologies, et qu'ils font d'eux des philosophes sans le savoir, d'autres semblent traiter leur œuvre comme s'ils étaient des surréalistes sans le savoir. Les deux travestissements sont également inadmissibles. Les tragédies de Racine, il devient indispensable de le rappeler, n'ont pas été obtenues par le procédé de l'*écriture automatique*. *Surréaliser* — et au nom d'un surréalisme tout académique — la littérature française tout entière, pour la situer dans une perspective du " dérèglement de tous les sens ", c'est mettre une moustache à la Joconde ou jouer la marche funèbre de Chopin en jazz : ces espiègleries quadragénaires n'amusent plus personne. Malheureusement il ne s'agit pas d'une plaisanterie — l'humour est ce qui manque le plus à la " nouvelle critique " — mais bien, on l'a compris, d'une conception dangereusement *passiviste* de la création littéraire, selon laquelle l'œuvre serait le lieu du déchaînement des obsessions de l'auteur. » *(Nouvelle Critique ou nouvelle imposture.)*

Mais qui, en dehors peut-être de Jean-Paul Weber, que Raymond Picard a pris un peu trop facilement pour cible, a jamais soutenu pareille hérésie? Et que vient faire ici un surréalisme abusivement confondu avec Dada? Ce que cherchent au contraire les nouveaux critiques, quel que soit le type de critique auquel ils s'adonnent (et nous verrons que ces types sont souvent très différents), c'est à ressaisir dans l'œuvre, à partir des thèmes imaginaires ou des structures formelles, une architecture cohérente.

Peut-être ce bref parallèle aura-t-il permis de mieux apercevoir les incompatibilités : elles interviennent moins au niveau des méthodes qu'à celui des esthétiques. Raymond Picard défend, ce qui est normal de la part d'un spécialiste du XVIIe siècle, une conception intellectualiste et même volontariste de la littérature : on le sent réticent, sinon rebelle, devant la psychanalyse. Il invoque, avec une égale confiance, les « certitudes du langage », les « implications de la cohérence psychologique », les « impératifs de la structure du genre », c'est-à-dire précisément tout ce que la littérature contemporaine a battu en brèche depuis près de cinquante ans. On comprend que des critiques modernes, désireux de parler le langage de leur temps, aient cru bon de mettre en doute ces postulats, qu'ils se soient efforcés de tenir compte d'une part du rapport inévitablement subjectif (ce qui ne veut pas dire fantaisiste) qui s'établit entre le critique et l'œuvre, d'autre part de la nouvelle image de l'homme que nous proposent les sciences humaines (psychanalyse, linguistique et sociologie). On comprend moins qu'ils se soient parfois laissés emporter par le goût du paradoxe au point de refuser tout intérêt aux recherches historiques, et qu'ils ne se soient pas toujours souciés de ménager, entre les diverses interprétations possibles d'une même œuvre, divers degrés de vraisemblance.

Il n'en demeure pas moins qu'entre la critique traditionnelle et la critique dite nouvelle des points de convergence existent, qui devraient faciliter, qui ont déjà facilité (citons, par exemple, pour ne considérer que les travaux les plus récents, les thèses de François Germain sur Vigny, de Béatrice Didier sur Senancour, et de Dominique Fernandez sur Pavese) des rapprochements fructueux. Il est en effet pour le moins curieux de voir Picard et Barthes se lancer la même accusation, celle d'oublier l'œuvre au profit d'un « ailleurs ». Il est non moins curieux d'entendre Picard réclamer en 1965 une « étude détaillée des structures littéraires » quand, dès 1964, Barthes publiait dans la revue *Communications* des « éléments de sémiologie » précisément destinés à fonder une telle étude. Sans doute le mot de « structure » est-il aujourd'hui l'un des termes les plus galvaudés et les moins bien définis du vocabulaire critique. On veut pourtant espérer qu'à force de chercher l'œuvre ensemble, « anciens » et « modernes » finiront bien par se rencontrer. C'est du moins ce que permettent d'envisager, dans leur richesse et dans leur diversité, les principales démarches de la critique contemporaine.

Panorama d'une recherche

Comme celle de « nouveau roman », l'expression de « nouvelle critique » désigne moins une école qu'une tendance commune, un même type de recherche qui choisit de privilégier l'œuvre, non pas à la façon d'un sanctuaire dont on se tient à distance par impuissance ou par respect, mais comme le lieu même de l'enquête ou, à tout le moins, son point de départ obligé. Mais cette enquête peut emprunter bien des voies : elle puise, à des fins souvent divergentes, dans un arsenal de méthodes et de techniques qu'il serait vain, l'expérience l'a montré, de vouloir réduire à l'unité. Au lieu de tenter un impossible amalgame, nous distinguerons trois courants ou plutôt trois familles : les enfants de Freud, les enfants de Saussure et les enfants de Marx. Il arrive que les parentés soient lointaines, sinon douteuses : les bâtards ne manquent pas, ni les fils prodigues. C'est pourquoi, laissant à la

Éd. de la Galerie Charpentier, 1945. Cl. B.N.

Dessin de Valéry pour l'Album de *Monsieur Teste*.

« criticologie » (ainsi baptisée par Dominique Noguez) le soin d'établir des états civils, nous préférerons parler de *critique existentielle*, de *critique formaliste* et de *critique sociologique*.

La critique existentielle :

Les origines de la critique existentielle, comme ses formes, sont multiples. S'il fallait décider d'un ancêtre, sans doute conviendrait-il, avant même Freud, de citer Marcel Proust. Comme le remarque Georges Poulet dans sa préface à l'étude de René de Chantal sur *Marcel Proust critique littéraire* (1967) : « La critique, aux yeux de Proust, sans qu'il prononce d'ailleurs ce mot, s'avère [...] comme nécessairement *thématique*. » Que l'on relise en effet ce qu'écrivait le futur romancier en tête d'une de ses traductions de Ruskin (*La Bible d'Amiens*, 1904) :

« Au fond, aider le lecteur à être impressionné par ces traits singuliers, placer sous ses yeux des traits similaires qui lui permettent de les tenir pour les traits essentiels du génie d'un écrivain, devrait être la première partie de la tâche de tout critique. S'il a senti cela, et aidé à le sentir, son office est à peu près rempli. Et, s'il ne l'a pas senti, il pourra écrire tous les livres du monde sur Ruskin : l'Homme, l'Écrivain, le Prophète, l'Artiste, la Portée de son Action, les Erreurs de la Doctrine, toutes ces constructions s'élèveront peut-être très haut, mais à côté du sujet; elles pourront porter aux nues la situation littéraire du critique, mais ne vaudront pas pour l'intelligence de l'œuvre, la perception exacte d'une nuance juste, si légère semble-t-elle. »

Proust donnera, dans un passage de *La Prisonnière* (*A la Recherche du temps perdu*, éd. de la Pléiade, tome III, p. 376-381) quelques exemples rapides de cette méthode. Partant d'une remarque sur les « phrases-types » du musicien Vinteuil, le narrateur montre à Albertine comment revient dans l'œuvre de Barbey d'Aurevilly, sous des traitements divers, le même thème d' « une réalité cachée, révélée par une trace matérielle, la rougeur physiologique de l'Ensorcelée, d'Aimée de Spens, de La Clotte, la main du *Rideau cramoisi* [...] ». Il décèle chez Thomas Hardy ce qu'il appelle « une géométrie du tailleur de pierre », souligne dans Stendhal « un certain sentiment de l'altitude se liant à la vie spirituelle » et commente « cette beauté nouvelle et mixte d'un visage de femme » qui caractérise à ses yeux l'art de Dostoïevski. Il s'agit donc à chaque fois de repérer dans l'œuvre, non pas seulement dans une œuvre isolée mais dans toute la production d'un même écrivain, des constantes plus ou moins secrètes (images, situations ou décors) qui lui confèrent aussi bien son unité formelle que son pouvoir d'émotion; d'identifier la qualité ou le système de qualités qui compose ce que Proust nomme la « patrie intérieure » (Jean-Pierre Richard dira : l'univers imaginaire) d'un écrivain. Tel est bien le propos fondamental, même s'il ne constitue pour certains qu'une première étape (Proust ne parlait-il pas d'ailleurs d'une « première partie »?) de la critique existentielle entendue au sens le plus large.

Or, du moment qu'il est question de déchiffrer ou de décrypter, de saisir un inconscient du texte sinon un inconscient de l'auteur, comment ne pas se tourner vers la psychanalyse? Bien avant 1945, les psychiatres eux-mêmes, à commencer par Freud (la traduction de son essai *sur la Gradiva* de Jensen paraît en France en 1931), s'étaient intéressés à la littérature. Mais les travaux du Dr Laforgue, de Marie Bonaparte et de Charles Baudouin « appartiennent plus à la "littérature médicale", comme le rappelle Roger Fayolle, qu'à la critique littéraire » : leurs auteurs vont chercher du côté de la littérature les matériaux nécessaires à l'édification, ou à la confirmation, de leurs théories. Il fallait de toute nécessité renverser les perspectives. Cette tâche, qui rejoignait les préoccupations d'un Marcel Raymond (*De Baudelaire au surréalisme*, 1933) et d'un Albert Béguin (*L'Âme romantique et le Rêve*, 1937), sera l'œuvre de deux philosophes, Jean-Paul Sartre et Gaston Bachelard. Sartre tient à la critique de deux manières : pratiquant dans la *N.R.F.*, dans les *Cahiers du Sud* puis dans *Les Temps Modernes*, qu'il fonde à la Libération, une critique de lancée, il écrit sur Blanchot, Bataille, Ponge et Camus des articles qui feront date, comme feront date les préfaces qu'il consacre à de jeunes écrivains (rappelons celle de 1947 à *Portrait d'un inconnu*, de Nathalie Sarraute). Mais il poursuit par ailleurs, dans des travaux proprement philosophiques, une réflexion qui lui fait retrouver, à un niveau méthodologique, les problèmes de la critique. *L'Être et le Néant*, publié en 1943, s'achève sur la définition d'une « psychanalyse existentielle » : « Le *principe* de cette psychanalyse, expose l'auteur, est que l'homme est une totalité et non une collection; qu'en conséquence, il s'exprime tout entier dans la plus insignifiante et la plus superficielle de ses conduites — autrement dit, qu'il n'est pas un goût, un tic, un acte humain qui ne soit *révélateur.* » Contrairement à la « psychanalyse empirique » qui cherche à déterminer le *complexe*, la « psychanalyse existentielle » cherche à déterminer le *choix originel :* « Parce que le but de l'enquête doit être de découvrir un *choix*, non un état, cette enquête devra se rappeler en toute occasion que son objet n'est pas une donnée enfouie dans les ténèbres de l'inconscient, mais une détermination libre et consciente — qui n'est pas même un habitant de la conscience, mais qui ne fait qu'un avec cette conscience elle-même. » Appliquant sa propre méthode à la littérature, Sartre s'efforcera de mettre en lumière, dans une série d'essais critiques (*cf.* p. 70), les « choix » d'un Baudelaire (*Baudelaire*, 1947), d'un Genet (*Saint-Genet*, 1952) et d'un Flaubert (dans une longue étude dont il n'avait encore publié en 1969 que quelques fragments). Textes d'une débordante richesse et d'une remarquable virtuosité. Mais textes souvent ambigus et parfois même décevants. Car s'il considère l'œuvre comme un projet, non comme une résultante ou comme un produit, Sartre n'en a pas moins tendance à la situer sur le même plan que n'importe quelle autre conduite, dont précisément les goûts et les tics : n'est-ce pas méconnaître, comme le lui objecta Georges Blin à propos de son *Baudelaire* (qui n'était, il est vrai, qu'une introduction aux *Écrits intimes*), « qu'un artiste, même en dehors de son champ d'activité artistique, s'explique essentiellement par sa fonction esthétique »? L'œuvre n'est-elle pas, pour un écrivain, le projet par excellence? Il reste que Sartre, qui s'occupe à présent (comme on le verra plus loin) de concilier la psychanalyse existentielle avec la dialectique marxiste, fournissait à la critique, dès le lendemain de la guerre, tout un matériel de concepts et d'analyses dont elle fera, sans toujours l'avouer, son bénéfice.

Autre fournisseur, Gaston Bachelard. C'est un étrange et passionnant itinéraire que celui qui conduit cet autodidacte de l'épistémologie, dont il devient l'un des maîtres les plus réputés, à l'étude de l'imagination poétique. L'intérêt de Bachelard pour la poésie, loin de s'opposer à son intérêt pour la science, en est directement issu : il naît d'une méditation sur l'alchimie et sur les divers aspects, d'ordinaire méconnus ou méprisés, de la pensée préscientifique (ce qu'Auguste Comte nommait l'état théologique ou l'état métaphysique, par opposition à l'état positif). Sous la forme d'une psychanalyse calquée sur l'ancienne classification des éléments (*La Psychanalyse du feu*, 1937; *L'Eau et les Rêves*, 1940; *L'Air et les Songes*, 1942; *La Terre et les Rêveries de la volonté*, *La Terre et les Rêveries du repos*, 1948), puis d'une phénoménologie (*La Poétique de l'espace*, 1957; *La Poétique de la rêverie*, 1961), Bachelard s'attache à montrer, à partir d'un échantillonnage de textes où se reflète la culture la plus accueillante et la plus étendue, comment notre imagination rêve le monde. « L'imagination, écrit-il dans *L'Eau et les Rêves*, n'est pas, comme le suggère l'étymologie, la faculté de former des images de la réalité; elle est la faculté de former des images qui dépassent la réalité, qui *chantent* la réalité. Elle est une faculté de surhumanité ». Il s'en prend à la critique littéraire, qui, tenant l'image soit pour un ornement, soit pour une copie, « oublie simplement la fonction poétique qui est de donner une forme nouvelle au monde qui n'existe poétiquement que s'il est sans cesse réimaginé ». Mais il ménage également ses distances par rapport à la psychanalyse classique : plus proche de Jung que de Freud, il prétend isoler ce qu'il nomme des « complexes de culture », c'est-à-dire « des images favorites qu'on croit puisées dans les spectacles du monde et qui ne sont que des projections d'une âme obscure ». A vrai dire, la méthode que suit Bachelard compte au moins autant, dans l'histoire de la critique moderne, que les résultats qu'il en obtient : elle est moins une méthode qu'une disposition, il vaudrait mieux dire une disponibilité. Le terme de phénoménologie lui convient mieux, en définitive, que celui de psychanalyse. Lecteur toujours ouvert, lecteur toujours offert, Bachelard est moins un théoricien rigoureux qu'un merveilleux initiateur à la poésie.

[Le calme du rêveur]

Quelle est donc au fond cette image d'une eau laiteuse? C'est l'image d'une nuit tiède et heureuse, l'image d'une matière claire et enveloppante, une image qui prend à la fois l'air et l'eau, le ciel et la terre et qui les unit, une image cosmique, large, immense, douce. Si on la vit vraiment, on reconnaît que ce n'est pas le monde qui est baigné dans la clarté laiteuse de la lune, mais bien le spectateur qui baigne dans un bonheur si physique et si sûr qu'il rappelle le plus ancien bien-être, la plus douce des nourritures. Aussi, jamais le lait de la rivière ne sera glacé. Jamais un poète ne nous dira que la lune d'hiver verse une lumière laiteuse sur les eaux. La tiédeur de l'air, la douceur de la lumière, la paix de l'âme sont nécessaires à l'image. Voilà les composantes matérielles de l'image. Voilà les composantes fortes et primitives. *La blancheur ne viendra qu'après.* Elle sera déduite. Elle se présentera comme un adjectif amené par le substantif, après le substantif. Dans le règne des rêves, l'ordre des mots qui veut qu'une couleur soit blanche comme du lait est trompeur. Le rêveur prend d'abord le lait, son œil ensommeillé en voit ensuite, quelquefois, la blancheur.

Et sur la blancheur, dans le règne de l'imagination, on ne sera pas difficile. Qu'un rayon doré de la lune s'ajoute sur la rivière, l'imagination formelle et superficielle des couleurs n'en sera pas troublée. L'imagination de la surface verra blanc ce qui est jaune parce que l'image matérielle du lait est assez intense pour continuer au fond du cœur humain son doux progrès, pour achever de *réaliser* le calme du rêveur, pour donner une matière, une substance à une impression heureuse. Le lait est le premier des calmants. Le calme de l'homme imprègne donc de lait les eaux contemplées. Dans *Éloges*, Saint-John Perse écrit :

... Or ces eaux calmes sont de lait
et tout ce qui s'épanche aux solitudes molles du matin.

Un torrent écumeux, si blanc qu'il soit, n'aura jamais un tel privilège. La couleur n'est donc vraiment rien quand l'imagination matérielle rêve à ses éléments primitifs.

L'*imaginaire* ne trouve pas ses racines profondes et nourricières dans les *images;* il a d'abord besoin d'une *présence* plus prochaine, plus enveloppante, plus matérielle. La réalité imaginaire s'évoque avant de se décrire. La poésie est toujours un vocatif.

Gaston Bachelard, *L'Eau et les Rêves*, éd. José Corti.

— La méthode de Bachelard : non pas analyser une image mais, pour mieux en retrouver le sens profond, la vivre (5-6), c'est-à-dire la rêver (18, 20). Un hymne au bonheur (2-5, 8-10, 12-14, 26-32, 40-42).

— Les deux types d'imagination : l'imagination matérielle (37; 3, 14, 27, 29, 41) et l'imagination formelle ou superficielle (24). Le renversement opéré par Bachelard dans la critique traditionnelle (15-16, 39-43).

— « Les documents poétiques sur lesquels il (G. Bachelard) s'appuie ont pour fonction de mettre en évidence, à côté de la réalité sensible et de la réalité scientifique, l'existence d'une réalité proprement psychique, milieu intime de notre être, dans lequel se brouillent les distinctions ordinaires du souvenir et de l'image, de la contemplation et de la création, des faits et des valeurs. » (J.-Cl. Pariente, « Présence des images », *Critique*, janv. 1964.)

La double influence ou le double exemple de Sartre et de Bachelard vont commander, aux alentours des années cinquante, le développement d'une critique dont on s'apercevra, quinze ans plus tard, qu'elle est « nouvelle ». Dès 1939, dans son *Baudelaire*, Georges Blin pratiquait, en termes volontiers philosophiques, une critique d'interprétation. L'idée d'intentionnalité, et, par voie de conséquence, certains schémas sartriens domineront ses deux thèses sur Stendhal (*Stendhal et les Problèmes de la personnalité*, *Stendhal et les Problèmes du roman*, 1958). Critique de mouvement, soucieuse d'épouser l'œuvre dans son devenir, mais aussi critique d'érudition, attentive à ne point séparer l'œuvre de tout ce dont elle se nourrit, comme le précisera en 1968 un vigoureux essai dont le titre imagé résume assez bien l'inspiration : *La Cribleuse de blé*.

C'est également une critique de mouvement, avec plus d'abandon sans doute mais avec moins de rigueur, qu'exerce Georges Poulet. Directement inspiré de Marcel Raymond (on a pu parler à ce propos d'une « école de Genève »), l'auteur d'*Études sur le temps humain* (dont le premier tome paraît en 1950), des *Métamorphoses du cercle* et de *L'Espace proustien*, cherche, en s'aidant des analyses phénoménologiques de l'espace et du temps, à retrouver l'expérience primordiale d'un écrivain, ce que l'on pourrait appeler son « cogito ».

Georges Poulet procède, à la manière de Charles Du Bos, à une sorte d'identification avec l'œuvre, ou plutôt avec l'aventure spirituelle qui s'y trouve incluse et qui en est inséparable : acceptant de se perdre lui-même pour mieux retrouver l'autre, c'est tout entier qu'il s'engage dans chacun de ses « essais ». « Il n'y a pas de véritable critique, affirme-t-il, sans la coïncidence de deux consciences. »

[« C'est assez que d'être »]

Georges Poulet commente les deux raisons qu'invoque Mme de Clèves, aux dernières pages du roman de Mme de La Fayette (*La Princesse de Clèves*, 1678), pour ne pas épouser M. de Nemours. Après le « devoir », voici le « repos ».

Ainsi le passé prend toute sa force, la force d'un irréparable.

Mais il est une autre ressource encore contre la passion, et dans la passion même. Déjà deux fois $\mathrm{M^{me}}$ de Clèves en a eu le sentiment, et chaque fois en présence d'une infidélité réelle ou supposée de son amant. Alors elle avait « ouvert les yeux sur le hasard d'être trompée »; elle avait pensé « combien il était peu vraisemblable qu'un homme comme M. de Nemours fût capable d'un attachement sincère et durable ».

Durable! Si $\mathrm{M^{me}}$ de Clèves avait senti alors combien « il était presque impossible qu'elle pût être contente de sa passion », combien ne sent-elle pas plus vivement maintenant l'impossibilité de penser la passion en termes de durée! L'espèce de suspension qui s'est faite dans le mouvement aveugle de l'amour, depuis la mort de M. de Clèves, comme jadis après la mort de sa mère, lui permet de plonger le regard dans le futur, et d'y prévoir « un malheur certain ». Car il est de l'essence de la passion de ne durer que par une sorte de renouvellement intérieur qui tient à la résistance qu'on lui oppose, et en dehors duquel elle n'est rien.

Les hommes conservent-ils de la passion dans ces engagements éternels? Dois-je espérer un miracle en ma faveur? Et puis-je me mettre en état de voir certainement finir cette passion dont je ferais toute ma félicité?

Il n'y a de conservation véritable qu'en dehors de la passion. Il n'y a d'existence durable qu'une existence sans passion. Et c'est ainsi que cette âme fatiguée par les émotions immédiates, se tourne vers cet état de *tranquillité* que lui recommandait jadis sa mère, vers cet état qui avait été le sien et dont se plaignait M. de Clèves lorsqu'il lui disait alors qu'elle était *sans impatience, ni inquiétude, ni chagrin.* État négatif, dont la seule activité consiste dans la vigilance et la défiance. Les paroles mêmes de sa mère lui reviennent, qui disait qu'elle ne pouvait *conserver sa vertu que par une extrême défiance de soi-même :*

Je me défie de mes forces au milieu de mes raisons.

État négatif qui est une espèce d'ascèse : *S'accoutumer à se détacher de toutes choses. — Avoir des vues plus grandes et plus éloignées* — se rendre *les autres choses du monde indifférentes;* pour tout dire, atteindre à une sorte de fixité sans désir, et ne sentir rien d'autre que la permanence d'une vie où passé, présent et futur soient semblables; où il n'y a plus rien qu'existence et durée — et, tout au fond de cette suffisance, peut-être l'action de Dieu :

C'est assez que d'être.

Georges Poulet, *Études sur le temps humain*, éd. Plon.

— L'effort pour ressaisir l'itinéraire d'un être, le mouvement qui le conduit (29-30) à une révélation, ou à une intuition suprême. Un récit (le présent de narration : 13, 17, 30) à la fois didactique (les maximes : 19-22, 27-29) et passionné (les exclamations : 11, 15) qui reprend (le jeu des citations : intégrées ou non dans la phrase, soulignées ou non par des italiques) et prolonge (43-48) le texte du roman.

— Georges Poulet commente ainsi « la pensée critique de Charles Du Bos » (*Critique* n° 217, juin 1965) : « Devenir le lieu et la proie d'une pensée qui, surgissant en nous, fait de nous tout à coup et pour le temps qui lui plaira le siège de son mouvement itinérant, voilà, au fond [...] sinon la fin et la totalité de l'activité proprement critique, au moins son principe et son point de départ. Moi critique, ou, plus modestement, lecteur, je commence par laisser se recommencer en moi la pensée qui m'envahit et que j'épouse. »

Avec Jean-Pierre Richard s'affirme, dans toute son ampleur et dans tout son foisonnement, dans sa séduction mais aussi quelquefois dans sa gratuité, une critique thématique dont Georges Poulet présentait pour ainsi dire la version quintessenciée. Ce qui intéresse Jean-Pierre Richard, que ce soit dans *Littérature et Sensation* (1954) ou dans *Poésie et Profondeur*, dans sa thèse sur *L'Univers imaginaire de Mallarmé* (1962) ou dans ses *Onze études sur la poésie moderne*, c'est, au niveau même de la sensation, le contact premier d'un écrivain avec le monde. Il relèvera dans l'ensemble d'une œuvre (qu'il s'agisse de lettres ou de poèmes, de simple esquisses ou d'un livre achevé) tout ce qui concerne les lumières, les odeurs, les spectacles, les étoffes, les matières ou les sons, bref l'ensemble des qualités ou des substances évoquées par l'auteur. Puis il essayera de relier les uns aux autres ces différents thèmes, afin de reconstruire un système ou de reconstituer un trajet qui ne soit pas accessoirement mais indissolublement celui de l'écrivain et de l'homme. On reconnaît, appuyées sur la typologie de Bachelard, les ambitions de Sartre, mais dépouillées de ce qu'il y avait parfois d'un peu dédaigneux, chez le commentateur de Baudelaire, pour la littérature : « L'écriture, soutient Jean-Pierre Richard, fait elle aussi partie de l'expérience la plus intime; elle en épouse les structures, mais c'est pour les modifier, pour les infléchir. Pourquoi même écrire si ce n'est, comme disait Rimbaud, pour changer la vie, pour découvrir un monde où nous soyons vraiment au monde? » Critique heureuse, critique euphorique, sans cesse émerveillée devant les mots et devant les choses, et n'hésitant point à faire partager à l'écrivain qu'elle étudie, même s'il est aussi réticent qu'un Mallarmé, ses propres convictions.

[Bonheur de la brume légère]

N.B. Les notes sont de Jean-Pierre Richard. Elles renvoient principalement à l'édition des œuvres complètes de Mallarmé dans la Bibliothèque de la Pléiade (éd. Gallimard).

C'est la magie dissolvante du brouillard, que Mallarmé apprit à aimer en Angleterre. L'effet en est paradoxal : car le brouillard, qui semblerait théoriquement devoir obturer le ciel et noyer toute clarté terrestre, réussit en réalité, de par sa granulation infinitésimale, de par sa prodigieuse puissance de motilité et de décomposition, à fondre en lui les résistances du lointain et à nous redonner le libre accès des choses. Tout en voilant le paysage, et donc en l'éloignant de nous, il s'arrange pour faire glisser de lui à nous le flot d'une complicité sensible. Embrumé, l'objet se situe à la fois loin et tout près, derrière et pourtant à portée de la main. Il est vu, mais aussi bien touché, et touché par la vue... L'intervalle brumeux cesse ainsi d'être un écartement, pour devenir le champ d'une réunion à distance, c'est-à-dire, nous le savons, d'une connaissance véritable.

« Les chers brouillards qui emmitouflent nos cervelles », et qui pénètrent si bien « sous les croisées [1] », sans doute *dans* les croisées même, sauront donc baigner les choses de leur tissu impalpable; ils provoqueront en elles un étonnant surgissement de l'essence. Derrière eux, les formes se profileront :

> Il faisait très froid, l'herbe était mouillée comme le matin — du brouillard, après tout, c'est trop de rosée — et l'on avait autour de soi un immense cirque impalpable mais réel, derrière lequel s'ébauchaient maladivement de beaux arbres épais... [2]

Nuage de rosée, vapeur d'azur, le brouillard ne fait rien d'autre en effet que liquéfier en mille gouttelettes la transparence autrefois gelée du ciel. Au lieu d'introduire, comme chez Baudelaire, par exemple, à une coagulation pétrifiée de l'air et de la terre, son opacité sert de transition entre une transparence paralysée et une limpidité vivante. Elle annonce l'avènement d'un vrai regard. Et c'est pourquoi l'objet retrouve à travers elle une splendeur inattendue. Le voici qui se dresse, à la fois net et radieux, sommé et vaporisé :

> A travers l'*humidité lumineuse*, inséparable même d'une matinée d'été, à Londres, voyez se détacher, à droite, à gauche, au fond surtout, de vastes panneaux d'une brique sanguine et vivante et des arêtes d'édifice, *à la fois imprégnées de vapeur et resplendissantes...* [3]

Paysage qui constitue d'une certaine façon l'exacte antithèse sensible de celui que contemplait de loin le malade des *Fenêtres* *. Car dans l'Albert Hall, c'est visiblement le brouillard qui réussit à faire saigner la brique, c'est l'enveloppe lumineuse qui, du dehors, provoque la forme à s'accuser, l'arête à s'aiguiser, et la matière à resplendir. Au lieu de protéger, comme chez Baudelaire, une spectaculaire paresse de l'objet, l'atmosphère brumeuse provoque en lui un éréthisme * du contour et de la teinte : elle l'oblige à nous avouer sa plénitude. Et cela, comprenons-le bien, en raison de sa seule *humidité*, qui se substitue à l'ancienne sécheresse azuréenne. Grâce à la « brume transparente, maintenant distribuée dans l'atmosphère avec égalité », le jour ne « s'annonce ni trop limpide ni trop vague. Très bien. Le monument polychrome apparaît dans toute sa grandiose et familière beauté[4] ». Bonheur de la brume légère, qui vaporise le lointain en ambiance, et qui, entre obscurité et flamboiement, installe une balance toute humaine : celle du halo.

* Un des premiers poèmes de Mallarmé, d'inspiration et de facture très baudelairiennes.

* Mot emprunté au vocabulaire médical. Hyperactivité d'un organe.

1. *La Pipe*, *O. c.*, p. 275. — 2. *Corr.*, p. 59 — 3. *Exposition de Londres*, *O. c.*, p. 681. — 4. *O. c.*, p. 681-682.

Jean-Pierre Richard, *L'Univers imaginaire de Mallarmé*, éd. du Seuil.

— Une première analyse, où le critique semble se référer directement à l'expérience vécue (4-5), permet de dégager le sens général (15-16) d'un certain paysage « sensible » (43-44). Ce sens est développé et précisé à travers l'explication (28-34, 43-54) d'un certain nombre de textes (aussi bien des poèmes que des lettres ou des articles).

— Richesse de la sensibilité et subtilité du raisonnement. L'étonnant mélange de l'abstrait et du concret (28-30, 30-34; 45-48, 49-52). La faculté d'émerveillement du critique, non point tant devant le texte que devant le spectacle évoqué par le texte (6, 14-15, 21, 34-37, 47-48, 58-61).

— « Sur l'intimité rêveuse de Mallarmé, Richard nous apprend tout, et aussi que cette intimité, à quelque degré, nous appartient encore. Mais l'œuvre de Mallarmé, tendue tout entière vers ce langage impersonnel et autonome qui est le contraire d'une *expression* et dont le bonheur ne doit rien, peut-être, à nul bonheur vécu, [...] on dirait parfois qu'il l'épuise sans l'atteindre. » (Gérard Genette, « Bonheur de Mallarmé? », *Figures*.)

Par rapport à celles de Georges Poulet et de Jean-Pierre Richard, la critique de Jean Starobinski, l'une des plus sûres de notre temps, manifeste davantage de prudence dans ses investigations, davantage de souplesse et de variété dans ses méthodes. « L'outil qui ne mord que sur un matériau ne trouve jamais que ce matériau-là, et prête à croire qu'il est le seul outil possible. » Lorsque Jean Starobinski recourt à la psychanalyse (comme dans son étude sur *Jean-Jacques Rousseau, la transparence et l'obstacle* publiée en 1958), c'est d'une manière beaucoup plus directe et beaucoup plus franche, et qui lui permet précisément toutes les nuances. Quant à ses essais sur le regard réunis dans *L'Œil vivant* (1961), ils cernent de beaucoup plus près la structure matérielle, concrète, de l'œuvre étudiée. Cette même sagesse, ce même souci de la structure (terme décidément préféré par bon nombre de critiques existentiels à celui, musical plutôt qu'architectural, de thème) se retrouverait chez Jean Rousset, brillant analyste du baroque (*La Littérature de l'âge baroque en France*, 1953), qui écrit en 1962 (dans *Forme et Signification. Essais sur les structures littéraires*) : « Il n'y a de formes saisissables que là où se dessine un accord ou un rapport, une ligne de forces, une figure obsédante, une trame de présences ou d'échos, un réseau de convergences; j'appellerai " structures " ces constantes formelles, ces liaisons qui trahissent un univers mental et que chaque artiste réinvente selon ses besoins. »

[Une image oblique]

Dans les premières pages de son essai sur « Jean-Jacques Rousseau et le péril de la réflexion », Jean Starobinski a commenté longuement une scène des *Confessions* (livre II), dans laquelle le jeune Jean-Jacques, admirant en secret Mme Basile, est dénoncé par son reflet dans la glace d'une cheminée. Or cette image, qu'elle a surprise, trouble la belle hôtesse : « [...] elle ne me regarda point, écrit Rousseau, ne me parla point : mais, tournant à demi la tête, d'un simple mouvement de doigt elle me montra la natte à ses pieds. »

La façon dont Jean-Jacques aborde Mme Basile — se cachant tout en se laissant trahir par un reflet oblique — reparaît dans un très grand nombre de circonstances et se retrouve à l'origine même de la vocation esthétique. Rousseau est timide; trop près des autres, dans l'étourdissant bavardage des salons, il se trouve sot et embarrassé, il a honte de lui-même. Pourtant il a le sentiment de sa valeur. Comment la faire reconnaître par les autres? « Le parti que j'ai pris d'écrire et de me cacher est précisément celui qui me convenoit*. » Ceci équivaut à s'offrir au public dans un reflet, dans une image oblique, comme dans la glace de Mme Basile, mais en créant désormais ce reflet, en consultant son cœur pour construire cette image. Il sera connu, il sera admiré, sans avoir à s'exposer en personne; son œuvre le dissimulera tout en imposant son nom au public. Dès le premier *Discours**, les écrits de Rousseau sont la présentation d'une âme qui veut être aimée pour ses mérites personnels. Ils sont un *double* de l'existence individuelle. Ils obligent leur lecteur à imaginer un Jean-Jacques Rousseau vertueux, héroïque, attaché aux plus nobles principes : une grande âme qui souffre devant la corruption et l'iniquité. C'est bien cela qu'il veut être. Il se crée lui-même à travers cette image qu'il invite le monde entier à se faire de lui; l'homme caché pourra s'approprier la gloire et les applaudissements qui, en fait, s'adressent à son reflet public. Ce reflet, pour exister, a besoin d'avoir pour complice la conscience fascinée des lecteurs. Nouveau recours à l'imaginaire : tout se passe comme chez Mme Basile, mais ce qui fait désormais office de glace oblique, c'est l'œuvre écrite de Jean-Jacques, c'est son activité littéraire. Et désormais aussi, les lois de l'optique

* *Confessions*, livre III.

* Il s'agit du *Discours sur les sciences et les arts*, qui date de 1750.

deviennent moins simples; il ne suffit plus d'un rayon qui se brise sur la paroi réfléchissante; il faut que, derrière la surface de l'œuvre, les projections imaginaires de Jean-Jacques et celles de ses lecteurs se rencontrent pour constituer une image unique. Mais si ces projections imaginaires ne coïncident pas? Il y aura deux images de Jean-Jacques : le reflet se dédoublera. Il faudra chasser la fausse image (celle que se font les autres, induits en erreur par les méchants) et cela ne sera pas chose facile. Cette rectification — combat de l'imagination innocente contre l'imagination maléfique — constituera la tâche inépuisable des dernières années de Rousseau : *Confessions*, *Dialogues*, *Rêveries*, *Billets circulaires* n'y suffiront pas.

Jean Starobinski, *L'Œil vivant I*, éd. Gallimard.

— Une métaphore privilégiée (le reflet : 2, 11, 13, 26, 29-30) qui, parce qu'obstinément poursuivie, permet un approfondissement de l'analyse (31-32). À partir d'une considération qui pourrait valoir pour bien des écrivains (18-19), le critique réussit ainsi à dégager ce qui appartient en propre à Rousseau (38).

— Des *Discours* (16) aux *Confessions* (43-44), l'unité et la « nécessité » d'une œuvre, sa signification en tant que projet vécu (4, 22). Résonances sartriennes de ce texte.

— « La critique complète n'est peut-être ni celle qui vise à la totalité (comme fait le regard surplombant) ni celle qui vise à l'intimité (comme fait l'intuition identifiante); c'est un regard qui sait exiger tour à tour le surplomb et l'intimité, sachant par avance que la vérité n'est ni dans l'une ni dans l'autre tentative, mais dans le mouvement qui va inlassablement de l'une à l'autre. » (Jean Starobinski.)

En marge de ces différents auteurs, dont les mérites sont indiscutables quelles que soient les réserves qu'ont pu susciter certains de leurs travaux, on hésite à situer les analyses pour le moins simplistes d'un Jean-Paul Weber (*Genèse de l'œuvre poétique*, 1960). Persuadé qu'une œuvre entière s'explique par un seul thème, et que ce thème unique correspond toujours à un événement de la petite enfance, ce doctrinaire intrépide rend compte de tout Vigny par le thème de l'Horloge et de tout Valéry par celui du Sein (il y ajoute, il est vrai, celui du Cygne). Mieux vaut s'attarder d'une part sur Gilbert Durand, qui propose une critique archétypale plus ou moins inspirée de Jung et qui n'est pas sans analogies avec les tentatives, aux États-Unis, de Northrop Frye * (*Le Décor mythique de la Chartreuse de Parme*, 1961), et d'autre part sur Charles Mauron. La « psychocritique » dont il est le fondateur (*Des Métamorphoses obsédantes au mythe personnel. Introduction à la psychocritique*, 1963) « rejette [...] deux attitudes qui ne s'opposent qu'en apparence : la première consiste à rattacher l'ensemble d'une œuvre à un accident biographique plus ou moins futile; la seconde est de déraciner la vie imaginaire d'un écrivain

* Dont on vient enfin de traduire en 1969, aux éditions Gallimard, l'ouvrage fondamental, paru aux États-Unis en 1957, *Anatomie de la critique*.

et, sous prétexte d'indépendance spirituelle, de la réordonner en fonction d'une pensée consciente, par exemple une spéculation et un choix métaphysiques ». Voilà pour Jean-Paul Weber, mais voilà également pour Jean-Pierre Richard. Alors que la plupart des critiques existentiels utilisent le langage de la psychanalyse sans en pratiquer véritablement les méthodes, Charles Mauron, soucieux de rester fidèle à l'esprit du freudisme, prétend rattacher une œuvre, par le relais de ce qu'il nomme le « mythe personnel », à l'inconscient de son auteur. Avec patience et prudence (« c'est l'œuvre qui doit expliquer la vie, non l'inverse »), il fait se succéder, au cours d'une même enquête, l'analyse thématique, l'interprétation psychanalytique et le contrôle par la biographie, sans oublier qu'il reste encore à étudier, une fois ce parcours accompli, la dimension proprement littéraire de l'œuvre.

La critique formaliste :

La polémique qui opposait la critique traditionnelle à la critique moderne, avant tout représentée par une critique existentielle à coloration plus ou moins psychanalytique, vient de rebondir depuis peu à l'intérieur même de la « nouvelle critique ». Disciple passionné de Sartre, Serge Doubrovsky, qui défend une conception de la critique très proche de celle de Georges Blin (il l'a illustrée en 1964 dans sa thèse sur *Corneille et la Dialectique du Héros*), n'avait pas ménagé ses réserves, dans *Pourquoi la Nouvelle Critique*, sur les tendances les plus récentes de la critique contemporaine. Il devait aller beaucoup plus loin lors du colloque de Cerisy : « Anthropomorphisme ou déshumanisation; la littérature comme "forme de l'humain" ou comme radicale "absence de l'homme", telle est l'alternative qui s'impose non seulement dans le domaine des recherches littéraires, mais dans le champ général de l'herméneutique *. » De quelle école peut-il bien s'agir ici, dans cet énoncé manichéen qui se veut en même temps dénonciation? De celle là-même que l'on a un peu trop hâtivement baptisée « structuraliste », en regroupant pêle-mêle, sous un même vocable équivoque (renvoie-t-il à une méthode ou à une idéologie?), un philosophe, Michel Foucault, un ethnologue, Claude Lévi-Strauss, un théoricien du marxisme, Louis Althusser, et un critique dont nous avons déjà beaucoup parlé, Roland Barthes. Mais comment le même homme qui encourait naguère les foudres de Picard pour avoir osé entreprendre une psychanalyse existentielle de Racine peut-il encourir aujourd'hui celles de Doubrovsky pour « déshumanisation »? Poser la question, ce n'est pas seulement s'interroger sur l'œuvre d'un des critiques les plus représentatifs de notre temps, c'est aussi se demander si la critique structuraliste (nous préférerons dire « formaliste ») justifie toutes les accusations portées contre elle.

Tout comme Sartre, Barthes cultive à la fois la critique de lancée (il a joué notamment un grand rôle dans le développement du Nouveau Roman) et la critique de structure. Dès le *Degré zéro de l'écriture*, qui le fait connaître du public en 1953, il délimite le champ de ses investigations futures en distinguant la « langue » (« corps de prescription et d'habitudes, commun à tous les écrivains d'une époque »), le « style » (« langage autarcique qui ne plonge que dans la mythologie personnelle et secrète de l'auteur ») et « l'écriture » (« produite par la réflexion de l'écrivain sur l'usage social de sa forme et le choix qu'il en assume »). Si le *Michelet* (1954) et le *Sur Racine* (1963) concernent avant tout le « style », ils ne sont que la première étape d'un itinéraire qui va mener Roland Barthes, sous l'influence de la linguistique structurale (telle qu'elle fut professée par Saussure, entre 1906 et 1911, dans son *Cours de linguistique générale*), à l'analyse du langage littéraire défini comme un ensemble de structures signifiantes. Telle que la conçoit Barthes, la sémiologie, c'est-à-dire la science des signes, ou plus exactement des significations, déborde

* Désigne l'art ou la science de l'interprétation des textes, et plus particulièrement des symboles.

à vrai dire la littérature et même le langage; en 1957, les *Mythologies*, qui furent l'un des livres de chevet de toute une génération d'étudiants, proposaient, sous forme de petites sociologies-minutes imperturbables, le déchiffrement des signes dont regorge, sous l'alibi du « naturel », le monde truqué où nous vivons :

« Associé communément aux frites, le bifteck leur transmet son lustre national : la frite est nostalgique et patriote comme le bifteck. *Match* nous a appris qu'après l'armistice indochinois, "le général de Castries pour son premier repas demanda des pommes de terre frites". Et le Président des Anciens Combattants d'Indochine, commentant plus tard cette information, ajoutait : "On n'a pas toujours compris le geste du général de Castries demandant pour son premier repas des pommes de terre frites". Ce que l'on nous demandait de comprendre, c'est que l'appel du Général n'était certes pas un vulgaire réflexe matérialiste, mais un épisode rituel d'appropriation de l'ethnie française retrouvée. Le Général connaissait bien notre symbolique nationale, il savait que la frite est le signe alimentaire de la "francité". »

Qui prétendait que la « nouvelle critique » manquait d'humour? Mais Barthes ne se préoccupait pas seulement de faire sourire pour mieux faire apercevoir (il est des mythes moins innocents que celui du bifteck-frites), il essayait également de comprendre et de faire comprendre le mécanisme même du mythe. Cette recherche, qui se voit contrainte de recourir à une terminologie quelque peu intimidante pour le profane, se poursuit aujourd'hui dans la revue *Communications*, organe du Centre d'études des communications de masse de l'École Pratique des Hautes Études. Nous n'en retiendrons que ce qui concerne de plus près l'étude de la littérature, c'est-à-dire l'analyse du récit, menée par Barthes, Brémond, Genette et Todorov (*cf.* le n° 8 de *Communications*, consacré à « l'analyse structurale du récit »). De tels travaux rejoignent ceux d'un certain nombre de linguistes attentifs aux problèmes littéraires, et plus particulièrement aux problèmes du langage poétique : citons Roman Jakobson qui publie avec Claude Lévi-Strauss, en 1962 (dans la revue *L'Homme*, tome II, n° 1, p. 5-21), une analyse structurale d'un poème de Baudelaire, et Jean Cohen, auteur en 1966 de *Structure du langage poétique**. Le numéro spécial de la *Nouvelle Critique* intitulé « Linguistique et Littérature » (il s'agit des actes d'un colloque tenu à Cluny les 16 et 17 avril 1968), permettra de faire le point dans ces deux domaines.

[Tout a un sens ou rien n'en a]

Roland Barthes propose, dans cet article, de distinguer au sein de l'œuvre narrative trois niveaux de description : celui des fonctions (auquel renvoie notre texte), celui des actions (ce que font les personnages : désirer, communiquer, lutter) et enfin celui de la narration (à la fois la façon dont l'histoire est perçue par le narrateur et la façon dont ce narrateur nous l'expose). Les notes sont de l'auteur.

[...] Un récit n'est jamais fait que de fonctions : tout, à des degrés divers, y signifie. Ceci n'est pas une question d'art (de la part du narrateur), c'est une question de structure : dans l'ordre du discours, ce qui est noté est, par définition, notable : quand bien même un détail paraîtrait irréductiblement insignifiant, rebelle à toute fonction, il n'en aurait pas moins pour finir le sens même de l'absurde ou de l'inutile : tout a un sens ou rien n'en a. On pourrait dire d'une autre manière que l'art ne connaît

* Ajoutons, pour revenir à l'analyse du récit, l'influence considérable exercée par les travaux de A. J. Greimas (*Sémantique structurale*, 1966). Il faudrait aussi mentionner le « groupe de Liège » (*Rhétorique générale*, 1970).

pas le bruit (au sens informationnel du mot) [1] : c'est un système pur, il n'y a pas, il n'y a jamais d'unité perdue [2], si long, si lâche, si ténu que soit le fil qui la relie à l'un des niveaux de l'histoire [3].

La fonction est évidemment, du point de vue linguistique, une unité de contenu : c'est « ce que veut dire » un énoncé qui le constitue en unité fonctionnelle [4], non la façon dont cela est dit. Ce signifié constitutif peut avoir des signifiants différents, souvent très retors : si l'on m'énonce (dans *Goldfinger*) que *James Bond vit un homme d'une cinquantaine d'années*, etc., l'information recèle à la fois deux fonctions, de pression inégale : d'une part l'âge du personnage s'intègre dans un certain portrait (dont l' « utilité » pour le restant de l'histoire, n'est pas nulle, mais diffuse, retardée), et d'autre part le signifié immédiat de l'énoncé est que Bond ne connaît pas son futur interlocuteur : l'unité implique donc une corrélation très forte (ouverture d'une menace et obligation d'identifier). Pour déterminer les premières unités narratives, il est donc nécessaire de ne jamais perdre de vue le caractère fonctionnel des segments que l'on examine, et d'admettre à l'avance qu'ils ne coïncideront pas fatalement avec les formes que nous reconnaissons traditionnellement aux différentes parties du discours narratif (actions, scènes, paragraphes, dialogues, monologues intérieurs, etc.), encore moins avec des classes « psychologiques » (conduites, sentiments, intentions, motivations, rationalisations des personnages).

De la même façon, puisque la « langue » du récit n'est pas la langue du langage articulé — quoique bien souvent supportée par elle —, les unités narratives seront substantiellement indépendantes des unités linguistiques : elles pourront certes coïncider, mais occasionnellement, non systématiquement; les fonctions seront représentées tantôt par des unités supérieures à la phrase (groupes de phrases de tailles diverses, jusqu'à l'œuvre dans son entier), tantôt inférieures (le syntagme *, le mot, et même, dans le mot, seulement certains éléments littéraires [5]); lorsqu'on nous dit qu'étant de garde dans son bureau du Service Secret et le téléphone ayant sonné, « *Bond souleva l'un des quatre récepteurs* », le monème *quatre* constitue à lui tout seul une unité fonctionnelle, car il renvoie à un concept nécessaire à l'ensemble de l'histoire (celui d'une haute technique bureaucratique); en fait l'unité narrative n'est pas ici l'unité linguistique (le mot), mais seulement sa valeur connotée (linguistiquement, le mot /*quatre*/ ne veut jamais dire « *quatre* »); ceci explique que certaines unités fonc-

* Toute combinaison de monèmes, monème désignant la plus petite unité signifiante.

tionnelles puissent être inférieures à la phrase, sans cesser d'appartenir au discours : elles débordent alors, non la phrase, à laquelle elles restent matériellement inférieures, mais le niveau de dénotation *, qui appartient, comme la phrase, à la linguistique proprement dite.

* Pour un linguiste, la dénotation concerne, en principe, le rapport entre le signe et l'objet (la définition objective d'un mot), tandis que la connotation concerne le rapport entre le signe et la personne (les associations subjectives qu'éveille un mot chez celui qui le prononce ou qui le perçoit). Mais dans son dernier ouvrage (*S/Z*, 1970), consacré à la « lecture plurielle » d'une nouvelle de Balzac *(Sarrasine)*, Barthes a précisé le sens particulier qu'il donne au terme de connotation : « C'est une détermination, une relation, [...] un trait qui a le pouvoir de se rapporter à des mentions antérieures, ultérieures ou extérieures, à d'autres lieux du texte (ou d'un autre texte). »

---

1. C'est en cela qu'il n'est pas « la vie », qui ne connaît que des communications « brouillées ». Le « brouillé » (ce au-delà de quoi on ne peut voir) peut exister en art, mais alors à titre d'élément codé (Watteau, par exemple); encore ce « brouillé » est-il inconnu du code écrit : l'écriture est fatalement nette.

2. Du moins en littérature, où la liberté de notation (par suite du caractère abstrait du langage articulé) entraîne une responsabilité bien plus forte que dans les arts « analogiques », tels le cinéma.

3. La fonctionnalité de l'unité narrative est plus ou moins immédiate (donc apparente), selon le niveau où elle joue : lorsque les unités sont placées sur le même niveau (dans le cas du suspense, par exemple), la fonctionnalité est très sensible; beaucoup moins lorsque la fonction est saturée sur le niveau narrationnel : un texte moderne, faiblement signifiant sur le plan de l'anecdote, ne retrouve une grande force de sens que sur le plan de l'écriture.

4. « Les unités syntaxiques (au-delà de la phrase) sont en fait des unités de contenu » (A. J. Greimas, *Cours de Sémantique structurale*, cours ronéotypé, VI, 5). — L'exploration du niveau fonctionnel fait donc partie de la sémantique générale.

5. « On ne doit pas partir du mot comme d'un élément indivisible de l'art littéraire, le traiter comme la brique avec laquelle on construit le bâtiment. Il est décomposable en des "éléments verbaux" beaucoup plus fins. » (J. Tynianov, cité par T. Todorov, in *Langages*, 6, p. 18.)

Roland Barthes, « Introduction à l'analyse structurale des récits », *Communications* n° 8, 1966.

— La difficulté particulière de ce texte réside moins dans les exemples (ils sont empruntés à un célèbre roman policier anglais de Ian Fleming publié en 1959) que dans la démarche même de l'analyse (il s'agit de définir des catégories nouvelles : 28-37) et le constant recours au modèle linguistique (14-15, 54-61). On se reportera. en ce qui concerne les problèmes de terminologie aux *Éléments de sémiologie* publiés par Roland Barthes dans le n° 4 de *Communications* et repris depuis dans l'édition de poche (coll. Médiations, éd. Gonthier) du *Degré zéro de l'écriture*. Pour une initiation à la linguistique, consulter Georges Mounin, *Clefs pour la linguistique*, Seghers, 1968.

De telles tentatives, qui n'en sont qu'à leur début, s'inspirent ouvertement des formalistes russes (Chlovski, Propp, Tynianov) dont Tzvetan Todorov a publié un choix de textes en 1965 sous le titre *Théorie de la littérature*. Elles rappellent également les ambitions, qui remontent aux années trente, du « new criticism » américain (John Crowe Ransom, Allen Tate, Cleanth Brooks et Robert Penn Warren). « Dans les deux pays, écrit Peter Brooks (« Nouvelle Critique et Critique Nouvelle aux États-Unis », *N.R.F.*, sept. 1969), le renouvellement de la critique s'est défini comme un retour à la spécificité de la littérature et de ses langages, on a essayé de vider la critique littéraire de tout apriorisme idéologique, historique et même philosophique. » Ce qu'il faut bien comprendre en effet, et qui suffirait à calmer les légitimes appréhensions d'un Doubrovsky, c'est que le formalisme français d'aujourd'hui se définit moins comme une « critique » que comme une « poétique ». Ainsi que l'écrit Todorov, « ce n'est pas l'œuvre littéraire elle-même qui est l'objet de l'activité structurale : ce que celle-ci interroge, ce sont les propriétés de ce discours particulier qu'est le discours littéraire. Toute œuvre n'est alors considérée que comme la manifestation d'une structure abstraite beaucoup plus générale, dont elle n'est qu'une des réalisations possibles. C'est en cela que cette science se préoccupe non plus de la littérature réelle, mais de la littérature possible, en d'autres mots : de cette propriété abstraite qui fait la singularité du fait littéraire, la littérarité ». On peut contester l'intérêt d'une telle science, mais pourquoi lui refuser son droit à l'existence? De même que Proust avait annoncé le thématisme, n'est-ce point Valéry qui le premier (mais il prolongeait une tradition inaugurée par Poe et par Baudelaire et poursuivie par Mallarmé) avait formulé le projet d'une « poétique » (*cf.* chap. 8)? Sans doute songeait-il davantage à la psychologie de la création, au « faire » qu'à la chose faite, mais les rapprochements établis par Gérard Genette dans « La littérature comme telle » (*Figures I* 1966) n'en sont pas moins frappants. Gérard Genette, dont les études sur le baroque et sur le roman moderne ont précisément montré, qu'il s'agisse de Saint-Amant ou de Robbe-Grillet, tout le profit que pouvaient retirer l'une de l'autre théorie de la littérature et critique des œuvres *.

La critique sociologique :

Il resterait à décrire, à l'écart du double débat des « anciens » et des « modernes », des « existentiels » et des « formalistes », une critique qui s'inspirerait non plus de la psychanalyse ou de la linguistique, mais de la sociologie. Si nous utilisons ainsi, pour parler aussi bien de notre enquête que de son objet, le conditionnel, c'est que cette critique demeure encore à l'état embryonnaire. Certaines analyses de Roger Caillois (*Puissances du roman*, 1942), les efforts de Robert Escarpit, qui dirige à Bordeaux un Centre de sociologie des faits littéraires (*Sociologie de la littérature*, 1958) n'ont pas suffi à faire naître en France, pour ce genre de recherches, un intérêt analogue à celui qui s'est développé dans les pays anglo-saxons. Seule la critique marxiste s'est préoccupée de ces questions. Mais cette critique, qui est par définition une critique engagée, est longtemps restée prisonnière d'une conception mécanique ou mécaniste de l'œuvre d'art, considérée comme le simple produit, le « reflet » disent les marxistes orthodoxes, d'une société donnée. Les thèses de Jdanov (*cf.* chap. 4) ont encore aggravé le malentendu : la littérature occidentale, parce que bourgeoise (c'est-à-dire produite par et pour cette classe dominante qu'est la bourgeoisie), était censée subir, depuis 1848, un processus de décadence uniforme avec lequel faisait contraste l'ascension triomphante du « réalisme socialiste ». La déstalinisation devait aider la critique marxiste à sortir de son sommeil dogmatique. On découvrit alors qu'un penseur comme Lukacs, tout en ayant paru partager les vues officielles du régime en matière d'esthétique, avait pourtant élaboré des éléments d'analyse plus fins permettant de tenir compte de la relative spécificité du phénomène littéraire. C'est ce dont s'était avisé, dès avant 1956, Lucien Goldmann.

Mettant à profit *Histoire et Conscience de classe* (1923), mais aussi bien et plus encore *L'Ame et les Formes* et la *Théorie du roman* (ouvrages antérieurs à la période marxiste de Lukacs, puisqu'ils remontent respectivement à 1911 et 1920), Goldmann s'appuie sur le concept de « vision du monde », qui sera plus largement développé par le philosophe hongrois en 1957 dans la *Signification présente du réalisme critique*. Travaillant sur Pascal et sur Racine (*Le Dieu caché*, 1955), il s'efforce, à travers une étude minutieuse des œuvres (on se reportera, pour la tragédie racinienne, à l'analyse simplifiée qu'il en donne en 1956 dans son *Racine*), de découvrir la structure d'un monde, celui-là même que l'auteur, par le biais d'une pensée (Pascal) ou par le biais d'un genre (Racine), propose au

* Février 1970 a vu paraître le premier numéro d'une « revue de théorie et d'analyse littéraires » dirigée par Hélène Cixous, Gérard Genette et Tzvetan Todorov, et précisément intitulée *Poétique*.

lecteur. Or cette structure (l'essentiel étant ici dans les types de relations plutôt que dans les termes entre lesquels elles s'établissent), c'est ce que Goldmann appelle, avec Lukacs, une « vision du monde », c'est-à-dire « cet ensemble d'aspirations, de sentiments et d'idées qui réunit les membres d'un groupe (le plus souvent d'une classe sociale) et les oppose aux autres groupes ». Des *Pensées* de Pascal comme des tragédies de Racine se dégage une même « vision tragique », un même refus du monde : Goldmann, par une démarche qui n'est pas sans rappeler celle de Mauron (ce sont chez l'un et chez l'autre les mêmes étapes, qu'il s'agisse de psychanalyse ou de sociologie) rapproche ce refus du monde de celui qu'exprime au même moment le groupe janséniste, avec lequel, on le sait, Pascal et Racine furent plus ou moins liés. Or ce groupe appartient lui-même à une classe de magistrats rejetée dans l'ombre par la montée du pouvoir absolu, classe qui traduira sa déception historique et particulière en une vision générale et intemporelle du monde, d'où le jansénisme, d'où les *Pensées* et *Phèdre*.

[L'hypothèse d'une relation]

La dualité des deux univers ainsi constatée, il reste cependant à nous demander pourquoi Racine, qui l'a sans doute sentie mieux que personne, n'a-t-il pas renoncé au personnage d'Ériphile, ou plus exactement pourquoi l'a-t-il introduit dans l'élaboration dramatique d'un thème où personne ne s'attendait à le rencontrer. Or, cette question comporte deux réponses différentes selon qu'on se situe à deux niveaux différents de l'analyse. Tout d'abord, celle que nous donne Racine lui-même dans la préface où il nous dit que, sans « l'heureux personnage d'Ériphile », il n'aurait jamais osé entreprendre cette tragédie. « Quelle apparence que j'eusse souillé la scène par le meurtre horrible d'une personne aussi vertueuse et aussi aimable qu'il fallait représenter Iphigénie? Et quelle apparence encore de dénouer ma tragédie par le secours d'une déesse et d'une machine, et par une métamorphose, qui pouvait bien trouver quelque créance du temps d'Euripide, mais qui serait trop absurde et trop incroyable parmi nous? » Cela signifie cependant seulement : *a*) que le sacrifice d'Iphigénie, entièrement innocente, était inacceptable pour Racine, ce qui est vrai, et *b*) qu'il était assez content d'éviter une « déesse et une machine » qui, appuyées cependant par la légende, étaient à la limite vraisemblables et qu'il n'hésitera pas à introduire dans Phèdre*. En réalité, ce n'est pas la vraisemblance en soi, mais le drame* précis qu'il se proposait d'écrire, le *drame providentiel d'Iphigénie*, qui n'admettait ni le sacrifice ni la machine. Encore reste-t-il à se demander pourquoi, malgré les difficultés esthétiques du sujet qu'il n'a d'ailleurs pas entièrement sur-

Le critique vient de montrer qu'*Iphigénie* est « constituée de deux *univers* parfaitement cohérents et homogènes, composés chacun de personnages et de situations différentes et à peine reliés par un lien tout à fait extérieur et ténu : l'*univers providentiel* (*cf.* ci-dessous la définition du drame) d'Agamennon, Iphigénie, Clytemnestre et Ulysse, et l'*univers tragique* d'Ériphile.

* Allusion au monstre que Neptune, imploré par Thésée, fait surgir devant Hippolyte.

* Par opposition à la tragédie où « les conflits sont nécessairement insolubles », Lucien Goldmann choisit d'appeler drame « toute pièce dans laquelle les conflits sont ou résolus [...] ou insolubles par suite de l'intervention accidentelle d'un facteur qui [...] aurait pu ne pas intervenir ».

montées, Racine est-il resté attaché au thème d'*Iphigénie* et ne l'a-t-il pas abandonné?

Posée à ce niveau — le seul vraiment intéressant — la question, qui devrait paraître insoluble et même absurde à l'historiographie littéraire traditionnelle, renvoie nécessairement à la psychologie de Racine. Sans trop vouloir nous avancer sur ce terrain, il nous semble que la rencontre entre un certain état psychique du poète et la situation politique de l'instant* (Paix de l'Église depuis 1669, union nationale, guerre contre la Hollande qu'on escomptait courte et qui se prolonge cependant au delà des prévisions, méfiance de Racine malgré un espoir de conciliation* renforcé par un compromis qui dure depuis quatre ans, imminence cependant d'une reprise des persécutions qui, pour l'écrivain vivant à la cour même, devait se manifester par de multiples signes menaçants qui nous échappent aujourd'hui) rend plausible l'hypothèse d'une relation — sans doute complexe et difficile à analyser, mais néanmoins saisissable dans ses lignes essentielles — entre une dualité qui divisait la conscience du poète et la dualité qui caractérise l'œuvre qu'il écrivait. Il se peut que la dualité des univers tragique et providentiel, qui est — cela nous paraît évident — une faiblesse *esthétique* de la pièce, ait été précisément le caractère qui en a fait l'expression la plus adéquate de ce que sentait et éprouvait Racine à l'instant où il l'écrivait. Tant il est vrai que le talent et le génie même ne suffisent pas pour rendre parfaite et *esthétiquement* valable l'expression littéraire de *n'importe quel contenu*, la cohérence de l'univers dans lequel ce contenu s'exprime nous paraissant une condition — non pas suffisante sans doute — mais en tout cas *nécessaire* pour la validité esthétique de toute œuvre d'art ou de littérature.

* La première représentation d'*Iphigénie* a lieu en août 1674.

* Allusion à Port-Royal.

Lucien Goldmann, *Le Dieu caché*, éd. Gallimard.

— Le passage de la compréhension à l'explication (1-2). Malgré toutes les précautions du critique (35-36, 47, 50), les insuffisances de sa réponse : une « rencontre », une « relation », mais de quelle nature? Le problème des médiations (« psychologie », « état psychique », « conscience du poète ») demeure en suspens.

— Le critère esthétique, emprunté à Lukacs, de la cohérence (58) : sa valeur (en particulier en ce qui concerne la littérature moderne)?

— Après avoir analysé les travaux de Charles Mauron, Serge Doubrovsky en vient, dans *Pourquoi la nouvelle critique*, à ceux de Lucien Goldmann : « [...] sous une forme marxiste, comme tantôt sous une forme freudienne, nous voici de retour au *Racine-reflet* et au *théâtre-émanation*. C'est ailleurs, dans une évolution *parallèle*, que se trouvera le secret de l'évolution propre d'une œuvre littéraire. Mais ce " parallélisme ", comme le parallélisme psychophysiologique d'antan, reste encore à expliquer. »

Les travaux de Lucien Goldmann, si intéressants soient-ils, posent pourtant plus de problèmes qu'ils n'en résolvent. Le critique procède par analogies (même s'il présente ces analogies comme des homologies, c'est-à-dire comme l'exacte superposition de deux structures identiques) : on s'en apercevra mieux dans les études un peu trop cavalières qu'il consacre à Malraux ou au Nouveau Roman (*Pour une sociologie du roman*, 1964). Qu'en est-il exactement des « médiations » entre l'écrivain et la société? Tel est l'un des thèmes essentiels de la réflexion théorique amorcée par Jean-Paul Sartre en 1960 dans sa *Critique de la raison dialectique;* lui qui dès 1947, dans « Qu'est-ce que la littérature? » (étude que reprenait l'année suivante *Situations II*), récrivait l'histoire des lettres au nom d'une conception quelque peu romantique de la lutte des classes, insiste aujourd'hui sur les insuffisances de l'analyse marxiste traditionnelle, qu'il propose non pas de remplacer mais de perfectionner par l'adoption d'une méthode qu'il appelle « progressive-régressive ». Cette méthode, dont il donne, à propos surtout de Flaubert, quelques exemples concrets, consiste à instituer un « va-et-vient entre l'objet (qui contient toute l'époque comme significations hiérarchisées) et l'époque (qui contient l'objet dans sa situation) ». Sartre rappelle également l'importance, que méconnaissent d'ordinaire les marxistes, de l'enfance, et donc la nécessité d'enquêtes de type psychanalytique (au sens, bien sûr, existentiel) : « C'est l'enfance qui façonne les préjugés indépassables, c'est elle qui fait ressentir, dans les violences du dressage et l'égarement de la bête dressée, l'appartenance au milieu *comme un événement singulier*. »

Autres directions : celles qu'ont ouvertes, sous l'influence de Louis Althusser, d'une part le Cercle d'epistémologie de l'École Normale Supérieure (on pourra se reporter, à titre d'exemple, au n° 8 des *Cahiers pour l'analyse*, qui traite de « l'impensé de Jean-Jacques Rousseau ») et d'autre part Pierre Macherey, qui propose, dans *Pour une théorie de la production littéraire* (1966), de substituer à l'image de l'écrivain créateur de son œuvre, celle de l'écrivain ouvrier de son texte. Ici encore, il est beaucoup trop tôt pour juger d'une recherche qui se présente avant tout comme une recherche théorique, destinée à jeter les bases d'une véritable science de la littérature. Pierre Macherey a beau prendre ses distances par rapport à la critique formaliste, il n'en retrouve pas moins sur un autre plan le projet fondamental de cette critique. Le groupe de *Tel Quel* ne s'y est pas trompé, qui s'efforce actuellement de concilier ou plutôt de conjuguer ces deux approches d'un même problème. Rencontre des plus significatives, même si elle se produit à l'extrême pointe de ce qu'il est convenu d'appeler l'avant-garde : entre critiques et créateurs, l'accord et mieux le synchronisme sont ici à peu près parfaits. Mais peut-on continuer d'opposer ainsi, ne serait-ce que dans les mots, deux activités qui n'ont cessé, surtout depuis les toutes dernières décennies, de se rejoindre au point de se confondre? Dans un article intitulé « La Critique et l'invention » (*Répertoire III*, 1968), Michel Butor s'employait à démontrer que « toute invention est une critique » mais qu'inversement « toute critique est invention ». Ce qui conduit à poser, en des termes nouveaux, la très ancienne question de la littérature.

Choix bibliographique :

N. B. On trouvera à l'intérieur du chapitre, distribuées suivant un ordre méthodique, les principales références sur le sujet.

Chapitre XXXI

Quelle littérature?

A la fin de 1969, le magazine américain *Time* déplorait l'actuelle médiocrité de notre vie culturelle en général et de notre vie littéraire en particulier : « Il ne semble pas, écrivait notamment l'auteur de cet inquiétant diagnostic, qu'il y ait à l'heure présente, en France, de successeur à Albert Camus et à Jean-Paul Sartre. » Cette constatation, qui n'était pas tout à fait désintéressée puisqu'elle visait à mieux établir par contraste la supériorité des États-Unis, rejoignait un sentiment assez largement partagé dans l'opinion française, dont le moins que l'on puisse dire est qu'elle se montre fortement désorientée par les derniers développements de la littérature. Tout se passe aujourd'hui, du moins dans notre pays, comme si le lecteur espérait un certain écrivain qui n'existe plus, dans le même temps que l'écrivain espère un certain lecteur qui n'existe pas encore, les deux images ou les deux définitions, d'une part de l'écrivain et d'autre part du lecteur, n'étant évidemment pas superposables. D'où le malentendu, à la fois moins neuf qu'on ne le prétend et plus grave qu'on ne l'admet.

***

Reprenons, parce qu'il est exemplaire, l'itinéraire de Sartre. Loin de déconcerter, l'image de l'écrivain, et donc de la littérature, que proposait en 1947 le fondateur des *Temps Modernes*, s'inscrivait dans une tradition déjà très ancienne. Tradition humaniste qui fait de la littérature le lieu privilégié d'une réflexion sur l'homme, et de l'écrivain ce maître à penser capable de trancher avec un égal bonheur de tous les sujets. « Je ne sais, remarquait Paulhan en 1941, s'il est vrai que les hommes de lettres se soient contentés jadis de distraire d'honnêtes gens. (Ils le disaient du moins.) Les plus modestes de nous attendent une religion, une morale, et le sens de la vie enfin révélé. » A quoi fait écho cette formule de Sartre : « Il ne s'agit de rien moins, pour le livre, que de donner un sens à la vie. » Sans doute lui-même et ses amis ne bornaient-ils pas leur ambition à disserter de l'homme éternel au nom d'une sagesse abstraite; sans doute entendaient-ils lier, sans pour autant travestir leur œuvre en tribune, la création littéraire et l'action politique : si vigoureuses et scandaleuses qu'aient été leurs proclamations, ils n'en faisaient pas moins figure, aux lendemains de la Libération, de continuateurs plutôt que d'innovateurs. Avec comme seule différence vis-à-vis d'un Zola ou d'un Péguy, une conscience encore plus nette de leur mission doublée d'une confiance accrue dans leurs pouvoirs.

Ce sont précisément ces pouvoirs que l'histoire va se charger de mettre en doute à partir des années cinquante. La guerre froide, l'Indochine, Budapest, l'Algérie :

Cl. H. Cartier-Bresson - Magnum.

aux prises avec les conflits qui déchirent l'après-guerre, les écrivains engagés découvrent peu à peu leur inefficacité politique en tant qu'écrivains. En 1945, on épargnait des trafiquants notoires mais on exécutait Brasillach. Quinze ans plus tard, au plus fort de la lutte pour l'indépendance algérienne, Sartre n'arrive même pas à se faire inculper : le gouvernement ne s'en prend, parmi les signataires du manifeste des 121, qu'aux enseignants et aux fonctionnaires. Suprême consécration ou dérision suprême, le prix Nobel. Rendu inoffensif par le respect dont on s'empresse de l'entourer, le littérateur se voit reconduit, avec les honneurs, dans son ghetto. S'il persiste à s'en évader, ce ne sera plus désormais en romancier ou en dramaturge, mais en militant.

Or l'échec personnel d'un écrivain victime de sa qualité même d'écrivain n'a pas seulement pour conséquence de lui faire abandonner, d'une façon plus ou moins provisoire, l'exercice de la littérature. Cet échec ne peut manquer, lorsque celui qui l'a subi le compare au succès de plus en plus considérable que connaît son œuvre, de lui rendre suspecte l'entreprise littéraire tout entière. Sartre avait cru pouvoir lier, ou relier, politique et littérature : par sagesse ou par timidité, il s'était refusé à les confondre. Moins didactiques que problématiques, ses œuvres, nous l'avons dit, posaient plus de questions qu'elles n'apportaient de réponses : elles ne s'adressaient pas au lecteur pour le convaincre ni même pour l'éclairer, mais pour l'éveiller. « On lui parlera de lui-même mais pas en concepts, on lui parlera de lui avec l'épaisseur d'un style, avec une manière de le mettre en situation qui doit elle-même être obscure. » Bref, on essaiera de donner au lecteur l'impression « qu'il a vécu un moment de liberté, en s'échappant et en comprenant plus ou moins nettement ses conditionnements sociaux et autres ». Il se trouve que ce futur, lorsque Sartre l'emploie en 1964, ressemble fort à un imparfait, pour ne pas dire à un conditionnel passé. Lui-même a cessé de parler par paraboles et il n'est pas sûr, comme le suggère *Les Mots*, qu'il continue de croire à leur utilité.

Que peut en effet la littérature, dès lors que la culture n'est plus définie comme une force libératrice, mais comme un privilège de classe, c'est-à-dire comme une forme particulière, la plus sournoise et la plus raffinée peut-être, de l'aliénation? Le Sartre de 1947, auquel le Sartre de 1964 s'obstinait à demeurer fidèle, fondait sa définition de la littérature engagée sur ce postulat ou sur cette conviction, directement hérités de la seconde moitié du XIXe siècle, qu'un livre est capable, par lui-même, de changer son lecteur. Vision laïque de la culture, à laquelle semble bien avoir succédé, chez l'auteur de la *Critique de la raison dialectique* comme chez tant d'intellectuels de notre temps, une vision plus authentiquement, plus radicalement marxiste. Parce qu'il n'a pas pu résister aux dures leçons du combat politique, le mythe du grand écrivain s'est effondré : il n'avait pas résisté davantage, et cela dans le même temps, au progrès des sciences humaines.

L'écrivain-philosophe à la mode de 1947 prétendait, nous l'avons rappelé, posséder des clartés de tout, et donc décider de tout. Or les développements de l'ethnologie, de la sociologie, de la psychanalyse, de la linguistique ou de l'économie politique sont tels, depuis les deux dernières décennies, qu'il devient également impossible, à partir des années soixante, et de méconnaître ces sciences et de les embrasser toutes ensemble dans un essai dont on voudrait qu'il pût encore relever, au même titre que *Le Mythe de Sisyphe* ou que *L'Homme révolté*, de la littérature. Non point qu'il faille tenir pour acquis ce que Sartre a lui-même dénoncé comme un « positivisme des signes » : l'élaboration d'une épistémologie est devenue sans doute la tâche la plus urgente de la philosophie contemporaine. Mais quel rapport direct, ici encore, avec la littérature? Ce que les journalistes, par une passion anachronique pour les écoles et pour les mouvements, ont baptisé « structuralisme » en regroupant hâtivement Lévi-Strauss et Lacan, Althusser et Foucault, n'est pas sans exercer sur certains secteurs actuels de la littérature *(Tel Quel)* et de la critique

Manifestation contre la guerre au Vietnam à Paris le 16 mars 1968.

(Barthes) une profonde influence; mais même si Foucault a su toucher, avec la très belle et parfois trop belle méditation de *Les Mots et les Choses*, un public de non-initiés, il reste que *La Pensée sauvage* de Lévi-Strauss (au contraire de *Tristes Tropiques*), les *Écrits* de Lacan (en dépit de tous les raffinements de l'expression) et *Lire le Capital* d'Althusser (malgré la clarté de l'exposé) ne s'adressent qu'à des spécialistes. Entre ces recherches qui aspirent au statut de sciences et le lecteur profane, point de ces passerelles (romans, drames ou essais) que Sartre avait si commodément ménagées de sa philosophie à la littérature.

Résumons-nous. Un certain écrivain est mort. Peut-être, si les circonstances s'y prêtent, ressuscitera-t-il un jour. Le grand public, qui n'a pas encore pris son parti d'une situation qu'il comprend mal, le réclame en vain. Il parle (on parle pour lui) de vide, voire de crise. Et de fait, les signes se multiplient qui semblent vérifier cette analyse un peu sommaire, quoique fort répandue. De 1945 à 1969, deux revues littéraires se sabordent, le *Mercure de France* et les *Cahiers du Sud*, tandis que s'amenuise, au sommaire des *Temps Modernes* et d'*Esprit*, la part de la littérature. Si un hebdomadaire comme les *Nouvelles littéraires* s'efforce à peu près de justifier son titre, le *Figaro littéraire* consacre au moins autant de pages à la vulgarisation historique ou zoologique qu'à la chronique des lettres. A l'exception du *Monde*, qui publie chaque semaine un supplément intitulé « le Monde des Livres », presque tous les quotidiens éliminent ou réduisent les anciens billets, courriers et feuilletons. D'une façon générale, il semble que la littérature ait cessé d'occuper dans l'actualité une place aussi large qu'il y a vingt ans. Plus de ces polémiques qu'amplifiaient à plaisir les journaux et la radio. Tout juste, à l'occasion des prix, quelques menus scandales. Faut-il donc conclure, sinon à la fin de la littérature en France, du moins, comme le voulait le rédacteur de *Time*, à une médiocrité que l'on tentera d'excuser en reconnaissant, avec Robert Kanters, que nous traversons « une période plus qu'une époque » ?

La lecture de cet ouvrage aura montré, nous l'espérons, que ces craintes sont vaines et ces consolations superflues. La disparition des « monstres sacrés » tout comme les signes de désaffection dont nous venons d'esquisser la liste peuvent se lire en effet dans un tout autre sens : non point celui d'une décadence, mais celui d'une ascèse ou d'une purification. Rendue à elle-même par le désarroi, l'éclatement ou les mutations des « grandes familles », de celles surtout que regroupait une même conviction politique ou religieuse, voici que la littérature, vers le milieu des années cinquante, commence ou recommence à se poser (que l'on songe à Mallarmé ou à Lautréamont) sa propre question, la question de sa question : « Qu'est-ce que la littérature? ». « Que peut la littérature? » se demandaient à la Libération Sartre et Camus, et tel était encore le thème qu'avaient retenu les organisateurs d'un important débat qui réunit en 1964, à la Mutualité, Jorge Semprun, Jean Ricardou, Jean-Pierre Faye, Simone de Beauvoir, Yves Berger et Jean-Paul Sartre. Mais comme le fit alors remarquer Jean Ricardou, qui s'exprimait au nom des nouveaux romanciers, « poser cette question seconde risque d'être une manière de supposer que la question première est déjà résolue — de supposer que l'on n'ignore plus ce que c'est que la littérature et que les temps sont enfin venus de parler *efficacité* ».

Or qu'est-ce que poser la question de la littérature sinon poser la question du langage? Nous avons longuement insisté sur ce point, d'une part en étudiant les « inventeurs », d'autre part en explorant le « domaine de la découverte ». Qu'il suffise de rappeler que la plupart des œuvres véritablement nouvelles qui sont apparues depuis bientôt quinze ans se présentent comme une mise en scène et (ou) une mise en cause du langage qui va parfois jusqu'à sa mise en pièces. Si l'on peut encore parler d'engagement à leur propos (elles sont tout le contraire de cette littérature agréablement dégagée que pratiquaient vers 1950 un Jacques Laurent ou un Antoine Blondin), il faut bien voir que cet engagement procède exactement à l'inverse de celui que préconisait Sartre. Rapprochons ici, sans les confondre, deux témoignages essentiels. Celui de Michel Leiris, en 1946, dans la préface de *L'Âge d'homme* : « Il s'agissait moins là de ce qu'il est convenu d'appeler " littérature engagée " que d'une littérature dans laquelle j'essayais de m'engager tout entier. » Celui de Robbe-Grillet, en 1957, dans une série d'articles « sur quelques notions périmées » : « Au lieu d'être de nature politique, l'engagement c'est, pour l'écrivain, la pleine conscience des problèmes actuels de son propre langage, la conviction de leur extrême importance, la volonté de les résoudre de l'intérieur. C'est là, pour lui, la seule chance de demeurer un artiste et, sans doute aussi, par voie de conséquence obscure et lointaine, de servir un jour peut-être à quelque chose — peut-être même à la révolution. » Expérience personnelle et périlleuse (Leiris) ou bien expérimentation lucide et volontaire (Robbe-Grillet), une autre littérature est née.

Une littérature qui se veut, comme l'a bien montré Gaëtan Picon, une littérature de création et non plus d'expression : « Elle donne à voir ce qui n'a pas été vu avant elle, elle forme au lieu de refléter. » L'écrivain moderne a cessé de concevoir son travail d'écrivain comme la reproduction plus ou moins fidèle, dont le langage serait l'instrument plus ou moins docile, d'une réalité préexistante, idée ou sentiment, nature ou société. Le langage est pour lui la seule réalité, à la fois celle d'où il part et vers où il tend, dont il parle et qui lui sert à parler. Littérature « abstraite »? Bien plutôt littérature critique, puisqu'elle a pleinement conscience de la situation qui est la sienne *dans* le langage, une situation qui représente en définitive l'objet même de sa quête, l'unique sujet d'une « création » dont les formes et les tons (la notion de genre, on le sait, est devenue à peu près caduque) se prêtent à d'infinies variations.

Mais une telle littérature, de par sa définition même, exige un nouveau lecteur. L'œuvre traditionnelle se proposait comme un spectacle (il suffisait d'y assister) ou comme un rêve (il suffisait d'y croire) : à l'extrême limite, comme une enquête ou comme un dossier soumis à la perspicacité du lecteur. A la façon de Flaubert, le romancier pouvait feindre d'ignorer la morale de son histoire ou bien, à la façon de Sartre, de respecter la liberté de ses personnages. Dans tous les cas, le lecteur, s'il s'interrogeait, ne s'interrogeait pas sur l'œuvre, mais sur le sens de ce qu'elle représentait : une intrigue, un caractère ou un milieu. De ces habitudes séculaires, plus rien ne subsiste avec la nouvelle littérature : c'est l'œuvre elle-même, en tant que systèmes de signes, qui fait aujourd'hui problème dans l'exacte mesure où c'est d'elle avant tout qu'il est question dans l'œuvre, d'elle et de sa possibilité, d'elle et de sa validité. Si bien que le lecteur, arraché à son confort de voyeur ou de juge, de liseur ou de dégustateur, se voit requis de participer à l'élaboration toujours incertaine, à la constitution toujours inachevée d'une œuvre dont la secrète ambition est de « donner à voir » (pour compléter la formule que Gaëtan Picon empruntait à Eluard) la vision elle-même.

Un tel lecteur existe-t-il? Le problème n'est pas de savoir s'il est théoriquement possible de concevoir une lecture qui ne soit pas simplement re-création, mais, si l'on peut dire, co-création d'un texte. L'idée, après tout, n'est pas si neuve : que l'on songe, une fois de plus, à Mallarmé. La véritable question consiste à se demander qui formera ce lecteur, à partir du moment où l'on a décidé de l'associer aussi intimement, et sur une aussi large échelle, à une entreprise aussi difficile. Or il semble que les écrivains modernes, même et surtout ceux (à l'exemple d'un Philippe Sollers) qui prétendent faire servir l' « écriture » au combat révolutionnaire, ne se soucient guère d'un public qu'ils ont pourtant investi de la plus écrasante des responsabilités, puisque c'est de lui que dépend désormais, bien plus encore que le succès de l'œuvre, son existence en tant qu'œuvre. Admettons que l'écrivain moderne se considère comme un chercheur, admettons qu'il refuse de s'installer, comme aurait pu le faire un Butor au moment de *La Modification*, dans une formule ou dans un procédé : peut-il croire encore que le temps se chargera de remédier à la paresse des lecteurs ou à l'aveuglement des critiques? Ce n'est pas l'allure, c'est la nature de ses œuvres qui les rend « illisibles », du moins à l'ancienne mode. S'imaginer qu'elles formeraient à elles seules leurs propres lecteurs, ce serait retomber, au bout du compte, dans un optimisme dont nous avons pu mesurer, à propos de Sartre, toute la fragilité.

Rebuté par des écrivains qui, loin de l'aider à mieux comprendre et à mieux accepter sa tâche, ne cessent, d'une manière qui n'est pas toujours essentielle à leur propos, de la lui compliquer (c'est de l'écrivain sur son lecteur que tend à s'exercer aujourd'hui la Terreur), comment s'étonner que le grand public, à défaut de ces maîtres à penser dont il a gardé la nostalgie, se rabatte sur des maîtres à rêver? Depuis bientôt quinze ans coexistent en France, nous y avons assez insisté, non pas exactement une avant-garde et une tradition, mais deux littératures parallèles. Cette situation, banale en soi, le devient de moins en moins au fur et à mesure qu'elle se prolonge et s'institutionnalise. Chacune des deux littératures possède ses revues, ses critiques et ses prix : de l'une, qu'on lit peu, on parle beaucoup; de l'autre, qu'on lit beaucoup, on ne parle guère. Un tel schisme, qui ne paraît même plus surprendre, offre bien des commodités; mais a-t-on mesuré les conséquences qu'il risque d'entraîner, à plus ou moins long terme, pour nos lettres tout entières?

La lecture (dissocions un instant son cas de la littérature) ne s'est jamais très bien portée en France. D'après des enquêtes menées récemment par deux instituts spécialisés, 58 % des Français ne lisent pas de livres, 75 % des livres publiés sont lus par 13 % des Français *. Or voici que de nouveaux moyens de diffusion se développent dont il est à craindre qu'ils n'aggravent encore ces chiffres. Partagées entre une littérature qui ne peut plus évoluer (quelle que soit par ailleurs sa richesse) parce qu'elle s'enferme dans un langage de moins en moins accordé à notre temps, et une littérature novatrice qui menace de se perdre, faute d'un public, dans ses propres innovations, nos lettres résistent mal à l'envahissement des « mass-media ». Non point que la télévision, pour ne citer qu'elle, constitue un mal en soi : reste à déterminer à quoi (ou à qui) on la fera servir. « Miroir de l'homme », demandait déjà Étienne Lalou en 1957, ou « miroir aux alouettes »? Rien n'empêche de concevoir une télévision qui s'attacherait à former son public et non pas seulement à le distraire (le plus souvent dans la vulgarité) ou à le sermonner (le plus souvent dans l'ennui). Il faut pourtant bien s'apercevoir qu'il ne s'agit là, du moins dans la situation française actuelle, que d'une souriante utopie : la télévision, mais aussi bien la radio et le cinéma, les affiches, les journaux et les magazines véhiculent, à de rares exceptions près, un chaos de lettres, d'images et de sons dont on voit mal — à l'intérieur d'une société que tout le monde s'accorde à définir, pour la maudire ou pour la célébrer, comme une société de consommation — comment il favoriserait l'accès à une culture, à plus forte raison comment il parviendrait, par lui-même, à tenir lieu de culture.

***

Car le problème est bien, en définitive, un problème de culture et plus précisément de médiations. Le vide que dénoncent aujourd'hui tant de bonnes âmes ou d'esprits déçus ne se situe pas dans la littérature, mais entre cette partie de notre

---

* On trouvera le détail de ces chiffres, et leur commentaire, dans *Le Livre et la Lecture en France*, un ouvrage collectif paru en 1968 aux Éditions ouvrières.

Photo © Keystone

Les intellectuels et la guerre du Viêtnam : S. de Beauvoir et Sartre au Tribunal Russell.

Mai 1968. Meeting étudiant de la Sorbonne. Cohn Bendit ct Aragon.

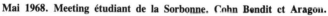

Photo © C. Raimond - Dytivon/Viva

littérature que nous avons appelée nouvelle et le public qui devrait être le sien. Nous avons vu qu'il ne fallait compter, pour combler ce vide, ni sur les auteurs eux-mêmes ni sur des « mass-media » beaucoup plus préoccupés d'assouvir que d'instruire. Le « Livre de Poche », parce qu'il se borne le plus souvent à éditer, sans aucune préface, les livres d'hier ou d'avant-hier, a donné naissance à une culture « sauvage » qui nous vaut, avec quelques heureuses surprises (comme la floraison sur les murs de Paris, au printemps de 1968, de Breton et de Rimbaud), une invraisemblable confusion dans les esprits. D'où cet ouvrage, d'où, si risquée soit-elle, notre entreprise. « Tout tableau critique sérieux de la littérature moderne, écrivait Julien Gracq en 1960, est impossible, ou plutôt la comptabilité ne peut en être tenue qu'en partie double : d'un côté le manuel scolaire [...], cantonné dans les valeurs traditionnelles, de l'autre les panoramas des valeurs de choc. » Précisons, quitte à nous répéter, que nous n'avons voulu faire ni l'un ni l'autre. Si nous avons accordé une large place à la nouvelle littérature (les « valeurs de choc »), ce n'était pas pour l'imposer mais pour la proposer, en essayant de donner à ce lecteur qu'elle réclame et décourage à la fois, les moyens plus encore que l'occasion de la découvrir. Qu'on ne voie dans notre attitude ni le résultat d'un pari ni l'effet d'un préjugé. Nous ne croyons pas forcément que les écrivains « nouveaux » seront, parce qu'ils sont les écrivains d'aujourd'hui, les écrivains de demain; mais nous pensons que la littérature de demain, quelle qu'elle soit, passe par cette littérature nouvelle. Pour qu'il y ait un avenir, il faut d'abord que le présent arrive.

Mai 1970.

La Littérature en France depuis 1968

Le principe général de ce nouvel ouvrage est le même que celui du précédent : le livre est à la fois étude historique, présentation critique et anthologie de textes d'auteurs accompagnés d'un appareil pédagogique qui constitue un instrument de réflexion supplémentaire.

Le livre est divisé en trois parties : une étude générale des conditions de la vie littéraire durant la période envisagée (1968-1981) accompagnée d'un panorama des grandes œuvres reconnues ou consacrées, qui s'achèvent, s'accroissent ou s'affirment (de Gracq à Yourcenar, de Michaux à Tournier); une étude des différents genres et surtout des formes en expansion (autobiographie, parodie, science-fiction); une dernière partie dessine l'actualité immédiate en ses traits les plus marquants : explosion des écritures féminines dans leur diversité (de Marie Cardinal à Hélène Cixous, de Chantal Chawaf à Jeanne Hyvrard), itinéraires majeurs de la décennie (Duras, Barthes), abolition des genres à travers l'écriture fragmentaire (Cioran, Perros), romanciers exemplaires des contradictions et des préoccupations actuelles (Le Clezio, Modiano, Perec).

En contrepoint au texte littéraire, de nombreuses illustrations, empruntées à la vie littéraire mais aussi politique, sociale, artistique, recréent le film culturel de ces années de mutation.

INDEX

N.B. Les chiffres en caractères gras renvoient aux textes des écrivains et aux études qui les accompagnent. Cet index ne mentionne (à deux exceptions près) que les noms des écrivains ayant publié la majeure partie de leur œuvre après 1914. D'autre part, pour l'alléger, nous avons exclu le chapitre 2 (« Chronologie ») et nous n'avons relevé, en ce qui concerne les chapitres de la 6e partie (chap. 26, 27, 28, 29), que les noms des écrivains qui font l'objet d'une étude de quelque étendue. Enfin nous ne donnons de repères chronologiques que pour les auteurs dont un texte au moins figure dans l'ouvrage.

A

B

C

D

E

F

G

H

I

J

K

L

M

N

O

P

Q

R

S

T

U

V

W

Y

Z

TABLE DES MATIÈRES

N. B. Les initiales entre parenthèses renvoient aux noms des auteurs (J. B. : Jacques BERSANI; M. A. : Michel AUTRAND; J. L. : Jacques LECARME; B. V. : Bruno VERCIER).

Illustration de la couverture : *Footballeurs*, huile sur carton de Nicolas de Staël (Gal. Jacques Dubourg/A.D.A.G.P.).
Documentation iconographique : Françoise Borin, assistée de Michelle Esclapez.

Flaubert
faillit mourir
en empoisonnant
Madame Bovary

Publicité moderne pour un club de livres.

Ph. © Propart - Cercle du Bibliophile, Evreux.

TABLE DES ILLUSTRATIONS

Imprimé en France, par l'Imprimerie Hérissey à Évreux (Eure)
N° d'impression : 59081
Dépôt légal : Septembre 1992
Dépôt légal 1re édition : 4e trimestre 1970